SCHÄFFER
POESCHEL

Kai-Uwe Marten / Reiner Quick / Klaus Ruhnke

Wirtschaftsprüfung

Grundlagen des betriebswirtschaftlichen Prüfungswesens
nach nationalen und internationalen Normen

4., überarbeitete Auflage

2011
Schäffer-Poeschel Verlag Stuttgart

Verfasser:

Professor Dr. Kai-Uwe Marten, Institut für Rechnungswesen und Wirtschaftsprüfung, Universität Ulm

Professor Dr. Reiner Quick, Fachgebiet Rechnungswesen, Controlling und Wirtschaftsprüfung, Technische Universität Darmstadt

Professor Dr. Klaus Ruhnke, Department of Finance, Accounting & Taxation, Accounting and Auditing, Freie Universität Berlin

4. Auflage unter Mitarbeit von:
Paul Bednarovschi, Frederik Frey, Alexander Gabriel, Elena Klezel, Jun-Seo Lee, Daniela Maccari, Dr. Michael Mathea, Moritz Michel, Benedikt Müller, Dr. Guido Neubeck, Dr. Torsten Pütz, Stefanie Schmitz, Martin Schönberger, Benedikt Sipple, Stefan Stein, Steffen Umlauf, Dr. Daniela Wiemann und Dr. Roland Wiese

3. Auflage unter Mitarbeit von:
Ilka Canitz, Dr. Isabell Häcker, Dr. Engin Kayadelen, Martin Knocinski, Dr. Rasmus Koprivica, Lisa Kram, Dr. Kay Lubitzsch, Dr. Frederick Mielke, Dr. Guido Neubeck, Dr. Patrick Paulitschek, Dr. Albert M. Riedl, Florian M. Schaich, Dr. Catharina Schmiele, Dr. Jochen Schwind, Dr. Alexander von Torklus, Dr. Marco Wagner, M. Felix Weiser, Dr. Daniela Wiemann und Dr. Roland Wiese

2. Auflage unter Mitarbeit von:
Frank Dudda, Dr. Engin Kayadelen, Thorsten Klöckner, Dr. Rasmus Koprivica, Professor Dr. Annette G. Köhler, Dr. Kay Lubitzsch, Dr. Michael Mathea, Dr. Stephanie Meyer, Dr. Ulf Meyer, Dr. Guido Neubeck, Dr. Sebastian Papst, Dr. Torsten Pütz, Dr. Martin Schmidt, Thorsten Seidel, M. Felix Weiser, Dr. Achim Wittich, Dr. Michael Wittekindt und Professor Dr. Matthias Wolz

1. Auflage unter Mitarbeit von:
Gernot Keller, Professor Dr. Annette G. Köhler, Dr. Stephanie Meyer, Dr. Ulf Meyer, Dr. Guido Neubeck, Dr. Martin Schmidt, Thorsten Seidel, Dr. Christian Terlinde, Professor Dr. Matthias Wolz

Dozenten finden PDF-Dateien der Abbildungen und Tabellen dieses Lehrbuchs unter www.sp-dozenten.de/2972 (Registrierung erforderlich)

Bibliografische Information der Deutschen Nationalbibliothek
Die Deutsche Nationalbibliothek verzeichnet diese Publikation in der Deutschen Nationalbibliografie; detaillierte bibliografische Daten sind im Internet über http://dnb.d-nb.de abrufbar.

Gedruckt auf säure- und chlorfreiem, alterungsbeständigem Papier.

ISBN 978-3-7910-2972-6

© 2011 Schäffer-Poeschel Verlag für Wirtschaft · Steuern · Recht GmbH
www.schaeffer-poeschel.de
info@schaeffer-poeschel.de
Einbandgestaltung: Melanie Frasch
Satz: Johanna Boy, Brennberg
Druck und Bindung: CPI – Ebner & Spiegel, Ulm
Printed in Germany
September 2011

Schäffer-Poeschel Verlag Stuttgart
Ein Tochterunternehmen der Verlagsgruppe Handelsblatt

Vorwort zur vierten Auflage

Die Wirtschaftsprüfung unterliegt einem permanenten Wandel. Sowohl nationale als auch internationale Regulatoren haben zahlreiche Reformprojekte und Gesetzesinitiativen auf den Weg gebracht, die mittlerweile auch teilweise umgesetzt wurden. Beispielhaft seien das Bilanzrechtsmodernisierungsgesetz (BilMoG), das Grünbuch der Europäischen Kommission zum weiteren Vorgehen im Bereich der Abschlussprüfung und die Änderungen der internationalen Normen im Rahmen des Clarity-Projektes genannt. Somit ist der Leser auch auf die künftig gem. § 317 Abs. 5 HGB verpflichtende Anwendung der internationalen Prüfungsstandards gut vorbereitet. Weiterhin wachsen nationale und internationale Facharbeit immer mehr zusammen. Hinzu treten weitere Entwicklungen, wie z.B. die zunehmende Bedeutung geschätzter Werte in der Rechnungslegung, das neue assertions-Konzept sowie hiermit einhergehende Änderungen im Prüfungsansatz in Richtung einer geschäftsrisikoorientierten Abschlussprüfung. Zu nennen sind auch Änderungen in dem Konzept der Wesentlichkeit sowie veränderte und tiefer gehende Vorgaben im Rahmen der Prüfung von Konzernabschlüssen.

Diese Entwicklungen haben es erforderlich gemacht, das vorliegende Werk inhaltlich grundlegend zu überarbeiten. Grundlegend überarbeitet wurden u.a. die Abschnitte »Analytische Prüfungen«, »Erlangung von Prüfungsnachweisen bei IT-Einsatz«, »Externe Qualitätskontrolle«, »Beziehungen zu nahe stehenden Personen«, »Konzernabschlussprüfung«, »Gründungsprüfung« sowie »Prüfung von Genossenschaften«.

Die bestehende Struktur, welche sich aus didaktischer Sicht in den Veranstaltungen bestens bewährt hat, wurde weitgehend beibehalten: Zunächst zeigt Kapitel I die ökonomischen Probleme des Prüfungswesens und mögliche Lösungsansätze auf. Dabei bilden asymmetrisch verteilte Informationen das Problem und zugleich die Motivation von Prüfungsdienstleistungen. Lösungsansätze beziehen sich v. a. darauf, den Zugang zum Beruf des Wirtschaftsprüfers zu regeln, berufsständische Institutionen zu bilden, Normen zu setzen sowie Mechanismen für die Einhaltung dieser Normen zu etablieren. Kapitel II bildet den Kernbereich des Lehrbuchs und beschäftigt sich mit dem Prüfungsprozess: Hier wird ausgehend vom Risikomodell der gesamte Prüfungsprozess von der Auftragsannahme bis hin zur Berichterstattung behandelt. Gesondert betrachtet werden v. a. die Qualitätssicherung und -kontrolle, IT-gestützte Prüfungstechniken sowie spezifische Rechnungslegungsbestandteile (z.B. Segmentberichterstattung und Lagebericht) und aus dem Prüfungsobjekt resultierende Besonderheiten (z.B. Prüfung von Konzernabschlüssen). Abschließend behandelt Kapitel III die Erbringung weiterer Prüfungsdienstleistungen, welche in gesetzliche und freiwillige Leistungen (z.B. TrustServices) unterteilt werden.

Aus didaktischer Sicht ist anzumerken, dass sich im Anschluss an die einzelnen Abschnitte ein Literaturverzeichnis findet, um die rasche Identifikation der für einen bestimmten fachlichen Bereich relevanten Literatur zu erleichtern. Der Lernzielkontrolle dienen im Anschluss an die einzelnen Abschnitte abgedruckte Kontrollfragen, in den laufenden Text eingebettete Diskussionsfragen und Beispiele sowie gesondert dargestellte Fallstudien.

Die angegebenen Normen beschreiben den Stand zum 01.04.2011. Die jeweiligen Abschnitte wurden unter der Federführung einzelner Lehrstühle bearbeitet: Lehrstuhl Marten (→ I.1, I.2, I.5, II.2, II.6, II.7, III.1 sowie weite Teile von II.8), Lehrstuhl Quick (→ I.4, I.7, I.8, II.1, III.2 sowie weite Teile von II.3) und Lehrstuhl Ruhnke (→ I.3, I.6, II.3.3, II.4, II.5, II.9 sowie weite Teile von III.3).

Unser Dank für die Unterstützung bei der Erstellung der vierten Auflage gilt unseren Mitarbeitern und Mitarbeiterinnen Paul Bednarovschi, Frederik Frey, Alexander Gabriel, Elena Klezel, Jun-Seo Lee, Daniela Maccari, Dr. Michael Mathea, Moritz Michel, Benedikt Müller, Dr. Guido Neubeck, Dr. Torsten Pütz, Benedikt Sipple, Stefanie Schmitz, Martin Schönberger, Stefan Stein, Steffen Umlauf, Dr. Daniela Wiemann und Dr. Roland Wiese. In redaktioneller Hinsicht sowie in Bezug auf die formale Gestaltung haben insbesondere Herr Steffen Umlauf sowie ferner Herr Jun-Seo Lee zum Gelingen dieses Werkes beigetragen. Danken möchten wir auch den Mitarbeiterinnen und Mitarbeitern des Schäffer-Poeschel Verlags, insbesondere Frau Marita Rollnik-Mollenhauer und Frau Claudia Knapp.

Ulm, Darmstadt, Berlin im Juni 2011   Kai-Uwe Marten, Reiner Quick, Klaus Ruhnke

Inhaltsverzeichnis

Kapitel I:
Ökonomische Probleme des Prüfungswesens und ihre Lösungsansätze 1

Abbildungsverzeichnis

Tabellenverzeichnis

Abkürzungsverzeichnis (mit erläuternden Hinweisen)

$	US-Dollar (Währungseinheit)
€	Euro (Währungseinheit)
A	Application and other explanatory material
a.A	anderer Ansicht
AAF	Ausschuss für Aus- und Fortbildung (IDW)
ABAP/4	Advanced Business Application Programming (SAP)
AblEG	Amtsblatt der Europäischen Gemeinschaft
AblEU	Amtsblatt der Europäischen Union
Abb.	Abbildung
Abs.	Absatz
Abt.	Abteilung
ACL	Audit Command Language (Prüfsprache)
AD	Anreiz/Druck
AFIZ	Ausschuss für internationale Zusammenarbeit
AG	Aktiengesellschaft (Rechtsform), auch: Amtsgericht, Application Guidance
AICPA	American Institute of Certified Public Accountants (Berufsorganisation der accountants, USA)
AIS	Audit-Information-System
AktG	Aktiengesetz (zuletzt geändert durch Gesetz vom 9.12.2010)
AO	Abgabenordnung (zuletzt geändert durch Gesetz vom 28.4.2011)
APAG	Abschlussprüferaufsichtsgesetz
APAK	Abschlussprüferaufsichtskommission
APT	Audit Process Tool (BDO)
AR	Audit Risk (Prüfungsrisiko)
ARC	Accounting Regulatory Committee (EU-Kommission)
ARR	Analytical Review Risk (Risiko aus der Durchführung analytischer Prüfungen)
AS	Auditing Standard, auch: Assurance Standard
AS/2	AuditSystem/2 (Deloitte & Touche)
ASB	Auditing Standards Board (AICPA)
AT	Attestation (Prüfungsnorm, AICPA)
AU	Auditing (Prüfungsnorm, AICPA)
AuRC	Audit Regulatory Committee (EU-Kommission)
B2B	Business-to-Business
B2C	Business-to-Consumer
BaFin	Bundesanstalt für Finanzdienstleistungsaufsicht
BAKred	Bundesaufsichtsamt für das Kreditwesen
BARefG	Berufsaufsichtsreformgesetz
BAV	Bundesaufsichtsamt für das Versicherungswesen
BAWe	Bundesaufsichtsamt für den Wertpapierhandel
BC	Basis for conclusions
BDO	Binder Dijker Otte Deutsche Wartentreuhand AG WPG (Wirtschaftsprüfungsgesellschaft)
BFA	Bankenfachausschuss (IDW)
BGB	Bürgerliches Gesetzbuch (zuletzt geändert durch Gesetz vom 17.1.2011)
BGH	Bundesgerichtshof
BHO	Bundeshaushaltsordnung (zuletzt geändert durch Gesetz vom 9.12.2010)
BilMoG	Bilanzrechtsmodernisierungsgesetz
BilReG	Bilanzrechtsreformgesetz
BMF	Bundesministerium der Finanzen
BMI	Bundesministerium des Inneren
BMJ	Bundesministerium der Justiz
BMWi	Bundesministerium für Wirtschaft und Technologie

BörsO	Börsenordnung
BP-14	Backpropagation 14
BPG	Buchprüfungsgesellschaft
BpO	Betriebsprüfungsordnung (zuletzt geändert durch allgemeine Verwaltungsvorschrift vom 22.1.2008)
BRA	Business Risk Audit
BR-Drs.	Bundesrats-Drucksache
BS	Bilanzsumme
BT-Drs.	Bundestags-Drucksache
Buchst.	Buchstabe
BvB	Bundesverband der vereidigten Buchprüfer e.V.
BVerfG	Bundesverfassungsgericht
BW	Buchwert
bzgl.	bezüglich
c	Gesamtkapitalkostensatz
C.E.E.	Communauté Economique Européenne (Vorgängerorganisation der FEE)
CAAT	Computer Assisted Audit Techniques
CA-EDP	Computer Associates – Electronic Data Processing
CAG	Consultative Advisory Group
CA-IDMS	Computer Associates – Integrated Data Management System
CAP	Compliance Advisory Panel
CD	Compact Disc
CF	Cashflow
CICA	Canadian Institute of Chartered Accountants (Berufsorganisation der accountants, Kanada)
Cobol	Common Business Oriented Language
Corp.	Corporation (Rechtsform)
COSO	The Committee of Sponsoring Organizations of the Treadway Commission
CPA	Certified Public Accountant (Wirtschaftsprüfer, USA)
CPM	Critical Path Method
CPT	Carriage Paid To
CR	Control Risk (Kontrollrisiko)
CvF	Code visual to Flowchart
D	Discrimination (Trennwert)
D.C.	District of Columbia
DATEV	Datenverarbeitung und Dienstleistung für den steuerberatenden Beruf eG.
DBB	Deutsche Bundesbank
DBV	Deutscher Buchprüferverband e.V.
DCF	Discounted Cashflow
DCGK	Deutscher Corporate Governance Kodex (zuletzt geändert am 26.5.2010)
DepotG	Depotgesetz (zuletzt geändert durch Gesetz vom 31.7.2009)
ders.	derselbe
DGRV	Deutscher Genossenschafts- und Raiffeisenverband e.V.
DIHK	Deutscher Industrie- und Handelskammertag (DIHK) e.V.
DIN	Deutsches Institut für Normung e.V
Diss.	Dissertation
DK	Durchschnittskosten
DPR	Deutsche Prüfstelle für Rechnungslegung (DPR) e.V.
DR	Detection Risk (Entdeckungsrisiko)
DRÄS	Deutscher Rechnungslegungs Änderungsstandard
DR_N	Nicht-Stichprobenrisiko
DR_S	Stichprobenrisiko
DRS	Deutscher Rechnungslegungs Standard
DRSC	Deutsches Rechnungslegung Standards Committee e.V.
DSS	Decision Support System

DVD	Digital Versatile Disc
E&Y	Ernst & Young (Wirtschaftsprüfungsgesellschaft)
ebd.	ebenda
EBI	Earnings before Interest
EBIT	Earnings before Interest and Taxes
ED	Exposure Draft
EDI	Electronic Data Interchange (elektronischer Datenaustausch)
EDIFACT	Electronic Data Interchange For Administration, Commerce and Transport
E-DRS	Entwurf eines Deutschen Rechnungslegungs Standards
EDV	Elektronische Datenverarbeitung
eG	eingetragene Genossenschaft (Rechtsform)
EGAOB	European Group of Auditors' Oversight Bodies
einschl.	einschließlich
EMAS	Eco-Management and Audit Scheme
EN	Europäische Norm
EPS	Entwurf PS
EVA	Economic Value Added (Wertentwicklungskennzahl)
EWG	Europäische Wirtschaftsgemeinschaft
EWIV	Europäische wirtschaftliche Interessenvereinigung (Rechtsform)
EWR	Europäischer Wirtschaftsraum
F	Fehlerhypothese, auch: Fehler
F(X)	Fehlerkostenfunktion
FAIT	Fachausschuss für Informationstechnologie (IDW)
FAR	Fachausschuss Recht (IDW)
FASB	Financial Accounting Standards Board
FAUB	Fachausschuss für Unternehmensbewertung und Betriebswirtschaft
FBI	Federal Bureau of Investigation
FD	Fair Disclosure
FE	Fertigerzeugnisse
FEE	Fédération des Experts Comptables Européens
FiFo	First in first out (Verbrauchsfolgefiktion)
FKQ	Fremdkapitalquote
FMStG	Finanzmarktstabilisierungsgesetz (in der Fassung vom 17.12.2008)
Fn.	Fußnote
FN-IDW	IDW-Fachnachrichten (Zeitschrift)
FoF	Forum of Firms (IFAC)
FREP	Financial Reporting Enforcement Panel
FRM	Fehlerreihungsmethode
FTC	Flight Transportation Corporation
FWB	Frankfurter Wertpapierbörse
G	Gelegenheit, auch: Gewinn
G(X)	Gesamtkostenfunktion
GAMx	Global Audit Methodology-x (IT-Tool, Ernst & Young)
GE	Geldeinheiten
gem.	gemäß
GenG	Genossenschaftsgesetz (zuletzt geändert durch Gesetz vom 25.5.2009)
GewO	Gewerbeordnung (zuletzt geändert durch Gesetz vom 29.7.2009)
GG	Grundgesetz (zuletzt geändert durch Gesetz vom 21.7.2010)
GmbH	Gesellschaft mit beschränkter Haftung (Rechtsform)
GmbHG	GmbH-Gesetz (zuletzt geändert durch Gesetz vom 31.7.2009)
GoA	Grundsätze ordnungsmäßiger Abschlussprüfung
GoB	Grundsätze ordnungsmäßiger Buchführung
GRI	Global Reporting Initiative
GuV	Gewinn- und Verlustrechnung

GVG	Gerichtsverfassungsgesetz (zuletzt geändert durch Gesetz vom 22.12.2010)
GwG	Geldwäschegesetz (zuletzt geändert durch Gesetz vom 1.3.2011)
h.M.	herrschende Meinung
HFA	Hauptfachausschuss (IDW)
HGB	Handelsgesetzbuch (zuletzt geändert durch Gesetz vom 1.3.2011)
HGrG	Haushaltsgrundsätzegesetz (zuletzt geändert durch Gesetz vom 27.5.2010)
HTML	Hypertext Markup Language
http	hypertext transfer protocol (Internet)
i.d.F.	in der Fassung
i.d.R.	in der Regel
i.d.S.	in diesem Sinne
i.e.S.	im engeren Sinne
i.H.v.	in Höhe von
i.S.	im Sinne
i.V.m.	in Verbindung mit
i.w.S.	im weiteren Sinne
IAASB	International Auditing and Assurance Standards Board (IFAC)
IAESB	International Accounting Education Standards Board (IFAC)
IAPS	International Auditing Practice Statement (IFAC)
IAS	International Accounting Standard (Rechnungslegungsnorm, IASB)
IASB	International Accounting Standards Board (seit 1.4.2001 Nachfolgeorganisation des IASC)
IBM	International Business Machines Corporation (Unternehmen)
IDEA	Interactive Data Extraction and Analysis (Prüfsprache)
IDW	Institut der Wirtschaftsprüfer in Deutschland e.V.
IDW PH	IDW Prüfungshinweis
IDW PS	IDW Prüfungsstandard
IDW RH	IDW Rechnungslegungshinweis
IDW RS	IDW Stellungnahme zur Rechnungslegung
IDW S	IDW Standard
IEA	Illustrative Examples A
IEB	Illustrative Examples B
IEPS	International Education Practice Statement
IES	International Education Standard (Ausbildungsnorm, IFAC)
IESBA	International Ethics Standards Board of Accountants (IFAC)
IFAC	International Federation of Accountants
IFRS	International Financial Reporting Standard (Rechnungslegungsnorm, IASB)
IIR	Deutsches Institut für Interne Revision e.V.
IK	Interne Kontrolle
IKS	internes Kontrollsystem
Incoterms	International Commercial Terms
InsO	Insolvenzordnung (zuletzt geändert durch Gesetz vom 9.12.2010)
InvG	Investmentgesetz (zuletzt geändert durch Gesetz vom 5.4.2011)
IOSCO	International Organization of Securities Commissions
IPSAS	International Public Sector Accounting Standard (Rechnungslegungsnorm, IPSASB)
IPSASB	International Public Sector Accounting Standards Board
IPSG	International Public Sector Guideline
IR	Inherent Risk (inhärentes Risiko), auch: innerliche Rechtfertigung
IREPS	International Review Engagements Practice Statements (IFAC)
ISA	International Standard on Auditing (Prüfungsnorm, IFAC)
ISAE	International Standard on Assurance Engagements (Prüfungsnorm, IFAC)
ISO	International Standardization Organisation
ISQC	International Standard on Quality Control (IFAC)
ISRE	International Standard on Review Engagements (IFAC)

ISRS	International Standard on Related Services (IFAC)
ITF	Integrated Test Facilities (Testdatenmethode)
ITG	Information Technology Guideline (Richtlinie, IT-Committee der IFAC)
IuKDG	Informations- und Kommunikationsdienste-Gesetz
JÜ	Jahresüberschuss
JWG	Joint Working Group
KamG	Kammergericht
K_f	fixer Anteil der Prüfungskosten
KfQK	Kommission für Qualitätskontrolle
KG	Kommanditgesellschaft (Rechtsform)
KGaA	Kommanditgesellschaft auf Aktien (Rechtsform)
KHFA	Krankenhausfachausschuss (IDW)
KHG	Krankenhausfinanzierungsgesetz (zuletzt geändert durch Gesetz vom 17.3.2009)
KMU	kleine und mittelgroße Unternehmen
KonTraG	Kontroll- und Transparenzgesetz
KPI	key performance indicator
KPMG	Klynveld Peat Marwick Goerdeler (Wirtschaftsprüfungsgesellschaft)
kum.	kumuliert
K_v	variabler Anteil der Prüfungskosten
KWG	Kreditwesengesetz (zuletzt geändert durch Gesetz vom 1.3.2011)
LG	Landgericht
LHO	Landeshaushaltsordnung
Lifo	Last in first out (Verbrauchsfolgefiktion)
Ltd.	Private company limited by shares (Rechtsform)
M	Gesamt-Materiality, auch: Mandant
M&A	Mergers & Acquisitions
m.w.N.	mit weiteren Nachweisen
MaBV	Makler- und Bauträgerverordnung (zuletzt geändert durch Verordnung vom 9.3.2010)
MARC	Maastricht Accounting, Auditing and Information Research Center
MaRisk	Mindestanforderungen an das Risikomanagement
max	Maximum
M_i	individuelle Materiality
MitbestG	Mitbestimmungsgesetz (zuletzt geändert durch Gesetz vom 30.7.2009)
MPM	Metra Potential Method
MS	Microsoft Corporation (Unternehmen)
MSIA	Microsoft Software Inventory Analyzer
MUS	Monetary Unit Sampling (Verfahren der statistischen Zufallsauswahl)
NASD	National Association of Securities Dealers
NOPAT	Net Operating Profit After Taxes
N_p	Normen des Prüfers
NYSE	New York Stock Exchange
o.V.	ohne Verfasser
OECD	Organisation for Economic Cooperation and Development
OHG	offene Handelsgesellschaft (Rechtsform)
OLAP	On-Line Analytical Processing
OLG	Oberlandesgericht
OWiG	Ordnungswidrigkeitengesetz (zuletzt geändert durch Gesetz vom 29.7.2009)
P	Probability, auch: Prüfungsleiter
P(X)	Prüfungskostenfunktion

PAIB	Professional Accountants in Business Committee (IFAC)
PC	Personal Computer
PCAOB	Public Company Accounting Oversight Board (USA)
PERT	Program Evaluation and Review Technique
PEST	political-legal, economic, sociocultural and technological forces
PfQK	Prüfer für Qualitätskontrolle
PIACs	Public Interest Activity Committees (IFAC)
PIMS	Profit Impact of Market Strategy
PIOB	Public Interest Oversight Board (IFAC)
plc	public limited company (Rechtsform)
POB	Public Oversight Board
PrüfbV	Verordnung über die Prüfung der Jahresabschlüsse der Kreditinstitute und Finanzdienstleistungsinstitute sowie die darüber zu erstellenden Berichte (zuletzt geändert durch Gesetz vom 1.3.2011)
PrüfV	Verordnung über den Inhalt der Prüfungsberichte zu den Jahresabschlüssen von Versicherungsunternehmen (zuletzt geändert durch Gesetz vom 25.5.2009)
PublG	Publizitätsgesetz (zuletzt geändert durch Gesetz vom 25.5.2009)
PwC	PricewaterhouseCoopers (Wirtschaftsprüfungsgesellschaft)
QMF	Query Management Facility (IBM)
RechKredV	Verordnung über die Rechnungslegung der Kreditinstitute und Finanzdienstleistungsinstitute (zuletzt geändert durch Verordnung vom 18.12.2009)
RechVersV	Verordnung über die Rechnungslegung von Versicherungsunternehmen (zuletzt geändert durch Verordnung vom 18.12.2009)
REDIS	Revisions-Daten-Informations-System (Lotus Notes)
Rg.	Rechnung
RHB	Roh-, Hilfs- und Betriebsstoffe
RL	Richtlinie
Rn.	Randnummer
ROCE	Return on Capital Employed
RoI	Return on Investment (Renditekennzahl)
s	Umweltzustand
S.A.	Société Anonyme (Rechtsform)
SAI	Social Accounting International
SAP	Systeme, Anwendungen und Produkte der Datenverarbeitung
SAS	Statement on Auditing Standards (Prüfungsnorm, AICPA)
SCARF	System Control and Audit Review Files
SCCM	System Center Configuration Manager
Schufa	Schutzgemeinschaft für allgemeine Kreditsicherung
SDP	self-defeating prophecy
SE	Societas Europaea (Rechtsform)
SEAG	SE-Ausführungsgesetz (zuletzt geändert durch Gesetz vom 30.7.2009)
SEC	Securities and Exchange Commission (Börsenaufsichtsbehörde, USA)
Sec.	Section
SFAS	Statement of Financial Accounting Standards (Rechnungslegungsnorm, FASB)
SfQK	Satzung für Qualitätskontrolle
SFP	self-fulfilling prophecy
SME	Small and Medium-sized Entities
SMF	System Management Facilities
SMO	Statement of Membership Obligation (IFAC)
SN	Stellungnahme
SOA	Sarbanes-Oxley Act of 2002
SQL	Structured Query Language (Datenbankabfragesprache)
SSARS	Statement on Standards for Accounting and Review Services (AICPA)

StAP	Steuerliche Außenprüfung
STAR	Statistical Techniques for Analytical Review
StB	Steuerberater
StBerG	Steuerberatungsgesetz (zuletzt geändert durch Gesetz vom 22.12.2010)
StGB	Strafgesetzbuch (zuletzt geändert durch Gesetz vom 28.4.2011)
StiftG	Stiftungsgesetz
SWOT	Strengths, Weaknesses, Opportunities, Threats
T€	Tausend Euro
Tab.	Tabelle
TAC	Transnational Auditors Committee (IFAC)
TDM	Tausend Deutsche Mark
TecDAX	Technology Deutscher Aktienindex
TK	Transaktionskosten
TM	Trademark
TR	Testrisiko
TransPuG	Transparenz- und Publizitätsgesetz
TUG	Transparenzrichtlinie-Umsetzungsgesetz
Tz.	Textziffer
U	Unternehmen
UAG	Umweltauditgesetz (zuletzt geändert durch Gesetz vom 11.8.2010)
UE	Umsatzerlöse
UEC	Union Européenne des Experts Comptables, Economiques et Financiers (Vorgängerorganisation der FEE)
UK	United Kingdom
UmwG	Umwandlungsgesetz (zuletzt geändert durch Gesetz vom 24.9.2009)
URL	uniform resource locator
US-GAAP	United States-Generally Accepted Accounting Principles
US-GAAS	United States-Generally Accepted Auditing Standards
v.St.	vor Steuern
VAG	Versicherungsaufsichtsgesetz (zuletzt geändert durch Gesetz vom 1.3.2011)
vBP	vereidigter Buchprüfer
VFA	Versicherungsfachausschuss (IDW)
VO	Verordnung
Vol.	Volume
VorstOG	Vorstandsvergütungs-Offenlegungsgesetz
WFE	World Federation of Exchanges
WiPrPrüfV	Wirtschaftsprüferprüfungsverordnung (zuletzt geändert durch Gesetz vom 3.9.2007)
WP	Wirtschaftsprüfer
WPAnrV	Wirtschaftsprüfungsexamens-Anrechnungsverordnung (zuletzt geändert durch Verordnung vom 8.6.2009)
WPg	Die Wirtschaftsprüfung (Zeitschrift)
WPG	Wirtschaftsprüfungsgesellschaft
WpHG	Wertpapierhandelsgesetz (zuletzt geändert durch Gesetz vom 5.4.2011)
WPK	Wirtschaftsprüferkammer
WPO	Wirtschaftsprüferordnung (zuletzt geändert durch Gesetz vom 22.12.2010)
WPOÄG	Wirtschaftsprüferordnungs-Änderungsgesetz
WpPG	Wertpapierprospektgesetz (zuletzt geändert durch Gesetz vom 19.12.2008)
WpÜG	Wertpapiererwerbs- und Übernahmegesetz (zuletzt geändert durch Gesetz vom 5.4.2011)
WR	Wirtschaftlichkeitsrechnung
WVO	Wertstättenverordnung (zuletzt geändert durch Gesetz vom 22.12.2008)

X	Prüfungsumfang
XBRL	Extensible Business Reporting Language
XML	Extensible Markup Language
z/OS	z/Operating System (IBM)

Kapitel I: Ökonomische Probleme des Prüfungswesens und ihre Lösungsansätze

1 Information als Kernelement funktionierender Märkte

1.1 Überblick

Informationen über Zustände und Entwicklungen stellen die zentrale Voraussetzung für die effiziente Allokation von Ressourcen dar. Auch wirtschaftspolitische Entscheidungen sind nur dann effektiv, wenn Informationen über die Bedürfnisse von Wirtschaftssubjekten und über die Zusammenhänge innerhalb und zwischen den betrachteten Wirtschaftssubjekten vorliegen. Unternehmen und ihre Organisation als Institution[1] der Erstellung von Gütern und Dienstleistungen bilden den Mittelpunkt wirtschaftlichen Handelns.

Informationen über Prozesse in den einzelnen Unternehmen, aber auch über deren wirtschaftliche Lage allgemein, stellen für zahlreiche (Anspruchs-)Gruppen innerhalb und außerhalb der Unternehmen eine wichtige Grundlage für deren Entscheidungen dar.
Die Interessenlagen sind vielfältig:
- Arbeitnehmer sind insb. am Fortbestand ihrer Einkommensquelle und damit ihres Arbeitgebers interessiert.
- Aufsichtsräte von AG benötigen zur Ausübung ihrer Überwachungspflichten geeignete Informationsquellen.
- Eigenkapitalgeber (z. B. Kleinaktionäre, Beteiligungsgesellschaften) haben u. a. ein Interesse an einer möglichst hohen Rendite ihres eingesetzten Kapitals.
- Fremdkapitalgeber (z. B. Kreditinstitute) sind primär an einer möglichst geringen Ausfallquote ihrer Kredite interessiert.
- Aufsichtsbehörden benötigen Informationen, um Verstöße gegen gesetzliche Auflagen entdecken zu können.
- Finanzbehörden sind zur Berechnung der Steuerbemessungsgrundlage auf entsprechende Informationen angewiesen.
- Lieferanten haben ein Interesse an der Erfüllung ihrer Forderungen aus Lieferungen und Leistungen und somit am Fortbestand ihrer Kunden und deren Liquidität.

---

[1] Unter einer Institution ist ein auf die Steuerung individueller Verhaltensweisen ausgerichtetes formelles oder informelles Normensystem einschließlich dessen Garantieinstrumente zu verstehen; vgl. *Richter/Furubotn* (2010), S. 7f., sowie *Erlei/Leschke/Sauerland* (2007), S. 22. Institutionen umfassen auch Organisationen oder Berufsstände, die auf einem Normensystem basieren.

Da für alle der aufgeführten Personengruppen mit der Existenz eines Unternehmens etwas »auf dem Spiel steht«, werden diese auch als *stakeholder*[2] bezeichnet. Im weiteren Sinne werden darunter jedoch auch diejenigen Interessengruppen eines Unternehmens subsumiert, die ein Unternehmen indirekt beeinflussen können, wie z. B. Gewerkschaften oder (potenzielle) Wettbewerber.

Angesichts spektakulärer Bilanzskandale und Unternehmenskrisen in der jüngeren Vergangenheit (z. B. Enron, WorldCom, Parmalat und ComROAD) sowie der Finanz- und Wirtschaftskrise der vergangenen Jahre und deren Auswirkungen auf Unternehmen (beispielsweise Lehman Brothers, Hypo Real Estate, Fannie Mae und Freddie Mac) wird zunehmend auf die Bedeutung aktueller, relevanter und verlässlicher bzw. glaubwürdiger Informationen hingewiesen und ihr stärkerer Einsatz zur Überwachung und Kontrolle der Führungskräfte von Unternehmen gefordert. Damit verbunden ist auch die Forderung nach einer geeigneten Unternehmenspublizität und somit die Frage, wie stakeholder zusätzlich bzw. in einer anderen Form informiert werden sollten, um die Unternehmensüberwachung zu verbessern.

Die Frage nach Möglichkeiten zur Kontrolle über die Vermögenswerte und Strukturen innerhalb eines Unternehmens wird in der Literatur zur *Corporate Governance* formuliert und erörtert.[3] Primärer Untersuchungsgegenstand ist hierbei die Beziehung zwischen Eigenkapitalgebern und Management. Auch hier spielen Informationen eine entscheidende Rolle: Es wird von einem Informationsvorsprung des mit Entscheidungskompetenzen ausgestatteten Managements gegenüber dem Eigentümer[4] ausgegangen, d. h. vom Vorliegen *asymmetrisch* verteilter *Informationen* (→ I.2). Die Verpflichtung zur Publizität von (Unternehmens-)Informationen dient letztlich dazu, dieses Informationsdefizit der Eigentümer auszugleichen oder zumindest zu reduzieren.

1.2   Publizitätspflichtige Informationen

Die Veröffentlichung allgemein zugänglicher Unternehmensinformationen wird als Unternehmenspublizität bezeichnet. Die Publizitätspflicht deutscher Kapitalgesellschaften wird im Folgenden differenziert nach internationalen und deutschen Normen dargestellt. Dabei ist zwischen der Regelpublizität (Jahrespublizität und unterjährige Publizität) sowie der ereignisbezogenen Publizität zu unterscheiden.[5]

---

2   To be at stake = auf dem Spiel stehen; vgl. *Freeman* (1984), S. 31.

3   Eine Analyse zur Qualität der Corporate Governance deutscher Unternehmen findet sich bei *Bassen/ Kleinschmidt/Zöllner* (2004). Die Einbindung der Corporate Governance in das Gedankengut der Institutionenökonomie beschreibt *Williamson* (1985).

4   Unter dem Eigentümer wird im Folgenden die Vielzahl der Anteilseigner eines Unternehmens subsumiert.

5   Vgl. ausführlich *Ruhnke* (2008), S. 87 ff., 110 ff. und 127 ff.

1.2.1 Jahrespublizität

Die Jahrespublizität umfasst sämtliche Informationen, die einmal jährlich – i. d. R. nach Feststellung des Jahresabschlusses – zu veröffentlichen sind.

1.2.1.1 Internationale Normen

Alle Unternehmen, die nach internationalen Normen Rechnung legen, müssen unabhängig von ihrer Rechtsform und Größe die in IAS 1.10 genannten Bestandteile eines vollständigen Abschlusses (complete set of financial statements) erstellen und publizieren. Dies sind insbesondere:

* Bilanz (statement of financial position),
* Gesamtergebnisrechnung (statement of comprehensive income), die eine Gewinn- und Verlustrechnung (seperate income statement) sowie das sog. other comprehensive income beinhaltet,
* Eigenkapitalveränderungsrechnung (statement of changes in equity),
* Kapitalflussrechnung (statement of cash flows),
* Anhang (notes), bestehend aus Angaben zu den Bilanzierungsmethoden (accounting policies) und zu einzelnen Jahresabschlussbestandteilen (explanatory notes),

Für kapitalmarktorientierte Unternehmen erstreckt sich die Aufstellungspflicht auch auf die Segmentberichterstattung (segment reporting) gem. IFRS 8. Unternehmen, deren Stammaktien öffentlich gehandelt werden, haben des Weiteren die Kennzahl »Ergebnis je Aktie« (earnings per share) gem. IAS 33 zu ermitteln und auszuweisen. Darüber hinaus wird die Unternehmensleitung angeregt, einen »financial review by management« zu erstellen, in dem die Haupteinflussfaktoren auf die Vermögens-, Finanz- und Ertragslage sowie potenzielle Risiken der Geschäftsentwicklung erörtert werden (IAS 1.13). Im Dezember 2010 veröffentlichte das IASB das IFRS Practice Statement »Management commentary«. Dieser Standard zur Lageberichterstattung entfaltet jedoch nicht die Bindungswirkung eines IFRS, sondern ist ein Rahmenkonzept, an welchem sich das Management bei der Erstellung eines solchen Reports orientieren kann.

Nach § 315a Abs. 1 HGB sind alle in der EU ansässigen Unternehmen, die an einem organisierten Markt Wertpapiere ausgegeben haben, verpflichtet, ihre Konzernabschlüsse nach IFRS aufzustellen.[6]

Sowohl für Konzernabschlüsse nicht kapitalmarktorientierter Mutterunternehmen als auch in Bezug auf Einzelabschlüsse enthält die IAS-Verordnung ein Wahlrecht, wonach es den EU-Mitgliedstaaten vorbehalten ist, die Anwendung der IFRS den bilanzierenden Unternehmen zu gestatten oder verbindlich vorzuschreiben (Art. 5). In Deutschland wurde dieses Wahlrecht dergestalt ausgeübt, dass für nicht kapitalmarktorientierte Mutterunternehmen die Aufstellung eines befreienden IFRS-Konzernabschlusses optional ist (§ 315a Abs. 3 HGB). Die Anwendung der IFRS im Einzelabschluss regelt der deutsche

---

6 Hierbei handelt es sich um die Verankerung der EU-Verordnung vom 19.7.2002 betreffend die Anwendung internationaler Rechnungslegungsstandards (»IAS-Verordnung«) im deutschen Bilanzrecht.

Gesetzgeber hingegen über die Offenlegungsvorschriften. Danach können Kapitalgesellschaften freiwillig einen informatorischen Einzelabschluss nach IFRS aufstellen und diesen anstelle eines HGB-Jahresabschlusses im elektronischen Bundesanzeiger veröffentlichen (§ 325 Abs. 2a HGB). Für alle gesellschafts-, steuer- und aufsichtsrechtliche Zwecke wird weiterhin der Jahresabschluss nach den Vorschriften des HGB gefordert.

Ein Unternehmen, das sich zur freiwilligen Aufstellung eines Abschlusses nach IFRS entscheidet, muss die internationalen Normen vollständig anwenden. Auf diese Weise wird die Vergleichbarkeit freiwilliger und verpflichtender Konzernabschlüsse nach IFRS gewährleistet. Bei der Aufstellung eines Konzernabschlusses nach IFRS sind allerdings zusätzlich bestimmte nationale gesetzliche Vorschriften zu beachten, die über die internationalen Regelungen hinausgehen. Beispielhaft können die Pflicht zur Aufstellung eines Konzernlageberichts gem. § 315 HGB sowie die Vorschriften zur Offenlegung und Prüfung des Abschlusses genannt werden.[7]

1.2.1.2 Nationale Normen

Der handelsrechtliche Jahresabschluss besteht gem. § 242 Abs. 3 HGB zunächst aus der Bilanz und der Gewinn- und Verlustrechnung (GuV). In Abhängigkeit von Rechtsform und Größe des Unternehmens kommen weitere Bestandteile hinzu. So haben Kapitalgesellschaften gem. § 264 Abs. 1 HGB ihren Jahresabschluss um einen Anhang und einen Lagebericht zu ergänzen; kapitalmarktorientierte Kapitalgesellschaften, die keinen Konzernabschluss erstellen müssen, sind zusätzlich zur Erstellung einer Kapitalflussrechnung und eines Eigenkapitalspiegels verpflichtet. Von der Pflicht zur Aufstellung eines Lageberichts sind lediglich kleine Kapitalgesellschaften befreit. Kapitalgesellschaften & Co. i. S. des § 264a Abs. 1 HGB, d. h. Personenhandelsgesellschaften, bei denen keine natürliche Person mittelbar oder unmittelbar persönlich haftender Gesellschafter ist, sind wie Kapitalgesellschaften zu behandeln.

Mutterunternehmen müssen zusätzlich zum Konzernabschluss (Konzernbilanz, -Gewinn- und Verlustrechnung, -anhang) und Konzernlagebericht auch eine Kapitalflussrechnung und einen Eigenkapitalspiegel erstellen. Die Erweiterung des Konzernabschlusses um eine Segmentberichterstattung ist freiwillig (§ 297 Abs. 1 HGB). Konzernabschlüsse, die gem. § 315a HGB nach IFRS aufgestellt werden, müssen im Fall einer Börsennotierung der betreffenden Gesellschaft hingegen zwingend um eine Segmentberichterstattung erweitert werden (IFRS 8.2).

Insbesondere börsennotierte Aktiengesellschaften sind dazu verpflichtet, eine gemeinsame Erklärung des Vorstands und des Aufsichtsrats über die Erfüllung bzw. Nichterfüllung der Empfehlungen des Deutschen Corporate Governance Kodex (DCGK) abzugeben (§ 289a Abs. 2 Nr. 1 HGB i. V. m. § 161 Abs. 1 Satz 1 AktG). Nach § 161 Abs. 2 AktG ist die Erklärung den Aktionären dauerhaft auf den Internetseiten des Unternehmens zugänglich zu machen (zu den Auswirkungen des DCGK auf die Abschlussprüfung

---

7   Die zusätzlich zu beachtenden nationalen Vorschriften sind: § 294 Abs. 3 HGB, § 297 Abs. 2 Satz 4, § 298 Abs. 1 HGB i. V. m. § 244 und 245 HGB, § 313 Abs. 2 und 3 HGB, § 314 Abs. 1 Nr. 4, 6, 8 und 9, Abs. 2 Satz 2 HGB.

→ II.8.5). Seit der Einführung des BilMoG ist diese Erklärung teil der sog. Erklärung zur Unternehmensführung (§ 289a HGB), die einen separaten Teil des Lageberichts bildet. Diese beinhaltet zusätzlich Angaben zu Unternehmensführungspraktiken, die die gesetzlichen Anforderungen übersteigen (§ 289a Abs. 2 Nr. 2 HGB) sowie eine Darstellung der Arbeitsweise von Vorstand, Aufsichtsrat und deren Ausschüssen sowie der Zusammensetzung der Ausschüsse (§ 289a Abs. 2 Nr. 3 HGB).

Die Differenzierung nach kleinen, mittelgroßen und großen Kapitalgesellschaften ist in § 267 Abs. 1 bis 4 HGB geregelt. Eine Kapitalgesellschaft ist per Legaldefinition *klein*, wenn sie mindestens zwei der Merkmale (*Schwellenwerte*) nach § 267 Abs. 1 HGB nicht überschreitet. Als *mittelgroß* gilt eine Kapitalgesellschaft dann, wenn sie mindestens zwei der Schwellenwerte nach § 267 Abs. 1 HGB, jedoch nicht zwei der Merkmale nach § 267 Abs. 2 HGB überschreitet. Es handelt sich um eine *große* Kapitalgesellschaft, wenn mindestens zwei der Schwellenwerte des § 267 Abs. 2 HGB überschritten sind. Die Rechtsfolgen der betreffenden Größenklassen treten jedoch nur ein, wenn die Voraussetzungen an zwei aufeinander folgenden Stichtagen erfüllt sind (§ 267 Abs. 4 Satz 1 HGB). Eine kapitalmarktorientierte Kapitalgesellschaft gilt gem. § 267 Abs. 3 Satz 2 HGB stets als groß. Die Schwellenwerte sind in Tab. I.1-1 aufgeführt.

Größenklasse	Bilanzsumme in Mio. € (BS)	Umsatzerlöse in Mio. € (UE)	Zahl der Arbeitnehmer (AN)
klein	BS ≤ 4.840	UE ≤ 9.680	AN ≤ 50
mittelgroß	4.840 < BS ≤ 19.250	9.680 < UE ≤ 38.500	50 < AN ≤ 250
groß	BS > 19.250	UE > 38.500	AN > 250

Tab. I.1-1: Schwellenwerte der Größenklassen nach § 267 Abs. 1 bis 3 HGB

Tab. I.1-2 stellt die für ausgewählte Rechtsformen geltenden nationalen Normen zur Rechnungslegungspflicht und Jahrespublizität dar.

Rechnungslegende Einheit	Rechnungslegungspflicht (übergeordnete Norm: § 238 HGB)	Publizitätspflicht
kleine Kapitalgesellschaften (AG, GmbH, KGaA) (§ 267 Abs. 1 und 4 HGB)	§ 242 HGB: Verkürzte Bilanz (§ 266 Abs. 1 Satz 3), GuV; § 264 HGB: Anhang; größenabhängige Erleichterung gem. §§ 274a und 276 HGB	§§ 325 Abs. 1 i. V. m. 326 HGB: Bilanz und Anhang; größenabhängige Erleichterung: Verkürzung des Anhangs gem. § 326 HGB Alternativ: IFRS-Einzelabschluss (§ 325 Abs. 2a und 2b HGB)
mittelgroße Kapitalgesellschaften (§ 267 Abs. 2 und 4 HGB)	§ 242 HGB: Bilanz, GuV; § 264 HGB: Anhang, Lagebericht; größenabhängige Erleichterung gem. § 276 HGB	§§ 325 Abs. 1 i. V. m. 327 HGB: Jahresabschluss mit Bestätigungsvermerk bzw. Vermerk über dessen Versagung, Lagebericht, Bericht des Aufsichtsrats, Gewinnverwendungsvorschlag; größenabhängige Erleichterungen gem. § 327 HGB Alternativ: IFRS-Einzelabschluss (§ 325 Abs. 2a und 2b HGB)

Rechnungslegende Einheit	Rechnungslegungspflicht (übergeordnete Norm: § 238 HGB)	Publizitätspflicht
große (§ 267 Abs. 3 Satz 1 und 4 HGB) und kapitalmarktorientierte Kapitalgesellschaften (§ 267 Abs. 3 Satz 2 HGB)	§ 242 HGB: Bilanz, GuV; § 264 HGB: Anhang, Lagebericht sowie Kapitalflussrechnung und Eigenkapitalspiegel, sofern es sich um eine kapitalmarktorientierte Kapitalgesellschaft handelt, die nicht zur Erstellung eines Konzernabschlusses verpflichtet ist; eine Erweiterung um eine Segmentberichterstattung ist optional	§ 325 Abs. 1 HGB: Jahresabschluss mit Bestätigungsvermerk bzw. Vermerk über dessen Versagung, Lagebericht, Bericht des Aufsichtsrats und Gewinnverwendungsvorschlag sowie Erklärung nach § 161 AktG und Bilanzeid (bei Börsennotierung); Alternativ: IFRS-Einzelabschluss (§ 325 Abs. 2a und 2b HGB)
Konzerne, deren Mutterunternehmen als Kapitalgesellschaft firmieren und bei denen die Befreiungsvorschriften der §§ 291 bis 293 HGB nicht greifen	§ 290 HGB i.V.m. § 297 Abs. 1 HGB: Konzernbilanz, Konzern-GuV, Konzernanhang, Kapitalflussrechnung, Eigenkapitalspiegel und optional Segmentberichterstattung. Kapitalmarktorientierte Mutterunternehmen sind nach § 315a HGB verpflichtet, einen IFRS-Konzernabschluss zu erstellen. Hierbei besteht zusätzlich eine Pflicht zur Erstellung einer Segmentberichterstattung	§ 325 Abs. 3 HGB: Konzernabschluss mit Bestätigungsvermerk bzw. Vermerk über dessen Versagung, Konzernlagebericht und Bericht des Aufsichtsrats sowie Bilanzeid (bei Börsennotierung des Mutterunternehmens)
Unternehmen, die nicht in der Rechtsform einer Kapitalgesellschaft firmieren und bestimmte Größenkriterien übersteigen	§§ 1, 5 PublG i.V.m. § 242 HGB: Bilanz, GuV; bei Nicht-Personenhandels-gesellschaften und Nicht-Einzelkaufleuten Erweiterung des Jahresabschlusses um Anhang sowie Lagebericht (§ 5 Abs. 2 PublG)[8]	§ 9 Abs. 1 PublG i.V.m. § 325 Abs. 1, 2, 2a, 2b, 4 bis 6, § 328 HGB: Jahresabschluss, Lagebericht; bei Personengesellschaften und Einzelunternehmen: Offenlegung der GuV und des Gewinnverwendungsvorschlages optional (§ 9 Abs. 2 PublG), sofern die in § 5 Abs. 5 Satz 3 PublG erforderlichen Angaben gemacht werden
Konzerne, deren Mutterunternehmen nicht in der Rechtsform einer Kapitalgesellschaft firmieren und die auf Konzernebene bestimmte Größenkriterien übersteigen	§§ 11 i.V.m. 13 PublG, § 297 HGB: Konzernabschluss und Konzernlagebericht	§ 15 Abs. 1 Satz 1 PublG i.V.m. § 325 Abs. 3 bis 6 HGB: Konzernabschluss mit Bestätigungsvermerk bzw. Vermerk über dessen Versagung, Konzernlagebericht
Für Unternehmen bestimmter Rechtsformen oder Branchen gelten ergänzende Vorschriften für den Jahres- und Konzernabschluss	Genossenschaften: § 336 HGB i.V.m. § 33 Abs. 1 GenG Kreditinstitute: §§ 340a Abs. 1, 340i Abs. 1 HGB Versicherungsunternehmen: §§ 341a Abs. 1, 341i Abs. 1 HGB	Genossenschaften: § 339 Abs. 1 HGB Kreditinstitute: § 340l Abs. 1 HGB i.V.m. §§ 26, 26a KWG Versicherungsunternehmen: § 341l Abs. 1 HGB

Tab. I.1-2: Jahrespublizität nach nationalen Normen

---

8   Bei Nicht-Personenhandelsgesellschaften und Nicht-Einzelkaufleuten i.S. des § 5 Abs. 2 PublG handelt es sich bspw. um Stiftungen, die ein Gewerbe betreiben, oder um Vereine, deren Zweck auf einen wirtschaftlichen Geschäftsbetrieb ausgerichtet ist.

1.2.2 Unterjährige Publizität

Unterjährige Berichte (interim reports) umfassen einen Zeitraum von weniger als einem Geschäftsjahr. Die häufigste Form der unterjährigen Publizität ist die Zwischenberichterstattung infolge der Transformation der EU-Transparenzrichtlinie aus dem Jahr 2004 in deutsches Recht. So sind nach § 37w WpHG sog. Inlandsemittenten i. S. des § 2 Abs. 7 WpHG dazu verpflichtet, *Halbjahresfinanzberichte* (bestehend aus einem verkürzten Abschluss, einem Zwischenlagebericht sowie einem sog. Bilanzeid[9]) zu erstellen und spätestens zwei Monate nach Ablauf des Berichtszeitraums zu veröffentlichen.

Inlandsemittenten, die Aktien begeben, sind darüber hinaus nach § 37x WpHG dazu verpflichtet, jeweils für das erste und dritte Quartal eines Geschäftsjahres sog. Zwischenmitteilungen der Geschäftsführung zu erstellen (*Quartalsfinanzberichte*). Diese Mitteilungen sind in einem Zeitraum zwischen zehn Wochen nach Beginn und sechs Wochen vor Ende der ersten bzw. zweiten Hälfte des Geschäftsjahres zu veröffentlichen. Diese Pflicht entfällt, wenn der Emittent bereits auf Grund anderer Vorgaben oder freiwillig Quartalsfinanzberichte erstellt, die den Anforderungen des § 37w Abs. 2 Nr. 1 und 2, Abs. 3 und 4 WpHG genügen. Für Unternehmen, deren Aktien im »Prime Standard« der FWB notiert sind, ergibt sich die Pflicht zur Aufstellung solcher Quartalsfinanzberichte aus § 66 Abs. 1 BörsO FWB. Hinweise zur konkreten Ausgestaltung von Zwischenberichten finden sich in IAS 34 und DRS 16[10]. Des Weiteren kann das BMF im Einvernehmen mit dem BMJ auf Grund der Ermächtigungsvorschrift des § 37w Abs. 6 WpHG eine Rechtsverordnung erlassen, die u. a. den Inhalt der Zwischenberichte näher bestimmt.

Unterjährige Berichte sind de lege lata nicht prüfungspflichtig (zur freiwilligen Prüfung/prüferischen Durchsicht unterjähriger Berichte → III.3.3.1.1). Die Halbjahresfinanzberichte können nach § 37w Abs. 5 WpHG einer prüferischen Durchsicht (→ I.6.4.2) durch einen Abschlussprüfer unterzogen werden; Gleiches gilt für Quartalsfinanzberichte (§ 37x Abs. 3 Satz 3 WpHG).

Neben dem *vollständigen* Abschluss, der für *jedes* Geschäftsjahr zu erstellen ist, sehen die IFRS auch Abschlüsse für Berichtsperioden vor, die kürzer als ein Geschäftsjahr sind. Diese unterjährigen Berichte können als vollständiger Abschluss oder als verkürzter Abschluss (condensed financial statements) erstellt werden (IAS 34.4). Die IFRS schreiben nicht vor, welche Unternehmen unterjährige Berichte zu erstellen haben oder in welchen Zeitabständen diese zu erstellen sind. Börsennotierten Unternehmen wird lediglich empfohlen, mindestens zum Ende der Hälfte eines Geschäftsjahres einen unterjährigen Bericht zu erstellen und diesen innerhalb von 60 Tagen nach Abschluss der Berichtsperiode verfügbar zu machen (IAS 34.1). Die Pflichten zur unterjährigen Berichterstattung, die sich aus den entsprechenden Teilnahmebedingungen der Börsensegmente bzw. aus dem WpHG ergeben, bleiben davon unberührt.

Unternehmen, die pflichtgemäß oder freiwillig unterjährige Berichte nach IFRS erstellen, sind zur Anwendung des IAS 34 verpflichtet. Danach kann sich ein unterjähriger Bericht aus Kosten- und Zeitgesichtspunkten auf die Mindestbestandteile

---

9   Ausführlich zum Bilanzeid i. S. des § 264 Abs. 2 Satz 3 HGB siehe *Fleischer* (2007).
10 DRS 16 regelt darüber hinaus auch die unterjährige Lageberichterstattung; vgl. *Ruhnke* (2008), S. 122.

- verkürzte Bilanz (condensed statement of financial position),
- verkürzte Gesamtergebnisrechnung (condensed statement of comprehensive income),
- verkürzte Eigenkapitalveränderungsrechnung (condensed statement of changes in equity),
- verkürzte Kapitalflussrechnung (condensed statement of cash flows),
- ausgewählte erläuternde Anhangangaben (selected explanatory notes) beschränken.[11]

1.2.3   Ereignisbezogene Publizität

Für Inlandsemittenten i. S. des § 2 Abs. 7 WpHG besteht neben der oben beschriebenen Regelpublizität die Pflicht zur »Ad-hoc-Publizität« gem. § 15 WpHG, d. h. die Pflicht zur unverzüglichen Veröffentlichung einer neuen Tatsache (Insiderinformation), die das Unternehmen unmittelbar betrifft und dazu geeignet ist, den Kurs der emittierten Finanzinstrumente erheblich zu beeinflussen.[12] Solche Tatsachen sind beispielsweise der Abschluss eines Verschmelzungsvertrages, Kapitalmaßnahmen, Dividendenänderungen oder der Erwerboder die Veräußerung wesentlicher Beteiligungen. Auf Basis dieser Regelungen werden entscheidungsrelevante Informationen zeitnah an externe stakeholder kommuniziert sowie Insidergeschäften vorgebeugt. Neben dem Emittenten ist auch jede Person, die im Auftrag des Unternehmens oder für seine Rechnung handelt und im Rahmen ihrer Befugnis einem anderen Insiderinformationen mitteilt oder zugänglich macht, dazu verpflichtet, diese zeitgleich zu veröffentlichen. Von dieser Veröffentlichungspflicht ausgenommen sind Personen(-gruppen), die rechtlich zur Vertraulichkeit verpflichtet sind, etwa Rechtsanwälte, WP und StB. Wurde die Insiderinformation einem anderen unwissentlich mitgeteilt oder zugänglich gemacht, muss die Veröffentlichung unverzüglich nachgeholt werden (§ 15 Abs. 1 Satz 5 WpHG). Gemäß § 15 Abs. 4 WpHG ist die zu veröffentlichende Information vor der Veröffentlichung der Geschäftsführung der zuständigen Börse sowie der Bundesanstalt für Finanzdienstleistungsaufsicht (BaFin) mitzuteilen.

Emittenten von Finanzinstrumenten sind von der Pflicht zur Veröffentlichung von Insiderinformationen solange befreit, wie es der Schutz ihrer berechtigten Interessen erfordert, keine Irreführung der Öffentlichkeit zu befürchten ist und die Emittenten die Vertraulichkeit der Informationen gewährleisten können. Die Gründe für die Befreiung sind der BaFin mitzuteilen. Liegen die Vorraussetzungen zur Befreiung von der Veröffentlichungspflicht nicht mehr vor, muss die Bekanntmachung unverzüglich nachgeholt werden (§ 15 Abs. 3 WpHG).

Die Ad-hoc-Publizität unterliegt keiner Prüfungspflicht, es kann jedoch eine freiwillige Prüfung vereinbart werden.

---

11   Zur Bilanzierung in unterjährigen Berichten siehe *Ruhnke* (2008), S. 123 ff.
12   Zu weiteren ereignisbezogenen Publizitätspflichten vgl. *Ruhnke* (2008), S. 135 ff.

1.3   Informationen im Steuerungssystem eines Unternehmens

1.3.1   Überblick

Die Funktionsbereiche innerhalb eines Unternehmens lassen sich vereinfacht in die Bereiche Planung, Realisation und Unternehmenssteuerung unterteilen.[13]

- Im Rahmen der *Planung* werden sämtliche Zielgrößen eines Unternehmens im Hinblick auf dessen Erstellung von Gütern oder Dienstleistungen festgelegt und die dafür notwendigen Abläufe und Strukturen innerhalb eines Unternehmens bestimmt.
- Bei der *Realisation* stehen die Umsetzung der Planvorgaben und alle damit verbundenen Entscheidungen im Mittelpunkt. Planung und Realisation decken alle Aspekte der Unternehmensaktivitäten ab, erstrecken sich also auf die strategische Ausrichtung eines Unternehmens, Beschaffung und Einsatz der Inputfaktoren, Leistungserstellung, Aufbau- und Ablauforganisation sowie Absatz- und Finanzierungsfragen.
- Die *Steuerung* eines Unternehmens zielt auf die Minimierung der Abweichungen zwischen geplanten und realisierten Ergebnissen ab. Dazu werden zunächst die aus der Planung abgeleiteten Soll-Zustände den aus der Realisation entstehenden Ist-Zuständen gegenübergestellt und die auftretenden Diskrepanzen quantifiziert und bewertet. Zur Minimierung der Abweichungen bedarf es im zweiten Schritt eines Entscheidungsbündels, das auf die Annäherung der Ist-Ergebnisse an die Soll-Vorgaben bzw. eine Korrektur der Soll-Vorgaben hinwirkt.

Das Steuerungssystem erfordert verlässliche, zeitnahe und relevante *Informationen* über die geplanten und realisierten Leistungsprozesse, um Abweichungen zwischen geplanten Soll-Größen einerseits und realisierten Ist-Größen andererseits zu identifizieren, zu quantifizieren und zu bewerten. Dieser Soll-Ist-Abgleich wird als *Prüfung* bezeichnet. Zur zielgerichteten Bestimmung der Soll-Größen sind wiederum Informationen, die im Zuge der Realisation entstehen, möglichst frühzeitig in Planungsprozesse einzubinden. Anhand der Prüfungsergebnisse werden schließlich *Entscheidungen* über die Adjustierung von Steuerungsgrößen in der Planung und Realisation getroffen.

Informationen bilden also die Grundlage zur Verringerung von Soll-Ist-Abweichungen und stellen die Voraussetzung für eine effektive Unternehmenssteuerung und damit die effiziente Allokation von Ressourcen dar.[14] Der auf Informationsflüssen basierende Zusammenhang zwischen den Bereichen Planung, Realisation und Steuerung ist in Abb. I.1-1 dargestellt.

Prüfungs- und Entscheidungsinstitutionen sind i.d.R. organisatorisch voneinander abgekoppelt, um die Unabhängigkeit der Prüfungsinstitutionen zu ermöglichen.[15] Der Auftrag an eine Prüfungsinstitution ist mit der Abgabe des Prüfungsurteils häufig kei-

---

13   Vgl. *Leffson* (1988), S. 9 ff.
14   Die Funktionsbereiche eines Unternehmens lassen sich auch als Regelkreis abbilden, der durch Steuergrößen den Einfluss von Störgrößen auf das Ergebnis eines Prozesses mindert. Dieses Konzept der Kybernetik taucht auch in anderen Sozialwissenschaften und in den Naturwissenschaften auf; vgl. *Chmielewicz* (1994), S. 33 f.
15   Vgl. *Sieben/Bretzke* (1973), S. 627.

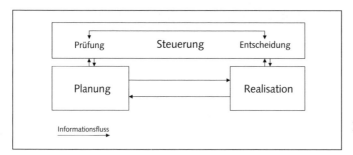

Abb. I.1-1: Die Steuerung von Unternehmen auf Basis von Informationen

neswegs abgeschlossen, sondern erstreckt sich auf Grund der Kompetenz und des Informationsstands zunehmend auf die Erarbeitung von Verbesserungsvorschlägen. Die Umsetzung der Vorschläge sowie die mögliche Sanktion bestehender Soll-Ist-Abweichungen liegt jedoch im Einflussbereich der Entscheidungsinstitutionen.

Das Beziehungsgeflecht einzelner Prüfungs- und Entscheidungsinstitutionen im System der Unternehmenssteuerung verdeutlicht Abb. I.1-2.

1.3.2   Entscheidungsinstitutionen

Bei den Entscheidungsinstitutionen kann zwischen externen und internen Entscheidungsträgern unterschieden werden.

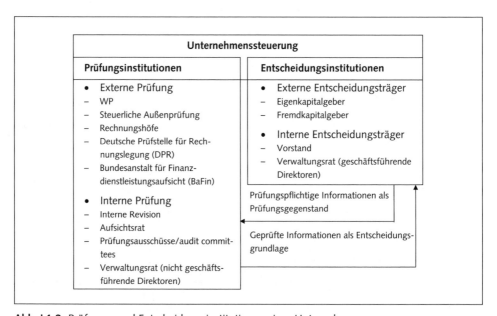

Abb. I.1-2: Prüfungs- und Entscheidungsinstitutionen eines Unternehmens

1.3.2.1 Eigen- und Fremdkapitalgeber

Sowohl die Ausdehnung der Geschäftstätigkeit (z. B. im Zuge der Erschließung neuer Märkte) als auch die Entwicklung und/oder Anwendung neuer Leistungserstellungs- und Informationstechnologien erfordert häufig die Verbreiterung der Kapitalbasis von Unternehmen und damit die Gewinnung neuer Investoren und Kreditgeber. Gleichzeitig hat das Unternehmen den bestehenden vertraglichen Verpflichtungen zu Zinszahlungen für das in Anspruch genommene Fremdkapital sowie den Renditeerwartungen der Anteilseigner nachzukommen.

Bei Gefahr eines Forderungsausfalls werden Fremdkapitalgeber dazu neigen, nach Ablauf der Vertragsbeziehung keine weiteren Mittel zur Verfügung zu stellen, die Zinsen für Fremdkapital zu erhöhen oder bei laufenden Verträgen von einer Ausdehnung der Kreditlinie abzusehen bzw. die vorhandene zu reduzieren. Anteilseigner werden zum Verkauf ihrer Position neigen, bzw. potenzielle Anleger werden von einem Engagement Abstand nehmen, wenn alternative Investitionsmöglichkeiten eine höhere Rendite bei gleichem Risiko bieten. Sowohl Fremd- als auch Eigenkapitalgeber können folglich in Abhängigkeit vom wirtschaftlichen Erfolg des Unternehmens über die Bereitstellung finanzieller Ressourcen entscheiden. Dabei verfügen die Teilnehmer auf den Märkten für *handelbare* Eigen- oder Fremdkapitalpositionen – wie Aktien oder Anleihen – (*Kapitalmärkte*) in der kurzen Frist über eine höhere Entscheidungsmacht als Kreditgeber, die i. d. R. längerfristig an abgeschlossene Kreditverträge gebunden sind.

Zur effizienten Funktionsweise von Kapitalmärkten bedarf es der Bereitstellung glaubwürdiger und gleichzeitig relevanter Informationen für Entscheidungsträger. Die Rechnungslegung stellt in diesem Zusammenhang ein normiertes Informationsinstrument der Unternehmensführung zur Ausübung von Anreiz-, Überwachungs- und Kontrollfunktionen dar. Die Prüfung dieser Informationen im Hinblick auf ihre Normenkonformität dient damit als Glaubwürdigkeitssignal und leistet somit einen wichtigen Beitrag zur Funktionsfähigkeit der Kapitalmärkte. Konkrete Nutzenkategorien der Prüfung sind die Fehleraufdeckungskraft, Fehlerprophylaxe und Prognoseeignung der Prüfungsergebnisse.[16]

Aufgabe des Abschlussprüfers ist es, ein Urteil über die Normenkonformität des Jahresabschlusses eines Mandanten abzugeben. Die Wahrscheinlichkeit, dass der Abschlussprüfer wesentliche Fehler in einem zu prüfenden Jahresabschluss entdeckt und über diese wahrheitsgemäß berichtet, determiniert die Qualität der Abschlussprüfung. Die Aufdeckung wesentlicher Fehler hängt von der fachlichen Qualifikation des Abschlussprüfers ab (Urteilsfähigkeit), wohingegen die Bereitschaft über aufgedeckte Fehler zu berichten, von der Unbefangenheit und Unabhängigkeit des Abschlussprüfers (Urteilsfreiheit) bestimmt wird. Der regulierte Berufszugang stellt eine hohe Fachkompetenz sicher, sodass die Urteilsfähigkeit als gegeben angenommen werden kann. Die maßgebliche Einflussgröße auf die Prüfungsqualität ist folglich die Urteilsfreiheit, da diese sowohl den Willen des Prüfers zur Aufdeckung von Fehlern als auch dessen Bereitschaft, über

---

16 Vgl. *Ruhnke* (2003), S. 254.

die entdeckten Fehler zu berichten, umfasst.[17] Neben der tatsächlichen Urteilsfreiheit des Prüfers ist es auch von Bedeutung, dass dieser von den Stakeholdern des geprüften Unternehmens als urteilsfrei wahrgenommen wird. Die Qualität einer Abschlussprüfung lässt sich somit in eine tatsächliche und eine wahrgenommene Prüfungsqualität unterscheiden. Da die tatsächliche Prüfungsqualität oftmals nicht beobachtbar ist, wird die wahrgenommene Prüfungsqualität regelmäßig mithilfe von Proxy-Variablen[18] gemessen.

Schwankungen in der erwarteten Qualität der Abschlussprüfung und damit in der vermuteten Glaubwürdigkeit der Rechnungslegungsinformationen dürften sich in Kapitalmarktbewegungen niederschlagen oder auf Kreditvergabeentscheidungen[19] auswirken. Allerdings finden sich im Fachschrifttum weder theoretische Überlegungen noch empirische Befunde, die diesbezüglich eindeutige Schlussfolgerungen zulassen.[20] Dennoch kann grundsätzlich davon ausgegangen werden, dass sich die Größe einer WPG positiv auf die Prüfungsqualität auswirkt, da die relative Bedeutung des einzelnen Mandanten bei einer großen WPG oftmals geringer ist und somit die ökonomisch motivierte Bereitschaft, sich Mandanteninteressen zu beugen, sinkt. Des Weiteren dürfte der Anreiz für eine hohe Abschlussprüfungsqualität bei großen WPG tendenziell höher sein als bei kleinen und mittelgroßen WPG, da diese eine größere Anzahl an Mandanten betreuen und im Falle einer mangelhaften Prüfungsqualität ihrer Reputation erheblich schaden, woraus ein Verlust weiterer Mandate resultieren kann (Verlust von Quasirenten → I.7.2.1). Umgekehrt bewirkt die Zugrundelegung der Mandanten-Portfolios einzelner *Partner* großer WPG möglicherweise ähnliche Anreize wie die Anreize in kleinen WPG.[21]

In den USA ließen sich im Zusammenhang mit der Ankündigung eines Wechsels von Mandantenunternehmen von einer kleinen zu einer großen Prüfungsgesellschaft oder umgekehrt Kapitalmarktreaktionen beobachten. Ein Wechsel von einer kleinen zu einer großen Prüfungsgesellschaft wird vom Kapitalmarkt eher positiv bewertet, der Wechsel von einer großen zu einer kleinen Prüfungsgesellschaft hingegen eher negativ.[22]

Einen weiteren Einflussfaktor auf die Qualität der Abschlussprüfung bildet die Branchenspezialisierung einer WPG. Durch die Spezialisierung erhöht diese ihr branchenspezifisches Wissen, wodurch die Fähigkeit zur Ermittlung von Prüfungsrisiken und die Aufdeckungswahrscheinlichkeit von Unregelmäßigkeiten, die zu wesentlichen falschen Angaben in der Rechnungslegung führen, gegenüber nicht spezialisierten WPG gesteigert werden kann. Empirisch konnte für große WPG ein Einfluss der Branchenspezialisierung auf die vom Kapitalmarkt wahrgenommene Prüfungsqualität nachgewiesen

---

17 Vgl. *Craswell* (1999), S. 32.

18 Um eine nicht operationalisierbare Variable näherungsweise darstellen zu können, wird eine operationalisierbare Größe (Proxy-Variable) verwendet, welche die Ausgangsgröße bestmöglich abbildet. Beispielsweise ist zu vermuten, dass ein Abschluss, der in geringem Umfang Periodenabgrenzungen (Proxy-Variable) beinhaltet, eine hohe Prüfungsqualität besitzt; vgl. hierzu *Wagenhofer/Ewert* (2007), S. 252 ff.

19 Die Bedeutung der Abschlussprüfung für die Vergabe von Krediten haben beispielsweise *Ruhnke/Schmiele/Sanyang* (2009), S. 2726 untersucht.

20 Ein Überblick über prüfungsspezifische Kapitalmarktstudien findet sich bei *Ruhnke* (2003), S. 267 ff.

21 Vgl. hierzu grundlegend *DeAngelo* (1981a); *DeAngelo* (1981b) sowie *Ewert* (1993).

22 Ein Überblick über die Studien, die sich mit Kapitalmarktreaktionen nach einem Prüferwechsel befassen, finden sich bei *Moizer* (1997), S. 71 und *Knechel et al.* (2007), S. 20 f.

werden: Für einen Wechsel von einer nichtspezialisierten, großen WPG zu einer spezialisierten, großen WPG (und vice versa) konnte eine signifikant positive (negative) Kapitalmarktreaktion beobachtet werden.[23]

Für große WPG konnte weiterhin ein positiver Zusammenhang zwischen der Größe der Niederlassung und der wahrgenommenen Qualität der durch diese durchgeführten Abschlussprüfungen beobachtet werden. Als Proxy-Variablen für die wahrgenommene Prüfungsqualität wurden das Ausmaß der Periodenabgrenzung, das Erreichen von Gewinnzielen sowie die Veröffentlichung von Going-Concern Reports[24] untersucht. Die oftmals breitere Expertise in größeren Niederlassungen sowie die Neigung zur Konsultation von WP derselben Niederlassung bei Problemstellungen führt dazu, dass die Wahrscheinlichkeit einer höheren Prüfungsqualität mit der Niederlassungsgröße einer WPG steigt.[25]

Ferner konnten bei Börsengängen Korrelationen zwischen der Größe des Abschlussprüfers eines Emittenten und dem Ausmaß von underpricing-Effekten festgestellt werden: Mandanten großer Prüfungsgesellschaften sind von einem underpricing, d.h. einem ersten Börsenkurs, der oberhalb des Emissionskurses liegt, weniger stark betroffen als Mandanten kleiner Gesellschaften. Das heißt, der Emissionskurs von Unternehmen, die von einer großen Prüfungsgesellschaft geprüft werden, ist vergleichsweise höher als der von Unternehmen, die von kleinen Gesellschaften geprüft werden.[26] Da der Kapitalzufluss für ein Unternehmen mit steigendem Emissionskurs wächst, stellt die Wahl einer großen Prüfungsgesellschaft für Unternehmen, die einen Börsengang planen, einen Vorteil dar. Diesem zusätzlichen Nutzen sind gleichwohl die zusätzlichen Kosten infolge der im Vergleich zu kleinen Prüfungsgesellschaften höheren Prüfungsgebühren großer Gesellschaften gegenüber zu stellen. Die empirischen Ergebnisse zum underpricing geben Hinweise darauf, dass Unternehmen vor Börsengängen angesichts des zusätzlichen Nutzens aus einem höheren Kapitalzufluss zusätzliche Prüfungskosten in Kauf nehmen. Im Zeitraum von 2004 bis 2009 konnte für Börseneinführungen von Unternehmen in Deutschland ein Marktanteil der Big-Four WPG von 68 % beobachtet werden.[27]

1.3.2.2 Vorstand

Der Vorstand hat die Aufgabe, die Gesellschaft (AG, KGaA) gerichtlich und außergerichtlich zu vertreten (§ 78 Abs. 1 AktG) sowie eigenverantwortlich zu leiten (§ 76 Abs. 1 AktG). Vom Aufsichtsrat bestellt, hat er mit der Sorgfalt eines ordentlichen Geschäftsführers seinen Aufgaben nachzugehen (§ 93 Abs. 1 Satz 1 AktG). Dabei stellen auf Basis angemessener Informationen getroffene Entscheidungen innerhalb des unternehmerischen Entscheidungsspielraums, die sich ex post als unvorteilhaft herausgestellt haben, keine Pflichtverletzung dar (sog. *business judgement rule*; siehe hierzu § 93 Abs. 1 Satz 2 AktG). Als Entscheidungsinstitution obliegt ihm u. a.

---

23 Vgl. *Knechel et al.* (2007).
24 Hierunter ist ein Hinweis im Bestätigungsvermerk über bestandsgefährdende Risiken zu verstehen.
25 Vgl. *Francis/Yu* (2009).
26 Vgl. *Beatty* (1989) sowie *Willenborg* (1999).
27 Vgl. *Möller* (2009).

- die langfristige (strategische) Ausrichtung und Steuerung der Geschäftstätigkeit,
- die kurzfristige (operative) Wahrnehmung der aus der strategischen Ausrichtung der Geschäftstätigkeit entstehenden Aufgaben,
- die Einrichtung eines Systems zur Früherkennung von den Fortbestand des Unternehmens gefährdenden Entwicklungen (§ 91 Abs. 2 AktG),
- die Bereitstellung von Informationen, insbesondere für den Aufsichtsrat des Unternehmens.

Die Informationspflicht des Vorstands gegenüber dem Aufsichtsrat ergibt sich aus dem dualistischen Aufbau deutscher AG ($\rightarrow$ I.1.3.3.6). Zur Sicherstellung der Funktionsfähigkeit der internen und externen Prüfungsinstitutionen besteht neben der Berichtspflicht gegenüber dem Aufsichtsrat (§ 90 AktG) die Pflicht des Vorstands zur Erstellung und Veröffentlichung umfangreicher Rechnungslegungs- und anderer Informationen.

1.3.2.3 Verwaltungsrat (geschäftsführende Direktoren)

Seit dem Jahresende 2004 besteht die Möglichkeit zur Gründung einer Europäischen Gesellschaft (Societas Europaea – SE), auch Europa-AG genannt. Durch diese Rechtsform können europäische Unternehmen EU-weit als rechtliche Einheit auftreten, ohne in jedem Land eine eigene Gesellschaft gründen zu müssen.

In einer SE kann gem. Art. 38b SE-VO wahlweise ein dualistisches (getrenntes Aufsichts- und Leitungsorgan) oder ein monistisches (einheitliches Verwaltungsorgan) Führungssystem implementiert werden. Während die dualistische Organisation einer AG mit der Aufspaltung der Unternehmensführung in Entscheidungsfunktion (Vorstand) und Überwachungsfunktion (Aufsichtsrat) in Deutschland bekannt ist, hat das monistische System im deutschen Recht bislang keine Entsprechung. Das monistische Führungssystem einer SE ist dem US-amerikanischen Vorbild mit dem board of directors als einheitlichem Leitungsorgan nachempfunden.

Das zentrale Führungsorgan einer monistisch organisierten SE ist der Verwaltungsrat, der die Gesellschaft sowohl leitet und die Grundlinien ihrer Tätigkeit bestimmt als auch deren Umsetzung überwacht und somit Führungs- und Überwachungsaufgaben wahrnimmt (§ 22 Abs. 1 SEAG). Die aktive Leitungsfunktion obliegt einem oder mehreren geschäftsführenden Direktoren (sog. executive oder inside directors), der bzw. die vom Verwaltungsrat bestellt werden und die hauptamtlich das Tagesgeschäft leiten. Geschäftsführende Direktoren können sowohl Dritte als auch Mitglieder des Verwaltungsrats sein, sofern die Mehrheit der Mitglieder des Verwaltungsrats weiterhin aus nicht im Unternehmen beschäftigten Mitgliedern (outside directors) besteht, um die Überwachungsfunktion zu wahren (§ 40 Abs. 1 SEAG). Vergleichbar mit der Berichtspflicht des Vorstands gegenüber dem Aufsichtsrat (§ 90 AktG) haben die geschäftsführenden Direktoren an den Verwaltungsrat zu berichten, sofern die Satzung oder die Geschäftsordnung nichts anderes vorsieht (§ 40 Abs. 6 SEAG). Für die Sorgfaltspflicht und Verantwortlichkeit der geschäftsführenden Direktoren gilt § 93 AktG entsprechend.

1.3.3   Prüfungsinstitutionen

Die hohe Komplexität der Beziehungen zwischen Marktteilnehmern sowie der Umstand, dass Marktteilnehmer in verschiedenen Funktionen auf mehreren Märkten gleichzeitig agieren können, führen zu einem ständig wachsenden Informationsbedarf bei gleichzeitig steigender Marktintransparenz, d.h. zu einem Zustand, in dem Informationen nicht allen beteiligten Akteuren gleichermaßen vorliegen oder einzelnen Akteuren vorenthalten werden können. Darüber hinaus ist die Beschaffung von Informationen mit Zeit- und Ressourcenbedarf, d.h. mit Kosten verbunden, die in manchen Fällen den Nutzen für die stakeholder übersteigen. Im Hinblick auf eine bedarfsgerechte Ausdifferenzierung der Prüfungsleistungen ist das Prüfungswesen in mehrere Institutionen innerhalb und außerhalb eines Unternehmens – d.h. in ein *externes* und ein *internes* Prüfungswesen – unterteilt.

Die in Abb. I.1-2 angeführte externe Prüfungsinstitution Deutsche Prüfstelle für Rechnungslegung (DPR) e.V. wird an anderer Stelle thematisiert (→ I.5.2.1.3 sowie I.8.2).

1.3.3.1 Wirtschaftsprüfung

Die Wirtschaftsprüfung stellt die zentrale Institution des *externen* Prüfungswesens für Unternehmen dar. Von entscheidender Bedeutung ist dabei die Tätigkeit von WP im Rahmen ihrer Vorbehaltsaufgabe der gesetzlichen Prüfung von Einzel- und Konzernabschlüssen, auch *Abschlussprüfung (audit)*, und der Erteilung von Bestätigungs- oder Versagungsvermerken über die Vornahme und das Ergebnis solcher Prüfungen für bestimmte Unternehmen (§ 2 Abs. 1 WPO). Den Prozess der Abschlussprüfung stellt Kapitel II ausführlich dar.

Der Gegenstand der Abschlussprüfung nach deutschen Normen ist für ausgewählte Rechtsformen in Tab. I.1-3 aufgeführt.[28]

Rechnungslegende Einheit	Prüfungspflicht: Gegenstand der Abschlussprüfung
kleine Kapitalgesellschaften[29] (AG, GmbH, KGaA) (§ 267 Abs. 1 und 4 HGB)	§ 316 Abs. 1 Satz 1 HGB: keine Prüfungspflicht
mittelgroße Kapitalgesellschaften (§ 267 Abs. 2 und 4 HGB)	§ 316 Abs. 1 Satz 1 HGB: Einzelabschluss, Lagebericht
große Kapitalgesellschaften (§ 267 Abs. 3 und 4 HGB)	§ 316 Abs. 1 Satz 1 HGB: Einzelabschluss, Lagebericht

---

28 Für bestimmte Rechtsformen (z.B. Genossenschaften → III.2.2.2.1) oder Branchen (z.B. Versicherungsunternehmen → III.2.2.1.1 und Kreditinstitute → III.2.2.1.2) werden zusätzliche Prüfungsgegenstände formuliert.

29 Die Vorschriften der §§ 315 und 316 HGB sind gem. § 264a HGB auch auf OHG und KG anwendbar, bei denen nicht wenigstens ein persönlich haftender Gesellschafter entweder eine natürliche Person oder eine Personengesellschaft mit einer natürlichen Person als persönlich haftendem Gesellschafter ist.

Rechnungslegende Einheit		Prüfungspflicht: Gegenstand der Abschlussprüfung
kapitalmarktorientierte Kapitalgesellschaften[30], die nicht zur Aufstellung eines Konzernabschlusses verpflichtet sind (§ 264 Abs. 1 Satz 2 HGB)		§ 316 Abs. 1 Satz 1 HGB: Einzelabschluss einschließlich Kapitalflussrechnung, Eigenkapitalspiegel und wahlweise Segmentberichterstattung (§ 264 Abs. 1 Satz 2 HGB), Lagebericht
börsennotierte Kapitalgesellschaften		§ 316 Abs. 1 Satz 1 HGB: Einzelabschluss einschließlich Kapitalflussrechnung, Eigenkapitalspiegel und wahlweise Segmentberichterstattung (§ 264 Abs. 1 Satz 2 HGB), Lagebericht § 317 Abs. 4 HGB (bei AG): Vorhandensein und Effektivität des vorgeschriebenen Risikomanagementsystems nach § 91 Abs. 2 AktG
Konzerne, deren Mutterunternehmen als Kapitalgesellschaft firmieren und bei denen die Befreiungsvorschriften der §§ 291 bis 293 HGB nicht greifen	nicht kapitalmarktorientiert	§ 316 Abs. 2 Satz 1 HGB: Konzernabschluss einschließlich Kapitalflussrechnung, Eigenkapitalspiegel und wahlweise Segmentberichterstattung (§ 297 Abs. 1 HGB), Konzernlagebericht
	kapitalmarktorientiert	alle Bestandteile des IFRS-Konzernabschlusses (→ I.1.2.1.1) zzgl. des Konzernlageberichts nach § 315 HGB (§ 315a Abs. 1 HGB). aber: Prüfungspflicht gem. § 316 Abs. 2 HGB
Unternehmen, die nicht in der Rechtsform einer Kapitalgesellschaft firmieren und bestimmte Größenkriterien übersteigen (§ 1 Abs. 1 PublG)		§ 6 Abs. 1 PublG: Einzelabschluss und Lagebericht
Konzerne, deren Mutterunternehmen nicht in der Rechtsform einer Kapitalgesellschaft firmieren und die auf Konzernebene bestimmte Größenkriterien übersteigen (§ 11 Abs. 1 PublG)		§ 14 Abs. 1 PublG: Konzernabschluss und Konzernlagebericht

Tab. I.1-3: Umfang der Abschlussprüfung nach deutschen Normen für ausgewählte Rechtsformen

Informationen, die nicht Bestandteil des Einzel- bzw. Konzernabschlusses und des (Konzern-)Lageberichts sind, die aber mit diesen zusammen (i. d. R. im Geschäftsbericht) veröffentlicht werden (*zusätzliche Informationen*), unterliegen zwar nicht der Prüfungspflicht, sind aber vom Abschlussprüfer *kritisch zu lesen*, da Unstimmigkeiten zwischen diesen Informationen und dem geprüften Jahresabschluss oder Lagebericht die Glaubwürdigkeit pflichtmäßig zu publizierender Informationen in Frage stellen können (ISA 720.1, IDW PS 202.7; → I.6.5.2.1).

Für deutsche Unternehmen, die verpflichtend oder wahlweise einen IFRS-Konzernabschluss erstellen, besteht die Pflicht zur Anwendung des § 315a Abs. 1 HGB. Dement-

---

30 Das Handelsrecht unterscheidet an einigen Stellen zwischen kapitalmarktorientierten und börsennotierten Gesellschaften. Gem. § 264d HGB ist eine Kapitalgesellschaft kapitalmarktorientiert, wenn sie einen organisierten Markt i. S. d. § 2 Abs. 5 WpHG durch von ihr ausgegebene Wertpapiere i. S. d. § 2 Abs. 1 Satz 1 WpHG in Anspruch nimmt oder die Zulassung solcher Wertpapiere zum Handel an einem organisierten Markt beantragt hat. Eine Börsennotierung liegt hingegen gemäß § 3 Abs. 2 AktG vor, wenn die Aktien einer Gesellschaft zu einem Markt zugelassen sind, der von staatlich anerkannten Stellen geregelt und überwacht wird, regelmäßig stattfindet und für das Publikum mittelbar oder unmittelbar zugänglich ist; diese bilden eine Teilmenge der kapitalmarktorientierten Gesellschaften.

sprechend sind auch die Vorschriften des zweiten Unterabschnitts des HGB, §§ 290–315a HGB, anzuwenden. Folglich gelten die Ausführungen des dritten Unterabschnitts zur Prüfung auch für die o. g. Unternehmen.[31] Somit besteht für diese eine Prüfungspflicht nach § 316 Abs. 2 HGB. § 325 Abs. 2b HGB regelt die Prüfung eines informatorischen IFRS-Einzelabschlusses gem. § 325 Abs. 2a HGB. Ungeachtet dessen, ob es sich um einen IFRS-Einzel- oder Konzernabschluss handelt, dürfte eine faktische Prüfungspflicht für alle IFRS-Abschlüsse bestehen, da der Kapitalmarkt nur geprüfte IFRS-Abschlüsse akzeptiert. Dabei unterliegen alle Bestandteile eines IFRS-Abschlusses sowie ggf. die darüber hinaus nach nationalen Vorschriften zu erstellenden Berichtswerke der Prüfungspflicht. Im Unterschied zum HGB differenzieren die IFRS nicht danach, ob es sich beim Bericht erstattenden Unternehmen um ein kleines, mittelgroßes oder großes Unternehmen handelt; lediglich an wenigen Stellen (z. B. Segmentberichterstattung und Ergebnis je Aktie) unterscheiden die IFRS zwischen börsennotierten und nicht börsennotierten Unternehmen.

Neben der Vorbehaltsaufgabe der gesetzlichen Abschlussprüfung werden WP weitere gesetzliche Prüfungsleistungen (→ III.2) sowie freiwillige Prüfungsleistungen (→ III.3) übertragen. Weitere Berufsaufgaben umfassen v. a. die Steuerberatung (§ 2 Abs. 2 WPO i. V. m. §§ 3 und 12 StBerG) und das Auftreten als Prozessbevollmächtigte vor Finanzgerichten sowie die Unternehmensberatung, die Tätigkeit als Gutachter oder Sachverständiger gem. § 2 Abs. 3 Nr. 1 WPO und die Treuhandtätigkeit gem. § 2 Abs. 3 Nr. 3 WPO (→ III.2.1).

Die IFAC-Normen nennen als Tätigkeitsfelder von WP neben der Abschlussprüfung Prüfungen zukunftsorientierter Finanzinformationen, prüfungsnahe Dienstleistungen (related services), die Aufträge zur Vornahme von vereinbarten Handlungen (agreed-upon procedures) und die Erstellung von Abschlüssen (compilation engagements; → I.6.4.2).

Nachdem die Abschlussprüfung die Voraussetzung für die Feststellung oder Billigung von Jahresabschlüssen darstellt (§ 316 Abs. 1 und 2 HGB), ist sie innerhalb der externen Prüfungsinstitutionen von Unternehmen von zentraler Bedeutung. Die Abschlussprüfung stellt eine Ordnungsmäßigkeitsprüfung dar. Nach § 317 HGB ist zu prüfen, ob
- bei der Buchführung und der Erstellung des Jahresabschlusses und des Lageberichts die gesetzlichen Vorschriften und ergänzenden Bestimmungen des Gesellschaftsvertrages oder der Satzung beachtet worden sind,
- unter Beachtung der GoB ein den tatsächlichen Verhältnissen entsprechendes Bild der Vermögens-, Finanz- und Ertragslage des Einzelunternehmens (§ 264 Abs. 2 HGB) oder des Konzerns (§ 297 Abs. 2 HGB) vermittelt wird,
- der Lagebericht mit dem Einzelabschluss, ggf. auch mit dem IFRS-Einzelabschluss nach § 325 Abs. 2a HGB, und der Konzernlagebericht mit dem Konzernabschluss und mit den im Rahmen der Prüfung gewonnenen Erkenntnissen des Abschlussprüfers in Einklang stehen. Ferner hat der (Konzern-)Lagebericht insgesamt eine zutreffende Vorstellung von der Lage der (Konzern-)Gesellschaft zu vermitteln sowie die Chancen und Risiken der künftigen Entwicklung des (Konzern-)Untenehmens zutreffend dar-

---

31 Vgl. auch *Ruhnke* (2008), S. 73.

zustellen. Die Erklärung zur Unternehmensführung gemäß 289a HBG müssen nicht geprüft werden (→ II.8.5),

- die im Konzernabschluss zusammengefassten Einzelabschlüsse, insbesondere die konsolidierungsbedingten Anpassungen, müssen den gesetzlichen Vorschriften und ergänzenden Bestimmungen des Gesellschaftsvertrages oder der Satzung entsprechen. Sind die Einzelabschlüsse von einem anderen Abschlussprüfer geprüft worden, hat der Konzernabschlussprüfer dessen Arbeit zu überprüfen und dies zu dokumentieren.
- im Falle einer börsennotierten AG das nach § 91 Abs. 2 AktG vom Vorstand einzurichtende Überwachungssystem (Risikofrüherkennungssystem; → II.3.2.2.5) seine Aufgaben erfüllen kann.

Auch nach ISA 200.3 liegt das Ziel der Abschlussprüfung in der Abgabe eines Urteils darüber, ob der Abschluss eines Unternehmens in allen wesentlichen Punkten in Übereinstimmung mit den anzuwendenden Rechnungslegungsnormen aufgestellt wurde.

Es ist eine hinreichende Sicherheit zu gewährleisten, dass der Abschluss insgesamt keine wesentlichen falschen Aussagen enthält (ISA 200.5, IDW PS 200.24; → I.6.4.2).

Hingegen ist es nicht Aufgabe des Abschlussprüfers zu untersuchen, ob sich ein Unternehmen in einer wirtschaftlich guten Lage befindet. Dieses Missverständnis lebt häufig nach Unternehmenszusammenbrüchen auf, denen ein uneingeschränkter Bestätigungsvermerk durch einen Abschlussprüfer voraus ging und wird als *Erwartungslücke* (expectation gap) diskutiert. Als Erwartungslücke wird vor allem die Abweichung der öffentlichen Erwartungen an eine Jahresabschlussprüfung von der wahrgenommenen Prüfungsrealität bezeichnet.[32] Die Erwartungen befinden sich gleichzeitig in einem Spannungsfeld von Soll-Erwartungen (basierend auf den in § 321 Abs. 1 HGB konkretisierten Erwartungen des Gesetzgebers) und zumeist gruppeninteressengeleiteten Erwartungen der Adressaten von Abschlussprüferleistungen. Daneben können Informationen über Prüfungsinhalte die Wahrnehmung der Prüfungsleistung nachhaltig beeinflussen. Die Erwartungslücke ist deshalb gruppen- und situationsspezifisch ausgeprägt.

Für Deutschland werden sowohl von WP als auch von stakeholdern[33] u. a. zu hohe öffentliche Erwartungen, eine unzureichende Aussagekraft des Bestätigungsvermerks (als Teil der Prüfungsrealität) und unberechtigte Kritik durch die Medien (als Einflussgröße für die Wahrnehmung) als wichtigste Ursachen der Erwartungslücke genannt.

Die Strategien zur Verringerung der Erwartungslücke betreffen dementsprechend die Wahrnehmungen der Jahresabschlussadressaten und/oder die Prüfungsrealität und lassen sich in drei Gruppen einteilen:[34]

- Strategien, die auf eine höhere Konformität der Prüferleistungen mit Prüfungsnormen (Prüferversagen) abzielen,
- Strategien, die auf die Entwicklung von Normen abzielen, die das Prüferverhalten in eine erwartungskonforme Richtung beeinflussen (Normenversagen),

---

32 Vgl. *Marten/Köhler* (2002) sowie *Ruhnke/Schmiele/Schwind* (2010), S. 396f.
33 Dies sind insbesondere Vorstands- und Aufsichtsratsmitglieder sowie Bankenvertreter.
34 Vgl. *Ruhnke/Schmiele/Schwind* (2010), S. 398.

- Strategien, die auf die Aufklärung der Öffentlichkeit zur Herausbildung einer normenkonformen Erwartungshaltung (Öffentlichkeitsversagen) abzielen.

In berufsständischen und gesetzlichen Neuregelungen sowie in Empfehlungen politischer Entscheidungsträger wurde das Problem aus Sicht des Prüferversagens bereits mehrfach aufgegriffen:
- Der 2003 veröffentlichte Maßnahmenkatalog (das sog. 10-Punkte-Programm) der Bundesregierung zur Stärkung der Unternehmensintegrität und des Anlegerschutzes zielte u. a. auf eine Sicherstellung der Effektivität der Abschlussprüfung durch die Gewährleistung der Unabhängigkeit des Abschlussprüfers (→ I.7) ab, z. B. durch das Verbot der Erbringung von über die Abschlussprüfung hinaus gehenden Dienstleistungen bei einem Abschlussprüfungsmandanten eines WP.[35]
- Im Jahr 2006 wurde auf EU-Ebene die umfassende Reformierung der 8. Gesellschaftsrechtrichtlinie (sog. Abschlussprüferrichtlinie; zu einem Überblick → I.6.3.1) abgeschlossen. Des Weiteren wurden die 4. (Bilanzrichtlinie) und die 7. EU-Richtlinie (Konzernbilanzrichtlinie) überarbeitet. Ziel ist u. a. die Harmonisierung der Rahmenbedingungen für die Abschlussprüfung in der EU und die Sicherstellung einer hohen Qualität der gesetzlichen Abschlussprüfung.
- Am 13.10.2010 wurde von der Europäischen Kommission das Gründbuch zur Abschlussprüfung (→ I.6.3.1) veröffentlicht, welches als Reaktion auf die Finanzmarktkrise zahlreiche Vorschläge zur Verbesserung der Qualität der Abschlussprüfung enthält.

Die Inhalte des 10-Punkte-Programms und der Abschlussprüferrichtlinie wurden inzwischen im Rahmen von diversen Änderungsgesetzen aufgegriffen und in deutsches Recht umgesetzt:
- Ziel des Gesetzes zur Einführung internationaler Rechnungslegungsnormen und zur Verbesserung der Qualität der Abschlussprüfung vom 4.12.2004 (Bilanzrechtsreformgesetz – BilReG) ist u.a die Stärkung der Rolle des Abschlussprüfers und des Vertrauens sowohl in die Aussagekraft der Unternehmensabschlüsse als auch in die Unabhängigkeit des Abschlussprüfers. Erreicht werden soll dies insbesondere durch die Offenlegung von Prüfungs- und Beratungshonoraren im Anhang (§ 285 Satz 1 Nr. 17 HGB), die Verschärfung der Unabhängigkeitsanforderungen (→ I.7) an den Abschlussprüfer (§ 319 HGB) sowie durch Sondervorschriften für Abschlussprüfer von Unternehmen des öffentlichen Interesses (§ 319a HGB).
- Das Gesetz zur Fortentwicklung der Berufsaufsicht (→ I.5.2.1.1) über Abschlussprüfer in der Wirtschaftsprüferordnung (Abschlussprüferaufsichtsgesetz – APAG) vom 27.12.2004 soll die Qualität, Integrität und Unabhängigkeit des Abschlussprüfers zusätzlich stärken. Hierzu wird der Berufsstand der WP in Deutschland einer berufsstandsunabhängigen Aufsicht, der Abschlussprüferaufsichtskommission (APAK), unterstellt, die seit dem 1.1.2005 als letztverantwortliche öffentliche Fachaufsicht (Public Oversight) der WPK übergeordnet ist.

---

35 Vgl. *Bundesregierung* (2003), Abschnitt 5.

- Das Gesetz zur Stärkung der Berufsaufsicht und zur Reform berufsrechtlicher Regelungen (Berufsaufsichtsreformgesetz – BARefG) trat mit Wirkung zum 6.9.2007 in Kraft. Ziel dieses Gesetzes ist u. a. die Stärkung der Berufsaufsicht der Wirtschaftsprüferkammer über WP und WPG sowie die Schaffung eines international gleichwertigen Untersuchungssystems durch die Einführung sog. anlassunabhängiger Sonderuntersuchungen (→ II.7.2.4).

- Mit Inkrafttreten des Gesetzes zur Modernisierung des Bilanzrechts (Bilanzrechtsmodernisierungsgesetz – BilMoG) am 29.5.2009 wurden die noch nicht umgesetzten Vorgaben der Abschlussprüferrichtlinie im deutschen Recht kodifiziert. Hierdurch werden u.a weitere Anforderungen an die Unabhängigkeit des Abschlussprüfers gestellt und die obligatorische Anwendung der internationalen Prüfungsstandards (→ I.6.3.1) in Deutschland geregelt. Die Ausweitung der Unabhängigkeitsvorschriften umfasst neben Netzwerkabhängigkeiten (§ 319b HGB) u. a. auch Vorgaben zur internen Rotation (§ 319a Abs. 1 Satz 1 Nr. 4 HGB; → I.7.4.2). Weiterhin wurde in § 43 Abs. 3 WPO eine cooling off Periode normiert, wonach ein Abschlussprüfer oder ein verantwortlicher Prüfungspartner, der eine Abschlussprüfung im Auftrag einer Prüfungsgesellschaft durchführt, mindestens zwei Jahre nachdem er als Abschlussprüfer oder verantwortlicher Prüfungspartner von dem Prüfungsmandat zurückgetreten ist, keine wichtige Führungstätigkeit in dem geprüften Unternehmen übernehmen darf.

Es stellt sich jedoch die Frage, ob diese Maßnahmen nicht gleichzeitig die Erwartungen der stakeholder erhöhen und damit zu einer Erweiterung oder zumindest Verschiebung der Erwartungslücke beitragen.[36]

1.3.3.2 Steuerliche Außenprüfung

Die Institution der steuerlichen Betriebsprüfung wird in der Abgabenordnung (AO) als steuerliche Außenprüfung (StAP) bezeichnet. Die StAP ist eine außerhalb der zu prüfenden Einrichtungen angesiedelte Prüfungsinstanz der Finanzverwaltung und damit den (öffentlich-rechtlichen) externen Prüfungsinstitutionen zuzuordnen.

Die StAP ist gem. § 193 Abs. 1 AO grundsätzlich *jederzeit* bei Steuerpflichtigen zulässig, die einen gewerblichen Betrieb oder einen land- und forstwirtschaftlichen Betrieb unterhalten oder freiberuflich tätig sind, und unterliegt der Zuständigkeit des Finanzamts des jeweils betroffenen Steuerpflichtigen. Die Steuerpflichtigen haben das Betreten des Betriebs zu dulden und darüber hinaus den Prüfern einen Arbeitsplatz, Hilfsmittel und Unterlagen zur Verfügung zu stellen. Außerdem wird mit Beginn der Prüfung der Ablauf der Steuerfestsetzungsfrist gehemmt (§ 171 Abs. 4 AO). Für Steuerpflichtige, die ein Steuerdelikt begangen haben, ist nach Erscheinen des Prüfers die Selbstanzeige nicht mehr möglich (§ 371 Abs. 2 Nr. 1a AO).

Aufgabe der StAP ist es, die Besteuerungsgrundlagen, also die tatsächlichen und rechtlichen Verhältnisse, die für die Steuerpflicht und -bemessung maßgeblich sind,

---

36 Ausführlich zur Erwartungslücke als permanentes Phänomen der Abschlussprüfung *Ruhnke/Schmiele/Schwind* (2010), S. 394 ff.

zu prüfen (§ 199 Abs. 1 AO). Im Mittelpunkt steht damit die Ermittlung der Besteuerungsgrundlagen, nicht die Steuerfestsetzung (diese kann ihr jedoch übertragen werden). Die StAP wird zur Sicherung des Steueraufkommens als erforderlich erachtet, da nach deutschem Steuerrecht zunächst der Steuerpflichtige selbst für die Ermittlung der Besteuerungsgrundlagen zu sorgen hat. Daraus resultierende Steuerumgehungen und -verfehlungen sind mit den Grundsätzen der Gleichmäßigkeit und Gerechtigkeit in der Besteuerung jedoch nicht vereinbar.[37]

Die Prüfung konzentriert sich im Wesentlichen auf Sachverhalte, die zu Steuerausfällen, Steuererstattungen und/oder nicht unbedeutenden Gewinnverlagerungen führen können (*Prüfungsgrundsätze* gem. § 7 Satz 3 BpO). Im Vordergrund stehen:

- Bilanzansatz- und Bewertungsfragen der Steuerbilanz sowie
- das Beziehungsgeflecht von Unternehmen und Gesellschaftern, einschließlich der daraus entstehenden Regelungen zu Gewinnverteilung, Entnahmen, Einlagen, Gewinnausschüttung und Verträgen mit Dritten.

Das *Ergebnis der Prüfung* wird nach einer Schlussbesprechung in einem Prüfungsbericht festgehalten (§ 201 Abs. 1 AO). Dieser enthält die Prüfungsfeststellungen, die für die Besteuerung maßgeblich sind, sowie die Änderungen der Besteuerungsgrundlagen. Er ist Grundlage für die i.d.R. stattfindende Berichtigungsveranlagung, die zu Steuernachzahlungsforderungen des Finanzamts oder Steuererstattungsansprüchen des Steuerpflichtigen führt.[38]

1.3.3.3 Rechnungshöfe

Die ordnungsmäßige Rechnungslegung sowie eine wirksame Rechnungsprüfung sind auch für die Verwaltung öffentlicher Ressourcen notwendig, die sich in die
- Verwaltung des Zahlungsverkehrs der öffentlichen Hand,
- Verwaltung des öffentlichen Vermögens,
- Verwendung öffentlicher Mittel sowie
- Mittelbewirtschaftung in Unternehmen der öffentlichen Hand

auf Landes- und Bundesebene untergliedern lässt.[39] Dementsprechend ist in Deutschland ein von den ausführenden Instanzen unabhängiges Prüfungssystem installiert worden, das darauf *abzielt*, eine Bewirtschaftung öffentlicher Ressourcen zu gewährleisten, die den Prinzipien der Ordnungsmäßigkeit und Wirtschaftlichkeit entspricht. Der Prüfungsauftrag ist im Haushaltsgrundsätzegesetz (HGrG) sowie in der Bundeshaushaltsordnung (BHO) und den entsprechenden Landeshaushaltsordnungen (LHO) verankert und in § 42 HGrG sowie § 88 Abs. 1 BHO/LHO geregelt.[40]

---

37 Vgl. *Wenzig* (2004), S. 19f.
38 Vgl. *Rose* (2002).
39 Vgl. *Leffson* (1988), S. 46f.
40 Auf kommunaler Ebene werden entsprechende Prüfungen von den kommunalen Rechnungsprüfungsämtern durchgeführt.

Die *Ergebnisse* der Prüfungsleistung dienen als

* Information und damit als Entscheidungsgrundlage für das Entlastungsverfahren der Regierung (→ § 46 HGrG sowie §§ 97, 114 BHO),
* Information im Rahmen der Beratung der Exekutive und Legislative bei neuen Entscheidungen sowie
* Information der Öffentlichkeit über den öffentlichen Ressourceneinsatz und dessen Effizienz und Effektivität.

Gemäß Art. 109 Abs. 1 GG, wonach Bund und Länder in ihrer Mittelbewirtschaftung voneinander unabhängig sein sollen, wird auf Bundesebene vom Bundesrechnungshof und auf Landesebene von den Landesrechnungshöfen geprüft. Die Rechnungshöfe sind außerhalb und unabhängig von den Finanzbehörden angesiedelt und bilden deshalb (öffentlich-rechtliche) Instanzen des externen Prüfungswesens.

Neben den zentralen *Prüfungsmaßstäben* der Ordnungsmäßigkeit und Wirtschaftlichkeit der Mittelbewirtschaftung spielt die Wirksamkeit der Mittelverwendung zunehmend eine Rolle. Auf Grund des hohen Personalkostenanteils am Gesamtausgabenvolumen wird gem. § 90 Nr. 4 BHO/LHO auch geprüft, ob die Aufgabenwahrnehmung mit geringerem Personalaufwand stattfinden kann. Demzufolge werden häufig Untersuchungen der Aufbau- und Ablauforganisation durchgeführt sowie potenzielle Veränderungen des Personalbedarfs vor dem Hintergrund sich ändernder Aufgaben geprüft.

Beispiel zu einem der Aufgabengebiete des Bundesrechnungshofs

»Geänderte Planung für Autobahntunnel erhöht Verkehrssicherheit und kann 10,6 Mio. Euro Baukosten sparen

Das Bundesverkehrsministerium wird auf Empfehlung des Bundesrechnungshofes zwei Tunnelröhren gleichzeitig und nicht zeitlich versetzt bauen. Diese Lösung erspart hohe Mehrkosten und erhöht die Verkehrssicherheit.

Das Bundesverkehrsministerium plante den Neubau eines Autobahntunnels mit einer Tunnelröhre für beide Fahrtrichtungen (Gegenverkehrstunnel). Der Gegenverkehrstunnel erfordert umfangreiche Sicherheitsmaßnahmen und kostet 24,1 Mio. Euro. Demgegenüber ist der gleichzeitige Bau von jeweils einer Tunnelröhre für jede Fahrtrichtung 3,4 Mio. Euro teurer.

Der Bundesrechnungshof stellte fest, dass der einröhrige Gegenverkehrstunnel die Vorgaben an die Verkehrssicherheit nicht vollständig erfüllt. Aufgrund der prognostizierten Verkehrsbelastung ist zudem der nachträgliche Bau einer zweiten Tunnelröhre für weitere 14 Mio. Euro absehbar notwendig. Der Bundesrechnungshof hat deshalb empfohlen, der Planung den gleichzeitigen Bau von zwei Tunnelröhren zugrunde zu legen und die zusätzlichen Kosten von 3,4 Mio. Euro für gerechtfertigt gehalten. Das Bundesverkehrsministerium ist der Empfehlung des Bundesrechnungshofes gefolgt und beabsichtigt den gleichzeitigen Bau von zwei Tunnelröhren. Der Bund kann gegenüber dem einröhrigen Gegenverkehrstunnel mit nachträglich gebauter zweiter Tunnelröhre 10,6 Mio. Euro einsparen und erfüllt mit seinem Bauwerk zudem alle Sicherheitsstandards.«[41]

---

41 *Bundesrechnungshof* (2010), S. 42.

1.3.3.4 Bundesanstalt für Finanzdienstleistungsaufsicht

Mit dem Gesetz über die integrierte Finanzdienstleistungsaufsicht vom 22.4.2002 ist das Bundesaufsichtsamt für das Kreditwesen (BaKred) mit den damaligen Bundesaufsichtsämtern für den Wertpapierhandel (BaWe) und das Versicherungswesen (BaV) zur Bundesanstalt für Finanzdienstleistungsaufsicht (BaFin) verschmolzen worden. Die BaFin überwacht seither als sog. *Allfinanzaufsicht* sowohl Kreditinstitute, Finanzdienstleister und Versicherungsunternehmen als auch Kapitalanlagegesellschaften und Teile des Wertpapierhandels. Die BaFin untersteht als Bestandteil der Bundesverwaltung der Rechts- und Fachaufsicht durch das BMF, welches die Recht- und Zweckmäßigkeit des Verwaltungshandelns der BaFin überwacht.

Das Ziel der Finanzaufsicht durch die BaFin liegt in der Begrenzung der Risiken für das deutsche Finanzsystem sowie der Gewährleistung der Funktionsfähigkeit und Integrität des Finanzplatzes Deutschland. Zur Wahrung der gesetzlichen Aufgaben der BaFin werden gemäß § 1 Abs. 2 der Satzung der BaFin vier Geschäftsbereiche unterschieden:

- Bankenaufsicht
- Versicherungsaufsicht
- Wertpapieraufsicht
- Querschnittsaufgaben/Innere Verwaltung.

Im Rahmen der *Bankenaufsicht* hat die BaFin im Wesentlichen sicherzustellen, dass keine Missstände[42] im Kreditwesen aufkommen, welche die Sicherheit der den Finanzinstituten anvertrauten Vermögenswerte gefährden, die ordnungsmäßige Durchführung der Bankgeschäfte oder Finanzdienstleistungen beeinträchtigen oder erhebliche Nachteile für die Gesamtwirtschaft herbeiführen können (§ 6 Abs. 2 KWG). Hierbei überwacht die BaFin die Einhaltung der Gesetze, die in unmittelbarem Zusammenhang mit der ihr übertragenen Aufsicht nach dem KWG stehen; dies sind neben dem KWG selbst auch Gesetze aus dem Handels- und Gesellschaftsrecht sowie Spezialgesetze[43], die der BaFin explizit Aufsichtsbefugnisse zuweisen.[44] Zur Unterbindung von Verstößen gegen aufsichtsrechtliche Bestimmungen sowie der Verhinderung oder Beseitigung von Missständen kann die BaFin entsprechende Anordnungen treffen (§ 6 Abs. 3 KWG). Bei der Durchführung ihrer Aufgaben hat die BaFin in angemessener Weise die möglichen Auswirkungen ihrer Entscheidungen auf die Stabilität des Finanzsystems der Mitgliedstaaten des Europäischen Wirtschaftsraums zu berücksichtigen (§ 6 Abs. 4 KWG).

Kunden von Versicherungsunternehmen müssen sich darauf verlassen können, dass diese über einen oftmals sehr langen Zeitraum hinweg konstant die vereinbarten Leistungen erbringen können. Durch die *Versicherungsaufsicht* sollen insbesondere die Be-

---

42 Es existiert keine Legaldefinition des Begriffs Missstand. Von einem Missstand ist entsprechend der Entscheidung des Bundesverwaltungsgerichts vom 13.4.2005 auszugehen, wenn ein Verstoß gegen zwingende Gesetzesvorschriften (im konkreten Fall des WpHG) vorliegt; vgl. *BVerwG* (2005).

43 Dies sind z. B. das Bausparkassengesetz, das Depotgesetz, das Geldwäschegesetz, das Pfandbriefgesetz, das Wertpapierhandelsgesetz sowie das Wertpapiererwerbs- und -übernahmegesetz.

44 Vgl. *Schäfer* (2008), Tz. 4.

lange der Versicherten gewahrt und gleichzeitig sicherstellt werden, dass die vertraglichen Versicherungsverpflichtungen des Versicherers jederzeit erfüllbar sind. Hierzu haben die Versicherer ausreichende versicherungstechnische Rückstellungen zu bilden und die Anlegung finanzieller Mittel in entsprechend geeignete Vermögenswerte zur Sicherung der Solvabilität vorzunehmen (§ 81 Abs. 1 VAG). Sofern Missstände bei der Durchführung des Geschäftsbetriebs, der Einhaltung der aufsichtsrechtlichen, der das Versicherungsverhältnis betreffenden sowie aller sonstigen die Versicherten betreffenden Vorschriften aufgedeckt werden, kann die BaFin Anordnungen treffen – wie z. B. die Untersagung einer Gewährung von Sondervergütungen an den Versicherungsnehmer durch die Versicherungsunternehmen für einzelne Versicherungszweige, um Missstände zu vermeiden oder zu beseitigen (§ 81 Abs. 2 VAG).

Der dritte Geschäftsbereich der BaFin besteht gemäß § 16 WpHG in der ständigen und unmittelbaren Überwachung der Finanzmärkte (*Wertpapieraufsicht*), um Missständen entgegenzuwirken, welche die ordnungsgemäße Durchführung des Wertpapier- oder Derivathandels beeinträchtigen oder erhebliche Nachteile für den Finanzmarkt bewirken können (§ 4 Abs. 1 WpHG). Hierbei obliegt der BaFin insbesondere die Überwachung des Börsenhandels hinsichtlich der in §§ 12 ff. WpHG aufgeführten Verbotstatbestände für Insidergeschäfte. Darüber hinaus haben Wertpapierdienstleistungsunternehmen jedwede Geschäfte in Wertpapiere oder Derivate, die zum Handel an einem organisierten Markt zugelassen oder in den regulierten Markt oder den Freiverkehr einer inländischen Börse einbezogen sind, der BaFin mitzuteilen (§ 9 Abs. 1 WpHG). Ferner ist die BaFin Empfänger von Ad-hoc-Mitteilungen über kursbeeinflussende, der Öffentlichkeit unbekannte Informationen (§ 15 WpHG) sowie von Mitteilungen über Directors' Dealings[45] (§ 15a WpHG). Die BaFin ist auch zu benachrichtigen, wenn ein Investor 3 %, 5 %, 10 %, 15 %, 20 %, 25 %, 30 %, 50 % oder 75 % der Stimmrechte an einer börsennotierten Gesellschaft erworben hat (§ 21 WpHG).[46] Bei Feststellung eines Missstandes kann die BaFin Anordnungen treffen, die geeignet und erforderlich sind, die Missstände zu beseitigen oder zu verhindern (§ 4 Abs. 1 Satz 3 WpHG).

Der vierte Geschäftsbereich *Querschnittsaufgaben und Innere Verwaltung* umfasst die drei Querschnittsabteilungen »Risiko- und Finanzmarktanalysen«, »Verbraucher- und Anlegerschutz«, »besondere Rechtsfragen, Integrität des Finanzsystems« sowie die Abteilung »Geldwäscheprävention«. Die mit den Querschnittsaufgaben betrauten Abteilungen dienen der Sicherstellung eines vernünftigen Gleichgewichts zwischen den jeweiligen Besonderheiten und den bereichsübergreifenden Aspekten der Aufsicht durch die BaFin.[47]

Neben der Finanzaufsicht ist die BaFin gemäß der Verordnung zur Übertragung von Befugnissen zum Erlass von Rechtsverordnungen auf die Bundesanstalt für Finanz-

---

45   Ausführlich hierzu *Riedl/Marten* (2010).

46   Eine ausführliche Darstellung weiterer Aufgabenbereiche der Wertpapieraufsicht durch die BaFin, welche an dieser Stelle nicht erläutert werden, finden sich unter URL: http://www.bafin.de/cln_171/ nn_722834/DE/BaFin/Aufgaben/Wertpapieraufsicht/wertpapieraufsicht__node.html?__nnn=true (Stand: 1.4.2011).

47   Ausführlich zu den Aufgaben der Querschnittsabteilungen sowie der Abteilung Geldwäscheprävention vgl. URL: http://www.bafin.de/cln_171/nn_723180/DE/BaFin/Aufgaben/Querschnittsaufgaben/ quer schnittsaufgaben__node.html?__nnn=true (Stand: 1.4.2011).

dienstleistungsaufsicht (BaFinBefugV) vom 13.12.2002 ermächtigt, *Rechtsverordnungen* zu erlassen. Ferner kann die BaFin *Richtlinien* erlassen, welche der Konkretisierung des Gesetzeswortlauts oder der im Gesetz verwendeten unbestimmten Rechtsbegriffe dienen. Richtlinien sind keine Rechtsnormen sondern den Gesetzeswortlaut konkretisierende Verwaltungsvorschriften, welche für die BaFin nicht aber für die Gerichte verbindlich sind. Durch *Bekanntmachungen* (allgemeine Äußerungen der BaFin), besteht für die BaFin eine weitere Möglichkeit zur Konkretisierung von Gesetzesnormen, deren Verbindlichkeitsgrad für den Rechtsanwender in Abhängigkeit von der Ausgestaltung als Sammelverwaltungsakt oder unverbindliche Anordnung variiert. Ferner kann die BaFin *Rundschreiben* veröffentlichen, welche ebenfalls die Auslegungspraxis der BaFin darlegen allerdings im Vergleich zu Richtlinien und Bekanntmachungen einen geringeren formellen Charakter aufweisen.

1.3.3.5 Interne Revision

Die Interne Revision (auch *Innenrevision*) ist eine Prüfungsinstitution, die von der Unternehmensführung eingesetzt wird.[48] Im Gegensatz zu externen Prüfungsinstitutionen wird die Innenrevision von Unternehmensangehörigen durchgeführt, sofern sie nicht an Dritte (zumeist WPG) delegiert wird. Diesbezüglich ist zu beachten, dass sowohl die nationalen (§ 319 Abs. 3 Nr. 3 Buchst. b HGB) als auch die internationalen Normen (Ethics Sec. 290.196 f.) WP, die gleichzeitig Abschlussprüfer des Unternehmens sind, die Übernahme von Aufgaben in verantwortlicher Position im Bereich der Internen Revision untersagen, da es aufgrund der Gefahr einer Selbstprüfung ($\rightarrow$ I.6.5.2.2.3) zu einer Beeinträchtigung der Unabhängigkeit kommen kann. Die US-amerikanischen Normen (Sec. 201 SOA) untersagen im Unterschied zu den nationalen und internationalen Normen jedwede Mitwirkung eines Abschlussprüfers im Bereich der Internen Revision des zu prüfenden Unternehmens.

Revisionsabteilungen sind im Hinblick auf ihre Unabhängigkeit und Objektivität *organisatorisch* von den zu prüfenden Einheiten und Prozessen eines Unternehmens abgekoppelt und unterstehen i.d.R. direkt der Unternehmensführung.[49] Die Prüfungsaufträge können einmalig oder wiederholt erteilt werden; zunehmend werden kontinuierliche Prüfungen durchgeführt. Aufgabe der Internen Revision ist die Unterstützung der Unternehmensleitung in ihrer Führungsfunktion durch umfassende Prüfungen in allen Teilen des Unternehmens sowie die Beratung der Fachabteilungen eines Unternehmens. Es lassen sich folgende *Aufgabenbereiche* der Internen Revision unterscheiden:[50]

1. Financial auditing: Vergangenheitsorientierte Beurteilung der Aussagefähigkeit, Ordnungsmäßigkeit und Verlässlichkeit des Rechnungswesens, Prüfung der Managementinformationssysteme und Prüfung von Tochtergesellschaften, die keiner Prüfungspflicht durch externe Abschlussprüfer unterliegen;

---

48   Vgl. zur Internen Revision die in *Freidank/Peemöller* (2011) enthaltenen Beiträge.
49   Vgl. *Quick* (2007), S. 822.
50   Vgl. *Deutsches Institut für Interne Revision e. V.* (2005), S. 62 ff.; *Quick* (2007), S. 819 f.

2. Operational auditing: Zukunftsorientierte Beurteilung betrieblicher Abläufe und Systeme, insbesondere des internen Kontrollsystems (IKS) (→ II.3.2.2) im Hinblick auf eine Effizienz- und Effektivitätssteigerung;

3. Management auditing: Zukunftsorientierte Beurteilung des betrieblichen Führungsverhaltens (insb. Geschäftsführungsprüfungen → III.3.3.2.1) im Hinblick auf eine Erhöhung von dessen Effizienz und Effektivität;

4. Internal consulting: Auf den Prüfungsergebnissen und -erfahrungen aufbauende Beratung sowie Entwicklung von Verbesserungsvorschlägen;

5. Weitere Aufgaben: Über die Prüfungs- und Beratungstätigkeit hinausgehende Beschaffung, Auswertung und Ordnung von Informationen sowie gutachterliche Tätigkeiten.

Der Übergang vom financial über das operational zum management auditing beschreibt die konsequente Ausdehnung und Weiterentwicklung des Aufgabenspektrums der Internen Revision.[51] Während sich das financial auditing lediglich auf das Rechnungswesen eines Unternehmens bezieht, erstrecken sich das operational und management auditing auf das gesamte Unternehmen einschließlich dessen Aufbau- und Ablauforganisation. Der Fokus der Aufgabenstellung verschiebt sich dabei von der Sicherstellung der Ordnungsmäßigkeit des betrieblichen Rechnungswesens hin zur Unterstützung der Unternehmensangehörigen beim Erreichen unternehmerischer Ziele.

Neben der Feststellung von Abweichungen zwischen Soll-Vorgaben und Ist-Größen tritt die Unterbreitung von Vorschlägen zur Verringerung dieser Abweichungen immer stärker in den Vordergrund. Im Falle einer Umsetzung dieser Vorschläge wird die Innenrevision häufig mit der Durchführung und Überwachung der Umsetzungsmaßnahmen betraut. An die Stelle der Durchführung von Datenerhebungen und -analysen treten verstärkt die Entwicklung alternativer Lösungskonzepte und damit die kontinuierliche und prozessbegleitende Beratung des Managements.

Die Einrichtung einer Internen Revision ist in Deutschland lediglich für Kreditinstitute gemäß § 25a Abs. 1 Satz 3 Nr. 1 KWG sowie für Versicherungsunternehmen gemäß § 64a Abs. 1 Satz 4 Nr. 4 VAG verpflichtend. In anderen deutschen Gesetzen ist die Einrichtung einer Innenrevision nicht explizit vorgeschrieben. Gleichwohl hat die Kodifizierung von Überwachungssystemen für AG und KGaA gem. § 91 Abs. 2 AktG die Funktion und Stellung der Internen Revision indirekt beeinflusst, da durch das KonTraG der Verpflichtung zur Einrichtung eines angemessenen Überwachungssystems (→ II.3.2.2.5.1) und einer angemessenen Internen Revision besonders Nachdruck verliehen wurde.[52] Als Teil des Überwachungssystems wird die Interne Revision – wenn auch nicht als eigene organisatorische, so doch als funktionale Einheit – in Bezug auf die Einrichtung eines angemessenen Überwachungssystems faktisch zur Pflicht.[53] Im Zuge der Einbeziehung des Überwachungssystems in die Prüfungsgegenstände der Abschlussprüfung wird die Interne Revision für börsennotierte AG darüber hinaus Bestandteil der Pflichtprüfung (§ 317 Abs. 4 HGB). Umgekehrt können die Arbeitsergebnisse der Internen Revision bei

---

51   Vgl. *Hofmann* (2005), S. 191 f., und *Marten/Quick/Ruhnke* (2006), S. 409 f.
52   Vgl. *Ernst/Seibert/Stuckert* (1998) S. 53.
53   Vgl. *Peemöller/Richter* (2000) S. 48.

der Planung und Durchführung der Abschlussprüfung verwertet werden, wenngleich der AP diese nicht ungeprüft übernehmen darf (IDW PS 321.12 f.;→ II.6.2.3).

Auch auf internationaler Ebene wird die Bedeutung der Internen Revision innerhalb des Überwachungssystems von Unternehmen hervorgehoben. So weist die EU-Kommission z. B. ausdrücklich auf die Verhinderung von Betrugsdelikten und rechtswidrigen Handlungen sowie auf die Zusammenarbeit mit dem Aufsichtsrat bzw. Prüfungsausschuss als wesentliche Aufgaben der Internen Revision hin und fordert, der Internen Revision künftig mehr Beachtung zukommen zu lassen.[54]

Die fortschreitenden Veränderungen im Umfeld der Unternehmen sowie innerhalb der Unternehmen selbst führen zu einem kontinuierlichen Wandel der Anforderungen an die Aufgabeninhalte und Arbeitsweise der Internen Revision. Insbesondere die steigende Dynamik von Marktentwicklungen und der wachsende Wettbewerbsdruck, u. a. infolge zunehmend globaler Märkte, dürften zu einem erhöhten Risiko und damit erhöhten Anforderungen an die Interne Revision führen. Gleichzeitig ermöglichen verbesserte Kommunikations- und Informationstechnologien die immer umfangreichere und zeitnähere Verarbeitung unternehmensinterner und -externer Daten. Entsprechend verlagern sich die Prüfungsobjekte der Internen Revision von *Ergebnisprüfungen*, in denen die Prüfung eigens erhobener Daten über Geschäftsprozesse im Vordergrund steht, hin zu *Systemprüfungen*, die sich auf die Prüfung der Geschäftsprozesse selbst und deren Interdependenzen beziehen.

1.3.3.6 Aufsichtsrat

1.3.3.6.1 Beschlussfassendes Gesamtgremium

Im Gegensatz zur Internen Revision ist in Deutschland der Aufsichtsrat neben dem Vorstand und der Hauptversammlung *notwendiges* Organ einer AG und damit zugleich wichtigste interne Prüfungsinstitution im Steuerungssystem eines Unternehmens. Bei Unternehmen in der Rechtsform einer GmbH kann ein Aufsichtsrat eingerichtet werden (§ 52 GmbHG).[55] Der Aufsichtsrat hat die Aufgabe, die Geschäftsführung zu überwachen (§ 111 Abs. 1 AktG). Die Befugnis zur Geschäftsführung – und damit Entscheidungsbefugnisse zur Umsetzung von Maßnahmen, die infolge seiner Tätigkeit aus § 111 Abs. 1 AktG erwachsen – können ihm nicht übertragen werden (§ 111 Abs. 4 AktG).

Diese *dualistische* Organisation deutscher AG unterscheidet sich grundlegend von dem US-amerikanischen board-Modell, welches dem *monistischen* Prinzip folgt.[56] Obwohl die in den USA im board of directors zusammengefasste Unternehmenssteuerung einer AG aus unternehmensinternen wie -externen Mitgliedern (inside bzw. outside directors) besteht, besitzt jedes board-Mitglied grundsätzlich gleichermaßen die Verpflichtung, die

---

54 Vgl. *Europäische Kommission* (1996), Abs. 3 Nr. 29 und Abs. 4 Nr. 24.

55 Bei Einrichtung eines Aufsichtsrats finden gem. § 52 GmbHG die aktienrechtlichen Vorschriften Anwendung. Aus den Mitbestimmungsgesetzen (siehe stellvertretend § 6 Abs. 1 i. V. m. § 1 Abs. 1 Ziff. 1 MitBestG) sowie aufgrund von Regelungen zum Publikumsschutz (vgl. § 6 Abs. 2 InvG) kann sich auch für GmbH die Pflicht zur Bildung eines Aufsichtsrats ergeben.

56 Im monistischen System einer SE (→ I.1.3.2.3) obliegt es den outside directors, die Aufgaben eines Aufsichtsrats eines dualistisch organisierten Unternehmens wahrzunehmen.

Entscheidungs- und Überwachungsfunktionen in sich zu vereinen. Zusammengesetzt aus Vertretern der Aktionäre und der Arbeitnehmer trägt das deutsche Aufsichtsratsmodell dem Anspruch, die Führung und die Überwachung von Unternehmen zu trennen, dem Grunde nach stärker Rechnung als das board-Modell amerikanischer Prägung.[57]

Die Prüfung des Aufsichtsrats umfasst die Prüfung des Jahresabschlusses, des Lageberichts und des Vorschlags für die Verwendung des Bilanzgewinns (§ 171 Abs. 1 Satz 1 AktG) sowie die Zusammenarbeit mit dem Abschlussprüfer. Dem Abschlussprüfer kommt hinsichtlich der Aufgaben des Aufsichtsrats eine sog. Gehilfenfunktion zu, indem er den Aufsichtsrat bei der Wahrnehmung dieser beratend unterstützt. Der Aufsichtsrat ist Empfänger des Prüfungsberichts (→ II.6.3.2) und hat gem. § 318 Abs. 1 Satz 4 HGB i. V. m. § 111 Abs. 2 Satz 3 AktG dem Abschlussprüfer den Prüfungsauftrag für den Einzel- und den Konzernabschluss zu erteilen. Der Aufsichtsrat zieht im Rahmen seiner Prüfungstätigkeit den Prüfungsbericht, den Bestätigungsvermerk (→ II.6.3.1) des Abschlussprüfers sowie weitere Erkenntnisse, die er im Rahmen seiner unten dargelegten Einsichtsrechte gewinnt, heran und untersucht sowohl die Rechtmäßigkeit des Jahresabschlusses als auch die Zweckmäßigkeit bilanzieller Entscheidungen. In der sog. Bilanzsitzung des Aufsichtsrats, an welcher der Abschlussprüfer teilnimmt und seine Prüfungsergebnisse erläutert, befindet der Aufsichtsrat über die Billigung des Abschlusses, welche zur Feststellung des Jahresabschlusses führt (§ 172 AktG). Über sein Prüfungsergebnis unterrichtet der Aufsichtsrat in schriftlicher Form die Hauptversammlung und hat in diesem Zuge Aspekte wie Art und Umfang der Prüfung der Geschäftsführung im Laufe des Geschäftsjahrs darzulegen (§ 171 Abs. 2 AktG).[58]

Der Aufsichtsrat kann die Bücher und Schriften der Gesellschaft einsehen und prüfen sowie u. a. für besondere Aufgaben Sachverständige beauftragen (vgl. § 111 Abs. 2 AktG).

Der Vorstand unterliegt dabei dem Aufsichtsrat gegenüber einer erhöhten Berichtspflicht (§ 90 Abs. 1 AktG) in Bezug auf

- die Rentabilität der Gesellschaft,
- den Gang der Geschäfte sowie
- Geschäfte, die für die Rentabilität oder Liquidität der Gesellschaft von erheblicher Bedeutung sein können.

Eine für die Überwachungsfunktion des Aufsichtsrats zentrale Rolle spielen dabei die Bereitstellung von Informationen über potenzielle Schwachstellen und Fehlentwicklungen sowie der sog. Pflichtbericht des Vorstands an den Aufsichtsrat gem. § 90 Abs. 1 Satz 1 Nr. 1 AktG, wonach dem Aufsichtsrat über die beabsichtigte Geschäftspolitik sowie über andere grundsätzliche Fragen der Unternehmensplanung zu berichten ist. Dabei hat der Vorstand auf Abweichungen der tatsächlichen Entwicklung von früher berichteten Zielen unter Angabe von Gründen einzugehen (sog. follow-up-Berichterstattung, § 90 Abs. 1 Satz 1 Nr. 1 AktG). Ist die Gesellschaft Mutterunternehmen i. S. des § 290 Abs. 1,

---

57 Vgl. *Maushake* (2009), S. 25–33. In jüngerer Vergangenheit ist gleichwohl eine Tendenz zur Konvergenz der beiden Systeme zu beobachten mit dem Ziel, die jeweiligen Stärken zu verbinden und systemimmanente Schwächen auszugleichen. Siehe hierzu *Böckli* (2009).

58 Hierzu sowie weiterführend siehe *Lutter/Krieger* (2008), S. 69–80 und 211–214; *Gerberich/Griesheimer* (2010); *Velte* (2010).

2 HGB, so hat der Bericht des Vorstands auch auf Tochterunternehmen und auf Gemeinschaftsunternehmen einzugehen (§ 90 Abs. 1 Satz 2 AktG).

Zur besseren Wahrnehmung der Überwachungsfunktion kann der Aufsichtsrat gem. § 107 Abs. 3 AktG Ausschüsse bilden. Insbesondere wird in § 107 Abs. 3 Satz 2 AktG auf die mögliche Übertragung von Aufgaben auf einen Prüfungsausschuss verwiesen (→ I.1.3.3.6.2). Ist die Gesellschaft börsennotiert oder gibt sie ausschließlich andere Wertpapiere als Aktien zum Handel an einem organisierten Markt i.S.d. § 2 Abs. 5 WpHG aus und werden ihre Aktien auf eigene Veranlassung über ein multilaterales Handelssystem i.S.d. § 2 Abs. 3 Satz 1 Nr. 8 WpHG gehandelt, so hat der Aufsichtsrat gem. § 161 Abs. 1 AktG jährlich gemeinsam mit dem Vorstand eine sog. comply-or-explain-Erklärung in Bezug auf die Einhaltung der Empfehlungen des DCGK abzugeben. Die Nichteinhaltung einer Empfehlung ist zu begründen (→ II.8.5).

1.3.3.6.2 Prüfungsausschuss

Audit committees (Prüfungsausschüsse) entstammen dem board-System der *anglo-amerikanischen* Unternehmensverfassung und entsprechen der Zielsetzung, zur Bewältigung der vielfältig anfallenden Aufgaben Spezialfragen in entsprechend verkleinerter Besetzung der directors in Unterausschüssen erörtern und entscheiden zu lassen. Sie sollen als Schnittstelle zwischen Interner Revision und Abschlussprüfung auf der einen Seite und board of directors auf der anderen Seite die Effizienz und Effektivität der Überwachungsfunktion erhöhen. Audit committees stellen hierbei einen ständigen Ausschuss des Führungs- und Kontrollorgans board of directors dar, der sich primär mit der Überwachung des Rechnungswesens, der Rechnungslegung, der Abschlussprüfung sowie mit der Koordination der internen und externen Prüforgane des Unternehmens beschäftigt.

Als Mitglieder des audit committee kommen nur die nicht geschäftsführenden outside directors in Betracht.[59] Die Einrichtung derartiger Ausschüsse ist aus dem angloamerikanischen System der Unternehmensverfassung fest verankert, zumal die Existenz dieser Organe eine Voraussetzung für die Börsenzulassung bildet.[60]

Auf EU-Ebene wurde im Jahr 2002 im *Bericht der Winter-Gruppe* die Einrichtung eines Audit Committees zur Verbesserung der Unternehmensüberwachung befürwortet. Die Ergebnisse des Berichts flossen in die Empfehlung der EU-Kommission im Jahr 2005 zur Ausgestaltung von Ausschüssen des Aufsichtsrats ein. Darüber hinaus wurden die konkreten Vorschläge der Winter-Gruppe zur Einrichtung, zum Aufgabenbereich und zur Besetzung in die Abschlussprüferrichtlinie vom Mai 2006 aufgenommen, nach der in Unternehmen von öffentlichem Interesse die Bildung eines Prüfungsausschuss vorgesehen ist (Art. 41 Abschlussprüferrichtlinie, → I.6.3.1).[61]

---

59 Vgl. *Arbeitskreis »Externe und Interne Überwachung der Unternehmung« der Schmalenbach-Gesellschaft für Betriebswirtschaft e. V.* (2000), S. 2281; *Huwer* (2008), S. 36–54; *Deneke* (2009), S. 100–106; *Maushake* (2009), S. 140–161.

60 Aufgrund von SOA 301 hat die SEC mit SEA 10A 3 eine entsprechende Vorschrift erlassen, die wiederum in die jeweiligen Listingbedingungen aufgenommen wurde; vgl. etwa NYSE Listed Company Manual 303A 6; NASD Marketplace Rules 4350 d 2; AMEX Company Guide 803.

61 Gleichwohl räumt die Abschlussprüferrichtlinie für die Umsetzung in nationales Recht auch Wahlrechte ein, die in Deutschland teilweise wahrgenommen wurden. Siehe *Arbeitskreis »Externe und Interne*

In *Deutschland* besteht im Grundsatz keine Verpflichtung für die Einrichtung von Prüfungsausschüssen. So ermächtigt § 107 Abs. 3 Satz 1 AktG den Aufsichtsrat lediglich zur freiwilligen Bildung eines Prüfungsausschusses[62]. Ein Ausnahmetatbestand besteht jedoch für kapitalmarktorientierte Kapitalgesellschaften i. S. d. § 264d HGB, die nicht über einen Aufsichtsrat mit mindestens einem unabhängigen Mitglied mit Sachverstand auf dem Gebiet der Rechnungslegung oder der Abschlussprüfung gem. § 100 Abs. 5 AktG verfügen (§ 324 Abs. 1 Satz 1 HGB). Diese Gesellschaften sind zur Einrichtung eines Prüfungsausschusses verpflichtet, der insbesondere das im Aktiengesetz verankerte Aufgabenspektrum wahrzunehmen hat.[63] Eine explizite Empfehlung zur Implementierung eines Prüfungsausschusses enthält der *DCGK* in Tz. 5.3.2 für Aufsichtsräte von börsennotierten AG.

Nach § 107 Abs. 3 Satz 2 AktG kann dem Prüfungsausschuss die Überwachung der folgenden Bereiche übertragen werden:

- Rechnungslegungsprozess,
- Wirksamkeit des internen Kontrollsystems, des Risikomanagementsystems und des internen Kontrollsystems sowie
- Abschlussprüfung, insbesondere die Unabhängigkeit des Abschlussprüfers und die vom Prüfer zusätzlich erbrachten Leistungen.

Der DCGK ergänzt diesen Katalog um den Aspekt der Befassung mit Fragen der Compliance (Tz. 5.3.2).[64]

Der Prüfungsausschuss kann durch den Aufsichtsrat sowohl mit vorbereitenden als auch mit abschließenden Tätigkeiten betraut werden. Hierbei ist zu beachten, dass bestimmte Sachverhalte wie bspw. die Aufgabe der Prüfung des Abschlusses nach § 171 AktG nicht zur Beschlussfassung übertragen werden dürfen (§ 107 Abs. 3 Satz 3 AktG). Die Aufnahme in die Geschäftsordnung des Aufsichtsrats oder die Verabschiedung einer eigenen Geschäftsordnung für den Prüfungsausschuss ist zweckmäßig. Neben dem Aufgabenkatalog sowie den Rechten und Pflichten kann es sinnvoll sein, Regelungen zur Besetzung, Einberufung von Sitzungen, Sitzungsfrequenz und Berichterstattung festzulegen sowie vorzusehen, an welchen Sitzungen Vorstandsmitglieder oder der Abschlussprüfer teilnehmen sollen.[65]

Der Aufsichtsrat bestellt die Mitglieder des Prüfungsausschusses aus seiner Mitte. Der Ausschuss sollte aus mindestens drei Mitgliedern bestehen. Für die Besetzung des Prüfungsausschusses bei kapitalmarktorientierten Kapitalgesellschaften gilt, dass mindestens ein unabhängiges Mitglied die Voraussetzungen des § 100 Abs. 5 AktG erfüllen und demnach über Sachverstand auf dem Gebiet der Rechnungslegung oder der Abschluss-

---

Überwachung der Unternehmung« der Schmalenbach-Gesellschaft für Betriebswirtschaft e. V. (2007); *Hucke* (2008).

62 Die Bildung eines Prüfungsausschusses wird n. h. M. erst ab einem Aufsichtsrat mit mindestens sechs Mitgliedern als sinnvoll angesehen. Siehe bspw. *Quick/Höller/Koprivica* (2008), S. 26; *Hönsch* (2009), S. 554; *Kremer* (2010), Rn. 989.

63 Dies betrifft bspw. Personenhandelsgesellschaften i. S. d. § 264a HGB oder mitbestimmungsfreie GmbH.

64 Zu weiterführenden Erläuterungen zu den Aufgaben des Prüfungsausschusses siehe z. B. *Koprivica* (2009), S. 87–134; *Kremer* (2010), Rn. 992-994; *Warncke* (2010), S. 259–337.

65 Zur Ausgestaltung einer Geschäftsordnung vgl. *Strunk* (2009); *Krasberg* (2010), S. 208–212.

prüfung verfügen muss (§ 107 Abs. 4 AktG). Der DCGK ergänzt dies um die Empfehlung, dass explizit der Ausschussvorsitzende besondere Kenntnisse und Erfahrungen auf den Gebieten Rechnungslegung und interne Kontrollverfahren vorweisen sollte. Zudem wird angeregt, dass kein Vorstandsmitglied vor Ablauf von zwei Jahren nach Ende seiner Bestellung den Vorsitz im Prüfungsausschuss innehaben sollte.[66]

1.3.3.7 Verwaltungsrat (nicht geschäftsführende Direktoren)

Bei der Ausgestaltung einer Europäischen Gesellschaft als monistisches Führungssystem ist der Verwaltungsrat das zentrale Führungsorgan. Die SE-VO sieht keine zwingende funktionale Trennung operativer und überwachender Tätigkeiten im Verwaltungsrat vor, obgleich der Europäische Verordnungsgeber im 14. Erwägungsgrund der SE-VO anführt, dass eine eindeutige Abgrenzung der Verantwortungsbereiche zwischen Personen, denen die Geschäftsführung obliegt und jenen Personen, die mit der Aufsicht betraut sind, wünschenswert wäre. Im Gegensatz dazu ist nach SEAG eine eindeutige Aufteilung der operativen Tätigkeit einerseits sowie der strategischen Zielbestimmung und Zielkontrolle andererseits verbindlich.[67] Die Ausführung der operativen Geschäfte obliegt den *geschäftsführenden Direktoren* (§ 40 Abs. 2 SEAG → I.1.3.2.3), welche vom Verwaltungsrat bestellt werden (§ 40 Abs. 1 SEAG). Dem Verwaltungsrat (*nicht geschäftsführenden Direktoren*) kommt neben der Leitung der Gesellschaft und der Bestimmung der Grundlinien der Unternehmenstätigkeit auch die Aufgabe zu, deren Umsetzung zu überwachen (§ 22 Abs. 1 SEAG).

Als zentrale Aufgabengebiete des Verwaltungsrats nennt § 22 Abs. 2 bis 6 SEAG ergänzend

- die Einberufung von Hauptversammlungen,
- die Sicherstellung einer angemessenen Buchführung,
- die Einleitung geeigneter Maßnahmen zur frühzeitigen Identifikation bestandsgefährdender Risiken (z. B. Einrichtung eines Überwachungssystems),
- die Überprüfung der Bücher und Schriften sowie der Vermögensgegenstände – namentlich der Barbestände und der Bestände an Waren und Wertpapieren – der Gesellschaft,
- die Erteilung des Prüfungsauftrags für den Einzel- und Konzernabschluss an den Abschlussprüfer sowie
- die Stellung eines Insolvenzantrags bei Zahlungsunfähigkeit oder Überschuldung der Gesellschaft.

Zur Erfüllung seiner Aufgaben kann der Verwaltungsrat aus seiner Mitte einen oder mehere Ausschüsse bestellen. Im Hinblick auf die Überwachung des Rechnungslegungsprozesses, der Wirksamkeit des internen Kontrollsystems, des Risikomanagementsystems und des internen Revisionssystems sowie der Abschlussprüfung kann der Verwaltungs-

---

66 Zum Stand der Einführung von Prüfungsausschüssen in deutschen Unternehmen, deren Zusammensetzung sowie deren Aufgaben siehe *Quick/Höller/Koprivica* (2008). Mit besonderem Fokus auf die Effektivität von Prüfungsausschüssen siehe *Koprivica* (2009).

67 Vgl. *Hoffmann-Becking* (2004), S. 368.

rat einen Prüfungsausschuss einrichten, welchem entsprechende Überwachungsaufgaben übertragen werden können (§ 34 Abs. 4 SEAG). Mitglieder des Prüfungsausschusses können auch geschäftsführende Direktoren sein, wobei der Prüfungsausschuss mehrheitlich mit nicht geschäftsführenden Mitgliedern besetzt werden muss.

Kontrollfragen

1. Was verstehen Sie unter dem Begriff »stakeholder«?
2. Welche Bedeutung haben die internationalen Rechnungslegungsnormen für deutsche Unternehmen?
3. Beschreiben Sie die Bedeutung von Informationen im Beziehungsgeflecht zwischen Prüfungs- und Entscheidungsinstitutionen. Welche Funktion besitzen in diesem Zusammenhang Prüfungsergebnisse?
4. Beschreiben Sie die Unterschiede zwischen einem dualistischen und einem monistischen Führungssystem.
5. Welche Funktionen erfüllt der Aufsichtsrat im Steuerungssystem eines Unternehmens?

Zitierte und weiterführende Literatur

Arbeitskreis »Externe und Interne Überwachung der Unternehmung« der Schmalenbach-Gesellschaft für Betriebswirtschaft e. V. (2000): Prüfungsausschüsse in deutschen Aktiengesellschaften, in: Der Betrieb, S. 2281–2285.

Arbeitskreis »Externe und Interne Überwachung der Unternehmung« der Schmalenbach-Gesellschaft für Betriebswirtschaft e. V. (2007): Der Prüfungsausschuss nach der 8. EU-Richtlinie: Thesen zur Umsetzung in deutsches Recht, in: Der Betrieb, S. 2129–2133.

Bassen, A./Kleinschmidt, M./Zöllner, C. (2004): Corporate Governance Quality Study 2004 – Analyse der Corporate Governance deutscher Unternehmen aus Investorenperspektive , in: Finanz Betrieb, S. 527–533.

Beatty, R.P. (1989): Auditor reputation and the pricing of initial public offerings, in: The Accounting Review, S. 693–709.

Böcking, H.-J./Dutzi, A./Müßig, A. (2004): Ökonomische Funktion des Prüfungsausschusses im deutschen Corporate Governance-System, in: Betriebswirtschaftliche Forschung und Praxis, S. 417–440.

Böckli, P. (2009): Konvergenz: Annäherung des monistischen und des dualistischen Führungs- und Aufsichtssystems, in: Hommelhoff, P./Hopt, K.J./v. Werder, A. (Hrsg.): Handbuch Corporate Governance: Leitung und Überwachung börsennotierter Unternehmen in der Rechts- und Wirtschaftspraxis, 2. Aufl., Stuttgart.

Bundesrechnungshof (2010): Bemerkungen 2010 zur Haushalts- und Wirtschaftsführung des Bundes, Bonn, URL: http://bundesrechnungshof.de/veroeffentlichungen/bemerkungen-jahresberichte/bemerkungen-2010.pdf (Stand: 1.4.2011).

Bundesregierung (2003): Maßnahmenkatalog der Bundesregierung zur Stärkung der Unternehmensintegrität und des Anlegerschutzes, Berlin, URL: http://www.bmj.bund.de/enid/Corporate_Governance/Bundesregierung_staerkt_Anlegerschutz_und_Unternehmensintegritaet_ai.html (Stand: 25.1.2007).

BVerwG (2005): 6 C 4/04, Urteil vom 13.4.2005, in: BVerwGE 123, S. 203–217.

Chmielewicz, K. (1994): Forschungskonzeptionen der Wirtschaftswissenschaft, 3. Aufl., Stuttgart.

Craswell, A.T. (1999): Does the provision of non-audit services impiar auditor independence?, in: International Journal of Auditing, S. 29–40.

DeAngelo, L.E. (1981a): Auditor independence, ′low balling′, and disclosure regulation, in: Journal of Accounting and Economics, S. 113–127.

DeAngelo, L.E. (1981b): Auditor size and audit quality, in: Journal of Accounting and Economics, S. 183–199.

Deneke, C. (2009): Die Implementierung eines Prüfungsausschusses in die deutsche Aktiengesellschaft und Europäische Gesellschaft (SE), Frankfurt am Main.

Deutsches Institut für Interne Revision e.V. (2005): Die Interne Revision – Bestandsaufnahme und Entwicklungsperspektiven, Berlin.

Erlei, M./Leschke, M./Sauerland, D. (2007): Neue Institutionenökonomik, 2. Aufl., Stuttgart.

Ernst, C./Seibert, U./Stuckert, F. (1998): KonTraG, KapAEG, StückAG, EuroEG – Gesellschafts- und Bilanzrecht, Düsseldorf.

Europäische Kommission (1996): Grünbuch – Rolle, Stellung und Haftung des Abschlussprüfers in der Europäischen Union, Brüssel.

Ewert, R. (1993): Rechnungslegung, Wirtschaftsprüfung, rationale Akteure und Märkte, in: Schmalenbachs Zeitschrift für betriebswirtschaftliche Forschung, S. 715–747.

Fleischer, H. (2007): Der deutsche »Bilanzeid« nach § 264 Abs. 2 Satz 3 HGB, in: Zeitschrift für Wirtschaftsrecht, S. 97–106.

Francis, J.R./Yu, M.D. (2009): Big 4 office size and audit quality, in: The Accounting Review, S. 1521–1552.

Freeman, R.E. (1984): Strategic Management – A Stakeholder Approach, Boston.

Freidank, C.-C./Peemöller, V. (Hrsg.) (2011): Kompendium der Internen Revision, Internal Audit in Wissenschaft und Praxis, Berlin.

Gerberich, C.W./Griesheimer, M. (2010): Neue Herausforderungen an die Aufsichtsratsberichterstattung, in: Der Aufsichtsrat, S. 156–159.

Hoffmann-Becking, M. (2004): Organe: Strukturen und Verantwortlichkeiten, insbesondere im monistischen System, in: Zeitschrift für Gesellschafts- und Unternehmensrecht, S. 355–382.

Hofmann, R. (2005): Prüfungs-Handbuch – Leitfaden für eine Überwachungs- und Revisionskonzeption in der Corporate Governance, 5. Aufl., Berlin.

Hönsch, H. (2009): Die Auswirkungen des BilMoG auf den Prüfungsausschuss, in: Der Konzern, S. 553–563.

Hucke, A. (2008): Der Prüfungsausschuss nach dem Bilanzrechtsmodernisierungsgesetz (BilMoG) – Weiter steigende Anforderungen an der Aufsichtsrat, in: Zeitschrift für Corporate Governance, S. 122–127.

Huwer, W. (2008): Der Prüfungsausschuss des Aufsichtsrats – Aufgaben, Anforderungen und Arbeitsweise in der Aktiengesellschaft und im Aktienkonzern, Berlin.

Kluger, B./Shields, D. (1991): Managerial moral hazard and auditor changes, in: Critical Perspectives on Accounting, S. 255–272.

Knechel, W.R./Naiker, V./Pacheco, G. (2007): Does auditor industry specialization matter? Evidence from market reaction to auditor switches, in: Auditing: A Journal of Practice & Theory, S. 19–45.

Koprivica, R. (2009): Die Effektivität von Prüfungsausschüssen – Eine theoretische und empirische Analyse, Saarbrücken.

Krasberg, P. (2010): Der Prüfungsausschuss des Aufsichtsrats einer Aktiengesellschaft nach dem BilMoG, Berlin.

Kremer, T. (2010): Kommentierung zu Tz. 5.3.2 DCGK, Rn. 986–1005, in: Ringleb, H.-M./Kremer, T./Lutter, M./v. Werder, A. (Hrsg.): Deutscher Corporate Governance Kodex – Kommentar, 4. Aufl., München.

Leffson, U. (1988): Wirtschaftsprüfung, 4. Aufl., Wiesbaden.

Lutter, M./Krieger, G. (2008): Rechte und Pflichten des Aufsichtsrats, 5. Aufl., Köln.

Marten, K.-U./Köhler, A.G. (2002): Erwartungslücke, in: Ballwieser, W./Coenenberg, A.G./Wysocki, K.v. (Hrsg.): Handwörterbuch der Rechnungslegung und Prüfung, 3. Aufl., Stuttgart, Sp. 702–712.

Marten, K.-U./Quick, R./Ruhnke, K. (Hrsg.) (2006): Lexikon der Wirtschaftsprüfung – Nach nationalen und internationalen Normen, Stuttgart.

Maushake, C. (2009): Audit Committees – Prüfungsausschüsse im US-amerikanischen und deutschen Recht, Köln.

Moizer, P. (1997): Auditor reputation: the international empirical evidence, in: International Journal of Auditing, S. 61–74.

Möller, M. (2009): Die Erstemission von Aktien, die Wahl des Abschlussprüfers und das Underpricing-Phänomen – Eine empirische Analyse im Kontext der Agency- und Signalling-Theorie, Arbeitspapier Universität Zürich, Zürich.

Nonnenmacher, R./Pohle, K./v. Werder, A. (2009): Aktuelle Anforderungen an Prüfungsausschüsse – Leitfaden für Prüfungsausschüsse (Audit Committees) unter Berücksichtigung des Bilanzrechtsmodernisierungsgesetzes (BilMoG), in: Der Betrieb, S. 1447–1454.

Peemöller, V.H./Richter, M. (2000): Entwicklungstendenzen der Internen Revision. Chancen für die unternehmensinterne Überwachung, Berlin.

Quick, R. (2007): Interne Revision, in: Köhler, R./Küpper, H.-U./Pfingsten, A. (Hrsg.): Handwörterbuch der Betriebswirtschaft, Stuttgart, S. 818–827.

Quick, R./Höller, F./Koprivica, R. (2008): Prüfungsausschüsse in deutschen Aktiengesellschaften – Eine Analyse der Transparenz der Prüfungsausschusstätigkeiten, in: Zeitschrift für Corporate Governance, S. 25–35.

Richter, R./Furubotn, E.G. (2010): Neue Institutionenökonomik, 4. Aufl., Tübingen.

Riedl, A.M./Marten, K.-U. (2010): Directors' Dealings, in: Die Betriebswirtschaft, S. 553–557.

Röhrich, R. (2006): Prüfungsausschuss und Audit Committee – Wesentliche Unterschiede zwischen der deutschen und US-amerikanischen Aufsichtspraxis, in: Zeitschrift für Corporate Governance, S. 148–152.

Rose, G. (2002): Außenprüfung, steuerliche, in: Ballwieser, W./Coenenberg, A.G./Wysocki, K.v. (Hrsg.): Handwörterbuch der Rechnungslegung und Prüfung, 3. Aufl., Stuttgart, Sp. 200–214.

Ruhnke, K. (2003): Nutzen von Abschlussprüfungen: Bezugsrahmen und Einordnung empirischer Studien, in: Zeitschrift für betriebswirtschaftliche Forschung, S. 250–280.

Ruhnke, K. (2008): Rechnungslegung nach IFRS und HGB, 2. Aufl., Stuttgart.

Ruhnke, K./Schmiele, C./Sanyang, M. (2010): Bedeutung selbst erstellter immaterieller Vermögensgegenstände des Anlagevermögens für Kreditvergabeentscheidungen, in: Der Betrieb, S. 2725–2729.

Ruhnke, K./Schmiele, C./Schwind, J. (2010): Die Erwartungslücke als permanentes Phänomen der Abschlussprüfung – Definitionsansatz, empirische Untersuchung und Schlussfolgerungen, in: Zeitschrift für betriebswirtschaftliche Forschung, S. 394–421.

Schäfer, F.A. (2008): A. Gesetz über das Kreditwesen: Erster Abschnitt. Allgemeine Vorschriften: 2. Bundesanstalt für Finanzdienstleistungsaufsicht § 6 Aufgaben, in: Boos, K.-H./Fischer, R./Schulte-Mattler, H. (Hrsg.): Kreditwesengesetz – Kommentar zu KWG und Ausführungsvorschriften, München.

Sieben, G./Bretzke, W.-R. (1973): Zur Typologie betriebswirtschaftlicher Prüfungssysteme, in: Betriebliche Forschung und Praxis, S. 625–630.

Strunk, W. (2009): Der Prüfungsausschuss des Aufsichtsrats der börsennotierten Aktiengesellschaft – Zweck- und rechtmäßige Prüfungsausschussaufgaben nebst Mustergeschäftsordnung, Hamburg.

Velte, P. (2010): Die Gehilfenfunktion des Abschlussprüfers für dem Aufsichtsrat bei der Rechnungslegungsprüfung – Eine kritische Würdigung aus normativer und empirischer Sicht, in: Steuern und Bilanzen, S. 451–457.

Wagenhofer, A./Ewert, R. (2007): Externe Unternehmensrechnung, 2. Aufl., Berlin.

Warncke, M. (2010): Prüfungsausschuss und Corporate Governance – Einrichtung, Organisation und Überwachungsaufgabe, 2. Aufl., Berlin.

Wells, D.W./Loudder, M.L. (1997): The market effects of auditor resignations, in: Auditing: A Journal of Practice & Theory, S. 138–144.

Wenzig, H. (2004): Außenprüfung Betriebsprüfung, 9. Aufl., Achim.

Willenborg, M. (1999): Empirical analysis of the economic demand for auditing in the initial public offerings market, in: Journal of Accounting Research, S. 225–238.

Williamson, O.E. (1985): The economic institutions of capitalism – firms, markets, relational contracting, New York/London.

2 Asymmetrische Information als Motivation von Wirtschaftsprüferleistungen

Informationen spielen bei der Unternehmenssteuerung und damit auch bei der Planung und Realisation der Güter- und Dienstleistungserstellung eine zentrale Rolle. Liegen für alle Institutionen *gleichermaßen* unvollständige Informationen vor, ist das Marktergebnis – also die Menge und der Preis der angebotenen Güter und Dienstleistungen – lediglich suboptimal; das gesellschaftliche Wohlfahrtsmaximum wird nicht erreicht. Dieses Ergebnis tritt bereits dann ein, wenn *einzelnen* Wirtschaftssubjekten Informationen vorenthalten werden. In diesem Fall spielt die Ausgestaltung der Beziehungen der Wirtschaftssubjekte untereinander eine wichtige Rolle, da Unterschiede im Informationsstand Handlungsanreize schaffen, die den Nutzen der Informationsträger zu Ungunsten von Wirtschaftssubjekten mit weniger Informationen steigern können.

Ein zentrales Beispiel hierfür sind Unternehmen, deren Unternehmensführung nicht von den Eigentümern selbst ausgeübt, sondern an Dritte delegiert wird (Fremdorganschaft). Auf Grund des Informationsvorsprungs der Unternehmensführung (Management) gegenüber den Eigentümern besitzen Manager den Anreiz, zunächst ihren persönlichen Nutzen zu maximieren (z.B. ihr Einkommen), bevor sie den Nutzen der Eigentümer, der zumeist mit einer Gewinnmaximierung verknüpft ist, steigern.

2.1 Agency-theoretischer Ansatz

Vertragsbeziehungen zwischen Wirtschaftssubjekten mit asymmetrischen Informationen lassen sich im Kontext des agency-theoretischen Ansatzes analysieren. In diesem Zusammenhang kann auch die Nachfrage nach WP-Leistungen begründet werden: Das Ergebnis der WP-Leistung ist eine von einem unabhängigen Dritten bereitgestellte Information über einen Prüfungsgegenstand, die das Informationsgefälle zwischen Prinzipal und Agent verringert.[68]

2.1.1 Gegenstand und Begriffsabgrenzungen

Der agency-theoretische Ansatz (auch: Prinzipal-Agenten-Theorie oder Agency-Theorie) stellt die Beziehung zwischen Wirtschaftssubjekten im Rahmen von Auftragsbeziehungen zwischen zwei Vertragspartnern, die mit jeweils unterschiedlichen Handlungsspielräumen und Informationen sowie individuellen Präferenzstrukturen ausgestattet sind, modellhaft dar. Dabei wird zwischen dem Auftraggeber (*Prinzipal*) und dem Auftragnehmer (*Agent*) unterschieden.[69]

---

68 Vgl. *Wagenhofer/Ewert* (2007), S. 183 f.
69 Begriffsbestimmungen und Kernelemente des agency-theoretischen Ansatzes gehen auf *Ross* (1973) sowie *Jensen/Meckling* (1976) zurück. Diese basieren teilweise auf den grundlegenden Arbeiten zu

Der agency-theoretische Ansatz ist Teil der Neuen Institutionenökonomik, in der es um die Analyse von Institutionen bei Vorliegen von Transaktionskosten geht.[70] Gleichzeitig sind Prinzipal-Agenten-Beziehungen eine Teilmenge der eingangs beschriebenen stakeholder-Beziehungen (→ I.1.1).

2.1.2   Allgemeine Merkmale

Der agency-theoretische Ansatz basiert auf der Annahme, dass der Prinzipal im Zuge der Delegation von Entscheidungsbefugnissen an den Agent dessen Leistung nicht vollständig beobachten kann. Der Prinzipal ist deshalb bei der Leistungsbeurteilung des Agenten auf Informationen Dritter oder des Agenten selbst angewiesen. Der Agent ist jedoch seinerseits in der Lage, Informationen über

- a priori bestehende Eigenschaften seiner eigenen Person und/oder seiner Dienstleistung (hidden characteristics),
- Handlungsalternativen oder das konkrete Verhalten seiner eigenen Person (hidden action),
- seine eigenen Absichten oder Strategien und damit verbundene Konsequenzen (hidden intention),

vor dem Prinzipal zu verbergen.[71]

Die drei genannten Ausprägungen der Informationsasymmetrie zwischen Prinzipal und Agent bieten dem Agent einen *Handlungsspielraum* sowie die Möglichkeit, seinen Nutzen zu maximieren, ohne gleichzeitig im Sinne seines Auftraggebers zu handeln. Bei unterschiedlichen Präferenzstrukturen und Risikoeinstellungen von Prinzipal und Agent können hieraus Interessenskonflikte resultieren.

Eine Prinzipal-Agenten-Beziehung ist durch folgende Merkmale gekennzeichnet:

- Zwischen Prinzipal und Agent existiert eine Vertragsbeziehung.
- Es liegen asymmetrische Informationen i.d.S. vor, dass der Agent gegenüber dem Prinzipal einen Informationsvorsprung besitzt.
- Prinzipal und Agent besitzen unterschiedliche Nutzenfunktionen.
- Es existieren externe Effekte, d.h. Entscheidungen des Agenten beeinflussen nicht nur dessen eigenen Nutzen, sondern auch den des Prinzipals.

Die Leistung des Managers bleibt damit i.d.R. unterhalb des aus gesamtwirtschaftlicher Sicht optimalen Niveaus und kann z.B. durch den Einsatz von Überwachungsinstru-

---

Marktunvollkommenheiten in Beziehungen zwischen Wirtschaftssubjekten von *Akerlof* (1970) sowie *Alchian/Demsetz* (1972). Allgemeine Modifikationen und Erweiterungen des agency-theoretischen Ansatzes wurden u.a. von *Fama* (1980) und *Hill/Jones* (1992) vorgenommen. Das Verhältnis zwischen dem agency-theoretischen Ansatz und anderen betriebswirtschaftlichen Erklärungsansätzen beschreiben u.a. *Eisenhardt* (1989) und *Spremann* (1989).

70 Transaktionskosten beschreiben den Ressourceneinsatz bei der Schaffung und Benutzung von Institutionen, vgl. *Richter/Furubotn* (2003), S. 33. Sie beinhalten die Kosten für die Information, Bewertung und Kontrolle des Kaufs und Verkaufs von Verfügungsrechten an wirtschaftlichen Gütern.

71 Vgl. *Fischer* (1995) sowie *Herzig/Watrin* (1995).

menten oder Anreizmechanismen, die eine wahrheitsgetreue Informationsübertragung fördern, gesteigert werden. Prüfungsleistungen im Hinblick auf eine Überwachung des Agenten (monitoring[72]) können durch interne und externe Prüfungsinstitutionen wahrgenommen werden;[73] Anreizmechanismen werden durch eine Vertragsgestaltung zwischen Prinzipal und Agent geschaffen, die den Agent dazu anhält, i. S. des Prinzipals zu agieren. Ein Beispiel hierfür ist die Beteiligung des Agenten am Unternehmensergebnis.

Die optimale Ausgestaltung der Vertragsbeziehung zwischen Prinzipal und Agent stellt folglich das Kernelement zahlreicher agency-theoretischer Betrachtungen dar.[74] Besonders zu berücksichtigen sind dabei *Agencykosten* (agency costs), d. h. Kosten, die bei der Ableitung und Implementierung geeigneter Anreiz- und Überwachungs- oder Kontrollsysteme entstehen und/oder nach Einsatz dieser Systeme als Differenz zum Wohlfahrtsmaximum auftreten. Agencykosten lassen sich *drei Kategorien* zuordnen:[75]

1. Überwachungs- und Kontrollkosten (monitoring expenditures): Kosten für die Ausgestaltung, Implementierung und Aufrechterhaltung eines Kontrollsystems sowie Kosten für die Überwachung von dessen Effektivität und ggf. für die Durchführung entsprechender Modifikationen;
2. Vertragskosten (bonding expenditures): Kosten für Anbahnung, Abschluss und Ausgestaltung von Verträgen zwischen Prinzipal und Agent sowie Kosten für die Überwachung der Vertragseinhaltung;
3. Residualverlust (residual loss): Differenz zwischen dem potenziellen maximalen aggregierten Nutzenniveau innerhalb eines Unternehmens oder Wirtschaftssystems ohne Prinzipal-Agenten-Beziehungen und dem entsprechenden aggregierten Nutzenniveau mit Prinzipal-Agenten-Beziehungen. Der Residualverlust kann durch Kontrollsysteme oder Verträge verringert werden; die dafür anfallenden Kosten sind jedoch von den entstehenden Wohlfahrtszuwächsen abzuziehen.

Die Ableitung eines optimalen Kontroll- und Anreizsystems lässt sich somit als Minimierungsansatz der Agencykosten formulieren.

2.1.3 Vereinfachte formale Darstellung

Zur Verdeutlichung der Interdependenzen einer Prinzipal-Agenten-Beziehung sei der funktionale Zusammenhang zwischen den individuellen Nutzen der Vertragspartner und den relevanten Einflussgrößen vereinfacht formal dargestellt.[76]

1. Produktionsfunktion $y = y(x, z)$: Der Einfluss des Arbeitseinsatzes des Agenten x auf den wahren Output y ist positiv; der Einfluss der nur vom Agent beobachtbaren jedoch stochastisch verteilten Umweltvariable z ist positiv oder negativ. Da aus-

---

72 Zur Darstellung des Begriffs monitoring siehe *Marten/Quick/Ruhnke* (2006).
73 Weitere Kontrollinstrumente beschreibt u. a. *Jensen* (1993).
74 Vgl. z. B. *Arrow* (1985); *Hart/Holmström* (1987) sowie *Spremann* (1989).
75 Vgl. *Jensen/Meckling* (1976).
76 Zur ausführlichen formalen Darstellung sei z. B. auf *Ballwieser* (1989) und *Hartmann-Wendels* (1989) verwiesen. Die Grundlagen hierzu finden sich in *Jensen/Meckling* (1976).

schließlich der Agent seinen wahren Arbeitseinsatz sowie den aktuellen Zustand der Umweltvariable kennt, kennt nur er den wahren Output.

2. Entlohnungsfunktion $p = p(\hat{y})$: Die Entlohnung des Agenten p basiert auf dem an den Prinzipal kommunizierten Output $\hat{y}$; mit steigendem kommunizierten Output erhöht sich das Einkommen des Agenten, d. h. der Einfluss des berichteten Outputs auf die Entlohnung ist positiv.

3. Nutzenfunktion des Agenten $u = u(x, p)$: Der Einfluss des Arbeitseinsatzes des Agenten x ist einerseits negativ, da zunehmender Arbeitseinsatz den Nutzen des Agenten u beeinträchtigt, andererseits positiv, da der Arbeitseinsatz positiv auf den Output und damit wiederum auf die Entlohnung p wirkt. Der Einfluss der Entlohnung auf den Nutzen ist positiv.

4. Nutzenfunktion des Prinzipals $v = v(x, p)$: Der Einfluss des Arbeitseinsatzes des Agenten x auf den Nutzen des Prinzipals v ist positiv, da der Arbeitseinsatz des Agenten den Unternehmensgewinn und damit das Einkommen (Nutzen) des Prinzipals erhöht; die mit dem Arbeitseinsatz verbundene Entlohnung des Agenten p wirkt hingegen negativ, da sie den für den Prinzipal verbleibenden Unternehmensgewinn schmälert.

Unter der Annahme, dass der Agent an einer kurzfristigen Nutzenmaximierung und der Prinzipal an einer langfristigen Nutzenmaximierung interessiert ist, ergibt sich aus agency-theoretischer Sicht ein Interessenskonflikt zwischen den Vertragspartnern. Dies wird auf Basis der vorgenannten Funktionen dargestellt:

Langfristiges Ziel des Prinzipals ist die Maximierung des Unternehmensgewinns. Er ist daher daran interessiert, dass der Agent zur Erwirtschaftung des wahren Outputs y grundsätzlich einen höchstmöglichen Arbeitseinsatz x erbringt. Gleichzeitig soll die Entlohnung des Agenten p auf ein Minimum beschränkt werden, d. h. sie soll nach Möglichkeit den Verhältnissen des wahren Outputs entsprechen. Die Kommunikation eines über dem wahren Output y liegenden Outputs $\hat{y}$ durch den Agent führt zu Nutzeneinbußen $\hat{v}$ des Prinzipals. Der Prinzipal ist daher bestrebt, die Funktion seiner Nutzeneinbußen $\hat{v} = h(\hat{y} - y)$ zu minimieren.

Dagegen ist es das Interesse des Agenten, seine Entlohnung bei möglichst niedrigem Arbeitseinsatz zu maximieren. Für den Agent steigt mit wachsender Differenz zwischen kommuniziertem Output $\hat{y}$ und wahrem Output y der Nutzen, da seine Entlohnung zunehmend höher wird als dies seinem Arbeitseinsatz entspricht. Der Agent besitzt also den Anreiz, den Output höher als tatsächlich erwirtschaftet zu kommunizieren, um einen möglichst hohen Nutzengewinn $\hat{u}$ zu generieren. Seine Zielsetzung besteht deshalb darin, die Funktion $\hat{u} = g(\hat{y} - y)$ zu maximieren.

Der Anreiz, einen über den tatsächlichen Verhältnissen liegenden Output $\hat{y}$ zu kommunizieren, ist für den Agent insbesondere deshalb von Interesse, weil dieser durch den Prinzipal nicht zu überprüfen ist. Dagegen ist für den Prinzipal ein falsch kommunizierter Output mit negativen Folgen verbunden, welche langfristig zu einer Schmälerung des Unternehmensgewinns führen. Zum einen hat der Prinzipal die Kosten zu tragen, die z. B. aus Reputationsverlusten oder Sanktionen bei Aufdeckung der falschen Angaben entstehen, zum anderen ist die Entlohnung gemessen am Arbeitseinsatz des Agenten zu hoch. Aus Sicht des Prinzipals ist folglich eine möglichst dem tatsächlichen Output y entsprechende Information durch den Agent erstrebenswert.

2.1.4   Anwendung im Kontext der Wirtschaftsprüfung

Die Bedeutung der Rechnungslegung und deren Glaubwürdigkeitserhöhung durch die Abschlussprüfung lassen sich ebenfalls aus der Perspektive von Prinzipal-Agenten-Beziehungen darstellen.[77] Ausgangspunkt ist dabei die Betrachtung der Eigen- oder Fremdkapitalgeber (z. B. Aktionäre oder Kreditinstitute) als Prinzipal und des Unternehmensmanagements (z. B. Vorstand) als Agent.

2.1.4.1 Begründung der Rechnungslegung durch das Management

Rechnungslegungsnormen stellen eine Ausprägung der Normierung des Informationsflusses zwischen dem Agent und dem Prinzipal dar. Die damit einhergehende Einschränkung des Spielraums bei der Berichterstattung erhöht die Wahrscheinlichkeit einer realitätsnahen Leistungs- und Ergebnisdarstellung des Agenten. Das vom Prinzipal wahrgenommene Investitionsrisiko wird gesenkt, der Risikoaufschlag wird verringert. Die Kapitalkosten des Unternehmens sinken.

Gleichwohl lassen Wahlrechte und Ermessensspielräume in den Rechnungslegungsnormen Möglichkeiten für abschlusspolitische Maßnahmen bei der Darstellung der Vermögens-, Finanz- und Ertragslage der Unternehmen zu. Formal gesehen verringern Rechnungslegungsnormen die Differenz zwischen dem kommunizierten und dem tatsächlichen Output, $\hat{y} - y$, und bilden somit die Grundlage für eine Reduzierung des Wohlfahrtsverlusts, der durch die Informationsasymmetrien in Prinzipal-Agenten-Beziehungen verursacht wird.

2.1.4.2 Begründung der Prüfung von Rechnungslegungsinformationen durch Wirtschaftsprüfer

In Abhängigkeit vom zeitlichen Bezug der Informationsasymmetrien zum Zeitpunkt des Vertragsabschlusses von Prinzipal und Agent sind zwei verschiedene Problemarten innerhalb von Prinzipal-Agenten-Beziehungen zu unterscheiden, die jeweils ein Motiv zur Prüfung von Rechnungslegungsinformationen durch einen WP darstellen: adverse selection (adverse Selektion) und moral hazard (moralisches Risiko).[78]

Die Verhaltensdisposition der *adverse selection* (Negativauslese) tritt in Prinzipal-Agenten-Beziehungen immer dann auf, wenn der Agent bereits vor Vertragsabschluss einen Informationsvorsprung, d. h. sog. hidden characteristics, gegenüber dem Prinzipal bzgl. seiner persönlichen Eignung und Qualifikation aufweisen kann: Ein Vertragsan-

---

77 Eine zusammenfassende Darstellung der Rolle des Rechnungswesens im Prinzipal-Agenten-Kontext bietet u. a. *Elschen* (1998); grundsätzliche Überlegungen stammen u. a. von *Penno* (1985). Weiterführende Analysen zur Rolle der Wirtschaftsprüfung im Kontext des agency-theoretischen Ansatzes stammen u. a. von *Marten* (1994); *Herzig/Watrin* (1995) sowie *Marten* (1995). Zur Darstellung des Aufsichtssystems über WP in Deutschland aus agency-theoretischer Sicht siehe *Paulitschek* (2009).

78 Die ersten Ausführungen zur Analyse der Wirtschaftsprüfung im Kontext von Informationsasymmetrien gehen auf *Antle* (1982) zurück; eine detaillierte Analyse bietet *Ewert* (1993). Zur Erläuterung einschränkender Annahmen in Bezug auf die Risikoneigung der Akteure und die Wirkung des Vergütungssystems vgl. *Ewert/Stefani* (2001), S. 160 ff.

gebot, das den Arbeitseinsatz und die Entlohnung des Agenten bestimmt, zieht somit gerade diejenigen Agenten an, die zu einem suboptimalen Arbeitseinsatz bereit sind, und dabei im Zuge ihrer für den Prinzipal unbeobachtbaren Arbeitsleistung trotzdem die vereinbarte Entlohnung erhalten wollen.

Das Problem des *moral hazard* (moralische Versuchung) ergibt sich in Vertragsbeziehungen, in denen Prinzipal und Agent zwar vor Vertragsabschluss denselben Informationsstand besitzen, jedoch nach Vertragsabschluss das Verhalten des Agenten durch den Prinzipal nicht mehr beobachtbar ist. Der Agent besitzt damit den Anreiz, die Situation zu seinen Gunsten zu nutzen, statt die aus gesamtwirtschaftlicher Sicht optimale Leistung zu erbringen. Das Vorenthalten von konkreten Verhaltensweisen, sog. hidden effort, durch den Agent kann für den Prinzipal zu relativen Nutzeneinbußen führen.

Zu einer Verringerung der Agencykosten, welche bei den Verhaltensdispositionen adverse selection und moral hazard entstehen, kann der Prinzipal mit der Beauftragung eines WP zur Prüfung von Rechnungslegungsinformationen beitragen. Da sich die Leistung des Agenten letztlich im Rechnungswesen niederschlägt, kann der Prinzipal durch die Prüfung dieser Informationen die Verlässlichkeit der Angaben des Agenten (mit Ausnahme eines Restrisikos) sicherstellen und damit sein Informationsdefizit zumindest teilweise abbauen.

Aus Sicht des Prinzipals stellt die Implementierung solcher Prüfungsleistungen nach Vertragsabschluss eine Maßnahme zum monitoring dar, deren Ziel es ist, insbesondere zur Ermittlung und Berichterstattung des wahren Outputs y beizutragen. Der Eigentümer kann durch das Prüfungsurteil nachträglich Aufschluss über die qualifizierenden Voraussetzungen des Agenten erhalten. Ein positives Prüfungsurteil bestätigt dem Prinzipal die gesetzeskonforme Beachtung der Rechnungslegungsnormen durch den Agenten.

Eine Maßnahme zur Verringerung von Agencykosten vor Vertragsabschluss ist das *screening*. Es handelt sich hierbei um sämtliche Aktivitäten des Prinzipals zur Beschaffung zusätzlicher Informationen über die Eigenschaften möglicher Agenten.[79] Ein positives Prüfungsurteil dürfte dem Prinzipal bei der Entscheidung über ein Investitionsvorhaben dienen.

Während bei moral hazard und adverse selection die Erbringung von Prüfungsleistungen in erster Linie aus Sicht des Prinzipals wünschenswert erscheint, bietet der Effekt des *signaling*[80] auch für den Agent ein erhebliches Nutzenpotenzial. Besitzt der Agent zwar unbeobachtbare, aber auch für den Prinzipal Nutzen stiftende Eigenschaften oder Fähigkeiten, ist es für den Agent sinnvoll, vor Vertragsabschluss dem Prinzipal die eigene Qualifikation und Eignung glaubhaft zu signalisieren. Der Agent kann damit die Vertragsausgestaltung zu seinen Gunsten beeinflussen und sich von anderen Agenten, welche für den Prinzipal als potenzielle Vertragspartner in Betracht kommen, abgrenzen. Die Maßnahme des signaling ist jedoch nur dann als effektiv anzusehen, wenn es für den Agent Kosten verursacht, welche er im Falle seiner Absicht zum moral hazard nicht zu tragen bereit wäre. So kann sich der Agent bspw. bereit erklären, den berichteten

---

79   Vgl. zum Begriff »screening« u. a. *Picot/Dietl/Franck* (2008), S. 83 f.
80   Zur Erläuterung des Begriffs »signaling« siehe ebenfalls *Spence* (1973).

Gewinn freiwillig durch einen unabhängigen Dritten prüfen zu lassen und somit nicht der Verhaltensdisposition des moral hazard zu unterliegen.

Bezogen auf AG oder andere Gesellschaften mit vergleichbarer Gesellschafterstruktur wird die Tragweite der Effekte und damit der Nutzen der Wirtschaftsprüfung besonders deutlich: Die Informationsasymmetrie zwischen den Anteilseignern einer AG und dem Vorstand ist u. a. auf Grund der großen Anzahl von Aktionären, deren räumlicher Distanz zueinander und zum Unternehmen sowie nicht zuletzt durch den hohen Komplexitätsgrad der Informationen besonders hoch. Das Testat des WP als Bestätigung der Normenkonformität der Rechnungslegung und damit letztlich als Glaubwürdigkeitssignal für die Leistung des Vorstands im Sinne der Anteilseigner ist für den Abbau dieser Asymmetrie deshalb von zentraler Bedeutung.

2.2 Begründung der Existenz eines Berufsstands der Wirtschaftsprüfer

Das Verhältnis zwischen Wirtschaftssubjekten lässt sich durch eine Austauschbeziehung charakterisieren. Der Austausch von materiellen oder immateriellen Werten, Dienstleistungen, Rechten oder Zahlungsmitteln stellt einerseits für Unternehmen die Voraussetzung für Leistungserstellungsprozesse dar und erhöht andererseits den Nutzen der Konsumenten und anderer Abnehmer.

Die Tauschprozesse werden auch als *Transaktionen* bezeichnet und gehen i. d. R. mit Kosten – den *Transaktionskosten* – einher.[81] Diese Kosten entstehen im Zusammenhang mit der Anbahnung, Gestaltung, Kontrolle und Modifikation von Transaktionen und stellen das zentrale Kriterium bei der Entscheidung über alternative institutionelle Rahmenbedingungen dar.

In der Transaktionskostentheorie stehen zwei Alternativen zur Steuerung von Transaktionen (governance mechanisms) zur Auswahl:[82]

1. *Markt* (*market*): Regelung/Organisation von Transaktionen über den Preismechanismus, Wettbewerb der Parteien (invisible hand) und Verträge über Rechte und Pflichten der betroffenen Parteien;
2. *Hierarchie* (*hierarchy*): Kontrolle der Transaktionen durch eine dritte Partei, die neben der Befugnis über die Ausgestaltung von Anreiz-, Kontroll- und Sanktionssystemen die Entscheidungsbefugnis besitzt, auch unvorhergesehene Ereignisse verbindlich zu regeln (managerial fiat).

Ein Beispiel für ein hierarchisches System ist ein Unternehmen mit arbeitsteiliger Leistungserstellung – als Alternative zu einem Markt, auf dem die einzelnen Leistungen

81 Die Rolle von Transaktionskosten innerhalb einer allgemeinen Theorie der Unternehmung stellt *Albach* (1999), S. 419, dar; die Bedeutung von Transaktionskosten für die Modellierung von Kaufprozessen wird von *Weiber/Adler* (1995a), S. 52, abgeleitet und von *Weiber/Adler* (1995b), S. 104 ff., empirisch untersucht. Zum Begriff der Transaktionskosten → I.2.1.1.
82 Vgl. *Williamson* (1975); *Williamson* (1985).

von spezialisierten Unternehmen angeboten und über Kaufverträge gehandelt werden. Neben diesen Extrema lassen sich in der Realität auch zahlreiche Mischformen (hybrids) aus Hierarchien und Märkten beobachten wie z. B. einerseits komplexe Vertragssysteme, die möglichst allen zu erwartenden Umweltzuständen Rechnung tragen oder den Einsatz von Drittparteien im Streitfall vorsehen, oder andererseits Hierarchien, die durch Wettbewerbselemente ergänzt werden. Die Entscheidung für einen bestimmten Steuerungsmechanismus richtet sich nach der Höhe der mit den Alternativen verbundenen Transaktionskosten.

Dem Transaktionskostenansatz liegen *zwei Annahmen über das Verhalten von Wirtschaftssubjekten* zu Grunde:

- *Beschränkte Rationalität* (*bounded rationality*): Wirtschaftssubjekte sind nicht immer in der Lage, alle relevanten Sachverhalte zu erkennen, zu verstehen und zu kommunizieren;
- *Opportunismus* (*opportunism*): Wirtschaftssubjekte sind in erster Linie auf die Durchsetzung eigener Interessen bedacht und deshalb zumindest zeitweise bereit, zum Nachteil ihrer Transaktionspartner diese nicht vollständig und/oder falsch zu informieren, sich nicht an Absprachen zu halten oder ihnen auf andere Weise Schaden zuzufügen, wenn sie selbst davon profitieren können.

Treffen diese Verhaltensweisen auf bestimmte Umweltbedingungen, kann dies zu einem Versagen des Marktmechanismus führen. In dieser Situation liegt das Transaktionskostenniveau der Marktlösung oberhalb des Transaktionskostenniveaus einer Hierarchie. Im Zuge der Transaktionskostenminimierung ist es sinnvoll, einen hierarchisch organisierten Steuerungsmechanismus zu wählen. Für die erste Verhaltensannahme, beschränkte Rationalität, führen sowohl *Unsicherheit* in Bezug auf künftige Ereignisse oder Entwicklungen als auch ein hoher Grad an *Komplexität*, der Zusammenhänge für Transaktionspartner unüberschaubar werden lässt, zum Versagen von Marktlösungen. Opportunismus birgt vor allem dann ein Problempotenzial, wenn Transaktionen zwischen Wirtschaftssubjekten ein hohes Maß an *Spezifität* aufweisen. Diese liegt vor, wenn die Transaktionen individuell für einen bestimmten Transaktionspartner ausgestaltet werden und nur unter Aufwendung zusätzlicher Kosten oder unter Inkaufnahme eines Gewinnabschlags mit anderen Transaktionspartnern durchgeführt werden können. Beispiel hierfür ist die Entwicklung eines speziell auf die Bedürfnisse eines Kunden abgestimmten Informationssystems, das nur nach kostenintensiver Modifikation für andere Kunden nutzbar ist.

Abb. I.2-1 stellt die Wahl des transaktionskostenminimierenden Koordinationsmechanismus in Abhängigkeit vom Umweltzustand (Grad der Unsicherheit, Komplexität und Spezifität) dar. Ausgehend von der Höhe der Transaktionskosten (TK) je vorliegendem Umweltzustand (s) sind die Transaktionskostenverläufe für die Koordinationsmechanismen Markt, Hierarchie und Hybrid abgebildet. Bis zu einem Unsicherheits-, Komplexitäts- und Spezifitätsgrad s_1 weist die Koordination von Transaktionen über einen Markt im Vergleich zu anderen Steuerungsmechanismen die niedrigsten Transaktionskosten auf. Ab dem Unsicherheits-, Komplexitäts- und Spezifitätsgrad s_2 ist die Koordination über Hierarchien effizient. Dazwischen minimiert die Wahl eines hybriden Koordinationsmechanismus die Höhe der damit einhergehenden Transaktionskosten.

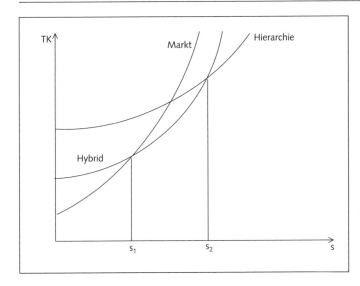

Abb. I.2-1: Höhe der Transaktionskosten TK für alternative Koordinationsmechanismen in Abhängigkeit vom Umweltzustand s[83]

Auch die Durchführung einer pflichtmäßigen Abschlussprüfung ist mit Transaktionskosten verbunden, da sie sowohl aus Sicht des Mandanten als auch aus Sicht des Abschlussprüfers durch Spezifität, Unsicherheit und Komplexität gekennzeichnet ist. Vereinfacht stellen sich für Mandanten in einer Welt *ohne* berufsständische Organisation der WP die Umweltzustände folgendermaßen dar:

- Unsicherheit: Qualifikation und Eignung des Abschlussprüfers sowie Normenkonformität und Einheitlichkeit dessen Vorgehens sind dem Mandanten a priori nicht bekannt. Die Qualität der Prüfungsleistung ist mit hoher Unsicherheit behaftet.
- Komplexität: Das Angebot für Abschlussprüfungen ist heterogen und deshalb unüberschaubar.
- Spezifität: Von Mandanten im Rahmen von Abschlussprüfungen bereitgestellte Informationen können teilweise für Folgemandate verwendet werden. Beim Wechsel des Abschlussprüfers fallen Kosten für die erneute Bereitstellung dieser Informationen an.

Analog sehen sich Abschlussprüfer in einer Welt *ohne* berufsständische Organisation vereinfacht dargestellt folgenden Umweltzuständen gegenüber:

- Unsicherheit: Die bei der Durchführung von Abschlussprüfungen anzuwendenden gesetzlichen Prüfungsnormen weisen einen hohen Gestaltungsfreiraum auf, der ohne Konkretisierung – bspw. durch die IDW-Normen – Unsicherheiten birgt.
- Komplexität: Die anzuwendenden Rechnungslegungs- und Prüfungsnormen sind durch kontinuierliche Modifikationen gekennzeichnet und damit für den einzelnen Abschlussprüfer nur schwer zu überblicken und anzuwenden.
- Spezifität: Der Abschlussprüfer hat neben fundierten Kenntnissen aus dem Finanz-, Rechnungs-, Steuer- und Rechtswesen unter hohem Aus- und Fortbildungsaufwand

---

83 In Anlehnung an *Williamson* (1991), S. 284.

ein umfangreiches wirtschaftsprüfungsspezifisches Wissen nachzuweisen. Die letztgenannte spezifische Qualifikation kann in anderen Berufsfeldern nur teilweise Nutzen stiftend eingesetzt werden.

Eine Senkung der für alle beteiligten Wirtschaftssubjekte entstehenden Transaktionskosten kann durch die Wahl eines Steuerungsmechanismus erreicht werden, der anstelle
einer Marktlösung die Einrichtung einer ranghöheren dritten Instanz mit Gestaltungs-
autorität vorsieht. Die Einrichtung des Berufsstands der WP und die vom Berufsstand
verlautbarten Normen stellen eine solche Lösung dar. Unsicherheits-, komplexitäts- und
spezifitätsreduzierend wirken die gemeinsame Interessenvertretung sowie die Homoge-
nisierung des Angebots von WP-Leistungen durch Sicherstellung der Qualifikation der
Mitglieder des Berufsstands und die weitgehende Vereinheitlichung der prüferischen
Handlungen im Zuge von:
- Regelung des Zugangs zum Beruf ($\rightarrow$ I.4),
- Vereinheitlichung der Prüfungsprozesse durch Herausgabe von fachtechnischen Prü-
  fungsnormen ($\rightarrow$ I.6.5.2.1),
- Berufsaufsicht u. a. zur Einhaltung ethischer Normen ($\rightarrow$ I.6.5.2.2),
- Normen zur Aus- und Fortbildung ($\rightarrow$ I.6.5.2.3),
- Qualitäts- und Durchsetzungsnormen ($\rightarrow$ I.6.5.2.4 und I.6.5.2.5).

2.3 Begründung der Pflichtmäßigkeit von Abschlussprüfungen

Nach der agency- und transaktionskostentheoretischen Motivation von WP-Leistungen
stellt sich die Frage, weshalb in Anbetracht der damit verbundenen wohlfahrtsökonomi-
schen Vorteile für bestimmte Unternehmen Abschlussprüfungen zwingend vorgeschrieben sind.

Diskussionsfrage

Wie beurteilen Sie vor dem Hintergrund einer agency-theoretischen Begründung der Pflichtmäßigkeit der Abschlussprüfung das Vorgehen des deutschen Gesetzgebers, die Pflicht zur
Prüfung eines Jahresabschlusses grundsätzlich an die Rechtsform bzw. die Größe eines Unternehmens zu knüpfen?

Die *Pflichtmäßigkeit* der Abschlussprüfung ergibt sich aus dem Kosten-Nutzen-Verhältnis der Abschlussprüfung, das zwischen den individuellen Unternehmen und der Gruppe der stakeholder divergiert.

Kosten-Nutzen-Verhältnis
Die Bestellung eines Abschlussprüfers ist mit Kosten verbunden, denen aus Sicht des
Mandanten zunächst kein direkter Nutzen gegenübersteht. Die Erhöhung der Glaubwürdigkeit der Rechnungslegungsinformationen infolge der Abschlussprüfung tritt mit
einer zeitlichen Verzögerung ein; die Senkung der Kapitalkosten ist a priori nicht quanti-

fizierbar und unterliegt der Unsicherheit. Der Nutzen einer Abschlussprüfung wird von risikoaversen Unternehmen also tendenziell eher unterschätzt, der *erwartete* Nutzen des Mandanten liegt kurzfristig unterhalb des *tatsächlichen* Nutzens. Entspricht der Preis der Abschlussprüfung dem tatsächlichen Grenznutzen der Abschlussprüfung für ein Unternehmen, bleibt in einem Wirtschaftssystem *ohne* Prüfungspflicht die Nachfrage nach Abschlussprüfungen infolge der zu geringen Nutzenerwartung unter dem gesamtwirtschaftlich optimalen Nachfrageniveau.

Externe Effekte

Die Auftraggeber von Abschlussprüfungen dürften Dritte vom Nutzen des Prüfungsurteils häufig nicht ausschließen können (*Ausschlussprinzip* ist nicht erfüllt). Würden bspw. im Rahmen einer Abschlussprüfung wesentliche Mängel im Rechnungswesen eines Unternehmens aufgedeckt, wäre eine Geheimhaltung der daraus für das Management entstehenden Konsequenzen vor den Gläubigern eines Unternehmens nur schwer denkbar – dies gilt auch dann, wenn diese nicht Auftraggeber der Abschlussprüfung sind. Die Abschlussprüfung ist in diesem Fall mit positiven externen Effekten verbunden, d. h. sie erhöht nicht nur den Nutzen der Auftraggeber, sondern auch derjenigen, die an den Kosten der Jahresabschlussprüfung nicht oder nur unterproportional beteiligt sind. Nachdem jeder stakeholder weiß, dass er möglicherweise einen Nutzen aus Abschlussprüfungen erhalten kann, ohne dafür Ressourcen bereitstellen zu müssen, besitzt er den Anreiz, darauf zu warten, dass andere die gewünschte Prüfungsleistung nachfragen, um dann selbst am Nutzen zu partizipieren (Trittbrettfahrerverhalten). Damit bleibt die tatsächliche aggregierte Nachfrage nach Abschlussprüfungsleistungen hinter der gesamtwirtschaftlich optimalen Nachfrage zurück.[84]

Kontrollfragen

1. Erörtern Sie den Begriff Prinzipal-Agenten-Beziehung.
2. Welche Annahmen liegen dem Transaktionskostenansatz zu Grunde?
3. Wie lässt sich die Pflichtmäßigkeit der Jahresabschlussprüfung begründen?

Zitierte und weiterführende Literatur

Akerlof, G.A. (1970): The market for »lemons«: Quality uncertainty and the market mechanism, in: Quarterly Journal of Economics, S. 488–500.
Albach, H. (1999): Eine allgemeine Theorie der Unternehmung, in: Zeitschrift für Betriebswirtschaft, S. 411–427.
Alchian, A.A./Demsetz, H. (1972): Production, information costs and economic organization, in: American Economic Review, S. 777–795.
Antle, R. (1982): The auditor as an economic agent, in: Journal of Accounting Research, S. 503–527.
Arrow, K.J. (1985): The Economic of Agency, in: Pratt, J.W./Zeckhauser, R.J. (Hrsg.): Principals and Agents: The Structure of Business, Boston, S. 37–51.
Ballwieser, W. (1989): Auditing in an Agency Setting, in: Bamberg, G./Spremann, K. (Hrsg.): Agency Theory, Information, and Incentives, Berlin et al., S. 327–346.

---

84 Die formale Darstellung externer Effekte und die Ableitung des Trittbrettfahrerverhaltens finden sich z. B. in *Varian* (1992), S. 552 ff. In Bezug auf die Überwachungssysteme von Unternehmen wird das Trittbrettfahrerverhalten u. a. von *Grossman/Hart* (1980) aufgegriffen.

Eisenhardt, K.M. (1989): Agency theory: An assessment and review, in: Academy of Management Review, S. 57–74.

Elschen, R. (1998): Principal-Agent, in: Busse von Colbe, W./Pellens, B. (Hrsg.): Lexikon des Rechnungswesens, München et al., 4. Aufl., S. 557–560.

Ewert, R. (1993): Rechnungslegung, Wirtschaftsprüfung, rationale Akteure und Märkte: Ein Grundmodell zur Analyse der Qualität von Unternehmenspublikationen, in: Zeitschrift für betriebswirtschaftliche Forschung, S. 715–747.

Ewert, R./Stefani, U. (2001): Wirtschaftsprüfung, in: Jost, P.-J. (Hrsg.): Die Prinzipal-Agenten-Theorie in der Betriebswirtschaftslehre, Stuttgart, S. 147–182.

Fama, E.F. (1980): Agency problems and the theory of the firm, in: Journal of Political Economy, S. 288–307.

Fischer, M. (1995): Agency-Theorie, in: Wirtschaftswissenschaftliches Studium, S. 320–322.

Grossman, S.J./Hart, O.D. (1980): Takeover bids, the free-rider problem, and the theory of the corporation, in: Bell Journal of Economics, S. 42–64.

Hart, O.D./Holmström, B. (1987): The Theory of Contracts, in: Bewley, T.F. (Hrsg.): Advances in Economic Theory, Fifth World Congress of the Econometric Society, Cambridge (UK), S. 71–155.

Hartmann-Wendels, T. (1989): Principal-Agent-Theorie und asymmetrische Informationsverteilung, in: Zeitschrift für Betriebswirtschaft, S. 714–734.

Herzig, N./Watrin, C. (1995): Obligatorische Rotation des Wirtschaftsprüfers – ein Weg zur Verbesserung der externen Unternehmenskontrolle?, in: Zeitschrift für betriebswirtschaftliche Forschung, S. 775–804.

Hill, C.W.L./Jones, T.M. (1992): Stakeholder-agency theory, in: Journal of Management Studies, S. 131–154.

Jensen, M.C. (1993): The modern industrial revolution, exit, and the failure of internal control systems, in: The Journal of Finance, S. 831–880.

Jensen, M.C./Meckling, W.H. (1976): Theory of the firm: Managerial behavior, agency costs and ownership structure, in: Journal of Financial Economics, S. 305–360.

Marten, K.-U. (1994): Auditor change: Results of an empirical study of the auditing-market in the context of agency theory, in: The European Accounting Review, S. 168–171.

Marten, K.-U. (1995): Empirische Analyse des Prüferwechsels im Kontext der Agency- und Signalling-Theorie, in: Zeitschrift für Betriebswirtschaft, S. 703–727.

Marten, K.-U./Quick, R./Ruhnke, K. (2006): Lexikon der Wirtschaftsprüfung – Nach nationalen und internationalen Normen, Stuttgart.

Paulitschek, P. (2009): Aufsicht über den Berufsstand der Wirtschaftsprüfer in Deutschland: Eine agencytheoretische Analyse, Wiesbaden.

Penno, M. (1985): Informational issues in the financial reporting process, in: Journal of Accounting Research, S. 240–255.

Picot, A./Dietl, H./Franck, E. (2008): Organisation – Eine ökonomische Perspektive, 5. Aufl., Stuttgart.

Richter, R./Furubotn, E.G. (2003): Neue Institutionenökonomik, 3. Aufl., Tübingen.

Ross, S. (1973): The economic theory of agency: The principal's problem, in: American Economic Review, S. 134–139.

Spence, M. (1973): Job market signaling, in: The Quarterly Journal of Economics, S. 355–374.

Spremann, K. (1989): Stakeholder Ansatz versus Agency-Theorie, in: Zeitschrift für Betriebswirtschaft, S. 742–746.

Varian, H. (1992): Microeconomic Analysis, 3. Aufl., New York et al.

Wagenhofer, A./Ewert, R. (2007): Externe Unternehmensrechnung, 2. Aufl., Berlin et al.

Weiber, R./Adler, J. (1995a): Informationsökonomisch begründete Typologisierung von Kaufprozessen, in: Zeitschrift für betriebswirtschaftliche Forschung, S. 43–65.

Weiber, R./Adler, J. (1995b): Positionierung von Kaufprozessen im informationsökonomischen Dreieck: Operationalisierung und verhaltenswissenschaftliche Prüfung, in: Zeitschrift für betriebswirtschaftliche Forschung, S. 99–123.

Williamson, O.E. (1975): Markets and Hierarchies: Analysis and Antitrust Implications, New York.

Williamson, O.E. (1985): The Economic Institutions of Capitalism: Firms, Markets, Relational Contracting, New York et al.

Williamson, O.E. (1991): Comparative economic organization: The analysis of discrete structural alternatives, in: Administrative Science Quarterly, S. 269–296.

3 Theoretische Aspekte des Prüfungsprozesses

3.1 Einführung: Probleme der Theorienbildung und prüfungstheoretische Ansätze

Neben dem in Abschnitt 2 dargestellten theoretischen Bezugsrahmen für die *Motivation* von Prüfungsleistungen lässt sich auch die Prüfungsdurchführung selbst theoretisch beleuchten. Eine *Prüfungstheorie* verfolgt zwei Ziele: das Erkennen der Realität sowie deren Gestaltung.

- Das Erkennen bezieht sich vor allem auf die in der Realität anzutreffenden institutionellen Rahmenbedingungen (→ I.5 und I.6) und die unter deren Einflussnahme herausgebildeten Prüfungspraktiken.
- Gestaltung setzt zunächst eine Beschäftigung mit der Frage voraus, wie sich die bestehenden institutionellen Rahmenbedingungen erklären und rechtfertigen lassen. Darauf aufbauend ist der Frage nachzugehen, wie diese Bedingungen ausgestaltet sein sollten. Aus prozessualer Sicht bezieht sich die Gestaltungsaufgabe vor allem auf eine effektive und effiziente Prüfungsdurchführung (→ II) bei Akzeptanz der gegebenen institutionellen Rahmenbedingungen.

Eine einheitliche Prüfungstheorie existiert nicht.[85] Vielmehr lassen sich verschiedene *theoretische Ansätze* identifizieren, die sich als um zumeist inhaltliche und/oder methodologische Leitideen organisierte natürliche Beurteilungseinheiten charakterisieren lassen.[86]

Erfahrungswissenschaftliche Ansätze streben die Erklärung früherer und gegenwärtiger sowie eine Prognose künftiger Prüfungsprozesse an.[87] In Bezug auf die Erklärungsaufgabe geht es darum, das prüferische Verhalten (im Kontext der relevanten Normen und des vorliegenden Prüfungsobjekts) durch die Konstruktion eines geeigneten Systems empirisch gehaltvoller Aussagen zu erklären.[88] Eine erfahrungswissenschaftliche orientierte Theorie fasst wiederum mehrere empirisch bewährte allgemeine Hypothesen (Gesetzesaussagen) systematisch zusammen. Während die Hypothesenherleitung keinen festen Regeln unterliegt, stützt sich die Überprüfung der Hypothesen auf statistische Signifikanztests.

Wie realistisch ist nun die Herleitung eines solchen Systems? Kennzeichnend für die Jahresabschlussprüfung sind ihr enger Raum-Zeit-Bezug sowie ihre hohe Komplexität. Bereits die regionale Spezifität von Rechnungslegungs- und Prüfungsnormen führt teilweise zu unterschiedlichen Vorgehensweisen bei der Planung und der Durchführung

---

85 Vgl. hierzu sowie zu den folgenden Ausführungen *Ruhnke* (2000), S. 191 ff. m. w. N.
86 Vgl. stellvertretend *Schanz* (1988), S. 85 ff., der in diesem Zusammenhang den Begriff Forschungsprogramm verwendet.
87 Vgl. allgemein *Chmielewicz* (1994), S. 150 ff. Zu den einzelnen erfahrungswissenschaftlichen Ansätzen vgl. *Ruhnke* (2000), S. 221 ff.; zum verhaltensorientierten Ansatz vgl. z. B. *Lenz* (2002), Sp. 1924 ff.
88 Zur Umformung von Ursache-/Wirkungszusammenhängen in Ziel-/Mittelbeziehungen im Rahmen einer Prüfungstechnologie vgl. *Ruhnke* (2000), S. 433 ff. Einen Überblick über die empirische Prüfungsforschung gibt z. B. *Ruhnke* (2006), S. 229 ff.

von Prüfungshandlungen. Die anzuwendenden Normen unterliegen ihrerseits kontinuierlichen Veränderungen. Die Herausbildung nomologischer Hypothesen (Gesetzesaussagen, deren Gültigkeit nicht auf ein bestimmtes Raum-Zeit-Gebiet beschränkt ist) zur Erklärung des Prüfungsprozesses scheitert indes an den bereits zuvor angesprochenen Problemen (hohe Prüfungskomplexität und regionale Spezifität von Normen, die zudem kontinuierlichen Veränderungen unterliegen). Folglich existiert auch keine allgemeingültige Prüfungstheorie, welche in der Lage ist, den Prüfungsprozess auf der Grundlage nomologischer Hypothesen systematisch zu erklären.

Auch bei einer Beschränkung des Invarianzpostulats[89] auf einen bestimmten Raum-Zeit-Ausschnitt (Quasitheorie) scheitert die Theorienbildung an der hohen Komplexität. Selbst bei einer Beschränkung auf bestimmte Teilbereiche einer Prüfungstheorie (z. B. Erklärung des prüferischen Vorgehens bei der Prüfung der going concern-Annahme[90]) ist es nicht möglich, ein System abschließender (quasi-)theoretischer Aussagen herzuleiten; gleichwohl erlauben die hiermit einhergehenden Bemühungen wichtige Einsichten in den Prüfungsprozess. Diese Bemühungen können sich auf die *Herausbildung von Bezugsrahmen* beziehen, die sich als eine Vorstufe erfahrungswissenschaftlicher Ansätze interpretieren lassen. Ein Bezugsrahmen verfolgt das Ziel, durch die gewählten Kategorien das betrachtete Problem Verständnis fördernd darzustellen sowie relevante Beziehungen und Mechanismen zwischen diesen Kategorien zu identifizieren. Dabei verfolgt ein Bezugsrahmen zum einen die Aufgabe, Mechanismen für die Integration der reichhaltigen Einzelbefunde bereitzustellen. Gleichzeitig wird der Anspruch erhoben, künftige Forschungsarbeiten zu steuern.[91]

Neben verschiedenen erfahrungswissenschaftlich orientierten Ansätzen existieren weitere theoretische Ansätze, die geeignet erscheinen, Beiträge zum Verständnis des Prüfungsprozesses zu leisten.[92] Als bedeutsame *nicht erfahrungswissenschaftliche Ansätze*, welche primär auf die Bildung formaler Modelle ausgerichtet sind, sind z. B. spieltheoretische und agency-theoretische Ansätze zu nennen.[93] Die in der Literatur anzutreffenden Systematisierungen der prüfungstheoretischen Ansätze sind allerdings weder einheitlich noch überschneidungsfrei.

Im Folgenden werden beispielhaft zwei ausgewählte Ansätze näher beleuchtet, die im Kontext der Prüfungsdurchführung nennenswerte theoretische Beiträge erwarten lassen: Der in der deutschsprachigen Literatur lange Zeit intensiv diskutierte *messtheoretische Ansatz* soll sachlogische Zusammenhänge bei der prüferischen Urteilsbildung analysieren und erklären, ohne Aussagen über das tatsächliche Verhalten des Prüfers zu treffen. Insofern handelt es sich um einen nicht erfahrungswissenschaftlichen Ansatz. Weiterhin wird der *Informationsverarbeitungsansatz* der kognitiven Psychologie untersucht. Dieser Ansatz lässt sich als Basis für eine systematische, empirisch orientierte kogniti-

---

89 Invarianzen sind Regelmäßigkeiten (generelle Aussagen) über die Natur- oder Sozialwelt, deren Gestaltung nach dem Kriterium der Wahrheit an der Realität zu prüfen ist.

90 Eine Darstellung verschiedener empirischer Erkenntnisse in Bezug auf die Prüfung der going concern-Annahme sowie die Aufdeckung von Unregelmäßigkeiten findet sich in *Ruhnke* (2000), S. 398 ff.

91 Vgl. ausführlich *Ruhnke* (2000), S. 265 ff.; *Ruhnke* (2003), S. 250 ff.

92 Zu weiteren Ansätzen sowie dem bestehenden Beziehungsgeflecht vgl. *Ruhnke* (2000), S. 196 ff.

93 Zu den angesprochenen Ansätzen vgl. z. B. *Ewert* (2002), Sp. 1908 ff.

ve Betrachtung des Prüfungsprozesses heranziehen. Er liegt einer Vielzahl empirischer Studien implizit oder explizit zu Grunde und ist daher von besonderer Bedeutung. Auf Grund seiner starken empirischen Orientierung, erscheint eine Zuordnung zu den erfahrungswissenschaftlichen Ansätzen vertretbar.

3.2 Ausgewählte prüfungstheoretische Ansätze

3.2.1 Messtheoretischer Ansatz

Der messtheoretische Ansatz versucht, die Ergebnisse der formalen Messtheorie auf die prüferische Urteilsbildung zu übertragen. Dieser Ansatz betrachtet die *Prüfung als besondere Form des Vergleichens.*[94]

Ausgangspunkt der prüferischen Urteilsbildung ist folglich einerseits die Erfassung der verschiedenen Merkmalsausprägungen eines Prüfungsgegenstands (Ist-Zustand des Prüfungsgegenstands) und andererseits die Ableitung eines Soll-Zustands des Prüfungsgegenstands auf Basis der jeweils relevanten Rechnungslegungs- und Prüfungsnormen. Der Abgleich erfolgt durch die Gegenüberstellung der Merkmalsausprägungen der Ist- und Soll-Prüfungsgegenstände und die Messung evtl. auftretender Abweichungen nach deren Umfang und Richtung. Die gemessenen Abweichungen stellen die Grundlage der Beurteilung des Prüfungsobjekts dar.

Als Messung wird dabei die Zuordnung von Zahlen oder Symbolen (Messwerte) zu Objekten (Maßgrößen) nach bestimmten Regeln verstanden. Die *Ableitung des Soll-Objektes* geschieht entweder progressiv oder retrograd (→ II.3.1).

- Bei einer *progressiven* Vorgehensweise geht der Prüfer von vorhandenen Daten und Dokumenten zum Prüfungsgegenstand aus und konstruiert ein hypothetisches normenkonformes Soll-Objekt. Dieses wird mit dem tatsächlichen Ist-Objekt verglichen (vgl. Abb. I.3-1).

  Beispielsweise kann der Prüfer anhand der für die Beurteilung der Werthaltigkeit einer Forderung relevanten Unterlagen sowie unter Rückgriff auf die relevanten Rechnungslegungsnormen (N_p)[95] den Betrag bestimmen, der in der Bilanz anzusetzen ist (Messwert für das Soll-Objekt). Durch Vergleich mit dem Wertansatz, den das Unternehmen in der vorläufigen Bilanz ausweist (Messwert für das Ist-Objekt), lassen sich mögliche Abweichungen feststellen.

  Die Beurteilungen auf Abschlussebene setzen voraus, dass der aus dem wirtschaftlichen Tatbestand unter Zuhilfenahme der für die Beleggestaltung maßgeblichen Normen[96] abgeleitete Soll-Beleg mit dem Ist-Beleg übereinstimmt; ist dies der Fall, so lassen sich anhand des Ist-Belegs die entsprechenden Soll-Buchungen ableiten. Stimmen

---

94 Vgl. stellvertretend *Wysocki* (2002), Sp. 1886 ff.
95 Der Begriff »Normen des Prüfers« ist hier weit zu fassen und soll sowohl die relevanten Rechnungslegungs- als auch die Prüfungsnormen ansprechen; → I.6.2.
96 Das Belegprinzip gehört zu den GoB und lässt sich aus § 238 Abs. 1 Satz 3 HGB ableiten. Zu den Anforderungen, die an einen Beleg zu stellen sind, vgl. bereits *Leffson* (1987), S. 164 f.

Soll- und Ist-Buchungen überein, so fungieren diese wiederum als Ausgangsbasis, um den Sollzustand der relevanten Forderungsposition festzustellen. Da die zuvor genannten Beurteilungen miteinander verknüpft sind, spricht man hier auch von einer Prüfungskette.

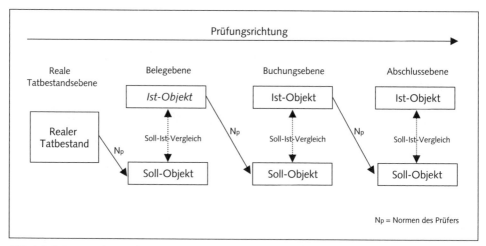

Abb. I.3-1: Progressive Prüfung

- Dagegen geht die *retrograde* Vorgehensweise von den tatsächlichen Merkmalsausprägungen des Prüfungsgegenstands aus und entwirft hypothetische Daten und Dokumente, die bei normenkonformem Verhalten dem vorhandenen Prüfungsgegenstand zu Grunde liegen müssten. Diese (Soll-)Daten und Dokumente werden mit den tatsächlichen abgeglichen (vgl. Abb. I.3-2).

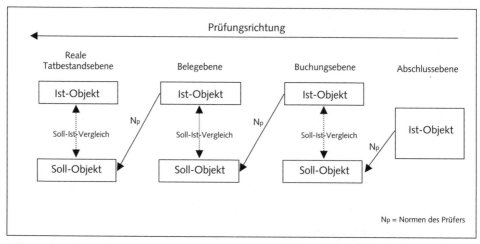

Abb. I.3-2: Retrograde Prüfung

Beispielsweise nimmt der Prüfer bei der Prüfung einer bestimmten Forderungsposition die tatsächliche Abbildung im (vorläufigen) Jahresabschluss zur Kenntnis (Ist-Objekt). Darauf aufbauend werden die Buchungen konstruiert, die das Unternehmen hätte tätigen müssen (Soll-Objekt). Anschließend wird festgestellt, ob die seitens des Unternehmens getätigten Buchungen (Ist-Objekt) mit dem Soll-Objekt übereinstimmen. Analog hierzu wird in weiteren Schritten geprüft, ob die entsprechenden Belege vorliegen und ob der reale Sachverhalt mit den entsprechenden Belegen übereinstimmt. Im Unterschied zu einem progressiven bildet bei einem retrograden Vorgehen nicht der reale Tatbestand, sondern die Abschlussposition den Ausgangspunkt der Prüfungskette.

Voraussetzung für die *Messung von Abweichungen* zwischen zwei Objekten ist die Abbildung derer Merkmalsausprägungen auf derselben Skala. Als Fehler wird dabei ein unzulässiges Abweichen des Ist-Objekts vom Soll-Objekt bezeichnet. Das Ist-Objekt ist zweifelsfrei normenkonform, wenn der Soll-Ist-Vergleich zu keinen Abweichungen führt. Problematisch gestaltet sich indes die Beurteilung, wann Abweichungen dazu führen, dass das Ist-Objekt nicht mehr als normenkonform zu beurteilen ist.[97] Hier erlaubt der messtheoretische Ansatz lediglich Aussagen, die z. B. angeben, dass der tatsächliche Ansatz in der Bilanz (Ist-Objekt) bezogen auf das normenkonforme Soll-Objekt um 100 € zu hoch ist (Abstandsskalierung) oder dass der Wertansatz des Ist-Objekts den des normenkonformen Soll-Objekts um 20 % überschreitet (kardinale Skalierung).

Prüfungen bestehen i. d. R. aus einer Reihe von Einzelbeurteilungen. Die *Aggregation der Einzelurteile zu einem Gesamturteil* erfolgt nach a priori festzulegenden Regeln, die mit dem Grad der gegenseitigen Abhängigkeit der Einzelurteile variieren können. Kommen die Einzelurteile auf Basis unterschiedlicher Skalen zustande, ist bei deren Aggregation eine Gewichtung der Einzelurteile vorzunehmen. Auch die Ergebnisse der Jahresabschlussprüfung sind schließlich in einem Gesamturteil zusammenzufassen, das durch eine Gewichtung der Einzelfeststellungen gebildet wird. Insgesamt arbeitet der messtheoretische Ansatz *sachlogische Zusammenhänge der prüferischen Urteilsbildung* heraus, ohne indes konkrete Lösungen für die in der Praxis anstehenden Prüfungsfragen anbieten zu können.[98]

3.2.2 Informationsverarbeitungsansatz

Da sich jeder Prüfungsprozess gleichzeitig als Informationsverarbeitungsprozess kennzeichnen lässt, liegt es nahe, für die Abbildung und Erklärung des Prüfungsprozesses auf den *Informationsverarbeitungsansatz der kognitiven Psychologie* zurückzugreifen.[99] Dieser verhaltenswissenschaftlich orientierte Ansatz rückt den Ablauf des menschlichen

---

97 Zur Festlegung quantitativer materiality-Grenzen und den damit verbundenen Problemen → II.1.3.2.2.
98 Zur Kritik am messtheoretischen Ansatz vgl. *Otte* (1986), S. 96 ff.
99 Dieser Ansatz geht auf *Newell/Simon* (1972), S. 787 ff., zurück.

Informationsverarbeitungsprozesses in den Mittelpunkt der Betrachtung. Bezogen auf die Prüfung lässt sich dieser Ansatz wie folgt konkretisieren:[100]

Im Mittelpunkt des Prüfungsprozesses steht die Verarbeitung von Informationen. Dabei unterliegt der Prüfer jedoch dahingehend einer *begrenzten Rationalität* (bounded rationality)[101], dass er bei schlecht strukturierten Aufgaben hoher Komplexität immer nur eine begrenzte Menge an Informationen wahrnehmen, auswählen und zur Beurteilung eines bestimmten Sachverhalts heranziehen kann. Demnach zieht der Prüfer bei komplexen Prüfungsaufgaben nicht die objektiv erforderlichen Informationen (Aufgabenrahmen) heran.

- Vielmehr baut er auf Basis von *Vorinformationen* (z. B. Kenntnisse der Vorjahresprüfung oder Situation der Branche, in der sich der Mandant befindet) einen beschränkten subjektiven Problemabbildungsraum auf und
- formuliert eine initiale *Urteilshypothese*, die Erwartungen zu bestimmten Eigenschaften des Prüfungsgegenstands ausdrückt (z. B.: Der noch ausstehende Teil einer Forderung ist außerplanmäßig abzuschreiben.). Danach versucht er, durch die im Abbildungsraum vorhandenen Operatoren[102] Informationen über den Aufgabenrahmen herzuleiten.
- Die eigentliche Problemlösung vollzieht sich dann als *Suche* (nach Prüfungsnachweisen, welche geeignet sind, die Urteilshypothese zu stützen oder zu widerlegen) im Problemabbildungsraum. Hierbei bedingt das Prinzip der begrenzten Rationalität, dass die Wahl der Operatoren eng mit Heuristiken verknüpft ist. Heuristiken sind vereinfachte Regeln zur Problemlösung, die darauf abzielen, Komplexität dadurch zu reduzieren, indem stets der aussichtsreichste Lösungsweg verfolgt wird. Insofern erhebt eine Heuristik nicht den Anspruch auf eine optimale Lösung, sondern auf ein handhabbares, nicht willkürliches Vorgehen, welches zumindest eine zufriedenstellende Lösung hervorbringt. So richtet der Prüfer sein Augenmerk z. B. auf die Prüfungsgegenstände, bei denen ein Fehler am ehesten zu erwarten ist (z. B. bekannte Fehlerhäufigkeiten, vor kurzem aufgetretene Fehler sowie Schwachstellen mit hohem Fehlerpotenzial) oder auf die Erlangung von Prüfungsnachweisen, welche die vorhandenen (unvollständigen) Informationen zu einem typischen Fehlermuster[103] ergänzen (→ II.3.3.2.2.2).
- Dieser Suchprozess wird *abgebrochen*, wenn anhand der vorliegenden Informationen der Überzeugungsgrad einen Schwellenwert (Abbruchkriterium) erreicht,
- der die *Formulierung eines Prüfungsurteils* erlaubt, welches der vorgegebenen Prüfungssicherheit (→ I.6.4.2) entspricht.

---

100 Zu den nachstehenden Ausführungen siehe *Gans* (1986), S. 194 ff. und 343 ff.; *Ruhnke* (2000), S. 290 ff. m. w. N.

101 Zur bounded rationality im Kontext der Begründung von Prüfungsdienstleistungen → I.2.2.

102 Operatoren stellen die dem Prüfer im Einzelfall bekannten Prüfungshandlungen (hierzu zählt auch die Erlangung neuer Informationen durch die Bewertung vorliegender Informationen) dar, deren Durchführung dazu beitragen soll, die objektiv erforderlichen Informationen zu erlangen.

103 Zur Eignung des Ansatzes der Mustererkennung für Prüfungszwecke vgl. *Ruhnke* (1992), S. 688 ff., sowie *Hammersley* (2006), der empirisch zeigt, dass auf bestimmte Branchen spezialisierte Prüfer besser in der Lage sind, spezifische Fehlermuster zu erkennen.

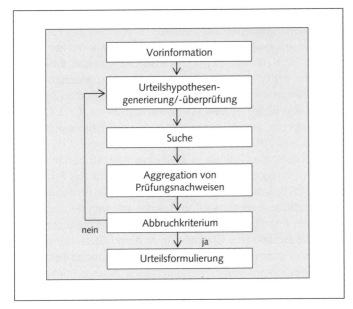

Abb. I.3-3: Problemlösungsmodell

Das *Problemlösungsmodell* in Abb. I.3-3 fasst die zuvor angestellten Überlegungen zur Abschlussprüfung als *hypothesengesteuerten heuristischen Suchprozess* zusammen.[104]

Dieses Problemlösungmodell lässt sich bspw. in Bezug auf einzelne Abschlussposten (zu einem Beispiel → II.3.3.2.2.2) anwenden. In leicht modifzierter Form ist auch eine Anwendung für die Zwecke der *Systemprüfung* (→ II.3.2.2) möglich:[105] Liegt ein System hoher Komplexität vor, so dürfte der Prüfer im Rahmen der Systemprüfung kaum in der Lage sein, als Vergleichsmaßstab ex ante ein Soll-System zu entwerfen und die Systemprüfung als Soll-Ist-Vergleich im Sinne des messtheoretischen Ansatzes durchzuführen. Vielmehr verschafft der Prüfer sich zunächst erste Informationen über das Ist-System und bildet dieses gedanklich ab (vorläufiges Ist-Systemmodell). Weitere Prüfungshandlungen dienen dazu, die gedankliche Abbildung des Ist-Systemmodells zu präzisieren; auf diesem Wege werden gleichzeitig Fehler im Aufbau und/oder in der Funktionsweise des Ist-Systems offengelegt.

Einer risikoorientierten Strategie (→ II.3.2) entspricht es, heuristische Fehlerhypothesen[106] (z. B. fehlende Eingabekontrollen oder geringe fachliche Kompetenz der Mitarbeiter) aufzustellen und zu testen. Der Prüfer kann auch schwierige oder selten vor-

---

104 Entnommen aus *Ruhnke* (2000), S. 292, der das Problemlösungsmodell zudem um die Kategorien Verzerrungen und Lernumgebung erweitert.
105 Vgl. *Gans* (1986), S. 434 ff., sowie *Ruhnke* (1994), S. 610.
106 Während die *Urteilshypothese* eine *Vermutung über den Zustand des Prüfungsobjekts* (normenkonform oder nicht normenkonform) beinhaltet, ist die *Fehlerhypothese* insofern *stärker am Prüfungsprozes orientiert*, als dass sie Angaben z. B. über vermutete Fehlerarten und Fehlerorte sowie das vermutete Fehlerausmaß enthält. Demnach bilden Fehlerhypothesen differenzierte Suchhypothesen. Vgl. auch *Gans* (1986), S. 379 f.

kommende Geschäftsvorfälle auswählen und deren Verarbeitung überprüfen. Über die sukzessive Überprüfung der Fehlerhypothesen am vorläufigen Ist-Systemmodell reift dieses Modell zum Ist-System heran. Bestätigen sich die Fehlerhypothesen im Laufe der Prüfung nicht, so entsprechen sich Ist- und Soll-System und das Prüfungsobjekt ist als normenkonform zu beurteilen. Stellt der Prüfer dagegen Fehler fest, weichen (nach Ablauf der Prüfung) Ist- und Soll-System voneinander ab, so dass diese beiden Systeme im Laufe der Prüfung sukzessive abgebildet werden (siehe ausführlich → II.3.2.2.4).

Insgesamt ist das Problemlösungsmodell auch dahingehend nützlich, als *empirisch zu erkundende Erkenntniskategorien vorstrukturiert werden*. Diese empirische Erkundung bezieht sich zum einen auf den Einsatz des Prüfers in der Praxis und zum anderen auf den empirischen Forscher, dessen Anliegen es ist, zumindest Teilbereiche der Prüfungs-realität systematisch zu erhellen (z.B. Untersuchung der Frage, welche Prüfungsnach-weise im Prüffeld x für die Beurteilung relevant sind und unter welchen Bedingungen ein wesentlicher Fehler vorliegt, der dazu führt, dass der Bestätigungsvermerk nicht un-eingeschränkt und ohne Zusatz zu erteilen ist). Gleichzeitig werden Hilfestellungen bei der *Integration empirischer Einzelbefunde* in Richtung einer Gesamtschau des Prüfungs-prozesses gegeben. Obgleich besonders im anglo-amerikanischen Bereich reichhaltige empirische Belege vorliegen, anhand derer sich Partialbereiche des prüferischen Vorge-hens bereits gut erklären lassen, lässt sich der Prüfungsprozess derzeit *nicht vollständig beschreiben und erklären*.

Derartige nomologische Aussagen sind auch in Zukunft nicht zu erwarten. Die Grün-de hierfür sind vielfältig: Einerseits weisen die Prüfungsprozesse in der Realität eine Komplexität und Dynamik auf, die sich zumeist nur situationsspezifisch erklären lassen. Eng verknüpft mit dem zuvor Gesagten ist der Umstand, dass das Problemlösungsmo-dell zahlreichen *Verzerrungen* unterliegt. Verzerrungen lassen sich vereinfacht als empi-risch beobachtete (systematische) Abweichungen von der erwarteten streng rationalen Problemlösung kennzeichnen. Verzerrungen beruhen nicht nur auf Vereinfachungen zwecks Handhabung einer hohen Komplexität, sondern sind auch motivational, emo-tional und durch andere Einflüsse im Prüfungsumfeld bedingt. Als Verzerrungen sind z.B. zu nennen: Ähnlichkeitseffekte, Ankereffekte, Rückblickeffekte, Reihenfolgeeffekte, Rückblickeffekte, Verfügbarkeitseffekte, Zeitdruck und Rechtfertigungseffekte.[107]

> **Beispiel**
>
> Beispielsweise bewirkt der *Ankereffekt* ein Verharren auf Vorinformationen, d.h. neu erlangte Prüfungsnachweise gleichen den initialen Überzeugungsgrad (der Urteilshypothese) zwar in die richtige Richtung an, jedoch nehmen diese Anpassungen insgesamt ein zu geringes Aus-maß ein. Weiterhin beeinflusst die Reihenfolge, in der identische Prüfungsnachweise erlangt werden, das Prüfungsurteil (*Reihenfolgeeffekte*). Überdies lässt sich belegen, dass ein durch eng gesetzte Prüfungsbudgets induzierter *Zeitdruck* oftmals dazu führt, dass Prüfer Prüfungs-handlungen dokumentieren, ohne diese tatsächlich durchzuführen (premature signoff). Wei-terhin betreiben Prüfer häufig einen hohen kognitiven Aufwand, um die im Haftungsfall am

---

107 Vgl. ausführlich *Ruhnke* (2000), S. 291 ff. m.w.N.

> besten verteidigbare Position zu erreichen (*Rechtfertigungseffekte*), d.h. die Suche wird z.B. vorzeitig abgebrochen, wenn die vorhandenen Prüfungsnachweise für die Rechtfertigung des Urteils ausreichen, und es werden Nachweise ignoriert, die einen anderen Standpunkt stärken.

Gleichwohl geht das zuvor skizzierte Vorgehen, nicht zuletzt auf Grund des erhobenen Anspruchs, reale Urteilsbildungsprozesse erklären zu wollen, deutlich über den im vorherigen Unterabschnitt skizzierten messtheoretischen Ansatz hinaus. Die sachlogischen Erkenntnisse des messtheoretischen Ansatzes sind jedoch nicht nutzlos; vielmehr fließen diese Überlegungen in die prüfungsspezifische Ausrichtung des Informationsverarbeitungsansatzes ein. Der zuletzt genannte Ansatz geht zudem insoweit über den messtheoretischen Ansatz hinaus, als die Logik von Soll-Ist-Vergleichen nicht nur auf jene Fälle beschränkt wird, bei denen sich die Merkmalsausprägungen von Soll-Objekten aus Normen ableiten lassen. Vielmehr werden auch jene Prüfungsprozesse näher beleuchtet, bei denen der Urteilsfindungsprozess der Logik eines hypothesengesteuerten heuristischen Suchprozesses folgt. Insofern erfährt auch die logische Dimension eine Erweiterung.

Kontrollfragen

1. Warum ist es so schwer, im Prüfungswesen nomologische Hypothesen herzuleiten?
2. Definieren Sie die folgenden Begriffe, grenzen Sie diese voneinander ab und stellen Sie diese in einen sinnvollen Zusammenhang: Bezugsrahmen, erfahrungswissenschaftliche Ansätze, Erkenntnisfortschritt, Forschungsprogramm, Informationsverarbeitungsansatz, messtheoretischer Ansatz, prüfungstheoretische Ansätze und Prüfungstheorie.
3. Welche Vor- und Nachteile sehen Sie bei Durchführung einer progressiven bzw. retrograden Prüfung?
4. Legen Sie die Idee einer Prüfung als hypothesengesteuerten heuristischen Suchprozess dar.

Zitierte und weiterführende Literatur

Chmielewicz, K. (1994): Forschungskonzeptionen der Wirtschaftswissenschaft, 3. Aufl., Stuttgart.

Ewert, E. (2002): Prüfungstheorie, spieltheoretischer Ansatz, in: Ballwieser, W./Coenenberg, A.G./Wysocki, K.v. (Hrsg.): Handwörterbuch der Rechnungslegung und Prüfung, 3. Aufl., Stuttgart, Sp. 1908–1923.

Gans, C. (1986): Betriebswirtschaftliche Prüfungen als heuristische Suchprozesse, Bergisch Gladbach/Köln.

Hammersley, J.S. (2006): Pattern identification and industry-specialist auditors, in: The Accounting Review, S. 309–336.

Leffson, U. (1987): Die Grundsätze ordnungsmäßiger Buchführung, 7. Aufl., Düsseldorf.

Lenz, H. (2002): Prüfungstheorie, verhaltensorientierter Ansatz, in: Ballwieser, W./Coenenberg, A.G./Wysocki, K.v. (Hrsg.): Handwörterbuch der Rechnungslegung und Prüfung, 3. Aufl., Stuttgart, Sp. 1924–1938.

Newell, A./Simon, H. (1972): Human Problem Solving, Englewood Cliffs.

Otte, A. (1986): Prüfungstheorie und Grundsätze ordnungsmäßiger Abschlußprüfung, Gießen.

Ruhnke, K. (1992): Wissensbasierte Systeme für die Wirtschaftsprüfung, in: Die Wirtschaftsprüfung, S. 688–695.

Ruhnke, K. (1994): Prüfungsansätze bei standardsoftwaregestützter Erstellung des Konzernabschlusses, in: Die Wirtschaftsprüfung, S. 608–617.

Ruhnke, K. (2000): Normierung der Abschlußprüfung, Stuttgart.

Ruhnke, K. (2003): Nutzen von Abschlussprüfungen: Bezugsrahmen und Einordnung empirischer Studien, in: Zeitschrift für betriebswirtschaftliche Forschung, S. 250–280.

Ruhnke, K. (2006): Empirische Prüfungsforschung, in: Marten, K./Quick, R./Ruhnke, K. (Hrsg.): Lexikon der Wirtschaftsprüfung – Nach nationalen und internationalen Normen, Stuttgart, S. 229–234.

Schanz, G. (1988): Methodologie für Betriebswirte, 2. Aufl., Stuttgart.

Wysocki, K.v. (2002): Prüfungstheorie, meßtheoretischer Ansatz, in: Ballwieser, W./Coenenberg, A.G/Wysocki, K.v. (Hrsg.): Handwörterbuch der Rechnungslegung und Prüfung, 3. Aufl., Stuttgart, Sp. 1886–1899.

4 Zugang zum Beruf des Wirtschaftsprüfers

4.1 Anerkennung von Einzelpersonen

4.1.1 Prüfung

4.1.1.1 Zulassungsverfahren

Der Berufszugang[108] setzt grundsätzlich das Bestehen des Wirtschaftsprüfungsexamens voraus. Das Verfahren zur Zulassung zu diesem Examen hat die Aufgabe, die fachliche Auslese zu sichern, und wird mit einem Antrag des Bewerbers auf Zulassung zur Prüfung eingeleitet. Über diesen Antrag entscheidet die nach § 5 WPO bei der WPK eingerichtete Prüfungsstelle für das Wirtschaftsprüfungsexamen (§ 7 WPO). Diese Prüfungsstelle ist eine unabhängige Verwaltungseinheit der WPK und wird von einer Person geleitet, welche die Befähigung zum Richteramt haben muss. Die Prüfungsstelle ist nicht an Weisungen gebunden. Sie unterliegt gem. § 66a Abs. 1 i. V. m. § 4 Abs. 1 Satz 1 WPO der öffentlichen fachbezogenen Aufsicht durch die Abschlussprüferaufsichtskommission (→ I.8.2.1). Die Zulassung eines Bewerbers hängt von der Erfüllung persönlicher und fachlicher Voraussetzungen ab.

4.1.1.2 Fachliche Zulassungsvoraussetzungen

Fachliche Anforderungen betreffen die Vorbildung und die bisherige praktische Tätigkeit des Bewerbers. Die *Vorbildungsvoraussetzungen* enthält § 8 WPO. Im Hinblick auf die Fülle und die Schwierigkeit der beruflichen Anforderungen geht dieser grundsätzlich von einer akademischen Vorbildung aus, d. h. vom Bewerber wird eine abgeschlossene Hochschulausbildung verlangt; auch die IFAC (→ I.5.3.2) empfiehlt ein Studium (IES 2.12 f.). Es existiert kein Fakultätsvorbehalt, so dass es Absolventen sämtlicher Studiengänge möglich ist, sich um die Zulassung zum Wirtschaftsprüfungsexamen zu bewerben. In Anbetracht der zunehmenden Komplexität und Internationalisierung des Wissens wird damit auch Quereinsteigern, wie z. B. Mathematikern oder Informatikern, die Chance gegeben, den Beruf des WP zu ergreifen. Universitäts- und Fachhochschulstudium werden als gleichrangig angesehen.

Auf den Nachweis des abgeschlossenen Hochschulstudiums kann in folgenden Fällen verzichtet werden:
- Bewährung in mindestens zehnjähriger Tätigkeit bei einem zur Vornahme von Pflichtprüfungen Berechtigten;[109]
- mindestens fünfjährige Ausübung des Berufs als vereidigter Buchprüfer (vBP) oder Steuerberater (StB).

---

108 Eine ausführliche Analyse vor dem Hintergrund des Common-Content-Projektes legen *Ruhnke/Böhm/Lebe* (2010) vor.
109 Hierunter fallen WP, WPG, vBP und BPG, genossenschaftliche Prüfungsverbände, Prüfungsstellen eines Sparkassen- und Giroverbandes, überörtliche Prüfungseinrichtungen für Körperschaften und Anstalten öffentlichen Rechts.

Die *Tätigkeitsvoraussetzungen* enthält § 9 WPO. Nach § 9 Abs. 1 WPO hat ein Bewerber mindestens drei Jahre Tätigkeit bei einer wirtschaftsprüfenden Stelle i. S. von § 8 Abs. 2 Nr. 1 WPO nachzuweisen (IES 5.11 sowie IEPS 3.21 und 3.23 empfehlen ebenfalls mindestens drei Jahre). Beträgt die Regelstudienzeit der Hochschulausbildung weniger als acht Semester, verlängert sich die Tätigkeit auf vier Jahre. Wenigstens zwei Jahre muss ein Bewerber überwiegend *Prüfungstätigkeiten* verrichtet haben (§ 9 Abs. 2 WPO). Während dieser Zeit soll der Bewerber überwiegend an gesetzlich vorgeschriebenen Prüfungen teilgenommen und bei der Abfassung von Prüfungsberichten hierüber mitgewirkt haben. Unter Prüfungstätigkeit wird dabei die Durchführung materieller Buch- und Bilanzprüfungen nach betriebswirtschaftlichen Grundsätzen in fremden Unternehmen verstanden. Sie muss nach § 9 Abs. 3 WPO bei einer Person, Gesellschaft oder Institution, die zur Durchführung von Pflichtprüfungen berechtigt ist, abgeleistet worden sein.

Auf die Tätigkeit i. S. von § 9 Abs. 1 WPO kann die Tätigkeit als StB, Revisor in größeren Unternehmen, beim Prüfungsverband deutscher Banken, als Prüfer im öffentlichen Dienst oder Mitarbeiter der WPK oder einer Interessenvereinigung zur Vertretung der Belange wirtschaftsprüfender Berufsstände (z. B. IDW) bis zur Höchstdauer von einem Jahr angerechnet werden (§ 9 Abs. 5 WPO). Wird eine Tätigkeit bei einer wirtschaftsprüfenden Stelle im Rahmen einer besonderen Hochschulausbildung nachgewiesen, so kann dies nach § 9 Abs. 6 WPO ebenfalls bis zu einer Höchstdauer von maximal einem Jahr angerechnet werden. In diesem Fall kann die Zulassung zur Prüfung zudem abweichend von § 9 Abs. 1 WPO bereits zu einem früheren Zeitpunkt erfolgen.

Der Tätigkeitsnachweis entfällt für Bewerber, die seit mindestens 15 Jahren den Beruf als StB oder vBP ausgeübt haben. Eine Berufstätigkeit als Steuerbevollmächtigter ist hierauf mit bis zu zehn Jahren anrechenbar (§ 9 Abs. 4 WPO).

4.1.1.3 Prüfungsverfahren

Die Bestellung als WP wird vom Bestehen eines besonderen Zulassungsexamens abhängig gemacht, das den Nachweis der fachlichen Befähigung i. S. von § 1 Abs. 1 WPO, den Beruf des WP ordnungsgemäß auszuüben, erbringen soll (ebenfalls fordert IES 6 ein solches Examen[110]). Die Prüfung soll eine auf Aufgaben aus der Berufsarbeit abgestellte Verständnisprüfung sein. Sie wird vor einer *Prüfungskommission* abgelegt. Den Vorsitz der Prüfungskommission hat jeweils eine Person inne, die eine für Wirtschaft zuständige oder eine andere oberste Landesbehörde vertritt. Dadurch wird der Einfluss des Staates gesichert. Folgende weitere Mitglieder gehören nach § 2 Abs. 1 WiPrPrüfV der Prüfungskommission an: ein Hochschullehrer der Betriebswirtschaftslehre, ein Mitglied mit der Befähigung zum Richteramt, ein Vertreter der Finanzverwaltung, ein Vertreter der Wirtschaft und zwei WP. Die Prüfung gliedert sich in einen schriftlichen und einen mündlichen Teil (§ 12 Abs. 2 WPO, § 5 WiPrPrüfV) und umfasst vier Prüfungsgebiete (§ 4 WiPrPrüfV): wirtschaftliches Prüfungswesen, Unternehmensbewertung und Berufsrecht; angewandte Betriebswirtschaftslehre/Volkswirtschaftslehre; Wirtschaftsrecht; Steuerrecht.

---

110 In IES 6.11 steht hierzu: «The professional capabilities and competence of candidates should be formally assessed before the qualification of professional accountant is awarded.»

- Der *schriftliche Prüfungsteil* besteht aus sieben Aufsichtsarbeiten (zwei aus wirtschaftlichem Prüfungswesen, Unternehmensbewertung und Berufsrecht, zwei aus der angewandten Betriebswirtschaftslehre/Volkswirtschaftslehre, eine aus dem Wirtschaftsrecht sowie zwei aus dem Steuerrecht), für die jeweils vier bis sechs Stunden zur Verfügung stehen (§ 7 Abs. 2 WiPrPrüfV). Für die Bestimmung der schriftlichen Prüfungsaufgaben wird nach § 8 WiPrPrüfV bei der Prüfungsstelle eine Aufgabenkommission eingerichtet. Dieser gehören ein Vertreter einer obersten Landesbehörde als Vorsitzender, der Leiter der Prüfungsstelle, ein Vertreter der Wirtschaft, ein Mitglied mit Befähigung zum Richteramt, zwei Hochschullehrer für Betriebswirtschaft, zwei WP und ein Vertreter der Finanzverwaltung an. Sie werden i. d. R. für die Dauer von drei Jahren berufen. Zur Beurteilung der Aufsichtsarbeiten steht ein Notenspektrum von sehr gut (wird ausschließlich bei einem Notendurchschnitt von 1,00 erteilt) bis ungenügend (5,01 - 6,00) zur Verfügung. Für die schriftliche Prüfung wird eine Gesamtnote ermittelt. Falls nicht mindestens die Gesamtnote 5,00 erzielt wurde oder die Aufsichtsarbeiten aus dem Gebiet »wirtschaftliches Prüfungswesen, Unternehmensbewertung und Berufsrecht« im Durchschnitt nicht mindestens mit der Note 5,00 bewertet sind, wird der Kandidat gem. § 13 WiPrPrüfV von der mündlichen Prüfung ausgeschlossen. Er hat die Prüfung nicht bestanden.
- Die *mündliche Prüfung* (§ 15 WiPrPrüfV) beginnt mit einem Kurzvortrag des Bewerbers über einen Gegenstand aus der Berufsarbeit des WP, dessen Dauer zehn Minuten nicht überschreiten soll. An den Vortrag schließen sich fünf Prüfungsabschnitte (zwei zum Prüfungsgebiet »wirtschaftliches Prüfungswesen, Unternehmensbewertung und Berufsrecht« und je einer zu »angewandte Betriebswirtschaftslehre/Volkswirtschaftslehre«, »Wirtschaftsrecht« und »Steuerrecht«) an. Für die mündliche Prüfung wird eine Gesamtnote festgelegt.

Für die Prüfung wird nach § 17 WiPrPrüfV eine *Gesamtnote* ermittelt, indem die Gesamtnote der schriftlichen Prüfung mit 0,6 und die Gesamtnote der mündlichen Prüfung mit 0,4 gewichtet wird. Die Prüfung ist bestanden, wenn auf jedem Prüfungsgebiet mindestens die Note 4,00 erzielt wurde (§ 18 WiPrPrüfV). Hat der Bewerber eine Prüfungsgesamtnote von mindestens 4,00 erzielt, aber auf einem oder mehreren Prüfungsgebieten eine mit schlechter als 4,00 bewertete Leistung erbracht, so ist auf diesen Gebieten eine Ergänzungsprüfung abzulegen. Gleiches gilt, falls der Bewerber eine Prüfungsgesamtnote von mindestens 4,00 nicht erzielt, aber nur auf einem Prüfungsgebiet eine mit geringer als 4,00 bewertete Leistung erbracht hat.

Eine *Ergänzungsprüfung* gliedert sich in eine schriftliche und eine mündliche Prüfung ohne Kurzvortrag (§ 19 WiPrPrüfV). Der Kandidat muss sich innerhalb eines Jahres nach Mitteilung des Prüfungsergebnisses zur Ergänzungsprüfung anmelden und auf jedem abzulegenden Prüfungsgebiet eine mindestens mit 4,00 zu bewertende Leistung erbringen. Andernfalls hat er die gesamte Prüfung nicht bestanden. Tritt der Bewerber von der Prüfung zurück, so gilt gem. § 21 Abs. 1 WiPrPrüfV die gesamte Prüfung als nicht bestanden. Gemäß § 22 Abs. 1 WiPrPrüfV kann der Bewerber die Prüfung zweimal wiederholen. Tab. I.4-1 informiert exemplarisch über die Ergebnisse der Wirtschaftsprüferprüfungen im Jahr 2010.

	absolut	relativ
Kandidaten insgesamt	1016	–
Nichtteilnahme wegen triftigem Grund (Erkrankung)	12	–
Rücktritte	27	–
an der Prüfung teilgenommen	977	100%
zur mündlichen Prüfung nicht zugelassen	62	6,3%
Prüfung nicht bestanden	177	18,1%
Auferlegung einer Ergänzungsprüfung (insgesamt)	183	18,7%
davon in mehr als einem Fach	18	1,8%
Prüfung bestanden	555	56,8%

Tab. I.4-1: Ergebnisse der Wirtschaftsprüferprüfung 2010[111]

4.1.1.4 Verkürzte Prüfung

Nach § 13 WPO können StB die *Prüfung in verkürzter Form* ablegen, d. h. die schriftliche und mündliche Prüfung im Steuerrecht entfällt.[112] Die früher bestehenden Möglichkeiten der Examensverkürzung für vBP existieren seit dem 1.1.2010 nicht mehr (§ 13a WPO). Der Gesetzgeber hat diese verkürzte Prüfung für vBP vor dem Hintergrund abgeschafft, dass der Zugang zum Beruf des vBP geschlossen wurde.

Ein Kandidat, der in einem Mitgliedstaat der EU oder einem anderen Vertragsstaat des Abkommens über den Europäischen Wirtschaftsraum oder der Schweiz ein Diplom erlangt hat, das zur Pflichtprüfung von Jahresabschlüssen befugt, kann gem. § 131g WPO nach Ablegung einer *Eignungsprüfung* als WP bestellt werden. Beruht der Befähigungsnachweis auf einer Ausbildung, die nicht überwiegend in der EU stattgefunden hat, so besteht nur dann eine Berechtigung zur Ablegung der Eignungsprüfung, wenn der Bewerber eine dreijährige Berufserfahrung als gesetzlicher Abschlussprüfer nachweisen kann. Die Eignungsprüfung umfasst ausschließlich die beruflichen Kenntnisse des Bewerbers und soll dessen Fähigkeit beurteilen, den Beruf eines WP in Deutschland auszuüben. Sie muss dem Umstand Rechnung tragen, dass der Kandidat bereits im Ausland die beruflichen Voraussetzungen für die Zulassung zu Pflichtprüfungen erfüllt hat. Der schriftliche Teil der Eignungsprüfung beinhaltet Wirtschaftsrecht und Steuerrecht I (z. B. Abgabenordnung, Einkommen- und Körperschaftsteuerrecht oder Grundzüge des internationalen Steuerrechts) (§ 27 Abs. 1 WiPrPrüfV). Gebiete der mündlichen Eignungsprüfung sind gem. § 27 Abs. 2 WiPrPrüfV das wirtschaftliche Prüfungswesen, das Berufsrecht der WP und ein vom Bewerber zu bestimmendes Wahlfach. Als Wahlfach können die Prüfungsgebiete Steuerrecht II (Erbschaftsteuer, Gewerbesteuer, Grundsteuer), Insolvenzrecht und Grundzüge des Kapitalmarktrechts herangezogen werden.

---

111 Die Daten basieren auf den Angaben der WPK. Vgl. *WPK* (2010a) und *WPK* (2010b).
112 Gleiches gilt für Bewerber, die das StB-Examen bestanden haben.

Des Weiteren besteht die Möglichkeit zur Anrechnung von bestimmten Studienleistungen. Liegen als gleichwertig anerkannte Prüfungsleistungen vor, die im Rahmen einer Hochschulausbildung erbracht wurden, so entfällt die schriftliche und mündliche Prüfung in dem angerechneten Prüfungsgebiet. Anrechnungsfähige Prüfungsgebiete sind angewandte Betriebswirtschaftslehre/Volkswirtschaftslehre und Wirtschaftsrecht (§ *13b WPO*).[113] Voraussetzung ist, dass das gewählte Haupt- oder Schwerpunktfach den wesentlichen Inhalten eines dieser beiden Prüfungsgebiete entspricht. Außerdem müssen die Prüfungsleistungen nach Inhalt, Form und zeitlichem Umfang denjenigen des Wirtschaftsprüfungsexamens entsprechen. Entfällt das Prüfungsgebiet »angewandte Betriebswirtschaftslehre/Volkswirtschaftslehre«, verlängert sich nach § 9 Abs. 4 WPAnrV die mündliche Prüfung im Prüfungsgebiet »wirtschaftliches Prüfungswesen, Unternehmensbewertung und Berufsrecht« auf 45 Minuten. Prüfungen sind nach § 7 Abs. 2 Satz 1 WPAnrV als gleichwertig festzustellen, wenn sie denen des Wirtschaftsprüfungsexamens entsprechen. Die Hochschule kann vor jedem Semester oder Hochschuljahr vorab bei der Prüfungsstelle eine kostenpflichtige Bestätigung beantragen, aus der hervorgeht, dass die zur Anrechnung vorgesehenen Prüfungen dem Grundsatz nach als gleichwertig gelten (§ 8 WPAnrV). Studiengänge nach § 13b WPO bieten die Hochschule Aschaffenburg, die Freie Universität Berlin, die Universität Duisburg-Essen, die Frankfurt School of Finance & Management und die Universität Ulm an.[114] Im Zulassungsverfahren zum Wirtschaftsprüfungsexamen stellt die Prüfungsstelle auf Grundlage einer solchen Bestätigung die Anrechnung und die Gleichwertigkeit fest (§ 9 WPAnrV). Liegt eine Bestätigung der Prüfungsstelle nicht vor, ist die Anrechnung einzelner Leistungsnachweise nicht möglich. Der erfolgreiche Abschluss des Studiengangs, aus dem die Leistungsnachweise stammen, darf zum Zeitpunkt der Zulassung zum Wirtschaftsprüfungsexamen nicht länger als sechs Jahre zurückliegen.

Schließlich können nach § *8a WPO* Hochschulausbildungsgänge (Masterstudiengänge) als zur Ausbildung von Berufsangehörigen besonders geeignet anerkannt werden, sofern sie alle Wissensgebiete des Wirtschaftsprüfungsexamens umfassen, mit einer Hochschulprüfung oder einer staatlichen Prüfung abschließen und die Prüfungen in Inhalt, Form und Umfang dem Wirtschaftsprüfungsexamen entsprechen. Leistungsnachweise der Hochschulausbildung ersetzen dann die entsprechenden Prüfungen im Wirtschaftsprüfungsexamen in angewandter Betriebswirtschaftslehre/Volkswirtschaftslehre und in Wirtschaftsrecht. Anerkennungsfähige Studiengänge müssen Kenntnisse und Fähigkeiten vermitteln, die dem Berufsprofil des WP entsprechen. Der Masterstudiengang muss dazu wesentliche Lehrinhalte zu den Prüfungsgebieten des Wirtschaftsprüfungsexamens umfassen, praktische Aspekte der Ausbildung des WP in ausgewogener Form berücksichtigen und hohe Anforderungen an eine umfassende Entwicklung der erforderlichen sozialen Kompetenz stellen. Die Anerkennung eines Masterstudienganges

---

113 Die Möglichkeit zur Anerkennung von Studiengängen bzw. zur Anrechnung von Hochschulprüfungsleistungen wurde intensiv und kontrovers diskutiert. Vgl. *Baetge/Ballwieser/Böcking* (2001); *IDW/WPK-Arbeitskreis »Reform des Wirtschaftsprüferexamens«* (2001); *Marten/Köhler/Klaas* (2001); *Siegel/Rückle/Sigloch* (2001); *Schneider et. al.* (2002).
114 Zu den Hochschulen, die eine solche Anrechnung ermöglichen, siehe http://www.wpk.de/pdf/WPK--Examen--Studiengaenge_nach_13b_WPO.pdf.

nach § 8a WPO setzt nach § 3 WPAnrV voraus, dass die Prüfungsordnung eine einjährige Tätigkeit in der Prüfungspraxis, die auf die für die Zulassung zum Wirtschaftsprüfungsexamen geforderte Praxiszeit anrechenbar ist, das Bestehen einer Zugangsprüfung,
die wirtschaftsprüfungsrelevante Aspekte berücksichtigt, vier Theoriesemester und eine
Masterabschlussarbeit in dem Gebiet »wirtschaftliches Prüfungswesen, Unternehmensbewertung und Berufsrecht« vorsieht. Einzelheiten der Anforderungen an den Masterstudiengang regelt nach § 4 Abs. 2 Satz 3 WPAnrV ein fachspezifisch konkretisierter
Referenzrahmen (dieser ist auch der Anerkennung von Studienleistungen nach § 13b
WPO zu Grunde zu legen).[115] Anerkannte Studiengänge nach § 8a WPO bieten die
Hochschule Fresenius (Standort Köln), die Fachhochschule Mainz, die Mannheim Business School, die Fachhochschule Münster/Osnabrück und die Hochschule Pforzheim
an.[116] Absolventen anerkannter Hochschulausbildungsgänge können zum Wirtschaftsprüfungsexamen auch zugelassen werden, wenn sie die dreijährige praktische Tätigkeit
zum Zeitpunkt der Zulassung noch nicht erfüllt haben (§ 9 Abs. 6 WPO).

Über Widersprüche gegen Bescheide, die im Rahmen des Zulassungs- und Prüfungsverfahrens erlassen worden sind, entscheidet gem. § 5 Abs. 5 WPO die Widerspruchskommission. Diese ist personell mit der Aufgabenkommission identisch (§ 9 WiPrPrüfV);
sie entscheidet mit Stimmenmehrheit.

4.1.2   Bestellung

Die Bestellung als WP erfolgt gem. § 15 WPO nach bestandener Prüfung auf Antrag
durch Aushändigung einer von der WPK ausgestellten Urkunde. Nach § 17 WPO haben
die Bewerber vor Aushändigung der Urkunde den Berufseid zu leisten. Die Bestellung
ist ein Verwaltungsakt, durch den der Bewerber die mit dem Beruf des WP verbundenen
Rechte und Pflichten übernimmt. Nach § 16 Abs. 1 WPO *ist die Bestellung zu versagen,*
wenn

- nach der Entscheidung des BVerfG ein Grundrecht verwirkt wurde;
- infolge strafrechtlicher Verurteilung die Fähigkeit zur Bekleidung öffentlicher Ämter
  nicht gegeben ist;
- der Bewerber, der nicht ausschließlich angestellt ist, keine Berufshaftpflichtversicherung nachweist;
- sich der Bewerber eines Verhaltens schuldig gemacht hat, das die Ausschließung aus
  dem Beruf rechtfertigen würde (→ I.8.2);
- der Bewerber aus gesundheitlichen oder anderen Gründen nicht nur vorübergehend
  nicht in der Lage ist, den Beruf ordnungsmäßig auszuüben;
- der Bewerber eine Tätigkeit ausübt, die mit dem Beruf nach § 43 Abs. 2 und § 43a
  Abs. 3 WPO unvereinbar ist;
- sich der Bewerber nicht in geordneten wirtschaftlichen Verhältnissen befindet.

---

115 Der Referenzrahmen wurde mit Schreiben vom 30.3.2006 vom BMWi für verbindlich erklärt.
116 Zu den Hochschulen, die eine solche Anerkennung ermöglichen, siehe http://www.wpk.de/pdf/WPK-
‑Examen‑‑Studiengaenge_nach_8a_WPO.pdf.

Die Bestellung

- *kann versagt werden*, wenn der Bewerber sich so verhalten hat, dass die Besorgnis begründet ist, er werde den Berufspflichten als WP nicht genügen (§ 16 Abs. 2 WPO);
- *erlischt* gem. § 19 WPO durch Tod, Verzicht oder durch eine im berufsgerichtlichen Verfahren ausgesprochene rechtskräftige Ausschließung aus dem Beruf;
- *ist* mit Wirkung für die Zukunft *zurückzunehmen*, wenn nachträglich Tatsachen bekannt werden, bei deren Kenntnis die Bestellung hätte versagt werden müssen (§ 20 Abs. 1 WPO). Sie muss nach § 20 Abs. 2 WPO *widerrufen* werden, wenn der WP
  - nicht eigenverantwortlich tätig ist oder eine mit dem Beruf unvereinbare Tätigkeit ausübt;
  - infolge strafrechtlicher Verurteilung die Fähigkeit zur Bekleidung öffentlicher Ämter verloren hat;
  - aus gesundheitlichen oder anderen Gründen dauerhaft unfähig ist, den Beruf des WP ordnungsgemäß auszuüben;
  - eine Berufshaftpflichtversicherung nicht oder nicht im erforderlichen Umfang unterhält oder die vorgeschriebene Berufshaftpflichtversicherung innerhalb der letzten fünf Jahre wiederholt nicht aufrechterhalten hat und diese Unterlassung auch zukünftig zu befürchten ist;
  - sich nicht in geordneten wirtschaftlichen Verhältnissen befindet;[117]
  - keine berufliche Niederlassung unterhält;
  - nach der Entscheidung des BVerfG ein Grundrecht verwirkt hat.

Über die Rücknahme und den Widerruf entscheidet gem. § 21 WPO die WPK.

4.2 Anerkennung von Wirtschaftsprüfungsgesellschaften

Vergleichbar mit der Bestellung als WP ist die Anerkennung als WPG ein öffentlich-rechtlicher Verwaltungsakt. Die Voraussetzungen für eine Anerkennung als WPG regelt § 28 WPO:

- *Unternehmensleitung durch WP*: Grundsätzlich müssen WPG von WP bzw. EU-Abschlussprüfern verantwortlich geführt werden, d. h. sie müssen im Leitungsorgan der WPG die Mehrheit innehaben. Persönlich haftende Gesellschafter können auch WPG bzw. EU-Prüfungsgesellschaften sein. Zusätzlich können auch vBP, StB, Rechtsanwälte und – nach Genehmigung durch die WPK – andere, besonders befähigte Personen, die einen mit dem Beruf des WP vereinbaren Beruf ausüben, Leitungsfunktionen übernehmen. Des Weiteren kann die WPK auch genehmigen, dass in einem Drittstaat zugelassene Prüfer Vorstandsmitglieder, Geschäftsführer, persönlich haftende Gesellschafter oder Partner einer WPG werden, sofern ihre Befähigung der eines WP

---

117 Wird der WPK nachgewiesen, dass durch die nicht geordneten wirtschaftlichen Verhältnisse die Interessen Dritter nicht gefährdet werden, kann von einem Widerruf abgesehen werden (§ 20 Abs. 4 WPO).

entspricht. In der Unternehmensleitung müssen jedoch mehr WP als andere Personen tätig sein. Bei nur zwei gesetzlichen Vertretern muss mindestens einer WP oder EU-Abschlussprüfer sein.

- *Residenzpflicht*: Mindestens ein WP, der Mitglied der Unternehmensleitung ist, muss seine berufliche Niederlassung am Sitz der Gesellschaft haben (siehe auch § 19 Abs. 2 Berufssatzung).
- *Gesellschafterverhältnisse*: Gesellschafter einer WPG können WP, EU-Abschlussprüfer, WPG und EU-Prüfungsgesellschaften sein. Des Weiteren können vBP, StB, Steuerbevollmächtigte, Rechtsanwälte, Personen, mit denen eine gemeinsame Berufsausübung nach § 44b Abs. 2 WPO zulässig ist, oder Personen, deren Tätigkeit in der Unternehmensleitung von der WPK genehmigt worden ist, Gesellschafter sein, sofern mindestens die Hälfte dieser Personen in der Gesellschaft tätig ist. Bei Kapitalgesellschaften müssen solche nicht in der Gesellschaft tätige Personen weniger als 25 % der Anteile am Nennkapital halten. Sie dürfen also weder eine qualifizierte Mehrheit, noch eine Sperrminorität an Stimmen bzw. Anteilen halten. Anteile einer WPG dürfen nicht für Rechnung eines Dritten gehalten werden. WP, EU-Abschlussprüfer, WPG und EU-Prüfungsgesellschaften müssen die Mehrheit der Anteile und Stimmrechte innehaben. Schließlich können nur Gesellschafter zur Ausübung von Gesellschafterrechten bevollmächtigt werden, die WP sind.
- *Vinkulierte Namensanteile*: Bei Kapitalgesellschaften müssen die Anteile auf den Namen lauten und ihre Übertragung muss an die Zustimmung der Gesellschaft gebunden sein. Diese Regelung ist im Zusammenhang mit § 38 i. V. m. § 40 WPO zu sehen, wonach WPG eine Gesellschafterliste bei dem von der WPK zu führenden Berufsregister einzureichen haben.
- *Haftungsbasis*: Kapitalgesellschaften müssen nachweisen, dass der Wert der einzelnen Vermögensgegenstände abzüglich der Schulden mindestens dem gesetzlichen Mindestbetrag des Grund- oder Stammkapitals entspricht.
- *Berufshaftpflichtversicherung*: Ohne Nachweis einer Berufshaftpflichtversicherung ist die Anerkennung einer WPG zu versagen.

Zulässige *Rechtsformen* für eine WPG sind nach § 27 Abs. 1 WPO die Kapitalgesellschaft (AG, SE, KGaA, GmbH), die Personenhandelsgesellschaft (OHG, KG) und die Partnerschaftsgesellschaft. Die Anerkennung von Personenhandelsgesellschaften, die gem. §§ 105 und 161 HGB das Betreiben eines Handelsgewerbes bedingen, setzt voraus, dass sie wegen ihrer Treuhandtätigkeiten als Handelsgesellschaften in das Handelsregister eingetragen worden sind. Unzulässig sind dagegen bürgerlich-rechtliche Gesellschaften, weil es an der Rechtsfähigkeit fehlt, die Europäische Wirtschaftliche Interessenvereinigung (EWIV), denn der Zweck dieser Rechtsform darf nicht auf die Berufstätigkeit, sondern nur auf Hilfsgeschäfte gerichtet sein, und die stille Gesellschaft.

Bei der Wahl der Firma ist zu beachten, dass die Bezeichnung »Wirtschaftsprüfungsgesellschaft« in die Firma aufzunehmen und im beruflichen Verkehr zu führen ist (§ 31 WPO, § 29 Abs. 1 Berufssatzung). Die Firmierung oder der Name darf keine Hinweise auf berufsfremde Unternehmen oder Unternehmensgruppen enthalten (§ 29 Abs. 2 Berufssatzung). Für die Beendigung der Anerkennung als WPG sind das Erlöschen, die Rücknahme und der Verzicht vorgesehen. Nach § 33 Abs. 1 WPO erlischt die Anerkennung durch Verzicht, der schriftlich von den gesetzlichen Vertretern zu erklären ist, und durch Auflösung der Gesellschaft (durch Verschmelzung, Spaltung, Vermögensübertragung, Liquidation). Die Anerkennung muss gem. § 34 WPO zurückgenommen oder widerrufen werden, wenn nachträglich Anerkennungsvoraussetzungen entfallen sind (z. B. weil die Gesellschaft durch das Ausscheiden von gesetzlichen Vertretern mit WP-Qualifikation nicht mehr ordnungsmäßig besetzt ist oder weil sich die Kapitalbeteiligung in unzulässiger Weise verändert hat). Des Weiteren ist die Anerkennung zu widerrufen, falls die Gesellschaft in Vermögensverfall geraten ist, es sei denn, dass dadurch die Interessen der Auftraggeber oder anderer Personen nicht gefährdet sind.

Kontrollfragen

1. Welche Ausbildung setzt die Zulassung zum Wirtschaftsprüfungsexamen voraus?
2. Was ist Gegenstand des Wirtschaftsprüfungsexamens?
3. Für welche Personenkreise existiert ein erleichterter Zugang zum Beruf des WP?
4. Unter welchen Umständen muss die Bestellung zum WP widerrufen werden?
5. Wer kann Gesellschafter einer WPG sein?

Zitierte und weiterführende Literatur

Baetge, J./Ballwieser, W./Böcking, H.-J. (2001): Ansätze für eine Reform der Hochschulausbildung im Fach »Wirtschaftsprüfung« – Optionen für einen zusätzlichen Zugang zum Wirtschaftsprüferberuf, in: Die Wirtschaftsprüfung, S. 1138–1152.

Buchner, R. (1997): Wirtschaftliches Prüfungswesen, 2. Aufl., München.

Burkhard, D./Dieter, U. (Hrsg.) (2008): WPO Kommentar, Düsseldorf.

Coenenberg, A.G./Haller, A./Marten, K.-U. (1999): Accounting education for professionals in Germany – Current state and new challenges, in: Journal of Accounting Education, S. 367–390.

Elkart, W./Schmidt, G. (2002): Aus- und Fortbildung des Prüfers, in: Ballwieser, W./Coenenberg, A.G./Wysocki, K.v. (Hrsg.): Handwörterbuch der Rechnungslegung und Prüfung, 3. Aufl., Stuttgart, Sp. 176–184.

Freidank, C.-C./Sassen, R./Velte, P. (2010): Einfluss der Hochschulen auf den Zugang zum Beruf des Wirtschaftsprüfers – Eine normative und empirische Analyse zum Umsetzungsstand der §§ 8a und 13b WPO, in: Betriebswirtschaftliche Forschung und Praxis, S. 109–128.

Gelhausen, H.F. (2002): Prüfungsgesellschaften, Rechtsformen, in: Ballwieser, W./Coenenberg, A.G./Wysocki, K.v. (Hrsg.): Handwörterbuch der Rechnungslegung und Prüfung, 3. Aufl., Stuttgart, Sp. 1799–1808.

IDW (2006): WP Handbuch 2006 – Wirtschaftsprüfung, Rechnungslegung, Beratung, Band I, 13. Aufl., Düsseldorf.

IDW/WPK-Arbeitskreis »Reform des Wirtschaftsprüferexamens« (2001): Überlegungen zur Reform des Wirtschaftsprüferexamens, in: Die Wirtschaftsprüfung, S. 1110–1116.

Kaiser, S. (2003): Veränderungen beim Beufszugang zum Wirtschaftsprüfer durch die 5. WPO-Novelle, in: Deutsches Steuerrecht, S. 995–998.

Lauterbach, A./Brauner, D.J. (2011): Der Wirtschaftsprüfer, in: Lauterbach, A./Brauner, D.J. (Hrsg.): Berufsziel Steuerberater/Wirtschaftsprüfer, 10. Aufl., Sternenfels, S. 37–51.

Marten, K.-U./Köhler, A.G./Klaas, H. (2001): Zugangswege zum Beruf des Wirtschaftsprüfers im europäischen Vergleich, in: Die Wirtschaftsprüfung, S. 1117–1138.

Pfadt, H. (2006): Die Aufgaben und Widerspruchskommission für das WP-Examen, in: WPK Magazin, Heft 2, S. 46–49.

Ruhnke, K./Böhm, W./Lebe, T. (2010): Der Zugang zum Beruf des Wirtschaftsprüfers unter besonderer Berücksichtigung des Common-Content-Projekts – auf dem Weg zu einer neuen Generation von Wirtschaftsprüfern?, in: Die Wirtschaftsprüfung, S. 1099–1105 (Teil 1) und S. 1151–1160 (Teil 2).

Schneider, D./Bareis, P./Rückle, D./Siegel, T./Sigloch, J. (2002): Die Qualität des Wirtschaftsprüfers und die Betriebswirtschaftslehre im Wirtschaftsprüfer-Examen, in: Die Wirtschaftsprüfung, S. 397–403.

Siegel, T./Rückle, D./Sigloch, J. (2001): Reform des WP-Examens: Beibehaltung des Fachs BWL in modifizierter Form, in: Betriebs-Berater, S. 1084–1087.

WPK (2010a): Ergebnisse der Wirtschaftsprüferprüfung I/2010 Gesamtergebnis, Berlin, URL: http://www.wpk.de/pdf/WPK--Ergebnisse_WP-Pruefung_I-2010.pdf (Stand: 1.4.2011).

WPK (2010b): Ergebnisse der Wirtschaftsprüferprüfung II/2010 Gesamtergebnis, Berlin, URL: http://www.wpk.de/pdf/WPK--Ergebnisse_WP-Pruefung_II-2010.pdf (Stand: 1.4.2011).

5 Berufsständische Organisationen

5.1 Begriffsabgrenzung und Systematisierung

Berufsständische Organisationen vertreten den wirtschaftsprüfenden Berufsstand in der Öffentlichkeit, nehmen berufliche Selbstverwaltungsaufgaben wahr und sind mit der beruflichen Facharbeit befasst. Dabei ist es eine zentrale Aufgabe, Prüfungsnormen herauszugeben sowie deren Einhaltung zu sichern.[118]

Die folgenden Ausführungen geben einen Überblick über die Aufgaben und den organisatorischen Aufbau der aus Sicht des deutschen Berufsstands bedeutsamen Berufsorganisationen. Dabei wird auch auf jene Organisationen oder Gremien eingegangen, welche auf die Existenz der Berufsorganisationen sowie deren Arbeit einen wesentlichen Einfluss nehmen. Betrachtet werden die nationalen Ebenen, die europäische Ebene sowie die internationale Ebene.[119]

5.2 Nationale Ebenen

Berufsständische Organisationen sind zumeist auf nationaler Ebene angesiedelt. Für einen in Deutschland agierenden Prüfer besitzen naturgemäß die deutschen Organisationen eine herausragende Stellung. Des Weiteren werden die nationalen US-amerikanischen Organisationen dargestellt, da sie von zentraler Bedeutung für die weltweite Entwicklung des Berufsstands sind und faktisch einen hohen Einfluss auf die Normengebung auf internationaler Ebene (→ I.5.3.2 sowie → I.6.3) nehmen. Doch auch die Bedeutung der Arbeit auf EU-Ebene mit Auswirkungen auf den Berufsstand nimmt stetig zu.

5.2.1 Deutschland

In Deutschland sind als berufsständische Organisationen vor allem die Wirtschaftsprüferkammer (WPK; → I.5.2.1.1) und das Institut der Wirtschaftsprüfer in Deutschland e. V. (IDW; → I.5.2.1.2) zu nennen.[120] Für die Normengebung besitzt zudem der Gesetzgeber eine zentrale Stellung.

Grundlage für die Bildung nationaler Berufsorganisationen ist das »Gesetz über eine Berufsordnung der Wirtschaftsprüfer«; synonym findet der Begriff »Wirtschaftsprüferordnung« (WPO) Verwendung. Die WPO überträgt in § 4 Abs. 1 die Erfüllung der

---

118 Zu einer ökonomischen Begründung für die Existenz des Berufsstands → I.2 sowie zu den Prüfungsnormen → I.6.

119 Zu den nachstehenden Ausführungen vgl. ferner *Ruhnke* (2000), S. 99 ff., sowie aus Sicht des Berufsstandes *IDW* (2006), B 1 ff.

120 Weiterhin sind der Bundesverband der vereidigten Buchprüfer e. V. (BvB) sowie der Deutsche Buchprüferverband e. V. (DBV) bedeutsam. Vgl. *Buchner* (1997), S. 97 ff.; *IDW* (2006), B 6 und C 1 ff.

beruflichen Selbstverwaltungsaufgaben auf die WPK. Des Weiteren kommt dem IDW als Berufsorganisation auf privater Basis eine besondere Stellung zu. Als weitere mit Prüfungsfragen befasste Organisation ist die Deutsche Prüfstelle für Rechnungslegung (DPR) e. V. zu nennen (→ I.5.2.1.3).

5.2.1.1 Wirtschaftsprüferkammer

Die WPK ist eine Körperschaft öffentlichen Rechts (§ 4 Abs. 2 WPO). Sie hat ihren Sitz in Berlin. Pflichtmitglieder sind alle WP, vBP, WPG und BPG sowie deren Vertreter, die nicht WP sind (§§ 58 Abs. 1, 128 Abs. 3 WPO). Zum 1.1.2011 betrug die Anzahl der Pflichtmitglieder 21.048. Weitergehende Informationen finden sich im Internet unter URL: http://www.wpk.de. Organisation und Verwaltung der WPK sind in einer nach § 60 Abs. 1 WPO erlassenen Organisationssatzung geregelt.

Organe der WPK sind die WP-Versammlung, der Beirat, der Vorstand und die Kommission für Qualitätskontrolle (KfQK; § 59 Abs. 1 WPO). Der Beirat wird von der WP-Versammlung gewählt, die sich aus sämtlichen Pflicht- und freiwilligen Mitgliedern zusammensetzt; der Vorstand wird vom Beirat gewählt. Dem Vorstand obliegt die gesamte Leitung der WPK.

Ein weiteres Organ bildet die KfQK. Diese Kommission ist nach § 57e Abs. 1 Satz 4 WPO für alle Angelegenheiten der Qualitätskontrolle i.S. von § 57a WPO zuständig, soweit nicht die Abschlussprüferaufsichtskommission (APAK) zuständig ist (zur Qualitätskontrolle → II.7).

- Der KfQK obliegt es u.a., Bescheinigungen über die Teilnahme an der Qualitätskontrolle zu erteilen (zum Aufgabenspektrum siehe § 57e Abs. 1 Satz 5 WPO). Die Mitglieder der KfQK werden auf Vorschlag des Vorstands vom Beirat der WPK gewählt (§ 57e Abs. 1 Satz 2 WPO).
- Die APAK (vgl. URL: http://www.apak-aoc.de) führt eine öffentliche fachbezogene Aufsicht über die WPK, soweit diese Aufgaben nach § 4 Abs. 1 Satz 1 WPO erfüllt (§ 66a Abs. 1 WPO); die Mitglieder der APAK werden vom BMWi ernannt und sind gegenüber der WPK unabhängig und nicht weisungsgebunden (§ 66a Abs. 2 Satz 4 und 6 WPO), d.h. die APAK ist kein Organ der WPK. Die APAK kann nach § 66a Abs. 4 WPO Entscheidungen der WPK unter Angabe der Gründe zur nochmaligen Prüfung an diese zurückverweisen (Zweitprüfung) und sie kann bei Nichtabhilfe unter Aufhebung der Entscheidung der WPK Weisung erteilen (Letztentscheidung).

Seit dem 1.1.2004 ist die Prüfungsstelle für das Wirtschaftsprüfungsexamen bei der WPK (im Folgenden Prüfungsstelle) für die Durchführung der Zulassungs- und Prüfungsverfahren (→ I.4.1.1) zuständig. Die Prüfungsaufgaben in der schriftlichen Prüfung werden bundeseinheitlich von der bei der Prüfungsstelle eingerichteten Aufgaben- und Widerspruchskommission bestimmt (§§ 8 f. WiPrPrüfV), die auch über den Widerspruch gegen Bescheide, die im Rahmen des Zulassungs- und Prüfungsverfahrens erlassen worden sind, befindet.

Die Aufsicht über die WPK, die Prüfungsstelle und die APAK führt das BMWi (sog. Staatsaufsicht; § 66 WPO). Abb. I.5-1 gibt einen Überblick über den Aufbau der WPK sowie die relevanten Aufsichtsorgane.

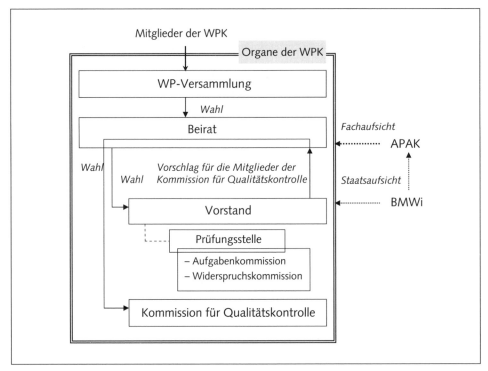

Abb. I.5-1: Aufbau der WPK und relevante Aufsichtsorgane

Nach § 57 Abs. 1 WPO hat die WPK die *Aufgabe*, »die ihr durch Gesetz zugewiesenen Aufgaben« zu erfüllen. Sie hat weiterhin »die beruflichen Belange der Gesamtheit ihrer Mitglieder zu wahren und die Erfüllung der beruflichen Pflichten zu überwachen.« Zu den besonders wichtigen Aufgaben zählen nach § 57 Abs. 2-4 WPO die Ausübung der Berufsaufsicht, die Interessenvertretung der Gesamtheit der Mitglieder, die Beteiligung bei berufsqualifizierenden Examina (z. B. das Vorschlagen der berufsständischen Mitglieder für die Zulassungs- und Prüfungsausschüsse), das Betreiben eines Systems der Qualitätskontrolle sowie die Ausarbeitung von Normen für die Berufsausübung.

Die zuvor angesprochene Berufsaufsicht umfasst die Führung des Berufsregisters, die fachliche und disziplinarische Berufsaufsicht, die Vermittlung bei Streitigkeiten und die Beurlaubung[121] von Angehörigen der prüfenden Berufe (→ I.8.2). Normen für die Berufsausübung finden sich vor allem in der Berufssatzung;[122] die WPK kann auch Verlautbarungen herausgeben (→ I.6.3).

---

121 Nach § 46 WPO kann im Falle einer vorübergehenden Aufnahme einer mit dem Beruf des Wirtschaftsprüfers nicht vereinbaren Tätigkeit eine Beurlaubung für einen Zeitraum von bis zu 3 Jahren gewährt werden.

122 Auch die Berufsrichtlinien (BRL) können im Einzelfall faktisch bedeutsam sein, sind jedoch formal außer Kraft gesetzt; → I.6.3.1.

Weiterhin bilden die WPK und der Deutsche Industrie- und Handelskammertag (DIHK) die nicht rechtsfähige Arbeitsgemeinschaft für das wirtschaftliche Prüfungswesen gem. § 65 WPO. Diese Arbeitsgemeinschaft behandelt gemeinsame Belange der Wirtschaft und des WP-Berufs und ist z. B. bei der Beschlussfassung über die Berufssatzung der WPK (→ I.6.3.1) anzuhören (vgl. § 57 Abs. 3 WPO).

Ausführliche Informationen zur WPK finden sich im Internet. Hier findet sich auch der WPK-Studienführer, welcher semesterbezogen über das Angebot der Universitäten, Fachhochschulen sowie Berufsakademien im Prüfungs- und Treuhandwesen informiert. Zudem erscheint viermal im Jahr das *Publikationsmedium* »WPK Magazin« (bis 2003 unter der Bezeichnung »Wirtschaftsprüferkammer-Mitteilungen«).

5.2.1.2 Institut der Wirtschaftsprüfer in Deutschland e. V.

Das IDW ist Fachorganisation und Interessenvertretung der WP und als eingetragener Verein im Gegensatz zur WPK privatrechtlich organisiert. Die Mitgliedschaft im IDW ist freiwillig. Zum 1.4.2011 waren 12.078 WP und 1.021 WPG als ordentliche Mitglieder im IDW organisiert. Das IDW hat seinen Hauptsitz in Düsseldorf. Weitergehende Informationen finden sich im Internet unter URL: http://www.idw.de.

Organe des IDW sind der WP-Tag (Mitgliederversammlung i. S. des BGB), der Verwaltungsrat und der Vorstand (§ 7 Abs. 1 der Satzung des IDW i. d. F. 19.9.2005; im Folgenden IDW-Satzung). Der WP-Tag besteht aus allen ordentlichen IDW-Mitgliedern; dieser tritt wenigstens alle zwei Jahre zusammen. Der WP-Tag und die Landesgruppen des IDW (Baden-Württemberg, Bayern, Berlin/Brandenburg, Bremen, Hamburg/Mecklenburg-Vorpommern, Hessen, Niedersachsen, Nordrhein-Westfalen, Rheinland-Pfalz, Saarland, Sachsen/Sachsen-Anhalt/Thüringen und Schleswig-Holstein) wählen den Verwaltungsrat. Der Verwaltungsrat wählt wiederum den Vorstand.

Das IDW hat sich zur *Aufgabe* gesetzt, »die Fachgebiete des Wirtschaftsprüfers zu fördern und für die Interessen des Wirtschaftsprüferberufes einzutreten« (§ 2 Abs. 1 IDW-Satzung). Insofern werden vor allem berufspolitische Aufgaben wahrgenommen. Nach Abs. 2 obliegt es dem IDW insbesondere, für die Aus- und Fortbildung der WP und ihres beruflichen Nachwuchses zu sorgen, für einheitliche Grundsätze der unabhängigen, eigenverantwortlichen und gewissenhaften Berufsausübung einzutreten und deren Einhaltung durch die Mitglieder sicherzustellen sowie die Weiterentwicklung des Berufsbilds des WP zu fördern. In Erfüllung dieser Aufgaben entwickelt das IDW gutachterliche Stellungnahmen und Arbeitshilfen für die Prüfung und füllt die vom Gesetzgeber belassenen Freiräume mittels fachgerechter Interpretation des geschriebenen Rechts aus. Es gibt gutachterliche Stellungnahmen zur Lösung offener Prüfungs- und auch Rechnungslegungsfragen. Obwohl es nach § 57 Abs. 2 Nr. 10 WPO der WPK obliegt, die »berufliche Fortbildung der Mitglieder und Ausbildung des Berufsnachwuchses zu fördern«, wird auch diese Aufgabe einvernehmlich vom IDW wahrgenommen.

Die für die Normensetzung bedeutsame *Facharbeit* des IDW vollzieht sich in Ausschüssen (§ 12 IDW-Satzung) und Arbeitskreisen:

- Übergeordnet ist dabei der *Hauptfachausschuss* (HFA), dem als ständige Einrichtung die Beratung fachlicher Probleme grundlegender Art sowie die Erstellung von Prüfungsnormen obliegt (siehe auch »Grundsätze für die Arbeitsweise des HFA« (Stand: 22.2.2008)[123]; zu den Normen → I.6.3.1, insbesondere Tab. I.6-1).

- Die *Fachausschüsse* behandeln Fachfragen aus speziellen Tätigkeitsgebieten oder Wirtschaftszweigen.
  - Fachausschüsse mit branchenunabhängigem Bezug zur Abschlussprüfung sind der Fachausschuss für Informationstechnologie (FAIT) sowie der Ausschuss für Aus- und Fortbildung (AAF). Der auch mit der Herausgabe von Standards befasste FAIT[124] ersetzt seit 1997 den Fachausschuss für moderne Abrechnungssysteme (FAMA).
  - Als weitere Ausschüsse sind z. B. der Bankenfachausschuss (BFA), der Versicherungsfachausschuss (VFA), der Krankenhausfachausschuss (KHFA), der Fachausschuss für Unternehmensbewertung und Betriebswirtschaft (FAUB), der Fachausschuss für öffentliche Unternehmen und Verwaltungen (ÖFA), der Steuerfachausschuss (StFA), der Fachausschuss Sanierung und Insolvenz (FAS) ab 1.1.2009, sowie der Fachausschuss Recht (FAR) zu nennen.
- *Arbeitskreise* werden vom Vorstand bei Bedarf eingerichtet. Das IDW unterscheidet »permanente Arbeitskreise« und »adhoc Arbeitskreise«.
  - Für die Abschlussprüfung besonders bedeutsam sind die permanenten Arbeitskreise »Regulierungsfragen« und »IFRS-Rechnungslegung«.
  - Adhoc Arbeitskreise werden zu aktuellen Themen eingerichtet und stellen die Arbeit ein, sofern ihr Gründungszweck erreicht ist.

In der Vergangenheit hat der Ausschuss für internationale Zusammenarbeit (AFIZ) die Normengebung im internationalen Bereich begleitet und der HFA war mit der Entwicklung und Auslegung berufsständischer Normen auf nationaler Ebene befasst. Da der internationale Bereich zunehmend an Bedeutung gewinnt (zur zentralen Bedeutung der internationalen Prüfungsnormen auf deutscher Ebene → I.6.3.2), wird vor dem Hintergrund einer effizienteren Gestaltung der Facharbeit nunmehr zwischen den Bereichen Rechnungslegung und Prüfung unterschieden. Für diese Zwecke wurde der AFIZ aufgelöst und stattdessen beim HFA die Abteilung »Rechnungslegung« und die Abteilung »Prüfung« eingerichtet, die dann jeweils für die nationalen und die internationalen Aspekte ihres Themengebiets zuständig sind. Die Letztverantwortlichkeit verbleibt beim Gesamt-HFA.

Wesentliche *Publikationsmedien* des IDW sind die Zeitschriften »IDW-Fachnachrichten (FN-IDW)« und »Die Wirtschaftsprüfung (WPg)«. Zentral sind auch das Wirtschaftsprüfer-Handbuch (WP Handbuch) sowie die Tätigkeitsberichte des IDW. Hinzu kommen die Darstellungen im Internet.

5.2.1.3 Prüfstelle für Rechnungslegung

Eine gleichfalls mit Prüfungsfragen befasste Organisation ist die *Prüfstelle für Rechnungslegung* gem. § 342b HGB (offizielle Bezeichnung »Deutsche Prüfstelle für Rechnungs-

---

123 Abgedruckt in FN-IDW 2006, S. 821 ff.
124 Vgl. IDW RS FAIT 1, RS FAIT 2 und RS FAIT 3.

legung (DPR) e. V.«; vgl. URL: http://www.frep.info). Dieser Prüfstelle obliegt es, die Rechtmäßigkeit von Abschlüssen und den dazugehörigen Lageberichten von kapitalmarktorientierten Unternehmen auf der Basis freiwilliger Mitwirkung des Unternehmens zu prüfen. Die Prüfstelle wird vor allem bei Vorliegen konkreter Verdachtsmomente für einen Normenverstoß oder auf Verlangen der BaFin tätig (§ 342b Abs. 2 Satz 3 HGB) und bildet die erste Enforcement-Stufe eines zweistufigen Enforcement-Modells (→ I.8.2).

Die Prüfstelle prüft gleichfalls die bereits durch den Abschlussprüfer geprüfte Rechnungslegung (in Teilbereichen), daher handelt es sich insoweit um eine Metaprüfung. Insofern gehen von der Existenz der Prüfstelle Anreizwirkungen im Hinblick auf eine normenkonforme Abschlussprüfung aus, die darin begründet liegen, dass die Prüfstelle ggf. auch Versäumnisse des Abschlussprüfers aufdeckt. Weiterhin besteht ein enger Zusammenhang zur Abschlussprüfung dergestalt, dass die Prüfstelle als wesentliche Unterlage ihrer Prüfung auf den Prüfungsbericht des Abschlussprüfers (§ 321 HGB; → II.6.3.2) Rückgriff nimmt.[125]

5.2.2   Vereinigte Staaten

In den USA ist die nationale Börsenaufsichtsbehörde Securities and Exchange Commission (SEC; vgl. URL: http://www.sec.gov) befugt, Prüfungsnormen zu setzen. Gleichwohl hat die SEC das standard setting weitgehend an fachkundige Dritte delegiert, um deren spezialisiertes Wissen zu nutzen.[126] Eine herausragende Stellung nimmt hier die Berufsorganisation der accountants[127], das *American Institute of Certified Public Accountants* (AICPA), ein. Für die Aufsicht der Abschlussprüfer von kapitalmarktorientierten Unternehmen ist das *Public Company Accounting Oversight Board* (PCAOB) zuständig.

Das AICPA ist die nationale Dachorganisation des US-amerikanischen Berufsstands der accountants.[128] Die Mitgliedschaft ist freiwillig. Dem AICPA gehören 348.051 Certified Public Accountants (CPA) als stimmberechtigte Mitglieder an (Stand: 31.5.2010); davon üben 42 % eine prüfende berufliche Tätigkeit (members in public accounting) und 42 % eine Tätigkeit in der Industrie (Business and Industry) aus.[129] Weitergehende Informationen finden sich im Internet unter URL: http://www.aicpa.org.

Wichtiges *Organ* mit Leitungsbefugnis ist der governing council. Zwischen den Treffen des council werden die Aktivitäten durch den board of directors geleitet, welcher als ausführender Ausschuss (executive committee) des council agiert. Die Facharbeit kann an senior (technical) committees, boards und divisions delegiert werden (AICPA Bylaws Section 360).

* Besonders bedeutsam ist das permanent eingerichtete *Auditing Standards Board* (ASB), dem die Herausgabe von Prüfungnormen obliegt, die bei der Prüfung von

---

125 Vgl. *DPR/FREP* (2011). In diesem Fall muss der Abschlussprüfer vom Auftraggeber von seiner Verschwiegenheitspflicht (→ I.6.5.2.2.2) entbunden werden.
126 Vgl. *Schrader* (2003), S. 22 ff.; *Arens/Elder/Beasley* (2010), S. 31 f.
127 Zu einer Begriffsabgrenzung → I.1.1 und → I.6.5.2.2.
128 Vgl. hierzu auch *Schrader* (2003), S. 9 ff.
129 Vgl. *AICPA* (2010).

nicht bei der SEC registrierten Unternehmen anzuwenden sind.[130] Das ASB hat 10 (United States-) Generally Accepted Auditing Standards (US-GAAS; hierzu zählen drei »General Standards«, drei »Standards of Field Work« sowie vier »Standards of Reporting«) sowie konkretisierende Statements on Auditing Standards (SAS) herausgegeben. Die Inhalte der SAS finden sich in den Auditing-Normen (AU). Um dem Normenanwender die Orientierung zu erleichtern, verweisen die AU auf die SAS. Beispielsweise basiert AU § 312 auf SAS 107.

- Das *Accounting and Review Services Committee* gibt Normen für compilations und reviews von Jahresabschlüssen heraus (→ I.6.4.2). Diese werden als »Statements on Standards for Accounting and Review Services« (SSARS) bezeichnet.[131] Auch hier erfolgen entsprechende Querverweise zwischen den SSARS und den Accounting and Review Services-Normen.
- Dem *Joint Trial Board* obliegt die einheitliche Durchsetzung der berufsständischen Normen. Dazu kann das board disziplinarische Strafen (disciplinary charges) verhängen.

BL Sec. 101.01 legt die *Aufgaben* des AICPA fest. Als solche sind zu nennen: die Herausgabe und Förderung qualitativ hochwertiger berufsständischer Normen, die Regelung des Berufszugangs sowie die ständige Entwicklung und Verbesserung der Ausbildung des Berufsstands, die Interessenvertretung der CPA sowie die Förderung der Beziehungen zu accountants in anderen Ländern.[132] Demnach sind die Aufgaben des AICPA ähnlich denen des IDW und der WPK.

Publikationsmedien sind u. a. »The Journal of Accountancy«, »The CPA Letter daily«[133] sowie »The Practicing CPA«. Die Audit and Attest Standards Group des AICPA gibt als newsletter das Medium »In our Opinion« heraus. Hinzu kommen die Darstellungen im Internet.

Im Zuge der Umsetzung des SOA (Sarbanes-Oxley Act)[134] wurde die Kompetenz zur Entwicklung von Normen für die Prüfung *SEC-registrierter Unternehmen*[135] auf das *Public Company Accounting Oversight Board* (PCAOB; vgl. URL: http//www.pcaobus.org) übertragen (Sec. 101 (c) (2) SOA). Das PCAOB ist ein privatrechtlich organisiertes Organ, welches der Aufsicht durch die SEC unterliegt. Die Prüfungsgesellschaften müssen sich beim PCAOB registrieren lassen (Sec. 102 SOA).

Der Aufgabenbereich des PCAOB ist breit und umfasst u. a. das Setzen von Qualitätsnormen und ethischen Prüfungsnormen (Sec. 101 (c) (2) SOA). In Bezug auf die fachtechnischen Prüfungsnormen hat das PCAOB die vom ASB herausgegebenen allge-

---

130 Sog. »Standards for Auditors of Non-Issuers«. URL: http://www.aicpa.org/Research/Standards/Audit Attest/Pages/SSAE.aspx (Stand: 1.4.2011). Vgl. hierzu auch *Messier/Glover/Prawitt* (2007), S. 43 ff.
131 Vgl. URL: http://www.aicpa.org/RESEARCH/STANDARDS/COMPILATIONREVIEW/Pages/ -compilation%20and%20review%20standards.aspx (Stand: 1.4.2011).
132 Siehe auch das mission statement in BL Sec. 911.01.
133 URL: http://www.aicpa.org/Publications/Newsletters/CPALetterDaily/Pages/default.aspx (Stand: 1.4.2011).
134 Der SOA war vor allem eine Reaktion auf Bilanzskandale wie z. B. Enron und WorldCom; zum Hintergrund vgl. z. B. *Schrader* (2003), S. 116 ff.
135 Angesprochen sind auch die Unternehmen, die sich auf eine solche Registrierung vorbereiten.

meinen Prüfungsnormen (US-GAAS[136] wie in SAS 95 bzw. AU § 150 beschrieben) als Übergangsnormen (Interim Auditing Standards) akzeptiert (Rule 3200T). Zudem hat der Prüfer gem. Rule 3100 alle anwendbaren Prüfungsnormen und damit in Zusammenhang stehenden Praxishinweise (professional practice standards) zu beachten. Weiterhin gibt das PCAOB eigene fachtechnische Prüfungsnormen (Standards and Related Rules) heraus. Mit der Veröffentlichung von acht neuen Standards durch PCAOB, die sich unter anderem auf die Einschätzung des Prüfungsrisikos sowie die Reaktion des Abschlussprüfers hierauf beziehen, liegen nun insgesamt 14 PCAOB Auditing Standards (AS) vor. Beispiele hierfür sind der auf die Prüfungsdokumentation bezogene PCAOB Auditing Standard 3, der auf die Konsistenz der Finanzberichte bezogene Auditing Standard 6 sowie der Auditing Standard 7, der sich auf die Kontrolle der Prüfungsqualität bezieht.

Darüber hinaus ist das PCAOB befugt, Qualitätskontrollen (inspections gem. Sec. 104 SOA) durchzuführen und Disziplinarmaßnahmen (Sec. 105 SOA) zu verhängen.

5.3 Europäische Ebene

5.3.1 Fédération des Experts Comptables Européens

In der Fédération des Experts Comptables Européens (FEE) sind die führenden Berufsorganisationen der accountants in Europa zusammengeschlossen. Ihr gehören derzeit 45 Berufsorganisationen aus 33 Ländern an, die etwa 500.000 Mitglieder repräsentieren (Stand: 1.4.2011). Davon üben ungefähr 45 % den Beruf aus. Deutsches Mitglied bei der FEE ist das IDW. Die FEE wurde 1986 als Nachfolgeorganisation der Group d'Etudes des Experts Comptables de la C.E.E. sowie der Union Européenne des Experts Comptables Economiques et Financiers (UEC) gegründet. Weitergehende Informationen finden sich im Internet unter URL: http://www.fee.be.

Geschäftsführendes *Organ* der FEE ist die Mitgliederversammlung (general assembly), deren Hauptversammlung zumeist in zweijährigen Abständen abgehalten wird. Die Leitung der FEE obliegt dem Rat (council). Der ausführende Ausschuss (executive committee) führt die Geschäfte und setzt die Beschlüsse des Rates um; diesem Ausschuss gehören der Präsident, der deputy-Präsident, der chief executive officer sowie mindestens zwei Vize-Präsi-denten an.

Zu den wesentlichen *Aufgaben* der FEE gehört die Vertretung und Förderung der Interessen des Berufsstands in Europa sowie dessen Vertretung auf internationaler Ebene. Des Weiteren soll auf die Verbesserung und Harmonisierung der in der Praxis angewandten Bilanzierungskonzepte in Europa hingewirkt werden (FEE, Mission statement and objectives). Die FEE betreibt jedoch kein eigenständiges standard setting, sondern gibt auf der Grundlage durchgeführter Projekte Vorschläge für die Prüfung und verweist dort teilweise auf die Normen der IFAC ($\rightarrow$ I.5.4.2). Die FEE erkennt die Normensetzungskompetenz der IFAC ausdrücklich an: »FEE has (...) promoted ISA's as the sole

---

136 Vgl. hierzu auch $\rightarrow$ II.9.3.2 und die dort angegebene Literatur.

international standards on auditing.«[137] In diesem Sinne befürwortet die FEE Art. 26 der Abschlussprüferrichtlinie (→ I.6.3.1), wonach gesetzliche Abschlussprüfungen aller Unternehmen in Übereinstimmung mit den internationalen fachtechnischen Prüfungsnormen des IAASB (einem Ausschuss der IFAC) durchzuführen sind.[138]

Die FEE gibt eine Vielzahl von prüfungsrelevanten Publikationen heraus. Die zentralen *Publikationsmedien* stehen unter der oben angegebenen Internetadresse zum download bereit: annual reviews und newsletters, news releases, policy statements und fact sheets, position papers sowie surveys.

5.3.2 Ausschüsse der Europäischen Kommission

Die Europäische Kommission (EU-Kommission) übernimmt die Rolle der Exekutiven innerhalb der Europäischen Union. Sie schlägt europäische Normen (→ I.6.3.1) vor (Initiativrecht) und kontrolliert deren Einhaltung. Eine besondere Verbindung zum wirtschaftsprüfenden Berufsstand besteht bei den beiden folgenden Gremien:

- Der *Regelungsausschuss Abschlussprüfung* (Audit Regulatory Committee, AuRC) unterstützt die EU-Kommission.[139] Aufgabe des AuRC ist es u. a., die Kommission bei der gem. Art. 26 der Abschlussprüferrichtlinie geforderten Übernahme der internationalen Prüfungsnormen im Rahmen des geplanten Komitologieverfahrens zu unterstützen (→ I.6.3.1).
- Die EU-Kommission hat im Dezember 2005 eine Europäische Gruppe aus Vertretern der Aufsichtsgremien für Abschlussprüfer (European Group of Auditors' Oversight Bodies, EGAOB) ins Leben gerufen. Das primäre Ziel dieser Gruppe ist die Sicherstellung einer effektiven Koordination der gem. Art. 32–34 der Abschlussprüferrichtlinie[140] einzurichtenden Aufsichtssysteme für Prüfer gesetzlicher Abschlüsse und Prüfungsgesellschaften. Darüber hinaus kann die Guppe fachlichen Input bei der Umsetzung dieser Richtlinie geben. Das EGAOB hat im Hinblick auf das AuRC eine beratende Funktion. Deutsches Mitglied bei der EGAOB ist die APAK (→ I.5.2.1.1).

Es gibt Überlegungen, das EGAOB in ein sog. Level III Committee umzuwandeln. Dieser Status würde dem EGAOB ermöglichen, Empfehlungen bezüglich der Anwendung von EU Standards abzugeben.[141]

In diesem Zusammenhang sei auch auf die Beschlüsse der Europäischen Kommission bezüglich des Austausches von Arbeitspapieren im Besitz von Abschlussprüfern oder Prüfungsgesellschaften zwischen den Aufsichtbehörden der EU-Mitgliedstaaten und den entsprechenden Stellen Kanadas, Japans und der Schweiz (Beschluss vom 5. Februar

---

137 *Darbyshire* (1998), S. 473.
138 Vgl. *FEE* (2006).
139 Dieser Ausschuss ersetzt den seit 1998 regelmäßig tagenden Ausschuss für Fragen der Abschlussprüfung (EU-Committee on Auditing).
140 Vgl. → I.6.3.1; auf deutscher Ebene wurde die APAK als Aufsichtsgremium eingerichtet; zur APAK → I.5.2.1.1 und I.8.2.
141 Vgl. *EU-Kommisson* (2010), S. 16.

2010)[142] und den entsprechenden Stellen in Australien und USA (Beschluss vom 1. September 2010)[143] verwiesen. Aufgrund der Tatsache, dass Gespräche mit den Aufsichtsorganen auf nationaler Ebene noch nicht abgeschlossen sind, kann dieser Austausch auf EU-Ebene in der Praxis noch nicht erfolgen.

Weiterhin hat die Europäische Kommission im Januar 2011 einen Beschluss zur Anerkennung der Gleichwertigkeit der Abschlussprüfer-Aufsichtssysteme von zehn Drittländern gefasst. Mit diesem Beschluss wird der Weg für eine verstärkte Zusammenarbeit zwischen Mitgliedstaaten und Drittländern, deren Systeme als gleichwertig anerkannt sind, geebnet und so gegenseitiges Vertrauen in die Beaufsichtigung der Abschlussprüfungsgesellschaften geschaffen. Der Beschluss sieht darüber hinaus eine Übergangsfrist für Abschlussprüfer aus 20 weiteren Drittländern vor, die es diesen gestattet, ihre Prüfungstätigkeiten in der EU fortzusetzen, während weitere Bewertungen vorgenommen werden.[144]

5.4 Internationale Ebene

5.4.1 Vorbemerkungen

Die International Federation of Accountants (IFAC) ist die zentrale, mit der Herausgabe internationaler Prüfungsnormen befasste Organisation, die sich als Normengeber für internationale Prüfungsnormen versteht (international standard setting body). Streng genommen setzt allerdings nicht die IFAC die Normen; vielmehr sind die nachstehend angesprochenen Ausschüsse der IFAC mit dem standard setting betraut. Insofern besteht faktisch eine Arbeitsteilung mit dem International Accounting Standards Board (IASB)[145], dessen Normen (IFRS) sich auf die externe Rechnungslegung im privaten Sektor beziehen. Aus diesem Grunde konzentrieren sich die nachstehenden Ausführungen auf die IFAC.

5.4.2 International Federation of Accountants

Der IFAC gehören derzeit 164 Organisationen aus 125 Ländern an, die über 2,5 Mio. accountants vertreten (Stand: 1.4.2011). Vertreten sind alle wichtigen Industrienationen,

---

142 Siehe Pressemitteilung der EU Kommission vom 5.2.2010 unter URL: http://europa.eu/rapid/pressReleasesAction.do?reference=IP/10/136&format=HTML&aged=0&language=DE&guiLanguage=en (Stand: 1.4.2011)

143 Siehe Pressemitteilung der EU Kommission vom 1.9.2010 unter URL: http://europa.eu/rapid/pressReleasesAction.do?reference=IP/10/1083&format=HTML&aged=0&language=DE&guiLanguage=de (Stand: 1.4.2011).

144 Siehe Pressemitteilung der EU Kommission vom 19.1.2011 unter URL: http://europa.eu/rapid/pressReleasesAction.do?reference=IP/11/50&format=HTML&aged=0&language=DE&guiLanguage=en (Stand: 1.4.2011).

145 Vgl. auch URL: http://www.ifrs.org sowie *IASB* (2011).

wie z. B. Australien, Deutschland, Frankreich, Großbritannien, Italien, Japan, Kanada und die USA, aber auch Entwicklungsländer sowie alle bedeutsamen Länder der aufstrebenden Volkswirtschaften Lateinamerikas, Asiens und Afrikas (emerging markets). Deutsche Mitglieder sind das IDW und die WPK. Weitergehende Informationen finden sich im Internet unter URL: http://www.ifac.org.[146]

Die IFAC hat sich die *Aufgabe* gesetzt, den Berufsstand der accountants zu entwickeln und zu verbessern, um qualitativ hochwertige Dienstleistungen im öffentlichen Interesse anzubieten. Dabei geht es vor allem um die Herausgabe qualitativ hochwertiger berufsständischer Normen, die einer weltweiten Konvergenz dienlich sind, und um die Abgabe von Stellungnahmen zu Fragen des öffentlichen Interesses, bei denen berufsständische Expertise besonders gefragt ist (sog. mission statement; vgl. IFAC Constitution.2)[147].

Durch Kooperation mit ihren Mitgliedern, regionalen (z. B. FEE) und anderen Organisationen initiiert, leitet und koordiniert die IFAC Anstrengungen, um fachliche, berufsethische sowie auf die Ausbildung des Accountant bezogene Verlautbarungen herauszugeben. Zu den anderen Organisationen zählen u. a. die Welthandelsorganisation (World Trade Organization), die Weltbank (World Bank), die Vereinten Nationen (United Nations) sowie die International Organization of Securities Commissions (IOSCO; vgl. URL: http://www.iosco.org). Zuletzt hat beispielsweise. der Weltverband der Börsen (WFE, World Federation of Exchanges)[148] den Prozess der Herausgabe von internationalen Prüfungsnormen (→ I.6.4.1.) formal anerkannt.[149]

Zentrale *Organe* der IFAC sind der council (IFAC Constitution Art. 3) und das board (IFAC Constitution Art. 5). Der council setzt sich aus je einem Repräsentanten jeder Mitgliedsorganisation zusammen (Mitgliederversammlung). Der council ist zuständig für Satzungsfragen und wählt die board-Mitglieder. Das board bestimmt als Leitungsorgan die Leitlinien der IFAC, überwacht die Tätigkeiten der IFAC und ist verantwortlich für die Festlegung von Aufgabenbereichen (terms of reference) der Ausschüsse. Das board tagt mindestens zweimal im Jahr und setzt sich neben dem Präsidenten und seinem Stellvertreter aus nicht mehr als 20 Mitgliedern zusammen. Bezüglich der geographischen Repräsentanz existieren detaillierte Kriterien in den bylaws.

Die Arbeit der IFAC vollzieht sich weiterhin in verschiedenen Gremien (committees, boards, forums, task forces), die sich nur schwer systematisieren lassen. Zunächst werden die Gremien näher dargestellt, *bei denen die eigentliche Facharbeit nicht im Vordergrund steht.*

- Das *Forum of Firms* (FoF) ist als Arbeits- und Interessengemeinschaft weltweit agierender WP-Praxen und Netzwerke konzipiert, die Prüfungen von Jahresabschlüssen durchführen, welche außerhalb des Rechtsraums des Mandanten z. B. für bedeutsame Kreditvergabe- und Investitionsentscheidungen verwendet werden (sog. transnational audits). Über das FoF sollen diese Praxen im Sinne eines selfregulatory regimes

---

146 Vgl. auch *IFAC* (2010).

147 IFAC Constitution i. d. F. Nov. 2010. Einzelheiten zur Umsetzung des mission statement finden sich im strategischen Plan für die Jahre 2011–2014; vgl. *IFAC* (2011).

148 Die WFE vertritt 57 Wertpapier- und Derivatemärkte, die 97 % der weltweiten Börsenkapitalisierung abdecken.

149 Vgl. *IFAC* (2006).

zusammengebracht und an der Arbeit der IFAC beteiligt werden.[150] Das FoF und die IFAC sind durch ihre Satzung eng miteinander verbunden.

Die Mitgliedschaft ist offen für Praxen, die transnational audits durchführen oder an der Übernahme derartiger Prüfungen interessiert sind und die u.a. die folgenden Eignungskriterien erfüllen (FoF Constitution.4): Die Praxis muss über einen Prüfungsansatz verfügen, der die Einhaltung der internationalen fachtechnischen Prüfungsnormen sicherstellt; zusätzlich sind ggf. die relevanten nationalen Prüfungsnormen beachtenswert. Als Mindestanforderung sind die internationalen sowie ggf. die einschlägigen nationalen ethischen Prüfungsnormen zu beachten. Weiterbildungsprogramme müssen Partner und Mitarbeiter über internationale Entwicklungen in den Bereichen Rechnungslegung und Prüfung informieren. Die Einhaltung des Prüfungsansatzes ist über Qualitätskontrollstandards, d.h. die ISQCs der IAASB (sofern nicht von nationalen Gesetzen untersagt), und die Durchführung regelmäßiger interner Qualitätskontrollen sicherzustellen.

- Das *Transnational Auditors Committee* (TAC) ist als ständiger Ausschuss (standing committee) der IFAC der ausführende Arm des FoF (Exekutivorgan). Dabei obliegt es dem TAC unter anderem, Fragen der Abschlussprüfungspraxis zu thematisieren und gegebenenfalls an die entsprechenden Gremien weiterzuleiten, im Rahmen eines Forums »best practices« zu diskutieren. Ferner dient das TAC als Exekutivorgan des FoF als offizielles Bindeglied für die Kommunikation zwischen dem FoF und der IFAC.
- Aufgabe des *Public Interest Oversight Board* (PIOB) ist es, die in Bezug zum öffentlichen Interesse stehenden Aktivitäten der IFAC und des FoF zu überwachen (vgl. URL: http://www.ipiob.org). Hierzu gehört insbesondere die Normengebung. Das PIOB ist mit berufsstandsunabhängigen Personen besetzt. Besonders involviert in die Gründung waren die internationalen Finanzregulierer; hervorzuheben ist hier die IOSCO.[151]
- Das *Compliance Advisory Panel* (CAP) überwacht die Implementierung und Durchführung des Member Body Compliance Programs. Dieses Programm zielt vor allem darauf ab, mittels einer Selbsteinschätzung festzustellen, ob und inwieweit die Mitgliedsorganisationen den Anforderungen in den Statements of Membership Obligations (SMO) 1-7 nachgekommen sind. Bei bestehenden Unterschieden sind geeignete Vorschläge zur Beseitigung (action plans) zu unterbreiten.
- Das *Nominating Committee* unterbreitet Vorschläge für die Besetzung der Gremien der IFAC.
- Das *Developing Nations Committee* unterstützt die Entwicklung des Berufsstands in allen Regionen der Welt, indem es die Interessen der Entwicklungsländer vertritt.

Für die *prüfungsbezogene Facharbeit* (angesprochen ist insbesondere die Normengebung) der IFAC besonders bedeutsam sind die folgenden ständigen Ausschüsse:

---

150 Die in FoF Constitution.2 (i.d.F. vom 22.2.2007) formulierte Zielsetzung des FoF und das mission statement der IFAC sind nahezu deckungsgleich.
151 Vgl. *IOSCO et al.* (2005).

- Das *International Auditing and Assurance Standards Board* (IAASB) hat als bedeutendster Ausschuss die Aufgabe, Normen für die Durchführung von Prüfungsdienstleistungen sowie für verwandte Dienstleistungen (related services) herauszugeben (zu den Normen → I.6.4.2 und → III.3.2.1).
  - Ein ständiger Ausschuss des IAASB ist das *Steering Committee*. Dieser Lenkungsausschuss berät das IAASB in Fragen von besonderer strategischer sowie operationaler Bedeutung und übernimmt administrative Aufgaben.
  - Beratend tätig wird die *IAASB Consultative Advisory Group* (IAASB CAG).[152] Die Aktivitäten der IAASB CAG zielen darauf ab, durch Konsultation mit Vertretern von Organisationen, die an internationalen Prüfungsfragen interessiert sind, möglichst frühzeitig Handlungsbedarf in Bezug auf die Normengebung zu identifizieren.
- Das *International Ethics Standards Board for Accountants* (IESBA) ist damit befasst, berufsethische und verwandte Fragestellungen zu diskutieren, maßgebliche Leitsätze zu entwickeln und zu empfehlen sowie deren weltweite Akzeptanz zu fördern (zu den Normen → I.6.5.2.2).
- Dem *International Accounting Education Standards Board* (IAESB) obliegt es, Standards, Leitsätze und Diskussionspapiere und andere Informationsdokumente zu erarbeiten sowie Forschungsarbeiten durchzuführen. Ziel ist es, das Ausbildungs- und Trainingsniveau der Mitglieder des Berufsstands zu erhalten und zu fördern (zu den Normen → I.6.5.2.3). Ein Schwerpunkt liegt in der Angleichung des Ausbildungsniveaus in den Entwicklungs- und Industrieländern.

Das IAASB, IESBA, IAESB und CAP stellen »*IFAC's Public Interest Activity Committees*« (PIACs) dar.[153] Die Normensetzungsaktivitäten dieser Ausschüsse folgen einem einheitlichen Entwicklungsprozess (due process; → I.6.4.1).

Die folgenden ständigen Ausschüsse betreiben Facharbeit *ohne dominierenden Prüfungsbezug*:[154]

- Das *International Public Sector Accounting Standards Board* (IPSASB) konzentriert seine Arbeit auf die Rechnungslegung und die finanzielle Berichterstattung von öffentlichen Verwaltungen. Ähnlich wie das IASB verfolgt das IPSASB das Ziel, ein Basisregelwerk von Rechnungslegungsnormen für öffentliche Verwaltungen herauszugeben. Entwickelt werden neben International Public Sector Guidelines (IPSG) vor allem International Public Sector Accounting Standards (IPSAS), die wiederum auf den internationalen Rechnungslegungsnormen des IASB basieren. Derzeit liegen 31 IPSAS sowie zahlreiche Diskussionsentwürfe vor (Stand: 1.4.2011).[155] Fünf dieser

---

152 Auch andere Ausschüsse der IFAC (vor allem IESBA, IAESB) verfügen über advisory groups, die jedoch im Folgenden auf Grund einer vereinfachten Darstellung nicht explizit erwähnt werden.

153 Vgl. IFAC Bylaws 9.1.

154 Das *Information Technology Committee* (IT-Committee) hatte u. a. eine Reihe von Richtlinien in Form von Information Technology Guidelines (ITG) herausgegeben. Die primär an Führungskräfte im Unternehmen gerichteten ITG besitzen unverändert ihre Gültigkeit; zuletzt wurde die ITG 6 herausgegeben, welche sich mit dem IT-Monitoring beschäftigt. Das IT-Committee ist im November 2001 zurückgetreten.

155 Zur Bilanzierung nach den IPSAS vgl. z. B. *Vogelpoth/Dörschell/Viewweger* (2002); *Adam* (2003); *Kußmaul/Henkes* (2006); *Müller-Marqués Berger* (2008); *Müller-Marqués Berger* (2009).

Standards wurden im Jahre 2009 veröffentlicht, darunter zum Beispiel auch ein Standard zur Bilanzierung von Finanzinstrumenten. Im Dezember 2010 veröffentlichte das IPSASB einen Diskussionsentwurf und zwei weitere Diskussionspapiere zu einem Rahmenkonzept (»Conceptual Framework for the general purpose financial reporting of public sector entities«). Das Projekt zum Rahmenkonzept ist Teil der strategischen Ziele des IPSASB für die Jahre 2010–2012 und stellt einen Eckpfeiler für die weitere Arbeit im Bereich der Berichterstattung von öffentlichen Verwaltungen für die nächsten 10–15 Jahre dar.[156]

- Die Aktivitäten des *Professional Accountants in Business Committee* (PAIB-Committee) zielen darauf ab, den Austausch und die Entwicklung von Wissen und best practice-Lösungen zu fördern und zu unterstützen. Angesprochen sind über eine Million financial und management accountants im Handel, in der Industrie, im öffentlichen und Bildungsbereich sowie in non-profit-Organisationen. Dieser Ausschuss gibt u. a. Richtlinien, Studien und Themenhefte heraus.

- Das *Small and Medium Practices Committee* vertritt die Interessen der professional accountants, die in kleinen und mittelgroßen Praxen arbeiten, sowie accountants, welche Dienstleistungen an kleine und mittelgroße Unternehmen (KMU) erbringen (zur Prüfung dieser Unternehmen → II.9).

Des Weiteren werden vom Rat als wichtig erachtete Themen in aufgabenbezogenen Sondereinheiten (task forces) behandelt. Derzeit ist nur die Task Force on Rebuilding Public Confidence in Financial Reporting aktiv (Stand: 1.4.2011). Abb. I.5-2 gibt einen zusammenfassenden Überblick über die Organisation der IFAC. Wesentliche Publikationsmedien sind regelmässig erscheinende IFAC-Handbooks, wie das »Handbook of International Quality Control, Auditing, Review, Other Assurance, and Related Services Pronouncements«, das »Handbook of the Code of Ethics for Professional Accountants« das »IFAC Handbook of International Public Sector Accounting Pronouncements« und das »Handbook of International Education Pronouncements«, ein Newsletter (IFAC News) sowie ein Jahresbericht (annual report).

Als Forum für den Informationsaustausch in Ausbildungs- und Trainingsfragen erscheint quartalsweise das Education Network. Hinzu kommen die Darstellungen im Internet; hierzu zählen auch Informationen zu den Treffen des IAASB, wie z. B. die Tagesordnung, Hintergrundinformationen sowie eine Zusammenfassung zentraler Ergebnisse. Zudem werden aktuelle Informationen automatisch über E-Mail zugesandt, wenn man sich bei der IFAC über die homepage URL: www.ifac.org/news/subscribe für einen newsletter (z. B. IFAC eNews, IAASB eNews, Education eNews, Ethics eNews, PAIB eNews, Public Sector eNews) registriert. Eine frei zugängliche prüfungsspezifische Datenbank findet sich unter URL: http://www.ifacnet.com.

---

156 Vgl. *IPSASB* (2010).

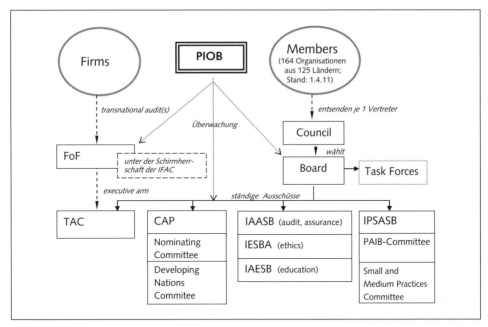

Abb. I.5-2: Organisation der IFAC

Kontrollfragen

1. Geben Sie einen systematischen Überblick über die wichtigsten berufsständischen Organisationen und skizzieren Sie deren Aufgaben.
2. Skizzieren Sie die Aufgabengebiete des IDW und der WPK. Wodurch unterscheiden sich die beiden Gebiete?
3. Mit welchen aktuellen Fragen beschäftigt sich das IAASB? Geben Sie einen Überblick.

Zitierte und weiterführende Literatur

Adam, B. (2003): Internationale Rechnungslegungsstandards für die öffentliche Verwaltung (IP-SAS), Frankfurt am Main.

AICPA (2010): Annual Report 2009–2010, o.O., URL: http://www.aicpa.org/About/Annual Reports/DownloadableDocuments/2010AnnualReport.pdf (Stand: 1.4.2011).

Arens, A.A./Elder, R.J./Beasley, M.S. (2010): Auditing and Assurance Services – An Integrated Approach, 11. Aufl., Upper Saddle River.

Buchner, R. (1997): Wirtschaftliches Prüfungswesen, 2. Aufl., München.

Darbyshire, D. (1998): Role, position and liability of the statutory auditor in the European Union, in: IDW (Hrsg.): Bericht über die Fachtagung 1997 des Instituts der Wirtschaftsprüfer in Deutschland e.V., 1. und 2. Oktober 1997 in Hannover, Weltweite Rechnungslegung und Prüfung – Risiken, Chancen und Konsequenzen einer unaufhaltsamen Entwicklung, Düsseldorf, S. 471–476.

DPR/FREP (2011): Ablauf eines Prüfverfahrens, o.O., URL: http://www.frep.info/pruefverfahren/ablauf_eines_pruefverfahrens.php (Stand: 1.4.2011).

EU-Kommission (2010): Grünbuch, Weiteres Vorgehen im Bereich der Abschlussprüfung: Lehren aus der Krise, KOM(2010) 561, Brüssel.

FEE (2006): European Accountants encourage members of the European Parliament to support one benchmark audit, Press Release vom 6.9.2006, Brüssel, URL: http://www.fee.be/publications/default.asp?library_ref = 4&content_ref = 609; (Stand: 1.4.2011).

FoF (2004): Forum of Firms, Transnational Auditors Committee, Objectives and Benefits to Member Firms, February 2004, New York.

IASB (2011): International Financial Reporting Standards (IFRSs), Official pronouncements applicable on 1 January 2011, London.

IDW (2006): WP Handbuch 2006 – Wirtschaftsprüfung, Rechnungslegung, Beratung, Band I, 13. Aufl., Düsseldorf.

IFAC (2006): World Federation of Exchanges endorses the IAASB's International Standard-Setting Process, Pressemitteilung vom 27.10.2006, URL: http://press.ifac.org/news/2006/10/world-federation-of-exchanges-endorses-the-iaasb-s-international-standard-setting-process (Stand: 1.4.2011).

IFAC (2010): Handbook of International Quality Control, Auditing, Review, Other Assurance, and Related Services Pronouncements, 2010 Edition, New York.

IFAC (2011): International Federation of Accountants, Strategic Plan for the Years 2011–2014, New York.

IOSCO, BCBS, IAIS, World Bank, International Stability Forum (2005): International regulators and related organizations announce the Public Interest Oversight Board for the international accounting profession, press release, 28. Februar 2005, o.O.

IPSASB (2010): Conceptual Framework for General Purpose Financial Reporting by Public Sector Entities: Role, Authority and Scope – Objectives and Users – Qualitative Characteristics and Reporting Entity, Toronto, URL: http://www.ifac.org/PublicSector/ExposureDrafts.php (Stand: 1.4.2011).

Kußmaul, H./Henkes, J. (2006): Kommunale Doppik und International Public Sector Accounting Standards (IPSAS), in: Praxis der internationalen Rechnungslegung, S. 189–196.

Messier, W.F./Glover, S.M./Prawitt, D.F. (2007): Auditing & Assurance Services – A Systematic Approach, 6. Aufl., Boston et al.

Müller-Marqués Berger, T. (2008): Internationale Rechnungslegung für den öffentlichen Sektor (IPSAS): Grundlagen und Einzeldarstellungen, Stuttgart.

Müller-Marqués Berger, T. (2009): IPSAS Explained: A Summary of International Public Sector Accounting Standards, Chichester.

Ruhnke, K. (2000): Normierung der Abschlußprüfung, Stuttgart.

Schrader, M.C. (2003): Prüfungsgrundsätze des US-amerikanischen Wirtschaftsprüfers, Regensburg.

Schruff, W. (2006): Die Rolle des Hauptfachausschusses (HFA) des IDW – Standortbestimmung und Ausblick anlässlich der 200. Sitzung, in: Die Wirtschaftsprüfung, S. 1–8.

Vogelpoth, N./Dörschell, A./Viehweger, C. (2002): Die Bilanzierung und Bewertung von Sachanlagevermögen nach den International Public Sector Accounting Standards, in: Die Wirtschaftsprüfung, S. 1360–1371.

6 Prüfungsnormen

6.1 Begriffsabgrenzungen und Normenfunktionen

Unter einer *Norm* ist im allgemeinen Sprachgebrauch eine Regel, ein Gesetz, eine Vorschrift, ein Prinzip, ein Maßstab, ein Befehl, eine Bitte, eine Erlaubnis oder eine Ermächtigung zu verstehen. Normen beinhalten den Anspruch, einen Grund für menschliches Handeln darzustellen, d.h. Handlungen zu steuern.[157] Normen drücken nicht das aus, was ist, sondern was sein soll und beinhalten insofern eine Wertung.

Demzufolge ist eine *Prüfungsnorm* als Regel definiert, die den Anspruch erhebt, das Verhalten des Prüfers zu steuern.[158] Die Gesamtheit der Prüfungsnormen lässt sich als Prüfungsordnung definieren.[159] Wird gleichzeitig der Nachweis des Systemcharakters[160] der vorhandenen Normenordnung geführt oder werden diesbezügliche Versuche unternommen, findet der Terminus Normensystem Verwendung.

Prüfungsnormen erfüllen verschiedene *Funktionen*:

- Normen können ihren Anspruch auf Steuerung nur erfüllen, wenn sie verhaltenswirksam sind. Richten sich die Normen an den Prüfer, indem sie bestimmte Handlungen vorschreiben oder verbieten, erfüllen sie eine *präskriptive Funktion*. Die Handlungswirksamkeit von Normen wird positiv beeinflusst, wenn diese widerspruchsfrei, vollständig und operational sind sowie den gesetzten Prüfungszielen entsprechen. Darüber hinaus beeinflussen die Sanktionen, die einem Prüfer bei einem Normenverstoß drohen, die Wirksamkeit von Normen (Durchsetzungsnormen; → I.6.5.1 und → I.6.5.2.5).
- Des Weiteren erfüllen Prüfungsnormen eine *deskriptive Funktion*, indem sie über Art und Umfang der durchgeführten Prüfung informieren und den Empfänger des Prüfungsurteils (im Fall der Jahresabschlussprüfung sind die Abschlussadressaten angesprochen) dabei unterstützen, das Prüfungsergebnis in Form des Bestätigungsvermerks sachgerecht zu interpretieren.
- Erfüllen Normen die zuvor genannten Funktionen, tragen sie gleichzeitig dazu bei, dass die geprüften Abschlussinformationen hinsichtlich ihrer Glaubwürdigkeit vergleichbar sind (*Standardisierungsfunktion*).
- Eng mit der deskriptiven Funktion verknüpft ist die auf den Mandanten bezogene *prophylaktische Funktion*: Indem die Überwachten durch die Prüfungsnormen Kenntnis über die Prüfung erlangen, lassen sich durch die normeninduzierte Abschreckung Fehler in der Rechnungslegung des Mandanten teilweise von vornherein vermeiden. Weiterhin ist zu erwarten, dass Durchsetzungsnormen (→ I.6.5.2.5 sowie I.8) eine auf den Prüfer bezogene prophylaktische Wirkung entfalten.

---

157 In Anlehnung an *Hoerster* (1989), S. 231.
158 Vgl. hierzu *Egner* (1980), S. 70 ff.; *Ruhnke* (2000), S. 31 ff. Zur besonderen Stellung sog. Grundsätze ordnungsmäßiger Abschlussprüfung (GoA) → I.6.3.3.
159 Vgl. *Loitlsberger* (1953), S. 23.
160 Die Systemtheorie versteht unter einem System eine geordnete Gesamtheit von Elementen, zwischen denen Beziehungen bestehen. Vgl. *Klaus/Liebscher* (1976), S. 800 ff.

- Des Weiteren stärken Prüfungsnormen in Konfliktfällen die Stellung des Prüfers gegenüber dem Mandanten. Hier entfalten die Normen eine *Schutzfunktion*, da es dem Mandanten schwer fallen dürfte, seine Vorstellungen gegenüber dem Prüfer durchzusetzen, sofern denen konkrete und verbindliche Normen entgegenstehen.

6.2   Beziehungsgeflecht zwischen Prüfungs- und Rechnungslegungsnormen

Eine Abschlussprüfung erfordert definitionsgemäß eine Beurteilung des Prüfungsobjekts auf seine Konformität mit den angewandten Rechnungslegungsnormen. Folglich setzt jede prüferische Aktivität ein gewisses Mindestmaß an Normierung voraus. Die Normierung betrifft demnach nicht nur die Prüfungs-, sondern auch die Rechnungslegungsnormen. Das dabei bestehende Beziehungsgeflecht wird nachstehend näher beleuchtet.

Rechnungslegungsnormen geben vor, wie die ökonomische Realität im Jahresabschluss abzubilden ist (Soll-Objekt der Prüfung). Als Rechnungslegungsnormen kommen nationale[161] oder internationale Normensysteme in Betracht (ISA 200.A7, ISA 210. appendix 2.4, die in diesem Zusammenhang von financial reporting frameworks sprechen; IDW PS 201.4). Internationale Normen sind die seitens des IASB herausgegebenen International Financial Reporting Standards (IFRS).[162]

Zunächst obliegt es grundsätzlich der Unternehmensleitung, einen (vorläufigen) Abschluss zu erstellen (ISA 200.4, ISA 200.A2, IDW PS 303.8). Der Abschluss enthält Erklärungen und Einschätzungen der Unternehmensleitung zur Abbildung der ökonomischen Realität im Jahresabschluss. Diese *Abschlussaussagen* (financial statement assertions) stellen Behauptungen der Unternehmensleitung dar.[163] Die Unternehmensleitung behauptet darin, dass die Abbildung der Realität im Jahresabschluss den Erfordernissen der angegebenen Rechnungslegungsnormen entspricht.

IDW PS 300.7 (i. d. F. 2001) verwendete in diesem Zusammenhang den Begriff »Aussagen in der Rechnungslegung« und kategorisierte diese Aussagen wie folgt (*altes Aussagenkonzept*):

- Vorhandensein (existence): Ein Vermögensposten oder eine Schuld ist zu einem bestimmten Zeitpunkt vorhanden.
- Zuordnung (rights and obligations): Ein Vermögensposten oder eine Schuld ist auf Grund rechtlicher oder wirtschaftlicher Tatbestände dem Unternehmen zuzuordnen.
- Eintritt (occurence): Ein Geschäftsvorfall oder ein Ereignis ist in dem zu prüfenden Geschäftsjahr eingetreten.
- Vollständigkeit (completeness): Es gibt keine nicht ausgewiesenen Vermögensposten, Schulden, Geschäftsvorfälle, Ereignisse oder andere nicht offengelegte Posten.

---

161 In Deutschland sind vorzugsweise das HGB sowie die nicht-kodifizierten GoB zu nennen.
162 Zur Prüfung von IFRS- und US-GAAP-Abschlüssen → II.9.3.
163 Vgl. hierzu sowie zu den folgenden Ausführungen *Ruhnke/Lubitzsch* (2006), S. 367 ff.

- Bewertung (valuation): Die Bewertung der Vermögensposten und Schulden entspricht den angewandten Rechnungslegungsnormen.
- Erfassung und Abgrenzung (measurement): Geschäftsvorfälle oder Ereignisse wurden betragsmäßig richtig erfasst sowie Ein- und Auszahlungen zeitlich zutreffend abgegrenzt.
- Darstellung und Berichterstattung (presentation and disclosure) entsprechen den angewandten Rechnungslegungsnormen.

Diese Systematisierung soll die Aussagen der Unternehmensleitung in dem vorläufigen Abschluss mit den Prüfungshandlungen verbinden. Allerdings berücksichtigt dieses Konzept nicht explizit, wie die Aussagen im Sinne einer risikoorientierten Abschlussprüfung zu systematisieren sind; d.h. zu fragen ist, ob diese oder eine andere Systematisierung besser geeignet ist, um ein risikoorientiertes prüferisches Vorgehen zu unterstützen.

Der ständige Wandel im Geschäftsumfeld der Mandanten hat dazu geführt, dass die Unternehmen sich anders organisieren und ihre Geschäftspraktiken hieran ausrichten. Diesem Erfordernis soll eine stärker an den Geschäftsrisiken ausgerichtete Prüfung Rechnung tragen, welche eine engere Verbindung zwischen den identifizierten und beurteilten Risiken einerseits und den einzusetzenden Prüfungshandlungen andererseits anstrebt (zur geschäftsrisikoorientierten Abschlussprüfung → II.3.3.1).

Dabei stellt die Einführung von Kategorien ein wichtiges Mittel zum Erreichen dieser besseren Verbindung dar. Auf diese Weise soll das prüferische Vorgehen stärker in solche Bereiche gelenkt werden, die mit erhöhten Risiken wesentlicher Falschdarstellungen verbunden sind; d.h. es wird angenommen, dass die vorgenommene Kategorisierung besser typischen Arten von Falschdarstellungen entspricht. Weiterhin wurde berücksichtigt, dass die Aussagen über Ausweis und Angaben zunehmend an Bedeutung gewinnen; dies gilt besonders für die umfangreichen Angaben in den notes eines IFRS-Abschlusses (z.B. IAS 11.39–45, 38.118–128). Aus diesem Grunde wird die Aussage »Darstellung und Berichterstattung« (altes Aussagenkonzept) nunmehr stärker fokussiert, indem diese jetzt eine eigenständige Kategorie »Ausweis und Angaben« (neues Aussagenkonzept) bildet und dieser Kategorie wiederum verschiedene Teilaussagen zugeordnet werden.[164]

ISA 315.25b i.V.m. A111 und IDW PS 300.7 systematisieren die Aussagen (assertions) nunmehr in drei Kategorien (sog. Aussagenkategorien; *neues Aussagenkonzept*):

- Aussagen über Arten von Geschäftsvorfällen (classes of transactions) und Ereignisse innerhalb des Prüfungszeitraums (events for the period under audit); im Folgenden auch kurz »*Aussagen über Arten von Geschäftsvorfällen*«.
  - Vorkommen (occurrence): Die Geschäftsvorfälle und Ereignisse sind eingetreten und gehören zum Unternehmen.
  - Vollständigkeit (completeness): Alle Geschäftsvorfälle und Ereignisse, die zu erfassen sind, wurden gebucht.
  - Genauigkeit (accuracy): Beträge und andere Daten in Bezug auf Geschäftsvorfälle und Ereignisse wurden richtig erfasst.

---

164 Vgl. ausführlich zu den Beweggründen für die Überarbeitung des alten Aussagenkonzepts sowie zu einer Würdigung des neuen Konzepts *Ruhnke/Lubitzsch* (2006), S. 366 ff.

- – Periodenabgrenzung (cutoff): Die Geschäftsvorfälle und Ereignisse wurden im richtigen Geschäftsjahr erfasst.
- – Kontenzuordnung (classification): Geschäftsvorfälle und Ereignisse wurden auf den richtigen Konten erfasst.
- Aussagen über Kontensalden (account balances) am Geschäftsjahresende; im Folgenden auch kurz »*Aussagen über Kontensalden*«.
  - – Vorhandensein (existence): Die ausgewiesenen Aktiva und Passiva existieren tatsächlich. Das Vorhandensein z. B. von Vorräten lässt sich durch eine Inventurprüfung (→ II.3.4.3) feststellen.
  - – Rechte und Verpflichtungen (rights and obligations): Die Aktiva befinden sich im wirtschaftlichen Eigentum des Unternehmens, die Passiva stellen Verpflichtungen des Unternehmens dar.
  - – Vollständigkeit (completeness): Alle Aktiva und Passiva, die bilanziert werden müssen, wurden erfasst.
  - – Bewertung und Zuordnung (valuation and allocation): Aktiva und Passiva wurden ordnungsgemäß bewertet, Wertänderungen wurden zutreffend erfasst. Der Erlangung von Prüfungsnachweisen z. B. über die Höhe von Forderungen oder Verbindlichkeiten dienlich ist die Einholung von Saldenbestätigungen (→ II.3.4.2); auf diese Weise lässt sich auch das Vorhandensein dieser Posten prüfen.
- *Aussagen über Ausweis und Angaben* (presentation and disclosure)[165]
  - – Vorkommen sowie Rechte und Verpflichtungen (occurrence and rights and obligations): Die dargelegten Ereignisse, Geschäftsvorfälle und sonstigen Angaben haben stattgefunden und betreffen das Unternehmen.
  - – Vollständigkeit (completeness): Alle erforderlichen Angaben werden in der Rechnungslegung gegeben.
  - – Klassifikation und Verständlichkeit (classification and understandability): Die Rechnungslegungsinformationen werden angemessen dargestellt und erläutert und die Angaben sind verständlich formuliert.
  - – Genauigkeit und Bewertung (accuracy and valuation): Die Informationen wurden mit den richtigen Beträgen versehen und korrekt dargestellt.

Da eine Abschlussprüfung stets auf die Verbuchung von Geschäftsvorfällen sowie abschlusspostenbezogene und auf die Darstellungen im Anhang ausgerichtete Überlegungen beinhaltet, ist das zuvor dargelegte Aussagenkonzept unabhängig von der gewählten Ausgestaltungsform des risikoorientierten Prüfungsansatzes (→ II.3.3) anzuwenden.

Um das Risiko wesentlicher Falschdarstellungen zu reduzieren, ist der vorläufige Abschluss (Ist-Objekt) im Hinblick auf seine Konformität mit den Rechnungslegungsnormen zu prüfen. Die durch die Rechnungslegungsnormen *determinierten Aussagenkategorien des abschlusserstellenden Unternehmens* bilden somit *die Prüfkategorien des Abschlussprüfers*.[166]

---

165 Zur Prüfung der Anhangangaben siehe auch *IAASB* (2011); mit Bezugnahme auf die Aussagen siehe ebd., S. 17 f.
166 Vgl. ähnlich *Hömberg* (1994), Rn. 14.

Im einfachsten Fall ermittelt der Prüfer z. B. in Bezug auf die Abschlussposition »Vorräte« zur Abschlussaussage »Bewertung« einen Wertansatz (Soll-Objekt), der den angewandten Rechnungslegungsnormen entspricht. Bestehen Wahlrechte bei der Konstruktion des Soll-Objekts, so ist das Soll-Objekt innerhalb einer Bandbreite festzulegen (z. B. hinsichtlich der Einbeziehung angemessener Teile der Kosten der allgemeinen Verwaltung in die Herstellungskosten gem. § 255 Abs. 2 Satz 3 HGB); dasselbe gilt im Falle der Existenz von Ermessensspielräumen (z. B. bei der Konstruktion der Soll-Vorstellungen hinsichtlich der Abschlussaussage Bewertung bei der Abschlussposition Rückstellungen). Weicht dieser Wertansatz wesentlich (→ II.1.3) von der vorläufigen Darstellung des Unternehmens (Ist-Objekt) ab, ist der vorläufige Abschluss entsprechend zu korrigieren und/oder der Prüfer muss erwägen, ob und inwieweit über die festgestellten Abweichungen zu berichten ist. Im Rahmen der externen Berichterstattung ist vor allem zu prüfen, ob und inwieweit der Bestätigungsvermerk (→ II.6.3.1) einzuschränken oder zu versagen ist.

Die Prüfung selbst muss wiederum bestimmten Anforderungen genügen. Dabei legen die *Prüfungsnormen* die Maßstäbe hinsichtlich Art und Umfang der Prüfung nebst der zu gewährenden Prüfungssicherheit fest. Abb. I.6-1 verdeutlicht das Beziehungsgeflecht zwischen den Prüfungs- und Rechnungslegungsnormen.

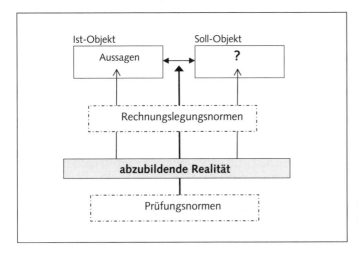

Abb. I.6-1: Beziehungsgeflecht zwischen den Rechnungslegungs- und Prüfungsnormen[167]

---

167 Vgl. auch *Ruhnke* (2002a), Sp. 1843.

6.3 Prüfungsordnung

6.3.1 Quellen und Kategorien

Prüfungsnormen lassen sich zum einen nach der *Quelle* ihrer Herausgabe systematisieren. Als Quelle kommen vorzugsweise der Gesetzgeber sowie berufsständische Organisationen in Betracht. Die Normenquelle bestimmt wiederum, welche Bindungswirkung eine Norm aus dem Status ihrer Quelle heraus maximal entfalten kann. Die seitens der einzelnen Normenquellen herausgegebenen Normen lassen sich wiederum einem Normenwerk oder mehreren Werken zuordnen. Normenwerke sind dadurch gekennzeichnet, dass verschiedene Einzelnormen unter einer bestimmten Bezeichnung firmieren; z. B. sind der Normenquelle Gesetzgeber die Werke HGB und WPO zuzurechnen. Zum anderen ist eine Systematisierung entlang der *Kategorien* gesetzliche, berufsständische, betriebliche und sonstige Normen möglich. In diesem Fall werden teilweise Normen verschiedener Quellen einer Kategorie zugeordnet; dies gilt vor allem im Bereich der berufsständischen Normen.

Abb. I.6-2 auf der folgenden Seite nimmt die Perspektive eines in Deutschland agierenden Prüfers ein und gibt einen Überblick über für die Abschlussprüfung zentrale Normenquellen und -kategorien.[168]

Im Detail ist in Bezug auf die Normenquellen und -kategorien Folgendes festzustellen:

Auf die Abschlussprüfung bezogene Normenquellen finden sich zunächst einmal in den *Rechtsnormen* (gesetzlichen Normen). Zu nennen sind hier das HGB und die WPO.[169] Besonders bedeutsame Regelungen im Handelsrecht sind die §§ 316–324a und 332f. HGB. Diese wurden zuletzt vor allem durch die Umsetzung des Bilanzrechtsmodernisierungsgesetzes (BilMoG) geändert.[170] Auch die WPO hat durch das BilMoG Änderungen erfahren (z. B. die §§ 40a, 43 Abs. 3, 51b Abs. 4 Satz 2 WPO). Die WPO gliedert sich in 11 Teilabschnitte, die u. a. die Voraussetzungen für die Berufsausübung, die Rechte und Pflichten des WP, die Berufsaufsicht und die Berufsgerichtsbarkeit regeln.

Die beiden genannten Rechtsquellen beleuchten den Prüfungsprozess lediglich punktuell und sind zudem wenig konkret. Vielmehr stellt der Gesetzgeber es zumeist in das pflichtgemäße Ermessen des Abschlussprüfers, welche Prüfungshandlungen konkret vorzunehmen sind. Dies verdeutlicht z. B. § 320 Abs. 2 Satz 1 HGB: »Der Abschlussprüfer kann von den gesetzlichen Vertretern alle Aufklärungen und Nachweise verlangen, die für eine sorgfältige Prüfung notwendig sind.«

Zu den Rechtsnormen zählen auch EU-Verordnungen, da diese eine unmittelbare Rechtswirkung entfalten. Rechtsnormencharakter besitzen auch die EU-Richtlinien. Allerdings bindet eine Richtlinie den Normenanwender nicht unmittelbar. Vielmehr trifft

---

168 Die GoA werden auf Grund ihres deutlich eigenständigen Charakters gesondert in → I.6.3.3 behandelt. Einzelheiten zu der Bindungswirkung der einzelnen Normenquellen finden sich in → I.6.3.2. Die Normenkategorien beschränken sich auf wesentliche Kategorien.

169 Vgl. ferner u. a. §§ 6 und 14 PublG, §§ 171 Abs. 1 Satz 2 und 176 Abs. 2 AktG, § 42a Abs. 1 Satz 2 und Abs. 3 GmbHG sowie §§ 53 ff. GenG.

170 Zu den durch das BilMoG geänderten Regelungen im HGB und in der WPO im Bereich der Abschlussprüfung siehe *Petersen/Zwirner* (2009), S. 41 ff.

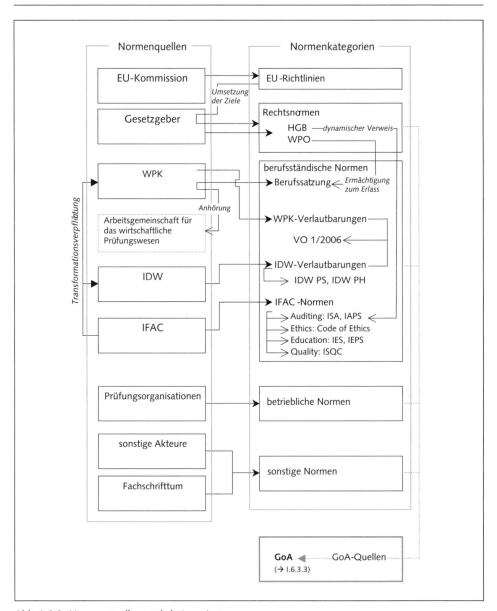

Abb. I.6-2: Normenquellen und -kategorien

die Mitgliedstaaten (und hierzu zählt auch Deutschland) eine Verpflichtung, die Ziele der jeweiligen Richtlinie in nationales Recht umzusetzen (Art. 249 Vertrag zur Gründung der Europäischen Gemeinschaft).[171] Hinzu treten andere offizielle Verlautbarungen (z. B. in Gestalt von Empfehlungen und Mitteilungen).[172]

- Besonders bedeutsam ist die von der EU-Kommission herausgegebene modernisierte 8. EU-Richtlinie zur gesetzlichen Abschlussprüfung (8. Gesellschaftsrechtrichtlinie über die Pflichtprüfung). Um diese am 9.6.2006 im EU-Amtsblatt veröffentlichte Richtlinie eindeutig von der nunmehr aufgehobenen 8. Richtlinie aus dem Jahr 1984 zu unterscheiden, wird diese auch als *Abschlussprüferrichtlinie* bezeichnet.[173] Ziel dieser Richtlinie ist es, das Vertrauen in den Jahresabschluss wiederherzustellen und die EU besser vor Bilanzskandalen zu schützen. Beispielsweise sind nach Art. 26 dieser Richtlinie die internationalen fachtechnischen Prüfungsnormen[174] in einem besonderen Komitologieverfahren zu übernehmen (sog. adoption).[175] Der im Zuge des BilMoG neu aufgenommene § 317 Abs. 5 HGB enthält einen »dynamischen Verweis« auf die adoptierten internationalen Prüfungsnormen und setzt insofern Art. 26 der Abschlussprüferrichtlinie in nationales Recht um.[176]

Überblick über die Inhalte der Abschlussprüferrichtlinie

Der Regelungsbereich dieser Richtlinie erstreckt sich auf fachtechnische, ethische, Ausbildungs- und Qualitätsnormen sowie Durchsetzungsnormen (zu diesen Normenarten → I.6.5). Dabei enthalten z. B. die Art. 3–14 Bestimmungen zum Zugang zum Prüferberuf, zur kontinuierlichen Fortbildung sowie zur gegenseitigen Anerkennung von Berufsqualifikationen. Art. 21–25 behandeln ethische Regelungen einschließlich Fragen der Unabhängigkeit und Unparteilichkeit. Fachtechnische Aspekte sind Gegenstand der Art. 26–28, die externe Qualitätskontrolle behandelt Art. 29 und Vorgaben zur öffentlichen Berufsaufsicht finden sich in den Art. 31–34. Bestimmungen für Prüfer von Unternehmen des öffentlichen Interesses finden sich in den Art. 37–41. Von besonderer Tragweite sind zum einen die Vorgaben zur öffentlichen Berufsaufsicht; im Vorgriff auf diese Vorgabe wurde auf deutscher Ebene ein neues Aufsichtsgremium (zur APAK → I.5.2.1.1, → I.8.2) eingerichtet. Zum anderen sieht Art. 26 Nr. 1 vor, dass gesetzliche Abschlussprüfungen künftig unter unmittelbarer Anwendung der internationalen fachtechnischen Prüfungsnormen durchgeführt werden (→ I.6.3.2).

---

171 Vgl. stellvertretend *Lutter* (1996), S. 16.

172 Vgl. hierzu URL: http://www.europa.eu (Stand: 1.4.2011).

173 Vgl. *EU-Kommission* (2006); ferner *Lanfermann* (2005), S. 2645 ff.; *Klein/Klaas* (2006), S. 885 ff.

174 Die Abschlussprüferrichtlinie spricht hier von »internationalen Prüfungsstandards«; hierzu zählen gem. Art. 2 Nr. 11 die ISA, aber auch »damit zusammenhängende Stellungnahmen und Standards, soweit sie für die Abschlussprüfung relevant sind«. Angesprochen sind vor allem die IAPS.

175 Vgl. Art. 26 Abs. 2 i. V. m. 48 Abs. 2 der Abschlussprüferrichtlinie. Die Übernahme von IAPS ist fallweise zu beurteilen; vgl. Erwägungsgrund 14 der Abschlussprüferrichtlinie. Zu dieser Richtlinie vgl. *Tiedje* (2006). Derzeit sind die einzelnen Verfahrensschritte und eine genaue Zeittafel noch nicht absehbar; vgl. *Heininger* (2010), S. 17 f.

176 Vgl. hierzu *Gelhausen/Fey/Kämpfer* (2009), S. 639 ff. Insofern zeigen sich Parallelen zur Rechnungslegung: Auch hier hat sich ein Komitologieverfahren etabliert und § 315a HGB verweist auf die im EU-Amtsblatt veröffentlichten IFRS; vgl. hierzu *Ruhnke* (2008), S. 13 ff.

- *EU-Empfehlungen* werden herausgegeben, um die Mitgliedstaaten möglichst rasch zu einem gewünschten Verhalten zu bewegen. Zuletzt hat die EU-Kommission am 5.6.2008 eine Empfehlung zur Beschränkung der Abschlussprüferhaftung (→ I.8.1.) abgegeben.

Weiterhin wurde am 13.10.2010 das *Grünbuch zur Abschlussprüfung* veröffentlicht,[177] welches eine mögliche Vorstufe einer Richtlinie oder Empfehlung auf EU-Ebene darstellen kann. Ziel der EU-Kommission ist es, europaweit eine Grundsatzdiskussion um Ziele, Gegenstand und Umfang gesetzlicher Abschlussprüfungen anzustoßen. Dabei stellt sich nach der Finanz- und Wirtschaftskrise insbesondere die Frage, ob die Rolle der Abschlussprüfung nicht verbessert werden kann, um neue, in der Zukunft auftretende Krisen abzuschwächen. Gestellt wird auch die Frage, ob von einem Zusammenbruch einer Big 4-Gesellschaft ggf. ein systemrelevantes Risiko ausgeht, d. h. ein solcher Zusammenbruch könnte zu einer Störung des gesamten Marktes führen. Auch vor diesem Hintergrund wurde eine Vielzahl von Vorschlägen unterbreitet. Hierzu zählen die gemeinsame Prüfung (joint audit; → II.6.2.4) durch Audit-Konsortien unter Einbeziehung einer Big 4-Gesellschaft und mindestens einer »systemunrelevanten Prüfungsgesellschaft« (Nicht-Big 4) für die Prüfung großer Unternehmen, die externe Pflichtrotation (→ I.7.4.2), die Bestellung des Abschlussprüfers und die Festlegung der Vergütung durch eine zentrale Regulierungsbehörde, das generelle Verbot von gleichzeitiger Prüfung und Beratung (→ I.7.4.1) sowie ein »Europäischer Pass für Abschlussprüfer«, um die grenzübergreifende Tätigkeit von Prüfern zu fördern. Auch die Ausweitung des Prüfungsmandats z. B. auf eine Bewertung der vom Unternehmen bereitgestellten zukunftsorientierten Informationen wird erwogen.

Die Initiative der EU ist zu begrüßen, auch wenn die Vorschläge zumeist nicht grundsätzlich neu sind. Einige Vorschläge erscheinen auch abwegig (z. B. der Vorschlag einer Abwendung von der Systemprüfung hin zur abschlusspostenorientierten Vorgehensweise). Auch besteht die Gefahr, dass die Umsetzung einzelner Vorschläge einer neuen zusätzlichen Erwartungslücke (→ I.1.3.3.1) Vorschub leistet. Zudem spielen naturgemäß auch politische und ökonomische Interessen eine Rolle; so liegt z. B. die Bildung von Audit-Konsortien naturgemäß im Interesse der Nicht-Big 4-Gesellschaften, da ein solches Vorgehen diesen Gesellschaften den Zugang zum Markt der Prüfung auch großer kapitalmarktorientierter Unternehmen eröffnet.[178] Es bleibt abzuwarten, ob und in welchem Umfang die angesprochenen Vorschläge in regulatorische Maßnahmen auf EU-Ebene Eingang finden.

Die *deutschen berufsständischen Normen* konkretisieren die gesetzlichen Regelungen. Die seitens der WPK[179] erlassene Berufssatzung konkretisiert die WPO; dies gilt insbesondere hinsichtlich der in § 43 WPO kodifizierten allgemeinen und besonderen Berufspflichten. Die Berufsrichtlinien besitzen zwar formal keine Gültigkeit mehr; diese sind aber auf Grund der Verpflichtung zu einer gewissenhaften Prüfung gem. § 43 Abs. 1

---

177 Zu den Inhalten siehe *EU-Kommission* (2010).
178 Zur Diskussion vgl. stellvertr. *Niemann* (2010); *Wollmert/Oser/Orth* (2010).
179 Die WPK muss gem. § 57 Abs. 3 WPO vor Erlass die Arbeitsgemeinschaft für das wirtschaftliche Prüfungswesen anhören. Siehe hierzu → I.5.2.1.1.

WPO faktisch zu beachten (→ I.6.3.2). Des Weiteren beinhalten die Verlautbarungen des IDW vorzugsweise Konkretisierungen zu den §§ 316 f. und 322 f. HGB, welche die Pflicht zur Prüfung sowie Gegenstand und Umfang der Prüfung nebst Berichterstattung regeln.

- Die WPK hat von der in § 57 Abs. 3 WPO gegebenen Möglichkeit, eine *Berufssatzung* zu erlassen, Gebrauch gemacht.[180] Obgleich die WPK die Berufssatzung erlässt, handelt es sich um eine sog. »untergesetzliche Norm«,[181] die sich insofern auch den Rechtsnormen zuordnen ließe (vgl. Abb. I.6-2). Änderungen und Auslegungsfragen der Satzung sind Aufgabe des Vorstands der WPK.
  - Die allgemeinen Berufspflichten behandelt Teil 1 der Berufssatzung. Hier wird kasuistisch zu einzelnen Sachgebieten (wie z. B. Unabhängigkeit, Gewissenhaftigkeit, Verschwiegenheit, Eigenverantwortlichkeit) Stellung genommen.
  - Die besonderen Berufspflichten werden nach Einsatzgebieten (Teile 2–5) systematisiert. Beispielsweise spricht Teil 2 die besonderen Pflichten bei der Durchführung von Prüfungen und der Erstattung von Gutachten sowie Teil 3 die besonderen Pflichten bei beruflicher Zusammenarbeit an. Obgleich die Berufssatzung teilweise sachgerechte Operationalisierungen (z. B. die §§ 2 Abs. 2 und 27 Berufssatzung) enthält, sind in beachtlichem Umfang auch unbestimmte Normenbegriffe feststellbar (z. B. § 1 Abs. 1 sowie die §§ 7 und 27 Berufssatzung).
- Die *Verlautbarungen des IDW* werden seit 1998 sachorientiert strukturiert. Das IDW differenziert zwischen Prüfungsstandards (IDW PS) sowie erläuternden Prüfungshinweisen (IDW PH). Tab. I.6-1 zeigt die Systematik sowie zentrale Normen. Entwürfe werden nicht dargestellt. Die bisherigen prüfungsspezifischen Verlautbarungen des IDW besitzen unverändert Gültigkeit, bis sie teilweise oder ganz durch entsprechende IDW PS oder IDW PH ersetzt sind. Einen engen Bezug zur Prüfung weisen auch die Verlautbarungen des FAIT auf (vgl. hierzu IDW RS FAIT 1 und RS FAIT 2, RS FAIT 3 sowie → II.7).

Normengruppen		Einzelnormen	
IDW PS/ PH	**Gruppenbenennung**	**IDW PS/PH**	**Prüfungs-/Regelungsfokus**
100	Zusammenfassender Standard	*PH 9.100.1*	*Besonderheiten der Abschlussprüfung kleiner und mittelgroßer Unternehmen*
120–199	Qualitätssicherung	PS 140	Die Durchführung von Qualitätskontrollen in der WP-Praxis
		PH 9.140	*Checklisten zur Durchführung der Qualitätskontrolle*
200–249	Prüfungsgegenstand und -auftrag	PS 200	Ziele und allgemeine Grundsätze der Durchführung von Abschlussprüfungen

---

180 Erstmals wurde die Berufssatzung am 11.6.1996 herausgegeben. Die letzten Änderungen sind am 12.2.2010 in Kraft getreten.
181 Vgl. hierzu *IDW* (2006), A 277 unter Verweis auf das *BVerfG* (1999).

Normengruppen		Einzelnormen	
IDW PS/ PH	Gruppenbenennung	IDW PS/PH	Prüfungs-/Regelungsfokus
200–249	Prüfungsgegenstand und -auftrag	PH 9.200.1	*Pflichten des Abschlussprüfers des Tochterunternehmens und des Konzernabschlussprüfers im Zusammenhang mit § 264 Abs. 3 HGB*
		PH 9.200.2	*Pflichten des Abschlussprüfers eines Tochter- oder Gemeinschaftsunternehmens und des Konzernabschlussprüfers im Zusammenhang mit § 285 Nr. 17 HGB*
		PS 201	Rechnungslegungs- und Prüfungsgrundsätze für die Abschlussprüfung
		PS 202	Die Beurteilung von zusätzlichen Informationen, die von Unternehmen zusammen mit dem Jahresabschluss veröffentlicht werden
		PS 203	Ereignisse nach dem Abschlussstichtag
		PS 205	Prüfung von Eröffnungsbilanzwerten im Rahmen von Erstprüfungen
		PS 208	Zur Durchführung von Gemeinschaftsprüfungen (joint audit)
		PS 210	Zur Aufdeckung von Unregelmäßigkeiten im Rahmen der Abschlussprüfung
		PS 220	Beauftragung des Abschlussprüfers
		PS 230	Kenntnisse über die Geschäftstätigkeit sowie das wirtschaftliche und rechtliche Umfeld des zu prüfenden Unternehmens im Rahmen der Abschlussprüfung
		PS 240	Grundsätze der Planung von Abschlussprüfungen
250–299	Prüfungsansatz	PS 250	Wesentlichkeit im Rahmen der Abschlussprüfung
		PS 255	Beziehungen zu nahe stehenden Personen im Rahmen der Abschlussprüfung
		PS 261	Feststellung und Beurteilung von Fehlerrisiken und Reaktionen des Abschlussprüfers auf die beurteilten Fehlerrisiken
		PS 270	Die Beurteilung der Fortführung der Unternehmenstätigkeit im Rahmen der Abschlussprüfung
300–399	Prüfungsdurchführung	PS 300	Prüfungsnachweise im Rahmen der Abschlussprüfung
		PS 301	Prüfung der Vorratsinventur
		PS 302	Bestätigungen Dritter
		PH 9.302.1	*Bestätigungen Dritter bei Kredit- und Finanzdienstleistungsinstituten*

Normengruppen		Einzelnormen	
IDW PS/ PH	**Gruppenbenennung**	**IDW PS/PH**	**Prüfungs-/Regelungsfokus**
300–399	Prüfungsdurch-führung	*PH 9.302.2*	*Bestätigungen Dritter bei Versicherungsunternehmen*
		PS 303	Erklärungen der gesetzlichen Vertreter gegenüber dem Abschlussprüfer
		PS 312	Analytische Prüfungshandlungen
		PS 314	Die Prüfung von geschätzten Werten in der Rechnungslegung einschließlich von Zeitwerten
		PH 9.314.1	*Prüfung der Jahresverbrauchsabgrenzung bei rollierender Jahresverbrauchsablesung bei Versorgungsunternehmen*
		PS 315	Die Prüfung von Zeitwerten
		PS 318	Prüfung von Vergleichsangaben über Vorjahre
		PS 320	Verwendung der Arbeit eines anderen externen Prüfers
		PS 321	Interne Revision und Abschlussprüfung
		PS 322	Verwertung der Arbeit von Sachverständigen
		PS 330	Abschlussprüfung bei Einsatz von Informationstechnologie
		PH 9.330.1	*Checkliste zur Abschlussprüfung bei Einsatz von Informationstechnologie*
		PH 9.330.2	*Prüfung von IT-gestützten Geschäftsprozessen im Rahmen der Abschlussprüfung*
		PH.9.330.3	*Einsatz von Datenanalysen im Rahmen der Abschlussprüfung*
		PS 331	Abschlussprüfung bei teilweiser Auslagerung der Rechnungslegung auf Dienstleistungsunternehmen
		PS 340	Die Prüfung des Risikofrüherkennungssystems nach § 317 Abs. 4 HGB
		PS 345	Auswirkungen des Deutschen Corporate Governance Kodex auf die Abschlussprüfung
		PS 350	Prüfung des Lageberichts
400–499	Bestätigungsver-merk, Prüfungs-bericht und Bescheinigungen	PS 400	Grundsätze für die ordnungsmäßige Erteilung von Bestätigungsvermerken bei Abschlussprüfungen
		PH 9.400.1	*Zur Erteilung des Bestätigungsvermerks bei Krankenhäusern*

Normengruppen		Einzelnormen	
IDW PS/ PH	**Gruppenbenennung**	**IDW PS/PH**	**Prüfungs-/Regelungsfokus**
400–499	Bestätigungsver- merk, Prüfungs- bericht und Bescheinigungen	PH 9.400.2	Vermerk des Abschlussprüfers einer Kapital- anlagegesellschaft zum Jahresbericht eines Sondervermögens gem. § 44 Abs. 5 InvG
		PH 9.400.3	Zur Erteilung des Bestätigungsvermerks bei kommunalen Wirtschaftsbetrieben
		PH 9.400.5	Bestätigungsvermerk bei Prüfungen von Liquidationseröffnungsbilanzen
		PH 9.400.6	Prüfung von Jahres- und Zwischenbilanzen bei Kapitalerhöhungen aus Gesellschafts- mitteln
		PH 9.400.7	Vermerk des Abschlussprüfers einer Kapital- anlagegesellschaft zum Auflösungsbericht ei- nes Sondervermögens gem. § 44 Abs. 6 InvG
		PH 9.400.8	Prüfung einer vorläufigen IFRS-Konzern- eröffnungsbilanz
		PH 9.400.11	Auswirkungen von Fehlerfeststellungen durch die DPR bzw. die BaFin auf den Bestätigungsvermerk
		PH 9.420.1	Berichterstattung über die Prüfung der Ver- wendung pauschaler Fördermittel nach Lan- deskrankenhausrecht
		PH 9.420.2	Bescheinigung des Abschlussprüfers über die Ermittlung des Arbeitsergebnisses und seine Verwendung gem. § 12 WVO
		PH 9.420.4	Vermerk des Abschlussprüfers nach § 17a Abs. 7 Satz 2 KHG
		PS 450	Grundsätze ordnungsmäßiger Berichterstat- tung bei Abschlussprüfungen
		PH 9.450.1	Berichterstattung über die Prüfung öffent- licher Unternehmen
		PH 9.450.2	Zur Wiedergabe des Vermerks über die Ab- schlussprüfung im Prüfungsbericht
		PS 460	Arbeitspapiere des Abschlussprüfers
		PS 470	Grundsätze für die Kommunikation des Ab- schlussprüfers mit dem Aufsichtsorgan
500–799	Abschlussprüfung von Unternehmen bestimmter Branchen	PS 520	Besonderheiten und Problembereiche bei der Abschlussprüfung von Finanzdienstleistungs- instituten
		PS 521	Die Prüfung des Wertpapierdienstleistungs- geschäfts nach § 36 Abs. 1 Satz 1 WpHG bei Finanzdienstleistungsunternehmen
		PS 522	Prüfung der Adressenausfallrisiken und des Kreditgeschäfts von Kreditinstituten

Normengruppen		Einzelnormen	
IDW PS/ PH	**Gruppenbenennung**	**IDW PS/PH**	**Prüfungs-/Regelungsfokus**
500–799	Abschlussprüfung von Unternehmen bestimmter Branchen	*PH 9.522.1*	*Berücksichtigung von Immobiliensicherheiten bei der Prüfung der Werthaltigkeit von ausfallgefährdeten Forderungen bei Kreditinstituten*
		PS 560	Die Prüfung der Schadenrückstellung im Rahmen der Jahresabschlussprüfung von Schaden-/Unfallversicherungsunternehmen
		PS 525	Die Beurteilung des Risikomanagements von Kreditinstituten im Rahmen der Abschlussprüfung
		PS 610	Prüfung von Energieversorgungsunternehmen
		PS 650	Zum erweiterten Umfang der Jahresabschlussprüfung von Krankenhäusern nach Landeskrankenhausrecht
		PS 710	Prüfung des Rechenschaftsberichts einer politischen Partei
		PS 720	Berichterstattung über die Erweiterung der Abschlussprüfung nach § 53 HGrG
		PS 721	Berichterstattung über die Erweiterung der Abschlussprüfung nach § 16d Abs. 1 Satz 2 Rundfunkstaatsvertrag
		PH 9.720.1	*Beurteilung der Angemessenheit der Eigenkapitalausstattung öffentlicher Unternehmen*
		PS 740	Prüfung von Stiftungen
		PS 750	Prüfung von Vereinen
800–999	Review- und andere Reporting-Aufträge	PS 800	Beurteilung eingetretener oder drohender Zahlungsunfähigkeit bei Unternehmen
		PS 821	Grundsätze ordnungsmäßiger Prüfung oder prüferischer Durchsicht von Berichten im Bereich der Nachhaltigkeit
		PS 830	Zur Prüfung Gewerbetreibender i. S. des § 34c Abs. 1 GewO gem. § 16 MaBV
		PS 850	Projektbegleitende Prüfung bei Einsatz von Informationstechnologie
		PS 880	Die Prüfung von Softwareprodukten
		PS 890	Die Durchführung von WebTrust-Prüfungen
		PS 900	Grundsätze für die prüferische Durchsicht von Abschlüssen
		PS 910	Grundsätze für die Erteilung eines comfort letter
		PH 9.950.1	*Prüfung der Meldungen der Arten und Mengen von Elektro- und Elektronikgeräten an die Stiftung EAR*

Normengruppen		Einzelnormen	
IDW PS/ PH	Gruppenbenennung	IDW PS/PH	Prüfungs-/Regelungsfokus
800–999	Review- und andere Reporting-Aufträge	PH 9.950.2	Besonderheiten bei der Prüfung einer REIT-Aktiengesellschaft nach § 1 Abs. 4 REIT-Gesetz, einer Vor-REIT-Aktiengesellschaft nach § 2 Satz 3 REIT-Gesetz und der Prüfung nach § 21 Satz 3 REIT-Gesetz
		PH 9.950.3	Prüfung der »Vollständigkeitserklärung« für in den Verkehr gebrachte Verkaufsverpackungen
		PS 951	Die Prüfung des internen Kontrollsystems beim Dienstleistungsunternehmen für auf das Dienstleistungsunternehmen ausgelagerte Funktionen
		PS 970	Prüfung nach dem Erneuerbare-Energien-Gesetz
		PS 971	Prüfung nach dem Kraft-Wärme-Kopplungsgesetz
		PH 9.960.1	Prüfung von Pro-Forma-Finanzinformationen
		PH 9.960.2	Prüfung von zusätzlichen Abschlusselementen
		PH 9.960.3	Prüfung von Gewinnprognosen und Schätzungen i. S. v. IDW RH HFA 2.003

Tab. I.6-1: IDW Prüfungsstandards und Prüfungshinweise (Stand: 8.4.2011)

- In nur wenigen Fällen liegen *Verlautbarungen der WPK* sowie gemeinsame Stellungnahmen des IDW und der WPK mit unmittelbarem Bezug zur Abschlussprüfung vor (siehe hierzu URL: http://www.wpk.de/stellungnahmen/). Als gemeinsame Stellungnahme ist vor allem VO 1/2006 zu den Anforderungen an die Qualitätssicherung in der WP-Praxis zu nennen; weitere Beispiele sind die »Gemeinsame Stellungnahme IDW und WPK zu den Registrierungsanforderungen des PCAOB« vom 21.3.2003 sowie die »Gemeinsame Stellungnahme IDW und WPK zum Entwurf des Wirtschaftsprüfungsexames-Reformgesetzes – Reform des Zulassungs- und Prüfungsverfahrens« vom 7.2.2003.

Die *internationalen berufsständischen Normen* werden sukzessive überarbeitet. Der aktuelle Stand ist im Internet einsehbar; ein jährlich aktualisierter Stand wird zudem als Buch (Handbook of International Auditing, Assurance, and Ethics Pronouncements) publiziert.[182] Die Diskussionsentwürfe sowie alle ab dem 1.1.2003 vom IAASB endgültig verabschiedeten ISA werden kostenlos im Internet veröffentlicht.

---

182 Vgl. URL: http://www.ifac.org sowie *IFAC* (2010a, 2010b).

Die IFAC teilt die Normen in verschiedene Bereiche ein. Besonders bedeutsam für die Jahresabschlussprüfung sind die fachtechnischen Normen (auditing), die ethischen Normen (ethics), die Ausbildungsnormen (education) sowie die Qualitätsnormen (quality):[183]

- *Auditing*: Das IAASB unterscheidet zwischen Prüfungsdienstleistungen sowie verwandten Dienstleistungen (→ I.6.4.2). Prüfungsdienstleistungen können sich auf historische oder nicht historische Finanzinformationen (zu den freiwilligen Prüfungsdienstleistungen → III.3) beziehen. Die Jahresabschlussprüfung (audit) bildet den zentralen Anwendungsbereich der auf historische Finanzinformationen bezogenen Prüfungsdienstleistungen. Hier sind die in Abb. I.6-3 grau hinterlegten Normen relevant: Hierzu zählen neben der allgemeinen Rahmennorm (International Framework for Assurance Engagements, kurz: IFAC Framework) jahresabschlussspezifische Normen. Diese lassen sich wiederum in International Standards on Auditing (ISA) und International Auditing Practice Statements (IAPS) unterteilen (→ I.6.5.2.1).

Dienstleistungsarten			
Prüfungsdienstleistungen (assurance engagements)			verwandte Dienstleistungen (related services)
IFAC Framework (allgemeine Rahmennorm)			
historical financial information		no historical financial information	
audit	review	ISAE 3000 (spezielle Rahmennorm)	
ISA, IAPS	(…)	(…)	(…)

Abb. I.6-3: Einordnung der audit-Normen in die Systematik der internationalen fachtechnischen Normen[184]

Das IAASB hat im März 2009 das sog. *Clarity-Projekt* abgeschlossen. Nunmehr liegen 36 überarbeitete ISA und der überarbeitete ISQC 1 vor (URL: http://web.ifac.org/clarity-center/index). Ziel des Projektes war es, die seitens der EU-Kommission sowie einer Vielzahl von Berufsorganisationen geübte Kritik hinsichtlich Umfang, Struktur und Sprache der internationalen fachtechnischen Prüfungsnormen aufzunehmen. Insbesondere mit der Zielsetzung, die Adoption der ISA seitens der EU sicherzustellen, überarbeitete das IAASB seine Normen. Die ISA folgen nunmehr einer *einheitlichen Struktur*: 1) Einführung (introduction; u. a. Anwendungsbereich, Zeitpunkt des Inkrafttretens), 2) Ziele der Norm (objectives), 3) Definitionen (definitions), 4) Pflichtprüfungshandlungen (requirements) und 5) Anwendungshinweise (application and other explanatory material).

ISA sind im Rahmen der Prüfung von Jahresabschlüssen anzuwenden; bei der Prüfung von anderen historischen Finanzinformationen sind diese bei Bedarf heranzuziehen (IFAC Preface.10). Weiterhin sollen IAPS den Prüfer durch Praxishinweise bei der

---

183 Weitere Bereiche bilden die Normen zur Prüfung öffentlicher Unternehmen (public sector) sowie das management accounting. Diese Teilbereiche besitzen für die Prüfung privatwirtschaftlicher Unternehmen jedoch keine zentrale Bedeutung. Zu den Ausschüssen, die mit der diesbezüglichen Facharbeit betraut sind, → I.5.4.2.

184 Zu einer weiteren Detaillierung dieser Abbildung vgl. Abb. I.6-4.

Anwendung der ISA und der Förderung einer guten Berufspraxis unterstützen (IFAC Preface.19).

- *Ethics*: Die seitens des IESBA herausgegebenen ethischen Normen (Code of Ethics for Professional Accountants[185]) unterscheiden nicht zwischen Standards und Statements. Vielmehr gliedern sich die ethischen Normen in drei zentrale Teile. Teil A gibt fundamentale Prinzipien sowie einen Bezugsrahmen zur Anwendung dieser Prinzipien vor. Teil B und C geben Richtlinien zur praktischen Anwendung der fundamentalen Prinzipien sowie zur Übertragung des Bezugsrahmens auf typische Situationen in der beruflichen Praxis (→ I.6.5.2.2).
- *Education*: Den Rahmen für die Verlautbarungen des IAESB bildet das Framework for International Education Standards for Professional Accountants (Framework for IESPA). Neben dem Framework werden drei Verlautbarungsarten unterschieden (Framework for IESPA.33 ff.): International Education Standards (IES), International Education Practice Statements (IEPS) sowie International Education Information Papers (IEIP). Hinzu treten weitere unterstützende Materialien (→ I.6.5.2.3). Der Aufbau der IAESB-Normen folgt grundsätzlich den ISA (introduction, objectives, requirements, explanatory material; vgl. Framework for IESPA.appendix).
  - IES beziehen sich auf wesentliche Elemente (z.B. Ausbildungsgegenstände, Methoden und Techniken sowie an den Prüfer zu stellende Kompetenzanforderungen), die Aus- und Fortbildungsprogramme enthalten sollten (sog. benchmarks for minimum learning requirements; vgl. Introduction to IES. 22) und die das Potenzial einer internationalen Anerkennung, Akzeptanz und Anwendung besitzen.
  - IEPS sollen die IES interpretieren, illustrieren oder in Bezug auf einzelne Sachverhalte auch stärker ins Detail gehen. Weiterhin sollen die Mitgliedsorganisationen bei der Implementierung der IES bzw. der Umsetzung einer guten beruflichen Praxis unterstützt werden. Die IEPS sind thematisch jeweils einem IES zuzuordnen.
  - IEIP sollen informieren und auf diese Weise die Beschäftigung mit Ausbildungsfragen fördern sowie Kommentare herausfordern. Insofern sind IEIP »Vorboten« (forerunners) künftiger IES und IEPS.
- *Quality*: Die ISQC sind in Bezug auf alle Prüfungsdienstleistungen und verwandte Leistungen (vgl. Abb. I.6-3) relevant (IFAC Preface.11, ISQC 1.1; zu den Normen → I.6.5.2.4).

Betriebliche Normen sollen das prüferische Verhalten auf der Ebene der einzelnen Prüfungsgesellschaften steuern. Hiervon abzugrenzen sind direkt an den einzelnen Mitarbeiter gerichtete Verhaltensanweisungen; hier handelt es sich um individuelle Normen. Im Unterschied zu den betrieblichen Normen besitzen die berufsständischen und gesetzlichen Normen einen anderen räumlichen Fokus. Während die (berufsständischen) Normen der IFAC eine weltweite Gültigkeit anstreben, ist der Geltungsbereich der durch

---

185 Vgl. *IFAC* (2010c). Professional accountants sind Mitglieder einer IFAC-Mitgliedsorganisation (vgl. Ethics.Definitions und IES 8.8). Enger gefasst ist der Begriff »audit professional«; dieser ist definiert als ein professional accountant, der für signifikante Beurteilungen (significant judgements) in einer Jahresabschlussprüfung verantwortlich zeichnet; vgl. IES 8.9.

die jeweiligen nationalen berufsständischen Organisationen herausgegebenen Normen auf das jeweilige Land beschränkt; dies gilt auch für nationale gesetzliche Normen.

Der Geltungsbereich betrieblicher Normen ist nicht an Ländergrenzen, sondern an den räumlichen Wirkungsbereich der jeweiligen Prüfungsgesellschaft gebunden. Betriebliche Normen finden ihren Ausdruck im Prüfungshandbuch (audit manual) der jeweiligen Gesellschaft; zumeist handelt es sich um fachtechnische Normen. Die betrieblichen Normen besitzen Anweisungs- und Leitliniencharakter und dienen der Konkretisierung der berufsständischen sowie der gesetzlichen fachtechnischen Normen. Teilweise finden sich auch ethische betriebliche Normen, welche Teilbereiche der berufsständischen und gesetzlichen ethischen Normen im Sinne eines Code of Conduct an die Mitarbeiter der jeweiligen Prüfungsgesellschaft adressieren.[186]

Als weitere Normenquellen sind zu nennen:

- *Andere Akteure:* Bedeutsam sind vor allem die Äußerungen betriebswirtschaftlich orientierter Arbeitskreise sowie der Finanzministerien.[187]
- *Das Fachschrifttum:* Da das prüferische Vorgehen einem ständigen Wandel unterliegt und zudem stets neue Prüfungsprobleme auftreten (z. B. Beurteilung der Risiken, die daraus resultieren, dass ein zu prüfendes Handelsunternehmen primär E-Commerce betreibt) bildet das Fachschrifttum temporär oftmals die einzige Normenquelle, aus der sich (zeitnah) Hinweise für das prüferische Vorgehen ableiten lassen.

Des Weiteren ist zu klären, ob einem *Richterspruch* Normencharakter zukommt. Die Rechtsprechung bindet nur die am konkreten Verfahren Beteiligten.[188] Gleichwohl kann ein Richterspruch auf künftige Prüfungen »ausstrahlen« und insofern eine präskriptive Funktion entfalten. Die Delegation von Rechtsetzungsbefugnissen von der Legislative auf die Rechtsprechung ist eines der heikelsten Probleme der Rechtslehre. »Unbestritten ist, daß [sic] der Prozess der Rechtskonkretisierung bis zur Rechtsschöpfung reicht.«[189] Auf Grund des engen Bezugs zu den Prüfungsnormen lässt sich die Rechtsprechung (zumindest) den Normen i. w. S. zurechnen.[190]

6.3.2   Bindungswirkung

Wesentliche *Determinanten der Bindungswirkung* einer Norm sind ihre Strukturmerkmale sowie der Status der herausgebenden Quelle. Zentrale *Strukturmerkmale* sind die Widerspruchsfreiheit, die Vollständigkeit, die Operationalität sowie die Eindeutigkeit und Konkretheit einer Norm. Demnach entfaltet eine Norm, die zwar von der Natur

---

186 Zum Code of Conduct von PwC vgl. URL: http://www.pwc.com/gx/en/ethics-business-conduct/code-of-conduct.jhtml (Stand: 1.4.2011).

187 Vgl. stellvertretend *Freiling/Lück* (1992), S. 268 ff.; *BMF* (1996), S. 1 ff.

188 Vgl. bereits *Schulze zur Wiesch* (1963), S. 58 f. Wesentliche Urteile betreffen die Vereinbarkeit von Prüfung und Beratung (vgl. z. B. *BGH* (1997), S. 1470 ff.), den Umfang der Prüfung (vgl. z. B. *OLG Düsseldorf* (1996), S. 343 ff.) sowie die Haftung (vgl. z. B. *BGH* (2006), S. 453 ff.).

189 *Leffson* (1987), S. 137.

190 Eine Aufnahme in Abb. I.6-2 erfolgt indes nicht; zur Stellung im Rahmen der Herleitung von GoA → I.6.3.3.

ihrer Quelle heraus den Prüfer in hohem Maße bindet, auf Grund nur unzureichend ausgeprägter (minorer) Strukturmerkmale faktisch nur eine geringe Bindungswirkung.[191]

Im Folgenden wird untersucht, inwieweit der *Status der Quelle*, welche die Norm herausgegeben hat, ihre Bindungswirkung beeinflusst. Überdies werden bedeutsame Unterschiede in der Bindungswirkung von Normentexten innerhalb einer Quelle angesprochen. Die Darstellungen folgen weitgehend der Reihenfolge der in Abb. I.6-2 dargestellten Normenkategorien.

- An die seitens staatlicher Autoritäten herausgegebenen *gesetzlichen Normen* des HGB und der WPO ist der Prüfer zwingend gebunden.
- Die *Berufssatzung* hat als berufsständische Norm im Unterschied zu Gesetzen keinen Status bildenden, sondern einen Status ausfüllenden Charakter; sie konkretisiert damit die Bestimmungen der WPO.[192] Innerhalb der durch die Statusausfüllung gezogenen Grenzen entfaltet die Berufssatzung ein Verpflichtungspotenzial, das dem der gesetzlichen Normen entsprechen dürfte.[193] Im Anschluss an den Wortlaut der Berufssatzung findet sich eine »Begründung zu den einzelnen Vorschriften«, welche die Auslegung der einzelnen Satzungsvorschriften erleichtern soll. Da diese Begründung formal nicht Gegenstand der Verabschiedung war, hat diese lediglich empfehlenden Charakter. Einer gewissenhaften Berufsausübung i. S. von § 43 Abs. 1 WPO entspricht es, diese Begründungen zu beachten, sofern diese im Einzelfall überzeugende Regeln beinhalten.
- *IDW-Verlautbarungen* sind keine gesetzlichen Normen, da dem IDW als Privatrechtssubjekt die Kompetenz zum Erlass von Rechtsnormen fehlt. § 43 Abs. 1 Satz 1 WPO fordert, dass der Prüfer seinen Beruf gewissenhaft auszuüben hat. Nach § 4 Abs. 1 Berufssatzung sind dabei u. a. die für die Berufsausübung maßgeblichen fachlichen Regeln zu beachten. Nach Auffassung des IDW zählen hierzu auch die sonstigen fachlich anerkannten Regeln in Gestalt der IDW-Normen (IDW PS, IDW PH).[194] Eine gesetzliche Verpflichtung ergibt sich aus dieser Interpretation der gewissenhaften Berufsausübung indes nicht. Bei den IDW-Normen handelt es sich demnach streng genommen um Meinungsäußerungen eines eingetragenen Vereins,[195] welche nur die Mitglieder des Vereins im Wege einer freiwilligen Selbstverpflichtung binden.

Bezogen auf die gerichtliche Auslegung einer gesetzlichen Prüfungsnorm verdeutlichte das Amtsgericht Duisburg 1993 die Verbindlichkeit der Verlautbarungen wie folgt: Eine IDW-Norm »ist lediglich eine Meinungsäußerung, die in der juristischen Diskussion wie jede andere Ansicht nur Gewicht hat, soweit ihr überzeugende Argu-

---

191 Vgl. ausführlich *Ruhnke* (2000), S. 54 ff.
192 Status bildende Normen kennzeichnen »(e)inschneidende, das Gesamtbild der beruflichen Betätigung wesentlich prägende Vorschriften über die Ausübung des Berufes« (*BVerfG* (1973), S. 160 f.). Zu weiteren Einzelheiten vgl. *Taupitz* (1991), S. 827 ff. Finden sich in der Berufssatzung keine im Einzelfall geeigneten Regelungen, ist dem WP anzuraten, in den *Berufsrichtlinien* (vgl. *WPK* (1987), S. 5 ff.; diese Richtlinien sind formal außer Kraft getreten) nach Anhaltspunkten für eine sachgerechte Problemlösung Ausschau zu halten.
193 In diesem Sinne auch das *BVerfG* (1999), Gründe B.II.4. und 5.a), welches in Zusammenhang mit der Rechtsqualität von Standesrichtlinien auch von »untergesetzlichen Normen des Berufsrechts« spricht.
194 Vgl. *IDW* (2006), A 364.
195 So bereits *Kicherer* (1972), S. 73.

mente zugrunde liegen. (...) Seine (angesprochen ist das IDW, die Verf.) Verlautbarungen (...) mögen zwar einen Bestand an anerkannten Grundsätzen und Regeln der ordnungsmäßigen Berufsausübung wiedergeben, wie er nach eingehender Diskussion im Berufsstand der Wirtschaftsprüfer für richtig und notwendig gehalten wird. Sie haben aber (...) keine rechtliche Verbindlichkeit.«[196] Gleichwohl besitzen diese Normen faktisch ein über die Fachliteratur hinausgehendes Potenzial, den Prüfer zu binden. Für die Beurteilung der Bindungswirkung dieser Normen ist auch das weiter unten dargestellte Beziehungsgeflecht zu den internationalen berufsständischen Prüfungsnormen relevant.

Innerhalb dieser Normenquelle dominieren die IDW PS; ein Abweichen von diesen Normen ist nur in begründeten Ausnahmefällen möglich. Weicht ein Prüfer von diesen Normen ab, muss er im Zweifelsfall vor Gericht in der Lage sein, sein Abweichen zu rechtfertigen. Neben die IDW PS treten die IDW PH, welche die zuerst Genannten zumeist erläutern. Die Anwendung der IDW PH wird empfohlen, obgleich diese eine deutlich geringere Verbindlichkeit als die IDW PS besitzen (IDW PS 201.29a).

- Die *Verlautbarungen der WPK* verpflichten den Prüfer ähnlich wie die IDW PS; auf Grund der Pflichtmitgliedschaft der Prüfer in der WPK im Vergleich zur freiwilligen Mitgliedschaft im IDW ist die Bindungswirkung bei Involvierung der WPK tendenziell höher.

- Die nationalen Normengeber, die gleichzeitig Mitglied der IFAC sind (full membership), sind dazu verpflichtet, im Zeitablauf die Inhalte der *fachtechnischen internationalen Normen* (ISA, IAPS) in die nationalen Normen aufzunehmen (*best endeavors-Klausel*; SMO 3.4a)[197]. Kommen die Mitgliedsorganisationen dieser Verpflichtung nicht nach, so stellt dies einen Grund dafür dar, der jeweiligen nationalen Organisation die Mitgliedschaft zu entziehen oder die Mitgliedschaft auszusetzen (IFAC Bylaws 4.1 a.i. V.m. 2.1 b.).

Die sich auf diese Weise ergebende sukzessive Transformation internationaler Normen in nationale Verlautbarungen bewirkt eine Art sanfte Harmonisierung der Prüfungsnormen. Dabei erkennt die IFAC ausdrücklich an, dass die internationalen die nationalen Bestimmungen nicht außer Kraft setzen (IFAC Preface.3). Dagegen stellen die nationalen US-amerikanischen Prüfungsnormen (→ I.5.2.2)[198] keine internationalen berufsständischen Normen dar. Daher trifft die deutschen Mitgliedsorganisationen (IDW, WPK) auch keine Verpflichtung, die US-Normen in deutsche Normen zu transformieren.

Wurde eine internationale Norm sachgerecht in eine nationale Verlautbarung transformiert, ist die nationale Norm auch anzuwenden. Folglich besteht eine *Dominanz nationaler Normenäquivalente*. Gehen die internationalen ausnahmsweise einmal

---

196 *AG Duisburg* (1994), S. 123. Teilweise sehen die Gerichte die IDW-Normen auch als maßgebliche Rechtsgrundlage; vgl. *OLG Braunschweig* (1993), S. 210. Siehe hierzu auch *Ruhnke* (2000), S. 60f.; *Koch/Wüstemann* (2005), S. 22f. m.w.N.; zur Anerkennung der IDW-Normen als GoA → I.6.3.3.

197 Zur Beachtung der SMO (herausgegeben vom CAP; → I.5.4.2) verpflichtet die Satzung der IFAC; vgl. IFAC Constitution.2.3 b. sowie auch IFAC Bylaws 2.1 b. (jeweils Stand: November 2010).

198 Anzumerken ist, dass zwischen den fachtechnischen internationalen und den seitens des PCAOB verlautbarten US-amerikanischen Prüfungsnormen nur vergleichsweise wenige Unterschiede bestehen; vgl. *EU-Komission* (2009).

über die nationalen Normen hinaus oder wurde eine internationale Norm noch nicht oder nicht sachgerecht transformiert, so hat ein i. S. von § 43 Abs. 1 WPO gewissenhaft agierender Prüfer sein Augenmerk direkt auf die internationalen Normentexte zu lenken, um festzustellen, ob das praktizierte Vorgehen auch den internationalen Erfordernissen entspricht. Demnach erscheint es durchaus möglich, dass ein Prüfer z. B. einen ISA direkt anwendet oder von einem IDW PS abweicht. Die IFAC-Normen zählen zweifelsfrei zu den fachlichen Regeln i. S. von § 4 Abs. 1 Berufssatzung, die ein gewissenhaft agierender Prüfer gem. § 43 Abs. 1 WPO zur Kenntnis zu nehmen hat. Allerdings darf eine ausnahmsweise direkte Anwendung eines ISA nicht dazu führen, dass von Prüfungsnormen mit öffentlich-rechtlichem Charakter (z. B. die Regelungen im HGB) abgewichen wird.[199] Abweichende nationale und internationale Prüfungswelten lassen sich fast ausnahmslos durch zusätzliche Prüfungshandlungen ineinander überführen.[200]

Die Mitgliedstaaten der EU sind gem. § 26 der Abschlussprüferrichtlinie (→ I.6.3.1) verpflichtet, die Anwendung der internationalen fachtechnischen Prüfungsnormen[201] für Pflichtprüfungen vorzuschreiben. Diese Vorgabe wurde durch § 317 Abs. 5 HGB in deutsches Recht umgesetzt. Daher erübrigt sich künftig die bisherige Transformation. Es ist davon auszugehen, dass das IDW künftig Übersetzungen zu den ISA herausgibt, welche ggf. durch Normentexte (sog. Ergänzungstextziffern bzw. »add-ons«) ergänzt werden, die auf Besonderheiten des deutschen nationalen Rechts beruhen.[202] Dieser »ISA + Local-Requirement-Ansatz« ist grundsätzlich zu begrüßen. Er ist jedoch dahingehend zu kritisieren, dass das IDW die IAPS bei seinen Überlegungen offensichtlich ausklammert, obwohl IFAC Preface.20 und auch die Abschlussprüferrichtlinie grundsätzlich vorgeben, dass die ISA unter Beachtung der IAPS anzuwenden sind.

Daneben werden durch die ISA nicht erfasste Regelungsbereiche unverändert durch eigenständige IDW PS abgedeckt.[203] Der Anwendungsbereich der IDW PS wird sich demnach (vergleichbar mit den DRS auf Ebene der Rechnungslegung) deutlich einengen. Ein solches Vorgehen ist aus dem Blickwinkel weltweit einheitlicher Prüfungsnormen zu begrüßen; zudem wird den nationalen Besonderheiten innerhalb der IDW PS durch klar erkennbare Ergänzungstextziffern Rechnung getragen.

Allerdings sind die internationalen Normen auch künftig nicht direkt anzuwenden. Vielmehr sind die von der EU-Kommission *im Wege eines Komitologieverfahrens* in europäisches Recht übernommenen internationalen fachtechnischen Prüfungsnormen *direkt* anzuwenden. Der Zeitpunkt der Annahme der einzelnen internationalen fachtechnischen Prüfungsnormen durch die EU ist derzeit noch offen. Um den mit der Übernahme verbundenen Harmonisierungseffekt auch zu erreichen, müssen Zusätze

---

199 So auch *Ruhnke* (2002b), S. 158 f. Zur Bindungswirkung eines internationalen ED vgl. *Ruhnke* (2006), S. 1171 f.
200 Möglicherweise unüberwindbare Konflikte betreffen vor allem konfligierende externe oder interne Berichterstattungserfordernisse.
201 Hierzu zählen die ISA und die IAPS; siehe Fn. 174.
202 Siehe auch *IDW* (2009), S. 437.
203 Beispielsweise werden Einzelheiten zur Prüfung des Risikofrüherkennungssystems gem. § 317 Abs. 4 HGB in IDW PS 340 behandelt (→ II.3.2.2.5); Einzelheiten zur Prüfung des Lageberichts finden sich in IDW PS 350 (→ II.8.6.).

zu den bestehenden internationalen Normen (add-ons) oder die Nichtanwendung von Teilen dieser Normen in Ausnahmefällen (carve-outs) auf nationalem Recht beruhen (Art. 26 Abs. 3 Satz 1 Abschlussprüferrichtlinie sowie die nationale Umsetzung in § 317 Abs. 6 HGB). Solange die EU-Kommission keine internationalen Normen angenommen hat, sind unverändert die nationalen fachtechnischen Prüfungsnormen anzuwenden. Auch bei einer vollständigen Übernahme können ausnahmsweise weitere spezielle nationale Prüfungsnormen ihre Berechtigung besitzen, sofern nationale Regelungen besondere Prüfungserfordernisse vorgeben.

Die folgenden Ausführungen beleuchten die Bindungswirkung auch der anderen internationalen Normenkategorien (auditing sowie ethics, education und quality) sowie die Bindungswirkung innerhalb der einzelnen Kategorien.

– *Auditing*: Die Bindungswirkung der fachtechnischen internationalen Prüfungsnormen wurde bereits weiter oben behandelt. Zu unterscheiden sind ISA und IAPS. Innerhalb der ISA sind die Pflichtprüfungshandlungen (requirements) zwingend anzuwenden. Der Prüfer muss den gesamten Text der ISA beachten, um eine Norm zielgerecht anzuwenden. Demnach sind auch die Anwendungshinweise (application and other explanatory material) zu berücksichtigen (ISA 200.19). In Ausnahmefällen kann der Prüfer von einer Pflichtprüfungshandlung abweichen. In diesem Fall sind alternative Prüfungshandlungen durchzuführen, um den relevanten Anforderungen zu genügen (ISA 200.23).

  Ein Practice Statement bindet den Prüfer weniger stark als ein Standard. Gleichwohl ist die Bindungskraft eines IAPS faktisch beachtlich. Zieht der Prüfer ein relevantes Practice Statement nicht heran, muss er darauf vorbereitet sein, zu erklären, wie er den Anforderungen eines Standards, die in einem Practice Statement behandelt werden, gerecht geworden ist (IFAC Preface.20).

– *Ethics*: Die Beurteilung der Bindungswirkung der ethischen Normen wird dadurch erschwert, dass nationale Unterschiede in den kulturellen, sprachlichen, rechtlichen und sozialen Systemen die Transformation der zuvor angesprochenen internationalen Rahmennormen in ein nationales Normenäquivalent u. U. erheblich beeinflussen. Gleichwohl fordert die IFAC ihre Mitgliedsorganisationen unmissverständlich auf, detaillierte, auf das nationale Umfeld abgestimmte Regeln herauszugeben (SMO 4.1, 4.4 f.). Vor dem Hintergrund des zuvor Gesagten lässt sich in Zusammenhang mit den ethischen Normen eher als bei den fachtechnischen Normen eine abweichende Transformation in eine nationale Norm rechtfertigen.[204] Dies darf allerdings nicht dazu führen, auf eine Transformation vollends zu verzichten oder die nationalen Umfeldfaktoren in unzulässiger Weise für eine abweichende Transformation heranzuziehen. Hierfür spricht auch ISA 200.14 i.V.m. ISA 200. A14-A16, der als fachtechnische Prüfungsnorm eine Beachtung der internationalen ethischen Prüfungsnormen fordert.

  Innerhalb der internationalen ethischen Normen besitzt Teil A die höchste Bindungswirkung. Die Teile B und C beinhalten Richtlinien zur praktischen Anwendung von Teil A; hier ist die Bindungswirkung geringer. Gleichwohl muss auch hier

---

204 Einzelheiten zur Problematik der Transformation ethischer Normen finden sich in *Ruhnke* (2000), S. 155 ff. m. w. N.

der Berufsangehörige darauf vorbereitet sein, ein etwaiges abweichendes Vorgehen zu erklären (z. B. durch Verweis auf abweichende nationale rechtliche Vorschriften; siehe auch SMO 4.4).

– *Education*: Ebenso wie bei den ethischen Normen gilt auch in Bezug auf die Ausbildungsnormen, dass abweichende nationale Umfeldfaktoren die Transformation der zuletzt genannten Normen in nationale Normenäquivalente erschweren. Gleichwohl fordert die IFAC auch hier ihre Mitgliedsorganisationen unmissverständlich auf, detaillierte, auf das nationale Umfeld abgestimmte Regeln herauszugeben (Framework for IESPA.35, SMO 2.3). Auch bei den Ausbildungsnormen lässt sich eher als bei den ISA eine abweichende Transformation in eine nationale Ausbildungsnorm rechtfertigen, und es gilt ebenso, dass dies nicht dazu führen darf, auf eine Transformation vollends zu verzichten oder die nationalen Umfeldfaktoren in unzulässiger Weise für eine abweichende Transformation heranzuziehen.

Unter Berücksichtigung des zuvor Gesagten gilt Folgendes: Die Mitgliedsorganisationen müssen die IES bei der Herausgabe nationaler Ausbildungsnormen berücksichtigen (»should be incorporated into the educational requirements of IFAC member bodies«; Framework for IESPA.34). Dieses Framework betont in Tz. 42, dass alle Anstrengungen zu unternehmen sind, um wichtige Elemente der IES in die nationalen Normen aufzunehmen. Dabei sind die dazugehörigen IEPS zumindest zur Kenntnis zu nehmen. IEIP dienen der Information; eine direkte Bindungswirkung kommt diesen Information Papers nur in seltenen Ausnahmefällen zu. Die derzeit gültigen IES 1-8 (zuletzt verlautbart im August 2008) unterscheiden noch zwischen fett- und normalgedruckten Textpassagen. Allerdings findet sich in dem im Dezember 2009 verlautbarten Framework for IESPA (im Vergleich zur Vorgängernorm) kein Hinweis mehr auf diese Unterscheidung, so dass davon auszugehen ist, dass hierauf künftig verzichtet wird. Werden die zuvor angesprochenen IES herangezogen, so ist davon auszugehen, dass die fettgedruckten Textpassagen tendenziell eine höhere Bindungskraft besitzen.

– *Quality*: SMO 1.11 verpflichtet die Mitgliedsorganisationen zur Herausgabe von Qualitätsnormen, welche sicherstellen, dass die WP-Praxen ein quality control-System einrichten, welches den Anforderungen des ISQC 1 genügt. Die WP-Praxen müssen diese Qualitätsnormen einhalten und die Mitgliedsorganisationen sind verpflichtet, diese Einhaltung über die Einrichtung von quality assurance review programs sicherzustellen (SMO 1.12).

• *Betriebliche Normen* binden nur die Prüfer, die einer bestimmten Prüfungsorganisation angehören. Die räumliche Beschränkung des Anwendungsbereichs steht einer hohen Bindungswirkung jedoch nicht grundsätzlich entgegen. Da auf betrieblicher Ebene zusätzliche Sanktionsmechanismen greifen, muss die Beurteilung der Bindungswirkung auch an den betrieblichen Sanktionen (im Extremfall droht die Entlassung) sowie den betrieblichen Mechanismen zur Aufdeckung von Normenverstößen (z. B. Art und Umfang der internen Nachschau) ansetzen.

Dabei ist davon auszugehen, dass sich der auf Ebene der Prüfungsorganisation angewandte Prüfungsansatz (betriebliche Normen) so konzipieren lässt, dass die Prüfung sowohl den nationalen als auch den internationalen Anforderungen genügt. Die Big Four-Prüfungsorganisationen erheben regelmäßig einen solchen Anspruch.

Beispiele

KPMG führt hierzu Folgendes aus: »Performance of an audit in accordance with KAM (KPMG Audit Manual, die Verf.) provides for compliance with ISAs and KPMG requirements.«[205] In ähnlicher Weise geben Ernst & Young an, dass die Ernst & Young Global Audit Methodology auf den ISA basiert und entsprechend ergänzt wird, um den berufsständischen Normen sowie den regulatorischen und rechtlichen Vorschriften in Deutschland zu entsprechen.[206] PricewaterhouseCoopers stellen diesbezüglich Folgendes fest: »The PwC audit methodology ... is based on the International Standards on Auditing (ISAs).«[207]

- Die *Äußerungen anderer Akteure* und das *Fachschrifttum* können gleichfalls begründete fachliche Argumentationen beinhalten, die ein Prüfer nicht ignorieren darf. In diesem Fall kann sich die Bindungskraft über die Verpflichtung zur Beachtung fachlich anerkannter Regeln ergeben (§ 43 Abs. 1 Satz 1 WPO i. V. m. § 4 Abs. 1 Berufssatzung).

6.3.3   Zur Stellung von Grundsätzen ordnungsmäßiger Abschlussprüfung

Grundsätze ordnungsmäßiger Abschlussprüfung (GoA) erheben zweifelsfrei den Anspruch auf Verhaltenssteuerung. Demnach ist jeder Prüfungsgrundsatz auch eine Prüfungsnorm. Gleichwohl besitzt der Umkehrschluss, jede Norm sei auch ein Grundsatz, keine Gültigkeit.[208] Vielmehr ist ein Grundsatz eine besondere Norm; das folgende auf die deutschen GoA bezogene Zitat verdeutlicht dies: »Not every newly derived auditing standard becomes automatically a part of generally accepted standards. This also requires a certain degree of academic and professional recognition as well as a general agreement that non-compliance with the standard would violate the aims of the audit of annual financial statements.«[209]

Obwohl der Prozess der Anerkennung als GoA nicht abschließend geklärt ist, besteht Einigkeit, dass die Unterschiede zwischen Norm und Grundsatz in dem besonderen Entwicklungsprozess eines Grundsatzes begründet liegen. Als wesentliche *Methoden zur Genese* von GoA sind die Induktion, die Deduktion und die Hermeneutik zu nennen. Des Weiteren müssen die GoA Systemcharakter besitzen. Teilweise wird auch gefordert, für die Anerkennung als Grundsatz sei ein gewisser Konsens Voraussetzung.[210]

- Die *Induktion* ermittelt die GoA empirisch aus der Anschauung ehrbarer und ordentlicher Prüfer. Die Bestimmung des Kreises der ehrbaren und der ordentlichen Prüfer setzt einen Maßstab zur Abgrenzung voraus. Dieser kann jedoch nur gewonnen werden, wenn bereits Vorstellungen über ehrbare und ordentliche Prüfer (und die ange-

---

205 *KPMG* (2010), 4.1011.
206 Vgl. *Ernst & Young* (2010), S. 11.
207 *PwC* (2010), 101 PwC Audit Guide – Preface.
208 Vgl. bereits *Schade* (1982), S. 41 f.
209 *Forster* (1990), Sp. 1019.
210 Vgl. hierzu sowie zu den folgenden Ausführungen *Ruhnke* (2000), S. 77 ff. m. w. N. Siehe auch *Rückle* (2002), Sp. 1026 ff.; *Koch/Wüstemann* (2005), S. 17 ff.

wandten Prüfungspraktiken dieser Prüfer) vorliegen. Diese gilt es aber gerade erst herzuleiten. Demnach setzt die induktive Ermittlung letztendlich ihr Ergebnis voraus. Des Weiteren versagt die induktive Methode, wenn es um die Beantwortung von Prüfungsfragen geht, für die sich noch keine allgemeine Übung herausgebildet hat. Die alleinige Anwendung der induktiven Methode ist daher abzulehnen.

- Die *Deduktion* gewinnt die GoA durch »Nachdenken« aus den gesetzten Prüfungszielen. Demnach gilt es, zunächst die Beziehungen zwischen den Prüfungszielen und den Mitteln zur Zielerreichung zu identifizieren. Dabei müssen sich die Mittel nicht nur logisch aus den Zielen ableiten lassen; vielmehr müssen auch geeignete Prüfungshandlungen und -techniken verfügbar sein, mittels derer sich die gesetzten Ziele in der Prüfungspraxis erreichen lassen. Auf diese Weise erlangt die Deduktion sowohl eine logische als auch eine empirische (induktive) Dimension.
- Als weitere Methode ist die *Hermeneutik* zu nennen. Diese schließt die Induktion und die Deduktion ein und berücksichtigt darüber hinaus weitere bedeutsame Umstände, wie z. B. den Wortlaut und Wortsinn der Normen, ihren Bedeutungszusammenhang sowie ihre Entstehungsgeschichte. Operationale methodische Regeln, wie im Einzelnen vorzugehen ist, geben die Hermeneutiker allerdings nicht an.

Aus dem Blickwinkel von Abb. I.6-2 bilden die dort angesprochenen Normenkategorien bzw. die hinter diesen Kategorien stehenden Einzelnormen *GoA-Quellen* ($\rightarrow$ I.6.3.1). Über eine Akzeptanz dieser möglichen GoA als tatsächliche GoA entscheidet bzw. entscheiden die Anwendung der zuvor genannten Methoden bzw. die Kontrollkriterien, die diesen Methoden innewohnen. Demnach sind auch Normen, die den Anspruch eines Grundsatzes erheben, nicht automatisch als GoA zu übernehmen. Folglich ist die oftmals vertretene Meinung, das IDW habe die alleinige Kompetenz zur Herausgabe von GoA,[211] abzulehnen.[212] Vielmehr lassen sich die Normen des IDW als »induktiver Beitrag sachkundiger Wirtschaftsprüfer zur Formulierung«[213] der GoA interpretieren. Auch die internationalen Prüfungsnormen bilden eine GoA-Quelle.

Der *Gesetzgeber* kann gleichfalls keine Grundsätze herausgeben. Wird er aktiv, entstehen Gesetze. Obwohl die Anerkennung eines Gesetzes als Grundsatz sehr wahrscheinlich ist, kann sie scheitern. Zu fragen ist auch, ob die *Rechtsprechung* befugt ist, Grundsätze festzulegen. Die Gerichte können den GoA bezogen auf den jeweils vorliegenden Einzelfall Rechtskraft verleihen. Gleichwohl verbleibt die Möglichkeit, einen richterlich festgestellten Grundsatz mittels Anwendung der zuvor genannten Methoden zu falsifizieren.[214] Die Wahrscheinlichkeit einer solchen Falsifikation ist als nicht gering einzustufen. Hierfür sprechen insbesondere die fehlende Expertise des Richters in abschlussspezifischen Fachfragen und die hiermit einhergehende Notwendigkeit, auf berufsständische Expertise zurückzugreifen, sowie der häufig feststellbare Befund, dass die meisten

---

211 In diesem Sinne. z. B. *Niehus* (1992), S. 491; *Wiedmann* (1996), S. 152 f., sowie das IDW selbst; vgl. IDW PS 201.28 (teilweise mit Hervorhebung im Original, die Verf.): »Die IDW Prüfungsstandards enthalten die vom IDW festgestellten ... GoA«.
212 So auch *Bähr/Fischer-Winkelmann* (1974), S. 241.
213 *Claussen/Korth* (1991), § 317 HGB, Rn. 35.
214 Vgl. *Leffson* (1987), S. 142.

Gerichtsentscheidungen »ein unentwirrbares Gemisch von Sachverständigengutachten, Tatsachen und Rechtsbehauptungen, Präjudizien und Literaturzitaten«[215] beinhalten. Folglich legt die Rechtsprechung weder grundsätzlich GoA fest, noch bildet sie eine Methode zu deren Gewinnung. Die Rechtsprechung ist vielmehr als *eine* Erkenntnisquelle bei der Entwicklung zweckgerechter GoA anzusehen.

Auch bei Kenntnis der zuvor skizzierten Probleme der Entwicklung von GoA besteht Einigkeit hinsichtlich des Vorliegens einzelner Grundsätze. Im Bereich der Fachtechnik sind beispielhaft zu nennen: Grundsatz der Prüfungsplanung, Grundsatz einer nachvollziehbaren Berichterstattung und Dokumentation, Grundsatz der IKS-Prüfung sowie der Grundsatz einer risikoorientierten prüferischen Vorgehensweise. Gleichwohl mangelt es derzeit an einem geschlossenen und begründet hergeleiteten GoA-System, welches als weitgehend akzeptiert gilt. Ein Grund hierfür mag sein, dass dem IDW irrtümlicherweise oftmals die Kompetenz zugesprochen wird, GoA zu enwickeln. Weiterhin mangelt es – im Unterschied zu dem GoB[216] – im Gesetz an einem expliziten Verweis auf die GoA. Würde der Gesetzgeber einen expliziten GoA-Verweis einfügen, würde er auf diese Weise die Notwendigkeit zur Entwicklung von GoA anerkennen und gleichzeitig die beteiligten Kreise (vor allem den Berufsstand und die Wissenschaft) zu entsprechenden Aktivitäten auffordern.

6.4   Entwicklungsrahmen von Normen

Der Entwicklungsrahmen spricht zum einen den Entwicklungsprozess der Normen sowie zum anderen einen ggf. vorhandenen Bezugsrahmen für die Herausgabe von Normen an.

6.4.1   Prozess

In *Deutschland* unterliegt die Herausgabe *gesetzlicher Prüfungsnormen* (insbesondere das HGB und die WPO) dem normalen Gesetzgebungsprozedere. Prüfungsspezifika bestehen nicht.

Nachstehend wird der Prozess der Entwicklung einer *IDW-Norm* skizziert: Die Entwicklung eines IDW PS umfasst mehrere Lesungen sowie die Vorlegung eines Standardentwurfs an die interessierte Öffentlichkeit mit der Bitte um Änderungs- oder Ergänzungsvorschläge. Die eingegangenen Stellungnahmen sind auf der Homepage des IDW einsehbar.[217] Ein Standard gilt dann als angenommen, wenn in Anwesenheit von mindestens der Hälfte der ordentlichen Mitglieder des HFA zumindest die Hälfte der Mit-

---

215 *Kruse* (1970), S. 98.
216 Ein GoB-Verweis findet sich z. B. in den §§ 243 Abs. 1, 264 Abs. 2 HGB.
217 Siehe hierzu URL: http://www.idw.de/idw/portal/n281334/n281114/n414788/index.jsp (Stand: 1.4.2011).

glieder, die anwesend sind oder fernmündlich zugeschaltet sind, zustimmt. Jedoch muss insgesamt mehr als ein Drittel der ordentlichen Mitglieder zustimmen.[218]

Das PIAC (→ I.5.4.2) hat sich zu einem mehrstufigen Verfahren zur Entwicklung der *internationalen fachtechnischen, ethischen und Ausbildungsnormen* verpflichtet.[219] Dieses Verfahren lässt sich wie folgt skizzieren:

Das PIAC identifiziert neue Projekte auf der Basis einer Durchsicht der nationalen und internationalen Entwicklungen sowie von Vorschlägen, die von Dritten an das PIAC herangetragen werden. Das PIOB (→ I.5.4.2) kann zu Rate gezogen werden, um die Projektinhalte und -prioritäten abzustimmen. Es ist möglich, die Verantwortlichkeit für die fachliche Überarbeitung der Verlautbarung eines Projektes einem Arbeitsgremium (project task force) zu übertragen. Das PIAC kann entscheiden, ob es sinnvoll ist, für das weitere Vorgehen z.B. ein öffentliches Forum einzurichten oder eine roundtable-Konferenz oder einen Feldtest durchzuführen.

- Findet der Entwurf für einen ED die Zustimmung des PIAC, wird dieser auf der Internetseite der IFAC veröffentlicht.[220] Zusätzlich zum ED wird ein explanatory memorandum veröffentlicht, welches die Ziele und wesentliche Vorschläge des ED hervorhebt. Die breite Öffentlichkeit, u.a. Mitgliedsorganisationen, Prüfungsgesellschaften und andere interessierte Akteure, wird zur Stellungnahme aufgefordert. Dabei beträgt die Frist für die Abgabe von Kommentaren mindestens 90 Tage.
- Anhand der eingegangenen Kommentare (z.B. via E-Mail an EDcomments@ifac.org) wird der ED, soweit dies erforderlich sein sollte, von der project task force überarbeitet und ein überarbeiteter (auf PIAC-Ebene genehmigungsfähiger) Entwurf (revised draft) erstellt. Sollten die Änderungen wesentlich (substantial) sein, so ist vom PIAC zu erwägen, einen zweiten ED (re-exposure draft) herauszugeben und die relevanten Akteure wiederholt um die Abgabe von Kommentaren zu bitten. Ist dies der Fall, wird der re-exposure draft, soweit dies erforderlich sein sollte, anhand der eingegangenen Kommentare überarbeitet und ein genehmigungsfähiger Entwurf erstellt.
- Der genehmigungsfähige Entwurf wird nach Genehmigung durch das PIAC bei Vorliegen der erforderlichen Mehrheiten als endgültige IFAC-Norm verabschiedet.[221]

Die Sitzungen des IAASB (IAASB-meetings) sind öffentlich und können im Internet verfolgt werden. Besucher können sich online unter URL: http://www.ifac.org/IAASB zur Teilnahme registrieren. Auf dieser webside sind zudem Einzelheiten zu den Sitzungen (agenda, background papers) einsehbar. Auch die eingegangen Kommentare und die von den jeweiligen project task forces vorbereiteten Auswertungen zu den ED sind öffentlich. Beispielsweise sind zu (dem mittlerweile verlautbarten) ED ISA 600 »The audit of group financial statements« (veröffentlicht im März 2005) insgesamt 46 Kommentare von Mitgliedsorganisationen, Prüfungsgesellschaften, Regulierern, Regierungsorganisa-

---

218 Vgl. hierzu Grundsätze für die Arbeitsweise des HFA.37 (i.d.F. vom 22.2.2008).
219 Vgl. *PIAC* (2010).
220 Zur Bindungswirkung eines ED vgl. *Ruhnke* (2006), S. 1171 f.
221 Einzelheiten zum Abstimmungsprozedere (voting) sind derzeit nicht verfügbar.

tionen sowie sonstigen Akteuren eingegangen. Der Normengebungsprozess des IAASB ist transparenter als der des IDW.[222]

6.4.2   Bezugsrahmen

Das IAASB unterscheidet zwischen Prüfungsdienstleistungen (assurance engagements) und verwandten Dienstleistungen (related services). Die Erbringung dieser Dienstleistungen regeln eine Rahmennorm, eine Generalnorm sowie stärker auf den Prüfungsgegenstand bezogene Normen (gegenstandsspezifische Normen). Erbringt der Prüfer eine solche Dienstleistung, ist er stets an die ethischen und die Qualitätsnormen gebunden (IFAC Framework.4 ff.).

Abb. I.6-4 gibt einen Überblick über die einzelnen, im Folgenden näher zu kennzeichnenden Dienstleistungsarten.

Dienstleistungsarten			
Prüfungsdienstleistungen (assurance engagements)			verwandte Dienstleistungen (related services)
IFAC Framework (RAHMENNORM)			
historical financial information		non-historical financial informaton and other subject matter information	
Audit	review	ISAE 3000 (SPEZIELLE RAHMENNORM)	
ISA 200–899 IAPS 1000–1100	ISRE 2000–2699 IREPS 2700–2999	ISAE 3000–3699	ISRS 4000–4699
(...)	ISRE 2400: review of financial statements ISRE 2410: review of interim financial information	ISAE 3400: examination of prospective finanial information ISAE 3402: assurance reports on controls at a service organization ED ISAE 3420: assurance reports on the process to compile pro forma financial information included in a prospectus	ISRS 4400: agreed-upon procedures ISRS 4410: compilation engagements

Abb. I.6-4: Systematisierung der internationalen fachtechnischen Normen[223]

Das IFAC Framework bildet die allgemeine Rahmennorm für alle *Prüfungsdienstleistungen*. Prüfungsdienstleistungen können sich auf historische oder nicht historische Finanzinformationen sowie sonstige Prüfungsgegenstände (subject matter) beziehen. Als

---

222 Siehe hierzu z. B. Grundsätze für die Arbeitsweise des HFA.45: »Zuhörer zu den Sitzungen des HFA sind nicht zugelassen.« Dabei wird auf die gebotene Vertraulichkeit bei den Sitzungen verwiesen.

223 IREPS 2700–2999 sind für in Zusammenhang mit ISRE stehende Practice Statements reserviert; sog. International Review Engagements Practice Statements.

auf historische Finanzinformationen bezogene Prüfungsdienstleistungen sind die Abschlussprüfung (audit) sowie die prüferische Durchsicht (review) von Abschlüssen zu nennen. Sind nicht historische Finanzinformationen Prüfungsgegenstand, ist neben dem IFAC Framework auch die Generalnorm ISAE 3000 zu beachten.[224]

Diese beiden Normen bilden die Grundlage für die Erbringung von (regelmäßig) freiwillig zu vereinbarenden Prüfungsdienstleistungen (zum Bezugsrahmen → III.3.2 sowie zu auf dieser Basis zu erbringende Leistungen mit oder ohne eigenständige Normierung → III.3.3). Der Prüfungsgegenstand dieser Leistungen ist nicht auf Finanzinformationen beschränkt (IFAC Framework.31). Bei der Erbringung freiwilliger Prüfungsleistungen können anwendbare ISA, IAPS und ISRE als Orientierungshilfe dienen (vgl. z. B. IFAC Framework.56).

Weiterhin liegen mit ISAE 3400 auf die examination von zukunftsgerichteten Finanzinformationen und mit ISAE 3402 auf die Prüfung des internen Kontrollsystems bei Dienstleistungsunternehmen bezogene Normen sowie ein Diskussionsentwurf für einen weiteren Standard vor.

Im Unterschied zu den zuvor genannten Leistungen zielen die *verwandten Dienstleistungen* nicht auf die Erteilung eines Prüfungsurteils ab. In Betracht kommen auf Finanzinformationen bezogene agreed-upon procedures sowie die gleichfalls auf Finanzinformationen bezogenen compilation engagements. Diese regelmäßig freiwillig zu erbringenden Dienstleistungen sind gleichfalls einzelfallbezogen zu vereinbaren. ISRS 4400 und 4410 sind zwar konkreter ausgestaltet als ISAE 3000, besitzen jedoch gleichfalls konkretisierungsbedürftigen Rahmennormencharakter (vgl. hierzu ISRS 4400.1 ff., 4400.9 ff., 4410.1 f., 4410.7 ff.).

Im Folgenden werden die einzelnen Dienstleistungen näher beschrieben:

- Ein *audit* ist ein reasonable assurance engagement, welches das Prüfungsrisiko auf ein den Umständen des Einzelfalls angepasstes niedriges Niveau reduziert (acceptable low level in the circumstances of the engagement; ISA 200.17 i. V. m. IFAC Framework.11). Insofern erstaunt es, dass IDW PS 200.24 ff. die Prüfungssicherheit derzeit offensichtlich unabhängig vom Prüfungsgegenstand festlegt; insbesondere Tz. 25 ist hier weitgehend inhaltsleer.

  Der internationalen Definition folgend sind je nach Prüfungsgegenstand unterschiedliche Anforderungen an die Prüfungssicherheit zu stellen, d. h. die geforderte absolute Prüfungssicherheit variiert in Abhängigkeit vom Prüfungsgegenstand und ist insofern eine relative Größe. So dürfte bei der Ermittlung eines Nutzungswertes gem. IAS 36, bei dem die Wertermittlung mit hohen Ermessensspielräumen und Unsicherheiten behaftet ist, ein wesentlich höheres Prüfungsrisiko (und mithin eine wesentlich niedrigere absolute Prüfungssicherheit) akzeptabel sein als bei der Prüfung der Angemessenheit einer Pauschalwertberichtigung auf Forderungen aus Lieferungen und Leistungen, da sich diese regelmäßig anhand von Erfahrungswerten der Vergangenheit zuverlässig schätzen lässt.[225] Auf diese Weise könnten sich Probleme

---

224 Den Charakter einer Generalnorm verdeutlicht ISAE 3000.3: »This ISAE has been written for general application to assurance engagements other than audits or reviews of historical financial information covered by ISAs or ISREs.«

225 Zur Prüfung der Forderungen aus Lieferungen und Leistungen vgl. z. B. *IDW* (2006), R 489 ff.

bei der Interpretation des Prüfungsurteils (Bestätigungsvermerk) durch die Berichtsadressaten ergeben.[226]

Das Prüfungsurteil beinhaltet eine positiv formulierte Aussage zur Fehlerfreiheit des Prüfungsgegenstands (positive form of expression of the conclusion; IFAC Framework.11).

- Ein *review* bezieht sich auf die Prüfung eines Abschlusses mit begrenzter Prüfungssicherheit (limited assurance engagement), welche das Prüfungsrisiko – wie auch bei einem audit – auf ein den Umständen des Einzelfalls angepasstes niedriges Niveau reduziert (vgl. IFAC Framework.11). Allerdings ist das Prüfungsrisiko, bedingt durch Art und Umfang der durchzuführenden Prüfungshandlungen, höher als bei einem reasonable assurance engagement. Gleichwohl muss ein bedeutsamer Sicherheitsgrad (meaningful level of assurance) erreicht werden, d. h. das Vertrauen des Berichtsadressaten muss zweifelsfrei mehr als eine unbedeutende Erhöhung erfahren (IFAC Framework.48). Das Prüfungsurteil beinhaltet eine negativ formulierte Aussage, d. h. der Prüfer stellt fest, dass keine Anhaltspunkte dafür sprechen, dass der Prüfungsgegenstand nicht den Beurteilungskriterien entspricht.[227]

  Im Unterschied zu einem audit beschränkt sich ein review im Wesentlichen auf Befragungen der gesetzlichen Vertreter sowie der Mitarbeiter, die Erarbeitung eines Verständnisses über die Geschäftstätigkeit des zu prüfenden Unternehmens[228] sowie analytische Prüfungshandlungen. Somit beinhaltet ein review im Normalfall keine Systemprüfung, keine Belegprüfung und keine Einholung von Saldenbestätigungen. Gleichwohl sind alle beurteilungsrelevanten Informationen zu berücksichtigen, die in den Verfügungsbereich des Prüfers gelangen. Die gegenstandspezifischen Einzelnormen ISRE 2400 und IDW PS 900 regeln den review von Abschlüssen (→ III.3.3.1.1); ISRE 2410 ist mit dem review von unterjährigen Finanzinformationen befasst.

- *Examinations* beziehen sich derzeit auf die Abgabe von Prüfungssicherheit in Bezug auf zukunftsorientierte Finanzinformationen gem. ISAE 3400[229] und die Prüfung des internen Kontrollsystems bei Dienstleistungsunternehmen gem. ISAE 3402. In Bezug auf den zuerst genannten Anwendungsfall ist festzustellen, dass die den Prognosen zu Grunde liegenden Annahmen ihrer Natur nach unsicher sind. Daher ist es zumeist nur erforderlich, eine negativ formulierte mittlere Prüfungssicherheit (moderate level of assurance) zu gewähren (ISAE 3400.8 f.). Während bei einer prüferischen Durchsicht die Prüfungssicherheit oftmals aus Kostengründen freiwillig eingeschränkt wird, liegen die Gründe für die Beschränkung bei einer examination im Prüfungsobjekt selbst.

- Bei den *agreed-upon procedures* (regarding financial information) handelt es sich um einzelne Handlungen zu einzelnen Finanzinformationen und die Berichterstattung hier-

---

226 Vgl. ausführlich *Ruhnke/Lubitzsch* (2010). Zu den hieraus resultierenden Problemen bei der Interpretation des Bestätigungsvermerks siehe *Ruhnke/Schmiele/Schwind* (2010), S. 409 f.
227 Eine tabellarische Gegenüberstellung der Unterschiede zwischen einem reasonable assurance engagement und einem limited assurance engagement findet sich im appendix des IFAC Framework.
228 Allerdings ist das diesbezüglich formulierte Anspruchsniveau in ISRE 2400.14 f. niedriger als in ISA 315.
229 Konkretisierend hierzu in Bezug auf die Prüfung von Gewinnprognosen und Schätzungen i. S. v. IDW RH HFA 2.003 siehe IDW PH 9.960.3.

über nach zuvor mit dem Auftraggeber festgelegten Anforderungen (ISRS 4400.1–4).[230] Eine Prüfungssicherheit wird nicht gegeben (ISRS 4400.5). Beispielsweise stellt eine Vereinbarung zur Einholung von Saldenbestätigungen anhand einer vom Mandanten angefertigten Liste wichtiger Lieferanten sowie eine im Anschluss vorzunehmende Abstimmung etwaiger Differenzen mit den Konten eine agreed-upon procedure dar (vgl. hierzu sowie zu weiteren möglichen Vereinbarungen ISRS 4400.appendix 2). In diesem Fall berichtet der Prüfer lediglich über vorgefundene Tatsachen (factual findings). Die Schlussfolgerungen sind durch den Berichtsempfänger zu ziehen. Als weiteres Beispiel für vereinbarte Untersuchungshandlungen sind Bescheinigungen über die Einhaltung von Finanzkennzahlen, zu der sich der Kreditnehmer gegenüber Kreditgebern vertraglich verpflichtet hat (sog. Covenants-Bescheinigungen) zu nennen. Bei der Erbringung dieser verwandten Dienstleistung können bestehende ISA hilfreich sein (ISRS 4400.2).

* Bei einem *compilation engagement* verwendet der Prüfer seine accounting-Expertise, um Finanzinformationen zu sammeln, zu klassifizieren und zusammenzufassen. Ein solcher Auftrag bezieht sich häufig auf die Erstellung von Abschlüssen (ISRS 4410. appendix 1 sowie IDW S 7).[231] Der Prüfer nimmt hierbei grundsätzlich keine Prüfung der zu Grunde liegenden Buchungen vor. Allerdings erlangt der so erstellte Abschluss eine gewisse Glaubwürdigkeit, da der Prüfer diesen mit berufsüblicher Sorgfalt erstellt hat und über die notwendige Fachkompetenz verfügt (ISRS 4410.3). IDW S 7.37 ff. sieht zudem die Möglichkeit, die Erstellung des Jahresabschlusses mit Plausibilitätsbeurteilungen oder umfassenden Prüfungshandlungen zu kombinieren;[232] in diesem Fall können auch bestehende ISA, IAPS und ISRE Anhaltspunkte für die Leistungserbringung geben.

Ein explizit formulierter Bezugsrahmen (wie in Abb. I.6-4 dargestellt) existiert in Deutschland nicht. Differenziert wird lediglich dahingehend, dass für Prüfungen mit einem abweichenden Prüfungsgegenstand (d. h. keine handelsrechtliche Abschlussprüfung) oder einem geringeren Umfang kein Bestätigungsvermerk, sondern lediglich eine Bescheinigung erteilt werden darf (IDW PS 400.5; so z. B. IDW S 7.56 ff. u. 62, IDW PH 9.960.2.11).[233]

---

230 Siehe ausführlich *Pföhler/Kamping* (2010).
231 Typische Anwendungsfelder für compilations und reviews sind KMU; → II.9.1.
232 Zu der Vorgängernorm SN HFA 4/1996 vgl. *Köhler* (2006), S. 1067 ff.
233 Vgl. hierzu *IDW* (2006), Q 1156 ff.

6.5 Normenarten

6.5.1 Überblick und Systematisierung

Während die Normenquellen angeben, welche Institution oder welcher Akteur mit der Herausgabe einer Regelung befasst ist, setzen die Normenarten einen anderen Fokus, indem sie die vorhandenen Normen hinsichtlich der *Natur ihres Regelungsbereichs* systematisieren.

Bei der eigentlichen Berufsausübung hat der Prüfungsträger (insbesondere Abschlussprüfer) *fachtechnische Normen* zu beachten, welche direkt Art und Umfang der Erbringung einer Prüfungs- oder einer verwandten Dienstleistung (→ I.6.4.2) regeln. Voraussetzung für die Erbringung einer solchen Dienstleistung ist, dass der Prüfer über einen gewissen Ausbildungsstand verfügt und sich zudem kontinuierlich fortbildet (*Ausbildungsnormen*).

Des Weiteren vermag eine Prüfung den gegebenen Abschlussinformationen nur dann Glaubwürdigkeit zu verleihen, wenn der Prüfer ethischen Anforderungen (wie z. B. der Unabhängigkeit und der Unbefangenheit) genügt. *Ethische Normen* behandeln keine fachtechnischen Probleme, sondern geben vor, unter welchen Voraussetzungen der Prüfer in der Lage ist, die fachtechnischen, aber auch die Ausbildungs- und die Qualitätsnormen sachgerecht anzuwenden, und wie z. B. bestehende Interessenkonflikte mit dem Mandanten im Sinne einer für den Abschlussadressaten Nutzen stiftenden Weise zu lösen sind.[234]

Qualitätsnormen legen das Anforderungsprofil bei der Organisation der WP-Praxis[235] und der Abwicklung einzelner Prüfungsaufträge fest. Zudem soll eine interne und/oder externe Nachprüfung sicherstellen, dass die zuvor angesprochenen Anforderungen auch eingehalten wurden. Qualitätsnormen ziehen zumeist konkrete Handlungen bzw. Maßnahmen des Prüfers zur Qualitätssicherung nach sich.

Durchsetzungsnormen beinhalten Anreize, um die Erfüllung der präskriptiven Funktion der zuvor genannten Normenarten sicherzustellen. Dabei wird ein opportun agierender Prüfer unterstellt, der immer dann normenkonform prüft, wenn die Anreize zur Normenbefolgung ausreichend hoch sind. Dies ist immer dann der Fall, wenn gilt:

Wahrscheinlichkeit der Aufdeckung eines
Normenverstoßes · Nutzeneinbuße > zusätzliche Kosten
einer normenkonformen Prüfung (im Vergleich zu einer laxen Prüfung)

Durchsetzungsnormen legen einen Preis (Nutzeneinbuße des Prüfers, z. B. in Form einer monetären Sanktion, von Reputationsverlusten, von Gefängnisstrafen oder durch Ausschluss von der Berufsausübung) fest, der im Falle einer Prüfung, die nicht dem in den fachtechnischen, den Ausbildungs-, den Qualitäts- und/oder den ethischen Normen geforderten Niveau entspricht, zu entrichten ist.

---

234 Eine Auseinandersetzung mit der Frage, ob und inwieweit ethisches Verhalten über Normen erzwingbar (Durchsetzungsnormen) oder erlernbar ist (Ausbildungsnormen), findet sich in *Ruhnke* (2000), S. 166 ff. und 325 ff. m. w. N.

235 Der Terminus »WP-Praxis« kann sich sowohl auf einen Einzelprüfer als auch auf eine Prüfungsorganisation beziehen.

Das in Abb. I.6-5 dargestellte *Beziehungsgeflecht zwischen den zuvor angesprochenen Normenarten* lässt sich wie folgt beschreiben:

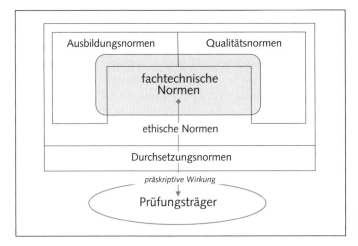

Abb.I.6-5: Beziehungs-
geflecht zwischen den
Normenarten[236]

Die fachtechnischen Normen bilden den Kernbereich. Ohne ihre Existenz lassen sich die Inhalte der anderen Normenarten nicht sachgerecht bestimmen, d. h. das den anderen Normenarten innewohnende Potenzial zur Verhaltenssteuerung (präskriptive Normenfunktion; → I.6.1) kann nur in Verbindung mit den direkt auf den Prüfungsprozess bezogenen fachtechnischen Normen wirksam werden.

Während die Ausbildungsnormen darauf abzielen, den Prüfer in die Lage zu versetzen, das geforderte fachliche Niveau einzuhalten, zielen die Qualitätsnormen primär auf das Handeln des Prüfers im Hinblick auf die Etablierung von Maßnahmen zur Qualitätssicherung ab. Des Weiteren sprechen ethische Normen das Verhalten des Prüfers betreffende moralische Wertvorstellungen an. Dagegen betonen die Durchsetzungsnormen vorzugsweise die Anreizkomponente unter der Annahme der Existenz eines opportun agierenden Prüfers.[237]

6.5.2 Detailbetrachtung der einzelnen Normenarten

Die folgenden Ausführungen geben einen Überblick über wesentliche, den einzelnen Normenarten zuzurechnende Einzelnormen. In die Untersuchung eingebunden werden die deutschen und die internationalen Normen.

---

236 Vgl. auch *Ruhnke* (2002a), Sp. 1846.
237 Die Abgrenzungen sind nicht vollends trennscharf. Beispielsweise entfalten auch Qualitätsnormen Anreize hinsichtlich der Befolgung der fachlichen Normen. Qualitäts- und Durchsetzungsnormen unterscheiden sich vor allem dahingehend, dass die Qualitätsnormen regelmäßig ein aktives Tun des Prüfers im Hinblick auf die Etablierung von Qualitätssicherungsmaßnahmen erfordern; dagegen rücken die Durchsetzungsnormen zumeist die Nutzeneinbuße bei einem Verstoß gegen eine andere Normenart in den Vordergrund.

6.5.2.1 Fachtechnische Normen

Fachtechnische Normen regeln Art und Umfang der Erbringung einer Prüfungs- oder einer verwandten Dienstleistung (→ I.6.4.2). Die folgenden Ausführungen beziehen sich auf die Jahresabschlussprüfung (audit). Fachtechnische Normen geben das Prüfungsziel an und behandeln den gesamten Prozess der Zielerreichung (Gewinnung eines Prüfungsurteils mit der geforderten Prüfungssicherheit). Demnach berühren fachtechnische Normen den zeitlichen Ablauf einer Prüfung von der Auftragsannahme, der Prüfungsplanung, der Vornahme von Risikobeurteilungen und der Reaktion auf beurteilte Fehlerrisiken, den Prüfungshandlungen zur Erlangung von Prüfungsnachweisen und der sich anschließenden Urteilsbildung, den begleitenden Dokumentations- und Kommunikationserfordernissen bis hin zur Berichterstattung im Prüfungsbericht und im Bestätigungsvermerk.

Die fachtechnischen Normen lassen sich jedoch nur *bedingt prozessual organisieren*. Dies liegt vor allem darin begründet, dass der komplexe Prüfungsprozess regelmäßig nicht deterministisch, sondern iterativ abläuft. Besonders deutlich wird dies am Beispiel der Prüfungsplanung; hier lösen die im Zuge der Prüfungsdurchführung erlangten Prüfungsnachweise sukzessive Modifikationen des (vorläufigen) Prüfungsplans aus. Demnach ist die Prüfungsplanung kein abgegrenzter Prozessschritt, sondern ein sachlich abgegrenzter Teilbereich der Prüfung, der nahezu den gesamten Prüfungsprozess begleitet. Des Weiteren sind die Prüfungshandlungen zur Erlangung von Prüfungsnachweisen (z. B. analytische Prüfungen) teilweise bereits in der Planungsphase einzusetzen. Auch die Dokumentationserfordernisse begleiten den gesamten Ablauf einer Prüfung. Der Prüfungsprozess setzt sich demnach aus *mehreren Teilprozessen* zusammen, die überwiegend *zeitlich parallel ablaufen*, sich zudem *gegenseitig beeinflussen* und teilweise *miteinander interagieren*.

Weiterhin geben die fachtechnischen Normen den Versuch einer prozessualen Orientierung teilweise bewusst auf, um sich abgegrenzten Bereichen zuzuwenden, die als besonders bedeutsam erachtet werden. Zu nennen sind prüfungsobjektspezifische Besonderheiten wie die Aufdeckung von Unregelmäßigkeiten (einschließlich fraud), die wesentlichen Einfluss auf den Abschluss nehmen, sowie die Prüfung der going concern-Annahme. Während diese Besonderheiten integrativer Bestandteil eines jeden Prüfungsprozesses sind, treten weitere sachlich abgegrenzte Bereiche hinzu, die gleichfalls gesondert behandelt werden (*Sonderprobleme*): Solche Sachverhalte setzen z. B. an spezifischen Rechnungslegungsbestandteilen (z. B. Segmentbericht) oder an den Besonderheiten des Prüfungsobjektes (z. B. Prüfung von Konzernabschlüssen) an.

Abb. I.6-6 fasst die zuvor angesprochenen Überlegungen zusammen. Dem zuvor dargelegten Ordnungskonzept werden nachstehend zentrale deutsche und internationale Prüfungsnormen zugeordnet und ggf. bestehende, besonders bedeutsame Unterschiede benannt.[238] Die angesprochene Systematik und die zugeordneten Prüfungsnormen bereiten die auf den Prüfungsprozess bezogenen Ausführungen in Kapitel II vor.

---

238 Zu den Unterschieden siehe auch *Ruhnke* (2006), S. 1172 ff.

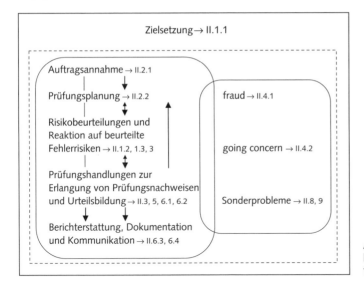

Zielsetzung→ II.1.1

Auftragsannahme → II.2.1

Prüfungsplanung → II.2.2

Risikobeurteilungen und
Reaktion auf beurteilte
Fehlerrisiken → II.1.2, 1.3, 3

Prüfungshandlungen zur
Erlangung von Prüfungsnachweisen
und Urteilsbildung → II.3, 5, 6.1, 6.2

Berichterstattung, Dokumentation
und Kommunikation → II.6.3, 6.4

fraud → II.4.1

going concern → II.4.2

Sonderprobleme → II.8, 9

Abb. I.6-6: Ordnungskonzept für die fachtechnischen Normen

Zielsetzung

Das Ziel einer Prüfung besteht darin, die Abgabe eines Urteils darüber zu ermöglichen, ob der Jahresabschluss (Prüfungsobjekt) in allen wesentlichen Punkten den angegebenen Rechnungslegungsnormen entspricht (§ 317 Abs. 1 Satz 2 HGB sowie ISA 200.3 und IDW PS 200.8 ff.; → I.6.2). Demnach soll die Glaubwürdigkeit der Abschlussinformationen erhöht werden. Prüfungsobjekte bilden sowohl der Einzel- als auch der Konzernabschluss nebst zu Grunde liegender Buchführung; als weitere Prüfungsgegenstände kommen z. B. der Lagebericht, das Risikomanagementsystem, die Segmentberichterstattung und die Kapitalflussrechnung in Betracht (→ II.8). Die Prüfung selbst muss den (relevanten) Prüfungsnormen entsprechen und ist mit einer kritischen Grundhaltung (professional skepticism) zu planen und durchzuführen (ISA 200.7, 200.15, IDW PS 200.17, 210.14).

Auftragsannahme

Die Auftragsbedingungen sind mit dem Mandanten schriftlich zu vereinbaren; die Erstellung eines Auftragsbestätigungsschreibens wird empfohlen (ISA 210, IDW PS 220; → II.2.1). International ist es unter bestimmten Voraussetzungen möglich, die vereinbarte Prüfungssicherheit vor Beendigung des Prüfungsauftrags auf ein niedrigeres Niveau herabzustufen: Beispielsweise ist es zulässig, von der reasonable assurance eines audit auf die limited assurance eines review zu wechseln (ISA 210.15). Ein solches Vorgehen ist indes bei einer gesetzlichen Abschlussprüfung in Deutschland unzulässig.[239]

Prüfungsplanung

Die Prüfungstätigkeit ist zu planen (ISA 300, §§ 4 Abs. 3, 24a Berufssatzung, IDW PS 240.7; → II.2.2). Nationale und internationale Normen formulieren ähnliche inhaltliche Anforderungen an eine Planung nebst deren Dokumentation:

---

239 So auch *IDW* (1998), S. 35.

Die Prüfungsplanung umfasst die Entwicklung einer *Prüfungsstrategie* sowie eines hieraus ableitbaren *Prüfungsprogramms*. Dabei betont IDW PS 240.20, dass die Erstellung des Prüfungsprogramms nach sachlichen, personellen und zeitlichen Gesichtspunkten zu erfolgen hat. Bereits vor der Auftragsannahme sowie im Rahmen der Prüfungsplanung hat der Prüfer sich Kenntnisse über die Geschäftätigkeit und das wirtschaftliche Umfeld des Mandanten zu verschaffen (ISA 300.9, § 4 Abs. 3 Berufssatzung, IDW PS 230.7, 230.9, 240.17).

Die Verwendung von Prüfungsergebnissen und Urteilen Dritter ist gleichfalls zu planen (z. B. ISA 600.15 f., 620.A6, IDW PS 240.20). Zudem hat der Abschlussprüfer bei der Planung zwingend analytische Prüfungen einzusetzen (IDW PS 312.17 ff. sowie implizit ISA 520.A6, 520.A14). Das Erfordernis einer Gesamtplanung aller Aufträge der WP-Praxis findet sich nur in IDW PS 240.10 und VO 1/2006.79.

Risikobeurteilungen und Reaktion auf die beurteilten Fehlerrisiken

Der Prüfer muss die Fehlerrisiken auf Abschlussebene und Ebene der Abschlussaussagen identifizieren und beurteilen (ISA 315.5 ff., IDW PS 230 und PS 261.13 ff.), um hierauf aufbauend Prüfungsnachweise zu erlangen und sein Prüfungsurteil zu formulieren. Fehlerrisiken beinhalten inhärente Risiken (Fehleranfälligkeit eines Prüffeldes) und Kontrollrisiken (Risiko, dass wesentliche Fehler durch das interne Kontrollsystem des Mandanten nicht verhindert oder aufgedeckt und korrigiert werden).

Das Feststellen der Fehlerrisiken umfasst zum einen die Gewinnung eines Verständnisses von dem Unternehmen sowie dessem rechtlichen und wirtschaftlichen Umfeld. Dabei muss der Prüfer sich insbesondere mit dem Unternehmensumfeld, den Merkmalen des Unternehmens (zur Berücksichtigung von Umweltrisiken vgl. IAPS 1010), den Zielen und Strategien des Unternehmens sowie damit verbundenen Geschäftsrisiken beschäftigen; der Prüfer hat sich auch mit der Messung und Überwachung des wirtschaftlichen Erfolgs zu befassen. Zum anderen muss der Prüfer ein Verständnis des prüfungsrelevanten internen Kontrollsystems erlangen; dabei ist ggf. die teilweise Auslagerung der Rechnungslegung des Mandanten auf Dienstleistungsunternehmen zu berücksichtigen (ISA 402, IDW PS 331).

Fehlerrisiken sind zu beurteilen und auf die Risiken einer wesentlichen Falschdarstellung ist durch geeignete Prüfungshandlungen zu reagieren (ISA 330, IDW PS 261.70 ff.). Anhaltspunkte für die Wesentlichkeitsbeurteilungen finden sich in ISA 320 und IDW PS 250 (→ II.1.3). Wichtig ist, dass die Prüfungshandlungen eng an die zuvor identifizierten Risiken gebunden sind. Ein solches Vorgehen entspricht dem risikoorientierten Prüfungsansatz (→ II.1.2) und hier insbesondere einer geschäftsrisikoorientierten Prüfung (→ II.3.3.1). Weiterhin besteht national ggf. eine Pflicht zur Prüfung des Risikomanagementsystems (§ 91 Abs. 2 AktG, § 317 Abs. 4 HGB, IDW PS 340; → II.3.2.2.5); die auf diesem Wege erlangten Informationen dienen auch der auf den Jahresabschluss bezogenen Risikobeurteilung.

Prüfungshandlungen zur Erlangung von Prüfungsnachweisen und Urteilsbildung

Auf die beurteilten Fehlerrisiken hat der Prüfer durch geeignete Prüfungshandlungen zur Erlangung von Prüfungsnachweisen zu reagieren. Vereinfacht gilt folgender Zusammenhang: Bei einem als hoch beurteilten Fehlerrisiko muss der Prüfer das Entdeckungsrisiko

(Risiko, dass der Prüfer einen Fehler durch aussagebezogene Prüfungshandlungen nicht entdeckt) durch geeignete Prüfungshandlungen gering halten, um das Prüfungsrisiko (vor allem das Risiko, dass der Prüfer einen uneingeschränkten Bestätigungsvermerk erteilt, obwohl ein wesentlicher Fehler vorliegt) auf das vorgegebene Maß zu reduzieren; andererseits kann der Prüfer bei einem geringen Fehlerrisiko ein höheres Entdeckungsrisiko akzeptieren. Das Fehlerrisiko stellt der Prüfer fest (nicht beeinflussbare Variable); das Entdeckungsrisiko kann der Prüfer durch den Einsatz von Prüfungshandlungen beeinflussen (zu kontrollierende Variable).

Dabei sind Prüfungsnachweise vom Prüfer über den Einsatz von Prüfungshandlungen erlangte Informationen, die zu Schlussfolgerungen (Prüfungsfeststellungen) führen, auf die er sein Prüfungsurteil stützt (ISA 500.4, IDW PS 300.6). Art, Umfang und zeitliche Folge des Einsatzes von Prüfungshandlungen, die regelmäßig kombiniert zum Einsatz gelangen, folgen dem Prüfungsrisikomodell (ausführlich hierzu → II.1.2).

Abb. I.6-7 systematisiert die Prüfungshandlungen (ISA 500.A10 ff., 530.A12 f., IDW PS 300.27 ff.) nach dem Ziel des Einsatzes sowie der Vorgehensweise zur Zielerreichung.

Ziel des Einsatzes von Prüfungshandlungen					
Risikobeurteilung einschl. Aufbauprüfung (risk assessment procedures)	Funktionsprüfungen (tests of controls)	aussagebezogene Prüfungshandlungen (substantive procedures)			
		analytische Prüfungshandlungen (substantive analytical procedures)	Einzelfallprüfungen (tests of details of classes of transactions, account balances, and disclosures)		
			Vollprüfung (selecting all items)	bewusste Auswahl (selecting specific items)	Zufallsauswahl (audit sampling)
Prüfungshandlungen zur Zielerreichung					
– Einsichtnahme in Unterlagen und Inaugenscheinnahme von materiellen Vermögensposten (inspection)					
– Beobachtung von Verfahren oder einzelnen Maßnahmen (observation)					
– Befragungen (inquiry)					
– Nachvollziehen (reperformance)					
– externe Bestätigungen (external confirmation)					
– Nachberechnungen (recalculation)					
– analytische Prüfungshandlungen (analytical procedures)					

Abb. I.6-7: Prüfungshandlungen zur Erlangung von Prüfungsnachweisen

Nach dem verfolgten Ziel lassen sich Risikobeurteilungen, Funktionsprüfungen sowie aussagebezogene Prüfungshandlungen unterscheiden. Systemprüfungen umfassen Prüfungshandlungen, die auf eine Aufbauprüfung und eine Funktionsprüfung abzielen (ISA 315.12 ff., 330.8 ff., IDW PS 261.40 ff., 261.73 ff.; → II.3.2.2). Zu den aussagebezogenen Handlungen zählen analytische Prüfungshandlungen (ISA 520, IDW PS 312; → II.3.2.3) und Einzelfallprüfungen (ISA 500.A10(b)(ii), IDW PS 300.24 f.; → II.3.2.4). Unabhängig von den beurteilten Fehlerrisiken (d.h. unabhängig von den vorgenommenen Risikobeurteilungen und Funktionsprüfungen) muss der Prüfer bei allen wesentlichen Prüffeldern (bzw. Kategorien von Aussagen; → I.6.2) aussagebezogene Prüfungshandlungen durchführen (ISA 330.18, IDW PS 261.83).

Bei der Durchführung von Einzelfallprüfungen kann der Prüfer alle Elemente einer Grundgesamtheit auswählen, sich bewusst auf bestimmte Elemente konzentrieren oder zufällig eine Stichprobe (audit sampling) ziehen (ISA 500.A52 ff.).[240] Zum audit sampling sind nach ISA 530.A13 auch Verfahren zu rechnen, die keinen statistisch fundierten Wahrscheinlichkeitsschluss erlauben, wie z.B. die Auswahl aufs Geratewohl (sog. haphazard selection; siehe hierzu ISA 530.Appendix 4). Der Einsatz dieser Verfahren ist allerdings kritisch zu beurteilen, da hier der in ISA 500.A56 geforderte Schluss von der Stichprobe auf die Grundgesamtheit nicht zulässig ist. Allenfalls ist es möglich, solche Verfahren einzusetzen, um noch gewisse Sicherheitsbeiträge im Hinblick auf die geforderte Urteilssicherheit zu erlangen. Den Normalfall des audit sampling bildet gleichwohl der statistische Ansatz. Hier muss das angewandte Stichprobenverfahren den Anforderungen der Wahrscheinlichkeitstheorie genügen (→ II.3.2.4.2 f.).

Hinsichtlich der *Einholung von Prüfungsnachweisen bei bestimmten Posten* gehen ISA 501.4 ff. und IDW PS 301 auf die Anwesenheit des Abschlussprüfers bei der Inventur ein (→ II.3.4.1). Die Nachforschungen bei Rechtsstreitigkeiten und Klagen und die Segmentberichterstattung (→ II.8.1) werden in ISA 501.9 ff. und IDW PS 300.42 ff. behandelt. Bezüglich der Nachforschungen bei Rechtsstreitigkeiten und Klagen besteht unter den in ISA 501.9 ff. und IDW PS 300.44 genannten Voraussetzungen eine Pflicht zur Kontaktaufnahme mit dem Rechtsanwalt des Mandanten; verweigert die Unternehmensleitung ihre Einwilligung zu einer solchen Kontaktaufnahme, hat dies Konsequenzen für die Erteilung des Testats (ISA 501.11, IDW PS 300.44). Des Weiteren behandeln ISA 505 und IDW PS 302 detailliert das *Einholen von Bestätigungen Dritter* (insbesondere Saldenbestätigungen; → II.3.4.2).

Die *Prüfung von geschätzten Werten in der Rechnungslegung* (wie z.B. der Wert strittiger Forderungen, die Nutzungsdauer von Vermögensgegenständen oder die Höhe von drohenden Verlusten aus schwebenden Geschäften) einschließlich von *geschätzten beizulegenden Zeitwerten* behandeln ISA 540 sowie IDW PS 314 (→ II. 3.4.3). Die Prüfung von *derivativen Finanzinstrumenten* behandelt nur IAPS 1012; insofern weichen nationale und internationale Normen voneinander ab.

Zeitliche Aspekte der Erlangung von Prüfungsnachweisen berühren zum einen die Erstprüfung und zum anderen die Frage, ob und inwieweit Prüfungshandlungen vorzunehmen sind, welche Ereignisse nach dem Abschlussstichtag betreffen.

- Die Regelungen zu den Besonderheiten der *Erstprüfung* in ISA 510 und IDW PS 205 sind ähnlich ausgestaltet.
- Nach ISA 560.6 und IDW PS 203.11 sind die Prüfungshandlungen auch darauf auszurichten, ausreichende und angemessene Prüfungsnachweise dafür zu erlangen, dass alle Ereignisse festgestellt werden, *die bis zum Datum des Bestätigungsvermerks eingetreten sind*. Ein solches Vorgehen ist notwendig, da z.B. bei der Bewertung einzelner Abschlussposten Ereignisse zu berücksichtigen sind, sofern diese nachträglich bessere Erkenntnisse über die Verhältnisse zum Abschlussstichtag liefern (sog.

---

240 Vgl. hierzu auch *Göb/Karrer* (2010).

wertaufhellende Ereignisse; vgl. IDW PS 203.9). Weiterhin sind nach dem Datum des Bestätigungsvermerks eingetretene Ereignisse u. U. für die Beurteilung der going concern-Annahme relevant (→ II.4.2).

- *Nach dem Datum des Bestätigungsvermerks* (aber vor Veröffentlichung des Abschlusses) besteht keine aktive Pflicht hinsichtlich der Erlangung von Prüfungsnachweisen. Werden dem Prüfer Ereignisse bekannt, die den Abschluss wesentlich beeinflussen, hat er zu beurteilen, ob der Abschluss geändert werden muss (ISA 560.10 ff.).

ISA 560.A11 und IDW PS 203.18 vertreten die Auffassung, die Unternehmensleitung habe den Prüfer zu informieren, falls zwischen dem Datum des Bestätigungsvermerks und der Veröffentlichung des Abschlusses (Übergabe des geprüften Abschlusses an Dritte) Sachverhalte auftreten, die sich auf den Abschluss auswirken können (nachträgliche Informationspflicht). Ergibt sich auf diesem Wege eine Abschlussänderung, hat der Prüfer sicherzustellen, dass auch alle in dem zuvor genannten Zeitraum bekannt gewordenen Ereignisse (in dem nicht geänderten Bereich), die im Abschluss zu berücksichtigen wären, festgestellt werden (ISA 560.11 (b) (i)). Demnach sind die in Tz. 6 f. genannten Prüfungshandlungen uneingeschränkt auf den Zeitraum bis zur Erstellung des neuen Bestätigungsvermerks auszudehnen. Dagegen ist gem. § 316 Abs. 3 HGB erneut zu prüfen, »soweit es die Änderung erfordert«; diese Nachtragsprüfung ist demnach auf die vorgenommenen Änderungen begrenzt (IDW PS 203.22). In diesem Fall hat der Prüfer z. B. im Bestätigungsvermerk darauf hinzuweisen, dass sich die Nachtragsprüfung auf die vorgenommenen Änderungen beschränkt (ISA 560.12 (a); siehe auch IDW PS 203.23 f.; 400.105 ff.).

Setzt der Mandant ein *IT-gestütztes Rechnungslegungssystem* ein, hat der Prüfer einen möglichen Einfluss auf die Prüfungsdurchführung zu berücksichtigen. Als besonders relevante Prüfungsnormen sind zu nennen: ISA 315, 330, IDW PS 330, PH 9.330.1, 9.330.2 (→ II.5). Besonderheiten der Prüfung bei Einsatz von E-Commerce behandelt nur IAPS 1013. Auf die Prüfung von Softwareprodukten nebst Erteilung einer Softwarebescheinigung geht explizit nur IDW PS 880 ein.[241] Führt der Prüfer bereits mit Beginn der Entwicklung eines IT-Systems beim Mandanten Prüfungshandlungen durch (sog. projektbegleitende Prüfung), so lassen sich auch auf diese Weise Prüfungsnachweise erlangen; diesen Aspekt behandelt nur IDW PS 850.

Die *Urteilsbildung* des Prüfers basiert auf Schlussfolgerungen (Prüfungsfeststellungen), die aus den erlangten Prüfungsnachweisen abgeleitet wurden (ISA 700.6 (a), IDW PS 300.1, 300.6). Anhaltspunkte im Hinblick auf die Aggregation von im Prüfungsverlauf identifizierten und nicht korrigierten Falschdarstellungen finden sich nur in ISA 450. Unmittelbar vor der Bildung des Gesamturteils bedarf es einer abschließenden, auf analytischen Prüfungen beruhenden Gesamtdurchsicht (ISA 520.6, IDW PS 312.23). Bei der Urteilsbildung hat der Prüfer zu berücksichtigen, ob die *Vergleichsangaben* über Vorjahre (comparatives) den Anforderungen der angewandten Rechnungslegungsnormen entsprechen (ISA 710, IDW PS 318).[242] Bei der Urteilsbildung sind auch Besonderheiten ei-

---

241 Dabei werden die Anforderungen des ISAE 3000 berücksichtigt; siehe Abb. I.6-4.

242 Als Vergleichsangaben sind z. B. die im Abschluss enthaltenen Angaben für die Vorperiode gem. § 265 Abs. 2 HGB oder IAS 1.38 ff. zu nennen.

ner *Gemeinschaftsprüfung* (joint audit) zu berücksichtigen (IDW PS 208; → II.6.2.4).[243] Zur Aggregation von Teilurteilen zu einem Gesamturteil finden sich keine ins Detail gehende Normen (→ II.6.1).

Der Grad der Verlässlichkeit der Prüfungsnachweise hängt insbesondere von deren Art ab (ISA 500.A7ff., IDW PS 300.39). Darüber hinaus lassen sich ggf. auch *Erklärungen der Unternehmensleitung* als Prüfungsnachweis verwerten (ISA 580, IAPS 1010.48, IDW PS 303.8ff.). Dabei ist der Abschlussprüfer gehalten, von dem geprüften Unternehmen eine Vollständigkeitserklärung einzuholen, in der die Vollständigkeit der erteilten Aufklärungen und Nachweise versichert wird (ISA 580.11ff., IDW PS 303.23ff.). Als Nachweis lassen sich auch *Prüfungsergebnisse und Urteile Dritter* verwenden (ISA 600, 610, 620, IAPS 1010.41ff., IDW PS 320, 321, 322; → II.6.2.3).

Hat sich der Prüfer sein (vorläufiges) Urteil zur geprüften Rechnungslegung gebildet, verpflichten ihn ISA 720.6 und IDW PS 202.7, sonstige Informationen in Dokumenten, die einen Jahresabschluss beinhalten (z.B. Geschäftsbericht, Wertpapierprospekt), kritisch zu lesen, um wesentliche Widersprüche zu dem geprüften Abschluss festzustellen. Das IDW spricht hier von *zusätzlichen Informationen, die von Unternehmen zusammen mit dem Jahresabschluss veröffentlicht werden.*

Berichterstattung, Dokumentation und Kommunikation

Zentrales Instrument der externen Berichterstattung ist national der *Bestätigungsvermerk* und international der auditor's report on financial statements[244] (→ II.6.3.1). Zentrale Prüfungsnormen sind § 322 HGB i.V.m. IDW PS 400, § 32 WPO sowie ISA 700. Eine konkretisierende internationale Prüfungsnorm ist ISA 705, der modifizierte Berichte (modifications)[245] behandelt (als nationales Pendant fungieren die Tz. 50ff. in IDW PS 400). Eine weitere konkretisierende Norm ist ISA 706, der ergänzende Zusätze zu einem uneingeschränkt erteilten Testat (matter paragraphs) behandelt; teilweise finden sich vergleichbare Ausführungen in IDW PS 270.36.

Nationale und internationale Normen sind ähnlich ausgestaltet, weichen jedoch im Detail vereinzelt voneinander ab. Beispielsweise können sich abweichende Konsequenzen für die Berichterstattung bei der Prüfung von *Vergleichsangaben* gem. ISA 710.10ff. und IDW PS 318.30ff. ergeben. Hier kann es u.U. erforderlich sein, den Vermerk nur nach internationalen Normen einzuschränken (IDW PS 318.37). Auch im Rahmen der Prüfung *zusätzlicher Informationen*, die vom Mandanten zusammen mit dem Jahresabschluss (z.B. im freien Teil des Geschäftsberichts) veröffentlicht werden, können sich abweichende Konsequenzen für die externe Berichterstattung geben. Ergibt sich auf Grund einer wesentlichen Unstimmigkeit ein Änderungsbedarf in den zusätzlichen Informationen, hat dies nach IDW PS 202.15 keine Konsequenzen für die Ausgestaltung des Bestätigungsvermerks. Dagegen ist nach ISA 720.10a (unter Verweis auf ISA 706.8)

---

243 Diese Besonderheiten betreffen primär die Urteilsbildung, beeinflussen jedoch den gesamten Prüfungsprozess von der Auftragsannahme bis zur Erteilung des Bestätigungsvermerks.

244 Dieser report ist vergleichbar mit dem Bestätigungsvermerk gem. § 322 HGB und streng zu unterscheiden von dem Prüfungsbericht gem. § 321 HGB.

245 Angesprochen sind die folgenden Modifikationen: qualified opinion, disclaimer of opinion sowie adverse opinion; vgl. ISA 705.7ff.

der Vermerk um einen Absatz (other matter paragraph) zu ergänzen. Auf nationaler Ebene ist ggf. nach § 321 Abs. 1 Satz 3 HGB im Prüfungsbericht zu berichten.

In Deutschland ist der schriftlich abzufassende *Prüfungsbericht* (long-form audit report) das zentrale Instrument der internen (insbesondere an den Aufsichtsrat gerichteten) *Berichterstattung* (§ 321 HGB i. V. m. IDW PS 450; → II.6.3.2). International existiert kein Berichtsinstrument, welches *formal* dem Prüfungsbericht entspricht. Vielmehr ist das internationale Normensystem dahingehend anders ausgerichtet, als ISA 260 sowie verschiedene Einzelnormen zumeist zeitnahe Erfordernisse einer (schriftlichen und/ oder mündlichen) Kommunikation auch an die Leitungs- und Überwachungsorgane des Unternehmens (those charged with governance) festlegen. Der Abschlussprüfer hat alle wichtigen Angelegenheiten in den Arbeitspapieren zu *dokumentieren* (ISA 230, § 51b WPO i. V. m. IDW PS 460).

Die *Kommunikationserfordernisse* sind in den einzelnen Normen geregelt (vgl. im Zusammenhang mit den Unregelmäßigkeiten z. B. ISA 240.40 ff., IDW PS 210.60 ff.). Beispielsweise ist die Unternehmensleitung frühestmöglich über Schwächen im IKS nebst Änderungsvorschlägen zu informieren (ausführlich in ISA 265 sowie IDW PS 261.89). In einem engen Zusammenhang hierzu steht der in Schriftform abzufassende *management letter*, welcher die Unternehmensleitung über festgestellte Schwachstellen (zumeist im IKS) informiert und Vorschläge zur Verbesserung anregt (→ II.6.3.3). Obgleich der Prüfer nicht dazu verpflichtet ist, einen management letter zu erstellen (vgl. IDW PS 450.17), handelt es sich hier um ein gängiges Mittel der nationalen und internationalen Berufspraxis. Hat der Abschlussprüfer im Zuge der Prüfungsdurchführung für die Arbeit der Überwachungsorgane eines Unternehmens bedeutsame Kenntnisse erlangt, sind diese zeitnah an die zuständigen Organe (z. B. Aufsichtsrat) zu kommunizieren (ISA 260.2). Die Grundsätze für die mündliche Berichterstattung des Abschlussprüfers an den Aufsichtsrat regelt IDW PS 470. Ein Unterschied zwischen nationalen und internationalen Normen besteht insoweit, als ISA 600.40 ff. erhöhte Anforderungen an den Informationsaustausch zwischen dem für die Konzernabschlussprüfung verantwortlich zeichnenden Prüfer bzw. dem Konzernprüfungsteam und dem Komponentenprüfer (zumeist Prüfer eines in den Konzernabschluss einbezogenen Tochterunternehmens) stellt (→ II.9.2).

§ 321 HGB und IDW PS 450 gehen nur auf die schriftliche Berichterstattung am Ende der Prüfung in Form eines Prüfungsberichts ein. In Deutschland ist das Erfordernis einer *Schlussbesprechung* (Kommunikation am Ende der Prüfung) nicht normiert (Ausnahmen bestehen jedoch für Unternehmen bestimmter Rechtsformen oder Branchen; vgl. z. B. § 57 Abs. 4 GenG); ein solches Vorgehen entspricht jedoch der gängigen Berufspraxis und besitzt insofern GoA-Charakter (→ II.6.3.3).

Absichtliche Falschdarstellungen im Jahresabschluss und going concern

Der Prüfer ist innerhalb der in den Prüfungsnormen festgelegten Grenzen verpflichtet, absichtliche Handlungen aufzudecken, die zu wesentlichen Falschdarstellungen im Jahresabschluss führen (fraud und Gesetzesverstöße). Des Weiteren besteht eine Pflicht zur Prüfung der going concern-Annahme. Die beiden zuvor genannten Bereiche verfolgen innerhalb der Jahresabschlussprüfung ein eigenständig abgrenzbares Prüfungsziel, welches ein besonderes prüferisches Vorgehen erfordert. Gleichwohl sind diese Prüfungen nicht isoliert zu planen und durchzuführen, sondern im Sinne des risikoorientierten

Prüfungsansatzes sachgerecht in den gesamten Prozess der Jahresabschlussprüfung einzubinden (vgl. Abb. I.6-6). Als besonders bedeutsame (Prüfungs-)Normen, die diese Bereiche regeln, sind § 317 Abs. 1 Satz 3 HGB i. V. m. IDW PS 210 und §§ 317 Abs. 1 Satz 2, 252 Abs. 1 Nr. 2 HGB i. V. m. IDW PS 270 sowie ISA 240, 250, 570 zu nennen (→ II.4).

Sonderprobleme

Sonderprobleme sprechen sachlich abgegrenzte Bereiche an, die sich zumeist weitgehend losgelöst von den prozessualen Erfordernissen behandeln lassen. Diese Probleme setzen zum einen an der Prüfung spezifischer Rechnungslegungsbestandteile (→ II.8) und zum anderen an prüfungsobjektspezifischen Besonderheiten (→ II.9) an. Hier weichen internationale und deutsche Prüfungsnormen auf Grund spezifisch nationaler Besonderheiten einerseits sowie fehlender nationaler Normen andererseits teilweise spürbar voneinander ab. Weiterhin stellt sich die Frage nach der Existenz von branchenspezifischen Prüfungserfordernissen.

Als *spezifische Rechnungslegungsbestandteile* mit *nationaler und internationaler Bedeutung* kommen vor allem die Segmentberichterstattung, die Kapitalflussrechnung, die Eigenkapitalveränderungsrechnung sowie die Berichterstattung über Beziehungen zu nahe stehenden Personen (→ II.8.1 bis II.8.4) in Betracht. Als spezifische Prüfungsnormen sind in Bezug auf die Segmentberichterstattung ISA 501.13 und IDW PS 300.47 sowie in Bezug auf die Prüfung der Beziehungen zu nahe stehenden Personen ISA 550 und IDW PS 255 zu nennen. Dabei geht ISA 550 stärker als IDW PS 255 auf die Risikobeurteilungen sowie die Verknüpfung aussagebezogener Prüfungshandlungen mit den zuvor identifizierten Risiken ein (→ II.3.3.1).

Die Prüfung spezifischer Rechnungslegungsbestandteile mit *nur nationaler Bedeutung* betrifft die Prüfung der Auswirkungen des Deutschen Corporate Governance Kodex auf die Abschlussprüfung (§ 161 AktG, §§ 285 Nr. 16, 289a, 314 Abs. 1 Nr. 8, 317 Abs. 1, Abs. 2 Satz 3 HGB, IDW PS 202, 345; → II.8.5) sowie die Prüfung des Lageberichts (§§ 289, 315, 317 Abs. 2 HGB, DRS 15, IDW PS 350, → II.8.6). Eine weitere nationale Besonderheit betrifft die Prüfung des Risikofrüherkennungssystems (§ 317 Abs. 4 HGB i. V. m. § 91 Abs. 2 AktG, IDW PS 340; → II. 3.2.2.5). Hier existieren naturgemäß nur deutsche Normen.

Prüfungsobjektspezifische Besonderheiten resultieren zum einen aus den Besonderheiten von kleinen und mittleren Unternehmen (→ II.9.1). Während diese Besonderheiten national in IDW PH 9.100.1 geregelt sind, greifen die internationalen Normen diese Aspekte (zumeist stärker ins Detail gehend) in gesonderten Textpassagen innerhalb der einzelnen Prüfungsnormen auf (z. B. die Tz. A11, A15 und A 19 in ISA 300.A11, A15, A19). Insofern besteht vor allem ein regelungssystematischer Unterschied. Weitere Spezifika können daraus resultieren, dass nicht ein Einzelabschluss, sondern ein Konzernabschluss zu prüfen ist. Hier finden sich national und international konzernspezifische Normen zur Berichterstattung (z. B. IDW PS 400.88 ff.). Umfassende Regelungen zu den Besonderheiten der Prüfung von Konzernabschlüssen finden sich indes nur in ISA 600. Hier lassen sich einige Unterschiede, wie z. B. bei der Bestimmung der Wesentlichkeitsgrenzen in Tz. 21 ff., die sich national in dieser Form nicht finden, konstatieren (→ II.9.2). Erst im März 2011 hat das IDW mit IDW EPS 302 einen Entwurf vorgelegt, der den Anforderungen von ISA 600 entsprechen soll. Weiterhin können sich Besonderheiten aus den angewandten Rechnungslegungsnormen (Rechnungslegungssystem) ergeben (vor allem HGB-Abschluss oder IFRS-Abschluss; → II.9.3). Hier gibt es mit Ausnahme von ISA 700.38 ff. kaum spezifische Prüfungsnormen.

Weiterhin können *Branchenspezifika* den Prüfungsprozess beeinflussen. Beispiele für branchenspezifische Prüfungsnormen sind die Prüfung von Kredit- und Finanzdienstleistungsinstituten (IAPS 1000, 1004, 1006; IDW PS 520, 521, 522, 525, PH 9.522.1; → III.2.2.1.2 und III.2.2.1.3), die Prüfung der Schadenrückstellung im Rahmen der Jahresabschlussprüfung von Schaden-/Unfallversicherungsunternehmen (IDW PS 560), die Prüfung von Energieversorgungsunternehmen (IDW PS 610) und von Gebietskörperschaften (IDW EPS 730) sowie die Erteilung des Bestätigungsvermerks bei Krankenhäusern (IDW PS 650, PH 9.400.1).

6.5.2.2 Ethische Normen

6.5.2.2.1 Begriffsabgrenzungen, Überblick und Systematisierungskonzept

Im Prüfungskontext berühren ethische Normen moralische Wertvorstellungen, die das Verhalten des Prüfers gegenüber dem Mandanten, den eigenen Berufsangehörigen sowie der Öffentlichkeit betreffen (Problemfelder ethischer Normen).[246] In einem marktwirtschaftlich orientierten System sprechen ethische Normen vorzugsweise den *Zielkonflikt von Gewinnerzielung und Erlangung eines vertrauenswürdigen Urteils* an (→ II.1.1).

Gewinnerzielung ist hier so weit auszulegen, dass sie auch Nutzenbeiträge umfasst, die dem Prüfer im Austausch gegen die Hinnahme von Beeinträchtigungen einer normenkonformen Prüfung zufließen. Beispiele für hieran anknüpfende Konflikte sind: der wettbewerbsinduzierte Druck auf die Prüfungshonorare, mögliche Beeinträchtigungen der Unabhängigkeit durch Kopplung von Prüfung und Beratung (→ I.7.4.1), der drohende Entzug eines Mandats bei Nichterteilung eines uneingeschränkten Bestätigungsvermerks sowie das diesen Vorgang begleitende Phänomen des opinion shopping.[247]

Ethische Prüfungsnormen bilden einen Regelungsbereich der Prüfungsordnung. Dabei lassen sich nationale und internationale ethische Prüfungsnormen unterscheiden. Die internationalen ethischen Normen sollen grundsätzlich als Modell dienen, auf dem die nationalen ethischen Normen unter Berücksichtigung nationaler Besonderheiten aufbauen. Die Mitgliedsorganisationen der IFAC sollen keine weniger strengen Regeln als den Code of Ethics[248] anwenden (SMO 4.4).

Der deutsche Berufsstand der WP verwendet in Zusammenhang mit ethischen Prüfungsnormen zumeist die Bezeichnung »Berufsgrundsatz« oder »beruflicher Grundsatz« (z. B. in IDW PS 201.24 f.) sowie »allgemeine Berufspflichten« (§ 43 WPO). Na-

---

246 Vgl. *Ruhnke* (2000), S. 112 ff., sowie *Kuhner* (1999), S. 7 ff., und *Hayes et al.* (2005), S. 75 ff.

247 Opinion shopping kennzeichnet eine Situation, in der ein Mandant versucht, einen (möglicherweise drohenden) Konflikt mit dem amtierenden Prüfer dahingehend zu lösen, dass er auch bei anderen Prüfern Meinungen hinsichtlich der Behandlung eines Sachverhalts abfragt. Ziel des Mandanten ist es, entweder zu dem Prüfer zu wechseln, der dem Mandanten nahe stehende Ansichten vertritt, oder auf den amtierenden Prüfer mittels der Androhung eines Wechsels Druck auszuüben.

248 Im Folgenden wird der Code of Ethics for Professional Accountants im Zusammenhang mit einer Normenangabe kurz mit Ethics, in allen anderen Fällen mit Code of Ethics abgekürzt.

tionale Einzelregelungen finden sich v. a. in den §§ 319 f., 321 Abs. 4a, 323 HGB, den §§ 43 f. WPO sowie den §§ 1–11, 20–24 Berufssatzung. Im Gegensatz zu den internationalen beinhalten die deutschen ethischen Normen kein erkennbares Systematisierungskonzept. Aus diesem Grunde wird im Folgenden die sachliche Gliederung der internationalen Normen herangezogen, um die aus Sicht eines deutschen Prüfers relevanten ethischen Normen systematisch darzustellen.

Die *internationalen ethischen Prüfungsnormen* finden sich vor allem in dem Handbook of the Code of Ethics for Professional Accountants. Diese Normen werden durch das International Ethics Standards Board for Accountants (IESBA) entwickelt (→ I.5.4.2). Die IFAC erkennt dabei grundsätzlich an, dass es auf Grund nationaler Unterschiede in den kulturellen, sprachlichen, rechtlichen und sozialen Systemen primär den nationalen Mitgliedsorganisationen obliegt, detaillierte ethische Anforderungen aufzustellen (siehe hierzu im Ergebnis SMO 4.1, 4.4. f.). Im Rahmen ihrer Hauptaufgabe, den Berufsstand der accountants zu entwickeln und zu verbessern, um qualitativ hochwertige Dienstleistungen im öffentlichen Interesse anbieten zu können, erachtet die IFAC die Schaffung internationaler ethischer Prüfungsnormen jedoch als erforderlich.

Auf *europäischer Ebene* wurde im Jahr 2002 eine Empfehlung der europäischen Kommission zur Unabhängigkeit[249] verabschiedet, welche die Harmonisierung der Regelungen zur Unabhängigkeit des WP zum Ziel hatte. Inhaltlich ist diese Empfehlung ähnlich ausge-staltet wie der internationale Code of Ethics.[250] Die Forderung nach der Unabhängigkeit des Abschlussprüfers findet sich zudem in der Abschlussprüferrichtlinie.[251] Diese Richtlinie wurde bereits in nationales Recht umgesetzt; zudem war das Unabhängigkeitserfordernis bereits vor der Umsetzung in nationales Recht gesetzlich kodifiziert.

Der internationale Code of Ethics in der grundlegend überarbeiteten Fassung vom April 2010 umfasst drei wesentliche Teile (Teile A-C) mit weiteren Unterabschnitten (Ethics 100.2 f.). Ein Vorwort erläutert die grundlegende Anwendung des Code of Ethics; weitere Teile enthalten Interpretationen sowie einschlägige Begriffsabgrenzungen. Weiterhin wurden von den Mitarbeitern des IESBA Anwendungshilfen in Frage- und Antwortform herausgegeben, welche bei der Anwendung und Implentierung des Code of Ethics helfen sollen.[252] Dabei handelt es sich allerdings nicht um eine authorisierte Verlautbarung des IESBA, die sich über Regelungen des bestehenden Code of Ethics hinwegsetzen kann.

Abb. I.6-8 legt die *Struktur der internationalen ethischen Normen* dar und benennt die einzelnen Elemente.

---

249 Vgl. *EU-Kommission* (2002).
250 In diesem Sinne z. B. *Ferlings/Lanfermann* (2002), S. 2117, Fn. 3, sowie *Schwandtner* (2002), S. 328. Vgl. auch *Eilifsen et al.* (2010), S. 602. Ein Vergleich der deutschen, der europäischen, der internationalen und der US-amerikanischen Unabhängigkeitsnormen findet sich in *Müller* (2006).
251 Vgl. *EU-Kommission* (2006), Art. 22 und 24.
252 Siehe hierzu IESBA Staff Questions and Answers Implementing The Code of Ethics; abrufbar unter URL: http//www.ifac.org/Ethics/Resources.php#Publications (Stand: 1.4.2011).

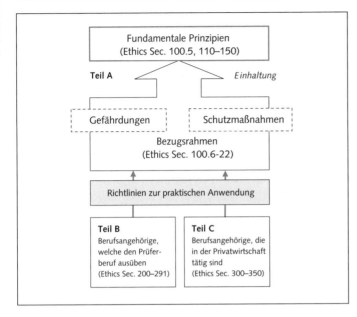

Abb. I.6-8: Aufbau des Code of Ethics for Professional Accountants

Teil A behandelt die generelle Anwendung des Code of Ethics (Ethics Sec. 100–150) und wendet sich an alle Berufsangehörigen (professional accountants), die Mitglied in einer IFAC-Mitgliedsorganisation sind. Dieser Abschnitt benennt fundamentale Prinzipien (*fundamental principles*), die bei einer Prüfung beachtet werden müssen. Zur Konkretisierung wird ein Bezugsrahmen (*conceptional framework approach*) zur Anwendung dieser Prinzipien geschaffen. Dieser verpflichtet den Prüfer nicht zur Einhaltung spezifischer Regeln, sondern soll ihn dabei unterstützen, Gefährdungen (der Nichtbeachtung der fundamentalen Prinzipien) zu identifizieren, zu beurteilen und in geeigneter Weise hierauf zu reagieren (Ethics Sec. 100.6). Demnach handelt es sich um eine prinzipien- und nicht um eine regelbasierte Normierung.[253] Die Teile B und C veranschaulichen beispielhaft, wie der Bezugsrahmen in spezifischen Situationen anzuwenden ist. Demnach muss der Prüfer sich mit der Anwendung des Bezugsrahmens in Bezug auf den vorliegenden Einzelfall beschäftigen; es reicht nicht aus, dass der Prüfer nachweist, dass die gegebenen Beispiele beachtet werden (Ethics Sec. 200.1, 300.1).

Die anschließenden Ausführungen in Teil B und C engen den Anwenderkreis jeweils auf eine Anwenderklasse ein, für die spezifische Regelungen existieren.[254] So gilt *Teil B* für Berufsangehörige, die aktiv als Prüfer tätig sind (professional accountants in public practice). Hierzu zählen alle Personen, die einer Mitgliedsorganisation der IFAC angehören, unabhängig davon, welche fachlichen Dienstleistungen (z.B. Prüfung, Steuerberatung oder Beratung) sie erbringen. Die Definition gilt auch für eine Gesellschaft von Be-

---

253 Vgl. *FEE* (2006) S. 34. Ferner zeigt diese Studie, dass bereits 80% der Länder der EU einen prinzipienbasierten Ansatz aufgenommen haben, vgl. *ebd.*, S. 6.
254 Eine solche Unterscheidung kennen die deutschen ethischen Prüfungsnormen nicht.

rufsangehörigen (Ethics.Definitions). Dagegen spricht *Teil C* nur diejenigen Berufsangehörigen an, die den Prüferberuf derzeit nicht ausüben, d. h. als Angestellter, als Partner, als Eigentümer, Freiberuflicher oder die in einer anderen Position für ein oder mehrere Unternehmen tätig sind (professional accountants in business). Dieser Anwenderkreis beeinflusst sowohl durch seine beratende Tätigkeit als auch seine Verantwortlichkeit für veröffentlichte Jahresabschlüsse und andere Informationen die Entscheidungen seines Arbeitgebers sowie die anderer Parteien wie Investoren, Kreditgeber, Angestellte sowie staatliche Organisationen.

6.5.2.2.2 Fundamentale Prinzipien

Der folgende Abschnitt geht auf die in Ethics Sec. 110–150 dargestellten fundamentalen Prinzipien Integrität, Objektivität, berufliche Kompetenz und gebührende Sorgfalt, Verschwiegenheit sowie berufswürdiges Verhalten ein. In ähnlicher Weise finden sich die Grundsätze der Gewissenhaftigkeit, der Verschwiegenheit, der Eigenverantwortlichkeit und des berufswürdigen Verhaltens[255] in nationalen Regelungen, v. a. in den §§ 43 ff. WPO und in der Berufssatzung.

- *Integrität* (integrity) begründet die Pflicht des Prüfers zu Ehrlichkeit und Aufrichtigkeit. Prüfer sollten nicht mit einer Information, z. B. in Form eines Berichts, in Verbindung gebracht werden können, die eine falsche, irreführende, beschönigende oder verschleiernde bzw. fehlende Aussage beinhaltet, wodurch der Adressat der Information zu einer falschen Interpretation angeregt wird (Ethics Sec. 110). Eine vergleichbar präzise Regelung findet sich in den nationalen Normen nicht. Gleichwohl muss der Prüfer sich der besonderen Berufspflichten bewusst sein und sich des Vertrauens und der Achtung, die der Beruf erfordert, würdig erweisen (§ 43 Abs. 2 WPO; siehe auch § 13 Abs. 1 Berufssatzung).

- Das Prinzip der *Objektivität* (objectivity) fordert vom Prüfer, sein Urteil nicht durch persönliche Vorlieben, einen Interessenkonflikt oder durch Dritte beeinflussen zu lassen (Ethics Sec. 120). Auch der Grundsatz der Eigenverantwortlichkeit fordert, dass Prüfer sich ihr Urteil selbst bilden und ihre Entscheidungen selbst treffen (§ 43 Abs. 1 Satz 1 WPO und § 11 Abs. 1 Berufssatzung). Zusätzlich muss sich der Prüfer gem. § 43 Abs. 1 Satz 2 WPO und § 20 Berufssatzung unparteiisch, also neutral, verhalten (siehe auch § 323 Abs. 1 Satz 1 HGB).

- Die *berufliche Kompetenz und gebührende Sorgfalt* (professional competence and due care) sichert dem Mandanten die Qualität der Arbeit des Prüfers, da sie ihn zur ständigen Aktualisierung und Erweiterung seines Fachwissens und seiner Fertigkeiten anhält. Des Weiteren soll eine gewissenhafte Anwendung der Normen durch den Prüfer erreicht werden, so dass dieser in Übereinstimmung mit den Anforderungen des Auftrags sorgfältig bzw. gründlich und in einem angemessenen zeitlichen Rahmen handelt (Ethics Sec. 130). In ähnlicher Weise verbietet der Grundsatz der Gewissenhaftigkeit in § 43 Abs. 1 Satz 1 WPO und § 4 Abs. 2 Berufssatzung die Übernahme eines

---

255 Zusätzlich gibt es innerhalb der nationalen Regelungen einen eigenständigen Unabhängigkeitsgrundsatz, während die Unabhängigkeit auf internationaler Ebene aus den fundamentalen Prinzipien, v. a. der Objektivität, abgeleitet wird; vgl. Ethics. Sec. 280–291.

Auftrags, sofern der Prüfer nicht über die erforderliche Sachkunde oder die zur Bearbeitung nötige Zeit verfügt. Durch § 43 Abs. 2 Satz 4 WPO und § 4a Abs. 1 Satz 1 Berufssatzung werden Prüfer angehalten, sich fortzubilden, um den gesetzlichen Anforderungen gerecht zu werden. Für eine gesetzliche Abschlussprüfung ist die Pflicht zur gewissenhaften Prüfung zusätzlich in § 323 Abs. 1 Satz 1 HGB geregelt.

- Das fundamentale Prinzip der *Verschwiegenheit* (confidentiality) über während der Ausübung der beruflichen Tätigkeit erlangte Informationen lässt sich mit dem besonderen Vertrauensverhältnis zwischen Prüfer und Mandant begründen und findet sich in Ethics Sec. 140 bzw. § 323 Abs. 1 Satz 2 HGB, § 43 Abs. 1 Satz 1 WPO und § 9 Berufssatzung. In Deutschland wird der WP bereits bei seiner öffentlichen Bestellung auf seine Verschwiegenheit vereidigt (§ 17 Abs. 1 Satz 2 WPO). Diese Pflicht gilt auch nach Beendigung des Auftragsverhältnisses bzw. bei einem zukünftigen Auftragsverhältnis und ist grundsätzlich gegenüber jedermann zu wahren. Darüber hinaus darf der Prüfer vertrauliche Informationen nicht zu seinem eigenen oder zum Vorteil Dritter nutzen. Zur Gewährleistung der Verschwiegenheit hat der Berufsangehörige sicherzustellen, dass auch seine Gehilfen und Mitarbeiter dieser Pflicht nachkommen (§ 323 Abs. 1 Satz 1 HGB, § 50 WPO).

  Verschwiegenheit ist grundsätzlich einzuhalten, es sei denn, der Berufsangehörige wird ausdrücklich zur Offenlegung durch den Mandanten oder ein Gesetz[256] ermächtigt.[257] Ethics Sec. 140.7 c) i) geht davon aus, dass auch beruflich bedingt von der Pflicht zur Verschwiegenheit abgewichen werden kann oder muss, z. B. wenn dies die Maßnahmen einer externen Qualitätskontrolle erfordern.[258] Eine entsprechende Einschränkung der Verschwiegenheitspflicht bei Durchführung einer externen Qualitätskontrolle gibt national § 57b Abs. 3 WPO vor. Weitere Details zur Handhabung der Verschwiegenheitspflicht hängen vom Recht des Landes der jeweiligen Mitgliedsorganisation ab. Bei der Entscheidung über die Veröffentlichung einer Information sollte der Prüfer bedenken, ob dadurch die Interessen einer beteiligten Partei (hierzu zählen auch Dritte) verletzt werden könnten, ob die Informationen vollständig und begründet sind und in welcher Form die Informationen veröffentlicht und wem sie zugänglich gemacht werden sollen.

- Das *berufswürdige Verhalten* (professional behavior) eines Prüfers bezieht sich auf die Beachtung aller relevanten Normen und das korrekte Verhalten des Prüfers. Auf diese Weise soll der Ruf des Berufsstands der WP vor Schaden bewahrt werden. Es ist den Berufsangehörigen untersagt, fachliche Kompetenz oder nicht vorhandene Erfahrungen vorzutäuschen sowie unbegründet die Arbeit anderer Prüfer herabzuwürdigen (Ethics Sec. 150). Auch § 43 Abs. 2 WPO verbietet dem Prüfer jede Tätigkeit, die nicht mit dem Beruf oder dem Ansehen des Berufs vereinbar ist.[259]

---

256 Beispielsweise findet sich in § 320 Abs. 3 Satz 2 HGB eine gesetzliche Durchbrechung der Verschwiegenheitspflicht im Bereich der Konzernabschlussprüfung. Zu einem weiteren Beispiel siehe Abs. 4.
257 Vgl. zum Inhalt, Umfang und zu Ausnahmen der Verschwiegenheitspflicht *IDW* (2006), A 340 ff.
258 Vgl. auch *IDW* (2006), A 338.
259 Zur weiteren Ausgestaltung vgl. *IDW* (2006), A 381 ff.

6.5.2.2.3 Bezugsrahmen

Der Einhaltung der fundamentalen Prinzipien dient ein Bezugsrahmen, der als *threats and safeguards-approach* oder conceptual framework approach bezeichnet wird. Dieser Bezugsrahmen zwingt den Prüfer nicht zur Einhaltung spezifischer Regeln. Er bietet vielmehr Hilfestellung beim Identifizieren und Beurteilen nicht offensichtlich unbedeutender Gefahrensituationen (*threats*) des Verstoßes gegen fundamentale Prinzipien und beim Ergreifen geeigneter Schutzmaßnahmen (*safeguards*) zu deren Beseitigung bzw. Reduzierung auf ein akzeptables Niveau. Ein übergreifender Bezugsrahmen existiert in Deutschland derzeit nicht. Vielmehr beschränkt sich der nationale Bezugsrahmen auf die Unabhängigkeit des Prüfers.[260]

Obwohl das Gefährdungspotenzial zum Verstoß gegen die fundamentalen Prinzipien mannigfaltig ist, unterscheidet Ethics Sec. 100.12 fünf Kategorien. Diese werden im Folgenden benannt und konkrete Beispiele aus dem Teil B zur Verdeutlichung dargestellt.

- Bei einer *Gefährdung durch Eigeninteressen* (self-interest threat) ist die Einhaltung der fundamentalen Prinzipien dadurch gefährdet, dass der Prüfer ein eigenes (z. B. finanzielles) Interesse am Prüfungsergebnis hat. Gemäß Ethics Sec. 200.4 fallen für professional accountants in public practice hierunter z. B. die Abhängigkeit des Prüfers von einem relativ großen Mandanten, die Unterhaltung von engen Geschäftsbeziehungen mit dem Mandanten durch ein Mitglied des Prüfungsteams, die Angst vor dem Verlust eines Mandanten oder die mögliche spätere Anstellung des Prüfers beim Mandanten selbst.
- Bei der *Gefahr der Selbstprüfung* (self-review threat) ist der Prüfer nicht in der Lage, das Prüfungsobjekt mit hinreichender Objektivität zu beurteilen, weil er selbst in die Erstellung des Prüfungsobjektes involviert war. Dies ist z. B. dann der Fall, wenn ein Abschlussprüfer an der Führung der Bücher oder an der Aufstellung des Jahresabschlusses beteiligt war (Ethics Sec. 200.5). Außerdem kann die Gefahr einer Selbstprüfung vorliegen, wenn ein Mitglied des Prüfungsteams gleichzeitig ein Verantwortlicher des Unternehmens ist oder war.
- Bei der *Gefahr einer Interessenvertretung* (advocacy threat) der kann es zu einer Bedrohung kommen, wenn der Prüfer sich mit der Position des Mandanten oder eines Dritten identifiziert und dadurch seine Objektivität verliert. Zur Identifikation des Prüfers mit den Interessen eines Mandanten kann es kommen, wenn der Prüfer den Mandanten nicht nur bei der Abschlussprüfung betreut, sondern ihn gleichzeitig vor Gericht vertritt oder seine Aktien vertreibt (Ethics Sec. 200.6).
- Bei der *Gefahr der Vertrautheit* (familiarity threat) kann die Einhaltung der fundamentalen Prinzipien dadurch beeinträchtigt werden, dass der Prüfer den Mandanten auf Grund einer engen Beziehung zu sehr schätzt, als dass er objektiv dessen Arbeit beurteilen könnte. In Betracht kommt eine enge familiäre oder berufliche Verbindung zwischen einem Mitglied des Prüfungsteams und einem Verantwortlichen oder entscheidungsbefugten Mitarbeiter des Mandanten, eine lange Zusammenarbeit zwi-

---

260 Siehe hierzu die §§ 319, 319a HGB unter Rückgriff auf die Konstrukte »Unabhängigkeit« und »Besorgnis der Befangenheit« sowie der Rückgriff auf den threats and safeguards-approach in den §§ 21 ff. der Berufssatzung. Siehe hierzu auch Abb. I.6-10 sowie *Ring* (2005), S. 198.

schen dem Prüfungsleiter und dem Mandanten oder die Annahme von Geschenken oder Gefälligkeiten durch den Prüfer vom Mandanten (Ethics Sec. 200.7).

- Bei der *Gefahr einer Einschüchterung* (intimidation threat) entsteht die Gefährdung durch den Versuch der indirekten oder direkten Einschüchterung des Prüfers durch den Mandanten. Ein Druck auf den Prüfer kann extern ausgeübt werden, z. B. durch die Drohung des Mandanten, den Prüfer zu verklagen oder ihn auf Grund von Meinungsverschiedenheiten zu entlassen bzw. zu wechseln, oder auch intern, z. B. durch die Notwendigkeit, den Umfang der Prüfung unangemessen zu reduzieren, um Kostenvorgaben einzuhalten (Ethics Sec. 200.8).

Berufsangehörige müssen sich stets der Möglichkeit zusätzlicher Gefährdungen, die nicht den o. g. Kategorien zugeordnet werden können, bewusst sein (Ethics Sec. 200.1).

Bei der Beurteilung, ob eine identifizierte Gefährdung unbedeutend (*insignificant*) ist, muss der Prüfer nicht nur quantitative, sondern auch qualitative Aspekte berücksichtigen (Ethics Sec. 100.9). In Bezug auf professional accountants in public practice hängt die Beurteilung der Gefährdung davon ab, ob es sich um eine Jahresabschlussprüfung, um eine freiwillige Prüfung oder eine andere Dienstleistung handelt (Ethics Sec. 200.3).

Darauf aufbauend werden folgende zwei Kategorien von *Schutzmaßnahmen* angesprochen, die dann auf Art und Schwere der Bedrohung auszurichten sind und sich im Einzelfall als geeignet erweisen können, die Risiken aus den zuvor genannten Gefährdungen abzuschwächen oder zumindest auf ein akzeptables Maß zu reduzieren. Um zu entscheiden, ob Schutzmaßnahmen die Gefährdung auf ein akzeptables Maß reduzieren, sollte sich der Prüfer in die Position eines unabhängigen Dritten versetzen, der über alle nötigen Informationen, einschließlich der Gefahren und möglicher Schutzmaßnahmen, verfügt (Ethics Sec. 100.7). Im Einzelnen sind die beiden folgenden Kategorien zu nennen:

Schutzmaßnahmen, geschaffen durch den Berufsstand, die Rechtsprechung oder andere Normen

Diese in Ethics Sec. 100.14 angesprochenen Maßnahmen beinhalten z. B. Aus- und Fortbildungserfordernisse, Regelungen der Corporate Governance, berufsständische fachtechnische Normen sowie Maßnahmen der externen Qualitätskontrolle (→ II.7.2).

Schutzmaßnahmen im Arbeitsumfeld des Prüfers

Diese Schutzmaßnahmen werden in den Teilen B und C des Code of Ethics beschrieben und diskutiert. Schutzmaßnahmen für professional accountants in public practice beinhalten zum einen allgemeine und zum anderen auftragsspezifische Schutzmaßnahmen. Auf zusätzliche Schutzmaßnahmen beim Mandanten kann sich der Prüfer stützen, er darf sich allerdings nicht ausschließlich darauf verlassen.

- *Allgemeine Schutzmaßnahmen beim Prüfer* (firm-wide safeguards) beinhalten z. B. Firmengrundsätze, die die Einhaltung der fundamentalen Prinzipien und die Erwartung an ein Handeln im öffentlichen Interesse betonen, Verfahrensanweisungen, welche eine Qualitätskontrolle einführen und überwachen, sowie dokumentierte Grundsätze zur Identifikation und Bewertung von Gefährdungen und möglicher Schutzmaßnahmen. Eine Fülle weiterer möglicher Schutzmaßnahmen nennt Ethics Sec. 200.12.

- *Auftragsspezifische Schutzmaßnahmen beim Prüfer* (engagement specific safeguards) umfassen z. B. die Durchsicht der Prüfungsergebnisse durch einen nicht am Auftrag beteiligten Prüfer, die Befragung eines unabhängigen Dritten, die Diskussion ethischer Probleme mit den Verantwortlichen des Unternehmens oder sogar die Überprüfung der Arbeit oder Teile dieser durch eine andere Prüfungsgesellschaft (Ethics Sec. 200.13).
- *Schutzmaßnahmen beim Mandanten* (safeguards within the client`s systems and procedures) beziehen sich z. B. auf die Auftragsvergabe an den Prüfer durch andere Personen als das Management, auf das Vorhandensein kompetenter Entscheidungsträger, einen internen Kodex, der zu einer fairen Berichterstattung auch außerhalb einer Jahresabschlussprüfung verpflichtet, sowie eine Corporate Governance-Struktur mit angemessenen Aufsichtselementen (Ethics Sec. 200.15).

Lässt sich auf diese Weise die Bedrohung nicht auf ein akzeptables Maß reduzieren, besteht die letzte Schutzmaßnahme darin, den Auftrag abzulehnen bzw. zu beenden oder sogar den Mandanten aufzugeben bzw. das Prüfungsteam, die Prüfungsgesellschaft oder das Unternehmen, bei dem der Prüfer tätig ist, zu wechseln.[261]

Abb. I.6-9 stellt die einzelnen Schritte des Bezugsrahmens zusammenfassend dar.

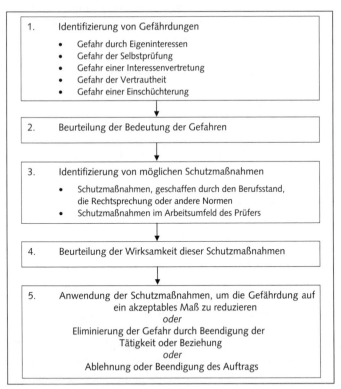

Abb. I.6-9: Die fünf Schritte der Anwendung des Bezugsrahmens

---

261 Ethics Sec. 300.15 und verschiedene Regelungen in Teil B des Code of Ethics, z. B. Ethics Sec. 210.5, Ethics Sec. 220.5 f.

Gerät der Prüfer in eine *ethische Konfliktsituation*[262], muss die Lösung und damit die Festlegung einer angemessenen Handlungsalternative unter Berücksichtigung aller relevanten Fakten, der ethischen Aspekte, der fundamentalen Prinzipien, der eingeführten internen Arbeitsabläufe sowie weiterer Handlungsalternativen und deren Konsequenzen erfolgen (Ethics Sec. 100.17 ff.). Bleibt der Konflikt nach Berücksichtigung der zuvor genannten Gesichtspunkte ungelöst, müssen weitere Personen der Prüfungsgesellschaft oder des Unternehmens in die Entscheidungsfindung einbezogen werden. Falls der Konflikt direkt mit dem Mandanten in Zusammenhang steht, sollte der Prüfer auch die Leitungsorgane des Unternehmens, z. B. den Vorstand oder den Prüfungsausschuss, informieren. Weiterhin liegt es im Interesse des Prüfers, den Sachverhalt und das gewählte Vorgehen schriftlich zu dokumentieren. Lässt sich der Konflikt nicht durch die Beratung mit Kollegen lösen, kann der Prüfer sich auch von einem geeigneten Vertreter einer anderen Prüfungsorganisation oder einem rechtlichen Vertreter beraten lassen, ohne dabei die Pflicht der Verschwiegenheit zu verletzen. Ist der Konflikt nach Ausschöpfung aller Möglichkeiten nicht lösbar, muss der Prüfer z. B. das Prüfungsteam, die Prüfungsgesellschaft oder das Unternehmen (sofern keine Prüfungsgesellschaft), bei dem er tätig ist, verlassen oder sich vom Auftrag zurückziehen.

Die korrespondierenden deutschen Normen beschränken sich dagegen auf die Lösung von Meinungsverschiedenheiten (VO 1/2006.140 ff.). Demnach sind in der WP-Praxis Regelungen einzuführen, welche zur Lösung solcher Differenzen beitragen. Auch hier sollte ein Konsultationsprozess initiiert und das gewählte Vorgehen in geeigneter Weise dokumentiert werden. Den u. a. in diesem Zusammenhang auftretenden Beschwerden und Vorwürfen von Mitarbeitern, Mandanten und Dritten ist nachzugehen und eine angemessene Behandlung ist sicherzustellen (VO 1/2006.81 ff.).

6.5.2.2.4 Anwendungsbeispiele des Bezugsrahmens

Dieser Teil führt spezielle Gefahrensituationen auf, mit denen ein Berufsangehöriger, der den Prüferberuf ausübt, konfrontiert werden kann und konzentriert sich dabei auf Teil B des Code of Ethics. Die einzelnen Situationen werden systematisiert und unter Verweis auf die korrespondierenden nationalen Normen dargestellt. Besondere Beachtung finden die Regelungen zur Unabhängigkeit (→ I.7), da diese innerhalb der internationalen und nationalen ethischen Normen einen breiten Raum einnehmen. Angesprochene Schutzmaßnahmen werden zumeist nicht detailliert dargelegt. Ethics Sec. 200.2 weist ausdrücklich darauf hin, dass der Prüfer keine Handlungen vornehmen darf, die seine Objektivität, seine Integrität oder den Ruf des Berufsstands gefährden könnten und somit unvereinbar mit der Tätigkeit als Prüfer sind.

Bereits bei der Annahme eines neuen Mandanten, bei der Auftragsannahme und späteren Vertragsänderungen (*professional appointment*) sind mögliche Gefährdungen zu überprüfen (Ethics Sec. 210). So muss ein Prüfer vor der Auftragsannahme sicherstellen, dass die Akzeptanz eines bestimmten *Mandanten* nicht gegen die fundamentalen Prinzipien, z. B. Integrität und berufswürdiges Verhalten, verstößt. Durch die *Art der verein-*

---

262 Ein Konflikt besteht z. B. dann, wenn der Prüfer zwischen verschiedenen Prinzipien (z. B. Verschwiegenheit und Integrität) abwägen muss; vgl. *Eilifsen et al.* (2010), S. 585.

barten Dienstleistung kann es v. a. zu einem Verstoß gegen das fundamentale Prinzip der beruflichen Kompetenz und gebührenden Sorgfalt kommen.

Da bei *Interessenkonflikten* (conflicts of interest), z. B. bei der Betreuung zweier Mandanten, die in einem Rechtsstreit liegen, Verstöße gegen fundamentale Prinzipien, v. a. der Objektivität oder der Vertraulichkeit (Ethics Sec. 220), nicht auszuschließen sind, verbietet § 3 Berufssatzung die Vertretung widerstreitender Interessen.

Soll der Prüfer eine *zweite Meinung* (second opinion) abgeben, hat er sorgfältig zu prüfen, ob er nicht das Prinzip der beruflichen Kompetenz und gebührenden Sorgfalt z. B. dadurch verletzt, dass seiner Meinungsbildung andere Informationen zu Grunde liegen als dem eigentlichen Prüfer des Unternehmens (Ethics Sec. 230). Die korrespondierenden nationalen Regelungen konzentrieren sich auf den gesamten Konsultationsprozess. Demnach müssen bei einer wirksamen Konsultation alle relevanten Faktoren vorgelegt und die fachliche und persönliche Kompetenz und Erfahrung der konsultierten Personen sichergestellt werden (VO 1/2006.102). Zusätzlich sind die Ergebnisse und Schlussfolgerungen aus der Konsultation zu dokumentieren (§ 24b Abs. 2 Berufssatzung und VO 1/2006.104).

Auch im Zusammenhang mit der *Vergütung* kann es zu verschiedenen Gefährdungen kommen (Ethics Sec. 240). Diese Gefährdungen werden in Zusammenhang mit Ethics Sec. 290 f. beschrieben.

Wird die Suche nach neuen Mandanten durch *Werbung* oder ähnliche Instrumente unterstützt, sind insbesondere Gefährdungen, die zum Verstoß gegen das Prinzip des berufswürdigen Verhaltens führen würden, auszuschließen (Ethics Sec. 250). Auch § 13 Abs. 3 Berufssatzung verbietet eine berufswidrige Werbung. Gestattet ist dagegen eine sachliche Information über die Tätigkeit eines WP, sofern es sich nicht um Einzelfallwerbung handelt.[263]

Kommt es dazu, dass einem Prüfer oder einem unmittelbaren oder nahen Familienmitglied *Geschenke oder andere Annehmlichkeiten* von einem Mandanten angeboten werden, kann hieraus ein Verstoß gegen das fundamentale Prinzip der Objektivität entstehen (Ethics Sec. 260). In Analogie zu dem in § 2 Abs. 2 Nr. 6 Berufssatzung normierten Verbot zur Annahme von Versorgungsleistungen ist es auch in Deutschland verboten, Waren und Dienstleistungen von wesentlichem Wert anzunehmen.

Die *Verwahrung von Geld oder anderen Vermögenswerten* des Mandanten sollte der Prüfer – wenn überhaupt – unter Beachtung aller rechtlichen Regelungen und Anforderungen für einen solchen Fall übernehmen. Hier ergibt sich die Gefahr, gegen das berufswürdige Verhalten und die Objektivität zu verstoßen (Ethics Sec. 270). Nach § 8 Berufssatzung kommt eine Verwahrung fremder Vermögenswerte nur in Betracht, wenn diese getrennt von den eigenen Vermögenswerten und gewissenhaft verwaltet werden.

Ethics Sec. 280 betont die nötige Objektivität bei allen durchgeführten Dienstleistungen, gleich ob es sich um Jahresabschlussprüfungen oder um andere Dienstleistungen handelt. Aus diesem Grund muss ein Prüfer alle möglichen Gefahren ausschließen, die seine Objektivität beeinträchtigen könnten.

---

263 Siehe hierzu auch die Begründung der Berufssatzung zu § 4, Absatz 2 1. Alt. Nach § 52 WPO ist Werbung »zulässig, es sei denn, sie ist unlauter.« Maßgeblich ist hier das UWG.

Die nachstehenden Ausführungen zur *Unabhängigkeit* (zu einer theoretischen Betrachtungsweise → I.7) konzentrieren sich auf Ethics Sec. 290 und 291 und zentrale korrespondierende deutsche Normen. Seit dem Jahr 2010 erfolgt eine getrennte Behandlung der Unabhängigkeitsanforderungen in Zusammenhang mit den Prüfungsdienstleistungen audit und review (→ Abb. I.6-4) in Sec. 290; dagegen adressiert Sec. 291 die anderen Prüfungsdienstleistungen (→ III.3). Die am 16.5.2002 verabschiedete Empfehlung der EU-Kommission zur Unabhängigkeit des Abschlussprüfers[264] ist konzeptionell ähnlich ausgestaltet (→ I.6.5.2.2.1.).

Bei seinen weiteren Überlegungen zur Unabhängigkeit unterscheidet das IESBA einen *allgemeinen Teil*, welcher einen Bezugsrahmen zur Unabhängigkeit (conceptual approach to independence) darlegt (Ethics Sec. 290.4-39, 291.4-33), und einen *anwendungsbezogenen Teil*, welcher Anwendungsbeispiele aufzeigt. Der allgemeine Teil unterscheidet bei den anderen Prüfungsdienstleistungen zum einen zwischen assertion-based assurance engagements und direct reporting assurance engagements. Zum anderen wird zwischen reports that include a restriction on use and distribution und multiple responsible parties unterschieden, wobei sich restricted use reports an eine eingeschränkte Adressatengruppe richten, während multiple responsible parties mehreren Adressatengruppen zugänglich sind.

Die Ausführungen im allgemeinen Teil werden jeweils in den Tz. 100 ff. der Sec. 290 und 291 anwendungsbezogen konkretisiert. Diese Konkretisierung erfolgt durch eine beispielhafte Erörterung einer nicht abschließenden Anzahl spezifischer Situationen, in denen die Unabhängigkeit bedroht ist oder bedroht sein könnte. Die folgenden Ausführungen beschränken sich auf die Regelungen zur *Unabhängigkeit in Zusammenhang mit den Prüfungsdienstleistungen audit und review* in Ethics Sec. 290.[265]

Ethics Sec. 290.6 führt zunächst aus, dass der Prüfer sowohl tatsächlich bzw. seiner inneren Einstellung nach (independence of mind) als auch dem äußeren Anschein nach (Independence in appearance) unabhängig sein soll.

Der *Personenkreis, welcher Unabhängigkeitsgefährdungen auslösen kann,* umfasst neben dem WP selbst auch WPG sowie in Netzwerken agierende Prüfer bzw. Gesellschaften (networks and network firms; vgl. Ethics Sec. 290.13 ff.). Das Erfordernis einer netzwerkweiten Geltung der Unabhängigkeitsvorschriften findet sich auch in Art. 22 Abs. 2 der Abschlussprüferrichtlinie (umgesetzt in § 319b HGB).[266]

Die nationalen Regelungen zur Unabhängigkeit beinhalten einen ähnlichen Bezugsrahmen (§§ 21 ff. Berufssatzung) sowie weitere Regelungen. Das grundsätzliche Erfordernis der Unabhängigkeit normieren v. a. § 43 Abs. 1 WPO und die §§ 1 f. Berufssatzung. Ein Prüfer hat die Tätigkeit zu versagen, wenn er befangen ist oder die Besorgnis der Befangenheit besteht (§ 49 Halbsatz 2 WPO, § 21 Berufssatzung). Der Unbefangenheitsbegriff bezieht sich auf die innere Einstellung des Prüfers, vergleichbar dem internationalen Konstrukt der »independence in mind«.

---

264 Vgl. *EU-Kommission* (2002); vgl. auch *Niehues* (2002), S. 182 ff.
265 Eine Fallstudie hierzu findet sich in *Ruhnke/Schmiele* (2010).
266 Zur Netzwerkdefinition vgl. Art. 2 Nr. 7 Abschlussprüferrichtlinie; siehe hierzu auch *Petersen/Zwirner/Boecker* (2010), S. 464 ff.

Als Unabhängigkeitsgefährdungen identifizieren auch die nationalen Regelungen Eigeninteressen, Selbstprüfung, Interessenvertretung und persönliche Vertrautheit (§ 21 Abs. 2 Berufssatzung). Die Gefahr der Einschüchterung wird nicht explizit angesprochen, da hier bereits eine auftragsrechtliche und fachliche Absicherung durch § 318 Abs. 1 Satz 5 HGB erfolgt.[267] Allerdings wird eine Einschüchterung durch drohenden Entzug eines künftigen Prüfungsauftrags hierdurch nicht erfasst. Die zuvor angesprochenen Umstände führen nicht zu Gefährdungen, wenn sie unwesentlich sind oder durch Schutzmaßnahmen unbedeutend werden. Der Prüfer hat zur Überprüfung der Unabhängigkeit ergriffene Maßnahmen, seine Unabhängigkeit gefährdende Umstände und ergriffene Schutzmaßnahmen schriftlich zu dokumentieren (§ 51b Abs. 4 Satz 2 WPO).

Mit Hilfe des Konstruktes der »Besorgnis der Befangenheit« erfolgt ein Rückgriff auf objektivierte Umstände, da die innere Einstellung eines Prüfers schwer festzustellen ist. Eine »Besorgnis der Befangenheit« liegt dann vor, wenn ein »verständiger Dritter«[268] die Unabhängigkeitsgefährdungen für geeignet hält, die Urteilsbildung des Prüfers zu beeinflussen, d. h. sie unter Berücksichtigung der getroffenen Schutzmaßnahmen für wesentlich oder bedeutend hält. Konkretisiert werden Schutzmaßnahmen in § 22 Berufssatzung. Demnach gehören auch nationale Transparenzregelungen (z. B. Veröffentlichung von Honoraren), die Beratung mit Kollegen und die Einschaltung von Personen in den Prüfungsauftrag, die nicht bereits damit befasst sind, zu den Schutzmaßnahmen. Die Aufzählung des § 22 Berufssatzung ist nicht abschließend. Falls keine geeigneten Schutzmaßnahmen getroffen werden können, besteht die Gefahr der Befangenheit und der Auftrag darf nach § 319 Abs. 2 HGB nicht angenommen werden. Die Ablehnung des Auftrags gehört demnach nicht zu den Schutzmaßnahmen, sondern stellt eine Vermeidungsmaßnahme dar, welche die Ursache der Besorgnis der Befangenheit beseitigt.[269] Es kann auch zur Besorgnis der Befangenheit kommen, wenn nicht der Prüfer selbst Unabhängigkeitsgefährdungen unterliegt, sondern eine ihm beruflich oder privat nahe stehende Person.[270]

Falls Tatbestände der §§ 319 Abs. 3, Abs. 4 oder 319a HGB erfüllt sind, wird die »Besorgnis der Befangenheit« unwiderlegbar vermutet.[271] Die unwiderlegbare Vermutung gilt auch in den Fällen, in denen nicht der WP selbst einen der Tatbestände erfüllt, sondern die WPG oder der Abschlussprüfer des Konzernabschlusses.[272]

Das internationale Konstrukt der »independence in appearance« und das nationale Konstrukt der »Besorgnis der Befangenheit« dürften sich entsprechen. Die Besorgnis der Befangenheit steht u. U. der Bestellung des Abschlussprüfers entgegen (§ 318 Abs. 3 HGB).

Das Beziehungsgeflecht der deutschen Normen verdeutlicht Abb. I.6-10.

---

267 Vgl. Begründung zu § 21 der Berufssatzung; so auch *Förschle/Schmidt* (2010), § 319 HGB, Anm. 22.
268 Vgl. *Deutscher Bundestag* (2004), S. 78 ff., sowie *Ring* (2005), S. 199.
269 Vgl. Begründung zu § 22 Berufssatzung. International werden Vermeidungs- und Schutzmaßnahmen unter dem Begriff der safeguards zusammengefasst. Vgl. auch *Förschle/Schmidt* (2010), § 319 HGB, Anm. 28 ff.
270 Vgl. § 21 Abs. 4 Berufssatzung.
271 Vgl. *IDW* (2006), A 286; *Ebke* (2008), § 319 HGB, RdNr. 3, der hier von sog. absoluten Ausschlussgründen spricht.
272 Vgl. § 319 Abs. 4 und Abs. 5 HGB; vgl. auch *Förschle/Schmidt* (2010), § 319 HGB, Anm. 77 ff.

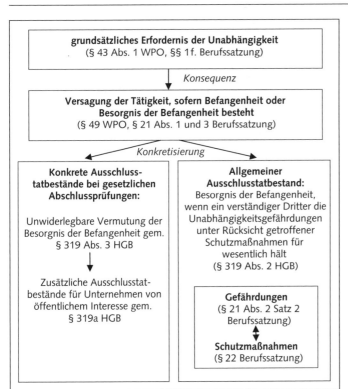

Abb. I.6-10: Zusammenhang zwischen dem grundsätzlichen Erfordernis der Unabhängigkeit, der Besorgnis der Befangenheit und deren Konkretisierung nach deutschen Normen[273]

Der *spezielle Teil* von Ethics Sec. 290 beschreibt spezifische Umstände und Beziehungen, die Unabhängigkeitsbedrohungen hervorrufen können. Die deutschen Normen sind in den Anwendungsfällen der Beispiele *weitaus weniger detailliert* als die internationalen Normen und eröffnen insofern regelmäßig darüber hinausgehende Interpretationsspielräume. So sind z. B. die Schutzmaßnahmen in § 22 Berufssatzung exemplarisch aufgezählt, aber nicht, wie in den internationalen Normen, beispielhaft hinterlegt. Weiterhin finden sich sowohl national als auch international oftmals strengere Regelungen, sofern es sich um einen Mandanten handelt, der im öffentlichen Interesse steht (z. B. Ethics Sec. 290.139 ff., 290.200, 290.206 und §§ 319, 319a HGB).

Im Folgenden werden ausgewählte Beispiele entlang des speziellen Teils des Bezugsrahmens des IESBA systematisiert und unter Verweis auf die korrespondierenden nationalen Normen dargestellt. Die Ausführungen erheben nicht den Anspruch auf Vollständigkeit. Dargestellt werden nur die Unabhängigkeitsbedrohungen in Zusammenhang mit einer Abschlussprüfung, d. h. der Bereich non-audit assurance services wird nicht näher betrachtet.

- *Finanzielle Interessen* werden z. B. durch die finanzielle Beteiligung des Prüfers am Unternehmen des Mandanten (§ 319 HGB, insbesondere Abs. 2 und Abs. 3 Nr. 1 HGB;

---

273 Die Normenangaben beschränken sich auf die zentralen Normen.

§ 23 Abs. 1 Nr. 1 Berufssatzung) hervorgerufen und können bei ihm ein eigenes Interesse am Prüfungsergebnis begründen (self-interest threat; vgl. Ethics Sec. 290.102-117). Ein solches Interesse besteht auch dann, wenn der Prüfer vom Auftraggeber Versorgungszusagen annimmt (Ethics Sec. 290.107 und § 2 Abs. 2 Nr. 6 Berufssatzung).

- *Kredite und Garantien* (Ethics Sec. 290.118-123), die ein Mandant an den Prüfer vergibt, können bei diesem zu einem self-interest threat führen. Erfolgt die Kreditvergabe nicht zu üblichen Marktkonditionen, sind keine Schutzmaßnahmen möglich. Die Vergabe von Krediten und Bürgschaften wird auch in den deutschen Normen als eine Gefährdung durch eigene Interessen angesehen (§§ 2 Abs. 2 Nr. 3 und 23 Abs. 1 Nr. 4 Berufssatzung).

- *Enge geschäftliche Beziehungen mit dem Mandanten* (Ethics Sec. 290.124.-126) bestehen z. B., wenn der Prüfer zusammen mit dem Mandanten ein Produkt unter gemeinsamen Namen vertreibt oder mit ihm ein Gemeinschaftsunternehmen betreibt (Ethics Sec. 290.124). Bei einem wesentlichen Sachverhalt ist es nicht möglich, die Unabhängigkeitsbedrohung durch geeignete Schutzmaßnahmen auf ein akzeptables Maß zu reduzieren. Auch § 23b Abs. 2 Berufssatzung weist auf die Gefahr der Interessenvertretung hin, wenn der Prüfer die Produkte des Unternehmens vertreibt. § 23 Abs. 1 Nr. 3 Berufssatzung spricht zusätzlich den Fall an, dass der Prüfer über den normalen Geschäfts- und Lieferverkehr mit Dritten hinausgehende Lieferbeziehungen tätigt. Ansonsten dürften die internationalen Vorgaben in Einklang mit dem in § 43 Abs. 1 WPO kodifizierten grundsätzlichen Erfordernis der Unabhängigkeit stehen.

- *Persönliche und familiäre Beziehungen* des Prüfers zum Mandanten können gleichfalls die Besorgnis der Befangenheit hervorrufen (Ethics Sec. 290.127-133). Die Besorgnis der Befangenheit auf Grund persönlicher und familiärer Beziehungen adressiert die Berufssatzung in § 21 Abs. 2 und 4. § 24 Berufssatzung spricht die Gefahr der persönlichen Vertrautheit bei einer engen persönlichen Beziehung an.

- Aus der *Beschäftigung beim Mandanten* (Ethics Sec. 290.134-149) entsteht dann eine Unabhängigkeitsbedrohung (familarity or intimitation threat), wenn der amtierende Prüfer beim Mandanten eine Position einnimmt, die es ihm erlaubt, Einfluss auf das Prüfungsobjekt zu nehmen; das Risiko einer Bedrohung besteht ebenfalls, wenn der Prüfer einen Wechsel in ein Arbeitsverhältnis beim Mandanten beabsichtigt (Ethics Sec. 290.138). Von einer Unabhängigkeitsbedrohung (self interest, self review, familarity threat) ist auch auszugehen, wenn Prüfungspersonal dem Mandanten *zeitweilig* entgeltlich überlassen wird (Ethics Sec. 290.142) oder wenn die Beschäftigung eines Mitglieds des Prüfungsteams beim Mandanten *erst vor Kurzem beendet wurde* (Ethics Sec. 290.143).

   Unabhängigkeitsbedrohungen bestehen weiterhin, wenn ein *ehemaliger Prüfungspartner* zu einem Mandanten wechselt und die Prüfungsgesellschaft den Mandanten unverändert prüft (Ethics Sec. 290.135 f.). Folgende Faktoren sind dabei von Bedeutung: 1) die Position, die der ehemalige Prüfungspartner nun beim Mandanten einnimmt, 2) die Beziehungen zwischen dem ehemaligen Prüfungspartner und dem aktuellen Prüfungsteam sowie 3) die Zeitspanne, die seit dem Wechsel vergangen ist, und 4) die Position, die der ehemalige Prüfungspartner im Prüfungsteam bzw. der Prüfungsgesellschaft inne hatte. Als eine Schutzmaßnahme wird u. a. die Notwendigkeit genannt, die Planungen für die laufende Prüfung des Mandanten zu ändern.

Auch national werden gem. § 24 und Begründung der Berufssatzung die o. g. Faktoren als relevant eingestuft und mögliche Schutzmaßnahmen, wie z. B. die Nachschau der Prüfungsergebnisse des Wechselnden, angesprochen.

Ist der amtierende Prüfer z. B. im Vorstand oder Aufsichtsrat des Mandanten vertreten, ist es nicht möglich, das Risiko einer Unabhängigkeitsbedrohung über Schutzmaßnahmen auf ein akzeptables Maß zu reduzieren (Ethics Sec. 290.146). Bei gesetzlichen Abschlussprüfungen liegt hier gem. § 319 Abs. 3 Nr. 2 HGB ein Ausschlussgrund vor.

Auch darf der Prüfer gem. § 319 Abs. 3 Satz 1 Nr. 3 Buchst. c HGB und § 23a Abs. 5 Berufssatzung keine Leitungsfunktionen beim geprüften Unternehmen während des zu prüfenden Geschäftsjahres eingenommen haben. Zudem ist das Tätigkeitsverbot für wichtige Leitungsfunktionen des § 43 Abs. 3 WPO zu beachten; demnach beträgt die *Abkühlungsphase* (cooling off-period) zwei Jahre nach Beendigung der Prüfungstätigkeit.[274]

- Bei einer *lang andauernden Verbindung mit dem Mandanten* werden auf Grund einer zu großen Vertrautheit oder eines engen Vertrauensverhältnisses Unabhängigkeitsbedrohungen (familiarity and self-interest threats) wahrscheinlicher (Ethics Sec. 290.150-155). Als eine mögliche Schutzmaßnahme wird vorgeschlagen, die mit der Durchführung eines Prüfungsauftrags beauftragten führenden Mitarbeiter (senior personnel) turnusmäßig zu wechseln (Ethics Sec. 290.150). Bei Mandanten von öffentlichem Interesse (public interest entities; zumeist börsennotierte Unternehmen) muss der verantwortlich zeichnende Prüfer (lead engagement partner) binnen einer vorgegebenen Periode, die sieben Jahre nicht überschreiten sollte, rotieren. Nach erfolgter Rotation ist erst nach einer Abkühlungsphase von zwei Jahren eine erneute Involvierung möglich (Ethics Sec. 290.151).

  National gibt § 319a Abs. 1 Satz 1 Nr. 4 HGB eine Pflicht zur internen Rotation bei der Prüfung von Unternehmen von öffentlichem Interesse vor; demnach ist eine Rotation zwingend, wenn der verantwortliche Prüfer den Bestätigungsvermerk in sieben oder mehr Fällen gezeichnet hat. Dies gilt nicht, wenn seit seiner letzten Beteiligung zwei oder mehr Jahre vergangen sind. Der ausgeschlossene Prüfer darf weder Mitglied des Prüfungsteams sein noch diesem Team beratend zur Seite stehen.

  Ist eine solche interne Rotation z. B. bei kleinen Büros mit börsennotierten Mandanten nicht praktikabel, sind geeignete Schutzmaßnahmen zu treffen, um einer möglichen Unabhängigkeitsbedrohung entgegenzuwirken. Als Beispiel für eine solche Maßnahme wird die Einbeziehung eines nicht zum Prüfungsteam gehörenden Prüfers genannt, der die Arbeit des Prüfungsteams durchsieht oder diesem beratend zur Seite steht (Ethics Sec. 290.155).

- In Zusammenhang mit der *Erbringung von Nicht-Prüfungsdienstleistungen für Prüfungsmandanten* erörtert Ethics Sec. 290.156-219 verschiedene Arten von Unabhängigkeitsbedrohungen.[275]

---

274 So auch die Empfehlung der *EU-Kommission* (2002), Abschnitt B.3.4. Der US-amerikanische Sarbanes-Oxley Act enthält in Sec. 206 eine ähnliche Regelung. Siehe ferner Ethics Sec. 290.151.

275 In den USA untersagt Sec. 201 des Sarbanes-Oxley Act dem Abschlussprüfer ohne Bezugnahme auf ein Rahmenkonzept die Erbringung von acht Nicht-Prüfungsdienstleistungen (wie z. B. die Buchfüh-

1. *Übernahme einer Managementfunktion für den Mandanten* (Ethics Sec. 290.162-166): Zulässig sind lediglich die Übernahme von Routineaufgaben und admistrativen Tätigkeiten, die unbedeutend sind. Dagegen birgt eine Übernahme von Managementverantwortung durch den Prüfer die Gefahr der Selbstprüfung und die Gefahr durch Eigeninteressen. In diesem Fall ist es nicht möglich, durch geeignete Schutzmaßnahmen die Bedrohung auf ein akzeptables Maß zu reduzieren (Ethics Sec. 290.165). Nach § 319 Abs. 3 Satz 1 Nr. 3 Buchst. c HGB ist der Prüfer gleichfalls von der Abschlussprüfung ausgeschlossen, sofern Unternehmensleitungsleistungen erbracht werden.

2. *Buchführungstätigkeiten oder andere Dienstleistungen, die mit dem Jahresabschluss verbunden sind* (Ethics Sec. 290.167-174): In diesem Fall besteht die Gefahr der Selbstprüfung. § 319 Abs. 3 Satz 1 Nr. 3 Buchst. a HGB bzw. § 23a Abs. 3 Berufssatzung führt eine über die Prüfungstätigkeit hinausgehende Mitwirkung bei der Führung der Bücher oder der Aufstellung des zu prüfenden Jahresabschlusses explizit als Ausschlussgrund an. Unzulässig ist eine Beratung im Regelfall erst dann, wenn sie über die Darstellung von Alternativen im Sinne einer Entscheidungshilfe hinausgeht.[276] Ein prüfungsfähiger Jahresabschluss (und ggf. Lagebericht) liegt indes nicht vor, wenn das Zahlenwerk keinen Abschluss der Konten darstellt oder in ihm wesentliche Bewertungsmaßnahmen zum Jahresende fehlen. Eine Beseitigung dieses Mangels führt in diesem Fall zweifelsfrei zu einer unzulässigen Mitwirkung (über die Prüfungstätigkeit hinaus). Die deutschen Regelungen sind insofern strenger, als Ethics Sec. 290.174 in Notfällen (emergency situations) unter bestimmten Voraussetzungen eine Unterstützung bei der Führung der Bücher und der Aufstellung des Abschlusses über das zuvor beschriebene Maß hinaus erlaubt.[277] Diese »Notfallregelung« ist auch in der Empfehlung der EU-Kommission zur Unabhängigkeit des Abschlussprüfers enthalten.[278] National sind hier gem. § 319 Abs. 3 Satz 1 HGB nur Tätigkeiten schädlich, die »nicht von untergeordneter Bedeutung sind«.[279]

3. *Bewertungsleistungen* (Ethics Sec. 290.175-180): Die Erstellung von Bewertungsgutachten (z. B. Berechnung der Höhe der Pensionsrückstellungen) ist nach Ethics Sec. 290.176, § 319 Abs. 3 Satz 1 Nr. 3 Buchst. d HGB und § 23a Abs. 6 Berufssatzung unter Hinweis auf die Gefahr der Selbstprüfung generell unvereinbar mit der gleichzeitigen Prüfung, sofern die Begutachtung wesentliche Sachverhalte des

---

rungstätigkeit oder andere mit der Buchführung oder dem Abschluss verbundene Leistungen, Bewertungsdienstleistungen und die Übernahme der Internen Revision; siehe auch *Menzies* (2004), S. 16 ff.). Nicht ausdrücklich benannte sonstige Nichtprüfungsleistungen einschließlich Steuerberatung (tax services) sind grundsätzlich nur zulässig, wenn die Tätigkeit zuvor durch das audit committee (→ I.1.3.3.6.2; alle bei der SEC registrierten Unternehmen müssen einen solchen Ausschuss einrichten) genehmigt wurde.

276 Vgl. § 23a Abs. 7 Berufssatzung nebst Begründung für eine diesbezügliche Regelung im Zusammenhang mit Rechts- und Steuerberatungsleistungen. Vgl. auch *WPK* (1996), S. 196 f., und *BGH* (1997), S. 1470 ff., sowie ferner *IDW* (2006), A 297.

277 Dies ist bspw. dann der Fall, wenn der Abschlussprüfer auf Grund unvorhergesehener Ereignisse der Einzige ist, der eine rechtzeitige Aufstellung des Jahresabschlusses und mithin ggf. auch den Fortbestand des Unternehmens sicherstellen kann.

278 Vgl. *EU-Kommission* (2002), Anhang B.7.2.1.

279 Allerdings bleibt unklar, welche Tätigkeiten hiervon erfasst werden; vgl. *IDW* (2006), A 302.

Jahresabschlusses betrifft und die Bewertung auf subjektiven Annahmen und Methoden des Mandanten beruht.[280]

4. *Steuerberatung* (Ethics Sec. 290.181-194): WP sind zur Steuerberatung befugt (§ 2 Abs. 2 WPO). Die Beratung oder Vertretung in solchen Angelegenheiten ist mit einer Prüfung durch denselben Prüfer i. d. R. vereinbar. Sowohl die Empfehlung der EU-Kommission als auch der Code of Ethics verbieten die Erbringung von Steuerberaterleistungen grundsätzlich nicht.[281] Der BGH hat in seinem Urteil vom 21.4.1997 die grundsätzliche Vereinbarkeit von Beratung in wirtschaftlichen sowie steuerlichen Angelegenheiten und gleichzeitiger Abschlussprüfung bestätigt.[282] Eine Beratungstätigkeit, die *über eine Entscheidungshilfe hinausgeht*, steht indes der gleichzeitigen Tätigkeit als Abschlussprüfer desselben Unternehmens entgegen, wenn dadurch die Besorgnis der Befangenheit hervorgerufen wird.[283] Bei Unternehmen von öffentlichem Interesse wird die Besorgnis unwiderleglich vermutet, wenn sich Rechts- und Steuerberatungsleistungen unmittelbar und wesentlich auf die Darstellung der Lage des Unternehmens im Abschluss auswirken (§ 319a Abs. 1 Nr. 2 HGB). Bei anderen Unternehmen gilt die unwiderlegliche Vermutung nicht, d. h. jeder Einzelfall ist zu prüfen (§ 23a Abs. 7 Satz 3 Berufssatzung nebst Begründung hierzu). In ähnlicher Weise ist die Erbringung von Steuerberatungsleistungen bei einem kapitalmarktorientierten Mandanten nach Ethics Sec. 290.185 nur in Ausnahmefällen (emergency situations) möglich; explizit angesprochen wird hier das Verbot, aktive und passive latente Steuern zu berechnen, sofern diese einen wesentlichen Umfang einnehmen.

5. *Übernahme von Leistungen der Internen Revision und von IT-Dienstleistungen* (Ethics Sec. 290.195-206): Die Übernahme eines wesentlichen Anteils der Internen Revisionstätigkeiten durch den Prüfer birgt die Gefahr der Selbstprüfung (Ethics Sec. 290.196). Gleiches gilt für die Übernahme von IT-Dienstleistungen, sofern es sich um den Entwurf und die Implementierung von IT-Systemen (→ II.5) handelt, die jahresabschlussrelevante Informationen generieren (Ethics Sec. 290.201, 290.203). Konkrete Schutzmaßnahmen benennt z. B. Ethics Sec. 290.204. Für Unternehmen von öffentlichem Interesse gelten strengere Regelungen (zu den besonderen Ausschlussgründen siehe Ethics Sec. 290.200, 290.206). Die Mitwirkung des Prüfers bei der Durchführung der Internen Revision begründet gem. § 23a Abs. 4 Berufssatzung die Besorgnis der Befangenheit, sofern der Prüfer eine verantwortliche Position einnimmt. Für Unternehmen von öffentlichem Interesse verbietet § 319a Abs. 1 Satz 1 Nr. 3 HGB die gleichzeitige Mitwirkung bei der Entwicklung und Implementierung von Rechnungslegungsinformationssystemen und Abschlussprüfung.

6. *Unterstützungsleistungen bei Rechtstreitigkeiten* (Ethics Sec. 290.207-208): Hierzu zählt z. B. die Benennung des Prüfers als Augenzeuge oder seine Tätigkeit als Schadensgutachter. Hier bestehen die Gefahr der Selbstprüfung und die Gefahr der

---

280 Vgl. auch *Förschle/Schmidt* (2010), § 319 HGB, Anm. 62 ff.

281 Vgl. *IDW* (2006), A 304, und Ethics Sec. 290.182.

282 Vgl. ausführlich *BGH* (1997), S. 1470 ff.

283 Vgl. auch die Ausführungen zu 1. Buchführungstätigkeiten und andere Dienstleistungen.

Interessenvertretung, sofern die zuvor genannten Aktivitäten die Darstellungen im Jahresabschluss beeinflussen (z. B. Einflussnahme der Schadensschätzung auf die Rückstellungsbildung). Konkrete Schutzmaßnahmen (z. B. die Involvierung unabhängiger Experten in die Dienstleistungserbringung) werden benannt.

7. *Rechtsberatung und -vertretung* (Ethics Sec. 290.209-213): Es ist sowohl die Gefahr der Interessenvertretung als auch die Gefahr der Selbstprüfung gegeben. Die Gefahr der Selbstprüfung besteht, sofern die Rechtsberatung und -vertretung Aspekte betrifft, die einen wesentlichen Einfluss auf den Jahresabschluss nehmen. Die deutschen Normen sprechen die Rechtsberatung explizit in § 23a Abs. 7 Berufssatzung an. Hier gelten die gleichen Regelungen wie für die Steuerberatung. Als eine mögliche konkrete Schutzmaßnahme empfiehlt Ethics Sec. 290.212, die Rechtsberatung und -vertretung von Personen durchführen zu lassen, die nicht in die Prüfung involviert sind. Die Position des Prüfers als ständiger Rechtsberater des Mandanten (general council for legal affairs) ist grundsätzlich nicht mit der gleichzeitigen Prüfungstätigkeit vereinbar (Ethics Sec. 290.213).

8. *Personalbeschaffungsdienstleistungen* (Ethics Sec. 290.214-215): In diesem Fall kann die Gefahr der Vertrautheit, der Einschüchterung oder die Gefahr der Selbstprüfung bestehen. Beispielsweise könnte der Prüfer dem Mandanten Führungspersonal im Rechnungswesen empfehlen und sich im Rahmen der Abschlussprüfung an sein Urteil bzgl. der Qualifikation des Bewerbers gebunden fühlen. In Deutschland wäre die Besorgnis der Befangenheit des § 319 Abs. 2 HGB im Hinblick auf den genannten Sachverhalt auszulegen.

9. *Finanzdienstleistungen und ähnliche Leistungen* (Ethics Sec. 290.216-219): Sowohl die Gefahr der Interessenvertretung als auch die Gefahr der Selbstprüfung sind in Betracht zu ziehen. Beispielsweise ist es dem Prüfer gem. Ethics. Sec. 290.216 untersagt, mögliche Zielunternehmen für einen Unternehmenserwerb zu identifizieren oder bei der Entwicklung von Geschäftsstrategien zu unterstützen. Untersagt ist auch, für Anteile des Mandanten zu werben, mit diesen zu handeln oder selbst Anteile zu zeichnen. Auch § 319 Abs. 3 Nr. 1 HGB verbietet es, selbst Anteile an der zu prüfenden Kapitalgesellschaft zu halten. Das Werben für Anteile des Mandanten dürfte die Besorgnis der Befangenheit hervorrufen.

- *Prüfungshonorare und Honorarfestsetzung* (Ethics Sec. 290.220-227; Sec. 240):
Relative Höhe: Bezieht der Prüfer einen bedeutenden Anteil (large proportion) seines Gesamthonorars (total fee) von einem Mandanten, besteht eine Gefahr durch Eigeninteresse (Ethics Sec. 290.220). § 319 Abs. 3 Nr. 5 HGB setzt die Obergrenze bei 30 % (sog. kritische Honorargrenze); bei der Prüfung eines Unternehmens von öffentlichem Interesse liegt diese gem. § 319a Abs. 1 Nr. 1 HGB bei 15 % (so auch Ethics Sec. 290.222).

Ausstehende Honorare: Eine Gefahr durch Eigeninteresse besteht des Weiteren, wenn Honorare für bereits erbrachte Prüfungsleistungen über einen längeren Zeitraum ausstehen (Ethics Sec. 290.223; § 23 Abs. 1 Nr. 5 Berufssatzung).

Honorarfestsetzung: Die Vergütung muss *angemessen* sein (Ethics Sec. 240.1, § 27 Berufssatzung). Zu einer Gefährdung z. B. der beruflichen Kompetenz und gebührenden Sorgfalt kommt es dann, wenn die Qualität der Prüfung durch zu niedrige Gebühren nicht gewährleistet werden kann. Berechnet der Prüfer für ein Mandat ein

wesentlich geringeres Honorar als sein Vorgänger, so besteht eine Gefahr durch Eigeninteresse, sofern der Prüfer nicht nachweisen kann, dass diesem Mandat ausreichend
Prüfungszeit und entsprechend qualifizierte Mitarbeiter zugewiesen werden, die eine
normenkonforme Prüfung sicherstellen (§ 27 und Begründung der Berufssatzung).[284]

Pauschalhonorare dürfen nur vereinbart werden, wenn diese angemessen sind und
eine Anpassung bei erhöhtem Arbeitsaufwand erfolgt. Unter Hinweis auf das Eigeninteresse und den Interessenkonflikt ist es verboten, Honorare zu vereinbaren, die an
das Ergebnis der Prüfung (z. B. Erteilung eines uneingeschränkten Bestätigungsvermerks) geknüpft sind (*Erfolgshonorare,* contingent fees). Geeignete Schutzmaßnahmen existieren in diesem Fall nicht (Ethics Sec. 290.226). Eine entsprechende nationale Regelung findet sich in § 55 Abs. 1 WPO und § 2 Abs. 2 Nr. 1 Berufssatzung.[285]

Offenlegung der Honorare: Art. 49 der Abschlussprüferrichtlinie verpflichtet grundsätzlich alle mittelgroßen und großen sowie alle konzernrechnungslegungspflichtigen
Unternehmen zur Offenlegung der Honorare des Abschlussprüfers (zur nationalen
Umsetzung siehe §§ 285 Satz 1 Nr. 17, 314 Abs. 1 Satz 1 Nr. 9 HGB). Steht das Honorar für Nichtprüfungsleistungen in »keinem Verhältnis« zu dem für die Pflichtprüfung
gezahlten Honorar, sollte der Prüfer nachweisen können, dass seine Unabhängigkeit
hierdurch nicht beeinträchtigt wird[286] (vgl. hierzu auch IDW PS 345.49, jedoch unter Bezugnahme auf die Auswirkungen des DCGK (→ II.8.5) auf die Abschlussprüfung). Eine entsprechende internationale Norm findet sich nicht (siehe auch Ethics
Sec. 240).

- *Mitarbeiterbeurteilung und -entlohnung in Abhängigkeit von dem Verkauf zusätzlicher Nichtprüfungsleistungen an den Mandanten* (Ethics Sec. 290.228 f.): Die Signifikanz der bestehenden Gefahr durch Eigeninteressen ist zu prüfen und ggf. durch
  geeignete Schutzmaßnahmen zu kompensieren (z. B. Ausschluss des Mitarbeiters aus
  dem Prüfungsteam). In der Begründung zu § 2 Abs. 2 Nr. 4 der Berufssatzung wird
  in diesem Zusammenhang ausgeführt, dass eine Vermittlungsprovision nicht vorliegt,
  »wenn ein Mitarbeiter im Rahmen seiner Tätigkeit gehalten ist, sich um Aufträge
  zu bemühen, und er hierfür eine angemessene Vergütung, unter Einschluss eines
  Erfolgsbonus, erhält«. Nach der hier vertretenen Auffassung ist eine mögliche Gefahr
  durch Eigeninteressen stets einzelfallbezogen zu beurteilen, da z. B. bei einer hohen
  Provision und einer bedeutenden Position des Mitarbeiters im Prüfungsteam eine signifikante Unabhängigkeitsgefährdung durch Eigeninteressen zu vermuten ist.
- *Annahme von Waren und Dienstleistungen* (Ethics Sec. 290.230): Hier besteht eine
  Gefahr durch Eigeninteressen oder Einschüchterung, sofern es sich um wesentliche
  Werte (significant values) handelt. Schutzmaßnahmen existieren nicht. In Analogie
  zu dem in § 2 Abs. 2 Nr. 6 Berufssatzung normierten Verbot zur Annahme von Ver-

---

284 Gleichwohl lässt sich bei einer Erstprüfung ein Honorar, welches unter den Prüfungskosten liegt, theoretisch über den sog. »low balling-Effekt« begründen (→ I.7.2).

285 Gegen Erfolgshonorare spricht sich auch die *EU-Kommission* (2006) in Art. 25 b) aus. Vor dem Hintergrund einer aktuellen Verfassungsbeschwerde betreffend das Verbot der Vereinbarung von Erfolgshonoraren, weist auch die WPK auf die elementare Bedeutung des Verbots von Erfolgshonoraren hin;
vgl. *WPK* (2006), S. 2 f.

286 Vgl. *EU-Kommission* (2002), Anhang A.5.

sorgungsleistungen ist es auch in Deutschland verboten, Waren und Dienstleistungen von wesentlichem Wert anzunehmen.

- *Tatsächliche oder drohende Prozesse* (Ethics Sec. 290.231): Besteht ein Rechtsstreit mit dem Mandanten oder zeichnet sich ein solcher ab, kann eine Gefahr durch Eigeninteressen oder Einschüchterung bestehen. Falls Schutzmaßnahmen die Bedrohung nicht auf ein akzeptables Maß reduzieren, darf der Prüfer den Prüfungsauftrag nicht annehmen bzw. er muss ein vorhandenes Mandat niederlegen.[287] In Zusammenhang mit der Mandatsniederlegung wäre nach deutschen Normen zu beurteilen, ob ein wichtiger Kündigungsgrund i. S. des § 318 Abs. 6 Satz 1 HGB vorliegt. Dabei sind strenge Anforderungen an das Vorliegen eines wichtigen Grundes zu stellen.

6.5.2.2.5 Kritische Würdigung

Der Code of Ethics folgt einem prinzipienbasierten Ansatz, welcher v. a. in der Vorgabe eines Bezugsrahmens (threats and safeguards-approach) zum Ausdruck kommt. Da sich Prinzipien nicht unmittelbar durchsetzen lassen, werden diese durch eine nicht abschließende Aufzählung von möglichen Gefahrensituationen und Schutzmaßnahmen verdeutlicht (Ethics Sec. 290.100). Diese Beispiele sollen die Prinzipien verdeutlichen. Insofern handelt es sich hier in der Gesamtschau um einen prinzipienbasierten Ansatz.

Die Unabhängigkeitsregeln des Bezugsrahmens werden in Ethics Sec. 290 und Sec. 291 konkretisiert (application of the conceptual framework to independence). Konzeptionell bedeutsam ist die Unterscheidung zwischen den Prüfungsdienstleistungen audit und review (Sec. 290) und den anderen Prüfungsdienstleistungen (Sec. 291). Demnach werden die Gefahrensituationen und Bedrohungen nach der Art der zu erbringenden Dienstleistungen differenziert. Weiterhin bestehen zumeist strengere Regelungen, sofern Unternehmen von öffentlichem Interesse geprüft werden. Näher untersucht wurden die anwendungsorientierten Konkretisierungen in Ethics Sec. 290.102-231. Die gewählte Ordnungssystematik innerhalb dieser Regelungen ist weitgehend kasuistisch, so dass die Orientierung teilweise verloren geht. In Einzelfällen sind die Regeln auch nicht vollends überschneidungsfrei (z. B. der gegebene Verweis in Ethics. Sec. 290.208 oder die Regelung von Honorarfragen in Ethics sowohl in Sec. 290.220 ff. als auch in Sec. 240). Etwaige Überschneidungen liegen auch darin begründet, dass letztendlich alle in Sec. 210–280 genannten Regelungsbereiche zumindest indirekt einen Beitrag zur Gewährleistung der Unabhängigkeit des Prüfers (Ethics Sec. 290) leisten.

Wie bereits angesprochen, beinhalten die deutschen Normen zur Unabhängigkeit kein durchgängiges Systematisierungskonzept. Ein Bezugsrahmen wird zwar ansatzweise eingeführt (v. a. §§ 21 f. Berufssatzung), jedoch in den relevanten Normen nicht konsequent umgesetzt. Durch die grundsätzliche Regelung der fehlenden Unabhängigkeit bei Vorliegen der Besorgnis der Befangenheit in § 319 Abs. 2 HGB für gesetzliche Abschlussprüfungen und in § 21 Abs. 1 Berufssatzung für alle Prüfungen findet sich der prinzipienbasierte Ansatz auch in den deutschen Normen. Allerdings finden sich auch regelbasierte Elemente. Angesprochen sind die Situationen, in denen die Besorgnis der Befangenheit unwiderlegbar besteht (§§ 319 Abs. 3, 319a HGB); § 22a Berufssatzung

---

287 Vgl. *EU-Kommission* (2002), Anhang B.5.

spricht hier von »absoluten Ausschlussgründen«. Demnach findet sich auf internationaler Ebene ein prinzipienbasierter Ansatz mit konkretisierenden Beispielen und auf deutscher Ebene eine Kombination aus prinzipien- und regelbasiertem Ansatz.[288] Das Vorgehen auf deutscher Ebene lässt sich auch als »principle based approach with a safety net of rules« charakterisieren.

Dabei wird die Meinung vertreten, dass ein Vorteil der deutschen Regelungen in der hohen Rechtssicherheit liegt.[289] Allerdings sind die deutschen Normen im Detail teilweise interpretationsbedürftig (z. B. § 319a Abs. 1 Nr. 2 HGB).[290] Insofern besteht die Gefahr, dass der Normenanwender zu stark die Detailvorschriften (absolute Ausschlussgründe) fokussiert und der Blick auf die Generalnorm des § 319 Abs. 2 HGB verloren geht. Weiterhin ist an den deutschen Normen zu kritisieren, dass der Bezugsrahmen nur wenig überzeugend herausgearbeitet wird und dass sich die ethischen Prüfungsnormen in einer Vielzahl von Normenquellen (HGB, WPO, Berufssatzung, VO 1/2006) befinden (Transparenzdefizit)[291].

6.5.2.3 Ausbildungsnormen

Ausbildungsnormen regeln den Zugang zum WP-Beruf sowie Fortbildungserfordernisse. Diese Normen werden international vom IAESB (→ I.5.4.2) verlautbart. Dabei müssen die Mitgliedsorganisationen der IFAC die IES bei der Herausgabe nationaler Ausbildungsnormen berücksichtigen (Framework for IESPA.34). Auf internationaler Ebene liegen derzeit das Framework for IESPA, IES 1–8 und IEPS 1–3 vor.

Auf europäischer Ebene finden sich in den Art. 3-14 der Abschlussprüferrichtlinie (→ I.6.3.1) Regelungen zum Zugang zum Prüferberuf, zur kontinuierlichen Fortbildung sowie zur gegenseitigen Anerkennung von Berufsqualifikationen. Auf deutscher Ebene sind v. a. die §§ 5–23, 43 Abs. 2 Satz 4, 131g–131m WPO, §§ 4a, 6 Abs. 1 Berufssatzung, die WiPrPrüfV, die WPAnrV, VO 1/1993 sowie die VO 1/2006.71 ff. relevant. Eine Normensystematik ist auf keiner der zuvor angesprochenen Ebenen erkennbar.

Die Ausbildungsnormen lassen sich, der zuvor gegebenen Definition und damit gleichzeitig dem *Werdegang eines WP folgend*, in die Bereiche Zugang zum WP-Beruf (pre-qualification) sowie Fortbildungserfordernisse (post-qualification) systematisieren.
* Der *Zugang* zum WP-Beruf knüpft an fachliche und persönliche Voraussetzungen an (→ I.4).[292] Allgemeine Ausführungen zu den *Zulassungsvoraussetzungen* finden

---

288 Zur Systematik der deutschen Regelungen vgl. auch *Baetge/Brötzmann* (2004), S. 726.

289 So z. B. *Baetge/Brötzmann* (2004), S. 726.

290 Hier greift das sog. »diminishing return to detail law«, welches besagt, dass ein hoher Detaillierungsgrad das Urteilsvermögen oftmals nur scheinbar reduziert, da die Anwendung der Konkretisierung wiederum in eine vermehrte Nachfrage nach Urteilsvermögen mündet. Vgl. hierzu *Ruhnke* (2000), S. 502 m. w. N. In Bezug auf den angesprochenen § 319a Abs. 1 Nr. 2 HGB kommt es zu weiteren Beurteilungserfordernissen v. a. in Bezug auf die unbestimmten Rechtsbegriffe »unmittelbar« und »nicht nur unwesentlich«.

291 Zu den zahlreichen Überschneidungen und der Vielzahl der im Einzelfall relevanten Normenquellen vgl. anschaulich *Ruhnke* (2000), S. 71; obgleich sich die genannte Quelle auf einen historischen Normenstand bezieht, ist das aktuelle Beziehungsgeflecht nicht weniger komplex.

292 Vgl. auch *IDW* (2006), A 57 ff. Zu den aktuellen Entwicklungen in Bezug auf den Zugang zum Beruf des WP, auch unter Einbeziehung des Common-Content-Projektes siehe *Ruhnke/Böhm/Lebe* (2010);

sich in IES 1. National regelt § 16 WPO die *persönlichen* Zulassungsvoraussetzungen, indem die Bestellung als Wirtschaftsprüfer zu versagen ist, sofern einer der in Abs. 1 genannten Gründe gegeben ist. Hinsichtlich der *fachlichen* Zulassungsvoraussetzungen ist festzustellen, dass die Kandidaten über einen Bachelorabschluss (oder vergleichbaren Abschluss) verfügen sollten (IES 8.29). Der Zeitraum der praktischen Ausbildung soll drei Jahre nicht unterschreiten (IES 5.10 f.); Einzelheiten zu den Anforderungen an die praktische Ausbildung finden sich in IEPS 3. In Bezug auf die fachliche Eignung bestimmen die §§ 8 f. WPO die Voraussetzungen für die Zulassung. Erforderlich sind z. B. der Nachweis eines Hochschulstudiums sowie der Nachweis einer mindestens drei Jahre andauernden Prüfungstätigkeit.

IES 2.14 formuliert die *Prüfungsinhalte*, die Gegenstand der nationalen Ausbildungsprogramme sein sollen. Die relevanten Ausbildungsinhalte (accounting, finance and related knowledge, organizational and business knowledge, information technology knowledge and competences) werden in weitere Teilgebiete differenziert. National benennt § 4 WiPrPrüfV die relevanten Prüfungsgebiete, die wiederum durch den IDW/WPK-Arbeitskreis konkretisiert werden.[293]

Die internationalen Ausbildungsnormen gehen teilweise über die nationalen Bestimmungen hinaus: Während § 4 WiPrPrüfV unter A.3. als Prüfungsgebiet die »Grundzüge und Prüfung der Informationstechnologie« benennt, geht IEPS 2.13 ff. ausführlich auf die relevanten Ausbildungserfordernisse im IT-Bereich ein. IES 4, IES 8.45 ff. und IEPS 1 behandeln die ethischen Aspekte der Prüferausbildung ausführlich. Dieser Bereich ist eher ein Randgebiet in § 4 WiPrPrüfV; angesprochen ist das unter A.5. genannte Prüfungsgebiet »Berufsrecht, insbesondere Organisation des Berufs, Berufsaufsicht, Berufsgrundsätze und Unabhängigkeit«. Weiterhin ist nach IES 5.18 die praktische Tätigkeit im Rahmen der Ausbildung unter Weisung eines Mentors durchzuführen; dieses Erfordernis findet sich in den deutschen Ausbildungsnormen nicht. Weiterhin finden sich in IES 8 besondere Kompetenzanforderungen, die an audit professionals[294] zu stellen sind; entsprechende deutsche Normen finden sich nicht.

Das *Prüfungsverfahren* behandelt IES 6. Nationale Regelungen zum formalen Ablauf des Prüfungsverfahrens finden sich v. a. in den §§ 12–14a WPO sowie konkretisierend in den §§ 1–24 WiPrPrüfV.

• IES 7.13 fordert die Mitgliedsorganisationen auf, die *Fortbildung* des WP sicherzustellen. Zur Umsetzung der Fortbildung unterbreitet IES 7 detaillierte Vorschläge.
§ 43 Abs. 2 Satz 4 WPO verpflichtet den WP gleichfalls zur Fortbildung. Konkretisierungen zur fachlichen Fortbildung finden sich vor allem in § 4a Berufssatzung (und teilweise auch in VO 1/2006, z. B. in Tz. 72). Diese Regelung ist indes sehr allgemein gehalten. Es werden unterschiedliche Fortbildungsmaßnahmen (z. B. Vorträge, Seminare) und als Mindeststandard in § 4a Abs. 5 Berufssatzung gefordert, dass die Fort-

---

dort findet sich auch ein Vergleich der formalen und inhaltlichen nationalen, europäischen und internationalen Anforderungen an den Berufszugang .

293 Vgl. *IDW/WPK-Arbeitskreis Reform des Wirtschaftsprüfungsexamens* (2008).

294 Audit professionals sind professional accountants, die für signifikante Beurteilungen in einer Jahresabschlussprüfung verantwortlich zeichnen; vgl. IES 8.9. Insofern ist der Begriff »audit professional« enger gefasst als der eines »professional accountant«.

bildung einen Umfang von 40 Stunden jährlich nicht unterschreiten soll (ähnlich IES 7.33).

Die Fortbildungserfordernisse sind in IES 7 stärker methodenorientiert und zudem deutlich detaillierter geregelt. Beispielsweise schlagen IES 7.33 ff. zur Messung der fachlichen Kompetenz (Überprüfung des Erfolgs von Fortbildungsmaßnahmen) input- und outputorientierte Ansätze oder einen kombinierten Ansatz vor.[295] Weiterhin gehen IEPS 2.42 ff. ausführlich auf die Fortbildungserfordernisse im IT-Bereich ein. IES 4 und konkretisierend IEPS 1 thematisieren die Fortbildung hinsichtlich der Handhabung ethischer Probleme; eine entsprechende Verpflichtung findet sich in den deutschen Normen nicht.

6.5.2.4 Qualitätsnormen

Die Qualitätsnormen regeln die interne Qualitätssicherung und die externe Qualitätskontrolle (ausführlich → II.7).

- Die *interne Qualitätssicherung* umfasst sämtliche Maßnahmen, die eine WP-Praxis zu ergreifen hat, um die Einhaltung ihrer beruflichen Pflichten sicherzustellen. Die Maßnahmen umfassen Regelungen zur allgemeinen Praxisorganisation, zur Auftragsabwicklung sowie zur internen Nachschau. International sind vor allem ISQC 1 und ISA 220 bedeutsam. Nahezu alle Anforderungen dieser Standards wurden durch VO 1/2006 in eine deutsche Norm transformiert. Besonders relevant auf deutscher Normenebene sind weiterhin §§ 55b, 57a WPO sowie VO 1/1993.

- Die *externe Qualitätskontrolle* ist eine Systemprüfung zum Zwecke der Beurteilung von Angemessenheit und Wirksamkeit der Grundsätze und Maßnahmen zur internen Qualitätssicherung. Eine solche Kontrolle ist Art. 29 der Abschlussprüferrichtlinie zufolge sowie international gem. SMO 1 obligatorisch. National verpflichtet § 57a Abs. 1 WPO den gesetzlichen Abschlussprüfer hierzu. Weitere zentrale nationale Normen sind § 319 Abs. 1 HGB, §§ 57a-h, 62b WPO, IDW PS 140 und IDW PH 9.140. In Deutschland sind in die Durchführung der Kontrolle v. a. der Prüfer für Qualitätskontrolle (→ II.7.2.3) sowie die organisatorisch der WPK zuzurechnende Kommission für Qualitätskontrolle involviert. In den USA obliegt dem PCAOB (→ I.5.2.2) die Durchführung von Qualitätskontrollen (inspections) bei WP-Praxen mit SEC-registrierten Mandanten (Sec. 104 SOA).

6.5.2.5 Durchsetzungsnormen

Durchsetzungsnormen setzen Anreize zur Erfüllung der präskriptiven Funktion der zuvor angesprochenen Normenarten. Dabei lassen sich Haftungs- und reine Anreiznormen unterscheiden.

Haftungsnormen (zivilrechtliche Haftung) setzen dahingehend einen Anreiz, dass der Prüfer Schadensersatzbeiträge zu entrichten hat, d.h. der Prüfer hat im Fall einer nicht normenkonformen Prüfung für den hieraus entstandenen Schaden aufzukommen

---

295 Vgl. ausführlich *Ruhnke/Füssel* (2010).

(insbesondere § 323 HGB, §§ 823, 826 BGB, §§ 16f. Berufssatzung, §§ 54, 54a WPO; → I.8.1). Als Haftungsgläubiger kommen neben dem Mandanten (Auftraggeberhaftung) auch Dritte, wie z. B. Gläubiger und Investoren (Dritthaftung), in Betracht.

Dagegen zielen die nachstehend genannten Durchsetzungsnormen nicht direkt darauf ab, einen entstandenen Schaden zu ersetzen. Vielmehr wird dem Prüfer (unabhängig von einem eingetretenen Schaden) damit gedroht, ihn im Falle eines normenabweichenden Verhaltens z. B. eine Geldbuße aufzuerlegen, eine Rüge zu erteilen oder von der Berufsausübung auszuschließen.

Diese als *reine Anreiznormen* bezeichneten Regelungen lassen sich weiter differenzieren in berufs-, straf- und ordnungsrechtliche Normen.

* In Deutschland nimmt die WPK die *berufsrechtliche Ahndung* wahr. Bei Pflichtverletzungen, die über den Bereich der Ahndungsmöglichkeiten der WPK hinausgehen, greift die berufsgerichtliche Bestrafung (insbesondere §§ 57, 63, 66a, 67ff. WPO; → I.8.2).
* *Strafrechtliche Normen* setzen zum einen an Verletzungen der Berichtspflicht und zum anderen an Verletzungen der Geheimhaltungspflicht an (insbesondere §§ 332 i. V. m. 321f. sowie 333 HGB; → I.8.3).
* *Ordnungsrechtliche Konsequenzen* drohen dann, wenn bei einer Pflichtprüfung ein Testat erteilt wird, obwohl der Prüfer oder die Gesellschaft, für die er tätig wird, auf Grund der Ausschlussgründe der §§ 319 Abs. 2–5, 319a HGB nicht Abschlussprüfer sein darf (insbesondere § 334 Abs. 2, 3 HGB; → I.8.4).

Durchsetzungsnormen werden auch auf europäischer sowie auf internationaler Ebene diskutiert.[296] Beispielsweise hatte die EU-Kommission unter Bezugnahme auf Art. 30a der Abschlussprüferrichtlinie (→ I.6.3.1) ein Forum beauftragt, eine marktorientierte Analyse der bestehenden Regelungen zur Haftung des Abschlussprüfers zu erstellen, die mittlerweile vorliegt.[297] Ziel dieser Studie war es, die Auswirkungen der Haftungsvorschriften auf die Durchführung von Abschlussprüfungen auf europäische Kapitalmärkte und Versicherungsbedingungen zu untersuchen.

Supranationale Normen zur Haftung existieren nicht. Insofern besteht auch keine (z. B. den fachtechnischen IFAC-Normen vergleichbare) Verpflichtung, internationale in nationale Normen zu transformieren. Gleichwohl gehen von den supranationalen Überlegungen, die zumeist aus dem Blickwinkel einer Harmonisierung und/oder Verbesserung der nationalen Durchsetzungsnormen heraus motiviert sind, oftmals direkte Impulse auf das nationale standard setting aus. Beispielsweise ist die durch das KonTraG in § 323 Abs. 2 HGB vollzogene Erhöhung der Haftungsgrenze von 500 TDM auf eine Mio. € bzw. vier Mio. € v. a. vor dem Hintergrund der internationalen Entwicklungen zu sehen.[298]

---

296 Auf internationaler Ebene war die (derzeit nicht mehr aktive) Legal Liability Task Force der IFAC mit Fragen der Prüferhaftung befasst; zuletzt wurde eine Vergleichsstudie zur Prüferhaftung in den einzelnen Mitgliedsorganisationen der IFAC herausgegeben; vgl. *Legal Liability Task Force* (1998). Zur Haftung des Abschlussprüfers in den USA vgl. z. B. *Schrader* (2003), S. 97ff., 134.

297 Vgl. *EU-Kommission* (2005) sowie zur Studie selbst siehe *London Economics/Ewert* (2006).

298 Vgl. hierzu *Kleekämper/König* (2003).

Kontrollfragen

1. Wodurch unterscheiden sich das alte und das neue Aussagenkonzept? Warum wurde das neue Aussagenkonzept eingeführt?

2. Der Abschlussprüfer muss gesetzliche fachtechnische Prüfungsnormen beachten. Gehen Sie aus dem Blickwinkel der Normenfunktionen auf die Notwendigkeit ein, weitere fachtechnische Prüfungsnormen herauszugeben.

3. Inwieweit binden EU-Verordnungen, EU-Richtlinien und EU-Empfehlungen den mit der Prüfung des Jahresabschlusses der Fußball AG (mit Sitz in Kiel) beauftragten WP Tim Timpelhoven?

4. Geben Sie einen systematischen Überblick über die durch einen Prüfer erbringbaren Dienstleistungen und grenzen Sie diese voneinander ab.

5. Grenzen Sie die Begriffe »Normenquellen«, »Normenkategorien« und »Normenarten« voneinander ab und erläutern Sie das bestehende Beziehungsgeflecht.

6. Wodurch unterscheiden sich ein »reasonable assurance engagement« und ein »limited assurance engagement« in Bezug auf historische Finanzinformationen? Lassen sich diese beiden Dienstleistungen immer eindeutig abgrenzen?

7. Nehmen Sie zu der folgenden Aussage kritisch Stellung: »Das IDW besitzt die Legitimation, Grundsätze zur Abschlussprüfung herauszugeben.«

8. Geben Sie zwei Beispiele für bedeutsame Unterschiede zwischen den nationalen und den internationalen fachtechnischen berufsständischen Abschlussprüfungsnormen. Berücksichtigen Sie bei Ihren Überlegungen den zum Zeitpunkt der Beantwortung dieser Frage relevanten Normenstand. Beim Aufzeigen der Unterschiede sind sowohl verabschiedete Normen als auch Diskussionsentwürfe zu berücksichtigen. Die relevanten Normen sind konkret zu benennen. Gehen Sie auch auf mögliche Gründe für die Existenz abweichender Normen ein.

9. Die börsennotierte Fix und Foxi AG hat ihren Sitz in Berlin. Ist dieses Unternehmen prüfungspflichtig und welche fachtechnischen Prüfungsnormen sind im Rahmen der Prüfung ggf. anzuwenden?

10. Sie sind Mitglied in einem Prüfungsteam und mit der Prüfung eines bestimmten Sachverhalts betraut, zu dem abweichende nationale und internationale Prüfungsnormen vorliegen. Wie ist zu verfahren? Begründen Sie die von Ihnen vertretene Auffassung.

11. Inwieweit sind internationale fachtechnische Prüfungsnormen im Rahmen einer gesetzlichen Abschlussprüfung der Lupo AG mit Sitz in Potsdam zu beachten?

12. Gehen Sie auf Inhalt und Bedeutung ethischer Prüfungsnormen ein.

13. Stellen Sie das System der internationalen Normen zur Unabhängigkeit des Abschlussprüfers dar. Wodurch unterscheidet sich dieses System von dem System der deutschen Normen zur Unabhängigkeit des Abschlussprüfers?

14. Gehen Sie auf die Zulässigkeit von Prüfung und Beratung durch einen WP ein.

15. WP Arglos prüft den Jahresabschluss der Triplina GmbH. Dabei gewährt Arglos der Triplina GmbH einen Kredit i. H. v. 270 T€. Der WP ist auf Grund seiner Fachkenntnis davon überzeugt, dass es sich um einen kurzfristigen Liquiditätsengpass handelt und dass der Mandant in der Lage ist, den Kredit im nächsten Jahr vollumfänglich unter Berücksichtigung einer angemessenen Verzinsung zurückzuzahlen. Wie beurteilen Sie den Sachverhalt unter Bezugnahme auf die deutschen ethischen Normen?

16. Worin sehen Sie Gemeinsamkeiten und Unterschiede in den nationalen und internationalen ethischen Prüfungsnormen?

Zitierte und weiterführende Literatur

AG Duisburg (1994): Beschluß vom 31.12.1993 – 23 HR B 3193, Anforderungen an den Bestätigungsvermerk zur Zwischenbilanz bei der Kapitalerhöhung aus Gesellschaftsmitteln, Bedeutung der Stellungnahme des Hauptfachausschusses des Instituts der Wirtschaftsprüfer bei der gerichtlichen Auslegung einer gesetzlichen Vorschrift, in: Der Betrieb, S. 466–467.

Baetge, J./Brötzmann, I. (2004): Neue Regelungen des Regierungsentwurfs zum Bilanzrechtsreformgesetz zur Stärkung der Unabhängigkeit des Abschlussprüfers, in: Der Konzern, S. 724–732.

Bähr, G./Fischer-Winkelmann, W.F. (1974): Grundsätze ordnungsmäßiger aktienrechtlicher Jahresabschlußprüfung, in: Bähr, G./Fischer-Winkelmann, W.F./Munkert, M. (Zusammensteller): Wirtschaftsprüfung – Allgemeine Prüfungslehre, München, S. 235–261.

BGH (1997): Urteil vom 21.4.1997 – II ZR 317/95, Prüfung und Beratung, in: Betriebs-Berater, S. 1470–1472.

BGH (2006): Urteil vom 6.4.2006 – III ZR 256/04, in: Die Aktiengesellschaft, S. 453–456.

BMF (1996): Grundsätze ordnungsmäßiger DV-gestützter Buchführungssysteme (GoBS) (BMF-Schreiben vom 7.11.1995 – IV A 8 – S 0316 – 52/95), in: Der Betrieb, Beilage zu Heft 4, S. 1–8.

BVerfG (1973): Entscheidungen des Bundesverfassungsgerichtes, herausgegeben von den Mitgliedern des Bundesverfassungsgerichtes, 33. Band, Tübingen.

BVerfG (1999): Urteil vom 14.12.1999 – 1 BvR 1327/98,
URL: http://www.bverfg.de/entscheidungen/rs19991214_1bvr132798.html (Stand: 1.4.2011).

Claussen, C.P./Korth, M. (1991): Kommentierung des § 317 HGB, in: Zöllner, W. (Hrsg.): Kölner Kommentar zum Aktiengesetz, Köln, S. 639–659.

Deutscher Bundestag (2004): Drucksache 15/3419 vom 24.6.2004, Entwurf eines Gesetzes zur Einführung internationaler Rechnungslegungsstandards und zur Sicherung der Qualität der Abschlussprüfung (Bilanzrechtsreformgesetz – BilReG), Berlin.

Ebke, W. (2008): Kommentierung zu 319 HGB, in: Schmidt, K. (Hrsg.): Münchener Kommentar zum Handelsgesetzbuch, Band 4, Drittes Buch, Handelsbücher, §§ 238–342e HGB, S. 1408–1445.

Egner, H. (1980): Betriebswirtschaftliches Prüfungswesen, Berlin.

Eilifsen, A./Messier, W.F./Glover, S.M./Prawitt, D.F. (2010): Auditing and Assurance Services, 2. Aufl., London et al.

Ernst & Young (2010): Transparenzbericht zum 31. März 2010, Stuttgart.

EU-Kommission (2002): Empfehlung der Kommission vom 16.5.2002, Unabhängigkeit des Abschlussprüfers in der EU – Grundprinzipien, AblEG Nr. L 191 vom 19.7.2002, Brüssel.

EU-Kommission (2005): Auditors' liability: new European Forum on limitation of financial burdens, IP/05/1420, 15.11.2005, Brüssel.

EU-Kommission (2006): Richtlinie 2006/43/EG vom 17. Mai 2006 über Abschlussprüfungen von Jahresabschlüssen und konsolidierten Abschlüssen, zur Änderung der Richtlinien 78/660/EWG und 83/349/EWG des Rates und zur Aufhebung der Richtlinie 84/253/EWG des Rates, AblEG Nr. L 157/87 vom 9.6.2006, Brüssel.

EU-Kommission (2009): EU Project N° MARKT/2007/15/F LOT 2, Evaluation of the differences between International Standards on Auditing (ISA) and the standards of the US Public Company Accounting Oversight Board (PCAOB), Maastricht Accounting, Auditing and Information Management Center (MARC), o.O.

EU-Kommission (2010): Grünbuch, Weiteres Vorgehen im Bereich der Abschlussprüfung: Lehren aus der Krise, KOM(2010) 561, Brüssel.

FEE (2006): Survey on Implementation of the EU Recommendation on Independence, Brüssel, URL: http://www.fee.be/publications/default.asp?library_ref = 4&content_ref = 553 (Stand: 1.4.2011).

Ferlings, J./Lanfermann, G. (2002): Unabhängigkeit von deutschen Abschlussprüfern nach Verabschiedung des Sarbanes-Oxley Acts, in: Die Wirtschaftsprüfung, S. 2117–2122.

Förschle, G./Schmidt, S. (2010): Kommentierung der §§ 319 und 319a HGB, in: Ellrott, H./Förschle, G./Hoyos, M./Winkeljohann, N. (Hrsg.): Beck'scher Bilanz-Kommentar – Handels- und Steuerbilanz, 6. Aufl., München, S. 2028–2064.

Forster, K.-H. (1990): Generally accepted auditing standards, in: Chmielewicz, K./Schweitzer, M. (Hrsg.): Handwörterbuch des Rechnungswesens, 3. Aufl., Stuttgart, Sp. 2206–2215.

Freiling, C./Lück, W. (1992): Für den Arbeitskreis ›Externe und interne Überwachung der Unternehmung‹ der Schmalenbach-Gesellschaft – Deutsche Gesellschaft für Betriebswirtschaft e.V., Zusammenarbeit von Abschlußprüfer und Interner Revision, in: Zeitschrift Interne Revision, S. 268–276.

Gelhausen, H.F./Fey, G./Kämpfer, G. (2009): Rechnungslegung und Prüfung nach dem Bilanzrechtsmodernisierungsgesetz, Düsseldorf 2009.

Göb, R./Karrer, M. (2010): Die neue Aktualität der statistischen Stichprobenprüfung, in: Die Wirtschaftsprüfung, S. 593–602.

Hayes, R./Schilder, A./Dassen, R./Wallage, P. (2005): Principles of auditing: An introduction to International Standards on Auditing, 2. Aufl., London et al.

Heiniger, K. (2010): Aktuelle Entwicklungen zur ISA-Anwendung in Europa, in: Die Wirtschaftsprüfung, S. 15–23.

Hoerster, N. (1989): Norm, in: Seiffert, H./Radnitzky, G. (Hrsg.): Handlexikon der Wissenschaftstheorie, München, S. 231–234.

Hömberg, R. (1994): Grundlagen der Prüfungstechnik, in: Wysocki, K.v./Schulze-Osterloh, J./Hennrichs, J./Kuhner, C. (Hrsg.): Handbuch des Jahresabschlusses, Köln, Abt. VI/3.

IAASB (2011): The Evolving Nature of Financial Reporting: Disclosure and Its Audit Implications, Discussion Paper, New York.

IDW (1998): Abschlußprüfung nach International Standards on Auditing (ISA) – Vergleichende Darstellung deutscher und internationaler Prüfungsgrundsätze, Düsseldorf.

IDW (2006): WP Handbuch 2006 – Wirtschaftsprüfung, Rechnungslegung, Beratung, Band I, 13. Aufl., Düsseldorf.

IDW (2009): IDW zur Übernahme der International Standards on Auditing, in: IDW-Fachnachrichten, S. 437.

IDW/WPK-Arbeitskreis Reform des Wirtschaftsprüfungsexamens (2008): Die Prüfungsgebiete im Wirtschaftsprüfungsexamen – Konkretisierung des § 4 Wirtschaftsprüferprüfungsverordnung (WiPrPrüfV), Stand: 1. Januar 2008, o.O.

IFAC (2010a): Handbook of International Quality Control, Auditing, Review, Other Assurance, and Related Services Pronouncements, 2010 Edition, Part 1, New York.

IFAC (2010b): Handbook of International Quality Control, Auditing, Review, Other Assurance, and Related Services Pronouncements, 2010 Edition, Part 2, New York.

IFAC (2010c): Handbook of the Code of Ethics for Professional Accountants, New York.

Kicherer, H.-P. (1972): Die Fachgutachten des Instituts der Wirtschaftsprüfer (IDW) über die Grundsätze ordnungsmäßiger Abschlußprüfung, in: Betriebs-Berater, S. 68–74.

Klaus, G./Liebscher, H. (Hrsg.) (1976): Wörterbuch der Kybernetik, 4. Aufl., Berlin.

Kleekämper, H./König, K. (2003): Die Haftung des Abschlussprüfers, in: Dörner, D./Menold, D./Pfitzer, N./Oser, P. (Hrsg.): Reform des Aktienrechts, der Rechnungslegung und der Prüfung – KonTraG – Corporate Governance – TransPuG, 2. Aufl., Stuttgart, S. 957–970.

Klein, K.-G./Klaas, H. (2006): Die Entwicklungen der neuen Abschlussprüferrichtlinie in den Beratungen vom Kommission, Ministerrat und Europäischem Parlament, in: Die Wirtschaftsprüfung, S. 885–894.

Koch, C./Wüstemann, J. (2005): Grundsätze ordnungsmäßiger Abschlussprüfung, in: Wüstemann, J. (Hrsg.): Wirtschaftsprüfung case by case – Lösungen nach HGB mit Hinweisen auf ISA und US-GAAS, Frankfurt am Main, S. 17–34.

Köhler, A.G. (2006): Aussagen über die Ordnungsmäßigkeit von Jahresabschlüssen in Bescheinigungen, in: Der Betrieb, S. 1065–1068.

KPMG (Hrsg.) (2010): KAM International 2010, unveröffentlichte interne Quelle, o.O.

Kruse, H.W. (1970): Grundsätze ordnungsmäßiger Bilanzierung, Köln.

Kuhner, C. (1999): Der Code of Ethics for Professional Accountants der IFAC – Neue Verhaltensrichtschnur für den Wirtschaftsprüfer?, in: Wirtschaftsprüferkammer-Mitteilungen, S. 7–15.

Lanfermann, G. (2005): Modernisierte EU-Richtlinie zur gesetzlichen Abschlussprüfung, in: Der Betrieb, S. 2645–2650.

Leffson, U. (1987): Die Grundsätze ordnungsmäßiger Buchführung, 7. Aufl., Düsseldorf.

Legal Liability Task Force (1998): Auditor Liability Study, New York.

Loitlsberger, E. (1953): Zur Theorie der Prüfung, in: Illetschko, L.L. (Hrsg.): Grundlagen der Buchprüfung, Wien, S. 20–56.

London Economics/Ewert, R. (2006): Study on the Economic Impact of Auditors´ Liability Regimes (MARKS/2005/24/F), Final Report to EC-DG Internal Market and Services, London.

Lutter, M. (1996): Europäisches Unternehmensrecht, 4. Aufl., Berlin.

Menzies, C. (Hrsg.) (2004): Sarbanes-Oxley Act, Stuttgart.

Müller, K. (2006): Die Unabhängigkeit des Abschlussprüfers – Eine kritische Analyse der Vorschriften in Deutschland im Vergleich zu den Vorschriften der Europäischen Union, der IFAC und in den USA, Wiesbaden 2006.

Niehues, M. (2002): Unabhängigkeit des Abschlußprüfers – Empfehlung der EU-Kommission – Hintergrund und Überblick, in: Wirtschaftsprüfer-Mitteilungen, S. 182–193.

Niehus, R.J. (1992): Zur Weiterentwicklung der Grundsätze ordnungsmäßiger Durchführung von Abschlußprüfungen – Anregungen aus nationaler und internationaler Sicht, in: Moxter, A./ Müller, H.-P./Windmöller, R./Wysocki, K.v. (Hrsg.): Rechnungslegung – Entwicklungen bei der Bilanzierung und Prüfung von Kapitalgesellschaften, Festschrift zum 65. Geburtstag von Professor Dr. Dr. h.c. Karl-Heinz Forster, Düsseldorf, S. 489–506.

Niemann, W. (2010): Aktuelles aus der Wirtschaftsprüfung für den Mittelstand – Das Gründbuch der EU-Kommission, in: Deutsches Steuerrecht, S. 2368–2373

OLG Braunschweig (1993): Urteil vom 11.2.1993 – 11 U 27/92, Haftung für fehlerhafte Abschlussprüfung, in: Wirtschaftsprüferkammer-Mitteilungen, S. 209–211.

OLG Düsseldorf (1996): Urteil vom 27.6.1996 – 5 U 11/96, Umfang der gesetzlichen Abschlußprüfung, in: Wirtschaftsprüferkammer-Mitteilungen, S. 342–346.

Petersen, K./Zwirner, C. (2009): Rechnungslegung und Prüfung im Umbruch: Überblick über das neue deutsche Bilanzrecht, in: Zeitschrift für internationale und kapitalmarktorientierte Rechnungslegung, Beihefter 1 zu Heft 5.

Petersen, K./Zwirner, C./Boecker, C. (2010): Ausweitung der Ausschlussgründe für Wirtschaftsprüfer bei Vorliegen eines Netzwerks – Anmerkungen zu § 319b HGB, in: Die Wirtschaftsprüfung, S. 464–473.

Pfitzer, N./Orth, C. (2005): Kommentierung des § 322 HGB, in: Baetge, J./Kirsch, H.-J./Thiele, S. (Hrsg.): Bilanzrecht – Handelsrecht mit Steuerrecht und den Regelungen des IASB, Bonn/ Berlin.

Pföhler, M./Kamping, R. (2010): Aufträge zur Durchführung vereinbarter Untersuchungshandlungen nach dem International Standard on Related Services (ISRS) 4400, in: Die Wirtschaftsprüfung, S. 582–592.

PIAC (2010): IFAC`s Standards-Setting Public Interest Activity Committees', Due Process and Working Procedures – March 2010, New York.

PwC (2010): PwC Audit Guide, unveröffentlichte interne Quelle, o.O.

Ring, H. (2005): Gesetzliche Neuregelungen der Unabhängigkeit des Abschlussprüfers, in: Die Wirtschaftsprüfung, S. 197–202.

Rückle, D. (2002): Grundsätze ordnungsmäßiger Abschlussprüfung, in: Ballwieser, W./Coenenberg, A.G./Wysocki, K.v. (Hrsg.): Handwörterbuch der Rechnungslegung und Prüfung, 3. Aufl., Stuttgart, Sp. 1026–1041.

Ruhnke, K. (2000): Normierung der Abschlußprüfung, Stuttgart.

Ruhnke, K. (2002a): Prüfungsnormen, in: Ballwieser, W./Coenenberg, A.G./Wysocki, K.v. (Hrsg.): Handwörterbuch der Rechnungslegung und Prüfung, 3. Aufl., Stuttgart, Sp. 1841–1852.

Ruhnke, K. (2002b): Internationale Einflüsse auf die deutsche Prüfungspraxis, in: Zeitschrift für kapitalmarktorientierte Rechnungslegung, S. 155–165.

Ruhnke, K. (2006): Prüfung von Jahresabschlüssen nach internationalen Prüfungsnormen, in: Der Betrieb, S. 1169–1175.

Ruhnke, K. (2008): Rechnungslegung nach IFRS und HGB, 2. Aufl., Stuttgart.

Ruhnke, K./Böhm, W./Lebe, T. (2010): Der Zugang zum Beruf des Wirtschaftsprüfers unter besonderer Berücksichtigung des Common-Content-Projektes – auf dem Weg zu einer neuen Generation von Wirtschaftsprüfern?, in: Die Wirtschaftsprüfung, S. 1099–1105 (Teil 1) und 1151–1160 (Teil 2).

Ruhnke, K./Füssel, J. (2010): Die Fortbildung des Wirschaftsprüfers in Deutschland unter besonderer Berücksichtigung der im Rahmen einer kontinuierlichen berufsständischen Fortbildung relevanten internationalen Messkonzepte, in: Die Wirtschaftsprüfung, S. 193–201.

Ruhnke, K./Lubitzsch, K. (2006): Abschlussprüfung und das neue Aussagen-Konzept der IFAC: Darstellung, Beweggründe und Beurteilung, in: Die Wirtschaftsprüfung, S. 366–375.

Ruhnke, K./Lubitzsch, K. (2010): Determinants of the Maximum Level of Assurance for Various Assurance Services, in: International Journal of Auditing, S. 233–255.

Ruhnke, K./Schmiele, C. (2010): Die Fallstudie, Ethische Konflikte bei der Abschlussprüfung, in: Das Wirtschaftstudium, S. 368–370.

Ruhnke, K./Schmiele, C./Schwind, J. (2010): Die Erwartungslücke als permanentes Phänomen der Abschlussprüfung – Definitionsansatz, empirische Untersuchung und Schlussfolgerungen, in: Zeitschrift für Betriebswirtschaftliche Forschung, S. 394–421.

Schade, G. (1982): Zur Konkretisierung des Gebots sorgfältiger Abschlußprüfung, Düsseldorf.

Schrader, M.C. (2003): Prüfungsgrundsätze des US-amerikanischen Wirtschaftsprüfers, Regensburg.

Schulze zur Wiesch, D.W. (1963): Grundsätze ordnungsmäßiger aktienrechtlicher Jahresab-schluß-prüfung, Düsseldorf.

Schwandtner, C. (2002): Die Unabhängigkeit des Abschlussprüfers – Europäische und internationale Ansätze im Vergleich, in: Deutsches Steuerrecht, S. 323–332.

Taupitz, J. (1991): Die Standesordnungen der freien Berufe, Berlin.

Tiedje, J. (2006): Die neue EU-Richtlinie zur Abschlussprüfung, in: Die Wirtschaftsprüfung, S. 593–605.

Wiedmann, H. (1996): Entwicklung internationaler Prüfungs-Standards, in: Schruff, L. (Hrsg.): Bilanzrecht unter dem Einfluß internationaler Reformzwänge, Düsseldorf, S. 149–196.

Wollmert, P./Oser, P./Orth, C. (2010): Die Prüfungspraxis auf dem Prüfstand, in: Steuern und Bilanzen, S. 850–858.

WPK (1987): Richtlinien für die Berufsausübung der Wirtschaftsprüfer und vereidigten Buchprüfer, Düsseldorf.

WPK (1996): Verlautbarung des Vorstandes der Wirtschaftsprüferkammer zur Abgrenzung von Prüfung und Erstellung (§ 319 Abs. 2 Nr. 5 HGB), in: Wirtschaftsprüferkammer-Mitteilungen, S. 196–197.

WPK (2006): Stellungnahme im Zusammenhang mit der Verfassungsbeschwerde 1 BvR 2576/04 betreffend das Verbot der Vereinbarung von Erfolgshonoraren, Berlin, URL: http://wpk.de/pdf/WPK-Stellungnahme_16-02-2006.pdf (Stand: 1.4.2011).

7 Grundsatz der Unabhängigkeit

7.1 Begriff und Gefährdung der Unabhängigkeit

Der Abschlussprüfer trifft ein Urteil über die Normenkonformität von Jahresabschlüssen und Lageberichten. Urteile, auf welche die Adressaten nicht vertrauen können, haben für diese keinen Wert. Voraussetzungen für die Abgabe vertrauenswürdiger Urteile sind Urteilsfähigkeit und Urteilsfreiheit des Urteilenden sowie eine sachgerechte Urteilsbildung.[299] Während die *Urteilsfähigkeit* auf die fachliche Qualifikation des Abschlussprüfers abstellt, ist *Urteilsfreiheit* gegeben, wenn der Abschlussprüfer sein Urteil frei von jeglichen Einflüssen trifft, d. h. unabhängig und unbefangen abgeben kann.

Unbefangenheit (innere Unabhängigkeit) bezeichnet die innere Einstellung des Abschlussprüfers, ohne geistige Bindung unvoreingenommen tätig zu werden. Darüber hinaus muss der Prüfer nicht nur tatsächlich unabhängig und unbefangen sein, sondern auch für diejenigen, zu Gunsten derer er seine Schutz- und Ordnungsfunktion ausübt, als unabhängig erscheinen. Damit ist das Problem der Besorgnis der Befangenheit angesprochen. Sie liegt vor, falls bei einem vernünftigen vorurteilslosen Dritten ein aus einem sachlichen Grund abgeleitetes Misstrauen besteht, dass der Abschlussprüfer nicht unabhängig ist.[300] Hiermit wird die äußere Unabhängigkeit angesprochen, die das Freisein von rechtlichen, wirtschaftlichen und faktischen Einwirkungsmöglichkeiten durch das zu prüfende Unternehmen oder durch Dritte umfasst. Die internationale Literatur unterscheidet zwischen independence in mind und independence in appearance.[301] *Independence in mind*[302] ist gegeben, wenn ausschließlich sachgerechte Erwägungen angestellt werden. *Independence in appearance* knüpft dagegen an objektivierbare Umstände an, bei deren Vorliegen die Besorgnis der Befangenheit begründet wird.

Die Möglichkeiten der Beeinträchtigung der Unabhängigkeit und Unbefangenheit sind vielgestaltig. Dabei sind folgende typische Situationen der *Gefährdung der Urteilsfreiheit* zu nennen:[303]

- *Personelle Verflechtungen* (der Prüfer ist z. B. gesetzlicher Vertreter, Aufsichtsratsmitglied oder Arbeitnehmer beim zu prüfenden Unternehmen);
- *Finanzielle Interessen* (sowohl aus Beteiligungs- und Schuldverhältnissen – der Prüfer besitzt z. B. Anteile am zu prüfenden Unternehmen – als auch aus der Leistungsbeziehung zum geprüften Unternehmen – z. B. Kundenabhängigkeit, d. h. hoher Anteil der Einnahmen von dem betreffenden Mandanten an den Gesamteinnahmen des Prüfers);
- *Persönliche Beziehungen* (auf Verwandtschaft oder sozialen Bindungen beruhend);
- Verbindung von Prüfungs- und Beratungstätigkeit.

---

299 Vgl. *Leffson* (1988), S. 61.
300 Vgl. *Peemöller/Oberste-Padtberg* (2001), S. 1813.
301 Vgl. z. B. *Eilifsen et al.* (2010), S. 591.
302 Häufig findet sich der synonym verwendete Begriff »independence in mind«.
303 Vgl. *Buchner* (1997), S. 39 f.

Im folgenden Abschnitt soll mit dem auf der Existenz von Quasi-Renten basierenden Ansatz von *DeAngelo* und dem agency-theoretischen Ansatz von *Antle* ein theoretischer Bezugsrahmen hergestellt werden, der die Entstehung des Unabhängigkeitsproblems zu erklären versucht.

7.2 Theoretische Erklärungsansätze für Unabhängigkeitsgefährdungen

7.2.1 Quasi-Rentenansatz von *DeAngelo*

Der Quasi-Rentenansatz[304] geht davon aus, dass eine Erstprüfung zusätzliche *Start up-Kosten* verursacht, u. a. weil sich der Prüfer mit der Geschäftstätigkeit und dem Geschäftsumfeld des Mandanten sowie dessen Rechnungswesen und internem Kontrollsystem vertraut machen muss. Folgeprüfungen sind annahmegemäß kostengünstiger. Der bisherige Prüfer verfügt bei zukünftigen Prüfungen seines Mandanten über einen Informationsvorsprung und damit im Vergleich zu einem neuen Prüfer über Kostenvorteile. Für den Mandanten ist ein Prüferwechsel nachteilig, denn er verursacht *Transaktionskosten*. Aus diesen Gründen kann der bisherige Prüfer künftig Honorare verlangen, die über seinen Prüfungskosten liegen, d. h. sog. *Quasi-Renten* beziehen.[305] Zwischen dem Prüfer und seinem Mandanten besteht ein bilaterales Monopol, in dem beide Parteien Anreize haben, ihre Geschäftsbeziehung fortzusetzen. Jede Partei kann die Gegenpartei durch die Beendigung der vertraglichen Beziehung schädigen. Beim Mandanten würde dies Transaktionskosten auslösen, während dem Prüfer zukünftige Quasi-Renten verloren gingen. Damit kann auch jede Partei mit der Beendigung des Vertragsverhältnisses drohen: der Prüfer, um höhere Honorare zu verlangen, der Mandant, um dem Prüfer Konzessionen hinsichtlich seines Prüfungsurteils abzuringen. Die Existenz mandantenspezifischer Quasi-Renten beeinträchtigt somit die Unabhängigkeit des Abschlussprüfers.[306]

Gleichwohl ist zu berücksichtigen, dass ein Prüfer auch von anderen Mandanten Quasi-Renten bezieht. Wird prüferisches Fehlverhalten aufgedeckt bzw. eine Abhängigkeit des Prüfers wahrgenommen, so droht ein Reputationsverlust und damit der Verlust eines Teils der Quasi-Renten aus anderen Prüfungsaufträgen, sei es durch Kündigung oder durch Verringerung der Prüfungshonorare. Dieser Effekt reduziert die Beeinträch-

---

304 Vgl. *DeAngelo* (1981a); *DeAngelo* (1981b). Kritisch hinterfragt z. B. von *Ewert* (2002), Sp. 2392–2393.

305 Alternativ werden Quasi-Renten damit erklärt, dass der bisherige Prüfer bessere Informationen über die künftigen Prüfungskosten beim Mandanten hat als ein potenzieller neuer Prüfer (vgl. *Schatzberg/ Sevcik* (1994)) bzw. damit, dass der Mandant bereit ist, dem Abschlussprüfer eine Prämie dafür zu zahlen, dass er zu einem Positivbefund gelangt, wobei der Mandant diese Bereitschaft beim bisherigen Prüfer besser beurteilen kann (vgl. *Schatzberg* (1994)). *Gigler/Penno* zeigen auf, dass die Kosten des Prüferwechsels u. U. die Quasi-Renten des bisherigen Prüfers reduzieren; vgl. *Gigler/Penno* (1995).

306 Zu Recht weisen *Kanodia/Mukherji* (1994), S. 607, darauf hin, dass der Mandant den Abschlussprüfer am stärksten unter Druck setzen kann, wenn er dessen Prüfungskosten und damit dessen Quasi-Renten kennt. Ob diese vom Mandanten beobachtbar sind, ist fraglich.

tigung der Unabhängigkeit ab. Je mehr Mandate ein Prüfer betreut, desto größer ist das Risiko, Quasi-Renten aus anderen Prüfungsaufträgen zu verlieren, desto unabhängiger der Abschlussprüfer und desto höher die Prüfungsqualität. Da größere Prüfungsgesellschaften über tendenziell mehr Mandate verfügen, sind diese unabhängiger, d. h. die Anreize zum Verschweigen aufgedeckter Mängel kommen weniger zum Tragen. Sie bieten deshalb aus diesem Blickwinkel eine größere Prüfungsqualität.[307]

Erwartete künftige Quasi-Renten lösen einen Wettbewerb um Mandanten aus, erzwingen die Vorwegnahme künftiger Kostenvorteile eines amtierenden Prüfers und bewirken, dass das Prüfungshonorar einer Erstprüfung unter den Prüfungskosten liegt. Dieses Phänomen wird als *low balling Effekt* bezeichnet. Der durch das Prüfungshonorar nicht gedeckte Teil der Erstprüfungskosten ist in späteren Perioden nicht mehr entscheidungsrelevant und stellt *sunk costs* dar.[308] Er beeinträchtigt nicht unmittelbar die Unabhängigkeit des Abschlussprüfers. *DeAngelo* zeigt schließlich auch auf, dass der Kapitalwert der Prüfungshonorare eines Prüfers wegen des low balling im Gleichgewicht bei vollkommenem Wettbewerb null beträgt, d. h. er erwirtschaftet in Folgeperioden keine echten, sondern nur Quasi-Renten.

Eine alternative Erklärung für die Existenz von Quasi-Renten und low balling liefert das *Modell von Dye*.[309] Danach bezahlt der Mandant Quasi-Renten, um den Abschlussprüfer zu einem aus Mandantensicht günstigen Prüfungsurteil zu bewegen. Dies führt zu einem low balling bei Erstprüfungen und zu möglichen Beeinträchtigungen der Unabhängigkeit des Abschlussprüfers bei künftigen Prüfungen. Sind Prüfungshonorare und damit auch Quasi-Renten von den Adressaten des Prüfungsergebnisses beobachtbar und sind die Adressaten dazu in der Lage, die Höhe von Prüfungshonoraren zu beurteilen, so erkennen sie Unabhängigkeitsprobleme. Da dies die Glaubwürdigkeit der Abschlussprüfung und damit auch der Rechnungslegung reduziert, macht es für den Mandanten keinen Sinn, Quasi-Renten zu zahlen. Die *Publizität des Prüfungshonorars*[310] verhindert somit Quasi-Renten, low balling und Unabhängigkeitsbeeinträchtigungen. Low balling wird in diesem Modell durch die Nichtbeobachtbarkeit von Quasi-Renten und nicht durch die Existenz von Transaktionskosten verursacht.[311]

---

307 Vgl. *Ewert* (1990), S. 192. Auch die Adressaten des Prüfungsergebnisses gehen davon aus, dass die gleichzeitige Verrichtung von Beratungstätigkeiten die Unabhängigkeit des Prüfers umso mehr beeinträchtigt, je kleiner die Prüfungsgesellschaft ist. Dies wurde empirisch nachgewiesen von *Shockley* (1981). Weitere Belege dafür, dass mit zunehmender Größe der Prüfungsgesellschaft weniger Unabhängigkeitsbeeinträchtigungen wahrgenommen werden, liefern *McKinley/Pany/Reckers* (1985); *Gul* (1989); *Lindsay* (1989); *Gul* (1991); *Knapp* (1991); *Lindsay* (1992) sowie *Dykxhoorn/Sinning/Wiese* (1996).

308 *Simon/Francis* verweisen allerdings auf Forschungsergebnisse, wonach sunk costs, entgegen den Vorhersagen der ökonomischen Theorie, zukünftige Entscheidungen doch beeinflussen. Demnach würde low balling den Wunsch des Abschlussprüfers, seinen Mandanten nicht zu verlieren, verstärken. Dies steigere das Abhängigkeitsproblem; vgl. *Simon/Francis* (1988), S. 266 f.

309 Vgl. *Dye* (1991).

310 Eine solche Veröffentlichung der Prüfungshonorare ist in Deutschland mittlerweile nach §§ 285 Nr. 17 und 314 Abs. 1 Nr. 9 HGB verpflichtend. Vgl. hierzu *Bischof* (2006); *Lenz/Möller/Höhn* (2006); *Zimmermann* (2006).

311 Zu einem empirischen Nachweis vgl. *Craswell/Francis* (1999). Sie konnten für Australien, wo die Prüfungshonorare veröffentlicht werden, kein low balling nachweisen.

7.2.2 Agency-theoretischer Ansatz von *Antle*

Der agency-theoretische Ansatz[312] geht davon aus, dass nicht nur zwischen den Eigentümern und dem Management (→ I.2.1), sondern auch zwischen den Eigentümern und dem Abschlussprüfer eine *Prinzipal-Agenten-Beziehung* besteht.[313] Auch der Abschlussprüfer hat einen Informationsvorsprung, d. h. er hat mehr, bessere und zeitnähere Informationen. Daher ist seine Prüfungsleistung durch die Eigentümer nicht vollständig beobachtbar (*hidden action*). Unterstellt man, dass sich der Abschlussprüfer Nutzen maximierend verhält, d. h. der Prüfer berücksichtigt bei seinen Aktionen nicht nur berufsethische, sondern vor allem auch wirtschaftliche Aspekte, besteht die Gefahr eines *moral hazard*, d. h. eines opportunistischen Ausnutzens seines Informationsvorsprungs durch den Abschlussprüfer, ohne gleichzeitig im Sinne der Eigentümer zu handeln. Der Abschlussprüfer könnte zum einen seine Prüfungsqualität reduzieren und damit bei gegebenem Prüfungshonorar seine Aufwendungen mindern. Zum anderen könnte der Prüfer aber auch seine *Unabhängigkeit* gegenüber dem Management *aufgeben* und *Zahlungen* dafür *akzeptieren*, dass er in seinem Prüfungsbericht aufgedeckte Unregelmäßigkeiten verschweigt.[314] Nach *Antle* gilt ein Abschlussprüfer dann nicht mehr als unabhängig, wenn er solche Zahlungen annimmt.[315]

Für die Eigentümer hängen die Folgen einer fehlenden Unabhängigkeit des Abschlussprüfers von ihren Möglichkeiten ab, Fehlverhalten des Abschlussprüfers aufzudecken und zu sanktionieren. Zur Kontrolle der Unabhängigkeit des Prüfers ist es insbesondere erforderlich, Transaktionen zwischen dem Management und dem Abschlussprüfer zu überwachen. Dies spricht für eine *Offenlegung von Beratungsleistungen und -honoraren* des Prüfers. Schließlich stellt *Antle* fest, dass die Unabhängigkeit des Abschlussprüfers gestärkt wird, falls ein Bekanntwerden von Abhängigkeiten seine Reputation beeinträchtigt und somit den Marktwert seiner Prüfungsleistungen reduziert.[316]

7.3   Normen zur Sicherung der Unabhängigkeit

Die WPO verpflichtet den WP im Rahmen der allgemeinen Berufspflichten in § 43 Abs. 1 WPO zur unabhängigen Berufsausübung. Da es für die Vertrauenswürdigkeit des Prüfungsurteils nicht nur darauf ankommt, dass der Prüfer innerlich tatsächlich unabhängig ist, sondern auch darauf, dass die Prüfungsadressaten den Prüfer für unabhängig halten, hat er nach § 49 WPO seine Tätigkeit zu versagen, wenn bei der Durchführung eines Auftrags die Besorgnis der Befangenheit besteht. Zudem wird die Unabhängigkeit durch folgende Regeln der WPO gestärkt (zu den nationalen und internationalen Normen → I.6.5.2.2):

---

312 *Antle* nutzte die Agency-Theorie zur Erkärung des Unabhängigkeitsproblems; vgl. *Antle* (1984).
313 Vgl. den Überblick bei *Ballwieser* (1987a); *Ballwieser* (1987b) sowie z. B. *Baiman/Evans/Noel* (1987).
314 Vgl. *Ewert* (1990), S. 140–146.
315 Vgl. *Antle* (1984), S. 9.
316 Vgl. *Antle* (1984), S. 17.

- *Eigenverantwortliche Tätigkeit*: Ein WP, der als zeichnungsberechtigter Vertreter oder zeichnungsberechtigter Angestellter einer WPG tätig ist, darf nicht an Weisungen gebunden sein, die ihn dazu verpflichten, Prüfungsberichte auch dann zu unterzeichnen, wenn sich ihr Inhalt nicht mit seiner Überzeugung deckt (§ 44 Abs. 1 Satz 1 und 2 WPO);
- *Verbot von Erfolgshonoraren*: Vereinbarungen, durch welche die Höhe der Vergütung vom Ergebnis der Tätigkeit des WP abhängig gemacht wird, sind unzulässig (§ 55a Abs. 1 WPO);
- *Provisionsannahme-/-gewährungsverbot*: Die Abgabe und Entgegennahme eines Teils der Vergütung oder sonstiger Vorteile für die Vermittlung von Aufträgen ist unzulässig (§ 55a Abs. 2 WPO).

Darüber hinaus haben Berufsangehörige in eigener Praxis und WPG, die im Jahr mindestens eine Abschlussprüfung eines Unternehmens von öffentlichem Interesse i. S. d. § 319a Abs. 1 Satz 1 HGB durchführen, nach § 55c WPO jährlich einen *Transparenzbericht* zu erstellen und diesen spätestens drei Monate nach Ende des Kalenderjahres auf der jeweiligen Internetseite zu veröffentlichen.[317] Die WPK ist von dem oder der Verpflichteten über die elektronische Veröffentlichung zu unterrichten. Der Transparenzbericht hat u. a. zu enthalten:
- eine Liste der im vergangenen Kalenderjahr geprüften Unternehmen von öffentlichem Interesse,
- eine Erklärung über die Maßnahmen zur Wahrung der Unabhängigkeit einschließlich der Bestätigung, dass eine interne Überprüfung der Einhaltung von Unabhängigkeitsanforderungen stattgefunden hat, und
- bei WPG die Angabe des nach Honoraren (Abschlussprüfungsleistungen, anderes Bestätigungsleistungen, Steuerberatungsleistungen und sonstige Leistungen) aufgeschlüsselten Gesamtumsatzes.

Beispiel

Erklärung zur Wahrung der Unabhängigkeit nach § 55c Abs. 1 S. 2 Nr. 6 WPO[318]
Der Leiter Risk Management der KPMG AG nimmt die Aufgaben des Ethics and Independence Partners wahr.»Der Ethics and Independence Partner erklärt, dass die Maßnahmen zur Wahrung der Unabhängigkeit [...] Bestandteil des Qualitätssicherungssystems der KPMG AG sind und bestätigt, dass eine interne Überprüfung der Einhaltung der Unabhängigkeitsanforderungen stattgefunden hat.«

Durch die §§ 2, 20–24 Berufssatzung werden diese allgemeinen Regelungen der WPO konkretisiert. So kann nach § 21 Abs. 2 Berufssatzung die Unabhängigkeit insbesondere durch Eigeninteressen (§ 23 Berufssatzung), Selbstprüfung (§ 23a Berufssatzung), In-

---

317 Empirische Analysen, welche die Auswertung von Transparenzberichten zum Gegenstand haben, legen *WPK* (2009); *Ostermeier* (2009) und *Petersen/Zwirner* (2009) vor.
318 Angaben entnommen aus *KPMG* (2010), S. 22.

teressenvertretung (§ 23b Berufssatzung) und persönliche Vertrautheit (§ 24 Berufssatzung) beeinträchtigt werden (*Gefährdungen*):

- *Eigeninteressen* können finanzieller (kapitalmäßige oder sonstige finanzielle Bindungen, übermäßige Umsatzabhängigkeit, über das Normale hinausgehende Leistungsbeziehungen, Forderungen gegen den Mandanten oder offen stehende Honorarforderungen) oder sonstiger Art sein.
- Eine *Selbstprüfung* liegt gem. § 23a Abs. 1 Berufssatzung vor, wenn der WP einen Sachverhalt zu beurteilen hat, an dessen Entstehung er selbst unmittelbar beteiligt und diese Beteiligung nicht von nur untergeordneter Bedeutung war.
- Die Unbefangenheit kann wegen *Interessenvertretung* gefährdet sein, wenn der WP in anderer Angelegenheit beauftragt war, Interessen für oder gegen das zu prüfende Unternehmen zu vertreten.
- *Persönliche Vertrautheit* liegt vor, wenn ein Prüfer enge persönliche Beziehungen zu dem zu prüfenden Unternehmen, den Mitgliedern der Unternehmensleitung oder Personen, die auf den Prüfungsgegenstand Einfluss haben, unterhält.

Schutzmaßnahmen, d. h. solche Maßnahmen oder Verfahren, die geeignet sind, eine Gefährdung der Unbefangenheit soweit abzuschwächen, dass aus Sicht eines verständigen Dritten die Gefährdung insgesamt als unwesentlich zu beurteilen ist, listet § 22 Berufssatzung auf (ausführlich zum threats and safeguards-approach → I.6.5.2.2). Hierzu zählen u. a. Erörterungen mit Aufsichtsgremien des Auftraggebers, Transparenzregelungen und firewalls, d. h. Maßnahmen, durch die sichergestellt wird, dass Informationen aus der zusätzlichen Tätigkeit, die zu einer Befangenheit als Abschlussprüfer führen können, den für die Abschlussprüfung Verantwortlichen nicht zur Kenntnis gelangen. Zudem verweist § 22a Berufssatzung auf die §§ 319 Abs. 3, 319a und 319b Abs. 1 HGB.

Nach § 318 Abs. 1 Satz 4 HGB wird bei einer AG der *Prüfungsauftrag* durch den Aufsichtsrat erteilt und nicht vom Vorstand, dessen Rechenschaftslegung der Abschlussprüfer zu kontrollieren hat. Hat der Aufsichtsrat den Prüfungsauftrag erteilt, so ist der Prüfungsbericht ihm vorzulegen (§ 321 Abs. 5 HGB). Daneben stärkt auch der *Schutz vor unberechtigter Abwahl* die Unabhängigkeit des Prüfers. Ein Prüfungsauftrag kann gem. § 318 Abs. 1 Satz 5 HGB nur widerrufen werden, wenn nach § 318 Abs. 3 HGB durch Gericht ein anderer Abschlussprüfer bestellt wurde. Hierzu ist ein Antrag der gesetzlichen Vertreter, des Aufsichtsrats oder von Gesellschaftern (bei AG bzw. KGaA jedoch nur, wenn diese mindestens 5 % des Grundkapitals oder einen Börsenwert von 500 T€ erreichen) nötig. Die Abwahl ist nur aus in der Person des gewählten Prüfers liegenden Gründen möglich, insbesondere wenn die Besorgnis der Befangenheit besteht. Der Schutz vor ungerechtfertigter Abwahl wird durch die *Beschränkung des Kündigungsrechts* seitens des Abschlussprüfers ergänzt. Eine Kündigung ist nur aus wichtigem Grund möglich, wobei Meinungsverschiedenheiten über den Inhalt des Bestätigungsvermerks nicht als solcher anzusehen sind (§ 318 Abs. 6 HGB).

§§ 319 Abs. 2–4, 319a HGB nennen *Ausschlussgründe*, d. h. Tatbestände, bei deren Vorliegen der Prüfer bzw. die Prüfungsgesellschaft unwiderlegbar als abhängig gelten und daher den Prüfungsauftrag ablehnen müssen. Zunächst einmal ist ein Prüfer nach § 319 Abs. 2 HGB ausgeschlossen, wenn Gründe vorliegen, nach denen die Besorgnis der Befangenheit besteht, insbesondere Beziehungen geschäftlicher, finanzieller oder persönlicher Art. Besorgnis der Befangenheit liegt vor, wenn Umstände gegeben sind, die aus Sicht eines verständigen Dritten geeignet sind, an der Unabhängigkeit des Abschlussprüfers zu zweifeln.

§ 319 Abs. 3 HGB nennt weiterhin konkrete Situationen, bei denen ein WP bzw. ein vBP nicht Abschlussprüfer sein darf:

- *Besitz von Anteilen* oder andere wesentliche finanzielle Interessen an der zu prüfenden Gesellschaft oder Besitz einer Beteiligung an einem Unternehmen, das mit der zu prüfenden Kapitalgesellschaft verbunden ist oder von dieser mehr als 20 % der Anteile hält.
- *Personelle Verflechtung*, d. h. der Prüfer ist gesetzlicher Vertreter, Aufsichtsratsmitglied oder Arbeitnehmer der zu prüfenden Gesellschaft oder eines anderen Unternehmens, das mit der zu prüfenden Gesellschaft verbunden ist oder von dieser mehr als 20 % der Anteile hält.
- Beratungstätigkeiten
  - *Mitwirkung an der Buchführung und der Jahresabschlusserstellung*: Damit wird ein Prüfer von der Abschlussprüfung ausgeschlossen, sofern er bei der Führung der Bücher oder der Aufstellung des zu prüfenden Jahresabschlusses der Kapitalgesellschaft über die Prüfungstätigkeit hinaus mitgewirkt hat.[319] Untersagt ist jedoch nur eine Mitwirkung, die über die Prüfungstätigkeit hinausgeht. Stellt der Prüfer bei der Durchführung der Prüfung Unzulänglichkeiten fest und unterbreitet er seinem Mandanten Korrekturvorschläge zur Vermeidung einer Einschränkung oder Versagung des Bestätigungsvermerks, so verstößt er damit nicht gegen das Mitwirkungsverbot des § 319 Abs. 3 Nr. 3 (a) HGB.[320] Insofern wird das *Selbstprüfungsverbot* durch das *Einwirkungsgebot* überlagert, d. h. der Abschlussprüfer muss versuchen, den von der prüfungspflichtigen Kapitalgesellschaft erstellten Jahresabschluss so zu beeinflussen, dass eine normenkonforme Rechnungslegung zustande kommt.[321]
  - *Mitwirkung bei der Durchführung der Internen Revision in verantwortlicher Position*: Dieses Verbot ist erforderlich, da der Abschlussprüfer im Rahmen der Abschlussprüfung auch die Wirksamkeit des internen Kontrollsystems zu beurteilen hat und die Interne Revision ein Bestandteil dieses Systems ist (IDW PS 261.20). Der unbestimmte Rechtsbegriff »in verantwortlicher Position« ist dahingehend auszulegen, dass der Abschlussprüfer auch weiterhin prüferische Tätigkeiten ausführen darf, die außerhalb der Abschlussprüfung im Rahmen der Internen Revision anfallen und sinnvollerweise von ihm erledigt werden sollten, wie z. B. die Überprüfung des IKS auf Schwachstellen.[322] Kritisiert wurde, dass eine Mitwirkung zu weitgehend sei, da sich die Wirksamkeit der Abschlussprüfung gerade durch eine

---

319 Die Zulässigkeit der Mitwirkung am Jahresabschluss wird u. a. diskutiert von *Münch* (1993), S. 851; *Harder* (1996) sowie *Wysocki* (1996).
320 Vgl. *Weiland* (1996), S. 1213.
321 Eine ausführliche, fallbezogene Abgrenzung zwischen zulässiger und unzulässiger Beratung liefern *Dörner* (1997), S. 90 f.; *Löcke* (1997), S. 1055 f., sowie *Adler/Düring/Schmaltz* (2000), § 319 HGB, Tz. 123–139.
322 Vgl. *Ring* (2005), S. 197.

Zusammenarbeit mit der Internen Revision erhöhen lässt. Insofern wäre ein Verbot der Übernahme der Funktion der Innenrevision sinnvoller.[323]
- *Erbringung von Unternehmensleitungs- oder Finanzdienstleistungen*: Das Verbot ist gerechtfertigt, da der Prüfer hier eine besonders enge Verflechtung mit dem Mandanten eingeht. In der Funktion als Dienstleister ist er nicht einer objektiven Funktion verpflichtet, sondern tritt Dritten gegenüber als Interessenvertreter auf.[324]
- *Erbringung von eigenständigen versicherungsmathematischen oder Bewertungsleistungen, die sich auf den Jahresabschluss wesentlich auswirken*: Bei diesen Bewertungsleistungen ist das Risiko eines Verstoßes gegen das Selbstprüfungsverbot offensichtlich und die Ergebnisse der angeführten Leistungen fließen i. d. R. in den Jahreabschluss ein. Als Bewertungsleistungen kommen nur solche Leistungen in Betracht, die der Abschlussprüfer eigenständig erbringt und deren Grundlagen von ihm selbst festgelegt werden.

Diese Beratungstätigkeiten sind verboten, sofern die Tätigkeiten über die Prüfungstätigkeit hinausgehen und sich wesentlich auf den Jahresabschluss auswirken. Ungeklärt ist bislang die Auslegung und Abgrenzung des unbestimmten Rechtsbegriffs »nicht unwesentlich«. Auch die indirekte Mitwirkung, d. h. der Prüfer ist gesetzlicher Vertreter, Arbeitnehmer, Aufsichtsratsmitglied oder Gesellschafter (mit mindestens 20 % der Stimmrechte) eines Unternehmens, welches die unvereinbare Beratungstätigkeit ausübt, stellt einen Ausschlussgrund dar.
- *Umsatzabhängigkeit*, d. h. der Prüfer hat in den letzten fünf Jahren jeweils mehr als 30 % seiner Gesamteinnahmen aus seiner beruflichen Tätigkeit von der zu prüfenden Gesellschaft und von Unternehmen, an denen diese mehr als 20 % der Anteile besitzt, bezogen und dies ist auch im laufenden Geschäftsjahr zu erwarten.

Ein Ausschlussgrund ist auch dann gegeben, wenn eine Person, mit welcher der Prüfer seinen Beruf gemeinsam ausübt, oder eine Person, die der Prüfer bei der Prüfung einsetzt, einen der angeführten Ausschlusstatbestände erfüllt.

Für *Prüfungsgesellschaften* gelten nach § 319 Abs. 4 HGB analoge Ausschlusstatbestände, d. h. sie sind von der Prüfung ausgeschlossen, wenn sie selbst, einer ihrer gesetzlichen Vertreter, ein Gesellschafter, der mindestens 20 % der Stimmrechte besitzt, ein verbundenes Unternehmen, ein bei der Prüfung in verantwortlicher Position beschäftigter Gesellschafter oder eine andere von ihr beschäftigte Person, die das Ergebnis der Prüfung beeinflussen kann, die angeführten Ausschlussgründe erfüllt. Zudem sind Prüfungsgesellschaften von der Prüfung ausgeschlossen, wenn ein Mitglied des Aufsichtsrats das Merkmal der personellen Verflechtung erfüllt.

Besondere Ausschlussgründe gelten darüber hinaus nach § 319a HGB für die Abschlussprüfung eines Unternehmens, das kapitalmarktorientiert i. S. des § 264d HGB ist. Ein WP ist von der Abschlussprüfung eines solchen Unternehmens auch in folgenden Situationen ausgeschlossen:

---

323 Vgl. *Pfitzer/Orth/Hettich* (2004), S. 333.
324 Vgl. *Veltins* (2004), S. 449.

- *Umsatzabhängigkeit*, d. h. der Prüfer hat in den letzten fünf Jahren jeweils mehr als 15 % der Gesamteinnahmen aus seiner beruflichen Tätigkeit von der zu prüfenden Gesellschaft und von Unternehmen, an denen diese mehr als 20 % der Anteile besitzt, bezogen und dies ist auch im laufenden Geschäftsjahr zu erwarten.
- Erbringung von über die Prüfungstätigkeit hinausgehenden *Rechts-* und *Steuerberatungsleistungen* in dem zu prüfenden Geschäftsjahr, die über das Aufzeigen von Gestaltungsalternativen hinausgehen, d. h., dass nicht nur lediglich Hinweise auf die Rechtslage gegeben werden, sondern Vorschläge und Empfehlungen gemacht werden, die ein Handeln des Mandanten nahe legen, und die sich auf die Darstellung der wirtschaftlichen Lage in dem zu prüfenden Unternehmen unmittelbar und wesentlich auswirken.

  Da die Rechts- und Steuerberatung für WP und WPG von erheblicher wirtschaftlicher Bedeutung ist, erscheint diese Neuregelung problematisch. Zwar geht die Gesetzesbegründung davon aus, dass das Erbringen dieser Leistungen im weitaus überwiegenden Umfang nach wie vor zulässig ist. Dies wird aber bezweifelt. Viele Unternehmen und Aufsichtsräte werden nicht alljährlich überprüfen wollen, ob die Leistungen zulässiger Weise vom Abschlussprüfer erbracht werden dürfen oder nicht. Dies gilt umso mehr, als man heute nicht weiß, welche Beratung man in der Zukunft nachfragen muss. Auch hier stellt sich die Frage, ab wann eine Auswirkung nicht nur unwesentlich ist. Von der expliziten Benennung der Rechts- und Steuerberatungsleistungen wird somit eine Signalwirkung ausgehen. Außerdem ist zu berücksichtigen, dass jedwede Rechts- oder Steuerberatung in den Jahresabschluss eingehen wird und sei es nur über Abschlusspositionen wie z. B. »Steueraufwand« oder »latente Steuern«. Der Grund für die strenge Handhabung dieser Dienstleistungen liegt vermutlich im Maßgeblichkeitsprinzip. Allerdings wurde die umgekehrte Maßgeblichkeit, wonach steuerliche Wahlrechte zwingend in Übereinstimmung mit der Handelsbilanz auszuüben sind, mit dem BilMoG abgeschafft. Zudem gilt die Maßgeblichkeit nicht für den seitens des Kapitalmarktes vorrangig betrachteten Konzernabschluss und schon gar nicht für nach IFRS aufgestellte Einzel- oder Konzernabschlüsse.[325]
- Über die Prüfungstätigkeit hinausgehende Mitwirkung an der Entwicklung, Einrichtung und Einführung von *Rechnungslegungsinformationssystemen* in dem zu prüfenden Geschäftsjahr, sofern diese Tätigkeit nicht von untergeordneter Bedeutung ist.

  Die Notwendigkeit dieses Ausschlusstatbestands liegt im Selbstprüfungsverbot begründet und ist offensichtlich und unbestritten.
- Zeichnung des Bestätigungsvermerks über die Prüfung des Jahresabschlusses des Unternehmens in bereits sieben oder mehr Fällen, es sei denn, dass seit der letzten Beteiligung an der Jahresabschlussprüfung mindestens zwei Jahre vergangen sind.

Auch hier stellt die *indirekte Mitwirkung*, d. h. der Prüfer ist gesetzlicher Vertreter, Arbeitnehmer, Aufsichtsratsmitglied oder Gesellschafter (mit mindestens 20 % der Stimmrechte) eines Unternehmens, welches die unvereinbare Tätigkeit ausübt, einen Ausschlussgrund dar.

---

325 In Anlehnung an *Pfitzer/Orth/Hettich* (2004), S. 334.

Für Prüfungsgesellschaften gelten wiederum diese besonderen Ausschlussgründe analog. Für sie wird jedoch nur eine *interne Pflichtrotation* verlangt, d. h. eine Prüfungsgesellschaft darf nicht Abschlussprüfer sein, wenn sie bei der Abschlussprüfung einen WP beschäftigt, der bereits mindestens sieben Mal den Bestätigungsvermerk gezeichnet hat. Im Gegensatz zu einem Einzelprüfer kann demnach eine WPG trotz der Rotationspflicht das Prüfungsmandat beibehalten, indem sie den mit der Abschlussprüfung betrauten WP austauscht.

Wenn Personen bei ihrer Berufsausübung zur Verfolgung gemeinsamer wirtschaftlicher Interessen für eine gewisse Dauer zusammenwirken, liegt ein *Netzwerk* vor. Nach § 319b Abs. 1 HGB ist ein Abschlussprüfer grundsätzlich auch dann von der Abschlussprüfung ausgeschlossen, wenn ein Mitglied seines Netzwerkes einen der in den §§ 319 und 319a HGB aufgeführten Ausschlussgründe erfüllt. Basiert der Ausschlussgrund auf einer Beratungstätigkeit, ist der Abschlussprüfer auf jeden Fall ausgeschlossen. Alle anderen Ausschlussgründe sind widerlegbar, d. h. sie greifen nur dann, wenn das Netzwerkmitglied auf das Ergebnis der Abschlussprüfung Einfluss nehmen kann.[326]

Gemäß §§ 319 Abs. 5, 319a Abs. 2 und 319b Abs. 2 HGB sind die genannten Ausschlussgründe auch auf den Abschlussprüfer des Konzernabschlusses entsprechend anzuwenden.

Eine weitere, die Unabhängigkeit des Abschlussprüfers fördernde Norm ist in der geforderten *Publizität der Honorare des Abschlussprüfers* zu sehen. Durch den Einblick in diese Honorare können Jahresabschlussadressaten das Ausmaß der wirtschaftlichen Beziehung zwischen dem Abschlussprüfer und dem Mandanten und damit mögliche Unabhängigkeitsgefährdungen beurteilen bzw. Jahresabschlussersteller die Unabhängigkeit des Abschlussprüfers signalisieren (zum signaling → I.2.1.4.2). Nach §§ 285 Satz 1 Nr. 17 und 314 Abs. 1 Nr. 9 HGB müssen Kapitalgesellschaften im Anhang das im Geschäftsjahr als Aufwand erfasste Honorar des Abschlussprüfers/Konzernabschlussprüfers ausweisen, und zwar getrennt für

- Abschlussprüfungsleistungen,
- andere Bestätigungsleistungen,
- Steuerberatungsleistungen und
- sonstige Leistungen.

In der VO 1/2006 der WPK und des IDW zu den Anforderungen an die Qualitätssicherung in der WP-Praxis ist vorgeschrieben, dass dort Regelungen zur Sicherung der Unabhängigkeit bestehen müssen (VO 1/2006.32-45; → II.7.1).

Viele der dargestellten Unabhängigkeitsnormen sind vergleichsweise neu bzw. wurden modifiziert. Grundlage hierfür war insbesondere die von der *EU-Kommission* am 16.5.2002 herausgegebene *Empfehlung zur Sicherung der Unabhängigkeit* des Abschlussprüfers.[327] Diese war zwar auf Grund ihres Empfehlungscharakters für die Mitgliedstaaten nicht bindend, dennoch erwartete die EU eine Anwendung. Zudem dürfte

---

326 Eine ausführliche Analyse der Ausweitung der Auschlussgründe auf Netzwerke legen *Petersen/Zwirner/Boecker* (2010) vor.

327 Vgl. *Commission of the European Communities* (2002). Ausführlich beschrieben bei *Hagemeister* (2002) und *Schwandtner* (2002), S. 325 ff.

der im November 2001 publizierte und im Juli 2009 letztmals revidierte neue *Code of Ethics* des *IESBA der IFAC*, in dem die Regeln über die Unabhängigkeit und Unbefangenheit des Abschlussprüfers neu gefasst sind (Ethics Sec. 290), Einfluss genommen haben (→ I.6.5.2.2). Auf Grund der hohen Relevanz US-amerikanischer Normen (z. B. im Rahmen der Prüfung deutscher Unternehmen, die an der NYSE gelistet sind) ist auch der *Sarbanes-Oxley Act of 2002* zu erwähnen. Des Weiteren ist auf die Neufassung der Abschlussprüferrichtlinie (→ I.6.3.1) zu verweisen. Schließlich ist das *Grünbuch der Europäischen Kommission*[328] (→ I.6.3.1) zu nennen, das sich ausführlich mit der Unabhängigkeit von Prüfungsgesellschaften auseinander setzt.

7.4 Vorschläge zur Stärkung der Unabhängigkeit

Im Rahmen der ethischen Prüfungsnormen kommt dem Grundsatz der Unabhängigkeit eine herausragende Stellung zu. Insofern verwundert es nicht, dass hierzu eine breite Palette von Verbesserungsvorschlägen existiert. So wurde u. a. vorgeschlagen, ein staatliches Aktienamt einzurichten, das direkt für Abschlussprüfungen zuständig sein oder alternativ zumindest die Auswahl der Abschlussprüfer vornehmen soll.[329] Eine neuere Variante dieser Maßnahme besteht in der Auswahl und der Vergütung des Abschlussprüfers durch eine Regulierungsbehörde. Eine Honorarordnung könnte nicht kostendeckenden Prüfungshonoraren entgegenwirken. Falls ein ehemaliger Mitarbeiter der Prüfungsgesellschaft in leitender Funktion beim Mandanten tätig wird, besteht die Gefahr, dass der zum zu prüfenden Unternehmen gewechselte Mitarbeiter die Prüfungsmethoden der Prüfungsgesellschaft im Detail kennt, so dass er diese umgehen kann. Zudem könnte er die Mitglieder des Prüfungsteams persönlich kennen und diese könnten ihm über Gebühr vertrauen und keine hinreichende professionelle Skepsis walten lassen. Insofern könnten Maßnahmen an dieser Art personeller Verflechtung anknüpfen. Andere Vorschläge zielen auf die Überwachung und die Sanktionierung der Prüfer ab und umfassen z. B. eine Beaufsichtigung durch eine vom Berufsstand unabhängige Instanz (*Public Oversight*), die Stärkung der Berufsaufsicht (→ II.8.2) oder eine Ausdehnung der zivilrechtlichen Haftung (→ II.8.1). Im Zentrum der aktuellen Diskussion stehen aber die Untersagung von Beratungstätigkeiten,[330] die Einführung einer externen Pflichtrotation und die Einrichtung von Prüfungsausschüssen. Diese potenziellen Maßnahmen sollen im Folgenden diskutiert werden.

---

328 Siehe hierzu *EU-Kommission* (2010).
329 Vgl. *Richter* (1975).
330 Ausführlich diskutiert bei *Quick* (2002).

7.4.1 Trennung von Prüfung und Beratung

7.4.1.1 Theoretische Begründung

Ist der Prüfer gleichzeitig als Berater beim Mandanten tätig, kann er die bei der Beratung erlangten Informationen auch im Rahmen seiner Prüfung nutzen und dadurch seine Prüfungskosten senken (*knowledge spillovers*). Damit steigen sowohl seine aus der Prüfungstätigkeit beim Mandanten erzielbaren Quasi-Renten als auch das Risiko der Beeinträchtigung seiner Unabhängigkeit.[331] Umgekehrt kann der Berater Synergievorteile durch seine Kenntnisse aus der Prüfungstätigkeit nutzen und so die Kosten des Beratungsauftrags senken. Dadurch ist die *Gesamt-Quasi-Rente aus Prüfung und Beratung höher* als die erzielbare Quasi-Rente bei ausschließlicher Prüfungstätigkeit, so dass sich die Unabhängigkeit des Abschlussprüfers reduziert. Höhere Quasi-Renten bedeuten darüber hinaus ein höheres low balling, d. h. der beratende Prüfer kann Prüfer, die keine Beratungsleistungen anbieten, im Wettbewerb um Erstprüfungsmandate unterbieten. Je umfassender sein Beratungsangebot ist, desto größer sind die Quasi-Renten und damit die Wettbewerbsvorteile des Prüfers bei der Konkurrenz um Erstprüfungsmandate.[332] Diese Überlegung basiert auf der Annahme konstanter Prüfungshonorare. Die gleichzeitige Beratung könnte jedoch auch zu reduzierten[333], aber auch zu höheren[334] Prüfungshonoraren führen.

Aus dem Blickwinkel des agency-theoretischen Ansatzes könnten Beratungsleistungen vom Management an den Prüfer vergeben werden, um Zahlungen, die der Abschlussprüfer für die Aufgabe seiner Unabhängigkeit erhält, einen legalen Charakter zu verleihen.[335]

7.4.1.2 Normativer Rahmen

Nach § 2 Abs. 1 WPO haben WP die berufliche Aufgabe, betriebswirtschaftliche Prüfungen durchzuführen. Des Weiteren sind sie u. a. dazu befugt, in steuerlichen und wirtschaftlichen Angelegenheiten zu beraten (§§ 2 Abs. 2 und 3 WPO). Beratungen gehören somit zweifelsfrei zum Tätigkeitsgebiet der wirtschaftsprüfenden Berufsstände. Prüfung und Beratung durch denselben WP sind grundsätzlich miteinander vereinbar. Diese Überlegung wird durch den Wortlaut der §§ 319 Abs. 3 Nr. 5, 319a Abs. 1 Nr. 1 und 319b HGB gestützt, die einen Ausschluss des Abschlussprüfers vorsehen, wenn dieser in den letzten fünf Jahren mehr als 30 % (bzw. bei der Prüfung kapitalmarktorientierter Gesellschaften 15 %) der Gesamteinnahmen aus seiner beruflichen Tätigkeit von der zu prüfenden Kapitalgesellschaft bezogen hat und dies auch im laufenden Geschäftsjahr zu erwarten ist. Wäre der Gesetzgeber von einer generellen Unvereinbarkeit von Prüfung und Beratung ausgegangen, so hätte er nicht die Formulierung »Gesamteinnahmen« gewählt.

---

331 Vgl. *Beck/Frecka/Solomon* (1988).
332 Diese Zusammenhänge zeigen *Ostrowski/Söder* (1999).
333 Vgl. *Gigler/Penno* (1995).
334 Empirisch nachgewiesen u. a. von *Simunic* (1984).
335 Vgl. *Antle* (1984), S. 16.

Dem Grundsatz, dass ein Abschlussprüfer keinen Sachverhalt beurteilen soll, an dessen Zustandekommen er selbst maßgeblich mitgewirkt hat, kommen die bereits vorgestellten §§ 319 Abs. 3 Nr. 3 und 319a Abs. 1 Nr. 2 und 3 HGB nach, die bestimmte Beratungsleistungen des Abschlussprüfers explizit verbieten. Flankiert werden die Ausschlussgründe des HGB durch die ebenfalls bereits vorgestellten und in §§ 21–24 Berufssatzung kodifizierten besonderen Berufspflichten zur Gewährleistung der Unbefangenheit bzw. zur Vermeidung der Besorgnis der Befangenheit.

Nach einer Verlautbarung des Vorstands der WPK zur Abgrenzung von Prüfung und Erstellung kann der Prüfer Entscheidungshilfen geben. Das Treffen von Entscheidungen muss aber immer den zuständigen Unternehmensorganen selbst obliegen, da ansonsten eine unzulässige Mitwirkung über die Prüfungstätigkeit hinaus vorliegt.[336]

Zu diesem Ergebnis gelangt auch der BGH in seinem sog. *Allweiler-Urteil*[337], dem grundlegende Bedeutung zukommt.[338] Danach stellt Beratung die Abgabe oder Erörterung von Empfehlungen durch sachverständige Personen im Hinblick auf zukünftige Entscheidungen des Ratsuchenden dar. Sie ist dadurch gekennzeichnet, dass Handlungsmöglichkeiten und ihre Konsequenzen aufgezeigt werden, während die Entscheidung dem Beratenen selbst vorbehalten bleibt. Nach dem *Kriterium der funktionalen Entscheidungszuständigkeit* wird die Grenze zwischen zulässiger und unzulässiger Beratung dort gezogen, wo der Prüfer die Funktion des Beraters mit Entscheidungsvorschlägen verlässt und in die funktionelle Entscheidungskompetenz des Unternehmers eingreift.

In der *EU-Empfehlung* zur Sicherung der Unabhängigkeit des Abschlussprüfers stellt die Vereinbarkeit von Prüfung und Beratung einen Schwerpunkt dar. Der Abschlussprüfer sollte weder Entscheidungen für seinen Mandanten treffen, noch in dessen Entscheidungsprozesse eingebunden sein. Als für die Urteilsfreiheit besonders kritisch werden hier die über die Prüfungstätigkeit hinausgehende Mitwirkung bei der Buchführung und der Jahresabschlusserstellung, IT-Beratung zu Systemen, die dem Jahresabschluss zu Grunde liegende Daten generieren, Bewertungen von Vermögensposten und Schulden, die in den zu prüfenden Jahresabschluss Eingang finden, die Übernahme von Aufgaben der Internen Revision des Mandanten, Beratungsleistungen zur Beilegung von Rechtsstreitigkeiten, sofern diese einen wesentlichen Einfluss auf den Jahresabschluss haben, und die Mitwirkung an der Rekrutierung von Führungskräften angesehen.

Im *Code of Ethics der IFAC* werden als Beratungsleistungen, welche die Unabhängigkeit des Abschlussprüfers beeinträchtigen, im Vergleich zur EU-Empfehlung zusätzlich die Personalausleihe an den Auftraggeber (Ethics Sec. 290.142), die Steuerberatung (Ethics Sec. 181-194), die Rechtsberatung zu Angelegenheiten mit wesentlichem Einfluss auf den Jahresabschluss (Ethics Sec. 290.209-213) und corporate finance-Dienstleistungen (Ethics Sec. 216-219) behandelt. Zudem wird explizit die Kompatibilität von Prüfung und Beratung zur Steuererklärung festgestellt (Ethics Sec. 290.183).

---

336 Vgl. *WPK* (1996), S. 1435.
337 Vgl. *BGH* (1997).
338 Zur Diskussion dieses Urteils vgl. *Heni* (1997); *Hommelhoff* (1997); *Thiele* (1997); *Ebke* (1998); *Neumann* (1998) sowie *Röhricht* (1998).

Im *Sarbanes-Oxley Act of 2002* vom 30.7.2002 wurden die US-amerikanische Regelungen zu Prüfung und Beratung verschärft (SOA Sec. 201). Einem Abschlussprüfer sind nachstehende Beratungsleistungen grundsätzlich verboten:
1. Buchführung und Jahresabschlusserstellung,
2. Konzeption und Umsetzung von Finanzinformationstechnologiesystemen,
3. Schätz- und Bewertungsgutachten,
4. Versicherungsmathematische Dienstleistungen,
5. Interne Revision,
6. Übernahme von Managementfunktionen im zu prüfenden Unternehmen,
7. Personalberatung,
8. Finanzdienstleistungen,
9. Rechtsberatung und -vertretung.

Andere Beratungsleistungen sind nur zulässig, sofern das audit committee (→ I.1.3.3.6.2) deren Erbringung durch den Abschlussprüfer vorab genehmigt hat. Eine solche Genehmigung ist nur dann nicht erforderlich, wenn die gesamten Beratungshonorare 5 % des Prüfungshonorars nicht überschreiten (SOA Sec. 202).[339] Für deutsche Abschlussprüfer sind diese US-amerikanischen Regelungen relevant, sofern sie Prüfungsmandanten haben, die an US-Börsen gelistet sind.

Die *Europäische Kommission* bringt in ihrem *Grünbuch* zum Ausdruck, dass sie den Ausbau des Verbots der Erbringung von Nichtprüfungsleistungen durch Prüfungsgesellschaften analysieren möchte. Dies könnte zur Schaffung von reinen Prüfungsgesellschaften führen. Da Prüfer ein unabhängiges Prüfungsurteil zur finanziellen Stabilität von Unternehmen abgeben, sollten sie idealerweise kein Geschäftsinteresse an dem zu prüfenden Unternehmen haben.

7.4.1.3 Analyse der Vor- und Nachteile

Für ein Verbot von gleichzeitiger Prüfung und Beratung spricht, dass eine Doppelfunktion als Prüfer und Berater die Urteilsfreiheit gefährden kann. Beratung ist durch ein besonderes Vertrauensverhältnis zwischen Berater und Unternehmensleitung gekennzeichnet, das auf Grund persönlicher Bindungen mit den Funktionsträgern des Mandanten die Urteilsfreiheit des Prüfers negativ beeinflussen und so einer objektiven Prüfung abträglich sein kann (*familiarity threat*, zum threats and safeguards-approach → I.6.5.2.2).[340] War der Prüfer auch als Berater tätig, muss er u. U. Sachverhalte beurteilen, deren Gestaltung er durch seine Empfehlungen beeinflusst hat. Die Prüfung selbst herbeigeführter Sachverhalte löst jedoch Befangenheit aus, denn die notwendige Distanz zum Prüfungsobjekt geht verloren.[341] Der Prüfer könnte Fehler, die im Zusammenhang mit seiner Beratungstätigkeit stehen, übersehen bzw. seine Beratungsfehler, die er im Rahmen der Prüfung erkennt, verschweigen (*self-review threat*).[342] Mit zunehmenden

---

339 Zur Umsetzung des Sarbanes-Oxley Act durch die SEC vgl. *Schmidt* (2003).
340 Vgl. *Rückle* (1995), S. 510.
341 Vgl. *Zembke* (1994), S. 88.
342 Vgl. *Jacobs* (1975), S. 2238.

Beratungsleistungen steigt die Gefahr, dass sich der Prüfer mit den Interessen des zu prüfenden Unternehmens bzw. mit denen seiner Führungskräfte identifiziert (*advocacy threat*). In diesem Zusammenhang wird auch darauf verwiesen, dass die Reputation des Beraters von den Beratungsergebnissen abhängt, so dass der Prüfer, der gleichzeitig berät, ein erhebliches Eigeninteresse am Unternehmen hat.[343]

Des Weiteren kann die gleichzeitige Prüfung und Beratung zu finanzieller Abhängigkeit führen (*self-interest threat*). Durch zusätzliche Beratungsaufträge steigt der Umsatz mit dem Mandanten, so dass das finanzielle Interesse des Prüfers an dieser Geschäftsverbindung und damit die potenzielle Kundenabhängigkeit wächst. Der Abschlussprüfer könnte eher zu Zugeständnissen bereit sein, weil er befürchten muss, zugleich Prüfungs- und Beratungsauftrag zu verlieren.[344] Zudem erhöht ein Beratungsverbot das Vertrauen in die Unabhängigkeit des Abschlussprüfers und es erleichtert den Schutz sensibler Unternehmensinformationen.[345] Dem letzten Argument ist jedoch entgegenzuhalten, dass der WP im Gegensatz zu vielen anderen Beratern einem strengen Berufsrecht unterliegt, das ihn u. a. zur Verschwiegenheit verpflichtet und das Verletzungen von Berufspflichten sanktioniert. Aus diesen Gründen fördert die Verknüpfung von Prüfung und Beratung u. U. den Informationsschutz.

Für eine gleichzeitige Wahrnehmung von Prüfungs- und Beratungstätigkeit werden vielfältige Argumente angeführt. Sie führt zu *Informations- und Kostenvorteilen*. Der Abschlussprüfer erhält als Berater zusätzliche Einblicke in das Unternehmen, so dass er seinen Prüfungsaufgaben noch effizienter nachkommen kann.[346] Umgekehrt stehen die Arbeitsunterlagen und Erkenntnisse der Prüfung auch für die Beratungstätigkeit zur Verfügung. Dieser verbesserte Informationsstand erhöht nicht nur die Wirtschaftlichkeit, sondern auch die Qualität von Prüfung und Beratung.

Der WP verfügt über ein erhebliches Erfahrungspotenzial und eine hohe Qualifikation.[347] Zudem ist er auch im Rahmen von Beratungstätigkeiten an vorgegebene Verhaltensnormen gebunden. Beides schützt vor Fehlberatungen. Für den Mandanten reduziert sich das Beratungsrisiko nicht nur auf Grund dieser Qualifikationsvorteile des Prüfers, sondern auch, weil er ihn und seine Fähigkeiten bereits im Rahmen der Prüfungstätigkeiten kennen gelernt hat. Die Erfahrungen mit dem Abschlussprüfer lassen Rückschlüsse auf dessen Eignung als Berater zu, da die Anforderungen ähnlich sind.[348] Insofern genießt der Prüfer einen Vertrauensvorsprung. Prüfung und Beratung aus einer Hand verringern die Transaktionskosten des Mandanten. Beratungstätigkeiten sind zudem mit dem Vorteil verknüpft, dass sie zum Ausgleich von Schwankungen in der Auslastung der personellen Kapazitäten von WP-Praxen beitragen, da die Prüfungstätigkeit vom Umfang her saisonabhängig stark variiert.[349] Darüber hinaus wird darauf verwiesen, dass Prüfung und Beratung häufig nicht trennscharf voneinander abgrenzbar

---

343 Vgl. *Bormann* (2002), S. 193.
344 Vgl. *Schulze-Osterloh* (1977), S. 107.
345 Vgl. *Ballwieser* (2001), S. 104–105.
346 Vgl. *Lange* (1994), S. 28–32.
347 Vgl. *Schulze-Osterloh* (1976), S. 429.
348 Vgl. *Böcking/Löcke* (1997), S. 466.
349 Vgl. *Fleischer* (1996), S. 762.

sind und eine vertrauensvolle Zusammenarbeit mit dem Mandanten stärken. Außerdem besteht i. d. R. keine Personenidentität zwischen Prüfern und Beratern (da die Beratung von organisatorisch weitgehend selbstständigen Abteilungen durchgeführt wird) und der Wegfall von Beratungsleistungen würde den WP-Beruf weniger attraktiv für Hochschulabsolventen machen.[350] Zudem findet sich der Hinweis, dass ein Beratungsverbot durch Überkreuzgeschäfte (d. h. Prüfungsgesellschaft A berät die Prüfungsmandanten von Prüfungsgesellschaft B und umgekehrt) umgangen werden kann und die Einhaltung eines Beratungsverbots schwer durchzusetzen und zu kontrollieren ist.[351] Schließlich stößt man auch auf das Argument, dass Beratungstätigkeiten die Position des Prüfers stärken, da der Mandant zum einen aus Effizienzgründen selbst ein starkes Interesse an Prüfung und Beratung haben dürfte und zum anderen der Prüfer bei rückläufigem Prüfungsgeschäft weniger erpressbar sei.[352]

Mangelnde Objektivität lässt sich weder durch Effizienzargumente (geringere Beratungs- und Prüfungskosten) noch durch die Chance auf eine effektivere Prüfung und Beratung aufwiegen. Auf Grund der momentanen Wettbewerbssituation am Prüfungsmarkt[353], der durch sinkende Prüfungshonorare gekennzeichnet ist, muss davon ausgegangen werden, dass die Informationen aus der Beratungstätigkeit nicht zur Verbesserung der Prüfungsqualität, sondern zur Reduktion der Prüfungskosten genutzt werden, zumal die Prüfungsnormen (ISA 200.5, 11 u. 17 i. V. m. IFAC Framework.11, IDW PS 200.24) lediglich ein Urteil mit hinreichender Sicherheit verlangen. Auch von einer verbesserten Beratung profitieren in erster Linie der Prüfer und der Mandant. Fehlende Unabhängigkeit geht dagegen zu Lasten der Adressaten des Prüfungsergebnisses, insbesondere außenstehender Adressaten wie Anteilseigner und Gläubiger, und damit zu Lasten der öffentlichen Aufgabe der Abschlussprüfung. Des Weiteren ist zu beachten, dass durch die Verbindung von Prüfung und Beratung Abhängigkeitsvermutungen ausgelöst werden, die den Wert des Prüfungsurteils mindern und sich deshalb in verminderten Prüfungshonoraren niederschlagen können.

7.4.1.4 Empirische Forschungsergebnisse

Zu der Frage, wie sich die Verknüpfung von Prüfungs- und Beratungstätigkeit auf die Unabhängigkeit des Abschlussprüfers auswirkt, liegen zahlreiche empirische Studien vor. Auch hier ist zwischen independence in fact und independence in appearance zu unterscheiden. Mehrheitlich gelangen die vorliegenden Arbeiten zu dem Ergebnis, dass eine parallele Beratungstätigkeit keinen negativen Einfluss auf die innere Unabhängigkeit des Abschlussprüfers hat. Sieht man von einigen Laborexperimenten[354] ab, so besteht das generelle Problem, dass independence in fact nicht direkt beobachtbar ist. Insofern stützen sich die diesbezüglichen Forschungsprojekte auf Unabhängigkeitssurrogate. Als

---

350 Vgl. *Jacobs* (1975), S. 2239.
351 Vgl. *Dörner* (1997), S. 85.
352 Vgl. *Ballwieser* (2001), S. 109–110.
353 Vgl. z. B. *Fockenbrock* (2011).
354 Vgl. z. B. *Dopuch/King* (1991).

solche kommen Prüfungsplanungsentscheidungen[355], Testatseinschränkungen[356], das Ausmaß an Abschlusspolitik[357], Jahresabschlusskorrekturen[358] und Schadensersatzklagen[359] zum Einsatz.[360]

Studien, die sich mit dem Einfluss von Beratungsleistungen auf die independence in appearance beschäftigen, gelangen zu uneinheitlichen Ergebnissen. Überwiegend wird jedoch eine Beeinträchtigung der Unabhängigkeit des Abschlussprüfers wahrgenommen. Ursachen für die fehlende Eindeutigkeit in den Ergebnissen finden sich im Untersuchungsdesign. Zum einen wurden verschiedene Prüfungsadressaten untersucht: Kreditsachbearbeiter als typische Vertreter der Fremdkapitalgeber, Finanzanalysten als Repräsentanten der Eigenkapitalgeber, aber auch z. B. Mitglieder des Vorstands bzw. des Managements des Mandanten und WP. Da die Interessen dieser Gruppen von Untersuchungsteilnehmern unterschiedlich, mitunter sogar diametral entgegengesetzt sind, dürfen unterschiedliche Unabhängigkeitswahrnehmungen nicht überraschen. WP sehen die Unabhängigkeit am wenigsten gefährdet. Zum anderen lagen den Arbeiten unterschiedliche Arten von Beratungsdienstleistungen zu Grunde (z. B. Buchführung, IT-Dienstleistungen, Entwicklung und Implementierung von Informationssystemen im Rechnungswesen, Steuer-, Akquisitions-, Personalberatung, versicherungsmathematische Dienstleistungen oder das Outsourcen der Internen Revision). Es ist zu vermuten, dass unterschiedliche Beratungsleistungen die wahrgenommene Unabhängigkeit mehr oder weniger stark bzw. u. U. gar nicht beeinflussen. Die Arbeiten[361], die sich mit den Auswirkungen von zusätzlicher Beratung auf die wahrgenommene Unabhängigkeit des Abschlussprüfers auseinandersetzen, basieren auf archivistischen Daten[362], Befragungen[363] oder Experimenten[364].

7.4.2 Externe Pflichtrotation

Abschlussprüfer sind ökonomische Agenten, deren Entscheidungen durch eigene Interessen geleitet werden. Ihre Bereitschaft, über Fehler zu berichten, sinkt, falls diese Verhaltensweise zu Umsatzeinbußen führen kann. Wird ein Prüfungsauftrag nicht ver-

---

355 Vgl. z. B. *Hackenbrack/Knechel* (1997); *Johnstone/Bédard* (2001).

356 Vgl. z. B. *Barkness/Simnett* (1994); *Craswell* (1999); *Lennox* (1999); *DeFond/Raghunandan/Subramanyam* (2002); *Geiger/Rama* (2003); *Lim/Tan* (2008); *Callaghan/Parkash/Singhal* (2008); *Robinson* (2008).

357 Vgl. z. B. *Frankel/Johnson/Nelson* (2002); *Ashbaugh/LaFond/Mayhew* (2003); *Chung/Kallapur* (2003); *Ferguson/Seow/Young* (2004); *Larcker/Richardson* (2004); *Gul/Jaggi/Krishnan* (2007); *Huang/Mishra/Raghunandan* (2007); *Mitra* (2007); *Srinidhi/Gul* (2007); *Cahan et al.* (2008).

358 Vgl. z. B. *Raghunandan/Read/Whisenant* (2003); *Kinney/Palmrose/Scholz* (2004).

359 Vgl. *Bajaj/Gunny/Sarin* (2003).

360 Eine ausführliche Diskussion liefert *Quick* (2006), S. 48–53.

361 Ein umfassender Überblick findet sich bei *Quick/Warming-Rasmussen* (2005), S. 156–163.

362 So z. B. *Krishnan/Sami/Zhang* (2005); *Mishra/Raghunandan/Rama* (2005); *Francis/Ke* (2006); *Higgs/Skantz* (2006); *Khurana/Raman* (2006).

363 Vgl. z. B. *Canning/Gwilliam* (1999); *Chien/Chen* (2005); *Quick/Warming-Rasmussen* (2009).

364 Vgl. z. B. *Lowe/Geiger/Pany* (1999); *Swanger/Chewning* (2001); *Jenkins/Krawczyk* (2002); *Hill/Booker* (2007); *Meuwissen/Quick* (2009).

längert, so verliert der Abschlussprüfer künftige Quasi-Renten. Der Mandant kann ihn daher mit der Drohung, den Prüfungsauftrag nicht weiterzuführen, unter Druck setzen und so seine Unabhängigkeit beeinträchtigen. Eine externe Pflichtrotation *beschränkt die Quasi-Renten* aus einem Prüfungsauftrag. Damit verringern sich für den Prüfer die negativen ökonomischen Konsequenzen einer Nichtverlängerung des Prüfungsauftrags und die Gefährdung seiner Unabhängigkeit wird reduziert. Er braucht sich über die Auswirkungen von Meinungsverschiedenheiten mit dem Mandanten keine Sorgen zu machen, denn er wird ohnehin ersetzt.[365]

Es ist zwischen einer *externen Rotation*, bei der der Abschlussprüfer ersetzt wird, und einer *internen Rotation*, bei der der verantwortliche Prüfer einer für die Abschlussprüfung zuständigen Prüfungsgesellschaft ausgetauscht wird, zu unterscheiden. Das HGB sieht in § 319a Abs. 1 Nr. 4 für die Prüfung von Unternehmen, die einen organisierten Kapitalmarkt in Anspruch nehmen, grundsätzlich eine interne Pflichtrotation vor. Danach ist ein WP als Abschlussprüfer ausgeschlossen, wenn er bei einem Mandanten in sieben oder mehr Fällen einen Bestätigungsvermerk gezeichnet hat. Ist nicht eine Prüfungsgesellschaft, sondern ein Einzelprüfer Abschlussprüfer des betreffenden Unternehmens, ist die genannte Vorschrift jedoch nur über eine externe Rotation einzuhalten. Nach einer Abkühlungsphase (cooling off period) von mindestens zwei Jahren kann der ursprüngliche WP erneut den Bestätigungsvermerk zeichnen.

In der EU-Empfehlung zur Sicherung der Unabhängigkeit des Abschlussprüfers und im Code of Ethics der IFAC wird lediglich eine interne Rotation als Maßnahme zur Sicherung der Unabhängigkeit angesprochen (Ethics Sec. 290.150) bzw. angegeben, dass bei Abschlussprüfungen von Unternehmen im öffentlichen Interesse der verantwortliche Prüfer spätestens nach sieben Jahren intern ausgetauscht und erst nach einer Abkühlungsphase von zwei Jahren wieder involviert werden sollte (Ethics Sec. 290.151). Die modernisierte Abschlussprüferrichtlinie sieht bei der Prüfung von Unternehmen von öffentlichem Interesse ebenfalls eine interne Rotation nach spätestens sieben Jahren und eine Abkühlungsphase von mindestens zwei Jahren vor (Art. 40). Ähnliches gilt für den Sarbanes-Oxley Act of 2002, wo eine interne Rotation nach fünf Jahren vorgesehen ist (SOA Sec. 203) und in dem darüber hinaus eine Studie zur externen Rotation in Auftrag gegeben werden sollte (SOA Sec. 207), so dass dieses Thema in den USA relevant werden könnte. Die *Europäische Kommission* führt in ihrem *Grünbuch* (→ I.6.3.1) aus, dass sie die Vor- und Nachteile einer externen Rotation prüfen möchte.

Beispiele

Innerhalb der EU existiert eine externe Rotationspflicht schon seit langer Zeit in *Italien*. Abschlussprüfer von börsennotierten Gesellschaften, Versicherungsunternehmen, Investmentbanken, Zeitungsverlagen und Staatsunternehmen können dort maximal neun aufeinanderfolgende Jahre im Amt bleiben, wobei der Bestellzeitraum drei Jahre beträgt. Eine erneute Bestellung ist erst nach Ablauf einer Sperrfrist von fünf Jahren möglich.[366] In *Österreich* war

---

365 Ausführlich zur ökonomischen Analyse der Unabhängigkeitswirkungen vgl. *Quick* (2004), S. 493 ff.
366 Vgl. *Quick/Ungeheuer* (2000).

für Abschlussprüfungen von Geschäftsjahren, die nach dem 31.12.2003 begonnen haben, eine externe Rotation für alle prüfungspflichtigen Unternehmen vorgeschrieben. Da keine explizite Sperrfrist vorgesehen ist, scheint eine Wiederübernahme des Mandats nach einem Jahr Pause möglich gewesen zu sein.[367] Allerdings wurde diese Regelung durch das Gesellschaftsrechtsänderungsgesetz 2005 bereits vor Inkrafttreten wieder abgeschafft. Eine berufsständische Regelung schreibt in *Griechenland* vor, dass bei der Prüfung öffentlicher Unternehmen nach sechsjähriger Mandatsdauer keine Wiederwahl möglich ist.[368] Dagegen wurde in *Spanien* 1996 die externe Rotation nach nur wenigen Jahren wieder abgeschafft.[369] Darüber hinaus wird von einer externen Rotationspflicht bei der Prüfung von staatlichen Unternehmen in *Indien*[370] und in *Israel*[371] berichtet.

Zur Beurteilung des Vorschlags, den Abschlussprüfer turnusmäßig zu wechseln, soll in erster Linie untersucht werden, wie sich eine solche Rotation auf die Prüfungsqualität auswirkt. Die *Prüfungsqualität* hängt zum einen von der Fähigkeit des Prüfers ab, wesentliche Falschdarstellungen in der Rechnungslegung zu erkennen, und wird zum anderen von seiner Bereitschaft determiniert, über solche Falschdarstellungen zu berichten, d. h. von seiner Unabhängigkeit. Einige Argumente sprechen dafür, dass sich die Fehleraufdeckungswahrscheinlichkeit durch einen turnusmäßigen Prüferwechsel erhöht:[372]

- Eine langjährige Auftragsbeziehung erhöht die Gefahr von Betriebsblindheit. Der Prüfer antizipiert die Vorjahresergebnisse, anstatt auf Veränderungen zu achten. Häufig wird auf die in den Arbeitspapieren dokumentierten Prüfungsergebnisse des Vorjahres vertraut, ohne dass für die Urteilsbildung wesentliche Bereiche wie das IKS neu untersucht werden.
- Im Laufe der Zeit wächst das Vertrauen des Abschlussprüfers in die Unternehmensleitung, so dass er Prüfungshandlungen nur noch eingeschränkt oder weniger streng durchführt bzw. so von der Integrität des Mandanten überzeugt ist, dass er Fehler ignoriert, übersieht oder für weniger wichtig hält.
- Bei einer langen Amtszeit steigt die Gefahr, dass sich der Prüfer mit den Problemen des Managements identifiziert und nicht mit der notwendigen professionellen Skepsis tätig wird.
- Durch den Prüferwechsel gelangen neue Prüfungsmethoden zur Anwendung. Langjähriges Vertrauen in das Management beschränkt dagegen die notwendige Kreativität, so dass es an Innovationen mangelt.
- Prüfungsverfahren werden für den Mandanten weniger berechenbar.
- Im Bewusstsein, dass seine Tätigkeit nach dem Prüferwechsel von Berufskollegen kontrolliert wird, arbeitet der Abschlussprüfer sorgfältiger.

---

367 Vgl. *Haller/Reitbauer* (2002), S. 2229 ff.
368 Vgl. *Weißenberger* (2003), S. 928.
369 Vgl. *Nowotny/Gelter* (2001), S. 325.
370 Vgl. *Gietzmann/Sen* (2002), S. 201.
371 Vgl. *Catanach/Walker* (1999), S. 47.
372 Vgl. z. B. *Luik* (1976), S. 237 f.; *Hoyle* (1978), S. 70 ff.; *Brody/Moscove* (1998).

- Rotation verstärkt den Wettbewerb um Prüfungsmandate, denn es sind viele freie Mandate auf dem Markt. Dies kann einen positiven Einfluss auf die Prüfungsqualität haben.
- Der Prüfer hat starke Anreize, in den ersten Jahren des Mandats eine hohe Prüfungsqualität zu liefern, denn das Management ist sich über diese unsicher.[373] Eine Rotationspflicht bewirkt, dass sich Prüfer häufiger in der oben beschriebenen Situation befinden.

Des Weiteren wird darauf verwiesen, dass ein obligatorischer Prüferwechsel das Vertrauen in die Richtigkeit von Jahresabschlüssen erhöht. Er signalisiert hohe Prüfungsqualität, denn der Abschlussprüfer wird als unabhängig wahrgenommen, und erhöht so das Vertrauen in die Abschlussprüfung und die Glaubwürdigkeit des Prüfungsurteils.[374]

Es finden sich aber auch reichhaltige Argumente, die für einen negativen Einfluss des Prüferwechsels auf die Fähigkeit des Prüfers, Fehler aufzudecken, sprechen:[375]
- Verlust mandantenspezifischer Erfahrung und des Verständnisses der Unternehmensstrukturen. Der Lern- bzw. Erfahrungskurveneffekt geht ganz oder teilweise verloren.
- Durch den Einarbeitungsbedarf des neuen Prüfers steigt auch die Gefahr, dass er in den ersten Jahren eher Fehler übersieht, denn er kennt den Mandanten weniger gut.
- Der Prüfer ist bei Erstprüfungen stärker von Auskünften des Mandanten abhängig und kann deren Richtigkeit nur schwer kontrollieren.
- Pflichtrotation behindert mehrjährige Prüfungspläne.
- Da nicht alle Bereiche des Mandanten intensiv geprüft werden können, bleiben bei Erstprüfungen bestimmte Aspekte ungeprüft, ohne dass diese Prüffelder bereits in früheren Jahren einer Kontrolle des Abschlussprüfers unterzogen waren.
- Weniger Anreize, in mandanten- bzw. branchenspezifische Ressourcen (z. B. Knowhow der Prüfungsassistenten) zu investieren, denn die Rotation reduziert die wirtschaftliche Nutzungsdauer solcher Vermögenswerte.
- Durch einen obligatorischen Prüferwechsel sinken die Wettbewerbsanreize, denn besonders effektive und effiziente Prüfer erhalten nicht die maximal möglichen Rückflüsse aus ihren Prüfungsmandaten, da die Rotation die Nachfrage nach ihren Prüfungsleistungen zeitlich beschränkt. Außerdem erhält der Prüfer durch die Rotation leichter neue Mandate. Damit sinkt die Motivation, in Wirtschaftlichkeit und Wirksamkeit zu investieren (z. B. Humanvermögen oder technologische Innovationen).

Der Vergleich zeigt, dass die Fähigkeit des Abschlussprüfers, wesentliche Fehler zu erkennen, durch einen obligatorischen Prüferwechsel negativ beeinflusst werden kann. Viele empirische Studien belegen jedoch, dass längere Beziehungen zum Mandanten zu einer verringerten Prüfungsqualität führen.[376]

---

373 Vgl. *Craswell et al.* (1995).
374 Vgl. *Petty/Cuganesan* (1996).
375 Vgl. z. B. *Arruñada/Paz-Ares* (1997); *Catanach/Walker* (1999); *Ballwieser* (2001), S. 110.
376 Vgl. z. B. *Deis/Giroux* (1992); *Copley/Doucet* (1993); *O'Keefe et al.* (1994); *Raghunathan et al.* (1994); *Choi/Doogar* (2006). Im Bericht der Cohen-Commission wurde allerdings festgehalten, dass Prüferversagen in den ersten Jahren des Prüfungsauftrags häufiger vorkommt; vgl. *AICPA* (1978). Zu

Des Weiteren wird darauf verwiesen, dass eine Rotationspflicht den *Konzentrations-prozess* auf dem Prüfungsmarkt steigert, denn in aller Regel erfolgt ein Wechsel von einer kleinen zu einer großen Prüfungsgesellschaft.[377]

Schließlich findet sich das Argument, dass eine Rotationspflicht zu *höheren Prüfungs-kosten* führt, denn durch die steigende Anzahl von Erstprüfungen fallen häufiger Start up-Kosten (u. a. auch Lernkosten) an, die voraussichtlich nicht in voller Höhe an den Auftraggeber weiter verrechnet werden können.[378] Durch den Prüferwechsel erhöhen sich die Stückkosten der Nutzung mandantenspezifischer Ressourcen, da deren Einsatzmöglichkeiten zeitlich limitiert sind. Es gibt Schätzungen, nach denen sich die Prüfungskosten um 9 % erhöhen sollen.[379] Außerdem ist zwar der Verlust von Mandaten sicher, das Gewinnen von neuen Prüfungsaufträgen aber nicht garantiert. Daraus können *Personalanpassungs-probleme* resultieren. Auch beim Auftraggeber ist mit zusätzlichen Kosten zu rechnen. Auf der einen Seite dürften die *Prüfungshonorare* wegen der erhöhten Prüfungskosten *steigen* und auf der anderen Seite entstehen *Transaktionskosten* bei der Suche nach einem neuen Prüfer sowie Kosten für die Einführung und die Information des neuen Prüfers. Auch aus volkswirtschaftlicher Sicht werden zusätzliche Kosten verursacht, denn die Kontrollmöglichkeiten des Marktes werden reduziert, da der Mandant einen freiwilligen Prüferwechsel (im Sinne eines opinion shopping) eher verstecken kann.[380] Kostenargumente betreffen primär den Abschlussprüfer bzw. den Mandanten. Sie sind nicht geeignet, Unabhängigkeitsbeeinträchtigungen, die zu Lasten der externen stakeholder gehen, zu rechtfertigen.

7.4.3 Einrichtung von Prüfungsausschüssen

Durch Prüfungsausschüsse (→ I.1.3.3.6.2) ist es möglich, die notwendige Unabhängigkeit des Abschlussprüfers zu stärken. Dies geschieht schon durch die Wahl des Abschlussprüfers durch den Prüfungsausschuss und dessen Zuständigkeit für die Vereinbarung des Prüfungshonorars. Für das Management wird es damit schwieriger, Wiederwahl und Honorarhöhe als Druckmittel gegen den Abschlussprüfer zu verwenden und so seine Unabhängigkeit zu unterminieren. Einen weiteren Beitrag zur Steigerung der Unabhängigkeit leisten die Festlegung des Umfangs und der Schwerpunkte der Prüfung sowie deren ständige Begleitung durch den Prüfungsausschuss.

Der Prüfungsausschuss entscheidet darüber, welche Beratungsleistungen vom Abschlussprüfer übernommen werden dürfen. Damit wird dem Management die Möglichkeit genommen, dem Abschlussprüfer mit dem Entzug von Beratungsaufträgen und damit von Quasi-Renten zu drohen. Zudem wird es für das Management schwerer, Zahlungen, die dem Abschlussprüfer für die Aufgabe seiner Unabhängigkeit gewährt werden, durch Beratungsverträge zu legalisieren.

---

einem solchen Ergebnis kommen z. B. auch *Myers/Myers/Omer* (2003); *Davis/Soo/Trompeter* (2008); *Jackson/Moldrich/Roebuck* (2008); *Gul/Fung/Jaggi* (2009).

377 Vgl. *Marten* (1994), S. 122 und S. 227 ff.

378 Vgl. *Haller/Reitbauer* (2002), S. 2234.

379 Vgl. *O'Leary* (1996), S. 21.

380 Vgl. *Arruñada/Paz-Ares* (1997), S. 32 ff.

Außerdem stellt der Prüfungsausschuss für den Prüfer einen neutralen Gesprächspartner dar, der ihm die Möglichkeit gibt, wichtig erscheinende Fragen bzgl. der Prüfung unabhängig vom Management zu klären und so Probleme und Schwierigkeiten während der Prüfung sowie Konflikte mit dem Management zur Sprache zu bringen.[381] Innerhalb der regelmäßigen Besprechungen kann der Abschlussprüfer vom Fortgang der Prüfung berichten, Prüfungsergebnisse erläutern, seine Eindrücke vom Rechnungswesen und anderen Bereichen des Unternehmens darlegen, Fragen beantworten, seine Meinung zur Darstellung der wirtschaftlichen Lage schildern sowie weitere Hintergrundinformationen und Lösungsvorschläge liefern.[382]

Durch die Einbeziehung des Prüfungsausschussses in die Diskussion um den Inhalt des management letter (→ II.6.3.3), der sich mit Mängeln, die nicht direkt die Ordnungsmäßigkeit der Rechnungslegung betreffen, befasst, kann die Einleitung der nötigen Maßnahmen des Managements zur Realisierung der Empfehlungen forciert werden. So dient der Prüfungsausschuss als Koordinationsinstrument zwischen Abschlussprüfer und Management. Die regelmäßige Kommunikation mit dem Ausschuss, also die Mitteilung seiner Informationen, Bedenken, Ergebnisse und Vorschläge, bietet dem Prüfer auch die Möglichkeit, seine Haftungsrisiken zu reduzieren, da er im Regressfall die normenkonforme Pflichterfüllung beweisen kann.[383] Schließlich ist eine vom Prüfungsausschuss getragene Koordination zwischen der Internen Revision und dem Abschlussprüfer wünschenswert, da sich die geprüften Bereiche teils überschneiden.

Fallstudie 1

Der WP K. Lustig-Alt ist seit zehn Jahren Abschlussprüfer der Haribo GmbH, welche die Merkmale einer mittelgroßen GmbH erfüllt. Seit drei Jahren ist er auch als Berater der Haribo GmbH tätig. Seine Beratungsaufgaben umfassen:

a. Mitwirkung bei Personalakquisition und -auswahl
b. Empfehlungen zum Einsatz einer Kostenrechnungssoftware
c. Steuerberatung

Durch die Aufnahme der Beratungstätigkeit sind seine Umsätze mit der Haribo GmbH von 25% auf 35% seiner Gesamteinnahmen aus seiner beruflichen Tätigkeit gestiegen. Vor wenigen Wochen hat Lustig-Alt Herrn Thomas Gottschalk als Prüfungsgehilfen eingestellt. Dieser war zuvor in der Marketing-Abteilung der Haribo GmbH angestellt. Nach Beendigung der letzten Abschlussprüfung bei der Haribo GmbH hat ein Vetter von Lustig-Alt auf dessen Empfehlung Anteile an der Haribo GmbH erworben. Zudem hat sich Lustig-Alt inzwischen einer externen Qualitätskontrolle nach § 57a WPO unterzogen. Da das Ergebnis wesentliche Mängel in der Qualitätssicherung aufzeigt, hat der Prüfer für Qualitätskontrolle nur ein eingeschränktes Prüfungsurteil erteilt. Uwe Haargenau, ehemaliger Mitarbeiter von Lustig-Alt, hat inzwischen das Wirtschaftsprüfungsexamen bestanden. Seit einem halben Jahr ist er Leiter der Buchhaltung der Haribo GmbH.

---

381 Vgl. *Lück* (1990), S. 1002.
382 Vgl. *Wüstemann* (1971), S. 38; *Lück/Hall* (1984), S. 1942.
383 Vgl. *Girnghuber* (1998), S. 64.

Die Haribo GmbH erteilt Lustig-Alt erneut den Auftrag zur Prüfung des Jahresabschlusses. Prüfen Sie, ob Lustig-Alt nach dem HGB Abschlussprüfer sein darf.

Fallstudie 2

Die Reportnix AG ist eine mittelgroße Kapitalgesellschaft i. S. des § 267 HGB. Der Vorstand der Reportnix AG erteilt dem WP Gregor Svensen den Auftrag zur Prüfung des Jahresabschlusses und des Lageberichts. Eine Zustimmung der Hauptversammlung wurde nicht eingeholt, da Gregor Svensen bereits seit sieben Jahren Abschlussprüfer der Reportnix AG ist. Svensens Bruder ist Leiter der Buchführung der Reportnix AG und hat zudem wesentliche Teile seines Vermögens in Anteile der Reportnix AG investiert. Zeitgleich mit dem Prüfungsauftrag erhält Svensen von der Reportnix AG erstmals den Auftrag zur Durchführung der Internen Revision (outsourcing). Seine Umsätze mit der Reportnix AG betragen nun 32 % seiner Gesamteinnahmen. Entnervt von mehreren kritischen Äußerungen von Svensen kündigt der Vorstand der Reportnix AG nach zwei Monaten (vor Abschluss der Prüfung) den Prüfungsauftrag unter Hinweis auf mangelnde Objektivität auf Grund der Tätigkeit und des Anteilsbesitzes von Svensens Bruder.
Beurteilen Sie den Fall im Hinblick auf die Kompatibilität mit den Regeln des HGB.

Kontrollfragen

1. Welche grundsätzlichen Abhängigkeitssituationen lassen sich unterscheiden?
2. Was hat die Existenz von sog. Quasi-Renten mit dem Unabhängigkeitsproblem zu tun?
3. Skizzieren Sie den Beitrag, den der agency-theoretische Ansatz zur Erklärung des Unabhängigkeitsproblems leistet.
4. Zeigen Sie auf, in welchen Situationen ein WP den Prüfungsauftrag nach HGB nicht annehmen darf, da seine Abhängigkeit vermutet wird.
5. Inwieweit beeinträchtigt die Erbringung von Beratungsleistungen durch den Abschlussprüfer dessen Unabhängigkeit?
6. Welche Argumente sprechen für einen obligatorischen Prüferwechsel?
7. Wie kann ein audit committee nach anglo-amerikanischem Vorbild die Unabhängigkeit eines Abschlussprüfers in Deutschland stärken?

Zitierte und weiterführende Literatur

Adler, H./Düring, W./Schmaltz, K. (2000): Rechnungslegung und Prüfung der Unternehmen, neu bearbeitet von Forster, K.-H./Goerdeler, R./Lanfermann, J./Müller, H.-P./Siepe, G./Stolberg, K., Teilband 7, 6. Aufl., Stuttgart.
AICPA (1978): Commission on auditor's responsibility (Cohen Commission): Report, Conclusions, and Recommendations, New York.
Antle, R. (1982): The auditor as an economic agent, in: Journal of Accounting Research, S. 503–527.
Antle, R. (1984): Auditor independence, in: Journal of Accounting Research, S. 1–20.
Arruñada, B./Paz-Ares, C. (1997): Mandatory rotation of company auditors: A critical examination, in: International Review of Law and Economics, S. 31–61.
Ashbaugh, H./LaFond, R./Mayhew, B.W. (2003): Do nonaudit services compromise auditor independence? Further evidence, in: The Accounting Review, S. 611–639.
Baiman, S./Evans, J.H./Noel, J. (1987): Optimal contracts with utility-maximizing auditor, in: Journal of Accounting Research, S. 217–244.

Bajaj, M./Gunny, K./Sarin, A. (2003): Auditor compensation and audit failure: An empirical analysis, working paper, Santa Clara University.

Ballwieser, W. (1987a): Auditing in an agency setting, in: Bamberg, G./Spremann, K. (Hrsg.): Agency Theory, Information and Incentives, Berlin/Heidelberg, S. 327–346.

Ballwieser, W. (1987b): Kapitalmarkt, Managementinteressen und die Rolle des Wirtschaftsprüfers, in: Schneider, D. (Hrsg.): Kapitalmarkt und Finanzierung, Berlin, S. 351–362.

Ballwieser, W. (2001): Die Unabhängigkeit des Wirtschaftsprüfers – Eine Analyse von Beratungsverbot und externer Rotation, in: Lutter, M. (Hrsg.): Der Wirtschaftsprüfer als Element der Corporate Governance, Düsseldorf, S. 99–115.

Barkess, L./Simnett, R. (1994): The provision of other services by auditors: Independence and pricing issues, in: Accounting and Business Research, S. 99–108.

Beck, P./Frecka, T.J./Solomon, I. (1988): A model of the market for MAS and audit services: Knowledge spillovers and auditor-auditee bonding, in: Journal of Accounting Literature, S. 50–64.

BGH (1997): Urteil vom 21.4.1997 – II ZR 317/95, in: Der Betrieb, S. 1394–1396.

Bischof, S. (2006): Anhangangaben zu den Honoraren für Leistungen des Abschlussprüfers, in: Die Wirtschaftsprüfung, S. 705–713.

Böcking, H.-J./Löcke, J. (1997): Abschlußprüfung und Beratung. Eine ökonomische Analyse, in: Die Betriebswirtschaft, S. 461–474.

Bormann, M. (2002): Unabhängigkeit des Abschlussprüfers: Aufgabe und Chance für den Berufsstand, in: Betriebs-Berater, S. 190–197.

Brody, R.G./Moscove, S.A. (1998): Mandatory auditor rotation, in: National Public Accountant, Heft 3, S. 32–35.

Buchner, R. (1997): Wirtschaftliches Prüfungswesen, 2. Aufl., München.

Cahan, S.F./Emanuel, D.M./Hay, D./Wong, N. (2008): Non-audit fees, long-term auditor client relationships and earnings management, in: Accounting & Finance, S. 181–207.

Callaghan, J./Parkash, M./Singhal, R. (2008): Going-concern audit opinions and the provision of nonaudit services: Implications for auditor independence of bankrupt firms, in: Auditing: A Journal of Practice and Theory, S. 152–169.

Canning, M./Gwilliam, D. (1999): Non-audit services and auditor independence: Some evidence from Ireland, in: The European Accounting Review, S. 401–419.

Catanach, A.H./Walker, P.L. (1999): The international debate over mandatory auditor rotation: A conceptual research framework, in: Journal of International Accounting, Auditing & Taxation, S. 43–66.

Chien, S.-H./Chen, Y.-S. (2005): The provision of non-audit services by accounting firms after the Enron bankruptcy in the United States, in: International Journal of Management, S. 300–306.

Choi, J.-H./Doogar, R. (2006): Auditor tenure and audit quality: Evidence for the US market, 1996–2001, Working Paper, Seoul National University.

Chung, H./Kallapur, S. (2003): Client importance, nonaudit services, and abnormal accruals, in: The Accounting Review, S. 931–955.

Commission of the European Communities (2002): Commission recommendation: statutory auditors' independence in the EU: A set of fundamental principles, Brüssel, 16 May 2002, URL: http://eur-lex.europa.eu/LexUriServ/LexUriServ.do?uri = CELEX:32002H0590:EN:HTML (Stand: 1.4.2011).

Copley, P.A./Doucet, M.S. (1993): Auditor tenure, fixed fee contracts, and the supply of substandard single audits, in: Public Budgeting & Finance, S. 23–35.

Craswell, A.T. (1999): Does the provision of non-audit services impair auditor independence?, in: International Journal of Auditing, S. 29–40.

Craswell, A.T./Francis, J.R. (1999): Pricing initial audit engagements: A test of competing theories, in: The Accounting Review, S. 201–216.

Craswell, A.T./Francis, J.R./Taylor, S. (1995): Auditor brand name reputations and industry specializations, in: Journal of Accounting and Economics, S. 297–322.

Davis, L.R./Soo, B.S./Trompeter, G.M. (2008): Auditor tenure and the ability to meet or beat earnings forecasts, in: Contemporary Accounting Research, S. 517–548.

DeAngelo, L.E. (1981a): Auditor independence, 'low balling', and disclosure regulation, in: Journal of Accounting and Economics, S. 113–127.

DeAngelo, L.E. (1981b): Auditor size and audit quality, in: Journal of Accounting and Economics, S. 183–199.

DeFond, M.L./Raghunandan, K./Subramanyam, K.R. (2002): Do non-audit service fees impair auditor independence? Evidence from going concern audit opinions, in: Journal of Accounting Research, S. 1247–1274.

Deis, D.R./Giroux, G.A. (1992): Determinants of audit quality in the public sector, in: The Accounting Review, S. 462–479.

Dörner, D. (1997): Inwieweit schließen sich Erstellung, Beratung und Prüfung von Jahresabschlüssen gegenseitig aus?, in: Wagner, F.W. (Hrsg.): Steuerberatung im Spannungsfeld von Betriebswirtschaft und Recht – Festschrift zum 75. Geburtstag von Professor Dr. Heinz Stehle, Stuttgart et al., S. 81–102.

Dopuch, N./King, R.R. (1991): The impact of MAS on auditors' independence: An experimental markets study, in: Journal of Accounting Research, Supplement, S. 60–98.

Dye, R.A. (1991): Informationally motivated auditor replacement, in: Journal of Accounting and Economics, S. 347–374.

Dykxhoorn, H.J./Sinning, K.E./Wiese, M. (1996): Wie deutsche Banken die Qualität von Prüfungsberichten beurteilen, in: Betriebs-Berater, S. 2031–2034.

Ebke, W.F. (1998): Vereinbarkeit von Prüfung und Beratung. Anmerkungen zum BGH-Urteil vom 21.4.1997 – II ZR 317/95, in: Wirtschaftsprüferkammer-Mitteilungen, S. 76–81.

Eilifsen, A./Messier, W.F./Glover, S.M./Prawitt, D.F. (2010): Auditing & Assurance Services, 2. Aufl., London et al.

EU-Kommission (2010): Grünbuch, Weiteres Vorgehen im Bereich der Abschlussprüfung: Lehren aus der Krise, KOM(2010) 561, Brüssel.

Ewert, R. (1990): Wirtschaftsprüfung und asymmetrische Information, Berlin et al.

Ewert, R. (1993): Rechnungslegung, Wirtschaftsprüfung, rationale Akteure und Märkte. Ein Grundmodell zur Analyse der Qualität von Unternehmenspublikationen, in: Zeitschrift für betriebswirtschaftliche Forschung, S. 715–747.

Ewert, R. (2002): Unabhängigkeit und Unbefangenheit, in: Ballwieser, W./Coenenberg, A.G./Wysocki, K.v. (Hrsg.): Handwörterbuch der Rechnungslegung und Prüfung, 3. Aufl., Stuttgart, Sp. 2386–2395.

Ewert, R./Stefani, U. (2001): Wirtschaftsprüfung, in: Jost P.-J. (Hrsg.): Die Prinzipal-Agenten-Theorie in der Betriebswirtschaftslehre, Stuttgart, S. 147–182.

FEE (2001): FEE Paper: The conceptual approach to protecting auditor independence, Brüssel, February 2001, URL: http://www.fee.be/fileupload/upload/FEE%20Paper%20on%20Conceptual%20Approach%20to%20Protecting%20Auditor%20Independence163200531249.PDF (Stand: 1.4.2011).

Ferguson, M.J./Seow, G.S./Young, D. (2004): Nonaudit services and earnings management: UK evidence, in: Contemporary Accounting Research, S. 813–841.

Fleischer, H. (1996): Das Doppelmandat des Abschlußprüfers – Grenzen der Vereinbarkeit von Abschlußprüfung und Steuerberatung, in: Deutsches Steuerrecht, S. 758–764.

Fockenbrock, D. (2011): Preiskampf im DAX: Die Branche rangelt um Mandate mit Renommee, in: Handelsblatt vom 19. Januar 2011, URL: http://www.handelsblatt.com/unternehmen/handeldienstleister/das-ringen-um-mandate-mit-renommee/3767576.html (Stand: 1.4.2011).

Francis, J.R./Ke, B. (2006): Disclosure of fees paid to auditors and the market valuation of earnings surprises, in: Review of Accounting Studies, S. 495–523.

Frankel, R.M./Johnson, M.F./Nelson, K.K. (2002): The relation between auditors' fees for nonaudit services and earnings management, in: The Accounting Review, S. 71–105.

Geiger, M.A./Rama, D.V. (2003): Audit fees, nonaudit fees, and auditor reporting on stressed companies, in: Auditing: A Journal of Practice & Theory, S. 53–69.

Gietzmann, M.B./Sen, P.K. (2002): Improving auditor independence through selective mandatory rotation, in: International Journal of Auditing, S. 183–210.

Gigler, F./Penno, M. (1995): Imperfect competition in audit markets and its effect on the demand for audit-related services, in: The Accounting Review, S. 317–336.

Girnghuber, G. (1998): Das US-amerikanische Audit Committee als Instrument zur Vermeidung von Defiziten bei der Überwachungstätigkeit der deutschen Aufsichtsräte, Frankfurt am Main.

Gul, F.A. (1989): Bankers' perceptions of factors affecting auditor independence, in: Accounting, Auditing & Accountability Journal, S. 40–51.

Gul, F.A. (1991): Size of audit fees and perceptions of auditors' ability to resist management pressure in audit conflict situations, in: Abacus, S. 162–172.

Gul, F.A./Fung, S./Jaggi, B. (2009): Earnings quality: Some evidence on the role of auditor tenure and auditors' industry expertise. In: Journal of Accounting & Economics, S. 265–287.

Gul, F.A./Jaggi, B.L./Krishnan, G.V. (2007): Auditor independence: Evidence on the joint effects of auditor tenure and nonaudit fees, in: Auditing: A Journal of Practice & Theory, S. 117–142.

Hackenbrack, K./Knechel, R. (1997): Resource allocation decisions in audit engagement, in: Contemporary Accounting Research, S. 481–499.

Hagemeister, C. (2002): Neue Anforderungen an die Unabhängigkeit des Abschlussprüfers durch IFAC und Europäische Kommission, in: Der Betrieb, S. 333–400.

Haller, A./Reitbauer, S. (2002): Obligatorische externe Rotation des Abschlussprüfers – Felix Austria?, in: Der Betrieb, S. 2229–2235.

Harder, N. (1996): Die Steuerberatung durch den Abschlußprüfer – Anmerkungen zu dem Urteil des OLG Karlsruhe vom 23.11.1995, in: Der Betrieb, S. 717–720.

Heni, B. (1997): Zur Risikolage des Abschlussprüfers bei Missachtung des Selbstprüfungsverbots, in: Deutsches Steuerrecht, S. 1210–1215.

Herzig, N./Watrin, C. (1995): Obligatorische Rotation des Wirtschaftsprüfers – ein Weg zur Verbesserung der externen Unternehmenskontrolle?, in: Zeitschrift für betriebswirtschaftliche Forschung, S. 775–804.

Higgs, J.L./Skantz, T.R. (2006): Audit and nonaudit fees and the market reaction to earnings announcements, in: Auditing: A Journal of Practice & Theory, S. 1–26.

Hill, C.L./Booker, Q. (2007): State accountancy regulators' perceptions of independence of external auditors when performing internal audit activities for nonpublic clients, in: Accounting Horizons, S. 43–57.

Hommelhoff, P. (1997): Abschlußprüfung und Abschlußberatung – Besprechung der Entscheidung BGH ZIP 1997, 1162 – »Allweiler«, in: Zeitschrift für Unternehmens- und Gesellschaftsrecht, S. 550–562.

Hoyle, J. (1978): Mandatory auditor rotation: The arguments and an alternative, in: The Journal of Accountancy, Heft May, S. 69–78.

Huang, H.-W./Mishra, S./Raghunandan, K. (2007): Types of nonaudit fees and financial reporting quality, in: Auditing: A Journal of Practice & Theory, S. 133–145.

Jackson, A.B./Moldrich, M./Roebuck, P. (2008): Mandatory audit firm rotation and audit quality, in: Managerial Auditing Journal, S. 420–437.

Jacobs, O.H. (1975): Zur Frage der Vereinbarkeit von Jahresabschlußprüfung und Beratung, in: Der Betrieb, S. 2237–2241.

Jenkins, G.J./Krawczyk, K. (2002): The relationship between nonaudit services and perceived auditor independence: Views of nonprofessional investors and auditors, in: Journal of Business and Economic Perspectives, S. 25–36.

Johnstone, K.M./Bédard, J.C. (2001): Engagement planning, bid pricing, and client response in the market for initial attest engagements, in: The Accounting Review, S. 199–220.

Kanodia, C./Mukherji, A. (1994): Audit pricing, lowballing and auditor turnover: A dynamic analysis, in: The Accounting Review, S. 593–615.

Khurana, I.K./Raman, K.K. (2006): Do investors care about the auditor's economic dependence on the client? In: Contemporary Accounting Research, S. 977–1016.

Kinney, W.R./Palmrose, Z.-V./Scholz, S. (2004): Auditor independence, non-audit services, and restatements: Was the U.S. government right?, in: Journal of Accounting Research, S. 561–588.

Knapp, M.C. (1991): Factors that audit committee members use as surrogates for audit quality, in: Auditing: A Journal of Practice & Theory, S. 35–52.

KPMG (2010): Transparenzbericht 2010, URL: http://www.kpmg.de/docs/20100412_Transparenzbericht.pdf (Stand: 1.4.2011).

Krishnan, J./Sami, H./Zhang, Y. (2005): Does the provision of nonaudit services affect investor perceptions of auditor independence?, in: Auditing: A Journal of Practice & Theory, S. 111–135.

Lange, S. (1994): Die Kompatibilität von Abschlußprüfung und Beratung. Eine ökonomische Analyse, Frankfurt am Main et al.

Larcker, D.F./Richardson, S.A. (2004): Fees paid to audit firms, accrual choises, and corporate governance, in: Journal of Accounting Research, S. 625–658.

Leffson, U. (1988): Wirtschaftsprüfung, 4. Aufl., Wiesbaden.

Lennox, C.S. (1999): Non-audit fees, disclosure and audit quality, in: The European Accounting Review, S. 239–252.

Lenz, H./Möller, M./Höhn, B. (2006): Offenlegung der Honorare für Abschlussprüferleistungen im Geschäftsjahr 2005 bei DAX-Unternehemen, in: Betriebs-Berater, S. 1787–1793.

Lim, C.Y./Tan, H.T. (2008): Non-audit services and audit quality: The impact of auditor specialisation, in: Journal of Accounting Research, S. 199–246.

Lindsay, D. (1989): Financial statement users' perceptions of factors affecting the ability of auditors to resist client pressure in a conflict situation, in: Accounting & Finance, S. 1–18.

Lindsay, D. (1992): Auditor-client conflict resolution: An investigation of the perceptions of the financial community in Australia and Canada, in: The International Journal of Accounting, S. 342–365.

Löcke, J. (1997): Mitwirkung des Abschlussprüfers an der Erstellung des Jahresabschlusses, in: GmbH-Rundschau, S. 1052–1057.

Lowe, J.D./Geiger, M.A./Pany, K. (1999): The effects of internal audit outsourcing on perceived external auditor independence, in: Auditing: A Journal of Practice & Theory, S. 7–26.

Lück, W. (1990): Audit Committees – Eine Einrichtung zur Effizienzsteigerung be-triebswirtschaftlicher Überwachungssysteme?, in: Zeitschrift für betriebswirtschaftliche Forschung, S. 995–1013.

Lück, W./Hall, G.v. (1984): Audit Committees – Zur Entwicklung von Prüfungsausschüssen in den USA, in: Der Betrieb, S. 1941–1943.

Luik, H. (1976): Ist ein obligatorischer Prüferwechsel für Aktiengesellschaften sinnvoll?, in: Betriebs-Berater, S. 237–239.

Marten, K.-U. (1994): Der Wechsel des Abschlußprüfers, Düsseldorf.

McKinley, S./Pany, K./Reckers, P.M.J. (1985): An examination of the influence of CPA firm type, size and MAS provision on loan officers decisions and perceptions, in: Journal of Accounting Research, S. 887–896.

Meuwissen, R./Quick, R. (2009): Abschlussprüfung und Beratung – Eine experimentelle Analyse der Auswirkungen auf Unabhängigkeitswahrnehmungen deutscher Aufsichtsräte, in: Schmalenbachs Zeitschrift für betriebswirtschaftliche Forschung, S. 382–415.

Mishra, S./Raghunandan, K./Rama, D.V. (2005): Do investors' perceptions vary with types of no-naudit fees? Evidence from auditor ratification voting, in: Auditing: A Journal of Practice & Theory, S. 9–25.

Mitra, S. (2007): Nonaudit service fees and auditor independence: Empirical evidence from the oil and gas industry, in: Journal of Accounting, Auditing & Finance, S. 85–107.

Münch, B. (1993): Legt der BGH strengere Maßstäbe hinsichtlich der Befangenheit des Wirtschafts-prüfers an?, in: Der Betrieb, S. 851.

Myers, J.N./Myers, L.A./Omer, T.C. (2003): Exploring the term of the auditor-client relationship and the quality of earnings: A case for mandatory auditor rotation? In: The Accounting Review, S. 779–799.

Neumann, N. (1998): Abschlussprüfung und Beratung nach der Allweiler-Entscheidung des BGH, in: Zeitschrift für Wirtschaftsrecht, S. 1338–1349.

Niehus, R.J. (2003): Turnusmäßiger Wechsel des Abschlussprüfers – Argumente eines Pro und seine Gestaltungsmöglichkeiten, in: Der Betrieb, S. 1637–1643.

Nowotny, C./Gelter, M. (2001): Die Prüferrotation nach dem FMAG, in: Österreichische Zeitschrift für Recht und Rechnungswesen, S. 325–331.

O'Keefe, T.B./Simunic, D.A./Stein, M.T. (1994): The production of audit services: Evidence from a major public accounting firm, in: Journal of Accounting Research, S. 241–261.

O'Leary, C. (1996): Compulsory rotation of audit firms for public companies?, in: Accountancy Ireland, Heft April, S. 20–22.

Ostermeier, S. (2009): Transparenzberichtstattung in Deutschland – Eine Untersuchung zum aktuellen Stand, in: Die Wirtschaftsprüfung, S. 133–142.

Ostrowski, M./Söder, B.H. (1999): Der Einfluss von Beratungsaufträgen auf die Unabhängigkeit des Jahresabschlussprüfers, in: Betriebswirtschaftliche Forschung und Praxis, S. 554–564.

Peemöller, V.H./Oberste-Padtberg, S. (2001): Unabhängigkeit des Abschlussprüfers – Internationale Entwicklungen, in: Deutsches Steuerrecht, S. 1813–1820.

Petersen, K./Zwirner, C. (2009): Transparenzberichte gem. § 55c WPO – Pflicht oder Chance? In: Zeitschrift für internationale und kapitalmarktorientierte Rechnungslegung, S. 44–53.

Petersen, K./Zwirner, C./Boecker, C. (2010): Ausweitung der Ausschlussgründe für Wirtschaftsprüfer bei Vorliegen eines Netzwerks – Anmerkungen zu § 319b HGB, in: Die Wirtschaftsprüfung, S. 464–473.

Petty, R./Cuganesan, S. (1996): Auditor rotation: Framing the debate, in: Australian Accountant, Heft May, S. 40–41.

Pfitzer, N./Orth, C./Hettich, N. (2004): Stärkung der Unabhängigkeit des Abschlussprüfers? – Kritische Würdigung des Referentenentwurfs zum Bilanzrechtsreformgesetz, in: Deutsches Steuerrecht, S. 328–336.

Quick, R. (2002): Abschlussprüfung und Beratung – Zur Vereinbarkeit mit der Forderung nach Urteilsfreiheit, in: Die Betriebswirtschaft, S. 622–643.

Quick, R. (2004): Externe Pflichtrotation. Eine adäquate Maßnahme zur Stärkung der Unabhängigkeit des Abschlussprüfers?, in: Die Betriebswirtschaft, S. 487–508.

Quick, R. (2006): Prüfung, Beratung und Unabhängigkeit des Abschlussprüfers – Eine Analyse der neuen Unabhängigkeitsnormen des HGB im Lichte empirischer Forschungsergebnisse, in: Betriebswirtschaftliche Forschung und Praxis, S. 42–61.

Quick, R./Ungeheuer, S. (2000): Tätigkeitsfelder und Berufsaufsicht des italienischen Revisore Contabile, in: Wirtschaftsprüferkammer-Mitteilungen, S. 18–29.

Quick, R./Warming-Rasmussen, B. (2005): The impact of MAS on perceived auditor independence – Some evidence from Denmark, in: Accounting Forum, S. 137–168.

Quick, R./Warming-Rasmussen, B. (2009): Auditor independence and the provision of non-audit services: Perceptions by German investors, in: International Journal of Auditing, S. 141–162.

Raghunathan, B./Lewis, B./Evans, J. (1994): An empirical investigation of problem audits, in: Research in Accounting Regulation, S. 33–58.

Raghunandan, K./Read, W.J./Whisenant, J.S. (2003): Initial evidence on the association between nonaudit fees and restated financial statements, in: Accounting Horizons, S. 223–234.

Raiborn, C./Schorg, C.A./Massoud, M. (2006): Should auditor rotation be mandatory?, in: The Journal of Corporate Accounting & Finance, Heft 4, S. 37–49.

Richter, M. (1975): Die Sicherung der aktienrechtlichen Publizität durch ein Aktienamt, Köln et al.

Ring, H. (2005): Gesetzliche Neuregelungen der Unabhängigkeit des Abschlussprüfers, in: Die Wirtschaftsprüfung, S. 197–202.

Robinson, D. (2008): Auditor independence and auditor-provided tax service: Evidence from going-concern audit opinions prior to bankruptcy filings, in: Auditing: A Journal of Practice & Theory, S. 31–54.

Röhricht, V. (1998): Beratung und Abschlußprüfung, in: Die Wirtschaftsprüfung, S. 153–163.

Rückle, D. (1995): Bestellung und Auswahl des Abschlußprüfers – Zur ökonomischen Analyse des Rechts der Rechnungslegung, in: Elschen, R./Siegel, T./Wagner, F.W. (Hrsg.): Unternehmenstheorie und Besteuerung. Dieter Schneider zum 60. Geburtstag, Wiesbaden, S. 495–514.

Schatzberg, J.W. (1994): A new examination of auditor »low ball« pricing: Theoretical model and experimental evidence, in: Auditing: A Journal of Practice & Theory, Supplement, S. 33–55.

Schatzberg, J.W./Sevcik, G.R. (1994): A multiperiod model and experimental evidence of independence and »lowballing«, in: Contemporary Accounting Research, S. 137–174.

Schmidt, S. (2003): Neue Anforderungen an die Unabhängigkeit des Abschlussprüfers: SEC-Verordnung im Vergleich mit den Empfehlungen der EU-Kommission und den Plänen der Bundesregierung, in: Betriebs-Berater, S. 779–786.

Schulze-Osterloh, J. (1976): Zur öffentlichen Funktion des Abschlußprüfers, in: Zeitschrift für Unternehmens- und Gesellschaftsrecht, S. 411–434.

Schulze-Osterloh, J. (1977): Stellung und Unabhängigkeit des Wirtschaftsprüfers, in: Busse von Colbe, W./Lutter, M. (Hrsg.): Wirtschaftsprüfung heute: Entwicklung oder Reform? Ein Bochumer Symposion, Wiesbaden, S. 92–119.

Schwandtner, C. (2002): Die Unabhängigkeit des Abschlussprüfers. Europäische und internationale Ansätze im Vergleich, in: Deutsches Steuerrecht, S. 323–332.

Shockley, R.A. (1981): Perceptions of auditors' independence: An empirical analysis, in: The Accounting Review, S. 785–800.

Simon, D.T./Francis, J.R. (1988): The effects of auditor change on audit fees: Tests of price cutting and price recovery, in: The Accounting Review, S. 255–269.

Simunic, D.A. (1984): Auditing, consulting, and auditor independence, in: Journal of Accounting Research, S. 679–702.

Srinidhi, B./Gul, F.A. (2007): The differential effects of auditors' nonaudit and audit fees on accrual quality, in: Contemporary Accounting Research, S. 595–629.

Swanger, S.L./Chewning, E.G.jr. (2001): The effect of internal audit outsourcing on financial analysts' perceptions of external auditor independence, in: Auditing: A Journal of Practice & Theory, S. 115–129.

Thiele, S. (1997): Anmerkung zum BGH-Urteil vom 21.4.1997 – II ZR 317/95, in: Der Betrieb, S. 1396–1397.

Veltins, M.A. (2004): Verschärfte Unabhängigkeitsanforderungen an Abschlussprüfer, in: Der Betrieb, S. 445–452.

Watts, R.L./Zimmerman, J.L. (1986): Positive accounting theory, Englewood Cliffs.

Weiland, H. (1996): Zur Vereinbarkeit von Abschlussprüfung und Beratung, in: Betriebs-Berater, S. 1211–1216.

Weißenberger, B.E. (2003): Ökonomische Analyse des Prüferwechsels – Eine Untersuchung des § 319 Abs. 3 Nr. 6 HGB, in: Dörner, D./Menold, D./Pfitzer, N./Oser, P. (Hrsg.): Reform des Aktienrechts, der Rechnungslegung und der Prüfung – KonTraG – Corporate Governance – TransPuG, 2. Aufl., Stuttgart, S. 923–956.

WPK (1996): Verlautbarung des Vorstandes der Wirtschaftsprüferkammer zur Abgrenzung von Prüfung und Erstellung (§ 319 Abs. 2 Nr. 5 HGB), in: Der Betrieb, S. 1434–1435.

WPK (2009): Transparenzbericht gemäß § 55c WPO – Bestandsaufnahme und Gestaltungshinweise, Berlin, URL: http://www.wpk.de/pdf/WPK-Transparenzbericht_Bestandsaufnahme_Gestaltungshinweise. pdf (Stand: 1.4.2011).

Wüstemann, G. (1971): Prüfungsausschüsse des Aufsichtsrats – Ein Erfahrungsbericht aus den USA, in: Die Wirtschaftsprüfung, S. 37–41.

Wysocki, K.v. (1996): Zum Prüfungsverbot nach § 319 Abs. 2 Nr. 5 HGB. Zugleich Anmerkungen zum Urteil des OLG Karlsruhe vom 23.11.1995, in: Baetge, J./Börner, D./Forster, K.-H./ Schruff, L. (Hrsg.): Rechnungslegung, Prüfung und Beratung – Herausforderungen für den Wirtschaftsprüfer – Festschrift zum 70. Geburtstag von Professor Dr. Rainer Ludewig, Düsseldorf, S. 1129–1146.

Yost, J.A. (1995): Auditor independence as a unique equilibrium response, in: Journal of Accounting, Auditing and Finance, S. 81–102.

Zembke, C. (1994): Inkompatibilität von Prüfung und Beratung – Interessenkonflikte des Wirtschaftsprüfers infolge seiner Doppelfunktion und deren Analyse anhand der Rechtsnormen, in: Der Steuerberater, S. 87–98.

Zimmermann, R.-C. (2006): Gestaltungsspielräume bei Veröffentlichung von Abschlussprüferhonoraren im Rahmen des BilReG, in: Zeitschrift für internationale und kapitalmarktorientierte Rechnungslegung, S. 273–275.

8 Konsequenzen bei Normverstößen

Verstößt der Abschlussprüfer gegen bestehende Normen, drohen ihm verschiedene Konsequenzen, wie Abb. I.8-1 zu entnehmen ist.

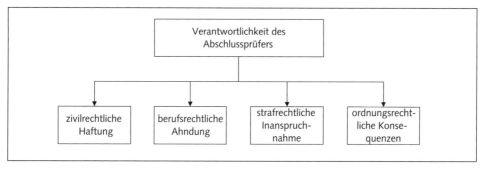

Abb. I.8-1: Verantwortlichkeit des Abschlussprüfers

Wird der Abschlussprüfer für Pflichtwidrigkeiten zur Verantwortung gezogen, steigt die Wahrscheinlichkeit, dass er fachtechnische und ethische Prüfungsnormen einhält. Sanktionen schützen somit den Mandanten sowie Dritte (*zivilrechtliche Haftung*), den Berufsstand (*berufsrechtliche Ahndung*) und die Allgemeinheit (*straf- und ordnungsrechtliche Inanspruchnahme*) vor den Nachteilen asymmetrisch verteilter Informationen (→ I.6.5.1 und I.6.5.2.5).

8.1 Zivilrechtliche Haftung

Abschlussprüfer unterliegen einem Haftungsrisiko, d.h. sie können zum Ersatz eines Schadens verurteilt werden, der einem Mandanten oder einem Dritten auf Grund eines Berufsversehens entstanden ist. Abb. I.8-2 skizziert die Systematik der Abschlussprüferhaftung in Deutschland.[384]

8.1.1 Auftraggeberhaftung

Nach § 323 Abs. 1 HGB haften die gesetzlichen Abschlussprüfer, ihre Gehilfen und die bei der Prüfung mitwirkenden gesetzlichen Vertreter einer Prüfungsgesellschaft für jede vorsätzliche oder fahrlässige Pflichtverletzung gegenüber dem geprüften Unternehmen und verbundenen Unternehmen i.S. des § 271 Abs. 2 HGB. Gegenüber dritten Personen – z.B. Aktionären oder Gläubigern der geprüften Gesellschaft – haftet der Abschlussprüfer nach § 323 HGB nicht.

---

384 Zu den internationalen Dimensionen der Haftung vgl. etwa *Quick* (2000a).

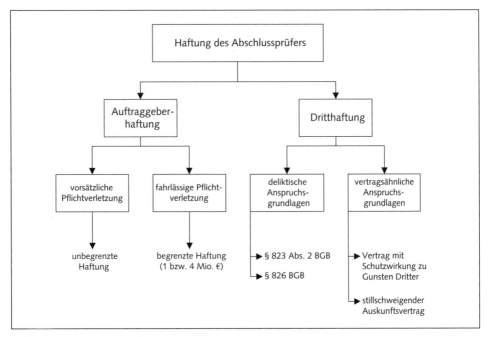

Abb. I.8-2: Zivilrechtliche Haftung des Abschlussprüfers

Für eine Haftung nach § 323 HGB müssen folgende vier Voraussetzungen kumulativ erfüllt sein:

- Eine Pflichtverletzung bedeutet einen *Verstoß* gegen die gesetzlichen Vorschriften über die Abschlussprüfung, die anerkannten Grundsätze ordnungsmäßiger Abschlussprüfung, die Berichtspflichten sowie gegen alle im Zusammenhang mit der Prüfung stehenden Berufspflichten des WP (z. T. wird die Auffassung vertreten, dass nur Verstöße gegen die gesetzlichen Pflichten des Abschlussprüfers bzw. sogar lediglich eine Verletzung der in § 323 HGB genannten Pflichten – Gewissenhaftigkeit, Unparteilichkeit, Verschwiegenheit, Verwertungsverbot – als Pflichtverletzung zu klassifizieren ist[385]).
- Die Haftung ist nur bei *schuldhaftem Verhalten* des Abschlussprüfers gegeben. Schuldhaft ist vorsätzliches und fahrlässiges Verhalten, wobei leichte Fahrlässigkeit genügt.[386]
- Aus dem Pflichtverstoß des Prüfers muss dem Auftraggeber ein *Schaden* entstanden sein. Beruhend auf der Differenzhypothese ist ein Schaden die Differenz zweier Güter- und Vermögenslagen einer Person zu verschiedenen Zeitpunkten. Stellt sich z. B. heraus, dass die Abschlussprüfung nicht normenkonform durchgeführt wurde, kann es für den Mandanten notwendig werden, die Abschlussprüfung durch einen anderen

---

385 Materielle Unterschiede sind aber mit dieser engeren Auffassung nicht verknüpft, denn ein Verstoß gegen die GoA oder die Berufspflichten dürfte auch gegen die Pflicht zur Gewissenhaftigkeit verstoßen.
386 Dabei ist zu beachten, dass das Vorliegen einer Pflichtverletzung grundsätzlich ein Verschulden indiziert; vgl. *Bärenz* (2003), S. 1782.

Prüfer wiederholen zu lassen, um das Vertrauen der Kapitalmärkte zurückzugewinnen. Der Schaden bestünde dann in dem zusätzlich anfallenden Prüfungshonorar.

- Der Schaden muss durch die pflichtwidrige Handlung des Abschlussprüfers verursacht worden sein (*Kausalität*). Um sich im Streitfall zu entlasten (Exkulpation), kann der beklagte Abschlussprüfer einwenden, dass der Schaden ganz oder teilweise ebenso eingetreten wäre, wenn er die gebotene Handlung vorgenommen und daraufhin den Bestätigungsvermerk eingeschränkt oder versagt oder den Prüfungsbericht anders formuliert hätte (*rechtmäßiges Alternativverhalten*). Des Weiteren kann der Abschlussprüfer geltend machen, dass der Schaden früher oder später auf Grund eines anderen Ereignisses ebenso eingetreten wäre (*Reserveursache*).

Soweit sich der Abschlussprüfer zur Erfüllung des ihm erteilten Prüfungsauftrags der Mitwirkung von Prüfungsgehilfen bedient, hat er gem. § 278 BGB (Haftung für den Erfüllungsgehilfen) für deren Verschulden in gleichem Umfang wie für eigenes Verschulden einzutreten. Darüber hinaus haftet er bei Pflichtverletzungen seiner Prüfungsgehilfen, unabhängig von deren Verschulden, für eigenes Verschulden bei deren Auswahl, Leitung, Überwachung und Fortbildung (Haftung für den Verrichtungsgehilfen gem. § 831 BGB). Die unmittelbare Haftung des Abschlussprüfers auch für Pflichtverstöße seiner Prüfungsgehilfen lässt deren eigene Einstandspflicht nicht entfallen. Alle Ersatzpflichtigen haften nach § 323 Abs. 1 Satz 4 HGB als Gesamtschuldner.

Die Ersatzpflicht von Personen, die fahrlässig gehandelt haben, ist auf eine Mio. € bzw. bei der Prüfung börsennotierter Gesellschaften auf vier Mio. € begrenzt (§ 323 Abs. 2 HGB).

Für diese Haftungsbegrenzung lassen sich folgende Argumente anführen:

- Die Begrenzung des Haftungsrisikos scheint zur Existenzsicherung des Prüfers geboten, da es sich bei der Prüfertätigkeit um eine in besonderem Maße schadensgeneigte Arbeit mit typischerweise extrem hohen Risiken handelt. Schon leichte Fahrlässigkeit des Prüfers kann zu großen und nicht mehr tragbaren Schäden führen. Tendenziell Risiko steigernd wirkt sich dabei der Umstand aus, dass sich der Prüfer bei seiner Tätigkeit oftmals gegensätzlichen Interessen mehrerer Beteiligter (z. B. Aktionären und Arbeitnehmern) gegenübersieht.
- Problem der Versicherbarkeit: Da nur wenige Prüfer bzw. Prüfungsgesellschaften bei höheren Haftungsbeträgen in der Lage wären, die dann anfallenden Versicherungsprämien aufzubringen, wäre ohne eine Haftungsbegrenzung der Wettbewerb innerhalb des Berufsstands gefährdet. Ferner sind bei einem unbegrenzten Haftpflichtrisiko Auswirkungen auf die Struktur des Berufsstands zu erwarten. Größere Prüfungsgesellschaften könnten aus der Sicht eines an einem möglichst hohen Rückgriffspotenzial interessierten Mandanten Vorteile bieten.
- Eine unbegrenzte Haftung könnte dazu führen, dass prüfungspflichtige Unternehmen mit einem hohen Haftungsrisiko möglicherweise nicht mehr in der Lage sind, einen Abschlussprüfer zu finden.
- Ebenso findet sich das Argument, dass Schadensmöglichkeiten, die überschaubare Größenordnungen überschreiten und in keinem Verhältnis zur Vergütung des Prüfers stehen, »gerechterweise der Risikosphäre der geprüften Gesellschaft und ihrer Aktionäre« zuzuordnen seien.

Gegen die Haftungsbegrenzung sprechen hingegen folgende Argumente:[387]
- Sie schützt den Abschlussprüfer einseitig und zu Lasten des Mandanten, wobei auch andere freie Berufe keinen solchen besonderen Schutz genießen.
- Es stellt sich die Frage, ob die bestehende fixe Haftungsgrenze fair ist, da der relative Schadensersatz des Mandanten mit abnehmender Schadenshöhe steigt.
- Eine unbegrenzte Haftung wäre ein Anreiz für eine höhere Prüfungsqualität, würde unqualifizierte Prüfer von Jahresabschlussprüfungen abhalten und könnte das öffentliche Vertrauen in Abschlussprüfungen steigern.

Spieltheoretische Modelle[388] belegen, dass eine hohe bzw. eine unbegrenzte Haftung des Abschlussprüfers die Einhaltung einer gewünschten Prüfungsqualität fördert.[389] Die optimale Ausgestaltung der Haftung hängt aber auch davon ab, wie viel Reputationskapital der Prüfer im Falle eines Bilanzskandals verlieren kann. Bei hinreichendem Reputationsverlust ist ein moderates Haftungssystem angemessen.[390]

Die *Ersatzpflicht* nach den Vorschriften des § 323 HGB *kann durch Vertrag* weder *ausgeschlossen noch beschränkt* werden (§ 323 Abs. 4 HGB). Eine vertragliche Erhöhung der Haftungssumme wird durch das Gesetz nicht ausgeschlossen. Berufsrechtlich ist es aber unzulässig, abweichend von § 323 Abs. 2 Satz 1 HGB eine höhere Haftung anzubieten oder zuzusagen. Ein derartiger Wettbewerb um Pflichtprüfungsaufträge ist als unlauter und daher berufswidrig anzusehen. Er würde wirtschaftlich stärkere Abschlussprüfer bevorteilen.

8.1.2   Dritthaftung

8.1.2.1 Deliktische Haftung

Als Anspruchsgrundlage aus dem Recht der unerlaubten Handlungen kommen in erster Linie § 823 Abs. 2 BGB und § 826 BGB in Betracht. Nach § 823 Abs. 2 BGB haftet der Abschlussprüfer auch gegenüber Vertragsfremden, wenn er gegen ein den Schutz des Dritten bezweckendes Gesetz verstößt. Ob eine Norm den Schutz des anderen bezweckt, bestimmt sich danach, inwieweit sie nach ihrem Inhalt – neben möglichen anderen Zwecken – zumindest auch dem Individualschutz des Einzelnen gegenüber einer näher bestimmten Art und Weise der Schädigung dient. Als *Schutzgesetze* kommen in erster Linie strafrechtliche Vorschriften in Betracht (§§ 263, 264, 264a, 266, 267, 203 sowie 283–283d StGB). Daneben ist auch die handelsrechtliche Strafvorschrift über die Verletzung der Berichtspflicht (§ 332 HGB) als Schutzgesetz zu Gunsten prüfungsvertragsfremder Dritter anzusehen. Alle genannten Vorschriften erfassen nur vorsätzliches Handeln. Dieses Vorsatzerfordernis bedeutet jedoch, dass der geschädigte außenstehende Dritte in der Praxis über § 823 Abs. 2 BGB in den wenigsten Fällen (etwa bei einer

---

387 Eine ausführliche rechtspolitische Diskussion legt *Kalss* (2002), S. 200 ff., vor.
388 Einen umfassenden Überblick legen *Quick/Solmecke* (2007) vor.
389 Vgl. *Dye* (1993); *Bigus* (2007).
390 Vgl. *Bigus* (2006), S. 25 ff.

Verletzung von Berichtspflichten) zu einem Ersatz seines Schadens gelangen wird, da Vorsatz dem Abschlussprüfer regelmäßig nicht nachzuweisen ist und typischerweise auch nicht vorliegen wird.

Eine Haftung des Abschlussprüfers nach § 826 BGB setzt voraus, dass er mit dem Vorsatz, Dritte zu schädigen, sittenwidrig seine Prüfungs-, Berichts- oder Bestätigungspflichten verletzt. Ein *gegen die guten Sitten verstoßendes Verhalten* des Prüfers liegt vor, wenn ihm bei seinen Prüfungshandlungen ein besonders leichtfertiges und gewissenloses Verhalten nachzuweisen ist. Davon ist bspw. dann auszugehen, wenn der Abschlussprüfer einen unrichtigen Bestätigungsvermerk erteilt,

- ohne eine Prüfung durchgeführt zu haben,[391]
- nachdem er die Prüfungsdurchführung in vollem Umfang einem anderen überlassen und dessen Prüfungsergebnisse übernommen hat[392] oder
- obwohl die Buchführung so gravierende Mängel aufwies, dass die Erstellung eines ordnungsmäßigen Jahresabschlusses von vornherein unmöglich war.

Vorsatz ist dann gegeben, wenn der Prüfer es wenigstens als möglich erachtet und für diesen Fall gebilligt hat, dass infolge seines Handelns eine andere Person einen Schaden erleiden könnte (bedingter Vorsatz).[393]

Zusammenfassend lässt sich feststellen, dass deliktische Anspruchsgrundlagen auf Grund der restriktiven Anwendungsvoraussetzungen (Verletzung eines Schutzgesetzes, Vorsatz, Sittenwidrigkeit) nur in wenigen Fällen geeignet sind, Schadensersatzforderungen Dritter zu begründen.

8.1.2.2 Vertragliche und vertragsähnliche Anspruchsgrundlagen

Neben dem Deliktsrecht steht bei der Geltendmachung von Schadensersatzansprüchen mit dem Vertragsrecht ein zweiter grundsätzlich in Frage kommender Normenkreis des BGB zur Verfügung. Vertragliche Ansprüche haben für den Dritten im Vergleich zu Ansprüchen aus unerlaubter Handlung u. a. den Vorteil, dass auch bei fahrlässigem Fehlverhalten eine Haftung eintritt. Allerdings kennt das Vertragsrecht des BGB im Grundsatz nur Rechtsbeziehungen, welche auf die Beteiligten ausgerichtet sind. Wird ein Dritter anlässlich der Abwicklung des Vertrags geschädigt, so gesteht ihm das BGB keine vertragsrechtlichen Ansprüche zu. Mit dem Vertrag mit Schutzwirkung zu Gunsten Dritter und dem Auskunftsvertrag hat die Rechtsprechung jedoch zwei gesetzlich nicht geregelte Konstrukte geschaffen, die zur Anwendung kommen könnten.

Als Voraussetzungen für das mögliche Vorliegen eines *Vertrags mit Schutzwirkung zu Gunsten Dritter* werden folgende Umstände genannt:[394]

- *Leistungsnähe des Dritten*, d. h. der Dritte kommt mit der Leistung des Schuldners an den Gläubiger typischerweise und nicht nur zufällig in Berührung. Eine Leistungsnähe der Aktionäre und Gläubiger der geprüften Gesellschaft zum Prüfungsvertrag

---

391 Vgl. *BGH* (1986a).
392 Vgl. *OLG Düsseldorf* (1996), S. 249.
393 Vgl. *BGH* (1972b).
394 Vgl. *Winkeljohann/Feldmüller* (2010), Anm. 194 ff.

ist gegeben, denn der Bestätigungsvermerk ist an unternehmensexterne Personen zu deren Information gerichtet.

- *Schutzpflicht des Gläubigers*, d. h. die Leistung soll nach dem Parteiwillen auch dem Dritten zugute kommen. Es komme allein darauf an, ob die Vertragsparteien einen Dritten in den Schutzbereich einbeziehen wollten. Fehlt eine ausdrückliche Parteiabrede, so muss der Richter anhand der Umstände des Einzelfalls prüfen, ob die Vertragsparteien konkludent das Schuldverhältnis auf Dritte erstreckt haben. Hierzu muss der Auftraggeber ersichtlich ein Interesse an der Einbeziehung des Dritten haben. Ein weiteres Indiz für eine entsprechende Interessenlage der Parteien ist darin zu sehen, dass der Auftragnehmer über eine vom Staat anerkannte Sachkunde verfügt, in der Öffentlichkeit besonderes Vertrauen genießt und dieses auch beruflich auswertet. Ein WP erfüllt diese Kriterien.
- *Erkennbarkeit für den Schuldner*, d. h. die mögliche Einbeziehung von Dritten in die Schutzpflicht muss erkennbar sein. Für den Drittschutz sei es nicht entscheidend, dass der Schuldner Zahl und Namen der in den Schutzbereich einbezogenen Dritten kenne. Erforderlich sei allerdings, dass die zu schützende Personengruppe überschaubar und objektiv abgrenzbar sei, denn damit bestehe die Gefahr unübersehbarer Haftungsrisiken nicht mehr. In die sachkundige Äußerung muss Vertrauen gesetzt worden sein, und dies muss für den Prüfer erkennbar werden. Es muss für ihn des Weiteren erkennbar sein, dass der vertrauende Dritte die sachverständige Äußerung zur Grundlage seiner Vermögensdisposition machen will.

Darüber hinaus ist der Versuch unternommen worden, eine vertragliche Haftung des Abschlussprüfers gegenüber einem Dritten auf einen unmittelbar zwischen diesen bestehenden *Auskunftsvertrag* zu gründen. Wer einem anderen eine Bescheinigung in dem Bewusstsein ausstellt, dieser werde sie einem Dritten vorlegen, um ihn in seinem Sinne zu beeinflussen, soll dem Dritten, der sich auf die Bescheinigung stützt, für die Richtigkeit und Vollständigkeit der Bescheinigung haften. Maßgeblich für den Rechtsbindungswillen der Parteien sollte nach der *älteren Rechtsprechung des BGH* sein, dass kraft beruflicher Stellung Auskünfte erteilt werden, die für den Empfänger erkennbar von erheblicher Bedeutung waren und die dieser zur Grundlage wesentlicher Entschlüsse oder Maßnahmen machen will. Der Auskunftgebende muss besonderes Vertrauen in Anspruch nehmen oder ein besonderes eigenes Interesse haben.[395] Die *neuere Rechtsprechung des BGH* schränkt jedoch die Auskunftshaftung stark ein und stellt weitere Bedingungen für die Annahme eines stillschweigend geschlossenen Auskunftsvertrags auf. Entscheidend soll sein, ob die Gesamtumstände den Schluss zulassen, die Auskunft habe Gegenstand vertraglicher Rechte und Pflichten sein sollen.[396] Die Annahme eines Auskunftsverhältnisses beschränkt sich auf Fälle, in denen der Abschlussprüfer auf Verlangen (auch) des Dritten hinzugezogen wird und dann unter Berufung auf seine Sachkunde und Prüfungstätigkeit Erklärungen oder Zusicherungen unmittelbar gegenüber Dritten abgibt.[397]

---

395 Vgl. *BGH* (1972a); *BGH* (1979).
396 Vgl. *BGH* (1985); *BGH* (1986b).
397 Vgl. *Lang* (1989), S. 61 f.

Eine vertragliche oder vertragsähnliche Haftung des Prüfers gegenüber Dritten im Rahmen der Pflichtprüfung handelsrechtlicher Jahresabschlüsse lehnt die Literatur mit folgenden Argumenten weitgehend ab:[398]

- Die vertragliche Haftpflicht sei die Sanktionierung von Verletzungen vertraglicher Pflichten, die nur zwischen Abschlussprüfer und geprüfter Gesellschaft bestünden.

- Trotz Kenntnis weitergehender Vorschläge im Schrifttum habe der Gesetzgeber Dritte nicht in die Schadensersatzberechtigung nach § 323 HGB aufgenommen. Es entspräche offensichtlich dem Willen des Gesetzgebers, die Haftung des Abschlussprüfers auf Fälle bloßer Fahrlässigkeit zu beschränken. Angesichts dieser eindeutigen Stellungnahme des Gesetzgebers sei eine richterliche Rechtsfortbildung, d. h. eine Ausweitung der Dritthaftung durch das gesprochene Recht, eine unzulässige Grenzüberschreitung.

- Eine über §§ 823, 826 BGB hinausgehende Dritthaftung des Abschlussprüfers stehe im Widerspruch zum haftungsrechtlichen Gesamtsystem, wonach fremde Vermögensinteressen nur einen begrenzten deliktsrechtlichen Schutz genießen.

- Der Kreis der zu schützenden Personen sei letztlich nicht abgrenzbar, und die Schutzwürdigkeit des Dritten würde einseitig betont.

- Eine weitergehende Dritthaftung gefährde das Ansehen der WP, erhöhe keineswegs die Marktchancen des Berufsstands, habe keine präventive Wirkung, gefährde die Versicherbarkeit und damit die wirtschaftliche Existenz von Berufsangehörigen, beschleunige den Konzentrationsprozess und lasse eine Abwälzung des Schadensrisikos auf die Allgemeinheit erwarten.

Die Rechtsprechung hatte in der Vergangenheit eine vertragliche oder vertragsähnliche Haftung im Bereich freiwilliger Prüfungen, der Abschlusserstellung durch den WP und bei Prospektprüfungen (d. h. bei Prüfungen des Prospekts über das Angebot einer Kapitalanlage), nicht jedoch bei handelsrechtlichen Pflichtprüfungen zu Grunde gelegt.[399] Vorschläge, bei der Neufassung des § 323 HGB im Rahmen des KonTraG eine Dritthaftung für fahrlässige Pflichtverletzungen gesetzlich auszuschließen, wurden nicht umgesetzt.

Das Dritthaftungsrisiko des handelsrechtlichen Abschlussprüfers bei fahrlässigen Pflichtverletzungen hat sich durch ein bahnbrechendes Urteil des BGH grundlegend geändert.[400] Der BGH verneint eine Sperrwirkung[401] des § 323 Abs. 1 Satz 3 HGB gegen eine vertragliche Haftung des Abschlussprüfers gegenüber Dritten nach Maßgabe der von der Rechtsprechung entwickelten Grundsätze zur Dritthaftung Sachkundiger. Die Einbeziehung einer unbekannten Vielzahl von Dritten in den Schutzbereich des Prüfungsauftrags würde zwar der gesetzgeberischen Intention zuwiderlaufen, das Haftungsrisiko des Abschlussprüfers angemessen zu begrenzen. Wenn jedoch die Vertragspartner übereinstimmend davon ausgehen, dass die Prüfung auch im Interesse eines bestimmten Dritten durchgeführt werde, gäbe es keinen Grund, dem Dritten Ansprüche gegen den

---

398 Vgl. *Adler/Düring/Schmaltz* (2000), § 323 HGB, Tz. 196 ff.
399 So z. B. noch *LG Frankfurt* (1998), S. 74
400 Vgl. *BGH* (1998).
401 Vgl. hierzu z. B. *Artmann* (2000), S. 624 f.

seine Prüfungspflichten verletzenden Prüfer zu versagen. Allerdings vertritt der BGH die Auffassung, dass ein schutzwürdiges Interesse der geprüften Gesellschaft an der Einbeziehung des Dritten in den Schutzbereich des Prüfungsvertrags eine Kontaktaufnahme des Abschlussprüfers mit dem Dritten voraussetzt.[402] Zudem müsse dem Prüfer deutlich werden, dass von ihm im Drittinteresse eine besondere Leistung erwartet wird, die über die Erbringung der Prüfungsleistung hinausgeht.[403] Bei einer Haftung auf Grund einer Schutzwirkung aus dem Prüfungsvertrag sei die Haftungsbeschränkung des § 323 Abs. 2 HGB zu berücksichtigen, denn sie gehe als Spezialregelung den vertragsrechtlichen Bestimmungen des bürgerlichen Rechts vor.

> **Diskussionsfrage**
>
> Sollten Abschlussprüfer unbeschränkt für Fehlverhalten haften?

8.2   Berufsrechtliche Ahndung

8.2.1   Disziplinaraufsicht

Alle Berufsangehörigen sind zwangsweise in der WPK (→ I.5.2.1.1), zusammengeschlossen. Die WPK hat u. a. die Aufgabe, die Erfüllung der den Mitgliedern obliegenden Pflichten zu überwachen und das Recht der Rüge zu handhaben (§ 57 Abs. 1, Abs. 2 Nr. 4 WPO). Ihr obliegt damit die Berufsaufsicht (§§ 61a ff. WPO). Sie ermittelt nach § 61a Satz 2 WPO

- soweit konkrete Anhaltspunkte für einen Verstoß gegen Berufspflichten vorliegen und
- bei Berufsangehörigen und WPG, die gesetzlich vorgeschriebene Abschlussprüfungen bei Unternehmen von öffentlichem Interesse durchgeführt haben, stichprobenartig ohne besonderen Anlass (= Sonderuntersuchungen).

Der Vorstand der WPK wird im Rahmen der Berufsaufsicht von Amts wegen, auf Anzeige bzw. Beschwerde oder auf Grund einer Mitteilung der Strafverfolgungsbehörden bzw. der Strafgerichtsbarkeit über die Erhebung der Anklage oder die Verurteilung im strafgerichtlichen Verfahren unterrichtet.

Neben der repressiven Berufsaufsicht bei konkretem Verdacht auf eine Verletzung der Berufspflichten, der alle Berufsangehörigen unterliegen, sind für einen Teil der Berufsangehörigen die Sonderuntersuchungen als präventives Element verpflichtend (→ II.7.2.4). Diese stichprobenartigen Prüfungen betreffen diejenigen Berufspflichten, die bei gesetzlich vorgeschriebenen Abschlussprüfungen einzuhalten sind (§ 62b Abs. 1 WPO). Für die Sonderuntersuchungen stehen der WPK die berufsaufsichtlichen Instrumente der §§ 62 und 62a WPO (Pflicht zum Erscheinen vor der WPK, Auskunfts- und

---

402 Vgl. *BGH* (2006); a. A. *Barta* (2006).
403 Vgl. *OLG Hamm* (2003); *OLG Düsseldorf* (2009); *OLG Stuttgart* (2009).

Vorlagepflichten, Betretens- und Einsichtsrecht, Zwangsgeld bei Verletzung von Mitwirkungspflichten) zur Verfügung. Sie sind proaktiv und zunächst nicht als repressive, disziplinarische Ermittlungen i. e. S. angelegt. Die Stichprobenauswahl soll als kombiniertes Verfahren aus risikobewusster Auswahl sowie statistischer Zufallsauswahl durchgeführt werden. Grundsätzlich haben Anlassprüfungen den Vorrang vor Stichprobenprüfungen.

Nach dem Ergebnis ihrer Ermittlungen entscheidet die WPK, ob das Rügeverfahren eingeleitet (§ 63 WPO) oder – bei Vorliegen schwerer Schuld – das Verfahren an die Berufsgerichtsbarkeit abgegeben wird (§§ 67–80 WPO). Liegt eine Pflichtverletzung objektiv und/oder subjektiv nicht vor, ist sie nicht nachweisbar oder besteht ein Verfahrenshindernis (z. B. Wegfall der Bestellung, Einleitung des berufsgerichtlichen Verfahrens oder Ablauf der Rügefrist), wird das Ermittlungsverfahren eingestellt.

Im Rahmen ihrer Aufsichtsfunktion hat die WPK nicht nur die Aufgabe der Ermittlung, sondern für Fälle nicht schwerer Schuld auch das Recht und die Pflicht, bei beruflichen Verfehlungen selbst einzuschreiten. Hierzu steht ihr als Maßnahme der Berufsaufsicht das Rügerecht zur Verfügung. In Fällen, in denen ein Schuldvorwurf nicht erhoben werden kann oder die Schuld sehr gering ist, kann sie dem Betroffenen eine Belehrung erteilen.

- Die Möglichkeit der *Belehrung* ergibt sich aus § 57 Abs. 2 Nr. 1 WPO, wonach die Kammer auch die Aufgabe hat, die Mitglieder in Fragen der Berufspflichten zu beraten und zu belehren. Beratung und Belehrung stehen neben der Berufsaufsicht und haben präventive Funktion. Eine Belehrung kommt in Betracht, wenn die WPK zwar objektiv eine Berufspflichtverletzung feststellt, ein Verschulden jedoch nicht feststellbar oder als äußerst gering einzustufen ist. Die Belehrung enthält die Auffassung der WPK zu dem Verhalten des Berufsangehörigen und ihre Auslegung der Berufspflichten. Da eine solche Belehrung nur dann erfolgt, wenn sich der Berufsangehörige abweichend verhalten hat, bringt sie i. d. R. auch eine Missbilligung des abweichenden Verhaltens, wenn auch keinen Schuldvorwurf zum Ausdruck. Für die Belehrung bestehen keine Formvorschriften, d. h. sie kann mündlich oder schriftlich erteilt werden. Bei einer mündlichen Mitteilung wird die WPK den Vorgang trotzdem aktenkundig machen, da die Belehrung für den Fall weiterer Verstöße von Bedeutung sein kann.
- Für die Erteilung einer *Rüge* als berufsrechtliche Sanktion ist dagegen ein förmliches Verfahren vorgeschrieben. Nach dem im § 63 WPO verankerten Rügerecht des Kammervorstands kann dieser das Verhalten eines der Berufsgerichtsbarkeit unterliegenden Mitglieds rügen, wenn dieses ihm obliegende Pflichten verletzt hat, seine Schuld aber gering genug ist, um vom Antrag auf Einleitung eines berufsgerichtlichen Verfahrens abzusehen. Die Rüge kann, um eine dem Einzelfall angemessene Sanktionierung vornehmen zu können, mit einer Geldbuße von maximal 50 T€ verbunden und auf diese Weise verschärft werden. Erforderlichenfalls kann die Aufrechterhaltung des pflichtwidrigen Verhaltens untersagt werden. Prüfungsergebnisse aus externen Qualitätskontrollen (→ II.7.2) können nicht zu disziplinarrechtlichen Konsequenzen führen (§ 57e Abs. 5 WPO).

Vor Ausspruch der Rüge ist rechtliches Gehör zu gewähren. Die Rüge ist in Form eines schriftlichen Bescheids zu erteilen. Dieser Rügebescheid ist zu begründen und dem betroffenen Berufsangehörigen zuzustellen. Zudem ist der Generalstaatsanwaltschaft in Berlin eine Abschrift des Rügebescheids zuzuleiten, damit sie überprüfen kann, ob sie den Sachverhalt oder die Schwere der Schuld anders beurteilt und die Einleitung eines berufsgerichtlichen Verfahrens für erforderlich hält (vgl. § 69 Abs. 1 Satz 1 WPO). Die Erteilung einer Rüge stellt einen aufsichtsrelevanten Vorgang dar, d. h. die APAK kann nach § 66a Abs. 4 WPO Rügeentscheidungen der WPK unter Angabe der Gründe zur nochmaligen Prüfung an diese zurück verweisen (Zweitprüfung) und bei Nichtabhilfe unter Aufhebung der Entscheidung der WPK Weisung erteilen (Letztentscheidung).

Binnen eines Monats nach Zustellung kann gegen den Rügebescheid beim Vorstand der WPK Einspruch erhoben werden, über den der Vorstand selbst entscheidet (§ 63 Abs. 5 WPO). Gegen den abweisenden Einspruchsbescheid kann der Berufsangehörige nach § 63a Abs. 1 WPO innerhalb eines Monats nach Zustellung schriftlich die Entscheidung der Kammer für WP-Sachen beim LG Berlin beantragen, die endgültig entscheidet (§ 63a Abs. 3 Satz 4 WPO).

Der WPK stehen eigene Ermittlungsbefugnisse zu. Persönliche Mitglieder der WPK haben nach § 62 Abs. 1 Satz 1 WPO in Disziplinaraufsichtssachen vor der WPK zu erscheinen, wenn sie zur Anhörung geladen werden. Auf Verlangen haben sie Auskunft zu geben und ihre Handakten oder sonstige Unterlagen, die für das Aufsichts- und Beschwerdeverfahren von Bedeutung sein können, vorzulegen, es sei denn, dass sie dadurch Gefahr laufen würden, wegen einer Straftat, einer Ordnungswidrigkeit oder einer Berufspflichtverletzung verfolgt zu werden und sie sich hierauf berufen. Das Recht auf Auskunftsverweigerung bei Gefahr der Selbstbelastung ist ein allgemeiner Rechtsgrundsatz mit Verfassungsrang (nemo tenetur se ipsum accusare). Auskunft und Vorlage von Unterlagen können (und müssen) verweigert werden, wenn die Pflicht zur Verschwiegenheit verletzt würde. Da eine Entbindung von der Verschwiegenheit nicht in allen Fällen zu erhalten ist, liegt hierin eine erhebliche Beschränkung der Ermittlungsmöglichkeiten der WPK. Um die Aufdeckung von Berufspflichtverletzungen bei gesetzlich vorgeschriebenen Abschlussprüfungen zu privilegieren, können sich Berufsangehörige nach § 62 Abs. 3 Satz 1 WPO immer dann nicht auf ihre Verschwiegenheitspflicht berufen, wenn die Auskunft oder die Vorlage mit einer gesetzlichen Abschlussprüfung im Zusammenhang steht. Des Weiteren besteht die Pflicht, richtige und vollständige Auskünfte zu erteilen bzw. Unterlagen vorzulegen.

Bei einer unberechtigten Auskunftsverweigerung können nach § 62 Abs. 4 WPO die Angestellten der WPK sowie die sonstigen Personen, denen sich die WPK bei der Berufsaufsicht bedient, die Grundstücke und Geschäftsräume von Berufsangehörigen und WPG innerhalb der üblichen Betriebs- und Geschäftszeiten betreten und besichtigen, Einsicht in Unterlagen nehmen und hieraus Abschriften und Ablichtungen anfertigen. Die betroffenen Berufsangehörigen und WPG haben diese Maßnahmen zu dulden. Diese Ermächtigung ist notwendig, da die WPK sonst im Falle einer Verweigerung der Kooperation keine Kontrollmittel hätte, so dass das Instrument der Berufsaufsicht in seiner Wirksamkeit sehr eingeschränkt würde. Die Auswahl unter den beschriebenen Ermittlungsrechten ist nach den Gesichtspunkten der Zweckmäßigkeit und der Verhältnismäßigkeit zu treffen. Das Betreten der Geschäftsräume dürfte daher i. d. R. erst nach einer erfolglosen oder verweigerten Anhörung zulässig sein. Nicht nötig ist aber, zuvor das gesamte, i. d. R. langwierige Verfahren des Zwangsgeldes nebst Androhung und Rechtsmittel durchzuführen. Auch muss das Betreten im Einzelfall ein taugliches Mittel sein, den Sachverhalt aufklären zu können, was allerdings namentlich bei Geschäftsräumen, in denen üblicherweise berufsbezogene Unterlagen aufbewahrt werden, i. d. R. gegeben sein dürfte.

Um Berufsangehörige zur Erfüllung ihrer Pflichten nach § 62 WPO anzuhalten, kann die WPK gegen sie nach vorheriger schriftlicher Androhung, ggf. auch mehrfach, ein Zwangsgeld festsetzen (§ 62a WPO). Das einzelne Zwangsgeld darf T€ nicht überschreiten. Die WPK ist berechtigt, zur Durchführung von Ermittlungen dritte Personen um Auskunft zu bitten. Diese sind jedoch nicht zur Auskunft verpflichtet (§ 64 Abs. 4 WPO).

Das Rügerecht erlischt, wenn seit der Pflichtverletzung mehr als fünf Jahre vergangen sind (§ 63 Abs. 2 WPO).

Die Kammer sanktioniert nicht nur leichte, sondern auch mittelschwere Fälle von Berufspflichtverletzungen. Stellt der Vorstand der WPK dagegen fest, dass dem Berufsangehörigen ein schwerer Schuldvorwurf zur Last fällt und dass eine berufsgerichtliche Maßnahme zu erwarten ist, wird die Angelegenheit an die Generalstaatsanwaltschaft Berlin als gem. § 84 WPO zuständige Ermittlungsbehörde abgegeben, die ihrerseits prüft, ob ein berufsgerichtliches Verfahren einzuleiten ist (§ 85 WPO). Leistet die Generalstaatsanwaltschaft dem Antrag des Vorstands keine Folge, so hat sie ihre Entscheidung unter Angabe der Gründe mitzuteilen (§ 86 Abs. 1 WPO). Der Vorstand der WPK kann gegen diesen Bescheid binnen eines Monats nach Bekanntmachung beim KamG Berlin eine gerichtliche Entscheidung beantragen (§ 86 Abs. 2 WPO). Auf der anderen Seite kommt es gelegentlich vor, dass ein Aufsichtsvorgang an die WPK zur Weiterbehandlung im Rahmen der Berufsaufsicht zurückgegeben wird. Schließlich hat die Generalstaatsanwaltschaft nach § 69 Abs. 1 WPO auch die Möglichkeit, einen Vorfall, der zum Ausspruch einer Rüge geführt hat, aufzugreifen und im Rahmen eines berufsgerichtlichen Verfahrens weiterzuverfolgen. Nach § 63 Abs. 4 Satz 3 WPO ist der Staatsanwaltschaft eine Abschrift des Rügebescheids zuzuleiten.[404] Die Rüge wird unwirksam, wenn der Berufsangehörige in einem derartigen berufsgerichtlichen Verfahren verurteilt oder freigesprochen wird bzw. wenn die Eröffnung des Hauptverfahrens abgelehnt worden ist, weil eine schuldhafte Pflichtverletzung nicht festgestellt werden konnte.

Eine wichtige Rolle spielt im Kontext der Berufsaufsicht zudem die im Jahr 2005 eingerichtete *Abschlussprüferaufsichtskommission* (APAK). Die Aufgabe dieses Gremiums erstreckt sich auf die Führung einer öffentlichen fachbezogenen Aufsicht über die WPK. Dabei hat die APAK sicherzustellen, dass die WPK die ihr in § 4 Abs. 1 Satz 1 WPO übertragenen Aufgaben gegenüber Berufsangehörigen, die gesetzlich vorgeschriebene Abschlussprüfungen durchführen, ordnungsgemäß wahrnimmt. Das durch die APAK zu beaufsichtigende Aufgabenspektrum erstreckt sich demnach auf Prüfung und Eignungsprüfung, Bestellung, Anerkennung und Widerruf der Registrierung, Berufsaufsicht und externe Qualitätskontrolle (→ II.7.2). Die APAK setzt sich nach § 66a Abs. 2 WPO aus sechs bis zehn berufsfremden Personen zusammen, die Experten aus den Bereichen

---

404 In diesem Zusammenhang ist auch auf § 84a Abs. 1 WPO zu verweisen. Danach hat die WPK die zuständige Staatsanwaltschaft unverzüglich zu unterrichten, sofern sie von Tatsachen Kenntnis erhält, die den Verdacht begründen, dass ein Berufsangehöriger eine schuldhafte, eine berufsgerichtliche Maßnahme rechtfertigende Pflichtverletzung begangen hat.

Rechnungslegung, Finanzwesen, Wirtschaft, Wissenschaft oder Rechtsprechung sein sollen. Derzeit gehören ihr neun vom Bundesminister für Wirtschaft und Technologie berufene Mitglieder an. Diese üben ihre Aufgabe unabhängig und nicht weisungsgebunden aus. Die von der APAK benötigten Mittel werden aus dem Haushalt der WPK und damit den Pflichtbeiträgen aller Berufsangehörigen aufgebracht. Diese mittelbare Form der Finanzierung soll eine Einflussnahme des Berufsstands auf die Arbeit der APAK verhindern.

Die Eingriffsrechte der APAK beschränken sich nicht auf eine generelle Überprüfung der normenkonformen Aufgabenwahrnehmung durch die WPK (dies wäre eine sog. Staats- oder Rechtsaufsicht, welche nach § 66 WPO das BMWi führt); vielmehr hat die APAK bzgl. konkreter Einzelfälle das Recht zur Zweitprüfung sowie eine Letztentscheidungskompetenz. Im Einzelnen bedeutet dies, dass eine Vorentscheidung[405] der WPK von der APAK bei abweichender Meinung zunächst an die WPK zurückverwiesen werden kann. Die WPK muss dann den vorliegenden Sachverhalt erneut prüfen und kann ihre Entscheidung entweder der Meinung der APAK anpassen oder bei ihrer ursprünglichen Auffassung bleiben. Im zweiten Fall kann die APAK von ihrem Letztentscheidungsrecht Gebrauch machen und die WPK anweisen, den Vorgang im Sinne der APAK zu entscheiden. Diese Entscheidung ist dann durch die WPK in ihrem eigenen Namen umzusetzen. Ungeachtet dessen bleibt der WPK die Möglichkeit, die Rechtsaufsicht durch das BMWi anzurufen, falls sie im Hinblick auf eine Entscheidung der APAK rechtliche Bedenken haben sollte. Um ihre Aufgaben ordnungsgemäß ausüben zu können, verfügt die APAK nach § 66a Abs. 5 WPO über umfangreiche Informations- und Einsichtsrechte gegenüber der WPK, kann also z. B. an deren Sitzungen teilnehmen und Einsicht in Unterlagen verlangen.

Dem Gesetzgeber schien diese Einschränkung der berufsständischen Selbstverwaltung erforderlich, um einerseits durch seitens der Abschlussprüfer nicht aufgedeckte schwerwiegende Rechnungslegungsverstöße verloren gegangenes Vertrauen in den Berufsstand wieder herzustellen und andererseits die internationale Wettbewerbsfähigkeit des deutschen Aufsichtssystems und damit des gesamten Berufsstands zu sichern.[406] Ein weiteres Aufgabengebiet der APAK besteht nach § 66a Abs. 8–10 WPO in der Zusammenarbeit mit ausländischen Stellen, die in anderen Mitgliedstaaten der EU oder in Drittstaaten denen der APAK vergleichbare Aufgaben wahrnehmen.

Auch an den Sonderuntersuchungen bei Abschlussprüfern von Unternehmen des öffentlichen Interesses i. S. des § 319a HGB hat der Gesetzgeber eine Beteiligung der APAK vorgesehen (§ 66a Abs. 3 Satz 4 und 5 WPO). Sie hat diesbezüglich ein Initiativrecht, kann also die Durchführung von Sonderuntersuchungen durch die WPK anordnen und darüber hinaus auf Wunsch auch selbst an diesen teilnehmen. Damit erhält die APAK die Möglichkeit, auf ihr vorliegende Hinweise auf mögliche Berufsrechtsverstöße sowie

---

405 Der Gesetzeswortlaut spricht von »Entscheidungen der Wirtschaftsprüferkammer« (§ 66a Abs. 4 Satz 1 WPO). Die Verwendung des Begriffs »Vorentscheidung« soll hier verdeutlichen, dass die WPK eine Entscheidung nur vorbehaltlich einer Ausübung der Letztentscheidungskompetenz durch die APAK treffen kann; vgl. hierzu auch *Marten/Köhler* (2005b), S. 145–152.

406 Vgl. ausführlich hierzu auch *Marten/Köhler* (2005b), S. 145–147, sowie *Marten/Paulitschek* (2006), S. 155–157.

auf Anfragen seitens ausländischer Stellen, mit denen sie kooperiert, zu reagieren. Darüber hinaus kann sie die WPK auch anlassfrei zu Ermittlungen im Rahmen von Sonderuntersuchungen anweisen.

Die Berufsaufsicht in den USA hat sich mit Verabschiedung des Sarbanes-Oxley Act of 2002 (SOA) für diejenigen WP-Praxen grundlegend geändert, die Prüfungsleistungen für SEC-registrierte Mandanten erbringen. Dabei unterscheidet der SOA nicht zwischen US-amerikanischen und ausländischen WP-Praxen. Das bedeutet, dass auch deutsche Berufsangehörige, die Prüfungsdienstleistungen für SEC-registrierte Mandanten oder deren Tochterunternehmen erbringen bzw. eine wesentliche Rolle bei der Erbringung von Prüfungsdienstleistungen spielen, grundsätzlich unter die Bestimmungen des SOA fallen.

Eine wesentliche Neuerung für den Berufsstand der WP stellt die Einrichtung des sog. *Public Company Accounting Oversight Board* (PCAOB → I.5.2.2)) im Jahr 2002 dar, welches eine privatrechtlich organisierte, nicht gewinnorientierte Gesellschaft mit Hauptsitz in Washington, D.C. ist, bei der sich o. g. WP-Praxen registrieren lassen müssen. Weitere Aufgaben des PCAOB neben der Registrierung von WP-Praxen bestehen insbesondere in dem Erlass von Prüfungsstandards und von Standards zur Qualitätskontrolle, Berufsethik und Unabhängigkeit sowie in der Durchführung sog. *inspections* (turnusmäßige Qualitätskontrollenf) und *investigations* (anlassbezogene Ermittlungen). Im US-amerikanischen System besteht im Gegensatz zu Deutschland keine Trennung in Berufsaufsicht und externe Qualitätskontrolle. Während in Deutschland die externe Qualitätskontrolle durch einen als PfQK registrierten Berufsangehörigen geleitet wird, werden die inspections in den USA durch hauptberuflich tätige Mitarbeiter des PCAOB durchgeführt. Die Häufigkeit der inspections ist dabei abhängig von der Anzahl der durch die registrierten Gesellschaften geprüften Unternehmen. So findet eine jährliche Überprüfung bei WP-Praxen statt, die mehr als 100 Bestätigungsvermerke pro Jahr erteilen. Werden dagegen weniger als 100 oder genau 100 Bestätigungsvermerke pro Jahr erteilt, so hat eine inspection zumindest alle drei Jahre zu erfolgen.

Im Rahmen der inspections werden ausgewählte Prüfungs- und Review-Mandate insbesondere auf Einhaltung der relevanten Prüfungsnormen überprüft, die Wirksamkeit des internen Qualitätssicherungssystems und die Art und Weise der damit einhergehenden Dokumentation und Kommunikation bewertet sowie ggf. sonstige Prozessprüfungen eingeleitet, die dem Zweck der Aufdeckung von Unzulänglichkeiten in der Prüfungspraxis dienen. Prüfungsgegenstand bei der Beurteilung des Qualitätssicherungssystems können u. a. die Interne Revision, die Einhaltung der Unabhängigkeitsgrundsätze oder das Verfahren zur Kommunikation und Etablierung von Prüfungsgrundsätzen, Prüfungsprozessen und der Prüfungsmethodologie sein. Identifiziert das PCAOB Mängel im internen Qualitätssicherungssystem, so wird dem betroffenen Unternehmen eine zwölfmonatige Frist zu deren Behebung gesetzt. Werden die Mängel innerhalb dieses Zeitraums nicht beseitigt, wird der Sachverhalt öffentlich bekannt gemacht. Nach Beendigung einer inspection hat das PCAOB einen Prüfungsbericht von angemessenem Umfang zu erstellen und diesen der SEC sowie weiteren staatlichen Kontrollbehörden zuzusenden. Teile dieser Berichte werden auch der Öffentlichkeit zugänglich gemacht.

8.2.2 Berufsgerichtsbarkeit

8.2.2.1 Organisation der Berufsgerichtsbarkeit

Berufspflichtverletzungen, bei denen den Berufsangehörigen eine schwere Schuld trifft und die Ahndungsmöglichkeiten der WPK im Rahmen der Standesaufsicht deshalb nicht ausreichen, werden von den Berufsgerichten verfolgt und geahndet. Üblicherweise stellt die WPK den Antrag auf Einleitung eines berufsgerichtlichen Verfahrens. Dritte haben ein solches Antragsrecht nicht. Dennoch können sie der Staatsanwaltschaft einen Verdachtsfall anzeigen, wenngleich in der Praxis meist die WPK Adressatin von Beschwerden gegen Berufsangehörige ist. Schließlich ist es dem WP möglich, gegen sich selbst ein berufsgerichtliches Verfahren einzuleiten, um sich vom Verdacht einer Pflichtverletzung zu reinigen (§ 87 Abs. 1 WPO). Die Berufsgerichtsbarkeit wird durch besondere Kammern und Senate bei den ordentlichen Strafgerichten ausgeübt, so dass sich der in Abb. I.8-3 dargestellte Instanzenweg ergibt.

In den Berufsgerichten wirken neben Berufsrichtern (in erster Instanz ein Berufsrichter, in zweiter und dritter Instanz jeweils drei Berufsrichter) jeweils zwei ehrenamtliche Beisitzer aus dem Berufsstand mit. Damit wird die Einbringung spezieller beruflicher Erfahrungen bei der Abwägung der Sachverhalte und bei der Urteilsbildung gewährleistet.

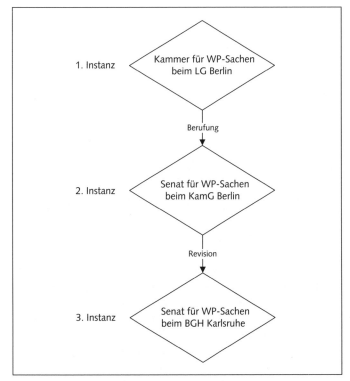

Abb. I.8-3: Instanzenweg der Berufsgerichtsbarkeit

8.2.2.2 Berufsgerichtliche Maßnahmen

Gegen einen Berufsangehörigen, der seine Pflichten schuldhaft verletzt hat, wird eine berufsgerichtliche Maßnahme verhängt (§ 67 Abs. 1 WPO). Bei der Pflichtverletzung kann es sich auch um ein außerhalb des Berufs liegendes Verhalten handeln, wenn es nach den Umständen des Einzelfalles im besonderen Maße geeignet ist, Achtung und Vertrauen in einer für die Ausübung der Berufstätigkeit oder für das Ansehen des Berufs bedeutsamen Weise zu beeinträchtigen (§ 67 Abs. 2 WPO). Berufsgerichtliche Strafen sind nach § 68 Abs. 1 WPO:

- Geldbuße bis zu 500 T€,
- Verbot, auf bestimmten Gebieten (z.B. Pflichtprüfungen) für die Dauer von einem Jahr bis zu fünf Jahren tätig zu werden,
- Berufsverbot von einem Jahr bis zu fünf Jahren und
- Ausschließung aus dem Beruf.

Die berufsgerichtlichen Maßnahmen der Geldbuße und des Tätigkeits- oder Berufsverbots können nebeneinander verhängt werden (§ 68 Abs. 2 WPO). Außerdem hat die Berufsgerichtsbarkeit gem. § 111 WPO die Möglichkeit, ein *vorläufiges Tätigkeits- oder Berufsverbot* zu verhängen, falls dringende Gründe für die Annahme vorhanden sind, dass gegen den Berufsangehörigen auf Ausschließung aus dem Beruf erkannt wird. Die Möglichkeit eines vorläufigen Berufsverbots ist notwendig, denn der Weg durch drei Instanzen erfordert Zeit. Das BVerfG hat dargelegt, dass ein vorläufiges Berufsverbot verfassungsrechtlich als Eingriff in die durch Art. 12 Abs. 1 GG gewährleistete Freiheit der Berufswahl zu beurteilen ist und nur zum Schutz wichtiger Gemeinschaftsgüter und unter strikter Beachtung des Grundsatzes der Verhältnismäßigkeit statthaft ist.[407] Darüber hinaus kann das Gericht gem. § 68a Abs. 1 WPO die Aufrechterhaltung des pflichtwidrigen Verhaltens untersagen, sofern die Pflichtverletzung im Zeitpunkt der Verhängung der Maßnahme noch nicht abgeschlossen ist. Auch die Vornahme einer gleich gearteten Pflichtverletzung kann untersagt werden, wenn der Betroffene wegen einer solchen Pflichtverletzung bereits zuvor berufsgerichtlich geahndet, gerügt oder belehrt worden war. Handelt der Betroffene der Untersagung wissentlich zuwider, so kann gegen ihn ein Ordnungsgeld i. H. v. maximal 100 T€ verhängt werden (§ 68a Abs. 2 WPO). Sprechen dringende Gründe dafür, dass es zu einer solchen Untersagungsverfügung kommen wird, so kann gem. § 121a Abs. 1 WPO eine vorläufige Untersagung ausgesprochen werden.

Die Hauptverhandlungen vor den Berufsgerichten sind grundsätzlich nicht öffentlich; allerdings sind neben bestimmten Behörden und der WPK Berufsangehörige generell zugelassen. Außerdem kann nach § 99 Abs. 1 Satz 2 WPO auf Antrag der Staatsanwaltschaft und muss auf Antrag des betroffenen Berufsangehörigen die Öffentlichkeit hergestellt werden. Schließlich ist die Hauptverhandlung immer dann öffentlich, wenn die vorgeworfene Pflichtverletzungin Zusammenhang mit der Durchführung handelsrechtlicher Jahresabschlussprüfungen steht.[408]

---

407 Vgl. *BVerfG* (1977) und *BVerfG* (1978).
408 Damit wird dem erhöhten Interesse der Öffentlichkeit und des Berufsstands an der Klärung von Ver-

Während bei einer Rüge, die mit einer Geldbuße von bis zu 50 T€ verbunden werden kann, die verhaltensleitende Missbilligung der Pflichtverletzung im Vordergrund steht, geht es bei der Verhängung einer *Geldbuße* nicht mehr nur um das Ansehen des Betroffenen, sondern auch unmittelbar um eine Bestrafung durch Vermögenseinbuße. § 68 Abs. 1 WPO begrenzt die Geldbuße auf 500 T€. Einen Mindestbetrag sieht das Gesetz nicht vor. Der Strafrahmen gibt dem Richter die Möglichkeit, sowohl den Unrechtsgehalt der Tat als auch die wirtschaftliche Lage des Beschuldigten bei seinem Urteil angemessen zu berücksichtigen.

Die Möglichkeiten zur *Suspendierung*, d. h. der zeitweisen Untersagung der Berufstätigkeit als WP/vBP oder bestimmter Tätigkeiten aus diesem Spektrum, tragen der Tatsache Rechnung, dass die Ausschließung aus dem Beruf als schärfste berufsgerichtliche Maßnahme vergleichsweise selten ausgesprochen wird. Zudem wird die erhebliche Lücke zwischen dem Berufsausschluss auf der einen und der Geldbuße auf der anderen Seite geschlossen. Da die Suspendierung zudem mindestens ein Jahr umfasst, stärkt sie die Präventivwirkung des Disziplinarsystems erheblich.

Die *Ausschließung aus dem Beruf* setzt objektiv eine erhebliche Pflichtverletzung des Berufsangehörigen und subjektiv ein hohes Maß an Verschulden voraus. Die Feststellung der Berufsunwürdigkeit ist als äußerste Maßnahme zur Bestrafung von Berufspflichtverletzungen gedacht und kann nur dann als angemessen angesehen werden, wenn ein Berufsangehöriger eine so schwere Berufspflichtverletzung begangen hat, dass eine sofortige Entfernung aus dem Berufsstand bei Abwägung der Interessen aller Beteiligter (der des Betroffenen, der Berufsorganisation und der Öffentlichkeit) erforderlich erscheint, oder wenn sich wiederholt Maßnahmen der Berufsaufsicht bzw. berufsgerichtliche Bestrafungen als nicht ausreichend erwiesen haben, um den Berufsangehörigen von pflichtwidrigen Handlungen abzuhalten. Für die Ausschließung ist entscheidend, in welchem Maße durch die Pflichtverletzung das allgemeine Vertrauen in den Beruf des WP und die Achtung des Berufsstands in der Öffentlichkeit beeinträchtigt worden sind. Die Wahrung bloßer berufsständischer Belange genügt nicht. *Unterschlagung* (§ 246 StGB), *Betrug* (§ 263 StGB), *Untreue* (§ 266 StGB) und *Urkundenfälschung* (§ 267 StGB) führen regelmäßig zum Verlust der Berufszugehörigkeit. Auch die schuldhafte Zerrüttung der wirtschaftlichen Verhältnisse stellt eine schwere Berufspflichtverletzung dar, die in gravierenden Fällen (Zwangsvollstreckungsmaßnahmen, Abgabe einer eidesstattlichen Versicherung, entehrende Vollstreckungsmaßnahmen wie Haftbefehl und Vorführung durch den Gerichtsvollzieher) zur Ausschließung aus dem Beruf führen muss.

Auch die im Vorstand und in der Geschäftsführung einer WPG tätigen Nicht-WP sind der Berufgerichtsbarkeit unterworfen. Allerdings tritt hier an die Stelle des Berufsausschlusses als berufsgerichtliche Maßnahme die Aberkennung der Eignung, eine WPG zu vertreten und ihre Geschäfte zu führen (§ 71 WPO).

---

fahren, die im Zusammenhang mit Abschlussprüfungen stehen, und an dem Nachweis einer funktionsfähigen Berufsaufsicht Rechnung getragen. Dies hat gegenüber den Persönlichkeitsrechten des Betroffenen Vorrang. Zum Schutz dieses Persönlichkeitsrechts kann jedoch die Öffentlichkeit im Einzelfall auf Antrag ausgeschlossen werden, insbesondere zum Schutz der Privatsphäre des WP gem. § 171b GVG und zum Schutz von Geschäftsgeheimnissen des Mandanten (§ 172 Nr. 2 GVG). Somit kann das Gericht im Einzelfall prüfen, ob diese Interessen das Bedürfnis der Öffentlichkeit nach Transparenz überwiegen.

Nach § 105 WPO ist gegen das Urteil der Kammer für WP-Sachen die *Berufung* an den Senat für WP-Sachen zulässig. Sie muss binnen einer Woche nach Verkündung des Urteils (bei Abwesenheit des Beschuldigten nach Zustellung des Urteils) bei der Kammer für WP-Sachen schriftlich eingelegt werden. Die Berufung kann nur schriftlich begründet werden. Gegen ein Urteil des Senats für WP-Sachen ist die *Revision* an den BGH zulässig, wenn das Urteil auf Ausschließung aus dem Beruf lautet, der Senat für WP-Sachen beim KamG Berlin entgegen einem Antrag der Staatsanwaltschaft nicht auf Ausschließung aus dem Beruf erkannt hat oder wenn der Senat für WP-Sachen beim KamG Berlin die Revision im Urteil zugelassen hat (§ 107 Abs. 1 WPO). Die Revision darf nur zugelassen werden, wenn in der zweiten Instanz über Rechtsfragen oder Fragen der Berufspflichten entschieden worden ist, die von grundsätzlicher Bedeutung sind (§ 107 Abs. 2 WPO). Auch die Revision ist binnen einer Woche nach Verkündung bzw. Zustellung des Urteils schriftlich einzulegen (§ 107a Abs. 1 WPO).

Die Verfolgung einer Pflichtverletzung *verjährt* in fünf Jahren, es sei denn, die Pflichtverletzung hätte eine Suspendierung oder die Ausschließung aus dem Beruf gerechtfertigt (§ 70 Abs. 1 Satz 1 WPO). Die Verjährung wird wie nach allgemeinem Strafverfahrensrecht insbesondere durch Bekanntgabe der Eröffnung des Ermittlungsverfahrens oder durch die Vernehmung durch die Staatsanwaltschaft, aber auch durch die erste Anhörung seitens der WPK unterbrochen.

Mindestens einmal jährlich veröffentlicht die WPK zusammengefasste Angaben über die von ihr und von den Berufsgerichten verhängten Sanktionsmaßnahmen (§ 63 Abs. 6 WPO). Dabei handelt es sich um eine Publikation in aggregierter, statistischer Form (URL: http://www.wpk.de/berufsaufsicht/berichte.asp). Die ausdrückliche Normierung dieser schon bislang praktizierten Publizität setzt eine Vorgabe der reformierten europäischen Abschlussprüferrichtlinie um.

8.3 Strafrechtliche Inanspruchnahme

Berufsangehörige unterliegen bei ihrer Berufstätigkeit dem allgemeinen Strafrecht. Neben allgemeinen, durch jedermann begehbaren Straftatbeständen, die auch im Rahmen der Berufstätigkeit verwirklicht werden können (z. B. Vermögensdelikte bei Treuhandtätigkeiten), gibt es bestimmte Spezialtatbestände, die nur durch Berufsangehörige begangen werden können (sog. Sonderdelikte).

8.3.1 Verletzung der Berichtspflicht

§ 332 Abs. 1 HGB[409] fasst drei Tatbestände unter dem Begriff »Verletzung der Berichtspflicht« zusammen: die unrichtige Berichterstattung, das Verschweigen erheblicher Um-

---

409 In § 403 AktG findet sich eine analoge Regelung.

stände im Prüfungsbericht (→ II.6.3.2) und die Erteilung eines unrichtigen Bestätigungsvermerks (→ II.6.3.1). Alle drei Tatbestände der Verletzung der Berichtspflicht müssen *vorsätzlich* herbeigeführt worden sein.

Der Abschlussprüfer macht sich strafbar, wenn er über das Ergebnis der Prüfung im Prüfungsbericht gem. § 321 HGB unrichtig berichtet (*unrichtige Berichterstattung*). Unrichtigkeit der Berichterstattung liegt vor, falls sich das Ergebnis der Prüfung nicht mit dem Inhalt des Prüfungsberichts deckt. Von entscheidender Bedeutung ist, dass das Gesetz von einem falschen Bericht über das Prüfungsergebnis und nicht von einem Bericht über ein falsches Ergebnis der Prüfung spricht. Die Strafbarkeit der unrichtigen Berichterstattung ist auf erhebliche Umstände beschränkt. Bei den in § 321 Abs. 1–4a HGB genannten Pflichtinhalten des Prüfungsberichts ist grundsätzlich von einer Erheblichkeit der entsprechenden Umstände auszugehen.

Ein weiterer Straftatbestand ist das *Verschweigen erheblicher Umstände im Prüfungsbericht* (unvollständiger Prüfungsbericht), d. h. von Fakten, die für den Zweck des Berichts wichtig und für eine ausreichende Information der Berichtsempfänger von Bedeutung sind. Tathandlung ist hier, dass über Umstände, die während der Prüfung bekannt geworden sind, nicht berichtet wird. Der Abschlussprüfer kann sich nicht dadurch entlasten, dass er die verschwiegenen Umstände mündlich oder außerhalb des Berichts schriftlich mitteilt, denn es kommt auf das Verschweigen im Bericht an.

Schließlich ist auch die *Erteilung eines unrichtigen Bestätigungsvermerks* strafbar. Ein uneingeschränkter Bestätigungsvermerk gem. § 322 Abs. 3 HGB ist inhaltlich unrichtig, wenn nach dem Ergebnis der Jahresabschlussprüfung eine Einschränkung oder Versagung gem. § 322 Abs. 4 und 5 HGB hätte erfolgen müssen. Auch wenn nach dem abschließenden Ergebnis der Prüfung keine Einwendungen zu erheben waren und damit die Voraussetzungen für eine uneingeschränkte Erteilung ohne Ergänzung vorlagen, das Testat aber nur in eingeschränkter oder ergänzter Form erteilt wurde, ist eine inhaltliche Unrichtigkeit gegeben. Der Bestätigungsvermerk drückt einen Positivbefund aus. Insofern liegt keine inhaltliche Unrichtigkeit des Bestätigungsvermerks vor, wenn dieser zu Unrecht versagt worden ist. In diesem Fall kann aber eine Strafbarkeit als unrichtige Berichterstattung gegeben sein, falls die entsprechenden Voraussetzungen erfüllt sind, da der Bestätigungsvermerk nach § 322 Abs. 7 HGB Bestandteil des Prüfungsberichts ist.

Ausschließlich der Abschlussprüfer und seine Gehilfen können sich wegen des Sonderdelikts der unrichtigen Berichterstattung strafbar machen (*geschlossener Täterkreis*). Ist eine Prüfungsgesellschaft Abschlussprüfer, verlagert sich die strafrechtliche Verantwortlichkeit auf die gesetzlichen Vertreter der Prüfungsgesellschaft (§ 14 Abs. 1 StGB, Handeln für einen anderen). § 332 HGB erfasst nur Verstöße bei einer nach dem HGB vorgeschriebenen Abschlussprüfung, d. h. er gilt nicht im Rahmen einer freiwilligen Abschlussprüfung.

Verletzungen der Berichtspflicht sind nur strafbar, wenn sie *vollendet* sind, d. h. der Versuch ist nicht strafbar. Die Straftat ist nicht schon vollendet, wenn der Prüfungsbericht fertiggestellt oder auch schon unterschrieben ist, sondern erst dann, wenn der Prüfungsbericht dem gesetzlichen Adressaten zugegangen ist. Auf eine Kenntnisnahme kommt es nicht an. Für den inhaltlich unrichtigen Bestätigungsvermerk ist ebenfalls der Zugang bei den gesetzlichen Empfängern erforderlich. Mit seiner Unterzeichnung ist der Straftatbestand noch nicht erfüllt.

Ein Verstoß gegen die Berichtspflicht wird mit Freiheitsstrafe bis zu drei Jahren oder mit Geldstrafe bestraft. Ist ein *qualifizierendes Tatbestandsmerkmal* des § 332 Abs. 2 HGB erfüllt, d. h. handelt der Täter gegen Entgelt, in Bereicherungsabsicht oder in Schädigungsabsicht, erscheint die Tat besonders schwerwiegend und es ist deswegen eine erhöhte Strafandrohung von fünf Jahren vorgesehen.

8.3.2 Verletzung der Geheimhaltungspflicht

Der § 333 HGB[410] subsumiert unter dem Begriff »Verletzung der Geheimhaltungspflicht« zum einen den Tatbestand des unbefugten Offenbarens von Geheimnissen (§ 333 Abs. 1 HGB) und zum anderen den Tatbestand des unbefugten Verwertens von Geheimnissen (§ 333 Abs. 2 Satz 2 HGB). Wie auch andere Strafvorschriften im HGB ist § 333 HGB als Sonderdelikt ausgestattet, d. h. Täter können nur Abschlussprüfer und deren Gehilfen sein. Ist eine Prüfungsgesellschaft Abschlussprüfer, verlagert sich die strafrechtliche Verantwortlichkeit auf die Mitglieder des vertretungsberechtigten Organs bzw. auf die vertretungsberechtigten Gesellschafter. § 333 HGB setzt *vorsätzliche Begehung* voraus.

Damit die gedankliche Beziehung einer Person zu einer Sache als Geheimnis angesehen werden kann, müssen drei Voraussetzungen erfüllt sein: die Tatsache darf nicht offenkundig sein (*objektives Geheimniselement*), und es muss ein Geheimhaltungswille (*subjektives Geheimniselement*) sowie ein berechtigtes Geheimhaltungsinteresse (*normatives Geheimniselement*) der geprüften Gesellschaft vorliegen.[411]

Dem Täter muss das Geheimnis in seiner Funktion als Abschlussprüfer oder Prüfungsgehilfe bekannt geworden sein. Erforderlich ist also eine »amtskausale« *Erlangung der Kenntnis*. § 333 HGB setzt somit voraus, dass der Täter in dem Zeitpunkt, in dem er Kenntnis von dem Geheimnis erlangt, Abschlussprüfer oder dessen Gehilfe ist. Nicht erforderlich ist, dass zum Zeitpunkt der Verletzung der Geheimhaltungspflicht die Funktion eines Abschlussprüfers noch wahrgenommen wird. Die Geheimhaltungspflicht und das Verwertungsverbot bestehen vielmehr zeitlich unbegrenzt, also auch nach Mandatsbeendigung.

Beim *Offenbaren* teilt der Täter das Geheimnis mit, gibt es schriftlich oder mündlich an eine oder mehrere Personen, die bisher davon keine Kenntnis hatte(n), weiter oder macht es sonst so zugänglich, dass sich der bisherige Kreis der Mitwisser erweitert oder doch wenigstens in einer vom Täter nicht mehr zu kontrollierenden Weise erweitern kann. Dabei reicht es aus, dass die Information dem Dritten zugänglich gemacht wird, ohne dass es auf die tatsächliche Kenntnisnahme durch diesen ankommt. Unbefugt ist das Offenbaren, wenn der Täter zur Weitergabe des Geheimnisses weder berechtigt noch verpflichtet war. *Verwertung* ist jede Ausnutzung des Geheimnisses, die nach der Vorstellung des Handelnden unmittelbar darauf gerichtet ist, für sich oder einen anderen einen Vermögensvorteil herbeizuführen. Bei der Verwertung wird kein Geheimnis durch-

---

410 Analoge Regelungen finden sich in §§ 133b und 133c WPO sowie in § 404 AktG. Im Gegensatz zum HGB sieht das AktG eine höhere maximale Freiheitsstrafe (d. h. zwei bzw. drei Jahre) vor, sofern es sich um die Prüfung einer börsennotierten Gesellschaft handelt.
411 Erläutert werden diese Geheimniselemente bei *Quick* (2004), S. 1490 ff.

brochen, sondern lediglich der in der Einweihung des Täters liegende Informationsvorsprung zur Herbeiführung von Vorteilen genutzt.

Strafbar ist nur die *vollendete Verletzung* der Geheimhaltungspflicht. Beim Offenbaren liegt eine vollendete Tat vor, wenn die Information durch das Verhalten des Täters dem Empfänger zugänglich gemacht worden ist. Der Täter hat dann alles seinerseits Erforderliche für die Kenntnisnahme durch den Empfänger getan. Unbeachtlich ist, ob dieser die Information auch tatsächlich aufnimmt und versteht. Geschieht das Offenbaren brieflich, so kommt es auf den Empfang, nicht auf die Absendung des Briefs an. Wenn der Abschlussprüfer oder sein Gehilfe die notwendigen Maßnahmen eingeleitet hat, die ihm oder einem anderen den angestrebten Vermögensvorteil bringen sollen, ist die Verwertung eines Geheimnisses vollendet. Für die Vollendung ist ohne Bedeutung, ob der Täter die mit der Verwertung beabsichtigten Ziele auch tatsächlich erreicht.

Nach § 333 Abs. 3 HGB wird die Verletzung der Geheimhaltungspflicht *nur auf Antrag der gesetzlichen Vertretungsorgane der Kapitalgesellschaft* verfolgt. Ohne einen Antrag kann der Täter, selbst wenn ein öffentliches Interesse an einer Ahndung besteht, nicht bestraft werden. Der Strafantrag kann nur binnen einer Frist von drei Monaten ab Kenntnis des gesetzlichen Vertretungsorgans von der Tat und der Person des Täters gestellt werden.

Beim unbefugten Offenbaren kann eine Freiheitsstrafe von bis zu einem Jahr oder eine Geldstrafe verhängt werden. Liegen die Qualifikationen des § 333 Abs. 2 Satz 1 HGB (Handeln gegen Entgelt oder mit Bereicherungs- oder Schädigungsabsicht) vor, erhöht sich die Strafandrohung auf Freiheitsstrafe bis zu zwei Jahren oder Geldstrafe. Dieses Strafmaß gilt auch für das unbefugte Verwerten.

8.4 Ordnungsrechtliche Konsequenzen

Nach § 334 Abs. 2 HGB handelt ordnungswidrig, wer bei gegebener Prüfungspflicht zu einem Jahresabschluss, einem Einzelabschluss nach § 325 Abs. 2a HGB oder einem Konzernabschluss einer Kapitalgesellschaft einen Bestätigungsvermerk nach § 322 Abs. 1 HGB erteilt, obwohl nach § 319 Abs. 2, 3, 5 HGB, § 319a Abs. 1 Satz 1, Abs. 2 HGB, § 319b Abs. 1 Satz 1 oder 2 HGB er oder nach § 319 Abs. 4 auch i. V. m. § 319a Abs. 1 Satz 2 oder Satz 4 HGB oder § 319b Abs. 1 HGB die Gesellschaft, für die er tätig wird, nicht Abschlussprüfer sein darf. Eine solche Zuwiderhandlung stellt kein kriminelles Unrecht dar. Nach dem Gesetz liegt eine Ordnungswidrigkeit dann vor, wenn die Handlung ausschließlich mit einer *Geldbuße* geahndet wird (§ 1 OWiG). Die angedrohte Geldbuße ist nicht als Strafe, sondern lediglich als eine nachdrückliche Pflichtmahnung anzusehen.

Aus § 10 OWiG ergibt sich, dass nur vorsätzliches Verhalten als Ordnungswidrigkeit verfolgt werden kann, denn Fahrlässigkeit ist in § 334 Abs. 2 HGB nicht ausdrücklich erwähnt. Bedingter Vorsatz reicht aus.

Gemäß § 36 Abs. 1 Nr. 2 Buchst. b OWiG sind bei Ordnungswidrigkeiten grundsätzlich die obersten fachlich zuständigen Landesbehörden zuständig, es sein denn, dass eine besondere Zuständigkeitsregelung getroffen ist. Da dies hier nicht der Fall ist, ist das Wirtschaftsministerium des Bundeslandes, in dem die Kapitalgesellschaft ihren Sitz hat, für Ordnungswidrigkeiten nach § 334 HGB zuständig. Die Behörde entscheidet gem. § 47 Abs. 1 OWiG nach ihrem pflichtgemäßen Ermessen, ob sie die Ordnungswidrigkeit verfolgt (Opportunitätsprinzip). Bejaht sie dies, geht sie von Amts wegen vor, d. h. ihr Tätigwerden setzt keinen Antrag voraus.

Die Ahndung erfolgt grundsätzlich durch Bußgeldbescheid (§ 65 OWiG). Gegen diesen Bescheid kann der Betroffene innerhalb von zwei Wochen nach Zustellung schriftlich oder zur Niederschrift bei der Behörde Einspruch einlegen (§ 67 Abs. 1 OWiG). Über den Einspruch entscheidet nach § 68 Abs. 1 OWiG das zuständige Amtsgericht. Unter bestimmten Voraussetzungen kann Rechtsbeschwerde eingelegt werden (§ 79 OWiG), wobei nach § 79 Abs. 3 OWiG i. V. m. § 121 Abs. 1 Nr. 1 Buchst. a GVG grundsätzlich das Oberlandesgericht Beschwerdegericht ist. Eine von § 334 Abs. 2 HGB sanktionierte Ordnungswidrigkeit kann nach § 334 Abs. 3 HGB mit einer Geldbuße von bis zu 50 T€ geahndet werden. Nach § 17 Abs. 1 OWiG beträgt die Mindestgeldbuße 5 €. Grundlagen für die Bemessung der Ordnungswidrigkeit sind die Bedeutung der Ordnungswidrigkeit und die Schwere des Vorwurfs gegen den Täter. Daneben kommen auch dessen wirtschaftliche Verhältnisse in Betracht (§ 17 Abs. 3 OWiG). Die Geldbuße soll den wirtschaftlichen Vorteil des Täters aus der Ordnungswidrigkeit übersteigen (§ 17 Abs. 4 OWiG). Zu diesem Zweck darf die Geldbuße das gesetzliche Höchstmaß übersteigen. Allerdings wird dem Täter mit Verstößen gem. § 334 Abs. 2 HGB regelmäßig kein konkreter wirtschaftlicher Vorteil entstehen.

Fallstudie 1

Der WP Redefix ist Abschlussprüfer bei der PROINFARKT AG. Im Rahmen seiner Abschlussprüfungstätigkeit erfährt Redefix, dass eine Übernahme der PROINFARKT AG durch die TIEFST AG geplant ist, wobei die Aktionäre der PROINFARKT AG mit 100 € pro Aktie (bei einem aktuellen Kurs von 90 €) abgefunden werden sollen.

Der Vorstand der PROINFARKT AG setzt Redefix davon in Kenntnis, dass die Öffentlichkeit frühestens in zwei Monaten von der geplanten Übernahme informiert werden soll, um spekulative Käufe der Aktien der PROINFARKT AG (und damit ein Ansteigen des Kurses auf über 100 €) zu vermeiden. Trotzdem informiert Redefix unverzüglich seinen Schwager Geldmachfix schriftlich von der geplanten Übernahme und empfiehlt ihm, Aktien der PROINFARKT AG zu kaufen. Geldmachfix übersieht den Brief seines Schwagers in einem Wust von Werbebroschüren und wirft ihn ungeöffnet zum Altpapier. Während dessen stellt Redefix im Rahmen seiner Prüfungshandlungen fest, dass der Vorstand der PROINFARKT AG den Jahresabschluss manipuliert hat, um die Übernahme nicht zu gefährden. Der Ausweis fiktiver Vorräte und uneinbringlicher Forderungen resultierte u. a. in der Überbewertung des Eigenkapitals der PROINFARKT AG um 100%. Um seinem Schwager das gute Geschäft nicht zu verderben, verschweigt Redefix die Manipulationen im Prüfungsbericht und erteilt einen uneingeschränkten Bestätigungsvermerk.

Auf Grund dieser positiven Berichterstattung übernimmt die TIEFST AG die PROINFARKT AG.

Prüfen Sie, ob Redefix nach § 333 HGB (Verletzung der Geheimhaltungspflicht) bzw. nach § 332 HGB (Verletzung der Berichtspflicht) bestraft werden kann.

Fallstudie 2

Der WP Ernst ist handelsrechtlicher Abschlussprüfer der nicht börsennotierten Schneider AG gem. §§ 319 ff. HGB. Die Schneider AG wies in ihrem letzten Jahresabschluss einen Gewinn i. H. v. 2 Mio. € aus. Im Forderungsbestand der Schneider AG waren uneinbringliche Forderungen i. H. v. 2,5 Mio. € enthalten, die von deren Hauptbuchhalter versehentlich nicht außerplanmäßig abgeschrieben wurden. Mit der Prüfung des Prüffeldes »Forderungen« war der Prüfungsgehilfe Siehtweg betraut, den der WP Ernst vor mehreren Jahren unter Anwendung größtmöglicher Sorgfalt eingestellt hatte. Siehtweg hatte bereits in den Vorjahren die Forderungen der Schneider AG geprüft, ohne einen Fehler zu entdecken. Auf Grund dieser Erfahrungen prüfte er bei der letzten Jahresabschlussprüfung die Forderungen nur oberflächlich, indem er wichtige Prüfungshandlungen – u. a. die Einholung von Saldenbestätigungen – unterließ.

Die Schneider AG investierte auf Grund der vermeintlich guten Erfolgslage in den Ausbau ihrer Produktionsanlagen. Auf Grund von Liquiditätsengpässen, die durch den fehlenden Eingang o. a. Forderungen ausgelöst wurden, war es der Schneider AG jedoch nicht möglich, die Investition abzuschließen. Daraus resultierte ihr ein Schaden i. H. v. 5 Mio. €. Prüfen Sie, ob der Schneider AG Schadensersatzansprüche zustehen.

Kontrollfragen

1. Unter welchen Voraussetzungen haftet der Abschlussprüfer gegenüber dem Auftraggeber?
2. Zeigen Sie Vor- und Nachteile einer summenmäßigen Haftungsbeschränkung auf.
3. Welche deliktischen Anspruchsgrundlagen stehen für Schadensersatzansprüche Dritter zur Verfügung?
4. Unter welchen Voraussetzungen kann der Vertrag mit Schutzwirkung zu Gunsten Dritter einem Schadensersatzanspruch Dritter zu Grunde gelegt werden?
5. Erläutern Sie die Disziplinarmaßnahmen der WPK.
6. Welche Maßnahmen können von Berufsgerichten ergriffen werden?
7. Welche Instrumente/Rechte besitzt die WPK zur Ermittlung im Rahmen der Anhörung eines Berufsangehörigen in einem Disziplinaraufsichtsverfahren?
8. Welche Möglichkeiten bestehen zur Einleitung eines berufsgerichtlichen Verfahrens?
9. Unter welchen Voraussetzungen hat sich der Abschlussprüfer eine Verletzung der Berichtspflicht zu Schulden kommen lassen?
10. Was ist ein Geheimnis i. S. von § 333 HGB?

Zitierte und weiterführende Literatur

Adler, H./Düring, W./Schmaltz, K. (2000): Rechnungslegung und Prüfung der Unternehmen, neu bearbeitet von Forster, K.-H./Goerdeler, R./Lanfermann, J./Müller, H.-P./Siepe, G./Stolberg, K., Teilband 7, 6. Aufl., Stuttgart.

Artmann, E. (2000): Die Haftung des Abschlussprüfers für Schäden Dritter, in: Juristische Blätter, S. 623–634.

Bärenz, C. (2003): Haftung des Abschlussprüfers bei Bestätigung fehlerhafter Jahresabschlüsse gemäß § 323 Abs. 1 S. 3 HGB, in: Betriebs-Berater, S. 1781–1784.

Barta, S. (2006): Haftung des Abschlussprüfers gegenüber Anlegern bei pflichtwidriger Abschlussprüfung, in: Neue Zeitschrift für Gesellschaftsrecht, S. 855–858.

BGH (1972a): VI ZR 184/70, Urteil vom 18.1.1972, in: Wertpapier-Mitteilungen, S. 466–468.

BGH (1972b): VI ZR 120/71, Urteil vom 5.12.1972, in: Neue Juristische Wochenschrift, S. 321–323.

BGH (1979): VII ZR 259/77, Urteil vom 22.3.1979, in: Wertpapier-Mitteilungen, S. 530–533.

BGH (1985): VI ZR 73/84, Urteil vom 17.9.1985, in: Wertpapier-Mitteilungen, S. 1531–1533.

BGH (1986a): IVa ZR 86/85, Urteil vom 26.11.1986, in: Wertpapier-Mitteilungen, S. 257–260.

BGH (1986b): IVa ZR 127/84, Urteil vom 19.3.1986, in: Wertpapier-Mitteilungen, S. 711–712.

BGH (1998): III ZR 245/96, Urteil vom 2.4.1998, in: Betriebs-Berater, S. 1152–1154.

BGH (2006): III ZR 256/04, Urteil vom 6.4.2006, in: Gerling Informationen für wirtschaftsprüfende, rechts- und steuerberatende Berufe, S. 175–177.

Bigus, J. (2006): Reputation und Wirtschaftsprüferhaftung, in: Betriebswirtschaftliche Forschung und Praxis, S. 22–41.

Bigus, J. (2007): Die Sorgfaltsanreize des Wirtschaftsprüfers bei beschränkter Haftung, in: Zeitschrift für betriebswirtschaftliche Forschung, S. 61–86.

Bigus, J./Schäfer, H.-B. (2007): Die Haftung des Wirtschaftsprüfers am Primär- und am Sekundärmarkt – eine rechtsökonomische Analyse, in: Zeitschrift für Betriebswirtschaft, S. 19–49.

Böcking, H.-J./Dutzi, A. (2006): Neugestaltung der Berufsaufsicht für Wirtschaftsprüfer, in: Betriebswirtschaftliche Forschung und Praxis, S. 1–21.

Burkhard, H./Dieter, U. (Hrsg.) (2008): WPO Kommentar, Düsseldorf.

BVerfG (1977): 1 BvR 124/76, Beschluß vom 2.3.1977, in: Neue Juristische Wochenschrift, S. 892–894.

BVerfG (1978): 1 BvR 352/78, Beschluß vom 30.5.1978, in: Neue Juristische Wochenschrift, S. 1479–1480.

Dye, R.A. (1993): Auditing standards, legal liability, and auditor wealth, in: Journal of Political Economy, S. 887–914.

Ebke, W.F. (1983): Wirtschaftsprüfer und Dritthaftung, Bielefeld.

Ebke, W.F. (1997): Zivilrechtliche Haftung des gesetzlichen Abschlußprüfers, in: Wirtschaftsprüferkammer-Mitteilungen, S. 22–24.

Ebke, W.F./Scheel, H. (1991): Die Haftung des Wirtschaftsprüfers für fahrlässig verursachte Vermögensschäden Dritter, in: Wertpapier-Mitteilungen, S. 389–398.

Hoffmann, V.H./Knierim, T.C. (2002): Falsche Berichterstattung des Abschlussprüfers, in: Betriebs-Berater, S. 2275–2277.

Hopt, K.J. (2002): Haftung bei Rechnungslegung und Prüfung in Deutschland, in: Ballwieser, W./Coenenberg, A.G./Wysocki, K.v. (Hrsg.): Handwörterbuch der Rechnungslegung und Prüfung, 3. Aufl., Stuttgart, Sp. 1071–1084.

Kalss, S. (2002): Die Haftung des Abschlussprüfers gegenüber Gläubigern, Gesellschaftern und Anlegern, in: Bank Archiv, S. 187–208.

Kozikowski, M./Huber, H.-P. (2010): Kommentierung der §§ 332–334 HGB, in: Ellrott, H./Förschle, G./Kozikowski, M./Winkeljohann, N. (Hrsg.): Beck'scher Bilanz-Kommentar – Handels- und Steuerbilanz, 7. Aufl., München, S. 2342–2369.

Kuhner, C./Päßler, N. (2002): Kommentierung des § 323 HGB, in: Küting, K./Weber, C.-P. (Hrsg.): Handbuch der Rechnungslegung – Einzelabschluss – Kommentar zur Bilanzierung und Prüfung, 5. Aufl., Stuttgart.

Lang, A. (1989): Zur Dritthaftung der Wirtschaftsprüfer, in: Die Wirtschaftsprüfung, S. 57–64.

LG Frankfurt (1998): 2/18 O 475/95, Urteil vom 8.4.1997, in: Gerling Informationen für wirtschaftsprüfende, rechts- und steuerberatende Berufe, S. 72–77.

Marten, K.-U. (2006): Die Bedeutung einer international anerkannten Abschlussprüferaufsicht für deutsche Unternehmen, in: Der Betrieb, S. 1121–1125.

Marten, K.-U./Köhler, A.G. (2005a): Abschlussprüferaufsichtskommission, in: Die Betriebswirtschaft, S. 427–429.

Marten, K.-U./Köhler, A.G. (2005b): Vertrauen durch öffentliche Aufsicht – Die Abschlussprüferaufsichtskommission als Kernelement der WPO-Novellierung, in: Die Wirtschaftsprüfung, S. 145–152.

Marten, K.-U./Köhler, A.G./Paulitschek, P. (2006): Enforcement der Abschlussprüfung in Deutschland – Kontext und Ansatzpunkte des Referentenentwurfs eines Berufsaufsichtsreformgesetzes, in: Betriebs-Berater, BB-Special 4, S. 23–30.

Marten, K.-U./Paulitschek, P. (2005): Öffentliche Aufsicht über Abschlussprüfer in Deutschland, in: Die Steuerberatung, S. 521–525.

Marten, K.-U./Paulitschek, P. (2006): Öffentliche Aufsicht über deutsche Abschlussprüfer unter Berücksichtigung der Implikationen des geplanten Berufsaufsichtsreformgesetzes, in: Österreichische Zeitschrift für Recht und Rechnungswesen, S. 155–161.

Matoni, U. (1990): Die Prüfung der Rechnungslegung von Kapitalgesellschaften und die Kontrolle der Abschlußprüfertätigkeit. Ein Vergleich der Rechtslage des Aktiengesetzes von 1965 und des Bilanzrichtliniengesetzes in Verbindung mit einer Untersuchung zur Berufshaftung, Bremen.

Mirtschink, D.J. (2006): Die Haftung des Wirtschaftsprüfers gegenüber Dritten. Eine Untersuchung zur zivilrechtlichen Haftung im Zusammenhang mit der Durchführung von gesetzlichen und freiwilligen Jahresabschlussprüfungen, Berlin.

OLG Düsseldorf (1996): 5 U 11/96, Urteil vom 27.6.1996, in: Gerling Informationen für wirtschaftsprüfende-, rechts- und steuerberatende Berufe, S. 242–250.

OLG Düsseldorf (2009): I–23 U 108/08, Urteil vom 2.6.2009, in: Der Betrieb, S. 2369–2374.

OLG Hamm (2003): 25 U 108/02, Urteil vom 9.4.2003, in: WPK Magazin, Heft 1, S. 50–51.

OLG Stuttgart (2009): 12 U 147/05, Urteil vom 29.9.2009, in: BeckRS 2009, 28896.

Otto, H.-J./Mittag, J. (1996): Die Haftung des Jahresabschlußprüfers gegenüber Kreditinstituten (Teil I und II), in: Wertpapier-Mitteilungen, S. 325–333 und 377–384.

Pfennig, G. (2002): Kommentierung der §§ 332f. HGB, in: Küting, K./Weber, C.-P. (Hrsg.): Handbuch der Rechnungslegung – Einzelabschluss – Kommentar zur Bilanzierung und Prüfung, 5. Aufl., Stuttgart.

Quick, R. (1992): Die Haftung des handelsrechtlichen Abschlußprüfers, in: Betriebs-Berater, S. 1675–1685.

Quick, R. (1997): Das Risiko der berufsrechtlichen Ahndung deutscher Wirtschaftsprüfer, in: Betrieb und Wirtschaft (Teil I und II), S. 241–248 und 321–325.

Quick, R. (2000a): Nationale und internationale Haftung deutscher Abschlussprüfer, in: Die Betriebswirtschaft, S. 60–77.

Quick, R. (2000b): Zivilrechtliche Verantwortlichkeit europäischer und amerikanischer Abschlussprüfer, in: Betriebswirtschaftliche Forschung und Praxis, S. 525–548.

Quick, R. (2004): Geheimhaltungspflicht des Abschlussprüfers: Strafrechtliche Konsequenzen bei Verletzung, in: Betriebs-Berater, S. 1490–1494.

Quick, R./Solmecke, H. (2007): Gestaltung der Abschlussprüferhaftung – Implikationen theoretischer Modelle, in: Journal für Betriebswirtschaft, S. 137–182.

Schaal, H.-J. (2011): Kommentierung der §§ 403,404 AktG, in: Goette, W./Habersack, M. (Hrsg.): Münchener Kommentar zum Aktiengesetz, Band 6, München.

Schmidt, M./Kaiser, S. (2004): Öffentliche Aufsicht über Abschlußprüfer – Schwerpunkt der Reform des Berufsrechts der Wirtschaftsprüfer 2004, in: WPK Magazin, Heft 3, S. 38–41.

Schmitz, B. (1989): Die Vertragshaftung des Wirtschaftsprüfers und Steuerberaters gegenüber Dritten – Eine Auseinandersetzung mit den Haftungsausdehnungstendenzen der Rechtsprechung des BGH, in: Der Betrieb, S. 1909–1915.

Völschau, K. (1966): Die Verantwortlichkeit des aktienrechtlichen Abschlußprüfers, Hamburg.

Winkeljohann, N./Feldmüller, C. (2010): Kommentierung des § 323 HGB, in: Ellrott, H./Förschle, G./Kozikowski, M./Winkeljohann, N. (Hrsg.): Beck'scher Bilanz-Kommentar – Handels- und Steuerbilanz, 7. Aufl., München, S. 2168–2209.

WPK (2009): Bericht über die Berufsaufsicht 2009 über Wirtschaftsprüfer und vereidigte Buchprüfer, Berlin, URL: http://www.wpk.de/pdf/WPK_Berufsaufsicht_2009.pdf (Stand: 1.4.2011).

Kapitel II: Prüfungsprozess

1 Rahmenbedingungen

1.1 Zielgrößen im Prüfungsprozess

Abschlussprüfungen sollen dem Abschlussprüfer die Abgabe eines Urteils darüber ermöglichen, ob der Abschluss mit den relevanten Rechnungslegungsnormen in Einklang steht (u. a. ISA 200.5 und .11(a), IDW PS 200.8-10). Aus diesem Zweck ergibt sich als erste *Zielgröße des Prüfungsprozesses* die Wirksamkeit (Effektivität), d. h. die Erlangung eines Urteils mit hinreichender Urteilssicherheit. Als zweite Zielgröße ist die Wirtschaftlichkeit (Effizienz) der durchzuführenden Prüfung (ISA 300.2 und 300.A10) zu nennen, d. h. für die Abschlussprüfung ist der wirtschaftlichste Prüfungsprozess auszuwählen und durchzuführen. Dieser ist dadurch charakterisiert, dass die Differenz zwischen Urteilsbildungsbeitrag (Ergebnis) und Kosten (Mitteleinsatz) im Vergleich zu anderen Prozessen ein Maximum erreicht. Die Zielfunktion lässt sich demnach mit »Abgabe eines hinreichend sicheren Prüfungsurteils bei minimalen Prüfungskosten« formulieren.

Aus den Prüfungsnormen leitet sich die zu fordernde Mindesturteilsqualität ab. Auf Grund der Notwendigkeit, das Ermessen einzusetzen, der Anwendung von Stichproben, der Rechnungslegungs- und internen Kontrollsystemen immanenten Grenzen und der begrenzten Aussagekraft vieler Prüfungsnachweise kann das Urteil des Abschlussprüfers darüber, dass der Abschluss keine wesentlich falschen Aussagen enthält, nicht absolut, sondern lediglich hinreichend sicher sein (IFAC Framework.52, ISA 200.A45-A52; → I.6.4.2). Somit ist *ein Urteil über die Ordnungsmäßigkeit der Prüfung mit hoher Qualität*, d. h. hinreichend sicher und genau, *zu minimalen Kosten zu gewinnen* (Anwendung des Minimalprinzips). Lassen sich die Prüfungskosten wegen der Unsicherheit zukunftsbezogener Daten nicht als deterministische, sondern nur als stochastische Größen angeben, dann ist der Kostenerwartungswert, der sich durch Gewichtung aller möglichen Prüfungskosten mit ihrer jeweiligen Eintrittswahrscheinlichkeit ergibt, bei hoher Urteilsqualität zu minimieren.

Der Begriff der *Prüfungskosten* kann im Zusammenhang mit der Anwendung des Kostenminimierungsprinzips in unterschiedlicher Weise definiert werden. Unter Verwendung einer engen Begriffsauslegung wird die Forderung nach Minimierung der Prüfungskosten gleichgesetzt mit der Bedingung der Minimierung des dem zu prüfenden Unternehmen in Rechnung zu stellenden zeitabhängigen Prüfungshonorars (→ I.6.5.2.2.4), das im Gegensatz zum Werthonorar von der Art der Prüfungsdurchführung abhängig ist. Demnach ist das Wirtschaftlichkeitsprinzip bei der Prüfung dann erreicht, wenn das Urteil über die Ordnungsmäßigkeit des Jahresabschlusses mit der verlangten Mindestqualität bei minimalem Verbrauch an Prüferzeiten gefällt wird. Nach einer weiteren Begriffsfassung zählen zu den Prüfungskosten alle der einzelnen Prüfung unmittelbar oder mittelbar zurechenbaren Aufwendungen des jeweiligen Abschlussprüfers. Weiterhin ist zu berücksichtigen, dass auch beim zu prüfenden Unternehmen Prüfungskosten anfallen können, wie z. B. Personalkosten für die von Arbeitnehmern des zu prüfenden Unternehmens aufgewandte Arbeitszeit oder Raumkosten für die Arbeitsplätze der Prüfer in den Geschäftsräumen des zu prüfenden Unternehmens. Selbst Nacharbeitungskosten, wirtschaftliche Verluste, die dem zu prüfenden Unternehmen auf Grund der Nichtaufdeckung von Fehlern entstehen, und Kosten durch mögliche rechtliche Inanspruchnahme des Prüfers können in den Kosten berücksichtigt werden.

Das Ziel, die Prüfungskosten zu minimieren, kann häufig nicht uneingeschränkt verfolgt werden, da auch *zeitliche und personelle Restriktionen* im Prüfungsunternehmen *als Nebenbedingungen* zu beachten sind. Bei der Entwicklung einer Prüfungsstrategie und bei der Erarbeitung eines Prüfungsprogramms hat der Abschlussprüfer insbesondere das Risiko und die Wesentlichkeit zu berücksichtigen (ISA 300.8 f. und 300.A8 ff.).

1.2   Prüfungsrisiko

1.2.1   Aufbau des Prüfungsrisikomodells

Im Rahmen einer prüfungsrisikoorientierten Jahresabschlussprüfung wird das *Prüfungsrisiko* als die Wahrscheinlichkeit definiert, dass der Abschlussprüfer den Jahresabschluss bzw. ein Prüffeld[1] akzeptiert, obwohl wesentliche falsche Angaben vorliegen (zur Definition des Prüfungsrisikos und seiner Komponenten siehe auch IDW PS 200.29-32, IDW PS 261.6). Man spricht auch vom Risiko einer irrtümlichen Annahme bzw. einem β-Fehler. Die Gefahr einer irrtümlichen Ablehnung, d. h. eines α-Fehlers, ist dagegen nicht ausdrücklicher Gegenstand des risikoorientierten Prüfungsansatzes. Eine Möglichkeit zur prüfungszieladäquaten Beachtung des Prüfungsrisikos besteht in dessen (vereinfachter) Abbildung in sog. *Risikomodellen*.

Die grundsätzliche Struktur eines Risikomodells verdeutlicht nachfolgende in SAS 47 enthaltene Gleichung:[2]

$$AR = IR \cdot CR \cdot DR$$

AR =   Audit Risk (Prüfungsrisiko) = Wahrscheinlichkeit dafür, dass der Prüfer ein Prüffeld für normenkonform befindet, obwohl wesentliche falsche Angaben vorliegen;

IR =   Inherent Risk (inhärentes Risiko) = Wahrscheinlichkeit für das Auftreten wesentlicher falscher Angaben unter der Annahme, dass es keine internen Kontrollen gibt;

CR =   Control Risk (Kontrollrisiko) = Wahrscheinlichkeit dafür, dass wesentliche falsche Angaben nicht rechtzeitig durch das interne Kontrollsystem verhindert oder aufgedeckt werden;

DR =   Detection Risk (Entdeckungsrisiko) = Wahrscheinlichkeit dafür, dass der Prüfer wesentliche falsche Angaben nicht aufdeckt.

Die Beurteilung des *inhärenten Risikos* ($\rightarrow$ II.3.2.1) ist eine vergleichsweise unstrukturierte, komplexe Aufgabe und verlangt die Integration einer großen Bandbreite quantitativer und qualitativer Daten. Das inhärente Risiko wird durch eine Vielzahl von

---

1   Die ISA definieren das Prüfungsrisiko und seine Komponenten in Bezug auf Abschlussaussagen.
2   Vgl. *AICPA* (1984).

Faktoren bestimmt.[3] Diese lassen sich in allgemeine und prüffeldspezifische Faktoren unterscheiden:[4]

- Allgemeine Faktoren
  - makroökonomische Faktoren (z. B. die konjunkturelle Lage),
  - branchenspezifische Faktoren (z. B. die wirtschaftliche Lage des Wirtschaftszweiges) und
  - mandantenspezifische Faktoren (z. B. dessen wirtschaftliche Lage, die Art bzw. die Größe des Unternehmens, die Integrität und Qualität des Managements oder die Qualität des Personals).
- Prüffeldspezifische Faktoren
  Dazu zählen bspw. die Art und die Verwertbarkeit des Vermögenspostens oder die Existenz von komplexen Berechnungen, Schätzgrößen oder Ermessensspielräumen (z. B. ISA 315.A120).

Das inhärente Risiko besteht unabhängig vom Prüfungsprozess. Der Prüfer kann es schätzen, aber nicht beeinflussen oder kontrollieren.

Das *Kontrollrisiko* ist eine Funktion der Wirksamkeit der internen Kontrollen des Mandanten bzgl. des Vermeidens oder des Aufdeckens wesentlicher falscher Angaben (ISA 200.A39). Der Abschlussprüfer muss ein Verständnis über die Kontrollstruktur des zu prüfenden Unternehmens gewinnen. Hierzu sollte er spezifische interne Kontrollen identifizieren und bewerten. Existieren in dem zu untersuchenden Prüffeld interne Kontrollen und ist es die beabsichtigte Prüfungsstrategie, auf diese zu vertrauen, werden *systemorientierte Prüfungshandlungen* vorgenommen, um die Wirksamkeit solcher internen Kontrollen zu bewerten (→ II.3.2.2). Wirksame interne Kontrollen in einem Prüffeld reduzieren das Kontrollrisiko, wohingegen unwirksame interne Kontrollen es erhöhen (Kontrollschwächen liegen bspw. bei unangemessener Dokumentation, beim unbeschränkten Zugriff auf leicht verkäufliche Vermögensgegenstände oder beim Fehlen einer Lagerbuchführung vor).

Das Kontrollrisiko kann nie gleich null sein, denn die internen Kontrollen vermögen nie vollständige Sicherheit zu liefern, so dass alle wesentlichen falsche Angaben verhindert oder aufgedeckt würden. Selbst bei der Anwendung wirksamer interner Kontrollen besteht wegen inhärenter Systembeschränkungen immer ein gewisses Kontrollrisiko. Diese Systembeschränkungen liegen darin begründet, dass Kontrollen z. B. infolge unverständlicher Kontrollanweisungen oder auf Grund menschlichen Versagens durch mangelnde Sorgfalt, durch Ablenkungen und durch Ermüdung unwirksam sein können. Des Weiteren lassen sich Kontrollen, die auf Funktionstrennung beruhen, durch betrügerisches Zusammenwirken von Angestellten umgehen. Daneben gibt es immer die Möglichkeit, dass sich das Management über die internen Kontrollen hinwegsetzt, wenn es bewusst Fehler begehen will (*management override of controls*). Wie das inhärente Risiko besteht auch das Kontrollrisiko unabhängig vom Prüfungsprozess. Es liegt in der

---

3 Vgl. z. B. *Peters* (1989); *Quick/Monroe/Ng/Woodliff* (1997); *IDW* (2006), R 61.
4 ISA 315.3, 315.5, 315.25 und 315.A105-A113 unterscheidet zwischen Risiken auf der Ebene des gesamten Jahresabschlusses und Risiken auf der Ebene von Abschlussaussagen; vgl. z. B. *Ruhnke/Lubitzsch* (2006), S. 373 f.

Verantwortung des Mandanten, das Kontrollrisiko zu kontrollieren. Der Prüfer kann es zwar schätzen, keineswegs aber seine Höhe beeinflussen.

ISA 200.A40 geht davon aus, dass bei der Beurteilung des Risikos einer wesentlichen Falschaussage nicht mehr zwischen inhärentem Risiko und Kontrollrisiko zu unterscheiden ist, sondern dass diese Risiken gemeinsam zu beurteilen sind. Gleichwohl ist auch weiterhin eine getrennte Beurteilung der Risiken zulässig.[5]

Das *Prüfungsrisiko* ist *vorzugeben*. Die Prüfungspraxis sieht häufig ein Prüfungsrisiko von 5 % als angemessen an und erachtet Variationen bis zu maximal 10 % als gerechtfertigt. Bisweilen wird für das Prüfungsrisiko auch eine Bandbreite von 1–5 % vorgeschlagen. Der Prüfer hat das *inhärente Risiko* und das *Kontrollrisiko* zu *schätzen*. Danach lässt sich das maximal zulässige Entdeckungsrisiko durch Umformung obiger Gleichung ermitteln:

$$DR = \frac{AR}{IR \cdot CR}$$

Für AR = 5 %, IR = 90 % und CR = 50 % ergibt sich bspw. ein maximal zulässiges Entdeckungsrisiko von

$$DR = \frac{0,05}{0,9 \cdot 0,5} = 11,1 \ \%.$$

Das *Entdeckungsrisiko* stellt demnach die vom Prüfer *zu kontrollierende Variable* dar. Es ist so anzupassen, dass das Prüfungsrisiko auf das vorgegebene Niveau reduziert bleibt. Zwischen dem inhärenten Risiko und dem Kontrollrisiko auf der einen Seite und dem Prüfungsrisiko auf der anderen Seite besteht eine inverse Beziehung. Zu einem gegebenen Prüfungsrisiko kann eine Erhöhung des inhärenten Risikos bzw. des Kontrollrisikos durch ein geringeres Entdeckungsrisiko kompensiert werden. Ein niedriges inhärentes Risiko bzw. Kontrollrisiko erlaubt dagegen ein höheres Entdeckungsrisiko (ISA 200.A42, IDW PS 261.6).

Die *Kontrolle des Entdeckungsrisikos* erfolgt durch eine *Modifikation des Prüfungsprogramms*, d. h. insbesondere durch eine Anpassung von Art und Umfang der geplanten Prüfungshandlungen. Ein niedriges Entdeckungsrisiko erfordert zuverlässigere Prüfungshandlungen, d. h. der Prüfer hat mehr Einzelfallprüfungen durchzuführen und darf sich weniger auf analytische Prüfungshandlungen verlassen, da Einzelfallprüfungen im Vergleich zu analytischen Prüfungshandlungen grundsätzlich den höheren Sicherheitsbeitrag leisten. Ist das zulässige Entdeckungsrisiko gering, sind somit umfangreichere Prüfungshandlungen notwendig, d. h. insbesondere der Stichprobenumfang muss erhöht werden (ISA 330.A15). Neben dem Prüfungsprogramm werden aber auch zeitliche und personelle Aspekte der Prüfung beeinflusst. Ein niedriges maximal zulässiges Entdeckungsrisiko limitiert die Möglichkeiten für Vorprüfungen (d. h. die Vornahme von Prüfungshandlungen vor Aufstellung des Jahresabschlusses), da diese im Vergleich zur Hauptprüfung einen geringeren Sicherheitsbeitrag leisten. Schließlich bedingt ein niedriges Entdeckungsrisiko einen erhöhten Zeit- und Personalbedarf und es erfordert den Einsatz von qualifizierterem Personal.

---

5   Vgl. *Ruhnke/Lubitzsch* (2006), S. 374.

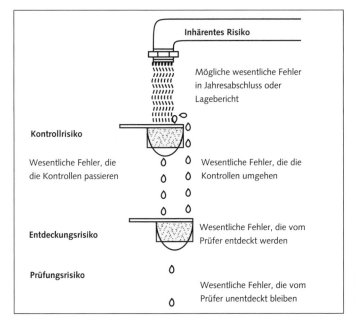

Kontrollrisiko

Wesentliche Fehler, die
die Kontrollen passieren

Entdeckungsrisiko

Prüfungsrisiko

Inhärentes Risiko

Mögliche wesentliche Fehler
in Jahresabschluss oder
Lagebericht

Wesentliche Fehler, die die
Kontrollen umgehen

Wesentliche Fehler, die vom
Prüfer entdeckt werden

Wesentliche Fehler, die vom
Prüfer unentdeckt bleiben

Abb. II.1-1: »Wasserhahn-Sieb-Analogie« zur Beschreibung des Prüfungsrisikos[6]

Das Risikomodell aus SAS 47 lässt sich durch die »*Wasserhahn-Sieb-Analogie*« erläutern (vgl. Abb. II.1-1).

Die Möglichkeit, dass in einem Prüffeld wesentliche falsche Angaben auftreten (inhärentes Risiko), wird durch den Wasserhahn bzw. den Wasserstrahl dargestellt. Die Siebe symbolisieren Maßnahmen des Mandanten und des Prüfers zur Aufdeckung wesentlicher falscher Angaben. Zunächst besteht für den Mandanten die Möglichkeit, ein internes Kontrollsystem (IKS) zu installieren, durch das aufgetretene falsche Angaben entdeckt und korrigiert werden können. Das erste Sieb stellt das IKS des Mandanten dar. Es besteht jedoch die Gefahr, dass wesentliche falsche Angaben das IKS unentdeckt durchlaufen oder dieses umgangen wird. Deshalb liegt es in der Verantwortung des Prüfers, Prüfungshandlungen zu entwickeln, mit denen er wesentliche falsche Angaben mit angemessener Sicherheit aufdeckt, so dass keine wesentlichefalsche Angaben in den Jahresabschluss eingehen. Diese Prüfungshandlungen sind durch das zweite Sieb symbolisiert. Wegen der Möglichkeit, dass eine wesentliche falsche Angabe existiert, die nicht durch das IKS des Mandanten oder den Prüfer aufgedeckt wird, besteht immer ein gewisses Prüfungsrisiko (dargestellt durch die falschen Angaben, die beide Siebe durchflossen haben).

Ein leicht modifiziertes Risikomodell sieht wie folgt aus:

$$AR = IR \cdot CR \cdot ARR \cdot TR$$

---

6   Quelle: *AICPA* (1985), S. 44.

Es unterscheidet sich vom Modell aus SAS 47 durch die Untergliederung des Entdeckungsrisikos in die Komponenten *Risiko aus analytischen Prüfungshandlungen* (ARR) und *Testrisiko (Risiko aus Einzelfallprüfungen* (TR)).

Ein wesentlicher Nutzen der Risikomodelle liegt in der Möglichkeit, verschiedene im Verlauf des Prüfungsprozesses gewonnene Informationen einerseits konzeptionell zu trennen, andererseits aber in ihrer Wirkung auf die Güte des Prüfungsurteils gemeinsam zu analysieren. Darüber hinaus liegt der Wert der Modelle vor allem in *ihrem Beitrag zu verbesserten Entscheidungen.* Die den Risikomodellen immanente Zerlegung des Prüfungsrisikos resultiert in der Dekomposition und damit in einer Vereinfachung eines komplexen Beurteilungsprozesses. Zudem zwingt die Zerlegung den Prüfer, explizit Informationselemente zu betrachten, die er bei der Anwendung eines holistischen (ganzheitlichen) Ansatzes übersehen könnte. Diesem Nutzen steht eine Reihe potenzieller Schwächen der Risikomodelle gegenüber, die im Folgenden näher zu betrachten sind.

1.2.2   Modellkritik

Risikomodelle werden unter verschiedenen Aspekten kritisiert:[7]

Mangelnde Unabhängigkeit

Die Anwendung des *Multiplikationssatzes der Wahrscheinlichkeitsrechnung,* der z. B. für drei unabhängige Ereignisse A_1, A_2 und A_3 die Wahrscheinlichkeit P für das gemeinsame Eintreffen mit

$$P(A_1 \cap A_2 \cap A_3) = P(A_1) \cdot P(A_2) \cdot P(A_3)$$

beschreibt, verlangt, dass die einzelnen Teilrisiken unabhängig voneinander sind. Dies entspricht jedoch nicht der Realität. Beispielsweise wird das inhärente Risiko durch das Kontrollrisiko beeinflusst: Je schwächer die internen Kontrollen, d. h. je höher das Kontrollrisiko, desto eher sind die Mitarbeiter versucht, Veruntreuungen zu begehen, d. h. desto höher das inhärente Risiko. Schwache Kontrollen fördern zudem eine sorglosere Einstellung zur Aufgabenerfüllung, so dass mehr unbeabsichtigte Fehler auftreten. Ein *konservativer Ansatz* zur Lösung dieses Problems bestünde darin, das inhärente Risiko mit dem maximalen Wert von 100 % anzunehmen, wodurch jedoch der Prüfungsumfang erhöht würde. Eine weitere Lösungsmöglichkeit liegt darin, keine Trennung in das inhärente Risiko und in das Kontrollrisiko vorzunehmen, sondern eine *kombinierte Schätzung* durchzuführen (ISA 200.A40). Damit wird auch das Problem gelöst, dass es in der Praxis oft schwer ist, zwischen inhärentem Risiko und Kontrollrisiko zu unterscheiden).

Neben der beschriebenen Abhängigkeit des inhärenten Risikos vom Kontrollrisiko existieren weitere Interdependenzen. Eine Nichtberücksichtigung dieser Abhängigkeiten führt zu *einer Unterschätzung der Teilrisiken,* falls die internen Kontrollen schwach

---

7   Zur Kritik an den Risikomodellen siehe insbesondere *Cushing/Loebbecke* (1983) und *Quick* (1996), S. 91–148.

sind. Die Folge wäre ein wesentlich höheres Prüfungsrisiko als vom Prüfer für zulässig erachtet.

Diesem Kritikpunkt lässt sich entgegenhalten, dass die Teilrisiken in den Risikomodellen als *bedingte Wahrscheinlichkeiten* zu interpretieren sind, für die ebenfalls der Multiplikationssatz gilt:[8]

$$P(A_1 \cap A_2 \cap A_3) = P(A_1) \cdot P(A_2 \mid A_1) \cdot P(A_3 \mid A_1 \cap A_2)$$

Mangelnde Objektivität

Die meisten Komponenten der Risikomodelle müssen vom Prüfer subjektiv geschätzt werden. Diese *subjektiven Wahrscheinlichkeiten* bestimmt der Prüfer nach pflichtgemäßem Ermessen, d. h. u. a. unter Berücksichtigung seiner Erfahrungen aus der Vergangenheit. Das Ergebnis hängt auch davon ab, wie stark der Prüfer mit dieser Aufgabe vertraut bzw. trainiert ist. Deshalb kommen verschiedene Prüfer zumeist zu unterschiedlichen Ergebnissen. Eine Kombination objektiver und subjektiver Wahrscheinlichkeiten könne zu einem ungerechtfertigten Genauigkeitseindruck führen.

Unterschätzen subjektive Wahrscheinlichkeiten die (nicht feststellbaren) objektiven Wahrscheinlichkeiten, wird der Prüfer vermutlich zu wenig Prüfungsarbeit verrichten und falsche Angaben nicht entdecken. Die Prüfung kann unwirksam sein und das tatsächliche Prüfungsrisiko höher als geplant. Im umgekehrten Falle verrichtet der Prüfer dagegen zu viel Arbeit. Das Prüfungsrisiko ist geringer als geplant, d. h., die Prüfung ist unwirtschaftlich.

Zudem ist die Zulässigkeit des Rechnens mit subjektiven Wahrscheinlichkeiten umstritten. Andererseits liegen insbesondere für das inhärente Risiko und das Kontrollrisiko keine objektiven Wahrscheinlichkeiten vor, so dass sich letztlich die Frage stellt, auf vorhandenes Wissen zurückzugreifen oder darauf zu verzichten. Die Notwendigkeit, Wahrscheinlichkeitsschätzungen vorzunehmen, erzwingt *die Offenlegung subjektiver Vorstellungen* bzw. der ihnen zu Grunde liegenden Prämissen, die dann zumindest auf Widerspruchsfreiheit überprüft werden können. Der Verzicht auf die Auswertung vorhandenen Wissens dürfte auch deshalb kaum rational sein. Ein solcher Verzicht nimmt dem Entscheidungsträger die Möglichkeit, seine allgemeinen Erfahrungen und speziellen Informationen zu berücksichtigen.

Mangelnde Vollständigkeit

Risikomodelle erfassen das Risiko nicht vollständig. Diese lassen regelmäßig das *Nicht-Stichprobenrisiko* (dieses umfasst alle Risiken, die Teil des Prüfungsprozesses, aber nicht auf Stichproben zurückzuführen sind) aus, da es durch eine adäquate Prüfungsplanung, die Zuordnung kompetenten Personals, eine sorgfältige Überwachung der Prüfungsdurchführung und Maßnahmen zur Qualitätskontrolle zu kontrollieren ist. Sind diese Voraussetzungen jedoch nicht erfüllt, darf das Nicht-Stichprobenrisiko nicht vernachlässigt werden. Dieses Problem lässt sich durch eine explizite Berücksichtigung im Risikomodell lösen, wobei von einer additiven Beziehung zwischen dem Stichprobenrisiko

---

8 Dieser Aspekt wird ausführlich diskutiert von *Lea et al.* (1992).

(DR$_S$) (da der Prüfer bei der Untersuchung einer Stichprobe zu einem anderen Schluss kommen kann, als wenn sämtliche Elemente der Grundgesamtheit untersucht worden wären) und dem Nicht-Stichprobenrisiko (DR$_N$) auszugehen ist:

$$AR = IR \cdot CR \cdot (DR_s + DR_N)$$

Des Weiteren findet sich die Anmerkung, dass das *Risiko der irrtümlichen Ablehnung* eines normenkonformen Jahresabschlusses bzw. Prüffeldes nicht in die Risikomodelle einbezogen werde. Liegt die wesentliche Aufgabe der Risikomodelle darin, zur Planung des Prüfungsumfangs beizutragen, lässt sich dieser Kritik entgegenhalten, dass das Risiko irrtümlicher Ablehnung zwar nicht in die Risikomodelle eingeht, aber auf andere Art und Weise in die Bestimmung des Prüfungsumfangs einfließt. Darüber hinaus lässt sich anfügen, dass das Prüfungsrisiko i. e. S. nur als das Risiko irrtümlicher Annahme definiert ist und den Risikomodellen diese engere Definition zu Grunde liegt. Die Nicht-berücksichtigung des α-Risikos betrifft die Wirtschaftlichkeit der Prüfung. Die vorgestellten Risikomodelle leisten demnach keinen Beitrag zur Beantwortung der Frage nach der optimalen (d. h. kostengünstigsten) Mischung alternativer Prüfungshandlungen.

Mangelnde Stetigkeit

Risikomodelle sind diskreter Natur und unterscheiden lediglich zwischen den Zuständen »keine falsche Angaben« und »Falsche Angaben in Höhe der Materiality-Grenze«. Mit dieser Dichotomie wird die Realität stark vereinfacht. Es ist sehr unwahrscheinlich, dass der tatsächliche Fehlerbetrag exakt der Materiality-Grenze entspricht. Die wahre Fehlerverteilung geht von einem Betrag, der nahe null liegt, bis zu einem Betrag, der die Materiality-Grenze übersteigt. Eine *stetige Wahrscheinlichkeitsverteilung* entspräche daher eher der Wirklichkeit.

Mangelnde Gewichtung

Als weiterer Kritikpunkt an den Risikomodellen wird angeführt, dass die Teilrisiken eine Gleichgewichtung erfahren. Das zulässige Niveau des Prüfungsrisikos lässt sich durch verschiedene Kombinationen aus inhärentem Risiko, Kontrollrisiko und Entdeckungsrisiko einhalten, d. h. eine *wechselseitige Kompensation der Risikokomponenten* ist zulässig. Daraus folgt, dass die Risikomodelle in bestimmten Situationen einen vollständigen Verzicht auf ergebnisorientierte Prüfungshandlungen signalisieren. Beträgt z. B. das vorgegebene AR 5 % und schätzt der Abschlussprüfer das IR auf 40 % und das CR auf 10 %, so ergibt sich ein maximal zulässiges Entdeckungsrisiko von

$$DR = \frac{0,05}{0,4 \cdot 0,1} = 1,25$$

Ein Entdeckungsrisiko von 125 % ist ohne jegliche aussagebezogene Prüfungshandlungen zu erreichen. Ein solches Ergebnis widerspricht allerdings den Prüfungsnormen (ISA 330.18).

Tatsächlich sehen Theorie und Praxis signifikante qualitative Unterschiede zwischen den Teilrisiken. Da die Risikomodelle solche qualitativen Unterschiede ignorieren, ist es unumgänglich, ihrer Anwendung gewisse Beschränkungen aufzuerlegen, bspw. in dem Sinne, dass ein gewisses Mindestniveau an aussagebezogenen Prüfungshandlungen –

unabhängig von den Ergebnissen der Risikoanalyse – unbedingt eingehalten werden muss. Neben dieser praktischen Lösung ließe sich ein *Gewichtungsschema* in das theoretische Konzept der Risikomodelle einbinden. Ein solches Schema könnte folgende Form haben:

$$AR = IR^x \cdot CR^y \cdot DR^z$$

Bei $x = y = z = 1$ ist eine Gleichgewichtung der Teilrisiken gegeben. Damit beinhalten die bislang behandelten Risikomodelle einen Spezialfall des allgemeinen Gewichtungsschemas. Es erscheint jedoch zweifelhaft, dass ein von allen Prüfern zu nutzendes allgemeines Gewichtungsschema spezifiziert werden kann.

Mangelnde deskriptive Eignung

Schließlich wirft man den Risikomodellen vor, dass sie das tatsächliche Verhalten des Abschlussprüfers bei der Verarbeitung der Risikokomponenten nicht korrekt abbilden, u. a. weil sie die Teilrisiken multiplikativ verknüpfen. Empirische Studien gelangten häufig zu dem Ergebnis, dass zwischen dem festgestellten Fehlerrisiko und Prüfungsplanungsentscheidungen allenfalls ein schwacher Zusammenhang existiert.[9] Damit wird klar, dass die Risikomodelle als *deskriptive Modelle* der Schätzung des Prüfungsrisikos ungeeignet sind. Eine fehlende Eignung als mögliche *präskriptive Modelle* wird damit aber nicht bewiesen. Eine Erklärung für die Diskrepanzen zwischen den Aussagen des Risikomodells und den tatsächlichen Risikoschätzungen der Prüfer könnte also zum einen darin liegen, dass deren Entscheidungsprozesse unvollkommen sind, zum anderen aber auch in Modellfehlern zu finden sein.

1.2.3 Posterior-Risikomodelle

Das vorgestellte Risikomodell gehört zu der Gruppe der Jointrisiko-Modelle, die vom American Institute of Certified Public Accountants (*AICPA*) präferiert werden. Diese betrachten das Prüfungsrisiko a priori, d. h. im Planungsstadium. A priori kann sich der Prüfer für eine (korrekte oder irrtümliche) Annahme oder für eine (korrekte oder irrtümliche) Ablehnung der Grundgesamtheit entscheiden. Das Prüfungsrisiko bemisst sich deshalb mit

$$AR = \frac{\text{Wahrscheinlichkeit für die irrtümliche Annahme}}{\text{Wahrscheinlichkeit für die Annahme} + \text{Wahrscheinlichkeit für die Ablehnung}}$$

Da der Nenner des obigen Ausdrucks alle möglichen Ergebnisse umfasst, beträgt die Gesamtwahrscheinlichkeit 1, so dass sich vereinfacht die bereits vorgestellte AICPA-Formel ergibt:

---

9 Vgl. z. B. *Biggs/Mock/Watkins* (1988); *Daniel* (1988); *Strawser* (1990); *Quadackers/Mock/Maijoor* (1996); *Mock/Wright* (1999); *Fukukawa/Mock/Wright* (2005). Der empirische Befund ist aber nicht eindeutig, denn andere Studien belegen, dass sich die Prüfungspraxis im Sinne des Risikomodells verhält, vgl. z. B. *Kaplan* (1985); *O'Keefe/Simunic/Stein* (1994); *Hackenbrack/Knechel* (1997); *Bédard/Johnstone* (2004); *Mock/Turner* (2005).

$$AR = \text{Wahrscheinlichkeit für die irrtümliche Annahme} = IR \cdot CR \cdot DR$$

Das Canadian Institute of Chartered Accountants (*CICA*) empfahl seinen Mitgliedern das Posterior-Risikomodell. Dieses berechnet das Prüfungsrisiko a posteriori, d. h. unter der Annahme, dass der Abschlussprüfer die Grundgesamtheit angenommen hat:[10]

$$AR = \frac{\text{Wahrscheinlichkeit für die irrtümliche Annahme}}{\text{Wahrscheinlichkeit für die Annahme}}$$

Eine Annahmeentscheidung kann korrekt oder falsch sein, so dass sich die Wahrscheinlichkeit für die Annahme als die Summe aus der Wahrscheinlichkeit für die irrtümliche Annahme und der für die korrekte Annahme ergibt. Die Wahrscheinlichkeit für die irrtümliche Annahme beträgt . Für die Wahrscheinlichkeit für die korrekte Annahme setzt das *CICA (1 – IR)* an. Daraus ergibt sich

$$AR = \frac{IR \cdot CR \cdot DR}{IR \cdot CR \cdot DR + (1 - IR)}$$

bzw. als Bestimmungsgleichung für das maximal zulässige Entdeckungsrisiko

$$DR = \frac{AR \cdot (1 - IR)}{(1 - AR) \cdot IR \cdot CR}$$

Es fällt auf, dass die Wahrscheinlichkeit für die korrekte Annahme nur ungenau – mit der Wahrscheinlichkeit, dass eine wesentliche falsche Angabe vorkommt (1 – IR) – geschätzt wird. Eine korrekte Annahme der Grundgesamtheit erfolgt aber bspw. auch dann, falls interne Kontrollen wesentliche falsche Angaben aufdecken (IR × (1 – CR)). Verfeinerte Modelle versuchen, diesen Mangel des CICA-Modells zu vermeiden.[11]

Modellvergleiche zeigen, dass Posterior-Risikomodelle normalerweise zu einem niedrigeren Entdeckungsrisiko und damit zu strengeren Anforderungen an die Prüfungsplanung führen als die Jointrisiko-Modelle. Dies verdeutlicht auch das für das Modell aus SAS 47 eingeführte Beispiel (AR = 5 %, IR = 90 % und CR = 50 %; es ergibt sich ein DR von 11,1 %). Setzt man diese Daten in das Posterior-Risikomodell ein, so ergibt sich für das zulässige Entdeckungsrisiko

$$DR = \frac{0,05 \cdot 0,1}{0,95 \cdot 0,9 \cdot 0,5} \approx 1,17\%$$

Es stellt sich die Frage, ob die Posterior-Risikomodelle zu konservativ sind, oder ob die Jointrisiko-Modelle einseitig eine Steigerung der Wirtschaftlichkeit im Auge haben und die Notwendigkeit eines vertrauenswürdigen Prüfungsurteils aus dem Blick verlieren.

---

10   Vgl. *CICA* (1980), S. 97.
11   Vgl. *Kinney* (1989).

1.3 Materiality

1.3.1 Bedeutung des Konzepts der materiality

Die Definitionen der einzelnen Risikokomponenten der Risikomodelle stellen jeweils auf die Wahrscheinlichkeit für *wesentliche* Fehler ab. Daraus wird deutlich, dass Prüfungsrisiko und Wesentlichkeit (materiality) in einem wechselseitigen Zusammenhang zueinander stehen. Je höher der Wesentlichkeitsgrad, umso geringer ist das Prüfungsrisiko bzw. sind die einzelnen Teilrisiken (ISA 320.A1, IDW PS 250.15).

Das anglo-amerikanische Prüfungswesen behandelt die Bestimmung wesentlicher falscher Aussagen als Problem der materiality (siehe auch IFAC Framework.47, ISA 320). Dabei wird das Konzept der materiality auf das Informationsbedürfnis eines *average prudent investor* bezogen. Demnach darf die Rechnungslegung höchstens einen Fehler in derjenigen Höhe enthalten, der die wirtschaftlichen Entscheidungen der aktuellen und potenziellen Anteilseigner, die eine ausreichende Sachkenntnis und keine besonderen Präferenzen und Risikoneigungen haben, nicht beeinflusst (IASB Conceptual Framework.QC 6ff. sowie IAS 1.31).

Es lassen sich folgende materiality-Ebenen (zu den Grenzen auf Konzernebene → II.9.2.3) unterscheiden:

- *Wesentlichkeitsgrenze auf Abschlussebene* (overall materiality): bezeichnet die Gesamtwesentlichkeit und dient vor allem der Festlegung einer Prüfungsstrategie.
- *Wesentlichkeitsgrenze auf Aussagenebene*: bezeichnet die Festlegung einer unter der Gesamtwesentlichkeit liegenden Wesentlichkeitsgrenze für bestimmte Arten von Aussagen (Aussagen über Geschäftsvorfälle und Ereignisse innerhalb des Prüfungszeitraums, Aussagen über Kontensalden und Aussagen über Ausweis und Angaben), bei denen erwartet werden kann, dass Falschdarstellungen unterhalb der Gesamtwesentlichkeitsgrenze wirtschaftliche Entscheidungen der Abschlussadressaten beeinflussen.
- *Toleranzwesentlichkeit* (performance materiality): bezeichnet den Betrag bzw. die Beträge, der bzw. die vom Abschlussprüfer unterhalb der Wesentlichkeitsgrenze für den Jahresabschluss als Ganzes festgelegt werden, um die Wahrscheinlichkeit dafür, dass die aggregierten nicht korrigierten und nicht aufgedeckten falschen Angaben die Wesentlichkeit für den Abschluss als Ganzes überschreiten, auf ein angemessen niedriges Maß zu reduzieren (ISA 320.9, IDW PS 250.12a).

Während der Prüfung festgestellte falsche Angaben muss der Abschlussprüfer zusammenstellen, soweit diese nicht zweifelsfrei unbeachtlich sind. Der Prüfer kann dabei einen Betrag bestimmen, unterhalb dessen Unrichtigkeiten und Verstöße zweifelsfrei unbeachtlich sind, sodass diese nicht in die Aufstellung nicht korrigierter Prüfungsdifferenzen aufgenommen werden müssen (Nichtaufgriffs- oder Unbeachtlichkeitsgrenze), sofern zu erwarten ist, dass diese Beträge auch aggregiert keine wesentlichen Auswirkungen auf den Abschluss als Ganzes hätten (ISA 450.5, 450.A2, IDW PS 215.19).

Materiality-Aspekte sind sowohl bei der Prüfungsplanung als auch bei der Prüfungsdurchführung, der Urteilsbildung und der Berichterstattung über die Prüfung zu berücksichtigen. Im Bereich der Prüfungsplanung ist dem Konzept der materiality durch die

Auswahl entsprechender, der materiality der jeweiligen Prüfungsgebiete angemessenen Prüfungshandlungen Rechnung zu tragen (ISA 320.10). Damit einher geht die Festlegung des Prüfungsumfangs, der zu einer normenkonformen Beurteilung des Jahresabschlusses erforderlich erscheint, d.h. der zu einer Aufdeckung wesentlicher Fehler führt. Der Abschlussprüfer muss auch die Toleranzwesentlichkeit zur Risikobeurteilung und zur Festlegung von Art, zeitlichem Ablauf und Umfang der Prüfungshandlungen unterhalb der für einzelne Prüffelder bestimmten Wesentlichkeitsgrenzen festlegen (ISA 320.11, IDW PS 250.12).

Auf der Ebene der Prüfungsdurchführung ist zu entscheiden, ob eine identifizierte Falschdarstellung einzeln oder in Summe mit anderen Fehlern wesentlich ist. Dabei ist zu beachten, dass die im Rahmen der Prüfungsdurchführung erlangten Erkenntnisse dazu führen können, dass die ursprünglich festgelegte Wesentlichkeit und erforderlichenfalls die Toleranzwesentlichkeit angepasst werden muss (ISA 320.12-13, 320.A13., IDW PS 250.18).

Da die Prüfungsplanung vor dem Abschlussstichtag beginnt, steht z.B. der Jahresüberschuss, dem bei der Festlegung der materiality eine bedeutende Rolle zukommt (→ II.1.3.2.2), noch nicht fest. Er ist vom Abschlussprüfer zu schätzen. Da der tatsächliche Jahresüberschuss in aller Regel von der Schätzung des Abschlussprüfers abweichen wird, ist auch eine Modifikation der materiality erforderlich.

Im Rahmen der Urteilsbildung hat der Abschlussprüfer zu entscheiden, ob bestimmte bei der Prüfung festgestellte und nicht bereinigte Unrichtigkeiten und Verstöße einzeln oder insgesamt wesentlich sind, sodass Prüfungsaussagen im Bestätigungsvermerk oder im Prüfungsbericht getroffen werden können (ISA 450.6, 450.10-11, 450.A5, 450.A11-18, IDW PS 250.20-24). Hinsichtlich der Berichterstattung über die Prüfung wird das Konzept der materiality sowohl als Minimal-, wie auch als Maximalforderung gesehen, d.h. Wesentliches ist darzustellen, Unwesentliches ist wegzulassen. Die weiteste Interpretation des Konzepts der materiality besteht darin, es darauf zu beziehen, ob vom Abschlussprüfer identifizierte Falschdarstellungen so bedeutend sind, dass diese zu einer Einschränkung oder Versagung des Bestätigungsvermerks führen würden. Diese Auslegung ignoriert, dass der Prüfer die Teilurteile der Prüfung nicht nur hinsichtlich der Aufgabe der Gewinnung eines Gesamturteils abzuleiten hat, sondern auch im Hinblick auf die Aufgabe der Erstellung eines Prüfungsberichts, in dem gerade auch solche Beanstandungen darzulegen sind, die sich nicht auf den Bestätigungsvermerk ausgewirkt haben. Die materiality ist deshalb an der Aufgabe der Prüfung zu orientieren, die neben der Aufgabe der Gewinnung eines Gesamturteils auch die Aufgaben der Prüfungsdurchführung und der Berichterstattung umfasst. Für die Prüfung der Rechnungslegung sind die als wesentlich betrachteten Fehlerbeträge demnach geringer anzusetzen, als es für die Gewinnung eines Gesamturteils erforderlich wäre, da aus dem Blickwinkel des Bestätigungsvermerks unwesentliche Fehler für den Prüfungsbericht wesentlich sein können. Zudem ist zu beachten, dass mehrere unwesentliche Falschdarstellungen u.U. in ihrer Summe wesentlich sind (ISA 320.9).

1.3.2 Quantifizierung und Standardisierung des Konzepts der materiality

1.3.2.1 Grundsätzliche Vorgehensweisen bei der Quantifizierung von materiality-Grenzen auf Abschlussebene

Bei der Ermittlung von materiality-Grenzen für den Abschluss als Ganzes ist zwischen der logisch-deduktiven und der empirisch-induktiven Methode zu unterscheiden. Die *logisch-deduktive* Gewinnung[12] von materiality-Grenzen basiert auf dem Sinn und Zweck des Konzepts der materiality und orientiert sich an der Entscheidungssituation der Informationsempfänger. Somit ist die materiality von Jahresabschlussinformationen davon abhängig, ob diese Informationen Entscheidungen der Adressaten beeinflussen.

Direkte logisch-deduktive Quantifizierungsverfahren versuchen, die Auswirkungen von Jahresabschlussinformationen auf die Entscheidungsbildung der Adressaten auf direktem Wege zu ermitteln, d. h. sie haben zum Ziel, das Entscheidungssystem des Adressaten zu simulieren. Informationen, die den erwarteten Nutzen des Adressaten vergrößern, werden als wesentlich angesehen.

Indirekte Ansätze zur logisch-deduktiven Quantifizierung knüpfen nicht direkt beim Entscheidungssystem des Adressaten an, sondern analysieren die Auswirkungen von Informationen auf bestimmte geeignete Ersatzzielgrößen. Zu den indirekten Verfahren zählen das Prüfungskosten-Nutzenmodell und der investitionsrechnerische Ansatz.

- Ausgangspunkt des *Prüfkosten-Nutzenmodells* ist einerseits das Ziel der Maximierung des sich aus den Jahresabschlussinformationen ergebenden Nutzens und andererseits das Ziel der Minimierung der Prüfungskosten. Beide Komponenten können jeweils in einer Funktion erfasst werden, nämlich der Prüfungskostenfunktion und der Fehlerkostenfunktion (vgl. Abb. II.1-2).

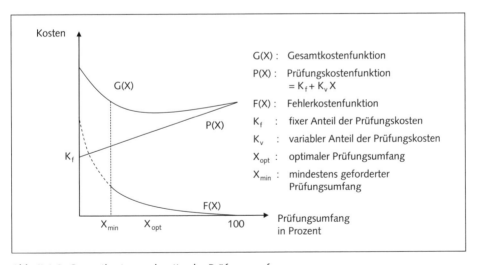

Abb. II.1-2: Gesamtkosten und optimaler Prüfungsumfang

---

12 Vgl. *Würtele* (1989), S. 16–57.

Aus der Prüfungskostenfunktion und der Fehlerkostenfunktion, die die Kosten des entgangenen Nutzens auf Grund der Nichtveröffentlichung von Informationen und der Veröffentlichung fehlerhafter Informationen darstellt, lässt sich eine Gesamtkostenfunktion bilden, deren Minimum den optimalen Prüfungsumfang angibt, von dem sich – zumindest theoretisch – auf das entsprechende Prüfungsrisiko und daraus wiederum auf den optimalen materiality-Grenzwert schließen lässt. Prüfungsstandards fordern eine hinreichende Prüfungssicherheit. Diese Vorgabe begrenzt die Fehlerkosten nach oben (gestrichelte Linie der Fehlerkostenfunktion).

- Der *investitionsrechnerische Ansatz* betrachtet einen potenziellen Investor, der seine Investitionsentscheidung an der Differenz aus dem inneren Wert einer Aktie und deren Börsenkurs unter Berücksichtigung von Transaktionskosten und Steuerwirkungen orientiert. Eine Jahresabschlussgröße ist wesentlich, wenn sie den wahrgenommenen inneren Wert um einen größeren Betrag als die Transaktionskosten verändert, denn nur dann beeinflusst sie die Entscheidungen (Kaufen, Verkaufen) eines Investors.

Die Möglichkeiten der Anwendung logisch-deduktiver Ansätze sind insbesondere auf Grund der unzureichenden Informationen über die Entscheidungsfindung der Adressaten sehr begrenzt. Aber auch andere Elemente dieser Ansätze sind problematisch. So werden z. B. die Prüfungskosten von der festgelegten materiality beeinflusst. Auf der anderen Seite werden im Prüfungskosten-Nutzenmodell die Prüfungskosten zur Ableitung der materiality herangezogen.

Auf Grund der begrenzten Anwendungsmöglichkeiten logisch-deduktiver Ansätze kommen in erster Linie *empirisch-induktive* Ansätze zur Anwendung, d. h. Aussagen zu materiality-Grenzwerten orientieren sich primär an der Analyse empirischer Beobachtungen. Das bedeutendste statistische Verfahren zur Quantifizierung von materiality-Grenzwerten ist die *Diskriminanzanalyse*. Dabei handelt es sich um ein statistisches Verfahren, das auf der Basis empirischer Daten den Zusammenhang einer abhängigen Variablen (hier: materiality-Grenze) von einer oder mehreren unabhängigen Variablen (hier: verschiedene als relevant betrachtete finanz- oder erfolgswirtschaftliche Kennzahlen) beschreiben kann.[13]

1.3.2.2 Materiality-Grenzwerte

Zur Anwendung des Konzepts der materiality sind Entscheidungskriterien (materiality-Grenzen) erforderlich, nach denen der Prüfer festlegen kann, welche Sachverhalte zu prüfen sind und über welche Fehler zu berichten ist, damit der Prüfungszweck uneingeschränkt erfüllt wird. Das Konzept der materiality wird allgemein als *relative Größe* verstanden. So ist ein Fehler in Höhe von 1 Mio. € bei einem Unternehmen mit einem Gewinn i. H. v. 5 Mio. € ohne Zweifel wesentlich, bei einem Unternehmen mit einem Gewinn von 200 Mio. € hingegen eher nicht. Dabei besteht sowohl das Problem der Verwendung *geeigneter Bezugsgrößen* als auch das Problem der *quantitativen Normierung* der relativen Größe.

---

13 Vgl. z. B. *Backhaus et al.* (2008), S. 155–229.

Zumeist steht die Definition von materiality-Grenzwerten als *Prozentsatz einer Jahresabschlussgröße* im Vordergrund, wobei für die Jahresabschlussgröße oft ein Durchschnittswert aus mehreren aufeinanderfolgenden Jahren verwendet wird. Um außerdem eine hinreichende Operationalität zu erreichen, sollte man sich auf die Verwendung quantitativer bzw. quantifizierbarer Größen beschränken sowie möglichst wenige, im Idealfall nur eine Bezugsgröße anwenden. Um eine möglichst breite Anwendbarkeit zu gewährleisten, muss ein materiality-Grenzwert bzw. seine Bezugsgröße von der Unternehmensgröße abhängig sein. Dabei ist zu beachten, dass bestimmte Größenmerkmale branchenspezifisch ausgeprägt sind. So weist z. B. ein Produktionsunternehmen auf Grund des in aller Regel erheblich umfangreicheren Anlagevermögens typischerweise eine wesentlich höhere Bilanzsumme auf als ein ansonsten vergleichbares Handels- oder Dienstleistungsunternehmen. Der Anstieg in der Höhe von materiality-Grenzen sollte nicht proportional, sondern vielmehr degressiv zur Unternehmensgröße verlaufen. Des Weiteren sollte die Bezugsgröße im Zeitablauf möglichst geringe Schwankungen aufweisen und zudem frei von abschlusspolitischen Beeinflussungsmöglichkeiten sein, um die Vergleichbarkeit der Daten verschiedener Jahre sicherzustellen. Abschließend ist Neutralität hinsichtlich inflationärer Tendenzen zu fordern. Als geeignete materiality-Grenzen werden verschiedene Kennzahlen und Prozentsätze diskutiert (ISA 320.A4).

- *Jahresüberschuss vor Steuern*: Hierbei handelt es sich um eine Maßzahl für den nachhaltigen wirtschaftlichen Erfolg eines Unternehmens und sie entspricht daher den Adressateninteressen. Ein quantitativer materiality-Grenzwert, der bei 5 % des Jahresüberschusses liegt, ist am verbreitetsten und wird am häufigsten akzeptiert.[14] Beträge, die kleiner als 5 % sind, gelten als unwesentlich, während Beträge über 5 % für wesentlich angesehen werden. Ein Kritikpunkt an der Verwendung dieser Bezugsgröße besteht in der *Gefahr starker Schwankungen* eines darauf bezogenen materiality-Grenzwertes. Wegen der von Jahr zu Jahr unterschiedlichen Jahresüberschüsse legt der Prüfer deshalb i. d. R. nicht den laufenden Jahresüberschuss, sondern einen *durchschnittlichen Jahresüberschuss* der letzten 3–5 Jahre zu Grunde und erreicht so eine *Glättung der Bezugsgröße*. Ein weiteres Problem der Bezugsgröße »Jahresüberschuss« ist darin zu sehen, dass er direkt *durch die gewählten Bewertungsverfahren und das Ausnutzen von Schätz- und Ermessensspielräumen* (d. h. durch buchmäßige Abschlusspolitik) *beeinflusst* werden kann, was zu einem verzerrten materiality-Grenzwert führt und damit die Aussagekraft der Prüfungsaussagen beeinträchtigt sowie zwischenbetriebliche materiality-Vergleiche erschwert.

  Daneben ist zu bedenken, dass der Jahresüberschuss nicht unbedingt mit der Unternehmensgröße korrelieren muss. Trotz der Durchschnittsbildung besteht weiterhin das grundsätzliche Problem, dass sich die materiality-Grenze von Jahr zu Jahr ändert, so dass Beträge, die im letzten Jahr noch unwesentlich waren, bei sinkenden Jahresüberschüssen und sonst gleichen Bedingungen jetzt wesentlich sein können. In *Verlustjahren* ist die Festsetzung einer materiality-Grenze mit der Bezugsgröße Jahresüberschuss vor Steuern nicht möglich (dieses Problem betrifft insbesondere auch nichterwerbswirtschaftliche Unternehmen). Als Alternative bieten sich daher zu-

---

14   Vgl. etwa *Waters/Tiller* (1997); *Arens/Loebbecke* (2000), S. 54, *Knechel* (2001), S. 329.

nächst die *Umsatzerlöse* an. Diese sind im Gegensatz zur Höhe des Jahresüberschusses vor Steuern i. d. R. nicht durch die gewählten Bewertungsmethoden zu beeinflussen. Angesichts dieser nicht unerheblichen Kritik am Jahresüberschuss verwendet das AICPA (→ I.5.2.2) nur dessen nachhaltige Komponente in Form des Betriebsergebnisses (nach Steuern, after-tax income from continuing operations). Diese Größe wird als derjenige Maßstab angesehen, der nach Ansicht des AICPA – zumindest für börsennotierte Unternehmen – für die Adressaten hinsichtlich ihrer Aussagekraft die größte Bedeutung hat.[15]

Um den angesprochenen Situationen gerecht zu werden, wurden verschiedene alternative Bezugsgrößen in Kombination mit quantitativen Regeln entwickelt, die dem Prüfer bei der Planung der Prüfung nützlich sein können.

- *Rohertrag*: Diese Größe bleibt u. U. auch bei Entstehen eines Jahresfehlbetrags positiv und liefert dann auch bei Schwankungen des wirtschaftlichen Erfolgs brauchbare materiality-Grenzwerte. Allerdings ist ihre Aussagekraft hinsichtlich der Ertragslage gering. Zudem würde eine materiality-Grenze als Prozentsatz des Rohertrags Handelsunternehmen im Vergleich zu Produktionsunternehmen bevorteilen, da deren Bruttogewinn bei gleichem Umsatz oder Nettogewinn i.Allg. höher ist.
- *Eigenkapital*: Für die Verwendung des Eigenkapitals als Bezugsgröße spricht hauptsächlich die Stabilität dieser Größe, daneben ihre zumindest grobe Abhängigkeit von der Unternehmensgröße. Das Eigenkapital sagt jedoch wenig über den wirtschaftlichen Erfolg eines Unternehmens aus.
- *Bilanzsumme*: Bei nichterwerbswirtschaftlichen Unternehmen sind einkommens- und ertragsorientierte materiality-Grenzwerte nicht anwendbar. Für solche Unternehmen wird daher die Bilanzsumme empfohlen. Die Vorteile der Bilanzsumme liegen in ihrer Konstanz und in ihrer direkten Beziehung zur Unternehmensgröße. Von Nachteil ist ihre branchenspezifische Ausprägung. Dieses Problem ließe sich durch die Vorgabe unterschiedlicher materiality-Grenzwerte für verschiedene Branchen lösen.
- *Einnahmen*: Diese sind vor allem bei nichterwerbswirtschaftlichen Unternehmen als Bezugsgröße verwendbar. Sie sind ebenfalls stabiler als der Jahresüberschuss. Als weitere mögliche Bezugsgrößen werden der Verschuldungsgrad, die Eigenkapitalrentabilität und der Marktwert des Eigenkapitals genannt.

Die Anwendung einzelner isolierter Bezugsgrößen und darauf basierender materiality-Grenzwerte führt – wegen der spezifischen Schwächen einzelner Bezugsgrößen – häufig zu logisch nicht plausiblen Ergebnissen. Daraus folgt die Überlegung, *kombinierte Bezugsgrößen* zu schaffen und so die Vor- und Nachteile einzelner Bezugsgrößen auszugleichen. Kombinierte Bezugsgrößen haben zudem den Vorteil, weitgehend sicher vor Manipulationen zu sein, da sich ein aus mehreren Bestandteilen zusammengesetzter Wert erheblich schwerer gezielt beeinflussen lässt als einzelne isolierte Größen. Tab. II.1-1 auf der folgenden Seite vermittelt einen Überblick über quantitative Normierungen von materiality-Grenzen.

---

15 Vgl. *AICPA* (2002), Rn. 70.

Nr.	materiality-Grenzwert	Bezugsgröße	Erläuterungen
1.	3–5%	Jahresüberschuss vor Steuern	Der 5%- materiality-Grenzwert wird bei geringem Periodenerfolg, der 3%-materiality-Grenzwert bei höherem Periodenerfolg angewandt.
2.	3–6%	ordentliches Betriebsergebnis vor Steuern	Der 3%- materiality-Grenzwert wird bei geringem Betriebsergebnis, der 6%- materiality-Grenzwert bei höherem Betriebsergebnis angewandt.
3.	0,25–3%	Umsatzerlöse	Mit steigenden Umsatzerlösen sinkt der anzuwendende%-Satz.
4.	variabler %-Satz	Rohertrag	Der Grenzwert wird z.B. berechnet zu $1{,}5 \times \text{Rohertrag}^{2/3}$
5.	1%	Eigenkapital	Das Eigenkapital eignet sich besonders gut als Bezugsgröße für strenge Obergrenzen, da es eine beständige Größe ist.
6.	0,5%	Bilanzsumme	Dieser materiality-Grenzwert wird bei Unternehmen angewandt, die keine erwerbswirtschaftlichen Ziele verfolgen.
7.	0,5%	Einnahmen	Dieser Quantifizierungsvorschlag geht davon aus, dass Einnahmen stetiger sind als der Periodenerfolg. Er eignet sich zum Einsatz bei gemeinnützigen Unternehmen.
8.	0,5% + 0,5% + 5% + 2% + 1%	Bilanzsumme Einnahmen Jahresüberschuss v. St. Rohertrag (nach Abschreibungen) Eigenkapital	Die Summe dieser Größen wird durch 5 dividiert, d.h. es wird ein Durchschnitt ermittelt. Dieser Ansatz ist auch geeignet, um im Falle negativer Periodenerfolge zu einem Grenzwert zu gelangen.

Tab. II.1-1: Quantitative Regeln zur Bestimmung der materiality-Grenze[16]

Eine Variation der Regel 3 der Tabelle wird als *Audit Gauge* (oder auch Prüfungsmaß) bezeichnet, wobei sich die materiality-Grenze nach folgender Formel errechnet:

$$\text{Audit Gauge} = 1{,}6 \left(\max[\text{Bilanzsumme}; \text{Einnahmen}] \right)^{2/3}$$

Durch die Verwendung einer Wurzelfunktion wächst auch hier die materiality-Grenze langsamer als die zu Grunde liegende Bezugsgröße. Der Multiplikator wurde dabei anhand von empirischen Daten ermittelt.[17]

Empirische Studien konnten eine deutliche Bandbreite in der Festlegung von materiality-Grenzwerten feststellen.[18] Aufgrund dieser Bandbreite möglicher Werte schlagen *Raman/vanDaniker* die Verwendung von Gleitskalen (*sliding scales*) für öffentliche Un-

---

16 Vgl. hierzu *Quick* (1996), S. 205f. und die dort angegebene Literatur.
17 Vgl. hierzu auch *Pany/Wheeler* (1989).
18 Vgl. etwa *Jennings/Kneer/Reckers* (1987).

ternehmen vor, bei denen die materiality-Grenze mit zunehmender Größe des betrachteten Jahresabschlusspostens in Relation kleiner wird.[19] Hierfür wird die Basisgröße B

$$B = \max \{\text{Bilanzsumme, Umsatzerlöse}\}$$

betrachtet, für die folgende Abstufungen vorgesehen sind:

Bezugsgröße	materiality-Grenzwert
B < 100.000 €	B·0,05
100.000 € ≤ B < 1 Mio. €	0,04·(B-100.000 €) + 5.000 €
1 Mio. € ≤ B < 5 Mio. €	0,03·(B-1 Mio. €) + 41.000 €
5 Mio. € ≤ B < 10 Mio. €	0,025·(B-5 Mio. €) + 161.000 €
10 Mio. € ≤ B < 50 Mio. €	0,02·(B-10 Mio. €) + 286.000 €
50 Mio. € ≤ B < 100 Mio. €	0,01·(B-50 Mio. €) + 1.086.000 €
100 Mio. € ≤ B	0,005·(B-100 Mio. €) + 1.586.000 €

Tab. II.1-2: Sliding Scale nach *Raman/vanDaniker* (1994)

Wesentlichkeitsbeurteilungen obliegen dem pflichtgemäßen Ermessen des Abschlussprüfers (ISA 320.4, 320.A7, IDW PS 250.13). Allerdings stellt die daraus folgende Unbestimmtheit des Konzepts der materiality ein Problem dar.

Die Festlegung quantitativer materiality-Grenzwerte könnte zur *Objektivierung der Entscheidungsfindung* des Prüfers beitragen. Für eine diesbezügliche Normierung sprechen folgende Argumente:

• Erhöhte Vergleichbarkeit von Urteilen über die Ordnungsmäßigkeit von Jahresabschlüssen, da sie die Einheitlichkeit von Prüfungsurteilen unterstützen;

• Sicherstellung einheitlicher Auslegungen gleichartiger Sachverhalte in Bezug auf die Höhe des Fehlerbetrags;

• Ohne Vorgabe von Richtlinien ist es möglich, dass gleichartige Sachverhalte in Bezug auf den Fehlerbetrag durch verschiedene Prüfer unterschiedlich beurteilt werden.

• Quantitative materiality-Richtlinien erhöhen das Vertrauen der Jahresabschlussadressaten in das Prüfungsurteil, da sie die Beachtung der Richtlinien erwarten können.

• Das Fehlen verbindlicher materiality-Richtlinien macht den Prüfer in juristischer Hinsicht angreifbar, da er sich nicht auf eine zwingend vorgeschriebene Anwendung bestimmter Normen berufen kann.

• Fehlen verbindliche materiality-Richtlinien, so steht der Richter vor demselben Problem wie der Prüfer, nach eigenem Ermessen entscheiden zu müssen, ob ein Sachverhalt als wesentlich zu beurteilen ist. Vorgegebene Richtlinien könnten solche Situationen von vornherein vermeiden, da Jahresabschlussersteller, Prüfer und Adressaten von denselben zwingend vorgeschriebenen Grenzwerten ausgehen müssten und deshalb nur wenig Raum für verschiedene materiality-Auffassungen wäre. Folglich wären

---

19 Vgl. *Raman/vanDaniker* (1994).

Meinungsverschiedenheiten zwischen Prüfer und Unternehmensleitung über das, was als wesentlich zu erachten ist, teilweise zu *vermeiden*.

- Richtgrößen böten Anhaltspunkte für die Urteilsfindung von Gerichten.
- Die *Ausbildung des Berufsnachwuchses würde erleichtert*, da Berufsanfänger über keine Erfahrungen verfügen, so dass sie zur Entscheidungsfindung auf allgemeine Regeln zurückgreifen müssen. Dabei sind Richtgrößen leichter vermittelbar als die umfassende und langjährige Berufserfahrung, anhand der ansonsten die Beurteilung der materiality von Sachverhalten erfolgt.
- *Wettbewerbsverzerrungen* zwischen Prüfungsunternehmen können *vermieden* werden, da die Reduzierung von Prüfungskosten durch eine geringere Prüfungsgenauigkeit, d. h. höhere materiality-Grenzwerte verhindert wird.

Die Gegner der Vorgabe von materiality-Grenzwerten bringen folgende Einwände vor:
- *Materiality-Probleme könnten nur unter Berücksichtigung des jeweiligen Tatbestands entschieden* werden. Die relevanten Umstände einer Entscheidungssituation wären jedoch nur dem Prüfer bekannt. Nur er könne deshalb Relevanz und Gewicht der Faktoren abwägen und befände sich folglich in der besten Position, über die Wesentlichkeit eines Sachverhaltes richtig zu entscheiden (professional judgement).
- Es sei schwierig, die passende Richtgröße für die Vielzahl der verschiedenen materiality-Entscheidungen herauszufiltern.
- Die Festlegung quantitativer Richtgrößen würde die Freiheit des Berufsstands und das *unabhängige berufliche Urteilsvermögen einschränken*.
- Eine materiality-Vorgabe entbinde den Prüfer teilweise von seiner materiellen Verantwortung und kritischen Grundhaltung, weil er sich auf einen formellen Vergleich von Zahlen zurückziehen kann. Gerade der Verzicht auf eine allgemein verbindliche Regelung und die damit verbundene Möglichkeit der Würdigung spezifischer Umstände kann zu einer Vermeidung von Fehlern beitragen.
- Es bestehe das Risiko, dass materiality-Richtlinien den Prüfer fehlleiten.
- Feste Richtgrößen schwächen die Position des Prüfers gegenüber dem Management in den Fällen, in denen er auf Grund spezifischer Umstände eine Abweichung von den üblichen Standards für geboten hält.

Wohl aus diesen Gründen wird sowohl in den internationalen, als auch in den nationalen Prüfungsnormen die Auffassung vertreten, dass allgemeine Bezugsgrößen und damit materiality-Grenzen *nicht vorgegeben werden können* (ISA 320.4, IDW PS 250.13).

Zu Recht wird bezweifelt, dass eine allgemeine Richtgröße in allen Fällen zu sinnvollen Ergebnissen führen kann. Je nach Sachverhalt, zu beurteilender Position, Unternehmensbranche und -größe und wirtschaftlicher Lage sind verschiedene materiality-Grenzwerte und Bezugsgrößen als geeignet zu betrachten, weshalb materiality-Grenzwerte in Abhängigkeit von diesen Aspekten vorgegeben werden sollten. Zusätzlich muss ein Abweichen von materiality-Richtlinien gefordert werden, wenn dies nach dem pflichtgemäßen Ermessen des Prüfers unter Würdigung der Umstände des Einzelfalls geboten scheint. Eine *Flexibilität* von materiality-Grenzwerten lässt sich durch die *Vorgabe mehrerer Richtgrößen mit verschiedenen Bezugsgrößen* gewährleisten. Um den Besonderheiten des Einzelfalls ausreichend Rechnung zu tragen, gibt man z. T. *Bandbreiten* von

Prozentsätzen zur Beurteilung der materiality vor. Innerhalb dieser Bandbreiten obliegt die materiality-Beurteilung dem prüferischen Ermessen unter Beachtung der dem jeweiligen Fall innewohnenden spezifischen Gegebenheiten. Auch die Vorgabe von Bandbreiten ruft jedoch Probleme hervor, wie z.B. die Bestimmung der adäquaten Breite und der Randwerte oder die Frage, ob für verschiedene zu beurteilende Sachverhalte unterschiedliche Bandbreiten anzugeben sind. Die Vorgabe einer materiality-Richtgröße als Bandbreite birgt zudem die Gefahr, dass stets die obere Grenze Anwendung findet.

Materiality-Entscheidungen sind zwar in erster Linie quantitativer Art, es müssen jedoch ggf. auch *qualitative Kriterien* zur Bestimmung der materiality herangezogen werden (ISA 450.A15-16, IDW PS 250.16), d.h. ein vom quantitativen Gesichtspunkt unwesentlicher Fehler kann wegen seiner qualitativen Natur als wesentlich angesehen werden.[20] Zu den Umständen, die sich auf die Beurteilung auswirken können, gehört z.B. das Ausmaß, in dem die falsche Angabe:

- sich auf die Einhaltung rechtlicher Anforderungen auswirkt,
- sich auf die Einhaltung von vertraglichen Beschränkungen im Zusammenhang mit Schulden oder von anderen vertraglichen Pflichten auswirkt,
- sich auf die unrichtige Anwendung einer Rechnungslegungsmethode bezieht, die zwar unwesentliche Auswirkungen auf den Abschluss des laufenden Geschäftsjahres, jedoch wahrscheinlich wesentliche Auswirkungen auf die Abschlüsse zukünftiger Geschäftsjahre hat,
- eine Änderung in der Ertragslage oder in anderen Trends verschleiert, insbesondere im Zusammenhang mit der allgemeinen Wirtschafts- und Branchenlage,
- sich auf Kennzahlen auswirkt, die zur Beurteilung der Vermögens-, Finanz- und Ertragslage oder der Cashflows der Einheit verwendet werden,
- sich auf im Abschluss dargestellte Segmentinformationen auswirkt (z.B. die Bedeutung eines Sachverhalts für ein Segment oder einen Teil des Geschäfts der Einheit, der als bedeutsam für die Geschäftstätigkeit oder die Rentabilität der Einheit erkannt wurde,
- zu einem Anstieg der Managementvergütung führt, bspw. indem sie bewirkt, dass die Anforderungen für die Gewährung von Boni oder anderen Anreizen erfüllt werden,
- bedeutsam nach dem Verständnis des Abschlussprüfers von bekannten vorherigen Mitteilungen an Nutzer ist (bpsw. im Zusammenhang mit prognostizierten Ergebnissen).

Würden qualitative Merkmale bei der Beurteilung der materiality nicht berücksichtigt, so bestünde die Gefahr, dass einzelne Sachverhalte irrtümlich nicht als wesentlich eingestuft werden, weil sie erheblich zu niedrig ausgewiesen werden.

---

20   Die Notwendigkeit, qualitative Faktoren zu berücksichtigen, belegen z.B. *Chewning/Higgs* (2002); *DeZoort/Hermanson/Houston* (2003).

Empirische Ergebnisse zum Konzept der Wesentlichkeit

Die Ergebnisse von empirischen Studien zeigen eine deutliche Bandbreite bei der Anwendung des Konzepts der Wesentlichkeit durch den Abschlussprüfer. *Holstrum/Messier* (1982) sowie *Mayper/Schroeder Doucet/Warren* (1989) finden heraus, dass Prüfer aus den großen, internationalen Prüfungsgesellschaften z.T. höhere materiality-Grenzwerte festlegen als andere Prüfer. Darüber hinaus stellt *Messier* (1979) fest, dass erfahrenere Prüfer höhere materiality-Grenzwerte festlegen. *Carpenter/Dirsmith/Gupta* (1994) können mit zunehmender Mandatsdauer des Abschlussprüfers eine höhere materiality-Grenze nachweisen. *Icerman/Hillison* (1991) sowie *Costigan/Simon* (1995) zeigen, dass materiality-Entscheidungen auch vom inneren Aufbau bzw. der Organisation der beauftragten Prüfungsgesellschaft geprägt werden. *Pany/Wheeler* (1989) sowie *Iskandar/Iselin* (1996) finden heraus, dass die Branche des zu prüfenden Unternehmens einen Einfluss auf die materiality-Entscheidung des Prüfers hat. *Blokdijk/Drieenhuizen/Simunic/Stein* (2003) stellen fest, dass Prüfer mit zunehmender Größe des Mandanten sowie höherer Qualität der Internen Kontrollen eine höhere materiality-Grenze ansetzen.

1.3.3 Materiality-Allokation und -Aggregation

Nach der Bestimmung der Gesamtmateriality-Grenze (M) für die Jahresabschlussprüfung stellt sich das Problem, diesen Wert auf die einzelnen Bereiche der Prüfung aufzuteilen, da der Abschlussprüfer das Konzept der Wesentlichkeit nicht nur im Hinblick auf den gesamten Abschluss, sondern auch im Hinblick auf einzelne Arten von Abschlussaussagen (Aussagen über Geschäftsvorfällen und Ereignisse innerhalb des Prüfungszeitraums, Aussagen über Kontensalden und Aussagen über Ausweis und Angaben), zu berücksichtigen hat (ISA 320.10, ISA 320.A12, IDW PS 250.12). Dabei ist auch zu berücksichtigen, dass bestimmte Falschdarstellungen, die betragsmäßig unter der Gesamtmateriality liegen, die Entscheidungen der Jahresabschlussadressaten beeinflussen können (ISA 320.10, IDW PS 250.12a). Die Bestimmung der materiality für einzelne Arten von Geschäftsvorfällen, Kontensalden oder Abschlussaussagen wird durch die Gesamtmateriality-Grenze des gesamten Prüfungsauftrags beeinflusst, da diese von den individuellen materiality-Grenzen (M_i) gemeinsam eingehalten werden muss.

Der gängigste Vorschlag zur materiality-Allokation ist in der sog. Quadratwurzel-Formel zu sehen:[21]

$$M = \sqrt{\sum_{i-1}^{l} M_i^2}$$

Diese Bedingung wird von einer Anzahl von Kombinationen der M_i erfüllt. Die *Summe der M_i kann hierbei M überschreiten*. Aus dieser allgemeinen Allokationsbedingung lässt sich eine Formel herleiten, welche die individuelle materiality-Grenze eines Prüffeldes in

---

21 Vgl. *Elliott/Rogers* (1972), S. 53.

Abhängigkeit von dessen relativem Wert BW$_i$ (d. h. dem Anteil des Buchwertes des Prüffeldes in Relation zur Summe der Buchwerte aller Prüffelder, BW) eindeutig festlegt:[22]

$$M_i = M \cdot \sqrt{\frac{BW_i}{BW}}$$

Der Vorteil des geschilderten Ansatzes liegt in seiner Einfachheit und Praktikabilität. Zur Bestimmung eines Ausgangswertes für die individuelle materiality eines Prüffeldes müssen lediglich die Gesamtmateriality sowie die Buchwerte der Prüffelder vorliegen. Bei der Bestimmung zulässiger materiality-Grenzen spielen jedoch zahlreiche, insbesondere auch qualitative Faktoren eine Rolle. Deshalb ist der so errechnete Wert zu modifizieren, so dass dem prüferischen Ermessen eine erhebliche Bedeutung zukommt. Es bietet sich bspw. an, die individuelle materiality für die Prüfung der liquiden Mittel unter dem errechneten Wert festzulegen, da hier eine hohe Genauigkeit mit relativ geringen Kosten erreicht werden kann. Aus der umgekehrten Überlegung heraus erscheint es ratsam, die individuelle materiality bei der Prüfung von Vorräten höher anzusetzen.

Das beschriebene Allokationsverfahren hat die grundsätzlich zu begrüßende Eigenschaft, dass die Gesamtmateriality niedriger ist als die Summe der individuellen materiality-Grenzwerte. Dabei ist allerdings zu beachten, dass die Differenz dieser beiden Größen bei einer Aufteilung des gesamten Prüfungsstoffs in sehr viele kleine Prüffelder sehr groß wird. Diesen Zusammenhang verdeutlicht folgendes Beispiel: BW = 2.500 €, M = 20 €. Das Prüfungsvolumen wird in 25 Prüffelder zu je 100 € aufgeteilt. Man erhält

$$M_i = 20 \text{ €} \cdot \sqrt{\frac{100 \text{ €}}{2500 \text{ €}}} = 4 \text{ €}.$$

Die Summe der individuellen materiality-Grenzwerte beträgt hier 100 € und unterscheidet sich erheblich von M. Derart hohe individuelle materiality-Grenzwerte sind kaum zu tolerieren, so dass das Allokationsverfahren für die Prüfungspraxis allenfalls in modifizierter Form anwendbar ist.[23] Auf Grund der den theoretischen Allokationsproblemen innewohnenden Umsetzungsprobleme bedient sich die Prüfungspraxis i. d. R. vereinfachten Vorgehensweisen, indem z. B. als individuelle materiality 50 % der Gesamtmateriality angesetzt wird. Der Normgeber hat das Problem durch die Notwendigkeit zur Festlegung von Toleranzwesentlichkeitsgrenzen erkannt.

Die Teilurteile, die der Prüfer auf Basis der akzeptierten Fehlerbeträge für die einzelnen Prüffelder abgeleitet hat, sind zu einem konsistenten Gesamturteil zu verdichten (materiality-Aggregation). Im Gegensatz zu der materiality-Allokation, die eine ex ante Beurteilung der innerhalb eines Prüffeldes zu tolerierenden Fehler darstellt, werden im Rahmen der materiality-Aggregation die tatsächlich festgestellten Abweichungen in den einzelnen Prüffeldern unabhängig von einer Allokation der Gesamtmateriality zusammenfasst. Materiality-Allokation und -Aggregation sind widerspruchsfrei, sofern der Abschlussprüfer alle Prüffelder einzeln akzeptiert. Lehnt der Prüfer verschiedene Prüffelder ab, ist ein Vergleich der Summe der beobachteten Abweichungen und der Gesamtma-

---

22 Vgl. zur Herleitung z. B. *Quick* (1996), S. 216–221.
23 Zu weiteren Allokationsverfahren vgl. z. B. *Quick* (1996), S. 222–227.

teriality notwendig, um über die Annahme des Jahresabschlusses zu entscheiden. Für den Fall, dass die in den einzelnen Prüffeldern festgestellte Abweichung in der Summe die Gesamtmateriality nicht übersteigt, ist der Jahresabschluss als ordnungsgemäß zu akzeptieren. Für den Fall, dass die Summe der festgestellten Abweichungen die Gesamtmateriality übersteigt, sollte der Abschlussprüfer vom Mandanten eine Korrektur des Jahresabschlusses verlangen. Sofern der Mandanten dies ablehnt, hat der Prüfer den Bestätigungsvermerk (→ II 6.3.1) einzuschränken oder zu versagen.

Materiality und Höhe des Prüfungsrisikos stehen in einem umgekehrten Verhältnis zueinander: je höher die Wesentlichkeitsgrenze, um so geringer das Prüfungsrisiko und umgekehrt (ISA 320.10, IDW PS 250.15).[24]

Kontrollfragen

1. Beschreiben Sie die Zielfunktion einer handelsrechtlichen Jahresabschlussprüfung.
2. Aus welchen Elementen bestehen Prüfungsrisikomodelle? Zeigen Sie dabei auf, wie diese Komponenten ermittelt werden.
3. Welche Probleme sind den Risikomodellen immanent?
4. Wie unterscheiden sich a priori- von a posteriori-Risikomodellen?
5. Welche materiality-Bezugsgrößen werden vorgeschlagen? Diskutieren Sie die Vor- und Nachteile der einzelnen Bezugsgrößen.
6. Was versteht man unter materiality-Allokation?

Zitierte und weiterführende Literatur

AICPA (1981): Statement on auditing standards No. 39 – audit sampling, in: The Journal of Accountancy, Heft August, S. 106–110.

AICPA (1984): Statement on auditing standards No. 47 – audit risk and materiality in conducting an audit, in: The Journal of Accountancy, Heft February, S. 143–146.

AICPA (1985): Audits of Small Businesses, New York.

AICPA (2002): Performing Audit Procedures in Response to Assessed Risks and Evaluating the Audit Evidence Obtained, in: Proposed Statements on Auditing Standards, Exposure Draft, New York.

Arens, A./Loebbecke, J.K. (2000): Auditing – An Integrated Approach, 8. Aufl., New Jersey.

Backhaus, K./Erichson, B./Plinke, W./Weiber, R. (2008): Multivariate Analysemethoden – Eine anwendungsorientierte Einführung, 12. Aufl., Berlin.

Bédard, J./Johnstone, K. (2004): Earnings Manipulation Risk, Corporate Governance Risk, and Auditors´ Planning and Pricing Decisions, in: The Accounting Review, S. 277–304.

Biggs, S.F./Mock, T.J./Watkins, P.R. (1988): Auditor´s Use of Analytical Review in Audit Program Design, in: The Accounting Review, S. 148–161.

Blokdijk, H./Drieenhuizen, F./Simunic, D.A./Stein, M.T. (2003): Factors Affecting Auditors' Assessments of Planning Materiality, in: Auditing: A Journal of Practice & Theory, S. 297–307.

Carpenter, B.W./Dirsmith, M.W./Gupa, P.P. (1994): Materiality Judgements and Audit Firm Culture – Social-Behavioral and Political Perspectives, in: Accounting, Organizations and Society, S. 355–380.

Chewning, E.G.jr./Higgs, J.L. (2002): What Does ›Materiality‹ Really Mean?, in: The Journal of Corporate Accounting & Finance, Heft 4, S. 61–71.

CICA (1977): Materiality in Auditing, 5. Aufl., Toronto.

---

24 Vertieft hierzu *Wolz* (2003), S. 156–173.

CICA (1980): Extent of Audit Testing. A Research Study, Toronto.

Colbert, J.L. (1987): Audit risk – Tracing the evolution, in: Accounting Horizons, S. 49–57.

Costigan, M.L./Simon, D.T. (1995): Auditor Materiality Judgement and Consistency Modifications – Further Evidence from SFAS 96, in: Advances in Accounting, S. 207–222.

Cushing, B.E./Loebbecke, J.K. (1983): Analytical approaches to audit risk: A survey and analysis, in: Auditing: A Journal of Practice & Theory, S. 23–41.

Cushing, B.E./Searfoss, D.G./Randall, R.H. (1979): Materiality allocation in audit planning: A feasibility study, in: Journal of Accounting Research, Supplement, S. 172–216.

Daniel, S.J. (1988): Some Empirical Evidence about the Assessment of Audit Risk in Practice, in: Auditing: A Journal of Practice & Theory, S. 174–181.

DeZoort, F.T./Hermanson, D.R./Houston, R.W. (2003): Audit committee support for auditors: The effects of materiality justification and accounting precision, in: Journal of Accounting and Public Policy, S. 175–199.

Diehl, C.-U. (1993): Risikoorientierte Abschlußprüfung – Gedanken zur Umsetzung in der Praxis, in: Deutsches Steuerrecht, S. 1114–1121.

Eilifsen, A./Messier, W.F./Martinov, N. (2005): A Review and Integration of Empirical Research on Materiality: Two Decades Later, in: Auditing: A Journal of Practice & Theory, S. 153–187.

Elliott, R.K./Rogers, J.R. (1972): Relating statistical sampling to audit objectives, in: The Journal of Accountancy, Heft July, S. 46–55.

Fukukawa, H./Mock, T.J./Wright, A. (2005): Client Risk Factors and Audit Resource Allocation Decisions, paper presented at the AAA Annual Meeting, August 7-10, 2005, San Francisco.

Hackenbrack, K./Knechel, W.R. (1997): Resource Allocation Decisions in Audit Engagements, in: Contemporary Accounting Research, S. 481–499.

Holstrum, G.L./Messier, W.F. (1982): A review and integration of empirical research on materiality, in: Auditing: A Journal of Practice & Theory, S. 45–63.

Icerman, R.C./Hillison, W.A. (1991): Disposition of Audit-Detected Errors – Some Evidence on Evaluative Materiality, in: Auditing: A Journal of Pracitice & Theory, S. 22–34.

IDW (2006): WP Handbuch 2006 – Wirtschaftsprüfung, Rechnungslegung, Beratung, Band I, 13. Aufl., Düsseldorf.

Iskandar, T.M./Iselin, E.R. (1996): Industry Type – A Factor in Materiality Judgements and Risk Assessments, in: Managerial Auditing Journal, S. 4–10.

Jennings, M./Kneer, D.C., Reckers, P.M.J. (1987): A Reexamination of the Concept of Materiality – Views of Auditors, Users and Fleers of the Court, in: Auditing: A Journal of Pracitice & Theory, S. 104–115.

Kaplan, S.E. (1985): An Examination of the Effects of Environment and Explicit Internal Control Evaluation on Planned Audit Hours, in: Auditing: A Journal of Practice & Theory, S. 12–25.

Kinney, W.R.jr. (1989): Achieved audit risk and the audit outcome space, in: Auditing: A Journal of Practice & Theory, Supplement, S. 67–84.

Knechel, W.R. (2001): Auditing: Assurance & Risk, 2. Aufl., Cincinnati.

Lea, R.B./Adams, S.J./Boykin, R.F. (1992): Modeling of the audit risk assessment process at the assertion level within an account balance, in: Auditing: A Journal of Practice & Theory, Supplement, S. 152–179.

Leslie, D.A. (1985): Materiality. The Concept and its Application to Auditing. A Research Study, Toronto.

Mayper, A.G./Schroeder Doucet, M./Warren, C.S. (1989): Auditors´Materiality Judgements of Internal Accounting Control Weaknesses, in: Auditing: A Journal of Practice & Theory, S. 72–86.

Messier, W.F. (1979): An Examination of Expert Judgement in Materiality-Disclosure Decision, Diss, Indiana University.

Mock, T.J./Turner, J. (2005): Auditor Identification of Fraud Risk Factors and their Impact on Audit Programs, in: International Journal of Auditing, S. 59–77.

Mock, T.J./Wright, A. (1999): Are Audit Program Plans Risk-Adjusted?, in: Auditing: A Journal of Practice & Theory, S. 55–74.

O´Keefe, T.B./Simunic, D.A./Stein, M.T. (1994): The Production of Audit Services: Evidence from a Major Public Accounting Firm, in: Journal of Accounting Research, S. 241–261.

Obermeier, I. (1983): Statistische Abschlußprüfung, Bern/Stuttgart.

Pany, K./Wheeler, S. (1989): Materiality – An inter-industry comparison of the magnitudes and stabilities of various quantitative measures, in: Accounting Horizons, S. 71–77.

Peters, J.M. (1989): A Knowledge Based Model of Inherent Audit Risk Assessment, Diss., Universtity of Pittsburgh.

Quadackers, L./Mock, T.J./Maijoor, S. (1996): Audit Risk and Audit Programms: Archival Evidence from four Dutch Audit Firms, in: The European Accounting Review, S. 217–237.

Quick, R. (1996): Die Risiken der Jahresabschlußprüfung, Düsseldorf.

Quick, R. (1999): Prüfungsmethoden im Spiegel der Forschung, in: Richter, M. (Hrsg.): Theorie und Praxis der Wirtschaftsprüfung – Wirtschaftsprüfung und ökonomische Theorie, Prüfungsmarkt, Prüfungsmethoden, Urteilsbildung, Band 2, Berlin, S. 177–234.

Quick, R./Monroe, G.S./Ng, J.K.L./Woodliff, D.R. (1997): Risikoorientierte Jahresabschlußprüfung und inhärentes Risiko – Zur Bedeutung der Faktoren des inhärenten Risikos, in: Betriebswirtschaftliche Forschung und Praxis, S. 209–228.

Raman, K.K./vanDaniker, R.P. (1994): Materiality in Government Auditing, in: Journal of Accountancy, S. 71–76.

Ruhnke, K./Lubitzsch, K. (2006): Abschlussprüfung und das neue Aussagen-Konzept der IFAC: Darstellung, Beweggründe und Beurteilung, in: Die Wirtschaftsprüfung, S. 366–374.

Stachuletz, R./Kühnberger, M. (1987): Einige Überlegungen zur Konkretisierung des Materiality-Grundsatzes, in: Die Betriebswirtschaft, S. 401–413.

Strawser, J.R. (1990): Human Information Processing and the Consistency of Audit Risk Judgments, in: Accounting and Business Research, Heft Winter, S. 67–75.

Thompson, J.H./Hodge, T.G./Worthington, J.S. (1990): An inventory of materiality guidelines in accounting literature, in: The CPA Journal, Heft 7, S. 50–54.

Waters, J.M./Tiller, M.G. (1997): Auditors' Materiality Thresholds – Some Empirical Findings Based on Real Data, in: American Business Review, S. 115–119.

Wiedmann, H. (1993): Der risikoorientierte Prüfungsansatz, in: Die Wirtschaftsprüfung, S. 13–25.

Wolz, M. (2003): Wesentlichkeit im Rahmen der Jahresabschlussprüfung – Bestandsaufnahme und Konzeptionen zur Umsetzung des Materialitygrundsatzes, Düsseldorf.

Würtele, G. (1989): Die Operationalisierung des Grundsatzes der Materiality bei Abschlußprüfungen, Pfaffenweiler.

2 Auftragsannahme und Prüfungsplanung

2.1 Auftragsannahme

Der Prozess der Bestellung des Abschlussprüfers kann grundsätzlich in drei Phasen unterteilt werden:
- Wahl des Abschlussprüfers,
- Erteilung des Prüfungsauftrags an den Abschlussprüfer,
- Annahme des Prüfungsauftrags durch den Abschlussprüfer.

2.1.1 Wahl des Abschlussprüfers

Abschlussprüfer von prüfungspflichtigen Kapitalgesellschaften können nach § 319 Abs. 1 HGB grundsätzlich nur WP und WPG sein. Mittelgroße GmbH gem. § 267 Abs. 2 HGB und mittelgroße Personenhandelsgesellschaften i. S. des § 264a Abs. 1 HGB dürfen auch von vBP oder BPG geprüft werden. Der Abschlussprüfer muss über eine wirksame Bescheinigung über die Teilnahme an der Qualitätskontrolle nach § 57a WPO verfügen, es sei denn, die WPK hat eine Ausnahmegenehmigung erteilt (→ II.7.2). Ein WP, vBP, eine WPG, BPG sind als Abschlussprüfer ausgeschlossen, wenn mindestens einer der Ausschlussgründe der §§ 319 Abs. 2-4, 319a HGB erfüllt sind. Dabei sind auch die netzwerkspezifischen Regelungen in § 319b HGB zu beachten.[25]

Der Abschlussprüfer wird nach § 318 Abs. 1 Satz 1 HGB von den Gesellschaftern des prüfungspflichtigen Unternehmens bzw. bei Konzernen von den Gesellschaftern des Mutterunternehmens gewählt. Die Vornahme der Wahl durch die Gesellschafter gewährleistet eine von der Geschäftsführung unabhängige Prüfung.[26] Der Abschlussprüfer ist gem. § 318 Abs. 1 Satz 3 HGB vor Ablauf des Geschäftsjahrs, auf das sich seine Prüfungstätigkeit erstrecken soll, zu wählen.

Bei der AG und KGaA erfolgt die Wahl gem. § 119 Abs. 1 Nr. 4 AktG auf Vorschlag des Aufsichtsrats durch die Hauptversammlung[27], bei der GmbH durch die Gesellschafterversammlung. Dabei muss sich der Aufsichtsrat vorab davon überzeugen, dass der Prüfer in der Lage ist, den Prüfungsauftrag ordnungsgemäß durchzuführen. Bei der OHG und KG i. S. des § 264a Abs. 1 HGB kann der Gesellschaftsvertrag auch etwas anderes bestimmen, so dass die Wahl des Abschlussprüfers auf andere Gremien übertragen werden kann, bspw. auf einen Aufsichtsrat, Beirat oder Gesellschafterausschuss.

Richtet eine kapitalmarktorientierte Kapitalgesellschaft gem. § 264d HGB einen Prüfungsausschuss ein, hat sich der Vorschlag des Aufsichtsrats an die Hauptversammlung zur Wahl des Abschlussprüfers auf die Empfehlung des Prüfungsausschusses zu stützen

---

25 Zur Netzwerkdefinition siehe *Förschle/Schmidt* (2010), § 319b HGB, Tz. 6–11.
26 Vgl. *Lehwald* (1999), S. 25.
27 Die Aktionäre sind in ihrer Wahl nicht an die Vorschläge des Aufsichtsrats gebunden; vgl. § 127 AktG sowie *Adler/Düring/Schmaltz* (2000), § 318 HGB, Tz. 107. Die Gesetzesformulierung könnte den Schluss nahe legen, mit der Entscheidung der Hauptversammlung über den Abschlussprüfer sei dieser bereits bestellt, tatsächlich ist erst eine Voraussetzung der Bestellung geschaffen.

(§ 124 Abs. 3 Satz 2 AktG). Diese Regelung resultiert aus der Tatsache, dass der Prüfungsausschuss intensiven Kontakt mit dem Abschlussprüfer hat.

Der Gesetzgeber geht davon aus, dass im Regelfall der Einzelabschlussprüfer des Mutterunternehmens auch den Konzernabschluss prüfen soll, da er die Verhältnisse des Mutterunternehmens und die Verhältnisse der wichtigsten Konzernunternehmen kennt.[28] Im Zweifel gilt daher der Jahresabschlussprüfer des Mutterunternehmens auch als Konzernabschlussprüfer bestellt, wenn von der Muttergesellschaft kein Konzernabschlussprüfer gewählt wurde (§ 318 Abs. 2 Satz 1 HGB).

2.1.2 Erteilung des Prüfungsauftrags

Der Prüfungsauftrag ist ein schuldrechtlicher Vertrag (Werkvertrag)[29] zwischen Gesellschaft und Abschlussprüfer, der durch schuldrechtliche Vereinbarung (Angebot und Annahme) zustande kommt (IDW PS 220.5). Die Auftragserteilung an den gewählten Abschlussprüfer erfolgt bei Unternehmen, die nicht eine AG sind, durch den gesetzlichen Vertreter (§ 318 Abs. 1 Satz 4 HGB) und bei AG und KGaA durch den Aufsichtsrat (§ 111 Abs. 2 Satz 3 AktG i. V. m. § 318 Abs. 1 Satz 4 HGB)[30]. Dabei ist sowohl die Vergütungsvereinbarung als auch die Festlegung von Prüfungsschwerpunkten und ergänzenden Prüfungshandlungen Bestandteil der Erteilung des Prüfungsauftrags. Mit diesen Aspekten kann sich auch der Prüfungsausschuss befassen.

Die Zuständigkeit für die Auftragserteilung bei einer AG verdeutlicht die Rolle des Abschlussprüfers als Gehilfe des Aufsichtsrats bei der Überwachung der Geschäftsführung. Der Aufsichtsrat wird in die Lage versetzt, bei Erteilung des Auftrags Einfluss auf die Prüfungsschwerpunkte zu nehmen, den Prüfungsauftrag inhaltlich auszugestalten und somit seine eigene Überwachungstätigkeit zielgerichtet zu intensivieren. Dem Aufsichtsrat bzw. Prüfungsausschuss obliegt es gemäß den Empfehlungen des DCGK, vor Unterbreitung des Wahlvorschlags eine Unabhängigkeitserklärung von dem vorgesehenen Prüfer einzuholen (DCGK Ziff. 7.2.1). In der Regel liegen dem Prüfungsauftrag die »Allgemeinen Auftragsbedingungen für Wirtschaftsprüfer und Wirtschaftsprüfungsgesellschaften« zu Grunde.

2.1.3 Annahme oder Ablehnung des Prüfungsauftrags

Ein Abschlussprüfer ist *nicht* zur Annahme eines Prüfungsauftrags verpflichtet. Die Annahme des Angebots liegt in seinem freien Ermessen. Neben den gesetzlichen Vor-

---

28 Vgl. *Adler/Düring/Schmaltz* (2000), § 318 HGB, Tz. 85; *Mattheus* (2002), § 318 HGB, Rz. 91.
29 Teilweise wird in der Literatur auch die Meinung vertreten, dass es sich um einen Dienstvertrag handelt. Da die Erstellung des Prüfungsberichts als Element eines Werkvertrags anzusehen, die Erbringung der Prüfungsleistung hingegen charakteristisch für einen Dienstvertrag ist, stellt der Prüfungsvertrag in gewisser Weise eine Kombination aus beiden Vertragsformen dar; vgl. *Ebke* (2008), § 318, Tz. 23; *Lück* (1999), S. 26.
30 Vgl. *Ziemons* (2000), S. 78.

schriften des § 318 HGB hat der WP bei der Auftragsannahme insbesondere auch IDW PS 220 sowie die vom IDW und der WPK gemeinsam herausgegebene Stellungnahme VO 1/2006 zu beachten. Auf internationaler Ebene regelt ISA 210 (agreeing the terms of audit engagements) die entsprechenden Sachverhalte. In den hier behandelten Aspekten weisen beide Normengefüge keine grundsätzlichen Unterschiede auf.[31]

Ein Prüfungsauftrag ist zwingend abzulehnen, wenn Ausschlusstatbestände nach §§ 319, 319a ggf. i. V. m. 319b HGB, §§ 49, 53 WPO sowie §§ 20 ff. Berufssatzung erfüllt sind (IDW PS 220.11). Der Abschlussprüfer hat sich dessen zu vergewissern. Ein WP oder vBP ist als Abschlussprüfer ausgeschlossen, wenn Gründe vorliegen, nach denen die Besorgnis der Befangenheit vorliegt (§ 319 Abs. 2 HGB). In § 319 Abs. 3 HGB ist eine Zusammenstellung von Tatbeständen aufgeführt, die unwiderlegbar zum Ausschluss eines WP von der Abschlussprüfung führen. Diese sog. konkreten Ausschlussgründe bestehen einerseits aus personellen und finanziellen (§ 319 Abs. 3 Nr. 1 und 2 HGB), andererseits aus leistungsbezogenen Verflechtungen (§ 319 Abs. 3 Nr. 3 HGB), die zwischen Mandant und Abschlussprüfer bestehen (→ I.6.5.2.2). Gemäß § 319a HGB bestehen besondere Ausschlussgründe bei Unternehmen von öffentlichem Interesse.

Durch § 321 Abs. 4a HGB hat der Abschlussprüfer bei gesetzlichen Abschlussprüfungen die Pflicht, seine Unabhängigkeit im Prüfungsbericht ausdrücklich zu bestätigen. Dies gilt ebenso für freiwillige Abschlussprüfungen, die aufgrund vertraglicher Vereinbarung nach den §§ 317 ff. HGB durchgeführt werden. Die Unabhängigkeitserklärung hat die Aussage zu umfassen, dass bei der Abschlussprüfung die gesetzlichen Anforderungen an die Unabhängigkeit gewahrt worden sind. Weiterhin hat der Abschlussprüfer vor der Annahme des Prüfungsauftrags zu prüfen, ob nach den Berufspflichten ein Prüfungsauftrag angenommen werden darf und ob die besonderen Kenntnisse und Erfahrungen vorliegen, um die Prüfung sachgerecht durchführen zu können (ISA 210.A15 f., IDW PS 220.11 sowie § 4 Abs. 2 Berufssatzung). Die Ablehnung des Prüfungsauftrags ist gegenüber der Gesellschaft unverzüglich bekannt zu geben (§ 51 WPO, IDW PS 220.6). Dem Mandant soll damit die Möglichkeit gegeben werden, den Auftrag zeitnah an einen anderen Abschlussprüfer zu vergeben, ohne dass die Gefahr besteht, (gesetzliche) Fristen nicht einhalten zu können.

Es dürfen nur Aufträge angenommen und fortgeführt werden, wenn sie in sachlicher, personeller und zeitlicher Hinsicht ordnungsgemäß abzuwickeln sind (VO 1/2006.56). Um dies sicherzustellen, ist es notwendig, Informationen über die Art und den Umfang des jeweiligen Auftrags wie auch über die Tätigkeit und das Geschäftsgebaren des Unternehmens einzuholen. Der Prüfer muss daher vorab das zu prüfende Unternehmen und dessen Umfeld untersuchen, um das Risiko und die Integrität des Mandanten einschätzen zu können (VO 1/2006.58). Die Vertrauenswürdigkeit des Auftraggebers und der Auftragsinhalt sind von ihm zu beurteilen. Es ist darauf zu achten und zu prüfen, ob durch die Annahme bzw. Fortführung des Auftrags der Ruf oder die wirtschaftliche

---

31 Eine Abweichung ergibt sich in Bezug auf das Auftragsbestätigungsschreiben, in dem nach IDW PS 220.19 auf die Auskunfts- und Vorlagepflichten der gesetzlichen Vertreter, die sich aus § 320 HGB ergeben, hingewiesen werden sollte. Dieser Punkt wird in den ISA nicht erwähnt. Weiterhin ist eine Niederlegung des Prüfungsauftrags durch den WP nur unter den restriktiven Voraussetzungen des § 318 Abs. 6 HGB möglich.

Lage der WP-Praxis gefährdet oder beeinträchtigt werden (VO 1/2006.58). Für die Risikobeurteilung im Rahmen der Auftragsannahme ist die diesbezügliche Zuständigkeit in der Prüferpraxis zu regeln.

Diskussionsfrage

Mit welchen Schwierigkeiten bzw. Herausforderungen sieht sich eine WPG, die in einem weltweiten Netzwerk agiert, im Zuge der Auftragsannahme konfrontiert?

Bei einer *Erstprüfung* soll der WP zusätzlich zu seiner eigenen Analyse des Unternehmens Rücksprache mit dem vorherigen Prüfer nehmen, dessen Arbeitspapiere (working papers) einsehen und sich über den Grund des Prüferwechsels informieren (ISA 510.6, IDW PS 205.12; → I.6.5.2.2). Mit § 320 Abs. 4 HGB wird dem neuen Abschlussprüfer ein unmittelbar gegenüber dem bisherigen Abschlussprüfer geltendes Informationsrecht eingeräumt. Der vorherige Abschlussprüfer muss dem neuen Abschlussprüfer nur dann über die Ergebnisse seiner Prüfung berichten, wenn ihn dieser dazu schriftlich auffordert.[32] Eine Einsichtnahme in die Arbeitspapiere erfolgt nur im gegenseitigen Einvernehmen und mit ausdrücklicher Entbindung von der Verschwiegenheitspflicht durch den Mandanten.[33]

Wurde das Unternehmen im vorangegangenen Geschäftsjahr nicht geprüft, so hat der Prüfer besonders gründlich zu recherchieren. Er sollte sich ausreichende Informationen über Art und Umfang des Auftrags, Tätigkeiten, Geschäftsgebaren und Umfeld des Unternehmens und der Unternehmensführung sowie über mögliche, dem Auftragsverhältnis innewohnende Risiken beschaffen (VO 1/2006.58). Handelt es sich um einen *Folgeauftrag*, so kann der Prüfer auf seine vorhandenen Kenntnisse über das Unternehmen zurückgreifen. Dennoch muss er überprüfen, ob die Informationen, die seine Entscheidung bezüglich der Auftragsannahme maßgeblich beeinflussen, weiterhin unverändert Bestand haben (vgl. ISA 300.7-11 und ISA 315.9, IDW PS 240.13).

In dem Fall, dass ein Prüfungsauftrag vorzeitig durch Kündigung oder Abberufung beendet wurde, sollte der nachfolgende Prüfer den Auftrag nur annehmen, wenn er über den Grund des Prüferwechsels von dem Mandatsvorgänger unterrichtet worden ist.

Relevante Sachverhalte und Überlegungen, die zur Auftragsannahme geführt haben, sollen in die Arbeitspapiere aufgenommen werden. Mit der Annahme des Prüfungsauftrags durch den Abschlussprüfer wird das Prüfungsmandat begründet. Gemäß dem Berufsrecht soll der Abschlussprüfer ein schriftliches *Auftragsbestätigungsschreiben* (engagement letter) anfertigen. Zweck eines Auftragsbestätigungsschreibens ist es, die Vereinbarungen zwischen dem Abschlussprüfer und dem zu prüfenden Unternehmen (Auftragsbedingungen, terms of engagement) festzuhalten und/oder die Willenserklärung zum Vertragsabschluss darzustellen (IDW PS 220.13). Ein solches Schreiben ist nicht gesetzlich vorgeschrieben, wird aber empfohlen (ISA 210.10 ff., IDW PS 220.14).

---

32 Vgl. *Förschle/Heinz* (2010), § 320 HGB, Tz. 41; *Ruhnke/Schmidt* (2010), § 320 HGB, Tz. 106 ff.
33 Siehe *Förschle/Heinz* (2010), § 320 HGB, Tz. 43.

Die Form des Schreibens kann individuell gestaltet werden. Das IDW hat »Allgemeine Auftragsbedingungen« herausgegeben, die die Abschlussprüfer üblicherweise den Verträgen zu Grunde legen. Bei gesetzlich vorgeschriebenen Prüfungen dürfen die Inhalte der Auftragsbestätigung den gesetzlichen Regelungen, insbesondere bezüglich Haftungsbegrenzung oder Prüfungsumfang, nicht widersprechen. Bei der Formulierung einer Auftragsbestätigung ist zu beachten, dass jeder Auftrag individuell bestätigt werden muss. Das IDW und die IFAC empfehlen, in einem Auftragsbestätigungsschreiben folgende Punkte zu dokumentieren (ISA 210.10, IDW PS 220.19):

- Zielsetzung der Abschlussprüfung,
- Verantwortlichkeit der gesetzlichen Vertreter für den Jahresabschluss,
- Art und Umfang der Abschlussprüfung,[34]
- Art und Umfang der Berichterstattung und Bestätigung,
- Hinweis auf das unvermeidbare Risiko, dass falsche Angaben, selbst wenn es sich um wesentliche Fehler handelt, unentdeckt bleiben können,[35]
- Erfordernis eines unbeschränkten Zugangs zu allen relevanten Dokumenten und Hinweis auf die Auskunftspflichten der gesetzlichen Vertreter (§ 320 HGB),
- Erfordernis der Vorlage zusätzlicher Informationen, die zusammen mit dem Jahresabschluss veröffentlicht werden,
- Grundlagen der Vergütung,
- Vereinbarungen über Haftungsbeschränkungen (bei freiwilligen Jahresabschlussprüfungen),
- Verpflichtung der zu prüfenden Gesellschaft, eine Vollständigkeitserklärung (→ II.6.2.2)[36] abzugeben.

Als ergänzende Hinweise können die in ISA 210.A.23 f. sowie IDW PS 220.20-22 angesprochenen Punkte aufgenommen werden. Das unterschriebene Auftragsbestätigungsschreiben wird für Dokumentationszwecke in die Arbeitspapiere aufgenommen (ISA 230.A7, IDW PS 460.18).

2.1.4 Niederlegung des Mandats und Abberufung des Prüfers

Es gibt zwei Möglichkeiten, einen rechtskräftig zustande gekommenen Prüfungsauftrag aufzulösen: Die *Niederlegung* des Mandats durch den beauftragten Abschlussprüfer oder die *Abberufung* des Prüfers durch ein Gericht. Von Seiten der Auftrag gebenden Gesellschaft ist eine Kündigung nicht möglich, sie kann sich nur durch Widerruf gem. § 318 Abs. 1 Satz 5 HGB nach gerichtlicher Ersatzbestellung gem. § 318 Abs. 3 HGB vom Prüfungsauftrag lösen. Die Regelung folgt aus dem Grundsatz, dass die Gesellschaft – außer

---

34 Hinweis auf die vom Abschlussprüfer diesbezüglich zu beachtenden Gesetze, Verordnungen und Verlautbarungen des Berufsstands.

35 Unabhängig davon hat der Prüfer seine Tätigkeit so anzulegen, dass Falschaussagen, die den Jahresabschluss wesentlich beeinflussen, mit hinreichender Prüfungssicherheit entdeckt werden (→ II.4.1).

36 Siehe auch *Strieder* (2000), S. 298–300.

im vom Gericht veranlassten Falle – niemals alleinverantwortlich über eine vorzeitige Beendigung des Prüfungsmandats disponieren können soll.[37]

Der Prüfer kann den Prüfungsauftrag in bestimmten Fällen *kündigen* (Niederlegung). Eine Kündigung ist nach § 318 Abs. 6 Satz 1 HGB nur aus *wichtigem Grund* zulässig. Meinungsverschiedenheiten über den Inhalt, die Versagung oder Einschränkung des Bestätigungsvermerks gelten ausdrücklich nicht als ausreichender Kündigungsgrund, ebenso Meinungsverschiedenheiten zwischen Abschlussprüfer und Gesellschaft im Hinblick auf die Durchführung und das Ergebnis der Prüfung (§ 318 Abs. 6 Satz 2 HGB). Der Abschlussprüfer hat seine Mandatsniederlegung schriftlich zu begründen (Benennung des wichtigen Grundes sowie entsprechende Darlegung) und über das Ergebnis seiner bisherigen Prüfung zu berichten (§ 318 Abs. 6 Satz 3 und 4 HGB). Durch die Kündigung enden der schuldrechtliche Prüfungsvertrag und die Stellung des WP als Abschlussprüfer. Generell ist die Kündigung aus wichtigem Grund zulässig, wenn in der Person des Abschlussprüfers nachträglich Ausschlussgründe gemäß §§ 319, 319a HGB eintreten; gleiches dürfte für solche Gründe gelten, die einen Ersetzungsantrag rechtfertigen können. Ein wichtiger Kündigungsgrund kann insbesondere – wenn auch nur in Ausnahmefällen – sein: Der Widerruf der Bestellung zum WP bzw. vBP, der Widerruf der Bescheinigung über die Teilnahme an der Qualitätskontrolle bzw. der Ausnahmegenehmigung, schwerwiegende persönliche Differenzen des Prüfers mit den Organen der geprüften Gesellschaft, massive Behinderungen oder Nötigungen des Prüfers bei der Durchführung der Prüfung durch Organe oder Mitarbeiter der zu prüfenden Gesellschaft oder berechtigte Zweifel an der Vertrauenswürdigkeit der prüfungspflichtigen Gesellschaft (z. B. kriminelle Machenschaften der Gesellschaft oder ihrer Organe).[38]

Für die Abberufung eines gewählten Abschlussprüfers *durch einen Gerichtsbeschluss* ist folgendes Verfahren vorgesehen: Die gesetzlichen Vertreter, der Aufsichtsrat oder eine qualifizierte Minderheit der Gesellschafter[39] stellen einen *Antrag*. Das Gericht hält daraufhin eine Anhörung mit den Beteiligten und dem gewählten Prüfer ab und kann dann, wenn der Abberufungsgrund in der Person des Abschlussprüfers liegt, einen anderen Prüfer bestellen (§ 318 Abs. 3 HGB). Als Grund für eine Abberufung gilt insbesondere die Besorgnis der Befangenheit, die nachträglich eingetreten ist oder erkannt wurde. Aber auch unzureichende Qualifikation, die mangelnde Verfügbarkeit von Prüfungspersonal oder eine unzureichende sachliche Ausstattung des gewählten Prüfers oder gegen ihn anhängige berufsrechtliche Verfahren können eine Ersetzung begründen. Das Gericht ist bei der Auswahl des zu bestellenden Prüfers nicht an Vorschläge des Antragstellers oder der sonstigen Beteiligten gebunden.

Im Falle der Kündigung oder gerichtlichen Abberufung müssen der Abschlussprüfer und die gesetzlichen Vertreter der geprüften Gesellschaft die WPK unverzüglich und schriftlich begründet unterrichten (§ 318 Abs. 8 HGB).[40]

---

37 So *Mattheus* (2002), § 318 HGB, Rz. 211; kritisch hierzu *Gelter* (2004), S. 60.
38 Siehe auch *Ebke* (2008), § 318 HGB, Tz. 85 ff.
39 Die Anteile der Antrag stellenden Gesellschafter müssen zusammen 5 % des Grundkapitals oder einen Börsenwert von 500 T€ erreichen; vgl. § 318 Abs. 3 Satz 1 HGB.
40 Weiterführend siehe Orth/Müller (2009), S. 642.

Eine Abschlussprüferbestellung durch das Gericht erfolgt nach § 318 Abs. 4 HGB auch dann, wenn der gewählte Abschlussprüfer den Auftrag zurückweist, ausfällt (z. B. durch Tod oder Geschäftsunfähigkeit) oder nicht in der Lage ist, den Auftrag termingerecht durchzuführen und in einem solchen Fall kein ordnungsgemäß gewählter Ersatzprüfer existiert. Ein gerichtlich bestellter Abschlussprüfer hat die gleichen Rechte und Pflichten wie ein durch die Gesellschaft gewählter und beauftragter Abschlussprüfer.

2.2   Prüfungsplanung

Unter Planung ist der Entwurf einer Ordnung zu verstehen, nach der die eigentliche Prüfung zu vollziehen ist.[41] Planung ist im Allgemeinen Voraussetzung für wirtschaftliches Handeln und damit auch Voraussetzung für eine ökonomische Durchführung der Prüfung.

Innerhalb des Gesamtprozesses der Prüfung, der neben der Planung die Phasen der Prüfungsdurchführung, Urteilsbildung, Dokumentation und Berichterstattung sowie die Qualitätssicherung und Qualitätskontrolle umfasst, ist die Planung der erste Teilprozess.

Ziel der Prüfungsplanung ist die Sicherstellung eines in sachlicher, personeller und zeitlicher Hinsicht unter Beachtung der gegebenen Verhältnisse sowie des Wirtschaftlichkeitsprinzips adäquaten Prüfungsablaufs. Insbesondere soll gewährleistet werden, dass der Prüfungsstoff vollständig erfasst und Aussagen über das Ergebnis der Prüfung zum mit dem Mandanten vereinbarten Termin mit hinreichender Sicherheit getroffen werden können.[42] Die Bedeutung der Prüfungsplanung und der damit einhergehenden Termineinhaltung nimmt auch vor dem Hintergrund einer von Seiten der Unternehmen immer früher gewünschten Berichterstattung zu.[43]

Ungeachtet der wirtschaftlichen Notwendigkeit der Durchführung einer Prüfungsplanung ergibt sich die Pflicht zur Planung aus ISA 300 sowie aus IDW PS 240.7 und § 4 Abs. 3 Berufssatzung. Die Planung hat zum einen auf Ebene der einzelnen Prüfungsaufträge (auftragsspezifische Planung; → II.2.2.1) und zum anderen auf Ebene der Gesamtheit der Aufträge zu erfolgen (→ II.2.2.2).

Charakteristisch für die Prüfungsplanung ist, dass sie zunächst zeitlich vor der Durchführung von konkreten Prüfungshandlungen liegt und sich somit auf die Zukunft bezieht, so dass der Versuch unternommen wird, künftiges Prüfungsgeschehen zieladäquat zu beherrschen. Die Prüfungsplanung kann als eine gedankliche Vorwegnahme der künftigen Prüfungshandlungen unter Berücksichtigung unsicherer, zukünftiger Datenkonstellationen gesehen werden.[44] Im Zuge der Prüfungsdurchführung ist sie ein sich wiederholender Prozess der Anpassung von Prüfungszielen, der Wahl von Prüfungshandlungen und der Kontrolle von Prüfungsplänen und -ergebnissen.

---

41   Vgl. *Sperl* (1978), S. 19.
42   So auch *Drexl* (1990), S. 38.
43   Vgl. *Raschke/Vogel* (2002), S. 277.
44   Vgl. *Baetge/Meyer zu Lösebeck* (1981), S. 122.

2.2.1 Auftragsspezifische Planung

Das in IDW PS 240 vertretene Konzept für die Planung der Jahresabschlussprüfung eines Unternehmens wird grundsätzlich in die Phase der globalen und in die Phase der detaillierten Planung unterteilt. Die globale Planung hat das Ziel, eine mandantenspezifische Prüfungsstrategie zu entwickeln und wird deshalb auch als strategische Prüfungsplanung (→ II.2.2.1.1) bezeichnet. Funktion der detaillierten Planung ist die Erstellung eines in sachlicher, personeller und zeitlicher Hinsicht abgestimmten Prüfungsprogramms (→ II.2.2.1.2).

2.2.1.1 Risikoanalyse und Entwicklung einer Prüfungsstrategie

Basis für die Entwicklung einer Prüfungsstrategie ist die Abgrenzung der Prüfungsobjekte. Bei der handelsrechtlichen Pflichtprüfung ergeben sich die Gegenstände der Prüfung aus § 317 HGB. Ergänzend können im Prüfungsauftrag oder durch andere Gesetze weitere Prüfungsobjekte bestimmt werden. Bei Prüfungsaufträgen, die nicht auf Grund gesetzlicher Vorschriften durchgeführt werden, ergeben sich die Prüfungsgegenstände allein aus den Vereinbarungen zwischen Prüfer und Unternehmen (→ III.3). Wird einer Prüfungsgesellschaft ein Auftrag zur Jahresabschlussprüfung ohne weitere Angaben erteilt, sind die handelsrechtlichen Vorschriften zu beachten. Entsprechendes gilt, wenn ein Bestätigungsvermerk i. S. des § 322 HGB erteilt werden soll.

Als zentrales Element der gesamten Prüfungsplanung ist die Risikoanalyse zu sehen. Im Rahmen der Risikoanalyse hat sich der WP ausreichende Kenntnisse über das zu prüfende Unternehmen anzueignen. Er muss die Besonderheiten des Unternehmens und des Unternehmensumfelds berücksichtigen (ISA 300.8, 315.3 und 315.11 sowie IDW PS 240.16, PS 230.7 und 230.9). Die bereits im Vorfeld während der Phase der Auftragsannahme gewonnenen Erkenntnisse können hierbei herangezogen werden. In Übereinstimmung mit ISA 300.9 wird in IDW PS 240.17 ein Katalog derjenigen Aspekte vorgestellt, die bei der Entwicklung einer risikoorientierten Prüfungsstrategie von besonderer Bedeutung und hinsichtlich Unternehmens- und Prüfungsrisiken von großer Relevanz sind:

- Kenntnisse über die Geschäftstätigkeit des Unternehmens,
- Verständnis für das IKS sowie Art, Zeitpunkt und Ausmaß interner Kontrollen,
- Überblick über Leitung, Koordination, Überwachung und Nachschau,
- Überblick über das wirtschaftliche Umfeld bzw. den Markt, auf dem das Unternehmen agiert (gegenwärtige und potenzielle Wettbewerber, Substitutionsprodukte, Lieferanten und Abnehmer).

Zudem muss er die Risiken einer wesentlichen Falschdarstellung (inhärente und Kontrollrisiken) identifizieren und einschätzen, um auf festgestellte Risiken mit hierauf ausgerichteten Prüfungshandlungen reagieren zu können (→ II.3.3.1.4). Der Risikoidentifikation dienlich sind z. B. das Five-Forces-Modell von Porter, die PEST- und die SWOT-Analyse (→ II.3.3.1.3.1). Erkannte und beurteilte Risiken hat der WP bei der Entwicklung der Prüfungsstrategie und des Prüfungsprogramms zu berücksichtigen (ISA 300.9, IDW PS 210.25). Hierzu gehört auch, dass er für Planungszwecke auf unterschiedlichen

Ebenen Wesentlichkeitsgrenzen (ISA 320.10 f.) festlegen muss, um das prüferische Vorgehen operational zu gestalten. Insofern stellt die Prüfungsplanung einen integralen Bestandteil einer risikoorientierten prüferischen Vorgehensweise dar.

Bei der Risikoanalyse und der Abgrenzung der Prüfungsobjekte sind Interdependenzen zu beachten. Zum einen haben Art und Umfang der Prüfungsgegenstände Einfluss auf zu identifizierende und zu analysierende Risiken. Zum anderen können Ergebnisse der Risikoanalyse eine Ausweitung der Prüfungshandlungen erfordern.

Auf Basis der Prüfungsobjekte und der Risikoanalyse entwickelt der Abschlussprüfer eine Prüfungsstrategie. Sie ist Kernstück der risikoorientierten Abschlussprüfung (zur Ausgestaltung → II.3.3) und Grundlage der Erstellung des Prüfungsprogramms.

2.2.1.2 Erstellung eines Prüfungsprogramms

In der zweiten Phase der Prüfungsplanung wird ein *Prüfungsprogramm* erstellt, welches Art, Umfang und Zeitpunkt der einzelnen Prüfungshandlungen sowie den Personaleinsatz während der Prüfung determiniert. Ein Prüfungsprogramm beinhaltet Prüfungsanweisungen an die an der Prüfung beteiligten Mitarbeiter sowie Anweisungen zur Überwachung und Dokumentation der Prüfungsdurchführung. Dabei werden oftmals allgemeine Fragebögen und standardisierte Checklisten unterstützend herangezogen, die an die Gegebenheiten des zu prüfenden Unternehmens und die Besonderheiten der einzelnen Prüfung anzupassen sind (→ II.5.2.2.2.2.2).

Das Prüfungsprogramm muss geeignet sein, einen ordnungsgemäßen Prüfungsablauf in sachlicher, zeitlicher und personeller Hinsicht zu gewährleisten.

- *Sachliche Planung:* Im Rahmen der sachlichen Planung werden der Prüfungsumfang festgelegt und die komplexen Prüfungsobjekte in einheitlich zu prüfende Teilbereiche, die sog. Prüffelder unterteilt (ISA 300.9b und 300.A12, IDW PS 240.19). Die Einteilung hängt von den Prüfungsobjekten, vom Prüfungszweck, von der verfolgten Prüfungsstrategie und vom Umfang des Prüfungsstoffs ab. Ein Prüffeld kann auch ein gesamtes Prüfungsgebiet umfassen. Prüffelder[45] sind zusammengefasste bzw. gegliederte Ist-Objekte[46], Prüffeldergruppen eine Aggregation mehrerer Prüffelder in Abhängigkeit vom Prüfungsziel.[47] Ein Prüffeld ist durch seine eindeutige Abgrenzung charakterisiert und erleichtert die Urteilsbildung, da zunächst Teilurteile gebildet werden können, die zu einem Gesamturteil zu verknüpfen sind. Für jedes der Prüffelder legt der Prüfer Prüfungsziele und daraus abgeleitet Art und Umfang der durchzuführenden Prüfungshandlungen fest. Er plant vor dem Hintergrund des erwarteten Fehlerrisikos und des tolerierbaren Entdeckungsrisikos die laufende Überwachung und Durchsicht der Prüfungsergebnisse. Außerdem beinhaltet die sachliche Planung Überlegungen zur Verwendung von Prüfungsergebnissen anderer Prüfer, zur Hinzuziehung von Sachverständigen und zu der vom Unternehmen zu erwartenden Unterstützung. Es ist eine Gewichtung von anzuwendenden Systemprüfungshandlungen,

---

45   Beispiele von Prüffeldern finden sich bei *Hövermann* (1979), S. 69; *Kroneberger* (1980), S. 216.
46   Vgl. *Drexl* (1990), S. 48 f.
47   Zu finden bei *Hövermann* (1979), S. 66; *Lück* (1999), S. 79.

analytischen Prüfungen und Einzelfallprüfungen (→ II.3.2.2, → II.3.2.3, → II.3.2.4) vorzunehmen.[48]

Die anzuwendenden Prüfungsmethoden können entsprechend der Ergebnisse der Risikoanalyse und der verfolgten Risikostrategie für einzelne Prüffelder tätigkeitskreisorientiert geplant werden (→ II.3.2.2). Werden die Risiken als gering eingestuft, können eher system- und analytische Prüfungsmethoden gewählt werden. Dies wird dann der Fall sein, wenn dem Prüffeld zu Grunde liegende Verarbeitungsvorgänge häufig vorkommen und standardisiert sind sowie die Wirksamkeit interner Kontrollen als hoch eingeschätzt wird. Zu denken ist hierbei bspw. an den Verkaufsprozess und dessen Prüffelder »Debitoren« und »Umsatzerlöse«. Einzelfallprüfungen müssen hingegen bei Posten mit einem geringen Wirkungsgrad des internen Kontrollsystems gewählt werden. Dies ist z. B. regelmäßig bei den Prüffeldern der außerplanmäßigen Abschreibungen und Wertberichtigungen sowie der Rückstellungen der Fall.

Zur sachlichen Planung zählt auch die Planung von Prüfungsschwerpunkten. Prüfungsschwerpunkte können sich aus der Geschäftstätigkeit des Unternehmens (z. B. Prüfung der Werthaltigkeit von Forderungen) oder durch gesetzliche Neuregelungen ergeben (z. B. Prüfung der Pensionsrückstellungen im Zusammenhang mit der BilMoG-Einführung). Zudem können im Rahmen der Aufstellung mehrjähriger Prüfungspläne im turnusmäßigen Wechsel Prüfungsschwerpunkte gebildet werden. Dies setzt ein angemessen funktionierendes IKS des Mandanten voraus. Es eignen sich Prüfungsbereiche, mit denen sich der Prüfer nicht in jedem Jahr mit der gleichen Ausführlichkeit beschäftigen muss, da bedeutsame Änderungen nur in größeren zeitlichen Abständen auftreten (z. B. Organisation der Inventur, Ablauf der Lohn- und Gehaltsabrechnung). Prüffelder mit Bilanzierungswahlrechten bzw. Ermessensspielräumen sowie Prüffelder mit hohem Risiko für Falschdarstellungen eignen sich hingegen nicht. Der mehrjährige Prüfungsplan sollte dem zu prüfenden Unternehmen nicht bekannt sein und ist nach Ablauf des Prüfungszeitraums (drei bis fünf Jahre) zu modifizieren.

- *Personelle Planung*: Im Rahmen der personellen Planung werden den einzelnen Prüffeldern Mitarbeiter zugeordnet, die für die Durchführung der Prüfung die Verantwortung tragen. Für die Personaleinsatzplanung können sog. Personalzuordnungsmodelle (mathematische Modelle aus der Produktionsplanung)[49] verwendet werden. Zu beachten ist, dass der dem Prüffeld zugeordnete Mitarbeiter über die notwendigen Qualifikationen (ISA 220, VO 1/2006.68), Kenntnisse und Erfahrungen verfügt, damit ein fundiertes prüffeldspezifisches Urteil über das Ergebnis der Prüfung gefällt werden kann, welches später vom Prüfungsleiter im Rahmen der Gesamturteilsbildung herangezogen wird. Dabei sollten aus Effizienzgründen Überqualifikationen vermieden und eine Unterstützung der Mitarbeiter durch zielgerichtete Schulungsmaßnahmen gewährleistet werden. WP und vBP unterliegen einer ständigen Fort- und Weiterbildungspflicht (§ 43 Abs. 2 Satz 4 WPO). Ziel der Fortbildung ist es, Fachkenntnisse, die

---

48 Vgl. *Zaeh* (2000), S. 228–235.
49 Bei den Personalzuordnungsmodellen wird zwischen Prüferanweisungsmodellen und Flaschenhalsmodellen (mit Engpassannahmen arbeitende Modelle) unterschieden. Weiterführend siehe *Bolenz/Frank* (1977), S. 427–447 und *Drexl* (1989), S. 294–317.

Fähigkeit zu ihrer Anwendung sowie das Verständnis der Berufspflichten auf einem ausreichend hohen Stand zu halten. Weiterhin haben WP und vBP dafür Sorge zu tragen, dass der Berufsnachwuchs angemessen praktisch und theoretisch ausgebildet wird und eine Fortbildung der fachlichen Mitarbeiter erfolgt. Die Aus- und Fortbildung muss strukturiert sein und inhaltlich die Tätigkeitsbereiche des fachlichen Mitarbeiters betreffen (§ 6 Berufssatzung). Neben Aspekten, die in direktem Zusammenhang mit den einzelnen Mitarbeitern stehen (Qualifikation, zeitliche Verfügbarkeit, Unabhängigkeit gegenüber dem Mandanten), beinhaltet die personelle Planung nach IDW PS 240.20 bzw. ISA 300.2 auch Überlegungen zur internen Prüferrotation, welche in § 319a Abs. 1 Nr. 4 HGB und Ethics Sec. 290.150 f. verankert ist.

- *Zeitliche Planung*: Im Rahmen der zeitlichen Planung ist festzulegen, zu welchen Zeitpunkten welche Prüffelder geprüft werden sollen (ISA 300.2, IDW PS 240.20). Hierbei sind die Prüfungsbereitschaft des Mandanten[50] bei Beginn der jeweiligen Prüfungstätigkeit sowie die Verfügbarkeit von Mitarbeitern, sowohl auf Seiten des Prüfungsteams als auch beim Mandanten, und das Vorhandensein ausreichender Prüfungsanweisungen zu berücksichtigen. Es ist auch zu beachten, dass manche Prüffelder in einer bestimmten Reihenfolge bearbeitet werden müssen (sog. Reihenfolgebedingungen). So kann bspw. das Prüffeld »Abschreibungen« erst beurteilt werden, nachdem die Bestands- bzw. Zugangs-/Abgangsprüfung des Anlagevermögens stattgefunden hat (Reihenfolgeproblematik). Außerdem ist aufzuteilen, welche Prüfungshandlungen vor der eigentlichen (Haupt-)Prüfung vorgenommen werden. Zu den zu planenden Handlungen der Vorprüfung (Vorziehen von Prüfungshandlungen in einen Zeitraum, der vor der Jahresabschlusserstellung liegt) gehören u. a. die Inventurprüfungsplanung, die Planung von Saldenbestätigungsaktionen sowie die Planung der Prüfung des internen Kontrollsystems, das ggf. das Risikoüberwachungssystem (§ 317 Abs. 4 HGB) einzuschließen hat. Des Weiteren müssen zeitliche Gegebenheiten vor Ort berücksichtigt werden. Gesetzliche Grundlage für die Vorprüfung ist § 320 Abs. 2 Satz 2 HGB, der dem Abschlussprüfer das Recht gibt, auch vor Fertigstellung des Jahresabschlusses von den gesetzlichen Vertretern sämtliche Unterlagen und Auskünfte zu fordern, die zur Durchführung der Abschlussprüfung erforderlich sind, wenn die Vorbereitung der Abschlussprüfung diese vorzeitigen Prüfungshandlungen notwendig erscheinen lässt. Derjenige Teil des Geschäftsjahres, der zwischen Vorprüfung und Jahresabschlusserstellung liegt, sollte in die nach der Jahresabschlusserstellung erfolgende Abschlussprüfung einbezogen werden. Wie intensiv diese Prüfung sein muss, hängt davon ab, ob sich der Prüfer durch andere Mittel Gewissheit von der Gesetz- und Satzungsmäßigkeit der Bilanzierung der Geschäftsvorfälle auch aus diesem Zeitraum verschaffen kann. Meist wird dies ohne ein bestimmtes Maß an Prüfungshandlungen nicht möglich sein. Insbesondere außergewöhnliche Buchungen vor dem Bilanzstichtag sowie alle wesentlichen Abschlussbuchungen sollten von ihm geprüft werden. Der Abschlussprüfer muss sich weiterhin davon überzeugen, ob Ereignisse eingetreten sind, die eine andere Beurteilung der von ihm bereits bei der Vorprüfung geprüften Posten erforderlich machen. Die Durchführung einer Vorprüfung versetzt

---

50   Vgl. *Richter* (2002), Sp. 1771–1777.

den Prüfer in die Lage, zeitliche Engpässe in der Schlussphase der Jahresabschlussprüfung zu vermindern.

Als Instrument zur Durchführung der (zeitlichen) Planung kann die *Netzplantechnik* herangezogen werden. Voraussetzung für die Anwendung der Netzplantechnik ist, dass sich ein Projekt (Jahresabschlussprüfung) in mehrere Teilprojekte (Prüffelder) zerlegen lässt, zwischen denen eine Anzahl von Beziehungen besteht. Unter Beachtung von Reihenfolgebedingungen und der voraussichtlich benötigten Bearbeitungsdauer der einzelnen Prüffelder wird ein Plan erstellt, der einen vollständigen Überblick über den Zeitablauf der Prüfung gibt. Die bekanntesten Verfahren der Netzplantechnik sind die Critical Path Method (CPM), die Metra Potential Method (MPM) und die Program Evaluation and Review Technique (PERT).[51]

Zwischen den sachlichen, personellen und zeitlichen Gegebenheiten bestehen Interdependenzen, die bei der Planung zu berücksichtigen sind. So werden z. B. die Prüfungsreihenfolge und der Prüfungsumfang der Prüffelder von der Verfügbarkeit des qualifizierten Personals und den festgelegten Endterminen mitbestimmt. Ebenso ist es denkbar, dass aus der Prüfungsprogrammplanung gewonnene Erkenntnisse die Prüfungsstrategie verändern können. Aus theoretischer Sicht wäre auf Grund der Interdependenzen ein *Simultanplanungsprozess*, d. h. ein unter gleichzeitiger Berücksichtigung aller endogenen und exogenen Einflussfaktoren stattfindender Planungsprozess, adäquat. Wegen den mit der Simultanplanung im Zusammenhang stehenden Problemen, die im Wesentlichen in der Komplexität des Prüfungsobjekts bzw. des Planungsprozesses bestehen, werden in der Praxis Ansätze der *stufenweisen Prüfungsplanung* angewandt. Das bedeutet, dass zunächst eine Entwicklung der Prüfungsstrategie erfolgt, auf Grund derer dann die Prüffelder bestimmt werden (Teilbereich der sachlichen Planung), die dann wiederum die Basis für die personelle und die zeitliche Planung bilden.

Wünsche des Auftraggebers, die sich auf Prüfungsschwerpunkte, den zeitlichen Ablauf der Prüfung oder einzelne Prüfungshandlungen beziehen, dürfen nur berücksichtigt werden, wenn sie einer ordnungsmäßigen Prüfung nicht entgegenstehen (ISA 300.A3, IDW PS 240.9).[52]

Sowohl die Entwicklung der Prüfungsstrategie als auch die Planung des Prüfungsprogramms sind als *kontinuierliche und rückgekoppelte Prozesse* anzusehen (ISA 300.A2, IDW PS 240.21). Das liegt zum einen daran, dass während der Planung noch nicht alle zur Prüfungsdurchführung notwendigen Informationen vorliegen. Zum anderen können während der Prüfung Erkenntnisse gewonnen werden (z. B. durch die Aufdeckung von Fehlern), die zu einer Modifikation der Prüfungsplanung führen (ISA 300.10).[53] Die ursprüngliche Prüfungsplanung wird daher kontinuierlich an den jeweiligen Erkenntnisstand angepasst.

Die festgelegte Prüfungsstrategie und das ausgearbeitete Prüfungsprogramm sowie alle im Rahmen der Planung gewonnenen Erkenntnisse über die einzelnen Prüfungsge-

---

51   Einführende Erläuterungen finden sich in *Mochty* (1998), S. 169 und 587.
52   Vgl. auch *Forster* (1998), S. 43.
53   Vgl. *Gans* (1986), S. 400 ff.; *Hömberg* (2002), Sp. 1853 f.

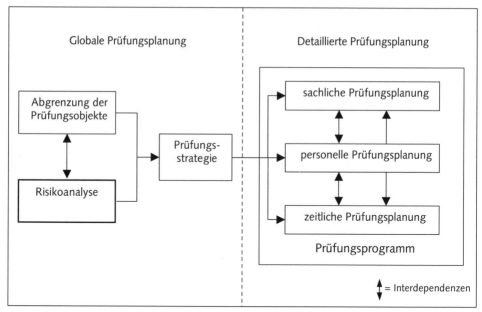

Abb. II.2-1: Prozess der Prüfungsplanung[54]

biete werden schriftlich in den Arbeitspapieren festgehalten (ISA 230.2 f. und ISA 300.12 sowie IDW PS 460.7, 460.12 und 460.18). Insbesondere zeitliche Planvorgaben (Soll-Zeiten) für einzelne Prüffelder stellen in Verbindung mit den vom Prüfpersonal festgehaltenen Ist-Zeiten eine wertvolle Unterstützung für die Planung einer Folgeprüfung dar. Wesentliche Elemente des Prozesses der Prüfungsplanung sind in Abb. II.2-1 dargestellt.

2.2.1.3 Besonderheiten der Planung einer Erstprüfung

Bei der erstmaligen Prüfung eines Unternehmens nimmt die Planung einen beträchtlichen Anteil am Gesamtprozess der Prüfung ein. Während bei Folgeprüfungen der Planungsanteil bei ca. 10 % liegt, muss bei der Erstprüfung bis zu einem Viertel der gesamten Prüfungszeit für Planungsaktivitäten einkalkuliert werden.[55] Als Gründe hierfür können die dem Prüfer nicht bekannten Gegebenheiten im Unternehmen genannt werden. Außerdem bestehen Unsicherheiten bezüglich der Qualifikationen, Kompetenzen und Arbeitsauffassung der für die Erstellung der Prüfungsobjekte verantwortlichen Personen. Die aufgeführten Gründe führen dazu, dass der Prüfer das Risiko, ein fehlerhaftes Prüfungsurteil abzugeben, a priori höher einschätzt. Risiken bestehen insbesondere im Hinblick auf die Funktionsfähigkeit der eingesetzten Buchführungs- und Kontrollsysteme. Daher werden bei Erstprüfungen im Speziellen für die strategische Prüfungsplanung und die Risikoanalyse mehr Ressourcen als bei Folgeprüfungen beansprucht. Bei Folgeprü-

---

54 In Anlehnung an *Zaeh* (1999), S. 376.
55 Vgl. *Thoennes* (1994), S. 50 f.

fungen kann der Prüfer dann auf die Erfahrungen der Vorjahre zurückgreifen, wobei sicherzustellen ist, dass sich die Planung an einem aktualisierten Kenntnisstand orientiert und alle für die Rechnungslegung wichtigen Sachverhalte neu beurteilt wurden (IDW PS 240.24; ISA 300.A20 formuliert spezielle Anforderungen im Falle einer Erstprüfung).

Erstprüfungen beinhalten höhere Risiken sowohl in Bezug auf die Geschäftsvorfälle der zu prüfenden Berichtsperiode als auch in Bezug auf die Vorjahresprüfung (durchgeführt durch den Mandatsvorgänger oder bei einem nicht geprüften Vorjahresabschluss). Die aus der Vorjahresprüfung resultierenden zusätzlichen Risiken betreffen die Beurteilung der Ordnungsmäßigkeit der Eröffnungsbilanzwerte, welche in ISA 510 und IDW PS 240 behandelt werden und die dazu führen, dass die Prüfungsplanung hierauf auszurichten ist. Bei Erstprüfungen lassen sich zwei Fälle unterscheiden (IDW PS 240.24):

- Wurde der Mandant im Vorjahr von einem anderen Abschlussprüfer geprüft, so dürfen dessen Prüfungsergebnisse unter Beachtung des Grundsatzes der Eigenverantwortlichkeit verwendet werden. Der Prüfer wird den Prüfungsbericht des Vorjahresprüfers durchsehen. Sofern der Bestätigungsvermerk des Vorjahres nicht uneingeschränkt oder mit einem Zusatz erteilt worden ist, muss der Abschlussprüfer bei der laufenden Prüfung denjenigen Posten, die zu Einwendungen geführt haben, besondere Aufmerksamkeit widmen (ISA 510.6 und ISA 510.A4, IDW PS 205.12 und 205.13).
- Wurde der Mandant im Vorjahr nicht geprüft, so sind Prüfungshandlungen vorzunehmen, die sicherstellen, dass die Erfassung und Bewertung der Positionen der Eröffnungsbilanz so erfolgte, dass die Darstellung der Ertragslage des Unternehmens im zu prüfenden Geschäftsjahr nicht wesentlich beeinträchtigt wird. IDW PS 205.14 enthält Vorschläge für durchzuführende Prüfungshandlungen (ähnlich ISA 510.A6 und 510.A7).

Für die Prüfung von *erstmalig* aufgestellten Jahresabschlüssen (auf Grund einer Neugründung, Verschmelzung oder Spaltung) enthalten ISA 510.5 ff. sowie IDW PS 205.15 f. weitere Hinweise. Den Themenbereich der *Eröffnungsbilanzsalden* im Rahmen von Erstprüfungen regeln ISA 510 und IDW PS 205. Diese Standards behandeln Art und Umfang der durchzuführenden Prüfungshandlungen in Abhängigkeit davon, ob und mit welchem Ergebnis der Vorjahresabschluss geprüft wurde.

2.2.2 Gesamtplanung aller Aufträge

Neben der Planung der einzelnen Prüfungsaufträge (→ II.2.2.1) ist auch eine angemessene *Gesamtplanung* aller Aufträge einer WP-Praxis vorzunehmen (IDW PS 240.10 und 240.25-27). Die Gesamtplanung aller Prüfungsaufträge ist als Planung für eine Prüfperiode zu verstehen.

Dafür ist zunächst die voraussichtlich benötigte Anzahl der Tage der Abwicklung der jeweiligen Aufträge basierend auf den vorläufigen Planungen der einzelnen Aufträge zu bestimmen. In Abhängigkeit quantitativer (Auftragsabwicklungsdauer) und qualitativer Aspekte ist der Einsatz der Mitarbeiter zu koordinieren. Qualitative Aspekte können hierbei unterteilt werden in formelle (Berufsexamina, Stufe auf der internen Karriereleiter der Prüfungsgesellschaft, z. B. Manager, Prüfungsleiter) und materielle (Erfahrungen mit mandantenspezifischen Prüfungsobjekten und mit dem Umgang mit dem Mandanten bzw. Mitarbeitern des Mandanten) Elemente.

Nicht vernachlässigt werden sollte auch die Einplanung zeitlicher Reserven. Entsprechend des Gesamtziels der Planung sind die im Prüfungsauftrag festgeschriebenen Fristen bei der Aufstellung des Gesamtplans primär zu berücksichtigen. Außerdem sollten mit dem Mandanten getroffene Terminabsprachen hinsichtlich der vom Prüfer vor Ort durchzuführenden Prüfungsaktivitäten eingehalten werden. Dann kann gewährleistet werden, dass für die Prüfungstätigkeiten erforderliche Arbeitsplätze beim Mandanten und die für die Prüfungsobjekte verantwortlichen Mitarbeiter (Urlaubsplanung) zu Informationszwecken zur Verfügung stehen. Eine Einhaltung der Terminabsprachen ist auch vor dem Hintergrund, dass die Unternehmen zunehmend eine frühere Berichterstattung anstreben[56], von erheblicher Bedeutung.

Kalenderwoche	1	2	3	4	5	6
Fertigstellungs-termin/Mandant (M)			M1	M2		M3
Prüfungsleiter (P)						
P1	M1	M1	M1	M3	M3	M3
P2	M2	M2	M2	M2	M4	M4
. . .	. . .	. . .	. . .	. . .	. . .	. . .
Prüfungsassistenten (A)						
A1	M1	M1	M1	Reserve	M3	M3
A2	M1	M1	M2	M2	M4	M4
A3	M2	M2	M2	M2	M4	M4
. . .	. . .	. . .	. . .	. . .	. . .	. . .

Abb. II.2-2: Gesamtplanung von Prüfungsaufträgen

---

56 Siehe hierzu *Eggemann/Petry* (2002), S. 1635; *Raschke/Vogel* (2002), S. 277.

Es bietet sich an, das Ergebnis der Gesamtplanung in einer tabellarischen Übersicht festzuhalten. Eine solche Übersicht ist in vereinfachter Form in Abb. II.2-2 dargestellt. In der Praxis werden zum Zweck der Gesamtplanung meist elektronische Personalplanungstools eingesetzt. In Einklang mit den mit den Mandanten vereinbarten Fertigstellungsterminen werden Prüfteams den einzelnen Mandanten bzw. Aufträgen (M1, M2, ...) für bestimmte Kalenderwochen zugeordnet. Jedes Prüfteam besteht aus einem Prüfungsleiter (P) und (in Abhängigkeit des in der auftragsspezifischen Planung eruierten Prüfungsausmaßes) mehreren Prüfungsassistenten (A). Mit diesem Instrument hat die Prüfungsgesellschaft einen Überblick, welcher Prüfer gerade bei welcher Prüfung verweilt. Personelle Kapazitätsengpässe werden auf diese Weise schon im Vorfeld schnell ersichtlich, potenzieller Handlungsbedarf wird aufgedeckt.

Insbesondere kurz vor (Inventurprüfungen) und in den ersten Monaten nach dem Kalenderjahresende, das bei den meisten Mandanten zugleich der Jahresabschlussstichtag ist, stellt die Gesamtplanung aller Aufträge für die WPG jedes Jahr eine herausfordernde Aufgabe dar. Die Gesamtplanung ist zu dokumentieren und kontinuierlich an sich ändernde Bedingungen anzupassen sowie mit den einzelnen Aufträgen zu koordinieren.

Während die auftragsspezifische Planung im Verantwortungsbereich des jeweiligen Prüfungsleiters liegt, obliegt die Gesamtplanung grundsätzlich der Geschäftsleitung der Prüfungsgesellschaft.

Kontrollfragen

1. Wie wird die ordnungsmäßige und rechtswirksame Bestellung eines Abschlussprüfers gewährleistet?
2. Was kann den WP zur Ablehnung eines Prüfungsauftrags veranlassen?
3. In welchen Schritten erfolgt die Prüfungsplanung und was ist jeweils zu beachten?
4. Was sollten wesentliche Ergebnisse der Prüfungsplanung sein?
5. Worin liegen die Unterschiede zwischen der Planung von Erst- und Folgeprüfungen?

Zitierte und weiterführende Literatur

Adler, H./Düring, W./Schmaltz, K. (2000): Rechnungslegung und Prüfung der Unternehmen, neu bearbeitet von Forster, K.-H./Goerdeler, R./Lanfermann, J./Müller, H.-P./Siepe, G./Stolberg, K., Teilband 7, 6. Aufl., Stuttgart.

Baetge, J./Meyer zu Lösebeck, H. (1981): Starre oder flexible Prüfungsplanung?, in: Seicht, G. (Hrsg.): Management und Kontrolle. Festgabe für Erich Loitlsberger zum 60. Geburtstag, Berlin, S. 121–171.

Bolenz, G./Frank, R. (1977): Das Zuordnungsproblem von Prüfern zu Prüffeldern unter Berücksichtigung von Reihenfolgebedingungen – Ein Lösungsansatz der binären Optimierung, in: Zeitschrift für betriebswirtschaftliche Forschung, S. 427–447.

Buchner, R. (1992): Personalzuordnungsmodelle bei der Prüfungsplanung, in: Coenenberg, A.G./Wysocki, K.v. (Hrsg.): Handwörterbuch der Revision, 2. Aufl., Stuttgart, Sp. 1376–1384.

Drexl, A. (1989): Zuordnung von Prüfern zu Prüffeldern unter Beachtung der Reihenfolge-, Kapazitäts- und Terminrestriktionen, in: Zeitschrift für betriebswirtschaftliche Forschung, S. 294–317.

Drexl, A. (1990): Planung des Ablaufs von Unternehmensprüfungen, Stuttgart.

Ebke, W.F. (2008): Kommentierung des § 318 HGB, in: Schmidt, K./Ebke, W.F. (Hrsg.): Münchner Kommentar zum Handelsgesetzbuch, 2. Aufl., München.

Eggemann, G./Petry, M. (2002): Fast Close – Verkürzung von Aufstellungs- und Veröffentlichungszeiten für Jahres- und Konzernabschlüsse, in: Betriebs-Berater, S. 1635–1639.

Förschle, G./Heinz, S. (2010): Kommentierung des § 318 HGB, in: Ellrot, H. et al. (Hrsg.): Beck'scher Bilanz-Kommentar – Handels- und Steuerbilanz, 7. Aufl., München.

Förschle, G./Schmidt, S. (2010): Kommentierung der §§ 319, 319a und 319b HGB, in: Ellrot, H. et al. (Hrsg.): Beck'scher Bilanz-Kommentar – Handels- und Steuerbilanz, 7. Aufl., München.

Forster, K.-H. (1998): Abschlußprüfung nach dem Regierungsentwurf des KonTraG, in: Die Wirtschaftsprüfung, S. 41–56.

Gans, C. (1986): Betriebswirtschaftliche Prüfungen als heuristische Suchprozesse, Bergisch Gladbach/Köln.

Gelter, M. (2004): Unabhängigkeit, Prüferbestellung und Audit Committee: Ein Vergleich zwischen Österreich und den USA, in: Österreichische Zeitschrift für Recht und Rechnungswesen, S. 54–62.

Gier, S./Müller, K./Müller, K.R. (2009): Unabhängigkeit des Abschlussprüfers, in: Küting, K., Pfitzer, N., Weber, C.-P. (Hrsg.): Das neue deutsche Bilanzrecht – Handbuch zur Anwendung des Bilanzrechtsmodernisierungsgesetzes (BilMoG), 2. Aufl., Stuttgart, S. 655–670.

Grewe, W. (2005): Kommentierung des § 318 HGB, in: Hofbauer, M.A./Grewe, W./Albrecht, W./Kupsch, P. (Hrsg.): Bonner Handbuch Rechnungslegung, Bonn/Berlin.

Hömberg, R. (2002): Prüfungsplanung, in: Ballwieser, W./Coenenberg, A.G./Wysocki, K.v. (Hrsg.): Handwörterbuch der Rechnungslegung und Prüfung, 3. Aufl., Stuttgart, Sp. 1852–1861.

Hövermann, K. (1979): Grundsätze der Prüffelder und Reihenfolgeplanung bei Jahresabschlußprüfungen, in: Die Wirtschaftsprüfung, S. 62–71.

Kroneberger, W. (1980): Die Auswertung des Internen Kontrollsystems im Rahmen der Jahresabschlußprüfung – Vorgehensweise und Probleme in der Praxis, in: Treuhand-Vereinigung (Hrsg.): Wirtschaftsprüfung und Wirtschaftsrecht: Beiträge zum 75jährigen Bestehen der Treuhand-Vereinigung Aktiengesellschaft, Stuttgart, S. 201–234.

Lehwald, K.-J. (1999): Die praktische Durchführung einer Jahresabschlußprüfung, Bonn/Berlin.

Lück, W. (1999): Prüfung der Rechnungslegung: Jahresabschlußprüfung, München/Wien.

Lützeler, G./Lang, S.R. (2002): Auftragsannahme und Auftragsfortführung, in: Ballwieser, W./Coenenberg, A.G./Wysocki, K.v. (Hrsg.): Handwörterbuch der Rechnungslegung und Prüfung, 3. Aufl., Stuttgart, Sp. 132–140.

Marten, K.-U./Quick, R./Ruhnke, K. (Hrsg.) (2006): Lexikon der Wirtschaftsprüfung – Nach nationalen und internationalen Normen, Stuttgart.

Mattheus, D. (2002): Kommentierung des § 318 HGB, in: Baetge, J./Kirsch, H.-J./Thiele, S. (Hrsg.): Bilanzrecht – Handelsrecht mit Steuerrecht und den Regelungen des IASB, Bonn/Berlin.

Mochty, L. (1998): Stichwörter »Critical Path Method (CPM)« und »PERT«, in: Lück, W. (Hrsg.): Lexikon der Rechnungslegung und Abschlußprüfung, 4. Aufl., München.

Neumann, J.v./Morgenstern, O. (1973): Spieltheorie und wirtschaftliches Verhalten, 3. Aufl., Würzburg.

Orth, C./Müller, K.R. (2009): Abschlussprüfung, in: Küting, K., Pfitzer, N., Weber, C.-P. (Hrsg.): Das neue deutsche Bilanzrecht – Handbuch zur Anwendung des Bilanzrechtsmodernisierungsgesetzes (BilMoG), 2. Aufl., Stuttgart, S. 625–654.

Raschke, J./Vogel, J. (2002): Fast Close – Verkürzung der Abschlusszeiten, in: Zeitschrift für kapitalmarktorientierte Rechnungslegung, S. 277–288.

Richter, M. (2002): Prüfungsbereitschaft, in: Ballwieser, W./Coenenberg, A.G./Wysocki, K.v. (Hrsg.): Handwörterbuch der Rechnungslegung und Prüfung, 3. Aufl., Stuttgart, Sp. 1771–1777.

Ruhnke, K./Schmidt, M. (2010): Kommentierung zu § 320 HGB, in: Baetge, J./Kirsch, H.-J./Thiele, S. (Hrsg.): Bilanzrecht Kommentar, Ergänzungslieferung, 34. Aktualisierung, Bonn 2010.

Sperl, A. (1978): Prüfungsplanung, Düsseldorf.

Strieder, T. (2000): Zeitpunkt und Unterzeichnung von Vollständigkeitserklärungen, in: Betriebs-Berater, S. 298–300.

Thoennes, H.O. (1994): Der risikoorientierte Prüfungsansatz, in: Baetge, J. (Hrsg.): Rechnungslegung und Prüfung 1994. Vorträge der Jahre 1991–1993 vor dem Münsteraner Gesprächskreis Rechnungslegung und Prüfung e.V., Düsseldorf, S. 31–51.

Wysocki, K.v. (1988): Grundlagen des betriebswirtschaftlichen Prüfungswesens: Prüfungsordnungen, Prüfungsorgane, Prüfungsverfahren, Prüfungsplanung u. Prüfungsbericht, 3. Aufl., München.

Zaeh, P.E. (1999): Die Planung der Prüfungsmethoden in einer Problem- und Risikoorientierten Abschlußprüfung, in: Zeitschrift für Planung, S. 373–390.

Zaeh, P.E. (2000): Die Entwicklung von Prüfungsstrategien im Kontext der Problem- und Risikoorientierten Abschlussprüfung, in: Zeitschrift für Planung, S. 217–237.

Ziemons, H. (2000): Erteilung des Prüfungsauftrags an den Abschlussprüfer einer Aktiengesellschaft durch einen Aufsichtsratsausschuss?, in: Der Betrieb, S. 77–81.

3 Methoden zur Erlangung von Prüfungsnachweisen

3.1 Typologisierung

Prüfung lässt sich definieren als ein »Prozess zur Gewinnung eines vertrauenswürdigen Urteils durch den Vergleich eines vom Prüfer nicht selbst herbeigeführten Ist-Objektes mit einem vorgegebenen oder zu ermittelnden Soll-Objekt und anschließender Urteilsbildung und der Urteilsmitteilung an diejenigen, die auf Grund der Prüfung Entscheidungen fällen«[57]. Demnach umfasst eine Prüfung folgende Teilprozesse (vgl. Abb. II.3-1):

- Feststellung des Ist-Objektes, d. h. Ermittlung der zu beurteilenden Merkmalsausprägung eines realisierten Zustands, eines Vorgangs, einer Information, eines Dokumentes etc.;
- Feststellung des Soll-Objektes, d. h. Ermittlung der aus Normen abgeleiteten Sollmerkmalsausprägung des Prüfungsobjektes;
- Soll-Ist-Vergleich, d. h. Gegenüberstellung der Istmerkmalsausprägungen und der Sollmerkmalsausprägungen des Prüfungsobjektes, um die Übereinstimmung bzw. die Abweichung zwischen den Merkmalsausprägungen festzustellen;
- Beurteilung der Abweichungen, d. h. Feststellung, ob sie zulässig sind, da die Normen oft einen Spielraum der Gestaltung des Ist-Objektes zulassen oder ob sie ein tolerierbares Maß übersteigen;
- Formulierung des Prüfungsergebnisses und ggf. Mitteilung des Ergebnisses an die Adressaten der Prüfung.

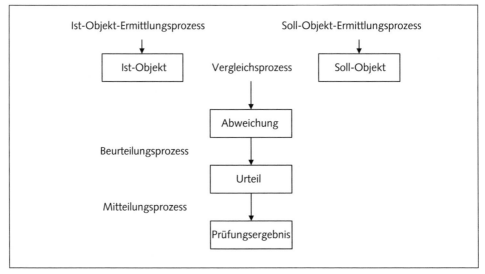

Abb. II.3-1: Teilprozesse einer Prüfung[58]

---

57 *Leffson* (1988), S. 13.
58 Vgl. *Wysocki* (1988), S. 122.

Ausgehend von dem Soll-Ist-Vergleich als Grundelement jeder Prüfung lassen sich vielfältige Prüfungstechniken, Prüfungshandlungen, Prüfungsmethoden und Prüfungsstrategien (zur Abgrenzung der Begriffe → II.7.2.1) unterscheiden:

- *Risikoneutrale vs. risikoorientierte Prüfung*: In Bezug auf die Berücksichtigung des Prüfungsrisikos gibt es risikoneutrale und risikoorientierte Prüfungen. Das Prüfungsrisiko bezeichnet in diesem Zusammenhang das Risiko, dass der Abschlussprüfer unwissentlich versäumt, seinen Bestätigungsvermerk einzuschränken oder zu versagen, wenn der Jahresabschluss wesentliche Fehler enthält. Es besteht zum einen aus dem Risiko, dass wesentliche Fehler oder Falschaussagen im Jahresabschluss enthalten sind, und zum anderen aus dem Risiko, dass der Abschlussprüfer diese nicht entdeckt. Risikoorientierte Prüfung bedeutet, dass der Abschlussprüfer während der Prüfungsplanung, der Prüfungsdurchführung und der Berichterstattung risikoabwägend zu handeln und zu entscheiden hat. Er muss die einzelnen Risikofaktoren für die Prüfungsplanung zusammenstellen, gewichten und bewerten, um die Ergebnisse dieser Risikoanalyse in die Prüfungsplanung (insbesondere in die Auswahl der Prüfungsmethoden und die Bestimmung des Prüfungsumfangs) einfließen zu lassen. Die Forderung nach einer möglichst wirtschaftlichen Prüfung verlangt vom Abschlussprüfer eine Risikobeurteilung der einzelnen Prüfungsgebiete, die es ihm ermöglicht, bei der Allokation von Prüfungsressourcen risikoreiche Bereiche besonders zu berücksichtigen.
- *Direkte vs. indirekte Prüfung*: Nach dem Kriterium »Art der Vergleichshandlung« ist zwischen direkten und indirekten Prüfungen zu unterscheiden. Eine direkte Prüfung liegt vor, wenn der Prüfungsgegenstand (z. B. die Forderungen aus Lieferungen und Leistungen) unmittelbar geprüft wird. Bei indirekten Prüfungen bedient sich der Prüfer zur Urteilsbildung über den Prüfungsgegenstand dagegen bestimmter Ersatztatbestände, um aus bekannten oder unterstellten Zusammenhängen zwischen dem Prüfungsgegen-stand und dem Ersatztatbestand einen Rückschluss auf die Normenkonformität des Prüfungsgegenstands zu gewinnen. So könnte der Prüfer z. B. die Forderungen aus Lieferungen und Leistungen indirekt über die Umsatzerlöse prüfen. Haben sich die Forderungen erhöht, so lassen gestiegene Umsatzerlöse auf die Richtigkeit der Position »Forderungen aus Lieferungen und Leistungen« schließen.
- *Systemorientierte vs. ergebnisorientierte Prüfung*: Hinsichtlich des Prüfungsobjektes wird in systemorientierte und ergebnisorientierte Prüfungen differenziert. Die Systemprüfung (→ II.3.2.2) dient dazu, Kontrollregeln, nach denen die Bearbeitung der Geschäftsvorfälle, die Belegbearbeitung, die Verbuchung und die Jahresabschlussarbeiten vollzogen werden, zu erfassen, hinsichtlich ihres Vorhandenseins zu beurteilen und auf ihre Wirksamkeit zu prüfen. Neben die Systemprüfung tritt die Prüfung von Bearbeitungsergebnissen (Ergebnisprüfung), wobei Art und Umfang der Ergebnisprüfung von den bei der Systemprüfung getroffenen Feststellungen abhängen. Ergebnisprüfungen lassen sich in Einzelfallprüfungen (Detailprüfungen; → II.3.2.4) und analytische Prüfungen (Globalprüfungen; → II.3.2.3) unterteilen. Einzelfallprüfungen untersuchen unmittelbar die jeweils interessierenden Einzelsachverhalte der Buchführung und des Jahresabschlusses. Analytische Prüfungshandlungen untersuchen die Jahresabschlussdaten auf Plausibilität. Hierbei werden bedeutsame Trends und Beziehungen sowie die Untersuchung ungewöhnlicher Schwankungen und Abwei-

chungen berücksichtigt. Häufig beruhen sie auf dem Vergleich von Kennzahlen mit den entsprechenden Vorjahreswerten, mit den Daten anderer (Konkurrenz-)Unternehmen oder mit prognostizierten Werten. Aus den Ergebnissen der Vergleiche lässt sich auf die Plausibilität einzelner Ergebnisse schließen. Daneben lassen sich analytische Prüfungen auch auf der Basis der Analyse mit Hilfe wirtschaftlich orientierter Kontrollrechnungen durchführen.

- *Balance sheet audit vs. transaction audit*: Ansatzpunkte für die Ausgestaltung des risikoorientierten Prüfungsansatzes sind neben der geschäftsrisikoorientierten Prüfung (→ II.3.3.1) das balance sheet audit (→ II.3.3.2.2) und das transaction audit (→ II.3.3.2.1). Die Vorgehensweise des balance sheet audit orientiert sich vor allem an dem zu prüfenden Jahresabschluss und beinhaltet die Überprüfung von Aussagen (assertions; → I.6.2), d.h. u.a. von Existenz, Vollständigkeit, wirtschaftlicher Zugehörigkeit und Bewertung von Jahresabschlusspositionen. Diese Prüfungsstrategie greift überwiegend auf die ergebnisorientierte Prüfung zurück. Beim transaction audit werden für Gruppen verwandter Geschäftsaktivitäten und die damit zusammenhängenden Transaktionen sog. Transaktionskreise abgegrenzt. So könnten z.B. im produzierenden Gewerbe die Haupttransaktionskreise Einkauf, Verkauf, Produktion, Personal und Finanzen unterschieden werden. Der Prüfer konzentriert sich auf Prozesse, um Ergebnisse zu verstehen, d.h. die Prüfung der Rechnungslegung ist überwiegend auf die korrekte Erfassung der täglich angefallenen Geschäftsvorfälle im abgelaufenen Geschäftsjahr gerichtet, so dass vor allem auf die systemorientierte Prüfung zurückgegriffen wird.

- *Vollprüfung vs. Auswahlprüfung*: Im Hinblick auf die Prüfungsintensität lassen sich Prüfungsurteile mit Hilfe einer Vollprüfung (lückenlosen Prüfung) oder einer Auswahlprüfung gewinnen. Bei einer lückenlosen Prüfung wird das Prüfungsurteil erst gefällt, wenn sämtliche Prüfungsgegenstände untersucht worden sind. Werden nicht alle Prüfungsgegenstände in die Prüfung einbezogen, so spricht man von einer Auswahlprüfung. Bei solchen stichprobenweisen Prüfungen stehen mit der bewussten Auswahl und der Zufallsauswahl zwei grundsätzlich verschiedene Auswahlverfahren zur Verfügung. Von einer bewussten Auswahl spricht man, wenn die Auswahl der in die Stichprobe einzubeziehenden Fälle vom Prüfer subjektiv auf Grund seines Sachverstands, d.h. seiner persönlichen Kenntnisse und Erfahrungen, getätigt und diese Entscheidung eigenverantwortlich, selbstständig und nach pflichtgemäßem Ermessen getroffen wird. Dadurch bedingt kann die Wahrscheinlichkeit dafür, dass bestimmte Elemente in die Stichprobe gelangen, nicht angegeben werden. Wesentliches Kennzeichen der Zufallsauswahl ist, dass jedes Element die gleiche bzw. eine bestimmte berechenbare, von null verschiedene Wahrscheinlichkeit hat, in die Stichprobe zu gelangen.

- *Progressive vs. retrograde Prüfung*: Bezüglich der Prüfungsrichtung sind progressive und retrograde Prüfungen möglich. Die progressive Prüfung geht den Weg von der eigentlichen Buchungsgrundlage, dem Beleg, über Grundbücher (Journale), Hauptbuch zur Bilanz bzw. zur GuV. Dagegen beschreitet die retrograde Prüfung den umgekehrten Weg von der Bilanz bzw. der GuV zum Beleg. Diese Vorgehensweise kann auch als progressive oder retrograde Bestimmung des Soll-Objektes bei der prüferischen Urteilsbildung ausgedrückt werden (→ I.3.2.1). Geht der Prüfer von vorhandenen Daten und Dokumenten (d. h. dem wirtschaftlichen Sachverhalt, der sich in den Belegen widerspiegelt) aus und leitet aus diesen unter Verwendung der relevanten Normen das Soll-Objekt »korrekter Jahresabschluss« ab, gewinnt er seinen Vergleichsmaßstab anhand der progressiven Vorgehensweise. Bildet jedoch der Jahresabschluss bzw. der Inhalt der in der Rechnungslegung ausgewiesenen Konten den Ausgangspunkt, schließt der Abschlussprüfer unter Verwendung der entsprechenden Normen auf die wirtschaftlichen Sachverhalte zurück, die sich in den Belegen wiederfinden müssen (Soll-Objekt ist hier der wirtschaftliche Sachverhalt, der seinen Ausdruck in den Belegen findet: retrograde Vorgehensweise).

- *Formelle vs. materielle Prüfung*: Ferner lassen sich nach dem Prüfungszweck formelle und materielle Prüfungen unterscheiden. Formelle Prüfungen stellen auf die äußere Ordnungsmäßigkeit einschließlich der rechnerischen Richtigkeit der Rechnungslegung ab, während durch materielle Prüfungen die inhaltliche Richtigkeit und die wirtschaftliche Berechtigung des Abschlusspostens geprüft werden.
- *Manuelle vs. IT-gestützte Prüfung*: Nach dem Automatisierungsgrad der Prüfungstechnik sind manuelle von IT-gestützten Prüfungen abzugrenzen (→ II.5).
- *Kontinuierliche vs. diskontinuierliche Prüfung*: Bei einer rein diskontinuierlichen Prüfung wird der Abschluss nach Ablauf der Berichtsperiode zunächst erstellt und dann innerhalb eines abgrenzbaren Zeitraums geprüft. Die Prüfung ist hier rückwärtsgerichtet. Dagegen ist die kontinuierliche Prüfung (*continuous auditing*) gegenwartsorientiert und die Geschäftsvorfälle werden (unter Einsatz IT-gestützter Prüfungstechniken) im Idealfall zum Zeitpunkt ihres Entstehens anhand vorgegebener Regeln in Echtzeit geprüft (→ II.5.2.2.2.2.2). In der Praxis ist die Abschlussprüfung zumeist diskontinuierlich angelegt, beinhaltet aber auch kontinuierliche Elemente.
- *Prüfung vor Ort vs. Fernprüfung*: Diese Unterscheidung knüpft an den Ort der Prüfungsdurchführung an. Bei der Fernprüfung findet die Prüfung nicht in den Räumlichkeiten des Mandanten statt.
- *Angekündigte Prüfung vs. Überraschungsprüfung*: Hierbei wird nach der Vorhersehbarkeit der Prüfung bzw. des Prüfungstermins differenziert.

Die aufgeführten Klassifikationen werden in der Literatur zumeist isoliert diskutiert, obwohl zwischen ihnen zahlreiche Verbindungen bzw. Überschneidungen bestehen. So ist z. B. die Systemprüfung grundsätzlich eine indirekte Prüfung, denn es wird aus der Qualität der Verarbeitungsprozesse auf die Richtigkeit der Verarbeitungsergebnisse geschlossen. Wird jedoch die Qualität des Verarbeitungssystems mit Hilfe der Qualität von Verarbeitungsergebnissen beurteilt, so gelangen Elemente der direkten Prüfung in die Systemprüfung. Da im letztgenannten Fall gleichzeitig das System und seine Ergebnisse beurteilt werden, spricht man von einem dual purpose test. Zudem sei darauf verwiesen, dass auch analytische Prüfungen eine Untergruppe der direkten Prüfung darstellen. Mitunter wird auch die Systemprüfung unter den indirekten Prüfungen subsumiert.

3.2 Risikomodellorientierte Prüfungsmethoden

3.2.1 Unternehmen und Umwelt

Die aktuellen Prüfungsansätze basieren auf der Erkenntnis, dass der Jahresabschluss das Ergebnis der gesamten Geschäftstätigkeit des Mandanten ist und die strategischen und operativen Entscheidungen der Unternehmensleitung reflektiert. Demnach basieren diese Prüfungsansätze auf Kenntnissen der Geschäftstätigkeit und des wirtschaftlichen und rechtlichen Umfelds des Mandanten, die es erlauben, Ereignisse, Geschäftsvorfälle und Abläufe zu identifizieren und zu verstehen, die eine wesentliche Auswirkung auf den Abschluss und auf die Prüfung inklusive Bestätigungsvermerk haben können (ISA 315, IDW PS 230). Die Kenntnisse über die Geschäftstätigkeit und über das wirtschaftliche sowie rechtliche Umfeld beinhalten sowohl grundlegendes Wissen über die allgemeine wirtschaftliche Lage, die besonderen Merkmale und Verhältnisse des Unternehmens, wie auch spezifisches Wissen, insbesondere über die Unternehmensziele und -strategie, die damit verbundenen Geschäftsrisiken und über deren Umgang (ISA 315.15, IDW PS 230.2). Der Abschlussprüfer verwendet diese Kenntnisse u.a. bei der Einschätzung des Fehlerrisikos, der Identifikation von Problemen und bei der Bestimmung von Art, Umfang und zeitlichem Ablauf der Prüfungshandlungen (ISA 315.5, IDW PS 230.6f.). Damit wird explizit berücksichtigt, dass das Prüfungsrisiko des Abschlussprüfers mit dem Geschäftsrisiko des Mandanten in Zusammenhang steht (→ II.3.3.1; insbes. Abb. II.3-15).

Im Rahmen des risikoorientierten Prüfungsansatzes ist die Analyse der Geschäftstätigkeit, der Marktbedingungen und der sonstigen Umfeldfaktoren notwendig, um das inhärente Risiko einzuschätzen. Zur Beurteilung des inhärenten Risikos müssen aber nicht nur solche allgemeinen makroökonomischen, branchen- und unternehmensbezogenen Aspekte, sondern darüber hinaus auch spezielle prüffeldbezogene Kriterien herangezogen werden. Aus diesem Grund beschäftigen sich die nachfolgenden Ausführungen nicht nur mit dem Unternehmen und dem Umfeld seiner Geschäftstätigkeit, sondern auch mit Risikofaktoren im Bereich einzelner Prüffelder.

3.2.1.1 Makroökonomische Faktoren

Die *konjunkturelle Lage* einer Volkswirtschaft beeinflusst das Fehlerrisiko. Während einer Rezession ist das inhärente Risiko wesentlich höher als in einer gesunden, wachsenden Volkswirtschaft, denn es sind z.B. Probleme beim Einzug von Kundenforderungen oder ein erhöhter Vorratsbestand und eine Verschlechterung der Altersstruktur der Vorräte zu erwarten. Des Weiteren kann sich beim Mandanten die Liquiditätslage verschlechtern, so dass dieser Zahlungen später veranlasst. Die Konsequenz ist ein Anstieg der Verbindlichkeiten und der passivischen antizipativen Rechnungsabgrenzungsposten. Aus Konjunktureinbrüchen ergibt sich u.U. eine massive Insolvenzgefährdung des Mandanten und die going concern-Prämisse (→ II.4.2) wird fraglich.

Inflation ist mit einem Anstieg der Aufwendungen verknüpft, da sich eine *Erhöhung des Hauptrefinanzierungszinssatzes* in erhöhten Zinsaufwendungen niederschlägt oder bei Unternehmen, die ihre Kreditlinien ausgeschöpft haben, Liquiditätsengpässe verursacht. Auch Veränderungen des *Außenwertes der Landeswährung* wirken sich auf das inhärente Risiko aus. Die *Arbeitsmarktverhältnisse* erschweren möglicherweise die Rekrutierung qualifizierter Arbeitskräfte. Wechselkurse determinieren Mandanten mit Import- oder Exportaktivitäten. Erheblich beeinflusst werden die makroökonomischen Rahmenbedingungen von der *Fiskalpolitik* des Staates bzw. der *Geldpolitik* der Europäischen Zentralbank.

Im weiteren Sinne sind den makroökonomischen Faktoren auch die *politischen* bzw. *gesetzgeberischen Rahmenbedingungen* zu subsumieren (z. B. politische Instabilität, soziale Unruhe, neue Vorschriften zum Arbeitsschutz oder das Auslaufen der Nutzung von Atomkraftwerken, Umweltschutzgesetze).[59]

3.2.1.2 Branchenspezifische Faktoren

Informationen über die Branche des Mandanten erlangt der Abschlussprüfer aus folgenden Quellen: Publikationen über die Besonderheiten der Rechnungslegung der Branche, Jahresabschlüsse und Lageberichte anderer Unternehmen der Branche, Konsultation der jeweiligen Branchenspezialisten innerhalb der Prüfungsgesellschaft, Publikationen der Branche (die z. B. die Art der Branche beschreiben und über wirtschaftliche und politische Ereignisse berichten, die sich zum Prüfungszeitpunkt auf die Branche auswirken), staatliche Veröffentlichungen über die Branche (z. B. Branchenstatistiken) sowie Mitteilungen von Industrie- und Handelskammern, Unternehmerverbänden und Wirtschaftsvereinigungen (IDW PS 230.14).

Ein wichtiger branchenspezifischer Faktor zur Beurteilung des inhärenten Risikos ist in der *Wettbewerbsintensität* der Branche zu sehen. Es hängt von der Wettbewerbssituation ab, ob das zu prüfende Unternehmen die Möglichkeit für weiteres Wachstum hat oder ob es zur Erhaltung des Marktanteils gezwungen ist, die Verkaufspreise auf ein niedrigeres Niveau zu setzen, so dass sich möglicherweise Probleme im Rahmen der Vorratsbewertung ergeben. Von Interesse dürfte auch die Frage sein, ob der Wettbewerb durch neu hinzukommende Konkurrenten verschärft wird oder ob Markteintrittsschranken existieren, welche die gegenwärtigen Anbieter schützen. Bei einer zunehmenden Anzahl von Anbietern steigt gleichzeitig die Wahrscheinlichkeit für obsolete Vorräte. Oft wird ein Wirtschaftszweig auch durch bestimmte Unternehmen beherrscht (entweder durch branchenzugehörige Unternehmen oder durch Lieferanten bzw. Kunden). Gerade Unternehmen in sehr wettbewerbsintensiven Branchen sind häufiger dem Druck der Kapitalgeber ausgesetzt, ein kontinuierliches Gewinnwachstum auszuweisen. Unter diesen Umständen wächst die Gefahr, dass Erträge (income) zu früh bzw. Aufwendungen (expenses) zu spät gebucht werden und damit gegen zentrale Bewertungsgrundsätze verstoßen wird.[60]

---

59 Zu den makroökonomischen Faktoren vgl. auch ISA 315.A19 und A22, IDW PS 230.Anhang.Punkt A.

60 Zu den unterschiedlichen Interpretationen des Vorsichtsprinzips siehe *Ruhnke* (2008), S. 208 f. und 228 f. Das neue internationale Framework beinhaltet das Vorsichtsprinzip nicht mehr. Nach Ansicht des IASB ist eine vorsichtige Bilanzierung nicht mit dem Erfordernis der Neutralität vereinbar. Vgl. IASB Conceptual Framework.BC3.27; anders dagegen die Vorgängernorm IASB Framework.37. Dagegen

Weiterhin ist die *wirtschaftliche Lage* des Wirtschaftszweiges zu berücksichtigen. Das inhärente Risiko ist höher, falls sich der Mandant in einer rückläufigen oder gar in einer Not leidenden Branche betätigt, denn hier kann die going concern-Prämisse in Frage gestellt werden. Auch das Risiko für Falschdarstellungen durch das Management ist in einer rückläufigen Branche höher.

Häufig bestehen in ganzen Branchen (z. B. der Stahlindustrie) *Überkapazitäten*, etwa auf Grund rückläufiger Nachfrage oder zunehmendem Wettbewerb durch Importe. Unter diesen Umständen steigt die Gefahr überhöhter Vorratsbestände und damit auch die Gefahr veralteter Vorräte, woraus sich ein Abwertungserfordernis ergeben kann.

Zu den das inhärente Risiko beeinflussenden branchenspezifischen Faktoren zählt auch die *Kapitalintensität* der Branche. Je größer die Kapitalintensität ist, desto höher sind die Fixkosten im Vergleich zu den variablen Kosten und desto schneller steigen die Gewinne, wenn einmal der Break-Even-Punkt erreicht ist. Umgekehrt sind Unternehmen aus kapitalintensiven Branchen in Perioden mit sinkenden Erlösen aber auch höheren Risiken ausgesetzt. Ein weiterer die Branche betreffender Faktor des inhärenten Risikos ist in der *Stabilität der Nachfrage* zu sehen. Ist die Nachfrage größeren saisonalen Schwankungen ausgesetzt (z. B. in der Spielwarenindustrie auf Grund des Weihnachtsgeschäfts), so ist ein höheres Fehlerrisiko gegeben.

Es ist des Weiteren zu berücksichtigen, dass in bestimmten Branchen besondere Rechnungslegungsprobleme anfallen (z. B. die Bilanzierung von Finanzderivaten bei Kreditinstituten oder von unfertigen Bauten im Baugewerbe), deren Lösung oft nicht durch Normen vorgegeben ist, so dass sich das inhärente Risiko im Vergleich zu anderen Industrie-, Handels- oder Dienstleistungsunternehmen erhöht. Auch in Branchen, in denen *Verstaatlichungen* drohen, die *besonderen gesetzlichen Zwängen* unterliegen oder in denen in jüngster Zeit *illegale Handlungen* enthüllt wurden, vermutet man ein höheres Fehlerrisiko. Das Risiko des Veraltens von Vorräten ist in Wirtschaftszweigen, deren *Produkte einen kurzen Produktlebenszyklus aufweisen*, besonders hoch (z. B. High-Tech-Industrie, Mode- und Kosmetikbranche). Dort droht eine Überbewertung von obsoleten Vorräten. Bei *Kreditinstituten* ist wegen des zumeist sehr hohen Transaktionsvolumens, der typischerweise breiten geografischen Streuung der Geschäftstätigkeit, der permanenten Entwicklung von neuen Finanzinstrumenten bzw. neuen Finanzdienstleistungen mit entsprechenden Anforderungen an das Rechnungswesen, der intensiven Nutzung von IT sowie der schnellen Liquidierbarkeit, des hohen Wertes und der mangelnden körperlichen Überwachbarkeit der Vermögensposten von einem erhöhten Fehlerrisiko auszugehen.[61]

> **Diskussionsfrage**
>
> Wie beurteilen Sie die branchenspezifischen Risiken in der Softwareindustrie?

---

besitzt das Vorsichtsprinzip auch nach dem durch das BilMoG geänderten HGB unverändert eine zentrale Stellung.
61 Zu den branchenspezifischen Faktoren vgl. auch ISA 315.A17, IDW PS 230.Anhang.Punkt B.

3.2.1.3 Mandantenspezifische Faktoren

3.2.1.3.1 Wirtschaftliche Lage des Mandanten

Die wirtschaftliche Lage eines Unternehmens umfasst die Vermögens-, die Finanz- und die Ertragslage. Das Management eines Unternehmens mit einer schlechten wirtschaftlichen Lage ist eher versucht, Abschlusspolitik[62] (*window dressing*) zu betreiben, d. h. ein besseres Bild vom Unternehmen zu zeichnen, um bestehende Schwierigkeiten zu verbergen. Eine kritische Erfolgs- und/oder Liquiditätslage führt im Extremfall zu betrügerischen Handlungen des Managements (Abschlussmanipulation). Je stärker die Kritik von Aktionären und Finanzanalysten an der wirtschaftlichen Lage ist, desto größer ist die Motivation des Managements, den ausgewiesenen Erfolg bzw. das vom Jahresabschluss vermittelte Bild der wirtschaftlichen Lage zu schönen. Umgekehrt erhöht eine sehr gute wirtschaftliche Lage das Risiko einer zu konservativen Rechnungslegung. Maßnahmen, die zu einem verbesserten Ausweis der wirtschaftlichen Lage führen, sind z. B.:

- Verbindlichkeiten werden nicht erfasst, so dass der Erfolg und die Liquidität höher ausgewiesen werden;
- Warenverkäufe der Folgeperiode werden in der alten Rechnungslegungsperiode erfasst, um den Gewinn zu erhöhen;
- Wareneinkäufe der neuen Periode werden in der alten Periode erfasst, nicht jedoch die dazugehörigen Verbindlichkeiten;
- überhöhte Erfassung von Vorratsbeständen während der Inventur;
- Verkauf von Waren in der Rechnungslegungsperiode, die der Kunde im neuen Jahr (vereinbarungsgemäß) zurückgibt;
- Unterlassung von notwendigen Abschreibungen auf zweifelhafte Forderungen;
- Aufwendungen werden aktiviert, statt in der GuV verrechnet zu werden; z. B. Aktivierung von Reparatur- und Wartungsaufwand, überhöhter Ausweis von Vorräten durch die Aktivierung nicht aktivierungsfähiger Gemeinkosten wie z. B. Vertriebskosten;
- ertragswirksame Auflösung von Rückstellungen in unzulässigem Umfang.

Diese Aufstellung verdeutlicht auch, dass es nicht effektiv ist, auf Grund einer schlechten wirtschaftlichen Lage in allen Prüfungsgebieten das Ausmaß von Einzelfallprüfungen zu erhöhen. Wichtig ist vielmehr die Bestimmung derjenigen Prüffelder, die im Falle einer ungünstigen wirtschaftlichen Lage ein erhöhtes Manipulationsrisiko aufweisen.

Das inhärente Risiko ist umso höher einzuschätzen, je schlechter die Finanzlage ist. Der Mandant ist daran interessiert, im Jahresabschluss ein bzgl. der Fristigkeit möglichst ausgeglichenes Verhältnis von Vermögen und Schulden auszuweisen. Vermutet der Abschlussprüfer eine merklich verschlechterte Liquiditätslage, so muss er sich besonders solchen Ausweis- und Bewertungsfragen widmen, die das dargestellte Bild der Finanzlage beeinflussen können. Zu nennen wäre hier die Zuordnung von Vermögensposten zu Positionen des Anlage- bzw. Umlaufvermögens sowie von Forderungen und Verbindlichkeiten zu den mit speziellen Fristangaben versehenen Positionen, aber auch die Bewertung des Umlaufvermögens im Verhältnis zur Bewertung des Anlagevermögens. Wird

---

62 Vgl. stellvertretend *Ruhnke* (2008), S. 356 ff.

z. B. das Umlaufvermögen überbewertet, das Anlagevermögen dagegen unterbewertet, so verbessert sich die Kennzahl Anlagendeckung (Anlagevermögen/Umlaufvermögen) und damit die im Jahresabschluss zum Ausdruck gebrachte Finanzlage. Eine zu ungünstige Darstellung der Liquiditätslage ist für den Jahresabschlussersteller ohne Nutzen. Insofern sind für den Abschlussprüfer primär Liquiditätsverschlechterungen von Interesse, da diese den Jahresabschlussersteller zu jahresabschlusspolitischen Maßnahmen motivieren können.

Ursachen für eine schlechte Ertragslage finden sich u. a. im Beschaffungs-, Produktions- und Absatzprozess. Im *Beschaffungsbereich* wirkt sich eine Abhängigkeit von einem oder von wenigen Lieferanten negativ aus. Zur Abschätzung des inhärenten Risikos muss der Einkaufsbereich dahingehend analysiert werden, ob langfristige Verträge existieren, die Stabilität der Lieferungen gewährleistet ist, Waren aus dem Ausland importiert werden, vom Lieferanten nach Ablauf des Jahres Boni gewährt werden und besondere Lieferbedingungen (z. B. just in time) vereinbart sind.

Mit zunehmender *Komplexität des Verarbeitungsprozesses* steigt das inhärente Risiko. In engem Zusammenhang damit steht das erhöhte Fehlerrisiko bei langen betrieblichen Durchlaufzeiten. Für die Beurteilung der Ertragslage ist auch die Höhe und die Zusammensetzung der Herstellungskosten, d. h. das Verhältnis von Materialeinzelkosten, Fertigungslöhnen und Gemeinkosten von Bedeutung. Daneben sind auch die Produktionsverfahren und die Entlohnungsmethoden relevant. Für die im Produktionsprozess verwendete Kapitalausstattung gilt, dass aus einer höheren Kapitalintensität ein höheres Risiko folgt. Schließlich ist die Frage zu beantworten, ob die bestehenden Fertigungskapazitäten ausreichen, um eingegangene Lieferverpflichtungen zu erfüllen.

Ein wichtiger Bestimmungsfaktor der Ertragslage ist in der *Art der Produkte* und *Dienstleistungen* des zu prüfenden Unternehmens zu sehen. Dabei ist eine breite Produktpalette zumeist mit weniger Risiken behaftet, als wenn das Unternehmen vom Markterfolg eines oder weniger Produkte abhängt. Wichtig ist auch die Lage des Produkts im *Produktlebenszyklus*. Der Prüfer sollte ferner untersuchen, inwieweit *Produktmängel* zu Reklamationen geführt haben, denn damit sind Bewertungsrisiken bei Vorräten verknüpft und es besteht die Gefahr, dass die aus Reklamationen resultierenden Erlösschmälerungen bei der Forderungsbewertung unberücksichtigt bleiben.

Negativ wirkt sich für die Ertragslage des Weiteren ein *Nachfragerückgang nach den Produkten* des Mandanten aus. Ein solcher Nachfragerückgang kann bspw. auf ein technologisches Veralten von Produkten und Dienstleistungen zurückzuführen sein. Überalterte Produkte führen nicht nur zu Ertragseinbußen, sondern mindern auch den Wert von Vorräten, so dass in dieser Konstellation der Angemessenheit der Abschreibungen auf Vorräte besondere Aufmerksamkeit zu widmen ist. Die Ertragslage wird nicht nur durch ein verringertes Absatzvolumen, sondern auch durch eine *eingeschränkte Absatzqualität* (z. B. durch erhöhtes Kreditrisiko, Verzicht auf Eigentumsvorbehalte, nicht kostendeckende Absatzpreise, verringerte Gewinnspannen) negativ beeinflusst.

Ähnlich wie auf der Beschaffungsseite liegt auch auf der *Absatzseite* ein erhöhtes Risiko vor, falls der Mandant nur wenige Großkunden hat, von denen er wirtschaftlich abhängig ist. Positiv wirkt sich dagegen eine Monopolsituation aus, d. h. eine Abhängigkeit der Kunden von den Leistungen des Mandanten. Demgegenüber fördert eine zu rasche Ausdehnung des Kundenstamms das Risiko, denn sie resultiert zumeist in einer

Einschränkung von Kreditprüfungen und schlägt sich so möglicherweise in Forderungsausfällen nieder. Gleiches gilt, falls der Mandant einen großen Teil seiner Produkte ins Ausland verkauft. Des Weiteren beeinflusst die Saisonalität des Geschäfts das inhärente Risiko. Eine stabile Nachfrage ist günstiger als saisonale Schwankungen, da während der Saisonspitze häufig Aushilfskräfte mit geringerem Qualifikationsniveau eingestellt werden müssen. Zudem birgt eine überdurchschnittliche Auslastung des Buchführungspersonals erhöhte Risiken. Diese Sachverhalte können daher zu einer erhöhten Fehleranfälligkeit führen. Als letzter Aspekt der Absatzseite sei die Nachfrageelastizität genannt. Je unelastischer die Nachfrage ist, desto stabiler sind die Erträge.

Mit rückläufiger Ertragslage steigt das inhärente Risiko. Man darf unterstellen, dass die Unternehmensleitung nicht nur einen positiven, sondern auch einen tendenziell gleichbleibenden oder sich stetig verbessernden Ergebnisausweis anstrebt. Insbesondere ist davon auszugehen, dass es im Interesse der Unternehmensleitung ist, mit dem ausgewiesenen Ergebnis bestimmte Schwellenwerte zu erreichen bzw. zu übersteigen.[63] In diesem Fall muss der Prüfer auch erwägen, die festgesetzten Wesentlichkeitsgrenzen (→ II.1.3.2) herunterzusetzen (ISA 450.A16). Eine *Manipulation des Ergebnisausweises* ist immer dann zu erwarten, wenn das tatsächlich erzielte Ergebnis des Mandanten wesentlich über oder unter dem zum Ausweis gewünschten Ergebnis liegt. Für den Abschlussprüfer sind des Weiteren auch *Veränderungen der Ergebnisstruktur* von Bedeutung. Bei einem Rückgang des ordentlichen Betriebsergebnisses dürfte das Management daran interessiert sein, diesen möglichst hoch auszuweisen, um eine Strukturverschlechterung des Unternehmensgesamtergebnisses (d. h. eine Verringerung des Anteils des Betriebsergebnisses am Gesamtergebnis zu Gunsten des Finanz- bzw. des außerordentlichen Ergebnisses) nicht so sehr in Erscheinung treten zu lassen.

3.2.1.3.2 Art des Unternehmens

Die Art eines Unternehmens wird durch mehrere Aspekte bestimmt: Rechtsform, Entwicklungsgrad, Wachstum, Organisationsstruktur, Anzahl der Standorte und Alter.[64]

Der Abschlussprüfer muss sich fragen, wer die wesentlichen *Eigentümer* sind und wie hoch ihr Anteil am Eigenkapital ist, d. h. er muss die Eigentümerstruktur analysieren. In einem Unternehmen mit begrenztem Eigentümerkreis ist das inhärente Risiko höher einzustufen als in einem Unternehmen mit einer breiteren Eigentümerbasis, denn Erstere tendieren zu nur eingeschränkten internen Kontrollen. Eigenkapitalinteressen des Managements erhöhen das Risiko. Von Bedeutung ist auch der Grad des Einflusses der Eigentümer. Eine aktive Rolle der Eigentümer im Unternehmen reduziert das Fehlerrisiko, weil damit eine Überprüfung der Geschäfte und eine Überwachung des Managements und des Personals verknüpft sind. Probleme ergeben sich jedoch, falls es den Eigentümern möglich ist, interne Kontrollen zu umgehen. Eng mit der Eigentümerproblematik

---

63 In der Literatur wird dies unter dem Begriff des benchmark beating diskutiert. In diesem Zusammenhang liegen empirische Belege vor, dass Unternehmen mithilfe abschlusspolitischer Maßnahmen u. a. Ergebnisschätzungen von Analysten und die Vermeidung von Verlusten zu erreichen versuchen. Vgl. z. B. *Burgstahler/Dichev* (1997), *Degeorge/Patel/Zeckhauser* (1999) sowie *Glaum/Lichtblau/Lindemann* (2004).

64 Zu den mandantenspezifischen Faktoren vgl. ISA 315.A23-A25, IDW PS 230.Anhang.Punkt C.

verknüpft ist die Frage nach der *Rechtsform* des Mandanten. Größere Kapitalgesellschaften weisen den Vorteil auf, dass zumeist Aufsichtsgremien existieren, die bereits vorab Prüfungen durchführen.

Mitunter findet sich der Hinweis, dass das Fehlerrisiko in *schnell wachsenden Unternehmen* erhöht sei, weil dort das interne Kontrollsystem nicht mehr zur Unternehmensgröße passe.[65]

Mit zunehmender *Komplexität* des Unternehmens steigt das Fehlerrisiko. Die Komplexität eines Unternehmens bestimmt sich u. a. aus der Organisationsstruktur und der Anzahl der Standorte. Je dezentralisierter und diversifizierter ein Unternehmen ist, desto höher ist das Risiko, denn mit wachsender Dezentralisierung steigt die Anzahl der zu überwachenden Entscheidungszentren. Als weitere wichtige Aspekte der Organisationsstruktur werden die Anzahl an Hierarchieebenen (eine flache Struktur ermöglicht eine intensive Kontrolle durch das obere Management) und hiermit in einem engen Zusammenhang stehend die Kontrollspanne des Managements (ab einer bestimmten Zahl an Mitarbeitern ist keine wirksame Kontrolle mehr möglich) genannt. Aufbau- und Ablauforganisation haben Einfluss auf die Höhe des inhärenten Risikos. Bestehen z. B. Unklarheiten über Aufgaben, Kompetenz und Verantwortung einzelner Stellen, so wird dadurch das Risiko etwaiger Manipulationen erhöht, da solche Unklarheiten tendenziell Unterschlagungen und Veruntreuungen ($\rightarrow$ II.4.1) erleichtern. Des Weiteren kann eine schlechte unzweckmäßige Organisation leicht zur Überlastung einzelner Mitarbeiter führen und dadurch die Wahrscheinlichkeit für das Auftreten von Fehlern erhöhen. Schließlich beeinträchtigen unzweckmäßige und ineffiziente Aufbau- und Ablauforganisationen i. d. R. auch die Produktivität einer Unternehmung mit entsprechend negativen Auswirkungen auf die wirtschaftliche Lage.

Eine hohe *Anzahl von Standorten* spricht für ein höheres inhärentes Risiko. Dies gilt umso mehr, je stärker die geografische Streuung der Standorte ist, insbesondere dann, wenn Standorte im Ausland liegen. Zur Beurteilung des Risikos muss die Bedeutung und die Funktion des Standorts (Produktion, Verwaltung, Verkaufsniederlassung) berücksichtigt werden.

Junge Unternehmen geraten eher in wirtschaftliche Schwierigkeiten als etablierte Unternehmen. Die Insolvenzanfälligkeit sinkt mit zunehmendem *Alter* des Unternehmens. Insofern sind ältere Unternehmen i. Allg. mit geringeren Risiken behaftet.

3.2.1.3.3 Größe des Unternehmens

Das *Fehlerrisiko kann mit zunehmender Unternehmensgröße sinken*, weil dort eine Kumulation mehrerer Funktionen in einer Person eher vermeidbar ist, fehlerreduzierende Hilfsmittel (z. B. IT) in größerem Umfang eingesetzt werden, prozessabhängige und prozessunabhängige unternehmensinterne Prüfungen vermehrt stattfinden, das Personal höher qualifiziert ist, die Managementaufgaben auf mehrere Köpfe verteilt sind (so dass es zumeist Interessengegensätze gibt, die Manipulationen erschweren) und es ab einer bestimmten Unternehmensgröße unerlässlich ist, in allen Bereichen Pläne aufzustellen, die als zusätzliche Kontrollinstrumente wirken. Des Weiteren steigt mit der Unterneh-

---

65   Vgl. *Stice* (1991), S. 521.

mensgröße die Zahl der Prüfungsgegenstände und die Bedeutung des einzelnen Prüfungsgegenstands für das Gesamtergebnis nimmt ab.

Umgekehrt kann das *Fehlerrisiko mit zunehmender Unternehmensgröße* auch *steigen*, weil der zunehmende Spezialisierungsgrad Kontrollen erschwert oder weil wegen der größeren Anzahl von Geschäftsvorfällen verstärkt neuartige Geschäftsvorfälle auftreten, die stärker fehlergefährdet sind. In einem kleinen Unternehmen mit nur einer Hierarchieebene kontrolliert der Eigentümer die Geschäftstätigkeit primär durch direkte Überwachung. Bei größeren Unternehmen ist es auf Grund natürlicher Grenzen der Leitungsspanne unmöglich, sämtliche Aktionen aller Mitarbeiter unmittelbar zu kontrollieren. Delegation wird erforderlich und es entstehen mehrstufige Hierarchien, die evtl. zu einen Kontrollverlust führen (z. B. auf Grund der verschlechterten Beobachtbarkeit von Aktionen, einer verzerrten Kommunikation durch Kodierung von Informationen, einer Nicht-Weitergabe von Informationen an Vorgesetzte, Informationsfiltrierung). Diese Gefahr ist umso größer, je größer die Distanz zwischen Top-Management und der ausführenden Ebene bzw. je länger die Kette der Anweisungen ist.

3.2.1.3.4 Integrität und Qualität des Managements

Bei fehlender Integrität des Managements steigt die Gefahr für wesentliche Fehler im Jahresabschluss. Vom Management beabsichtigte Unregelmäßigkeiten (→ II.4.1) sind gravierender als betrügerische Handlungen des Personals, denn sie umfassen eher einen wesentlichen Betrag. Das Management verfügt häufig über die Möglichkeit, interne Kontrollen zu umgehen, und bei Falschdarstellungen des Managements besteht ein Interessenkonflikt zwischen Management und Prüfer in Bezug auf die Aufdeckung. Insofern muss der Abschlussprüfer besonders auf Versuche des Managements achten, die Vermögens-, Finanz- und Ertragslage falsch auszuweisen. Nicht immer sind bewusste Fehler des Managements offensichtlich, denn im Einzelfall mag es schwierig sein, zwischen Täuschungen und Beurteilungsfehlern zu unterscheiden.

Für die Unternehmensleitung existieren vielfältige *Anreize für beabsichtigte Unregelmäßigkeiten*. Sie reichen von persönlichen Bereicherungsabsichten (z. B. über Prämien oder Gewinnbeteiligungen) bis zur Sorge über die Sicherheit der Position. Ungünstig wirkt sich aus, wenn das Management unter dem Druck steht, Zielvorgaben zu erfüllen, v. a. wenn diese auf zu optimistischen Ergebnisprognosen basieren. In einer stabilen oder einer prosperierenden Volkswirtschaft wirkt ein erwartetes Gewinnwachstum ebenso als Auslöser für beabsichtigte Unregelmäßigkeiten des Managements wie die Notwendigkeit, in einer Rezession zu überleben. Weitere Motive liegen in der Notwendigkeit, jüngste Akquisitionen rechtfertigen zu müssen, dem Erfordernis, ein bestehendes Dividendenniveau zu erhalten, dem Wunsch, einen hohen Börsenkurs zu erhalten bzw. den gegenwärtigen Börsenkurs zu verbessern, der Absicht, das Unternehmen oder Unternehmensteile zu verkaufen, oder in dem Bestreben, die Besicherungsmöglichkeiten zu verbessern. Beabsichtigte Unregelmäßigkeiten können schließlich auch dem Zweck dienen, Unehrlichkeiten des Managements zu verbergen. In diesem Zusammenhang stellen private finanzielle Probleme eines Managers ein besonderes Risiko dar.

Besteht eine direkte Beziehung zwischen der Vergütung des Managers und dem im Jahresabschluss ausgewiesenen Gewinn, so *erhöht sich das Risiko eines überhöhten Ergebnisausweises*, falls der Manager die Abschlusspolitik beeinflussen kann. Des Weiteren wird die Unternehmensleitung bestrebt sein, den Gewinn zu glätten, um einen gleichmäßigen Trend (z. B. ein kontinuierliches Gewinnwachstum) zu erreichen und damit ihr persönliches Einkommen zu optimieren. Die durch eine Gewinnbeteiligung der Unternehmensleitung ausgelöste Erhöhung des inhärenten Risikos dürfte stärker sein, falls Anzeichen für persönliche finanzielle Schwierigkeiten von Managern vorliegen (z. B. Schulden, unangemessener Lebensstil im Vergleich zum Einkommen, Börsenspekulationen, Spielleidenschaft).

Besitzt das Management Aktien des zu prüfenden Unternehmens oder Kaufoptionen auf solche Aktien, so ist ein weiteres Motiv für den Ausweis zu hoher Ergebnisse gegeben, denn hinter dem Ausweis überhöhter Ergebnisse steht in diesem Fall das Ziel, den Kurs der Aktie nach oben zu manipulieren und dadurch finanziell zu profitieren.

Die Wahrscheinlichkeit für Unregelmäßigkeiten steigt mit zunehmender *Fluktuationsrate* im Management (vor allem bei Führungskräften im Rechnungswesen) und mit abnehmender *Kompetenz* und *Reputation* des Managements (einschließlich einer mangelnden Kreditwürdigkeit oder gar eines kriminellen Hintergrunds).

Zu den Rahmenbedingungen, die bei der Beurteilung des Fehlerrisikos beachtet werden sollten, zählt auch das Ausmaß, in dem der Jahresabschluss Gegenstand für einen *dominierenden Einfluss eines Managers* ist. Falls der Entscheidungsprozess von einer Person dominiert wird ($\rightarrow$ II.9.1), besteht Anlass zur eingehenden Prüfung. Ein kooperativer Führungsstil, eine geschickte Aufgabendelegation und die Vorgabe klar umrissener Ziele tragen zur Verminderung der Fehlerrisiken bei.

Eine wichtige Rolle spielt das *Verhältnis zwischen dem Management und dem externen Prüfer*, das seinen Ausdruck z. B. im Auftreten von Meinungsverschiedenheiten, aber auch in der Häufigkeit, mit der das Management den Abschlussprüfer kontaktiert, findet. Je geringer das *Risikobewusstsein* und das *Kontrollbewusstsein* im Management ausgeprägt sind, desto höher wird die Wahrscheinlichkeit für Fehler und Fehleinschätzungen.

Neben der Unternehmensleitung sind aber auch die Aufsichtsgremien von Bedeutung. So sollte sich der Abschlussprüfer u. a. über deren Zusammensetzung, das geschäftliche Ansehen und die Erfahrung der einzelnen Mitglieder sowie deren Unabhängigkeit von der Unternehmensleitung Kenntnisse verschaffen (IDW PS 230.Anhang.Punkt C).

3.2.1.3.5 Qualität des Personals

Die Qualität der im Rechnungswesen tätigen Mitarbeiter wird durch deren *Leistungsbereitschaft* und deren Leistungsfähigkeit bestimmt. Faktoren, welche die Leistungsbereitschaft beeinflussen, liegen im Menschen selbst (z. B. Charakter, physische und psychische Faktoren) oder außerhalb des Individuums (z. B. Arbeitsbedingungen, Betriebsklima). Eine geringe Motivation der Angestellten erhöht das Fehlerrisiko, insbesondere im Extremfall, dass die Mitarbeiter innerlich bereits gekündigt haben. Mangelnde Motivation schlägt sich zudem in verstärkter Abwesenheit nieder, die sich ebenfalls negativ auf das inhärente Risiko auswirkt.

Die *Leistungsfähigkeit* des Personals hängt von Intelligenz, Fertigkeiten, Ausbildung und Erfahrung der Mitarbeiter, aber auch von den betrieblichen Rahmenbedingungen (z. B. Ausstattung des Arbeitsplatzes) ab. Eine sorgfältige Rekrutierung und eine stetige Weiterbildung der Arbeitskräfte steigert deren Leistungsfähigkeit. Muss unter Zeitdruck gearbeitet werden oder werden Aushilfskräfte beschäftigt, nimmt die Fehlerwahrscheinlichkeit zu. Führt eine zu knappe Personalausstattung dazu, dass Mitarbeiter Überstunden leisten oder gar den Urlaub absagen müssen, werden deren Leistungsbereitschaft und deren Leistungsfähigkeit gleichermaßen beeinträchtigt. Eine hohe *Fluktuation* des im Rechnungswesen tätigen Personals erhöht ebenfalls die Wahrscheinlichkeit für Unregelmäßigkeiten.

3.2.1.3.6 Prüfungserfahrungen mit dem Mandanten

Ein häufig genannter Bestimmungsfaktor des inhärenten Risikos sind die in den Arbeitspapieren dokumentierten Informationen und die Ergebnisse der *Vorjahresprüfungen*, insbesondere die der letzten Abschlussprüfung. Die Erfahrungen des Abschlussprüfers bei früheren Jahresabschlussprüfungen im gleichen Unternehmen und vor allem Häufigkeit, Art, Ursache und Höhe der dabei aufgedeckten Fehler liefern Belege über die Fähigkeit des Mandanten, zuverlässige Jahresabschlüsse zu erstellen.

Für die Beurteilung des inhärenten Risikos ist es auch von Bedeutung, ob es sich um eine Erstprüfung oder um eine Folgeprüfung handelt. Wegen der schlechteren Informationsbasis wird das inhärente Risiko bei einem neuen Mandanten tendenziell höher eingeschätzt.

Bei einer Erstprüfung sind zwei Situationen voneinander zu unterscheiden: Das Unternehmen wird zum ersten Mal geprüft oder es hat ein *Prüferwechsel* stattgefunden. Im ersten Fall muss sich der Prüfer auf seine subjektiven Erwartungen über die Klasse von Mandanten stützen, welcher der neue Mandant angehört (z. B. Banken, schnell wachsendes Unternehmen). Solche Erwartungen sind das Ergebnis bisheriger direkter oder indirekter Erfahrungen mit vergleichbaren Unternehmen. Fand dagegen ein Prüferwechsel statt, so bilden die Prüfungsunterlagen des Vorprüfers eine zusätzliche Informationsquelle. Für die Beurteilung des inhärenten Risikos ist es in diesem Fall von Interesse, die Gründe für den Prüferwechsel zu eruieren und insbesondere festzustellen, ob zwischen Mandant und dem Vorprüfer Meinungsverschiedenheiten über Fragen der Rechnungslegung auftraten.

3.2.1.3.7 Sonstige mandantenspezifische Faktoren

Existieren *Pläne zum Verkauf* des Unternehmens bzw. wesentlicher Unternehmensteile *oder für eine bedeutsame Erhöhung des Eigen- oder Fremdkapitals* (z. B. durch ein going public), muss der Abschlussprüfer mit einer höheren Fehlerwahrscheinlichkeit rechnen. In diesen Situationen wird der Eigentümer bzw. die Unternehmensleitung bestrebt sein, die Lage des Unternehmens möglichst günstig darzustellen, um einen hohen Verkaufspreis zu erzielen bzw. potenzielle Kapitalgeber zu motivieren, Eigen- oder Fremdkapital zur Verfügung zu stellen. Gleiches gilt für *geplante Fusionen* oder einen *geplanten Management Buy-Out* (Übernahme des Unternehmens durch das eigene Management). Da das Management an einem günstigen Kaufpreis interessiert ist, besteht ein Interesse daran, die Vermögens-, Finanz- und Ertragslage des Unternehmens eher ungünstiger darzustellen.

Ein weiterer Faktor, der ein gestiegenes inhärentes Risiko anzeigen kann, sind *Änderungen in der Abschlusspolitik*. Wenn das bilanzierende Unternehmen z. B. bei der Bewertung der fertigen Erzeugnisse zusätzliche Gemeinkostenbestandteile einbezieht (wie

z. B. allgemeine Verwaltungskosten oder soziale Aufwendungen, vgl. § 255 Abs. 2 Satz 3 HGB; dagegen sind nach IFRS zwingend die produktionsbezogenen Vollkosten anzusetzen; vgl. z. B. IAS 2.12 ff. und IAS 16.16 ff.), so kann das Motiv hierfür in dem Bedürfnis eines verbesserten Ausweises der wirtschaftlichen Lage liegen. Risikomindernd wirkt sich die Existenz von Maßnahmen zum Erkennen beabsichtigter oder unbeabsichtigter Unregelmäßigkeiten des Managements im Rechnungswesen aus. Gleiches gilt, falls die Empfehlungen interner und externer Prüfer berücksichtigt werden.

3.2.1.4 Prüffeldspezifische Faktoren

3.2.1.4.1 Art und Verwertbarkeit der Vermögensposten

Das inhärente Risiko ist umso höher, je anfälliger Vermögensposten für *Diebstahl und Unterschlagung* sind, denn damit steigt die Wahrscheinlichkeit, dass in der Bilanz Vermögensposten ausgewiesen werden, die der Gesellschaft bereits entzogen wurden. Die Diebstahls- und Unterschlagungsgefahr wird wiederum durch folgende Eigenschaften der Vermögensposten bestimmt:

- Wert,
- Liquidität (d. h. der Schnelligkeit, mit der ein Vermögensposten in Geld umgewandelt werden kann),
- Attraktivität (z. B. Zigaretten, Kosmetika, DVD-Recorder),
- Größe,
- Austauschbarkeit und
- Mobilität (Grundstücke und Gebäude, aber auch technische Anlagen und Maschinen sind weniger gefährdet).

Die Existenz von *Schutzeinrichtungen* für die Vermögensposten (Zugangsbeschränkungen, Zugangskontrollen, Sicherung durch Verschluss, Zäune und Gitter, Alarmanlagen, Einsatz von Nachtwächtern, Kontrolle des Personals bei Verlassen des Werksgeländes) mindert das Risiko. Gleiches gilt – wegen der minimalen Zugriffsmöglichkeiten – für vollautomatische Hochregallager. Gleichzeitig werfen diese Systeme aber auch neue Risiken auf oder geben altbekannten Risiken neue Dimensionen. Vollautomatisierte Lager, bei denen der Lagerverantwortliche keinen persönlichen Kontakt mit der Ware hat, bergen die Gefahr, dass in IT-Systemen gespeicherte Daten bewusst manipuliert werden, um Fehler zu kaschieren.

Besondere Fehlerrisiken bestehen bei *Vermögensposten*, die *für Wertminderungen anfällig* sind. Dazu zählen, neben den diebstahlgefährdeten Gütern, Vermögensposten, die wegen eines raschen technischen Fortschritts schnell veraltern (z. B. Personalcomputer), Erzeugnisse, deren Verwertbarkeit durch die Mode beeinflusst wird, sowie Waren mit ins Gewicht fallenden unkontrollierbaren Abgängen durch z. B. Verderb, Verdunsten, Abrieb. Vorräte sind anfälliger für Wertminderungen als andere Vermögensposten. Als eine weitere potenzielle Ursache für Wertminderungen ist die Sensibilität eines Vermögenspostens für Kurs- und Währungsrisiken zu nennen.

Bei bestimmten Vermögensposten (z. B. Devisen, Wertpapiere) ist ein höheres inhärentes Risiko anzunehmen, weil sie *Gegenstand von Spekulationsgeschäften* sein können. Ein höheres Fehlerrisiko ist auch in solchen Prüffeldern gegeben, in denen *für*

Bewertungszwecke Spezialkenntnisse (z. B. versicherungsmathematische Kenntnisse im Zusammenhang mit Pensionsrückstellungen) benötigt werden. Schließlich bedingen auch solche Positionen eine hohe Fehlerwahrscheinlichkeit, die bei üblichem Geschäftsverlauf schon hätten abgewickelt sein müssen (z. B. überfällige Forderungen).

3.2.1.4.2 Komplexität der Berechnungen, Schätzungen, Ermessensspielräume

Prüffelder, die *komplexe Berechnungen* erfordern (z. B. hinsichtlich der Zurechnung von Gemeinkosten), haben eine höhere Wahrscheinlichkeit, wesentliche Fehler zu enthalten, als Prüffelder, die durch einfache Berechnungen bestimmt sind (zur Prüfung von geschätzten Werten → II.3.4.3).

Viele Jahresabschlussinformationen sind nicht präzise messbar, sondern können nur auf der Basis aktuell verfügbarer Informationen geschätzt werden (z. b. Forderungsausfälle, Veralterung von Vorräten, Nutzungsdauer abnutzbarer Vermögensposten, Fertigungsgrad bei langfristigen Fertigungsaufträgen, Schadensrückstellungen bei Versicherungsunternehmen, Garantierückstellungen). Die Begründungen hierfür sind die mit Unsicherheit behaftete Geschäftstätigkeit sowie das Erfordernis, Jahresabschlüsse aufzustellen bevor diese Unsicherheiten aufgelöst werden können. Prüffelder, die auf *Schätzungen* beruhende Beträge enthalten, weisen ein höheres inhärentes Risiko auf als solche, deren enthaltene Beträge eindeutig determiniert sind (siehe hierzu auch die Prognoseprüfung; → II.3.4.3.2.2). Dies lässt sich mit der subjektiven Natur dieser Schätzungen, der Unvorhersehbarkeit zukünftiger Ereignisse sowie dem für die Schätzungsdurchführung erforderlichen Urteilsvermögen erklären. Besonders kritisch sind Schätzungen, die eine ungewöhnlich große Bedeutung haben oder bei denen ein breites Methodenspektrum anwendbar ist (z. B. Forderungsausfälle, Garantierückstellungen). Ermessensspielräume (z. B. hinsichtlich der Frage, ob eine Verpflichtung hinreichend konkret ist, um passiviert zu werden) werfen vergleichbare Probleme auf.

Fehlurteile resultieren mitunter auch daraus, dass der Bilanzierende *bei der Anwendung von Abschlusserstellungsnormen Fehler begeht.* Solche Fehler sind v. a. möglich, wenn ein Problem erstmals beim Mandanten auftaucht (z. B. Beurteilung von Prozessrisiken, für die keine Erfahrungswerte vorliegen), wenn sich für ein Problem noch keine Normen entwickelt oder wenn sich die Normen geändert haben (z. B. Einführung des Komponentenansatzes gem. IAS 16.13 f. und 16.43 sowie auch nach deutschen GoB; siehe hierzu IDW RH HFA 1.016). Die Fehlerwahrscheinlichkeit steigt mit zunehmender Anzahl und Größe der Spielräume und Signifikanz der Ermessensspielräume des Mandanten bzgl. Anwendung und Auslegung von Normen.

3.2.1.4.3 Art der Transaktionen

Große, komplexe und ungewöhnliche Transaktionen sowie Transaktionen mit verbundenen Unternehmen werfen in dem betreffenden Prüffeld ein erhöhtes inhärentes Risiko auf, insbesondere wenn diese Transaktionen nahe am Abschlussstichtag vorgenommen werden:

- Die Abbildung *komplexer Geschäftsvorfälle* im Rechnungswesen ist mit höherer Wahrscheinlichkeit fehlerhaft als die Abbildung einfacher Geschäftsvorfälle, denn es bestehen mehr Möglichkeiten, Fehler zu begehen.

- *Ungewöhnliche Transaktionen* (z. B. Kauf oder Verkauf von Unternehmensteilen, Kauf oder Verkauf von Immobilien, Kapitalerhöhungen) weisen ebenfalls eine höhere Fehlerwahrscheinlichkeit auf, da keine routinemäßigen Verarbeitungsvorgänge existieren und die Verarbeitung häufig spezielle Kenntnisse erfordert. Prüffelder, die durch routinemäßig verarbeitete und laufend wiederkehrende Transaktionen gekennzeichnet sind und viele unbedeutende Geschäftsvorfälle enthalten, weisen ein geringeres inhärentes Risiko auf (vgl. z. B. ISA 315.A119 f.) als Prüffelder mit nicht routinemäßig bearbeiteten, selten wiederkehrenden und wenigen aber bedeutsamen Geschäftsvorfällen. Das Risiko wesentlicher Fehler ist in den Routineverarbeitungen (z. B. Einkäufe, Verkäufe, Zahlungseingänge, Zahlungsausgänge) relativ niedrig, da ihr Ablauf i. d. R. stark formalisiert ist (d. h. sie lassen dem Bearbeiter wenig Spielraum) und sie durch ein System manueller und automatisierter interner Kontrollen überwacht werden. *Nicht routinemäßige Verarbeitungsvorgänge* kommen nicht ständig vor (z. B. Bestandsaufnahme, Währungsumrechnung, Bilanzierung von Leasinggeschäften, Bildung von Umweltschutzrückstellungen) und sind meist weniger formalisiert und kontrolliert, weshalb das Fehlerrisiko hier höher einzustufen ist. Sie sind auch manipulationsanfälliger, da der Einzelvorgang erfahrungsgemäß eine größere Bedeutung hat.
- *Transaktionen mit verbundenen Unternehmen* werden häufig nicht mit der üblichen Strenge kontrolliert. Zudem besteht die Gefahr, dass sie ausschließlich abschlusspolitischen Zielen dienen, also ohne ökonomische Substanz sind. Auch *Transaktionen mit anderen verbundenen Parteien* (z. B. Eigentümern und Managern sowie deren Familien) sind mit einem erhöhten inhärenten Risiko behaftet. Gleiches gilt für *Transaktionen, an denen das Management in ungewöhnlichem Maße beteiligt* ist und die zu einem direkten oder indirekten Nutzen für das Management führen (zur Prüfung von Beziehungen zu wirtschaftlich nahe stehenden Personen vgl. ISA 550, IDW PS 255 sowie → II.8.4).

Kritisch zu betrachten sind auch solche *Positionen, deren Ermittlung einige Zeit zurückliegt und die auf den Bilanzstichtag fortgeschrieben wurden* (z. B. bei einer vorverlegten Inventur gem. § 241 Abs. 3 HGB). Eine erhöhte Fehlerwahrscheinlichkeit liegt schließlich auch dann vor, wenn das Prüffeld *Null- oder Negativpositionen* enthält.

3.2.1.4.4 Bedeutung des Prüffeldes

Mit abnehmender Bedeutung eines Prüffeldes (→ II.1.3) sinkt das inhärente Risiko. Die Bedeutung hängt in erster Linie von der *wertmäßigen Größe* des Prüffeldes ab. Je größer ein Prüffeld ist, desto größer ist sein Einfluss auf die Finanz- und/oder Ertragslage des Unternehmens und desto größer kann ein Fehler sein, d. h. mit zunehmender Größe des Prüffeldes steigt die Wahrscheinlichkeit für wesentliche Fehler. Neben der Größe beeinflussen aber auch die Anzahl und das Volumen der Transaktionen, die im Laufe des Geschäftsjahres im Prüffeld anfallen, dessen Bedeutung. Wichtige Prüffelder sollten während der Prüfung eine erhöhte Aufmerksamkeit erfahren.

3.2.2 Systemprüfung

In der Systematik der ISA 315 und 330 sowie dem IDW PS 261 findet der Begriff »Systemprüfung« keine Verwendung; vielmehr wird in die Feststellung und Beurteilung von Fehlerrisiken einschließlich Aufbauprüfung (*risk assessment procedures*) und die Festlegung und Durchführung von Prüfungshandlungen als Reaktion auf die beurteilten Fehlerrisiken einschließlich Funktionsprüfung (*tests of controls*) differenziert. Im Regelfall wird demzufolge davon ausgegangen, dass keine separate Beurteilung von inhärentem und Kontrollrisiko mehr erfolgt, sondern dass diese Risiken gemeinsam (als Risiko einer wesentlichen Falschdarstellung; risk of material misstatement) beurteilt werden. Da eine getrennte Beurteilung der Risiken dennoch zulässig ist (ISA 200.A40), soll diese nachstehend auch aus didaktischen Gründen beibehalten werden.[66]

3.2.2.1 Begriff, Ziele und Grundsätze des internen Kontrollsystems

Das *interne Kontrollsystem* (IKS) umfasst alle von der Unternehmensleitung festgelegten Grundsätze, Maßnahmen und Verfahren, die auf die organisatorische Umsetzung der Entscheidungen der Unternehmensleitung
- zur Sicherung der Wirksamkeit und Wirtschaftlichkeit der Geschäftätigkeit,
- zur Ordnungsmäßigkeit und Verlässlichkeit der internen und externen Rechnungslegung sowie
- zur Einhaltung der für das Unternehmen maßgeblichen rechtlichen Vorschriften,
gerichtet sind (ISA 315.4c, 315 A44, IDW PS 261.19).

Das IKS besteht aus Regelungen zur Steuerung der Unternehmensaktivitäten (internes Steuerungssystem)[67] und Regelungen zur Überwachung der Einhaltung dieser Regelungen (internes Überwachungssystem). Beim internen Überwachungssystem ist zwischen prozessintegrierten Überwachungsmaßnahmen (organisatorische Sicherungsmaßnahmen, Kontrollen) und prozessunabhängigen Überwachungsmaßnahmen, die im Wesentlichen von der Internen Revision (→ I.1.3.3.5) durchgeführt werden, zu unterscheiden. Daneben können sonstige prozessunabhängige Überwachungsmaßnahmen festgelegt sein (z. B. in Form von high level-controls, die im besonderen Auftrag der gesetzlichen Vertreter oder durch diese selbst vorgenommen werden). Das Risikomanagementsystem ist ein Teilbereich des IKS (→ II.3.2.2.5). Abb. II.3-2 fasst die Regelungsbereiche des IKS zusammen (IDW PS 261.20).

Im Rahmen der Abschlussprüfung hat sich der Prüfer allerdings nur insoweit mit dem internen Kontrollsystems zu befassen, als es für die Beurteilung von Risiken wesentlicher Flaschdarstellungen auf Aussagenebene (Fehlerrisiko) und zur Planung weiterer Prüfungshandlungen als Reaktion auf beurteilte Risiken relevant ist (ISA 315.20,

---

66 Siehe hierzu das Strukturmodell einer geschäftsrisikoorientierten Prüfung in Abb. II. 3.19 sowie → II.3.3.1.4.
67 Abweichend davon ist das interne Steuerungssystem nach ISA 315 kein Bestandteil des IKS.

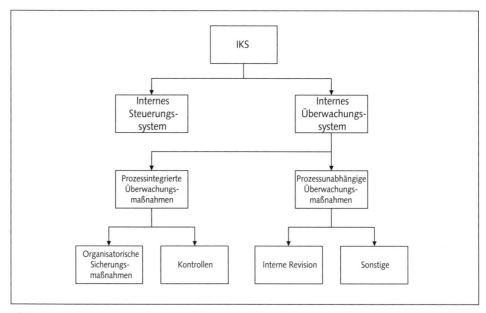

Abb. II.3-2: Regelungsbereiche des IKS gem. IDW PS 261.20

315.A60-65, IDW PS 261.35). Für die Abschlussprüfung relevante Kontrollen hängen in der Regel mit der Rechnungslegung zusammen, wenngleich nicht alle Kontrollen, die mit der Rechnungslegung zusammenhängen, für die Abschlussprüfung relevant sind (ISA 315.12).

Die Relevanz leitet sich aus folgenden Zielen der internen Kontrollmaßnahmen des Rechnungslegungssystems ab (IDW PS 261.22):

- Abwicklung von Geschäftsvorfällen in Übereinstimmung mit der generellen oder speziellen Ermächtigung der Unternehmensleitung;
- vollständige und zeitnahe Erfassung aller Geschäftsvorfälle und anderer Sachverhalte in der richtigen Höhe, auf den richtigen Konten und in der zugehörigen Abschlussperiode, um die Erstellung des Abschlusses in Übereinstimmung mit dem bestimmten Rechnungslegungssystem (z. B. HGB oder IFRS) zu gewährleisten;
- Vollständigkeit und Richtigkeit der Buchführungsunterlagen;
- Durchführung von Inventuren in angemessenen Zeitabständen und Einleitung entsprechender Maßnahmen bei festgestellten Abweichungen;
- zeitnahe und vollständige Bereitstellung verlässlicher und relevanter Informationen.

Das IKS soll in erster Linie die Entstehung von Fehlern in der Rechnungslegung verhindern. Zudem enthält ein wirksames IKS auch Einrichtungen, die dazu dienen, bereits aufgetretene Fehler aufzudecken und zu korrigieren. Der Realisierung der mit dem IKS angestrebten Ziele dienen die folgenden organisatorischen Grundsätze:

- Für die Organisation der Aufgabenbildung und der Aufgabenverteilung gilt der *Grundsatz der Funktionstrennung*, wonach dispositive, ausführende und überwachende

Funktionen[68] nicht durch alle Bearbeitungsstufen von einer Person ausgeführt werden dürfen. Dieser Grundsatz beinhaltet zwangsläufig eine Kontrollwirkung, da mindestens zwei Personen an der Bearbeitung eines Geschäftsvorfalls beteiligt sind. Eine klare Abgrenzung von Zuständigkeit und Verantwortung soll schriftlich in Dienstanweisungen festgehalten werden. Die Aufgaben sind so auf die Mitarbeiter zu verteilen, dass ein Mitarbeiter nur eine bestimmte Teilaufgabe übernimmt und bei deren Ausführung zugleich überwacht, ob vorgeschaltete Funktionsstellen korrekt tätig geworden sind. Durch die Funktionstrennung soll insbesondere vermieden werden, dass einzelne Personen die Möglichkeit haben, Vermögensschädigungen zu begehen und diese zu verschleiern. Mit abnehmender Unternehmensgröße wird es schwerer, die Funktionstrennung immer konsequent einzuhalten.

- Das *Prinzip der Kompetenzbündelung* stellt das notwendige Gegenstück zur Funktionstrennung dar. Danach erhalten mehrere Mitarbeiter nur gemeinsam die Kompetenz, eine bestimmte Funktion wahrzunehmen. Diese Mitarbeiter kontrollieren sich folglich gegenseitig bei der Ausübung ihrer Tätigkeit.
- Der *Grundsatz der Organisation des Arbeitsablaufs* erfordert genaue und schriftlich fixierte Anweisungen, die festlegen, wer, was, wann und wie zu tun hat und in welcher Beziehung diese Tätigkeiten zueinander stehen. Alle Tätigkeiten, die für die Bearbeitung eines Vorgangs innerhalb des Unternehmens erforderlich sind, sollten so angeordnet sein, dass sich ein zwangsläufiger Arbeitsablauf ergibt.

Organisationspläne, Dienst- und Arbeitsanweisungen, Kontenpläne und Kontierungsrichtlinien sowie Buchungs- und Belegformulare sind typische Hilfsmittel, mit denen das IKS realisiert wird. In größeren Unternehmen kommt der Internen Revision die Aufgabe zu, die Funktionsfähigkeit des IKS regelmäßig zu überprüfen.

Die Systemprüfung umfasst sowohl das Rechnungslegungssystem als auch das rechnungslegungsrelevante IKS und ist Pflichtbestandteil einer normenkonformen Jahresabschlussprüfung (zur IT-Systemprüfung → II.5.2.2.2.2).

3.2.2.2 Bedeutung der Prüfung des IKS

Zur Feststellung der Normenkonformität des Jahresabschlusses bietet sich zum einen die Möglichkeit, dessen Aussagen (→ I.6.2) auf Richtigkeit zu prüfen (*aussagebezogene Prüfung*). Sofern der Jahresabschluss nach bestimmten Regeln in einem festen organisatorischen Gefüge erstellt wird, kann der Prüfer die Beweiskraft für die Normenkonformität des Jahresabschlusses zum anderen auch dadurch gewinnen, dass er das System von Abläufen, Regelungen, Handlungen und Kontrollen für die Verbuchung von Geschäftsvorfällen sowie die Erstellung des Jahresabschlusses prüft. Dieser Beurteilungsprozess, der sich nicht primär an Einzelsachverhalten orientiert, sondern auf die Ausgestaltung, die Wirksamkeit und die Funktionsfähigkeit des Systems ausgerichtet ist, wird als Systemprüfung (*systemorientierte Prüfung*) bezeichnet (→ I.6.5.2.1).

---

68 In IDW PS 261.52 ist von »genehmigende, ausführende, verwaltende und abrechnende Funktion« die Rede.

Der Abschlussprüfer muss feststellen, ob das beim bilanzierenden Unternehmen eingerichtete IKS geeignet ist, inhärente Risiken aufzudecken sowie angemessen auf die identifizierten Risiken zu reagieren. Ein IKS ist als wirksam zu klassifizieren, wenn es mit hinreichender Sicherheit verhindert, dass sich Unternehmensrisiken wesentlich auf die Normenkonformität des Jahresabschlusses oder des Lageberichts auswirken. Zur Prüfung dieser Wirksamkeit muss sich der Prüfer im Rahmen der Systemprüfung Kenntnisse über das IKS aneignen und dessen Aufbau und Funktion untersuchen.

Ein zweckgerecht aufgebautes und zuverlässig arbeitendes IKS vermittelt dem Prüfer eine hohe Beweiskraft für die Normenkonformität des Jahresabschlusses. Erkennt der Prüfer hingegen Schwachstellen im IKS, so ist mit wesentlichen Fehlermöglichkeiten zu rechnen, die anschließend eingehend zu untersuchen sind. Die Ergebnisse der Systemprüfung erlauben es dem Abschlussprüfer, die Art, den zeitlichen Ablauf und den Umfang der aussagebezogenen Prüfungshandlungen festzulegen (ISA 315.24, 330.6, 330.8, IDW PS 261.80). Würde der Prüfer auf eine Beurteilung des IKS verzichten, so müsste sein Urteil ausschließlich auf aussagebezogenen Prüfungshandlungen basieren, wozu eine große Anzahl von Abschlusspositionen (und darin enthaltene Aussagen) zu überprüfen wäre. Dies kann leicht zu hohen Prüfungskosten und zur Überschreitung der Zeitrestriktion des Prüfers führen. Insbesondere in großen Unternehmen mit vielfältigen und aus einer größeren Anzahl von Elementen bestehenden Jahresabschlusspositionen wäre eine ausschließlich aussagebezogene Prüfung nahezu unmöglich.

Die Beurteilung der Qualität des IKS durch den Abschlussprüfer hat *Auswirkungen auf* die *Prüfungsintensität* im aussagebezogenen Teil der Jahresabschlussprüfung. Der Abschlussprüfer kann den Umfang der aussagebezogenen Prüfungen umso niedriger bemessen, je zuverlässiger das IKS beurteilt wird. Aus Systemfehlern resultiert ein erhöhtes Kontrollrisiko. Es muss durch umfangreiche, den Fehlermöglichkeiten angepasste aussagebezogene Prüfungshandlungen kompensiert werden. Bei der *Bildung von Prüfungsschwerpunkten* sollte sich der Prüfer an den im IKS erkannten Schwachstellen orientieren.

Ein IKS wird das Auftreten *wesentlicher Fehler* im Jahresabschluss *nie vollständig verhindern* können:

- Zum einen lässt sich kein IKS konstruieren, das zu 100 % funktioniert, denn dazu müsste das IKS ständig wirksam und vollständig sein. Zur Gewährleistung der Wirksamkeit muss das IKS aus zwangsweise begleitenden, nicht ausschaltbaren und nicht umgehbaren Kontrollen bestehen. Durch geeignete organisatorische Maßnahmen kann eine automatische Wirksamkeit erreicht werden. Die Vollständigkeitsbedingung ist schwerer zu erfüllen, denn dazu dürfte es keinen einzigen Ablauf im Unternehmen geben, für den es kein funktionsfähiges IKS gibt. Während dieser Grundsatz bei den routinemäßigen Geschäftsvorfällen ohne größere Schwierigkeiten realisierbar ist, dürfte seine Etablierung bei den ungewöhnlichen Geschäftsvorfällen nahezu unmöglich sein, weil diese selten und in ihrem Ablauf sehr unterschiedlich sind. Zudem verzichtet u. U. die Unternehmensleitung aus Kosten-Nutzen-Überlegungen heraus auf die Implementierung bestimmter Maßnahmen. Schließlich besteht die Gefahr einer zeitweisen Unwirksamkeit des IKS auf Grund veränderter Unternehmens- und Umweltbedingungen.

- Zum anderen besteht keine Garantie, dass das geplante IKS auch eingehalten wird. Die Existenz eines wirksamen IKS wäre nur dann ein ausreichend beweiskräftiges

Indiz für einen normenkonformen Jahresabschluss, wenn sich der Prüfer darauf verlassen könnte, dass alle Tätigkeiten im Rahmen der Buchführung und der Jahresabschlusserstellung einer Kontrolle unterliegen und diese Kontrollen stets wie vorgesehen funktionieren. Der Ablauf der Kontrollhandlungen des IKS ist jedoch nicht deterministisch, d. h. nicht vollständig vorhersehbar. Da die Kontrollen nicht nur systematisiert ablaufen, sondern auch Personen tätig werden, ist vielmehr damit zu rechnen, dass Systemabweichungen auftreten und Kontrollaufgaben nicht oder nur unzureichend wahrgenommen werden. Für das Funktionieren des IKS lassen sich nur Wahrscheinlichkeiten angeben, d. h. sein Ablauf ist stochastisch. Ein wirksames IKS reduziert zwar die Wahrscheinlichkeit für das Auftreten von Fehlern erheblich, es ist aber auf Grund seiner Stochastizität möglich, dass Kontrolleinrichtungen versagen und dadurch Fehler nicht verhindert werden bzw. unentdeckt bleiben. Zudem können Fehler auftreten, weil grundsätzlich Möglichkeiten bestehen, die Kontrollen bewusst zu umgehen oder auszuschalten (z. B. indem Mitarbeiter, die sich gegenseitig zu kontrollieren haben, das Auslassen bestimmter Kontrollen vereinbaren).

Ein hinreichend sicheres Urteil über die Normenkonformität des Jahresabschlusses ist allein auf Grundlage einer Beurteilung des IKS i. d. R. nicht möglich, so dass systembezogene Prüfungsnachweise durch aussagebezogene Prüfungsnachweise zu ergänzen sind (siehe auch ISA 315.12 und 315.A46-48, IDW PS 261.83). System- und aussagebezogene Prüfungshandlungen sind demzufolge keine einander ausschließende Vorgehensweisen, sondern ergeben regelmäßig nur zusammen eine hinreichende Urteilssicherheit (ISA 330.6, 330.A4). Durch Systemprüfungen hat der Abschlussprüfer Prüfungsnachweise über die angemessene Ausgestaltung (Aufbauprüfung) und Wirksamkeit (Funktionsprüfung) des auf die Rechnungslegung bezogenen IKS einzuholen.

3.2.2.3 Vorgehensweise bei der Systemprüfung

3.2.2.3.1 Aufbauprüfung

3.2.2.3.1.1 Umfang der Aufbauprüfung
Im Rahmen der Aufbauprüfung sollte sich der Abschlussprüfer an der konkreten Ausgestaltung des IKS durch die Unternehmensleitung orientieren und folgende Komponenten des IKS untersuchen (ISA 315.14-24, 315.A51, 315.A69-104, 315.appendix 1, IDW PS 261.40-63):

Kontrollumfeld
Der Abschlussprüfer hat das Kontrollumfeld im Unternehmen zu beurteilen, um die Einstellungen, das Problembewusstsein und das Verhalten der Unternehmensführung und der leitenden sowie der mit Überwachungsaufgaben und -pflichten betrauten Mitarbeiter im Hinblick auf das IKS feststellen zu können (ISA 315.14, 315A69-78, IDW PS 261.43-44). Das Kontrollumfeld wird bestimmt durch die Bedeutung von Integrität und ethischen Werten im Unternehmen, die Bedeutung der fachlichen Kompetenz im Unternehmen, die Unternehmenskultur und -philosophie sowie das dadurch vermittelte Werteverständnis der Mitarbeiter, den Führungsstil der Unternehmensleitung, die Zuordnung

von Weisungsrechten und Verantwortung, die Überwachungstätigkeit des Aufsichtsrats bzw. der Gesellschafterversammlung sowie die Grundsätze der Personalentwicklung. Ein ungünstiges Kontrollumfeld birgt die Gefahr, dass die Mitarbeiter IKS-Regelungen nicht oder nur der Form halber anwenden. Ein günstiges Kontrollumfeld ist notwendige aber keine hinreichende Bedingung für die Wirksamkeit des IKS.

Risikobeurteilungen

Unternehmen sind vielfältigen Risiken (z. B. finanzwirtschaftlicher, rechtlicher, leistungswirtschaftlicher oder strategischer Natur) ausgesetzt, welche die Erreichung der Unternehmensziele gefährden können. Risikobeurteilungen dienen dazu, solche Risiken zu identifizieren und zu analysieren, und bilden somit die Entscheidungsgrundlage der Unternehmensleitung für den Umgang mit diesen Risiken. Vom Abschlussprüfer ist die Angemessenheit der Risikobeurteilungen im Unternehmen festzustellen (ISA 315.15, 315.A79, IDW PS 261.45-48). Dazu sind alle wesentlichen Regelungen zu beurteilen, die auf die Feststellung und Analyse von für die Rechnungslegung relevanten Risiken gerichtet sind, um zu verstehen, wie die Unternehmensleitung zu Risikobeurteilungen kommt und wie sie über die Einrichtung organisatorischer Regelungen zur Begrenzung möglicher Auswirkungen dieser Risiken entscheidet. Ursachen von für die Ordnungsmäßigkeit und Verlässlichkeit der Rechnungslegung relevanten Risiken können z. B. Veränderungen in der Geschäftstätigkeit, schnelles Unternehmenswachstum oder finanzielle Interessen der Unternehmensleitung bzw. der Mitarbeiter am Unternehmensergebnis sein.[69] In erster Linie hat der Abschlussprüfer dabei ein Verständnis dafür zu gewinnen, wie im Unternehmen mögliche Risiken identifiziert werden, die sich auf die Normenkonformität der Rechnungslegung auswirken können, und wie deren Tragweite in Bezug auf die Eintrittswahrscheinlichkeit und auf die quantitativen Auswirkungen beurteilt wird.

Kontrollaktivitäten

Kontrollaktivitäten sind Grundsätze und Verfahren, die gewährleisten sollen, dass die Entscheidungen der Unternehmensleitung beachtet werden. Sie tragen dazu bei, dass notwendige Maßnahmen ergriffen werden, um den Unternehmensrisiken zu begegnen. Durch die Beurteilung der Kontrollaktivitäten seitens des Abschlussprüfers soll festgestellt werden, ob und inwieweit diese geeignet sind, wesentliche Fehler in der Rechnungslegung zu verhindern bzw. aufzudecken und zu korrigieren (ISA 315.20-21, 315. A88-94, IDW PS 261.49-55). Demzufolge kann es für den Abschlussprüfer sinnvoll sein, zwischen Kontrollaktivitäten mit fehlervermeidender und mit fehleraufdeckender Wirkung zu unterscheiden. Für die Ordnungsmäßigkeit und Verlässlichkeit der Rechnungslegung besonders bedeutsame Kontrollaktivitäten sind die Analyse von Geschäftsvorfällen und Entwicklungen, die Kontrolle der Richtigkeit, Vollständigkeit und Genehmigung von Vorgängen, die Kontrollen zur Sicherung von Vermögensposten und Aufzeichnungen und sowie die Überprüfung der Funktionstrennung.

---

69 An dieser Stelle wird deutlich, dass Überschneidungen in der Beurteilung des Unternehmens und der Umwelt auf der einen Seite und in der Beurteilung des IKS auf der anderen Seite existieren. Damit sind Abhängigkeiten zwischen dem inhärenten Risiko und dem Kontrollrisiko zu erkennen.

Information und Kommunikation

Information und Kommunikation dienen dazu, dass die für die Entscheidungen der Unternehmensleitung erforderlichen Informationen in geeigneter und zeitgerechter Form eingeholt, aufbereitet und an die zuständigen Stellen weitergeleitet werden. Dies umfasst auch die für die Risikobeurteilungen notwendigen Informationen sowie die Informationen der Mitarbeiter über Aufgaben und Verantwortlichkeiten im IKS. Der Abschlussprüfer analysiert das betriebliche Informationssystem, um beurteilen zu können, ob alle rechnungslegungsrelevanten Informationen erfasst und verarbeitet werden (ISA 315.18, 315.A81-85, IDW PS 261.56-58).

Die Normenkonformität der Rechnungslegung setzt ein angemessenes Informationssystem voraus. Kenntnisse über das Rechnungslegungssystem als Bestandteil des betrieblichen Informationssystems ermöglichen es dem Abschlussprüfer festzustellen, welche Arten von Geschäftsvorfällen im Unternehmen vorkommen, wie diese ausgelöst werden, welche Buchführungsunterlagen und Konten geführt werden und wie der Rechnungslegungsprozess organisiert ist. Außerdem hat sich der Abschlussprüfer mit den Kommunikationsprozessen zu befassen, wodurch er Erkenntnisse darüber gewinnt, wie den Mitarbeitern ein Verständnis für ihre Aufgaben und Verantwortlichkeiten in Bezug auf die Erfassung und Verarbeitung von Geschäftsvorfällen in der Rechnungslegung vermittelt wird (ISA 315.19, 315.A95-97, IDW PS 261.58).

Überwachung des IKS

Hierunter ist die Beurteilung der Wirksamkeit des IKS durch Mitarbeiter des Unternehmens zu verstehen. Daher sind die Angemessenheit und das kontinuierliche Funktionieren des IKS zu untersuchen. Die Unternehmensleitung hat dafür Sorge zu tragen, dass festgestellte Mängel im IKS auf geeignete Weise abgestellt werden. Überwachungsmaßnahmen können zum einen in die Unternehmensprozesse eingebaut sein und zum anderen von der Internen Revision durchgeführt werden. Schließlich muss der Abschlussprüfer sich auch mit den wesentlichen auf die Überwachung des IKS bezogenen Maßnahmen beschäftigen, zu nennen sind z. B. die Prüfung des IKS durch die Interne Revision oder durch einen externen Prüfer oder die spontane Prüfung einzelner Regelungen des IKS durch die Unternehmensleitung, sog. high level-controls (ISA 315.22-24, 315.A98-104, IDW PS 59-60).

3.2.2.3.1.2 Systemerfassung

Die Aufbauprüfung erfordert eine Systemerfassung. Die zur Erfassung erforderlichen Prüfungsnachweise kann der Prüfer durch eigene *Beobachtungen von Aktivitäten und Arbeitsabläufen* erlangen. Sollte dies nicht möglich sein, kommen auch Befragungen von Mitgliedern der Unternehmensleitung, Personen mit Überwachungsfunktionen und sonstigen Mitarbeitern, die Auswertung der Systemdokumentation des zu prüfenden Unternehmens (z. B. Organisationspläne, Dienstanweisungen, Funktionsdiagramme, Stellenbeschreibungen, Arbeitsplatzbeschreibungen, Arbeitsablaufschemata) oder die Durchsicht von Unterlagen, die durch das IKS generiert werden, in Betracht (ISA 315.6 und 315.A6-9, IDW PS 261.61 und PS 300).

Die Durchführung einer *Befragung* stellt hohe Qualifikationsansprüche an den Prüfer, der den Interviewpartner zur Erlangung der erforderlichen Prüfungsnachweise entsprechend steuern muss. Des Weiteren birgt die persönliche Kontaktaufnahme und die damit verbundene unmittelbare Konfrontation des Mitarbeiters des zu prüfenden Unternehmens mit dem Prüfer die Gefahr, dass der Prüfer Suggestivfragen, d. h. solche Fragen stellt, auf die der Mitarbeiter vom Prüfer erwartete Antworten gibt. Auch bei Anwendung von Interviews ist eine Analyse der Systemdokumentation erforderlich, um die relevanten Mitarbeiter bestimmen zu können. Zur Systemerfassung und -dokumentation in den Arbeitspapieren des Abschlussprüfers eignen sich insbesondere die Fragebogentechnik und die Erstellung von Ablaufdiagrammen. Außerdem werden die Verwendung verbaler Beschreibungen und die Verwendung der Entscheidungstabellentechnik diskutiert.

Die Techniken zur *Systemerfassung* sind sehr unterschiedlich. In der Prüfungspraxis ist die Erfassung des IKS mit Hilfe der *Fragebogentechnik* (→ II.5.2.2.2.2.2.2) weit verbreitet. Nachstehend soll eine idealtypische Anwendung beschrieben werden. Es sei darauf verwiesen, dass die Prüfungspraxis davon abweichend heuristisch vorgeht, da ein ordnungsmäßiges Soll-System kaum zu entwerfen ist (→ II.3.2.2.4). Die Fragebogentechnik ist als das Abarbeiten einer Checkliste zu verstehen, d. h. der Prüfer füllt die Fragebögen selbst aus. Zunächst wird ein weitgehend funktionsfähiges IKS konstruiert und als Fragenkatalog zusammengestellt, wobei die Existenz jeder hierin vorhandenen Kontrolleinrichtung erfragt wird. Die einzelnen Fragen sind meist so formuliert, dass die Bejahung einer Frage eine funktionierende Kontrolle signalisiert, während eine Verneinung auf eine Systemschwachstelle hinweist. Ein vollständig ausgefüllter Fragebogen repräsentiert – wegen der ihm zu Grunde liegenden Informationen – in erster Linie das von dem Unternehmen konzipierte IKS. So werden z. B. bei einem Interview die Befragten i. Allg. die Fragen des Prüfers wegen befürchteter Sanktionsmaßnahmen entsprechend den ihnen vorgegebenen Dienstanweisungen beantworten, auch wenn sie sich tatsächlich anders verhalten sollten. Durch eine geschickte Fragestellung lassen sich mitunter aber auch Informationen über das tatsächlich realisierte IKS gewinnen.

Da die Erstellung eines Fragebogens erhebliche Rüstzeit beansprucht und viel Erfahrung erfordert, verwendet die Prüfungspraxis weitgehend standardisierte Fragebögen. Sie gewährleisten eine einheitliche Prüfungsdurchführung und geben dem Abschlussprüfer die Möglichkeit zur ausreichenden Kontrolle seiner Mitarbeiter. Eine vollständige Systemerfassung ist allerdings nur durch einen individuell zusammengestellten Prüfungsfragebogen möglich, denn jedes zu beurteilende IKS weist Besonderheiten auf. Zudem besteht bei der Anwendung standardisierter Fragebögen die Gefahr einer Mechanisierung der Prüfungstätigkeit. Ein geeigneter Kompromiss besteht darin, die wesentlichen Systemkomponenten mittels eines Standardfragebogens zu erfassen, der dann während der Prüfung entsprechend den Unternehmensgegebenheiten durch den Prüfer reduziert und/oder um ergänzende Fragen erweitert wird. Dadurch lässt sich bei vertretbarer Rüstzeit für die einzelne Jahresabschlussprüfung das Risiko einer falschen oder unvollständigen Systemerfassung vermindern. Ist ein der aktuellen Prüfungssituation angepasster Fragebogen erstellt, so ist eine relativ schnelle, vollständige und übersichtliche Systemerfassung möglich.

Dem Prüfer ist durch den Fragebogen ein Leitfaden vorgegeben, so dass bei sorgsamer Anleitung und Überwachung auch weniger erfahrene Prüfungsassistenten bei der Prüfung eingesetzt werden können, ohne dass die Qualität der Systemerfassung leidet. Die Gefahr der Fragebogentechnik liegt darin, dass der Prüfungsassistent auf Grund der de-

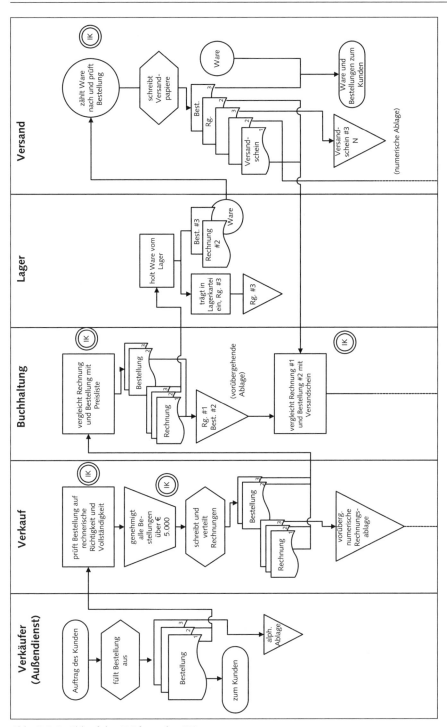

Abb. II.3-3: Ablaufplan Prüfung des IKS

tailliert vorgegebenen Fragen zu schematisch vorgeht, beim Ausfüllen des Fragebogens nicht mitdenkt und keinen »prüferischen Spürsinn« entwickelt. Außerdem können falsch beantwortete Fragen ein falsches Bild vom IKS vermitteln. Ein weiterer Nachteil ist die Tatsache, dass Missbräuche auftreten können wie z. B. das Kopieren der Antworten der letzten Rechnungslegungsperiode.

Einer rein verbalen Beschreibung des Systems mangelt es oft an der nötigen Übersichtlichkeit. Deshalb werden häufig *Ablaufdiagramme* als geeignete Form für die Erfassung und die Dokumentation des IKS angesehen, die netzwerkanalytisch, umfassend und überschaubar über die Grundbedingungen der Rechnungslegung und dessen Fehlerrisiko informieren. Ein Ablaufdiagramm ist die bildliche Darstellung des Systemablaufs, wobei die zu verwendenden Symbole genormt sind. Mit seiner Hilfe können Tätigkeiten in ihrer logischen und zeitlichen Reihenfolge in übersichtlicher Form dargestellt werden. Die bildliche Darstellung wird dabei i. d. R. durch verbale Erläuterungen ergänzt (vgl. hierzu Abb. II.3-3[70]).

Die Übertragung der durch Befragung von Mitarbeitern des zu prüfenden Unternehmens oder durch eigenes Beobachten von Systemabläufen gewonnenen Informationen über das IKS in das Ablaufdiagramm ist i. d. R. noch zeitaufwendiger als das Anfertigen eines umfassenden Fragebogens und setzt entsprechende Erfahrung des Prüfers voraus. Dieser Nachteil ist v. a. bei Erstprüfungen feststellbar. Bei Folgeprüfungen können die Vorjahresdiagramme als Grundlage dienen. Außerdem beinhaltet eine zeitaufwendige Erstellung den Vorteil der intensiven Auseinandersetzung mit dem IKS durch den Prüfer. Bereits geringfügige Modifikationen des IKS können eine Änderung des gesamten Ablaufdiagramms auslösen. Der Vorteil gegenüber der Fragebogentechnik besteht darin, dass sich durch Ablaufdiagramme komplexe Zusammenhänge klar und übersichtlich darstellen lassen, ohne dass Detailinformationen verloren gehen. Die genormten Symbole sind für jeden sachkundigen Dritten problemlos zu verstehen. Außerdem können Kontrollen leichter identifiziert werden und die Vollständigkeit der Systemerfassung lässt sich einfacher nachprüfen. Sind in der Systemdokumentation des zu prüfenden Unternehmens bereits detaillierte Ablaufdiagramme vorhanden, so kann der Prüfer u. U. auf eine Eigenerstellung verzichten. Er braucht dann nur die Aktualität und Wirklichkeitstreue der Unterlagen zu prüfen, so dass der Zeitaufwand wesentlich reduziert ist.

3.2.2.3.1.3 Vorläufige Systembeurteilung

Für das vom Abschlussprüfer festgestellte IKS sind im Rahmen der vorläufigen Systembeurteilung zunächst Fehlermöglichkeiten zu identifizieren. Nach der Identifikation notwendiger Kontrollpunkte hat der Prüfer angemessene Kontrolltechniken zu bestimmen. Durch einen Vergleich der in einem System als notwendig erachteten Kontrollen mit dem festgestellten IKS lassen sich Systemstärken und -schwächen identifizieren und die erwartete Zuverlässigkeit des IKS beurteilen (*reliance test*). Eine Schwachstelle ist gegeben, wenn für eine Fehlerart keine Kontrolle vorgesehen ist oder wenn die geplanten Kontrollen nicht in der Lage sind, systematische Fehler zu verhindern oder zumin-

---

70   Entnommen aus: *Selchert* (1996), S. 220 f.

dest offenzulegen. Zufällige Fehler führen nicht zu einer Schwachstelle. Sie sind durch das Tätigwerden von Menschen bedingt, deren Fehlertendenz durch ex ante definierte Kontrollhandlungen kaum minimiert werden kann. Negative Effekte einer erkannten Schwachstelle auf die Qualität des IKS sind umso geringer, je geringer der Einfluss dieser Schwachstelle auf die Rechnungslegung ist, d. h. der Abschlussprüfer hat die festgestellten Fehlerrisiken in Abhängigkeit von der Größenordnung der möglichen falschen Angaben in der Rechnungslegung und ihrer Eintrittswahrscheinlichkeit zu beurteilen (IDW PS 261.64).

Aufbauend auf der vorläufigen Systembeurteilung wird eine *vorläufige Prüfungsstrategie* formuliert. Die festgestellten Systemstärken und -schwächen dienen als Informationsbasis zur Planung des weiteren Prüfungsablaufs, einschließlich der Art (z. B. Einholung von Bestätigungen Dritter), des Umfangs (z. B. Erfordernis der Durchführung aussagebezogener Prüfungshandlungen) und des Zeitpunkts (z. B. im Rahmen der Zwischenprüfung[71]) der einzuholenden Prüfungsnachweise. Bei den weiteren Prüfungshandlungen kann es sich um Funktionsprüfungen des IKS (Kontrolltests; tests of controls) und aussagebezogene Prüfungshandlungen handeln. Stellt der Abschlussprüfer bei Durchführung der Aufbauprüfung fest, dass das IKS ganz oder teilweise als unwirksam einzuschätzen ist, und ist dementsprechend in den betreffenden Prüffeldern von einem hohen Kontrollrisiko auszugehen, sind Prüfungsnachweise ggf. ausschließlich durch aussagebezogene Prüfungshandlungen einzuholen, d. h. unter der Annahme eines hohen Kontrollrisikos kann der Prüfer auf die Durchführung von Funktionsprüfungen verzichten (in diesem Sinne auch ISA 330.8, IDW PS 261.74). In diesem Fall muss der Abschlussprüfer entscheiden, ob die durch die aussagebezogenen Prüfungshandlungen eingeholten Prüfungsnachweise zur Erlangung der geforderten Prüfungssicherheit ausreichend und geeignet sind. Ist dies nicht der Fall, hat er den Bestätigungsvermerk einzuschränken oder zu versagen (IDW PS 400.50). Schätzt der Abschlussprüfer die Kontrollrisiken vorläufig als nicht hoch ein, muss er die Wirksamkeit des IKS auf der Grundlage von durch Funktionsprüfungen eingeholten Prüfungsnachweisen feststellen (ISA 330.8a, 330.A20-25, IDW PS 261.74, IDW PS 300.15). Die im Rahmen der Aufbauprüfung durchgeführten Prüfungshandlungen reichen zur Beurteilung der Wirksamkeit des IKS nicht aus. Schließlich sind Funktionsprüfungen bei signifikanten Risiken in jedem Jahr zwingend (ISA 330.15).

3.2.2.3.2 Funktionsprüfung
Die Funktionsprüfung (vgl. hierzu auch ISA 330.8-17. ,330.A20-41, IDW PS 261.73-79) besteht aus den Komponenten Transformationsprüfung und Funktionsfähigkeitsprüfung. Auch ein wirksam konzipiertes System sichert noch keine zuverlässigen Arbeitsabläufe, denn mit der Systemkonzeption besteht noch keine Gewähr für ihre tatsächliche Umsetzung. Mit Hilfe einer Stichprobenauswahl (→ II.3.2.4.2) ist daher festzustellen, ob das vom Unternehmen geplante IKS von den Mitarbeitern in der geplanten Form kontinuierlich praktiziert wird (Transformationsprüfung) und ob die implementierten Kontrol-

---

71 Als Zwischenprüfung (auch Vorprüfung genannt) wird die Gesamtheit aller Prüfungshandlungen bezeichnet, die vor Aufstellung des Jahresabschlusses durchgeführt werden.

len auch effektiv funktionieren (Funktionsfähigkeitsprüfung), d. h. ob sie geeignet sind, wesentliche Verstöße gegen Rechnungslegungsnormen zu verhindern bzw. aufzudecken und zu korrigieren.[72]

Die *Transformationsprüfung* befasst sich mit der Umsetzung des gewollten IKS, wofür als Prüfungshandlungen insbesondere Befragungen, die Durchsicht von Nachweisen über die Durchführung von Maßnahmen, der Nachvollzug von Kontrollaktivitäten durch den Abschlussprüfer und Beobachtungen sowie single purpose tests als Prüfungshandlungen in Frage kommen:

- Bei der *Beobachtung* besteht allerdings das Problem, dass die beobachteten Mitarbeiter in aller Regel bemüht sein werden, sich an die vorgeschriebenen Handlungen zu erinnern, womit der Prüfer die tatsächliche Existenz des geplanten IKS feststellt. Zudem ist die Anwesenheit des Prüfers erforderlich.
- Der *single purpose test* hat das Ziel, Kontrollvermerke, die die Durchführung von Kontrollen dokumentieren, auf ihr Vorhandensein zu überprüfen. Es kommt darauf an festzustellen, ob vorgesehene Kontrollfunktionen nachweislich durchgeführt werden. Single purpose tests sind lediglich für Systemprüfungszwecke geeignet. Bei Verarbeitungs- und Kontrollschritten, die auf Grund fehlender Dokumentationspflicht keinen sichtbaren Prüfungspfad hinterlassen, gestaltet sich die Transformationsprüfung schwieriger (ISA 330.A27). Der Prüfer ist hier gezwungen, sich auf Beobachtungen zu stützen.

Das Vorliegen von Kontroll- und Bearbeitungsvermerken beweist noch nicht, dass eine Bearbeitung gemäß dem geplanten IKS erfolgte. Um sicherzustellen, dass die einzelnen Systemelemente mit dem gewünschten Erfolg arbeiten, ist deshalb eine Funktionsfähigkeitsprüfung erforderlich. Die *Funktionsfähigkeitsprüfung* befasst sich mit der Qualität des realisierten Systems. Aus technischen Gründen ist der Prüfer gezwungen, aus den Verarbeitungsergebnissen auf die Funktionsfähigkeit des IKS zu schließen. Diese Prüfungshandlungen bezeichnet man als *dual purpose tests*, da sie sowohl der Systemprüfung als auch dem aussagebezogenen Teil der Prüfung dienen können.

3.2.2.3.3 Abschließende Systembeurteilung

Die Erkenntnisse aus der Funktionsprüfung stellen die Grundlage für die abschließende Beurteilung der Kontrollrisiken durch den Abschlussprüfer dar. Eine *abschließende Systembeurteilung* fasst die Ergebnisse der beiden Teilprüfungen zusammen, stimmt diese mit der vorläufigen Systembeurteilung der Aufbauprüfung ab und beinhaltet die Informationsbasis auf welcher der Prüfer sein weiteres prüferisches Vorgehen im aussagebezogenen Teil der Prüfung bestimmen kann. Lassen die Systemtests ein wirksames IKS vermuten, so kann der Abschlussprüfer die aussagebezogenen Prüfungshandlungen einschränken. Haben die Systemtests dagegen unbefriedigende Ergebnisse erbracht, so ist der Prüfungsumfang auszudehnen (IDW PS 300.22). Aus der Systemprüfung ergeben

---

72 Die notwendigen Prüfungshandlungen zur Durchführung von Transformations- und Funktionsfähigkeitsprüfungen werden in der anglo-amerikanischen Literatur und Prüfungspraxis als *compliance tests* bezeichnet.

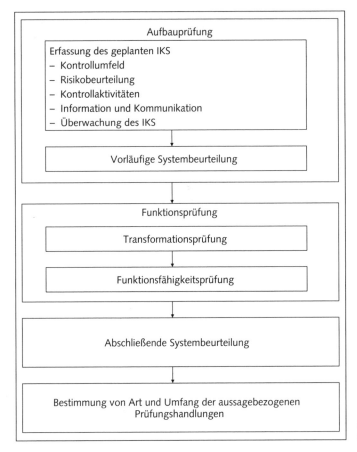

Abb. II.3-4: Ablauf der Systemprüfung

sich Hinweise auf Schwachstellen und Fehlermöglichkeiten und damit Hinweise auf Prüfungsschwerpunkte. Abb. II.3-4 fasst den Ablauf der Systemprüfung grafisch zusammen (zur Anwendung bei der Prüfung eines IT-Systems → II.5.2.2.2.2.1).

Die Beurteilung von Funktion und Wirksamkeit einzelner Kontrollen ist relativ einfach. Vergleichsweise schwerer ist hingegen die Beurteilung des gesamten IKS, d.h. die Zusammenfassung von Einzelurteilen über Elemente des IKS zu einer Gesamtaussage im Sinne einer quantitativen oder qualitativen Schätzung des Kontrollrisikos für ein Prüffeld. Sie ist aber notwendig, um eine Verknüpfung von systemorientierter und aussagebezogener Prüfung herbeizuführen. In der Literatur finden sich qualitative und quantitative Ansätze für die Analyse und Beurteilung des IKS. Dabei werden qualitative Bewertungen oft in eine quantitative Schätzung des Kontrollrisikos transformiert (vgl. Tab. II.3-1).

Fehleranteil in den Verarbeitungsergebnissen (Ergebnis der Kontrolltests)	Beurteilung der internen Kontrollen	Schätzung des Kontrollrisikos
$\leq 1\%$	ausgezeichnet	10%
$> 1\%$ bis $\leq 3\%$	gut	30%
$> 3\%$ bis $\leq 5\%$	befriedigend	50%
$> 5\%$ bis $\leq 7\%$	schwach	70%
$> 7\%$	unzuverlässig	100%

Tab. II.3-1: Qualitative/quantitative Schätzung des Kontrollrisikos[73]

Die Anzahl der Beurteilungsstufen und die spezifischen Prozentsätze des Kontrollrisikos sind subjektive Wahrscheinlichkeitsurteile des Prüfers.[74] In die Bestimmung des Kontrollrisikos fließt also das pflichtgemäße Ermessen des Prüfers ein. Sie erfolgt in Abhängigkeit von der Bedeutung des betreffenden Prüffeldes bzw. der in diesem Prüffeld vorkommenden Fehlerarten. Je wirksamer die für ein Prüffeld relevanten internen Kontrollen sind, desto geringer ist das Kontrollrisiko. Ausgezeichnete interne Kontrollen rechtfertigen eine wesentliche Verringerung des Kontrollrisikos unter das maximale Niveau von 100% und führen zu einem minimalen Kontrollrisiko. Unzuverlässige interne Kontrollen, auf die sich der Abschlussprüfer bei der Prüfung eines Prüffeldes nicht verlassen kann, erfordern dagegen den Ansatz des maximalen Kontrollrisikos. Der Ansatz eines maximalen Kontrollrisikos ist zum einen angemessen, wenn für das entsprechende Prüffeld keine einschlägigen Kontrollen bestehen bzw. sich solche Kontrollen als unwirksam erweisen. Zum anderen kann der Prüfer das Kontrollrisiko maximal schätzen, falls er glaubt, dass die Kosten für die Durchführung systemorientierter Prüfungshandlungen den marginalen Nutzen (d. h. die Verringerung aussagebezogener Prüfungshandlungen) übersteigen. Die Spezifikation des mit einem Minimum verknüpften Prozentsatzes des Kontrollrisikos ist ein wichtiges Urteil, denn es quantifiziert den niedrigsten Risikograd, der dem Kontrollrisiko zugeordnet werden kann.

Das geschätzte Kontrollrisiko wirkt sich auf den Umfang der aussagebezogenen Prüfungshandlungen aus. Je schlechter die internen Kontrollen sind, desto höher ist das Kontrollrisiko und desto mehr aussagebezogene Prüfungshandlungen müssen geplant werden.

Die Anwendung anspruchsvollerer quantitativer Beurteilungsverfahren dient einer Objektivierung. Zu diesen quantitativen Verfahren zählen neben Scoring-Modellen insbesondere analytische Ansätze auf der Basis der Methoden der Zuverlässigkeitstheorie bzw. der Theorie der Markov-Ketten.[75]

In der Prüfungspraxis wird einer qualitativen Beurteilung des IKS der Vorzug gegeben, da man klare und eindeutige Beurteilungsergebnisse anstrebt. Es lässt sich jedoch

---

73 Vgl. *Quick* (1996), S. 41; *Nagel* (1997), S. 110.
74 So schlagen z. B. *Carmichael/Willingham* vor, ein minimales Kontrollrisiko von 40%, ein mittleres Kontrollrisiko von 60%, ein wesentliches Kontrollrisiko von 80% und ein maximales Kontrollrisiko von 100% anzusetzen; vgl. *Carmichael/Willingham* (1989), S. 204.
75 Vgl. *Quick* (1996), S. 373 ff.

kritisch anmerken, dass hier objektive Kriterien für die Einteilung in die einzelnen Beurteilungsklassen fehlen.

Aus Effizienzgründen kann der Abschlussprüfer auf die Ergebnisse von Vorjahresprüfungen zurückgreifen. Diese sind jedoch auf den neusten Stand zu bringen und durch aktuelle Prüfungsnachweise zu bestätigen (IDW PS 261.77). Im Rahmen von Vorprüfungen gewonnene Erkenntnisse über die Kontrollrisiken müssen um eine Beurteilung des IKS für den Zeitraum zwischen Vorprüfung und Abschlussstichtag ergänzt werden (IDW PS 261.79).

3.2.2.4 Systemprüfung aus heuristischer Sicht

Die Literatur konzipiert die Systemprüfung überwiegend als traditionellen Soll-Ist-Vergleich, d. h. als Vergleich eines ordnungsmäßigen Soll-Systems mit einem zu prüfenden Ist-System. Dabei wird davon ausgegangen, der Prüfer sei in der Lage, ein ordnungsmäßiges Soll-Objekt (= Soll-System) zu entwerfen.[76] In der Praxis dürfte der Prüfer jedoch kaum in der Lage sein, ex ante ein solches Soll-System zu entwerfen.

Dies liegt zum einen in der hohen Komplexität des Ist-Systems begründet, welches die ex ante-Abbildung eines Soll-Systems nahezu unmöglich macht (Komplexitätsargument). Zum anderen besitzen Unternehmen weitgehende Freiheiten bei der Systemgestaltung; es wird daher nicht nur ein Soll-System, sondern eine Vielzahl zulässiger Soll-Systeme geben (Freiheitsgradargument). Weiterhin impliziert die ex ante-Ableitung des Soll-Systems die Vorstellung, der Prüfer verfüge über vollständiges Wissen über sämtliche in der Realität möglichen Systemausprägungen, die den in den Prüfungsnormen geforderten Ansprüchen genügen. Dies ist jedoch nicht der Fall.

Aus den genannten Gründen stellt die Systemprüfung fast ausnahmslos keinen Soll-Ist-Vergleich im traditionellen Sinne dar. Vielmehr folgt die Prüfungspraxis intuitiv der Grundidee einer heuristisch orientieren Systemprüfung (zu dem zu Grunde liegenden theoretischen Ansatz → I.3.2.2).

Das prüferische Vorgehen folgt dabei dem in Abb. II.3-5 dargestellten Ablaufmodell.[77]

Das Ablaufmodell unterscheidet zwei Phasen:
1. Ermittlung eines vorläufigen Systemmodells: In dieser Phase verschafft sich der Prüfer Informationen über das Ist-System (z. B. Einsichtnahme in die Programmdokumentation, Durchführung von Kontrolltests und Informationen aus der Vorjahresprüfung) und bildet dieses gedanklich ab. Für diese erstmalige gedankliche Abbildung des Ist-Systems wird im Folgenden der Begriff »vorläufiges Systemmodell« verwendet.
2. Systembeurteilung als hypothesengesteuerter Suchprozess: In der zweiten Phase geht es darum, mittels weiterer Prüfungshandlungen die erste gedankliche Abbildung des Ist-Systemmodells zu präzisieren. Dabei entspricht es einer risikoorientierten Prüfungsstrategie (→ I.1.2), Fehlerhypothesen (F) aufzustellen und zu testen.[78] Fehlerhypothesen sind begründete Vermutungen hinsichtlich der Existenz von Fehlern.

---

76 *Knop* (1984), S. 315 spricht in diesem Zusammenhang sogar von einem »Idealsystem«.
77 Zu den Einzelheiten einer Systemprüfung aus heuristischer Sicht vgl. *Gans* (1986), S. 434 ff. m. w. N.
78 Der Fehlerbegriff wird im Folgenden weit gefasst und soll sich auf alle Unrichtigkeiten beziehen.

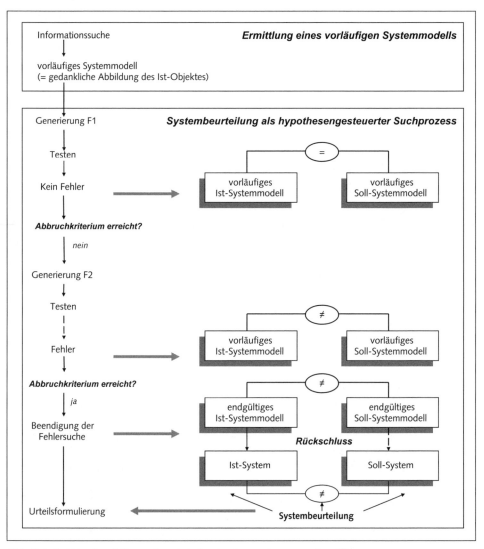

Abb. II.3-5: Ablaufmodell einer heuristisch orientierten Systemprüfung[79]

- Fehlerhypothesen lassen sich auf Basis der *in der ersten Phase festgestellten Schwachstellen* identifizieren.
- Beinhaltet das vorläufige Systemmodell keine Hinweise auf Schwachstellen und/ oder ist dieses Modell noch lückenhaft, kann der Prüfer auch auf der Basis von *Erfahrungswissen* Fehlerhypothesen formulieren. In diesem Fall werden jene Fehlerindikatoren herangezogen, deren Auftreten in der Vergangenheit ein sicheres Indiz für Schwachstellen im System war. Die heuristische Grundregel für das Abarbeiten

---

79 Entnommen aus *Ruhnke* (1999).

von Fehlerindikatoren lautet: »Wenn (Fehlerindikator) dann (vermutlich System-fehler)«. Hier stellt der Prüfer zunächst die Existenz des Fehlerindikators (z.B. unzureichende Ausbildung und/oder hohe Fluktuation von Mitarbeitern, fehlende Funktionentrennung, lückenhafte Arbeitsanweisungen) fest; existiert ein solcher Indikator, ist dem Sachverhalt durch einzelfallorientierte Prüfungshandlungen ge-zielt nachzugehen (bewusste Auswahl).

– Bei der regelgebundenen Fehlerhypothesengenerierung[80] begibt sich der Prüfer auf die *Suche nach Fehlerindikatoren*. Er denkt sich z.B. schwierige oder selten vor-kommende Geschäftsvorfälle aus, prüft deren Verarbeitung und versucht auf diese Weise, Schwächen im System aufzudecken.

Bestätigt sich die seitens des Prüfers formulierte Fehlerhypothese (F1) nicht, entspricht das vorläufige Ist-Systemmodell dem vorläufigen Soll-Systemmodell. Der Überzeugungs-grad der Urteilshypothese steigt. Da noch keine ausreichende Urteilssicherheit gegeben ist (Abbruchkriterium nicht erreicht), setzt der Prüfer seine Fehlersuche fort. Der Prüfer generiert eine weitere Fehlerhypothese (F2) und stellt z.B. fest, dass das vorliegende Ist-System den vermuteten Fehler aufweist. In diesem Fall weichen Ist- und Soll-Sys-temmodell voneinander ab. Der Prüfer hat wiederum festzustellen, ob die erforderliche Urteilssicherheit erreicht ist. Hat der Prüfer nach der Generierung weiterer Fehlerhypo-thesen und deren Test diese Sicherheit erlangt (Abbruchkriterium erreicht), wird die Fehlersuche beendet. Sobald der Prüfer zumindest einen Fehler festgestellt hat, weichen das endgültige Ist-Systemmodell und das endgültige Soll-Systemmodell voneinander ab. Auf diese Weise werden Ist- und Soll-Systemmodell sukzessive abgebildet.

Von den zuvor genannten Modellen schließt der Prüfer auf das Ist-System und das Soll-System. Der Prüfer muss nun beurteilen, welchen Einfluss die festgestellten Fehler auf die Gesamtbeurteilung nehmen.

Stellt der Prüfer z.B. schwerwiegende Mängel in abgegrenzten Teilbereichen des Sys-tems fest, so ist zu prüfen, ob der Bestätigungsvermerk bereits aus diesem Grunde ein-geschränkt zu erteilen ist (z.B. ISA 705.7; IDW PS 400.50). In der Regel werden die auf-gedeckten Fehler (Schwachstellen im System) jedoch nicht gravierend sein. Gleichwohl ist stets zu beachten, dass aufgedeckte Fehler bzw. Mängel im internen Kontrollsystem grundsätzlich zu einer Ausweitung aussagebezogener Prüfungshandlungen im Sinne des risikoorientierten Prüfungsansatzes führen (z.B. ISA 330.A46; IDW PS 261.22).

Zusammenfassend ist festzustellen, dass das zuvor skizzierte Ablaufmodell wesent-lich zum Verständnis für das prüferische Vorgehen im Rahmen einer Systemprüfung beiträgt. Gleichwohl vermag das Modell nicht, alle anstehenden Probleme zu lösen: Insbesondere wird keine Aussage dahingehend getroffen, wie sich auf Basis des vorlie-genden Ist- und Soll-Systems die Urteilsformulierung genau vollzieht. Weiterhin ist die Fehlerhypothesenformulierung sehr stark prüfungsobjektspezifisch (z.B. Generierung von Fehlerhypothesen bei der Prüfung der integrierten Standardsoftware SAP R/3), so dass sich auch hier (den Erkenntnismöglichkeiten eines Modells folgend) keine detail-

---

80 Vgl. *Gans* (1986), S. 442 ff.

lierten, sondern lediglich konzeptionelle Hinweise für das prüferische Vorgehen ableiten lassen.

3.2.2.5 Prüfung des Risikomanagementsystems

3.2.2.5.1 Einführung und Begriffsabgrenzungen

»Das größte Risiko für ein Unternehmen besteht darin, keine Risiken einzugehen.«[81] Demnach sind Risiken nicht generell schädlich, sondern ist vielmehr jede unternehmerische Entscheidung auf Grund der Unsicherheit künftiger Entwicklungen mit Chancen und Risiken verbunden (IDW PS 340.3). Insofern lässt sich Risiko als die aus einer Entscheidung resultierende Verlustgefahr definieren

Nach § 91 Abs. 2 AktG hat der Vorstand einer AG geeignete Maßnahmen zu treffen (*Risikofrüherkennungssystem*) und insbesondere ein Überwachungssystem einzurichten, damit den Fortbestand der Gesellschaft gefährdende Entwicklungen früh erkannt werden. Der Begründung des Gesetzgebers folgend besitzt diese Regelung in bestimmten Fällen auch für den Pflichtrahmen der Geschäftsführer anderer Rechtsformen (insbesondere der GmbH) Gültigkeit.[82] Aus der Pflicht der Berichterstattung über das Risikomanagementsystem im (Konzern-)Lagebericht (→ II.3.2.2.5.2) erwächst hingegen grundsätzlich keine Pflicht zur Einrichtung eines solchen Systems.

Das Risikofrüherkennungssystem und das diesbezügliche, in § 91 Abs. 2 AktG genannte Überwachungssystem sind wichtige Bestandteile des gesamten *Risikomanagementsystems (i. w. S.)*, welches als die Gesamtheit aller organisatorischen Regelungen und Maßnahmen zur Risikoerkennung und zum Umgang mit den Risiken unternehmerischer Betätigung definiert werden kann (IDW PS 340.4 f.). Umfassende Risikomanagementsysteme (Risikomanagementsysteme i. w. S.) schließen im Unterschied zur Risikofrüherkennung auch Maßnahmen zur Risikobewältigung ein. Demnach geht es bei einem Risikomanagementsystem (i. w. S.) nicht um die Vermeidung unternehmerischer Risiken, sondern darum, der Unternehmensleitung die eingegangenen Risiken bewusst zu machen, diese Risiken zu steuern und sie zu kontrollieren. Umfassende – in der allgemeinen Betriebswirtschaft thematisierte – Risikomanagementsysteme (i. w. S.) haben – abweichend von Risikofrüherkennungssystemen nach § 91 Abs. 2 AktG – auch eine breitere Risikodefinition zum Gegenstand. Während die aktienrechtliche Vorschrift sich lediglich auf diejenigen Risiken bezieht, die den Fortbestand des Unternehmens tangieren, können über die Erfüllung der Anforderung des § 91 Abs. 2 AktG hinausgehende Risikomanagementsysteme (i. w. S.) auch nicht bestandsgefährdende Risiken und positive Ausprägungen des Risikos (bspw. im Rahmen eines strategischen oder wertorientierten Risikomanagements[83]) einschließen.

Der Prüfer einer AG, deren Aktien börsennotiert sind, hat wiederum festzustellen, ob der Vorstand ein Risikofrüherkennungssystem und ein Überwachungssystem eingerichtet hat und dieses seine Aufgaben erfüllt (§ 317 Abs. 4 HGB). Für die sich aus § 91 Abs. 2 AktG

---

81   Dr. Helmut Maucher, Nestlé S.A. (zitiert in: *Baetge/Jerschensky* (1999), S. 172).
82   Vgl. BR-Drs. 872/97, S. 37.
83   Vgl. z. B. *Fuchs* (1999); *Pollanz* (1999); *Gleißner/Meier* (2001).

ergebenden Pflichten (Risikofrüherkennungssystem und Überwachungssystem) wird im Folgenden der Begriff Risikomanagementsystem verwendet. Konkretisierungen der zuvor angesprochenen gesetzlichen Prüfungspflicht finden sich in IDW PS 340 und für Kreditinstitute ergänzend in IDW PS 525. Neben der Prüfungspflicht durch den Abschlussprüfer unterliegt auch – unabhängig von der Prüfungspflicht des § 317 Abs. 4 HGB – dem Aufsichtsrat (Prüfungsausschuss) die Überwachung des Risikomanagementsystems i. w. S.[84] Nachstehend soll zunächst der Prüfungsgegenstand näher beleuchtet werden, um anschließend auf die Prüfung selbst einzugehen.

3.2.2.5.2 Prüfungsgegenstand

Wird Risiko als die aus einer Entscheidung resultierende Verlustgefahr definiert, dann ist es zunächst erforderlich, die Unternehmensziele klar zu formulieren. Die Faktoren, die negative Abweichungen von den gesetzten Zielen begründen können, lassen sich dann als Risiken betrachten. Das Risikofrüherkennungssystem umfasst die Identifikation und die Analyse/Bewertung von Risiken sowie deren Kommunikation (IDW PS 340.7-12). Die folgenden Ausführungen gehen insofern über die Früherkennung in dem zuvor definierten Sinne hinaus, als diese auch den für das Risikomanagement bedeutsamen Aspekt der Risikosteuerung beleuchten.[85]

Risikoidentifikation

Die Risikoidentifikation umfasst eine strukturierte Sammlung aktueller, zukünftiger und potenziell denkbarer Risiken. Da die Risikoidentifikation die Gesamtunternehmenssicht widerspiegeln soll, liegt es nahe, die Risiken zunächst top down-gerichtet zu ermitteln. Diese erste Identifikation potenzieller Risiken auf Ebene der Unternehmensleitung sollte durch ein bottom up-gerichtetes Vorgehen ergänzt werden, um die vorhandenen Risiken möglichst vollständig und systematisch zu erfassen. Hier bietet sich an, die in den einzelnen Bereichen des Unternehmens am Wertschöpfungsprozess beteiligten Personen in Workshops einzubinden (Risiko-Brainstorming). Besonderes Augenmerk ist auf die Erfassung kumulativer Risiken zu richten, deren volle Auswirkungen sich erst entlang der gesamten Wertschöpfungskette entfalten.

Bei den Risiken kann es sich um allgemeine externe (z. B. Naturgewalten, Technologiesprünge), leistungs- und finanzwirtschaftliche sowie um Risiken im Bereich der Unternehmensführung (z. B. Fluktuationsraten, Führungsstil) handeln. Die systematische Identifizierung von Risiken setzt grundsätzlich die Einrichtung eines *Frühaufklärungssystems* voraus.

- *Indikatororientierte* Frühaufklärungssysteme legen dabei zunächst die unternehmensinternen und -externen Beobachtungsbereiche zur Erkennung von Gefährdungen und Chancen fest (z. B. Veränderungen am Absatzmarkt, Entwicklungen am Kapitalmarkt). Frühwarnindikatoren (z. B. Auftragsbestand, Fehlerhäufigkeit, Krankheitsstand der Mitarbeiter, Prozessdurchlaufzeit, Reklamationsquote) werden

---

84 Vgl. *Preußner* (2008), S. 575. Siehe insbesondere auch § 107 Abs. 3 Satz 2 AktG.
85 Zu den folgenden Ausführungen vgl. stellvertretend *FMAC* (1999); *Krystek/Müller* (1999), S. 177–183; *Bitz* (2000), S. 13; *IDW* (2006), P 5-21 m. w. N.

bestimmt und Soll-Werte (Normalentwicklung) sowie Toleranzgrenzen festgelegt, deren Über- oder Unterschreiten ein Alarmsignal auslöst. Zuletzt sind die Informationskanäle des Frühaufklärungssystems zu bestimmen. Die festgelegten Indikatoren, Soll-Werte und Toleranzgrenzen sind an sich im Zeitablauf verändernde Einschätzungen der Risiken anzupassen (Risiko-Updates; z. B. Fluktuationsrate statt Krankheitsstand als Indikator für Mitarbeiterzufriedenheit, Veränderung des Schwellenwerts für die Reklamationsquote bei einer geänderten Risikoeinschätzung eines Kundenverlusts).

- Diese Form der gerichteten Suche sollte durch ein *strategisch* orientiertes Frühaufklärungssystem ergänzt werden, welches quasi mit einem 360-Grad-Radar nach schlecht definierten und unscharf strukturierten Informationen sucht, die derzeit nicht durch Indikatoren erfasst werden, aber in Zukunft für das Unternehmen Bedeutung erlangen können (schwache Signale; z. B. Verbreitung neuartiger Meinungen und Ideen oder Tendenzen in der Rechtsprechung).

Risikoanalyse/-bewertung

Die Übergänge zwischen Risikoidentifikation und -analyse sind fließend. Ziel der Risikoanalyse ist es, das durch die identifizierten Risiken ausgelöste Gefährdungspotenzial zu bewerten. Dabei geht es u. a. um die qualitative Bewertung und die quantitative Messung von Einzelrisiken, die Aggregation von Einzelrisiken (die isoliert betrachtet von nachrangiger Bedeutung sind), die Eintrittswahrscheinlichkeit eines Risikos, die wechselseitige Beeinflussung von Risiken sowie um den Versuch einer Analyse von Ursache-Wirkungsbeziehungen.

Hilfreich kann die Erstellung eines Risikoportfolios sein, welches darauf abstellt, die Gesamtrisikosituation durch eine Darstellung der Einzelrisiken bspw. entlang der Dimensionen »Ereigniswahrscheinlichkeit« und »Intensität der Auswirkung« darzustellen. Die Entwicklung der im Portfolio abgebildeten Risiken lässt sich zudem anhand von Simulations- oder Szenariotechniken untersuchen (z. B. Monte Carlo-Simulation oder worst case-Szenarien). Sollten sich Risiken ausnahmsweise nicht angemessen bewerten lassen, so bietet es sich an, diese als high priority risk zu kennzeichnen und unmittelbar der Geschäftsleitung zu melden.

Risikokommunikation

Die zuvor identifizierten Risiken müssen zeitnah weitergegeben werden. Dies setzt eine funktionierende Kommunikationsstruktur voraus. Obgleich die Risikokommunikation im Rahmen des Risikomanagementsystems intern ausgerichtet ist, bestehen zahlreiche Parallelen zu den Erfordernissen einer externen Risikokommunikation.

- Die (unternehmens-)*interne* Risikokommunikation umfasst das Vorhandensein geeigneter Informationskanäle, die Vorgabe interner Risikorichtlinien sowie die Zuordnung von Verantwortlichkeiten. Eine Kommunikationsbereitschaft der involvierten (berichtspflichtigen) Personen wird vorausgesetzt; dabei muss auch eine Bereitschaft zur Kommunikation von schlechten Nachrichten (bad news) bestehen. Erfordern indes bedeutsame oder nicht bewältigte Risiken rasche Entscheidungen, ist eine Überwindung der formalen Berichtsstrukturen dahingehend sicherzustellen, dass die Geschäftsleitung hiervon direkt Kenntnis erlangt (interne Ad-hoc-Berichterstattung).

- Die *externe* Risikokommunikation umfasst die periodische Berichterstattung der Chancen und Risiken der zukünftigen Entwicklung des Unternehmens im (Konzern-) Lagebericht (§§ 289, 315 HGB). Die Berichterstattung im (Konzern-)Lagebericht umfasst neben der Darstellung der Chancen und Risiken eine Beschreibung des allgemeinen Risikomanagements (§ 289 Abs. 1 Satz 4 HGB, § 315 Abs. 1 Satz 5 HGB, DRS 5.28 f.) sowie eine Darstellung der besonderen Risiken und des Risikomanagements jeweils mit Bezug zu Finanzinstrumenten (§ 289 Abs. 2 Nr. 2 HGB, § 315 Abs. 2 Nr. 2 HGB). Daneben haben kapitalmarktorientierte Kapitalgesellschaften im Sinn des § 264d im (Konzern-)Lagebericht die wesentlichen Merkmale des internen Kontroll- und Risikomanagementsystems im Hinblick auf den Rechnungslegungsprozess zu beschreiben (§ 289 Abs. 5 HGB; § 315 Abs. 2 Nr. 5 HGB).
- Des Weiteren ist bei Emittenten von Finanzinstrumenten, die zum Handel an einem inländischen organisierten Markt zugelassen sind, festzustellen, ob ein identifiziertes Risiko geeignet ist, den Börsen- oder Marktpreis des Finanzinstrumentes erheblich zu beeinflussen. In diesem Fall trifft den Emittenten eine Pflicht zur (externen) Ad-hoc-Publizität gem. § 15 Abs. 1 WpHG.[86] Zudem hat die Unternehmenspraxis gezeigt, dass es im Sinne der Vermeidung schwerwiegender Vertrauens- und Reputationsverluste ratsam ist, bestehende Risiken sowie Maßnahmen der Risikobewältigung zeitnah freiwillig an die stakeholder zu kommunizieren.

Risikosteuerung

Risikosteuerung umfasst die *aktive* Beeinflussung der identifizierten und analysierten Einzelrisiken und damit die gesamte Risikoposition eines Unternehmens. Strategien der Risikosteuerung sind:
- *Risikoakzeptanz* (bewusste Inkaufnahme eines Risikos, wie z. B. das bewusste Eingehen von Risiken, denen überproportional hohe Chancen entgegenstehen),
- *Risikoverminderung* (z. B. Verminderung des Brandrisikos durch Brandschutzmaßnahmen oder Risikostreuung bspw. zur Vermeidung der Abhängigkeit von einem Lieferanten),
- *Risikoübertragung* (Risikotransfer an Dritte durch Abschluss einer Versicherung oder andere Maßnahmen wie z. B. Factoring) und
- *Risikovermeidung* (z. B. Vermeidung von Geschäftstransaktionen, die mit besonders hohen Risiken behaftet sind).

Steuerungsmaßnahmen führen dazu, dass sich die Risikosituation des Unternehmens verändert und Maßnahmen zur Risikoidentifikation, -analyse und -bewertung einzuleiten sind. Werden z. B. zur Verminderung des Risikos von Arbeitsunfällen Sicherheitsmaßnahmen eingeleitet (Schutzkleidung), kann sich die Risikosituation ändern (Unzufriedenheit der Mitarbeiter mit der unbequemen Schutzkleidung, neue Risiken durch chemische Reaktionen des Stoffs der Schutzkleidung mit den eingesetzten Rohstoffen). Die neue Risikosituation ist zu analysieren und zu bewerten. Auf Basis der Analyse/ Bewertung werden Risikosteuerungsmaßnahmen eingeleitet (Erlaubnis für bestimmte

---

86 Vgl. *Ruhnke* (2008), S. 127 ff.

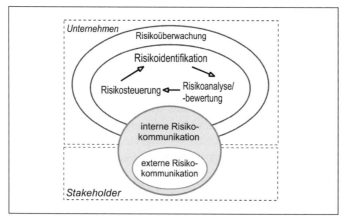

Abb. II.3-6: Risikomanagement-Prozess

Mitarbeiter, die Schutzkleidung nicht mehr tragen zu müssen; leichte Modifikation der eingesetzten Rohstoffe). Diese Maßnahmen ändern die Risikosituation wiederum (z. B. Neid; Risiko, dass das Produkt nicht mehr den Ansprüchen der Kunden genügt).

Die zuvor genannten Elemente stehen also nicht isoliert nebeneinander, sondern bauen aufeinander auf und beeinflussen sich gegenseitig. Insofern handelt es sich hier um einen *Regelkreislauf*, so dass das Risikomanagement nicht als einmaliger Vorgang, sondern als ein kontinuierlicher Prozess zu begreifen ist. Abb. II.3-6 verdeutlicht den Risikomanagement-Prozess.

Einrichtung eines Überwachungssystems

Die Einrichtung eines internen Überwachungssystems zielt auf die Überwachung des Risikofrüherkennungssystems ab (z. B. Aufdeckung von Schwachstellen). Hierzu zählen neben diesbezüglich relevanten prozessintegrierten Überwachungsmaßnahmen des internen Kontrollsystems (z. B. Überwachung der Einhaltung von Toleranzgrenzen im Rahmen des Frühaufklärungssystems) auch prozessunabhängige Prüfungen der Maßnahmen gem. § 91 Abs. 2 AktG durch die Interne Revision (IDW PS 340.15f.).

Da die Risiken zumeist aus dem Geschäft des Unternehmens (z. B. Risiken im Anlagenbau, im E-Business-Bereich (→ III.3.3.1.4) oder im Versicherungsbereich), seiner internen (IT-)Organisation (z. B. Risiken aus dem Einsatz integrierter IT-Systeme wie SAP R/3) sowie seinem Umfeld (z. B. Umweltrisiken) resultieren, muss die Ausgestaltung eines Risikomanagementsystems an den zuvor angesprochenen Determinanten ansetzen.

3.2.2.5.3 Prüfungsprozess

Die *Prüfung* des Risikomanagementsystems zielt darauf ab festzustellen, ob das System der Risikoidentifizierung, -analyse und -kommunikation sowie die entsprechenden Überwachungsmaßnahmen vorhanden und geeignet sind (Aufbauprüfung) und während des gesamten zu prüfenden Zeitraums eingehalten wurden (Funktionsprüfung). Insofern erweitert diese Risikomanagementsystemprüfung das Spektrum der *Systemprüfungen*.

Die Reaktion des Vorstands auf erkannte Risiken (Risikosteuerung) ist indes formal nicht Gegenstand der Prüfung; demnach handelt es sich hier nicht um eine Geschäftsführungsprüfung (IDW PS 340.6, 340.19 und 340.26). Gleichwohl ist die Risikohandhabung insofern prüfungsrelevant, als sich z. B. Konsequenzen für die Prüfung der Annahme der Unternehmensfortführung (→ II.4.2), die Darlegung bestandsgefährdender Entwicklungen im Prüfungsbericht (§ 321 Abs. 1 Satz 3 HGB), die Beurteilung von Bewertungseinheiten nach § 254 HGB (insb. Makrohedges) sowie die Prüfung der Darlegung der Chancen und Risiken der zukünftigen Entwicklung im Lagebericht (→ II.8.6) ergeben. Des Weiteren können Risikosteuerungsmaßnahmen selbst ein im Rahmen der Identifikation von Risiken relevantes Risikofeld sein und im Hinblick auf die Bewertung von Risiken Bedeutung erlangen.[87]

Die Prüfung selbst lässt sich in die Phasen Prüfungsplanung, -durchführung und Berichterstattung einteilen.

Prüfungsplanung

Die Prüfungsplanung folgt dem risikoorientierten Prüfungsansatz, d. h. es sind z. B. anhand einer ersten Einschätzung der wirtschaftlichen Lage des Unternehmens und seines Umfelds die inhärenten Risiken und anhand einer ersten Beurteilung des Überwachungssystems die internen Kontrollrisiken vorläufig einzuschätzen. Diese Einschätzung hat Einfluss auf den zeitlichen und sachlichen Umfang der erforderlichen Prüfungshandlungen zur Beurteilung des Risikomanagementsystems sowie Einfluss auf das Erfordernis der Hinzuziehung von Spezialisten. Für die Prüfungsplanung ist auch bedeutsam, ob und inwieweit im Unternehmen ein Risiko- und Kontrollbewusstsein vorhanden ist (IDW PS 340.22).

Prüfungsdurchführung

Kernproblem der Prüfungsdurchführung ist das Fehlen eines klar definierten Soll-Objektes. Die als Eignungsprüfung bzw. Wirksamkeitsprüfung angelegte Prüfung setzt v. a. an der Funktionsweise des Systems sowie seiner Effizienz hinsichtlich des Aufspürens bestandsgefährdender Risiken an. Insofern muss der Prüfer zunächst eine *Bestandsaufnahme* des vorhandenen Risikomanagementsystems vollziehen, um auf dieser Basis die *Eignung* dieses Systems sowie die Einhaltung der vorgesehenen Maßnahmen (*Wirksamkeit* des Systems) zu prüfen (IDW PS 340.24-31). Die nachstehenden Ausführungen geben einen Überblick über wesentliche Aspekte der Prüfungsdurchführung.[88]

- Die Bestandsaufnahme des Ist-Systems kann sich u. a. auf eine vom Unternehmen erstellte Dokumentation (z. B. Risikomanagement-Handbuch) stützen. Die Beurteilung der Eignung des Systems muss sich an den einzelnen zuvor genannten Elementen des Risikomanagementprozesses orientieren. Dabei geht es u. a. darum, ob geeignete Beobachtungsbereiche festgelegt wurden, ob Frühwarnsignale bestimmt wurden und inwieweit diese als Frühwarnindikatoren geeignet sind. Es muss ein Gesamt-

---

87 Vgl. hierzu *Neubeck* (2003), S. 195–198.
88 Vgl. hierzu auch *Giese* (1998), S. 452–457.

system vorliegen, welches die Signale vollständig und rechtzeitig bereitstellt sowie eine zusammenfassende Gesamtbeurteilung von Einzelrisiken erlaubt (Kumulation sowie Wechselwirkungen). Das gewählte Vorgehen muss vom Prüfer intersubjektiv nachvollziehbar sein.

- Stößt der Prüfer auf Probleme oder Indizien für eine unzureichende Eignung, muss er im Sinne des risikoorientierten Prüfungsansatzes den Umfang der Einzelfallprüfungen ausweiten: Dies kann bedeuten, dass er einzelne, vermutlich als wesentlich einzustufende Risiken im Hinblick auf ihr Bedrohungspotenzial näher untersuchen muss. Gelingt dem Prüfer keine abschließende Beurteilung, kommt nach IDW PS 340.30 ggf. auch eine Verwendung von Urteilen anderer Sachverständiger in Betracht (z. B. im Bereich der Umweltrisiken). In ähnlicher Weise ist der Umfang der Einzelfallprüfungen mit abnehmender Güte des internen Überwachungssystems auszuweiten.

- Um die für die Beurteilung des Risikomanagementsystems erforderliche Prüfungssicherheit zu erlangen, sind auch Plausibilitätsprüfungen einsetzbar (z. B. Untersuchung des Verhältnisses der Anzahl identifizierter Risiken im Zeit- und Branchenvergleich). In diesem Fall kann der Prüfer auf bereits vorhandene mandantenspezifische Vorkenntnisse und die Prüfungsnachweise zurückgreifen, die er im Zuge der laufenden Abschlussprüfung erlangt hat.

- Der Prüfer muss die vom Unternehmen vorgenommene Risikobewertung nachvollziehen und auf Plausibilität sowie Widerspruchsfreiheit prüfen. Dabei ist insbesondere festzustellen, ob sich auf Basis der vom Unternehmen zu Grunde gelegten Prämissen auf das prognostizierte Gefährdungspotenzial schließen lässt.

- Die seitens der Unternehmensleitung getroffenen Maßnahmen sind in Stichproben auf ihre Wirksamkeit und kontinuierliche Anwendung im Prüfungszeitraum zu prüfen (IDW PS 340.31).

Berichterstattung

Das Ergebnis der Prüfung ist in einem besonderen Teil des intern ausgerichteten *Prüfungsberichts* darzustellen (§ 321 Abs. 4 HGB i. V. m. IDW PS 340.32 f. und 450.104-107). Zudem hat der Abschlussprüfer gemäß § 171 Abs. 1 Satz 2 AktG dem Aufsichtsrat über wesentliche Schwächen des internen Kontroll- und Risikomanagementsystems in Bezug auf die Rechnungslegung zu berichten.

Mängel bei den vom Vorstand nach § 91 Abs. 2 AktG getroffenen Maßnahmen haben als solche keine Auswirkung auf den an den externen Adressaten gerichteten *Bestätigungsvermerk* (IDW PS 340.32). Diese Regelung vermag nicht zu überzeugen, da es gerade das Ziel einer Prüfung ist, die asymmetrische Informationsverteilung zwischen internen und externen Akteuren abzubauen (→ I.2). Ein nicht uneingeschränkt erteiltes Testat kommt nur dann in Betracht, wenn die unzureichende Erfüllung der Maßnahmen dazu führt, dass der Nachweis über die Unternehmensfortführung nicht erbracht werden kann. Gleiches gilt, wenn die unzureichende Erfüllung zugleich die Ordnungsmäßigkeit der Buchführung in Frage stellt oder sich aus diesem Grunde die Chancen und Risiken der künftigen Entwicklung im Lagebericht nicht zutreffend oder nur unzureichend darstellen lassen (IDW PS 400.72).

Die Maßnahmen zum Risikomanagement sind *konzernweit* anzulegen, sofern von Tochterunternehmen den Fortbestand des Mutterunternehmens gefährdende Entwicklungen ausgehen können.[89] Dies bedeutet, dass eine Risikoanalyse auch bei Tochterunternehmen vorzunehmen ist, die Risiken entsprechend zu kontrollieren sind und eine entsprechende Berichterstattung (Reporting) zur Konzernspitze erfolgen muss. Risikoerfassung und -kommunikation können durch konzerneinheitliche Risikorichtlinien und ein funktionsfähiges Beteiligungscontrolling unterstützt werden (IDW PS 340.34-37).

3.2.3 Analytische Prüfungshandlungen

3.2.3.1 Begriff

Jahresabschlussprüfungen zielen darauf ab, ein hinreichend sicheres Urteil über die Normenkonformität des Jahresabschlusses zu minimalen Kosten zu gewinnen. Die steigenden Erwartungen der Adressaten der Prüfungsergebnisse auf der einen Seite und der zunehmende Wettbewerbsdruck auf dem Prüfungsmarkt auf der anderen Seite zwingen die Prüfungsgesellschaften dazu, effektive und effiziente Prüfungsmethoden zu entwickeln. Analytische Prüfungshandlungen (mitunter auch als Plausibilitätsbeurteilungen oder Verprobungen bezeichnet) könnten die Effektivität und Effizienz von Jahresabschlussprüfungen steigern (IDW PS 312.10).[90]

Mit der Risikoanalyse, der Systemprüfung und den aussagebezogenen Prüfungshandlungen sind drei grundsätzliche Prüfungsmethoden voneinander zu unterscheiden. Während die *Risikoanalyse* der Abschätzung der generellen Gefahr dient, dass in dem betreffenden Prüfungsgebiet wesentliche Fehler enthalten sind, wird bei der *Systemprüfung* die Zuverlässigkeit und die Funktionsfähigkeit des internen Kontrollsystems untersucht, um festzustellen, inwieweit durch die vorhandenen internen Kontrollen mögliche Fehler identifiziert werden (ISA 315.15; IDW PS 261.49). Die *aussagebezogenen Prüfungshandlungen* zielen auf die Prüfung mehrerer oder aller der sog. Abschlussaussagen ab (→ II.3.1). Im Rahmen der aussagebezogenen Prüfungshandlungen ist zwischen *Einzelfallprüfungen* (Detailprüfungen), d. h. der Prüfung von einzelnen Geschäftsvorfällen und Beständen, und *analytischen Prüfungshandlungen*[91] zu unterscheiden.

Analytische Prüfungshandlungen untersuchen aggregierte Größen. Sie beinhalten lediglich eine pauschale Prüfung von Gesamtheiten von Geschäftsvorfällen oder Bestandsgrößen und nicht die Prüfung einzelner Geschäftsvorfälle oder Bestandselemente. Dementsprechend lassen sich mit Hilfe von analytischen Prüfungshandlungen auch keine Aussagen über Einzelsachverhalte treffen. Sie dienen vielmehr dazu, die Konsistenz und die wirtschaftliche Plausibilität einer Gesamtheit von Geschäftsvorfällen oder Bestandsgrößen zu beurteilen, indem versucht wird, auffällige Abweichungen der im

---

89 Zur Frage, ob die Prüfung des Risikomanagementsystems (§ 317 Abs. 4 HGB) in den Rahmen der Jahres- oder Konzernabschlussprüfung fällt, siehe *Neubeck* (2003), S. 175; es ist davon auszugehen, dass auf Grund eines fehlenden Hinweises eine Prüfungspflicht sowohl im Rahmen der Jahres- als auch der Konzernabschlussprüfung besteht.

90 Im Gegensatz zu ISA 520 hebt IDW PS 312.29 die Effizienz von analytischen Prüfungshandlungen im Rahmen der Abschlussprüfung besonders hervor.

91 Es ist allerdings darauf hinzuweisen, dass analytische Prüfungshandlungen nicht nur im Rahmen der aussagebezogenen Prüfungshandlungen zum Einsatz kommen (→ II.3.2.3.2).

Jahresabschluss ausgewiesenen Beträge von erwarteten Größen oder ungewöhnliche Veränderungen dieser Beträge im Zeitablauf festzustellen (ISA 520.4 und .A1 sowie ISA 500.A21, IDW PS 312.5).

Analytische Prüfungshandlungen zählen zu den *indirekten Prüfungen* (→ II.3.1). Während bei direkten Prüfungen unmittelbare Vergleiche zwischen den Aufzeichnungen der Buchführung und den Belegen vorgenommen werden, sind indirekte Prüfungsmethoden dadurch gekennzeichnet, dass aus bekannten oder erwarteten Zusammenhängen zwischen dem Prüfungsobjekt und einem Ersatztatbestand Rückschlüsse auf den normgerechten Zustand des Prüfungsgegenstands gezogen werden. Dabei kann der Abschlussprüfer sowohl auf Zusammenhänge zwischen einzelnen Jahresabschlusspositionen untereinander als auch auf Zusammenhänge zwischen Jahresabschlusspositionen und wichtigen betrieblichen Daten zurückgreifen, wie etwa der Beziehung zwischen der Zahl der Beschäftigten und der Höhe der Lohnaufwendungen eines Geschäftsjahres (ISA 520.A2, IDW PS 312.8). Somit wird lediglich überprüft, ob der ausgewiesene Betrag des Prüfungsobjektes in Anbetracht der Höhe des Ersatztatbestandes plausibel ist. Diese Vorgehensweise setzt die Existenz von *sachlogischen Beziehungen zwischen dem Prüfungsgegenstand und dem Ersatztatbestand* voraus. Dabei kann der Abschlussprüfer solange vom Vorliegen eines derartigen Zusammenhangs ausgehen, bis ihm etwas Gegenteiliges bekannt geworden ist. Bestätigt sich ein erwarteter Zusammenhang im zu prüfenden Sachverhalt, kann dies als ein Prüfungsnachweis für die Vollständigkeit, Genauigkeit und Richtigkeit der Daten des Rechnungswesens herangezogen werden (IDW PS 312.6).

Neben den analytischen Prüfungshandlungen werden auch die *summarischen Kontrollrechnungen* den indirekten Globalprüfungen zugerechnet. Hierbei handelt es sich um Abstimmungsprüfungen der Vollständigkeit und betragsmäßigen Richtigkeit von Buchungsdaten. Diese summarische Gegenüberstellung von Zahlen beruht auf rechnerischen und methodischen Zusammenhängen des Abrechnungssystems der Buchführung. Unterformen sind die systematische Summenprüfung (d. h. mittels der Hauptabschlussübersicht wird überprüft, ob der Buchungsstoff über die verschiedenen Erfassungsstufen Grundbuch und Hauptbuch sowie Nebenbücher in die Bilanz und die GuV überführt worden ist), die Prüfung anhand von Buchungskreisen (d. h. Teilabstimmungen zwischen Haupt- und Nebenbüchern, wie z. B. zwischen Debitoren und Kontokorrentkonten) und die Prüfung anhand der Zuschreibungsformel (Anfangsbestand + Zugänge ./. Abgänge = Endbestand).

3.2.3.2 Anwendungsgebiete bei der Jahresabschlussprüfung

Analytische Prüfungshandlungen sind vom Abschlussprüfer in allen Phasen der Jahresabschlussprüfung anzuwenden (IDW PS 312.16). Bei der *Prüfungsplanung* werden sie zur Vertiefung der Kenntnisse über die Geschäftstätigkeit und das Unternehmensumfeld verwendet, so dass sie dem Abschlussprüfer bei der allgemeinen Risikobeurteilung helfen. Damit dienen sie auch dem Erkennen von Prüfungsschwerpunkten, d. h. der Identifizierung von kritischen Prüfungsgebieten, und der Eingrenzung bedeutender Prüffelder. Dadurch wird die Planung der Art, des Umfangs und des zeitlichen Ablaufs weiterer Prüfungshandlungen unterstützt (ISA 300.A2, IDW PS 312.19). Analytische Prüfungshandlungen im Rahmen der Prüfungsplanung fallen in der Terminologie der IFAC unter die Kategorie der risk assessment procedures (ISA 315.6(b) und .A7).

Während der eigentlichen *Prüfungsdurchführung* sollen analytische Prüfungshandlungen zur Erlangung verlässlicher Prüfungsnachweise beitragen, d. h. Fehler und Unregelmäßigkeiten bei den Jahresabschlussposten aufdecken. Somit kann der Prüfer neben Detailprüfungen von Geschäftsvorfällen und Beständen auch analytische Prüfungshandlungen oder eine Kombination aus beiden einsetzen. Welche Prüfungsmethode bzw. Kombination von Prüfungsmethoden zur Herleitung eines hinreichend sicheren Prüfungsurteils zum Einsatz kommt, liegt in der eigenverantwortlichen Beurteilung des Abschlussprüfers (IDW PS 312.20). Entschließt sich der Prüfer zur Verwendung von analytischen Prüfungshandlungen, so hat er nach ISA 520.5(a)-(d) und .A6-16 folgende Faktoren zu berücksichtigen:

- Die Angemessenheit der analytischen Prüfungshandlung unter Berücksichtigung der Eigenart der zu prüfenden Abschlussaussage (assertion):

    Analytische Prüfungshandlungen sollten vornehmlich in solchen Prüffeldern eingesetzt werden, die ein hohes Transaktionsvolumen aufweisen und durch eine hohe Vorhersehbarkeit im Zeitablauf gekennzeichnet sind. Letzteres ist mit der Existenz von stabilen Ursache-Wirkungszusammenhängen verbunden. Insofern hängt die Angemessenheit einer analytischen Prüfungshandlung davon ab, wie wirksam sie in Bezug auf die Aufdeckung von wesentlichen Falschaussagen ist.

    Ferner hat der Prüfer die prüfungsspezifische Wesentlichkeitsgrenze sowie die Wirksamkeit der internen Kontrollen zu berücksichtigen. Sind die Vorratsbestände etwa wesentlich, reichen analytische Prüfungshandlungen alleine nicht aus, um ausreichende Prüfungsnachweise für deren Vorhandensein zu liefern (IDW PS 312.12). Liegen schwache interne Kontrollen bei der Verkaufsabwicklung bzw. Fakturierung von Ausgangsrechnungen vor, sollte der Prüfer im Rahmen der Forderungsprüfung einzelfallbezogene Prüfungshandlungen vorziehen.

    Die Angemessenheit analytischer Prüfungshandlungen hängt schließlich auch davon ab, inwiefern bereits andere Prüfungshandlungen durchgeführt wurden, die auf das gleiche Prüfungsziel gerichtet sind (IDW PS 312.24). So kann etwa im Rahmen der Beurteilung der Einbringbarkeit von Forderungen eine analytische Prüfungshandlung hinsichtlich der Altersstruktur der Forderungen durch die Einzelfallprüfung von Zahlungseingängen nach Geschäftsjahresende sinnvoll ergänzt werden.

- Die Zuverlässigkeit der zur Durchführung von analytischen Prüfungshandlungen berücksichtigten Daten:

    Generell weisen Daten aus einer unternehmensexternen Quelle eine höhere Zuverlässigkeit auf als Daten aus dem zu prüfenden Unternehmen selbst. Bei externen Daten hängt die Zuverlässigkeit allerdings auch von der Vergleichbarkeit der Daten ab. So können etwa Branchendurchschnittswerte nicht unmittelbar mit den Werten eines Unternehmens für Spezialanfertigungen verglichen werden. Weiterhin hängt die Zuverlässigkeit auch von der Relevanz der Daten ab. Diesbezüglich können etwa unrealistische Planzahlen eines Unternehmens, die zur Motivation der Mitarbeiter aufgestellt wurden, kaum als zuverlässig bezeichnet werden. Schließlich hängt die Zuverlässigkeit der Daten auch von dem Vorhandensein und der Funktionsfähigkeit interner Kontrollen ab. Hier kann der Prüfer seine Erkenntnisse aus der Systemprüfung einfließen lassen.

- Die Genauigkeit des entwickelten Erwartungswertes und damit verbunden dessen Fähigkeit, einen wesentlichen Fehler unter Berücksichtigung der vorgegebenen Prüfungssicherheit zu identifizieren:

  Beispielsweise hängt die Genauigkeit eines ermittelten Erwartungswertes von dem Aggregationsgrad der berücksichtigten Daten ab. Hoch aggregierte Daten, etwa auf Basis eines gesamten Geschäftsjahres und/oder des Gesamtunternehmens, führen sicherlich zu ungenaueren Erwartungswerten als Monats- oder Quartalsdaten bzw. Daten auf Basis von unterschiedlichen Produktgruppen oder Unternehmensbereichen. Ferner hängt die Genauigkeit auch davon ab, inwieweit neben Jahresabschlussdaten auch nicht finanzielle Daten, wie etwa Verkaufs- und/oder Fertigungszahlen in die Erwartungsbildung eingeflossen sind. Schließlich ist auch die Stetigkeit des zu prüfenden Sachverhaltes zu berücksichtigen. Die Bruttogewinnmarge etwa ist diesbezüglich sicherlich geeigneter als die Ausgaben für Werbung oder Forschung und Entwicklung.
- Der maximal tolerierbare Betrag, um den der ausgewiesene Buchwert vom gebildeten Erwartungswert abweichen darf, ohne dass weitergehende Nachforschungen durchzuführen sind:

  Bei diesen Überlegungen nehmen die ermittelte Wesentlichkeitsgrenze und geforderte Prüfungssicherheit eine dominierende Rolle ein. So sollte mit steigendem Risiko bzw. sinkender Wesentlichkeitsgrenze der maximal tolerierbare Abweichungsbetrag abnehmen.

Durch die Feststellung ungewöhnlicher oder unerwarteter Beträge machen analytische Prüfungshandlungen den Abschlussprüfer auf mögliche wesentliche Falschdarstellungen aufmerksam und ermöglichen dadurch einen zielgerichteten Einsatz von ins Detail gehenden Einzelfallprüfungen. Falls keine Anzeichen für Mängel entdeckt werden, können sie das Vertrauen des Prüfers in die Normenkonformität des Prüfungsgegenstands stärken, und die Anwendung weiterer Einzelfallprüfungen kann anschließend eingeschränkt oder vollständig ausgelassen werden (IDW PS 312.11).[92] Analytische Prüfungshandlungen werden insbesondere bei der Prüfung der Vollständigkeit buchungspflichtiger Sachverhalte, der Beschaffung von Prüfungsnachweisen über Posten der GuV, zur going concern-Beurteilung, der Beurteilung zukunftsorientierter Angaben im Lagebericht und zur Aufdeckung wesentlicher Unterschlagungen als wirkungsvolles Prüfungsinstrument angesehen.

Vor Beendigung der Prüfung dienen analytische Prüfungshandlungen der *abschließenden Gesamtdurchsicht* der Prüfungsergebnisse (ISA 520.6, .3(b) und .A17-19, IDW PS 312.23). Der Prüfer vergleicht die während der Prüfung gewonnenen Erkenntnisse mit dem Gesamteindruck, den die aggregierten Größen des Jahresabschlusses vermit-

---

92 Die ISA betonen jedoch, dass nicht grundsätzlich auf Einzelfallprüfungen verzichtet werden kann. So weist ISA 330.A43 darauf hin, dass analytische Prüfungshandlungen hinreichende Prüfungsnachweise liefern können, sofern das Fehlerrisiko als niedrig eingestuft wurde. Bei signifikanten Risiken sind Einzelfallprüfungen nach ISA 330.21 jedoch zwingend durchzuführen. Nach ISA 330.A43 ist es möglich, dass der Abschlussprüfer lediglich analytische Prüfungshandlungen zur Einhaltung des vorgegebenen Prüfungsrisikos einsetzt, sofern seine Risikoeinschätzungen durch die Prüfung interner Kontrollen bestätigt wurden.

teln. Somit unterstützen analytische Prüfungshandlungen den Abschlussprüfer bei der Beurteilung der Angemessenheit der Prüfungshandlungen sowie der Stichhaltigkeit der Einzelurteile und des Gesamturteils über den Jahresabschluss, indem sie entweder bestätigende Beweise dafür liefern, dass der geprüfte Jahresabschluss keine wesentlichen Fehler enthält, oder einen Bedarf an zusätzlichen Prüfungshandlungen signalisieren.

3.2.3.3 Ein Ablaufmodell des Urteilsbildungsprozesses bei analytischen Prüfungshandlungen

Abb. II.3-7 skizziert die Ablaufstruktur von analytischen Prüfungshandlungen. Diese beginnen mit der *Entwicklung von Erwartungen* (vgl. Schritt 1). So könnte der Abschlussprüfer bspw. auf Grund eines gestiegenen Absatzes einen im Vergleich zum Vorjahr höheren Materialverbrauch vermuten. Mit Hilfe solcher Erwartungen werden die Jahresabschlussdaten des Mandanten beurteilt. Zur Entwicklung von Erwartungen wertet der Abschlussprüfer sein Wissen über den Mandanten und die Branche aus. Parallel zur Entwicklung von Erwartungen legt der Prüfer auch Materiality-Bandbreiten (→ II.1.3.2.2) fest, die benötigt werden, um akzeptable Abweichungen von erwarteten Werten festzustellen.

Anschließend *vergleicht* der Abschlussprüfer *die tatsächlichen Jahresabschlusswerte mit* den für diese Prüffelder entwickelten *Erwartungen* (vgl. Schritt 2). Wurden *keine bedeutsamen Abweichungen festgestellt*, fällt der Prüfer eine von drei möglichen Entscheidungen:

- Der Prüfer könnte entscheiden, dass die analytischen Prüfungshandlungen eine ausreichende Beweisgrundlage darstellen, so dass das Prüffeld als normenkonform angenommen wird (vgl. Schritt 3.1).[93]
- Des Weiteren könnte der Prüfer das Ergebnis der analytischen Prüfungshandlungen auch zur Reduzierung weiterer Prüfungshandlungen in dem entsprechenden Prüffeld heranziehen (vgl. Schritt 3.2).[94]
- Schließlich könnte sich der Prüfer aber auch dafür entscheiden, das geplante Prüfungsprogramm nicht zu ändern (vgl. Schritt 3.3). Eine solche Entscheidung kann z. B. durch mangelndes Vertrauen des Prüfers in das Ergebnis der analytischen Prüfungshandlung veranlasst sein oder dadurch, dass das Prüfungsprogramm bereits reduziert wurde, so dass der Prüfer zu einer weiteren Verringerung des Prüfungsumfangs nicht bereit ist. In einem solchen Fall dienen die weiteren Prüfungshandlungen dazu, das Ergebnis der analytischen Prüfungshandlung zu bestätigen.

Stellt der Prüfer dagegen *eine bedeutsame Abweichung* fest (vgl. Schritt 4), kann damit ein fehlerhaftes Prüffeld signalisiert werden. Der Prüfer muss dann versuchen, den Grund für diese Abweichung zu eruieren. Dabei sollte er mit der Befragung der Unter-

---

93 Jedoch ist zu beachten, dass sich der Abschlussprüfer bei wesentlichen Aussagen des Jahresabschlusses nicht allein auf die Ergebnisse von analytischen Prüfungen verlassen darf, um sich ein Urteil über die Vollständigkeit und Richtigkeit der Daten zu bilden (IDW PS 312.12; → II.3.2.3.2).

94 Empirische Studien belegen, dass die Prüfungspraxis von dieser Einschränkungsmöglichkeit selten Gebrauch macht; vgl. *Cohen/Kida* (1989); *Ruhnke* (2000), S. 389, Fn. 892.

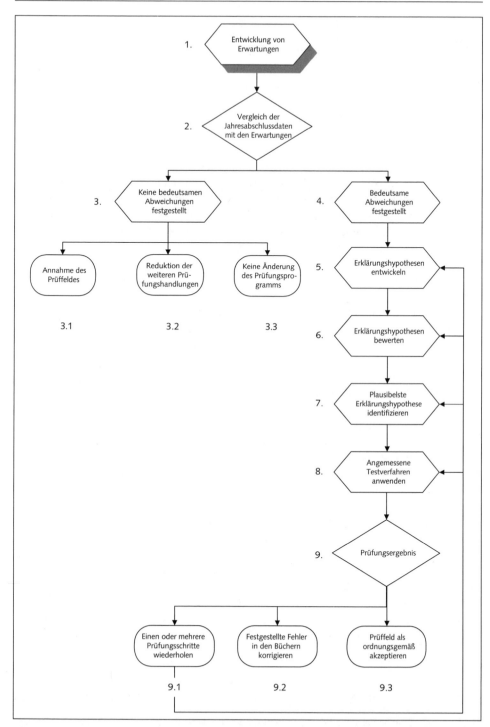

Abb. II.3-7: Ablaufmodell des Urteilsbildungsprozesses bei analytischen Prüfungshandlungen

nehmensleitung beginnen, um anschließend ausreichende Prüfungsnachweise einzuholen, welche die Mandantenerklärung bestätigen bzw. widerlegen (ISA 520.7, IDW PS 312.27). Da für eine festgestellte wesentliche Abweichung zahlreiche Gründe verantwortlich sein können (wie z. B. zufällige Schwankungen, eine Änderung des Geschäftsfeldes, ungewöhnliche Transaktionen oder Ereignisse und Fehler im Prüffeld), ist die Identifikation der im Einzelfall vorliegenden Ursache die Voraussetzung für die Entwicklung wirksamer Prüfungshandlungen zur Beurteilung der Abweichung.

Im nächsten Schritt *entwickelt* der Abschlussprüfer *Erklärungshypothesen* über die den Abweichungen zugrunde liegenden Ursachen (vgl. Schritt 5). Die Entwicklung einer zutreffenden Erklärungshypothese ist ein kritischer Teil der analytischen Prüfungshandlung. Falls der Prüfer eine richtige Hypothese über die Ursache der Abweichungen entwickelt hat, können zusätzliche Prüfungshandlungen auf dieses spezifische Problem ausgerichtet werden, was zu einer effizienteren Prüfung führt.

Nach der Entwicklung der Erklärungshypothesen muss der Abschlussprüfer jede einzelne darauf überprüfen, ob sie für die Abweichung verantwortlich sein kann (vgl. Schritt 6). Im Anschluss an die *Bewertung der Erklärungshypothesen* nutzt der Abschlussprüfer sein Wissen über den Mandanten, um aus den verbliebenen *Erklärungshypothesen die plausibelste herauszufiltern* (vgl. Schritt 7). Bezüglich dieser Erklärungshypothese *plant* der Prüfer dann *andere, i. d. R. einzelfallbezogene Prüfungshandlungen* (vgl. Schritt 8), die wesentliche Beweise für die Abweichungsursache liefern sollen.

Abschließend *wertet* der Abschlussprüfer *die Ergebnisse aus* (vgl. Schritt 9) und entscheidet, ob zusätzliche analytische oder andere Prüfungshandlungen wegen nicht schlüssiger Ergebnisse vorzunehmen sind (vgl. Schritt 9.1), ob ein Fehler identifiziert wurde, so dass der Abschlussprüfer vom Mandanten entsprechende Korrekturen verlangen kann (vgl. Schritt 9.2), oder ob keine Fehler identifiziert werden konnten und das Prüffeld als ordnungsgemäß akzeptiert werden kann (vgl. Schritt 9.3).

3.2.3.4 Verfahren

Wie dem zuvor dargestellten Ablaufmodell zu entnehmen ist, hängt die Effektivität und Effizienz von analytischen Prüfungshandlungen entscheidend davon ab, welchen Wert der Prüfer für eine Angabe im Jahresabschluss oder im Lagebericht erwartet (vgl. Schritt 1) und anschließend mit den zu prüfenden Daten vergleicht (vgl. Schritt 2). Zur Bildung dieses sog. *Erwartungswertes* stehen dem Prüfer unterschiedliche Arten von Informationen zur Verfügung. In Betracht kommen insbesondere Vorjahreswerte, Branchenwerte, Planzahlen und betriebliche Daten des zu prüfenden Unternehmens. In Abhängigkeit von den herangezogenen Informationen lassen sich zwei grundsätzliche Verfahren analytischer Prüfungshandlungen unterscheiden. Zum einen kann der Erwartungswert aus den Jahresabschlussdaten des Vorjahres bzw. der Vorjahre entwickelt werden und zum anderen können sonstige Daten herangezogen werden.[95]

---

95 Zum Einsatz von Datenanalysen bei analytischen Prüfungshandlungen vgl. IDW PH 9.330.3.67-.70.

3.2.3.4.1   Entwicklung des Erwartungswertes aus vergangenen Jahresabschlüssen

3.2.3.4.1.1 Vorjahresvergleich

Der Vorjahresvergleich ist eines der einfachsten Verfahren der analytischen Prüfungshandlung. Bei diesem in der Prüfungspraxis häufig angewandten Verfahren wird eine bestimmte Jahresabschlussposition des zu prüfenden Geschäftsjahres dem entsprechenden Wert des Vorjahres gegenübergestellt und auf signifikante Abweichungen hin untersucht. Stößt der Prüfer dabei auf eine Position, die im Vergleich zum Vorjahr erheblich gestiegen bzw. gesunken ist und liegen keine Einflüsse aus der Unternehmensumwelt vor (→ II.3.2.1), die diese Abweichung erklären könnten, so erhält der Prüfer einen ersten Hinweis auf einen potenziellen Fehler in der entsprechenden Jahresabschlussposition. Dieses Vorgehen ermöglicht es ihm, sich stärker auf Positionen zu konzentrieren, die eine sog. unerwartete Abweichung aufweisen und somit ein stärkeres Risiko innehaben.

3.2.3.4.1.2 Kennzahlenanalyse

Der im vorangegangenen Abschnitt erläuterte Vergleich von einzelnen Jahresabschlusspositionen aufeinander folgender Geschäftsjahre weist eine entscheidende Schwäche auf. Jahresabschlusspositionen stehen häufig in einem festen Verhältnis zueinander und sollten daher auch gemeinsam betrachtet werden. So stehen bspw. bei einem Industrieunternehmen die Umsatzerlöse und der Einsatz fremdbezogener Leistungen sowie der Materialverbrauch in einem unmittelbaren Zusammenhang. Bei einfachen *Vorjahresvergleichen* bleiben diese Abhängigkeiten jedoch unberücksichtigt.

Eine Möglichkeit zur Überwindung dieser Grenzen stellt die Kennzahlenanalyse dar. Hier werden *Verhältniszahlen* aufeinander folgender Geschäftsjahre untersucht, um so festzustellen, ob bestimmte Beziehungen zwischen den Jahresabschlusszahlen des geprüften Unternehmens über die Zeit stabil bleiben. Abweichungen könnten ein Anzeichen für Fehler sein. Der Einsatz von Kennzahlenanalysen ist optimal, wenn die zu prüfende Größe nur durch eine andere Größe determiniert wird und das Verhältnis zwischen beiden Größen konstant ist. Solche monokausalen und zugleich linearen Zusammenhänge liegen aber im Bereich des Jahresabschlusses selten vor, so dass Kennzahlenanalysen i. d. R. eine relativ geringe Beweiskraft für die Normenkonformität eines Prüffeldes haben und keine tiefgreifende Analyse der zu beurteilenden Größen erlauben. Ihre Bedeutung liegt v. a. in der Identifizierung von Prüfungsschwerpunkten.

Im Rahmen analytischer Prüfungshandlungen werden z. B. als *Abschlusskennzahlen* bekannte Verhältniszahlen[96] häufig zu Analysezwecken herangezogen (siehe Tab. II.3-2).

Im Folgenden soll anhand von zwei ausgewählten Kennzahlen für die Geschäftsjahre 2009 und 2010 eines fiktiven Unternehmens (Tab. II.3-3) exemplarisch dargestellt werden, welche Hypothesen bei einer durch Kennzahlenanalyse festgestellten unerwarteten Abweichung vom Prüfer entwickelt werden könnten (vgl. Schritt 5 des Ablaufmodells):[97]

---

96   Eine ähnliche Auflistung solcher Kennzahlen findet sich bei *Elder/Beasley/Arens* (2010), S. 230 ff. Eine ausführliche Übersicht geben *Baetge/Kirsch/Thiele* (2004), S. 191 ff., und *Ruhnke* (2008), S. 697 ff.

97   Vgl. im Folgenden *Baetge/Kirsch/Thiele* (2004), S. 216, 218 f.; *Gray/Manson* (2008), S. 429 f.

Kennzahlen zur Bewertung der Finanzlage

• kurzfristige Liquiditätskennzahlen

Liquidität 1. Grades	$\dfrac{\text{liquide Mittel}}{\text{kurzfristige Verbindlichkeiten}}$
Liquidität 2. Grades	$\dfrac{\text{monetäres Umlaufvermögen}}{\text{kurzfristige Verbindlichkeiten}}$
Liquidität 3. Grades	$\dfrac{\text{Umlaufvermögen}}{\text{kurzfristige Verbindlichkeiten}}$

• Anlagendeckungsgrade

Deckungsgrad B	$\dfrac{\text{langfristiges Kapital}}{\text{Anlagevermögen}}$

• Aktivitätskennzahlen

Umschlagshäufigkeit der Forderungen	$\dfrac{\text{Umsatzerlöse}}{\text{Forderungen}} \cdot 365$
Kundenziel	$\dfrac{\text{Forderungen}}{\text{Umsatzerlöse}}$
Umschlagshäufigkeit der Vorräte	$\dfrac{\text{Umsatzerlöse}}{\text{Vorräte}} \cdot 365$
Umschlagsdauer der Vorräte	$\dfrac{\text{Vorräte}}{\text{Umsatzerlöse}}$

• Kapitalstrukturkennzahlen

Verschuldungsgrad	$\dfrac{\text{Fremdkapital}}{\text{Eigenkapital}}$

Kennzahlen zur Bewertung der Ertragslage

Eigenkapitalrentabilität	$\dfrac{\text{Betriebsergebnis}}{\text{Eigenkapital}}$
Return on Investment	$\dfrac{\text{Betriebsergebnis}}{\text{Gesamtkapital}}$
Umsatzrentabilität	$\dfrac{\text{Betriebsergebnis}}{\text{Umsatzerlöse}}$
EBIT-Marge	$\dfrac{\text{EBIT}}{\text{Umsatzerlöse}}$
Return on Capital Employed (ROCE)	$\dfrac{\text{EBIT}}{\text{gebundenes Kapital}}$

Tab. II.3-2: Beispiele für Kennzahlen zu Analysezwecken

Kennzahl	2009	2010
Umschlagsdauer der Vorräte	45 Tage	13 Tage
Umschlagshäufigkeit der Forderungen	6,88	5,12

Tab. II.3-3: Kennzahlen eines fiktiven Unternehmens für die Geschäftsjahre 2009 und 2010

Die Umschlagsdauer der Vorräte gibt an, wie viele Tage das Vorratsvermögen durchschnittlich im Unternehmen verbleibt, bis es veräußert wird. Ist diese Kennzahl wie in dem oben aufgeführten Beispiel im Vergleich zum Vorjahr signifikant gesunken, ist ein Fehlersignal im Sinne einer unerwarteten Abweichung gegeben, dem der Prüfer nachgehen muss. Eine gesunkene Umschlagsdauer der Vorräte kann etwa durch die Einführung einer *just in time*-Produktion induziert worden sein. Denkbar wäre auch, dass die Verkaufspreise für Fertigerzeugnisse stärker gestiegen sind als die Einkaufspreise für Rohstoffe. Der Prüfer muss jedoch auch in Betracht ziehen, dass ein Fehler in den Jahresabschlussdaten vorliegt. So könnte die festgestellte Abweichung durch die unvollständige Erfassung von Vorräten oder durch die Verbuchung fiktiver Verkäufe verursacht worden sein. Es ist nun die Aufgabe des Prüfers, die Prüfung so auszulegen, dass das Vorliegen eines Fehlers in den Jahresabschlussdaten mit einer ausreichenden Sicherheit ausgeschlossen werden kann.

Eine wichtige Kennzahl zur Beurteilung der Werthaltigkeit der ausgewiesenen Kundenforderungen stellt die Umschlagshäufigkeit der Forderungen dar. Liegt, wie in unserem Beispiel, eine signifikante Verringerung dieser Kennzahl vor, bedeutet dies, dass die Kunden ihre offenen Rechnungen im Geschäftsjahr 2010 langsamer als im Geschäftsjahr 2009 begleichen. Diese Entwicklung kann wiederum durch unterschiedliche Gründe hervorgerufen worden sein. Zu nennen wären u. a.:

- die Senkung der Anforderungen an die Kreditwürdigkeit neuer Kunden,
- die Verlängerung des Zahlungsziels, um langjährige Geschäftsbeziehungen zu pflegen oder um neue Kunden zu gewinnen,
- eine Krise in der jeweiligen Branche, die mithin eine langsamere Zahlungsmoral mit sich bringt,
- eine Änderung bei der Wertberichtigung zweifelhafter Forderungen oder
- ein Fehler in dem ausgewiesenen Forderungsbestand.

3.2.3.4.1.3 Trendanalyse

Bei der Anwendung von Trendanalysen werden im Gegensatz zu den beiden vorangegangenen Verfahren nicht nur die Daten der beiden letzten Geschäftsjahre herangezogen. Vielmehr berücksichtigt der Prüfer hier eine Vielzahl von vorangegangen Perioden, um einen Erwartungswert zu ermitteln. Somit ist er in der Lage, festzustellen, ob bestimmte Jahresabschlussdaten auf Grund der Entwicklung der entsprechenden Beträge im Zeitablauf plausibel erscheinen. Durch die *Extrapolation* dieser Entwicklung in die Zukunft ermittelt er einen Erwartungswert für die aktuelle Jahresabschlussgröße, der als Vergleichsmaßstab für den zu prüfenden Betrag dient. Eine einfache Vorgehensweise zur Durchführung der Trendanalyse bildet die *grafische Methode* (vgl. Abb. II.3-8). Dazu werden die Beträge des zu prüfenden Jahresabschlusspostens zu verschiedenen Zeitpunkten in ein Streuungsdiagramm eingetragen. In dieses Diagramm trägt der Abschlussprüfer freihändig eine Trendlinie ein, welche die Entwicklung des Postens verdeutlicht. Durch die Verlängerung der Trendlinie entwickelt der Prüfer einen Prognosewert für die zu prüfende Größe. Der Bereich, in dem die Beträge der Vorjahre liegen, wird durch eine obere und eine untere Grenzlinie gekennzeichnet. Diese Grenzlinien können als Konfidenzintervall interpretiert werden.

Der Verlauf der zielrelevanten Größe muss nicht notwendigerweise linear sein. Mit Hilfe der *Methode der kleinsten Quadrate* (→ II.3.2.3.4.1.4) lässt sich die Lage der Trendlinie im Streuungsdiagramm auch mathematisch bestimmen. Der Vorteil der Trendanalyse ist darin zu sehen, dass zufällige Schwankungen der untersuchten Größe in der Vorperiode durch die Berücksichtigung mehrerer Vergangenheitswerte teilweise ausgeglichen werden.

Eine wesentliche Schwäche der Trendanalyse stellt die Beschränkung auf die Zeit als einzige erklärende Variable für die Entwicklung des zu prüfenden Jahresabschlusspostens dar. Es wird unterstellt, dass alle anderen den zu bildenden Erwartungswert beeinflussenden Faktoren während des Beobachtungszeitraums unverändert bleiben. Auf Grund dieser Reduktion auf die Zeit droht die sog. Extrapolationsfalle, da in der Realität vorliegende Abhängigkeiten zwischen einzelnen Jahresabschlussgrößen unberücksichtigt bleiben (→ II.3.2.3.4.1.2).[98]

> **Beispiel**
>
> Am Beispiel des Umsatzes der BASF AG in den Jahren 2004–2010 soll das Verfahren der einfachen Trendanalyse veranschaulicht werden. Die Umsätze und der Jahresüberschuss (in Mio. €) entwickelten sich im untersuchten Zeitraum wie folgt (entnommen aus: BASF Jahresbericht 2010):
>
> | Jahr | 2004 | 2005 | 2006 | 2007 | 2008 | 2009 | 2010 |
> |---|---|---|---|---|---|---|---|
> | Umsatz | 37.537 | 42.745 | 52.610 | 57.951 | 62.304 | 50.693 | 63.873 |
> | JÜ | 2.133 | 3.168 | 3.466 | 4.325 | 3.305 | 1.655 | 5.074 |
>
> **Tab. II.3-4:** Umsatz und Jahresüberschuss BASF AG für 2004–2010
>
> Sucht der Prüfer einen plausiblen Umsatz für das Jahr 2011, verlängert er die Trendgerade des Umsatzes bis zum Jahr 2011 (im Beispiel: ca. 67.500 Mio. €). Dieser Erwartungswert wird i.Allg. nicht mit dem tatsächlich ausgewiesenen Wert übereinstimmen. Liegt dieser außerhalb des von den beiden Grenzlinien markierten Bereichs (im Beispiel etwa 57.000–78.000 Mio. €), wird der Abschlussprüfer eine nicht durch die Vergangenheitsdaten plausibel zu machende Abweichung vermuten und weitere Prüfungshandlungen durchführen.

---

98 Vgl. *Quick/Kayadelen* (2002), S. 951 m. w. N.

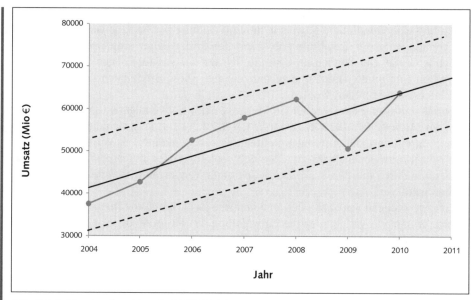

Abb. II.3-8: Trendanalyse Umsatz BASF AG 2004-2010

3.2.3.4.1.4 Regressionsanalyse

Eine Möglichkeit den o. a. Schwächen der Trendanalyse entgegenzuwirken, ist in der Anwendung der Regressionsanalyse zu sehen. Diese erlaubt eine Spezifizierung des funktionalen Zusammenhangs zwischen einer abhängigen und einer oder mehrerer unabhängigen Variablen. Auf der Grundlage von Beobachtungswerten wird die stochastische Abhängigkeit zwischen Jahresabschlussgrößen durch eine Regressionsfunktion approximiert, mit deren Hilfe die zu prüfende Jahresabschlussgröße in Abhängigkeit von den Ausprägungen der berücksichtigten Einflussfaktoren prognostiziert werden kann.

Bei der *Einfachregression* wird die zu prognostizierende Variable Y (z. B. die Forderungen) bzgl. der Abhängigkeit von einer einzigen Bestimmungsvariablen X (z. B. den Umsatzerlösen) untersucht. Oft wird zur Ermittlung der Regressionsfunktion, die den Zusammenhang zwischen abhängiger und unabhängiger Variable möglichst gut abbilden soll, ein linearer Zusammenhang unterstellt, so dass sich diese unter Vernachlässigung der stochastischen Zufallskomponente mit

$$Y = a + b \cdot X$$

ergibt. Die Regressionskoeffizienten a und b werden dabei mit der Methode der kleinsten Quadrate geschätzt. Im Unterschied hierzu berücksichtigt die *Mehrfachregression* den Einfluss mehrerer Variablen auf die zu prüfende Jahresabschlussgröße. Unter Vernachlässigung der stochastischen Zufallskomponente und unter Annahme eines linearen Zusammenhangs ergibt sich die Regressionsfunktion mit

$$Y = a + b_1 \cdot X_1 + \ldots + b_n \cdot X_n$$

Bei der Anwendung der Regressionsanalyse besteht die Möglichkeit, für den Prognosewert Sicherheits- und Genauigkeitsgrade vorzugeben, so dass dem Abschlussprüfer ein eindeutiger und objektivierbarer Maßstab für die Beweiskraft von Prüfungsnachweisen zur Verfügung steht. Die Regressionsanalyse selbst ist ein objektivierbares Verfahren. Allerdings fließt das subjektive Urteil des Abschlussprüfers bei der Auswahl des Zusammenhangs zwischen der zu prüfenden Jahresabschlussgröße und einer oder mehrerer unabhängiger Variablen ein. Zudem wird die Gültigkeit der Regressionsbeziehung bis in die geprüfte Periode unterstellt.

Die Regressionsanalyse entwickelt einen Erwartungswert hinsichtlich der zu prüfenden Jahresabschlussgröße. Der Prüfer kann also z. B. mit Hilfe seiner Information über die Umsatzerlöse in dem zu prüfenden Jahresabschluss sowie der von ihm unterstellten Regressionsbeziehung zwischen den Umsatzerlösen und den Forderungen ermitteln, in welcher Höhe er Forderungen in der Bilanz erwartet. Diese Erwartung ist der Ausgangspunkt im Ablauf analytischer Prüfungshandlungen (vgl. Abb. II.3-7, Schritt 1).

Beispiel

Anhand der BASF-Daten (vgl. Tab. II.3-4) soll die Einfachregression veranschaulicht werden, indem der Jahresüberschuss Y in Abhängigkeit von den Umsatzerlösen X gesetzt wird. Trägt man dazu den Jahresüberschuss der Jahre 2004–2010 gegen den jeweils erzielten Umsatz in einem Streuungsdiagramm ab, ergibt sich das in Abb. II.3-9 dargestellte Bild.

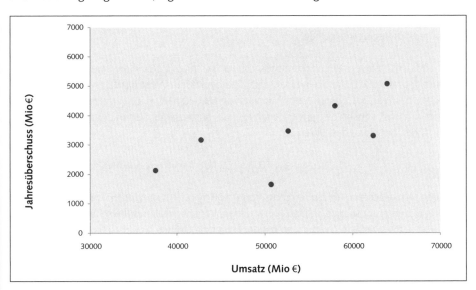

Abb. II.3-9: Streuungsdiagramm Jahresüberschuss in Abhängigkeit vom Umsatz für BASF 2004–2010

Im nächsten Schritt stellt der Abschlussprüfer nun den jeweils erzielten Jahresüberschuss Y in eine lineare Beziehung zum jeweils erzielten Umsatz X, indem er setzt

$$Y = a + b \cdot X$$

Anhand der Methode der kleinsten Quadrate ergibt sich hieraus

$$Y = -1.022 + 0,082 \cdot X$$

Damit ergibt sich die Regressionsgerade wie in Abb. II.3-10 dargestellt.

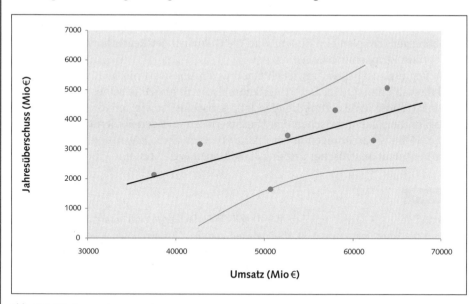

Abb. II.3-10: Regressionsgerade

Anhand der so gewonnenen Erkenntnisse ist der Abschlussprüfer in der Lage, den Jahresüberschuss des Jahres 2011 auf seine Plausibilität zu beurteilen. Weist das zu prüfende Unternehmen für das Jahr 2011 bspw. einen Umsatz von 69.000 Mio. € auf, ermittelt der Abschlussprüfer zunächst anhand der gewonnenen Regressionsbeziehung einen erwarteten Wert Y für den Jahresüberschuss des Jahres 2011 von

$$Y = -1.022 \text{ Mio € } + 0,082 \cdot 69.000 \text{ Mio € } = 4.636 \text{ Mio €}.$$

Wurde tatsächlich ein Jahresüberschuss von 4.636 Mio. € ausgewiesen, kann der Abschlussprüfer diesen grundsätzlich als plausibel ansehen. Weicht der Jahresüberschuss dagegen deutlich von dem erwarteten Wert ab, so hat der Prüfer die Gründe hierfür zu hinterfragen. Wurde z. B. ein Überschuss von 7.500 Mio. € ausgewiesen, ist z. B. zu beurteilen, ob sich die Aufwendungen des Unternehmens tatsächlich verringert haben (z. B. durch Personalabbau oder sonstige Rationalisierungsmaßnahmen) oder ob möglicherweise Fehler in der Rechnungslegung des Unternehmens zu diesem ungewöhnlich positiven Ergebnisausweis geführt haben. Handlungsbedarf des Abschlussprüfers im Sinne vermehrter Einzelfallprüfungen ergibt sich insbesondere für den Fall, dass der ausgewiesene Überschuss außerhalb des durch die geschwungenen Linien gekennzeichneten Konfidenzbereichs zu liegen kommt.

3.2.3.4.1.5 Box-Jenkins-Zeitreihenanalyse

Als weiteres Verfahren wird die *Box-Jenkins-Zeitreihenanalyse* vorgeschlagen.[99] Im Unterschied zur Regressionsanalyse erfordert sie keine Unabhängigkeit der Beobachtungswerte untereinander. Vielmehr nutzt sie vorhandene Abhängigkeiten im Datenmaterial zur Konstruktion eines geeigneten Modells aus. Bei diesem Verfahren handelt es sich um ein genaues Prognoseverfahren, das aber komplex und aufwendig ist und ein umfangreiches Datenmaterial erfordert.

3.2.3.4.2 Entwicklung des Erwartungswertes aus sonstigen Daten

3.2.3.4.2.1 Benchmarking

Ein in jüngster Vergangenheit zunehmend beachtetes Verfahren der analytischen Prüfungshandlung ist das sog. *Benchmarking*.[100] Der Begriff »Benchmark« (= Maßstab) bzw. »Benchmarking« (= Maßstäbe setzen) bezeichnet ein formalisiertes Konzept, um Verbesserungsmöglichkeiten durch den Vergleich von Leistungsmerkmalen mehrerer vergleichbarer Objekte oder Prozesse (→ II.3.3.1.3.2) zu identifizieren. Das grundsätzliche Ziel des Benchmarking ist die Identifikation der Schwächen eines Unternehmens und seiner Prozesse durch Vergleich mit anderen Unternehmen und Prozessen sowie die Erhöhung der Leistungsfähigkeit.[101]

Im Rahmen der Durchführung von analytischen Prüfungshandlungen wird der *Maßstab* zur Entwicklung eines Erwartungswertes herangezogen. Dieser Maßstab dient hier jedoch nicht der Identifikation von Verbesserungspotenzialen, sondern der Aufdeckung von potenziellen Fehlerrisiken, indem er den Zahlen des zu prüfenden Unternehmens gegenübergestellt und auf wesentliche Abweichungen untersucht wird. Als Maßstab kommen u. a. externe Branchenwerte in Betracht. Im Gegensatz zu den bisher vorgestellten Verfahren analytischer Prüfungshandlungen handelt es sich hier nicht um einen Vergleich von Zahlen unterschiedlicher Perioden (*Zeitvergleich*). Vielmehr erfolgt eine Gegenüberstellung von Daten, die aus der gleichen Periode stammen, jedoch unterschiedlicher Herkunft sind.

Wird beim *Benchmarking* auf Branchenwerte zurückgegriffen, kommen zwei alternative Vergleichswerte in Betracht. Bei der ersten Alternative vergleicht der Prüfer die Jahresabschlussdaten mit einfachen Branchendurchschnittswerten, die er aus diversen Quellen erlangen kann (→ II.3.2.1.2). Weichen einzelne Jahresabschlusspositionen oder Kennzahlen des zu prüfenden Unternehmens signifikant von den Branchendurchschnittswerten und -kennzahlen ab, so könnte dies auf einen potenziellen Fehler hindeuten, der vom Prüfer weiter zu eruieren ist. Ein Nachteil dieser Vorgehensweise kann jedoch darin gesehen werden, dass sich einzelne Unternehmen z. T. erheblich von den anderen Unternehmen der Branche unterscheiden und somit ein Vergleich dann nicht sinnvoll erscheint.

---

99 Vgl. ausführlich *Gärtner* (1994), S. 155 ff.
100 Vgl. etwa *Eilifsen et al.* (2010), S. 163.
101 Vgl. ausführlich *Straub* (1997).

Sieht sich der Prüfer mit diesem Problem konfrontiert, sollte er die zweite Alternative des *Benchmarking* mit Branchenwerten in Betracht ziehen, bei der die Jahresabschlussdaten nicht einem weit gestreuten Durchschnittswert gegenübergestellt werden, sondern mit den Daten eines einzelnen, dem zu prüfenden Unternehmen in Größe und Struktur möglichst ähnlichen Unternehmens verglichen werden. Schwierigkeiten könnten sich jedoch sowohl bei der Suche nach einem angemessenen *Benchmark-Unternehmen* als auch bei der Beschaffung wichtiger Vergleichsdaten eines bereits identifizierten Unternehmens ergeben.

3.2.3.4.2.2 Planzahlen des Mandanten

Eine Vielzahl von Unternehmen erstellen Planzahlen für einzelne oder mehrere Geschäftsjahre. Da Planzahlen die Erwartungen des Mandanten für die unterschiedlichen Perioden darstellen, können wesentliche Abweichungen zwischen Planwerten und tatsächlichen, ausgewiesenen Werten Hinweise auf potenzielle Fehler liefern. Liegen hingegen keine wesentlichen Abweichungen vor, so kann dies auf eine geringe Fehlerwahrscheinlichkeit hindeuten.

Bevor sich der Prüfer für dieses Verfahren der analytischen Prüfungshandlung entscheidet, sollte er sich jedoch vergewissern, ob die Planzahlen des Mandanten auch tatsächlich für einen Vergleich mit den zu prüfenden Werten geeignet sind. Dagegen könnte etwa sprechen, dass viele Unternehmen ihre Planzahlen ohne große Sorgfalt erstellen oder ihren Mitarbeitern absichtlich schwierig einzuhaltende Planzahlen vorgeben, um diese zu bestmöglichen Ergebnissen zu motivieren. In diesem Fall käme einem Vergleich eine geringe Aussagekraft zu.[102] Ein weiteres Problem beim Heranziehen von Planzahlen besteht in der Möglichkeit, dass Unternehmen ihre Jahresabschlussdaten dahingehend abschlusspolitisch gestalten, dass sie mit den herausgegebenen Planzahlen übereinstimmen. Würde ein Prüfer in diesem Fall einen Vergleich vornehmen, so könnte er selbst beim Vorliegen eines wesentlichen Fehlers in der jeweiligen Position keine unerwartete Abweichung feststellen.

3.2.3.4.2.3 Betriebliche Daten des Mandanten

Bei dieser Variante der analytischen Prüfungshandlung zieht der Prüfer Daten aus dem internen Rechnungswesen des Mandanten heran, die nicht in den Jahresabschluss einfließen. Auf Grund von funktionalen sowie anderen allgemeinen oder stochastischen Zusammenhängen zwischen betrieblichen und Jahresabschlussdaten eignet sich diese Vorgehensweise zur Bildung eines Erwartungswertes häufig besser als die separate Betrachtung von Jahresabschlussdaten.

Beispiele

- Taxibetriebe: Kraftstoffverbrauch der Periode = Fahrleistung der Periode · durchschnittlicher Kraftstoffverbrauch je 100 km
- Hotels: Umsatzerlöse der Periode = Anzahl der Zimmer · Belegungsrate · durchschnittlicher Preis pro Nacht

---

102 Vgl. *Gray/Manson* (2008), S. 436.

- Industrie- bzw. Dienstleistungsunternehmen:
  - Wareneinsatz der Periode = Anzahl der produzierten Einheiten · Anschaffungs-/Herstellungskosten pro Stück
  - Personalkosten der Periode = Anzahl der Mitarbeiter · durchschnittlich geleistete Stunden pro Mitarbeiter · durchschnittlicher Stundenlohn

Diese einfachen Rechenmodelle kommen mit einem geringen Umfang an notwendigem Datenmaterial aus und sind auf Grund ihrer einfachen Struktur in kurzer Zeit und ohne großen Aufwand anwendbar. Ihre Ergebnisse sind aber relativ pauschal und durch ihren subjektiven Charakter gekennzeichnet, so dass sie v. a. in der Prüfungsplanung zum Erkennen kritischer Prüfungsgebiete zum Einsatz kommen.

3.2.3.5 Anwendungsprobleme

Grundsätzlich gelten analytische Prüfungshandlungen sowohl als wirksam als auch als wirtschaftlich. Trotzdem sollte sich der Prüfer den zahlreichen Anwendungsproblemen bewusst sein. Auf die Fragen nach der Zuverlässigkeit der verwendeten Daten und der Genauigkeit des entwickelten Erwartungswertes wurde bereits in → II.3.2.3.2 verwiesen. Weitere Probleme liegen in den nachfolgenden Punkten:[103]

- *Asymmetrischer Einsatz:* Es zeigt sich, dass Prüfer analytische Prüfungshandlungen in erster Linie dazu einsetzen, um Situationen zu erkennen, die eine Ausweitung der nachfolgenden Prüfungshandlungen erforderlich machen. Dagegen werden sie nur selten zur Reduzierung des Prüfungsprogramms herangezogen. Damit bleiben Effizienzpotenziale ungenutzt.[104]
- *Mangelnde Erfahrung in der Anwendung analytischer Prüfungshandlungen:* Forschungsergebnisse belegen, dass Prüfer mit größerer Erfahrung analytische Prüfungshandlungen effektiver einsetzen. Dabei ist die prüffeldspezifische Erfahrung wichtiger als die allgemeine Prüfungserfahrung.[105] Auch die Branchenerfahrung tätigt einen positiven Einfluss auf die Effektivität.[106]
- *Einfluss ungeprüfter Werte:* Häufig kennt der Abschlussprüfer die Ausprägung der zu prüfenden Jahresabschlussgröße vor Durchführung der analytischen Prüfungshandlung. Die Kenntnis der ungeprüften Buchwerte führt tendenziell dazu, dass die Erwartung des Abschlussprüfers in Richtung dieser ungeprüften Werte hin verzerrt wird.[107]
- *Unvollständige oder inkonsistente Erklärungen für Abweichungen:* Stellt der Prüfer bedeutsame Abweichungen zwischen seinen Erwartungen und den tatsächlichen Jahresabschlusswerten fest, so muss er versuchen, den Grund für diese Abweichung zu ermitteln. Hierbei unterliegt der Abschlussprüfer jedoch einer begrenzten Rationalität (→ I.3.2.2), d. h. er kann bei komplexen Sachverhalten nur eine begrenzte Menge an Informationen wahrnehmen, auswählen und zur Beurteilung des Sachverhalts her-

---

103 Vgl. *Biggs/Mock/Quick* (2000).
104 Vgl. *Biggs/Mock/Watkins* (1988); *Bedard* (1989); *Cohen/Kida* (1989).
105 Vgl. *Bonner* (1990); *Bedard/Biggs* (1991b); *O'Donnell* (1996).
106 Vgl. *Green* (2008).
107 Vgl. *Kinney/Uecker* (1982); *Heintz/White* (1989); *Wild/Biggs* (1990); *Kennedy* (1995), S. 263–266.

anziehen und hat somit keinen vollständigen Überblick über die möglichen Abweichungsursachen. Darüber hinaus ist es möglich, dass eine Abweichungsursache erstmals auftritt. Insofern besteht die Gefahr, dass der tatsächliche Abweichungsgrund übersehen wird bzw. gar nicht bekannt ist. Zudem ist zu berücksichtigen, dass eine solche Abweichung durch mehrere Ursachen gleichzeitig ausgelöst worden sein kann und der Abschlussprüfer möglicherweise eine Erklärung findet, die nur für einen Teil der Abweichung verantwortlich ist. Empirisch lassen sich weiterhin kognitive Verzerrungen in der Problemlösung belegen. So generieren Abschlussprüfer eher Abweichungserklärungen in Bezug auf Fehler, mit denen sie in jüngster Zeit Erfahrungen gesammelt haben.[108] Darüber hinaus haben sie Schwierigkeiten, Erklärungen im Hinblick auf Fehler zu entwickeln, die selten vorkommen.[109]

- *Mangelhafte Mustererkennung:* Finanzinformationen sind häufig miteinander korreliert, d. h. sie beeinflussen einander in vorhersehbaren Mustern. Analytische Prüfungshandlungen sind am wirksamsten, wenn Veränderungen von Jahresabschlusspositionen als Muster erkannt werden, welche auf die zugrunde liegende Abweichungsursache hinweisen. Die Fähigkeit zur Mustererkennung stellt aber an den Prüfer höchste Ansprüche, denen er oft nicht gerecht werden kann.
- *Ungerechtfertigtes Vertrauen in Mandantenerklärungen:* Der Abschlussprüfer wird den Mandanten nach Erklärungen für ungewöhnliche Abweichungen fragen. Dabei ist zu berücksichtigen, dass eine solche Mandantenerklärung auch falsch sein kann. Die Prüfungsforschung belegt, dass in einer solchen Situation der Erhalt der Mandantenerklärung die Fähigkeit des Abschlussprüfers, den tatsächlichen Abweichungsgrund zu identifizieren, negativ beeinflusst.[110]

3.2.3.6 Fallstudie zur Anwendung analytischer Prüfungshandlungen

3.2.3.6.1 Aufgabenstellung
Für einen bestimmten Mandanten liegen folgende Jahresabschlussinformationen vor:

	(geprüft)	(ungeprüft)
	2009	**2010**
Umsatzerlöse	1.800	2.200
Umsatzkosten	(1.208)	(1.517)
Bruttoergebnis vom Umsatz	**592**	**683**
Betriebliche Aufwendungen	(282)	(313)
Betriebsergebnis	**310**	**370**

Tab. II.3-5: Gewinn- und Verlustrechnungen (in Mio. €)

---

108 Vgl. *Libby* (1985). Hier handelt es sich um eine kognitive Verzerrung in Form eines Neuheitseffektes; → I.3.2.2.

109 Vgl. *Libby* (1985); *Bedard/Biggs* (1991a); *Bedard/Biggs* (1991b); *Heimann-Hoffmann/Moser/Joseph* (1995).

110 Vgl. *Heiman* (1990); *Bedard/Biggs* (1991b); *Asare/Wright/Wright* (1998), S. 13 ff.; *Bierstaker/Bedard/ Biggs* (1999); *Ng/Green/Simnett* (2001); *Green/Trotmann* (2003); *Green* (2004).

	(geprüft)	(ungeprüft)
	31.12.09	**31.12.10**
AKTIVSEITE		
Anlagevermögen		
Immaterielle Vggst.	110	108
Sachanlagen	977	980
Finanzanlagen	93	95
Umlaufvermögen		
Vorräte	438	551
Forderungen	210	288
Kasse/Bank	52	48
Bilanzsumme	**1.880**	**2.070**
PASSIVSEITE		
Eigenkapital	586	590
Langfristige Verbindlichkeiten	1.080	1.031
Kurzfristige Verbindlichkeiten	214	449
Bilanzsumme	**1.880**	**2.070**

Tab. II.3-6: Bilanzen (in Mio. €)

Ihre Aufgabe besteht darin, analytische Prüfungshandlungen im Sinne von Kennzahlenanalysen im Rahmen der Prüfungsplanung anzuwenden und damit Rentabilitäts- und Liquiditätsrisiken des Mandanten zu identifizieren.

3.2.3.6.2 Lösungsvorschlag
Zur Beurteilung der kurzfristigen Zahlungsfähigkeit lassen sich die sogenannten Liquiditätsgrade ermitteln:

		2009	2010
Liquidität 1. Grades =	$\dfrac{\text{liquide Mittel}}{\text{kurzfristige Verbindlichkeiten}}$	0,24	0,11
Liquidität 2. Grades =	$\dfrac{\text{monetäres Umlaufvermögen}}{\text{kurzfristige Verbindlichkeiten}}$	1,22	0,75
Liquidität 3. Grades =	$\dfrac{\text{Umlaufvermögen}}{\text{kurzfristige Verbindlichkeiten}}$	3,27	1,98

Tab. II.3-7: Kurzfristige Liquiditätskennzahlen

Für alle Liquiditätsgrade gilt, dass die finanzielle Lage umso besser ist, je höher diese Kennzahlen ausgeprägt sind. Alle drei Kennzahlen signalisieren eine Verschlechterung der Liquiditätslage, da die entsprechenden Werte im Vergleich zum Vorjahr gesunken sind. Die Liquidität 1. Grades sollte mindestens 0,2 betragen.[111] Dieser Soll-Wert wird nicht erreicht. Gleiches lässt sich für die Liquidität 2. Grades (Soll > 1,0) und die Liquidität 3. Grades (Soll > 2,0) konstatieren. Es besteht ein hohes Liquiditätsrisiko, insbesondere ein Mangel an Zahlungsmitteln und Zahlungsmitteläquivalenten. Der Mandant könnte Probleme haben, seine kurzfristigen Zahlungsverpflichtungen einzuhalten.

Während die Liquiditätsgrade über die kurzfristige Zahlungsfähigkeit informieren, dienen die Deckungsgrade zur Beurteilung der langfristigen Finanzlage:

		2009	2010
Deckungsgrad B =	$\dfrac{\text{langfristiges Kapital}}{\text{Anlagevermögen}}$	1,41	1,37

Tab. II.3-8: Deckungsgrad B

Das Anlagevermögen ist langfristig gebunden, d. h. es führt erst langfristig zu Einzahlungen. Insofern sollte es mit Kapital finanziert sein, das nicht bzw. nur langfristig zurückgezahlt werden muss, d. h. zu Auszahlungen führt. Insofern gilt, dass die Finanzlage umso besser ist, je höher diese Kennzahl ausgeprägt ist. Der Deckungsgrad B hat sich im Zeitablauf leicht verschlechtert. Nach der sogenannten Goldenen Bilanz- bzw. Finanzierungsregel sollte langfristiges Vermögen durch langfristiges Kapital finanziert werden und umgekehrt kurzfristiges Kapital nur in kurzfristiges Vermögen fließen. Dementsprechend sollte der Deckungsgrad B mindestens 1,0 betragen. Dieser Sollwert ist in beiden Jahren deutlich überschritten, so dass keine Risiken hinsichtlich der langfristigen Finanzlage identifiziert werden können.

Auch die Aktivitätskennzahlen dienen der Analyse der Liquiditätslage:

			2009	2010
Umschlagshäufigkeit der Forderungen	=	$\dfrac{\text{Umsatzerlöse}}{\text{Forderungen}}$	8,57	7,64
Kundenziel	=	$\dfrac{\text{Forderungen}}{\text{Umsatzerlöse}}$	42,58	47,78
Umschlagshäufigkeit der Vorräte	=	$\dfrac{\text{Umsatzerlöse}}{\text{Vorräte}}$	4,11	3,99
Umschlagsdauer der Vorräte	=	$\dfrac{\text{Vorräte}}{\text{Umsatzerlöse}}$	88,82	91,42

Tab. II.3-9: Aktivitätskennzahlen

---

111 Vgl. *Buchner* (1981), S. 117.

Je höher die Umschlagshäufigkeit der Forderungen bzw. je niedriger das Kundenziel, umso besser ist die Finanzlage des betrachteten Unternehmens. Beide Kennzahlen signalisieren eine Verschlechterung der Liquiditätslage. Es besteht somit ein zusätzliches Liquiditätsrisiko, denn es dauert recht lange, bis die Kunden ihre Schulden begleichen, d. h. bis Forderungen in flüssige Mittel transformiert werden. Zudem ist zweifelhaft, ob alle Forderungen volleinbringlich sind.

Die Liquiditätslage ist umso besser, je höher die Umschlagshäufigkeit der Vorräte bzw. je kürzer die Umschlagsdauer der Vorräte ist. Auch diese beiden Kennzahlen deuten auf eine Verschlechterung der Liquiditätslage hin. Zudem könnte bei zu niedriger Umschlagshäufigkeit bzw. bei zu großer Umschlagsdauer die Gefahr bestehen, dass zuviel Kapital in den Vorräten gebunden ist und es recht lange dauert, bis die Vorräte wieder zu flüssigen Mitteln werden. Darüber hinaus könnten die Vorräte veralten.

Für die Analyse der Erfolgslage kommen Rentabilitätskennzahlen zum Einsatz:

			2009	2010
Eigenkapitalrentabilität	=	$\dfrac{\text{Betriebsergebnis}}{\text{Eigenkapital}}$	0,53	0,63
Return on Investment	=	$\dfrac{\text{Betriebsergebnis}}{\text{Gesamtkapital}}$	0,16	0,18
Umsatzrentabilität	=	$\dfrac{\text{Betriebsergebnis}}{\text{Umsatz}}$	0,17	0,17

Tab. II.3-10: Rentabilitätskennzahlen

Je höher die Ausprägung dieser Kennzahlen, desto besser ist die Erfolgslage des betrachteten Unternehmens. Die Rentabilität hat sich von 2009 auf 2010 verbessert. Alle Rentabilitäten, insbesondere die Umsatzrentabilität, sind relativ hoch. Die Kennzahlen zeigen daher kein unmittelbares Rentabilitätsrisiko an. Allerdings können diese hohen Rentabilitäten hohe Erwartungen des Marktes verursachen und das Management zu Manipulationen des Jahresabschlusses veranlassen, um diese Erwartungen zu erfüllen (→ II.4.1).

Auch die Struktur der Passivseite der Bilanz lässt Rückschlüsse auf die Finanzlage, mittelbar auch über die Erfolgslage, zu:

			2009	2010
Verschuldungsgrad	=	$\dfrac{\text{Fremdkapital}}{\text{Eigenkapital}}$	2,21	2,51

Tab. II.3-11: Kapitalstrukturkennzahl

Für die Beurteilung der Liquiditätslage gilt: Je niedriger der Verschuldungsgrad, desto besser ist die finanzielle Lage, denn Fremdkapital muss im Gegensatz zu Eigenkapital zurückgezahlt werden, was zu Auszahlungen führt. Zudem sind Fremdkapitalzinsen weniger flexibel als Dividenden. Es zeigt sich eine Verschlechterung von 2009 auf 2010. Hinsichtlich der Rentabilität können die Zusammenhänge umgekehrt sein, d. h. ein hoher Verschuldungsgrad könnte die Eigenkapitalrentabilität erhöhen. Dies ist der Fall, sofern die Verzinsung des im Unternehmen investierten Kapitals den Fremdkapitalzins übersteigt (Leverage-Effekt). Diese Kennzahl zeigt kein spezielles Geschäftsrisiko auf, da der Verschuldungsgrad auch in 2010 nicht übermäßig hoch ist.

3.2.4   Einzelfallprüfungen

3.2.4.1 Charakterisierung

Nachdem der Abschlussprüfer die dem zu prüfenden Jahresabschluss bzw. die dem zu prüfenden Prüffeld innewohnenden Risiken abgeschätzt (entsprechend dem inhärenten Risiko; → II.3.2.1) und die Qualität des IKS (entsprechend dem Kontrollrisiko; → II.3.2.2) sowie die generelle Plausibilität des vorgelegten Jahresabschlusses bzw. Prüffeldes beurteilt hat, muss er den Beitrag an Prüfungssicherheit festlegen, der noch durch einzelfallorientierte Prüfungshandlungen zu erbringen ist (korrespondierend zum noch zu akzeptierenden Entdeckungsrisiko). Dies geschieht in Übereinstimmung mit dem Prüfungsrisikomodell (→ II.1.2) z. B. anhand der Beziehung[112]

$$AR = CR \cdot ARR \cdot TR$$

zu

$$TR = \frac{AR}{CR \cdot ARR}$$

Nachdem die Prüfung des IKS und damit die Abschätzung des Kontrollrisikos eher auf die Beurteilung der Fehlerhäufigkeit abstellt, sind Einzelfallprüfungen i. d. R. auf die Beurteilung der Fehlerhöhe bzw. des Fehlerbetrags ausgerichtet. Angesichts des mit Einzelfallprüfungen verbundenen Zeitbedarfs und Kostenumfangs wird für viele Prüffelder (insbesondere solche mit Massentransaktionen) nicht die Überprüfung sämtlicher Elemente (*Vollprüfung*) möglich sein. Eine Vollprüfung
* ist durchführbar, sofern ein Prüffeld nur wenige Positionen umfasst,
* ist unabdingbar, falls bei einem hohen Risiko einer wesentlichen Falschdarstellung anderenfalls keine hinreichenden Prüfungsnachweise zu erlangen sind, und
* bietet sich an, wenn von einem Informationssystem durchgeführte Berechnungen auf wirtschaftliche Weise vollständig geprüft werden können, weil z. B. IT-gestützte Prüfungstechniken (→ II.5.2) zum Einsatz kommen (ISA 500.A53).

---

112 AR: Prüfungsrisiko; CR: Kontrollrisiko; ARR: Risiko aus der Durchführung analytischer Prüfungshandlungen; TR: Testrisiko (Risiko aus der Durchführung von Einzelfallprüfungen)

Ansonsten wird lediglich eine Teilmenge, eine *Stichprobe*, der zu beurteilenden Prüfungsgegenstände überprüft (*Stichproben-* bzw. *Auswahlprüfung*). Hierbei existiert jedoch naturgemäß ein Risiko, dass die stichprobenbasierte Schlussfolgerung des Abschlussprüfers von der Schlussfolgerung abweicht, die sich ergeben würde, wenn die vollständige Grundgesamtheit Gegenstand derselben Prüfungshandlung wäre. Dies wird als Stichprobenrisiko bezeichnet (ISA 530.5.c).[113] Da im Rahmen von Auswahlprüfungen auf Grund des Stichprobenrisikos nicht notwendigerweise alle Falschdarstellungen aufgedeckt werden, sind diese nur dann zulässig, wenn der Prüfungsauftrag nicht explizit die Aufdeckung sämtlicher Fehler eines Prüffeldes – wie im Fall einer Unterschlagungsprüfung (→ III.3.3.2.2) – verlangt. Zusammensetzung und Umfang der zu prüfenden Teilmenge sind derart zu bestimmen, dass mit der geforderten Urteilssicherheit eine Aussage über das gesamte Prüffeld getroffen werden kann (dies ist jedoch nur bei Verfahren der statistischen Zufallsauswahl möglich; → II.3.2.4.2.3). Werden bspw. lediglich die Buchungsvorgänge von einem Sachbearbeiter untersucht, kann daraus nicht zwangsläufig auf das Verhalten eines anderen Sachbearbeiters geschlossen werden.

Das Testrisiko (TR) beinhaltet in diesem Zusammenhang das vom Abschlussprüfer maximal zu akzeptierende Risiko, dass der zu prüfende Jahresabschluss nach Durchführung der Einzelfallprüfungen noch wesentliche Fehler enthält. Die Dimensionierung des Betrags, ab dem ein Fehler bzw. die Summe aller festgestellten Fehler als wesentlich anzusehen ist, wird als quantitativer materiality-Grenzwert M bezeichnet und vorab auf Jahresabschluss- wie auf Aussagenebene geeignet festgelegt (→ II.1.3). Auf diese Weise ermittelt der Prüfer vor Durchführung seiner Einzelfallprüfungen die notwendige Sicherheit (1-TR) und Genauigkeit (M) dieser Prüfungshandlungen.[114]

Im Folgenden sind nun Verfahren zu diskutieren, die eine geeignete Auswahl zu prüfender Elemente sicherstellen (*Auswahlverfahren*; → II.3.2.4.2), sowie Methoden, die die derart identifizierten Stichprobenelemente zu einer hinreichend sicheren und genauen Schätzung des tatsächlichen Wertes des Prüffeldes verdichten (*Auswertungsverfahren*).[115]

3.2.4.2 Auswahlverfahren

3.2.4.2.1 Vorbemerkungen

Eine vollständige Überprüfung eines Prüffeldes wäre mit dem Vorteil verbunden, dass dieses Prüffeld mit einer sehr hohen Sicherheit und Genauigkeit durch den Prüfer beurteilt werden kann. Da bei einer Abschlussprüfung meist sehr komplexe Prüffelder auftreten und die Fehleranfälligkeit des Prüfers z. B. infolge des Ermüdungseffekts mit

---

113 Demgegenüber erfasst das Nicht-Stichprobenrisiko die Wahrscheinlichkeit, dass der Abschlussprüfer aus einem nicht mit dem Stichprobenrisiko zusammenhängenden Grund zu einer falschen Schlussfolgerung gelangt (ISA 530.5.d). Hierunter ist z. B. die Anwendung ungeeigneter Prüfungshandlungen, die falsche Auslegung von Prüfungsnachweisen und das Nichterkennen von falschen Darstellungen zu subsumieren (ISA 530.A1).

114 Dabei hat der Prüfer allerdings zu beachten, dass auch Fehler unterhalb der quantitativen materiality-Grenze auf Grund qualitativer Gründe wesentlich sein können (→ II.1.3), z. B. weil sie auf fraud (→ II.4.1) basieren.

115 Sofern die Auswahl zufällig erfolgt, subsumiert ISA 530.5.g sowohl die Auswahl als auch die Auswertung unter dem Begriff »statistical sampling«.

zunehmendem Umfang der Prüfungshandlungen steigt, ist eine hundertprozentige Urteilssicherheit auch bei lückenloser Prüfung nicht erreichbar. Zeit- und Kostengründe sprechen für eine nicht lückenlose Prüfung (Stichproben- bzw. Auswahlprüfung), bei der in Kauf genommen wird, dass Fehler unentdeckt bleiben. Die Zielsetzung der Abschlussprüfung erfordert im Allgemeinen keine lückenlose Prüfung, denn das Prüfungsurteil soll nicht mit maximaler, sondern mit hinreichender Urteilssicherheit ($\rightarrow$ I.6.4.2) ermittelt werden. Der Prüfer kann sich vielmehr auf eine Auswahlprüfung beschränken, sofern damit die geforderte Sicherheit erreichbar ist. In diesem Fall stellt sich die Frage nach dem Auswahlverfahren (methods of selecting samples), wobei grundsätzlich zwischen der Auswahl aufs Geratewohl, der bewussten Auswahl und der Zufallsauswahl unterschieden werden kann (ISA 530.A13).[116]

- Die *Auswahl aufs Geratewohl* (sog. haphazard selection, siehe auch ISA 530.Appendix 4) greift rein willkürlich, d.h. ohne jede Überlegung, eine Anzahl von Elementen aus einem Prüffeld heraus. Da diese subjektive Entscheidung des Prüfers nicht nach dem pflichtgemäßen Ermessen erfolgt bzw. nicht auf sachlichen Gesichtspunkten basiert, ist die Anwendung dieses Verfahrens als kritisch zu beurteilen.

- Von einer *bewussten Auswahl* spricht man, wenn die Auswahl der in die Stichprobe einzubeziehenden Elemente einer Grundgesamtheit vom Prüfer subjektiv auf Grund seines Sachverstands, d.h. seiner persönlichen Kenntnisse und Erfahrungen, getätigt und diese Entscheidung eigenverantwortlich, selbstständig und nach pflichtgemäßem Ermessen getroffen wird. Dabei lässt sich die Auswahlwahrscheinlichkeit für die einzelnen Elemente der Grundgesamtheit nicht angeben, ein Repräsentationsschluss – d.h. eine Aussage bzgl. des Verhaltens der Grundgesamtheit aus der Beobachtung der Stichprobe heraus – ist nicht möglich.

- Wesentliches Kennzeichen einer *Zufallsauswahl* ist, dass jedes Element die gleiche bzw. eine bestimmte, berechenbare, von null verschiedene Wahrscheinlichkeit besitzt, in die Stichprobe zu gelangen (ISA 530.A12).

3.2.4.2.2 Bewusste Auswahlverfahren

Die wichtigsten bewussten Auswahlverfahren sind die Auswahl nach dem Konzentrationsprinzip, die detektivische Auswahl und die Auswahl typischer Fälle.

- Bei der *Auswahl nach dem Konzentrationsprinzip* wählt der Prüfer nur solche Elemente aus, denen er besondere Bedeutung für die Urteilsbildung beimisst, denn bei solchen Elementen können Fehler die Aussagefähigkeit einer Jahresabschlussposition in besonderem Maße beeinträchtigen. Die Bedeutung eines Prüfungsgegenstands ergibt sich aus seinem absoluten oder relativen Wert (ISA 500.A54). Der Nachteil dieser Auswahltechnik liegt darin, dass eventuelle Fehler oder Unkorrektheiten bei den als

---

116 ISA 530 unterscheidet parallel hierzu in statistische und nicht-statistische Auswahlverfahren (statistical versus non-statistical sampling approaches, ISA 530.5(g)). Vom Grundsatz her deckt sich das statistical sampling mit der Zufallsauswahl. Für das non-statistical sampling ist dagegen zu berücksichtigen, dass dessen Definition in den ISAs weiter gefasst ist und nicht ausschließlich die bewusste Auswahl umfasst. Im Rahmen der nicht-statistischen Auswahlverfahren dürfte jedoch die bewusste Auswahl am ehesten praktische Relevanz besitzen.

unbedeutend eingestuften Elementen des Prüffeldes unentdeckt bleiben, obwohl sie für die Urteilsbildung des Prüfers von erheblicher Relevanz sein können.

- Das Auswahlkriterium »Fehlerrisiko« wird bei der *detektivischen Auswahl* verwendet. Hierbei wählt der Prüfer auf Grund seines Spürsinns und seiner Erfahrung solche Sachverhalte aus, bei denen er am ehesten Fehler vermutet (z. B. die Verbuchung von Geschäftsvorfällen durch die Urlaubsvertretung).
- Die *Auswahl typischer Fälle* stellt eine Entnahmetechnik dar, bei der der Prüfer solche Sachverhalte aus dem Prüffeld herausgreift, die er auf Grund seiner bisherigen Erfahrungen für die Beurteilung der Normenkonformität als typisch erachtet. Die Praxis wendet diese Auswahltechniken i. d. R. kombiniert an.

3.2.4.2.3 Techniken und Verfahren der Zufallsauswahl

Die Techniken der Zufallsauswahl sind als Anleitungen zur praktischen Durchführung zu interpretieren, wie einzelne Elemente aus einer bestimmten Auswahlmenge konkret zu entnehmen sind, damit die *Zufälligkeit der Auswahl* gewährleistet ist. Die Verfahren der Zufallsauswahl beschreiben die Art der Auswahl eines Elements bzw. einer Teilmenge aus der Grundgesamtheit, wobei mit der Anwendung komplexer Verfahren eine Erhöhung der Effizienz beabsichtigt wird. Einen Überblick über die Techniken und Verfahren der Zufallsauswahl gibt Abb. II.3-11.

Als Techniken der Zufallsauswahl können die folgenden genannt werden:

- Hierzu ist am ehesten die *echte Zufallsauswahl* geeignet, die konventionell mit Hilfe von Zufallszahlentafeln erfolgt. Eine Zufallszahlentafel besteht aus einer Reihe von Ziffern von 0 bis 9, die durch eine Folge unabhängiger Versuche nach dem Modell »Ziehen mit Zurücklegen« gewonnen wurden. Zufallszahlentafeln sind nur anwend-

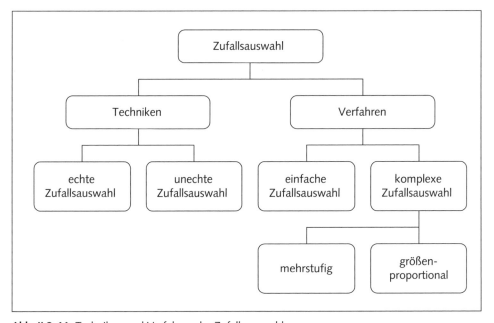

Abb. II.3-11: Techniken und Verfahren der Zufallsauswahl

bar, wenn die Elemente einer Grundgesamtheit mit den Ziffern 1, 2, ..., N (N: Umfang der Grundgesamtheit) durchnummeriert sind. Ist die Nominalzahl N eine k-stellige Zahl, so fasst man, um eine Stichprobe vom Umfang n zu bestimmen, ausgehend von einer beliebigen Stelle der Zufallszahlentafel, die ersten k Ziffern zu einer k-stelligen Zahl zusammen, die nächsten k Ziffern zu einer zweiten und führt diese Vorgehensweise fort. In den Fällen, in denen die k-stellige Zufallszahl Z < N ist, bezeichnet sie ein Stichprobenelement, sofern sie noch nicht vorgekommen ist. Das Verfahren endet, wenn n Zufallszahlen gefunden worden sind. Heute kommen zumeist Zufallszahlengeneratoren zur Anwendung.

- Da die Techniken der echten Zufallsauswahl oft organisatorisch und zeitlich zu aufwendig sind, werden häufig auch die kostengünstigeren Techniken der sog. *unechten Zufallsauswahl* angewandt. Von diesen ist v. a. die systematische Auswahl bedeutsam, die in Form der systematischen Auswahl mit Zufallsstart, des Schlussziffernverfahrens, der Buchstabenauswahl oder des Datums- bzw. Geburtstageauswahlverfahrens erfolgen kann.

- Das systematische Auswahlverfahren mit Zufallsstart setzt voraus, dass die Elemente der Grundgesamtheit unabhängig von den Merkmalsausprägungen der Elemente nummeriert sind. Zunächst wird der Quotient aus N und n (Umfang der Stichprobe) berechnet. Jedes (N/n)-te Element gelangt in die Stichprobe. Aus den ersten N/n Elementen wird eines zufällig ausgewählt, z. B. das Element mit der Nummer a. Die Elemente mit den Nummern

$$a, a + \frac{N}{n}, a + 2\frac{N}{n}, ..., a + (n-1)\frac{N}{n}$$

stellen die Stichprobe dar.

Beispiel

Aus einer Grundgesamtheit vom Umfang 1.000 sollen 10 Elemente anhand der systematischen Auswahl mit Zufallsstart bestimmt werden (d. h. N = 1.000, n = 10). Damit ergibt sich N/n = 100, d. h. es ist jedes 100-ste Element zu ziehen. Als Startwert aus dem Intervall [1;100] wird zufällig der Wert a = 43 bestimmt. Damit wird die Stichprobe von den Elementen mit den Nummern 43, 143, 243, ..., 943 gebildet.

- Das Schlussziffernverfahren kann nur angewandt werden, wenn die Elemente der Grundgesamtheit von 1 bis N durchnummeriert sind und die Nummerierung der Elemente der Grundgesamtheit nicht mit den zu untersuchenden Merkmalsausprägungen korreliert ist. Alle Elemente mit einer bestimmten zufällig ausgewählten Schlussziffer oder Schlussziffernkombination werden in die Stichprobe aufgenommen. Durch geeignete Wahl der Schlussziffern lässt sich jeder beliebige Stichprobenumfang realisieren.

- Bei den Buchstaben-, Datums- oder Geburtstageauswahlverfahren müssen alphabetische, nach dem Datum oder nach Geburtstagen geordnete Verzeichnisse der prüfungspflichtigen Geschäftsfälle vorliegen.

Die Verfahren der Zufallsauswahl umfassen die einfache (uneingeschränkte) und die komplexe (eingeschränkte) Zufallsauswahl.[117]

- Bei dem Verfahren der *einfachen Zufallsauswahl* hat jedes Element der Grundgesamtheit die gleiche, berechenbare, von null verschiedene Wahrscheinlichkeit, in die Stichprobe zu gelangen. Die Entnahme der Elemente kann mit oder ohne Zurücklegen der bereits ausgewählten Elemente erfolgen.

- Gemeinsames Kennzeichen der *komplexen Zufallsauswahl* ist nicht mehr die gleiche, sondern eine berechenbare, von null verschiedene Wahrscheinlichkeit, in die Stichprobe einbezogen zu werden. Hier wären insbesondere die *mehrstufigen Auswahlverfahren*, bei dem die Grundgesamtheit hierarchisch zerlegt wird, und das *Zufallsstichprobenverfahren mit größenproportionaler Auswahlwahrscheinlichkeit* zu nennen.

- Im Rahmen des mehrstufigen Auswahlverfahrens findet häufig das zweistufige Auswahlverfahren Anwendung, bei dem die Grundgesamtheit in mehrere Teilbereiche (U) zerlegt wird, aus denen u Bereiche ausgewählt werden. Aus der Anzahl der Elemente dieser ausgewählten Teilbereiche N_h (h = 1, 2, ..., u) wird dann eine einfache Zufallsstichprobe n_h entnommen.

- Die geschichtete Auswahl (ISA 530.appendix 1) bildet einen Spezialfall der zweistufigen Auswahl, denn der Auswahlsatz in der ersten Stufe beträgt 100%, d.h. sämtliche Teilgesamtheiten (Schichten) gehen in die Auswahl ein, so dass u/U = 1 gilt. In der zweiten Stufe ist der Auswahlsatz geringer als 100%, d.h. es gilt $n_h/N_h < 1$. Die Schichten sollen dabei so gebildet werden, dass die Elemente einer Schicht hinsichtlich des Untersuchungsmerkmals wenig streuen. Dadurch verringert sich bei gleicher Urteilsqualität der erforderliche Gesamtstichprobenumfang bzw. verbessert sich bei gleichbleibendem Gesamtstichprobenumfang die Sicherheit und Genauigkeit des mathematisch-statistischen Stichprobenverfahrens. Dieser Schichtungseffekt wird umso größer, je homogener die Elemente innerhalb einer Schicht bzgl. des Untersuchungsmerkmals sind und je inhomogener die Schichten zueinander sind (vgl. hierzu Abb. II.3-12).

- Die Klumpenauswahl ist ein weiterer Spezialfall der zweistufigen Auswahl, wobei der Auswahlsatz in der ersten Stufe kleiner 100% ist, d.h. nur ein Teil der gebildeten Teilgesamtheiten (Klumpen) findet Berücksichtigung, so dass u/U > 1 gilt. In der zweiten Stufe beträgt der Auswahlsatz 100%, d.h. die ausgewählten Klumpen werden lückenlos untersucht und es gilt $n_h/N_h = 1$. Die Elemente eines Klumpens sollten hinsichtlich des Untersuchungsmerkmals möglichst inhomogen, die Klumpen untereinander möglichst homogen sein, denn nur bei dieser Konstellation ist ein positiver Klumpeneffekt, d.h. eine Reduzierung des Stichprobenumfangs durch Klumpenbildung möglich. Sind die Klumpen untereinander vollkommen homogen, so braucht nur ein einziger Klumpen untersucht zu werden, da dieser ein repräsentatives Abbild der Grundgesamtheit darstellt (vgl. hierzu Abb. II.3-13).

---

117 Vgl. z. B. *Schnell/Hill/Esser* (2008), S. 273 ff.

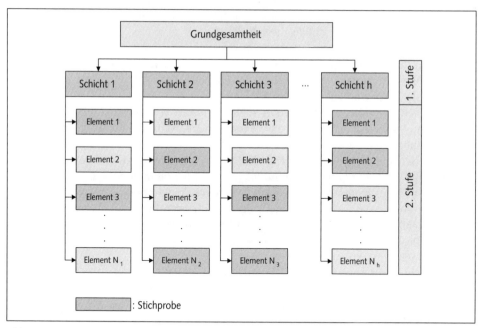

Abb. II.3-12: Geschichtete Auswahl

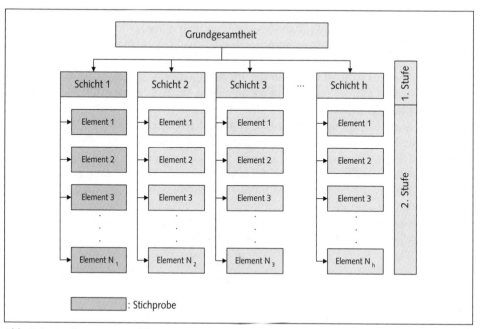

Abb. II.3-13: Klumpenauswahl

- Beim Zufallsstichprobenverfahren mit größenproportionaler Auswahlwahrscheinlichkeit (ISA 530.appendix 1) erfolgt die Auswahl proportional zum Wert der Elemente (oft Monetary Unit Sampling genannt; → II.3.2.4.3.3).

3.2.4.2.4 Kritische Würdigung der Auswahlverfahren

Ein *Vorteil der bewussten Auswahl* besteht insbesondere in der Möglichkeit des Prüfers, den Stichprobenumfang und die Auswahl der Stichprobenelemente auf Grund seiner prüferischen Erfahrung, seiner Kenntnisse vom zu prüfenden Unternehmen sowie nach Maßgabe seiner eigenverantwortlichen Entscheidung zu bestimmen. Der erfahrene Prüfer wird u. U. wesentlich schneller und sicherer zu einem zutreffenden Urteil gelangen, wenn er sämtliche verfügbaren Vorinformationen über die erwartete Qualität des stichprobenweise zu prüfenden Prüffeldes berücksichtigt, denn bei der Zufallsauswahl muss der Prüfer von seinen Erfahrungen und Kenntnissen abstrahieren, und die Einbeziehung von Vorwissen ist nur in einem sehr beschränkten Umfang möglich.

Des Weiteren ist die Urteilsstichprobe universeller anwendbar, denn für die auf der Zufallsauswahl beruhenden Stichprobenverfahren existieren restriktive Anwendungsvoraussetzungen, durch die ihre Anwendungsmöglichkeiten beschränkt werden. Hierbei sind insbesondere die Forderung nach Homogenität der Grundgesamtheit und das Vorliegen sog. statistischer Massenerscheinungen, d. h. einer bestimmten Mindestgröße der Grundgesamtheit, zu nennen.

Weitere *Vorteile der bewussten Auswahl* bestehen darin,

- dass die Stichprobenelemente ohne größere Vorarbeiten ausgewählt werden können,
- dass der Prüfer keine Vorkenntnisse über mathematisch-statistische Verfahren benötigt und
- dass die Ermittlung des notwendigen Stichprobenumfangs und die Formulierung des Prüfungsurteils im Vergleich zur Zufallsauswahl keinen großen analytischen Aufwand erfordern.
- Darüber hinaus spricht das Argument der größtmöglichen Fehlerfindung für die bewusste Auswahl (in der Form der detektivischen Auswahl). Sie wird dem Ziel, bei der Abschlussprüfung einen möglichst hohen Anteil der vorhandenen Fehler aufzufinden, am besten gerecht.
- Schließlich wird die Bedeutung des Prüfungsgegenstands bei der bewussten Auswahl (in der Form der Auswahl nach dem Konzentrationsprinzip) berücksichtigt.

Als *Vorteile der Zufallsauswahl* können vor allem die folgenden genannt werden:

- Die Wahrscheinlichkeit dafür, dass die Elemente der Grundgesamtheit in die Stichprobe gelangen, kann angegeben werden. Die Stichprobe bildet ein verkleinertes, aber wirklichkeitsgetreues Abbild der Grundgesamtheit, und diese Repräsentanz ist beweisbar. Diese intersubjektive Nachprüfbarkeit der Repräsentanz vereinfacht die Exkulpation des Abschlussprüfers im Regressfall. Dagegen ergibt die bewusste Auswahl normalerweise kein verkleinertes Abbild der Grundgesamtheit, sondern vielmehr eine verzerrte Stichprobe; selbst wenn dies zufällig der Fall ist, lässt sich die Repräsentanz der Stichprobe nicht beweisen. Bei der bewussten Auswahl treten systematische Fehler auf, also solche Abweichungen vom wahren Wert, die nicht zufällig entstanden sind, sondern durch wissentliche oder willentliche Einwirkungen sowie durch organisatorische oder technische Umstände bedingt sind. Systematische Fehler tendieren in eine Richtung, so dass sie sich gegenseitig nicht ausgleichen können. Ihr verzerrender Einfluss nimmt vielmehr mit wachsendem Stichprobenumfang zu. Da die Stichproben bei bewusster Auswahl nicht repräsentativ, sondern verzerrt sind, ist die Fehlerstruktur der Stichprobe nicht auf die Grundgesamtheit übertragbar. Zwar kann auch eine zufallsgesteuerte Auswahl fehlerbehaftet sein, doch bei zufälligen Fehlern der Zufallsauswahl ist, im Gegensatz zu den systematischen Fehlern einer Nicht-Zufallsauswahl, die Wahrscheinlichkeit ihres Auftretens berechenbar.

- Der der Zufallsauswahl zu Grunde liegende Zufallsmechanismus erlaubt die Anwendung wahrscheinlichkeitstheoretischer Gesetze, so dass Aussagen über Sicherheit und Genauigkeit der Stichprobenergebnisse abgeleitet werden können. Bei vorgegebener Aussagesicherheit und Aussagegenauigkeit erlaubt die zufallsgesteuerte Auswahl eine Quantifizierung des erforderlichen Stichprobenumfangs. Die Berechenbarkeit des erforderlichen Stichprobenumfangs ist für die Zeitplanung der Prüfung ($\rightarrow$ II.2.2) von Interesse. Dagegen ist die Urteilssicherheit bei der bewussten Auswahl nicht exakt bestimmbar, so dass der zur Einhaltung einer vorgegebenen Sicherheit und Genauigkeit erforderliche Stichprobenumfang nicht berechnet werden und der Stichprobenumfang entweder zu klein oder zu groß sein kann. Im zweiten Fall eines zu großen Stichprobenumfangs führt die bewusste Auswahl somit zu Unwirtschaftlichkeiten.

- Es ist nicht vorhersehbar, welche Elemente der Grundgesamtheit in die Stichprobe gelangen. Weder der Prüfer selbst noch das zu prüfende Unternehmen können die Zusammensetzung der Stichprobe abschätzen. Dagegen besteht bei der bewussten Auswahl die Gefahr, dass das Auswahlsystem vom zu prüfenden Unternehmen durchschaut wird.

- Bei der Zufallsauswahl werden subjektive Einflüsse des Prüfers auf die Zusammensetzung der Stichprobe größtenteils eliminiert. Der bei der bewussten Auswahl bestehende subjektive Einfluss des Prüfers birgt die Gefahr einer willkürlichen Auswahl der Stichprobenelemente. Er bewirkt weiterhin, dass keine einheitliche Vorgehensweise bei der Bestimmung der Zusammensetzung und des Umfangs der Stichprobe besteht, worunter die Vergleichbarkeit von Prüfungsurteilen leidet.

Eine in den USA durchgeführte Befragung zu Stichprobenverfahren ergab als wichtigste Gründe für die Anwendung der Zufallsauswahl die damit verbundene höhere Objektivität (sowohl bzgl. der Auswahl der Stichprobe als auch hinsichtlich der Auswertung der Stichprobenergebnisse), Planungsvorteile in Bezug auf die Abschätzung des Prüfungsumfangs und mögliche Effizienzvorteile.[118]

Als *Nachteile* mathematisch-statistischer Verfahren lassen sich v. a. folgende Argumente anführen: Mangel an Mitarbeitern mit entsprechender Ausbildung, die Auswahl der Stichprobenelemente ist zeitaufwendiger, die Zufallsauswahl wird für die Prüfung kleinerer Unternehmen als weniger relevant angesehen und das subjektive Ermessen des Prüfers fließt nur in geringem Umfang in die Auswahl ein.

---

118 Vgl. *Bedingfield* (1975), S. 48–55.

3.2.4.3 Ermittlung des Prüfungsurteils (Auswertungsverfahren)

Wendet man zur Ermittlung des Prüfungsurteils statistische Verfahren an, kommen drei grundlegende Vorgehensweisen in Betracht:

- Schätzverfahren,
- Testverfahren,
- Monetary Unit Sampling.

3.2.4.3.1 Schätzverfahren

Bei der Anwendung eines *Schätzverfahrens* wird zunächst anhand der zuvor beschriebenen Zufallsauswahl eine Stichprobe gezogen, die ein möglichst repräsentatives Abbild des zu beurteilenden Prüffeldes, der *Grundgesamtheit*, darstellt. Die Stichprobe wird nun auf ihre Fehlerstruktur untersucht. Da man die Stichprobe als verkleinertes Abbild des Prüffeldes ansehen kann, wird die Fehlerstruktur einfach auf die Grundgesamtheit hochgerechnet.[119]

Das klassische Verfahren im Rahmen der Schätzverfahren stellt die *einfache Mittelwertschätzung* dar. Hierbei wird zur Beurteilung der Angemessenheit des Buchwertes X eines Prüffeldes eine Stichprobe vom Umfang n gezogen, für deren Elemente der tatsächlich anzusetzende Wert y (*Sollwert*) erhoben wird. Zur Auswertung der Stichprobe wird das arithmetische Mittel $\bar{y}$ der Sollwerte gebildet und auf den Umfang N des Prüffeldes hochgerechnet: $\hat{Y} = N \cdot \bar{y}$. Dieser Schätzwert $\hat{Y}$ wird zur Beurteilung des Buchwertes X herangezogen.

Dabei ist nicht zu erwarten, dass der geschätzte Sollwert mit dem tatsächlichen Sollwert Y übereinstimmt, den der Prüfer allerdings nicht kennt. Daher wird er das Prüffeld auch dann akzeptieren, wenn der Schätzer für den tatsächlichen Sollwert $\hat{Y}$ »nahe genug« am ausgewiesenen Buchwert X liegt. Um beurteilen zu können, ob die Differenz zwischen X und $\hat{Y}$ akzeptabel ist, greift der Prüfer auf Konfidenzintervalle zurück. Dazu errechnet er eine Bandbreite um seinen Schätzer $\bar{y}$, in dem der wahre Sollwert mit hinreichender, z. B. 95 %iger, Sicherheit liegt. Liegt in dieser Bandbreite auch der ausgewiesene Buchwert X, so akzeptiert der Prüfer den Wertansatz für dieses Prüffeld. Ein solches Intervall besitzt die Form

$$\bar{y} - t_{(1-\alpha/2)} \cdot \sigma_{\bar{y}}; \bar{y} + t_{(1-\alpha/2)} \cdot \sigma_{\bar{y}}$$

Dabei fließen folgende Informationen in die Berechnung ein:
- α: gewünschter Sicherheitsgrad, z. B. 95 %;
- $t_{(1-\alpha/2)}$: $(1-\alpha/2)$-Quantil der Standardnormalverteilung;
- $\sigma_{\bar{y}}$: Standardabweichung des durchschnittlichen Sollwertes in der Stichprobe.

Der Prüfer hat ferner sicherzustellen, dass seine Schätzung hinreichend genau ist, d. h. das Konfidenzintervall um den geschätzten durchschnittlichen Sollwert $\bar{y}$ nicht zu breit ist. Dabei wird die Breite des Konfidenzintervalls über die Anzahl der Elemente in der

---

119 Zur Vorgehensweise bei den Schätzverfahren vgl. ausführlich *Quick* (2000), S. 100 ff.

Stichproben gesteuert. Diese ergibt sich aus obigem Konfidenzintervall gemäß der Beziehung

$$n \geq \frac{t_{(1-\alpha/2)}^2 N \sigma^2}{t_{(1-\alpha/2)}^2 \sigma^2 + N e^2}$$

Zur Festlegung des Stichprobenumfangs muss der Prüfer die gewünschte Genauigkeit der Schätzung vorgeben. Er legt dazu mit Hilfe des Parameters e die maximale Breite des Konfidenzintervalls vor, z. B. 2 % des geschätzten durchschnittlichen Sollwertes (d. h. bei einem geschätzten Sollwert von z. B. 500 € wird das Konfidenzintervall auf 500 € ± 2 % = 500 € ± 10 € festgelegt).

Die in die Ermittlung des Stichprobenumfangs einfließende Varianz σ^2 der durchschnittlichen Sollwerte in der Grundgesamtheit ist unbekannt und daher geeignet zu schätzen. Als Verfahren hierzu bieten sich an:

- *Verwendung der Varianz der Buchwerte*: Wenn die Buchführung als bestandszuverlässig anzunehmen ist, stellt die Varianz der Buchwerte den bestmöglichen Schätzer für die Varianz der Sollwerte dar.
- *Verwendung der Varianz der geprüften Vorjahresdaten*: Kann nicht angenommen werden, dass die Buchführung prinzipiell bestandszuverlässig ist, und sich die Struktur und die Werte der erfassten Vermögensgegenstände seit der letzten Prüfung nicht wesentlich verändert haben, kann die Varianz der geprüften Vorjahreswerte verwendet werden.
- *Erhebung einer Pilotstichprobe*: Stehen keine plausiblen Annahmen bzgl. der Varianz der Sollwerte zur Verfügung, kann eine Vorabstichprobe mit einem zunächst willkürlichen Stichprobenumfang – z. B. n = 30 – zur Schätzung der Varianz der Sollwerte erhoben werden. Dieser Stichprobenumfang ist jedoch als vorläufig anzusehen und im Laufe der weiteren Prüfung zu verifizieren.

Beispiel

Ein Prüffeld weist folgende Wertansätze auf:

Nr.	y_i	x_i	Nr.	y_i	x_i	Nr.	y_i	x_i	Nr.	y_i	x_i	Nr.	y_i	x_i
1	114	114	21	123	123	41	88	88	61	105	105	81	76	65
2	117	117	22	76	76	42	80	80	62	102	102	82	125	125
3	77	77	23	109	109	43	106	106	63	103	103	83	111	111
4	93	93	24	76	76	44	78	78	64	113	113	84	97	97
5	118	118	25	92	92	45	106	106	65	118	118	85	120	120
6	98	98	26	110	110	46	88	88	66	86	86	86	103	103
7	81	81	27	109	109	47	121	135	67	123	125	87	96	96
8	89	94	28	111	100	48	78	78	68	86	86	88	116	116
9	81	81	29	87	87	49	82	82	69	119	119	89	102	102
10	111	111	30	102	102	50	114	114	70	116	116	90	91	73

Nr.	y_i	x_i	Nr.	y_i	x_i	Nr.	y_i	x_i	Nr.	y_i	x_i	Nr.	y_i	x_i
11	120	120	31	116	116	51	99	99	71	102	102	91	93	93
12	117	117	32	108	108	52	115	115	72	108	108	92	86	86
13	88	88	33	89	89	53	115	115	73	77	77	93	103	103
14	117	117	34	112	112	54	99	99	74	96	96	94	114	114
15	106	106	35	91	91	55	116	116	75	120	120	95	83	83
16	106	106	36	81	81	56	83	83	76	117	117	96	80	63
17	116	99	37	100	100	57	111	111	77	118	129	97	88	88
18	95	95	38	104	104	58	90	90	78	80	80	98	124	124
19	95	95	39	81	78	59	119	119	79	86	86	99	110	110
20	124	124	40	121	121	60	80	80	80	110	110	100	102	102

Dabei sind die Elemente, die die Stichprobe bilden, grau unterlegt. Fehlerbehaftete Elemente sind hingegen eingerahmt. Der Prüfer kennt dabei lediglich die Buchwerte x der jeweiligen Elemente und erhebt die Sollwerte y für die Elemente der Stichprobe. Aus diesen Größen errechnet er den durchschnittlichen Sollwert der Stichprobe $\bar{y}$ zu $\bar{y} = 97,2$ €. Der geschätzte Sollwert des Prüffeldes beläuft sich damit auf $\hat{Y} = 100 \cdot 97,2 = 9.720$ €. Dieser Wert steht einem ausgewiesenen Buchwert von X = 10.089 € gegenüber.

Damit liegt der Buchwert 369 € – gleichbedeutend etwa 4 % – über dem Schätzwert und dürfte vom Prüfer nicht akzeptiert werden. Bevor er das Prüffeld jedoch als nicht ordnungsmäßig ablehnt, hat er die Sicherheit und Genauigkeit seiner Schätzung zu beurteilen. Dazu legt er ein 95 %-Konfidenzintervall um den geschätzten Sollwert der Stichprobe. Gibt man die Genauigkeit der Schätzung und damit die Breite des Konfidenzintervalls vor, z. B. $\bar{y}$ +2 %, so ergibt sich daraus e = 1,94 und damit unter Einbeziehung der Varianz der Sollwerte der Stichprobe i. H. v. $\sigma^2 = 334,4$ ein Mindeststichprobenumfang von 77 Elementen.[120]

Hiermit wird ersichtlich, dass der Umfang der Pilotstichprobe zu gering bemessen war, um das Prüffeld abschließend beurteilen zu können. Um ein endgültiges Urteil abgeben zu können, hat der Prüfer die noch ausstehenden Elemente nachträglich zu erheben und auszuwerten.

Dieses Vorgehen ist noch relativ grob, da z. B. der durchschnittliche Sollwert der Stichprobe implizit mit dem durchschnittlichen Buchwert der Grundgesamtheit verglichen wird, woraus bereits Ungenauigkeiten der Schätzung resultieren. Daher kann diese Vorgehensweise im Rahmen der *gebundenen Hochrechnung* verfeinert werden:[121]
1. Aus der Betrachtung des durchschnittlichen Buchwertes sowie des durchschnittlichen Sollwertes der Stichprobenelemente wird der durchschnittliche Fehler der Stichprobe ermittelt und dieser auf die Grundgesamtheit hochgerechnet (*Differenzenschätzung*).
2. Aus der Betrachtung des durchschnittlichen Sollwertes der Stichprobe in Relation zum durchschnittlichen Buchwert der Stichprobe wird ein Faktor ermittelt, mit dem

---

120 Vgl. *Quick* (2000), S. 101–105.
121 Vgl. z. B. *Quick* (2000), S. 117 ff.

der Gesamtbuchwert multipliziert wird, um den Gesamtsollwert des Prüffeldes zu ermitteln (*Verhältnisschätzung*).

3. Buchwerte und Sollwerte der Stichprobe können auch in Form einer Regressions-analyse in eine lineare Beziehung zueinander gesetzt werden, mit deren Hilfe der Sollwert auf Prüffeldebene ermittelt wird (*Regressionsschätzung*).

Diese Verfahren versprechen eine deutlich gesteigerte Effizienz (d. h. geringere Varianz der Schätzer) und damit wesentlich geringere notwendige Prüfungsumfänge als die einfache Hochrechnung.

3.2.4.3.2 Testverfahren

Alternativ zu den Schätzverfahren kann der Prüfer im Rahmen eines *Testverfahrens* auch eine Hypothese zum Fehleranteil (homograde Fragestellung) oder der Fehlerhöhe (heterograde Fragestellung) des Prüffeldes verwenden, um dessen Ordnungsmäßigkeit zu beurteilen.

Die Vorgehensweise der homograden Fragestellung ist dabei, dass ein gerade noch akzeptabler Fehleranteil, z. B. 2 %, sowie ein nicht mehr akzeptabler Fehleranteil, z. B. 4 %, festgelegt werden. Auch hier ist eine Stichprobe zu ziehen, die nun daraufhin untersucht wird, ob sie eher die Hypothese »Fehleranteil 2 %« oder die Hypothese »Fehleranteil 4 %« plausibel erscheinen lässt. Da die Bestimmung des Fehleranteils jedoch nicht Gegenstand von Einzelfallprüfungen ist, soll diese Vorgehensweise an dieser Stelle nicht vertieft werden.[122]

Ausgangspunkt von Testverfahren zur Beurteilung der Fehlerhöhe (heterograde Fragestellung) ist die Überlegung, dass sich bei genügend großem Stichprobenumfang gemäß dem zentralen Grenzwertsatz von *De Moivre* und *Laplace* die Stichprobenparameter (z. B. durchschnittlicher Sollwert der Stichprobe) bei einer häufigen Wiederholung einer Stichprobenziehung und -auswertung annähernd normal (im Sinne einer Normalverteilung) um den Grundgesamtheitsparameter μ (tatsächlicher durchschnittlicher Sollwert der Grundgesamtheit, d. h. des Prüffeldes) verteilen.[123] Auch hier werden zunächst eine Nullhypothese sowie eine Gegenhypothese formuliert, z. B.:

- H_0: Der durchschnittliche Sollwert des Prüffeldes beläuft sich auf μ_0 €;
- H_1: Der durchschnittliche Sollwert des Prüffeldes beläuft sich auf μ_1 €.

Unter Annahme der Normalverteilung ermittelt sich die Annahmegrenze der Nullhypothese nach der Formel

$$\bar{y}^* = \mu_0 + t_0 \frac{\sigma}{\sqrt{n}} \sqrt{\frac{N-n}{N-1}}$$

Dabei hängt t_0 vom vorgegebenen α-Risiko (d. h. dem Risiko der unzutreffenden Ablehnung der Nullhypothese) ab. Auf analoge Weise ermittelt sich die Annahmegrenze der Gegenhypothese mit

---

122 Vgl. z. B. *Hömberg* (2002), Sp. 2298.
123 Vgl. z. B. *Anderson et al.* (1997), S. 105.

$$\bar{y}^* = \sigma_1 - t_1 \frac{\sigma}{\sqrt{n}} \sqrt{\frac{N-n}{N-1}}$$

wobei t_1 vom vorgegebenen -Risiko (d. h. dem Risiko der unzutreffenden Annahme der Nullhypothese) abhängig ist und ebenso wie t_0 aus der Vertafelung der Verteilungsfunktion der Standardnormalverteilung entnommen werden kann. Eine Darstellung des resultierenden Entscheidungsbereichs ist Abb. II.3-14 zu entnehmen.

Da beide Grenzen zusammenfallen sollen, ermittelt man den erforderlichen Stichprobenumfang durch Gleichsetzen der rechten Seiten der beiden Gleichungen und Auflösung nach n. Unter Vernachlässigung des Endlichkeitskorrekturfaktors $(N-n)/(N-1)$ ergibt sich

$$n = \left[\frac{\sigma(t_0 + t_1)}{\mu_1 - \mu_0} \right]^2,$$

wobei σ die (unbekannte) Standardabweichung der Grundgesamtheit (d. h. des korrekten Prüffeldes) ist. Diese Größe ist geeignet zu schätzen, bspw. durch die Standardabweichung des Prüffeldes (setzt voraus, dass der Prüfer ein grundsätzlich ordnungsmäßiges Prüffeld vermutet), die Varianz des Prüffeldes aus dem Vorjahr (setzt voraus, dass sich die Struktur – Werthöhen und -häufigkeiten – nicht wesentlich geändert haben) oder durch eine Pilotstichprobe.

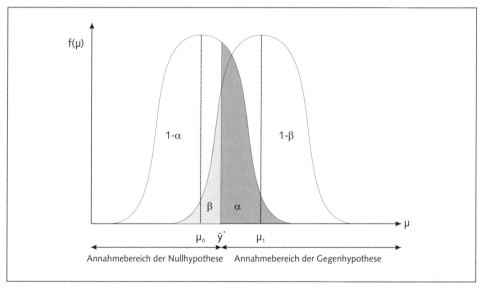

Abb. II.3-14: Darstellung des Entscheidungsbereichs des heterograden Hypothesentests

Beispiel

Liegen z. B. die Parameter $\alpha = 5\%$, $= 2,5\%$, $\beta = 100.000$ €, $\mu_0 = 300.000$ € (vermutete Unterbewertung, da $\mu_0 < \mu_1$) und $\sigma = 400.000$ € vor, so ergibt sich der erforderliche Stichprobenumfang n aus

$$n = \left[\frac{400.000 \, € \cdot (1,645 + 1,96)}{300.000 \, € - 100.000 \, €} \right]^2 \approx 52,13 \, €$$

und beträgt 53 Elemente. Durch Einsetzen in die Formel zur Ermittlung der Annahmegrenze der Nullhypothese (bzw. in die Formel zur Ermittlung der Annahmegrenze der Gegenhypothese) ergibt sich unter Vernachlässigung des Endlichkeitskorrekturfaktors die Grenze bei 191.413 €.

Für das vorangehende Beispiel (siehe Schätzverfahren) ergibt sich als der durchschnittliche Buchwert der Stichprobe und damit μ_0= 100,89 €. Als Gegenhypothese bietet es sich an, einen um einen wesentlichen Fehler verzerrten durchschnittlichen Buchwert anzunehmen (zu Materiality-Überlegungen → II.1.3), also z. B. $\mu_1 = \mu_0$–10% = 90,8 € (zu beachten ist hierbei, dass hier eine Überbewertung vermutet wird, d. h. $\mu_0 > \mu_1$). Als Varianz des durchschnittlichen Sollwertes in der Stichprobe wird wiederum σ^2 = 334,4 € und damit σ = 18,3 € ermittelt. Es ergibt sich

$$n = \left[\frac{18,30 \, € \cdot (1,645 + 1,96)}{100,89 \, € - 90,80 \, €} \right]^2 \approx 42,7 \, €$$

Auch hier erweist sich der Stichprobenumfang der Pilotstichprobe als zu gering, so dass der Prüfer weitere Elemente auswählen und auswerten muss, bevor er zu seinem abschließenden Urteil gelangt. Unter Verwendung des notwendigen Stichprobenumfangs ermittelt sich die kritische Annahmegrenze zu 95 €, so dass bei einem festgestellten durchschnittlichen Sollwert in der Stichprobe von 97,2 € das Prüffeld nicht verworfen werden könnte.

3.2.4.3.3 Monetary Unit Sampling

Eine Sonderstellung im Rahmen der Verfahren zur Urteilsbildung mit Hilfe mathematisch-statistischer Verfahren stellt das *Monetary Unit Sampling* (auch: Dollar Unit Sampling) dar, da es die Schätzung der Fehlerhöhe mit der Schätzung des Fehleranteils vereint. Es hat sich mittlerweile zum Standardverfahren der Prüfungspraxis im Rahmen statistischer Stichprobenverfahren (→ I.6.5.2.1) herausgebildet (ISA 530.appendix 1.5).[124]

Ausgangspunkt des Monetary Unit Sampling ist die Vorstellung, dass jede in einem Prüffeld enthaltene Geldeinheit ein unabhängiges Untersuchungsobjekt darstellt. Insofern stellt das Monetary Unit Sampling eine maximale Schichtung des Prüffeldes dar und verbindet daher geschichtete Mittelwertschätzung einerseits und – durch die wertproportionale Zufallsauswahl der zu untersuchenden Stichprobenelemente – eine Fehleranteils- wie auch -höhen-schätzung andererseits. Darüber hinaus entspricht diese Auswahl in besonderem Maße der praktischen Vorgehensweise des Abschlussprüfers, da höherwertige Vermögensposten und Schuldpositionen mit einer höheren Wahrscheinlichkeit für die Stichprobe ausgewählt werden. Des Weiteren trägt die wertproportionale Auswahl der besonderen Beachtung des β-Risikos Rechnung, da hinter großen Beträgen eher große Fehlermöglichkeiten stehen, hinter kleinen Beträgen i. d. R. hingegen nur kleine.

---

124 Vgl. hierzu *Ruhnke/von Torklus* (2008), S. 1120, die zudem empirische Studien hinsichtlich des Nutzens des Monetary Unit Sampling untersuchen; vgl. ebd., S. 1122 ff.

Das Monetary Unit Sampling beruht nun auf der Annahme, dass die fehlerhaften Geldeinheiten im Prüffeld Poisson-verteilt sind.[125] Gesucht ist dabei jeweils diejenige Fehlerintensität λ, für die in $10 \cdot \alpha\%$ (also z. B. in 5%) der Fälle mehr als x (z. B. x = 2) fehlerhafte Elemente in einer Stichprobe vom Umfang n beobachtet werden. Die Fehlerintensität entspricht dabei – entsprechend der Approximationsbedingungen der der Prüfungssituation eigentlich korrespondierenden hypergeometrischen Verteilung durch eine Binomial- bzw. eine Poisson-Verteilung – dem Produkt aus Stichprobenumfang n und der Fehlerwahrscheinlichkeit p der Binomialverteilung. Damit ergibt sich:

$$W(\text{maximal x Fehler im Prüffeld}) = \sum_{i=0}^{x} \frac{\lambda_{x;\alpha}^{i}}{i!} \cdot e^{-\lambda_{x,\alpha}} = \alpha$$

Das Risiko α ist vom Abschlussprüfer vorzugeben. In der Regel wird hierbei ein Wert von $\alpha = 0,05$ und damit 5% gewählt. Der Parameter $\lambda_{x;\alpha}$ der Poisson-Verteilung wird als obere *Fehlerintensität* bezeichnet und liegt in tabellierter Form für die verschiedensten Konstellationen (x;α) vor (vgl. hierzu auch Tab. II.3-12).

x	$\alpha = 0,05$		$\alpha = 0,1$	
	$\lambda_{x;0,05}$	$\lambda_{x;0,05} - \lambda_{x-1;0,05}$	$\lambda_{x;0,1}$	$\lambda_{x;0,1} - \lambda_{x-1;0,1}$
0	2,996	–	2,303	–
1	4,744	1,748	3,890	1,587
2	6,296	1,552	5,322	1,432
3	7,754	1,458	6,681	1,359
4	9,154	1,400	7,994	1,313
5	10,513	1,359	9,275	1,281

Tab. II.3-12: Obere Fehlerintensitäten

Kernpunkt des Verfahrens ist dabei der Schluss von der Anzahl der beobachteten Fehler in der Stichprobe auf die Fehlerwahrscheinlichkeit im Prüffeld: Beobachtet der Prüfer

---

125 Der Vorgang des Prüfens entspricht – übersetzt in ein Urnenmodell – der Situation des Ziehens ohne Zurücklegen bei einer Trefferwahrscheinlichkeit – entsprechend dem Aufdecken eines Fehlers – p. Diese Vorgehensweise würde durch eine hypergeometrische Verteilung modelliert, die jedoch nur sehr aufwendig zu berechnen ist. Daher wird diese Verteilung i. d. R. durch die Binomialverteilung approximiert (da die Verteilungen für N $\rightarrow \infty$ identisch sind), die der Situation des Ziehens mit Zurücklegen entspricht. Diese Vereinfachung wird als zulässig angesehen, wenn etwa N > 10, n/N < 0,1, p > 0,1. Aber auch das Rechnen mit einer Binomialverteilung ist noch aufwendig, so dass stattdessen oft die Poisson-Verteilung Verwendung findet, die ihrerseits die Grenzverteilung der Binomialverteilung für den Fall $\lambda = n \times p$ und n $\rightarrow \infty$ darstellt. Die Verwendung der Poisson-Verteilung an Stelle der Binomialverteilung wird dann als zulässig erachtet, wenn n »hinreichend groß« und p dementsprechend »hinreichend klein« ist (zu den Approximationen vgl. etwa *Buchner* (1997), S. 372–380). Als Anwendungsvoraussetzungen für das Monetary Unit Sampling gelten daher die Anwendungsvoraussetzungen für die Approximation der hypergeometrischen Verteilung durch die Poisson-Verteilung. Diese werden jedoch unterschiedlich scharf formuliert, z. B. n > 2.000 und p < 0,1 (vgl. *Guy et al.* (1999), S. 351). Dieser Stichprobenumfang ist jedoch als recht vorsichtig anzusehen.

in einer Stichprobe vom Umfang n eine Anzahl von x fehlerhaften Elementen, liest er aus der Tab. II.3-12 die zugehörige Fehlerintensität $\lambda_{x;\alpha}$ ab. Diese stellt das Produkt aus Fehlerwahrscheinlichkeit und Stichprobenumfang dar, so dass das Verhältnis von Fehlerintensität $\lambda_{x;\alpha}$ und Stichprobenumfang n diejenige Fehlerwahrscheinlichkeit p darstellt, die mit einer Wahrscheinlichkeit von $1-\alpha$ nicht überschritten wird. Das Produkt dieser Fehlerwahrscheinlichkeit mit dem Buchwert des Prüffeldes ergibt dann in der Grundform des Monetary Unit Sampling den maximal zu erwartenden Fehler im Prüffeld.

Die Grundform des Monetary Unit Sampling lässt sich in folgenden Schritten skizzieren:

- Eine Stichprobe mit einem (zunächst beliebigen) Umfang n wird ausgewertet, d. h.
  – in der Grundform des Monetary Unit Sampling – die Anzahl x der Fehler in der Stichprobe wird ermittelt.
- In Kombination mit dem vorgegebenen Risiko α liest der Prüfer aus einer Tabelle die passende obere Fehlerintensität $\lambda_{x;\alpha}$ ab. Diese ist – wie bereits angedeutet wurde – als Produkt der Fehlerwahrscheinlichkeit p des Prüffeldes mit dem Stichprobenumfang n aufzufassen.
- Die ermittelte obere Fehlerintensität $\lambda_{x;\alpha}$ wird durch den Stichprobenumfang n dividiert, um die Fehlerwahrscheinlichkeit p zu erhalten:

$$p = \frac{\lambda_{x;\alpha}}{n}.$$

Dieser Fehleranteil der Stichprobe wird auch als Fehleranteil des Prüffeldes interpretiert, d. h. der maximal zu erwartende Fehler ergibt sich als Produkt des Buchwertes des Prüffeldes mit der Fehlerwahrscheinlichkeit p (*Maximalfehlermethode*).

Beispiel

Aus einem Prüffeld mit einem Gesamtbuchwert (BW) von 100.000 € wird eine Stichprobe vom Umfang n = 100 gezogen. In der Stichprobe werden zwei Fehler festgestellt. Für $\alpha = 5\%$ ergibt sich $\lambda_{x;a} = 6{,}296$, so dass sich der Fehleranteil p ermitteln lässt zu

$$p = \frac{\lambda_{x;\alpha}}{n} = \frac{6{,}296}{100} = 0{,}06296.$$

Der maximal zu erwartende Fehler im Prüffeld ergibt sich damit durch die Multiplikation aus Gesamtbuchwert des Prüffeldes mit der ermittelten Fehlerwahrscheinlichkeit p zu BW · p = 100.000 · 0,06296 = 6.296 €.

Diese grundlegende Vorgehensweise versetzt den Abschlussprüfer in die Lage, vorab einen angemessenen Stichprobenumfang festzulegen. Hierzu benötigt er die für das Prüffeld angemessene individuelle Materiality M_i ($\rightarrow$ II.1.3), z. B. 10 % vom Gesamtbuchwert des Prüffeldes. Dementsprechend ist der Stichprobenumfang so auszulegen, dass Fehler in der Größenordnung dieser Materiality-Grenze M mit dem vorzugebenden Risiko α nicht unentdeckt bleiben. Da in einem Prüffeld mindestens kein Fehler vorkommen wird, muss daher gelten

$$M \geq \frac{\lambda_{0;\alpha}}{n} \cdot BW$$

und damit

$$n \geq \lambda_{0;\alpha} \cdot \frac{BW}{M} = 2,996 \cdot \frac{BW}{M}.$$

Beispiel

Aus einem Prüffeld mit einem Gesamtbuchwert BW von 100.000 € soll eine Stichprobe gezogen werden. Als nicht zu überschreitende Materiality-Grenze werden 10% des Gesamtbuchwertes und damit 10.000 € festgelegt. Damit ergibt sich

$$n \geq \lambda_{0;\alpha} \cdot \frac{BW}{M} = 2,996 \cdot \frac{100.000}{0,1 \cdot 100.000} = 29,96$$

Das Prüffeld ist also anhand einer Stichprobe zu untersuchen, die einen Stichprobenumfang von mindestens 30 Elementen umfasst.

Erwartet der Prüfer von vornherein kein fehlerfreies Prüffeld, kann er auch diese Fehlererwartung berücksichtigen. Würde er z. B. zwei Fehler als akzeptabel ansehen, würde sich ergeben

$$n \geq \lambda_{2;\alpha} \cdot \frac{BW}{M} = 6,296 \cdot \frac{100.000}{0,1 \cdot 100.000} = 62,96.$$

Mit dieser Fehlererwartung müsste der Prüfer demzufolge mindestens 63 Elemente überprüfen.

Ist auf die oben dargestellte Weise ein Zusammenhang zwischen der Anzahl beobachteter Fehler in der Stichprobe, der Aussagesicherheit α sowie der oberen Fehlerintensität $\lambda_{x;\alpha}$ hergestellt, bietet sich folgende Vorgehensweise an:

1. Der Prüfer zieht unter Berücksichtigung von α und M sowie der Fehleranzahl der Vorabstichprobe (oder subjektiven Fehlererwartungen) eine Stichprobe im Umfang von n und stellt die Anzahl der darin enthaltenen fehlerhaften Elemente fest;
2. er ermittelt die Fehlerrate $\lambda_{x;\alpha}$ und den durchschnittlichen Fehler d in der Stichprobe und
3. berechnet den wahrscheinlichen maximalen Fehler im Prüffeld.
4. Anschließend bleibt zu beurteilen, ob das bis hierhin gewonnene Urteil hinreichend sicher und genau ist.

zu 1.:

Die Erhebung der Stichprobe (*Schritt 1*) kann dabei anhand verschiedener Verfahren erfolgen:

- Im Rahmen der *reinen Zufallsauswahl* werden aus der Gesamtheit der Elemente der Grundgesamtheit – d.h. der Anzahl der Geldeinheiten im Prüffeld – rein zufällig n Geldeinheiten bestimmt. Die n Positionen, die die ausgewählten Geldeinheiten beinhalten, gelangen in die Stichprobe. Als Nachteil der reinen Zufallsauswahl kann die möglicherweise ungleichmäßige Verteilung der Stichprobenelemente im Prüffeld angesehen werden. Um eine gleichmäßigere Verteilung zu erreichen, stehen die Methoden der fixen und der variablen Intervallziehung zur Verfügung.
- Bei der Methode der *fixen Intervallziehung* (*fixed interval sampling*) wird das Prüffeld mit einem Gesamtbuchwert von Y Geldeinheiten entsprechend dem zuvor fixierten Stichprobenumfang n in Teilintervalle der Länge J unterteilt: J = Y/n. Aus dem ersten Intervall wird nun eine Zufallszahl a bestimmt: $1 \leq a \leq y$. In die Stichprobe vom

Umfang n gelangen nun diejenigen Positionen des Prüffeldes, die die Geldeinheiten a, a + J, a + 2J, ..., a + (n-1) · J beinhalten. Als Nachteil der fixen Intervallziehung ist die eingeschränkte Zufälligkeit der gezogenen Elemente (und der damit einhergehenden möglicherweise eingeschränkten Zulässigkeit des Schlusses von der Stichprobe auf die Grundgesamtheit) zu kritisieren, da eine einzige Zufallszahl die gesamte Stichprobe determiniert. Um diesem Kritikpunkt zu begegnen, kann der Prüfer die variable Intervallziehung verwenden.

- Bei der Methode der *variablen Intervallziehung* (*variable interval sampling*) werden entsprechend der Methode der fixen Intervallziehung n Entnahmeintervalle der Länge J gebildet. Im Gegensatz hierzu werden jedoch n Zufallszahlen $a_1, ..., a_n$ mit $1 \leq a_i \leq J \; \forall \; i = 1, ..., n$ gezogen. Die Stichprobe wird dann von denjenigen Positionen des Prüffeldes gebildet, die die Geldeinheiten $a_1, a_2 + J, ..., a_n + (n-1) \cdot J$ enthalten. Mit Hilfe dieses Verfahrens erreicht der Prüfer eine bestmögliche Abdeckung des gesamten Prüffeldes, ohne auf eine ausreichende Zufälligkeit seiner Auswahl verzichten zu müssen.

zu 2.:

Der Abschlussprüfer wertet beim Monetary Unit Sampling die so erhobene (Vorab-) Stichprobe vom Umfang n in *Schritt 2* aus und bestimmt die Anzahl x der beobachteten falsch bewerteten Vermögensgegenstände sowie die durchschnittliche Fehlerrate $\bar{d}$ mit

$$d_i = \frac{\text{Buchwert}_i - \text{Istwert}_i}{\text{Buchwert}_i}$$

als individuelle Abweichung des Elementes i des Prüffeldes sowie

$$d = \frac{1}{x} \sum_{i=1}^{x} d_i$$

zu 3.:

Die Bestimmung des maximal zu erwartenden Fehlers (*Schritt 3*) kann beim Monetary Unit Sampling anhand verschiedener Methoden geschehen, z. B.:

- Maximalfehlermethode,
- Durchschnittsfehlermethode,
- Fehlerreihungsmethode.

Bei der *Maximalfehlermethode* geht der Abschlussprüfer davon aus, dass eine fehlerhafte Geldeinheit innerhalb eines Prüffeldes mit einem Gesamtbuchwert BW vollständig fehlerhaft bewertet wurde. Entsprechend liest er aus einer Tabelle oberer Fehlerintensitäten die mit der beobachteten Fehleranzahl x und der gewünschten Aussagesicherheit $1 - \alpha$ korrespondierende Fehlerintensität $\lambda_{x;\alpha}$ ab. Mit diesen Informationen ermittelt er den maximal zu erwartenden Fehler F_{max} im Prüffeld als

$$F_{max}(x) = \frac{\lambda_{x;a}}{n} \cdot BW$$

Nachteil dieser Methode ist die implizite Unterstellung, dass eine fehlbewertete Position im Prüffeld vollständig fehlbewertet ist – eine Annahme, die in der Realität selten zutrifft. Daher neigt dieses Verfahren zu deutlich überhöhten geschätzten Fehlerbeträgen.

Durch eine einfache Modifikation der Maximalfehlermethode kann jedoch eine Berücksichtigung der tatsächlichen Fehlerraten erreicht werden:

Bei der *Durchschnittsfehlermethode* lässt der Abschlussprüfer die beobachteten Fehlerraten d_i in seine Schätzung mit einfließen, da nicht anzunehmen ist, dass sämtliche fehlbewerteten Positionen vollständig fehlbewertet sind. Er modifiziert daher $F_{max}(x)$ durch Multiplikation mit der beobachteten durchschnittlichen Fehlerrate $\bar{d}$ zu

$$F_{\o}(x) = \frac{\lambda_{x;\alpha}}{n} \cdot BW \cdot d$$

Als Nachteil dieser Methode wird jedoch gesehen, dass sie in einigen Fällen zu nicht plausiblen Schätzungen führt. Dies zeigt z. B. der Vergleich zweier Prüffelder A (kein Fehler) und B (sechs Fehler mit einer durchschnittlichen Fehlerhöhe von $\bar{d} = 0{,}25$) mit einem Gesamtbuchwert von jeweils Y Geldeinheiten und bei einer Aussagesicherheit von 95 % zu geschätzten maximalen Fehlern von

$$F_{\o}^{A} = 2{,}966 \cdot Y/n \text{ bzw. } F_{\o}^{B} = 11{,}842 \cdot 0{,}25 \cdot Y/n = 2{,}9605 \cdot Y/n.$$

Dies bedeutet, ein fehlerfreies Prüffeld kann bei der Durchschnittsfehlermethode zu höheren geschätzten maximalen Fehlern führen als ein mit zahlreichen Fehlern behaftetes Prüffeld. Als sinnvollere Alternative wird daher die konservativere Fehlerreihungsmethode vorgeschlagen, die ebenfalls die beobachteten Fehlerraten einbezieht.

Bei der *Fehlerreihungsmethode* (FRM) werden die x beobachteten Fehlerraten d_i zunächst der Größe nach absteigend sortiert ($d_1 \geq d_2 \geq \ldots \geq d_x$) und anschließend der zu erwartende Fehler F_{FRM} berechnet als

$$F_{FRM}(x) = BW \cdot \frac{1}{n}\left(\lambda_{0;\alpha} + \sum_{i=1}^{x}\left(\lambda_{i;\alpha} - \lambda_{1-i;\alpha}\right) \cdot d_i\right).$$

Damit stellt dieses Verfahren sicher, dass der geschätzte Maximalfehler für ein fehlerbehaftetes Prüffeld über dem eines fehlerfreien Prüffeldes liegt, ohne jedoch die beobachteten Fehleranteile außer Acht zu lassen. Dadurch kommt diese Methode jedoch zu durchaus konservativen geschätzten Fehlerbeträgen.

Insgesamt betrachtet stellt die Maximalfehlermethode diejenige Methode mit den größten Sicherheitszuschlägen dar, da sie vom schlechtesten Fall ausgeht (Annahme der vollständigen Überbewertung der Position). Diese Sicherheitszuschläge werden bei der Fehlerreihungsmethode bereits deutlich reduziert, allerdings fließen immer noch die größten Fehlerraten zusammen mit den größten oberen Fehlerintensitäten in den zu erwartenden Fehlerbetrag ein und sind damit i. d. R. noch zu hoch. Lediglich die Durchschnittsfehlermethode berücksichtigt die beobachteten Fehler ohne modellimmanente Interpretationen und stellt somit den objektivsten Wert dar.

zu 4.:

Nachdem der Prüfer anhand eines der vorgeschlagenen Verfahren den zu erwartenden Fehler ermittelt hat, muss er Sicherheit und Genauigkeit seines Urteils bewerten. Ist er bei der Dimensionierung der Stichprobe von einer gewissen Fehleranzahl ausgegangen (z. B. null Fehlern bei der Bemessung einer Vorabstichprobe), ist der ermittelte Fehler nur dann hinreichend sicher, wenn diese Fehleranzahl in der Stichprobe nicht überschritten wurde. Ist dies doch der Fall, hat der Abschlussprüfer zwei Alternativen:

- Neuerliche Ermittlung eines Stichprobenumfangs, der die beobachtete Fehlerhäufigkeit berücksichtigt;
- Ermittlung eines Konfidenzintervalls unter Verwendung z. B. der Differenzenschätzung, um abzuschätzen, ob die Aussagesicherheit und -genauigkeit möglicherweise doch schon ausreichen (das Monetary Unit Sampling gibt lediglich eine Aussage zu einem Fehler ab, der mit einer gewissen Wahrscheinlichkeit nicht überschritten wird; daher kann das Ergebnis einer Stichprobenauswertung auch dann schon ausreichend sein, wenn die angewandte Fehlerhypothese eigentlich unzutreffend war).

Diese Vorgehensweise wird so lange iteriert, bis eine ausreichende Sicherheit und Genauigkeit erreicht ist.

Beispiel

Zielsetzung der stichprobenweisen Prüfung mittels Monetary Unit Sampling-Verfahren ist die Überprüfung, ob die Überbewertungen im Prüffeld bei einer vorgegebenen Aussagesicherheit die Materiality-Grenze überschreiten. Die Grundgesamtheit besteht aus 100 Forderungspositionen, deren Buchwerte (BW) in der folgenden Tabelle aufgeführt sind.

Nr.	BW [€]	Über-bew. [€]	Kum. BW [€]	Nr.	BW [€]	Über-bew. [€]	Kum. BW [€]	Nr.	BW [€]	Über-bew. [€]	Kum. BW [€]
1	1020	–	1020	36	2035	–	55049	71	200	–	124565
2	696	–	1716	37	988	–	56037	72	2455	–	127020
3	208	–	1924	38	306	–	56343	73	3950	–	130970
4	1847	–	3771	39	5551	–	61894	74	–	–	130970
5	1240	–	5011	40	2652	636	64546	75	906	–	131876
6	5391	27	10402	41	195	–	64741	76	100	–	131976
7	1190	–	11592	42	950	–	65691	77	1041	–	133017
8	2554	–	14146	43	306	–	65997	78	1190	–	134207
9	218	–	14364	44	2605	–	68602	79	576	–	134783
10	5000	973	19364	45	3196	360	71798	80	–	–	134783
11	4606	–	23970	46	850	–	72648	81	10	–	134793
12	2106	–	26076	47	3722	–	76370	82	4860	–	139653
13	402	–	26478	48	4222	–	80592	83	885	–	140538
14	1335	–	27813	49	5000	–	85592	84	104	–	140642
15	3240	–	31053	50	5300	–	90892	85	–	–	140642
16	2507	–	33560	51	582	–	91474	86	2940	–	143582
17	2824	–	36384	52	1450	–	92924	87	576	–	144158
18	650	–	37034	53	260	–	93184	88	1020	–	145178
19	144	–	37178	54	5261	–	98445	89	–	–	145178

Nr.	BW [€]	Über-bew. [€]	Kum. BW [€]	Nr.	BW [€]	Über-bew. [€]	Kum. BW [€]	Nr.	BW [€]	Über-bew. [€]	Kum. BW [€]
20	669	–	37847	55	1200	–	99645	90	873	–	146051
21	543	–	38390	56	770	–	100415	91	5218	–	151269
22	730	–	39120	57	2456	–	102871	92	119	–	151388
23	770	385	39890	58	1278	–	104149	93	720	–	152108
24	145	–	40035	59	2266	–	106415	94	–	–	152180
25	7049	–	47084	60	1780	890	108195	95	975	–	153083
26	640	–	47724	61	3008	–	111203	96	1160	–	154243
27	890	–	48614	62	3329	–	114532	97	540	–	154783
28	238	–	48852	63	3175	–	117707	98	145	–	154928
29	742	–	49594	64	1080	–	118787	99	710	–	155638
30	480	480	50074	65	425	–	119212	100	362	–	156000
31	240	–	50314	66	569	–	119781				
32	480	–	50794	67	2064	–	121845				
33	845	–	51639	68	–	–	121845				
34	345	–	51984	69	1860	–	123705				
35	1030	–	53014	70	660	100	124365				

Tab. II.3-13: Daten einer Grundgesamtheit von 100 Forderungen

Die Summe der Buchwerte des Prüffeldes beträgt somit 156 T€. Die Angaben des Beispielfalls zeigen, dass mit einer vollständigen Prüfung eine Überbewertung von 3.851 € festgestellt werden könnte. Die Materiality-Grenze M, bei deren Überschreiten das Prüffeld als wesentlich überbewertet abzulehnen ist, wird mit 10% des Buchwertes, also 15.600 €, festgelegt. Das Prüffeld kann daher als ordnungsmäßig akzeptiert werden. Im Folgenden soll gezeigt werden, zu welcher Entscheidung der Prüfer bei einer stichprobenweisen Prüfung auf Basis der verschiedenen Monetary Unit Sampling-Verfahren gelangt, wenn eine Aussagesicherheit von 95% vorgegeben wird (Risiko der Annahme eines wesentlich überbewerteten Prüffeldes 5%).

Auf Basis einer Aussagesicherheit von 95% und der festgelegten Materiality-Grenze von 15.600 € ist im ersten Schritt der erforderliche Stichprobenumfang n festzulegen. Die Berechnung erfolgt dabei unter Zugrundelegung der pessimistischen Maximalfehlermethode, um so einen möglichst sicheren Stichprobenumfang zu bestimmen. Unter der Annahme eines fehlerfreien Prüffeldes ergibt sich der Stichprobenumfang anhand der Beziehung

$$n \geq \frac{(n \cdot \theta_0(x)) \cdot Y}{M} = \frac{2{,}996 \cdot 156.000 €}{15.600} ,$$

d. h. aus der Grundgesamtheit von 100 Forderungen ist eine Stichprobe vom Umfang n = 30 zu ziehen. Zur größenproportionalen Auswahl wird dazu die *Fixed-Interval-Methode* verwendet. Das Entnahmeintervall J errechnet sich zu 156.000 € : 30 = 5.200 €. Als zufälliger Startpunkt der Entnahme wird durch Generierung einer Zufallszahl aus dem Intervall [0; 5.200] die 2.600-te € festgelegt. Damit ergibt sich die Stichprobe in nachstehender Tabelle.

Entnom-mene €	Nr.	BW [€]	Über-bew. [€]	Fehler-rate d	Entnom-mene €	Nr.	BW [€]	Über-bew. [€]	Fehler-rate d
2600	4	1847	–	–	80600	49	5000	–	–
7800	6	5391	27	0,00501	85800	50	5300	–	–
13000	8	2554	–	–	91000	51	582	–	–
18200	10	5000	973	0,195	96200	54	5261	–	–
23400	11	4606	–	–	101400	57	2456	–	–
28600	15	3240	–	–	106600	60	1780	890	0,5
33800	17	2824	–	–	111800	62	3329	–	–
39000	22	730	–	–	117000	63	3175	–	–
44200	25	7049	–	–	122200	69	1860	–	–
49400	29	742	–	–	127400	73	3950	–	–
54600	36	2035	–	–	132600	77	1041	–	–
59800	39	5551	–	–	137800	82	4860	–	–
65000	42	950	–	–	143000	86	2940	–	–
70200	45	3196	360	0,113	148200	91	5218	–	–
75400	47	3722	–	–	153400	96	1160	–	–

Tab. II.3-14: Stichprobe vom Umfang n = 30

In der Stichprobe vom Umfang n = 30 werden vier fehlerhafte € festgestellt. Bei einer Aussagesicherheit von 95 % beträgt der maximale Fehleranteil in der Grundgesamtheit deshalb $\theta(4)$ = 9,154 : 30 = 0,305.
Nach der *Maximalfehlermethode* ermittelt sich der gesuchte obere Fehlerbetrag zu

$$D_0 = \theta(4) \cdot Y = 0,305 \cdot 156.000 = 47.580 \ €$$

Auf Grundlage dieser pessimistischen Fehlerbewertung muss der Prüfer das Prüffeld als nicht ordnungsmäßig ablehnen, da die tolerierbare Materiality-Grenze der Überbewertung lediglich 15.600 € beträgt, es aber bei der Aussagesicherheit von 95 % nach den Stichprobenergebnissen und der Maximalfehlermethode nicht ausgeschlossen werden kann, dass die Überbewertung des Prüffeldes diese Materiality-Grenze übersteigt.

Die *Durchschnittsfehlermethode* bewertet dagegen den geschätzten maximalen Fehleranteil mit dem Durchschnitt aus den in der Stichprobe aufgetretenen Fehlerraten. Die durchschnittliche Fehlerrate $\bar{d}$ ergibt sich zu

$$\bar{d} = \frac{0,00501 + 0,195 + 0,113 + 0,5}{4} = 0,203.$$

Die Durchschnittsfehlermethode führt so zu einer oberen Fehlergrenze von

$$D_0 = \theta_0(4) \cdot Y \cdot \bar{d} = 0,305 \cdot 156.000 \ € \cdot 0,203 = 9.658,74 \ €$$

Auf Grundlage dieser Methode kann das Prüffeld als ordnungsmäßig akzeptiert werden, da die Überbewertung im Prüffeld mit einer Aussagesicherheit von 95 % unter der errechneten maximalen Fehlerbetragsgrenze von 9.658,74 € liegt und daher mit einer Sicherheit von mindestens 95 % nur unwesentliche Überbewertungen vorliegen.

Bei Anwendung der *Fehlerreihungsmethode* sind die in der Stichprobe beobachteten Fehlerraten zunächst nach abnehmender Größe zu ordnen. Daraus ergibt sich die Reihenfolge $d_1 = 0,5 \geq d_2 = 0,195 \geq d_3 = 0,113 \geq d_4 = 0,00501$. Entsprechend der Vorgehensweise der Fehlerreihungsmethode wird der mit jeder in der Stichprobe festgestellten fehlerhaften Geldeinheit hinzukommende Fehleranteil mit diesen Fehlerraten bewertet. Die erforderlichen Fehleranteilsdifferenzen können dabei Tab. 1 entnommen werden (die Differenzen der Fehlerintensitäten müssen hierzu durch den Stichprobenumfang n dividiert werden) und lauten für k = 1, ..., 4 und n = 30: 0,0583; 0,0517; 0,0486; 0,0467. Daraus ergibt sich als obere Fehlergrenze

$$D_0 = 0,0998 \cdot 156.000 \, € + 156.000 \, € \cdot (0,0583 \cdot 0,5 + 0,0517 \cdot 0,195$$
$$+ 0,0486 \cdot 0,113 + 0,0467 \cdot 0,00501) = 22.582,13 \, €.$$

Auch auf Basis der Fehlerreihungsmethode ist das Prüffeld daher bei einem Fehlerrisiko von 5 % abzulehnen.

Wie das Beispiel zeigt, sind die Maximalfehlermethode und die Fehlerreihungsmethode als sehr konservativ zu charakterisieren. Sie führen im Beispiel zur Ablehnung des Prüffeldes, obwohl dieses nur unwesentlich überbewertet ist; zum anderen ergeben sich durch die vorsichtige Fehlerbewertung im Vergleich zur der im Beispiel tatsächlich vorgenommenen Überbewertung sehr hohe obere Fehlerbetragsgrenzen.

Ein Grund für die divergierenden Werte für den maximal zu erwartenden Fehler liegt offensichtlich in der wenig repräsentativen Stichprobe. Der Stichprobenumfang verspricht nur für eine fehlerfreie Stichprobe eine hinreichende Aussagesicherheit und -genauigkeit. Bei vier fehlerhaften Elementen und einer 95 %igen Aussagesicherheit wäre jedoch ein Stichprobenumfang von mindestens 92 Elementen – hier quasi einer Vollerhebung entsprechend – notwendig. Eine nachträgliche Erhebung von Stichprobenelementen ist im hier betrachteten Beispiel daher unausweichlich.

3.3   Ausgestaltung des risikoorientierten Prüfungsansatzes

Als *Ansatzpunkte für das prüferische Vorgehen* kommen v. a. die Geschäftsrisiken und die hiermit in einem engen Zusammenhang stehenden Geschäftsprozesse (geschäftsrisikoorientierte Prüfung), die betrieblichen Funktionsbereiche des Mandanten (Tätigkeitskreise) sowie die Systematik der Rechnungslegung (abschlusspostenorientierte Prüfung) in Betracht (i. d. S. auch IDW PS 261.11). Dabei schließen sich die genannten Ansatzpunkte nicht gegenseitig aus: Beispielsweise geht auch eine geschäftsrisikoorientierte Prüfung in bestimmten Teilbereichen abschlussposten- oder tätigkeitskreisorientiert vor (vgl. auch ISA 330.18 ff.). Dies liegt darin begründet, dass auch eine geschäftsrisikoorientierte Prüfung letztendlich auf eine Überprüfung der seitens der Unternehmensleitung im Abschluss gegebenen Aussagen ($\rightarrow$ I.6.2) abzielt.

Auch eine tätigkeitskreis- und abschlusspostenorientierte Prüfung gehen grundsätzlich risikoorientiert vor. Gleichwohl handelt es sich bei diesen Ansatzpunkten nach der hier vertretenen Auffassung um keine eigenständige Ausgestaltungsform des risikoorientierten Prüfungsansatzes. Vielmehr stellt (wie im Folgenden gezeigt wird; → II.3.3.1.2) die *geschäftsrisikoorientierte Prüfung* die dominierende Vorgehensweise bzw. die *übergeordnete Leitidee* dar, welche wiederum im weiteren Prüfungsverlauf in aussagebezogene tätigkeitskreis- oder abschlusspostenorientierte Überlegungen mündet.

Aus diesem Grunde wird zunächst die geschäftsrisikoorientierte Prüfung dargestellt (→ II.3.3.1), um hierauf aufbauend aussagebezogene Besonderheiten einer solchen Prüfung näher zu beleuchten (→ II.3.3.2). Hierzu zählen das prüferische Vorgehen bei einer Orientierung an *Tätigkeitskreisen* (→ II.3.3.2.1) und *Abschlussposten* (→ II.3.3.2.2).

3.3.1   Geschäftsrisikoorientierte Prüfung

3.3.1.1   Kernidee und Begriffsabgrenzungen

Die großen Prüfungsgesellschaften haben ihre Prüfungsansätze seit den 90er Jahren verstärkt um geschäftsrisikoorientierte Elemente erweitert. Mittlerweile findet sich eine solche Vorgehensweise sowohl in den internationalen als auch in den deutschen Prüfungsnormen (→ II.3.3.1.3). Gründe für die Neuausrichtung des Prüfungsansatzes sind z. B. die bestehenden Erwartungslücken im Bereich der externen Rechnungslegung und der Abschlussprüfung (→ I.1.2.1) sowie die stärkere Ausrichtung der beiden zuvor genannten Bereiche auf die Informationsbedürfnisse der internationalen Finanzmärkte. Hinzu tritt eine zunehmend komplexere und dynamischere Unternehmensumwelt sowie eine gestiegene Komplexität der Abläufe im Unternehmen (z. B. verstärkter Einsatz betrieblicher Informationssysteme, die sich an Geschäftsprozessen orientieren[126]). Im Einzelnen werden als Beweggründe für die Neuausrichtung eine höhere Prüfungseffizienz, eine stärkere Kopplung von Prüfung und Risikomanagement, ein höherer Zusatznutzen der Abschlussprüfung für den Mandanten (value added) sowie die besondere Eignung einer geschäftsrisikoorientierten Prüfung für die Erbringung weiterer freiwilliger Prüfungsleistungen (→ III.3) an den Mandanten genannt.[127]

Eine geschäftsrisikoorientierte Prüfung setzt definitionsgemäß an den Geschäftsrisiken (business risks) und den hiermit in einem engen Zusammenhang stehenden Geschäftsprozessen an. Synonym finden auch die Begriffe »business risk audit« (im Folgenden BRA) oder »business audit« Verwendung; der angewandte Prüfungsansatz wird oftmals als BRA-approach bezeichnet. Mit dem *Geschäftsrisiko* ist das Geschäftsrisiko des Mandanten angesprochen. Dieses Risiko ist als die Gefahr definiert, dass der Mandant seine Ziele nicht erreicht.[128] Da das Scheitern der für die Zielerreichung gewählten Strategie sowohl interne als auch externe Ursachen haben kann, zählen zu den Geschäftsrisiken sämtliche Risiken der externen (z. B. Bedrohung durch neue Konkurrenzprodukte) und

---

126 Vgl. *Berenz/Voit* (2003), S. 1233.

127 Vgl. z. B. *Dörner* (1998), S. 303 ff.; *Wiedmann* (2000), S. 444; *Lemon/Tatum/Turley* (2000), S. 10 f.; *Ruhnke* (2002), S. 437.

128 Vgl. ausführlich *Link* (2006), S. 24 f.

internen (z. B. Rückgang der Umsätze durch fehlerhafte Produkte) Umwelt.[129] Wichtig für das Verständnis der folgenden Ausführungen ist, dass es sich bei einer geschäftsrisikoorientierten Prüfung *weder um eine Geschäftsführungsprüfung* (→ III.2.2.2.3 und III.3.3.2.1) *noch um eine Unterschlagungsprüfung* (→ III.3.3.2.2) handelt. Vielmehr geht es vereinfacht formuliert darum, anhand der Geschäftsrisiken und den hiermit in einem engen Zusammenhang stehenden Geschäftsprozessen im Rahmen der Abschlussprüfung solche Schwerpunkte zu identifizieren, die im Hinblick auf die Existenz von wesentlichen falschen Angaben im Jahresabschluss besonders risikoträchtig erscheinen.

Eine geschäftsrisikoorientierte Prüfung geht davon aus, dass ein besseres Verständnis für das Geschäft des Mandanten wesentlich zu einem besseren Verständnis der Prüfungsrisiken beiträgt. Höhere Geschäftsrisiken führen regelmäßig zu *höheren Fehlerrisiken* (inhärente Risiken, Kontrollrisiken; → II.1.2), womit zunächst ein höheres Prüfungsrisiko verbunden ist. Sind z. B. die Entwicklungszyklen für neue Produkte im Branchenvergleich überdurchschnittlich lang, liegt darin ein wesentliches Geschäftsrisiko begründet. Dieses erhöhte inhärente Risiko führt dazu, dass der Prüfer ceteris paribus weitere aussagebezogene Prüfungshandlungen tätigen muss, um über ein reduziertes Entdeckungsrisiko das Prüfungsrisiko auf das in den Prüfungsnormen vorgegebene Maß zu reduzieren.

Kernidee einer geschäftsrisikoorientierten Prüfung ist, dass die *Perspektive*, durch die der Prüfer das Geschäft und die Branche des Mandanten betrachtet, das prüferische Vorgehen in hohem Maße beeinflusst. Um ein hinreichendes Verständnis der Geschäfte des Mandanten zu erlangen, muss sich der Prüfer verdeutlichen, dass der Mandant in ein komplexes Netz von Beziehungen eingebunden ist, welches wiederum in ein weiter gefasstes ökonomisches Beziehungsnetz integriert ist. Das zuletzt genannte Netz greift die Beziehungen des Mandanten z. B. zu Wettbewerbern, strategischen Partnern, Lieferanten, Kunden und Kapitalgebern auf. Die einzelnen Netzwerkbeziehungen, ihre Stärke und die Dynamik des Wandels dieser Beziehungen gilt es zu erkennen.[130]

Dieses Netz ökonomischer Beziehungen lässt sich als System beschreiben (zum *systemtheoretischen Ansatz* → II.3.3.1.5). Dabei ist es wichtig, dass der Prüfer sein Augenmerk nicht nur isoliert auf einzelne Systemelemente, sondern auf das System insgesamt und besonders auf die Interaktionen zwischen den einzelnen Systemelementen richtet. Beispielsweise gehen Veränderungen einzelner Systemelemente zumeist auf verschiedene Ursachen zurück. Dabei können selbst kleinste Veränderungen (z. B. in den Refinanzierungskosten oder in der Gewinnmarge) auf Grund sich selbstverstärkender Schleifen zu gravierenden Veränderungen im Gesamtsystem führen, welche die Existenz eines Unternehmens bedrohen. Entscheidend für eine gute Problemlösung im Sinne einer geschäftsrisikoorientierten Prüfung ist demnach, dass der Prüfer die Gesamtsystemzusammenhänge erkennt und versteht. Hierzu gehört auch das Verständnis für die Dynamik, die sich im Zeitablauf aus Veränderungen einzelner Systemelemente ergeben kann.[131]

---

129 Vgl. *Bell* et al. (1997), S. 15, sowie *Eilifsen* et al. (2010), S. 81 f. Zur geschäftsrisikoorientierten Abschlussprüfung siehe auch *Link* (2006) und *Mielke* (2007).
130 Vgl. hierzu sowie im Folgenden *Bell* et al. (1997), S. 14 ff.; *Bell/Peecher/Solomon* (2002), S. 1 ff.
131 Vgl. *Bell/Peecher/Solomon* (2002), S. 17 ff.

Die zuvor eingenommene ganzheitliche (holistische) Perspektive führt zu einem prüferischen Vorgehen, das einem *top down-Ansatz* folgt. Danach hat der Prüfer, ausgehend von der Beschäftigung mit der Gesamtheit der Geschäftsprozesse und dem Geschäftsumfeld des Mandanten (top), Erwartungshaltungen (bzw. Hypothesen) hinsichtlich der Aussagen und Prüfungsrisiken zu entwickeln (down), um das weitere Prüfungsvorgehen festlegen zu können. Insbesondere geht es darum, den Schwerpunkt aussagebezogener Prüfungshandlungen auf die Prüffelder zu legen, bei denen zuvor Prüfungsrisiken identifiziert wurden. Dem top down-Ansatz entspricht es, verstärkt jene Kontrollen zu prüfen, die in der Unternehmenshierarchie möglichst weit oben angesiedelt sind. Durch eine stärkere Fokussierung auf geschäftsrisikobezogene *high level-Kontrollen* soll der Umfang der zu prüfenden low level-Kontrollen auf der operativen Ebene möglichst gering gehalten werden.[132]

Dieses Vorgehen ist nicht grundsätzlich neu. Auch bislang (traditionelle risikoorientierte Abschlussprüfung) hat sich der Prüfer nicht nur isoliert mit den Geschäftsvorfällen und Abschlussposten beschäftigt und die einzelnen Teilurteile in ein Gesamturteil über den Jahresabschluss verdichtet (reduktionistisches Vorgehen im Sinne eines bottom up-Ansatzes). Eine Beschäftigung mit den Geschäftsrisiken des Mandanten sowie eine Systemprüfung sind bei einer traditionellen Prüfung gleichfalls obligatorisch. Neu ist vielmehr, dass ein BRA diese Risiken stärker betont und teilweise anders fokussiert.

Die großen Gesellschaften praktizieren (zumindest in ähnlicher Form) einen BRA. Gleichwohl ist die Terminologie sowohl bei den Gesellschaften als auch in der Literatur nicht einheitlich, obgleich zumeist identische Sachverhalte angesprochen werden: Beispielsweise bezeichnet KPMG den verwendeten Ansatz als »KPMG Audit Methodology«; PricewaterhouseCoopers verwenden den Begriff »PwC Audit« und Ernst & Young sprechen von der »Ernst & Young Global Audit Methodology (E&Y GAM).[133]

3.3.1.2 Entwicklungen in der Normengebung

Die seit den 90er Jahren festzustellende stärkere Fokussierung der Big Four Gesellschaften auf die Geschäftsrisiken des Mandanten hat auch die weiteren Entwicklungen in der Normengebung im erheblichen Maße beeinflusst. Der Prozess der Verankerung des BRA in den internationalen Prüfungsnormen wird im Folgenden kurz dargestellt.[134]

Chronologisch betrachtet stellt die auf die Prüfungsansätze der großen Prüfungsgesellschaften bezogene Studie von Lemon/Tatum/Turley den Auslöser der weiteren Entwicklungen im Hinblick auf den geschäftsrisikoorientierten Prüfungsansatz dar.[135] Auf Basis dieser Studie, welche dem BRA-Ansatz eine höhere Effizienz, einen Zusatznutzen für den Mandanten und eine bessere Corporate Governance auf internationalem Level bescheinigte, sprach ein Bericht der sog. Joint Working Group (JWG) im Jahr 2000 die Empfehlung aus, die fachtechnischen Prüfungsnormen in Richtung einer geschäftsri-

---

132 Vgl. auch *Curtis/Turley* (2007), S. 444.
133 Vgl. *KPMG* (2010), *PwC* (2010) und *E&Y* (2010).
134 Vgl. ausführlich *Link* (2006), S. 243 ff. und zuletzt *Ruhnke/Frey* (2011).
135 Vgl. *Lemon/Tatum/Turley* (2000).

sikoorientierten Prüfung zu überarbeiten.[136] Darüber hinaus sprach sich ein gleichfalls in diesem Jahr veröffentlichter Bericht des Panel on Audit Effectiveness des ehemaligen US-amerikanischen Public Oversight Board (POB) auf Grundlage einer Durchsicht des Prüfungsvorgehens bei gelisteten Gesellschaften dafür aus, dass das Risikomodell zu modifizieren und zu aktualisieren sei.

Da der IAASB und der US-amerikanische ASB des AICPA ähnliche Ziele verfolgten, beschlossen diese im Oktober 2001, innerhalb der sog.»Joint Risk Assessments Task Force« zusammenzuarbeiten. Dieses gemeinsam betriebene Projekt beschäftigte sich mit der Frage, inwieweit das traditionelle Risikomodell sowie die bestehenden Prüfungsnormen vor dem Hintergrund einer stärkeren Ausrichtung der Prüfung an den Risiken zu überarbeiten sind (audit risk project). Dies führte dazu, dass bereits seit März 2004 zentrale Elemente des geschäftsrisikoorientierten Prüfungsansatzes in den internationalen fachtechnischen Prüfungsnormen verankert sind. Die BRA-spezifischen Anpassungen wurden durch die Verabschiedung von ISA 315 und ISA 330 sowie die Überarbeitung von ISA 500 und die Ergänzungen zu ISA 200 vollzogen (sog. audit risk standards). Auch das IDW hat mit IDW PS 300 und IDW PS 261 auf die internationalen Entwicklungen reagiert.[137]

Die grundsätzliche Ausrichtung der Abschlussprüfung hat sich im Rahmen der Überarbeitungen der Standards nicht geändert. Das klassische Risikomodell (→ II.1.2) findet grundsätzlich Anwendung: So unterteilt ISA 200.13c das Prüfungsrisiko weiterhin in Fehlerrisiko (risk of material misstatement) und Entdeckungsrisiko (detection risk). Da das Geschäftsrisiko des Mandanten oftmals sowohl inhärente als auch Kontrollrisiken anspricht (siehe auch Abb. II.3-15), ist nun grundsätzlich eine gemeinsame Beurteilung der inhärenten und der Kontrollrisiken vorzunehmen, die getrennte Beurteilung ist indes weiterhin möglich (ISA 200.A40). Das aus der gemeinsamen Beurteilung resultierende Fehlerrisiko bezeichnen die Standards nunmehr als Risiko wesentlicher falscher Angaben im Abschluss (z. B. ISA 200.A35).

Zudem finden Risikobeurteilungen sowie Reaktionen auf die beurteilten Risiken jetzt konsequent auf Abschluss- und auf Aussagenebene statt. Weiterhin muss der Prüfer die auf absichtliche und unabsichtliche Fehler (zu fraud → II.4.1) bezogenen Risikobeurteilungen getrennt vornehmen (z. B. ISA 240.16). Insofern wurde mit dem Audit Risk Projekt *kein Paradigmenwechsel* vollzogen, sondern vielmehr das klassische Risikomodell abweichend interpretiert und in Teilbereichen neu ausgerichtet. Auch zeigt eine genauere Analyse der Normenänderungen, dass die neuen Normen zwar stärker geschäftsrisikoorientiert ausgerichtet sind, das Ausmaß dieser Neuausrichtung allerdings begrenzt ist. Es finden sich unverändert Elemente, die sich konzeptionell nicht mit einer konsequenten top down-Ausrichtung vereinbaren lassen. So verpflichtet beispielsweise ISA 330.18 den Abschlussprüfer bei wesentlichen Sachverhalten zu aussagebezogenen Prüfungshandlungen; insofern findet sich hier quasi ein bottom up-orientiertes Sicher-

---

136 Die JWG begründete die Empfehlung u. a. damit, dass eine stärkere Orientierung an den Geschäftsrisiken zu einem verbesserten Verständnis des Prüfers führt, wenn es um geschätzte Werte, Fragen der Unternehmensfortführung und fraud geht; vgl. *JWG* (2000), S. 9.

137 Nach Ansicht des IDW besteht eine Übereinstimmung mit ISA 315, ISA 330 sowie ISA 500; vgl. hierzu IDW PS 261.94, 300.48.

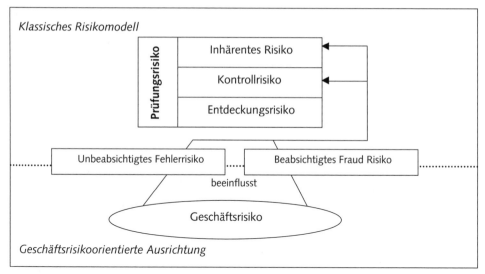

Abb. II.3-15: Geschäftsrisikoorientierte Ausrichtung des klassischen Risikomodells[138]

heitsnetz.[139] Die Notwendigkeit eines solchen Sicherheitsnetzes resultiert vor allem aus der Problematik, anhand der zuvor identifizierten und beurteilten Risiken geeignete aussagebezogene Prüfungshandlungen zu bestimmen.[140] Insofern handelt es sich hier nicht um eine Revolution im Hinblick auf den anzuwendenden Prüfungsansatz, sondern eher um eine graduelle, aber gleichwohl wichtige Evolution.[141]

Nachstehend wird zunächst unter weitgehendem Verzicht auf eine konkrete Bezugnahme auf die Prüfungsnormen der Prozessablauf eines BRA typisierend dargestellt (→ II.3.3.1.3), um ein grundlegendes Verständnis hierfür zu entwickeln. Darauf aufbauend wird der risikoorientierte Prüfungsansatz, wie er seit dem Audit Risk Projekt in den internationalen Prüfungsnormen verankert ist, näher beleuchtet (→ II.3.3.1.4). Abschließend werden die Eignung des BRA aus dem Blickwinkel von Theorie und Empirie untersucht sowie aktuelle Entwicklungen aufgezeigt (→ II.3.3.1.5).

3.3.1.3 Typisierte Phasen des Prozessablaufs

Typisierend folgt der Prozessablauf zumeist den nachstehend beschriebenen Phasen:[142]

---

138 Entnommen aus: *Ruhnke/Frey* (2011), S. 248. Zur Notwendigkeit, die Risikobeurteilungen getrennt nach unabsichtlichem Fehlerrisiko und absichtlichem fraud-Risiko vorzunehmen, vgl. z. B. ISA 315.A4.
139 I. d. S. auch *Curtis/Turley* (2005), S. 19: »(I)f a business risk assessment fails to identify a risk, then it is important that there is a safety net in the form of some lower level procedures.«
140 Vgl. hierzu *Flint/Fraser/Hatherly* (2008), S. 146.
141 So bereits *Ruhnke* (2002), S. 437 ff.
142 Vgl. *Bell et al.* (1997) sowie in starker Anlehnung an den KPMG-Ansatz *Knechel/Salterio/Ballou* (2007), S. 144 ff. Zu einem tätigkeitskreisorientierten Ansatz (→ II.3.3.2.1) mit BRA-Elementen siehe *Gramling/Rittenberg/Johnstone* (2010). Siehe ferner *Link* (2006), S. 201 ff. und *Mielke* (2007), S. 94 ff.

3.3.1.3.1 Strategische Analyse

Die strategische Analyse zielt darauf ab, einen Überblick über die strategischen Geschäftsziele des Unternehmens, die zur Verwirklichung eingesetzten Strategien, die operative Umsetzung durch Prozesse sowie die Geschäftsrisiken zu gewinnen.[143] Hier besteht ein enger Bezug zu den Prüfungshandlungen, die sich ggf. in Zusammenhang mit der Prüfung des Risikomanagementsystems des Mandanten ergeben (§ 317 Abs. 4 HGB i. V. m. § 91 Abs. 2 AktG sowie ausführlich → II.3.2.2.5). Wichtig ist, dass die Analyse der Strategie des zu prüfenden Unternehmens letztendlich auf eine Identifikation der für den Abschluss wesentlichen Risiken (Risiko wesentlicher falscher Angaben im Jahresabschluss) auszurichten ist, da von den identifizierten Risiken maßgeblich die Art und der Umfang der durchzuführenden aussagebezogenen Prüfungshandlungen abhängt.

Der Prüfer muss das Geschäft des Mandanten und seinen Umgang mit den Geschäftsrisiken *verstehen*. Dabei gilt es zunächst, den Prozess der Strategieformulierung zu analysieren, um zu verstehen, auf welcher Grundlage die Geschäftsleitung Entscheidungen trifft, insbesondere wie diese mit möglichen Risiken umgeht.

> **Beispiel**
>
> Eine Strategie zur Lohnfertigung oder Beschaffung von Gütern aus anderen Ländern bringt andere Risiken (z. B. Währungsrisiken, Risiko eines Embargos) mit sich als die Strategie zur Produktion oder Beschaffung vor Ort. Eine Strategie, Vermögensposten grundsätzlich zu leasen, bringt andere Risiken mit sich als die Strategie, diese Vermögensgegenstände zu kaufen (z. B. birgt ein gekaufter Vermögensposten ein höheres Risiko, diesen auf Grund technischen Fortschritts außerplanmäßig abschreiben zu müssen; ein solches Risiko lässt sich durch eine entsprechende Ausgestaltung des Leasingvertrags nahezu vollständig vermeiden).[144]

Im Anschluss an die Analyse der Strategieformulierung sind die zur Strategieimplementierung gewählten spezifischen Aktionsprogramme[145] zu identifizieren und zu analysieren, da diese wiederum mögliche Gründe für das Scheitern der Strategie darstellen.

Um die Umsetzung der strategischen Ziele in Handlungen zu verstehen, lässt sich das Konzept der *Balanced Scorecard* einsetzen, welches die Geschäftsziele und -strategien eines Unternehmens in einen Ursache-Wirkungsbeziehungen darstellenden Bezugsrahmen übersetzt.[146] Dieser ordnet die Beziehungen innerhalb des Unternehmens regelmäßig entlang von vier Perspektiven: Finanzperspektive, Kundenperspektive, interne Prozessperspektive und Lern- und Entwicklungsperspektive. Durch das Aufzeigen von Ursache-Wirkungszusammenhängen zwischen den einzelnen Perspektiven wird z. B. das Ergebnis der Finanzperspektive nicht isoliert betrachtet, sondern aus den drei anderen Kategorien abgeleitet und in Verbindung zu diesen gesetzt. Dabei greift die Balanced Scorecard für die Darstellung sowohl Früh- als auch Spätindikatoren auf, wobei

---

143 Strategische Geschäftsrisiken sind z. B. corporate compliance-Risiken, globale Risiken sowie alternde Kunden; diese Risiken variieren zudem branchenbezogen. Vgl. hierzu *E&Y* (2007).
144 In Anlehnung an *KPMG* (2001), S. 3.
145 Aktionsprogramme umfassen alle Aktivitäten und organisatorischen Arrangements, die der Strategierealisierung dienen.
146 Vgl. *Kaplan/Norton* (1992, 1996); kritisch hierzu *Wallenburg/Weber* (2006).

sich Frühindikatoren (z. B. bei einem Versicherungsunternehmen die Frühindikatoren »Vertreterleistung über Plan« sowie »Umfrage über Versicherungsnehmerzufriedenheit«) auch für die im Rahmen der Abschlussprüfung durchzuführende Beurteilung der Annahme der Unternehmensfortführung eignen (→ II.4.2).

Die Durchführung der Strategieanalyse kann durch weitere *betriebswirtschaftliche Verfahren* unterstützt werden, die nachstehend beispielhaft erläutert werden.[147]

- Die *SWOT-Analyse* dient der systematischen Erfassung von Stärken, Schwächen, Chancen und Risiken des Unternehmens.[148]
- Die *Portfolio-Analyse* ist eine Technik zur Beschreibung der strategischen Situation eines Unternehmens. Die Form der Abbildung wird wesentlich bestimmt von der jeweiligen Variante der Portfoliotechnik, die der Analyse zu Grunde gelegt wird. Besondere Beachtung hat hierbei die von der Boston Consulting Group konzipierte BCG-Matrix erhalten, welche Unternehmensprodukte anhand ihres relativen Marktanteils und des Marktwachstums zuordnet.
- Weitere Anhaltspunkte können die *PIMS-Studien* liefern.[149] Diese basieren auf einer branchenübergreifenden Untersuchung mit dem Ziel, die Bestimmungsgrößen von Gewinn und Cashflows zu ermitteln und die Zusammenhänge empirisch zu erforschen. Dabei wurde u. a. festgestellt, dass der relative Marktanteil einen großen Einfluss auf die Kapitalrentabilität des Unternehmens hat. Als Gründe hierfür werden insbesondere Skalenerträge, Marktmacht, Präferenzen der Abnehmer und andere Ursachen, wie z. B. die Qualität des Managements, genannt. Diese Studien können dem Prüfer Hinweise auf mögliche Geschäftsrisiken liefern.
- Eine Unternehmensstrategie ist nur dann erfolgreich, wenn die Unternehmensaktivitäten genau aufeinander abgestimmt sind. Ein Verfahren, um die Geschäftstätigkeit des Mandanten zusammenhängend darzustellen und die erlangten Informationen zu organisieren sowie zu integrieren, ist das in Abb. II.3-16 dargestellte allgemeine *Geschäftsmodell* auf Unternehmensebene. Ein Geschäftsmodell stellt das Abbild der Unternehmensstrategie dar.[150] Das dargestellte allgemeine Modell dient dem Prüfer als Ausgangsbasis, um mandantenspezifische Geschäftsmodelle auf Unternehmensebene zu entwickeln.

Weiterhin ist dem *Kontrollumfeld* im Rahmen der Prüfung der Unternehmensstrategie besondere Bedeutung beizumessen. Mit Hilfe der strategischen Kontrolle ist die Unternehmensleitung in der Lage, die Strategieformulierung und -implementierung zu beurteilen. Ein gutes Kontrollsystem greift hierbei regelmäßig auf feedback- und feedforward-Kontrollen zurück. Während eine feedback-Kontrolle die abschließende Beurteilung der Realisierung der Pläne und möglicher Abweichungen beinhaltet, identifiziert die feedforward-Kontrolle mögliche Abweichungen bereits vor dem Entstehen und trägt somit zu deren Vermeidung bei.[151]

---

147 Vgl. hierzu *Mielke* (2007), S. 116 ff.; *Bea/Haas* (2009), S. 119 ff. m. w. N.
148 SWOT-Analyse steht für »analysis of strengths, weaknesses, opportunities and threats«.
149 PIMS steht für »profit impact of market strategy«.
150 Vgl. *Hoffmann* (2002), S. 96 ff.
151 Siehe hierzu z. B. *Mielke* (2007), S. 130 f. m. w. N.

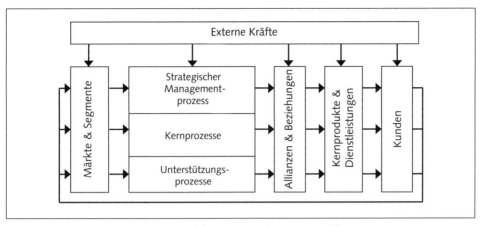

Abb. II.3-16: Allgemeines Geschäftsmodell auf Unternehmensebene[152]

Darüber hinaus sind im Rahmen der *Prüfung der externen Umwelt* Geschäftsrisiken, die zum Scheitern der Unternehmensstrategie und somit zur Verfehlung der Zielerreichung beitragen können, zu identifizieren. Dabei ist zunächst die allgemeine Umwelt des Unternehmens zu analysieren. Hier ist insbesondere wichtig, dass nur eine begrenzte Anzahl von Umweltelementen berücksichtigt werden kann und im Rahmen der Umweltanalyse die wichtigsten Einflussfaktoren herauszufiltern sind. Zur Systematisierung wird oftmals die *PEST-Analyse*[153] herangezogen. Diese dient der strukturierten Aufbereitung von Informationen der politischen, wirtschaftlichen, gesellschaftlichen und technologischen Einflussfaktoren.

Neben der Analyse der allgemeinen Umwelt ist auch eine *Branchenanalyse* erforderlich. Mit ihrer Hilfe gilt es z. B. zu untersuchen, ob die Entwicklungen bei Kunden, Lieferanten und Konkurrenten im Einklang mit den gewählten Strategien und der Unternehmensumwelt sind. Hierbei findet insb. das *Five-Forces-Modell* von Porter Anwendung. Demnach wird die Wettbewerbssituation einer Branche durch die in Abb. II.3-17 genannten Risikofaktoren beeinflusst.

Nach der strategischen Analyse sind die Auswirkungen der Geschäftsrisiken auf den Abschluss zu untersuchen und weitergehende aussagebezogene Prüfungshandlungen durchzuführen. Nur wenn der Abschlussprüfer die Unternehmensstrategie und das Geschäftsmodell versteht, ist er in der Lage, deren Einfluss auf den Jahresabschluss zu beurteilen (vgl. Tab. II.3-15). Im Rahmen der strategischen Analyse sind insofern die *für den Abschluss wesentlichen Geschäftsvorfälle* und *Schlüsselprozesse* (sog. *prüfungssensitive Prozesse*[154]) zu identifizieren. Schlüsselprozesse steuern und kontrollieren die Geschäfts-

---

152 In Anlehnung an *Arricale et al.* (2000), S. 28. Weiterhin existieren branchenbezogene Geschäftsmodelle; zu einem Geschäftsmodell für den Einzelhandel siehe *ebd.*, S. 29.

153 PEST-Analyse steht für »analysis of political-legal forces, economic forces, sociocultural forces and technological forces«.

154 Vgl. *Knechel/Salterio/Ballou* (2007), S. 199. *PwC* (2002), S. 10, und *Bouchillon/Glover* (2004), S. 14, sprechen in diesem Zusammenhang von key risks ohne explizite Prozessfokussierung.

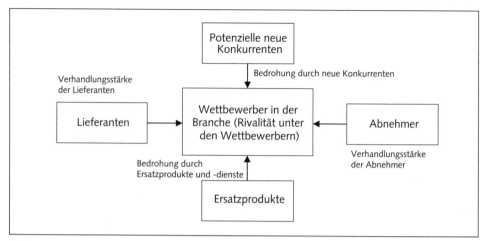

Abb. II.3-17: Einflussgrößen auf den Branchenwettbewerb[155]

risiken und lösen wesentliche Geschäftsvorfälle aus. Für diese Geschäftsvorfälle und die in diesem Zusammenhang relevanten Abschlussposten werden zugleich Prüfungsziele entwickelt, die sich an den jeweils relevanten Aussagen orientieren müssen.

Strategie/ Geschäftsvorfall	Wirtschaftliche und rechtliche Auswirkungen	Einfluss auf Jahresabschluss und Lagebericht
Abspaltung von Geschäftsbereichen	Verkauf von Anlagegegenständen	Gewinne/Verluste aus dem Abgang
	Personalpolitische Vereinbarungen	Rückstellungen für Abfindungen
Akquisition	Erwerb von Kapitalanteilen	Zugang bei Finanzanlagen, Konsolidierungsnotwendigkeiten
	(Außerplanmäßige) Aufwendungen der Integration in einen Konzern-verbund	Entwicklung der korrespondierenden Aufwendungen; ggf. auch Bildung von Rückstellungen
Zentralisierung der Einkaufsfunktion	Preisvorteile durch höhere Einkaufsvolumina	Entwicklung des Rohertrages
	Abgabe von Verpflichtungs-erklärungen	Rückstellungen wegen Ausgleichszahlungen für aus dem Lieferverbund ausgeschiedene Lieferanten

Tab. II.3-15: Beispiele für den Einfluss von Strategie und Geschäftsmodell auf die Geschäftsvorfälle[156]

---

155 In Anlehnung an *Porter* (2008), S. 36.
156 In enger Anlehnung an *Krommes* (2008), S. 98.

3.3.1.3.2 Prozessanalyse

Im Rahmen der Prozessanalyse geht es darum, auf Basis der zuvor identifizierten strategischen Geschäftsrisiken sowie wesentlicher Geschäftsvorfälle ein Verständnis hinsichtlich der Handhabung der Schlüsselprozesse durch den Mandanten zu erlangen. Dabei ist zu untersuchen,

- ob die Prozessziele in Einklang mit den Unternehmenszielen stehen und
- ob die Schlüsselprozesse wirksam sind.

Für die Beurteilung der Wirksamkeit dieser Prozesse sind *kritische Erfolgsfaktoren* (critical success factors; weitgehend synonym finden teilweise auch die Begriffe Werttreiber oder value drivers Verwendung) zu identifizieren. Zur Messung der Erfolgsfaktoren kommen wiederum *Schlüsselindikatoren* (key performance indicators, KPI) in Betracht.[157] Kritische Erfolgsfaktoren und Schlüsselindikatoren gelten zumeist *branchenspezifisch*.[158] Diese lassen sich z. B. durch ein externes Benchmarking objektiviert beurteilen.[159]

Beispiele

Ist der Schlüsselprozess Kundenservice von besonderer Bedeutung für den Unternehmenserfolg, sind z. B. Mitarbeiterzufriedenheit und Mitarbeitermotivation *kritische Erfolgsfaktoren*. Als leistungsbezogene *Schlüsselindikatoren* zur Messung dieser Erfolgsfaktoren kommen z. B. Fluktuation und Fehlzeiten in Betracht. Als Benchmark für die Fluktuation kann ein Mitarbeiterwechsel angesehen werden, der 10 % der gesamten Mitarbeiterzahl im Jahr nicht übersteigt; für die Fehlzeiten wird als Benchmark eine Fehlzeit herangezogen, welche die Gesamtarbeitszeit um nicht mehr als 6 % übersteigt.[160]

Bei einem PC-Hersteller kann die Auftragsabwicklung *kritischer Erfolgsfaktor* und z. B. die Auftragsabwicklungszeit einen geeigneten *Schlüsselindikator* darstellen: Ist diese im Vergleich zu den Wettbewerbern lang (Benchmarking), dann ist das in Zusammenhang mit dem Abwicklungsprozess stehende Geschäftsrisiko hoch (z. B. kann eine auf eine zu lange Lieferzeit zurückzuführende Kundenunzufriedenheit den Auslöser für einen Umsatzrückgang darstellen).

Bei einem Call-Center kann die Kundenzufriedenheit *kritischer Erfolgsfaktor* und die Wartezeit der Kunden bis zur Durchstellung an einen Call-Center-Agenten ein möglicher geeigneter *Schlüsselindikator* sein: Wird eine Wartezeit von 15 Sekunden als akzeptabel angesehen, so signalisiert z. B. eine 90 Sekunden andauernde Wartezeit einen schlecht funktionierenden Prozess.[161] Weiterhin trägt die Beschäftigung mit Schlüsselindikatoren dazu bei, eine unabhängige Erwartungshaltung hinsichtlich verschiedener Abschlussposten wie z. B. Umsätze und umsatzbezogene Herstellungskosten sowie Vorräte zu entwickeln; dies gilt auch hinsichtlich

---

157 Vgl. hierzu *Kohl* (2001), S. 177 ff., und *Hoffmann* (2002), S. 90 ff. Anzumerken ist, dass die verwendete Terminologie in der Literatur nicht immer einheitlich ist.
158 Vgl. hierzu *DiPiazza/Eccles* (2002), S. 87.
159 Zum Benchmarking vgl. z. B. *Reichling/Bietge/Henne* (2007), S. 241 ff. sowie ferner *Farris/Hutchinson/Hasty* (2005).
160 Die Fluktuationsraten können allerdings in Abhängigkeit von der jeweiligen Branche variieren.
161 Vgl. *DiPiazza/Eccles* (2002), S. 96 f.

der Frage, inwieweit die Umsätze am Jahresende periodengerecht abgegrenzt wurden.[162] Beispielsweise sind bei einem Call-Center, welches eine vergleichsweise lange Wartezeit aufweist, wesentliche Umsatzsteigerungen im Vergleich zur Konkurrenz zunächst einmal nicht zu erwarten. Hier muss der Prüfer im weiteren Prüfungsverlauf sein Augenmerk verstärkt auf die Prüfung der Umsatzerlöse richten.

Neben der Analyse der Prozesse und Prozessrisiken ist eine Beurteilung der prüfungsrelevanten Kontrollen (zur Systemprüfung → II.3.2.2) vorzunehmen.[163] Der Prüfer hat ein Verständnis für die relevanten internen Kontrollen zu erlangen und deren Umsetzung mittels Kontrolltests (synonym: Funktionsprüfungen des IKS) zu prüfen. Somit ist neben jenen Kontrollen, die die Prozesse betreffen, auch weiterhin die Existenz und die Wirksamkeit abschlussbezogener Kontrollen zu beurteilen. Der Einfluss des verbleibenden prozessbezogenen Risikos ist nach Betrachtung der Kontrollen und der erlangten Erkenntnisse aus der Analyse der Unternehmensstrategie zu beurteilen. Auf diese Weise lässt sich das für die Durchführung der weiteren Prüfungshandlungen relevante Risiko einer wesentlichen Falschaussage im Jahresabschluss bestimmen.

Das nachstehende Beispiel verdeutlicht die Zusammenhänge zwischen Schlüsselindikatoren und Aussagen:

Beispiel [164]

Die Lobis AG beschäftigt sich mit der Herstellung und dem PC-Vertrieb über das Internet. Zielgruppe sind Kunden, die über umfangreiches IT-Wissen verfügen. Jüngste Umsatzsteigerungen haben zu Problemen bei der Abwicklung des technischen Kundenservices geführt. Da in der Branche ein intensiver Wettbewerb herrscht, hat sich das Management der Lobis AG dazu entschlossen, seine Strategie dahingehend zu ändern, dass nicht nur in die Erschließung neuer Märkte in Übersee, sondern auch in einen verbesserten Kundenservice investiert werden soll. Das Schleifendiagramm in Abb. II.3-18 zeigt u.a. die folgenden Wirkungszusammenhänge:

- Die sich selbstverstärkende Schleife (reinforcing loop) R1 gibt an, dass die steigende Nachfrage höhere Umsätze generiert. Die auf diese Weise erzielten finanziellen Mittel erlauben die Erschließung neuer Märkte, womit wiederum eine steigende Nachfrage verbunden ist. Wird R1 isoliert betrachtet und ein entsprechendes Potenzial in anderen Märkten vorausgesetzt, so ergibt sich ein kontinuierliches Umsatzwachstum.
- Die ausgleichende Schleife (balancing loop) B2 verdeutlicht, dass bei konstant gehaltenen Betreuungskapazitäten eine zusätzliche Nachfrage zu einer niedrigeren Qualität in der technischen Kundenbetreuung führt. Wird eine positive Beziehung zwischen der Qualität der technischen Kundenbetreuung und der Produktnachfrage unterstellt, so führt eine niedrigere Betreuungsqualität zu einer sinkenden Nachfrage, die wiederum eine höhere Qualität der technischen Kundenbetreuung nach sich zieht (ausgleichender Mechanismus).
- Dieser ausgleichende Mechanismus lässt sich nur durch Investitionen in die technischen Betreuungskapazitäten durchbrechen. Hier zeigt die ausgleichende Schleife B3, dass die

---

162 Vgl. *Bell et al.* (1997), S. 54 f.
163 Zu den Prozesskontrollen vgl. ausführlich *Knechel/Salterio/Ballou* (2007), S. 246 ff.
164 In Anlehnung an *Bell et al.* (1997), S. 55 ff.

gesunkene Qualität der technischen Kundenbetreuung eine Qualitätslücke nach sich zieht, die wiederum Investitionen in die technische Kundenbetreuung erfordert

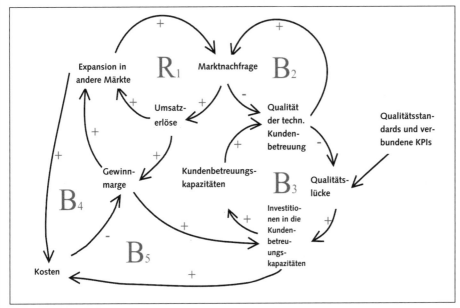

Abb. II.3-18: Zusammenhang zwischen Schlüsselindikatoren und Aussagen[165]

Der Prüfer muss feststellen, inwiefern die Lobis AG auf den Prozess »technische Kundenbetreuung« bezogene Schlüsselindikatoren zur Messung der Prozessqualität und der Kundenzufriedenheit festgelegt hat und systematisch überwacht. Relevant ist auch, inwieweit die Lobis AG in der Lage ist, *zeitnah* ihre Betreuungskapazitäten auszubauen, d.h. zeitnah weiteres Personal einzustellen und einzuarbeiten. Baut die Lobis AG trotz starker Expansion die Betreuungskapazitäten für die technische Kundenbetreuung nicht aus, so handelt es sich um ein für den Abschlussprüfer relevantes Prozessrisiko.

Eine Beschäftigung mit den zuvor angedeuteten Zusammenhängen erlaubt dem Prüfer auch, eine *unabhängige Erwartungshaltung* hinsichtlich der Aussagen zu den Posten Umsatzerlöse und den umsatzbezogenen Herstellungskosten sowie der Gewinnspanne zu entwickeln. So erscheint es bspw. nicht plausibel, wenn die Lobis AG bei starker Expansion und hoher Wettbewerbsintensität trotz fehlender Investitionen in die technische Kundenbetreuung *ständig* steigende Umsätze bei einer unveränderten Gewinnspanne ausweist. Auf diese Weise lassen sich ggf. auch Prüfungsnachweise für die Beurteilung der going concern-Annahme (→ II.4.2) sowie für die Darstellungen im Lagebericht (→ II.8.6) gewinnen. Besteht ein hoher Druck auf das Management der Lobis AG, ständig steigende Umsätze bei einer vorgegebenen Gewinnspanne zu generieren, können sich auch Hinweise auf die mögliche Existenz von fraud (→ II.4.1) ergeben.

---

165 Modifiziert entnommen aus *Bell et al.* (1997), S. 56.

3.3.1.3.3 Verbleibende Prüfungshandlungen

Nach der Beurteilung von strategischen sowie Prozessrisiken und den bestehenden internen Kontrollen ist es das Ziel, die wesentlichen Auswirkungen auf den Jahresabschluss zu bestimmen und somit eine Brücke zu den Aussagen zu bauen (*Bridging-Problematik*). Entsprechend sind das weitere Prüfungsvorgehen sowie verbleibende aussagebezogene Prüfungshandlungen in Abhängigkeit von den zuvor identifizierten strategischen und Prozessrisiken sowie den bestehenden internen Kontrollen zu planen. Die zu *analysierenden Residualrisiken* beziehen sich demnach auf wesentliche falsche Angaben im Jahresabschluss und betreffen insofern das Entdeckungsrisiko des Prüfers.

> **Beispiel**
>
> Hat sich das Käuferverhalten hinsichtlich der Akzeptanz eines bestimmten Produktes geändert (Geschäftsrisiko), dann ist festzustellen, inwieweit die Marktforschungsabteilung des Mandanten dies erkannt hat und bereits auf den neuen Kundengeschmack abgestimmte Produktentwicklungen betrieben werden (high level-Kontrollen). Weiterhin ist u. a. zu prüfen, inwieweit der Mandant diese schwer absetzbaren Produkte noch auf Lager hat und welche Maschinen zur Produktion eingesetzt werden. In Folge ist festzustellen, ob und in welchem Umfang die Vorräte und die Maschinen außerplanmäßig abzuschreiben sind (Durchführung aussagebezogener Prüfungshandlungen: Abschlusspositionen Vorräte und Sachanlagen, Aussage Bewertung).

Existieren wirksame interne Kontrollen und bestätigen analytische Prüfungen die vorläufige Einschätzung eines niedrigen Risikos einer wesentlichen Falschaussage im Jahresabschluss, so kann auf Einzelfallprüfungen weitgehend verzichtet werden.

Allerdings darf der Prüfer sich bei wesentlichen Posten bzw. signifikanten Risiken nicht ausschließlich auf die Ergebnisse analytischer Prüfungshandlungen stützen (ISA 330.21, IDW PS 312.12). Vielmehr besteht bei einer alleinigen Anwendung analytischer Prüfungen die Gefahr, dass der Mandant die ungeprüften Datenkonstellationen dergestalt manipuliert, dass analytische Prüfungen »ins Leere gehen« (siehe hierzu auch IDW PS 312.13).[166] Obgleich eine geschäftsrisikoorientierte Prüfung zweifelsfrei dazu beiträgt, unabhängige Erwartungshaltungen hinsichtlich der Aussagen zu entwickeln, muss der Prüfer stets abwägen, ob ein vollständiger Verzicht auf ins Detail gehende Einzelfallprüfungen zulässig ist (hierzu auch ISA 330.A10, 330.A43, IDW PS 300.10, 300.25); so ist z. B. die Prüfung eines wesentlichen Kassenbestands ohne eine stichprobenweise Belegprüfung nicht denkbar. Insofern finden sich auch in den Prüfungsnormen Elemente, die nicht mit einer top down-Ausrichtung vereinbar sind: Beispielsweise fordern IDW PS 300.22 und ISA 330.18, dass der Prüfer *unabhängig* von der zuvor vorgenommenen Einschätzung des Risikos einer wesentlichen Falschdarstellung im Jahresabschluss für *alle wesentlichen Aussagenkategorien aussagebezogene Prüfungshandlungen* tätigen

---

166 Analytische Prüfungen gehen dann »ins Leere«, wenn der Mandant z. B. Kennzahlen und Schlüsselindikatoren im vorläufigen Abschluss durch abschlusspolitische Maßnahmen so beeinflusst, dass diese branchenüblichen Gegebenheiten entsprechen. In diesem Fall ließe sich gerade keine bedeutsame Abweichung feststellen; vgl. hierzu Schritt 3 (→ II.3.2.3.3); zur Kennzahlenanalyse → II.3.2.3.4.1.2.

muss. Diese Anforderungen, die einer geschäftsrisikoorientierten Ausrichtung im ideal-typischen Sinne entgegenstehen, begründet ISA 340.A42 dahingehend, dass einerseits die Risikobeurteilung dem prüferischen Ermessen unterliegt und andererseits inhärente Grenzen in Bezug auf das IKS bestehen (einschließlich management override of controls; vgl. auch ISA 340.A42).

In diesem Zusammenhang spricht die KPMG von sog. widerlegbaren Prüfungshand-lungen (rebuttable procedures; z. B. Inventurbeobachtung, Suche nach nicht erfassten Schuldposten oder Prüfung von wesentlichen Anlagezugängen), die bei bedeutsamen Konten (significant accounts) immer durchzuführen sind, es sei denn, die rebuttable procedure ist nicht angemessen für die Branche oder nicht wirksam. In diesem Fall sind alternative Prüfungshandlungen zu tätigen.[167]

Die verbleibenden Prüfungshandlungen müssen letztendlich die Brücke zu den Aus-sagen bauen. Demnach muss die Beschäftigung mit den strategischen Geschäftszielen, den eingesetzten Strategien und Geschäftsprozessen stets in ein Prüfungsurteil münden, ob der Jahresabschluss und die enthaltenen Abschlussposten sowie die dazugehörigen Aussagen mit den relevanten Rechnungslegungsnormen übereinstimmen. Diesen Zu-sammenhang verdeutlicht beispielhaft Tab. II.3-16.[168]

Die dargestellte Tabelle zeigt, dass auch eine geschäftsrisikoorientierte Prüfung im weiteren Prüfungsverlauf in abschlusspostenbezogene Prüfungshandlungen mündet (→ II.3.3.2.2). Ausgangspunkt aller prüferischen Handlungen sind indes Überlegungen zum Geschäftsrisiko des Mandanten.

Dabei ist stets zu beachten, dass die Abschlussprüfung einen komplexen und itera-tiven Prozess darstellt (→ II.3.2.2.4 sowie → I.3.2.2), d. h. zuvor getätigte Risikoein-schätzungen können sich im Prüfungsverlauf bestätigen oder verändern (ferner z. B. ISA 330.23). Dies hat wiederum zur Folge, dass Art, Umfang und zeitlicher Ablauf der geplanten Prüfungshandlungen ständig im Hinblick auf ihre Eignung zu prüfen und ggf. zu revidieren sind (→ II.2.2).

Die im Rahmen der zuvor skizzierten Prüfungsdurchführung gewonnenen Erkennt-nisse erlauben es dem Prüfer, Beiträge zur *kontinuierlichen Verbesserung* der Aktivitäten des Mandanten zu leisten. Der Prüfer vermag den Mandanten im internen feedback-Pro-zess zu unterstützen. Dabei ist es möglich, die bisher im Wesentlichen auf die Schwach-stellen im internen Kontrollsystem beschränkten Angaben im management letter (IDW PS 450.17) deutlich auszuweiten; ähnliches gilt für die Ausführungen im Prüfungsbe-richt. Einen Zusatznutzen bringen auch die im Rahmen einer geschäftsrisikoorientierten Prüfung eingesetzten Verfahren, wie z. B. die Balanced Scorecard, das Benchmarking sowie das Geschäftsmodell auf Unternehmensebene. Diese kann der Mandant für die Reflektion seiner Strategien und Prozesse sowie für weitergehende Analysen nutzen.

---

167 Vgl. *KPMG* (2005), S. 31 f.
168 Vgl. zu einer ähnlich angelegten Darstellung z. B. *Knechel/Salterio/Ballou* (2007), S. 632 ff.

Geschäfts-ziele	Geschäfts-risiken	Antwort der Unterneh-mensleitung/ Kontrollen (Prozessana-lyse)	Prüfungsrisiko	Rechnungslegungs-elemente einschl. Abschlussposten (Beispiele) Rechnungslegungs-aussagen	verbleibende Prüfungs-handlungen (Beispiele)
(Ersatz-) Investitio-nen müssen sich rechnen; 14% ROI (Return on Investment)	a) Fehlin-vestition/ Falsch-kalkulation	Wirtschaftlich-keitsrechnung (WR) und Zustimmungs-erfordernisse	Verstöße gegen Geschäftsord-nung: WR und/oder erforderliche Zustimmungen fehlen	Anlagevermögen, Abschreibungen, Lagebericht	Veranlassung von Anpas-sungsbuchun-gen; Prüfung, ob für neue Investi-tionsobjekte WR und Zu-stimmungen vorliegen
				Vorhandensein, Zuordnung, Bewer-tung	
		Investitions-controlling	unzureichendes laufendes Investitions-controlling mit fehlerhafter Entscheidung Aktivierung/ Aufwand	Anlagevermögen, Materialaufwand, Lagebericht	Gespräch mit dem Investi-tionscontroller
				Vorhandensein, Erfassung und Abgrenzung, Be-wertung	
	b) geringe Auslas-tung der Pro-duktions-anlagen in den Stand-orten	Produktions-steuerung durch tägliche Über-wachung des Outputs und wöchentliche Abstimmung der Produktions-pläne mit den Vertriebsdaten	Überbewer-tung des Produktions-vermögens	Anlagevermögen, Abschreibungen	Werthaltig-keits-prüfung der Produktions-anlagen anhand von Auslastungs-kennziffern
				Bewertung	
			Personalüber-kapazität	Rückstellungen, Personalaufwand, Anhang, Lagebe-richt	Prüfung der Sozialplanrück-stellungen
				Bewertung, Erfas-sung und Abgren-zung, Darstellung und Offenlegung	

Tab. II.3-16: Zusammenhänge einer geschäftsrisikoorientierten Prüfung am Beispiel des Prüfungs-ansatzes von PwC[169]

---

169 Modifizierte Darstellung in Anlehnung an *PwC* (2002), S. 36. Aus Vereinfachungsgründen erfolgte keine Zuordnung der Aussagen zu den relevanten (Aussagen-)Kategorien; → I.6.2.

Diskussionsfrage

Die Medienbeobachtungs-GmbH (M-GmbH) mit Sitz in Berlin beschäftigt sich damit, für ihre Kunden Dienstleistungen in Form von Medienrecherchen und -analysen zu erstellen. Dabei geht es darum, dass die Kunden der M-GmbH verschiedene Suchbegriffe (z. B. Produkte des Kunden oder Konkurrenzprodukte sowie der Kundenname selbst) vorgeben und die M-GmbH alle Print- und Internet-Medien nach diesen Kriterien untersucht und die Auswertungen (sog. Clippings; z. B. in Form von Zeitungsausschnitten) für den Kunden bereitstellt. Bei der digitalen Weitergabe der Clippings sind urheberrechtliche Bestimmungen zu beachten. Seit Kurzem bietet die M-GmbH auch die Dienstleistung »TV-Beobachtung« an.

Die M-GmbH verfügt über eine Vertriebsmannschaft von 15 Mitarbeitern und ein Rechercheteam (Produktion) von 90 Mitarbeitern; in der Verwaltung sind 5 Personen (davon ist eine Person mit der Abwicklung von Reklamationen und der Qualitätssicherung betraut) beschäftigt. Die beiden Gesellschafter der GmbH Edmund Haber (72 Jahre) und Hubertus Tönnes (68 Jahre) leben in Arles (Frankreich). Der Geschäftsführer Otto Osteronkel leitet die GmbH seit 3 Jahren; es existieren variable Vergütungsbestandteile. Um Kosten einzusparen, wurden im letzten Jahr Teile der Produktion nach Stettin (Polen) verlagert. Weiterhin wurde im letzten Jahr ein kleinerer Wettbewerber, der sich auf die besonderen Bedürfnisse der Medienbeobachtung mittelständischer Kunden spezialisiert hat, zu einem Kaufpreis von 2 Mio. € erworben.

Für diese Form von Dienstleistungen existiert in Deutschland ein Marktvolumen i. H. v. jährlich 60 Mio. €. Die M-GmbH hat sich das strategische Ziel gesetzt, in Deutschland einen Marktanteil von 50 % zu erreichen (Marktführerschaft). Derzeit hält die M-GmbH einen Marktanteil von 27 %; es existieren noch zwei größere Konkurrenten mit einem Marktanteil von 24 % bzw. 29 %.

Sie sind mit der Prüfung der M-GmbH befasst. Diskutieren Sie mögliche Ansatzpunkte zur Lösung der Bridging-Problematik bei der Prüfung der M-GmbH. Welche weiteren Informationen benötigen Sie?

Nachdem der Prozessablauf eines BRA typisierend dargestellt wurde, werden im folgenden Abschnitt die allgemeinen Strukturvorgaben für einen geschäftsrisikoorientierten Prüfungsansatz, wie sie sich in ISA 315 und ISA 330 finden, vorgestellt.

3.3.1.4 Allgemeine Strukturvorgaben für einen geschäftsrisikoorientierten Prüfungsansatz nach ISA 315 und ISA 330

Zentral für eine geschäftsrisikoorientierte Prüfung ist eine strukturierte Vorgehensweise, die sich auf die Feststellung und Beurteilung von Fehlerrisiken, die Reaktion auf beurteilte Risiken sowie die sich anschließende Gesamtwürdigung der erlangten Prüfungsnachweise bezieht. Dabei lassen sich, ausgehend von allgemein angelegten Ausführungen, vor allem zur Risikobeurteilung nachfolgende vier Schritte unterscheiden (siehe zusammenfassend Abb. II.3-19).[170]

---

170 Vgl. zu den folgenden Ausführungen *Ruhnke* (2007), S. 158 ff. und *Ruhnke/Frey* (2011).

1. Schritt: Gewinnung eines Verständnisses über das Unternehmen und sein Umfeld einschließlich der internen Kontrollen

Der Abschlussprüfer muss als Grundlage für die Identifizierung und Beurteilung von Risiken wesentlicher falscher Angaben auf Abschluss- und Aussageebene Prüfungshandlungen zur Risikobeurteilung durchführen (ISA 315.5). Hierfür muss sich der Prüfer zunächst mit der Branche, den rechtlichen Gegebenheiten und anderen externen Faktoren einschließlich der anzuwendenden Rechnungslegungsnormen befassen. Dabei muss er u. a. ein Verständnis von der Branche und der Art des Unternehmens (nature of the entity) einschließlich der angewandten Rechnungslegungsmethoden erlangen (siehe auch → II.3.2.1). Dieses Verständnis hilft dem Prüfer, die Komplexität der Strukturen des geprüften Unternehmens zu durchdringen (ISA 315.A23). Komplexe Strukturen (z. B. eine hohe Anzahl von Tochterunternehmen oder andere Komponenten) deuten auf höhere Fehlerrisiken hin (z. B. im Bereich Goodwill-Bilanzierung oder der Behandlung von Zweckgesellschaften).

Weiterhin muss der Prüfer Kenntnisse über die Messung und Überwachung des wirtschaftlichen Erfolgs sowie der rechnungslegungsrelevanten internen Kontrollen erlangen. Im Rahmen dieser Aufbauprüfung (→ II.3.2.2.3.1) hat der Prüfer die in den ISA 315.14-24 genannten Komponenten des IKS zu untersuchen (→ II.3.2.2.1). Hierbei entspricht es der Kernidee einer geschäftsrisikoorientierten Prüfung, verstärkt jene Kontrollen zu prüfen, die in der Unternehmenshierarchie möglichst weit oben angesiedelt sind (High-Level Kontrollen). Durch solche Managementkontrollen soll der Umfang der Low-Level Kontrollen auf der operativen Ebene möglichst gering gehalten werden.[171]

Das gewonnene Verständnis muss für die im Folgenden vorzunehmende Risikobeurteilung sowie die darauf aufbauenden Prüfungshandlungen ausreichen. Schritt 1 ist hierbei nicht isoliert zu betrachten; vielmehr handelt es sich um einen kontinuierlichen dynamischen (rückgekoppelten) Prozess der Einholung, Aktualisierung und Analyse von Informationen, der sich über die gesamte Abschlussprüfung erstreckt (ISA 315.A1).

2. Schritt: Risikobeurteilung auf Abschluss- und auf Aussagenebene

ISA 315.5 unterscheidet die Identifikation und Beurteilung von Fehlerrisiken (inhärente und Kontrollrisiken) auf Abschlussebene einerseits und auf Aussagenebene andererseits. Zu den Risiken auf *Abschlussebene* zählen z. B. Fraud-Risiken, Risiken im Zusammenhang mit der Beurteilung der going-concern-Annahme oder dem Erwerb von Unternehmen. Dabei hat der Prüfer auch zu bestimmen, welche Risiken aufgrund ihrer Art oder ihres Umfangs im Hinblick auf mögliche falscher Angaben in der Rechnungslegung besonders bedeutsam sind (ISA 315.4e, 315.27 sprechen von signifikanten Risiken). Solche beziehen sich häufig auf ungewöhnliche Geschäftsvorfälle oder Sachverhalte mit erheblichen Ermessensspielräumen. Wenn der Prüfer solche Risiken identifiziert, muss

---

171 Allerdings verweisen die Prüfungsnormen nur indirekt auf die Prüfung von High-Level Kontrollen. Zwar beschreibt ISA 315.A98 f. Managementkontrollen als Prozess zur Beurteilung der Wirksamkeit eines internen Überwachungssystems; eine explizite Aufforderung zur Prüfung von High-Level Kontrollen findet sich indes nicht. Dies liegt in den Zweifeln begründet, ob High-Level Kontrollen geeignet sind, wesentliche Fehlerrisiken zu identifizieren. Vgl. hierzu *Curtis/Turley* (2007), S. 458.

er ein Verständnis für die hinsichtlich dieser Risiken relevanten Kontrollen und der dazu gehörigen Kontrollaktivitäten gewinnen.

Auf *Aussagenebene* sind die Risiken in Bezug auf die in ISA 315.A111 genannten Kategorien zu identifizieren. Zu nennen sind »Aussagen über Arten von Geschäftsvorfällen«, »Aussagen über Kontensalden« sowie »Aussagen über Ausweis und Angaben«. Diesen drei Kategorien sind wiederum einzelne Aussagen zugeordnet. Ziel ist es, das prüferische Vorgehen stärker in solche Bereiche zu lenken, die naturgemäß mit hohen Risiken behaftet sind. Darüber hinaus soll auch die Risikobeurteilung erleichtert werden. Dies erfolgt dadurch, dass die Risikoidentifikation und -beurteilung direkt an den Abschlussaussagen ausgerichtet wird, was wiederum die Bestimmung geeigneter Prüfungshandlungen erleichtern soll. Weiterhin wurde bspw. die Einführung der zusätzlichen Kategorie »Aussagen in Bezug auf Offenlegungspflichten« mit der zunehmenden Bedeutung von Anhangangaben in den internationalen Rechnungslegungsnormen begründet. Darüber hinaus soll die Risikoidentifikation dadurch erleichtert werden, dass den Kategorien nur solchen Aussagen zugeordnet werden, welche für die jeweilige Kategorie typisch sind.

Die im Rahmen der Aufbauprüfung durchgeführten Prüfungshandlungen reichen zur Beurteilung des IKS und damit zur Beurteilung von Kontrollrisiken nicht aus. Es ist weiterhin erforderlich, Funktionsprüfungen (→ II.3.2.2.3.2) durchzuführen, welche darauf angelegt sind, die Wirksamkeit von Kontrollen zur Verhinderung bzw. Aufdeckung und Korrektur wesentlicher falscher Angaben auf Aussageebene zu beurteilen.

3. Schritt: Allgemeine Reaktionen auf Abschlussebene und spezifische Prüfungshandlungen auf Aussagenebene

In einem dritten Schritt ist zwischen allgemeinen Reaktionen auf Abschlussebene (ISA 330.5) und spezifischen Prüfungshandlungen auf Aussagenebene (ISA 330.6-23) zu unterscheiden. Die allgemeinen Reaktionen, um den beurteilten Risiken wesentlicher falscher Angaben auf Abschlussebene zu begegnen, umfassen z.B. die Betonung einer kritischen Grundhaltung, den zunehmenden Einsatz erfahrener Mitarbeiter, die Durchführung überraschender Prüfungshandlungen oder die verstärkte Durchführung von Kontrolltests am Jahresende (ISA 330.A1).

Weiterhin muss der Prüfer auf die beurteilten Fehlerrisiken auf Aussagenebene reagieren. Grundidee ist es, dass die entlang der Aussagen identifizierten Risiken in besonderem Maße geeignet sind, um weitere Prüfungshandlungen zu bestimmen. Beabsichtigt ist insofern eine engere Verbindung der festgestellten Risiken mit den einzusetzenden Prüfungshandlungen. Hierfür ist die folgende Vorgehensweise auf Aussagenebene typisch:
- Zunächst sind *Kontrolltests* (synonym: Funktionsprüfungen des IKS) durchzuführen, wenn im Rahmen der Aufbauprüfung ein angemessenes internes Kontrollsystem festgestellt wird und eine begründete Erwartungshaltung hinsichtlich der Wirksamkeit der internen Kontrollen (mittlere bis hohe Kontrollzuverlässigkeit) geweckt wird. Kontrolltests sind weiterhin notwendig, wenn aussagebezogene Prüfungshandlungen alleine keine ausreichenden geeigneten Prüfungsnachweise auf Aussagenebene erbringen können. Dabei bietet es sich an, bestimmte Kontrolltests bereits im Rahmen der Aufbauprüfung durchzuführen.

Gem. ISA 330.A4 kann der Prüfer entweder festlegen, dass er bei einer bestimmten Aussage nur durch Kontrolltests wirksam auf das beurteilte Risiko wesentlicher falscher Aussagen reagieren kann (Tz. A4a) oder dass es bei bestimmten Aussagen angemessen ist, ausschließlich aussagebezogene Prüfungshandlungen durchzuführen und der Abschlussprüfer daher die Auswirkungen von Kontrollen bei der Beurteilung der relevanten Risiken außer Betracht lässt (Tz. A4b; z. B. wenn in Bezug auf eine bestimmte Aussage keine effektiven Kontrollen vorhanden sind). In der Praxis bietet sich zumeist ein kombinierter Ansatz unter Durchführung von Kontrolltests und aussagebezogener Prüfungshandlungen an (Tz. A4c).

- *Aussagebezogene Prüfungshandlungen* sind, unabhängig vom gewählten Ansatz, zwingend bei *wesentlichen Aussagenkategorien* durchzuführen (ISA 330.18). Diese beinhalten die Abstimmung des Jahresabschlusses mit den Aufzeichnungen der Rechnungslegung sowie die Untersuchung wesentlicher Journaleinträge anderer Anpassungen im Zusammenhang mit der Abschlusserstellung (ausführlich ISA 330.A42 ff.).
- Schließlich sind *Kontrolltests bei signifikanten Risiken* in jedem Jahr zwingend durchzuführen (ISA 330.15). Weiterhin muss der Prüfer bei signifikanten Risiken aussagebezogene Prüfungshandlungen durchführen, die speziell auf das jeweilige Risiko ausgerichtet sind. Begegnet der Prüfer diesen Risiken ausschließlich mit aussagebezogenen Prüfungshandlungen, sind weiterhin Einzelfallprüfungen zwingend erforderlich.

4. Schritt: Gesamtwürdigung der Prüfungsnachweise

In einem vierten Schritt sind die in den vorherigen Schritten erlangten Prüfungsnachweise zu würdigen. Insbesondere ist zu prüfen, ob die erlangten Prüfungsnachweise ausreichen, um das Risiko einer wesentlichen Falschdarstellung auf ein akzeptables niedriges Niveau zu reduzieren. Die Prüfung ist hierbei als kumulativer und iterativer Prozess zu sehen (→ I.3.2.2). Somit beeinflussen die erlangten Prüfungsnachweise das weitere prüferische Vorgehen. Insofern sind weitere alternative Prüfungshandlungen durchzuführen, wenn die erlangten Nachweise nicht ausreichen oder die zuletzt erlangten Prüfungsnachweise im Widerspruch zu anderen Prüfungsnachweisen stehen. Als Faktoren, die bei der Gesamtwürdigung der Prüfungsnachweise ggf. beachtlich sind, nennt ISA 330.A62 z. B. die Quelle und Verlässlichkeit der erlangten Prüfungsnachweise sowie das gewonnene Verständnis über das Unternehmen und seine Umwelt einschließlich des IKS (Abb. II.3-19).

Die *allgemeinen Strukturvorgaben* finden sich nunmehr auch in weiteren Prüfungsnormen, welche abgegrenzte Teilbereiche oder Sonderprobleme regeln. Beispiele für solche *konkretisierende Strukturvorgaben* finden sich in ISA 240 (fraud; → II.4.1), ISA 402 (Auslagerung der Rechnungslegung auf externe Dienstleistungsorganisationen; → II.6.2.5); ISA 540 (geschätzte Werte; → II.3.4.3), ISA 550 (Beziehungen zu nahe stehenden Personen; → II.8.4) und ISA 600 (Besondere Überlegungen zur Konzernabschlussprüfung; → II.9.2). Auch auf nationaler Ebene finden sich Konkretisierungen, die im Einklang mit der Grundidee eines BRA stehen: Beispielsweise zieht IDW PH 9.330.2 die zur Umsetzung der Unternehmensziele und der Unternehmensstrategie relevanten IT-gestützten Geschäftsprozesse (vor allem die Kernprozesse) und deren Risiken als Ausgangspunkt für das weitere prüferische Vorgehen heran. Dabei werden etwaige Auswirkungen auf Aussagenebene explizit adressiert (in den Tz. 16 f., 26 f.).

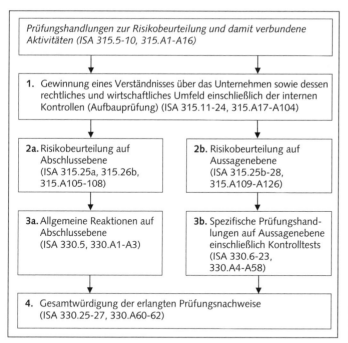

Abb. II.3-19: Struktur-
modell einer geschäfts-
risikoorientierten Prüfung

3.3.1.5 Eignung des BRA aus dem Blickwinkel von Theorie und Empirie sowie Entwicklungstendenzen

Mit zunehmender Bedeutung des geschäftsrisikoorientierten Prüfungsansatzes für die Prüfungspraxis stellt sich auch die Frage nach der besonderen Eignung einer solchen prüferischen Vorgehensweise. Nachfolgend werden zunächst zentrale *Ansätze zur theoretischen Fundierung* einer geschäftsrisikoorientierten Abschlussprüfung skizziert und darauf aufbauend untersucht, ob und inwieweit empirische Belege die Kernaussagen dieser Ansätze stützen.[172] Da die relevanten theoretischen Ansätze sehr heterogen sind, beschäftigen sich die nachstehenden Ausführungen zunächst mit den Ansätzen, die primär der externen Legitimation einer Prüfung dienen. Anschließend werden die vorzugsweise auf die interne Legitimation (Rechtfertigung des BRA innerhalb einer Prüfungsorganisation) ausgerichteten Ansätze näher beleuchtet.

- Im Kontext *neoinstitutionalistischer Ansätze* hat der Berufsstand der WP ein rationales Interesse an einer *externen Legitimation* der Prüfung.[173] Insofern ist der Berufsstand daran interessiert, die Erwartungen (zur Erwartungslücke → I.1.2.1) an eine Prüfung aufzugreifen, um hierauf in geeigneter Weise zu reagieren. Auch die Bilanzskandale der letzten Jahre (z. B. Enron, WorldCom) haben zu einer permanenten Reform der

---

172 Vgl. ausführlich sowie zu weiteren theoretischen Ansätzen und den relevanten empirischen Belegen *Ruhnke* (2006b) m. w. N.
173 Vgl. stellvertretend *Power* (2003).

Abschlussprüfung beigetragen. Die Neuausrichtung der risikoorientierten Abschlussprüfung als geschäftsrisikoorientierte Prüfung wurde dabei besonders durch die zunehmende Bedeutung von Risiken und die damit verbundenen Kontrollaktivitäten (zur Prüfung von Risikomanagementsystemen → II.3.2.2.5) forciert. Es wird erwartet, dass ein BRA durch die stärkere Fokussierung auf die Geschäftstätigkeit des Mandanten dazu beitragen kann, erneute Skandale zu vermeiden.

- Innerhalb einer Prüfungsorganisation lässt sich ein BRA rechtfertigen (*interne Legitimation*), wenn sich durch die Anwendung dieses Ansatzes Effizienzgewinne realisieren lassen. Weiterhin kann ein solcher Ansatz zu einer kontinuierlichen Verbesserung der Aktivitäten des Mandanten führen[174] und auf diese Weise die Kundenbindung erhöhen; in einem engen Zusammenhang hierzu steht auch die besondere Eignung einer solchen Prüfung als Ausgangspunkt für die Erbringung von freiwilligen, über die gesetzliche Abschlussprüfung hinausgehenden Prüfungs- und Beratungsleistungen.[175] Eine theoretische Erklärung kann der *ressourcenbasierte Ansatz* liefern, der Wettbewerbsvorteile auf die Einmaligkeit von Unternehmensressourcen zurückführt. Ein Wettbewerbsvorteil besteht v. a. darin, dass die großen Gesellschaften rascher in der Lage sind, BRA-spezifische Kompetenz z. B. in den Bereichen Risikomanagement und strategisches Management aufzubauen und in den Prüfungsprozess zu integrieren.

- Für die zuvor angesprochene interne und externe Legitimation sind auch Effizienzüberlegungen bedeutsam. Insofern sind auch auf den prüferischen Problemlösungsprozess bezogene verhaltenstheoretische Überlegungen relevant, die darauf abzielen, eine besondere Vorziehenswürdigkeit einer geschäftsrisikoorientierten Prüfung zu belegen. Ein besonders bedeutsamer *verhaltensorientierter Ansatz* der kognitiven Psychologie ist der Informationsverarbeitungsansatz (→ I.3.2.2).

- Aus dem Blickwinkel des *systemtheoretischen Ansatzes* lässt sich der Mandant als ein in ein komplexes Netz von Beziehungen eingebundenes Systemelement beschreiben. Der Prüfer muss dieses System und besonders die Interaktion zwischen den Systemelementen und die dem System innewohnende Dynamik erkennen. Dabei ist jede externe oder interne Kraft, welche die Verbindung zwischen dem Mandanten, den Geschäftsprozessen und der externen Umwelt beeinträchtigt, ein Geschäftsrisiko. Hieraus lassen sich logisch-deduktiv zentrale Bausteine eines BRA (holistische Perspektive, top down-Ansatz; → II.3.3.1.1) ableiten. Allerdings erlaubt dieser Ansatz keine geschlossene theoretische Fundierung. Gleichwohl lassen sich systemtheoretische und andere theoretische Überlegungen integrieren. Versuche einer solchen Integration sind jedoch rar: Ausnahmsweise haben *Choy/King* system- und verhaltenstheoretische Überlegungen miteinander verbunden und auf dieser Basis die sog. »systems-mediated mental model hypothesis« aufgestellt, wonach sich auf Grundlage

---

174 Vgl. z. B. *Bell et al.* (1997), S. 58 ff.

175 Prüfung und Beratung sind nach internationalen Normen grundsätzlich zulässig (z. B. Ethics Sec. 290.175 ff.). Auch konkretisierende nationale Normen, wie z. B. in Deutschland die §§ 319, 319a HGB, sehen (auch nach dem Sarbanes-Oxley Act) eine Beratung grundsätzlich als zulässig an, sofern die Beratungstätigkeit nicht über eine Entscheidungshilfe hinausgeht (→ I.6.5.2.2 und I.7.).

verschiedener Prämissen erstellte (verhaltenstheoretische) mentale Modelle präziser integrieren lassen, sofern der Problemlöser über Systemwissen verfügt.[176]

Als *Zwischenergebnis* ist festzustellen, dass es trotz einer Vielzahl von geeigneten Ansatzpunkten an einer geschlossenen theoretischen Fundierung mangelt. Es bestehen Zusammenhänge zu einzelnen theoretischen Ansätzen, diese sind jedoch teilweise vage. Nachstehend wird der Frage nachgegangen, ob die vorhandenen empirischen Belege die theoretischen Überlegungen stützen. Besonderes Augenmerk wird dabei auf die spezifischen Vorteile einer solchen Prüfung gegenüber der bisher praktizierten Abschlussprüfung (traditionelle Abschlussprüfung) gelegt.

Die *empirischen Belege* stützen die Hypothese, dass der Berufsstand ein rationales Interesse an einer externen Legitimation besitzt und der BRA offensichtlich ein Mittel zur Legitimation der Prüfung in der Öffentlichkeit darstellt.[177] Allerdings finden sich keine nennenswerten Belege, dass von einem BRA positive Impulse auf Art und Umfang der Erbringung zusätzlicher Dienstleistungen an den Mandanten ausgehen (interne Legitimation).[178]

Der Einfluss des BRA-Ansatzes auf den Prüfungsprozess (zu den typisierten Phasen des Prozessablaufs eines BRA → II.3.3.1.3) ist häufig Gegenstand empirischer Untersuchungen, die zumeist verhaltenstheoretisch fundiert sind. Ausgewählte zentrale Ergebnisse in diesem Objektbereich lassen sich wie folgt skizzieren:

- Bei Durchführung einer Strategie- und/oder Prozessanalyse lassen sich im weiteren Prüfungsverlauf *Risiken reichhaltiger identifizieren und genauer beurteilen*. Dies gilt auch im Hinblick auf die Einschätzung von fraud-Risiken sowie die Beurteilung der going concern-Annahme. Vermutlich unterstützt ein BRA vorziehenswürdigere Strukturen in der Wissensorganisation. Besonders aussagekräftig sind hier die Ergebnisse der bereits weiter oben angesprochenen Studie von *Choy/King*, die unter Bezugnahme auf die Systemtheorie sowie verhaltenstheoretische Überlegungen zeigen, dass die Probanden bei einem top down-Ansatz auf Grund des besseren Verständnisses für das Gesamtsystem (im Vergleich zur Anwendung eines bottom up-Ansatzes) abweichende Formen der Wissensorganisation wählen. Dies führt wiederum insbesondere unter dynamischen Umfeldbedingungen zu einer geringeren Anzahl von Fehlurteilen.[179]
- Weiterhin zeigt *Kotchetova*, dass (entgegen der ursprünglichen Erwartung) bei einer zuvor durchgeführten Strategieanalyse der *Anteil korrekt ausgewählter Prüfungshandlungen sinkt*, d. h. es konnte nicht gezeigt werden, dass der Prüfer in der Lage ist, die reichhaltiger festgestellten und präziseren Risikobeurteilungen in geeignete aussagebezogene Prüfungshandlungen umzusetzen (*Bridging-Problematik*).[180] Hier könnte eine kognitive Verzerrung in Form eines Ankereffektes vorliegen, d. h. obwohl ein neuer Prüfungsansatz (BRA) formal implementiert wurde, folgt die Prüfungspraxis unverändert dem vertrauten traditionellen Ansatz. Grund hierfür könnte auch sein,

---

176 Vgl. hierzu *Choy/King* (2005), S. 311 ff.
177 Vgl. *MacLullich* (2003); *Robson et al.* (2007), S. 419 ff.
178 Vgl. z. B. *Curtis/Turley* (2007), S. 458 f.
179 Vgl. *Choy/King* (2005), S. 311 ff.
180 Vgl. *Kotchetova* (2004).

dass die eingesetzten IT-gestützten Prüfungstechniken dem Prüfungsprozess ein zu hohes Maß an Struktur auferlegen und dass sich auf diese Weise Dysfunktionalitäten ergeben.

- Im Rahmen eines Laborexperiments vergleichen *Schultz et al.* die Vorgehensweise von Prüfern, die zum einem tätigkeitsorientiert (→ II.3.3.2.1) und zum anderen geschäftsrisikoorientiert vorgehen. Auch wenn im Zuge einer tätigkeitsorientierten Prüfung Geschäftsrisiken gleichfalls bedeutsam sind[181], zeigen die Autoren, dass bei Anwendung dieses Ansatzes die Geschäftsrisiken nicht im gleichen Maße in die Beurteilung des Risikos wesentlicher falscher Angaben im Jahresabschluss eingebunden werden.[182]

Auch unter Berücksichtigung weiterer empirischer Ergebnisse lässt sich zusammenfassend feststellen, dass die vorhandenen empirischen Belege die besondere Eignung eines BRA nicht widerlegen, sondern tendenziell stützen.[183] Allerdings ist eine abschließende Beurteilung dieser Eignung, insbesondere auf Grund des Problems der Verbindung der identifizierten Risiken mit geeigneten Prüfungshandlungen sowie dem Aufzeigen der daraus resultierenden Einflüsse auf die Prüfungsqualität, derzeit nicht möglich. Hierzu bedarf es weiterer empirischer Belege.

Darüber hinaus haben die Protagonisten einer geschäftsrisikoorientierten Prüfung eine *Weiterentwicklung des BRA-Ansatzes* zur Diskussion gestellt.[184] Ohne das bisherige Vorgehen grundsätzlich in Frage zu stellen, werden unter Hinweis auf die Notwendigkeit, weitere Steigerungen der Prüfungsqualität herbeizuführen, nunmehr das Urteilsvermögen (audit judgement) und die kritische Grundhaltung (professional skepticism) des Prüfers stärker betont. Dabei wird es als besonders wichtig erachtet, Prüfungsnachweise aus verschiedenen Quellen unter Verwendung verschiedener Methoden zu generieren; eingeführt wird unter Bezugnahme auf als besonders wichtig erachtete Quellen das Konstrukt einer Dreiecksbeziehung (triangulation). Als fundamentale Quellen sind zu nennen:

- »Entity Business States« (angesprochen ist der Mandant in seinem vernetzten Umfeld von z. B. Kunden, Lieferanten und Wettbewerbern),
- »Management Business Representations« (angesprochen sind alle Darstellungen der Unternehmensleitung, wie sie sich z. B. in der Rechnungslegung, im Lagebericht sowie in der Kommunikation mit Analysten finden) sowie
- »Management Information Intermediaries« (angesprochen sind alle Transformationsprozesse im Unternehmen, wie z. B. Informationsverarbeitungs- und Risikofrüherkennungsprozesse).

Dieser Aspekt ist allerdings nicht vollends neu und findet sich in seinen Wesensmerkmalen bereits in ISA 315. Weiterhin wird im Hinblick auf den Prüfungsprozess stärker betont, dass dieser durch die erlangten Prüfungsnachweise gesteuert wird und darauf

---

181 Geschäftsrisiken sind sowohl bei der Auswahl der zu prüfenden Tätigkeitskreise als auch bei der Festlegung der Prüfungsschwerpunkte innerhalb der zu prüfenden Tätigkeitskreise bedeutsam (→ II.3.3.2.1)
182 Vgl. *Schultz/Bierstaker/O'Donnell* (2010).
183 Vgl. ausführlich *Ruhnke* (2006b), S. 200–210 m. w. N. sowie *Allen et al.* (2006).
184 Vgl. hierzu *Bell/Peecher/Solomon* (2005).

ausgerichtet ist, gebildete Erwartungen (z. B. Fehlerhypothesen) zu bestätigen oder zu widerlegen (evidence-driven, belief-based risk assessments); insofern zeigen sich Parallelen zum Informationsverarbeitungsansatz (→ I.3.2.2).

3.3.2 Aussagespezifische Besonderheiten

3.3.2.1 Tätigkeitskreisorientierte Prüfung

3.3.2.1.1 Kernidee und Abgrenzung der Tätigkeitskreise

Im Folgenden wird als *aussagespezifische Besonderheit* einer geschäftsrisikoorientierten Prüfung zunächst die tätigkeitskreisorientierte Prüfung näher untersucht. Um ihrer Natur nach zusammengehörige Abschlussposten nicht isoliert voneinander zu prüfen, liegt es nahe, Tätigkeitskreise (Transaktionskreise, sog. transaction cycles) abzugrenzen, denen sich logisch zusammengehörige Geschäftsvorfälle sowie die damit verbundenen Verarbeitungs- und Kontrollsysteme zuordnen lassen (*transaction cycle approach*). So erscheint es z. B. wenig sinnvoll, die Forderungen aus Lieferungen und Leistungen und die Umsatzerlöse vollkommen losgelöst voneinander zu betrachten. Für ein solches Vorgehen spricht auch, dass die internen Kontrollen und Kontrollrisiken in Bezug auf die einzelnen Transaktionskreise zumeist relativ homogen sind.[185]

Einer tätigkeitskreis- und einer geschäftsrisikoorientierten Prüfung (→ II.3.3.1) ist eine gewisse Prozessorientierung gemein.[186] Während die zuerst genannte Prüfung darauf abzielt, möglichst homogene Vorgänge im Sinne einer geeigneten Prüfbarkeit in Tätigkeitskreise zusammenzufassen (Prüffeldabgrenzung), ist es das Anliegen einer geschäftsrisikoorientierten Prüfung, primär aus einer strategischen Perspektive heraus die den Geschäftsprozessen innewohnenden Risiken zu identifizieren und zu beurteilen. Ziel ist die Identifikation von Schlüsselprozessen (prüfungssensitive Prozesse). Dies bedeutet allerdings nicht, dass die Geschäftsrisiken bei einer tätigkeitskreisorientierten Prüfung ohne Belang sind. Vielmehr ist die Fokussierung hier eine andere. Geschäftsrisiken sind sowohl bei der Auswahl der zu prüfenden Tätigkeitskreise als auch bei der Festlegung der Prüfungsschwerpunkte innerhalb der zu prüfenden Tätigkeitskreise bedeutsam.

Da die Abgrenzung der Tätigkeitskreise von Unternehmen zu Unternehmen variiert, sind die relevanten Tätigkeitskreise zunächst zu identifizieren.[187] Häufig wird zwischen folgenden Tätigkeitskreisen unterschieden (siehe Abb. II.3-20):[188]

---

185 Vgl. ausführlich *Guy/Alderman/Winters* (1999), S. 227 ff.; *Ricchiute* (2006), S. 306 ff.; *Elder/Beasley/Arens* (2010), S. 148 ff.

186 Teilweise werden die Begriffe »business process« und »transaction cycle« auch synonym verwandt; vgl. z. B. *Eilifsen et al.* (2010), S. 331. Gleichwohl dominiert in diesem Lehrbuch die Grundidee einer geschäftsrisikoorientierten Prüfung; vgl. *ebd.*, S. 79.

187 Die Identifikation der Tätigkeitskreise umfasst die folgenden Schritte: »1. Review account components for homogeneity. 2. Identify representative cycles. 3. Flowchart each cycle, supplementing with narratives and questionnaires as necessary. 4. Trace one or a few representative transactions through each cycle (a transaction walk-through). 5. Revise flowcharts if necessary.« (*Ricchiute* (2006), S. 321).

188 Vgl. hierzu die in Fn. 185 angegebene Literatur.

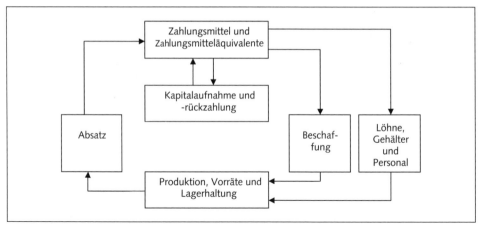

Abb. II.3-20: Zusammenhänge zwischen den Tätigkeitskreisen[189]

- Beschaffung: Beschaffungsvorgänge und Beschaffungsausgaben (acquisition and payment cycle),
- Löhne, Gehälter und Personal (payroll and personnel cycle),
- Produktion, Vorräte und Lagerhaltung (production, inventory and warehousing cycle),
- Absatz: Verkauf und Verkaufseinnahmen (sales and collection cycle),
- Kapitalaufnahme und Rückzahlung (capital acquisition and repayment cycle),
- Zahlungsmittel und Zahlungsmitteläquivalente (cash and other liquid assets).

Der Zusammenhang zwischen diesen Tätigkeitskreisen lässt sich beispielhaft anhand des Leistungserstellungsprozesses eines Industrieunternehmens nachvollziehen, der mit der Bereitstellung finanzieller Ressourcen beginnt. Die akquirierten Mittel werden zur Beschaffung von Produktionsmitteln (z. B. Werkzeuge und Rohstoffe) und Vorleistungen eingesetzt sowie zur Entlohnung der Beschäftigten verwendet. Die fertigen Produkte werden im Rahmen der Lagerhaltung erfasst. Durch den Verkauf der Produkte erzielt das Unternehmen Einnahmen, mit denen Kapitalkosten gedeckt und neue Leistungserstellungsprozesse initiiert werden.

Jeder der beschriebenen Geschäftsvorfälle betrifft einen oder mehrere der genannten Tätigkeitskreise und löst entsprechende Kontenbewegungen aus. Beispielsweise betrifft der Geschäftsvorfall »Kauf von Rohstoffen« aus dem Tätigkeitskreis »Beschaffung« die Konten »Bank« und »Rohstoffe«. Das Konto »Bank« wird wiederum u. a. bei der Buchung von Geschäftsvorfällen aus den Tätigkeitskreisen »Beschaffung« und »Absatz« angesprochen.

Demnach ignoriert die tätigkeitskreisorientierte Prüfung nicht die einzelnen Konten und die dahinter stehenden Abschlussposten. Vielmehr erfolgt eine Fokussierung auf

---

189 In Anlehnung an *Elder/Beasley/Arens* (2010), S. 152.

geeignete Tätigkeitskreise, um die Darstellungen auf den Konten besser verstehen und damit auch prüfen zu können.[190]

3.3.2.1.2 Prüfung eines Tätigkeitskreises

Unter Berücksichtigung geschäftsrisikoorientierter Überlegungen (→ II.3.3.1) erscheint es – wie bereits weiter oben dargelegt – sachgerecht, jenen Tätigkeitskreisen, die für die Zielerreichung eines Unternehmens kritisch sind, besondere Beachtung zu schenken (prüfungssensitive Tätigkeitskreise).[191] So ist z. B. bei Unternehmen, die in hohem Maße von monopolisierten Zuliefermärkten abhängig sind, der Bereich Beschaffung als kritisch zu erachten.

Bei der Prüfung eines in diesem Sinne ausgewählten Tätigkeitskreises verschafft der Prüfer sich zunächst ein Bild über die Abläufe innerhalb der zu prüfenden Tätigkeit und stellt das inhärente Risiko fest. Danach erfolgt die Abschätzung des Kontrollrisikos, woraus der Prüfer im Rahmen seiner Risikoeinschätzung den Umfang der aussagebezogenen Prüfungshandlungen ableitet. Abschließend trifft er anhand der erlangten Prüfungsnachweise eine Aussage über den Tätigkeitskreis und die betroffenen Konten. Insbesondere bei Systemprüfungen zur Abschätzung des Kontrollrisikos folgt der Prüfer dem Informationsverarbeitungsansatz, da die Ableitung eines Soll-Objektes ex ante nur teilweise möglich ist (→ II.3.2.2.4 und I.3.2.2). Abb. II.3-21 stellt die im Folgenden näher zu beschreibenden fünf Schritte bei der Prüfung eines Tätigkeitskreises dar.

Im *ersten Schritt* ist der zuvor identifizierte Tätigkeitskreis zu analysieren. Der Prüfer hat festzustellen, welche typischen Funktionen dem Tätigkeitskreis zuzuordnen sind, welche Geschäftsvorfälle und Abschlussposten nebst den zugehörigen Verarbeitungs- und Kontrollsystemen betroffen sind, welche Funktionen von welchen Personen ausge-

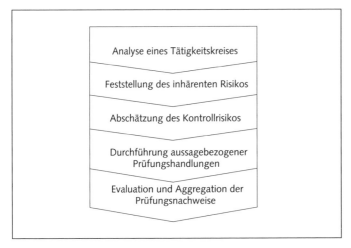

Abb. II.3-21: Schrittweise Prüfung eines Tätigkeitskreises

---

190 So auch *Ricchiute* (2006), S. 307.
191 Teilweise wird vorgeschlagen, die Tätigkeitskreise möglichst konsequent analog zu den Geschäftsprozessen im Sinne der geschäftsrisikoorientierten Prüfung abzugrenzen; vgl. hierzu *Orth* (1999), S. 576 f.; i. d. S. wohl auch *Eilifsen et al.* (2010), S. 327 ff.

führt werden und in welchen Belegen Verarbeitungsnachweise zu finden sind. Weiterhin muss der Prüfer sich einen Eindruck von dem Beziehungsgeflecht zwischen den einzelnen Tätigkeitskreisen verschaffen.[192]

Im *zweiten Schritt* erfolgt die Festlegung des inhärenten Risikos ($\rightarrow$ II.1.2.1). Die mögliche Aufdeckung und Korrektur von Fehlern durch das IKS des Unternehmens bleibt unberücksichtigt. Der Prüfer legt das inhärente Risiko für jeden Tätigkeitskreis in Abhängigkeit von den darin enthaltenen Geschäftsprozessen und den betroffenen Konten fest. Im Sinne einer Integration von BRA-Elementen ($\rightarrow$ II.3.3.1) erscheint es sachgerecht, die Beurteilung des inhärenten Risikos nicht nur streng tätigkeitsorientiert, sondern zusätzlich auch aus dem Blickwinkel der Geschäftsrisiken vorzunehmen. Weiterhin ist analog zum BRA eine gemeinsame Beurteilung von inhärenten und Kontrollrisiken möglich. Unabhängig davon muss der Prüfer die auf absichtliche und unabsichtliche Fehler (zu fraud $\rightarrow$ II.4.1) bezogenen Risikobeurteilungen getrennt vornehmen (z. B. ISA 240.16).

Erfolgt im Rahmen der Prüfung der einzelnen Tätigkeitskreise eine getrennte Beurteilung von inhärentem und Kontrollrisiko, hat der Abschlussprüfer das Kontrollrisiko im *dritten Schritt* getrennt zu beurteilen. Das Kontrollrisiko beschreibt das Risiko bzw. die Wahrscheinlichkeit dafür, dass in einem Prüffeld vorhandene Fehler, die einzeln oder zusammen mit anderen Fehlern wesentlich sind, durch das IKS des Unternehmens weder verhindert noch aufgedeckt und korrigiert werden ($\rightarrow$ II.1.2.1). Das Unternehmen legt in einem Kontrollsystem Kontrollziele fest, um Fehler im Jahresabschluss zu vermeiden. Kontrollmaßnahmen sind die Richtlinien und Verfahren, die das Erreichen der Kontrollziele sicherstellen.[193]

Bei der Prüfung der einzelnen Tätigkeitskreise wird zunächst das IKS geprüft. Zu diesem Zweck legt der Prüfer für die Kontrollsysteme (vgl. ausführlich $\rightarrow$ II.3.2.2) der einzelnen Tätigkeitskreise Soll-Anforderungen im Hinblick auf die grundsätzliche Eignung zur Vermeidung von Fehlern im Jahresabschluss fest. Der Prüfer definiert ferner Prüfungsziele, anhand derer er die Korrektheit der relevanten Aussagen im Jahresabschluss beurteilen kann. Im Tätigkeitskreis »Beschaffung« dient bspw. das Prüfungsziel »Auszahlungen sind in der richtigen Periode gebucht« zur Beurteilung der Aussage »Erfassung und Periodenabgrenzung« ($\rightarrow$ I.6.2). Abb. II.3-22 verdeutlicht die vorherigen Ausführungen.

Nach der Beurteilung der Angemessenheit des Kontrollsystems beurteilt der Prüfer die Kontrollmaßnahmen im Hinblick auf ihre tatsächliche Wirksamkeit (Effektivität) und Effizienz. Die durch das Unternehmen eingerichteten Kontrollmaßnahmen dienen dabei der Erreichung der Kontrollziele. Zur Überprüfung der tatsächlichen Wirksamkeit dieser Kontrollmaßnahmen legt der Prüfer spezielle Prüfungshandlungen fest, mit denen er Prüfungsnachweise über die Wirksamkeit der Kontrollmaßnahmen und damit über die Fähigkeit des Systems zur Vermeidung von Fehlern im Jahresabschluss erlangt. Diese Funktionsprüfung wird durch Einzelfallprüfungen ergänzt.

Im *vierten Schritt* werden für jeden einzelnen Tätigkeitskreis spezifische aussagebezogene Prüfungshandlungen (ISA 315.A111; $\rightarrow$ I.6.2) durchgeführt. Auf Grund der Er-

---

192 Vgl. hierzu *Guy/Alderman/Winters* (1999), S. 229.
193 Vgl. zu diesem Absatz *Orth* (1999), S. 580.

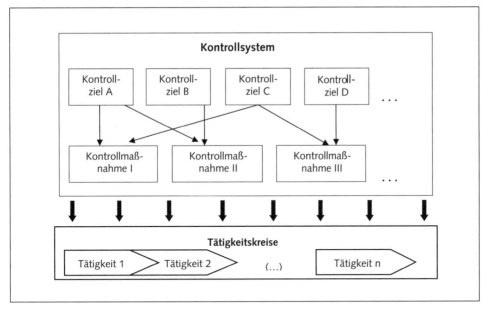

Abb. II.3-22: Zusammenhang zwischen Tätigkeitskreisen, Kontrollzielen und Kontrollmaßnahmen

kenntnisse über das inhärente Risiko und das Kontrollrisiko bestimmt der Prüfer Art und Umfang der aussagebezogenen Prüfungshandlungen nach dem risikoorientierten Prüfungsansatz. Als Methoden kommen analytische Prüfungen (→ II.3.2.3) sowie Einzelfallprüfungen (→ II.3.2.4) in Frage.

Der *fünfte Schritt* beinhaltet die Evaluation und Aggregation der erlangten Prüfungsnachweise zur Urteilsbildung über die geprüften Tätigkeitskreise. Die erlangten Prüfungsnachweise sind hinsichtlich ihrer Relevanz und Verlässlichkeit (z. B. ISA 500.6, 500.A1-25) zu beurteilen und anschließend zu einem Urteil über den untersuchten Tätigkeitskreis zu aggregieren.

Ziel der tätigkeitskreisorientierten Prüfung ist es, eine Aussage über die Normenkonformität der Buchungs- und Verarbeitungsvorgänge innerhalb der Tätigkeitskreise zu treffen. Weiterhin geht es um eine Beurteilung, inwieweit die erlangten Erkenntnisse (Prüfungsnachweise) die einzelnen Aussagen stützen. Insofern gehen hier tätigkeitskreis- und abschlusspostenorientierte Prüfung ineinander über. Bei einer tätigkeitskreisorientierten Prüfung konzentrieren sich die Prüfungshandlungen auf Systemprüfungen (→ II.3.2.2.3 sowie zum Informationsverarbeitungsansatz → I.3.2.2). Der Prüfer bildet zunächst eine Urteilshypothese (z. B. »Die Geschäftsvorfälle im Tätigkeitskreis Produktion und Lagerhaltung werden in Übereinstimmung mit den Normen korrekt gebucht und verarbeitet.«). Daraufhin wählt er die Prüfungshandlungen derart, dass sie geeignet sind, seine Urteilshypothese zu stützen oder zu verwerfen. Der Prüfer bricht die Suche nach Prüfungsnachweisen ab, sobald der Überzeugungsgrad der Urteilshypothese einen Schwellenwert erreicht hat (Abbruchkriterium), der es erlaubt, die Hypothese entweder anzunehmen oder zu verwerfen. Der erforderliche Schwellenwert gilt auch dann als erreicht, wenn das Urteil durch die ausstehenden Prüfungsnachweise nicht mehr wesentlich beeinflusst werden kann.

3.3.2.1.3 Beispiele

3.3.2.1.3.1 Prüfung des Tätigkeitskreises Beschaffung

Die Prüfung des Tätigkeitskreises Beschaffung wird analog in fünf Schritten durchgeführt (vgl. Abb. II.3-21).

Im *ersten Schritt* betrachtet der Prüfer den Beschaffungsvorgang, der sich vom Beschaffungsmarkt und von den Lieferanten und der Materialorder einer Abteilung über die Bestellung und Lieferung bis zur Bezahlung der Ware erstreckt. Dieser Tätigkeitskreis besteht aus diversen Geschäftsvorfällen, die wiederum Buchungen auf unterschiedlichen Konten auslösen und durch verschiedene Dokumente belegt werden. Die wichtigsten Tätigkeiten im Tätigkeitskreis Beschaffung sind der Einkauf von Waren oder Dienstleistungen, die Begleichung der daraus entstehenden Verbindlichkeiten, die Rückgabe von Waren infolge von Mängeln sowie die Behandlung von Rabatten oder Skonti.

Dabei sind z. B. die Konten Rohstoffe (raw material), Geschäftsausstattung (equipment), Verbindlichkeiten aus Lieferungen und Leistungen (accounts payable), Skonti (cash discounts) und Guthaben bei Kreditinstituten (cash in bank) betroffen. Die zentralen Abläufe umfassen die Verarbeitung der Bestellungen, die Entgegennahme von Vorleistungen, die Entstehung von Verbindlichkeiten und das Veranlassen und Dokumentieren der Auszahlungen. Dabei legt das zu prüfende Unternehmen unterschiedliche Dokumente der Aufzeichnung der Verarbeitungsvorgänge (z. B. Bestellformulare oder Warenrechnungen) zu Grunde.

Die Festlegung des inhärenten Risikos bildet den *zweiten Schritt* der tätigkeitskreisorientierten Prüfung. Die Höhe des inhärenten Risikos hängt auch von der Häufigkeit der erwarteten Fehler ab: Je höher die erwartete Fehlerhäufigkeit, desto höher das inhärente Risiko. Auf monopolisierten Zuliefrermärkten kann das inhärente Risiko z. B. in Lieferausfällen oder unerwarteten und unausweichlichen Preissteigerungen von Roh-, Hilfs- und Betriebsstoffen bestehen, die die Ertragssituation des Unternehmens beeinträchtigen können. Auf Grund der dem Beschaffungs- und dem hiermit in einem engen Zusammenhang stehenden Lagerhaltungsbereich zu Grunde liegenden Unterschlagungsrisiken durch Mitarbeiter weisen diese Bereiche zumeist ein hohes inhärentes fraud-Risiko auf. Risikofaktoren im Tätigkeitskreis Beschaffung, die für ein erhöhtes fraud-Risiko (red flags; → II.4.1) sprechen, sind z. B. signifikant vom Branchendurchschnitt abweichende Aufwendungen, Konten für nicht zu belegende Reisekosten von (leitenden) Angestellten oder im Verhältnis zu den Umsatzerlösen stärker steigende Vorratsbestände.[194]

Im *dritten Schritt* wird das Kontrollrisiko tätigkeitskreisorientiert untersucht und seine Höhe festgelegt. Das bedeutet, dass die tätigkeitskreisspezifischen Kontrollen und Kontrollmaßnahmen identifiziert und auf ihre grundsätzliche Funktionsfähigkeit hin überprüft werden. Anschließend werden Funktionstests durchgeführt, welche die tatsächliche Wirksamkeit belegen.

---

194 Vgl. z. B. *Gramling/Rittenberg/Johnstone* (2010), S. 551.

Tab. II.3-17 enthält *Kontrollziele* des Unternehmens für die Tätigkeit »Auszahlungen« im Tätigkeitskreis »Beschaffung« und die dazugehörigen tätigkeitsorientierten Aussagen (oftmals findet synonym der Begriff »transaction-related audit objectives« Verwendung).[195]

Kontrollziele für die Tätigkeit Auszahlungen im Tätigkeitskreis Beschaffung	zentrale tätigkeitskreisorientierte Aussagen
Auszahlungen erfolgen nur für tatsächlich erhaltene Waren und Dienstleistungen.	Vollständigkeit, Vorhandensein
Auszahlungen erfolgen an die richtigen Lieferanten.	Vollständigkeit, Vorhandensein
Auszahlungen sind richtig berechnet und gebucht (siehe Tab. II.3-18).	Erfassung und Abgrenzung
Alle Auszahlungen sind gebucht.	Vollständigkeit
Auszahlungen sind in der richtigen Periode gebucht.	Erfassung und Abgrenzung

Tab. II.3-17: Kontrollziele des Unternehmens für die Tätigkeit »Auszahlungen« und die dazugehörigen tätigkeitskreisorientierten Aussagen

Jedes dieser Kontrollziele wird durch eine oder mehrere *Kontrollmaßnahmen* erreicht. Tab. II.3-18 zeigt mögliche Kontrollmaßnahmen zu dem Kontrollziel »Auszahlungen sind richtig berechnet und gebucht.«[196] Der Prüfer analysiert die Kontrollmaßnahmen – genau wie die Kontrollziele – um das Kontrollrisiko zu bestimmen. Dabei untersucht er zunächst den Aufbau des Kontrollsystems und dann dessen tatsächliche Wirksamkeit (Aufbau- und Funktionsprüfung).

Nachdem der Prüfer das inhärente Risiko und das Kontrollrisiko festgelegt hat, bestimmt er im *vierten Schritt* den Umfang der aussagebezogenen Prüfungshandlungen mit Hilfe des risikoorientierten Prüfungsansatzes (→ II.1.2.1). Für die mit dem Tätigkeitskreis Beschaffung in Verbindung stehenden Konten führt der Prüfer eine Prüfung der Bestände durch. Diese wird im Folgenden anhand des Kontos Verbindlichkeiten aus Lieferungen und Leistungen (accounts payable) konkretisiert, da es sich um ein umfangreiches Konto handelt, das eine hohe Anzahl von Buchungen enthält. Tab. II.3-19 zeigt beispielhaft einige aussagebezogene Prüfungshandlungen, mit denen der Prüfer kontrolliert, ob das Konto ordnungsmäßig dargestellt ist.[197]

Bei der Beurteilung des Aufbaus des Kontrollsystems ist der Prüfer auf die mündlichen Aussagen der Mitarbeiter und/oder die schriftlichen Dokumentationen des Unternehmens über die Kontrollziele und -maßnahmen angewiesen. Vor dem Hintergrund, dass z. B. interne Quellen als weniger verlässlich als externe Quellen gelten, legt der Prüfer eine Hypothese über den Aufbau des Kontrollsystems fest. Er führt so lange Prüfungshandlungen durch, bis er durch die erlangten Prüfungsnachweise mit hinreichender Sicherheit seine Hypothese (z. B. »Der Aufbau des Kontrollsystems ist geeignet, Falschdar-

---

195 Vgl. *Orth* (1999), S. 580. Vgl. hierzu auch *Elder/Beasley/Arens* (2010), S. 609.
196 Vgl. zu den Inhalten auch *Orth* (1999), S. 581.
197 Weitere Prüfungshandlungen und ausführliche Erklärungen finden sich in *IDW* (2006), R 560–563, und *Elder/Beasley/Arens* (2010), S. 606 ff.

Kontrollmaßnahmen	Kontrollziel	zentrale tätigkeits-kreisorientierte Aussagen
Vereinbarungen mit den Lieferanten werden mit Buchungen in der Kreditorenbuchhaltung verglichen und Abweichungen werden analysiert.	Auszahlungen sind richtig berechnet und gebucht	Erfassung und Abgrenzung
Die tatsächlichen Aufwendungen werden regelmäßig mit dem Budget verglichen. Das Management analysiert und genehmigt wesentliche Abweichungen.		
Das Management überprüft die Nachweise vor der Genehmigung der Auszahlung. Die Nachweise werden nach erfolgter Auszahlung entwertet.		
Die Bankauszüge werden regelmäßig mit dem Hauptbuch abgestimmt.		
Rechnungen, Gutschriften und andere Anpassungen der Verbindlichkeiten werden gesammelt, die Sammlung enthält eine Kontrollsumme. Fehler, die durch nicht abstimmbare Kontrollsummen erkannt werden, werden sofort korrigiert.		
Die Zusammenstellung der Auszahlung wird überprüft, erkannte Fehler werden sofort korrigiert.		
Die Auszahlungsdaten werden eingegeben und kontrolliert, erkannte Fehler werden sofort korrigiert.		

Tab. II.3-18: Kontrollmaßnahmen zur Erreichung des Kontrollziels »Auszahlungen sind richtig berechnet und gebucht« und die dazugehörigen tätigkeitskreisorientierten Aussagen

Prüfungshandlungen zur Prüfung der Bestände	zentrale tätigkeitskreis-orientierte Aussage
Abgleich von Belegen mit dem Einkaufsbuch (Stichprobe)	Vollständigkeit
Saldenbestätigungen für einzelne Verbindlichkeiten einholen (besonders für große oder unübliche Beträge)	Vorhandensein
Aus dem Lieferantenbuch einzelne Positionen zu den Warenrechnungen zurückverfolgen (Stichprobe)	Vorhandensein
Vergleich der Daten auf den Belegen mit den Daten im Einkaufsbuch (Stichprobe)	Erfassung und Abgrenzung
Summe der Kreditorensalden mit dem Hauptbuchkonto abstimmen	Vollständigkeit
Abstimmung der Saldenliste mit den Einzelkonten	Erfassung und Abgrenzung, Vollständigkeit
Rechnerische Überprüfung der Beträge der Warenrechnungen (Stichprobe)	Bewertung

Tab. II.3-19: Prüfung der Bestände für das Konto »Verbindlichkeiten aus Lieferungen und Leistungen« und die dazugehörigen tätigkeitskreisorientierten Aussagen

stellungen im Jahresabschluss zu vermeiden.«) annehmen oder verwerfen kann. Dabei bietet der risikoorientierte Prüfungsansatz dem Prüfer Anhaltspunkte zur Quantifizierung der erforderlichen Prüfungssicherheit. Zu einer Aussage über die tatsächliche Wirksamkeit des Kontrollsystems und über die mit der Beschaffung in Verbindung stehenden Konten gelangt der Prüfer auf die gleiche Art und Weise.

Im *fünften Schritt* evaluiert der Prüfer die erlangten Prüfungsnachweise und bildet sich unter Beachtung der Verlässlichkeit der einzelnen Nachweise Teilurteile, die zu einem Gesamturteil über den untersuchten Tätigkeitskreis zu aggregieren sind. Dabei zielt das prüferische Vorgehen letztendlich auf eine Beurteilung der mit der Beschaffung in Verbindung stehenden Abschlussposten und den dazugehörigen Aussagen ab. Typische Abschlussposten im Beschaffungsbereich sind liquide Mittel, Verbindlichkeiten aus Lieferungen und Leistungen, Vorräte und der Materialaufwand.

3.3.2.1.3.2 Prüfung des Tätigkeitskreises Absatz

Die Prüfung des Tätigkeitskreises Absatz folgt gleichfalls den fünf aus Abb. II.3-21 bekannten Schritten. Die Tätigkeitskreise Absatz und Beschaffung sind ähnlich strukturiert, da die Beschaffung eines Vermögenspostens in einem Unternehmen bei dem Lieferanten einen Geschäftsvorfall im Tätigkeitskreis Absatz hervorruft.

Im *ersten Schritt* verschafft sich der Prüfer einen Überblick über den Tätigkeitskreis Absatz des Mandanten und identifiziert dabei die hier relevanten Tätigkeiten sowie die hierdurch ausgelösten Geschäftsvorfälle, die sich wiederum in den Buchungen und den dazugehörigen Belegen niederschlagen. Relevante Geschäftsvorfälle sind der Verkauf von Waren oder Dienstleistungen, der Erhalt von Zahlungen, die Rücknahme von Waren, die Anerkennung von Reklamationen sowie Rabatte oder Skonti. Die damit verbundenen Tätigkeiten umfassen die Lieferscheinerstellung, den Versand der Ware, das Schreiben von Rechnungen und die Kontrolle und Buchung von Zahlungseingängen. Der Tätigkeitskreis Absatz löst Buchungen auf Bestandskonten (asset accounts) – wie den Konten FE (finished products), unfertige Erzeugnisse (work in process), Forderungen aus Lieferungen und Leistungen (accounts receivable) oder Bank/Kasse (cash in bank/cash) – und auf Erfolgskonten (expense and revenues accounts) – wie Umsatzerlöse (sales revenues) oder Erlösschmälerungen (sales deductions) – aus, die sich durch Dokumente wie Rechnungen, Lieferscheine und Kontoauszüge belegen lassen.

Der Prüfer legt im *zweiten Schritt* das inhärente Risiko fest. Da v. a. die mit dem Tätigkeitskreis Absatz verbundenen Konten »Forderungen« und »Herstellungskosten der zur Erzielung der Umsatzerlöse erbrachten Leistungen« mit höherer Wahrscheinlichkeit Falschdarstellungen enthalten als andere Konten[198] sowie empirische Studien gezeigt haben, dass teilweise mehr als die Hälfte aller fraud-Fälle in dem zu hohen Ausweis der Umsatzerlöse begründet sind,[199] ist das inhärente Risiko in diesem Tätigkeitskreis tendenziell als hoch einzuschätzen. Spezifische red flags, die auf einen zu hohen Ausweis der Umsatzerlöse schließen lassen, sind z. B. steigende Umsatzerlöse trotz intensiven

---

198 Als allgemeine Fehlerursachen werden häufig Unerfahrenheit und mangelnde Sachkenntnis, Unachtsamkeit bzw. Nachlässigkeit, Zeitdruck der verantwortlichen Mitarbeiter sowie Beurteilungsfehler angeführt; vgl. *Wright/Ashton* (1989), S. 717.
199 Vgl. *Gramling/Rittenberg/Johnstone* (2010), S. 417.

Wettbewerbs oder der Anstieg der Umsatzerlöse entgegen den Markt- oder allgemeinen wirtschaftlichen Erwartungen. Am Jahresende stark steigende Umsatzerlöse können ebenfalls einen Indikator für fraud darstellen; das nachstehende Beispiel (channel stuffing, umgangssprachlich übersetzt: Lagerleerung) dient der Verdeutlichung.

Beispiel »channel stuffing«

»The timing of recording a sale is crucial. (…) The SEC investigated Lucent Technologies because Lucent was involved in »channel stuffing«. Lucent would load up sales during the last few days of a quarter in order to make preset revenue objectives. The customers would take title to the goods (but not always delivery) because (a) they eventually needed the goods; and (b) Lucent provided large incentives (good deals) to take the goods in advance. The SEC said the company was essentially taking normal sales from the next quarter (year) to show sales in the current quarter (year). The SEC argued that the earnings principle was not met and sales should not be recognized. Auditors will need to make judgements on whether unusual amounts of end-of-quarter sales should be recognized as normal revenue.«[200]

Im *dritten Schritt* erfolgt die Festlegung des Kontrollrisikos. Wie jeder Tätigkeitskreis verfügt auch der Tätigkeitskreis Absatz – zur Vermeidung von Falschdarstellungen im Jahresabschluss – über ein Kontrollsystem. Dieses IKS wird tätigkeitskreisorientiert geprüft, um das Kontrollrisiko zu bestimmen. Demnach sind die relevanten Kontrollen zu identifizieren, auf ihre Angemessenheit hin zu beurteilen und auf die tatsächliche Wirksamkeit hin zu prüfen.

Kontrollziele für die Tätigkeit Einzahlungen im Tätigkeitskreis Absatz	Zentrale tätigkeitskreisorientierte Aussagen
Einzahlungen erfolgen nur für tatsächlich gelieferte Waren und erbrachte Dienstleistungen.	Vollständigkeit, Vorhandensein
Einzahlungen erfolgen vom richtigen Kunden (siehe Tab. II.3-21).	Vollständigkeit, Vorhandensein
Einzahlungen sind in der richtigen Höhe gebucht.	Bewertung
Alle Einzahlungen sind gebucht.	Vollständigkeit
Einzahlungen sind in der richtigen Periode gebucht.	Erfassung und Abgrenzung

Tab. II.3-20: Kontrollziele des Unternehmens für die Tätigkeit »Einzahlungen« und die dazugehörigen tätigkeitskreisorientierten Aussagen

Die Kontrollziele für die Tätigkeit »Einzahlungen« im Tätigkeitskreis Absatz stellt Tab. II.3-20 dar. Für das Kontrollziel »Einzahlungen erfolgen vom richtigen Kunden« sind einige relevante Kontrollmaßnahmen in Tab. II.3-21 zusammengefasst. Die Beurteilung der Angemessenheit der Kontrollziele und der Wirksamkeit der Kontrollmaßnahmen führt der Prüfer analog zu der bei der Festlegung des Kontrollrisikos im Tätigkeitskreis

---

200 *Gramling/Rittenberg/Johnstone* (2010), S. 482.

Beschaffung beschriebenen Vorgehensweise durch. Die Anwendung verschiedener Prüfungshandlungen, wie Beobachtung, Befragung oder Einsichtnahme in Dokumente, ermöglicht es dem Prüfer, das vorläufige Kontrollrisiko festzulegen. Erkenntnisse aus der Durchführung der aussagebezogenen Prüfungshandlungen (vierter Schritt) können seine Einschätzung stützen oder ihn dazu veranlassen, seine Einschätzung zu revidieren.

Kontrollmaßnahmen	Kontrollziel	Zentrale tätigkeitskreisorientierte Aussagen
Vereinbarungen mit den Kunden werden mit Buchungen in der Debitorenbuchhaltung verglichen und Abweichungen werden analysiert.	Einzahlungen erfolgen vom richtigen Kunden	Vollständigkeit, Vorhandensein
Die erhaltenen Einzahlungen werden regelmäßig mit der Umsatzplanung verglichen. Das Management analysiert wesentliche Abweichungen.		
Die Bankauszüge werden regelmäßig mit dem Hauptbuch abgestimmt.		
Rechnungen, Lastschriften und andere Anpassungen der Forderungen werden gesammelt, die Sammlung enthält eine Kontrollsumme. Fehler, die durch nicht abstimmbare Kontrollsummen erkannt werden, werden sofort korrigiert.		
Die Zusammenstellung der Einzahlungen wird überprüft, erkannte Fehler werden sofort korrigiert.		
Die Einzahlungsdaten werden eingegeben und kontrolliert, erkannte Fehler werden sofort korrigiert.		

Tab. II.3-21: Kontrollmaßnahmen zur Erreichung des Kontrollziels »Einzahlungen erfolgen vom richtigen Kunden« und die dazugehörigen tätigkeitskreisorientierten Aussagen

Mit Hilfe des risikoorientierten Prüfungsansatzes legt der Prüfer im *vierten Schritt* unter Berücksichtigung des inhärenten Risikos und des Kontrollrisikos den Umfang der Einzelfallprüfungen fest. Tab. II.3-22 enthält einige Beispiele zur Prüfung der Bestände für das Konto »Forderungen aus Lieferungen und Leistungen«, welches von vielen Buchungen im Zusammenhang mit dem Tätigkeitskreis Absatz betroffen ist.

Im *fünften Schritt* evaluiert der Prüfer die erlangten Prüfungsnachweise und bildet sich unter Beachtung der Verlässlichkeit der einzelnen Nachweise Teilurteile, die zu einem Gesamturteil über den untersuchten Tätigkeitskreis zu aggregieren sind. Dabei zielt das prüferische Vorgehen letztendlich auf eine Beurteilung der Normenkonformität der Jahresabschlussdarstellungen (Abschlussposten und dazugehörige Aussagen) ab, die mit dem Tätigkeitskreis Absatz in Zusammenhang stehen. Wesentliche Abschlusspositionen bzw. Konten, die i. d. R. angesprochen werden, sind: Forderungen aus Lieferungen und Leistungen, Umsatzerlöse und liquide Mittel. Daneben sind aber auch die Konten für Skonti, Rabatte oder sonstige Preisnachlässe, Wertberichtungen, Provisionszahlungen oder Rückstellungskonten für Gewährleistungen/Garantien zu berücksichtigen.

Prüfungshandlungen zur Prüfung der Bestände	Zentrale tätigkeitskreisorientierte Aussagen
Abgleich von Belegen mit dem Debitorensystem (Stichprobe)	Vollständigkeit
Saldenbestätigungen für einzelne Forderungen einholen (besonders für große oder unübliche Beträge)	Vorhandensein, Erfassung und Abgrenzung, Bewertung
Aus der Debitorenliste einzelne Positionen zu den Warenrechnungen zurückverfolgen (Stichprobe)	Vorhandensein
Vergleich der Daten auf den Belegen mit den Daten im Debitorensystem (Stichprobe)	Erfassung und Abgrenzung
Summe der Debitorensalden mit dem Hauptbuchkonto abstimmen	Vollständigkeit
Abstimmung der Saldenliste mit den Einzelkonten	Erfassung und Abgrenzung, Vollständigkeit
Rechnerische Überprüfung der Beträge der Warenrechnungen (Stichprobe)	Bewertung

Tab. II.3-22: Prüfung der Bestände für das Konto »Forderungen aus Lieferungen und Leistungen« (accounts receivable) und die dazugehörigen tätigkeitskreisorientierten Aussagen

3.3.2.2 Abschlusspostenorientierte Prüfung

3.3.2.2.1 Kernidee und Grundzüge einer abschlusspostenorientierten Prüfung

Bei einer geschäftsrisikoorientierten Prüfung (→ II.3.3.1) ist letztendlich ein Prüfungsurteil hinsichtlich der Übereinstimmung des Jahresabschlusses (und den darin enthaltenen Abschlussposten) mit den relevanten Rechnungslegungsnormen zu treffen. Demnach stehen die Überlegungen zur geschäftsrisikoorientierten Prüfung, die primär strategische Aspekte fokussieren, und die operativ angelegten Überlegungen zu einer abschlusspostenorientierten (und auch zu einer tätigkeitskreisorientierten) Prüfung nicht im Widerspruch zueinander: Sie *ergänzen* sich vielmehr. Die abschlusspostenorientierte Prüfung (Balance sheet audit) setzt definitionsgemäß an den zu prüfenden Abschlussposten und den darin enthaltenen Aussagen an.

Wie bereits zuvor ausgeführt, setzt die abschlusspostenorientierte Prüfung an den zu prüfenden Abschlussposten an.[201] Der Prüfer geht dabei zumeist *retrograd* vor (→ I.3.2.1), indem er an den Verarbeitungsergebnissen ansetzt, die sich im Jahresabschluss niedergeschlagen haben (Ist-Objekt). Durch den Vergleich mit einem vom Prüfer zu konstruierenden normenkonformen Soll-Objekt lässt sich anhand der ggf. festgestellten Abweichungen und unter Berücksichtigung zu definierender Wesentlichkeitsgrenzen die Normenkonformität des Ist-Objektes feststellen.[202] Lässt sich das Soll-Objekt auf Grund der ihm innewohnenden hohen Komplexität ex ante nicht vollständig kon-

---

201 Zur Prüfung einzelner Bilanz- und GuV-Posten vgl. z. B. *Penné/Schwed/Janßen* (2000), S. 84 ff., *IDW* (2006), R 416 ff. In *Koss et al.* (2010), S. 123 ff. sind vor allem die Ausführungen unter der Bezeichnung »Prüfungstechnik« angesprochen.

202 Vgl. *Buchner* (1997), S. 165.

struieren, besteht weiterhin die Möglichkeit, dass der Prüfer Fehlerhypothesen formuliert und diese anhand des vorliegenden Ist-Objektes prüft. Auf Grund der festgestellten Abweichungen lässt sich dann sukzessive das normenkonforme Soll-Objekt herleiten (→ I.3.2.2).

Bei einer abschlusspostenorientierten Prüfung stehen die Einzelfallprüfungen im Vordergrund. Gleichwohl bedeutet die Ausrichtung an Abschlussposten keine Beschränkung auf Einzelfallprüfungen. Vielmehr ist auch hier die Anwendung von Systemprüfungen und analytischen Prüfungen zwingend. Demnach geht auch die abschlusspostenorientierte Prüfung grundsätzlich risikoorientiert vor.

Die Praxis entwickelt teilweise *abschlusspostenbezogene Standardprüfungsprogramme*[203], die durch »Ausblendung« irrelevanter Fragen sowie durch Erweiterung um zusätzliche Fragen *in mandantenspezifische* abschlusspostenbezogene Prüfungsprogramme zu überführen sind.[204] Diese auch IT-gestützt einsetzbaren Standardprüfungsprogramme haben Checklistencharakter (vgl. kritisch zum Einsatz von Checklisten → II.5.2.2.2.2.2).

Die *Durchführung der Prüfung* von Abschlussposten orientiert sich an den *Aussagen*.[205] Die Aussagen dienen dem Prüfer als eine Art Orientierungshilfe bei der Erlangung ausreichender und geeigneter Prüfungsnachweise. Demnach muss der Prüfer anhand der Aussagen postenbezogen der Frage nachgehen, ob die Angaben der Unternehmensleitung zur Abbildung der ökonomischen Realität den zu Grunde gelegten Rechnungslegungsnormen (z. B. HGB oder IFRS) entsprechen. Es bestehen drei Aussagenkategorien (»Aussagen über Arten von Geschäftsvorfällen«, »Aussagen über Kontensalden« sowie »Aussagen über Ausweis und Angaben«; → I.6.2.), denen wiederum einzelne Aussagen zugeordnet sind. Im Rahmen einer abschlusspostenorientierten Prüfung sind vor allem die der Aussagenkategorie »Aussagen über Kontensalden« zugeordneten Aussagen relevant. Aus den Aussagen lassen sich abschlusspostenorientierte Prüfungsziele ableiten, deren Verfolgung wiederum mit postenspezifischen Prüfungshandlungen einhergeht.

Beispielsweise lässt sich aus der Aussage »Vorhandensein« in Bezug auf die Position »Forderungen aus Lieferungen und Leistungen« das abschlusspostenorientierte Prüfungsziel »Überprüfung der Existenz der Forderungen aus Lieferungen und Leistungen am Bilanzstichtag« ableiten. Als mögliche Prüfungshandlung, die dem Nachweis des Vorhandenseins einer Forderung dienlich ist, ist das Einholen von Saldenbestätigungen zu nennen. Abb. II.3-23 verdeutlicht das zuvor Gesagte.

Die aus den Aussagen abgeleiteten abschlusspostenorientierte Prüfungsziele stimmen zumeist mit den tätigkeitskreisorientierten Prüfungszielen (→ II.3.3.2.1) überein, weichen jedoch teilweise hiervon ab. Beispielsweise ist es nur über eine abschlusspostenorientierte Vorgehensweise möglich, geeignete Prüfungsnachweise hinsichtlich der Beurteilung der Aussage »Zuordnung« zu erlangen.

---

203 Zum Prüfungsprogramm als Teilaspekt der Prüfungsplanung → II.2.2.1.2.
204 Vgl. *Niemann* (2008), S. 3 ff.; das Prüfungsprogramm ist auch als IT-gestützte Prüfungstechnik in Form einer auf MS-Word basierenden Standardsoftware verfügbar; vgl. *ebd.*, S. 16 ff.
205 Vgl. z. B. *Elder/Beasley/Arens* (2010), S. 153 ff.

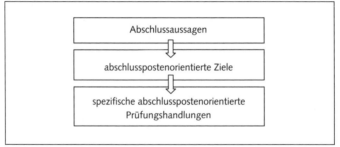

Abb. II.3-23: Aussagen, abschlusspostenorientierte Ziele und Prüfungshandlungen

3.3.2.2.2 Darstellung am Beispiel der Prüfung von Forderungen aus Lieferungen und Leistungen

Im Folgenden soll die abschlusspostenbezogene Prüfung am Beispiel der Position »Forderungen aus Lieferungen und Leistungen« (im Folgenden: Forderungen) konkretisiert werden.[206] Der Prüfer muss sich zunächst damit beschäftigen, welche *Anforderungen die seitens des Mandanten angewandten Rechnungslegungsnormen* im Hinblick auf die zu überprüfenden Aussagen formulieren.

Beispiel

Bezogen auf die Forderungen sind die IFRS und die deutschen Rechnungslegungsnormen ähnlich ausgestaltet. Untersucht wird im Folgenden die Aussage »Bewertung«: Beispielsweise sind Forderungen nach den deutschen Normen zum niedrigeren Barwert anzusetzen, sofern es sich um eine unverzinsliche oder niedrig verzinsliche Forderung handelt.[207] In ähnlicher Weise sind nicht an einem aktiven Markt gehandelte Forderungen international zu fortgeführten Anschaffungskosten (ggf. unter Berücksichtigung der Effektivzinsmethode) zu bewerten (IFRS 9.5.2.1 und IFRS 9.5.2.2). In beiden Normensystemen sind grundsätzlich Einzelwertberichtigungen vorzunehmen.[208] Allerdings können sich auch Abweichungen in der bilanziellen Behandlung ergeben: Entgegen den deutschen Normen ist es nach IAS 21.23a möglich, Fremdwährungsforderungen mit einem Wert anzusetzen, der über die ursprünglichen Anschaffungskosten hinausgeht. Dagegen ist nach deutschen Normen der Ansatz eines höheren Stichtagskurses grundsätzlich unzulässig (§ 253 Abs. 1 Satz 1 HGB).

Da Forderungen regelmäßig das Ergebnis von Routinetransaktionen sind, ist zunächst das *IKS* zu prüfen. Zu untersuchen ist das Verfahren zur Abwicklung und Buchung der Verkäufe sowie das System zur Überwachung und Vermeidung größerer Außenstände. Dabei sind im Detail u. a. der Prozess der Genehmigung von Verkäufen auf Ziel sowie die Verwendung vornummerierter Auftragsbestätigungen und Ausgangsrechnungen zu prüfen. Führt der Prüfer die abschlusspostenorientierte Prüfung z. B. in Fortführung ei-

---

206 Die Behandlung von Vorsteuer und Umsatzsteuer sowie die Bildung von Pauschalwertberichtigungen werden nachstehend aus Vereinfachungsgründen nicht weiter vertieft.
207 Vgl. stellvertretend *Baetge/Kirsch/Thiele* (2009), S. 325.
208 Vgl. *Ruhnke* (2008), S. 506 f.

ner tätigkeitskreisorientierten Prüfung (→ II.3.3.2.1) durch, so ist das zuvor für den Tätigkeitskreis Absatz ermittelte Kontrollrisiko relevant.

Weiterhin sind *analytische Prüfungen* wie z. B. eine Altersstrukturanalyse der Forderungen durchzuführen. Zudem bieten sich Vergleiche der vorläufigen (ungeprüften) Zahlen mit entsprechenden Vorjahreswerten oder branchenüblichen Werten an. Bezugspunkte für einen solchen Vergleich können z. B. das Verhältnis der Forderungen (Debitoren) zum Nettoumsatz oder die Forderungsintensität (Kundenforderungen/Gesamtvermögen) sein.

Die Intensität und das Ergebnis der Prüfung des IKS sowie der analytischen Prüfungen bestimmen wiederum *Art und Umfang der Einzelfallprüfungen*. Dabei werden wesentliche Posten regelmäßig vollständig geprüft. In Bezug auf den verbleibenden Rest der Grundgesamtheit bietet es sich an, eine repräsentative statistische Stichprobe zu ziehen, deren Elemente dann wiederum im Detail zu prüfen sind. Die vorherigen Ausführungen stehen im Einklang mit der Grundkonzeption des risikoorientierten Prüfungsansatzes (→ II.1.2).

Die durchzuführenden Einzelfallprüfungen zielen darauf ab, die Richtigkeit der Aussagen festzustellen. Häufig lassen sich die bei der Durchführung *einer* Prüfungshandlung erlangten Prüfungsnachweise zur Überprüfung der Richtigkeit *mehrerer* Aussagen heranziehen. In Bezug auf die Prüfung von Forderungen sind insbesondere die Aussagen über Kontensalden am Jahresende relevant. Gleichwohl sind auch die Kategorien »Aussagen über Arten von Geschäftsvorfällen« sowie »Aussagen über Ausweis und Anhang« bedeutsam. Tab. II.3-23 stellt beispielhaft verschiedene Prüfungshandlungen sowie damit korrespondierende Aussagen und die dazugehörigen Aussagenkategorien dar.[209]

Aus dem Blickwinkel des *Informationsverarbeitungsansatzes* (→ I.3.2.2) lässt sich das Vorgehen wie folgt skizzieren:[210]

- Auf Grund der vorhandenen *Vorinformationen* (z. B. Ergebnisse der Vorjahresprüfung sowie Systemprüfung und der analytischen Prüfungen) formuliert der Prüfer eine initiale *Urteilshypothese*, welche die Erwartungen des Prüfers an die zu prüfende(n) Forderung(en) zum Ausdruck bringt. Die Vorinformationen bestimmen zudem den erstmals gebildeten (initialen) Überzeugungsgrad der Urteilshypothese. Ist die zu prüfende Position wesentlich, darf der Prüfer auf den Einsatz aussagebezogener Prüfungshandlungen nicht verzichten (ISA 330.18, IDW PS 261.83). Die Urteilshypothese kann z. B. in Bezug auf die Aussage Bewertung wie folgt formuliert sein: »Der ausstehende Anteil einer Forderungsposition ist außerplanmäßig abzuschreiben.«
- Ausgehend von der zuvor formulierten Urteilshypothese begibt sich der Prüfer auf die *Suche* nach weiteren Prüfungsnachweisen. Dabei kann der Prüfer sein Vorgehen daran orientieren, zunächst jene Informationen zu beschaffen, welche die vorhandenen Informationen zu einem typischen Muster ergänzen.

---

209 Zur Prüfung der Forderungen aus Lieferungen und Leistungen vgl. allgemein *IDW* (2006), R 489 ff.; *Eilifsen et al.* (2010), S. 362 ff.; *Elder/Beasley/Arens* (2010), S. 519 ff..
210 Vgl. hierzu *Ruhnke* (1992), S. 691 ff. m. w. N.

Einzelfallprüfungen (Prüfungshandlungen) zur Prüfung der Abschlussposition Forderungen	Zentrale abschlusspostenorientierte Aussagen
Arten von Geschäftsvorfällen	
Prüfung der Versanddokumente, der Verkaufs- dokumente und anderer Unterlagen	Vorkommen
Prüfung der korrekten Abgrenzung von Retouren und Nachlässen	Vorkommen, Periodenabgrenzung
Abstimmung von Wareneingangs- und -ausgangs- scheinen sowie von Lieferscheinen mit den Ein- und Ausgangsrechnungen	Periodenabgrenzung
Kontensalden	
Einholen von Saldenbestätigungen	Vorhandensein, Bewertung und Zuordnung
Abstimmung der in der vorläufigen Bilanz ausgewiesenen Forderungen mit der Saldenliste und den Hauptbuchkonten	Vollständigkeit
Prüfung der Bonuszahlungen sowie Gutschrift- anzeigen	Bewertung
Prüfung der Anwendung des korrekten Umrech- nungskurses bei Fremdwährungsforderungen (z. B. IAS 21.27 ff.)	Bewertung
Zahlungseingänge von Forderungen zwischen Abschlussstichtag und Beendigung der Prüfung im kommenden Geschäftsjahr (z. B. IAS 10.8 f.)	Bewertung
Bonitätsanalyse ausgewählter Debitoren	Bewertung
Prüfung von Debitorenkonten mit hohen Umsätzen und geringem Jahresendbestand sowie von Konten mit Null- oder Negativsalden	Bewertung
Einsichtnahme in Mahnakten des Mandanten	Bewertung, Rechte und Verpflichtungen
Verkauf einer Forderung (Factoring)	Bewertung, Rechte und Verpflichtungen
Prüfung der Forderungen in Bezug auf problem- behaftete Produkte (z. B. Qualitätsmängel)	Bewertung
Ausweis und Angaben	
Überprüfung der Angabepflichten in Bezug auf die Forderungen anhand einer Checkliste	Vollständigkeit
Die Informationen wurden mit den richtigen Beträgen versehen und korrekt dargestellt.	Genauigkeit und Bewertung

Tab. II.3-23: Prüfungshandlungen zur Überprüfung der Richtigkeit von Aussagen

Beispielsweise lassen sich in Bezug auf die Aussage Bewertung folgende Muster von Informationen identifizieren, die erfahrungsgemäß typisch sind

- für einen Kunden, der verspätet zahlt,

    Beispiele: Es handelt sich um einen aktiven Kunden des zu prüfenden Unternehmens; in der Vergangenheit wurden letzten Endes doch alle säumigen Beträge gezahlt; der Einblick in die Korrespondenz mit dem Schuldner gibt Anlass zu der Annahme, dass der säumige Betrag eingehen wird.

    oder

- für einen Kunden, der gar nicht zahlt.

    Beispiele: Die Saldenbestätigung war nicht zustellbar; bei der Einholung der Saldenbestätigung haben sich ernsthafte Probleme ergeben; ein Gespräch mit dem Schuldner ist nicht möglich; der Schuldner befindet sich in einem Insolvenzverfahren.

Die Suche kann sich auch auf die Erlangung jener Prüfungsnachweise konzentrieren, die erfahrungsgemäß die Urteilshypothese am stärksten beeinflussen; einen zentralen Orientierungspunkt geben dabei die vorhandenen Vorinformationen (z. B. Schwachstellen im IKS oder mangelnde Qualifikation und/oder Zuverlässigkeit eines in der Debitorenabteilung tätigen Mitarbeiters).

- Anhand der erlangten Prüfungsnachweise wird der Überzeugungsgrad der Urteilshypothese sukzessive revidiert. Bei der *Aggregation von Prüfungsnachweisen* kommt z. B. den Prüfungsnachweisen aus verlässlichen Quellen (z. B. von unabhängigen Dritten eingeholte Saldenbestätigungen) eine größere Bedeutung zu als solchen Nachweisen, die aus weniger verlässlichen Quellen stammen (ISA 500.7; IDW PS 300.39).
- Die Informationssuche ist bei Erreichen des *Abbruchkriteriums* zu beenden. Der Abbruch erfolgt insbesondere dann, wenn
    - die erlangten Prüfungsnachweise ein typisches Muster (korrespondierend mit einer ausreichenden Prüfungssicherheit) ergeben,
    - keine beurteilungsrelevanten Prüfungsnachweise mehr ausstehen oder
    - die ausstehenden Prüfungsnachweise (unabhängig von ihrer Ausprägung) das Prüfungsurteil nicht mehr wesentlich zu beeinflussen vermögen.
- Ist das Abbruchkriterium erreicht, lässt sich in Bezug auf den untersuchten Abschlussposten bzw. auf einzelne postenspezifische Aussagen ein *Prüfungsurteil* (z. B. die Bewertung einer bestimmten Forderungsposition entspricht den Anforderungen der angewandten Rechnungslegungsnormen) formulieren.

Soll die Prüfungsdurchführung durch ein *abschlusspostenbezogenes Standardprüfungsprogramm* (→ II.3.3.2.2.1) unterstützt werden, so fragen Checklisten in Bezug auf den Abschlussposten Forderungen z. B. die folgenden Punkte ab:[211]

- *Prüfungsunterlagen erhalten?* (z. B. Sachkonto und Kontokorrent, Saldenliste, Liste der zum Prüfungszeitpunkt noch offenen Forderungen)

---

211 In Anlehnung an *Niemann* (2008), S. 344 ff.

- Prüfungshandlungen
  - *Risikoanalyse* (Abfrage verschiedener Fehlerindikatoren auf Kontensaldenebene und Jahresabschlussebene, z. B. Höhe eines Kontensaldos, Komplexität der anzustellenden Beurteilungen bei der Bewertung, Umfang, in dem das Management bei Bewertungsfragen involviert ist und Auffälligkeiten bei der zeitlichen Entwicklung der folgenden Größen: Preisnachlässe, Abschreibungen auf Forderungen, Frachtaufwand, Werbeaufwand);
  - *Prüfung des IKS* (z. B. »Ist durch Buchungsanweisung, Bilanzierungsrichtlinien und Kenntnis der verantwortlichen Person sichergestellt, dass die gesetzlichen Rechnungslegungsvorschriften beachtet werden?«);
  - *Prüfung der Aussagen* bei Konzentration auf die Nachweis-, Bewertungs- und Ausweisprüfung (z. B. »Wurde der Ansatz der Forderungen zum Nennwert in Stichproben überprüft durch Abstimmung mit den jeweiligen Aufträgen und Ausgangsrechnungen?«; »Wurden die im Prüfungszeitraum vorgenommenen Ausbuchungen von Forderungen auf ihre Belegung und Genehmigung überprüft?«) sowie
  - sonstige individuell erforderliche Prüfungshandlungen.

Nachteilig an der Verwendung von (abschlusspostenbezogenen) Standardprüfungsprogrammen in Gestalt von Checklisten ist, dass diese zu schematisch und kreativitätshemmend vorgehen und insgesamt nur eine geringe Fehleraufdeckungskraft besitzen (→ II.5.2.2.2.2.2). Gleichwohl können Checklisten dem Prüfer Anregungen für einzelne Prüfungshandlungen geben. Aus dem Blickwinkel des Informationsverarbeitungsansatzes geben Checklisten Anhaltspunkte für die Suche nach weiteren Prüfungsnachweisen, welche z. B. im Einzelfall besonders geeignet erscheinen, die Urteilshypothese wesentlich zu beeinflussen oder ein bestimmtes Informationsmuster (z. B. Kunde, der verspätet zahlt oder Kunde, der gar nicht zahlt) zu vervollständigen.

3.3.2.2.3   Fallstudie zur Prüfung der Vorräte

3.3.2.2.3.1 Einführung
Im Mittelpunkt der Fallstudie steht die Prüfung der Blech GmbH. Hierbei handelt es sich um eine große Kapitalgesellschaft, die im Wesentlichen Spezial- und Standardbleche für die Flugzeug- und Automobilindustrie herstellt. Zur Herstellung der Bleche werden Maschinen verwendet, die handelsrechtlich über 30 Jahre und nach IFRS über 25 Jahre linear abzuschreiben sind. Bis Mitte letzten Jahres wurden auch Spezialbleche für ein Unternehmen, das Fertighäuser baut, hergestellt. Der Abnehmer meldete jedoch Mitte des Jahres t2 Insolvenz an und hat ab diesem Zeitpunkt keine Bleche mehr abgenommen. Da das Unternehmen in diesem Bereich jedoch nur eine geringe Marge erwirtschaftet hat, beteuert die Unternehmensleitung, dass dies kein großer Verlust sei. Die Blech GmbH hat in den vergangenen Jahren einen durchschnittlichen Jahresüberschuss von 3 Mio. € erwirtschaftet; der vorläufige Jahresüberschuss (im ungeprüften Jahresabschluss) in t2 beträgt 3,3 Mio. €.[212]

---

212 Vgl. hierzu sowie zu den folgenden Ausführungen *Ruhnke/Mielke* (2007).

3.3.2.2.3.2 Aufgabenstellung

Ihre Aufgabe besteht darin, aufbauend auf den im Rahmen einer (vorläufigen) Risikobeurteilung ($\rightarrow$ II.3.3.2.2.3.3) erlangten Kenntnissen, die in einem prüfungspflichtigen HGB-Abschluss des Jahres t2 zu bilanzierenden Vorräte, die 30 % der Bilanzsumme umfassen, zu prüfen.[213] Da das Unternehmen dem beherrschenden Einfluss eines ausländischen Mutterunternehmens unterliegt, welches nach IFRS bilanziert, hat Sie der Prüfungsleiter angewiesen, nach Abschluss der durchgeführten Prüfungshandlungen für den HGB-Abschluss mögliche Abweichungen für das IFRS-Reporting zu prüfen.

Nehmen Sie zunächst eine Beurteilung der *Geschäftsrisiken* ($\rightarrow$ II.3.3.1), insbesondere der Risiken wesentlicher falscher Angaben im Abschluss vor und skizzieren Sie anschließend mit Hilfe eines einfachen Ablaufdiagramms Ihr Prüfungsvorgehen. Hierauf aufbauend planen Sie ein sachliches Prüfungsprogramm, bei dem Sie alle durchzuführenden aussagebezogenen Prüfungshandlungen unter Berücksichtigung der relevanten (Abschluss-) Aussagen (ISA 315.A111, IDW PS 300.7) in einer Übersicht darstellen. Diese Prüfungshandlungen sind zu erläutern und das Anfordern weiterer Unterlagen ist abzuwägen.

Erstellen Sie abschließend für den HGB-Abschluss unter Berücksichtigung einer festzulegenden quantitativen Wesentlichkeitsgrenze eine Liste der durch den Mandanten zu korrigierenden Fehler (Nachbuchungsliste; summary of audit adjustments) sowie eine Liste der Fehler, die zunächst nicht zu korrigieren sind (potenzielle Nachbuchungsliste; summary of possible audit adjustments), weil jeder einzelne Fehler isoliert betrachtet die festgelegte Wesentlichkeitsgrenze nicht erreicht.[214] Führen Sie anschließend eine zweite separate Betrachtung der identifizierten Fehler unter Berücksichtigung der Wesentlichkeitsgrenze nach IFRS durch. Für das IFRS-Reporting wurde Ihnen vom Konzernabschlussprüfer eine Wesentlichkeitsgrenze i. H. v. 1,5 Mio. € vorgegeben.[215]

3.3.2.2.3.3 Vorläufige Risikobeurteilung

Im Rahmen der Durchführung von Prüfungshandlungen zur Risikobeurteilung (ISA 315.5 ff.) haben Sie neben einem Verständnis für das Geschäft des Mandanten bereits das die Vorräte betreffende IKS des Produktionsbereichs aufgenommen. Aus der Aufnahme des IKS haben Sie keine wesentlichen Risiken auf Ebene der Abschlussaussagen bzw. auf Ebene des Jahresabschlusses feststellen können.

Folgende relevante Informationen für den Bereich der Vorräte haben Sie im Rahmen der Risikobeurteilung, auch aus Gesprächen mit der Unternehmensleitung, erlangt. Erste Gespräche mit der Geschäftsführung haben ergeben, dass die Einkaufspreise für die Roh-, Hilfs- und Betriebsstoffe (RHB) im Laufe des vergangenen Jahres (t2) auf Grund der hohen Nachfrage am Markt um ca. 30 % gestiegen sind. Bei den Preisen für die fertigen Erzeugnisse (FE) konnte jedoch auf der Absatzseite im Vergleich zum Vorjahr (t1) nur eine Steigerung von ca. 5 % erreicht werden. Ursächlich hierfür ist, dass die Blech

---

213 Vgl. allgemein zur Prüfung der Vorräte *IDW* (2006), R 457 ff.; *Ruhnke* (2006b), S. 864 ff., sowie zu einer stark checklistenorientierten Vorgehensweise *Niemann* (2008), S. 286 ff.
214 Vgl. hierzu z. B. *Elder/Beasley/Arens* (2010), S. 249 ff.
215 Zu den Materiality-Überlegungen auf Konzernebene vgl. auch ISA 600.21 ff. sowie $\rightarrow$ II.9.2.

GmbH mit allen Abnehmern jeweils Ende Januar Verträge für die Dauer von einem Jahr abschließt (incoterms CPT;[216] Dauer der Lieferung je nach Abnehmer 1 bis 2 Tage).

Die Verträge legen Preise und Mindestabnahmemengen für die nächsten zwölf Monate fest. Da die genaue Abnahmemenge im Vorhinein nicht bestimmbar ist und jeder Kunde spezielle Anforderungen an die hergestellten Bleche hat, erfolgt die Produktion der Spezialbleche fast ausschließlich nach Auftragseingang. Daher hat die Geschäftsführung Ihnen ebenfalls mitgeteilt, dass sie neben dem obligatorischen Niederstwerttest bereits eine Drohverlustrückstellung i. H. v. 13 T€ gebildet hat, und zwar für nicht kostendeckende Aufträge, die im Januar t3 produziert und ausgeliefert werden müssen. Aus dem vorliegenden Schriftverkehr mit den Abnehmern ist aber ersichtlich, dass die Verkaufspreise für FE ab Februar t3 deutlich ansteigen werden.

Der regelmäßig hohe Bestand an Rohstoffen setzt sich ausschließlich aus einer Sorte vorbearbeitetem Blech zusammen. Da die Lieferzeit zumeist 4 bis 5 Monate beträgt, erfolgt aus Gründen der Risikobegrenzung eine Bevorratung, welche den Produktionsprozess regelmäßig für einen Zeitraum von ca. 3 Monaten sichert. Der Mandant teilt Ihnen weiterhin mit, dass die diesjährigen Inventuren für fertige und unfertige Erzeugnisse am 23.12. und für Roh-, Hilfs- und Betriebsstoffe am 24.12. stattfinden.

Weitere Informationen erhalten Sie aus einem Gespräch mit dem Leiter Rechnungswesen:

• Eine Ermittlung der Bestände erfolgt durch ein IT-gestütztes Warenwirtschaftssystem. Dieses System wurde bereits von einem IT-Prüfer aus Ihrer Prüfungsgesellschaft im Rahmen der Vorprüfung beurteilt. Der Prüfer hat dabei keine wesentlichen Kontrollschwächen festgestellt.

• Die Bewertung der FE gestaltet sich folgendermaßen: Die relevanten Einzelkosten sind dem Kostenträger direkt zurechenbar. Die angefallenen Gemeinkosten werden im Zuge der Kostenstellenrechnung den einzelnen Kostenstellen (z. B. Maschinen) zugeordnet. Anschließend erfolgt im Zuge der Kostenträgerrechnung eine Verteilung dieser Kosten auf die einzelnen Kostenträger (z. B. ein bestimmtes hergestelltes Blech). Für Vertriebs-, Verwaltungsgemeinkosten sowie Leerkosten bestehen separate Kostenstellen, die nicht auf die Kostenträger umgelegt werden.

• Anschließend führt das Unternehmen einen Niederstwerttest gem. § 253 HGB durch, bei dem die durchschnittlichen Nettoerlöse des vergangenen Jahres den Kosten gegenübergestellt werden; der geringere von beiden Werten wird für die Bewertung der FE herangezogen.

• Der Leiter Rechnungswesen weist Sie noch darauf hin, bei Ihrer Plausibilitätsprüfung zu berücksichtigen, dass bei dem Produktionsprozess ein Verschnitt von ca. 5 % anfällt sowie 1 % der produzierten Bleche auf Grund von Qualitätsproblemen nicht verkauft werden kann.[217] Der Lieferant nimmt diese Ware jedoch zu einem Vorzugspreis (pauschal, inklusive Transport) i. H. v. ca. 40 % des ursprünglichen Rohstoffpreises zurück.

---

216 Incoterms bezeichnen die Lieferbedingungen. CPT (Carriage Paid To; frachtfrei) bedeutet dabei u. a., dass der Gefahrenübergang am Lieferort erfolgt.
217 Verschnitt und Ausschuss betreffen alle Blechsorten ungefähr in gleicher Höhe und werden zum Ende jedes ungeraden Monats vom Lieferanten zurückgenommen.

- Die Rohstoffe werden mit dem gezahlten Durchschnittspreis (inklusive aller Anschaffungsnebenkosten) der letzten drei Monate bewertet, den das Warenwirtschaftssystem automatisch berechnet.
- Die unfertigen Erzeugnisse werden aus Vereinfachungsgründen mit den Rohstoffpreisen zuzüglich 50% der anfallenden Fertigungskosten bewertet.
- Für die Zwecke der Erstellung eines IFRS-Abschlusses hält der Mandant es nicht für notwendig, Änderungen bei der Bewertung der Vorräte vorzunehmen.
- Der Leiter Rechnungswesen hat Ihnen zudem mitgeteilt, dass Sie Fragen besser an ihn und nicht an die Unternehmensleitung richten, da hier regelmäßig ein Wechsel stattfindet. Der letzte Wechsel wurde vollzogen, weil die erzielten Ergebnisse nicht den Vorstellungen der Muttergesellschaft entsprochen hatten.

Folgende Zusammenstellungen hat Ihnen der Leiter Rechnungswesen bereits übergeben (vgl. Tab. II.3-24 bis II.3-25):[218]

Zusammenstellung Vorräte	t2	t1	Abweichung	Prozentual
FE	17.700 T€	18.675 T€	– 975 T€	– 5,2%
unfertige Erzeugnisse	75 T€	73 T€	2 T€	+ 2,7%
RHB	15.256 T€	10.072 T€	5.184 T€	+ 51,5%
Vorräte (gesamt)	33.031 T€	28.820 T€	4.211 T€	+ 14,6%

Tab. II.3-24: Zusammenstellung der Vorräte, Teil 1

FE	Bestand 31.12.t1	Bewertung 31.12.t1	Bestand 31.12.t2	Bewertung 31.12.t2
K1	12.500 St.	2.375 T€	11.000 St.	2.200 T€
K2	50.000 St.	4.500 T€	50.000 St.	5.000 T€
K3	20.000 St.	9.700 T€	15.000 St.	7.500 T€
K4	6.000 St.	1.150 T€	10.000 St.	2.000 T€
Konsignationslager	5.000 St.	950 T€	5.000 St.	1.000 T€
Rohmaterial	Bestand		Bestand	
	1.400 t	9.800 T€	1.500 t	15.000 T€
sonstige RHB				
		272 T€		256 T€

Tab. II.3-25: Zusammenstellung der Vorräte, Teil 2

---

218 Legende: K = Kostenträger; RHB = Roh-, Hilfs- und Betriebsstoffe; K1 = Spezialblech für einen Automobilhersteller; K2 = Standardblech, das verschiedene Automobilhersteller beziehen; K3 = Spezialblech für die Flugzeugindustrie; K4 = Spezialblech für Fertigbauhäuser. Im Konsignationslager wird lediglich K1 aufbewahrt. In den sonstigen RHB sind u. a. Schmierstoffe und Ersatzteile enthalten.

Folgende Statistiken haben Sie aus dem Verkauf, der Produktion sowie dem Einkauf erhalten (vgl. Tab. II.3-26 bis II.3-28):

Verkaufszahlen t2		erzielter Durchschnittspreis pro Stück[219]
K1	200.000 St.	180 €
K2	800.000 St.	110 €
K3	100.000 St.	600 €
K4	4.000 St.	200 €

Tab. II.3-26: Verkaufszahlen

Produktionszahlen t2		Gewicht je Stück	Durchschnittskosten pro Stück (lt. Kostenträgerrechnung)
K1	200.500 St.	8 kg	200 €
K2	808.100 St.	5 kg	100 €
K3	95.900 St.	4 kg	500 €
K4	8.100 St.	10 kg	200 €

Tab. II.3-27: Produktionszahlen

Einkauf Rohmaterial t2	Menge	Durchschnittspreis/t
	6.513 t	10.000 €

Tab. II.3-28: Einkaufszahlen

3.3.2.2.3.4 Vorschlag für eine Musterlösung

a) Risikobeurteilungen auf Jahresabschlussebene und Aussagenebene sowie allgemeine Reaktionen

Ein Wesensmerkmal einer geschäftsrisikoorientierten Prüfung ist, dass der Prüfer die Risiken wesentlicher falscher Angaben auf Ebene des Jahresabschlusses und auf Ebene von drei Aussagenkategorien getrennt zu identifizieren und zu beurteilen hat (ISA 315.3). Zu den Kategorien zählen die Aussagen für »Arten von Geschäftsvorfällen und Ereignissen«, »Kontensalden« sowie »Ausweis und Angaben«; den Kategorien werden wiederum einzelne Aussagen zugeordnet (ISA 315.A111, IDW PS 300.7).[220] Auf die festgestellten und beurteilten (Fehler-)Risiken muss der Prüfer wiederum auf Jahresabschlussebene

---

219 Angesprochen ist der Zeitraum Februar t2 bis Dezember t2.
220 Ein solches Vorgehen findet sich implizit auch im IDW Praxishandbuch zur Qualitätssicherung, welches beispielhaft abschlusspostenbezogene Prüfungsprogramme darstellt und dabei den einzelnen Prüfungshandlungen die »adressierten Aussagen« zuordnet. Mit den »adressierten Aussagen« sind regelmäßig die für eine Kategorie typischen Aussagen angesprochen; diese werden wiederum abschlusspostenspezifisch weiter eingeengt. Die Prüfungsprogramme zeigen »mögliche Prüfungshandlungen« auf, von denen diejenigen durchzuführen sind, die zu den zuvor beurteilten Fehlerrisiken passen; vgl. *IDW* (2010), S. 264 ff. und 787 ff.

(allgemeine Reaktionen) sowie auf Aussagenebene (spezifische Prüfungshandlungen auf Aussagenebene) reagieren (ISA 330.5 f.).

Im Rahmen der *Risikobeurteilung* konnten Sie folgende *Risiken* mit möglichen Auswirkungen auf den Jahresabschluss, insbesondere die Vorräte, identifizieren. Durch den Wegfall des Abnehmers für Spezialbleche ergibt sich insbesondere ein Risiko der »*Bewertung und Zuordnung*« (der Kategorie »Aussagen über Kontensalden am Geschäftsjahresende«) der Spezialbleche, die bereits für den weggefallenen Abnehmer produziert wurden. Da es sich hierbei um spezielle Bleche handelt, ist die Wahrscheinlichkeit gering, dass diese an ein anderes Unternehmen veräußert werden können.

Weiterhin konnten Sie feststellen, dass die Rohstoffpreise um 30 % gestiegen sind. Gleichzeitig wurde jedoch auf der Absatzseite nur eine Steigerung der Preise der FE von 5 % erzielt. Auch hieraus resultiert ein Risiko für die »*Bewertung und Zuordnung*« (angesprochen ist ebenfalls die Kategorie »Aussagen über Kontensalden am Geschäftsjahresende«) der FE. Dabei gilt es insbesondere zu prüfen, ob die FE nicht über ihrem Veräußerungspreis bewertet sind. Insbesondere ergibt sich somit ein Risiko in Bezug auf die Aussage der »*Bewertung*« der Vorräte.

Die Aufnahme des IKS im Produktionsbereich sowie die IT-Aufnahme des Warenwirtschaftssystems haben zwar keine wesentlichen Risiken erkennen lassen, dennoch entscheiden Sie sich, auf Grund des jährlichen Managementwechsels sowie der Wesentlichkeit der Vorräte (30 % der Bilanzsumme) als allgemeine Reaktion auf Ebene des Jahresabschlusses umfangreiche analytische und Einzelfallprüfungen (die sämtliche Aussagen abdecken) durchzuführen. Der häufige Managementwechsel kann ebenso wie ein unter Druck stehendes Management als ein möglicher Indikator für *fraud* angesehen werden. Da zudem die Möglichkeit des *management override* besteht, also der Gefahr, dass das Management vorhandene Kontrollen umgeht oder außer Kraft setzt (→ II.4.1), können Sie sich in dem vorliegenden Fall nur bedingt auf das IKS verlassen. Da weitergehende Prüfungshandlungen sowohl durch aussagebezoge Prüfungshandlungen als auch durch Kontrolltests erfolgen können (ISA 330.8 ff.), legen Sie den Schwerpunkt somit auf die *Durchführung von aussagebezogenen Prüfungshandlungen*.

b) *Skizze der Vorgehensweise*
Wie in der Aufgabenstellung gefordert ist, skizzieren Sie zunächst das prüferische Vorgehen anhand eines einfachen Ablaufdiagramms (siehe Abb. II.3-24).

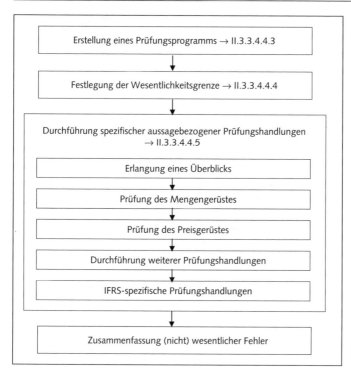

Abb. II.3-24: Skizze der prüferischen Vorgehensweise

d) Erstellung eines Prüfungsprogramms

Das Prüfungsprogramm stellt Tab. II.3-29 dar: [221]

Prüfungsprogramm		angesprochene Aussagekategorien und dazugehörige Aussagen (ISA 315.A111 und IDW PS 300.7)[221]											
		Aussagen über Arten von Geschäftsvorfällen und Ereignisse des Geschäftsjahres					Aussagen über Kontensalden am Geschäftsjahresende				Aussagen über Ausweis und Angaben		
Nr.	Geplante Prüfungshandlungen	E	VO	G	P	K	V	RV	VO	BZ	VRV	VO	KV	GB
1	Prüfung rechnerische Richtigkeit und Abstimmung mit Bilanzausweis													x
2	Prüfung Verständlichkeit und Kontenzuordnung												x	

---

221 Ausführlich → I.6.2.

Nr.	Geplante Prüfungshandlungen	E	VO	G	P	K	V	RV	VO	BZ	VRV	VO	KV	GB
3	Prüfung von Verträgen/Rechnungen/Überweisungen	x		x		x		x		x	x		x	x
4	Plausibilisierung der Änderung zum Vorjahr		x			x								
5	Plausibilisierung Mengengerüst								x					
6	Abstimmung der Mengen mit Warenwirtschaftssystem			x					x					
7	Inventurbeobachtung			x			x							
8	Abstimmung Bestände und Konsignationslager	x	x	x	x	x		x	x			x	x	x
9	Prüfung Periodenabgrenzung				x									
10	weitergehende Einzelfallprüfungen	x		x				x			x			
11	Prüfung Wertansatz Rohstoffe						x		x					x
12	Prüfung Bewertung FE			x		x			x					x
13	Durchführung Niederstwerttest			x					x					x
14	Prüfung Drohverlustrückstellung		x	x	x	x			x	x		x	x	x
15	Prüfung von Verträgen/Rechnungen			x				x		x	x			
16	Prüfung unfertige Erzeugnisse auf Plausibilität			x	x				X			x	x	x
17	Prüfung Wahlrechte			x					X					x
18	Prüfung Abschreibungen			x					X					x
19	Prüfung verlustfreie Bewertung			x					X					x

Tab. II.3-29: Prüfungsprogramm[222]

222 Legende (der Reihenfolge der Benennung folgend): E = Eintritt, VO = Vollständigkeit, G = Genauigkeit, P = Periodenabgrenzung, K = Kontenzuordnung, V = Vorhandensein, RV = Rechte und Verpflichtungen, BZ = Bewertung und Zuordnung, VRV = Vorkommen sowie Rechte und Verpflichtungen, KV = Klassifikation und Verständlichkeit, GB = Genauigkeit und Bewertung.

f) Festlegung der Wesentlichkeitsgrenze

Um die Bedeutung von Fehlern einschätzen zu können, bestimmen Sie die Wesentlichkeitsgrenze (→ II.1.3.2). Da es sich bei dem Unternehmen um ein gewinnorientiertes Unternehmen handelt, kann der Jahresüberschuss der vergangenen Jahre i. H. v. durchschnittlich 3 Mio. € als Bezugsgröße herangezogen werden. Bei einer Materiality-Grenze von annahmegemäß 5 % errechnet sich für den HGB-Abschluss eine quantitative Materiality-Grenze von 150 T€.

g) Durchführung spezifischer aussagebezogener Prüfungshandlungen

Erlangung eines Überblicks

Zunächst verschaffen Sie sich einen allgemeinen Überblick über die Entwicklung der Vorräte bzw. Sie aktualisieren die bereits in der Vorprüfung erlangten Informationen. Da Sie in diesem Zusammenhang ohnehin die Zusammenstellung und detaillierten Aufgliederungen betrachten, prüfen Sie aus Effizienzgründen zunächst die *rechnerische Richtigkeit* der vorliegenden Zusammenstellungen und stimmen diese miteinander und mit dem endgültigen Bilanzausweis ab (1)[223]. Weiterhin prüfen Sie die *angemessene Darstellung und Verständlichkeit der Kontenzuordnung* (2).

Auffällig ist, dass die geleisteten *Anzahlungen* nicht gesondert ausgewiesen werden. Sie halten daher Rücksprache mit dem Leiter Rechnungswesen, der Ihnen mitteilt, dass die Zahlung der RHB erst nach Lieferung und Gefahrenübergang erfolgt. Aus diesem Grunde prüfen Sie die mit den Lieferanten geschlossenen Verträge sowie stichprobenweise einzelne Rechnungen und Überweisungen (3).

Um neben der bereits erhaltenen ersten Einschätzung einen detaillierten Überblick zu gewinnen, berechnen Sie die absolute und relative Abweichung der einzelnen Kostenträger im Vergleich zum Vorjahresbilanzstichtag (vgl. Tab. II.3-30 und Tab.3-31) und vergleichen diese mit den bereits erlangten Informationen aus den geführten Gesprächen, die Ihnen als *Erwartungshaltung* (→ II.3.2.3.3) dienen. Sie gehen davon aus, dass es auf diese Weise möglich ist, die geforderte Prüfungssicherheit in Bezug auf die Aussagen »*Vollständigkeit*« und »*Kontenzuordnung*« der Kategorie »Aussagen über Arten von Geschäftsvorfällen« (4) zu erlangen.[224] Der Anstieg bei der Bewertung der einzelnen Kostenträger (zwischen 2 % und 11 %) sowie die gestiegene Bewertung der Rohstoffe von 7 €/t auf 10 €/t erscheint Ihnen unter Berücksichtigung der von der Unternehmensleitung erhaltenen Informationen, wonach die Verkaufspreise für FE um durchschnittlich 5 % und die Rohstoffpreise um ca. 30 % gestiegen sind, plausibel. Auffällig sind jedoch der starke Rückgang der Bestände von K3 sowie der relativ hohe Bestand von K4, obwohl seit Mitte letzten Jahres kein Abnehmer mehr für K4 existiert. Dies spiegelt sich auch in der hohen Umschlagsdauer von K4 wider. Nach Rücksprache mit der Geschäftsleitung liegt der Rückgang von K3 in einer hohen Anzahl von Lieferungen an den Abnehmer am 30./31.12. (t2) begründet. Sie notieren sich diese Aussage, um diese im Rahmen der Prü-

---

223 Der Klammerausdruck gibt die Nr. der Prüfungshandlung im Prüfungsprogramm in Tab. II.3-20 an.
224 Zur Bildung der Erwartungshaltung sollten auch externe »benchmarks« herangezogen werden, z. B. der Vorratsbestand, die -intensität oder die Umschlagsdauer von anderen, vergleichbaren Unternehmen derselben Branche.

	Veränderung zum Vorjahr (t1)				Umschlagsdauer t2 in Tagen[225]
FE	**absolut**	**prozentual**	**absolut**	**prozentual**	
K1	−1.500 St.	−9,0%	−125 T€	−3,8%	29
K2	0 St.	0,0%	500 T€	11,1%	23
K3	−5.000 St.	−25,0%	−2.200 T€	−22,7%	54
K4	4.000 St.	66,7%	850 T€	73,9%	900
Rohmaterial	**absolut**	**prozentual**	**absolut**	**prozentual**	
	100 t	7,1%	5.200 T€	53,1%	

Tab. II.3-30: Veränderungen zum Vorjahr

	Bewertung/Stück		Veränderung zum Vorjahr	
FE	**t1**	**t2**	**absolut**	**prozentual**
K1	190 €	200 €	10 €	5%
K2	90 €	100 €	10 €	11%
K3	490 €	500 €	10 €	2%
K4	190 €	200 €	10 €	5%
Rohmaterial	Bewertung/t		**absolut**	**prozentual**
	7.000 €	10.000 €	3.000 €	42,9%

Tab. II.3-31: Bewertung/Stück

fung der Periodenabgrenzung aufzugreifen. In Bezug auf K4 teilt Ihnen der Geschäftsführer mit, dass man gehofft habe, für die Spezialbleche einen anderen Abnehmer zu finden. Inzwischen gehe man aber davon aus, dass diese Bleche nicht mehr verkauft werden können. Demnach sind die Vorräte auf ihren Schrottwert abzuwerten (40% des Wertes der RHB = 10.000 St. • 10 kg/St. • 10 €/kg (Bewertung RHB) • 0,4 (40% vom Schrottwert) = 400 T€; notwendige Abwertung 1.000 T€ - 400 T€ = 600 T€).

Um festzustellen, ob der Bilanzausweis korrekt ist, sind im Wesentlichen zwei Sachverhalte zu prüfen: »1) Ist die angenommene Menge (*Mengengerüst*) korrekt?« und »2) Stimmt der zur Bewertung der Menge herangezogene Preis (*Preisgerüst*)?«.

Prüfung des Mengengerüstes
Durchführung analytischer Prüfungen: Rohstoffe und FE sind getrennt zu betrachten, da es sich um verschiedene Bilanzposten handelt. Unfertige Erzeugnisse werden auf Grund der gegebenen Unwesentlichkeit nicht betrachtet. Zunächst bilden Sie sich eine Erwartung darüber, wie der Bestand der *Rohstoffe* am 31.12.t2 auszusehen hätte. Dabei gehen

---

225 Umschlagsdauer: Bestand an Vorräten / Umsatzerlöse • 360 Tage. Aus Vereinfachungsgründen wird der Bestand der Vorräte am Jahresende und nicht der durchschnittliche Bestand an Vorräten herangezogen. Beispielsweise berechnet sich die Umschlagsdauer für K1 wie folgt: (11.000 St. + 5.000 St.) / (200.000 St.) • 360 Tage = 29 Tage.

Sie von folgenden Annahmen aus: *Bestandsmenge am 31.12.t1)* + Wareneingänge in t2 - Warenausgänge (Verarbeitung zu FE) t2 = *Bestandsmenge 31.12.t2.*

Bei den *FE* bilden Sie folgende Erwartungshaltung: *Bestandsmenge 31.12. (t1)* + produzierte Waren (abzüglich 1% Ausschuss) t2 - verkaufte Menge t2 = *Bestandsmenge 31.12.t2.*

Roh-stoffe	Bestand 31.12.t1	+ Warenein-gänge t2	– Warenaus-gänge (brutto + Verschnitt) t2[226]		= erwarteter Be-stand 31.12.t2
	1.400 t	6.513 t	6.415 t		1.498 t
FE	Bestand 31.12. t1	+ produzierte Waren t2	– Ausschuss (1%) t2	– verkaufte Menge t2	= erwarteter Be-stand 31.12.t2
K1	17.500 St.	200.500 St.	– 2.005 St.	– 200.000 St.	15.995 St.
K2	50.000 St.	808.100 St.	– 8.081 St.	– 800.000 St.	50.019 St.
K3	20.000 St.	95.900 St.	– 959 St.	– 100.000 St.	14.941 St.
K4	6.000 St.	8.100 St.	– 81 St.	– 4.000 St.	10.019 St.

Tab. II.3-32: Bildung Erwartungshaltung

Anschließend vergleichen Sie Ihre Erwartungshaltung mit den tatsächlichen Beständen der Blech GmbH (vgl. Tab. II.3-33).

Vergleich Erwartungshaltung und tatsächliche Zahlen zum 31.12.t2				
Vorräte	Erwartungshaltung	tatsächliche Zahlen	Abweichung	
			absolut	prozentual
K1	15.995 St.	16.000 St.	- 5 St.	- 0,03%
K2	50.019 St.	50.000 St.	19 St.	0,04%
K3	14.941 St.	15.000 St.	- 59 St.	- 0,40%
K4	10.019 St.	10.000 St.	19 St.	0,19%
Rohstoffe	1.498 t	1.500 t	- 2 t	- 0,13%

Tab. II.3-33: Vergleich Erwartungshaltung und tatsächliche Zahlen

Nach der Auswertung stellen Sie fest, dass die tatsächlichen Zahlen für FE, unfertige Erzeugnisse und Rohstoffe nicht wesentlich von der entwickelten Erwartungshaltung abweichen. Nach Rücksprache mit dem Leiter Rechnungswesen resultieren die geringen Abweichungen aus dem teilweise divergierenden Verschnitt und Ausschuss, die jedoch nicht getrennt gezeigt werden. Der Leiter Rechnungswesen teilt Ihnen mit, dass er diese

---

226 Die Warenausgänge (Rohstoffe) in kg berechnen sich wie folgt: (200.500 St. • 8 kg + 808.100 St. • 5 kg ı 95.900 St. • 4 kg + 8.100 St. • 10 kg) • 1,05 Verschnitt) / 1.000.

Positionen in den vergangenen Jahren stets als *stille Reserve* betrachtet hat und eine Aktivierung deshalb unterblieben ist. Sie weisen ihn auf die nicht korrekte Vorgehensweise hin, jedoch mit der Bemerkung, dass auf eine Aktivierung unter Berücksichtigung der Wesentlichkeitsgrenze verzichtet werden kann. Die Höhe der Aktivierung von *Verschnitt und Ausschuss* für den Monat Dezember berechnet sich wie folgt: [(200.500 St. • 8 kg) + (808.100 St. • 5 kg) + (95.900 St. • 4 kg)] / 12 Monate = 502,34 t (produzierte Menge im Monat Dezember).[227] Danach berechnet sich ein Ausschuss i. H. v. 5,02 t (502,34 t • 0,01 durchschnittlicher Ausschuss) sowie ein Verschnitt i. H. v. 26,45 t [(502,34 t / 0,95) - 502,34 t]. Dies ergibt einen Rohstoffbestand i. H. v. 31,47 t. Bei einem Rohstoffpreis i. H. v. 4.000 €/t errechnet sich ein Betrag von 125.880 € (5).

Durchführung von Einzelfallprüfungen: Um einen Nachweis für die Mengen zu erhalten, fordern Sie einen Ausdruck aus dem IT-gestützten Warenwirtschaftssystem an und gleichen diesen mit den in der Kostenträgerrechnung herangezogenen Mengen ab (6). Weiterhin führen Sie sowohl am 23. als auch am 24.12. eine Inventurbeobachtung (zur Vorratsinventur → II.3.4.1) durch, um sich von dem tatsächlichen Bestand der Rohstoffe sowie der weiteren RHB und der FE/unfertigen Erzeugnisse überzeugen zu können; dadurch erreichen Sie die Aussagen »*Genauigkeit*« (Kategorie »Aussagen über Arten von Geschäftsvorfällen«) und »*Vorhandensein*« (Kategorie »Aussagen über Kontensalden«) (7). Gemäß § 241 Abs. 3 HGB kann die Inventur innerhalb der letzten drei Monate vor oder der ersten zwei Monate nach dem Abschlussstichtag durchgeführt werden (vor- oder nachverlegte Stichtagsinventur). Um sich von der Bewertung der Vorräte zum Abschlussstichtag überzeugen zu können, hat der Abschlussprüfer ggf. die Inventurfortschreibung zu prüfen (IDW PS 301.25). Die Inventurfortschreibung ist zu prüfen, wenn zwischen dem Tag der Inventur und dem Bilanzstichtag noch Bewegungen bei den Vorräten erfolgt sind. Die Teilnahme an beiden Tagen ist notwendig, da an dem einen Tag die FE sowie an dem anderen Tag die RHB erfasst werden und beide Posten für sich genommen wesentlich sind. Für das Konsignationslager fordern Sie ebenfalls Unterlagen der Inventurdurchführung bzw. eine Bestätigung über den Bestand der Vorräte von dem Unternehmen an, bei dem die Vorräte gelagert werden (IDW PS 301.32). Die Ergebnisse der Inventurdurchführung bzw. der erhaltenen Bestätigung gleichen Sie mit dem gebuchten Bestand ab (8).

Zur Prüfung der *Periodenabgrenzung* bitten Sie den Leiter Rechnungswesen, Ihnen Einsicht in sämtliche Lieferscheine und Rechnungen von Dezember t2 und Januar t3 bzgl. der Auslieferungen zu gewähren. Auf Grund der bereits von der Geschäftsleitung erlangten Informationen, dass die Blech GmbH am 30./31.12. eine größere Menge Ware versendet hat, prüfen Sie sämtliche Ausgänge der letzten Dezembertage sowie der ersten Januartage. Weiterhin betrachten Sie alle größeren Positionen im Dezember und Januar hinsichtlich einer korrekten Abgrenzung. Da Sie bereits die mit den Abnehmern geschlossenen Verträge eingesehen haben (→ II.3.3.2.2.3.3), wissen Sie, dass auf Grund des incoterm CPT die Realisierung der Umsatzerlöse erst mit Abnahme der Ware am Lieferort erfolgen darf. Die bis zu diesem Zeitpunkt im Besitz der Blech GmbH befindlichen Waren sind als »unterwegsbefindliche Ware« unter den Vorräten aufzunehmen. In Bezug

---

227 Für K4 fällt kein Verschnitt an, da dieser nur bis Mitte t2 produziert wurde.

auf die erhaltene Auskunft, dass eine größere Menge an Waren am 30. bzw. 31.12.t2 das Unternehmen verlassen hat, kann es sich als problematisch erweisen, dass bei einer Lieferzeit von 1 bis 2 Tagen die Ware erst in t3 vom Abnehmer abgenommen wird. Hinsichtlich der Rohstoffe hat ebenfalls eine entsprechende Prüfung der Periodenabgrenzung für die Wareneingänge zu erfolgen, wodurch Sie die Aussage »Periodenabgrenzung« prüfen (9). Im Rahmen der Prüfung der Periodenabgrenzung können Sie durch Einsichtnahme in Rechnungen und Lieferscheine gleichzeitig einen weitergehenden Abgleich der Belege mit der richtigen Erfassung der Daten auf den Konten durchführen (10) und somit zu einem effizienten Prüfungsablauf beitragen.

Prüfung des Preisgerüstes

Durchführung analytischer Prüfungen: Im Rahmen der Betrachtung des Preisgerüstes sind analytische Prüfungen insbesondere in Bezug auf Preisänderungen im Vergleich zum Vorjahr oder branchenspezifische Preise durchzuführen (→ II.3.3.4.4.4). Als Ausgangspunkt für die Bildung einer Erwartungshaltung können Gespräche mit der Unternehmensleitung, Recherchen in Publikationen der einschlägigen Fachpresse und im Internet sowie eine Einsichtnahme in Rechnungen und Verträge oder benchmarks vergleichbarer Unternehmen dienen.

Durchführung von Einzelfallprüfungen: Auch hier sind Rohstoffe und FE getrennt zu untersuchen. In Bezug auf die *Rohstoffe* ist zunächst zu prüfen, ob die Anschaffungskosten gem. § 255 Abs. 1 HGB korrekt berechnet wurden. Zu prüfen ist, ob zurechenbare Anschaffungspreisminderungen wie Skonti, Boni oder Rabatte von den Anschaffungskosten abgesetzt sind und zurechenbare Anschaffungsnebenkosten, insbesondere die Transportkosten, tatsächlich einbezogen wurden. Eine solche Prüfung sollte durch die Einsichtnahme in Konten und Rechnungen erfolgen. Da die Rohstoffe aus Neuseeland bezogen werden, ist festzustellen, ob möglicherweise ein Fremdwährungsgeschäft vorliegt. In diesem Fall entspricht der Anschaffungspreis den mit dem Umrechnungskurs umgerechneten Anschaffungskosten an dem Stichtag, an dem die wirtschaftliche Verfügungsmacht erlangt wurde (Erstbewertung). Die Auswirkungen möglicher Währungsänderungen sind im Rahmen des Niederstwerttestes zu berücksichtigen (Folgebewertung).[228]

Da Rohstoffe mit dem gezahlten Durchschnittspreis der letzten drei Monate bewertet werden und der Umschlag der Rohstoffe alle drei Monate erfolgt, entspricht der angesetzte Preis weitgehend den tatsächlichen Anschaffungskosten. Da sich der Durchschnittspreis durch das geprüfte Warenwirtschaftssystem berechnet, ist hier lediglich ein geringes Risiko gegeben. Stichprobenweise sollte geprüft werden, ob für eingekaufte Rohstoffe im System die richtigen Preise hinterlegt sind. Dies ist durch den Abgleich von Rechnungen mit im System erfassten Daten möglich.

Auf Grund des Anstiegs der Rohstoffpreise zum Jahresende ergibt sich auch kein Wertberichtigungsbedarf (Niederstwerttest). Da lediglich eine Sorte Rohstoffe eingesetzt wird, ist das Risiko auch sehr gering, dass nicht mehr einsetzbare Rohstoffe existieren. Es sollte jedoch geprüft werden, z. B. bei der Inventurbeobachtung oder durch Befragun-

---

228 Zur Umrechnung von Fremdwährungsposten vgl. z. B. *Ruhnke* (2008), S. 424 ff.

gen, ob möglicherweise Rohstoffe existieren, bei denen z. B. durch Korrosionsschäden Wertberichtigungsbedarf besteht (11).

In Bezug auf die *fertigen Erzeugnisse* ist die Herstellungskostenberechnung zu prüfen. Hierzu kann auch der Betriebsabrechnungsbogen[229] herangezogen werden. Der Mandant hat Ihnen bereits mitgeteilt, dass Vertriebskosten, Kosten der allgemeinen Verwaltung und Leerkosten nicht berücksichtigt werden.

- Vertriebskosten sind gem. § 255 Abs. 2 Satz 4 HGB nicht einzubeziehen.
- Für angemessene Teile der Kosten der allgemeinen Verwaltung besteht gem. § 255 Abs. 2 Satz 3 HGB ein Wahlrecht.
- Weiterhin sind gem. Abs. 2 Satz 2 nur angemessene Bestandteile der Gemeinkosten zu aktivieren. Kosten einer Unterbeschäftigung (Leerkosten) sind nicht anzusetzen, wenn es sich um eine dauerhafte und offenbare Unterauslastung handelt.[230] Im vorliegenden Fall liegen jedoch keine Hinweise auf eine ungenügende Kapazitätsauslastung vor, so dass eine Eliminierung von Leerkosten entfällt.

Somit ist die vom Mandanten gewählte Vorgehensweise konform mit den deutschen GoB.

Um festzustellen, ob die Bewertung entsprechend der erteilten Auskünfte erfolgt, lassen Sie sich eine entsprechende Darstellung bzw. Dokumente zur Kostenstellenrechnung sowie zur Kostenträgerrechnung aushändigen. Im Rahmen der Kostenstellenrechnung ist der Verteilungsschlüssel für die Kosten zu prüfen. Dabei ist festzustellen, ob tatsächlich keine Weiterbelastung der in den Kostenstellen Vertrieb und allgemeine Verwaltung erfassten Kosten sowie ggf. der Leerkosten auf die Kostenträger erfolgt. Im Rahmen der Kostenträgerrechnung bietet es sich an, stichprobenartig die Berechnung für einen oder mehrere Kostenträger nachzuvollziehen. Entsprechend der Kostenstellenrechnung gilt es zu verifizieren, nach welchem Muster eine Verteilung der Kosten auf die einzelnen Kostenträger erfolgt (12).

Auskunftsgemäß hat der Mandant bereits einen *Niederstwerttest* durchgeführt. Da Ihnen dieser jedoch nicht vorliegt, führen Sie einen eigenen Niederstwerttest durch (siehe hierzu Tab. II.3-34).

Niederstwerttest	Buchwert pro Stück (31.12.t2)	beizulegender Wert pro Stück[231]	Differenz pro Stück, sofern gilt: beizulegender Wert < Buchwert
K1	200 €	180 €	20 €
K2	100 €	110 €	-
K3	500 €	600 €	-
K4	200 €	200 €	-
Konsignationslager	200 €	180 €	20 €

Tab. II.3-34: Niederstwerttest

---

229 Vgl. auch *Marten/Quick/Ruhnke* (2006), S. 488 ff., sowie *Haberstock* (2008), S. 114 ff.
230 Vgl. *Adler/Düring/Schmalz* (1995), § 255 HGB, Tz. 162; *Ellrott/Brendt* (2010), § 255 HGB, Anm. 355.
231 In dem vorliegenden Fall ist nicht der durchschnittlich erzielbare Marktpreis, sondern der vertraglich fixierte Preis heranzuziehen, da dieser unter dem Marktpreis liegt. Die vertraglich fixierten Preise wer-

Nach dem *Vergleich des Buchwertes mit dem beizulegenden Wert* fällt Ihnen auf, dass die Bewertung nicht dem niedrigeren beizulegenden Wert entspricht. Sie sprechen daraufhin den Leiter Rechnungswesen an, der Ihnen völlig überrascht mitteilt, dass anscheinend zwar der Niederstwerttest durchgeführt, jedoch nicht gebucht wurde. Da der Betrag über der Wesentlichkeitsgrenze für den HGB-Abschluss von 150 T€ liegt, nehmen Sie den Betrag in die Nachbuchungsliste auf (K1 ist um 11.000 St. • 20 € = 220 T€ wertzuberichtigen; sowie K1 im Konsignationslager um 5.000 St. • 20 € = 100 T€). In Bezug auf den beizulegenden Wert ist weiterhin sicherzustellen, dass Vertriebskosten und Leerkosten nicht berücksichtigt wurden. Im Rahmen des Niederstwerttestes sprechen Sie die Aussagen »*Genauigkeit*«, »*Bewertung und Zuordnung*« sowie »*Genauigkeit und Bewertung*« an (13).

In einem engen Zusammenhang zum Niederstwerttest steht die Prüfung der Bildung einer Drohverlustrückstellung. Bevor eine solche Rückstellung gebildet werden kann, sind mit dem Absatzgeschäft unmittelbar im Zusammenhang stehende Vermögensgegenstände abzuschreiben (IDW RS HFA 4.21).[232] Da das Unternehmen die Rohstoffe bereits besitzt, ist hier grundsätzlich keine Drohverlustrückstellung zu bilden; vielmehr sind die zur Vertragserfüllung notwendigen Rohstoffe zunächst abzuwerten. Eine Drohverlustrückstellung ist nur in der Höhe zu bilden, in der der erwartete Verlust den Buchwert der Rohstoffe überschreitet. Die Bildung einer Drohverlustrückstellung setzt demnach einen Niederstwerttest voraus. Die Bewertung einer Drohverlustrückstellung erfolgt zu Vollkosten[233], jedoch ohne Berücksichtigung von allgemeinen Verwaltungs- und Vertriebskosten sowie Leerkosten (IDW RS HFA 4.35, 4.37) (14). Der monatliche Absatz für K1 beträgt ca. 16.667 St. (200.000 Jahresabsatz / 12 Monate). Da auf den Bestand i. H. v. 16.000 St. bereits eine Wertberichtigung erfolgte, ist nur der verbleibende RHB-Bestand von 667 St. i. H. v. 13.340 € (667 St. • 20 €) wertzuberichtigen. Da es sich lediglich um einen Ausweisfehler ohne Ergebnisauswirkung handelt, der unter der Wesentlichkeitsgrenze liegt, kann dieser in die »potenzielle Nachbuchungsliste« aufgenommen werden.[234]

Zur Prüfung der Ergebnisse sichten Sie noch einzelne Rechnungen und insbesondere Verträge (soweit nicht im Rahmen der Vorprüfung erfolgt) an Abnehmer, um festzustellen, ob die vorliegenden Preise im Einzelfall stimmen. Die Prüfung von Verträgen und Rechnungen im Rahmen der Prüfung des Preisgerüstes dient zur Erreichung der Aussagen »Rechte und Verpflichtungen«, »Vorkommen sowie Rechte und Verpflichtungen« sowie »Bewertung und Zuordnung« (innerhalb der in Tab. II.3-29 angegebenen Aussagenkategorien). Bei der Einsichtnahme in Rechnungen führen Sie eine bewusste

---

den jeweils von Februar bis Januar festgelegt. Somit entspricht der in Tab. II.3-26 angegebene Durchschnittspreis für den Zeitraum von Februar bis Dezember t2 dem vertraglich fixierten Preis für Januar t3.

232 Entsprechend Art. 20 Abs. 3 der 4. EG-Richtlinie sollen Rückstellungen keine Wertberichtigungen zu Aktivposten darstellen; vgl. auch *Baetge/Kirsch/Thiele* (2009), S. 442 sowie zu den Drohverlustrückstellungen *Ruhnke* (2008), S. 564 ff.

233 Hierzu zählen die Einzel- und Gemeinkosten des Produktionsbereichs sowie direkt zurechenbare Sondereinzelkosten des Vertriebs und sonstige direkt zurechenbare Kosten (z. B. Lagerkosten).

234 Wird anstatt der bereits von der Blech GmbH gebildeten Drohverlustrückstellung i. H. v. 13 T€ eine Abwertung der Vorräte i. H. v. 13 T€ vorgenommen, so ergibt sich keine Ergebnisauswirkung.

Auswahl durch, indem Sie die betragsmäßig hohen Rechnungen auswählen (15). Um Rechnungen und Verträge nicht doppelt zu prüfen, sollte die Durchführung der unter Nr. 15 genannten Prüfungshandlungen aus Effizienzgründen im Zusammenhang mit den unter Nr. 10 genannten Prüfungshandlungen erfolgen.

Durchführung weiterer Prüfungshandlungen

In Bezug auf die *unfertigen Erzeugnisse* sollten Sie im Rahmen der Inventurbeobachtung durch Inaugenscheinnahme feststellen, ob Ihnen die Größenordnung an unfertigen Erzeugnissen plausibel erscheint. Da es sich um eine unwesentliche Position handelt, führen Sie bei vorliegender Plausibilität keine weiteren Prüfungshandlungen durch (16).

Für die *sonstigen Roh-, Hilfs- und Betriebsstoffe* sollte im Rahmen der Inventurbeobachtung eine Stichprobe gezogen werden. Da der Posten auch Ersatzteile für die Fertigungsmaschinen enthält, erscheint dieser Posten zunächst sehr gering. Es ist daher zu eruieren, ob das Unternehmen grundsätzliche Ersatzteile lagert und wie diese bilanziert werden.[235]

IFRS-spezifische Prüfungshandlungen

Gem. IAS 2.12 ff. sind die Vorräte zu *produktionsbezogenen Vollkosten* zu bewerten. Da nach HGB das Wahlrecht zur Aktivierung von Kosten der allgemeinen Verwaltung nicht in Anspruch genommen wurde, bestehen keine Bewertungsdifferenzen und somit kein Anpassungsbedarf (17).

Des Weiteren sei darauf verwiesen, dass die Maschinen nach IFRS annahmegemäß über 25 Jahre und nach HGB über 30 Jahre abgeschrieben werden. Somit ergibt sich nach IFRS (in den ersten 25 Jahren) ein höherer jährlicher Abschreibungsbetrag. Da die Abschreibungen als Teil der Gemeinkosten auch in den Herstellungskosten der Vorräte berücksichtigt werden, sind die Vorräte nach IFRS mit einem höheren Betrag anzusetzen (planmäßige Abschreibung nach IFRS abzüglich planmäßige handelsrechtliche Abschreibung). Anschließend ist erneut ein Niederstwerttest durchzuführen, um zu verhindern, dass der fortgeführte Buchwert nun über dem Nettoveräußerungswert (vgl. IAS 2.9, 2.28 ff.) liegt (18).

Nach IFRS ist der Buchwert der Rohstoffe auf einen niedrigeren, am Absatzmarkt ermittelten Wert abzuschreiben. Allerdings kommt eine Wertminderung der Rohstoffe nur dann in Betracht, wenn sich die Fertigerzeugnisse (FE), in die die Rohstoffe eingehen, nicht verlustfrei veräußern lassen (IAS 2.32). Es ist daher zu prüfen, ob neben der bereits erfolgten Abwertung i. H. v. 114 T€ weiterer Abwertungsbedarf besteht. Da lediglich K1 derzeit mit Verlust produziert wird und sämtliche aus dem Vertrag resultierenden Geschäfte für den Monat Januar durch die bisherigen Abwertungen gedeckt (RHB: 13 T€ sowie FE: 320 T€) sind, ergibt sich kein weiterer Abwertungsbedarf (19). Die IFRS-spezifischen Prüfungshandlungen sprechen jeweils die Aussagen »*Genauigkeit*«, »*Bewertung und Zuordnung*« sowie »*Genauigkeit und Bewertung*« an.

---

235 Werden durch das Unternehmen nicht im ausreichenden Maße Ersatzteile gelagert, sind vorhandene Notfallpläne zu prüfen. Beispielsweise ist festzustellen, ob Ersatzteile in angemessener Zeit beschafft werden können. Andernfalls kann hieraus ein Geschäftsrisiko durch den Stillstand der Produktion resultieren.

f) Zusammenfassung (nicht) wesentlicher Fehler und Berichterstattung
In der *potenziellen Nachbuchungsliste (HGB)* finden sich demnach die folgenden (möglichen) in Tab. II.3-35 dargestellten Buchungen:

5)	Rohstoffe (Verschnitt, Ausstoß)	125.880 €	an	Materialaufwand	125.880 €
12)	Drohverlustrückstellung (K1)	13.340 €	an	Rohstoffe	13.340 €

Tab. II.3-35: Potenzielle Nachbuchungsliste

Auch bei kumulierter Betrachtung überschreiten die einzeln betrachtet unwesentlichen Positionen nicht die Wesentlichkeitsgrenze, da der zweite Fehler (12) keine Auswirkungen auf das Ergebnis hat. Eine Nachbuchung von »unwesentlichen Fehlern« kann somit unterbleiben.
  Die *Nachbuchungsliste (HGB)* nimmt die zwingend zu korrigierenden Fehler auf (siehe Tab. II.3-36).

4)	Wertminderungsverlust (K4)	600.000 €	an	fertige Erzeugnisse (K4)	600.000 €
11)	Wertminderungsverlust (K1)	320.000 €	an	fertige Erzeugnisse (K1)	320.000 €

Tab. II.3-36: Nachbuchungsliste

Da auch bei *kumulierter Betrachtung* sämtliche Fehler die vorgegebene Wesentlichkeitsgrenze nach IFRS i. H. v. 1,5 Mio. € nicht überschreiten, sind die Korrekturbuchungen im Rahmen des IFRS-Konzernreporting annahmegemäß nicht relevant.
  Abschließend hat der Prüfer festzustellen, ob die erforderlichen *Nachbuchungen* vom Mandanten für den HGB-Abschluss korrekt umgesetzt wurden. Wurden die Buchungen nicht getätigt, so ist insbesondere zu prüfen, ob der Sachverhalt in geeigneter Form im *Prüfungsbericht* dargestellt wird (→ II.6.3.2) und ob es sich hier um einen abgrenzbaren wesentlichen Teilbereich handelt, dessen Falschdarstellung zu einer Einschränkung des *Bestätigungsvermerks* führt (→ II.6.3.1.3). Die zwingend zu korrigierenden Fehler i. H. v. 920 T€ betragen ca. 28 % des vorläufigen Jahresüberschusses i. H. v. 3,3 Mio. €. Beträge, die 10 % des Jahresüberschusses übersteigen, sind regelmäßig als wesentlich anzusehen (→ II.1.3.2.1). Da es sich somit um einen abgrenzbaren wesentlichen Teilbereich der Rechnungslegung handelt, wäre der Bestätigungsvermerk einzuschränken, sofern der Mandant sich weigert, die Nachbuchungen durchzuführen (→ II.6.3.1.3).

3.4 Ausgewählte Einzelprobleme

3.4.1 Prüfung der Vorratsinventur

Die Pflicht zur Inventur ergibt sich mittelbar aus § 240 HGB, denn nach § 240 Abs. 1 und 2 HGB ist jeder Kaufmann verpflichtet, zu Beginn seines Handelsgewerbes und für den Schluss eines jeden Geschäftsjahres ein *Inventar*, d. h. ein Bestandsverzeichnis, aufzustellen. Dazu ist es zunächst erforderlich, die Bestände aufzunehmen, d. h. zumindest jährlich eine Inventur durchzuführen. Inventur und Inventar sind Grundlage für die Aufstellung des Jahresabschlusses. Der Begriff »*Inventur*« beschreibt die Methode zur Erfassung der Bestände, d. h. die Gesamtheit aller Maßnahmen, die zur Erfassung der Vermögensposten und Schulden nach Art, Menge und Wert und damit zur Aufstellung des Inventars erforderlich sind. Der Begriff wird in der Praxis häufig in Zusammenhang mit der Bestandserfassung der Vorräte verwendet. Dies wird als Vorratsinventur bezeichnet.[236] Auch die Vorschriften des ISA 501.4-8 und 501.A1-A16 sowie des IDW PS 301 beziehen sich auf die Vorratsinventur.

Der Abschlussprüfer prüft die Vorratsinventur, um sich vom Vorhandensein, von der Vollständigkeit und der Beschaffenheit der im Jahresabschluss ausgewiesenen Vorräte zu überzeugen und um für die Überprüfung der Bewertung von Vorräten notwendige Informationen zu erlangen (zu diesen Abschlussaussagen → I.6.2). Dazu hat er zunächst die Inventurprüfung sorgfältig zu *planen* und dabei Art, Umfang und Zeitraum seiner Prüfungshandlungen unter Berücksichtigung der nachfolgenden Aspekte festzulegen (ISA 501.A3, IDW PS 301.8):

- Art und Wert der Vorräte,
- Art der angewandten Inventurverfahren,
- Art des vorratsbezogenen internen Kontrollsystems,
- Fehlerrisiko,
- Angemessenheit und Wirksamkeit der angewandten Inventurverfahren,
- Eignung der Inventurrichtlinien des Mandanten,
- zeitlicher Ablauf der Inventur,
- Lagerorte der Vorräte,
- Notwendigkeit der Hinzuziehung von Sachverständigen sowie
- Ergebnisse früherer Inventurprüfungen.

Bei der Inventurprüfung untersucht der Prüfer sowohl die Angemessenheit der Organisation der Bestandsaufnahme als auch die Einhaltung der Inventuranweisungen. Der Abschlussprüfer hat das IKS (→ II.3.2.2) auf Angemessenheit (Aufbauprüfung) und Wirksamkeit (Funktionsprüfung) zu prüfen sowie aussagebezogene Prüfungshandlungen anzuwenden. Auf allen Stufen des Prüfungsprozesses kann der Abschlussprüfer die erforderlichen Prüfungshandlungen in Form von Stichproben durchführen.

---

236 Zum Begriff der Vorräte und der Vorratsinventur siehe auch *Quick* (2000), S. 2–5.

Zur *Prüfung des vorratsbezogenen IKS* hat der Abschlussprüfer zunächst die Einhaltung der Inventurgrundsätze[237] (Vollständigkeit, Richtigkeit, Einzelerfassung und Nachprüfbarkeit) festzustellen. Dazu hat er die Inventurrichtlinien[238] des Unternehmens hinsichtlich der angewandten Kontrollverfahren (z. B. zum Rücklauf und der Weiterverarbeitung der ausgefüllten und der nicht verwendeten Erfassungsbögen), der Kategorisierung der Vorräte (z. B. Angemessenheit der Regelungen zur Feststellung des Fertigstellungsgrades unfertiger Erzeugnisse) und der Erfassung von Vorratsbewegungen (z. B. Angemessenheit der Regelungen in Bezug auf den Abgang sowie Eingang von Beständen vor und nach dem Inventurstichtag) zu würdigen (ISA 501.A4, IDW PS 301.14) und sich davon zu überzeugen, dass Inventurrichtlinien während der Bestandsaufnahme auch tatsächlich angewendet werden.

Wenn bei der Inventur Vorräte im Wege der Mengenschätzung ermittelt werden (z. B. bei einer Kohlenhalde), hat der Prüfer die Plausibilität solcher Schätzungen zu würdigen (ISA 501.A4, IDW PS 301.16). Sind die Vorräte eines Unternehmens absolut oder relativ für den Abschluss wesentlich, so muss der Prüfer, sofern gangbar, bei der Vorratsinventur anwesend sein (ISA 501.4 und 501.A5-A7, IDW PS 301.7).[239] Bei Lagerung der Vorräte an verschiedenen Orten wird der Abschlussprüfer unter Wesentlichkeits- und Risikogesichtspunkten abwägen, an welchen Orten seine Anwesenheit bei der Inventur erforderlich ist (IDW PS 301.9). Im Rahmen einer solchen *Inventurbeobachtung* hat er sich von der ordnungsmäßigen Handhabung der Inventurverfahren und vom Vorhandensein, von der Vollständigkeit und der Beschaffenheit der im Jahresabschluss ausgewiesenen Vorräte zu überzeugen (ISA 501.A6, IDW PS 301.7 und 301.18). Der Abschlussprüfer beobachtet die körperliche Bestandsaufnahme und kontrolliert deren Ergebnisse durch Inaugenscheinnahme der aufgeführten Ist-Bestände sowie durch Probezählungen (ISA 501.A7, IDW PS 301.18). Der Umfang solcher aussagebezogenen Prüfungshandlungen bestimmt sich nach dem bei der Prüfung des inventurbezogenen IKS ermittelten Fehlerrisikos und der Wesentlichkeit der jeweiligen Vorratsbestände. In der Praxis existieren Checklisten, die den Abschlussprüfer bei der Planung und Durchführung der Inventurbeobachtung unterstützen.[240] Ist es dem Abschlussprüfer auf Grund unvorhergesehener Umstände nicht möglich, zu dem geplanten Termin an der Inventur teilzunehmen, sind vom Prüfer an einem alternativen Termin Kontrollzählungen durchzuführen, oder es ist durch diesen die Durchführung von weiteren Bestandsaufnahmen zu beobachten. Verhindert der Lagerort eine Inventurteilnahme, muss sich der Abschlussprüfer durch alternative Prüfungshandlungen (so kann der Prüfer z. B. aus Dokumenten über den Verkauf von Vorräten kurz nach dem Bilanzstichtag auf das Vorhandensein von im alten Geschäftsjahr beschafften Vorräten am Bilanzstichtag schließen) ausreichende und angemessene Prüfungsnachweise verschaffen. Erfolgt die Auftragserteilung nach Durchführung der Inventur, ist eine Inventurteilnahme nicht möglich und es sind ebenfalls alternative Prüfungshandlungen (z. B. Kontrollzählungen im neuen Geschäftsjahr und

---

237 Vgl. *Quick* (2000), S. 8 ff.
238 Ausführliche Informationen zu den Inventurrichtlinien finden sich bei *Quick* (2000), S. 209 ff.
239 Eine umfassende Darstellung des Grundsatzes der Inventurbeobachtung findet sich bei *Quick* (1991), S. 217 ff.
240 Vgl. z. B. die Checklisten für die Inventurbeobachtung *Farr* (2002); *Farr* (2005).

Rückrechnung auf den Bilanz- bzw. den Inventurstichtag) geboten. Sind solche alternativen Prüfungshandlungen nicht durchführbar, liegt ein Prüfungshemmnis (→ II.6.3.1.3) vor (ISA 501.6-7 und 501.A12-A14, IDW PS 301.20-23).

Sofern der Prüfer das Risiko einer wesentlichen Falschdarstellung erkennt, das auf betrügerischen Handlungen mit Bezug zu den mengenmäßigen Vorratsbeständen basiert, hat er Lagerorte oder Vorratsposten zu identifizieren, denen während oder nach der Bestandsaufnahme besondere Aufmerksamkeit zu widmen ist. Dies kann z. B. dazu führen, dass bei bestimmten Lagerorten die Bestandsaufnahme unangekündigt beobachtet wird oder dass zu einem bestimmten Termin an allen Lagerorten Kontrollzählungen durchgeführt werden (ISA 240.A38).

Der Abschlussprüfer hat die endgültigen Bestandslisten zu prüfen, um zu beurteilen, ob sie die tatsächliche Bestandsaufnahme zutreffend wiedergeben (ISA 501.A8, IDW PS 301.19).

Die Anwendung von *Inventurvereinfachungen*[241] (neben der ausgeweiteten Stichtagsinventur insbesondere die im § 241 HGB geregelten Vereinfachungen Stichprobeninventur, vor- und nachverlegte Stichtagsinventur und permanente Inventur[242]) verlangt vom Abschlussprüfer zusätzliche Prüfungshandlungen. Er muss sich v. a. davon überzeugen, dass die jeweiligen Anwendungsvoraussetzungen der Inventurvereinfachung erfüllt sind. Über die Anwendungsmöglichkeiten verschiedener Inventurvereinfachungen informiert die SN HFA 1/1990 »Zur körperlichen Bestandsaufnahme im Rahmen von Inventurverfahren«. Dagegen beschäftigt sich die SN HFA 1/1981 i. d. F. 1990 »Stichprobenverfahren für die Vorratsinventur« mit der Stichprobeninventur.

- Bei der Prüfung der *Stichprobeninventur* ist festzustellen, ob ein anerkanntes mathematisch-statistisches Verfahren zur Anwendung kommt, ob das Verfahren den GoB im Sinne der Grundsätze ordnungsmäßiger Inventur entspricht und ob der Aussagegehalt der Stichprobeninventur dem einer Vollaufnahme zumindest entspricht. Außerdem ist die Ordnungsmäßigkeit der Lagerbuchführung zu überprüfen. Zusätzliche Prüfungserfordernisse ergeben sich aus der Besonderheit, dass ein mathematisch-statistisches Verfahren zur Anwendung kommt. So hat der Prüfer insbesondere die Angemessenheit und Richtigkeit des Stichprobenverfahrens zu beurteilen, wobei er u. a. auf eine eindeutige Abgrenzung der Grundgesamtheit, eine zufällige Auswahl der Stichprobe, eine korrekte Bestimmung des Stichprobenumfangs und eine vollständige Erfassung der Stichprobenelemente zu achten hat. Zudem muss der Abschlussprüfer die Auswertung der Stichprobenergebnisse sachlich und rechnerisch prüfen (IDW PS 301.29).
- Die *vor- und nachverlegte Stichtagsinventur* setzt die Anwendung eines den GoB entsprechenden wertmäßigen Fort- oder Rückschreibungsverfahrens voraus. In diesem Fall hat der Abschlussprüfer die Fortschreibung bzw. Rückrechnung der Zu- und Abgänge im Vorratsvermögen zwischen Aufnahmetag und Abschlussstichtag zu prüfen (IDW PS 301.25).

---

241 Ausführlich diskutiert bei *Quick* (2000) und *Quick* (2002).

242 Als weitere Inventurvereinfachungen sind die Einlagerungsinventur, die systemgestützte Werkstattinventur und die warenwirtschaftssystemgestützte Inventur zu nennen. Hierbei handelt es sich streng genommen um Sonderformen der permanenten Inventur.

- Die Anwendung der *permanenten Inventur* setzt die Wirksamkeit des jeweiligen Lager- und Bestandsbuchführungssystems voraus. Ferner ist zu beachten, dass sämtliche Vorräte mindestens einmal im Geschäftsjahr körperlich aufgenommen werden müssen und die Richtigkeit der Buchbestände anhand der Ergebnisse der körperlichen Bestandsaufnahme zu kontrollieren ist. Dabei muss der Prüfer bei den Bestandsaufnahmen zeitweise anwesend sein (IDW PS 301.26). ISA 501 enthält lediglich Vorschriften zur Prüfung einer permanenten Inventur (ISA 501.A9-A11). Zudem verweisen ISA 501.6 und 501.A9 auf die grundsätzliche Möglichkeit, die Vorratsinventur zu einem anderen Termin als dem Geschäftsjahresende durchzuführen.
- Keine Besonderheiten ergeben sich für die Prüfung des Mengengerüstes, sofern Vermögensposten des Vorratsvermögens im Rahmen einer *Festbewertung* gem. § 240 Abs. 3 HGB i. d. R. nur alle drei Jahre körperlich aufgenommen werden.

Soweit Vorräte von Dritten verwahrt und verwaltet werden, überzeugt sich der Abschlussprüfer von deren Vorhandensein und Beschaffenheit im Regelfall durch die Einholung einer Bestätigung unmittelbar vom Verwahrer. In Abhängigkeit von der Wesentlichkeit der jeweiligen Vorratsbestände hat der Prüfer auch:
- die Integrität und Unabhängigkeit des Verwahrers,
- die Beobachtung der Inventur beim Verwahrer (durch den Abschlussprüfer selbst oder durch einen anderen Prüfer),
- die Bestätigung der Angemessenheit des vorratsbezogenen IKS des Verwahrers durch einen anderen Prüfer, um die Gewähr zu haben, dass die Vorräte zutreffend aufgenommen, angemessen gelagert und gesichert sind, und
- die Inaugenscheinnahme von Unterlagen, wie z. B. Empfangsquittungen von Lagerhäusern oder Einholung von Bestätigungen Dritter, wenn die Vorräte als Sicherheit verpfändet worden sind,

zu berücksichtigen (ISA 501.8 und 501.A16, IDW PS 301.32).

Der Abschlussprüfer hat nach IDW PS 301.33-35[243] die in Bezug auf die Vorratsinventur durchgeführten Prüfungshandlungen, einschließlich der Feststellungen, in den Arbeitspapieren angemessen zu dokumentieren. Dabei ist in erster Linie auf die Beurteilung der Zuverlässigkeit der angewandten Inventurverfahren, deren Dokumentation in den Inventurrichtlinien sowie deren ordnungsgemäßen Anwendung während der Inventur einzugehen. In die Arbeitspapiere können z. B. eine Kopie der Inventuranweisungen und des Inventuraufnahmeplans, Nachweise zu den Kontrollzählungen des Abschlussprüfers und zum Vergleich der Ergebnisse der Kontrollzählungen mit der Inventurliste des Mandanten oder Notizen über die letzten Warenbewegungen vor und nach dem Inventurzeitpunkt und deren Abstimmung mit Kreditoren- und Debitorenrechnungen aufgenommen werden.

---

243 ISA 501 enthält diesbezüglich keine Regelungen. Eine Dokumentation der Prüfung der Vorratsinventur ist allerdings nach ISA 230 ebenfalls erforderlich.

3.4.2   Saldenbestätigungen

Prüfungsnachweise können durch Bestätigungen Dritter eingeholt werden. Diese Bestätigungen sind Gegenstand von IDW PS 302. Besonderheiten, die bei der Prüfung von Kredit- und Finanzdienstleistungsinstituten sowie Versicherungsunternehmen zu beachten sind, beinhalten IDW PH 9.302.1 bzw. PH 9.302.2. Die internationalen Prüfungsnormen behandeln die Einholung von Bestätigungen durch Dritte in ISA 505 (external confirmations).

Die Einholung von Bestätigungen Dritter fällt gem. IDW PS 302.1 regelmäßig in den Bereich der Einzelfallprüfungen (→ II.3.2.4), kann aber auch im Kontext der Funktionsprüfung des internen Kontrollsystems (→ II.3.2.2.3.2) zur Erlangung von Prüfungsnachweisen eingesetzt werden (IDW PS 302.24; dual purpose test → II.3.2.2.3.2). Gegenstand der Bestätigungen Dritter im Rahmen der Abschlussprüfung sind regelmäßig Salden, mit denen Prüfungsaussagen in den Prüffeldern Debitoren, Kreditoren, Bankguthaben und -verbindlichkeiten im Hinblick auf eine hinreichende Sicherheit fundiert werden. Bestätigungen Dritter gelten insofern als Prüfungsnachweise mit hohem Verlässlichkeitsgrad, als es sich dabei um schriftliche Mitteilungen aus unternehmensexternen Quellen handelt, die in keiner näheren Beziehung zum geprüften Unternehmen stehen (IDW PS 302.9). Die Einholung von Saldenbstätigungen kann als GoA (→ I.6.3.3) angesehen werden.[244]

Grundsätzlich werden Saldenbestätigungen auf den Abschlussstichtag bezogen eingeholt. Sofern der Prüfer ein angemessenes internes Kontrollsystem (→ II.3.2.2.1) und ein geringes inhärentes Risiko (→ II.1.2.1 und II.3.2.1) in diesem Bereich nachgewiesen hat, kann er die Saldenbestätigungen auch für einen anderen Stichtag als den Bilanzstichtag einholen (IDW PS 302.7 und 302.24);[245] jedoch wird in einem solchen Fall eine Weiterverfolgung des bestätigten Saldos hin zum Saldo am Abschlussstichtag erforderlich (sog. roll forward).[246]

Unter einer Bestätigung im Kontext der Abschlussprüfung wird die Einholung und Beurteilung von Prüfungsnachweisen verstanden, die auf einer direkten Mitteilung einer dritten Partei als Antwort auf eine Anfrage zu einem bestimmten Gegenstand in Zusammenhang mit dem Jahresabschluss eines Unternehmens beruhen (ISA 505.6). Dies sind häufig einzelne Jahresabschlusspositionen oder deren entsprechende Konten.

Saldenbestätigungen dienen z. B. der Erlangung von Prüfungsnachweisen über die Höhe von Forderungen (Debitoren) oder Verbindlichkeiten (Kreditoren). Sie sind dann einzuholen, wenn diese Posten wesentlich oder wenn das inhärente Risiko und das Kontrollrisiko (→ II.1.2.1, II.3.2.1 und II.3.2.2) jeweils bezogen auf das gesamte Unternehmen oder einzelne Prüffelder von Bedeutung sind (IDW PS 302.6).

Bei der Einholung von Saldenbestätigungen ist es i.Allg. nicht erforderlich, sich alle Salden bestätigen zu lassen.[247] Der Prüfer kann eine bewusste Auswahl vornehmen, z. B. anhand eines der Auswahlkriterien Höhe des Saldos, Umfang des Geschäftsverkehrs

---

244 Vgl. *Heinrich* (2003), S. 22; a. A. *Rabenhorst* (2002), S. 23.
245 Vgl. *Köbrich/Schöffel* (2000), S. 478.
246 Vgl. *Breycha* (1992), Sp. 1737; *Rabenhorst* (2002), S. 19 und 21.
247 Vgl. *Breycha* (1992), Sp. 1735; *Köbrich/Schöffel* (2000), S. 478.

(bspw. anhand der Jahresverkehrszahlen des entsprechenden Kontos ermittelt), Zahlungszielüberschreitung, Struktur und Ordnungsmäßigkeit des Kontokorrents. Alternativ können auch mathematisch-statistische Verfahren angewandt werden (IDW PS 302.25; → II.3.2.4). Lässt sich der Nachweis einer Forderung oder Verbindlichkeit auf andere Art und Weise mit mindestens derselben Zuverlässigkeit erbringen, so braucht der Prüfer keine Saldenbestätigungsaktion durchzuführen (IDW PS 302.6 und 302.26).[248] Er kann das Unternehmen auch nicht verpflichten, Saldenbestätigungen einzuholen.[249] Regelmäßige Zahlungsein- bzw. Zahlungsausgänge allein reichen i. d. R. als Nachweis nicht aus (IDW PS 302.26).

Um zuverlässige Prüfungsnachweise zu erhalten, ist es erforderlich, dass Auswahl, Versand und Rücklauf der Saldenbestätigungsschreiben unter der Kontrolle des Abschlussprüfers stehen (ISA 505.7 und 505.A1-A2, IDW PS 302.39). Für eine Bestätigungsanfrage kommen grundsätzlich *zwei Methoden* in Betracht, die einzeln oder kombiniert angewandt werden können (ISA 505.6, IDW PS 302.17):[250]

- Bei der *positiven Methode* bittet der Prüfer den Adressaten, entweder seine Übereinstimmung oder Nichtübereinstimmung mit dem ausgewiesenen Stichtagssaldo schriftlich zu bestätigen (Mitteilungsverfahren) oder den entsprechenden Saldo mitzuteilen (Anforderungsverfahren) (ISA 505.6(b) und 505.A5, IDW PS 302.18).[251] Eine Antwort des Befragten ist also in jedem Fall erforderlich.

- Bei der *negativen Methode* braucht der Adressat nur dann zu antworten, wenn er mit dem ausgewiesenen Stichtagssaldo nicht einverstanden ist (ISA 505.6(c), 505.15 und 505.A23, IDW PS 302.20).

Die positive Methode wird am häufigsten angewandt und führt zu verlässlicheren Ergebnissen als die negative Methode. Die negative Form findet nur in einer begrenzten Anzahl von Fällen Anwendung und ist z. B. angebracht, wenn ein sicheres Kontrollsystem existiert und das inhärente Risiko als gering eingeschätzt wird, wenn sehr viele betragsmäßig kleine Einzelsalden geprüft werden sollen und der Prüfer keine Anhaltspunkte dafür hat, dass die Anzahl der Fehler erheblich ist oder die Adressaten die Bestätigungsanfragen unbeachtet lassen (ISA 505.15, IDW PS 302.22). Zu beachten ist, dass eine ausbleibende Antwort bei der negativen Methode kein sicheres Indiz für eine Zustimmung des Adressaten ist; daher sind ggf. ergänzende Prüfungshandlungen durchzuführen (ISA 505.A23, IDW PS 302.21).[252] Bleiben die Antworten bei positiven Bestätigungsanfragen – auch nach neuerlicher Kontaktaufnahme des Prüfers mit dem Adressaten – aus, hat der Prüfer alternative Prüfungshandlungen zur Beurteilung dieser Posten vorzunehmen (ISA 505.12 und 505.18-19, IDW PS 302.41),[253] indem er die den zu beurteilenden Saldo beeinflussenden Geschäftsvorfälle mit Hilfe von internen und

---

248 Vgl. *Breycha* (1992), Sp. 1734; *Rabenhorst* (2002), S. 18.
249 Siehe *Durchlaub* (1978), S. 145.
250 Vgl. *Köbrich/Schöffel* (2000), S. 478; *IDW* (2006), R 491.
251 Vgl. *Breycha* (1992), Sp. 1733. Ein Beispiel für eine positive Bestätigungsanfrage findet sich bei *Keller* (2006), S. 2088 f.
252 Vgl. *Keller* (2006), S. 2085.
253 Vgl. *Keller* (2006), S. 2088.

externen Dokumenten (z. B. Rechnungen, Lieferscheine, Leistungsnachweise, Zahlungs-eingangs- und -ausgangsbelege[254]) prüft. Erhält er jedoch Antworten, unabhängig von der angewandten Methode, darf er nicht verkennen, dass die gemachten Angaben nicht den Tatsachen entsprechen müssen. So könnten z. B. befragte Personen Bestätigungen abgeben, ohne diese wirklich geprüft zu haben. Weiter muss der Prüfer die Zuverlässig-keit, Kompetenz, Objektivität, Position im Unternehmen und die Sachkenntnis in die-ser Angelegenheit, aber auch die Interessenlage des Antwortenden (ISA 505.A2, IDW PS 302.37 f.) sowie die Tatsache, dass i. d. R. keine rechtlich verbindliche Auskunfts-pflicht besteht, berücksichtigen.

Eine Saldenbestätigung eines Dritten, die den vom Mandanten vorgelegten Saldo gleichlautend bestätigt, ist kein ausreichendes Indiz für die Richtigkeit des Prüffeldes. Beispielsweise lässt sich mit der Saldenbestätigung ebenso wenig die Werthaltigkeit ei-ner Forderung beurteilen (IDW PS 302.10) wie die Vollständigkeit der im Jahresabschluss ausgewiesenen Verbindlichkeiten aus Lieferungen und Leistungen.[255]

Im Grundsatz entspricht IDW PS 302 dem ISA 505 (IDW PS 302.4 und 302.46). In ei-nigen Aspekten geht IDW PS 302 jedoch über die internationalen Normen hinaus (IDW PS 302.47). So wird in IDW PS 302.27-33 explizit auf die vom Prüfer zu beachtenden Besonderheiten bei der Einholung von Bestätigungen Dritter eingegangen, die nicht Sal-denbe-stätigungsanfragen sind (z. B. Bestätigungen für von Dritten verwahrtes Vermögen oder Bankbestätigungen). Die deutsche Norm fordert ausdrücklich die Einholung von Bankbestätigungen, in denen nicht nur Kontensalden bestätigt werden sollen, sondern jegliche Geschäftsbeziehungen mit dem Mandanten erfragt werden (IDW PS 302.29). Zudem sind im Regelfall auch Rechtsanwaltsbestätigungen einzuholen (IDW PS 302.32).

3.4.3 Prüfung von geschätzten Werten

3.4.3.1 Ebene der Rechnungslegung

Geschätzte Werte sind Näherungswerte, die immer dann bedeutsam sind, wenn eine exakte Ermittlung nicht möglich ist.[256] Eine bedeutende Gruppe unter den geschätzten Werten sind die geschätzten beizulegenden Zeitwerte (estimated fair values). Beizule-gende Zeitwerte gewinnen besonders für internationale Jahresabschlüsse zunehmend an Bedeutung. Die wachsende Verwendung von beizulegenden Zeitwerten führt jedoch nicht zwingend zu einer höheren Aussagekraft von Jahresabschlüssen.

Beispiel

Der Fall Enron Corp. hat gezeigt, wie die Bewertung von Bilanzpositionen mit dem beizule-genden Zeitwert dazu missbraucht werden kann, das Jahresergebnis in die gewünschte Rich-tung zu steuern. *Lüdenbach/Hoffmann* gehen davon aus, dass Enron bewusst Kontrakte über

---

254 Vgl. *Heinrich* (2003), S. 24.
255 Vgl. *Rabenhorst* (2002), S. 18.
256 Vgl. ISA 540.7a und IDW PS 314.2.

solche Vermögenswerte abgeschlossen hat, die zum beizulegenden Zeitwert zu bewerten sind, für die aber keine Marktwerte verfügbar waren, so dass der beizulegende Zeitwert durch Schätzungen zu ermitteln war. Durch Variation der den Schätzungen zu Grunde liegenden Prämissen war es wiederum möglich, das Ergebnis nahezu beliebig zu manipulieren.[257]

Allgemein lässt sich der *beizulegende Zeitwert* als der Betrag definieren, zu dem zwischen sachverständigen, vertragswilligen und voneinander unabhängigen Geschäftspartnern ein Vermögensposten getauscht oder eine Schuld beglichen werden könnte (vgl. u. a. IAS 16.6, IAS 38.8 und IAS 40.5). Eine Vielzahl von Abschlussposten ist zum beizulegenden Zeitwert zu bewerten.[258]

Beispiele

Nach den *internationalen Rechnungslegungsnormen* werden, ausgehend von einer Bewertung zum beizulegenden Zeitwert für bestimmte Finanzinstrumente (IAS 39, IFRS 9[259]), sowie der Möglichkeit, eine Neubewertung des Sachanlagevermögens (IAS 16) und immaterieller Vermögenswerte (IAS 38) zum beizulegenden Zeitwert durchzuführen, u. a. auch als Finanzinvestition gehaltene Immobilien (IAS 40) sowie biologische Vermögenswerte und landwirtschaftliche Erzeugnisse (IAS 41) zum beizulegenden Zeitwert angesetzt. Außerdem ist dieser Bewertungsmaßstab bei der Ermittlung des erzielbaren Betrags bedeutsam, auf den die in IAS 36.2 genannten Vermögensposten ggf. außerplanmäßig wertzumindern sind. Der erzielbare Betrag ist gem. IAS 36.18 als der höhere Betrag aus beizulegendem Zeitwert abzüglich Veräußerungskosten und Nutzungswert definiert.

Auch die *deutschen Rechnungslegungsnormen* geben den beizulegenden Wert in einer Reihe von Fällen als Bewertungsmaßstab vor. Der Anwendungsbereich ist allerdings im Vergleich zu den internationalen Normen deutlich eingeschränkt.[260] Beispielsweise ist der beizulegende Wert bei Vermögensgegenständen bedeutsam, wenn er unter den fortgeführten Anschaffungs- oder Herstellungskosten liegt (sog. niedrigerer beizulegender Wert nach § 253 Abs. 3 Satz 3 HGB). Bedeutsam sind in diesem Zusammenhang auch der Börsen- und Marktpreis gem. § 253 Abs. 4 Satz 1 HGB. Zudem erfolgt eine Bewertung zum beizulegenden Zeitwert gemäß § 246 Abs. 2 Satz 2 HGB bei mit Schulden aus Altersversorgungsverpflichtungen oder vergleichbaren langfristig fälligen Verpflichtungen zu verrechnenden Vermögensposten. Außerdem werden von Kredit- und Finanzdienstleistungsinstituten gehaltene Finanzinstrumente des Handelsbestands zum beizulegenden Zeitwert unter Berücksichtigung eines Risikoabschlags bewertet (§ 340e Abs. 3 HGB).

---

257 Vgl. *Lüdenbach/Hoffmann* (2002), S. 1173 f. Zur Anfälligkeit des beizulegenden Zeitwertes für abschlusspolitische Maßnahmen vgl. auch *Küting/Lauer* (2009), S. 551.
258 Zur fair value-Bilanzierung nach deutschen und internationalen Normen vgl. *Bieker* (2006), S. 122 ff.
259 IFRS 9 ist für alle Berichtsperioden, die am 1.1.2013 oder danach beginnen, verpflichtend anzuwenden.
260 Zu Analogien und Unterschieden zwischen dem beizulegenden Zeitwert nach IFRS und dem beizulegenden Wert nach HGB vgl. bspw. *Küting/Lauer* (2009), S. 551 ff.

Der beizulegende Zeitwert ist *kein einheitlicher Bewertungsmaßstab*.[261] Vielmehr folgt die Ermittlung des beizulegenden Zeitwertes nach IFRS einer *hierarchisch angelegten mehrstufigen Vorgehensweise*:[262]

Als die bestmögliche und verlässlichste Quelle für den beizulegenden Zeitwert gilt ein am Bilanzstichtag öffentlich notierter Marktpreis auf einem aktiven Markt (*mark-to-market-Regel in Bezug auf den zu bewertenden Vermögenswert*). Da die hierfür erforderlichen Bedingungen wie Homogenität der gehandelten Güter, leichte und regelmäßige Verfügbarkeit der Preise sowie aktuell und regelmäßig auftretende Markttransaktionen (IFRS 9 Appendix B 5.4.3) jedoch zumeist nicht erfüllt sind,[263] werden in den Rechnungslegungsnormen auch andere Wertfindungsmethoden angesprochen, die in mehr oder weniger großem Maße Schätzungen erforderlich machen.

- Wenn ein Marktpreis nicht verfügbar ist, muss auf andere Marktwerte, welche im Vergleich zu Marktpreisen subjektive Vorstellungen beinhalten,[264] zurückgegriffen werden. Marktwerte können entweder aus Marktpreisen für identische Vermögenswerte in der Vergangenheit bzw. aus angepassten Marktpreisen für ähnliche Posten oder entsprechende Neuprodukte abgeleitet werden, z.B. angepasste Marktpreise bei Immobilien (*mark-to-market-Regel in Bezug auf die letzte Transaktion oder ähnliche Vermögenswerte*). Hierbei kann es sich in Abhängigkeit des zu prüfenden Abschlusspostens näherungsweise um eindeutig bestimmbare Beträge oder um geschätzte Werte handeln.

- Nur wenn keine geeigneten Marktwerte zur Verfügung stehen, ist der beizulegende Zeitwert über anerkannte Schätzverfahren, wie beispielsweise Multiplikatoren, DCF-Verfahren oder Optionspreismodelle, zu ermitteln (*mark-to-model-Regel*). Die zuletzt angesprochenen finanzwirtschaftlichen Bewertungsmodelle arbeiten mit Daten, die an aktiven Märkten beobachtet werden können.

Je weiter sich die Wertfindung von aktiven Märkten entfernt, desto mehr gewinnen die beizulegenden Zeitwerte den Charakter von geschätzten Werten. Der Begriff »beizulegender Zeitwert« ist demnach ein Oberbegriff für eine Bandbreite unterschiedlich gewonnener Wertansätze; dabei bildet der Begriff »Marktpreis« das eine und der Begriff »geschätzter Wert« das andere Extrem.

Über den zuvor skizzierten Anwendungsbereich der beizulegenden Zeitwerte hinaus sieht sich der Prüfer mit einer Vielzahl geschätzter Werte konfrontiert, die aber keine beizulegenden Zeitwerte sind oder ihre Ermittlung betreffen. Beispiele für sog. *geschätzte Werte außerhalb von beizulegenden Zeitwerten* sind der »best estimate« für die Bewertung von Rückstellungen nach IAS 37.36, Werte in Zusammenhang mit der Behandlung langfristiger Fertigungsaufträge nach dem Fertigstellungsgrad gem. IAS 11 (percentage of completion method), Werte in Zusammenhang mit den planmäßigen Abschreibungen

---

261 Vgl. hierzu *Ruhnke* (2008), S. 287.
262 Vgl. IFRS 9 Chapter 5.4.2 i.V.m. IFRS 9 Appendix B 5.4.1 ff. sowie z.B. *Ruhnke* (2008), S. 281 ff.
263 Ernst & Young gehen davon aus, dass für 60–80% aller Bilanzposten kein verlässlich zu ermittelnder »echter Marktpreis« existiert; *Sven Hayn*, zitiert in *o.V.* (2005), S. 20.
264 Im Regelfall lässt sich ein Markpreis direkt am Markt »ablesen«; die Preisermittlung ist losgelöst vom subjektiven Ermessen.

(z. B. die Nutzungsdauer als Basis der Berechnung einer geschätzten Größe) sowie der Nutzungswert (value in use) nach IAS 36. Wie die Beispiele zeigen, kann es sich bei den geschätzten Werten außerhalb von beizulegenden Zeitwerten sowohl um Größen handeln, die direkt als bilanzieller Bewertungsmaßstab relevant sind (z. B. value in use), oder aber auch um Größen, die nur im Rahmen der Ermittlung anderer Werte herangezogen werden müssen (z. B. die betriebsgewöhnliche Nutzungsdauer), selbst aber nicht direkt zu einem in der Bilanz auszuweisenden Wert führen.

3.4.3.2 Ebene der Prüfung

3.4.3.2.1 Anzuwendende Prüfungsnormen und allgemeine Vorgehensweise

Die Prüfung geschätzter Werte ist auch Gegenstand *theoretischer Überlegungen*, die oftmals der Perspektive des Informationsverarbeitungsansatzes (→ I.3.2.2) folgen.[265] Die nachstehenden Ausführungen konzentrieren sich indes zunächst auf die bei der Prüfung anzuwendenden Normen in der Prüfungspraxis, um hierauf aufbauend die logische Struktur der Prüfung geschätzter Werte (→ II.3.4.3.2.2) sowie prozessuale Aspekte der Prüfung aus dem Blickwinkel einer geschäftsrisikoorientierten Prüfung (→ II.3.4.3.2.3) näher zu beleuchten.

Die Prüfung geschätzter Werte regelt ISA 540 (Auditing accounting estimates, including fair value accounting estimates, and related disclosures). ISA 540 wird durch IDW PS 314 (Die Prüfung von geschätzen Werten in der Rechnungslegung einschließlich von Zeitwerten) in eine nationale Norm transformiert. In den Anwendungsbereich von ISA 540 fallen alle geschätzten Werte und beizulegenden Zeitwerte, bei denen Schätzunsicherheit besteht (ISA 540.1).[266] Ergänzend behandelt IAPS 1012 (Auditing of derivative financial instruments) die besonderen Probleme bei der Überprüfung der Werte derivativer Finanzinstrumente.[267]

Wie bei anderen Abschlussposten, muss der Prüfer auch bei der Prüfung geschätzter Werte beurteilen, ob der vom Unternehmen im zu prüfenden Jahresabschluss angesetzte Betrag den relevanten Rechnungslegungsnormen entspricht (→ I.6.2). Er hat sich dazu angemessene und ausreichende Prüfungsnachweise zu verschaffen (ISA 540.6, IDW PS 314.20). Im Kontext einer anschaffungskostenorientierten Rechnungslegung ist ein Großteil der Wertansätze pagatorisch fundiert. Stark vereinfacht formuliert hat der Prüfer in einem solchen Fall die Übereinstimmung des im prüfungspflichtigen Abschluss

---

265 Vgl. z. B. *Martin/Rich/Wilks* (2006), S. 287 ff. Beispielsweise lässt sich zeigen, dass der Prüfer auch bei der Prüfung geschätzter Werte tendenziell zu einer Informationssuche neigt, welche die zuvor formulierte Urteilshypothese bestätigt (als kognitive Verzerrung in Form eines Bestätigungseffektes); vgl. *ebd.*, S. 295 f.

266 Beizulegende Zeitwerte, für die ein Marktpreis direkt ermittelbar ist, sind deshalb vom Anwendungsbereich ausgenommen.

267 IAPS 1012 wird derzeit überarbeitet; zu den Einzelheiten vgl. *IAASB* (2010). Zur Prüfung von Finanzinstrumenten vgl. z. B. *Schmidt* (2004), S. 12 ff. sowie *ders.* (2006), S. 283 ff.; zur Prüfung von Derivaten vgl. *Castagna/Müller/Schwaller* (2007), S. 867 ff. Zudem hat das IAASB vor dem Hintergrund der weltweiten Finanzkrise die hieraus resultierenden Bewertungsschwierigkeiten bei der Ermittlung beizulegender Zeitwerte aufgegriffen und 2008 einen staff audit practice alert zur Bewertung von Finanzinstrumenten in illiquiden Märkten verlautbart, vgl. *IAASB* (2008).

ausgewiesenen Ist-Wertes (Ist-Objekt) mit den zu Grunde liegenden aktivierungspflichtigen und -fähigen Zahlungen (z. B. den Auszahlungen bei der Anschaffung) festzustellen. Dabei handelt es sich zumeist um einen konkreten Wert, der als Soll-Wert (Soll-Objekt) dient.

Die Besonderheit bei der Prüfung geschätzter Werte besteht darin, dass im Regelfall nicht nur *ein* normenkonformer Wert existiert, sondern *eine Bandbreite mehr oder weniger plausibler Soll-Werte vorliegt.* Bei der Prüfung geschätzter Werte geht es daher auch nicht um den Vergleich *eines* Soll-Wertes mit einem Ist-Wert. Vielmehr ist zu beurteilen, ob der vom Unternehmen ermittelte Wert sich im Rahmen des Ermessensspielraums bewegt, den die angewandten Rechnungslegungsnormen zwangsläufig eröffnen (ISA 540.6a).

Hinsichtlich der *Prüfungsplanung* und des *Risikomodells* bestehen bei der Prüfung geschätzter Werte keine Besonderheiten. Demzufolge ist es zunächst erforderlich, das Fehlerrisiko einzuschätzen, um dann in Abhängigkeit von einer auf dieser Basis vorgenommenen Beurteilung des Prüfungsrisikos die Planung der aussagebezogenen Prüfungshandlungen vorzunehmen (→ II.1.2). Die geschätzten Werte erlangen in diesem Kontext allerdings insofern besondere Bedeutung, als diese besonders anfällig für Fehler und Manipulationen sind. Der Prüfer wird den Umfang der aussagebezogenen Prüfungshandlungen besonders bei solchen Prüffeldern mit einem signifikanten Fehlerrisiko ausweiten, also z. B. bei Vermögensposten, bei denen die Schätzung eines Wertes mit hohen Unsicherheiten einhergeht.

Um einen geeigneten Prüfungsansatz zu entwickeln, muss der Prüfer den Prozess des Mandanten zur Ermittlung der geschätzten Werte und der Angabepflichten nebst der relevanten Kontrollen verstehen (ISA 540.8 ff., IDW PS 314.31 ff.). ISA 540.A22 stellt zunächst fest, dass die Unternehmensleitung des zu prüfenden Unternehmens für die Einrichtung eines solchen Prozesses verantwortlich ist. ISA 540 gibt einige Empfehlungen zur Prüfung dieses Prozesses und der zugehörigen Kontrollen. Zudem gibt der Standard Hinweise auf Aspekte, die zur Erlangung des Prozessverständnisses von Bedeutung sein können. So deutet etwa die Verwendung eines selbst entwickelten Modells zur Ermittlung des Wertes, welches von gängigen Branchenpraktiken abweicht, auf erhöhte Fehlerrisiken hin. Zur Einschätzung der relevanten Kontrollen ist das Augenmerk des Prüfers beispielsweise darauf zu richten, ob eine Funktionstrennung zwischen den Personen besteht, welche den Geschäftsvorfall auslösen, der zum Schätzwert führt, und denen, die für die Bewertung verantwortlich zeichnen (ISA 540.A27).

3.4.3.2.2 Logische Struktur der Prüfung geschätzter Werte

Schätzungen beruhen in ihrer logischen Struktur auf einer *Prognose.* Hierbei sind zwei verschiedene Arten von Informationen zu unterscheiden: Daten und Annahmen.[268] Auf

---

268 Sowohl IDW PS 314 als auch ISA 540 verwenden beide Begriffe, allerdings verwendet IDW PS 314 nicht einheitlich den Begriff »Daten«, sondern spricht auch von »vergangenheitsbezogenen Informationen« (IDW PS 314.47). Damit sind die für die Beurteilung der festgelegten Annahmen relevanten Informationen angesprochen. ISA 540 verwendet zudem die Begriffe »beobachtbare« und »nicht beobachtbare Einflussgrößen« hinsichtlich der Ermittlung geschätzter beizulegender Zeitwerte (IAS 540. A35). Bei beobachtbaren Einflussgrößen handelt es sich um Marktdaten, wie etwa veröffentlichte

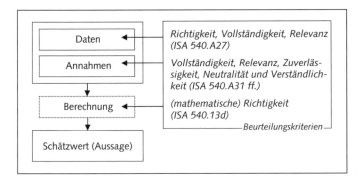

Abb. II.3-25: Ablauf der Prüfung geschätzter Werte

dieser Basis lässt sich logisch die Prognoseaussage berechnen.[269] Das Kernproblem liegt hierbei in der empirischen Ermittlung der Daten und im Treffen geeigneter Annahmen. Der Prüfer hat demnach zunächst die Daten und Annahmen nachzuvollziehen. Die auf dieser Basis durchgeführte Berechnung führt dann zum geschätzten Wert (Prognoseaussage). An dieser logischen Struktur orientiert sich das in Abb. II.3-25 veranschaulichte prüferische Vorgehen.

Der Prüfer hat zunächst ein Verständnis der Daten und Annahmen zu erlangen, die den geschätzten Werten zu Grunde liegen:

Daten sind *Informationen über die Gegenwart*, die empirisch gestützt sein sollten, wie z. B. Zinssätze oder erzielbare Mieten zu einem bestimmten Zeitpunkt an einem bestimmten Ort. *Annahmen* sind Aussagen über *zukünftige Bedingungen oder Entwicklungen*. Angesprochen ist hier die Gesetzmäßigkeit, wie aus den (Ausgangs-)Daten (ggf. unter Zugrundelegung von Prämissen) auf das künftige Ereignis geschlossen wird. Die wichtigste und gebräuchlichste Prämisse ist die sog. Zeitstabilitätsprämisse, die unterstellt, dass in der Vergangenheit beobachtbare Gesetzmäßigkeiten auch künftig Gültigkeit haben.

ISA 540 unterscheidet offenbar zwischen Daten und Annahmen, denn es werden unterschiedliche Beurteilungskriterien formuliert. Demnach müssen Daten richtig, vollständig und relevant sein (ISA 540.A27 sowie IDW PS 314.47). Dagegen nennen ISA 540. A31 ff. und IDW PS 314.40 für Annahmen die Kriterien Relevanz, Zuverlässigkeit, Neutralität, Verständlichkeit und Vollständigkeit.

Im Folgenden werden die Beurteilungskriterien für die *Daten* näher beleuchtet:

* Da es sich um Informationen über gegenwärtige Zustände handelt, die idealerweise ohnehin empirisch zu gewinnen sind, dürfte die Beurteilung der *Richtigkeit* keine Probleme bereiten. Daten können einerseits direkt an aktiven Märkten beobachtbar sein; andererseits können sie aus einer Vielzahl anderer Quellen nachvollziehbar gewonnen werden.

Zinssätze. Nicht beobachtbare Einflussgrößen sind hingegen abhängig von der Einschätzung der Unternehmensleitung über Annahmen, die Marktteilnehmer treffen würden.
269 Vgl. grundlegend hierzu *Chmielewicz* (1994), S. 154 ff.

- *Relevant* sind Daten, wenn diese die Schätzwerte beeinflussen. Demnach betrifft das Kriterium der Relevanz gleichermaßen die Daten als auch die darauf aufbauenden Annahmen. Soll z. B. ein beizulegender Zeitwert für ein Mehrfamilienwohnhaus in Berlin bestimmt werden, so ist eine Annahme über die Entwicklung der Wohnraummieten auf dem Berliner Wohnungsmarkt erforderlich. Da die Annahme über die künftige Entwicklung der Wohnraummieten auf den gegenwärtigen Wohnraummieten (= Daten) basieren muss, sind sowohl Annahmen zur künftigen Entwicklung als auch Daten zur derzeitigen Wohnraummiete relevant.
- Auch für das Kriterium der *Vollständigkeit* gilt, dass Daten und Annahmen gleichermaßen betroffen und daher auch gemeinsam zu beurteilen sind. Die vollständige Berücksichtigung aller relevanten Faktoren ist notwendige Bedingung für die Ermittlung eines geschätzten Wertes im Sinne der Rechnungslegungsnormen.

Die nachstehenden Ausführungen beschäftigen sich ausschließlich mit den Beurteilungskriterien für die *Annahmen*:
- Da die Kriterien der *Vollständigkeit* und *Relevanz* bereits auf der Ebene der Daten zu beurteilen sind, sind auf der Ebene der Annahmen noch die Kriterien der Verständlichkeit, der Zuverlässigkeit und der Neutralität näher zu beurteilen.
- Unter *Neutralität* ist in diesem Zusammenhang zu verstehen, dass die Annahme die plausibelste Entwicklung unterstellt bzw. bei mehreren Annahmen die Entwicklungen nicht in eine Richtung (systematisch) verzerrt unterstellt werden. Annahmen sind nicht neutral, wenn auf ihrer Basis abgeleitete Prognoseaussagen die Berichtsadressaten irreführen.[270] Gerade die Ermittlung geschätzter Werte birgt das Risiko einer interessengerichteten Aufstellung des Abschlusses durch die Unternehmensleitung (management bias).

In Fortführung des o. g. Beispiels zur Ermittlung eines geschätzten beizulegenden Zeitwertes für ein Berliner Mehrfamilienhaus ist auch die gesamtwirtschaftliche Entwicklung ein relevanter Faktor. Demnach ist eine Annahme über die künftige gesamtwirtschaftliche Entwicklung zu generieren. Dabei geht es um die Frage, ob die Annahme *plausibel* ist. Bei mehreren möglichen Entwicklungen liegt es (zunächst) nahe, die plausibelste Annahme zu unterstellen. Wird eine implausible Entwicklung unterstellt, ist die Annahme verzerrt und die geforderte Neutralität ist mithin nicht gegeben. Wenn mehrere Annahmen gleich plausibel sind, aber zu wesentlich abweichenden beizulegenden Zeitwerten führen (*signifikante Annahmen*), dürfte eine neutrale Ermittlung des beizulegenden Zeitwertes nicht möglich sein. Ohne das zuvor Gesagte zu negieren, lässt sich die Entscheidungsnützlichkeit von mit Unsicherheiten behafteten Schätzwerten erhöhen, indem man die zu Grunde liegenden Annahmen im Anhang (notes) offenlegt.[271]

Weiterhin stellt sich die Frage, *ob im Zweifel eher vorsichtig vorzugehen ist* oder nicht. Nach deutschen GoB ist im Zweifel vorsichtig vorzugehen, d. h. die Annahmen

---

270 Vgl. IFAC Framework.36d und IASB Framework.36 bzw. The Conceptual Framework for Financial Reporting 2010 (im Folgenden IASB Conceptual Framework).Chapter 3.QC14.
271 Vgl. auch IAS 1.125 ff., insbesondere 1.129 sowie *Ruhnke* (2008), S. 259 f.

sind dergestalt festzulegen, dass der Schätzwert (im Falle eines Vermögenspostens) eher nicht zu hoch ausfällt. Ein solches Vorgehen ist unter Verweis auf die unverändert starke Stellung des Vorsichtsprinzips in § 252 Abs. 1 Nr. 4 HGB zwingend. Dagegen ist ein im Zweifel vorsichtiges Vorgehen international nicht mit dem Erfordernis der Neutralität vereinbar.[272]

Dem Erfordernis der Neutralität entspricht es auch, die gesetzten Annahmen in den Folgeperioden *stetig* anzuwenden (vgl. auch ISA 540.12b); ein mögliches Abweichen bedarf der Begründung (z. B. eine empirische Widerlegung der Annahmen).

* Die zuvor angesprochenen Plausibilitätsüberlegungen leisten gleichzeitig einen wichtigen Beitrag zur Beurteilung des Kriteriums der *Zuverlässigkeit*. Eine Beurteilung sowohl des Kriteriums der Zuverlässigkeit als auch des Kriteriums der *Verständlichkeit* setzt weiterhin voraus, dass Transparenz dahingehend besteht, wie die Unternehmensleitung die Annahmen entwickelt hat. Dabei ist zunächst zwischen den Daten und Annahmen zu unterscheiden, weil nur Letztere »verständlich« entwickelt werden müssen. Dagegen werden Daten nachvollziehbar *erhoben*, aber nicht entwickelt. Bereits eine transparente (und damit verständliche) Vorgehensweise, wie die Annahmen entwickelt wurden, stellt einen Nachweis dafür dar, dass sich das zu prüfende Unternehmen systematisch und umfassend mit der Materie auseinandergesetzt hat. Eine verständliche Entwicklung der Annahmen ist außerdem die Voraussetzung für Sensitivitätsanalysen, bei denen die Annahmen variiert werden, um festzustellen, in welchem Maß der Schätzwert von den Annahmen abhängt.

Eine wesentliche *Ausnahme im Hinblick auf die Beurteilung der Annahmen* stellen *Bewertungsmodelle* dar, wie sie beispielsweise bei der Bewertung von Finanzinstrumenten eingesetzt werden können (IFRS 9 Chapter 5.4.2).[273] Auf diese Weise ermittelte beizulegende Zeitwerte stellen keine Marktwerte dar, denn bei Existenz von Marktwerten bräuchte ein Bewertungsmodell gerade nicht eingesetzt zu werden. Andererseits handelt es sich auch nicht zwingend um geschätzte beizulegende Zeitwerte, weil die Annahmen in manchen Fällen nicht explizit entwickelt werden müssen. Als Bewertungsmodelle kommen insbesondere das DCF-Verfahren (vgl. IDW S 1) und Optionspreismodelle in Betracht.

Den Bewertungsmodellen ist gemein, dass sie auf Daten zurückgreifen, die aus einem (aktiven) Kapitalmarkt abgeleitet bzw. an diesem beobachtet werden können (z. B. ein Zinssatz). Wichtige Daten beim DCF-Verfahren sind risikoadäquate Zinssätze; bei Immobilien kann z. B. ein Liegenschaftszinssatz verwendet werden, der noch um künftige Inflations- und Wachstumsraten zu bereinigen ist. Auch bei den zu berücksichtigenden Cashflows kann es sich ausnahmsweise um Daten handeln; dies ist z. B. bei der Bewertung von Immobilien der Fall, wenn die künftigen Mietzahlungen vertraglich fixiert sind und keine erheblichen Risiken bestehen.[274] Die Entwicklung von expliziten Annahmen

---

272 Vgl. IASB Conceptual Framework. BC3.27; anders dagegen die Vorgängernorm IASB Framework.37.
273 Zur Prüfung modellbasierter geschätzter beizulegender Zeitwerte am Beispiel einer Immobilie vgl. *Ruhnke/Schmidt* (2005), S. 589 ff.; zur Prüfung von Bewertungsmodellen durch die Interne Revision siehe *Kempkes/Bellarz* (2010), S. 294 ff.
274 Sind die Cashflows nicht vertraglich fixiert, lassen sie sich auch auf Basis von Daten der Vergangenheit

ist in den zuvor beschriebenen Fällen nicht erforderlich. Im Unterschied zu den Annahmen, wie sie weiter oben beschrieben wurden, ist eine *Beurteilung in Bezug auf die eingesetzten Modelle selbst* weitgehend entbehrlich. Da die Rechnungslegungsnormen die Verwendung der Modelle ausdrücklich vorsehen, unterstellen sie gleichzeitig deren Anwendbarkeit und damit die Gültigkeit der in den Modellen enthaltenen Annahmen.

Die zuvor genannten Anforderungen betreffen zumeist einzelne Annahmen. Die einzelne Annahme soll indes nicht nur für sich betrachtet angemessen erscheinen. Die Annahmen müssen auch *insgesamt betrachtet vertretbar sein*. Im Folgenden werden beispielhaft Prüfungshandlungen angesprochen, die sich anbieten, wenn *mehrere geschätzte Werte zu prüfen sind*.[275] Diese Prüfungshandlungen setzen an der Konsistenz der Annahmen an:

- Der Prüfer kann die *Konsistenz der Annahmen zwischen verschiedenen Vermögensposten* prüfen. Häufig bestehen Abhängigkeiten zwischen verschiedenen Annahmen. Insofern ist auch zu beurteilen, ob getroffene Annahmen hinsichtlich eines Schätzwertes und Annahmen, die in andere Schätzwerte einfließen, sich nicht widersprechen (ISA 540.A31). Beispielsweise bedarf es einer Begründung dafür, wenn bei der Bewertung von Rindern von steigendem Absatz und steigenden Preisen ausgegangen wird, bei dem Bestand an Mastschweinen dagegen von sinkendem Fleischkonsum. Eine Begründung könnte sein, dass das Fleisch von Mastschweinen unter Verdacht steht, Dioxin zu beinhalten.

- Der Prüfer kann ferner die *Konsistenz mit historischen Daten* prüfen (ISA 540.A79). Beispielsweise wird der Prüfer bei der Bewertung einer Garantierückstellung Informationen zu Garantiefällen in der Vergangenheit heranziehen. Änderungen bei dem prognostizierten Anteil der reklamierten Geräte bedürfen einer Begründung, etwa der Einführung eines neuen Produktmodells. Änderungen bei der Höhe der Kosten könnten sich durch gestiegene Ersatzteilkosten erklären lassen, die dann aber wiederum mit dem entsprechenden Materialaufwand in der GuV korrespondieren müssen.

Bei der *Überprüfung der Berechnung* geht es darum zu beurteilen, ob das Unternehmen aus den Daten und Annahmen den Schätzwert richtig ermittelt hat. Angesprochen ist daher die Frage der richtigen mathematischen Berechnung bzw. der korrekten Anwendung von Berechnungsverfahren (ISA 540.13d,[276] IDW PS 314.54). Ist etwa eine Immobilie zu bewerten, so sind die (angenommenen) nachhaltig erzielbaren künftigen Mieten nach Abzug umlagefähiger Betriebskosten zu mindern und der so ermittelte Jahresertrag mit einer geeigneten Rendite in einen Ertragswert umzurechnen. Die Rendite wiederum kann aus den Daten zu vergleichbaren Objekten errechnet werden.

---

unter Berücksichtigung bestimmter Entwicklungen (Annahmen), wie z. B. branchenüblicher Steigerungsraten, schätzen. Hiermit gehen zumeist hohe Schätzunsicherheiten einher, da zugrundegelegte Prämissen, wie etwa die Zeitstabilitätsprämisse, durch den Prüfer nur schwer plausibilisiert werden können. Vgl. hierzu auch *Brösel/Zwirner* (2009), S. 199 f.

275 Vgl. ferner ISA 540.A78–41 sowie IDW PS 314.A78–41.

276 Die Bestimmung eines Schätzwertes seitens des Prüfers gem. ISA 540.13d impliziert regelmäßig auch die Berechnung dieses Wertes; vgl. Abb. II.3-25.

3.4.3.2.3 Prüfungshandlungen anhand der Strukturvorgaben des geschäftsrisikoorientierten Prüfungsansatzes

Bei der Prüfung gemäß ISA 540 geht es v. a. darum, die allgemeinen Strukturvorgaben einer geschäftsrisikoorientierten Abschlussprüfung (→ II.3.3.1) schätzspezifisch zu konkretisieren. ISA 540.1 bringt explizit zum Ausdruck, dass ISA 540 als Konkretisierung der BRA-spezifischen Regelungen in ISA 315 und ISA 330 zu verstehen ist.[277] Der IDW PS 314 ähnelt in seiner Struktur dem ISA 540 und ergänzt diesen zur Berücksichtigung der deutschen Rechtslage um die Prüfung von Angaben im Lagebericht.[278] Der Grundidee eines BRA folgend, sollen insbesondere die festgestellten Risiken enger mit den zu tätigenden Prüfungshandlungen verbunden werden; das nachstehende Beispiel dient der Verdeutlichung.

> **Beispiel**
>
> Annahmegemäß existieren bezüglich eines Schätzwertes mehrere plausible Annahmen, die zu wesentlich abweichenden Schätzwerten (Schätzbandbreite) führen.[279] Eine Differenz zwischen der Schätzung der Unternehmensleitung und der des Prüfers kann sich in diesem Fall daraus ergeben, dass den Schätzwerten verschiedene, aber gleichfalls plausible Annahmen zugrunde liegen. Eine solche Sensitivität des Schätzwertes gegenüber gewissen Annahmen impliziert einen hohen Grad der Schätzunsicherheit und deutet darauf hin, dass der Schätzwert mit signifikanten *Risiken* behaftet sein könnte (ISA 540.A92). Dies führt wiederum gem. ISA 540.20 dazu, dass der Prüfer feststellen muss, ob die Unternehmensleitung den in den Rechnungslegungsnormen geforderten schätzspezifischen Offenlegungspflichten im Anhang[280] nachgekommen ist (*Prüfungshandlung*).

Dem allgemeinen Strukturmodell einer geschäftsrisikoorientierten Abschlussprüfung zufolge lassen sich vier Schritte unterscheiden:[281]

Schritt 1: Die Ausführungen zu den schätzspezifischen Risikobeurteilungen und den damit verbundenen Tätigkeiten in ISA 540.8 f. bzw. IDW PS 314.29 ff. konkretisieren die allgemeinen Ausführungen des ISA 315 zur Risikobeurteilung sowie zur Gewinnung eines Verständnisses über das Unternehmen und seine Umwelt einschließlich des internen Kontrollsystems (ISA 315.5 ff. und 11 ff.). Hier schafft der Prüfer die Grundlage für die Identifikation und Beurteilung von Fehlerrisiken in Bezug auf geschätzte Werte. Hierzu hat er ein Verständnis im Hinblick auf die Anforderungen der angewandten Rechnungslegungsnormen sowie den Prozess der Identifikation und Berechnung von geschätzten Werten seitens der Unternehmensleitung zu erlangen. Zunächst muss der Prüfer ein Verständnis dahingehend erlangen, wie die Unternehmensleitung Situationen identi-

---

277 Vgl. ausführlich hierzu *Ruhnke* (2007).
278 Vgl. IDW PS 314.7 und 314.87.
279 Sog. signifikante Annahmen gem. ISA 540.15b und A107; zum Grundsatz der Wesentlichkeit → II.1.3.
280 Vgl. ISA 540.A120 und beispielhaft IAS 1.125 ff.; siehe auch *Ruhnke* (2008), S. 259 f.
281 Vgl. zu den folgenden Ausführungen auch *Ruhnke* (2007).

fiziert, die zur Bildung geschätzter Werte führen. Als Prüfungshandlung werden hier vor allem Befragungen durchgeführt. Sofern ein formaler Risikomanagement-Prozess existiert, richtet sich das Augenmerk des Prüfers auf die regelmäßig durchzuführenden Praktiken, mit denen die Unternehmensleitung die Situationen, die die Ermittlung von Schätzwerten auslösen, überprüft (ISA 540.A17; zur Prüfung des Risikomanagementsystems → II.3.2.2.5). In Bezug auf die Berechnung geschätzter Werte durch die Unternehmensleitung ist das Augenmerk des Prüfers auf folgende Punkte zu richten:

- die der Schätzung zugrunde liegenden Methoden sowie ggf. verwendete Modelle,
- die relevanten internen Kontrollen,
- den möglichen Einbezug von Sachverständigen durch die Unternehmensleitung,
- die zu Grunde liegenden Annahmen,
- Änderungen der Schätzmethoden gegenüber der Vorperiode sowie
- die Beurteilung des Effektes von Schätzunsicherheiten durch die Unternehmensleitung.

Darüber hinaus hat der Prüfer die für Vorperioden vorgenommenen Schätzungen mit den tatsächlich eingetretenen Ergebnissen zu vergleichen.

Schritt 2: Unterschieden wird in die *Beurteilung von Fehlerrisiken* auf Abschlussebene einerseits (Schritt 2a) und auf Aussagenebene andererseits (Schritt 2b). Ein solches Vorgehen lässt sich aus ISA 540.10 i. V. m. ISA 315.25 ableiten.

Schritt 2a umfasst eine allgemeine Einschätzung der Risiken einer wesentlichen Falschdarstellung auf Grund von geschätzten Werten. Führt eine Schätzunsicherheit zu einem signifikanten Zweifel an der Unternehmensfortführung (zur Prüfung der going concern-Annahme → II.4.2.2), sind auf *Abschlussebene* die Anforderungen des ISA 570 zu beachten (ISA 540.A51).

Bei der Beurteilung des Grades der Schätzunsicherheit orientiert sich der Prüfer vor allem an den *Aussagenkategorien* in ISA 315.A111 (→ I.6.2). Die diesbezüglichen Risiken gilt es in Schritt 2b zu identifizieren und zu beurteilen. Das prüferische Vorgehen soll verstärkt auf die Überprüfung kritischer Aussagen gelenkt werden. Eine hohe Schätzunsicherheit kann beispielsweise bei Werten, deren Schätzung sehr stark von subjektiven Beurteilungen abhängt, wie etwa bei der Bildung von Prozesskostenrückstellungen, bestehen. Hier ist beispielsweise bei der Beurteilung der Aussagen der Bewertung und Zuordnung (valuation and allocation) eine verstärkte Aufmerksamkeit des Prüfers gefragt. Werte, deren Schätzunsicherheit hoch eingestuft wird, sollen daraufhin untersucht werden, ob *signifikante Risiken*, d. h. Fehlerrisiken, denen nach Einschätzung des Prüfers eine besondere Beachtung im Rahmen der Prüfung zukommen sollte (ISA 315.4e, IDW PS 314.34), resultieren.

Schritt 3: Ausgehend von der vorherigen Risikobeurteilung sind Art und Umfang der weiteren Prüfungshandlungen zu bestimmen (ISA 540.12 ff., IDW PS 314.57). Die Reaktionen auf *Abschlussebene* (Schritt 3a) betreffen vor allem die Prüfung der going concern-Annahme (ISA 570.16 ff.). Weiterhin können auch die in ISA 330.A1 genannten Reaktionen in dem hier vorliegenden Kontext relevant sein, d. h. es sind z. B. verstärkt erfahrene Mitarbeiter mit der Prüfung geschätzter Werte zu betrauen oder externe Experten einzusetzen, sofern die Komplexität und die erforderlichen Fachkenntnisse höher als erwartet sind.

Die Prüfungshandlungen in Schritt 3b bewegen sich indes auf der *Aussagenebene*. Zunächst werden in ISA 540.12 ff. bzw. IDW PS 314.60 ff. Prüfungshandlungen beschrieben (konkretisierend hierzu Tz. A52 ff. in ISA 540). ISA 540.15 ff. und IDW PS 314.67 ff. befassen sich mit weiteren aussagebezogenen Prüfungshandlungen in Bezug auf signifikante Risiken (konkretisierend hierzu Tz. A102 ff. in ISA 540).

Bei festgestellten *signifikanten und nicht signifikanten* Fehlerrisiken hat der Prüfer zu bestimmen, ob die relevanten Rechnungslegungsnormen richtig angewandt wurden. Weiterhin überprüft er, ob die Anwendung stetig erfolgt ist und, falls nicht, ob Methodenänderungen gegenüber der Vorperiode plausibel sind. Zudem hat der Prüfer *zumindest eine* der folgenden Prüfungshandlungen durchzuführen (ISA 540.13, IDW PS 314.60):

- Berücksichtigung von Ereignissen nach dem Abschlussstichtag (→ II.6.2.1): Geschäftsvorfälle und Ereignisse, die nach dem Abschlussstichtag eingetreten sind, lassen sich als Prüfungsnachweis für die seitens der Unternehmensleitung vorgenommenen Schätzungen verwerten (ISA 540.13a, IDW PS 314.70 ff.). Diesbezüglich ausgerichtete Prüfungshandlungen können das Erfordernis verringern oder sogar aufheben, die von der Unternehmensleitung zur Ermittlung der Schätzung zu Grunde gelegten Verfahren zu prüfen.
- Untersuchung des Prozesses der Unternehmensleitung zur Berechnung des geschätzten Wertes, insbesondere auf die Angemessenheit der verwendeten Methode und Annahmen: Sofern die Methode nicht anhand der Rechnungslegungsnormen vorgegeben ist, kann der Prüfer die Verwendung einer bestimmten Methode durch die Unternehmensleitung plausibilisieren, indem er z. B. nachvollzieht, ob sie einer typischen Branchenpraxis entspricht.
- Untersuchung der Wirksamkeit der internen Kontrollen (Kontrolltests).
- Ermittlung einer Punktschätzung oder einer Bandbreite geschätzter Werte, um die Punktschätzung der Unternehmensleitung beurteilen zu können.

Die Auswahl und Anwendung der Prüfungshandlungen liegt im Ermessen des Prüfers. Wichtig ist, dass er eine *unabhängige Erwartungshaltung* hinsichtlich des Schätzwertes entwickelt.[282] Dennoch soll er die von der Unternehmensleitung gesetzten Annahmen in sein Kalkül einbeziehen (ISA 540.13d(i), IDW PS 314.63).

Bei *signifikanten Risiken* hat der Prüfer weitere aussagebezogene Prüfungshandlungen vorzunehmen (ISA 540.15 ff., IDW PS 314.67 ff.). Diese konzentrieren sich zum einen auf die Beurteilung des Umgangs der Unternehmensleitung mit der Schätzunsicherheit und ihrer Konsequenz für den Jahresabschluss. Zum anderen soll die Angemessenheit der getätigten Angaben bewertet werden (ISA 540.A102). Der Prüfer hat zu beurteilen, ob die Unternehmensleitung alternative Annahmen oder Ergebnisse in Betracht gezogen hat oder wie sie ansonsten Schätzunsicherheiten berücksichtigt hat (ISA 540.15a, IDW PS 314.67). Eine mögliche Methode, alternative Annahmen zu berücksichtigen, sind

---

282 Vgl. hierzu auch *Ruhnke* (2007), S. 162.

Sensitivitätsanalysen (ISA 540.A103). Diese überprüfen, wie sich die Variation von Annahmen auf den Schätzwert auswirkt. Im Idealfall führt das Unternehmen solche Analysen durch, ansonsten muss der Prüfer erwägen, diese Analysen selbst durchzuführen (IDW PS 314.44). Dabei sollten die Annahmen in einer Bandbreite variiert werden, die als noch plausibel anzusehen ist.

Auf diese Weise lassen sich diejenigen Annahmen identifizieren, deren Variation die Höhe des geschätzten Wertes wesentlich beeinflusst (*signifikante Annahmen*). Die Angemessenheit dieser Annahmen ist zu prüfen (ISA 540.15b, IDW PS 314.67).

Zudem soll der Prüfer die Absicht und Fähigkeit der Unternehmensleitung einschätzen, ein bestimmtes Vorgehen beizubehalten, sofern das für die Angemessenheit der getroffenen Annahmen oder für die sachgerechte Anwendung der Rechnungslegungsnormen relevant ist (ISA 540.15c). Beispielsweise setzt IFRS 5 für die Einstufung von Vermögensposten als »zur Veräußerung gehaltene langfristige Vermögenswerte« (und die damit einhergehende Bewertung zum niedrigeren Wert aus Buchwert und beizulegendem Zeitwert abzüglich Veräußerungskosten) voraus, dass eine Veräußerung innerhalb von einem Jahr nach der Einstufung höchstwahrscheinlich ist.[283] Neben der subjektiven Veräußerungsabsicht muss das Unternehmen auch in der Lage sein, die Veräußerung innerhalb eines Jahres umzusetzen.

Darüber hinaus sind die gesetzten Annahmen vor dem Hintergrund der Zielsetzung der Wertermittlung im Kontext der angewandten Rechnungslegungsnormen zu beurteilen:

- Zum Teil spiegeln die festgelegten Annahmen die *Erwartungen der Unternehmensleitung bezüglich bestimmter Ziele und Strategien* wider. In solchen Fällen beurteilt der Prüfer die Angemessenheit der Annahmen beispielsweise, indem er eine Einschätzung trifft, ob sie in Einklang mit der allgemeinen wirtschaftlichen Lage bzw. mit der des betrachteten Unternehmens stehen (ISA 540.A79).
- In Bezug auf geschätzte beizulegende Zeitwerte sollen die zu Grunde liegenden Annahmen gerade nicht Ziele und Strategien der Unternehmensleitung berücksichtigen (ISA 540.A80).[284] Stattdessen beurteilt der Prüfer, ob die Annahmen beobachtbare *Marktbedingungen* widerspiegeln. Entsprechend der hierarchisch angelegten Vorgehensweise bei der Ermittlung des beizulegenden Zeitwertes orientiert sich auch der Prüfer zunächst am Marktumfeld des relevanten Vermögenspostens, sofern ein aktiver Markt existiert. Hier soll er beurteilen, ob die getroffenen Annahmen den Bedingungen auf den entsprechenden Märkten entsprechen, ob die Informationsquellen relevant und verlässlich sind und wie die Unternehmensleitung bei abweichenden Annahmen verschiedener Marktteilnehmer die verwendete Annahme ausgewählt hat. Ggf. überprüft er ob, und wenn ja, wie Marktpreise für identische Vermögenswerte in der Vergangenheit bzw. angepasste Marktpreise für ähnliche Posten oder entsprechende Neuprodukte von der Unternehmensleitung in Betracht gezogen wurden (ISA

---

283 Vgl. IFRS 5.7f. und 5.15.
284 Dagegen sind beispielsweise bei der Prüfung eines geschätzten Nutzungswertes die Einschätzungen der Unternehmensleitung (und nicht die Markteinschätzungen) relevant; vgl. IAS 36.30 ff.

540.A81). Nachstehend werden beispielhaft Prüfungshandlungen zur Plausibilisierung beizulegender Zeitwerte genannt.

Beispiele

Soll etwa ein Bestand an Gemüse bewertet werden, welcher der deutschen Handelsklasse II zuzurechnen ist, und sind nur Preise für die Handelsklasse I verfügbar, aber Preise für die Klasse II der Vergangenheit, so kann der Prüfer unter Zugrundelegung der durchschnittlichen Preisdifferenz zwischen Klasse I und II der Vergangenheit den aktuellen Preis für die Handelsklasse II näherungsweise ermitteln oder einen geschätzten (behaupteten) Wert auf diese Art plausibilisieren.

Ist eine Immobilie zu bewerten, so kann der Prüfer den Preis einer vergangenen Markttransaktion als Grundlage für die Berechnung heranziehen. Hierzu leitet er aus dem Vergleichspreis die impliziten Parameter wie Nettomiete nach umlagefähigen Betriebskosten und Heizung sowie die implizite Rendite des Objektes ab und legt diese Daten, u. U. nach weiteren Anpassungen, seiner eigenen Berechnung zugrunde.

Ist die Unternehmensleitung aus Sicht des Prüfers nicht angemessen mit dem erhöhten Grad der Schätzunsicherheit und den resultierenden signifikanten Risiken umgegangen, entwickelt der Prüfer ggf. eine Bandbreite, um die Angemessenheit des Schätzwertes zu überprüfen (ISA 540.16 sowie 540.A111 f., IDW PS 314.68). Ein solches Vorgehen ist z. B. dann notwendig, wenn ein erhöhtes Risiko einer interessengerichteten Aufstellung des Abschlusses durch die Unternehmensleitung besteht.

Schritt 4: Im Anschluss soll der Prüfer aufgrund der erlangten Prüfungsnachweise die Angemessenheit der Schätzungen beurteilen und mögliche Falschdarstellungen bestimmen (ISA 540.18 und A116-119, IDW PS 314.79 ff.). Falschdarstellungen liegen vor, wenn die Punktschätzungen des Prüfers und der Unternehmensleitung voneinander abweichen oder wenn die von der Unternehmensleitung vorgenommene Punktschätzung außerhalb der vom Prüfer ermittelten Bandbreite liegt. Die Höhe der Falschdarstellung ergibt sich im ersten Fall als Differenz zwischen den Punktschätzungen; im zweiten Fall beträgt die minimale Höhe der Falschdarstellung die Differenz zwischen der Punktschätzung der Unternehmensleitung und dem am nächsten gelegenen Punkt der vom Prüfer berechneten Bandbreite. Hat die Unternehmensleitung aufgrund ihrer geänderten subjektiven Einschätzung relevanter Umfeldfaktoren eine Änderung der Schätzung oder der verwendeten Methode gegenüber dem Vorjahr vorgenommen, muss der Prüfer eine mögliche eigeninteressengeleitete Beeinflussung der Schätzung durch die Unternehmensleitung prüfen.

Es lassen sich verschiedene Arten von *Falschdarstellungen* unterscheiden (ISA 540. A118, unter Verweis auf ISA 450). In Bezug auf die Prüfung geschätzter Werte dürften vor allem solche Falschdarstellungen bedeutsam sein, die aus einer abweichenden subjektiven Einschätzung durch Unternehmensleitung und Prüfer resultieren (beurteilungsbedingte Falschdarstellungen). Der Prüfer muss gem. ISA 450.5 alle Falschdarstellungen (Prüfungsdifferenzen) identifizieren, die nicht zweifelsfrei unbeachtlich sind (not clearly trivial). Diese Differenzen sind dem Mandanten mitzuteilen, damit dieser sie korrigieren kann (ISA 450.8). Korrigiert der Mandant eine einzelne oder mehrere Differenzen nicht, muss der Prüfer erwägen, ob dies zu Konsequenzen im Hinblick auf das Prüfungsurteil[285] führt (ISA 450.10 ff.).[286]

Abb. II.3-26 fasst die Schritte einer geschäftsrisikoorientierten Abschlussprüfung geschätzter Werte unter Verweis auf die relevanten Tz. in ISA 540 zusammen:

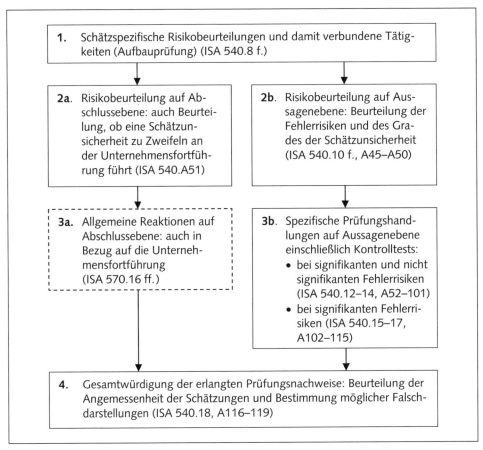

Abb. II.3-26: Prüfung geschätzter Werte anhand der Strukturvorgaben des geschäftsrisikoorientierten Prüfungsansatzes[287]

Falschdarstellungen können sich nicht nur in Bezug auf die Bilanz und GuV ergeben, sondern sind auch im Hinblick auf die relevanten *Angabepflichten* (vor allem in den notes bzw. im Anhang) relevant (ISA 540.19 f., 540.A120 ff., IDW PS 314.73 ff.). Da es sich hier um Aussagen handelt (angesprochen ist die Aussagenkategorie »Aussagen über

---

285 Siehe hierzu → II.6.3; zu den Konsequenzen für den Bestätigungsvermerk vgl. ISA 705.
286 Vgl. hierzu auch *Ruhnke* (2009), S. 678.
287 In Anlehnung an *Ruhnke* (2007), S. 159; zum allgemeinen Strukturmodell einer geschäftsrisikoorientierten Abschlussprüfung → II.3.3.1.4.

Ausweis und Angaben«; → I.6.2), erfolgen eine diesbezügliche Risikobeurteilung sowie etwaige Reaktionen hierauf bereits grundsätzlich im Rahmen der Schritte 2b und 3b. Allerdings lassen sich die Angabepflichten erst nach Abschluss von Schritt 4 (ISA 540.18) abschließend beurteilen. Insofern ist es konsequent, dass ISA 540 die Angabepflichten erst in den Tz. 19 f. thematisiert (abweichend hiervon IDW PS 314.73 ff., da die abschließende Beurteilung erst in den Tz. 79 ff. folgt).[288]

In Bezug auf die Angabepflichten hat der Prüfer zu beurteilen, ob die getätigten Angaben im Einklang mit den Anforderungen der anzuwendenden Rechnungslegungsnormen stehen. Auch bei freiwilligen Angaben prüft er, ob sie nicht irreführend sind. In Bezug auf Schätzwerte, die mit signifikanten Risiken verbunden sind, beurteilt der Prüfer darüber hinaus, ob in ausreichendem Maße über die bestehende Schätzunsicherheit berichtet wurde (vgl. hierzu z. B. die Erfordernisse in IAS 1.125 ff.). Insofern reicht hier die Erfüllung der gesetzlichen Offenlegungspflichten ggf. nicht aus. In manchen Fällen kann der Prüfer die Unternehmensleitung bitten, Angaben zu den Umständen, die zu einer Schätzunsicherheit führen, zu tätigen. Wird der Grad der Schätzunsicherheit nicht angemessen dargestellt oder ist die Darstellung irreführend, können sich wiederum Konsequenzen für das Prüfungsurteil und ggf. den zu erteilenden Bestätigungsvermerk ergeben.

Abschließend weist ISA 540.21 darauf hin, dass der Prüfer *Indikatoren* zu berücksichtigen hat, die für eine *mögliche Beeinflussung geschätzter Werte durch die Unternehmensleitung* sprechen. Als Beispiel ist die Verwendung solcher Annahmen zu nennen, die zu seitens der Unternehmensleitung gewollten Ergebnissen führen (z. B. Erreichen von Analystenschätzungen oder Ergebnisgrößen, an die variable Vergütungsbestandteile geknüpft sind).

3.4.3.2.4 Dokumentationserfordernisse

Die allgemeinen Regelungen zu den *Dokumentationserfordernissen* des Prüfers in ISA 230 und 330.28 ff. werden in ISA 540.23 und A128 schätzspezifisch konkretisiert. Der Prüfer soll in Bezug auf mit signifikanten Risiken verbundene Schätzwerte dokumentieren, ob die Werte und die zugehörigen Angaben seiner Einschätzung nach angemessen sind. Hinweise auf eine interessengerichtete Aufstellung des Abschlusses durch die Unternehmensleitung sind zu dokumentieren. Diese Dokumentation nutzt er zum einen, um die Angemessenheit der vorgenommenen Prüfungshandlungen einzuschätzen. Außerdem unterstützt ihn die vorgenommene Dokumentation bei der Beurteilung, ob der Jahresabschluss als Ganzes frei von wesentlichen Falschdarstellungen ist.

Kontrollfragen

1. Welche Ansatzpunkte einer risikoorientierten Prüfung kennen Sie? Handelt es sich um komplementäre oder einander ausschließende Ansatzpunkte?
2. Klassifizieren Sie die Determinanten des inhärenten Risikos.

---

288 Da sich diese Zusammenhänge im zeitlichen Ablauf nur schwer in Abb. II.3-26 sachgerecht darstellen lassen, wurde hierauf aus Vereinfachungsgründen verzichtet.

3. Welche Bedeutung hat die Vermögens-, Finanz- und Ertragslage des Mandanten für den risikoorientierten Prüfungsprozess?
4. Schildern Sie die Konsequenzen der Ergebnisse der Systemprüfung für den weiteren Prüfungsablauf.
5. Welche Komponenten sind im Rahmen der Aufbauprüfung zu prüfen?
6. Diskutieren Sie die Vor- und Nachteile einzelner Systemerfassungstechniken.
7. Was ist Gegenstand der Funktionsprüfung?
8. Worin besteht der Unterschied zwischen einem single purpose test und einem dual purpose test?
9. Skizzieren Sie den Prozess einer Systemprüfung als hypothesengesteuerter heuristischer Suchprozess.
10. Gehen Sie auf die Notwendigkeit und die Inhalte der Prüfung des Risikomanagementsystems ein. Wo sehen Sie zentrale Problemkreise?
11. Wie unterscheiden sich die Vorschriften zum Risikomanagementsystem des § 91 Abs. 2 AktG von einem umfassenden, betriebswirtschaftlichen Risikomanagementsystemverständnis (Risikomanagementsystem i. w. S.)?
12. Die Prüfung des Risikomanagementsystems führt zu dem Ergebnis, dass das vom Vorstand eingerichtete System unzureichend ist. Welche Konsequenzen ergeben sich im Zuge der Berichterstattung?
13. Beschreiben Sie die Einsatzmöglichkeiten analytischer Prüfungshandlungen im Rahmen des Prüfungsprozesses.
14. Welche Kennzahlen finden im Rahmen analytischer Prüfungshandlungen häufig Anwendung?
15. Charakterisieren Sie die grundsätzliche Vorgehensweise bei Durchführung von Schätzverfahren.
16. Diskutieren Sie die verschiedenen Auswahlverfahren unter besonderer Berücksichtigung der konzeptionellen Unterschiede der bewussten gegenüber der Zufallsauswahl. Anhand welcher Verfahren sind die Sicherheit und die Genauigkeit des Urteils kontrollierbar?
17. Charakterisieren Sie die grundsätzliche Vorgehensweise bei Durchführung von Schätzverfahren.
18. Charakterisieren Sie die grundsätzliche Vorgehensweise bei Durchführung von Testverfahren.
19. Charakterisieren Sie die grundsätzliche Vorgehensweise bei der Durchführung des Monetary Unit Sampling.
20. Ist das Monetary Unit Sampling in der vorgestellten Form gleichermaßen für Über- wie auch für Unterbewertungen anwendbar? Begründen Sie Ihre Antwort.
21. In welchem Beziehungsgeflecht stehen eine geschäftsrisikoorientierte Prüfung, eine abschlusspostenorientierte Prüfung sowie eine Prüfung nach Tätigkeitskreisen?
22. Welche Erwartung haben Sie an eine Theorie der geschäftsrisikoorientierten Abschlussprüfung? Inwieweit ist dieser Ansatz theoretisch fundiert und wie beurteilen Sie den Entwicklungsstand der theoretischen Fundierung?
23. Legen Sie die Grundzüge einer geschäftsrisikoorientierten Prüfung dar und gehen Sie dabei insbesondere auf die Bridging-Problematik ein.
24. In welchem Zusammenhang stehen eine geschäftsrisikoorientierte und eine abschlusspostenorientierte Prüfung?

25. Welchen Stellenwert besitzt die statistische Zufallsauswahl im Rahmen einer geschäftsrisikoorientierten Prüfung?
26. Inwieweit sind Geschäftsrisiken im Rahmen der Durchführung eines BRA bedeutsam? Verdeutlichen Sie Ihre Ausführungen anhand von Beispielen.
27. In welche Tätigkeitskreise lassen sich die Tätigkeiten eines Unternehmens einteilen? Wie sind diese Tätigkeitskreise verknüpft?
28. Legen Sie die Grundzüge einer tätigkeitskreisorientierten Prüfung dar und verdeutlichen Sie Ihr Vorgehen am Beispiel der Prüfung des Tätigkeitskreises »Beschaffung«.
29. Legen Sie die Grundzüge einer abschlusspostenorientierten Prüfung dar und verdeutlichen Sie Ihr Vorgehen am Beispiel der Prüfung der Abschlussposition »Forderungen aus Lieferungen und Leistungen«.
30. Diskutieren Sie die Notwendigkeit und den Gegenstand einer Inventurbeobachtung.
31. Reicht die Einholung von Saldenbestätigungen aus, um bei der Prüfung der Position »Forderungen« bzgl. der Aussagen »Vorhandensein« sowie »Bewertung« eine hinreichende Prüfungssicherheit zu erlangen?
32. Legen Sie die logische Struktur einer Prüfung geschätzter Werte dar.
33. Schildern Sie den Ablauf einer geschäftsrisikoorientierten Prüfung geschätzter Werte. Verdeutlichen Sie Ihre Ausführungen am Beispiel der Bilanzierung von Gewährleistungsrückstellungen nach IFRS.
34. Erläutern Sie den Unterschied zwischen Daten und Annahmen im Rahmen der Prüfung geschätzter Werte.
35. Definieren Sie die folgenden Begriffe und grenzen Sie diese voneinander ab: »beizulegender Zeitwert«, »Marktpreis« und »geschätzter beizulegender Zeitwert«.

Zitierte und weiterführende Literatur

Adenauer, P. (1989): Berücksichtigung des Internen Kontrollsystems bei der Jahresabschlußprüfung, Bergisch Gladbach/Köln.

Adler, H./Düring, W./Schmaltz, K. (1995): Rechnungslegung und Prüfung der Unternehmen, neu bearbeitet von Forster, K.-H./Goerdeler, R./Lanfermann, J./Müller, H.-P./Siepe, G./Stolberg, K., Teilband 1, 6. Aufl., Stuttgart.

AICPA (1993): Audit Risk Alert – 1993, New York.

AICPA (2001): Audit Sampling – AICPA Audit Guide, New York.

Allen, R.D./Hermanson, D.R./Kozloski, T.M./Ramsay, R.J. (2006): Auditor Risk Assessment: Insights from the academic literature, in: Accounting Horizons, S. 157–177.

Anderson, O./Popp, W./Schaffranek, M./Steinmetz, D./Stenger, H. (1997): Schätzen und Testen, 2. Aufl., Berlin et al.

Arricale, J.W./Bell, T./Solomon, I./Wessels, S. (2000): Strategic-systems auditing: Systems viability and knowledge acquisitions, in: Richter, M. (Hrsg.): Theorie und Praxis der Wirtschaftsprüfung II, Berlin, S. 11–34.

Asare, S.K./Wright, A./Wright, S. (1998): Utilizing Analytical Procedures as Substantive Evidence: The Impact of a Client Explanation on Hypothesis Testing, in: Hunton, J. (Hrsg.): Advances in Accounting Behavioral Research. Stamford, S. 13–32.

Baetge, J./Jerschensky, A. (1999): Frühwarnsysteme als Instrumente eines effizienten Risikomanagement und -Controlling, in: Controlling, S. 171–176.

Baetge, J./Kirsch, H.-J./Thiele, S. (2004): Bilanzanalyse, 2. Aufl., Düsseldorf.

Baetge, J./Kirsch, H.-J./Thiele, S. (2009): Bilanzen, 10. Aufl., Düsseldorf.

Bea, F.X./Haas, J. (2009): Strategisches Management, 5. Aufl., Stuttgart.

Bedard, J.C. (1989): An Archival Investigation of Audit Program Planning, in: Auditing: A Journal of Practice & Theory, Spring, S. 57–71.

Bedard, J.C./Biggs, S.F. (1991a): Pattern Recognition, Hypotheses Generation, and Auditor Performance in an Analytical Task, in: The Accounting Review, July, S. 622–642.

Bedard, J.C./Biggs, S.F. (1991b): The Effect of Domain-Specific Experience on Evaluation of Management Representations in Analytical Procedures, in: Auditing: A Journal of Practice & Theory, Supplement, S. 77–90.

Bedingfield, J.P. (1975): The current state of statistical sampling and auditing, in: The Journal of Accountancy, Heft December, S. 48–55.

Bell, T./Knechel, W.R. (1994): Empirical analyses of errors discovered in audits of property and casualty insurers, in: Auditing: A Journal of Practice & Theory, S. 84–100.

Bell, T.B./Marrs, F.O./Solomon, I./Thomas, H. (1997): Auditing organizations through a strategic-systems lens, University of Illinois at Urbana-Champaign.

Bell, T.B./Peecher, M.E./Solomon, I. (2002): The strategic-systems approach to auditing, in: Bell, T.B./Solomon, I. (Hrsg.): Cases in strategic-systems auditing, University of Illinois at Urbana-Champaign.

Bell, T.B./Peecher, M.E./Solomon, I. (2005): The 21st Century Public Company Audit: Conceptual Elements of KPMG`s Global Audit Methodology, o.O.

Berenz, B./Voit, F. (2003): Die Geschäftsprozessorientierung in der Abschlussprüfung, in: Die Wirtschaftsprüfung, S. 1233–1243.

Bieker, M. (2006): Ökonomische Analyse des Fair Value Accounting, Frankfurt am Main.

Bierstaker, J.L./Bédard, J.C./Biggs, S.F. (1999): The role of problem representation shifts in auditor decision processes in analytical procedures, in: Auditing: A Journal of Practice & Theory, S. 18–36.

Biggs, S.F./Mock, T.J./Quick, R. (2000): Das Prüfungsurteil bei analytischen Prüfungshandlungen, in: Die Wirtschaftsprüfung, S. 169–178.

Biggs, S.F./Mock, T.J./Watkins, P.R. (1988): Auditor's Use of Analytical Review in Audit Program Design, in: The Accounting Review, Heft 1, S. 148–161.

Biggs, S.F./Mock, T.J./Watkins, P.R. (1989): Analytical Review Procedures and Processes in Auditing, Vancouver.

Bitz, H. (2000): Risikomanagement nach KonTraG, Stuttgart.

Bonner, S.E. (1990): Experience Effects in Auditing: The Role of Task-Specific Knowledge, in: The Accounting Review, Heft 1, S. 72–92.

Bouchillon, K./Glover, S. (2004): The PwC Audit: A continuous improvement approach to audit methodology, AAA, Auditing Section Midyear Meeting 15.–17.1.2004, Clearwater, Florida.

Brewer, C.W. (1981): The Nature of Audit Risk Indicators and their Effect on the Intensity of Audit Work Performed, University of Houston.

Breycha, O. (1992): Saldenbestätigungen, in: Coenenberg, A.G./Wysocki, K.v. (Hrsg.): Handwörterbuch der Revision, 2. Aufl., Stuttgart, Sp. 1733–1740.

Brösel, G./Zwirner, C. (2009): Zum Goodwill nach IFRS aus Sicht des Abschlussprüfers, in: Betriebswirtschaftliche Forschung und Praxis, S. 190–206.

Buchner, R. (1981): Grundzüge der Finanzanalyse, München.

Buchner, R. (1997): Wirtschaftliches Prüfungswesen, 2. Aufl., München.

Burgstahler, D./Dichev, I. (1997): Earnings management to avoid earnings decreases and losses, in: Journal of Accounting and Economics, S. 99–126.

Burkel, P. (1992): Die Prüfung der Effizienz des internen Kontrollsystems zur Beurteilung der Aussagekraft einer entscheidungsorientierten Unternehmensplanung, in: Betriebswirtschaftliche Forschung und Praxis, S. 57–63.

Carmichael, D.R./Willingham, J.J. (1989): Auditing Concepts and Methods – A Guide to Current Auditing Theory and Practice, 5. Aufl., New York et al.

Carmichael, D.R./Willingham, J.J./Schaller, C.A. (1995): Auditing Concepts and Methods – A Guide to Current Auditing Theory and Practice, 6. Aufl., New York et al.

Castagna, C./Müller, M./Schwaller, P. (2007): Prüfung von derivativen Finanzinstrumenten – Prüfungsansatz und Fragestellungen zum inhärenten Risiko, in: Der Schweizer Treuhänder, S. 867–874.

Chmielewicz, K. (1994): Forschungskonzeptionen der Wirtschaftswissenschaft, 3. Aufl., Stuttgart.

Choy, A.K./King, R.R. (2005): An experimental investigation of approaches to audit decision-making: An evaluation using systems-mediated mental models, in: Contemporary Accounting Research, S. 311–350.

CICA (1980): Extent of Audit Testing. A Research Study, Toronto.

Cohen, J./Kida, T. (1989): The impact of analytical review results, internal control reliability, and experience on auditor's use of analytical review, in: Journal of Accounting Research, S. 263–276.

Colbert, J.L. (1988): Inherent risk: An investigation of auditors' judgments, in: Accounting, Organizations and Society, S. 111–121.

Colbert, J.L. (1989): When it's double or nothing in assessing audit risk, in: The Woman CPA, Heft April, S. 24–29.

Curtis, E./Turley, S. (2005): From business risk audits to risk audit standards, European Accounting Association Annual Congress, Göteborg.

Curtis, E./Turley, S. (2007): The business risk audit – A longitudinal case study of an audit engagement, in: Accounting, Organizations and Society, S. 439–61.

Degeorge, F./Patel, J./Zeckhauser, R. (1999): Earnings Management to Exceed Thresholds, in: Journal of Business, S. 1–33.

Dilley, J.A. (2002): ASB issues exposure draft on the auditor's risk assessment process, in: In Our Opinion, Heft 4, S. 5–9.

DiPiazza, S.A./Eccles, R.G. (2002): Building Public Trust, New York.

Dirsmith, M.W./Haskins, M.E. (1991): Inherent risk assessment and audit firm technology: A contrast in world theories, in: Accounting, Organizations and Society, S. 61–90.

Dörner, D. (1998): Von der Wirtschaftsprüfung zur Unternehmensberatung, in: Die Wirtschaftsprüfung, S. 302–318.

Drexl, A./Salewski, F. (1991): Grundlagen für eine expertensystembasierte Beurteilung des Internen Kontrollsystems bei Abschlußprüfungen, in: Zeitschrift für Betriebswirtschaft, S. 755–776.

Durchlaub, W. (1978): Die Einholung von Saldenbestätigungen im Rahmen der Abschlußprüfung, in: Die Wirtschaftsprüfung 1978, S. 142–148.

Dworin, L./Grimlund, R.A. (1984): Dollar Unit Sampling for Accounts Receivable and Inventory, in: The Accounting Review, S. 218–241.

E&Y (2007): Strategic Business Risk: 2008 – the Top 10 Risks for Business, o.O

E&Y (2010): Transparenzbericht zum 31. März 2010, Stuttgart.

Eilifsen, A./Messier, W.F./Glover, S.M./Prawitt, D.F. (2010): Auditing & Assurance Services, 2. Aufl., Boston et al.

Elder, R.J./Beasley, M.S./Arens, A.A. (2010): Auditing and Assurance Services – An Integrated Approach, 13. Aufl., Upper Saddle River.

Ellrott, H./Brendt, P. (2010): Kommentierung des § 255 HGB, Anm. 438, in: Ellrott, H./Förschle, G./Kozikowski, M./Winkeljohann, N. (Hrsg.): Beck'scher Bilanz-Kommentar – Handels- und Steuerrecht, 7. Aufl., München, S. 575–689.

Farr, W.-M. (2002): Checkliste für die Inventurbeobachtung im Material- und Warenlager, 2. Aufl., Düsseldorf.

Farr, W.-M. (2005): Checkliste für die Inventurbeobachtung, 3. Aufl., Düsseldorf.

Farris, M.T./Hutchinson, P.D./Hasty, R.W. (2005): Using cash-to-cash to benchmark service industry performance, in: The Journal of Applied Business Research, Heft Spring, S. 113–123.

Flint, C./Fraser, I.A.M./Hatherly, D.J. (2008): Business risk audit: a regressive evolution? A research note, in: Accounting Forum 32, S. 143–147.

FMAC (1999): Enhancing Shareholder Wealth by Better Managing Business Risk, New York.

Freiling, K./Lück, W. (1986): Interne Überwachung und Jahresabschlußprüfung, in: Zeitschrift für betriebswirtschaftliche Forschung, S. 996–1006.

Fuchs, J. (1999): Risikomanagement als Instrument der strategischen Unternehmensführung, in: Management Berater, Heft 8, S. 33–36.

Gans, C. (1986): Betriebswirtschaftliche Prüfungen als heuristische Suchprozesse, Bergisch Gladbach/Köln.

Gärtner, M. (1994): Analytische Prüfungshandlungen im Rahmen der Jahresabschlußprüfung. Ein Grundsatz ordnungsmäßiger Abschlußprüfung, Marburg.

Gay, G. (2002): Audit risk reduction, in: Australian CPA, Heft March, S. 68–70.

Giese, R. (1998): Die Prüfung des Risikomanagementsystems einer Unternehmung durch den Abschlußprüfer gemäß KonTraG, in: Die Wirtschaftsprüfung, S. 451–458.

Gillet, P.R./Srivastava, R.P. (2000): Attribute Sampling: A Belief-Function Approach to Statistical Audit Evidence, in: Auditing: A Journal of Practice & Theory, S. 145–155.

Glaum, M./Lichtblau, K./Lindemann, J. (2004): The Extent of Earnings Management in the U.S. and Germany, in: Journal of International Accounting Research, S. 45–77.

Gleißner, W./Meier, G. (2001): Risiko-Management als integraler Bestandteil der wertorientierten Unternehmensführung, in: Gleißner, W./Meier, G. (Hrsg.): Wertorientiertes Risiko-Management für Industrie und Handel, Wiesbaden, S. 53–62.

Gramling, A.A./Rittenberg, L.E./Johnstone, K. (2010): Auditing, 7. Aufl., Mason, Ohio.

Graumann, M. (2005): Prüfung der Vorräte, in: BBK – Buchführung, Bilanzierung, Kostenrechnung, Fach 9, S. 2197–2210.

Gray, I./Manson, S. (2008): The Audit Process – Principles, Practice & Cases, 4. Aufl., London.

Green, W.J. (2004): Impact of the timing of receipt of an inherited explanation on auditors´ analytical procedures judgements, in: Accounting and Finance, Heft 3, S. 369–392.

Green, W.J. (2008): Are industry specialists more efficient and effective in performing analytical procedures? A multi-stage analysis, in: International Journal of Auditing, Heft 3, S. 243–260.

Green, W.J./Trotmann, K.T. (2003): An Examination of Different Performance Outcomes in an Analytical Procedures Task, in: Auditing: A Journal of Practice & Theory, Heft 2, S. 219–235.

Groomer, S.M./Murthy, U.S. (2003): Monitoring High Volume On-line Transaction Processing Systems Using a Continuous Sampling Approach, in: International Journal of Auditing, S. 3–19.

Guy, D.M./Alderman, C.W./Winters, A.J. (1999): Auditing, 5. Aufl., Fort Worth et al.

Guy, D.M./Carmichael, D.R./Whittington, O.R. (2003): Audit Sampling: An Introduction to Statistical Sampling in Auditing, 5. Aufl., New York et al.

Haberstock, L. (2008): Kostenrechnung I, 13. Aufl., Berlin.

Hall, T.W./Hunton, J.E./Pierce, B.J. (2002): Sampling Practices of Auditors in Public Accounting, Industry, and Government, in: Accounting Horizons, S. 125–136.

Ham, J./Losell, D./Smieliauskas, W. (1985): An empirical study of error characteristics in accounting populations, in: The Accounting Review, S. 387–406.

Heiman, V.B. (1990): Auditors' Assessments of the Likelihood of Error Explanations in Analytical Review, in: The Accounting Review, Heft 4, S. 875–890.

Heimann-Hoffmann, V.B./Moser, D.V./Joseph, J.A. (1995): The Impact of an Auditor's Initial Hypothesis on Subsequent Performance at Identifying Actual Errors, in: Contemporary Accounting Research, Spring, S. 763–779.

Heinrich, D. (2003): Saldenlisten und Saldenbestätigungen, in: Der Betriebswirt, Heft 2, S. 22–24.

Heintz, J.A./White, G.B. (1989): Auditor Judgement in Analytical Review: Some Further Evidence, in: Auditing: A Journal of Practice & Theory, Spring, S. 22–39.

Hernandez-Bastida, A./Vazquez-Polo, F.J. (1998): A note on the Quasi-Bayesian audit risk model for dollar unit sampling, in: The European Accounting Review, S. 501–507.

Hoffmann, O. (2002): Performance Management, 3. Aufl., Bern.

Hömberg, R. (1997): Zur Anwendung statistischer Prüfungsmethoden in der Wirtschaftsprüfung – Zugleich Besprechung des Entwurfs der internationalen Prüfungsrichtlinie »Audit Sampling and Other Selective Testing Procedures«, in: Betriebswirtschaftliche Forschung und Praxis, S. 245–265.

Hömberg, R. (2002): Stichprobenprüfung mit Zufallsauswahl, in: Ballwieser, W./Coenenberg, A.G./Wysocki, K.v. (Hrsg.): Handwörterbuch der Rechnungslegung und Prüfung, 3. Aufl., Stuttgart, Sp. 2287–2304.

Houghton, C.W./Fogarty, J.A. (1991): Inherent risk, in: Auditing: A Journal of Practice & Theory, S. 1–21.

Hylas, R.E./Ashton, R.H. (1982): Audit detection of financial statement errors, in: The Accounting Review, S. 751–765.

IAASB (2008): Challenges in Auditing Fair Value Accounting Estimates in the Current Market Environment, New York, URL: http://web.ifac.org/publications/international-auditing-and-assurance-standards-board/practice-alerts-and-q-as (Stand: 1.4.2011).

IAASB (2010): Exposure draft – IAPS 1000, Special Considerations in Auditing Complex Financial Instruments, New York, URL: http://www.ifac.org/Guidance/EXD-Details.php?EDID=0143 (Stand: 1.4.2011).

IDW (2006): WP Handbuch 2006 – Wirtschaftsprüfung, Rechnungslegung, Beratung, Band I, 13. Aufl., Düsseldorf.

IDW (2010): IDW Praxishandbuch zur Qualitätssicherung 2010/2011, 5. Aufl., Düsseldorf.

Johnson, J.R./Leitch, R.A./Neter, J. (1981): Characteristics of errors in accounts receivable and inventory audits, in: The Accounting Review, S. 270–293.

Johnson, R. (1987): Evaluating audit risk components, in: Accountancy, Heft February, S. 124–125.

Johnson, R.N. (1987): Auditor detected errors and related client traits – A study of inherent and control risks in a sample of U.K. Audits, in: Journal of Business Finance & Accounting, S. 39–64.

JWG (2000): Recommendations Arising from a Study of Recent Developments in the Audit Methodologies of the Largest Accounting Firms, New York.

Kaplan, R.S./Norton, D.P. (1992): The Balanced Scorecard – Measures that Drive Performance, in: Harvard Business Review, S. 71–79.

Kaplan, R.S./Norton, D.P. (1996): The Balanced Scorecard, Translating Strategy into Action, Boston.

Keim, M. (2004): Die Prüfung des Risikomanagementsystems im Rahmen der Abschluss-prüfung, Diss., Bamberg.

Keller, R. (2006): Einholung von Bestätigungen Dritter bei der Erstellung und Prüfung des Jahresabschlusses – Muster einer Saldenbestätigung für Debitoren und Kreditoren und Bestätigung des Rechtsanwalts, in: BBK – Buchführung, Bilanzierung, Kostenrechnung, Fach 4, S. 2083–2090.

Kempkes, S./Bellarz, S. (2010): Prüfung von Bewertungsmodellen, in: Zeitschrift für Interne Revision, S. 294–298.

Kennedy, J.F. (1995): Debiasing the Curse of Knowledge in Audit Judgment, in: The Accounting Review, April, S. 249–273.

Kinney, W.R./McDaniel, L.S. (1989): Characteristics of firms correcting previously reported quarterly earnings, in: Journal of Accounting and Economics, S. 71–93.

Kinney, W.R.Jr./Uecker, W.C. (1982): Mitigating the Consequences of anchoring in Auditors Judgements, in: The Accounting Review, Heft January, S. 55–69.

Knechel, W.R/Salterio, S.E./Ballou, B. (2007): Auditing: Assurance & Risk, 3. Aufl., Cincinnati.

Knop, W. (1983): Eine Möglichkeit zur optimalen Planung einer einzelnen Jahres-abschlußprüfung unter besonderer Berücksichtigung der Beurteilung des internen Kontrollsystems, Thun/Frankfurt am Main.

Knop, W. (1984): Eine Prüfungsstrategie zur Prüfung des Internen Kontrollsystems (IKS) einer Unternehmung durch den Abschlußprüfer (Teil I und II), in: Die Wirtschaftsprüfung, S. 313–319 und 348–355.

Köbrich, M./Schöffel, H.R. (2000): Durchführung von Saldenbestätigungsaktionen – Kleine Hilfsmittel für die erste Jahresabschlussprüfung, in: Betrieb und Wirtschaft, S. 477–482.

Kohl, T. (2001): Die Berücksichtigung der wirtschaftlichen Lage im Rahmen der Abschlußprüfung, Lohmar/Köln.

Konrath, L. (1990): Audit risk assessment: A discussion and illustration of the interrelated nature of statements on auditing standards, in: The Woman CPA, Heft Summer, S. 14–18.

Koonce, L. (1993): A cognitive characterization of analytical review, in: Auditing: A Journal of Practice & Theory, S. 57–76.

Koss, C./Lemmen, S./Niemann, W./Wohlgemuth, M. (Bearbeiter) (2010): Die Posten des Jahres- und Konzernabschlusses – Handelsrecht, Ertragssteuerrecht, Einheitsbewertung, Prüfung, in: Pelka, J./Niemann, W. (Gesamtverantwortung), Beck`sches Steuerberater-Handbuch 2010/2011, 13. Aufl., München 2010, S. 123–622.

Kotchetova, N. (2004): The impact of client strategy content and strategy process on risk assessment and audit planning, AAA, Auditing Section Midyear Meeting 15.–17.1.2004, Clearwater, Florida.

KPMG (2001): KPMG Business Audit, Quickguide, unveröffentlichte interne Quelle, o.O.

KPMG (2002): KPMG Audit Manual, unveröffentlichte interne Quelle, o.O.

KPMG (2005): KPMG Audit Methodology 2005, Einführung, Stand: 29.11.2005, unveröffentlichte interne Quelle, o.O.

KPMG (2010): Transparenzbericht 2010, o.O.

Kreutzfeldt, R.W./Wallace, W.A. (1986): Error characteristics in audit populations: Their profile and relationship to environmental factors, in: Auditing: A Journal of Practice & Theory, S. 20–43.

Krommes, W. (2008): Handbuch Jahresabschlussprüfung, 2. Aufl, Wiesbaden.

Kroneberger, W. (1980): Die Auswertung des Internen Kontrollsystems im Rahmen der Jahresabschlußprüfung, in: Treuhand-Vereinigung (Hrsg.): Wirtschaftsprüfung und Wirtschaftsrecht, Beiträge zum 75jährigen Bestehen der Treuhand-Vereinigung Aktiengesellschaft, Stuttgart, S. 201–234.

Krystek, U./Müller, M. (1999): Frühaufklärungssysteme, in: Controlling, S. 177–183.

Küting, K./Lauer, P. (2009): Der Fair Value in der Krise, in: Betriebswirtschaftliche Forschung und Praxis, S. 547–568.

Küting, P. (2006): Zur Typologie von Prüfungsarten, in: Steuern und Bilanzen, S. 819–824.

Leffson, U. (1988): Wirtschaftsprüfung, 4. Aufl., Wiesbaden.

Leichti, J.L. (1986): How to evaluate inherent risk – and improve your audits, in: The Practical Accountant, Heft March, S. 59–64.

Lemieux, R.N./Kosiek, T.M. (1989): Understanding the business environment and operations, in: Internal Auditing, Heft Spring, S. 89–93.

Lemon, W.M./Tatum, K.W./Turley, W.S. (2000): Developments in the audit methodologies of large accounting firms, Caxton Hill.

Leslie, D.A./Teitlebaum, A.D./Anderson, R.J. (1979): Dollar-unit Sampling, A Practical Guide for Auditors, London.

Libby, R. (1985): Availability and the Generation of Hypotheses in Analytical Review, in: Journal of Accounting Research, Heft 2, S. 648–667.

Link, R. (2006): Abschlussprüfung und Geschäftsrisiko, Wiesbaden.

Lüdenbach, N./Hoffmann, W.-D. (2002): Enron und die Umkehrung der Kausalität der Rechnungslegung, in: Der Betrieb, S. 1169–1175.

MacLullich, K.K. (2003): The emperor's ›new‹ clothes? New audit regimes: Insights from Foucault's technologies of the self, in: Critical Perspectives on Accounting, S. 791–811.

Marten, K.-U./Quick, R./Ruhnke, K. (Hrsg.) (2006): Lexikon der Wirtschaftsprüfung – Nach nationalen und internationalen Normen, Stuttgart.

Martin, R.D./Rich, J.S./Wilks, T.J. (2006): Auditing Fair Value Measurements: A Synthesis of Relevant Research, in: Accounting Horizons, S. 287–303.

Menzefricke, U. (1984): Using Decision Theory for Planning Audit Sample Size with Dollar Unit Sampling, in: Journal of Accounting Research, S. 570–587.

Mielke, F. (2007): Geschäftsrisikoorientierte Abschlussprüfung – Strukturvorgaben für die Prüfungsplanung und -durchführung sowie Analyse der Einflussfaktoren, Düsseldorf.

Nagel, T. (1997): Risikoorientierte Jahresabschlussprüfung, Sternenfels 1997.

Neubeck, G. (2003): Prüfung von Risikomanagementsystemen, Düsseldorf.

Ng, T.B.-P./Green, W./Simnett, R. (2001): The Effects of Fraud Risk and Management Representation on Auditors' Hypothesis Generation, in: ABACUS, Heft 3, S. 352–368.

Niemann, W. (2008): Jahresabschlussprüfung, Arbeitshilfen zur Qualitätssicherung, 3. Aufl., München.

o. V. (2005): Zweifel am Fair-Value-Konzept, in: Frankfurter Allgemeine Zeitung vom 27.6.2005, S. 20.

O'Donnell, E. (1996): Measuring Cognitive Effort During Analytical Review: A Process-Tracing Framework with Experimental Results, in: Auditing: A Journal of Practice & Theory, Supplement, S. 100–110.

Orth, T.M. (1999): Überlegungen zu einem prozeßorientierten Prüfungsansatz, in: Die Wirtschaftsprüfung, S. 573–585.

Penné, G./Schwed, F./Janßen, S. (2000): Bilanzprüfung: Ausweis, Bilanzierung, Bewertung und Prüfung der Bilanzpositionen, Stuttgart.

Peters, J.M. (1989): A Knowledge Based Model of Inherent Audit Risk Assessment, Diss., University of Pittsburgh.

Pollanz, M. (1999): Ganzheitliches Risikomanagement im Kontext einer wertorientierten Unternehmensführung (Risk Adjusted Balanced Scorecarding), in: Der Betrieb, S. 1277–1281.

Porter, M.E. (2008): Wettbewerbsstrategie, 11. Aufl., Frankfurt am Main.

Power, M. (2003): Auditing and the production of legitimacy, in: Accounting, Organizations and Society, S. 379–394.

Preußner, J. (2008): Risikomanagement und Compliance in der aktienrechtlichen Verantwortung des Aufsichtsrats unter Berücksichtigung des Gesetzes zur Modernisierung des Bilanzrechts (BilMoG), Neue Zeitschrift für Gesellschaftsrecht, Heft 15, S. 574–576.

PwC (2002): Towards Performance Audit, unveröffentlichte interne Quelle, Frankfurt am Main.

PwC (2010): Transparenzbericht 2010, o.O.

Quick, R. (1991): Grundsätze ordnungsmäßiger Inventurprüfung, Düsseldorf.

Quick, R. (1996): Die Risiken der Jahresabschlußprüfung, Düsseldorf.

Quick, R. (2000): Inventur, Düsseldorf.

Quick, R. (2002): Kommentierung des § 241 HGB, in: Baetge, J./Kirsch, H.-J./Thiele, S. (Hrsg.): Bilanzrecht – Handelsrecht mit Steuerrecht und den Regelungen des IASB, Bonn/Berlin.

Quick, R./Kayadelen, E. (2002): Zur Aussagefähigkeit von Prognosen in Emissionsprospekten am Neuen Markt, in: Die Wirtschaftsprüfung, S. 949–965.

Rabenhorst, D. (2002): Externe Bestätigungen bei der Jahresabschlussprüfung, in: Die Wirtschaftsprüfung, S. 16–25.

Ramage, J.G./Krieger, A.M./Spero, L.L. (1979): An empirical study of error characteristics in audit populations, in: Journal of Accounting Research, Supplement, S. 72–102.

Reichling, P./Bietge, D./Henne, A. (2007): Praxishandbuch Risikomanagement und Rating, 2. Auflage, Wiesbaden.

Ricchiute, D.N. (2006): Auditing, 8. Aufl., Mason, Ohio.

Robson, K./Humphrey, C./Khalifa, R./Jones, J. (2007): Transforming audit technologies: Business risk audit methodologies and the audit field, in: Accounting, Organizations and Society 32, S. 409–438.

Ruhnke, K. (1992): Wissensbasierte Systeme für die Wirtschaftsprüfung, in: Die Wirtschaftsprüfung, S. 688–695.

Ruhnke, K. (1999): Begleitmaterialien zur Vorlesung Prüfungstechnik, Fachgebiet Wirtschaftsprüfung/Controlling der Gerhard-Mercator-Universität Duisburg.

Ruhnke, K. (2000): Normierung der Abschlußprüfung, Stuttgart.

Ruhnke, K. (2002): Geschäftsrisikoorientierte Abschlussprüfung – Revolution im Prüfungswesen oder Weiterentwicklung des risikoorientierten Prüfungsansatzes?, in: Der Betrieb, S. 437–443.

Ruhnke, K. (2006a): Vorräte, Prüfung, in: Marten, K.-U./Quick, R./Ruhnke, K. (Hrsg.): Lexikon der Wirtschaftsprüfung – Nach nationalen und internationalen Normen, Stuttgart, S. 864–868.

Ruhnke, K. (2006b): Business Risk Audits: State of the Art und Entwicklungsperspektiven, in: Journal für Betriebswirtschaft, S. 189–218.

Ruhnke, K. (2007): Geschäftsrisikoorientierte Prüfung von IFRS-Abschlüssen, in: Zeitschrift für internationale und kapitalmarktorientierte Rechnungslegung, S. 155–166.

Ruhnke, K. (2008): Rechnungslegung nach IFRS und HGB – Lehrbuch zur Theorie und Praxis der Unternehmenspublizität mit Beispielen und Übungen, 2. Aufl., Stuttgart.

Ruhnke, K. (2009): Prüfungsdifferenzen – State of the art und Ergebnisse einer empirischen Untersuchung deutscher Prüfungsaufträge, in: Die Wirtschaftsprüfung, S. 677–689.

Ruhnke, K./Frey, F. (2011): Geschäftsrisikoorientierte Abschlussprüfung – Darstellung, Würdigung und Entwicklungstendenzen, in: Freidank, C.-C./Peemöller, V. (Hrsg.): Kompendium der Internen Revision, Internal Audit in Wissenschaft und Praxis, Berlin, S. 239–266.

Ruhnke, K./Lubitzsch, K. (2006): Abschlussprüfung und das neue Aussagen-Konzept der IFAC: Darstellung, Beweggründe und Beurteilung, in: Die Wirtschaftsprüfung, S. 366–375.

Ruhnke, K./Mielke, F. (2007): Prüfung der Vorräte in einem HGB- und IFRS-Abschluss – eine Fallstudie auch unter Berücksichtigung des neuen Aussagenkonzeptes der IFAC, in: BBK – Buchführung, Bilanzierung, Kostenrechnung, Fach 28, S. 1407–1424.

Ruhnke, K./Schmidt, M. (2003): Überlegungen zur Prüfung von beizulegenden Zeitwerten, in: Die Wirtschaftsprüfung, S. 1037–1051.

Ruhnke, K./Schmidt, M. (2005): Fair Value und Wirtschaftsprüfung, in: Bieg, H./Heyd, R. (Hrsg.): Fair Value, Bewertung im Rechnungswesen, Controlling und Finanzwirtschaft, München, S. 576–597.

Ruhnke, K./von Torklus, A. (2008): Monetary Unit Sampling – Eine Analyse empirischer Studien, in: Die Wirtschaftsprüfung, S. 1119–1128.

Schick, A.G./Ponemon, L.A. (1993): The influence of auditors' perceptions of organizational decline on audit risk, in: Organization Science, S. 92–107.

Schmidt, M. (2004): Überlegungen zur Prüfung von Finanzinstrumenten nach internationalen Normen, in: Die Wirtschaftsprüfung, S. 12–29.

Schmidt, M. (2006): Finanzinstrumente, Prüfung, in: Marten, K.-U./Quick, R./Ruhnke, K. (Hrsg.): Lexikon der Wirtschaftsprüfung – Nach nationalen und internationalen Normen, Stuttgart, S. 283–290.

Schnell, R./Hill, P.B./Esser, E. (2008): Methoden der empirischen Sozialforschung, 8. Aufl., München.

Schultz, J.J./Bierstaker, J.L./O'Donnell, E. (2010): Integrating business risk into auditor judgment about the risk of material misstatement: The influence of a strategic-systems-audit approach, in: Accounting, Organizations and Society, S. 238–251.

Selchert, F.W. (1996): Jahresabschlußprüfung der Kapitalgesellschaften, 2. Aufl., Wiesbaden.

St. Pierre, K./Anderson, J.A. (1984): An analysis of the factors associated with lawsuits against public accountants, in: The Accounting Review, S. 242–263.

Steele, A. (1992): Audit Risk and Audit Evidence: The Bayesian Approach to Statistical Auditing, London et al.

Stice, J.D. (1991): Using financial and market information to identify pre-engagement factors associated with lawsuits against auditors, in: The Accounting Review, S. 516–533.

Straub, R. (1997): Benchmarking: Eine Darstellung des Benchmarking als modernes Instrument zur Leistungsverbesserung, Diss., Zürich.

Stringer, K.W./Stewart, T.R. (1996): Statistical Techniques for Analytical Review in Auditing, 2. Aufl., New York et al.

Swinamer, K./Lesperance, M./Will, H. (2004): Optimal Bounds Used in Dollar-Unit Sampling: A Comparison of Reliability and Efficiency, in: Communications in Statistics: Simulation and Computation, S. 109–143.

Van den Acker, C. (2000): Belief-function representation of statistical audit evidence, in: International Journal of Intelligent Systems, S. 277–290.

Wallenburg, C.M./Weber, J. (2006): Ursache-Wirkungsbeziehungen der Balanced Scorecard – Empirische Erkenntnisse zu ihrer Existenz, in: ZfCM, S. 245–256.

Wanik, O. (1992): Internes Kontrollsystem, Prüfung, in: Coenenberg, A.G./Wysocki, K.v. (Hrsg.): Handwörterbuch der Revision, 2. Aufl., Stuttgart, Sp. 896–908.

Wiedmann, H. (1981): Die Prüfung des internen Kontrollsystems, in: Die Wirtschaftsprüfung, S. 705–711.

Wiedmann, H. (2000): Abschlußprüfung zwischen Ordnungsmäßigkeitsprüfung und betriebswirtschaftlicher Überwachung, in: Poll, J. (Hrsg.): Bilanzierung und Besteuerung der Unternehmen – Das Handels- und Steuerrecht auf dem Weg ins 21. Jahrhundert, Festschrift für Dr. iur. Dr. rer. pol. Herbert Brönner zum 70. Geburtstag, Stuttgart, S. 443–464.

Wild, J.J./Biggs, S.F. (1990): Strategic Considerations for Unaudited Account Values in Analytical Review, in: The Accounting Review, Heft January, S. 227–241.

Willingham, J.J./Wright, W.F. (1985): Financial statement errors and internal control judgments, in: Auditing: A Journal of Practice & Theory, S. 57–70.

Wittmann, A. (1981): Systemprüfung und ergebnisorientierte Prüfung, Berlin.

Wolz, M. (2004): Dollar Unit Sampling – Ein modifiziertes Verfahren zur Beurteilung über- und unterbewerteter Prüffelder, in: Betriebswirtschaftliche Forschung und Praxis, S. 60–80.

Wright, A./Ashton, R.H. (1989): Identifying audit adjustments with attention-directing procedures, in: The Accounting Review, S. 710–728.

Wysocki, K.v. (1988): Grundlagen des betriebswirtschaftlichen Prüfungswesens, 3. Aufl., München.

4 Fraud und going concern

4.1 Fraud-Prüfung

4.1.1 Einführung und Begriffsabgrenzungen

Spektakuläre Unternehmensschieflagen, wie z. B. Enron, Waste Management, Balsam/
Procedo, WorldCom, ComROAD, Panalpina, Schieder und Satyam, haben das Vertrauen
der Öffentlichkeit in die Abschlussprüfung erschüttert.[289]

> **Beispiele**
>
> Die folgenden Aussagen des Insolvenzverwalters der Balsam AG verdeutlichen dies: »Die Jah-
> resabschlüsse sind seit zehn Jahren systematisch zum Nachteil der Gläubiger der Balsam AG,
> insbesondere der Procedo GmbH (...) und der beteiligten Banken gefälscht worden. (...) (Die
> Fälschungen, *Anm. der Verf.*) seien sehr intelligent, dauerhaft und plausibel angelegt worden,
> um die Arglosigkeit der Geschäftspartner auszunutzen.«[290]
>
> Im Fall Satyam wurden über Jahre hinweg u. a. deutlich überhöhte Umsatzerlöse ausgewie-
> sen. Dies führte dazu, dass zwischenzeitlich bis zu 94 % der bilanzierten Bankguthaben und
> Kassenbestände i. H. v. ca. 800 Mio. € rein fiktiver Natur waren.[291]
>
> Bei WorldCom wurden nicht aktivierungsfähige Ausgaben für den Betrieb von Telefonnet-
> zen i. H. v. 3,8 Mrd. US $ als Investition verbucht und aktiviert.[292]
>
> Im Fall ComROAD hatte der Prüfer die Existenz einer Scheinfirma, mit der im Jahr 2000
> rund 98 % der Umsätze getätigt wurden, nicht überprüft und sich allein auf das Einholen
> von Saldenbestätigungen verlassen. Abb. II.4-1 veranschaulicht das Beziehungsgeflecht der
> involvierten Akteure.

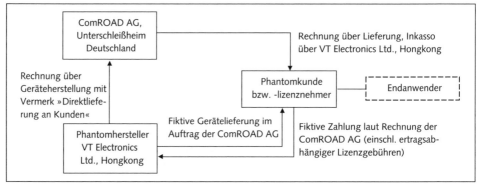

Abb. II.4-1: Bilanzbetrug bei ComROAD[293]

---

289 Einen Überblick geben *Peemöller/Hofmann* (2005), S. 29 ff. und *Krommes* (2008), S. 459 ff.
290 *Stange* (1994), S. 1.
291 Vgl. *Hoppe* (2009), S. 15.
292 Aufgedeckt wurden die Fehlbuchungen durch die Interne Revision; vgl. *Pulliam/Solomon* (2002),
S. A1.
293 In Anlehnung an *Hofmann* (2006), S. 5.

Betrügerische Handlungen und andere Normenverstöße stellen zweifelsfrei eines der *zentralen Problemfelder* im Prüfungswesen dar. Einer Befragung der KPMG aus dem Jahr 2009 zufolge waren 37 % der befragten Unternehmen in den letzten drei Jahren Opfer wirtschaftskrimineller Handlungen.[294] Weiterhin beziffert eine von PwC durchgeführte Befragung von 500 deutschen Großunternehmen den im Jahr 2009 durch Wirtschaftskriminalität verursachten Schaden auf 5,57 Mio. € pro Unternehmen. Dabei beträgt der Anteil wirtschaftskrimineller Handlungen bei deutschen Unternehmen, der auf die Fälschung von Jahresabschlüssen bzw. Finanzinformationen entfällt, 4 %.[295]

Der Abschlussprüfer ist nach § 317 Abs. 1 Satz 3 HGB verpflichtet, die »Prüfung so anzulegen, daß [sic] Unrichtigkeiten und Verstöße (...), die sich auf die Darstellung des sich nach § 264 Abs. 2 ergebenden Bildes der Vermögens-, Finanz- und Ertragslage des Unternehmens wesentlich auswirken, bei gewissenhafter Berufsausübung erkannt werden.« Diese gesetzliche Verpflichtung wird durch die berufsständischen Prüfungsnormen konkretisiert. Da gesetzliche Abschlussprüfungen gem. § 317 Abs. 5 HGB künftig unter unmittelbarer Anwendung der internationalen fachtechnischen Prüfungsnormen durchzuführen sind (→ 1.6.3.2), orientieren sich die nachstehenden Ausführungen primär an den ISA 240 sowie ISA 250 und nur sekundär am IDW PS 210.[296] Den Anwendungsbereich der Normen und das hiermit verbundene Systematisierungskonzept von Unregelmäßigkeiten verdeutlicht Abb. II.4-2.

Falsche Angaben in der Rechnungslegung können auf Verstößen i. e. S. oder Unrichtigkeiten beruhen. Das relevante Unterscheidungsmerkmal ist dabei, ob die der Unregelmäßigkeit zu Grunde liegende Handlung beabsichtigt oder unbeabsichtigt durchgeführt worden ist (ISA 240.2). Demnach lassen sich falsche Angaben wie folgt systematisieren (IDW PS 210.7):

- *Unrichtigkeiten* (errors) sind unbeabsichtigte falsche Angaben in der Rechnungslegung, die ihre Ursache z. B. in Schreib- und Rechenfehlern in der Buchführung, der fehlerhaften Erfassung oder Verarbeitung von Daten, einer falschen Interpretation oder im Übersehen von Sachverhalten sowie einer irrtümlich falschen Anwendung von Rechnungslegungsnormen haben können (vgl. hierzu Glossary of Terms sowie ISA 315, 330).
- *Verstöße i. e. S.* sind beabsichtigte Handlungen einer oder mehrerer Personen aus dem Kreis der gesetzlichen Vertreter, der Mitglieder des Aufsichtsorgans, der Mitarbeiter oder Dritter, die darauf ausgerichtet sind, sich ungerechtfertigte oder rechtswidrige Vorteile zu verschaffen (ISA 240.11a). Folgende Verstöße i. e. S. lassen sich unterscheiden:
  - *Manipulationen der Rechnungslegung* (fraudulent financial reporting)[297] umfassen bewusst falsche wesentliche Angaben im Jahresabschluss oder Lagebericht zur Täuschung von Abschlussadressaten, die z. B. durch Manipulation, Fälschung

---

294 Vgl. *KPMG* (2010), S. 8; bei der im Jahr 2009 in Deutschland durchgeführten Studie wurden branchenübergreifend Führungskräfte von 300 Unternehmen telefonisch befragt.

295 Vgl. *PwC* (2009), S. 12; eine Umfrage der KPMG beziffert den auf Falschbilanzierung entfallenden Anteil wirtschaftskrimineller Handlungen auf 13 %; vgl. *KPMG* (2010), S. 8.

296 Hinzu tritt, dass IDW PS 210 die Strukturvorgaben einer geschäftsrisikoorientierten Prüfung nicht explizit berücksichtigt; → II.4.1.3.2.

297 In der Terminologie von IDW PS 210.7 handelt es sich hierbei um Täuschungen.

Unregelmäßigkeiten				
falsche Angaben in der Rechnungslegung			keine falschen Angaben in der Rechnungslegung	
unbeabsichtigt	beabsichtigt		beabsichtigt / unbeabsichtigt	
u.a. ISA 315, 330	ISA 240		ISA 250	
errors	fraud		non-compliance with laws and regulations	
Unrichtigkeiten	*Manipulationen der Rechnungslegung*	*Vermögensschädigungen*	*Gesetzesverstöße*	*sonstige Gesetzesverstöße*
(sonstige unbeabsichtigte Normenverstöße, die zu falschen Angaben in der Rechnungslegung führen)	(fraudulent financial reporting)	(misappropriation of assets)	(sonstige beabsichtigte Normenverstöße, die zu falschen Angaben in der Rechnungslegung führen)	(sonstige Normenverstöße, die nicht zu falschen Angaben in der Rechnungslegung führen)
	Verstöße i.e.S.			
	Verstöße i.w.S.			
IDW PS 210				
Berichterstattung im Prüfungsbericht und (sofern wesentlicher Einfluss auf die Rechnungslegung) im Bestätigungsvermerk			Berichterstattung nur im Prüfungsbericht	

Abb. II.4-2: Unregelmäßigkeiten nach nationalen und internationalen Prüfungsnormen

oder Änderungen von Buchführungsaufzeichnungen, absichtliches Weglassen von Informationen oder die vorsätzlich falsche Anwendung von Rechnungslegungsnormen entstanden sind (ISA 240.3 und 240.A2 ff.).

- *Vermögensschädigungen* (misappropriation of assets) beinhalten alle widerrechtlichen Handlungen, die auf eine Aneignung oder Verminderung von Vermögen oder Erhöhung von Verpflichtungen der Gesellschaft ausgerichtet sind, insbesondere Unterschlagungen und Diebstahl (ISA 240.3 und 240.A5). Dagegen zählen Vermögensschädigungen, die zutreffend in der Rechnungslegung abgebildet sind, zu den *sonstigen Gesetzesverstößen*.
- *Gesetzesverstöße* (non-compliance with laws and regulations) umfassen die beabsichtigte Missachtung von Nicht-Rechnungslegungsnormen, einschließlich Gesellschaftsvertrag oder Satzung, die keine Vermögensschädigungen darstellen und zu wesentlichen falschen Angaben in der Rechnungslegung führen (ISA 250.6a).[298] Beispiele hierfür sind Verstöße gegen steuer- oder umweltrechtliche Vorschriften.

---

298 Zur Anwendung von ISA 250 vgl. ferner *Leukel* (2010).

Zu unterscheiden hiervon sind *sonstige Gesetzesverstöße*. Diese stellen beabsichtigte oder unbeabsichtigte Handlungen oder Unterlassungen dar, die nicht zu wesentlichen falschen Angaben in der Rechnungslegung führen (ISA 250.6b). Als Beispiel ist die nicht fristgerechte oder unterlassene Veröffentlichung des Abschlusses einer offenlegungspflichtigen Kapitalgesellschaft im elektronischen Bundesanzeiger zu nennen (§§ 325 ff. HGB).

Während *Vermögensschädigungen* und *Manipulationen der Rechnungslegung* in den Anwendungsbereich des ISA 240 fallen, behandelt ISA 250 die beiden Kategorien *Gesetzesverstöße* und *sonstige Gesetzesverstöße*. Weiterhin fallen gem. ISA 250.6a auch sonstige unbeabsichtigte Normenverstöße gegen Nicht-Rechnungslegungsnormen, die zu wesentlichen falschen Angaben in der Rechnungslegung führen, in den Anwendungsbereich des ISA 250.

> **Beispiel**
>
> Als Beispiel für eine *Vermögensschädigung* ist der Diebstahl von Lagerbeständen zu nennen. Täuscht der Täter dabei durch einen gefälschten Inventurbeleg vor, dass die Gegenstände immer noch auf Lager sind, so bleibt die Schädigung ohne Einfluss auf das Jahresergebnis. Üblicherweise wird der Täter versuchen, die Vermögensschädigung durch entsprechende *Manipulationen der Rechnungslegung* bzw. der zu Grunde liegenden Buchführung zu verdecken. So kann der Täter z. B. einen fingierten Beleg hinsichtlich des Lagerabgangs erstellen, so dass keine Bestandsdifferenz entsteht (vgl. auch ISA 240.A5). Dies setzt jedoch wiederum voraus, dass der Täter sowohl auf das Vermögen des Unternehmens als auch auf die Unterlagen des Rechnungswesens zugreifen kann. Besondere praktische Bedeutung besitzen hier betrügerisch herbeigeführte Auszahlungen (fraudulent disbursements): Zu nennen sind neben gefälschten Spesenabrechnungen, Schecks und Gehaltsabrechnungen v. a. gefälschte Rechnungen.[299]

4.1.2 Pflichten des Abschlussprüfers und der Unternehmensleitung

Häufig wird in der Öffentlichkeit nach der Aufdeckung von Betrugsfällen die Leistung des Abschlussprüfers in Frage gestellt.[300] Dieser Kritik liegt häufig die Annahme zu Grunde, dass für die Verhinderung und Aufdeckung von fraud in erster Linie der Prüfer verantwortlich sei. Allerdings liegt die primäre Verantwortung bei den gesetzlichen Vertretern und den Mitgliedern des Aufsichtsorgans (ISA 240.4). Für die Verhinderung von fraud ist der Abschlussprüfer nicht verantwortlich, er kann in dieser Hinsicht lediglich eine vorbeugende Funktion haben. Da das Prüfungsurteil grundsätzlich mit hinreichender Sicherheit abzugeben ist (ISA 200.5 i.V. mit ISA 200.A28-A52), begründet eine nachträgliche Aufdeckung von Unregelmäßigkeiten nicht zwingend ein Fehlverhalten des Prüfers, da stets ein unvermeidbares Restrisiko besteht (ISA 240.5). Auch bedarf es nicht des Einsatzes kriminalistischer Prüfungshandlungen, weshalb das Anspruchsni-

---

299 Vgl. *Sell* (1999), S. 21 ff.
300 Vgl. z. B. *Schindler/Gärtner* (2004), S. 1237; *Schruff* (2005), S. 207; *Berndt/Jeker* (2007), S. 2616.

veau einer fraud-Aufdeckung im Rahmen der Jahresabschlussprüfung deutlich geringer als bei einer auf kriminalistischen Methoden beruhenden Unterschlagungsprüfung (→ III.3.3.2.2) ist. Gleichwohl erwartet die Öffentlichkeit oftmals, dass die Abschlussprüfung explizit auf die vollumfängliche Aufdeckung von fraud auszurichten ist; insofern besteht hier offensichtlich eine *Erwartungslücke* (→ I.1.2.1).[301] Eine genaue Grenzziehung zwischen den beiden zuvor angesprochenen Prüfungsarten (fraud-Prüfung im Rahmen der Abschlussprüfung und fraud-Aufdeckung mittels kriminalistischer Methoden) ist indes nicht möglich.

Die *Pflichten* von Abschlussprüfer und Unternehmensleitung hinsichtlich der Aufdeckung von fraud stellen sich wie folgt dar:

- Die *Unternehmensleitung* (gesetzliche Vertreter des Unternehmens) hat die Verantwortung, ein IKS einzurichten, welches darauf ausgerichtet ist, fraud zu verhindern und aufzudecken (ISA 240.4). Diese Einrichtung steht unter der Überwachung des Aufsichtsorgans. Ein solches IKS entfaltet regelmäßig eine hohe Abschreckungswirkung und ist aus diesem Grunde ebenso wie die Interne Revision von besonderer Bedeutung.[302] Auch eine Sensibilisierung der Mitarbeiter und des mittleren Managements im Hinblick auf fraud stellt ein wirksames Mittel zur Prävention dar.[303]

- Der *Abschlussprüfer* besitzt hinsichtlich der Aufdeckung von fraud eine *positive Suchverantwortung*. Danach sind zunächst die Risiken für wesentliche falsche Angaben auf Grund von fraud gesondert einzuschätzen. Darauf aufbauend sind die Prüfungshandlungen so zu planen, dass mit *hinreichender Prüfungssicherheit* durch fraud entstandene Falschaussagen, die den Jahresabschluss insgesamt wesentlich beeinflussen, bei gewissenhafter Berufsausübung erkannt werden (ISA 240.5 ff.; § 317 Abs. 1 Satz 3 HGB). Der Abschlussprüfer muss im Verlauf der Prüfung eine *kritische Grundhaltung* aufrechterhalten; er hat folglich ungeachtet seiner früheren Erfahrungen mit dem Mandanten jederzeit die Möglichkeit in Betracht zu ziehen, dass Verstöße begangen werden könnten (ISA 240.12). Weiterhin kann der Prüfer zwar grundsätzlich von der Echtheit der ihm vorgelegten Dokumente und Aufzeichnungen sowie von der Wahrheit der gegebenen Auskünfte ausgehen, jedoch ist er verpflichtet, zusätzliche Prüfungshandlungen durchzuführen, sobald im Verlauf der Prüfung Hinweise auftauchen, die an der Authentizität der Unterlagen zweifeln lassen (ISA 240.13). Stellt der Prüfer Widersprüche in und zwischen den Aussagen von Angehörigen des geprüften Unternehmens fest, so muss er diesen nachgehen (ISA 240.14).

---

301 Empirisch bestätigend siehe *Ruhnke/Schmiele/Schwind* (2010), S. 407 f.
302 Vgl. empirisch *Association of Certified Fraud Examiners* (2002), S. 11 f.; *KPMG* (2010), S. 17 ff.
303 Vgl. *KPMG* (2010), S. 18.

4.1.3 Aufdeckung von fraud

4.1.3.1 Theoretische Fundierung

Der wohl bekannteste Ansatz zur Erklärung des Auftretens von fraud ist die sog. *fraud-Triangel*.[304] Demgemäß bestehen Manipulationen der Rechnungslegung und Vermögensschädigungen grundsätzlich nur dann, wenn die drei in Abb. II.4-3 dargestellten Umstände (Anreiz/Druck, Gelegenheit sowie innerliche Rechtfertigung) *kumulativ* vorliegen (ISA 240.A1).

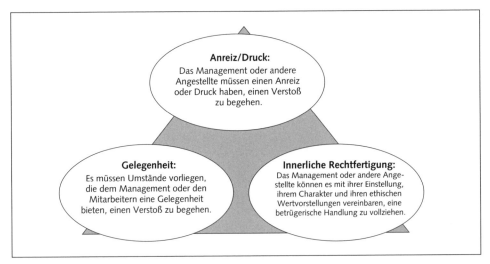

Abb. II.4-3: Fraud-Triangel

Loebbecke/Eining/Willingham haben diesen Ansatz in ein *theoretisches Modell* zur quantitativen Einschätzung der fraud-Wahrscheinlichkeit weiterentwickelt.[305] Demnach bestimmen die drei in Abb. II.4-3 dargestellten Umstände Anreiz/Druck (AD), Gelegenheit (G) und innerliche Rechtfertigung (IR) die Wahrscheinlichkeit für das Auftreten von fraud.[306]

p(fraud) = f(AD, G, IR);
hierbei gilt: wenn AD, G oder IR = 0, dann p(fraud) = 0.

Nur in einer Situation, in denen Anreize für den Täter vorliegen, sich zusätzlich eine Gelegenheit zur Durchführung der Tat ergibt und der Täter eine entsprechende Charakter-

---

304 Vgl. bereits *Cressey* (1973), S. 30 ff.
305 Zu den folgenden Ausführungen vgl. auch *Ruhnke/Schwind* (2006), S. 735. Einen Überblick über Forschungsbeiträge zum Thema »fraud« geben *Hogan et al.* (2008), S. 231 ff.
306 Vgl. *Loebbecke/Eining/Willingham* (1989), S. 4 f. Die drei Umstände AD, G und IR sind jeweils definiert als die Wahrscheinlichkeit, dass ein Anreiz/Druck, eine Gelegenheit bzw. die innerliche Rechtfertigung vorliegt, einen Verstoß zu begehen.

einstellung aufweist, die eine solche Tat ermöglicht, erachten es die Verfasser für wahrscheinlich, dass wesentliche Bilanzmanipulationen auftreten oder bereits aufgetreten sind.

Loebbecke/Eining/Willingham haben zur Überprüfung des Modells eine *empirische Studie* durchgeführt und bestätigend festgestellt, dass die Wahrscheinlichkeit für fraud von den drei Umständen Anreiz/Druck, Gelegenheit und innerliche Rechtfertigung determiniert wird.[307] Sollte nur einer der Umstände nicht vorliegen, wird es als unwahrscheinlich erachtet, dass es zu fraud kommen kann oder bereits kam. Ein Manager kann folglich beispielsweise unter großem Druck stehen und durch seine Stellung im Unternehmen auch in der Lage sein, Bilanzmanipulationen zu begehen. Lehnt er jedoch auf Grund seiner ethischen Grundvorstellungen Bilanzmanipulationen ab, kommt es zu keiner Tat. Allerdings darf der Abschlussprüfer vor dem Hintergrund der kritischen Grundhaltung die Gefahr von Manipulationen nie vollständig ausschließen.

Zwar haben die Verfasser die genaue Verknüpfung der drei Umstände offengelassen, gleichwohl könnte sich eine exponentiell multiplikative Verknüpfung in der nachstehend dargestellten Form als adäquat erweisen:

$$p \text{ (fraud)} = AD^{(1-\beta_1)} \cdot G^{(1-\beta_2)} \cdot IR^{(1-\beta_3)}$$
$$\text{mit } 0 \le \beta_i \le 1 \text{ und } \beta_1 + \beta_2 + \beta_3 = 1$$

Zur Bestimmung der Wahrscheinlichkeit für das Auftreten von fraud ist folglich zunächst die Wahrscheinlichkeit der einzelnen Umstände zu ermitteln. Diese müssen nicht in gleichem Maße ausschlaggebend für das Begehen von fraud sein, weshalb sie zu gewichten sind (β_i). Die Gewichtung der Umstände variiert u. a. in Abhängigkeit vom Werteverständnis der Mitarbeiter, vom Problembewusstsein innerhalb der Unternehmen und der Unternehmenskomplexität, z. B. durch Internationalisierung. Eine allgemeingültige Gewichtung der drei Umstände (AD, G, IR) ist deshalb nicht möglich. Die Ermittlung unternehmens- und situationsspezifischer Gewichtungsfaktoren stellt mithin eines der Hauptprobleme bei der Beurteilung des Auftretens wesentlicher Abschlussmanipulationen dar.

Beispiel

Die nachfolgend gewählten Werte für AD, G und IR basieren auf einer subjektiven Einschätzung in Bezug auf einen fiktiven Praxisfall. Weiterhin wird beispielhaft eine exponentiell multiplikative und eine rein muliplikative Verknüfung dargestellt.[308] Annahmegemäß soll gelten: AD = 0,9, G = 1 und IR = 0,9 sowie β_1 = 0,4; β_2 = 0,3; β_3 = 0,3. Bei einer *exponentiell multiplikativen* Verknüpfung ergibt sich ein p (fraud) von 87,2 %. Bei einer Gewichtung über eine *rein multiplikative* Verknüpfung der-Werte in der Form p (fraud) = β_1 · AD · β_2 · G · β_3 · IR errechnet sich ein p (fraud) = 2,92 %; in diesem Fall ergibt sich eine sehr kleine Wahrscheinlichkeiten für fraud, so dass eine rein multiplikative Vorgehensweise nicht sachgerecht erscheint.

---

307 In 86 % aller aufgedeckten fraud-Fälle lagen Indikatoren vor, die auf das gleichzeitige Vorliegen der drei Umstände hindeuten; vgl. *Loebbecke/Eining/Willingham* (1989), S. 24; siehe auch *ebd.*, S. 9 ff.
308 Empirische Studien, die versuchen, p (fraud) in Abhängigkeit von anderen Faktoren (z. B. Abschlusskennzahlen) zu quantifizieren, finden sich in *Terlinde* (2005), S. 266 ff.

Allerdings lässt sich eine besondere Vorziehenswürdigkeit für eine der beiden dargestellten Vorgehensweisen empirisch nicht belegen.

4.1.3.2 Strukturvorgaben für den Prüfungsprozess

Das prüferische Vorgehen zur Aufdeckung von fraud orientiert sich grundsätzlich an den allgemeinen Strukturvorgaben einer geschäftsrisikoorientierten Abschlussprüfung (→ II.3.3).[309] ISA 240.1 bringt explizit zum Ausdruck, dass ISA 240 als Konkretisierung der BRA-spezifischen Regelungen in ISA 315 und ISA 330 zu verstehen ist. Abb. II.4-4 veranschaulicht den im Folgenden näher zu beschreibenden Prüfungsprozess nach ISA 240.[310]

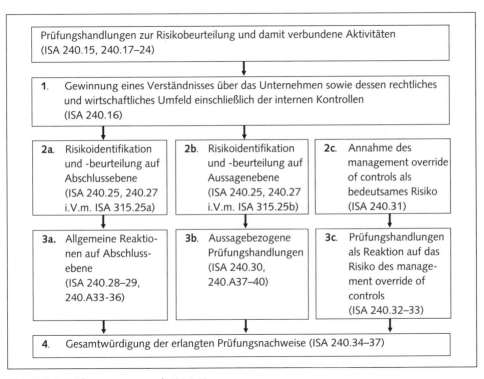

Abb. II.4-4: Prüfungsprozess nach ISA 240

Prüfungshandlungen zur Risikobeurteilung und damit verbundene Aktivitäten (ISA 240.15, 240.17-24)
Um das Risiko einer wesentlichen Falschdarstellung auf Grund von fraud zu identifizieren, kommen insbesondere die folgenden *Prüfungshandlungen* in Betracht (siehe hierzu ISA 240.17 ff.):

---

309 Vgl. hierzu auch *Ruhnke* (2007), S. 158 ff. sowie *Ruhnke/Frey* (2011).
310 Siehe auch *Ruhnke/Michel* (2010), S. 3076 ff. sowie ferner *IDW* (2006), R 145 ff.

- *Befragungen* der gesetzlichen Vertreter, anderer Führungskräfte, der Mitglieder des Aufsichtsorgans und weiterer Personen innerhalb des zu prüfenden Unternehmens. Befragungen stellen eine besonders effektive Prüfungstechnik dar. Wichtig ist, dass ein geeigneter Zugang zu der befragten Person hergestellt sowie eine angemessene Beziehung zu dem Befragten aufgebaut wird.[311] Befragungen sollten im Anschluss an andere zu diskutierende Prüfungsthemen erfolgen; dabei sollte zunächst der Hintergrund der Befragung erläutert werden, um Widerständen und Missverständnissen vorzubeugen.[312] Insofern beinhalten Befragungen psychologische Aspekte und gehen daher weit über das »Abhaken von Checklisten« hinaus. Anhaltspunkte für die Durchführung der Befragungen finden sich in ISA 240.A12 ff.

- Berücksichtigung *ungewöhnlicher oder unerwarteter Verhältnisse* (ISA 240.22).
  Im Rahmen von *analytischen Prüfungen* festgestellte ungewöhnliche Relationen können auf das Vorhandensein von fraud hindeuten. So könnte z. B. ein gesunkenes Verhältnis von Materialaufwand zu Umsatzerlösen ein Indiz für fiktive Umsatzerlöse oder unvollständige Materialaufwendungen sein. Sehr wirksam für die fraud-Aufdeckung lässt sich auch das *Benford'sche Gesetz* einsetzen, nach welchem sich bei natürlichen Grundgesamtheiten für die erste Ziffer einer Zahl (z. B. Rechnungssummen von erhaltenen oder gestellten Rechnungen) eine bestimmte Häufigkeitsverteilung empirisch belegen lässt. Abweichungen der tatsächlichen Ziffernverteilung von dieser theoretischen Verteilung können ein Indiz für die Existenz von fraud darstellen (→ II.5.2.3.2).[313]

- Berücksichtigung *anderer Informationen* (ISA 240.23).
  Weiterhin hat der Prüfer zu beurteilen, ob andere von ihm erlangte Informationen das Vorhandensein von fraud begründen können. Relevant können hier insbesondere im Rahmen des Verfahrens zur Auftragserlangung bzw. -fortführung, der prüferischen Durchsicht von Zwischenabschlüssen oder der zuvor angesprochenen zwingend durchzuführenden Besprechung im Prüfungsteam erlangte Informationen sein. Weiterhin sind z. B. unternehmensinterne Hinweise bedeutsam: Einer empirischen Studie zufolge wurden wirtschaftskriminelle Handlungen in 62 % der Fälle durch unternehmensinterne Hinweise und in 16 % der Fälle durch anonyme Informationen aufgedeckt.[314]

- Identifizierung von *Risikofaktoren* (ISA 240.24).
  Der Prüfer muss (unter Heranziehung der im Rahmen der zuvor skizzierten Prüfungshandlungen gewonnenen Informationen) schließlich beurteilen, ob sog. Risikofaktoren für fraud (*fraud risk factors, red flags*) vorliegen. Anhaltspunkte für die Einschätzung von Risikofaktoren finden sich in ISA 240.A23-A27. Danach sind (in Anlehnung an das zuvor beschriebene theoretische Modell von *Loebbecke/Eining/ Willingham*) solche Sachverhalte oder Bedingungen Risikofaktoren, die entweder auf einen Anreiz bzw. Druck hindeuten oder eine Gelegenheit bieten, fraud zu begehen.

---

311 Vgl. *Krommes* (2008), S. 200 ff.
312 Vgl. *Weisbach/Sonne-Neubacher* (2008), S. 107 ff.; zu fraud-spezifischen Befragungen siehe auch *Hall* (2005), S. 61 ff.
313 Vgl. *Odenthal* (2006), S. 129 ff. Siehe auch IDW PS 9.330.3.40.
314 Mehrfachnennungen waren möglich; vgl. *KPMG* (2010), S. 11.

Beispiele für Faktoren gibt ISA 240.Appendix 1. Gleichzeitig weist ISA 240.A25 jedoch explizit darauf hin, dass diese Beispiele zwar eine umfassende, keinesfalls aber
eine abschließende Aufzählung möglicher Risikofaktoren darstellen. Die Bedeutung
der Risikofaktoren variiert regelmäßig in Abhängigkeit von der Unternehmensgröße,
den Eigentumsverhältnissen, der Branchenzugehörigkeit oder anderen Abgrenzungs-
merkmalen.[315]

Der *Einsatz von Fragebögen bzw. Checklisten*, welche Warnsignale (red flags) hinsichtlich erhöhter fraud-Risiken beinhalten (z. B. ISA 240.Appendix 1), ist bereits deshalb nicht unproblematisch.[316] Auch zeigen empirische Studien, dass das bloße Abarbeiten vorgegebener red flags die Offenlegung von fraud nicht unterstützt, sondern
potenziell sogar behindert; bspw. decken Prüfer bei Verwendung von Fragebögen in
signifikant geringerem Umfang Normenverstöße auf, die auf fraud beruhen. Vermutlich suggerieren Fragebögen dem Prüfer, dass das anstehende Problem durch das einfache Abhaken kritischer Faktoren lösbar sei und wirken insofern der in ISA 240.12
geforderten kritischen Grundhaltung entgegen.[317] Eine alleinige Orientierung an den
vorgegebenen Risikofaktoren beinhaltet zudem die Gefahr, dass der Prüfer andere, im
Fragebogen nicht genannte Risikofaktoren nicht als solche erkennt und er bei gleich-
zeitigem Nichtvorhandensein von im Standard aufgeführten red flags irrtümlich von
einem Jahresabschluss frei von Bilanzmanipulationen ausgeht.

Die folgenden Praxisbeispiele verdeutlichen, dass bereits einfache analytische Prüfungshandlungen wie Plausibilitätstests und Kennzahlenanalysen wichtige Anhaltspunkte im
Hinblick auf die Existenz von fraud geben können.[318]

Beispiele (Teil 1)

Das Vorratsvermögen (Kopierer) der Saxon Industries war im Jahr 1981 um 86 Mio. US $
überbewertet; davon entfielen 58 Mio. US $ auf nicht existierende Kopierer. Bereits der ein-
fache Vergleich der Lagerkapazität mit den ausgewiesenen Vorräten in den einzelnen Lagern
legt Unstimmigkeiten offen: Beispielsweise wurden für ein Lager Vorräte i. H. v. 532.000 US $
ausgewiesen, obwohl das Lager nur eine Kapazität für einen Gesamtwert von 200.000 US $
besaß.

Nach den Angaben der Fluggesellschaft Flight Transportation Corporation (FTC) stieg die
Zahl der berichteten Flüge von 120 (1980) auf 260 (1981) und 365 (1982). Hier hätte eine
Kontrolle der Anzahl der von FTC angestellten Piloten, ein Vergleich der tatsächlichen mit
der gesetzlich zulässigen Stundenzahl, die ein Pilot pro Jahr fliegen darf, sowie ein Vergleich
der Produktivität der FTC mit den Vorjahreswerten und/oder mit dem Branchendurchschnitt

315 Siehe hierzu empirisch z. B. *Mock/Turner* (2005), S. 59 ff.
316 Die Verwendung von red flags stellt gleichwohl ein bedeutsames unternehmensinternes Verfahren zur
   Aufdeckung wirtschaftskrimineller Handlungen dar. Einer Umfrage der KPMG zufolge kommen red
   flags in 62 % aller Fälle zur Aufdeckung wirtschaftskrimineller Handlungen zur Anwendung (Mehrfachnennungen möglich); siehe *KPMG* (2010), S. 12. Zur Kombination von fraud-Risikoindikatoren zu
   einem Vorhersagemodell vgl. ferner *Knabe et al.* (2004).
317 Vgl. *Ruhnke* (2000), S. 398 ff. m. w. N.
318 Vgl. hierzu *Sell* (1999), S. 179 ff., insbesondere S. 185 und 186 f. m. w. N.

zeigen können, dass die FTC entweder deutlich produktiver arbeitete als die Branche (ist dies der Fall, muss der Prüfer den Gründen hierfür nachgehen) oder dass die berichteten Flüge mit den angestellten Piloten gar nicht realisiert werden konnten.

Weiterhin bedarf es stets einer Erklärung, wenn die Gewinne deutlich rascher wachsen als der Umsatz. Dasselbe gilt, wenn Gewinn und Umsatz steigen, aber der Cashflow rückläufig ist. So wies Enron im Juni 2001 einen Gewinn von 404 Mio. US $ aus, gleichzeitig waren aber 527 Mio. US $ Cash abgeflossen.[319] Hier ist stets zu klären, ob die festgestellten Implausibilitäten auf erlaubte abschlusspolitische Maßnahmen, fraud oder auf andere Ursachen zurückzuführen sind.

Die angesprochenen Prüfungshandlungen zur Risikobeurteilung werden regelmäßig *kombiniert eingesetzt*. Ergibt z. B. eine Befragung (Prüfungshandlung 1), dass ein einzelner Einkäufer verdächtigt wird, fiktive Einkäufe bzw. Einkäufe zu nicht marktgerechten Bedingungen zu tätigen, sind mittels analytischer Prüfungen (Prüfungshandlung 2) sowohl dessen Lieferantenbeziehungen als auch sachverhaltsrelevanten Bilanz- und GuV-Posten zu untersuchen. Hier sollte der Prüfer die Zahl der Bestellungen, den Gesamtwert der Bestellungen unterhalb der Genehmigungsgrenze, die Nebenkosten der Bestellungen und den Wert der Einkäufe des verdächtigen Einkäufers und des verdächtigen Kreditors untersuchen. Dazu sind geeignete Kennzahlen zu bilden, wobei die Hypothese[320] wie folgt lauten kann: »Quotient verdächtiger Einkäufer > Quotient Vergleichswert«.[321]

Auf Grundlage der so erlangten Informationen sind mögliche Anfälligkeiten der Unternehmung für wesentliche falsche Angaben auf Grund von fraud im Prüfungsteam zu diskutieren und entsprechend zu dokumentieren (ISA 240.15). Für ein solches Vorgehen spricht, dass sich spezifische fraud-Risiken durch solche sog. »brainstorming sessions« vermutlich besser identifizieren lassen und gleichzeitig ein einheitlich hoher Informationsstand aller Mitglieder des Prüfungsteams sichergestellt wird.[322]

Gewinnung eines Verständnisses über das Unternehmen sowie dessen rechtliches und wirtschaftliches Umfeld einschließlich der internen Kontrollen (Schritt 1.; ISA 240.16; zur Einordnung siehe Abb. II.4-4)

Während der Prüfer ein Verständnis über das Unternehmen sowie dessen rechtliches und wirtschaftliches Umfeld einschließlich der internen Kontrollen erlangt (ISA 315.5-24), muss der Prüfer gleichzeitig die zuvor dargestellten Prüfungshandlungen durchführen, um die Risiken wesentlicher Falschdarstellungen, die auf fraud zurückzuführen sind, identifizieren und beurteilen zu können (ISA 240.16).

---

319 Vgl. *Hussla* (2002), S. 31.

320 Diese Hypothese adressiert die Feststellung einer bedeutsamen Abweichung von einer entwickelten Erwartung (die Quotienten entsprechen sich weitgehend); angesprochen sind die Schritte 1 bis 4 des Ablaufmodells des Urteilsbildungsprozesses bei analytischen Prüfungshandlungen in → II.3.2.3.3.

321 Als Beispiel ist zu nennen: (Zahl der Bestellungen verdächtiger Einkäufer < Genehmigungsgrenze / Zahl der gesamten Bestellungen verdächtiger Einkäufer) ≥ (Zahl aller Bestellungen < Genehmigungsgrenze / Zahl aller Bestellungen); vgl. z. B. *Melcher* (2009), S. 118.

322 Vgl. *Carpenter* (2007), S. 1129 ff.; *Trotman/Simnett/Khalifa* (2009), S. 1115 ff.

Identifikation und Beurteilung wesentlicher fraud-Risiken
(Schritte 2a.-2c.; ISA 240.25-27, 240.31; zur Einordnung siehe Abb. II.4-4)

Der Prüfer muss unter Heranziehung der zuvor erlangten Informationen und der entwickelten Risikofaktoren die Risiken wesentlicher falscher Angaben auf Grund von fraud identifizieren und beurteilen (ISA 240.25 i. V. m. ISA 315.25 ff.). Er hat dabei zwischen Risiken auf Jahresabschlussebene und solchen auf Abschlussaussagenebene zu unterscheiden:

Risiken auf Jahresabschlussebene sind fraud-Risiken, die einen potenziellen Einfluss auf den *Jahresabschluss als Ganzes* haben, sich jedoch einzelnen Abschlussaussagen nicht direkt zuordnen lassen. So kann z. B. der Druck des Managements zur Erreichung von in Kreditverträgen vereinbarten Kennzahlen (sog. financial covenants) ein fraud-Risiko darstellen. Da das Ziel der Erreichung einer bestimmten Kennzahl jedoch oft durch die Manipulation unterschiedlichster Abschlussposten realisiert werden kann, ist eine eindeutige Zuordnung dieses Risikos auf einzelne Abschlussaussagen regelmäßig nicht möglich.

Weitere Risiken lassen sich direkt mit *einzelnen Abschlussaussagen* verknüpfen. Hat der Prüfer etwa durch analytische Prüfungshandlungen einen ungewöhnlichen oder unerwarteten Rückgang der Materialaufwandsquote (Materialaufwand / Umsatzerlöse) festgestellt und vermutet er Manipulationen der Rechnungslegung als Grund für diesen Rückgang, so lässt sich das resultierende fraud-Risiko unmittelbar den postenspezifischen Abschlussaussagen zuordnen; z. B. »Vollständigkeit des Materialaufwands«.

Da wesentliche Falschdarstellungen häufig auf Manipulationen bei der *Umsatzrealisierung* beruhen,[323] muss der Prüfer auf Ebene der Abschlussaussagen grundsätzlich die Existenz eines diesbezüglichen Risikos wesentlicher Falschdarstellungen auf Grund von fraud annehmen (ISA 240.26). Diese widerlegbare Vermutung (rebuttable presumption) hat der Prüfer zu beurteilen. Sollte er zu dem Ergebnis gelangen, dass die Annahme nicht berechtigt ist, sind die Gründe, die ihn zu dieser Schlussfolgerung veranlasst haben, angemessen zu dokumentieren (ISA 240.47).

Sämtliche identifizierte fraud-Risiken auf Jahresabschluss- und auf Aussagenebene sind vom Prüfer in Bezug auf das wahrscheinliche Ausmaß einer hieraus resultierenden Falschdarstellung zu beurteilen. Gelangt er auf Grund dieser Beurteilung zu dem Ergebnis, dass das fraud-Risiko das *Risiko einer wesentlichen Falschdarstellung* im Jahresabschluss begründet, so handelt es sich stets um ein *bedeutsames Risiko* (significant risk). In Bezug auf diese Risiken muss der Prüfer ein Verständnis von den dazugehörigen Kontrollen sowie den relevanten Kontrollaktivitäten erlangen (ISA 240.27). Hat das Management z. B. aus Kostengründen bewusst auf die Einrichtung von Kontrollen verzichtet, die sich auf bekannte fraud-Risiken beziehen, so ist diese Tatsache gem. ISA 240.A31 als fraud-Risikofaktor im Rahmen der Beurteilung der fraud-Risiken zu berücksichtigen.

---

323 Vgl. empirisch z. B. *Beasley et al.* (2010), S. 17 ff. Der Studie lagen 347 von der SEC in den Jahren 1998 bis 2007 veröffentlichte sog. Accounting and Auditing Enforcement Releases hinsichtlich vermuteter fraud-Fälle zugrunde. In 61 % der betrachteten Fälle wurden fiktive Umsatzerlöse gezeigt oder vorsätzlich eine falsche Periodenabgrenzung vorgenommen. Zu Beispielen für derartige Manipulationen vgl. *Unkelbach* (2006), S. 196 ff.

Ein IKS eignet sich in besonderem Maße zur Aufdeckung unabsichtlicher Fehler. Im Falle beabsichtigter Falschangaben besteht jedoch grundsätzlich die Gefahr, dass das Management sich über bestehende Kontrollen hinwegsetzt (*management override of controls*). Obwohl das Ausmaß dieses Risikos von Unternehmen zu Unternehmen variiert, ist es in allen Unternehmen vorhanden und deshalb *zwingend als bedeutsames Risiko anzusehen* (ISA 240.31). Weiterhin erscheint es angezeigt, die Risikobeurteilungen getrennt für absichtliche und unabsichtliche Unregelmäßigkeiten (Art der Unregelmäßigkeit) vorzunehmen.[324] Dies spricht dafür, die Beurteilungen der inhärenten und der Kontrollrisiken im Risikomodell (→ II.1.2.1) gleichfalls differenziert nach der Art der Unregelmäßigkeit vorzunehmen.

Die nachfolgende Abb. II.4-5 verdeutlicht den Identifikations- und Beurteilungsprozess wesentlicher falscher Angaben auf Grund von fraud.

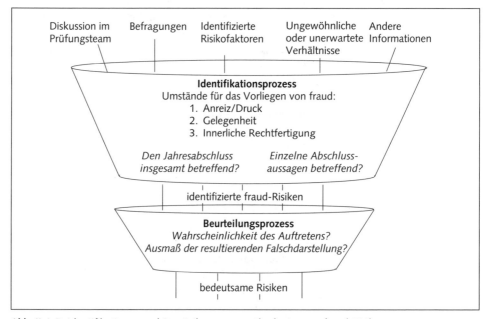

Abb. II.4-5: Identifikations- und Beurteilungsprozess bedeutsamer fraud-Risiken

Reaktionen auf die beurteilten Risiken
(Schritte 3a.-3c.; ISA 240.28-29, 240.32-33; zur Einordnung siehe Abb. II.4-4)
Auf bedeutsame fraud-Risiken muss der Prüfer mit geeigneten Prüfungshandlungen reagieren (ISA 240.28 ff.).[325] Die Reaktionen lassen sich in Abhängigkeit von den beurteilten Risiken entlang der zuvor dargestellten Beurteilungsebenen wie folgt systematisieren:

---

324 Vgl. auch ISA 315.A4. Empirische Belege stützen diese Vermutung; vgl. *Zimbelman* (1997), S. 78 ff., sowie *Ruhnke* (2000), S. 400 f.
325 Auch empirisch lässt sich zeigen, dass identifizierte fraud-Risiken Anpassungen im Prüfungsprogramm nach sich ziehen; vgl. *Mock/Turner* (2005), S. 59 ff.

- Zur Festlegung der *allgemeinen Reaktionen bei bedeutsamen Risiken auf Abschlusse-bene* (ISA 240.28 f.) muss der Prüfer die Mitglieder des Prüfungsteams mit bedeuten-der Verantwortung in geeigneter Form entsprechend ihrem Wissen, ihrer Erfahrung und ihren Fähigkeiten einsetzen und überwachen. Der Einsatz muss im Einklang mit den vorgenommenen Risikobeurteilungen stehen. Erhöhten fraud-Risiken kann dabei auch durch den Einsatz von Spezialisten (z. B. Unterschlagungs- oder IT-Spe-zialisten) Rechnung getragen werden. Der Prüfer muss weiterhin beurteilen, ob die vom Unternehmen angewandten Rechnungslegungsmethoden (accounting policies) in Bereichen, die hohen Ermessensspielräumen unterliegen, Hinweise auf Manipula-tionen der Rechnungslegung zur Beeinflussung des Ergebnisses geben. Zudem sollte die Auswahl von Art, Zeitpunkt und Umfang der Prüfungshandlungen ein Überra-schungselement (element of unpredictability) beinhalten.

- Als *Reaktion auf bedeutsame Risiken auf Aussagenebene* hat der Prüfer Art, Um-fang und Zeitpunkt der aussagebezogenen Prüfungshandlungen so zu gestalten, dass diese eine sachgerechte Antwort auf die identifizierten fraud-Risiken darstellen (ISA 240.30). Tab. II.4-1 gibt Beispiele für aussagebezogene fraud-Risiken und mög-liche Reaktionen des Abschlussprüfers. Auch kann die Notwendigkeit bestehen, die Prüfungshandlungen am oder in zeitlicher Nähe zum Abschlussstichtag durchzufüh-ren.

Aussagebezogenes fraud-Risiko	mögliche Prüfungshandlungen
Ausweis fiktiver Umsatzerlöse	Abgleich der bilanzierten Werte mit den diesen zugrund-liegenden Vertragsunterlagen, Einholung von Debitoren-saldenbestätigungen, Einholung von Informationen über bedeutsame Kunden
Manipulierte Umsatzrealisierung (cut-off)	Einsichtnahme von Speditionsbelegen für stichtagsnahe Transaktionen, Einholung von Kundenbestätigungen be-züglich des Datums des Gefahrenübergangs, Durchsicht der Umsatzkonten auf wesentliche Stornierungen nach dem Stichtag
Bilanzierung von nicht vorhandenem Anlagevermögen	unangekündigte stichprobenartige Inaugenscheinnahme wesentlicher Anlagegüter, Einsichtnahme von Originaldo-kumenten und Vertragsunterlagen
unsachgemäße Aktivierung von Instandsetzungsaufwendungen	stichprobenartige Durchsicht der Eingangsrechnungen auf nicht aktivierungsfähige Leistungsbestandteile, Inau-genscheinnahme der betreffenden Anlagegüter
Zahlungen an fiktive Arbeitnehmer	Abgleich der Lohnsteuerkarten mit den Lohnkonten, Überprüfung der Bankverbindungen der Lohnempfänger auf Doubletten
unvollständige Erfassung von Lieferantenrechnungen	Durchsicht des Rechnungseingangsbuches nach dem Stichtag hinsichtlich dem Betrachtungszeitraum zuorden-barer Sachverhalte, Einholung von Kreditorensaldenbe-stätigungen

Tab. II.4-1: Fraud-Risiken auf Aussagenebene und mögliche Prüfungshandlungen[326]

---

326 Vgl. hierzu sowie zu weiteren Beispielen ISA 240.Appendix 2 sowie *Häfele/Schmeisky* (2009), S. 238 ff.

- Zusätzlich zu den allgemeinen Reaktionen bei Risiken auf Abschlussebene und zu den Reaktionen auf Risiken auf Aussagenebene muss der Prüfer *auf das Risiko reagieren, dass sich die Unternehmensleitung über die internen Kontrollen hinwegsetzt.* Dazu muss der Prüfer unabhängig von seiner Einschätzung dieses Risikos zumindest die nachstehend genannten Prüfungshandlungen tätigen. Gleichzeitig muss er beurteilen, ob diese Prüfungshandlungen eine angemessene Reaktion auf das Risiko darstellen oder ob ggf. zusätzliche Prüfungshandlungen vorzunehmen sind (ISA 240.33).
  - Zu prüfen ist, ob die direkt im Hauptbuch erfassten Buchungen (journal entries) und andere Anpassungen, die während der Aufstellung des Abschlusses durchgeführt wurden, zutreffend sind (ISA 240.32a).
  - Weiterhin sind geschätzte Werte in der Rechnungslegung hinsichtlich zielgerichteter und einseitiger Einflussnahme durch das Management durchzusehen und zu beurteilen (ISA 240.32b; → II.3.4.3). Dies gilt insbesondere für solche Werte, deren Bestimmung mit einer erheblichen Ermessensausübung einhergeht (z. B. modellbasierte fair values, deren Ermittlung ein DCF-Verfahren zugrunde liegt).
  - Bedeutsame Geschäftsvorfälle, die außerhalb des normalen Geschäftsbetriebes liegen oder die dem Prüfer auf Basis des von ihm entwickelten Verständnisses vom Unternehmen und dessen Umfeld als außergewöhnlich erscheinen, sind dahingehend zu beurteilen, ob diese ggf. mit der Absicht der Fälschung der Rechnungslegung oder zur Unterschlagung von Vermögenswerten vorgenommen wurden (vgl. ISA 240.32c).

Beispiele (Teil 2)

Werden durch analytische Prüfungen entsprechende Hinweise auf die mögliche Existenz von fraud erlangt, muss der Prüfer diesen unerwarteten Abweichungen durch gezielte Einzelfallprüfungen nachgehen. Bezogen auf das Beispiel (Teil 1) der FTC wäre anhand weiterer Dokumente wie den bestehenden Verträgen mit den Piloten, den Gehaltsabrechnungen und den Flugaufzeichnungen zu prüfen, ob sich der bestehende Verdacht erhärten lässt. Ergeben sich auch auf dieser Basis keine Anhaltspunkte für Unregelmäßigkeiten, ist zu prüfen, ob die Gründe für die höhere Produktivität der FTC (im Vergleich zu anderen Unternehmen der Branche) nachvollziehbar und plausibel erscheinen. Ist dies der Fall, dürfte der Prüfer eine angemessene Prüfungssicherheit erlangt haben. Anderenfalls sind die nachstehend beschriebenen Berichterstattungs- und Kommunikationserfordernisse zu beachten; ggf. ist die Einholung eines rechtlichen Rates erforderlich.

**Gesamtwürdigung der erlangten Prüfungsnachweise
(Schritt 4., ISA 240.34-37; zur Einordnung siehe Abb. II.4-4)**

Auf Grundlage der erlangten Prüfungsnachweise muss der Prüfer würdigen, ob die Beurteilung der fraud-Risiken auf der Aussagenebene nach wie vor angemessen ist (ISA 240.A49 i. V. m. ISA 330). Hat er im Verlauf der Prüfung Informationen erlangt, welche auf erhöhte oder bisher nicht erkannte fraud-Risiken hinweisen,[327] so muss er

---

327 Vgl. ISA 240.Appendix 3, welcher Beispiele für sich im Verlauf der Prüfung ergebende Umstände gibt,

auf diese neuen Risiken ggf. mit der Durchführung von zusätzlichen oder anderen Prüfungshandlungen reagieren. Auch muss er im Verlauf der Prüfung aufgedeckte falsche Angaben dahingehend beurteilen, ob sie Hinweise auf die Existenz von fraud geben. Liegen derartige Anzeichen vor, hat der Prüfer auch den Einfluss seiner Feststellungen oder Vermutungen auf andere Gebiete der Abschlussprüfung zu berücksichtigen und ggf. bereits getroffene Feststellungen zu revidieren: Beispielsweise ist die Prüfungssicherheit in Bezug auf bereits getroffene Prüfungsaussagen zu reduzieren, sofern diese in hohem Maße auf Erklärungen der Unternehmensleitung basiert und Indizien für eine Involvierung der Leitung in Unregelmäßigkeiten sprechen (ISA 240.35 f.).

4.1.3.3 Berichterstattungs- und Kommunikationserfordernisse

Bei aufgedeckten oder vermuteten Unregelmäßigkeiten muss der Prüfer beurteilen, welche Ebene der Unternehmensleitung zu informieren ist (ISA 240.40-42). Dritte dürfen wegen des Grundsatzes der *Verschwiegenheit* meist nicht informiert werden (§ 43 Abs. 1 WPO, § 323 Abs. 1 Satz 1 und Abs. 3 HGB, § 203 StGB, ISA 240.A65).[328] Zudem hat der Prüfer erkannte Risikofaktoren, die auf fraud hindeuten, und deren Auswirkungen auf seine Prüfungsstrategie in den Arbeitspapieren zu dokumentieren; diese und weitere *Dokumentationspflichten* regelt ISA 240.44-47.

Im *Prüfungsbericht* hat der Prüfer positiv über »bei Durchführung der Prüfung festgestellte (...) Verstöße (...) zu berichten« (§ 321 Abs. 1 Satz 3 HGB).[329] Zu berichten ist danach auch über sonstige Gesetzesverstöße, die nicht zu falschen Angaben in der Rechnungslegung geführt haben. Liegen Prüfungsnachweise für einen möglichen Verstoß vor, ist auch dieser berichtspflichtig (IDW PS 210.64). Bei *besonderer Eilbedürftigkeit* ist die Unternehmensleitung unverzüglich zu informieren (siehe auch Tz. 60 f.); in diesem Fall kommt (unbeschadet der Pflicht zur Berichterstattung im Prüfungsbericht) ggf. auch ein vorgezogener Sonderbericht in Betracht. Hat der Prüfer den begründeten Verdacht für Verstöße unter Mitwirkung der gesetzlichen Vertreter, ist gem. Tz. 62 das Aufsichtsorgan zu informieren.

Wenn Unrichtigkeiten oder Verstöße zu wesentlichen, nicht korrigierten falschen Angaben führen oder vom Prüfer nicht hinreichend aufgeklärt werden konnten, ist der *Bestätigungsvermerk* einzuschränken oder zu versagen (ISA 705.6 ff.). Eine Kündigung des *Prüfungsauftrags* aus wichtigem Grund (§ 318 Abs. 6 HGB) kommt insbesondere bei wesentlichen betrügerischen Handlungen in Frage (ISA 240.38).

---

die auf das Vorliegen von fraud hinweisen können.

328 Ausnahmen von der Verschwiegenheitspflicht bilden z. B. die Verdachtsanzeige bei Geldwäsche gem. § 11 Abs. 1 GwG oder die Einsichts- und Auskunftsrechte des Konzernabschlussprüfers gegenüber dem Abschlussprüfer der Mutter- oder Tochterunternehmen gem. § 320 Abs. 3 Satz 2 HGB; vgl. hierzu *IDW* (2006), A 348 ff.

329 Die internationalen Normen sehen formal kein dem Prüfungsbericht deutscher Prägung entsprechendes Berichtsinstrument vor. Einschlägig ist deshalb IDW PS 450, welcher die gesetzlichen Anforderungen hinsichtlich Form und Inhalt des Prüfungsberichts konkretisiert.

4.2 Going concern-Annahme

4.2.1 Ebene der Rechnungslegung

Die Annahme der Unternehmensfortführung (*going concern-Annahme*) ist ein zentrales Grundprinzip der Rechnungslegung, welches sich in ähnlicher Form sowohl in den deutschen als auch in den internationalen Rechnungslegungsnormen findet.[330]

Den *deutschen Normen* zufolge ist so lange von der Fortsetzung der Unternehmenstätigkeit auszugehen, als dem nicht tatsächliche oder rechtliche Gegebenheiten entgegenstehen (§ 252 Abs. 1 Nr. 2 HGB):

- Der going concern-Prämisse entgegenstehende *tatsächliche Gegebenheiten* sind vorrangig wirtschaftliche Schwierigkeiten, wie z. B. eine Verschärfung der Konkurrenzsituation, die zur ernsthaften Gefährdung des Unternehmens führt. Jedoch ist es nicht möglich, wirtschaftliche Tatbestände zu benennen, die zwingend eine Unternehmensfortführung ausschließen. Ersatzweise lassen sich Sachverhalte benennen, die eine Fortführung gefährden können. Hierzu zählen z. B. das Unvermögen, existenznotwendige Investitionen durchzuführen sowie der Fortfall wesentlicher Kreditgeber, Zulieferer oder Kunden.

- Als der Fortführung der Unternehmensführung entgegenstehende *rechtliche Gegebenheiten* kommen z. B. die Eröffnung des Insolvenzverfahrens oder Satzungsvorschriften, welche die Auflösung der Gesellschaft zur Folge haben, in Betracht. Zu den Insolvenzgründen zählen die Zahlungsunfähigkeit[331], die drohende Zahlungsunfähigkeit sowie die Überschuldung (§§ 16 ff. InsO).

Der modifizierte Überschuldungsbegriff nach dem FMStG

Der Tatbestand der Überschuldung wurde im Zuge der Finanzkrise mit dem 2008 eingeführten Finanzmarktstabilisierungsgesetz (FMStG) temporär neu geregelt. So liegt gem. § 19 Abs. 2 InsO nach Artikel 5 FMStG Überschuldung dann vor, »wenn das Vermögen des Schuldners die bestehenden Verbindlichkeiten nicht mehr deckt, es sei denn, die Fortführung des Unternehmens ist nach den Umständen überwiegend wahrscheinlich.« Mit der durch das FMStG vollzogenen Änderung wollte der Gesetzgeber vermeiden, dass Unternehmen gezwungen sind, in die Insolvenz zu gehen, obwohl gute Aussichten bestehen, die Finanzkrise zu überstehen. Demnach schließt nach der neuen Fassung eine positive Fortführungsprognose die Überschuldung (und damit auch die Erstellung eines Überschuldungsstatus[332]) aus. Ab dem 1.1.2014 gilt gem. Artikel 7 Abs. 2 FMStG i. V. m. Artikel 6 Abs. 3 FMStG wieder der alte

---

330 Vgl. hierzu allgemein z. B. *Adam/Quick* (2010).

331 Die Zahlungsunfähigkeit ist in der Praxis der bedeutendste Grund für die Eröffnung eines Insolvenzverfahrens; vgl. hierzu *Schmerbach* (2011), §17 InsO, Rn. 1. Eine von der Zahlungsunfähigkeit abzugrenzende bloße Zahlungsstockung ist anzunehmen, wenn eine innerhalb von drei Wochen nicht zu beseitigende Liquiditätslücke des Schuldners 10 % seiner Gesamtverbindlichkeiten nicht überschreitet; vgl. *BGH* (2005), S. 1923 ff. und IDW PS 800.8.

332 Ein Überschuldungsstatus ist eine Bilanz außerhalb der laufenden Buchführung, die erstellt wird, um auf Grundlage einer stichtagsbezogenen Gegenüberstellung des Vermögens und der Schulden eine Überschuldung festzustellen. Vgl. hierzu FAR 1/1996, Abschnitt 4.

Überschuldungsbegriff, wonach eine solche vorliegt, »wenn das Vermögen des Schuldners die bestehenden Verbindlichkeiten nicht mehr deckt«. In diesem Fall ist ein Überschuldungsstatus zu erstellen und in diesem Status sind bei positiver Fortführungsprognose Fortführungswerte und bei negativer Fortführungsprognose Liquidationswerte heranzuziehen.[333]

Nur wenn die going-concern Annahme gegeben ist, sind bei der Aufstellung des Jahresabschlusses die *handelsrechtlichen Bewertungsgrundsätze* anzuwenden. Die gesetzlichen Vertreter des Unternehmens müssen bei Aufstellung des Abschlusses eine Einschätzung vornehmen, inwieweit das Unternehmen fähig ist, den Geschäftsbetrieb fortzuführen (IDW PS 270.9 ff.). Entscheidend für die Beurteilung der Unternehmensfortführung sind grundsätzlich die Verhältnisse am Bilanzstichtag.

- Gleichwohl sind Ereignisse zu berücksichtigen, die nach dem Abschlussstichtag eintreten, sofern diese bessere Erkenntnisse über die Verhältnisse zum Abschlussstichtag liefern; in diesem Zusammenhang könnte man auch von going concern-aufhellenden Ereignissen sprechen. Gem. IDW PS 270.48 sind hierbei neben *going concern-aufhellenden Ereignissen* auch *wertbegründende Ereignisse* zu berücksichtigen.[334]
- *Stichtag für die Berücksichtigung von Ereignissen*, die nach dem Abschlussstichtag eingetreten sind, ist nach Auffassung des IDW der Zeitpunkt der Erteilung des Bestätigungsvermerks (IDW PS 203.2).[335]
- Als *Bezugsperiode für die Beurteilung* der Unternehmensfortführung nennt das IDW einen Zeitraum, der ausgehend vom Bilanzstichtag mindestens das gesamte folgende Geschäftsjahr umfasst. Zudem dürfen bis zum Ende der Abschlussaufstellung keine Anhaltspunkte dafür vorliegen, dass die Annahme der Unternehmensfortführung zu einem nach diesem Zeitraum liegenden Zeitpunkt nicht mehr gegeben ist (IDW PS 270.8).

Den *internationalen Normen* zufolge bildet der going concern-Grundsatz eine Fundamentalprämisse der Rechnungslegung (IASB Conceptual Framework.4.1 sowie die Vorgängernorm IASB Framework.23). Nach IAS 1.23 ist der Abschluss solange auf Grundlage der Annahme der Unternehmensfortführung zu erstellen, bis eine Einstellung des Unternehmens beabsichtigt oder unausweichlich ist. Dabei obliegt es dem Management des zu prüfenden Unternehmens, bei der Aufstellung des Abschlusses eine Einschätzung über die Fähigkeit des Unternehmens, den Geschäftsbetrieb fortzuführen, vorzunehmen (so auch ISA 570.4).[336]

---

333 Vgl. ausführlich *Lauscher* (2009), S. 887 ff.
334 Anders IDW PS 203.9, wonach wertbegründende Ereignisse grundsätzlich nicht zu berücksichtigen sind. Auch in der Literatur findet sich hierzu keine eindeutige Meinung: So sind nach *Winkeljohann/Büssow* (2010), § 252 HGB, Anm. 12, nur going concern-aufhellende Ereignisse zu berücksichtigen. *Adler/Düring/Schmaltz* (1995), § 252 HGB, Tz. 26, vertreten hingegen die Auffassung, dass eine sich nach dem Bilanzstichtag abzeichnende Einstellung der Unternehmenstätigkeit auf den Jahresabschluss zurückzubeziehen ist, um andernfalls ggf. noch mögliche Gewinnausschüttungen oder Entnahmen unmöglich zu machen oder zu begrenzen. Vgl. hierzu ausführlich *König* (2007), S. 61 ff.
335 Zur Berücksichtigung von Ereignissen nach der Erteilung des Bestätigungsvermerks vgl. IDW PS 203.18 ff.
336 Vgl. *Ruhnke* (2008), S. 223 f.

- Nach IAS 10 sind Ereignisse, die nach dem Abschlussstichtag eintreten, bei der Beurteilung der going concern-Annahme zu berücksichtigen. IAS 10.14 fordert ausdrücklich, dass ein Unternehmen den Abschluss nicht auf Grundlage der Annahme der Unternehmensfortführung aufstellen darf, wenn das Management nach dem Abschlussstichtag beabsichtigt, die Gesellschaft aufzulösen, die Geschäftsführung einzustellen oder hierzu keine realistische Alternative hat. IAS 10.14 unterscheidet somit *nicht* zwischen *going concern-aufhellenden und -begründenden Ereignissen*; insofern besteht Übereinstimmung mit IDW PS 270.48.

- *Stichtag für die Berücksichtigung von Ereignissen*, die im Rahmen der going concern-Beurteilung heranzuziehen sind, ist der Zeitpunkt, an dem der Abschluss zur Veröffentlichung freigegeben (authorised for issue) wird (IAS 10.14 ff. i. V. m. IAS 10.3). Unter Verweis auf die Entscheidungsrelevanz dieses Zeitpunktes besteht nach IAS 10.17 f. eine diesbezügliche Angabepflicht in den notes.

- Als *Bezugsperiode für die Beurteilung* der Unternehmensfortführung hält IAS 1.24 einen Zeitraum von mindestens zwölf Monaten (foreseeable future) für angemessen, den das Management bei seinen Beurteilungen hinsichtlich der Unternehmensfortführung zu berücksichtigen hat.

Ist von einer Fortführung der Unternehmenstätigkeit auszugehen, so gelangen die deutschen oder internationalen Rechnungslegungsvorschriften zur Anwendung (*Regelfall*). Kann indes von einer Unternehmensfortführung nicht mehr ausgegangen werden, ist veräußerungs- bzw. liquidationsorientiert vorzugehen (IDW ERS HFA 17.4 und 17.6 ff.).[337] So sind z. B. Vermögensposten generell mit den erwarteten Nettoveräußerungserlösen anzusetzen; ggf. sind Rückstellungen für Sozialplanverpflichtungen zu bilden. Die Beurteilung der going concern-Prämisse und das rechtzeitige Erkennen des Zeitpunktes, zu dem sich die Frage der Fortführung des Unternehmens stellt und die Regelvermutung ggf. entfällt, gehören zu den schwierigsten Problemfeldern der Rechnungslegung überhaupt, da die Beantwortung dieser Fragen unauflöslich mit der Beurteilung künftiger Ereignisse und damit der Problematik von Prognosen verknüpft ist.[338]

Die Beurteilung der Unternehmensfortführung ist auch im Zusammenhang mit der Erstellung des Lageberichtes (§§ 289, 315 HGB) bedeutsam (vgl. DRS 15.83; zur Erstellung und Prüfung von Lageberichten → II.8.6). Zu beachten ist, dass bestimmte deutsche IFRS-Bilanzierer gem. § 315a Abs. 1 HGB gleichfalls einen Lagebericht erstellen müssen, welcher den handelsrechtlichen Anforderungen genügt (→ II.9.3.1.1).

---

337 Wird das Unternehmen aufgelöst, ist eine Liquidationsbilanz zu erstellen; vgl. hierzu § 154 HGB. Auch international ist von einer liquidationsorientierten Vorgehensweise auszugehen, vgl. hierzu *Ruhnke* (2008), S. 224.

338 Vgl. hierzu auch *Winkeljohann/Büssow* (2010), § 252 HGB, Anm. 13; *Zwirner* (2010), S. 763 ff. Zur Problematik von going concern-Prognosen vgl. *Groß* (2004), S. 1369 ff.; *ders.* (2010), S. 123 ff.

4.2.2 Ebene der Prüfung

4.2.2.1 Prüfungshandlungen zur Identifikation bestandsgefährdender Risiken sowie Einschätzung der gesetzlichen Vertreter

Sowohl die deutschen als auch die internationalen Prüfungsnormen verpflichten zu einer Prüfung der going concern-Annahme.[339] IDW PS 270 und ISA 570 geben diese Pflicht explizit vor und enthalten spezifische Regelungen zur *Prüfungsplanung und -durchführung*. Die Pflicht zur Prüfung ergibt sich auch über die Verpflichtung des Prüfers, die Übereinstimmung des Jahresabschlusses mit den angewandten Rechnungslegungsnormen (§ 252 Abs. 1 Nr. 2 HGB sowie IASB Conceptual Framework.4.1 und IAS 1.23 f.) zu prüfen. Als weitere beachtenswerte deutsche Normen sind IDW PS 800 und FAR 1/1996, Abschnitt 3 zu nennen, welche die Prüfung der Zahlungsunfähigkeit, der drohenden Zahlungsunfähigkeit und der Überschuldung (als Gegebenheiten, die der going concern-Annahme entgegenstehen können) behandeln.

Aus dem Blickwinkel des *risikoorientierten Prüfungsansatzes* (→ II.3.3) betrifft die Prüfung der going concern-Annahme das inhärente Risiko. Dabei erhöht eine Gefährdung der Unternehmensfortführung das inhärente Risiko.[340] Ceteris paribus muss der Prüfer insbesondere über Einzelfallprüfungen zusätzliche Prüfungsnachweise erlangen, um das Prüfungsrisiko auf ein vertretbares Niveau zu reduzieren bzw. eine vorgegebene Prüfungssicherheit zu erreichen. Auf die going concern-Annahme bezogene Risiken gehören zu den Risiken auf Abschlussebene.

Bei der Planung und der Durchführung von Prüfungshandlungen sowie bei der Würdigung der Prüfungsergebnisse ist zu beurteilen, ob Ereignisse oder Sachverhalte wesentliche Unsicherheiten beinhalten, die einen Zweifel an der going concern-Annahme erwecken könnten (ISA 570.6, IDW PS 270.13).[341] Der Prüfer muss eine diesbezügliche unternehmensbezogene Risikobeurteilung vornehmen (ISA 570.10 ff., IDW PS 270.18).

Im Folgenden werden Beispiele für Ereignisse und Bedingungen (IDW PS 270.11 verwendet den Begriff »Umstände«) aufgeführt, die erhebliche Zweifel an der Fortführungsfähigkeit des Unternehmens aufwerfen (ISA 570.A2 i. V. m. ISA 570.10 sowie IDW PS 270.11, 270.16 und IDW PS 350.16 f. unter Bezugnahme auf den Lagebericht).

- *Finanzwirtschaftliche Umstände* (z. B. Verschuldungsgrad, Nettoabfluss liquider Mittel, Rücknahme von Kreditlinien, erhebliche Betriebsverluste, ungünstige Finanzkennzahlen und die Unfähigkeit, Kredite ohne Sicherheitenstellung von außen zu beschaffen),
- *betriebliche Umstände* (z. B. Ausscheiden wichtiger Führungskräfte ohne entsprechenden Ersatz, Engpässe bei der Beschaffung wichtiger Vorräte, Verlust eines größeren Marktes sowie von Franchise-Verträgen und von Hauptlieferanten) und

---

339 Zu der US-amerikanischen Regelung siehe SAS 59 (AU § 341 und § 9341).

340 Eine Bestandsgefährdung betrifft das Geschäftsrisiko des Mandanten, d. h. die Gefahr, dass dieser seine Ziele nicht erreicht; zum geschäftsrisikoorientierten Prüfungsansatz → II.3.3.1.

341 Damit ist die Beurteilung der going concern-Annahme eine den gesamten Prüfungsprozess begleitende, durchgängig revidierbare Beurteilung; vgl. auch *Scherff/Willeke* (2003), S. 875.

- *sonstige Umstände* (z. B. Verstöße gegen Eigenkapitalvorschriften oder andere gesetzliche Regelungen, anhängige Rechtsstreitigkeiten, die zu nicht erfüllbaren Ansprüchen gegen das Unternehmen führen, oder für das Unternehmen nachteilige Änderungen in der Gesetzgebung).

Die genannten Umstände erheben weder den Anspruch auf Vollständigkeit, noch bedeutet das Vorliegen einer oder mehrerer Faktoren, dass eine wesentliche Unsicherheit hinsichtlich der Unternehmensfortführung besteht. Andere Umstände können die Bedeutung der genannten Faktoren wiederum abschwächen; z. B. kann der Verlust eines Hauptlieferanten durch die Verfügbarkeit einer geeigneten anderen Lieferquelle abgeschwächt werden (ISA 570.A2, IDW PS 270.28).

Die in der Literatur diskutierten Krisenursachen decken sich mit den o. g. Umständen und gehen teilweise darüber hinaus.[342] Dabei liegt das Kernproblem darin, die teilweise heterogenen Ausprägungen der untersuchten Umstände zu verarbeiten und hieraus eine konsistente Beurteilungslogik abzuleiten. Wird der *Ablauf einer Unternehmenskrise* näher betrachtet, so erscheint es wichtig, dass die Krise in nicht wenigen Fällen mit einem Marktproblem beginnt (Fehlinvestitionen oder keine Reaktion auf Markttrends) und daraus resultierende Anpassungsmaßnahmen (insbesondere auf der Kostenseite) nicht rechtzeitig ergriffen oder nicht konsequent genug durchgeführt werden (Anpassungskrise). Dagegen sind Abschlussgestaltungen und Finanzierungsprobleme zumeist nachgelagert.[343]

Darüber hinaus bedarf es einer *Beurteilung der Einschätzung der gesetzlichen Vertreter* (IDW PS 270.19 ff., ISA 570.12 ff.). Von einer Unternehmensfortführung kann hierbei grundsätzlich ausgegangen werden, wenn in der Vergangenheit nachhaltige Gewinne erwirtschaftet wurden, leicht auf finanzielle Mittel zurückgegriffen werden kann und keine bilanzielle Überschuldung droht (IDW PS 270.9). In diesen Fällen einer impliziten Fortführungsprognose bedarf es regelmäßig keiner weiteren Prüfungsnachweise. Voraussetzung ist allerdings, dass der Abschlussprüfer die o. g. Kritieren überprüft hat und keine weiteren bestandsgefährdenden Risiken oder Beschlüsse zur Beendigung der Unternehmenstätigkeit vorliegen.[344]

Die Finanzkrise hat die Bedeutung der Überprüfung der going-concern Annahme weiter verstärkt. So reagierten auch der IAASB und das IDW mit zusätzlichem Hinweisen auf die steigende Gefahr, dass aufgrund der Finanzkrise und den damit einhergehenden Unternehmensschieflagen Risiken in Bezug auf die going-concern Annahme nicht ordnungsgemäß abgebildet werden.[345]

---

342 Vgl. hierzu *Füser* (2001), S. 193 ff. m. w. N., sowie *Groß* (2004), S. 1357 ff. und 1433 ff.
343 Zu den Typologien von Unternehmenskrisen vgl. *Hauschildt/Grape/Schindler* (2006), S. 7 ff.
344 Vgl. *Lilienbecker/Link/Rabenhorst* (2009), S. 263.
345 Vgl. *IDW* (2009), S. 5 ff. und *IAASB* (2009).

4.2.2.2 Weitere Prüfungshandlungen bei Unsicherheiten in Bezug auf die Unternehmensfortführung

Stellt der Prüfer in der Planungsphase oder im Verlauf der Prüfung Umstände fest, die *Zweifel am weiteren Fortbestand des Unternehmens* aufkommen lassen, so bedarf es weiterer auf die Prüfung der Angemessenheit der going concern-Annahme ausgerichteter Prüfungshandlungen (ISA 570.9 i. V. m. ISA 570.16 ff. sowie IDW PS 270.18 und 270.26 ff.).

- Der Prüfer muss die Zukunftspläne der Unternehmensleitung durchsehen. So sind ggf. bestehende Sanierungspläne[346] mit dem Management zu erörtern und auf ihre Durchführbarkeit sowie ihre Eignung zur Verbesserung der Unternehmenssituation zu beurteilen (ISA 570.16 und IAS 570.A16 ff. sowie IDW PS 270.28 und IDW PS 350.22-24 unter Bezugnahme auf den Lagebericht).

- Als Prüfungshandlungen, die in diesem Zusammenhang relevant sind, sind z. B. die Analyse von Cashflow-, Gewinn- und anderen Prognosen sowie deren Erörterung durch das Management zu nennen. Auch weil die Prognosen der gesetzlichen Vertreter meist optimistisch gefärbt sind, hat der Prüfer die Verlässlichkeit des Prognoseverfahrens des Unternehmens und die Plausibilität der den Prognosen zu Grunde liegenden Annahmen zu würdigen. Das verwendete Prognosemodell muss die erwarteten Veränderungen der Unternehmensumwelt sowie die geplanten Reaktionen des Unternehmens hierauf aufnehmen. Für diese Zwecke ist eine Auseinandersetzung z. B. mit Stärken und Schwächen des Unternehmens im Vergleich zu den relevanten Wettbewerbern sowie den Entwicklungen auf den Beschaffungs- und Absatzmärkten unabdingbar.[347]

Eine nationale Besonderheit besteht insoweit, als § 91 Abs. 2 AktG den Vorstand einer AG verpflichtet, geeignete Maßnahmen zu treffen, damit den Fortbestand der Gesellschaft gefährdende Entwicklungen früh erkannt werden. Die aus der Prüfung dieses Risikofrüherkennungssystems (→ II.3.2.2.5) resultierenden Prüfungsnachweise lassen sich wiederum für die Beurteilung der going concern-Annahme heranziehen (und umgekehrt).

Auch unter Beachtung der zuvor angesprochenen Prüfungsnormen verbleibt ein *erheblicher Ermessensspielraum beim Prüfer*, wenn es um die Beurteilung der going concern-Annahme geht. Ein für die going concern-Prüfung notwendiges Soll-Objekt als Beurteilungsmaßstab lässt sich auf Grund der Problematik, die künftige Entwicklung des Unternehmens zu prognostizieren, regelmäßig nicht zuverlässig bestimmen. Demnach mangelt es zumeist an einem Soll-Objekt, welches wiederum als Referenzpunkt für die Beurteilung der Einschätzungen des Managements hinsichtlich des Fortbestands des Unternehmens (Ist-Objekt) heranzuziehen ist. Ungeachtet der bestehenden Unsicherheiten

---

346 Zu den Anforderungen an die Erstellung von Sanierungskonzepten siehe IDW S 6. Vgl. auch *Groß* (2010), S. 125 ff. Zur Prüfung von Sanierungskonzepten siehe → III.3.3.2.4.

347 Die hiermit einhergehenden Schwierigkeiten sind ähnlich gelagert wie die Probleme, die es bei der Schätzung künftiger Cashflows oder Ertragsüberschüsse im Rahmen der Unternehmensbewertung zu bewältigen gilt; vgl. hierzu IDW S 1.76 ff.

muss sich der Abschlussprüfer auf das Gebiet der *Prognoseprüfung* begeben und versuchen, ein diesbezügliches Prüfungsurteil zu erlangen.[348]

Zu einer *Objektivierung der Urteilsfindung* im Zuge der Beurteilung der going-concern Annahme können hier die auch im Rahmen der Abschlussanalyse bedeutsamen Verfahren, wie z. B. die Diskriminanzanalyse, die neuronalen Netze sowie die logistische Regression, beitragen:[349]

- Die *Diskriminanzanalyse* zielt darauf ab, die Bestandsfestigkeit von Unternehmen anhand ausgewerteter Jahresabschlüsse (anderer Unternehmen) zu analysieren. Dabei handelt es sich um ein mathematisch-statistisches Verfahren zur Trennung einer Menge von Objekten (Unternehmen) und Zuordnung zu vorgegebenen (möglichst) überschneidungsfrei abgegrenzten Teilmengen (bestandsgefährdete und nicht bestandsgefährdete Unternehmen), deren Unterschiede mit Hilfe der beobachteten Merkmale (Kennzahlenwerte) erklärt werden sollen.

Das Vorgehen bei der multivariaten[350] Diskriminanzanalyse gestaltet sich stark vereinfacht wie folgt: Grundlage der Analyse ist eine Stichprobe von Jahresabschlüssen, welche Kennzahlenwerte für bestandsgefährdete und nicht bestandsgefährdete Unternehmen beinhaltet. Gesucht wird nach den Kennzahlen ($K_1 \ldots K_m$), welche am besten geeignet sind, die beiden zuvor genannten Teilmengen voneinander zu trennen. Die einzelnen Kennzahlen werden hinsichtlich ihrer Bedeutung gewichtet und zu einem Diskriminanzwert D verdichtet. Werden für die Gewichtung die Variablen $g_1 \ldots g_m$ und für das absolute Glied die Variable a_0 eingeführt, so ist die lineare multivariate Diskriminanzfunktion allgemein wie folgt definiert:

$$D = a_0 + g_1 \times K_1 + g_2 \times K_2 + \ldots + g_m \times K_m.$$

Die Variablengewichte sind so zu wählen, dass eine möglichst gute Trennung von bestandsgefährdeten und nicht bestandsgefährdeten Unternehmen erfolgt. Diese ist dann gegeben, wenn die Distanz zwischen den Kennzahlenmittelwerten der beiden Unternehmensgruppen möglichst groß und die Streuung der Kennzahlenwerte innerhalb einer Gruppe möglichst klein wird. Für die bestmögliche Trennung ist ein kritischer Trennwert zu bestimmen. Dieser markiert die Trennlinie zwischen den bestandsgefährdeten und nicht bestandsgefährdeten Unternehmen. Dabei werden alle Unternehmen, deren D-Wert größer (kleiner) als der kritische Trennwert ist, als nicht bestandsgefährdet (bestandsgefährdet) bezeichnet. Allerdings ist die Abgrenzung in dem Bereich um den kritischen D-Wert nicht ganz überschneidungsfrei, d. h. ein Unternehmen mit einem D-Wert, der den kritischen Wert geringfügig über- oder unterschreitet, lässt sich nicht eindeutig als bestandsgefährdet oder nicht bestandsgefährdet einstufen (Grauzone).

---

348 Anhaltspunkte für die Prognoseprüfung finden sich in ISAE 3400 → III.3.3.2.1; siehe ferner *Groß/Amen* (2002a), S. 225 ff.; *Groß/Amen* (2002b), S. 433 ff. und *Groß* (2004), S. 1433 ff.

349 Zu den folgenden Ausführungen vgl. stellvertretend *Baetge/Baetge/Kruse* (2002), Sp. 1163 ff.; *Baetge/Kirsch/Thiele* (2004), S. 535 ff. Einen Überblick über die Verfahren sowie den aktuellen Stand der Forschung geben *Adam* (2007), S. 69 ff. und *Martens et al.* (2008), S. 766 ff.

350 Bei einer multivariaten Analyse werden mehrere Kennzahlen gleichzeitig zur Klassifikation herangezogen; verwendet man nur eine Kennzahl, handelt es sich um eine univariate Diskriminanzanalyse.

Beispiel

Bei nur zwei verwendeten Kennzahlen lässt sich die Trennlinie (hier: Trenngerade), die diese Kriterien erfüllt, in eine Grafik einzeichnen. Im Folgenden werden beispielhaft die Kennzahlen Fremdkapitalquote (FKQ) und Cashflow2-Return-on-Investment (CF2-ROI)[351] sowie die in der Vergangenheit festgestellten Kennzahlenausprägungen von zwölf gesunden und zwölf kranken Unternehmen herangezogen. Die in Abb. II.4-6 abgetragene Trenngerade trennt die bestandsgefährdeten Unternehmen (schwarze Quadrate) von den nicht bestandsgefährdeten Unternehmen (weiße Quadrate). Dabei werden von zwölf später tatsächlich kranken Unternehmen zwei fälschlicherweise als gesund klassifiziert (α-Fehler = 2/12). Von den zwölf tatsächlich gesunden Unternehmen werden gleichfalls noch zwei fälschlich als krank klassifiziert (β-Fehler = 2/12).

Für die Zwecke der Überprüfung der going concern-Annahme ermittelt der Prüfer auf Basis der mandantenspezifischen Kennzahlenwerte einen D-Wert (Ist-Objekt) und vergleicht diesen mit dem kritischen D-Wert (empirisch ermitteltes Soll-Objekt). Der aggregierte D-Wert trifft dann eine Aussage darüber, wie bestandsfest der Mandant ist. Von Vorteil ist, dass keine Aussage in dichotomer Weise (Bestandsgefährdung oder Nicht-Bestandsgefährdung) getroffen wird. Vielmehr misst der D-Wert den Abstand des Unternehmens von einem Zusammenbruch. Ähnliches gilt für die grafische Ermittlung; hier gilt z.B., dass die Bestandsgefährdung zunimmt, je weiter das Unternehmen oberhalb der Trenngeraden zu positionieren ist.

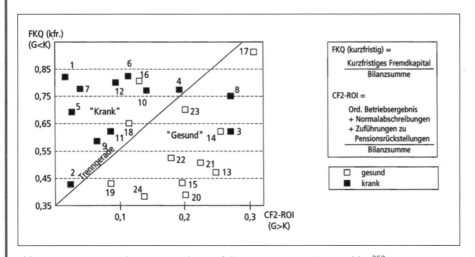

Abb. II.4-6: Lineare Diskriminanzanalyse auf der Basis von zwei Kennzahlen[352]

---

351 Die FKQ ist als kurzfristiges Fremdkapital / Bilanzsumme definiert und der CF2-ROI ist wie folgt definiert: (ordentliches Betriebsergebnis + Normalabschreibungen + Zuführungen zu den Pensionsrückstellungen) / Bilanzsumme.
352 Entnommen aus Baetge/Kirsch/Thiele (2004), S. 546.

- Neben der zuvor beispielhaft angesprochenen linearen Trennung[353] bietet es sich an, mit Hilfe einer Analyse auf Basis von künstlichen neuronalen Netzen[354] eine nicht lineare Trennung vorzunehmen. Die Klassifikationsleistung solcher neuronalen Netze ist recht beachtlich: Beispielsweise gelang es, auf der Basis ausgewählter Abschlusskennzahlen mit einer Wahrscheinlichkeit von 91,25 % insolvenzgefährdete Unternehmen bis zu drei Jahre vor der Insolvenz als solche korrekt zu klassifizieren. Überdies wurden 66,45 % der tatsächlich gesunden Unternehmen richtig klassifiziert. Der α-Fehler (Anteil der tatsächlich kranken Unternehmen, die als gesund eingestuft wurden) beträgt somit 8,75 %; der β-Fehler (Anteil der tatsächlich gesunden Unternehmen, die als krank eingestuft wurden) ist allerdings vergleichsweise hoch und beträgt 33,55 %.[355]
- Auch die logistische Regression ist ein Verfahren, mit dem die Trennfähigkeit beobachteter Variablen zwischen der Gruppe der bestandsgefährdeten und nicht bestandsgefährdeten Unternehmen bestimmt werden kann. Das auf dieser Basis entwickelte System Moody's RiskCalcTM Germany[356] führt ein empirisch fundiertes Rating in Bezug auf nicht börsennotierte mittelständische Unternehmen durch. Die Beurteilung, ob ein Kredit ausfällt oder nicht, wird anhand von sechs Kennzahlen vollzogen, die gewichtet in einen Gesamtscore eingehen. Dabei beeinflussen die Verschuldung (38 %) und die Rentabilität (25 %) die Unternehmensbeurteilung am stärksten. Das auf die Beurteilung von Kreditausfallrisiken ausgerichtete System dürfte sich auch für die Beurteilung der going concern-Annahme einsetzen lassen.

Demnach lässt sich über den Einsatz der zuvor genannten Verfahren ein empirisch gewonnenes (objektives) Soll-Objekt ermitteln, welches als Beurteilungsmaßstab für die vorzunehmende Beurteilung des Ist-Objektes (D-Wert auf Basis der Kennzahlenausprägungen des zu prüfenden Unternehmens) heranzuziehen ist. Nicht zuletzt unter Hinweis auf die hohe Prognosekraft neuronaler Netze und auf die aus der Objektivierung der prüferischen Entscheidungsfindung resultierenden Vorteile erscheinen diese Netze bestens geeignet, um den Prüfer bei der Beurteilung der going concern-Annahme zu unterstützen.

Mittlerweile liegen auch reichhaltige *empirische Studien zur prüferischen Urteilsfindung* vor, die theoretisch zumeist auf dem Informationsverarbeitungsansatz (→ I.3.2.2) basieren. Beispielsweise ließ sich neben einer Reihe von kognitiven Verzerrungen (z. B. Reihenfolgeeffekte oder Neuigkeitseffekte) bestätigen, dass Prüfer bei der Beurteilung der going concern-Annahme als Prüfungsnachweise Kennzahlen heranziehen, welche das Fremdkapital beinhalten (z. B. Cashflow / Fremdkapital), und dass negative Prüfungsnachweise (Hinweise, welche gegen die Existenz der going concern-Annahme sprechen) die Urteilsfindung zumeist in höherem Maße beeinflussen als positive Nachweise.[357]

---

353 Linear bedeutet, dass die Trenngerade linear verläuft; bei einer nicht linearen Analyse trennt eine nicht lineare Linie die bestandsgefährdeten und die nicht bestandsgefährdeten Unternehmen.
354 Zur Funktionsweise vgl. stellvertretend Baetge/Baetge/Kruse (2002), Sp. 1168 ff.
355 Zu den Einzelheiten vgl. Baetge/Kirsch/Thiele (2004), S. 552 ff.
356 Die Systementwicklung basierte auf mehr als 11.400 Jahresabschlüssen von über 4.000 Unternehmen.
357 Vgl. stellvertretend *Ruhnke* (2000), S. 416 ff.; *Adam* (2007), S. 156 ff. m. w. N.

4.2.2.3 Berichterstattungspflichten in Bezug auf die going-concern Annahme

Hinsichtlich der *Berichterstattungserfordernisse* in Bezug auf die going concern-Annahme lassen sich die nachstehend beschriebenen Situationen unterscheiden.[358] Diese differenzieren die Berichterstattungserfordernisse vor allem in Abhängigkeit davon, ob die going concern-Annahme als angemessen beurteilt wird und inwieweit eine wesentliche Unsicherheit besteht. Eine wesentliche Unsicherheit (material uncertainty) besteht, wenn der mögliche Einfluss einer Unsicherheit so erheblich ist, dass eine klare Offenlegung von Art und Auswirkung der Unsicherheit erforderlich ist, damit der aufgestellte Abschluss nicht irreführend ist (ISA 570.17; so auch IDW PS 270.35). Die nachstehend beschriebenen externen Berichterstattungserfordernisse fasst Abb. II.4-7 zusammen.

Going concern-Annahme wird als angemessen beurteilt und keine wesentliche Unsicherheit
Hat der Prüfer ausreichende Prüfungsnachweise erlangt, die einen erheblichen Zweifel an der Unternehmensfortführung ausschließen, ist der Bestätigungsvermerk nicht zu modifizieren (ISA 570.17 ff., IDW PS 270.32 ff.), d. h. uneingeschränkt und ohne Zusatz zu erteilen.

Going concern-Annahme wird als angemessen beurteilt und wesentliche Unsicherheit
Wird die going concern-Annahme als angemessen beurteilt und existieren gleichzeitig wesentliche Unsicherheiten, so ist festzustellen, ob eine angemessene Offenlegung (adequate disclosure) dieser Unsicherheiten im Abschluss vorgenommen wurde. Eine solche Offenlegung setzt eine angemessene Beschreibung der wesentlichen Ereignisse oder Bedingungen, die Anlass für den Zweifel an der Unternehmensfortführung gegeben haben, sowie die Abgabe einer klaren Aussage, dass eine wesentliche Unsicherheit besteht, voraus (ISA 570.18).
- Erfolgte eine *angemessene Offenlegung*, ist der Bestätigungsbericht nicht zu modifizieren, jedoch um einen gesonderten Abschnitt (emphasis of matter paragraph) zu ergänzen. Dieser muss die Existenz einer wesentlichen Unsicherheit hervorheben und auf die Angaben in den Erläuterungen zum Abschluss (notes) hinweisen, welche die für eine angemessene Offenlegung erforderlichen Angaben aufnehmen (ISA 570.19).
- Falls *keine angemessene Offenlegung* erfolgte, ist ein eingeschränktes (qualified opinion) oder ein negatives Prüfungsurteil (adverse opinion) abzugeben, je nach dem, was im Einzelfall angemessen ist. Der Bestätigungsbericht muss auf die bestehende wesentliche Unsicherheit hinweisen (ISA 570.20 mit Verweis auf ISA 705).

In den zuvor beschriebenen Situationen gelangt man unter Anwendung der deutschen Prüfungsnormen zu einem ähnlichen Ergebnis. Nach § 322 Abs. 2 Satz 3 HGB ist auf bestandsgefährdende Risiken gesondert einzugehen.

---

358 Weiterhin sprechen IDW PS 270.42 ff. und ISA 570.22 den Fall an, in dem die gesetzlichen Vertreter auf Anfrage des Prüfers nicht oder nur in unzureichendem Maße bereit sind, bestimmte Einschätzungen vorzunehmen.

- Dieses Vorgehen schränkt den Bestätigungsvermerk (gem. § 322 HGB) nicht ein, sofern ein gesonderter Abschnitt zum Bestätigungsvermerk klar auf die wesentliche Unsicherheit und auf die diesbezüglichen Darstellungen im Lagebericht verweist (IDW PS 400.77 und PS 270.36).

Beispiel

»Ohne diese Beurteilung einzuschränken, weisen wir auf die Ausführungen im Lagebericht hin. Dort ist im Abschnitt »Going Concern« sowie »Ausblick für 2010 und 2011« ausgeführt, das in 2010 und in 2011 jeweils ein negatives Ergebnis erwartet wird und zur Vermeidung einer möglichen insolvenzrechtlichen Überschuldung die Mehrheitsgesellschafterin in der Vergangenheit unbefristete qualifizierte Rangrücktrittserklärungen in Höhe von EUR 4,6 Mio. abgegeben hat. Wir weisen darauf hin, dass der Fortbestand der Gesellschaft von der fortwährenden finanziellen Unterstützung durch die Mehrheitsgesellschafterin abhängig ist und hierzu gehört, dass Darlehen nicht fällig gestellt und kurzfristig Liquidität durch die Stundung von Lieferantenverbindlichkeiten in 2010 und auch in 2011 tatsächlich zu Verfügung gestellt wird.«[359]

- Stellt der Lagebericht indes die Gefährdung des Fortbestands der Gesellschaft nicht angemessen dar, so sind die bestehenden Risiken und ihre möglichen Auswirkungen in dem gesonderten Abschnitt anzugeben und der Vermerk ist einzuschränken (IDW PS 400.78 und PS 270.37).

Beispiel

»Meine Prüfung hat mit Ausnahme der folgenden Einschränkung zu keinen Einwendungen geführt: Der Jahresabschluss wurde von dem Vorstand unter der Annahme der Fortführung der Unternehmenstätigkeit aufgestellt. Der Vorstand geht davon aus, dass die Sicherstellung der Zahlungsbereitschaft und die Beseitigung der bestehenden Überschuldung kurzfristig durch zusätzliche Finanzierungsmittel in Form von Eigen- und Fremdkapital gewährleistet werden kann. Ob dies gelingt und somit von der Fortführung der Unternehmenstätigkeit ausgegangen werden kann, kann nicht abschließend beurteilt werden. Für den Fall, dass die Annahme der Fortführung der Unternehmenstätigkeit unzutreffend ist, wären auf Grund der dann durchzuführenden Bewertung unter Liquidationsgesichtspunkten Abwertungen der in der Bilanz ausgewiesenen Vermögensgegenstände vorzunehmen. Bei einer gebotenen Bewertung unter Liquidationsgesichtspunkten wären Abschreibungen auf Forderungen gegen verbundene Unternehmen in Höhe von T€ 420, auf Rechnungsabgrenzungsposten in Höhe von T€ 180 und auf Finanzanlagen in Höhe von T€ 150 vorzunehmen sowie Rückstellungen für Abwicklungskosten zu bilden.«[360]

---

359 *Winter AG* (2010), S. 45.
360 *Travel24.com AG* (2005), S. 59.

Going concern-Annahme wird als nicht angemessen beurteilt

Wird die Unternehmensfortführungsannahme als nicht angemessen beurteilt, so ist ein negatives Prüfungsurteil zu erteilen, sofern der Jahresabschluss auf Basis der going concern-Annahme erstellt wurde (ISA 570.21). Den deutschen Prüfungsnormen zufolge ist in diesem Fall ein Versagungsvermerk zu erteilen (IDW PS 400.65 ff. und PS 270.41). Dies gilt auch dann, wenn der Lagebericht die bestandsgefährdenden Tatsachen zutreffend darstellt (IDW PS 270.41).[361] Gem. § 322 Abs. 5 HGB ist der Bestätigungsvermerk auch dann zu versagen, wenn der Abschlussprüfer nach Ausschöpfung aller angemessenen Möglichkeiten zur Klärung des Sachverhalts nicht in der Lage ist, ein Prüfungsurteil abzugeben (sog. Prüfungshemmnis → II.6.3.1.3).

Neben den zuvor angesprochenen externen Berichterstattungserfordernissen sehen die deutschen Normen auch eine intern ausgerichtete Berichterstattung im Prüfungsbericht vor (§ 321 Abs. 1 HGB i. V. m. IDW PS 270.32 f.).

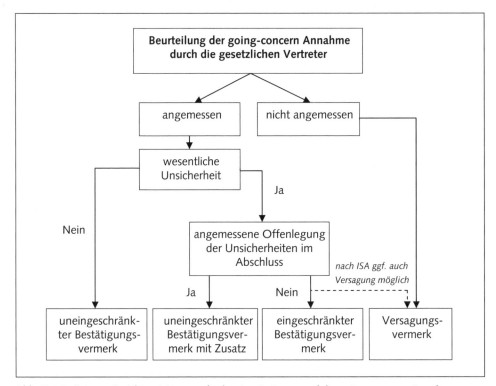

Abb. II.4-7: Externe Berichterstattungserfordernisse in Bezug auf die going-concern Annahme

---

361 Sofern die gesetzlichen Vertreter den Abschluss unter Abkehr der going concern-Annahme aufgestellt und entsprechend Bericht erstattet haben, kann ein uneingeschränkter Bestätigungsvermerk bzw. Bestätigungsbericht mit gesondertem Hinweis auf bestandsgefährdende Risiken und die Abkehr von der going-concern Annahme bei Erstellung des Abschlusses erteilt werden (ISA 570.A26 bzw. IDW PS 270.40).

Die Diskussion hinsichtlich der Berichterstattung über die Prüfung der going concern-Annahme ist eng verknüpft mit der Frage hinsichtlich der Existenz einer sich selbsterfüllenden Prophezeiung (*self-fulfilling prophecy*, SFP). Eine SFP liegt dann vor, wenn durch das Bekanntwerden der Voraussage das vorhergesagte Ereignis eintritt.

Lange Zeit stand die deutschsprachige Literatur einem gesonderten Abschnitt im Bestätigungsvermerk, der auf bestehende going concern-Probleme hinweist, ablehnend gegenüber. Dabei wurde argumentiert, dieser Hinweis rufe einen Vertrauensschwund in der Öffentlichkeit hervor, der wiederum eine negative Unternehmensentwicklung beschleunige (z.B. Kündigung von Krediten oder Vermeidung von wirtschaftlichen Beziehungen mit dem gefährdeten Unternehmen). Aus diesem Grunde wurde dem Abschlussprüfer empfohlen, diesen Hinweis nicht zu erteilen, da er ansonsten mit für den Unternehmenszusammenbruch verantwortlich wäre.

Die diesbezüglichen *empirischen Belege* sind nicht einheitlich. Insgesamt sprechen die vorhandenen Studien eher dafür, dass mit einem going concern-Vermerk testierte Krisenunternehmen nicht häufiger zusammenbrechen als vergleichbare Unternehmen mit einem zuvor uneingeschränkten und ohne Zusatz erteilten Vermerk.[362] Dies lässt sich dahingehend erklären, dass das Management und die Stakeholder bei einem solchen Vermerk verstärkt die Bereitschaft zeigen, aktiv gegen die Bestandsgefährdung anzugehen. Insofern ist zu vermuten, dass die nachteiligen Effekte dieses Hinweises (SFP) über das erhöhte Bewusstsein für die bedrohte Unternehmensfortführung sowie die Bereitschaft, die notwendigen Krisenbewältigungsmaßnahmen einzuleiten (*self-defeating prophecy*, SDP), zumindest kompensiert werden.[363] Demzufolge ist § 322 Abs. 2 Satz 3 HGB konsequent, wonach grundsätzlich über die den Fortbestand des Unternehmens gefährdenden Risiken zu berichten ist.

Darüber hinaus stellt sich die Frage nach dem *Nutzen* einer going concern-Berichterstattung aus Sicht der (potenziellen) Anteilseigner am Kapitalmarkt. Die Entscheidungsrelevanz eines Hinweises auf bestandsgefährdende Risiken lässt sich dann belegen, wenn die Marktteilnehmer auf einen solchen Hinweis reagieren und auf diese Weise ausgelöste Markttransaktionen zu abnormalen (marktbereinigten) Kursbewegungen führen. Die empirischen Ergebnisse (sog. Ereignisstudien) hierzu sind allerdings nicht einheitlich. Während z.B. *Kausar/Taffler/Tan*[364] feststellen, dass Unternehmen in den USA nach Erteilung eines going-concern Vermerks negative abnormale Renditen aufweisen, können *Herbohn/Ragunathan/Garsden* für australische Unternehmen keine Marktreaktionen belegen. Die zuletzt genannten Autoren sprechen einem solchen Hinweis dennoch Entscheidungsrelevanz zu, da sie negative abnormale Renditen vor Erteilung eines solchen Vermerkes feststellen und dieser somit eine unabhängige Bestätigung der Erwartungen der Marktteilnehmer darstellt.[365]

---

362 Vgl. z.B. *Citron/Taffler* (2001) und *Nogler* (2004); dagegen ausnahmsweise bestätigend *Pryor/Terza* (2002).
363 Vgl. ausführlich *Ruhnke* (2000), S. 137f., 411ff.; *Ruhnke* (2003), S. 262f. m.w.N.
364 Vgl. *Kausar/Taffler/Tan* (2009). I.d.S. auch *Menon/Williams* (2010).
365 Vgl *Herbohn/Ragunathan/Garsden* (2007), S. 491.

Kontrollfragen

1. Warum ist es sinnvoll, das Prüfungsrisiko für Unrichtigkeiten und Verstöße getrennt zu ermitteln?
2. Was ist unter der positiven Suchverantwortung des Prüfers im Rahmen der Prüfung von Jahresabschlüssen zu verstehen? Kennzeichnen Sie kurz das Vorgehen des Abschlussprüfers.
3. Welchen Beitrag liefert die fraud-Triangel im Zusammenhang mit der Abschlussprüfung? Gehen Sie in diesem Zusammenhang auch auf die theoretische Fundierung der fraud-Triangel ein.
4. Welche Prüfungshandlungen sind nach ISA 240 nötig, um zu überprüfen, ob Kontrollmaßnahmen durch die gesetzlichen Vertreter oder andere Führungskräfte außer Kraft gesetzt wurden?
5. Inwieweit sind bei der Beurteilung der going concern-Annahme aufhellende und begründende Ereignisse relevant? Gehen Sie sowohl auf die deutschen als auch auf die internationalen Rechnungslegungsnormen ein.
6. Sie sind mit der Prüfung der Industrie AG befasst. Anzuwenden sind die deutschen Rechnungslegungs- und Prüfungsnormen. Sie haben als amtierender Prüfer Zweifel, ob die Zahlungsfähigkeit der Industrie AG gegeben ist; dagegen behauptet die Geschäftsleitung, es läge lediglich eine Zahlungsstockung vor. Wie ist im Rahmen der Beurteilung der going concern-Annahme vorzugehen?
7. Welche Berichterstattungserfordernisse können sich für einen Abschlussprüfer im Zusammenhang mit der Beurteilung der going concern-Annahme ergeben?
8. Welchen Beitrag vermag die Diskriminanzanalyse im Rahmen der Beurteilung der going concern-Annahme zu leisten? Gehen Sie auch kurz auf die grundsätzliche Vorgehensweise bei der Durchführung einer Diskriminanzanalyse ein.

Zitierte und weiterführende Literatur

Adam, S. (2007): Das Going-Concern-Prinzip in der Jahresabschlussprüfung, Wiesbaden.

Adam, S./Quick, R. (2010): Das Going-Concern-Prinzip – Konzeption und praktische Implikationen, in: Betriebswirtschaftliche Forschung und Praxis, S. 243–258.

Adler, H./Düring, W./Schmaltz, K. (1995): Rechnungslegung und Prüfung der Unternehmen, neu bearbeitet von Forster, K.-H./Goerdeler, R./Lanfermann, J./Müller, H.-P./Siepe, G./Stolberg, K., Teilband 1, 6. Aufl., Stuttgart.

Association of Certified Fraud Examiners (2002): 2002 Report to the Nation: Occupational Fraud and Abuse, Austin.

Baetge, J./Baetge, K./Kruse, A. (2002): Insolvenzgefährdung, Früherkennung, in: Ballwieser, W./ Coenenberg, A.G./Wysocki, K.v. (Hrsg.): Handwörterbuch der Rechnungslegung und Prüfung, 3. Aufl., Stuttgart, Sp. 1163–1179.

Baetge, J./Kirsch, H.-J./Thiele, S. (2004): Bilanzanalyse, 2. Aufl., Düsseldorf.

Beasley, M.S./Carcello, J.V./Hermanson, D.R./Neal, T.L. (2010): Fraudulent Financial Reporting: 1998–2007 – An Analysis of U.S. Public Companies, o.O.

Berndt, T./Jeker, M. (2007): Fraud Detection im Rahmen der Abschlussprüfung, in: Betriebs-Berater, S. 2615–2621.

BGH (2005): Abgrenzung zwischen Zahlungsstockung und Zahlungsunfähigkeit, Urteil vom 24.5.2005 – IV ZR 123/04, in: Betriebs-Berater, S. 1923–1928.

Carpenter, T. (2007): Audit team brainstorming, fraud risk identification, and fraud risk assessment: Implications of SAS No. 99, in: The Accounting Review, S. 1119–1140.

Citron, D.B./Taffler, R.J. (2001): Ethical behaviour in the U.K. audit profession: the case of the self-fulfilling prophecy under going-concern uncertainties, in: Journal of Business Ethics, S. 353–363.

Cressey, D. (1973): Other People's Money – A Study in the Social Psychology of Embezzlement, Montclair.

Füser, K. (2001): Intelligentes Scoring und Rating, Wiesbaden.

Groß, P.J. (2004): Die Wahrung, Einschätzung und Beurteilung des »Going-Concern« in den Pflichten- und Verantwortungsrahmen von Unternehmensführung und Abschlussprüfung (Teil I und II), in: Die Wirtschaftsprüfung, S. 1357–1374 und 1433–1450.

Groß, P.J. (2010): Zur Beurteilung der handelsrechtlichen Fortführungsprognose durch den Abschlussprüfer, in: Die Wirtschaftsprüfung, S. 119–137.

Groß, P.J./Amen, M. (2002a): Die Fortbestehensprognose – Rechtliche Anforderungen und ihre betriebswirtschaftlichen Grundlagen, in: Die Wirtschaftsprüfung, S. 225–240.

Groß, P.J./Amen, M. (2002b): Die Erstellung der Fortbestehensprognose, in: Die Wirtschaftsprüfung, S. 433–450.

Häfele, M./Schmeisky, J. (2009): Dolose Handlungen in der Rechnungslegung, in: ZiR, S. 237–242.

Hall, J. (2005): Answer please: Fraud-based interviewing, in: The Journal of Accountancy, Heft August, S. 61–65.

Hauschildt, J./Grape, C./Schindler, M. (2006): Typologien von Unternehmenskrisen im Wandel, in: Die Betriebswirtschaft, S. 7–25.

Herbohn, K./Ragunathan, V./Garsden, R. (2007): The horse has bolted: revisiting the market reaction to going concern modifications of audit reports, in: Accounting and Finance, S. 473–493.

Hofmann, S. (2006): Nach dem Skandal ist vor dem Skandal, in: Finanz Betrieb Newsletter, Nr. 1, S. 2–6.

Hogan, C.E./Rezaee, Z./Riley, Jr., R.A./Velury, U.K. (2008): Financial statement fraud: Insights from the academic literature, in: Auditing: A Journal of Practice & Theory, S. 231–252.

Hoppe, T. (2009): Bilanzskandal erschüttert indische Wirtschaft, in: Handelsblatt vom 8.1.2009, S. 15.

Hussla, G. (2002): Auch Laien können Warnzeichen in Bilanzen erkennen, in: Handelsblatt vom 2.9.2002, S. 31.

IAASB (2009): Audit considerations in respect of going concern in the current economic Environment, New York, URL: http://web.ifac.org/download/IAASB_Staff_Audit_Practice_Alerts_2009_01.pdf (Stand: 1.4.2011).

IDW (2006): WP Handbuch 2006 – Wirtschaftsprüfung, Rechnungslegung, Beratung, Band I, 13. Aufl., Düsseldorf.

IDW (2009): Besondere Prüfungsfragen im Kontext der aktuellen Wirtschafts- und Finanzmarktkrise, o.O, URL: http://www.idw.de/idw/download/Download_Finanzmarktkrise.pdf?id=586860&property=Datei (Stand: 1.4.2011).

Kausar, A./Taffler, R.J./Tan, C. (2009): The going-concern market anomaly, in: Journal of Accounting Research, S. 213–239.

Knabe, S./Mika, S./Müller, K.-R./Rätsch, G./Schruff, W. (2004): Zur Beurteilung des Fraud-Risikos im Rahmen der Abschlussprüfung, in: Die Wirtschaftsprüfung, S. 1057–1068.

König, M. (2007): Rechnungslegung nach HGB und IFRS zwischen Unternehmensfortführung und Unternehmensbeendigung, Düsseldorf.

KPMG (2010): Wirtschaftskriminalität in Deutschland 2010, o.O., URL: http://www.kpmg.de/Publikationen/17319.htm (Stand: 1.4.2011).

Krommes, W. (2008): Handbuch der Jahresabschlussprüfung, 2. Auflage, Wiesbaden.

Lauscher, F. (2009): Die Reform des insolvenzrechtlichen Überschuldungstatbestandes, in: Jura – Juristische Ausbildung, S. 886–894.

Leukel, S. (2010): Möglichkeiten und Grenzen der Aufdeckung von »Non-Compliance« durch die Abschlussprüfung, in: Deutsches Steuerrecht, S. 2148–2153.

Lilienbecker, T./Link, R./Rabenhorst, D. (2009): Beurteilung der Going-Concern-Prämisse durch den Abschlussprüfer bei Unternehmen in der Krise, in: Betriebs-Berater, S. 262–266.

Loebbecke, J./Eining, M./Willingham, J. (1989): Auditors' experience with material irregularities: Frequency, nature and detectability, in: Auditing: A Journal of Practice & Theory, Heft Fall, S. 1–28.

Martens, D./Bruynseels, L./Baesens, B./Willekens, M./Vanthienen, J. (2008): Predicting going concern opinions with data mining, in: Decision Support Systems, S. 765–777.

Melcher, T. (2009): Aufdeckung wirtschaftskrimineller Handlungen durch den Abschlussprüfer, Köln.

Menon, K./Williams, D.D. (2010): Investor reaction to going concern audit reports, in: The Accounting Review, S. 2075–2105.

Mock, T.J./Turner, J.L. (2005): Auditor identification of fraud risk factors and their impact on audit programs, in: International Journal of Auditing, S. 59–77.

Nogler, G.E. (2004): Long-term effects of the going concern opinion, in: Managerial Auditing Journal, S. 681–688.

Odenthal, R. (2006): Prüfsoftware im Einsatz, Nürnberg.

Peemöller, V.H./Hofmann, S. (2005): Bilanzskandale – Delikte und Gegenmaßnahmen, Berlin.

Pryor, C./Terza, J.V. (2002): Are going-concern audit opinions a self-fulfilling prophecy?, in: Advances in Quantitative Analysis of Finance and Accounting, S. 89–116.

Pulliam, S./Solomon, D. (2002): Uncooking the books: How three unlikely sleuths discovered fraud at WorldCom, in: The Wall Street Journal vom 30.10.2002, S. A1.

PwC (2009): Wirtschaftskriminalität 2009 – Sicherheitslage in deutschen Großunternehmen, Frankfurt am Main/Halle.

Ruhnke, K. (2000): Normierung der Abschlußprüfung, Stuttgart.

Ruhnke, K. (2003): Nutzen von Abschlussprüfungen: Bezugsrahmen und Einordnung empirischer Studien, in: Zeitschrift für betriebswirtschaftliche Forschung, S. 250–280.

Ruhnke, K. (2007): Geschäftsrisikoorientierte Prüfung von IFRS-Abschlüssen – Prüfungsansatz, Konkretisierung am Beispiel geschätzter Werte sowie Beurteilung des Ansatzes, in: KoR – Zeitschrift für internationale und kapitalmarktorientierte Rechnungslegung, S. 155–166.

Ruhnke, K. (2008): Rechnungslegung nach IFRS und HGB, 2. Aufl., Stuttgart.

Ruhnke, K./Frey, F. (2011): Geschäftsrisikoorientierte Abschlussprüfung – Darstellung, Würdigung und Entwicklungstendenzen, in: Freidank, C.-C./Peemöller, V. (Hrsg.): Kompendium der Internen Revision, Internal Audit in Wissenschaft und Praxis, Berlin, S. 239–266.

Ruhnke, K./Michel, M. (2010): Geschäftsrisikoorientierte Aufdeckung von Fraud nach internationalen Prüfungsnormen, in: Betriebs-Berater, S. 3074–3079.

Ruhnke, K./Schmiele, C./Schwind, J. (2010): Die Erwartungslücke als permanentes Phänomen der Abschlussprüfung – Definitionsansatz, empirische Untersuchung und Schlussfolgerungen, in: zfbf, S. 394–421.

Ruhnke, K./Schwind, J. (2006): Aufdeckung von fraud im Rahmen der Jahresabschlussprüfung, in: Steuern und Bilanzen, S. 731–738.

Scherff, S./Willeke, C. (2003): Die Beurteilung der Fortführung der Unternehmenstätigkeit im Rahmen der Abschlussprüfung – der verabschiedete IDW PS 270, in: Steuern und Bilanzen, S. 872–879.

Schindler, J./Gärtner, M. (2004): Verantwortung des Abschlussprüfers zur Berücksichtigung von Verstößen (fraud) im Rahmen der Abschlussprüfung – Eine Einführung in ISA 240 (rev.) –, in: Die Wirtschaftsprüfung, S. 1233–1246.

Schmerbach, U. (2011): Kommentierung des § 17 InsO, in: Wimmer, K. (Hrsg.): FK-InsO: Frankfurter Kommentar zur Insolvenzordnung, 6. Aufl., Köln, S. 269–278.

Schruff, W. (2005): Neue Ansätze zur Aufdeckung von Gesetzesverstößen der Unternehmensorgane im Rahmen der Jahresabschlussprüfung, in: Die Wirtschaftsprüfung, S. 207–211.

Sell, K. (1999): Die Aufdeckung von Bilanzdelikten bei der Abschlußprüfung, Düsseldorf.

Stange, H. (1994): Konkurs / 2,5 Milliarden DM Schaden, Bei Balsam bleibt nur wenig für die Banken, in: Handelsblatt vom 6.10.1994, S. 1.

Terlinde, C. (2005): Aufdeckung von Bilanzmanipulationen in der deutschen Prüfungspraxis, Wiesbaden.

Travel24.com AG (2005): Geschäftsbericht 2004, München.

Trotman, K./Simnett, R./Khalifa, A. (2009): Impact of the type of audit team discussion on auditors´ generation of material fraud, in: Contemporary Accounting Research, S. 1115–1142.

Unkelbach, P. (2006): Umsatzrealisation und Bilanzmanipulation aus der SEC-Fundgrube, in: Praxis der internationalen Rechnungslegung, S. 196–202.

Weisbach, C./Sonne-Neubacher, P. (2008): Professionelle Gesprächsführung: ein praxisnahes Lese- und Übungsbuch, 7. Aufl., München.

Winkeljohann, N./Büssow, T. (2010): Kommentierung des § 252 HGB, in: Ellrott, H./Förschle, G./

Kozikowski, M./Winkeljohann, N. (Hrsg.): Beck'scher Bilanz-Kommentar – Handels- und Steuerbilanz, 7. Aufl., München, S. 382–407.

Winter AG (2010): Geschäftsbericht 2009, Unterschleißheim/München.

Zimbelman, M.F (1997): The effects of SAS No. 82 on auditor's attention to fraud risk factors and audit planning decisions, in: Journal of Accounting Research, Supplement, S. 75–97.

Zwirner, C. (2010): Erstellung des handelsrechtlichen Jahresabschlusses ohne going concern-Prämisse, in: Steuern und Bilanzen, S. 763–768.

5 Erlangung von Prüfungsnachweisen beim IT-Einsatz

Die Erlangung von Prüfungsnachweisen bei Verwendung von Informationstechnologien (IT)[366] spricht zunächst den IT-Einsatz des zu prüfenden Unternehmens an (→ II.5.1). Dort eingesetzte IT führen zu einem Wandel im Prüfungsobjekt, der es wiederum erfordert, die Erlangung von Prüfungsnachweisen über IT-gestützte Prüfungstechniken durchzuführen oder zumindest zu unterstützen (→ II.5.2). Zudem lassen sich IT-gestützte Prüfungstechniken teilweise auch unabhängig vom Automatisierungsgrad der Buchführungstechnik des zu prüfenden Unternehmens einsetzen.

5.1 IT-Einsatz beim zu prüfenden Unternehmen

5.1.1 IT-gestützte Rechnungslegung

Unter einer *IT-gestützten Rechnungslegung* (veraltet oftmals auch EDV-Buchführung) versteht man eine Buchführungstechnik mit Hilfe von IT. Der Terminus »Buchführungstechnik« ist insofern weit zu fassen, als dieser alle Techniken umfasst, die den Mandanten bei der Abschlusserstellung unterstützen; hierzu zählen sowohl die Buchungen der laufenden Geschäftsvorfälle als auch die vorbereitenden (z. B. Bildung von Rückstellungen) und formalen (z. B. Abschluss des Kontos Kasse über das Schlussbilanzkonto) Abschlussbuchungen.

In den letzten Jahren hat die IT-gestützte Rechnungslegung die manuelle Buchführung als Buchführungstechnik nahezu vollständig abgelöst. Dieser Wandel ist u. a. auf eine erhöhte Nachfrage nach zusätzlichen Informationen seitens des Managements zurückzuführen. Die relevanten Daten für die Erstellung von Einzel- und Konzernabschlüssen sowie ggf. weitere Daten für die interne Unternehmenssteuerung müssen in immer kürzeren Abständen erstellt, angepasst und ausgewertet werden.[367] Zudem ist ein effizienter Umgang mit großen Datenmengen (Massendaten) ohne eine IT-gestützte Rechnungslegung nicht möglich.

Der Einsatz IT-gestützter Rechnungslegung führt aber keineswegs zur Änderung fundamentaler Prinzipien der Buchführung; es erfolgt lediglich eine elektronische Bearbeitung einzelner Arbeitsschritte. Im Folgenden werden die Begriffe Buchführungstechnik und Rechnungslegungstechnik sowie insbesondere IT-gestützte Buchführung und IT-gestützte Rechnungslegung synonym verwendet.

---

366 Unter IT wird die Gesamtheit der im Unternehmen eingesetzten Hard- und Software zusammengefasst; vgl. IDW RS FAIT 1.2.
367 Vgl. z. B. *Schultze* (2010), S. 26.

Wie jede computergestützte Informationsverarbeitung folgt auch die IT-gestützte Buchführung den Phasen der Dateneingabe, der Datenverarbeitung und -speicherung sowie der Datenausgabe:[368]

Dateneingabe

Die manuelle Dateneingabe transformiert den durch einen Beleg dokumentierten Geschäftsvorfall in einen maschinenlesbaren Buchungsfall. Die Dateneingabe ist zwingend mit einer *Eingabekontrolle* zu versehen, welche die eingegebenen Buchungssätze auf ihre sachliche Richtigkeit (Vermeidung unlogischer Eingaben, wie z. B. die Eingabe eines steuerpflichtigen Wareneinkaufs ohne Vorsteuer) und formelle Richtigkeit (z. B. Identität von Soll- und Habenbuchung sowie Vorhandensein der Kontonummern im Kontenplan) kontrolliert. Fehler werden direkt angezeigt oder als Fehlerprotokoll ausgegeben.

Zumeist existieren auch Dauerbuchungsfunktionen, die ständig wiederkehrende Buchungen *programmintern erstellen*. Als Beispiele für periodengerecht ausgelöste Buchungen sind die automatischen Buchungen der planmäßigen Abschreibungen, der Zins- und Tilgungszahlungen sowie der Gehaltszahlungen zu nennen. In ähnlicher Weise lassen sich programmintern ereignisbezogen Buchungen auslösen (z. B. automatisch Buchung von Zahlungseingängen aus dem Datenträgeraustausch mit Kreditinstituten und automatische Vorsteuerbuchung bei Lieferantenrechnungen).

Datenverarbeitung

Die Datenverarbeitung erfolgt automatisch, d. h. entsprechend den programmierten Instruktionen werden die eingegebenen Daten den Konten zugewiesen und dort fortgeschrieben. Die Speicherung der Daten erfüllt die Grundbuchfunktion (chronologische Erfassung der Geschäftsvorfälle) und die Übernahme der Daten auf Konten die Hauptbuchfunktion. Ein sofortiger Ausdruck der Daten ist nicht zwingend. Vielmehr genügt die Möglichkeit, die Daten jederzeit ausdrucken zu können (*Ausdruckbereitschaft*); eine solche Buchführung wird auch als *Speicherbuchführung* bezeichnet.

Datenausgabe

Die Datenausgabe umfasst neben der Möglichkeit, individuelle Abfragen der gespeicherten Daten zu formulieren, eine Vielzahl von Standardauswertungen. Hierzu zählen u. a. der Kontenausdruck, die Summen- und Saldenlisten, die Hauptabschlussübersicht sowie die Bilanz und die GuV.

Die Arbeitsschritte einer IT-gestützten Rechnungslegung verdeutlicht Abb. II.5-1.

---

[368] Vgl. ISA 315.A81 sowie zu den folgenden Ausführungen *Eisele* (2002), S. 522 ff. m. w. N.; *Ruhnke* (2008), S. 168 ff.

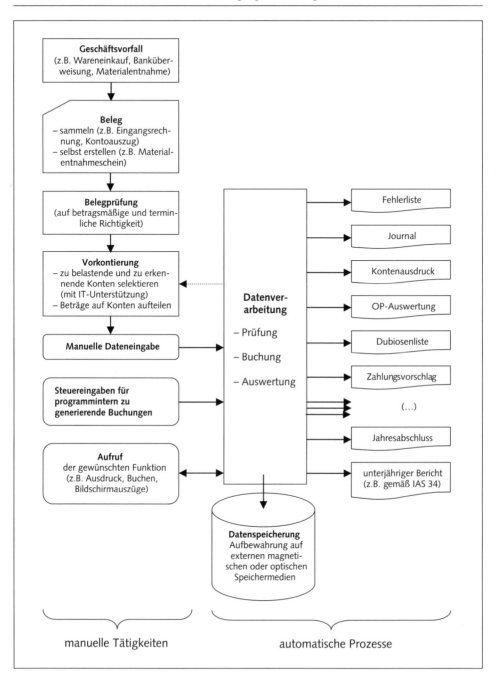

Abb. II.5-1: Arbeitsschritte einer IT-gestützten Rechnungslegung[369]

---

369 In Anlehnung an *Eisele* (2002), S. 526.

5.1.2 GoB im Rahmen des IT-Einsatzes

Die Rechnungslegungsnormen schreiben keine bestimmte Buchführungstechnik vor. Der Einsatz von IT im Rahmen der Rechnungslegung wird aber durch § 239 Abs. 4 HGB zugelassen. Die eingesetzte Technik muss den allgemeinen Anforderungen an eine doppelte Buchführung (insbesondere Buchung der Geschäftsvorfälle auf mindestens zwei Konten mit Soll- und Habenbuchung sowie die doppelte Ergebnisermittlung zum einen in der Bilanz und zum anderen in der GuV) genügen. Zu beachten sind die Grundsätze ordnungsmäßiger Buchführung (GoB) im Rahmen des IT-Einsatzes.

Diese spezifischen GoB sind wiederum Bestandteil eines umfassenderen *GoB-Systems*. Die GoB beziehen sich auf alle Bereiche der Rechnungslegung. Hierzu gehören:
- die Erfassung, Verarbeitung, Ausgabe und Aufbewahrung von Informationen über die laufenden Geschäftsvorfälle sowie die vorbereitenden und formalen Abschlussbuchungen (GoB i. e. S.),
- die Inventurdurchführung (GoI) sowie
- die auf die (materielle) Abschlusserstellung bezogenen GoB (GoA).[370]

Für die Einhaltung dieser Grundsätze zeichnet alleine der Buchführungspflichtige verantwortlich. Als Methoden zur Herleitung der GoB sind die Induktion, die Deduktion und die Hermeneutik zu nennen (→ I.6.3.3).

Die Verpflichtung zur Beachtung der GoB i. e. S. ergibt sich aus § 238 Abs. 1 Satz 1 HGB. Die GoB i. e. S. haben sich oftmals in der Literatur und Praxis herausgebildet, ohne explizit Eingang in eine Norm gefunden zu haben. Diese Grundsätze gelten grundsätzlich unabhängig davon, ob der Abschluss manuell oder IT-gestützt erstellt wird. Die GoB i. e. S. umfassen insbesondere die in §§ 238 f. und 257 HGB formulierten *allgemeinen Anforderungen* (z. B. Vollständigkeit, Richtigkeit und Nachvollziehbarkeit). Diese allgemeinen Anforderungen sind ggf. an die aus dem Einsatz manueller oder IT-gestützter Techniken resultierenden Besonderheiten anzupassen oder zu modifizieren (→ II.5.1.2.2).

5.1.2.1 Darstellung der allgemeinen Anforderungen

Die GoB i. e. S. bei IT-Einsatz (*GoB im Rahmen des IT-Einsatzes*) gelten unabhängig davon, ob die IT-gestützte Rechnungslegung als isoliertes System oder als Bestandteil eines funktionsübergreifenden Systems ausgestaltet ist. Dabei ist allgemein zu fordern, dass die Geschäftsvorfälle vollständig, richtig und zeitgerecht erfasst werden. Für einen sachverständigen Dritten müssen diese Geschäftsvorfälle sowie das angewandte Buchführungsvefahren in einem angemessenen Zeitraum nachvollziehbar sein.[371] Gleichzeitig muss auch bei IT-Einsatz die Beleg-, Journal- und Kontenfunktion erfüllt sein. Diese *Anforderungen* werden nachstehend im IT-Kontext näher beschrieben (vgl. auch IDW RS FAIT 1.18 ff.)[372]

---

370 Vgl. *Ruhnke* (1995), S. 121 ff.; *Förschle/Usinger* (2010), § 243 HGB, Anm. 1 ff. Die GoB i. e. S. werden oftmals auch als Dokumentationsgrundsätze bezeichnet; vgl. z. B. *Baetge/Kirsch/Thiele* (2009), S. 112 ff.

371 Vgl. IDW RS FAIT 1.31

372 Allerdings erlangt die angesprochene IDW-Norm nicht automatisch GoB-Charakter; → I.6.3.3. Zu der

Beleg-, Journal- und Kontenfunktion

Auch bei einer IT-gestützten Rechnungslegung gilt das Belegprinzip. Werden Dauerbuchungen durchgeführt, übernimmt das Verfahren, welches die Dauerbuchungen auslöst, die Funktion eines Dauerbelegs (*verfahrensmäßiger Nachweis*). Die Journalfunktion verlangt den Nachweis, dass alle buchungspflichtigen Geschäftsvorfälle zeitnah, vollständig und verständlich in chronologischer Reihenfolge aufgezeichnet werden. Die Kontenfunktion stellt sicher, dass im Journal in zeitlicher Reihenfolge aufgezeichnete Geschäftsvorfälle auch in sachlicher Ordnung auf den Konten abgebildet werden. Im Rahmen IT-gestützter Buchführung werden Journal- und Kontenfunktion meist gemeinsam wahrgenommen.

Ordnungsgemäße Verfahrensdokumentation

Auch im Rahmen IT-gestützter Rechnungslegung muss es entsprechend der *speziellen Generalnorm für die Buchführung* möglich sein, dass ein sachverständiger Dritter innerhalb angemessener Zeit die Entstehung und Abwicklung von Geschäftsvorfällen nachvollziehen kann.[373] Demzufolge muss das Rechnungslegungsverfahren vollständig dokumentiert sein. Diese *Verfahrensdokumentation* muss eine Anwendungsdokumentation, eine technische Systemdokumentation sowie eine Betriebsdokumentation beinhalten. Die Anwendungsdokumentation umfasst alle Informationen, die für eine sachgerechte Bedienung der IT-Anwendung erforderlich sind. Die technische Systemdokumentation beinhaltet z. B. Datenflusspläne, die eine Übersicht über alle Verfahren und deren Zusammenwirken untereinander vermitteln. Die Betriebsdokumentation dient der Darstellung einer ordnungsgemäßen Anwendung der IT-gestützten Rechnungslegung. Hier ist auch darauf einzugehen, wie das Unternehmen sicherstellt, dass das dokumentierte Programm dem tatsächlich eingesetzten Programm entspricht (Programmidentität). Programmänderungen sind zu protokollieren und das Freigabeverfahren für eine neue Programmversion (update/release) ist präzise zu beschreiben.

Einhaltung der Aufbewahrungsfristen

Die Aufbewahrungspflicht von zehn Jahren bezieht sich gem. § 257 Abs. 1 HGB nicht nur auf Journale, Konten, Belege und Abschlüsse, sondern darüber hinaus auch auf sämtliche Unterlagen, die zum Verständnis der Buchführung erforderlich sind. Demzufolge müssen im Rahmen des IT-Einsatzes bei Individualsoftware auch Anwenderdokumentation, Programm-Quellcode und technische Systemdokumentation, bei Standardsoftware zumindest die Programmbeschreibung aufbewahrt werden. Darüber hinaus muss gewährleistet sein, dass bei magnetischen Speichermedien (z. B. Magnetfestplatte) die *nachträgliche Veränderung* der Buchungsdaten *ausgeschlossen* ist.

---

nachstehenden Systematisierung vgl. *BMF* (1996), S. 1 ff. Siehe hierzu auch *Schuppenhauer* (2000), S. 128 ff.; *IDW* (2006), R 299 ff.; *Winkeljohann/Klein* (2010), § 239 HGB, Anm. 13 ff; sowie zu den IT-Aspekten bei einer Prüfung von Geschäftsprozessen → II.3.3.1 i. V. m. *IIR-Arbeitskreis »DV-Revision«* (2000), Abschnitt 410.

373 Vgl. § 238 Abs. 1 Satz 3 HGB; dieses Erfordernis gilt faktisch auch bei der Erstellung eines IFRS-Abschlusses, da sich ein solcher Abschluss ohne sachgerechte Buchführung nicht prüfen lässt.

Lesbarkeitsbereitschaft

Die Lesbarkeitsbereitschaft bezeichnet die Möglichkeit, jederzeit Lesbarkeit der im IT-System gespeicherten Daten herstellen zu können (§ 239 Abs. 4 HGB). Lesbarkeit bezieht sich regelmäßig auf die Möglichkeit, in angemessener Frist einen Ausdruck der gespeicherten Daten herstellen zu können.

Darüber hinaus existieren je nach Ausgestaltung des IT-gestützten Rechnungslegungssystems des Mandanten ergänzende Ordnungsmäßigkeitsanforderungen. Solche können z. B. aus der Auslagerung der IT-gestützten Buchführung (*IT-Outsourcing*; IDW RS FAIT 1.113 ff.), dem Einsatz *elektronischer Archivierungsverfahren* (IDW RS FAIT 3) oder dem Einsatz von Electronic-Commerce (*E-Commerce*; IDW FAIT 2 sowie zur Prüfung IAPS 1013) resultieren.[374] Beispielhaft wird der zuletzt genannte Ansatzpunkt nachstehend näher betrachtet.

5.1.2.2 Geschäftsfeldspezifische Anpassungserfordernisse der GoB am Beispiel von E-Commerce

E-Commerce »beinhaltet die Anbahnung und Abwicklung von Geschäftsvorfällen (...) zwischen Marktteilnehmern in elektronischer Form unter Verwendung verschiedener Informations- und Kommunikationstechnologien über öffentlich zugängliche Netze« (IDW RS FAIT 2.1).[375] Dabei lassen rechnungslegungsrelevante E-Commerce-Systeme »Daten über betriebliche Aktivitäten entweder direkt (...) in die IT-gestützte Rechnungslegung einfließen oder sie stellen diese Daten in elektronischer Form als Grundlagen für Buchungen im Rechnungslegungssystem zur Verfügung« (IDW RS FAIT 2.2). E-Commerce betreibt z. B. der Internethändler Amazon, indem er seine Waren im Internet vertreibt und der Kunde die Waren über das Netz (durch eine elektronische Kreditkartentransaktion) bezahlen kann.

Die zuvor formulierten GoB bei IT-gestützter Rechnungslegung sind auf Grund der spezifischen IT-Risiken bei Einsatz von E-Commerce-Systemen entsprechend zu *modifizieren* und/oder zu *ergänzen* (IDW RS FAIT 2.3). Spezifische IT-Risiken resultieren zum einen aus der Kommunikation über das Internet als öffentlich zugängliches Netzwerk (z. B. hinsichtlich des Verlustes der Datenintegrität) und zum anderen aus der Verarbeitung der Transaktionsdaten (z. B. keine oder unvollständige Datenerfassung bei Integritätsverletzungen).[376]

> **Beispiel**
>
> Die *Belegfunktion* gilt auch bei Einsatz von E-Commerce. Allerdings führen E-Commerce-Aktivitäten nur dann zu einer belegpflichtigen Buchung, wenn der Vorgang durch den Emp-

---

374 Zur Prüfung im Fall des Outsourcing und E-Commerce-Einsatzes siehe ferner *Schmidt* (2004), S. 250 ff., sowie ausführlich zu dem zuletzt genannten Bereich auch → III.3.3.1.4. sowie *Rittenberg/ Schwieger* (2005), S. 220 ff. und 232 ff.; *Cascarino* (2007), S. 357 ff.

375 Zu den unterschiedlichen Arten von E-Commerce-Aktivitäten vgl. IAPS 1013.14, IDW RS FAIT 2.7.

376 Vgl. IDW RS FAIT 2.18 ff. i. V. m. Anhang 1. Siehe auch IAPS 1013.19 ff.

fänger autorisiert ist (d. h. der Empfänger legt fest, wer zu welchen Vorgängen berechtigt ist), ein buchungspflichtiger Vorgang vorliegt und der Vorgang den Bilanzierenden erreicht (IDW RS FAIT 2.29 ff.). Werden auf Grundlage der übermittelten Transaktionsdaten automatisch Buchungen ausgelöst und kann ein Nachweis durch konventionelle Belege nicht erbracht werden, ist die Belegfunktion über den verfahrensmäßigen Nachweis des Zusammenhangs zwischen der jeweiligen E-Commerce-Transaktion und ihrer Buchung zu erfüllen (zu den diesbezüglichen Anforderungen vgl. IDW RS FAIT 1.35).

Ein Bestandteil von E-Commerce ist häufig der *Electronic Data Interchange* (EDI). Dabei handelt es sich um den elektronischen Geschäftsverkehr zwischen Handelspartnern auf der Basis von Standardformaten wie z. B. EDIFACT[377]. Mit Hilfe dieser Norm lassen sich Handelsbriefe und andere Dokumente weltweit austauschen, ohne Papierdokumente versenden zu müssen. Dabei dürfte es sich in weiten Teilen um buchungspflichtige Sachverhalte handeln (z. B. der Warenverkehr zwischen einem Automobilzulieferer und einem -produzenten). Eignete sich die traditionelle Form des EDI (auf Grund von Komplexität und Kostengründen zur Einrichtung und Pflege eines solchen EDI-Systems) meist nur für große Unternehmen, so gewinnt der elektronische Datenaustausch mit Hilfe der Metasprache für das Internet (XML[378]) auch für kleinere Unternehmen zunehmend an Bedeutung.[379]

Auch hier gelten die zuvor angesprochenen Anforderungen sinngemäß; demnach muss der Prüfer u. a. feststellen, ob das Übermittlungsverfahren sicher ist und ob der Mandant sein internes Kontrollsystem auf die besonderen Erfordernisse ausgerichtet hat (z. B. Überprüfung der empfangenen Daten auf Plausibilität und regelmäßige Abstimmung des Ergebnisses der Datenübermittlung zwischen den Geschäftspartnern). Da die anfallenden Daten Belegcharakter haben, sind diese mit ihrem vollständigen Inhalt zu speichern oder auszudrucken.[380]

5.1.3 IT-gestütztes Rechnungslegungssystem

Ein IT-gestütztes Rechnungslegungssystem bezieht sich auf die Bearbeitung rechnungslegungsrelevanter Geschäftsvorfälle unter Einsatz von IT. Somit erfolgt eine Ausrichtung der IT-gestützten Rechnungslegung auf die Verarbeitung rechnungslegungsrelevanter Daten auf das zu beachtende Rechnungslegungssystem. Bei der Implementierung eines IT-gestützten Rechnungslegungssystems sind die Anforderungen der GoB an eine ordnungsgemäße IT-gestütze Rechnungslegung für alle Elemente des IT-Systems sicherzustellen.[381] Der IT-Einsatz im Unternehmen erfolgt in Form eines IT-Systems. Die Elemente eines IT-Systems sind *rechnungslegungsrelevant*, wenn sie rechnungslegungs-

---

377 *Electronic Data Interchange For Administration, Commerce and Transport.*
378 *eXtensible Markup Language.*
379 Vgl. u. a. *Hunton/Bryant/Barganoff* (2004), S. 166 f.; *Fabian* (2004), S. 19 f. Zur Prüfung EDI-gestützter Anwendungssysteme vgl. *Wähner* (2002), S. 327 ff.
380 Zu den Aufbewahrungsfristen beim Einsatz von EDI siehe IDW RS FAIT 2.47 ff.
381 Vgl. IDW RS FAIT 1.76.

relevante Daten verarbeiten oder Daten als Grundlage für Rechnungslegungsprozesse bereitstellen.[382] Das *IT-gestützte Rechnungslegungssystem* setzt sich aus den Elementen IT-Infrastruktur, IT-Anwendungen sowie IT-Geschäftsprozesse zusammen (ISA 315.appendix 1.5, IDW RS FAIT 1.7 ff., IDW PS 330.8):

- Die *IT-Infrastruktur* umfasst die technischen Ressourcen (vor allem Hardware und Betriebssystemsoftware) und Verfahren, welche die Durchführung, Aufrechterhaltung und Sicherheit der Datenverarbeitung gewährleisten.
- Die *IT-Anwendungen* betreffen sowohl die von Dritten bezogene Standardsoftware als auch eigenerstellte Software.
- Die *IT-Geschäftsprozesse* umfassen alle Unternehmenstätigkeiten, zu deren Abwicklung IT eingesetzt wird.

Wichtig ist die Verknüpfung der drei Komponenten: So beeinflusst die IT-Infrastruktur die IT-Anwendungen, welche ihrerseits wiederum die IT-Geschäftsprozesse maßgeblich bedingen.[383] Die mit der konkreten Ausgestaltung des IT-Systems einhergehenden Risiken für wesentliche Fehler in der Rechnungslegung werden als *IT-Fehlerrisiken* bezeichnet (IDW PS 330.16).

IT-Fehlerrisiken

IT-Fehlerrisiken setzen sich aus inhärenten und Kontrollrisiken zusammen (ISA 315.21 i. V. m. ISA 315.A95, IDW PS 330.16; zur Einordnung in den risikoorientierten Prüfungsansatz → II.1.2.1). Bei der Beurteilung der inhärenten Risiken sind insbesondere die folgenden Risikoindikatoren zu beachten (ISA 315.appendix 1.4, 315.appendix 2, 315.A32, 315.A59 sowie u. a. IDW PS 330.18 ff.):

- Wesentliche Risiken resultieren aus der *Abhängigkeit* des Unternehmens vom IT-gestützten Rechnungslegungssystem. Im Rahmen des IT-Umfelds ist hier u. a. die starke Dominanz der IT-Abteilung, im Rahmen der IT-Geschäftsprozesse z. B. die erhöhte Fehleranfälligkeit auf Grund einer umfassenden Automatisierung komplexer Abläufe zu nennen. So ist die Funktionsfähigkeit des IT-Systems auf Grund der weitgehenden IT-gestützten Koordination von Prozessen meist eine zentrale Voraussetzung wirtschaftlichen Handelns.
- Darüber hinaus führen *Änderungen* im IT-gestützten Rechnungslegungssystem, welche durch neue Systeme und Technologien sowie Restrukturierungen bedingt sein können, zu erhöhten Risiken. Im Rahmen der IT-Organisation können solche Risiken aus einem unzureichenden Projektmanagement resultieren.[384]
- Der Risikoindikator *Know-how und Ressourcen* bezieht sich auf das spezifische Fachwissen der Mitarbeiter. Mögliche Überlastungen der Mitarbeiter oder eine fehlende Betreuung der Anwender können hier zu einem erhöhten Risiko beitragen.
- Wesentlich für die Risikobegrenzung ist die *geschäftliche Ausrichtung* der IT-gestützten Rechnungslegung auf die Geschäftsstrategie und Prozessanforderungen des Un-

---

382 Vgl. auch ISA 315.appendix 1.6, IDW RS FAIT 1.14.
383 Vgl. *Heese* (2003), S. 228.
384 Vgl. *Hunton/Bryant/Bagranoff* (2004), S. 70 ff. Ein Leitfaden zur Koordination von Änderungsprojekten des IT-Systems stellen *Taylor et al.* (2005), S. 1 ff., vor.

ternehmens. Risiken im Rahmen der Infrastruktur können in diesem Zusammenhang u. a. aus einer inhomogenen Plattform mit Insellösungen resultieren, so dass u. U. *Medienbrüche* im Rahmen von plattformübergreifenden Anwendungen im Unternehmen erforderlich werden.

Einrichtung eines IT-Kontrollsystems

Das Unternehmen hat auf seine spezifischen IT-Fehlerrisiken zu reagieren und ein internes *IT-Kontrollsystem* einzurichten, dass die Funktionstüchtigkeit der IT-gestützten Rechnungslegung zu gewährleisten hat.[385] Dieses Kontrollsystem ist Bestandteil des IKS (IDW PS 330.9, IDW RS FAIT 1.8 sowie → II.3.2.2) und umfasst Regelungen zur Steuerung des Einsatzes von IT (*internes Steuerungssystem*) sowie Regelungen zur Überwachung der Einhaltung dieser Regeln (*internes Überwachungssystem*). Insbesondere die folgenden Kriterien kennzeichnen ein funktionsfähiges IKS:

- Eindeutige Zuordnung der Zuständigkeiten und Verantwortlichkeiten für betriebliche Funktionen unter Berücksichtigung der Funktionstrennung zwischen technischem, verwaltendem und anwendendem Personal; ein mögliches Verfahren für eine angemessene Funktionstrennung ist die Erfassung von Art und Umfang der benötigten Berechtigung nach dem *Prinzip der minimalen Berechtigung*, d. h. es werden nur die diejenigen Rechte gewährt, die für die Erfüllung der jeweiligen Funktion unmittelbar benötigt werden,[386]
- Definition und Festlegung der Reihenfolge buchungsrelevanter Arbeitsabläufe und
- ausreichende manuelle und IT-gestützte Kontrollen. So sind z. B. im Rahmen der Buchung von Geschäftsvorfällen drei Arten von IT-gestützten Kontrollen zu unterscheiden: Vollständigkeitskontrollen (überprüfen, ob alle relevanten Eingabefelder wie Konto, Betrag und Gegenkonto ausgefüllt sind), Zulässigkeitskontrollen (vergleichen u. a., ob eine eingegebene Kontennummer mit dem Kontenplan übereinstimmt) sowie logische Kontrollen (stellen z. B. sicher, dass Soll- und Haben-Betrag übereinstimmen).[387]

Das IT-Kontrollsystem hängt von der Einstellung und dem Verhalten der im Unternehmen Tätigen (*IT-Umfeld*) sowie von der Verteilung der Verantwortlichkeiten und Kompetenzen im Zusammenhang mit dem Einsatz von IT (*IT-Organisation*) ab. Abb. II.5-2 verdeutlicht das zuvor skizzierte Wirkungsgeflecht.

Während kleinere Unternehmen IT-gestützte Rechnungslegungssysteme zumeist isoliert als PC-Lösung (*stand alone-System*) einsetzen, nutzen Unternehmen mit zunehmender Größe verstärkt *integrierte Systeme*, welche die Daten mehrerer betrieblicher Funktionsbereiche (z. B. internes und externes Rechnungswesen, Beschaffung, Produktion und Vertrieb) in einer einheitlichen Datenbank erfassen. Auf diese Weise lassen sich die einmal gespeicherten Daten redundanzfrei für mehrere Zwecke (z. B. interne Steuerung und externe Berichterstattung nach IFRS) nutzen. Die Ausgestaltung des IT-

---

385 Zur Einrichtung eines IKS im Rahmen des Risikomanagementsystems → II.3.2.2.5.1.
386 Vgl. dazu *Hagemeister/Kons* (2010), S. 343 ff.
387 Vgl. *Eisele* (2002), S. 532, sowie in Bezug auf die Anwendung in SAP R/3 *Kaluza et al.* (2003), S. 20; vgl. ferner *Cascarino* (2007), S. 63 f.

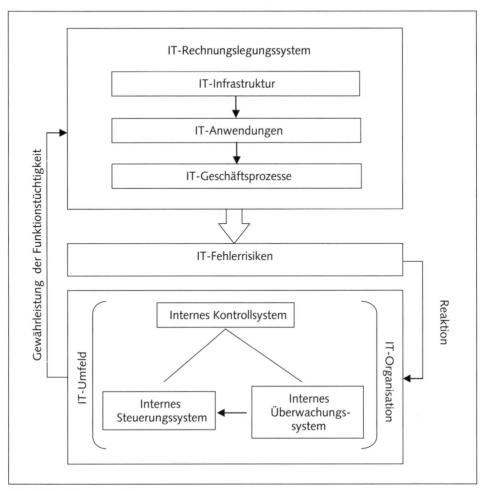

Abb. II.5-2: IT-System mit Rechnungslegungsbezug

Kontrollsystems hängt davon ab, ob ein stand alone-IT-System zu prüfen ist oder ob z. B. mehrere Anwender (clients) auf einen Datenbankserver zugreifen (integriertes System). So ist z. B. das SAP-System konsequent als Client-Server-System ausgelegt. Entsprechend der Gestaltung der IT-gestützten Rechnungslegung sind die internen Kontrollen des Mandanten in einem komplexen und integrierten System umfassender auszugestalten als in einem stand alone-IT-System.

Sicherheitskonzept und daraus ableitbare Sicherungsmaßnahmen
Eine wesentliche Aufgabe der IT-Infrastruktur als Element des IT-Rechnungslegungssystems ist die Sicherstellung der Integrität und Verfügbarkeit der IT im Unternehmen. Datensicherheit und Datenschutz sind demzufolge fundamentale Voraussetzungen eines jeden normenkonformen Rechnungslegungssystems. Vor dem Hintergrund der IT-

Strategie und der IT-Organisation hat das Unternehmen eine Bewertung der spezifischen Sicherheitsrisiken im sog. Sicherheitskonzept zusammenzufassen. Die daraus abzuleitenden Sicherungsmaßnahmen umfassen die physischen Sicherungsmaßnahmen, die logischen Zugriffskontrollen sowie die Datensicherungs- und Auslagerungsverfahren (ISA 315.appendix 1.9, IDW RS FAIT 1.82 ff. → II.5.2.2.2.2.1).

Besonders in den Fällen, in denen das IT-System des Mandanten in eine umfassendere Vernetzung eingebunden ist (diese reicht vom Zugang zum Internet am Arbeitsplatz bis hin zur Abwicklung von Geschäftsprozessen über das Internet; in dem zuletzt genannten Fall findet zunehmend der Begriff *cloud computing* Verwendung[388]), muss die IT-Infrastruktur z. B. über firewalls Schutz vor dem unberechtigten Eindringen Dritter (Hacker) sowie der Programm- und Datenzerstörung durch Crash-Programme (z. B. Computerviren) bieten.

Die IT-gestütze Rechnungslegung wird oftmals durch den Einsatz von Softwareprodukten der SAP AG unsützt. SAP steht für Systeme, Anwendungen und Produkte der Datenverarbeitung. SAP ist eine *integrierte Standardsoftware*, welche darauf ausgerichtet ist, alle betriebswirtschaftlichen Prozesse im Unternehmen abzudecken. Dabei steht die Integration aller Informationen, eine redundanzfreie Datenhaltung (d. h. die Daten werden nur einmal in einer Datenbank gespeichert, auf die alle Anwender zurückgreifen) und eine bessere Kommunikation im Vordergrund.

Das SAP-System[389] verarbeitet die Daten im Gegensatz zu der klassischen Stapelverarbeitung in Echtzeit. Das System ist grundsätzlich unabhängig von der eingesetzten Datenbank und dem eingesetzten Betriebssystem (z. B. UNIX, Windows, Linux). Zwar wird das SAP-System als eine Art Standardsoftware betrachtet, jedoch lässt sich das System leicht über Steuerungstabellen an die unternehmensindividuellen Verhältnisse anpassen (sog. *Customizing*); ein einfaches Beispiel hierfür sind die in einer Tabelle aufzunehmenden Variationen im Umsatzsteuerprozentsatz, die dann wiederum neben Programmänderungen einen Pflichtbestandteil der gem. § 257 HGB aufbewahrungspflichtigen Verfahrensdokumentation bildet.

Die wichtigsten SAP-Module im Bereich Rechnungswesen sind die Module FI (Finanzwesen) und CO (Controlling).[390] Das Modul FI umfasst neben dem Hauptbuch verschiedene Nebenbücher, wie z. B. die Debitorenbuchführung, die Kreditorenbuchführung und die Anlagebuchführung. Dabei führt jede Bewegung in einem Nebenbuch zur unmittelbaren Fortschreibung der zugeordneten Bilanzkonten des Hauptbuchs, d. h. Neben- und Hauptbuch sind stets auf dem gleichen Stand (sog. Mitbuchkontentechnik).[391] Ist beispielsweise ein Warenverkauf auf Ziel zu buchen, gestaltet sich die Soll-Buchung

---

388 Cloud computing beschreibt einen Pool hochskalierter IT-Ressourcen, die flexibel mit geringem Verwaltungsaufwand verbrauchsabhängig abgerufen werden. Der Begriff cloud bezieht sich hier auf das Internet und soll veranschaulichen, dass die Bereitstellung und der Abruf der Leistungen über das Internet erfolgt. In Anlehnung an *Basar* (2010), S. 414 m. w. N.; ferner *Heese* (2010).

389 Derzeit finden SAP Enterprise Resource Planing-Systeme (SAP ERP-Systeme) Anwendung; die zentrale Neuerung gegenüber der Vorgängerversion SAP R/3 besteht in einer Integration des SAP-Systems in webbasierte Anwendungen. Siehe hierzu *Hartke/Hohnhorst/Sattler* (2010), S. 1 ff.

390 Vgl. einführend zum SAP-Einsatz im Rechnungswesen *Holey/Welter/Wiedemann* (2007), S. 285 ff. Zur Konsolidierung unter Einsatz von SAP siehe *Kagermann/Küting/Wirth* (2008), S. 63 ff.

391 Vgl. *Kaluza et al.* (2003), S. 264 ff.

wie folgt: Gebucht wird der Debitor (Personenkonto im Nebenbuch) und parallel auch die Forderung aus Lieferungen und Leistungen (Hauptbuch).[392]

Wie für eine IT-gestützte Rechnungslegung üblich, lässt sich eine Vielzahl von vorbereitenden Abschlussbuchungen über in Tabellen hinterlegte Werte automatisch generieren (z.B. planmäßige Abschreibungen[393]). Auch die formalen Eröffnungs- und Abschlussbuchungen werden über die hinterlegten Steuerungsdaten automatisch generiert. Wichtigste Auswertung (report) des Hauptbuchs sind die Bilanz und die GuV. Des Weiteren kann der Anwender einmal hinterlegte Daten naturgemäß auch für Controlling-Zwecke nutzen: Werden z.B. Unternehmensteile als Profit Center definiert, lassen sich für interne Steuerungszwecke Kennzahlen definieren, die dann (ggf. konsolidiert) in Bezug auf die einzelnen Profit Center gebildet werden.

5.2   Einsatz IT-gestützter Prüfungstechniken

Die Prüfungstechniken müssen sich naturgemäß dem Prüfungsobjekt anpassen. Dabei ist die eingesetzte Prüfungstechnik insbesondere auf die beim Mandanten eingesetzte Buchführungstechnik auszurichten. Vollzieht sich ein Wandel im IT-Einsatz des Mandanten (z.B. von der manuellen zu einer IT-gestützten Rechnungslegung), muss der Prüfer hierauf durch veränderte Prüfungstechniken reagieren. IT-gestützte Prüfungstechniken werden meist in allen Phasen des Prüfungsprozesses zur Steigerung von Effizienz und Effektivität eingesetzt (→ II.5.2.2).[394] So stößt z.B. die Durchführung von analytischen Prüfungshandlungen bei großen Datensätzen ohne Einsatz von IT schnell an ihre Grenzen.

5.2.1   Begriffsabgrenzungen

Prüfungstechniken

Während sich die Buchführungstechnik auf die beim Mandanten eingesetzten Hilfsmittel bezieht, stellt der Begriff *Prüfungstechnik* auf die bei der Prüfung verwendeten Hilfsmittel ab. Dabei ist zwischen manuellen und IT-gestützten Prüfungstechniken zu unterscheiden. Der Begriff IT-gestützte Prüfungstechniken (Computer Assisted Audit Techniques, CAAT) ist weit auszulegen und umfasst alle computergestützten Hilfsmittel, die im Rahmen der Prüfungstätigkeit zur Anwendung kommen. Hinsichtlich der eingesetzten Programmiertechnik wird zwischen den vorwiegend eingesetzten konventionellen Programmen sowie weiteren Systemen unterschieden, die sich von den zuvor angesprochenen Programmen im Hinblick auf die verwandte Programmiertechnik und -philosophie deutlich unterscheiden.

---

392 Vgl. hierzu *Wobbermin* (2000), S. 54 ff. Zur Führung paralleler Hauptbüchern (*ledger*) nach unterschiedlichen Einzel- und Konzernabschlussnormen siehe *Ernst* (2006), S. 92 ff.
393 Vgl. *Hartke/Hohnhorst/Sattler* (2010), S. 229 ff.
394 Vgl. hierzu z.B. *Krüger/Schult/Vedder* (2010), S. 179.

- *Konventionelle* Programme durchlaufen einen vorprogrammierten Lösungspfad und leiten ein optimales Ergebnis her (deterministisches Vorgehen). Sofern im Folgenden kein expliziter Hinweis auf eine der nachstehenden Techniken erfolgt, handelt es sich um eine konventionell programmierte Software (Regelfall).
- Dagegen ist bei *Expertensystemen* der Problemlösungspfad nicht vorprogrammiert (nicht deterministisches Vorgehen). Dieser ergibt sich vielmehr im Zuge der Problemlösung durch die im Dialog mit dem Benutzer erlangten Informationen. Allerdings beschränkt sich der Einsatzbereich solcher Systeme auf eng abgegrenzte Wissensbereiche; zudem ist es das Ziel, nicht eine optimale, sondern zumindest eine zufriedenstellende Problemlösung herzuleiten.[395]
- Von den Expertensystemen zu unterscheiden sind sog. *künstliche neuronale Netze*. Diese Systeme sind in der Lage, Eingabesignale entsprechend ihrer Stärken zu einem trennscharfen Ausgabesignal zu verdichten; insofern handelt es sich aus Anwendersicht um ein deterministisches System. Dabei ist das neuronale Netz durch eingegebene Beispieldaten zu trainieren.[396]
- Als weitere Programmiertechnik zur Verarbeitung unscharfer Informationsbegriffe durch Nachahmung der menschlichen Form des Schlussfolgerns ist die auf der Theorie der unscharfen Mengen basierende *Fuzzy-Logic* zu nennen.[397]

Beispiele

Ein Beispiel für ein Expertensystem wäre die Unterstützung bei der Beurteilung der Werthaltigkeit einer Forderung des Mandanten gegenüber einem Debitor. Hier könnte ein wissensbasiertes System, ausgehend von einem Bestand an Vorinformationen (z. B. Ergebnisse der Systemprüfung und Zahlungsverhalten des Mandanten in der Vergangenheit), im Dialog mit dem Prüfer gezielt beurteilungsrelevante Informationen abfragen (z. B.: Ist der Debitor noch ein aktiver Kunde des Mandanten?) und anhand typischer Muster (Merkmalsmuster, welches einen Debitor kennzeichnet, der erfahrungsgemäß fristgerecht, verspätet oder gar nicht zahlt) Anregungen hinsichtlich der Notwendigkeit der Durchführung einer Einzelwertberichtigung geben.[398]

Dagegen zielen konventionelle Techniken zumeist darauf ab, den Zugriff des Prüfers zu den im IT-System des Mandanten gespeicherten Informationen überhaupt erst zu ermöglichen und/oder diese Daten in einer bestimmten (vorprogrammierten) Weise auszuwerten. Beispielsweise lassen sich über eine Prüfsprache jene Forderungspositionen abrufen, die mit einem Wert $\leqq 0$ ausgewiesen werden ($\rightarrow$ II.5.2.3.1).

---

395 Vgl. in Bezug auf die Prüfung *Ruhnke* (1992), S. 688 ff.; *Zaeh* (1998), S. 365 ff.; *Langel* (1999), S. 29 ff.; *Ruhnke* (2000), S. 396 und 404 f.; *Nutz* (2005), S. 31 ff. m. w. N.
396 Vgl. in Bezug auf die Prüfung *Calderon/Cheh* (2002), S. 203 ff.; *Koskivaara* (2004), S. 191 ff.; *Nutz* (2005), S. 84 ff., sowie in Bezug auf die Abschlussanalyse *Baetge/Kirsch/Thiele* (2004), S. 552 ff. Siehe auch $\rightarrow$ II.5.2.2.1.
397 Vgl. in Bezug auf die Prüfung *Lenz/Müller/Ruhnke* (2003), S. 532 ff.; *Nutz* (2005), S. 86 ff.
398 Vgl. hierzu *Ruhnke* (1992), S. 691 ff., sowie $\rightarrow$ II.3.4.

In den Fällen, in denen eine CAAT der Entscheidungsfindung des Prüfers dienlich ist, liegt definitionsgemäß (gleichzeitig) ein *Entscheidungsunterstützungssystem* vor; der anglo-amerikanische Sprachraum verwendet den Begriff »Decision Support System« (DSS). Während ein Expertensystem die problemlösungsrelevanten Informationen vom Benutzer im Zuge der Problembearbeitung erfragt, bestimmt beim DSS der Benutzer, welche Fragen er vom System beantwortet haben will, so dass die Steuerung der Problemlösung eindeutig dem Benutzer obliegt. Insofern steht stärker die Informationsversorgung mittels konventioneller Abfragetechniken und weniger die Problemlösung selbst im Vordergrund. DSS werden oftmals von den großen Prüfungsgesellschaften entwickelt und eingesetzt (zu den prüfungsgesellschaftsspezifischen IT-gestützten Prüfungstechniken → II.5.2.2.5).

Prüfungsmethode und Prüfungshandlung

Die eingesetzte Prüfungstechnik bildet die *Voraussetzung*, um bestimmte Prüfungsmethoden und -handlungen durchführen zu können. Die *Prüfungsmethode* kennzeichnet die systematische Vorgehensweise, um zum Prüfungsziel zu gelangen. Dagegen sprechen die *Prüfungshandlungen* einzelne prüferische Tätigkeiten, wie z. B. die Einsichtnahme in Unterlagen des Unternehmens sowie die Befragung und Einholung von Bestätigungen, an (ISA 500.A14, IDW PS 300.27 ff.). Wichtig für die Unterscheidung zwischen Prüfungshandlung und -methode ist, dass die Prüfungshandlungen eher zielneutral und operativ sind (Mittelanwendung), während die Prüfungsmethode stärker den Weg zur Erreichung des Prüfungsziels (Art und Weise des Einsatzes der Mittel zur Zielerreichung) in den Vordergrund rückt. Insofern lassen sich die Prüfungshandlungen auch als Teil der Prüfungsmethoden interpretieren. Die Literatur grenzt die Begriffe »Prüfungstechnik«, »Prüfungsmethode« und »Prüfungshandlung« jedoch nicht immer einheitlich voneinander ab.[399]

Um das Prüfungsziel zu erreichen, ist eine Prüfungsstrategie zu entwickeln, aus der sich wiederum ein Prüfungsprogramm ableiten lässt (ISA 300.7 ff., IDW PS 240.11). Das Prüfungsprogramm teilt den gesamten Prüfungskomplex in einzelne Prüffelder auf und gibt prüffeldbezogene Ziele vor. Insofern dürften sich die gewählte Prüfungsmethode sowie die eingesetzten Prüfungshandlungen zumeist auf Ebene der Prüfungsziele je Prüffeld (IDW PS 240.19) bewegen. Da die (IT-gestützten) Prüfungstechniken die Voraussetzung bilden, um bestimmte Prüfungshandlungen und -methoden durchführen zu können, ist der Einsatz dieser Techniken mit in die Prüfungsplanung einzubeziehen (ISA 300.appendix , IDW PS 330.25, 330.48, 330.95 und 330.106; zur Prüfungsplanung → II.2.2). Abb. II.5-3 fasst die zuvor angesprochenen Überlegungen zusammen.

---

399 Teilweise werden z. B. die Begriffe »Prüfungsmethode« und »Prüfungstechnik« auch synonym verwendet. Vgl. stellvertr. *Busse von Colbe/Pellens* (1998), S. 581 f. und 584 ff. Die IDW PS differenzieren nicht streng zwischen Prüfungsmethode und -handlung; zumeist wird der Begriff »Prüfungshandlung« verwendet. Um sprachliche Irritationen zu vermeiden, verwendet das vorliegende Werk in den Fällen, in denen sich ein Begriff als feststehender Fachbegriff herausgebildet hat (z. B. die analytischen Prüfungshandlungen gem. IDW PS 312), den feststehenden Begriff; auf eine differenzierte Betrachtung (z. B. Unterscheidung in analytische Prüfungsmethode und -handlung) wird insofern verzichtet. In Zusammenhang mit den analytischen Prüfungshandlungen findet synonym der Begriff analytische Prüfungen Verwendung.

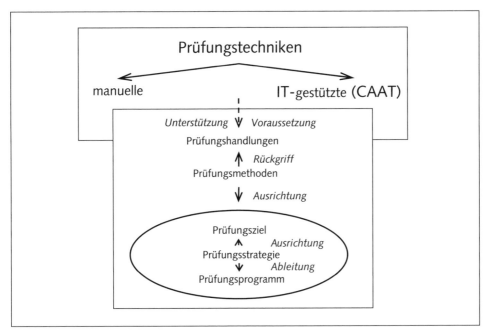

Abb. II.5-3: Prüfungstechniken, Prüfungshandlungen und Prüfungsmethoden

5.2.2 Prüfungsprozessorientierte Systematisierung IT-gestützter Prüfungstechniken

IT-gestützte Prüfungstechniken unterstützen den Abschlussprüfer bei der Abgabe eines Urteils darüber, ob der Abschluss eines Unternehmens in allen wesentlichen Punkten in Übereinstimmung mit den anzuwendenden Rechnungslegungsnormen aufgestellt wurde (ISA 200.11, IDW PS 200.12). Somit umfassen IT-gestützte Prüfungstechniken alle Phasen des Prüfungsprozesses (ISA 300.appendix, IDW PS 330.96).[400] Gleichwohl ersetzen sie nicht gänzlich manuelle Prüfungshandlungen.

Durch IT-gestützte Prüfungstechniken werden aufgrund der Automatisierung und Dokumentation von Arbeitsabläufen und Verfahren der Prüfung neue Planungsmodelle für die Durchführung von Prüfungen ermöglicht. Innerhalb kurzer Zeit können dadurch große Datenmengen einer Datenanalyse unterzogen und ausgewertet werden (zum Einsatz von Datenanalysen im Rahmen der Abschlussprüfung siehe IDW PH 9.330.3). Weiterhin erlauben IT-gestützte Prüfungstechniken, große Datenbestände vollständig in die Prüfung einzubeziehen. Damit wird die Auswahl der zu prüfenden Daten, die bislang auf einer Stichprobenermittlung basierte, qualitativ verbessert.[401]

---

400 Vgl. ferner *Coderre* (2005). Ein Überblick über verschiedene IT-gestützte Prüfungstechniken, welche den Prüfer in mittelständischer Praxis unterstützen sollen, findet sich in *IDW* (2002), S. B 1 ff. Zu den IT-gestützten Prüfungstechniken der Internen Revision vgl. *Wöhler/Neben* (2011).

401 Vgl. auch *Krüger/Schult/Vedder* (2010), S. 74 f.; *Cascarino* (2007), S. 128; *Schmelter* (2010), S. 6.

Die folgenden Ausführungen nehmen eine prozessorientierte Systematisierung zentraler konventioneller IT-gestützter Prüfungstechniken vor und vermitteln einen Einblick in die Funktionsweise dieser Techniken. Anzumerken ist, dass die IT-gestützten Prüfungstechniken oftmals verschiedene Phasen der Prüfung unterstützen; insofern lassen sich die Techniken nicht immer eindeutig einer bestimmten Phase zuordnen. Gleichzeitig wird in den folgenden Abschnitten ein Bezug der einzelnen Prüfungsschritte zur IT-Systemprüfung hergestellt. Obgleich primär der Einzelabschluss angesprochen wird, besitzen die getroffenen Aussagen grundsätzlich auch im Kontext der Prüfung des Konzernabschlusses Gültigkeit.[402]

5.2.2.1 Auftragsannahme und Prüfungsplanung

Bereits vor der *Auftragsannahme* sowie im Rahmen der Prüfungsplanung hat der Prüfer sich Kenntnisse über die Geschäftätigkeit und über das wirtschaftliche Umfeld des Mandanten zu verschaffen. Hier kann die Informationsbeschaffung wesentlich durch die Online-Nutzung *externer Datenbanken* über das Internet unterstützt werden (→ II.5.2.2.4). In *interne Datenbanken* (des Prüfers) eingestellte mandantenspezifische Informationen lassen sich gleichfalls für planerische Zwecke nutzen.[403] Bezüglich des IT-Systems kann der Prüfer Informationen der rechnungslegungsrelevanten IT-Systemelemente anhand von Organigrammen, Prozessbeschreibungen und -richtlinien sowie Aufstellungen über Hard- und Software erheben (IDW PS 330.49).

Bereits im Rahmen der Auftragsannahme ist bei Einsatz IT-gestützter Prüfungstechniken zu prüfen, ob der Abschlussprüfer gemäß den Berufspflichten und der Berufsauffassung über die besonderen Kenntnisse und Erfahrungen verfügt, um eine sachgerechte IT-Prüfung durchzuführen. Verfügt der Abschlussprüfer nicht über ausreichend Knowhow, sowohl allgemein im Bereich der IT (z. B. die Handhabung der IT-gestützten Prüfungstechnik) als auch über das vom Unternehmen eingesetzte IT-System, so darf er den Prüfungsauftrag nicht annehmen oder muss ihn ggf. zurückgeben (ISA 220.14 i. V. m. ISA 220.A11, IDW PS 330.45, § 4 Abs. 2 Berufssatzung, Ethics Sec. 130).[404] Dies schließt nicht aus, dass der Prüfer einen IT-Sachverständigen hinzuzieht, falls Spezialkenntnisse erforderlich sein sollten (ISA 330.A51, IDW PS 330.47 sowie in Bezug auf E-Commerce IAPS 1013.7). In diesem Fall sind die entsprechenden fachlichen und ethischen Prüfungsnormen zu beachten, welche die *Verwendung von Prüfungsurteilen Dritter* betreffen (→ II.6.2.3).

Für die *Prüfungsplanung* lässt sich Standardsoftware wirkungsvoll einsetzen (ISA 300.A17, IDW PS 330.101). Beispielsweise kann die *Netzplantechnik* mittels der Projektplanungssoftware *MS-Project* unterstützt werden. Diese Software erlaubt u. a. eine automatische Berechnung des kritischen Wegs, eine Korrektur des kritischen Wegs bei zeitlicher Ausdehnung einzelner Prüfungsvorgänge oder bei Einfügung weiterer Vor-

---

402 Zur Prüfung einer IT-gestützten Konzernbuchführung vgl. *Ruhnke* (1994), S. 608 ff. Zu den Prüfungen auf Konzernebene → II.9.2.

403 Vgl. hierzu vertiefend → II.5.2.2.4.

404 Spezifische IT-Kenntnisse sind beim wirtschaftsprüfenden Berufsstand eher schwach ausgeprägt; vgl. empirisch hierzu *McKee/Quick* (2003), S. 541 ff.

gänge (z. B. zusätzliche Prüfvorgänge auf Grund der im Prüfungsverlauf festgestellten spezifischen Risiken) sowie detaillierte Auswertungen (z. B. Auslastungen der Mitarbeiterressourcen). Des Weiteren können die Planungstools der Gruppe *Retain Ressource Planing System* sowie *RR Planer* den Prüfer bei der Verwaltung und Zuordnung limitierter Ressourcen (z. B. Prüfer mit spezifischen Kenntnissen) unterstützen; diese Tools eignen sich besonders für die Personalzuordnung hinsichtlich Qualifikation und Verfügbarkeit sowie für die Gesamtplanung aller Aufträge.[405]

Auch bei der Festlegung von Prüfungsschwerpunkten bieten IT-gestützte Prüfungstechniken eine sinnvolle Unterstützung. Im Rahmen der Prüfungsplanung ist eine Prüfungsstrategie und darauf aufbauend ein Prüfungsprogramm festzulegen, welches die Intensität der einzelnen Prüfungshandlungen festlegt (→ II.2.2). In diesem Zusammenhang können künstliche *neuronale Netze*[406] u. a. nicht nur bei der Festlegung von Prüfungsschwerpunkten, sondern auch bei der Beurteilung von Bestandsgefährdungen (going concern-Beurteilungen) sowie bei der Aufdeckung wesentlicher Fehler helfen.

Beispiele

Ein Beispiel für ein künstlich neuronales Netz ist BP-14.[407] Auf Basis von 14 Kennzahlen als Inputvariablen (Eingabesignale) war dieses Netz in der Lage, 91,25 % der tatsächlich kranken und 66,45 % der tatsächlich gesunden Unternehmen richtig zu identifizieren. Der α-Fehler beträgt demzufolge 8,75 % und der β-Fehler 33,55 %.

Neben der Prüfung der Bestandsgefährdung des Mandanten kann BP-14 auch im Rahmen der abschlusspostenbezogenen Prüfung (→ II.3.3.2.2) der Forderungen eingesetzt werden, um die Notwendigkeit von Einzelwertberichtigungen zu erkennen. Obgleich das Vorgehen der Software für den Prüfer nicht nachvollziehbar ist, weist die auf Basis empirischer Vergangenheitsdaten vorgenommene Klassifizierung in bestandsgefährdete und nicht bestandsgefährdete Unternehmen eine hohe Prognosekraft in Bezug auf die tatsächlich kranken Unternehmen auf. Wichtig für den Prüfer ist die Eingrenzung der näher zu untersuchenden Unternehmen (Debitoren des Mandanten); die geringe Prognosekraft in Bezug auf die gesunden Unternehmen wiegt demnach nicht so schwer, weil der Prüfer bei genauerer Betrachtung dieser Unternehmen zu einer ggf. abweichenden Beurteilung gelangen sollte. Insofern hat BP-14 vor allem eine Filterfunktion in Bezug auf die im Detail näher zu untersuchenden Debitoren. Da sich Variationen im Bonitätsindex, der als eine Art Spitzenkennzahl fungiert, über 14 Kennzahlen erklären lassen, kann das Rating gezielt Anhaltspunkte für weitere Prüfungsschwerpunkte geben; angesprochen sind z. B. die zu einem negativen Gesamtrating führenden Kennzahlen und die dahinter stehenden ökonomischen Sachverhalte.

---

405 Zu den aufgeführten Produkten vgl. URL: http://www.retaininternational.com sowie URL http://www.rr-planer.de (Stand: 1.4.2011).

406 Einen Überblick über verschiedene Einsatzmöglichkeiten geben *Calderon/Cheh* (2002), S. 203 ff.

407 BP steht für Backpropagation-Netz. Vgl. stellvertretend *Baetge/Kirsch/Thiele* (2004), S. 558 ff. Im Jahr 2000 wurde BP-14 an das Unternehmen Moody's K-M-V verkauft und dort unter dem Namen Moody's Risk Calc vermarktet; vgl. URL: http://www.baetge.de sowie URL: http://riskcalc.moodys-rms.com (Stand: 1.4.2011).

Bereits im Rahmen der Prüfungsplanung sind die Auswirkungen des Einsatzes von IT im Unternehmen zu berücksichtigen. Dazu hat sich der Abschlussprüfer ausreichend Kenntnisse (u. a. Umgang der Unternehmensleitung mit den IT-Risiken und die Organisation der IT- Geschäftsprozesse) über das vom Unternehmen implementierte IT-System zu verschaffen. Dazu kann er im Rahmen der risikoorientierten Prüfungsplanung auf das Verfahren und die Ergebnisse der Risikobeurteilungen des Unternehmens zurückgreifen, die durch die eigene Beurteilung zu ergänzen sind (ISA 315.6 sowie IDW PS 330.15, IDW PS 261.48). Aufbauend auf diesen Kenntnissen hat er sowohl die inhärenten IT-Risiken auf Unternehmensebene bei der Entwicklung der Prüfungsstrategie als auch prüffeldspezifische IT-Risiken bei der Entwicklung des Prüfungsprogramms zu beurteilen (ISA 315.18, 315.21, IDW PS 330.48).

5.2.2.2 Prüfungsdurchführung

Die Ausführungen zum IT-Einsatz bei der Prüfungsdurchführung werden systematisiert in die Bereiche Systemprüfung (→ II.5.2.2.2.2) und aussagebezogene Prüfungshandlungen (→ II.5.2.2.2.3). Da der gewählte grundlegende Prüfungsansatz (→ II.5.2.2.2.1) für das Verständnis der Prüfungsdurchführung in diesen beiden Bereichen wichtig ist, wird dieser nachstehend zunächst einmal beschrieben.

5.2.2.2.1 Grundlegende Prüfungsansätze

Setzt der Mandant ein IT-gestütztes Rechnungslegungssystem ein, so lassen sich *zwei grundlegende Prüfungsansätze* unterscheiden:[408]

Prüfungsansatz »um das System herum«

Hier zieht der Prüfer die Verarbeitungsergebnisse des IT-Systems in Printform heran und führt die Prüfung wie gewohnt manuell durch. Die *Prüfungsstrategie* lautet: Wenn die Klarschriftausgaben des IT-Systems richtig und vollständig sind, muss die Verarbeitung der Geschäftsvorfälle im System in den untersuchten Bereichen gleichfalls korrekt sein. Da die Funktionsweise des IT-Systems des Mandanten selbst für den Prüfer nicht ersichtlich ist, bildet das System eine black box. Ein solcher Ansatz konzentriert sich primär auf die Durchführung von Einzelfallprüfungen (→ II.3.2.4).

Dieses Vorgehen stößt bei einem hohen Datenvolumen rasch an seine Grenzen; zudem mangelt es an der erforderlichen Effizienz. Die fehlende Effizienz liegt vor allem darin begründet, dass sich bei einer IT-Buchführung *die Art der möglichen Fehler ändert*.
- Bei einer manuellen Buchführungstechnik treten oftmals zufallsbedingte Fehler auf (*unsystematische Fehler*). Beispielsweise werden bei einer Übertragungsbuchführung die durch Belege erfassten Geschäftsvorfälle zunächst chronologisch im Grundbuch erfasst und von dort aus manuell nach sachlichen Gesichtspunkten auf die Konten des Hauptbuchs übertragen. In diesem Fall stehen naturgemäß einzelfallbezogene rechnerische sowie Übertragungs- und Abstimmungsprüfungen im Vordergrund.

---

408 Vgl. *Guy/Alderman/Winters* (1999), S. 274 ff.; *Schuppenhauer* (2007), S. 353.

- Solche unsystematischen Fehler sind indes bei maschineller Verarbeitung nicht zu erwarten, da die in den Programmen niedergelegten Arbeitsanweisungen und Kontrollen bei gleichen Voraussetzungen dieselben Folgen haben.[409] Auf Grund dieser deterministischen Vorgehensweise treten bei IT-Einsatz überwiegend *systematische Fehler* auf: Ist ein Teilbereich falsch programmiert, so werden alle Geschäftsvorfälle einer bestimmten Kategorie auch falsch bearbeitet. Analog gilt, dass bei einer korrekten Programmierung auch alle eingegebenen Geschäftsvorfälle richtig bearbeitet werden; von Eingabefehlern sei an dieser Stelle abgesehen.

Manuelle Prüfungstechniken sind auch dann nicht praktikabel,[410]

- wenn *Ursprungsinformationen automatisch generiert werden* (als Beispiel sei das Bezahlen per Kreditkarte in einem Kaufhaus (sog. point of sale electronic funds transfer) genannt. Oftmals werden auch Skonti oder Zinsen berechnet, ohne dass eine Autorisierung für die Transaktion erkennbar ist) oder
- wenn das System *keinen sichtbaren Prüfpfad* (audit trail) *herstellen kann*, der geeignet ist, die Vollständigkeit und Richtigkeit der verarbeiteten Transaktionen zu belegen (z. B. können Lieferscheine und Lieferantenrechnungen durch ein Programm abgeglichen werden oder es können Kundenkreditlimits automatisch überprüft werden, ohne dass hierfür ein sichtbarer Nachweis verfügbar ist).

Prüfungsansatz »durch das System hindurch«

Aus den zuvor genannten Gründen muss der Prüfer das Buchführungssystem selbst nebst den darin enthaltenen Kontrolleinrichtungen stärker in den Vordergrund rücken. In diesem Fall werden einzelne Vorgänge vom Urbeleg bis hin zur Abbildung im Jahresabschluss durch das System verfolgt. Diese *Prüfungsstrategie* verlagert den Schwerpunkt der Prüfungshandlungen von der Einzelfallprüfung hin zur Systemprüfung (→ II.3.2.2 sowie im Rahmen des IT-Einsatzes → II.5.2.2.2.3).[411] Die Systemprüfung als indirekte Prüfung dient zunächst der Feststellung der Ordnungsmäßigkeit des IT-Systems (Ersatzprüfungsgegenstand) selbst, um anhand der Ordnungsmäßigkeit des IT-Systems auf die richtige und vollständige Verarbeitung der eingegebenen Geschäftsvorfälle schließen zu können.[412]

Diese beiden Prüfungsansätze verdeutlicht Abb. II.5-4.

---

409 Vgl. ISA 315.A55
410 Vgl. auch ISA 315.A58 sowie IDW PS 330.94 f.
411 Dabei lassen sich Art und Umfang der Prüfungshandlungen reduzieren, sofern der WP im Rahmen einer *projektbegleitenden Prüfung* bereits in das Stadium der Entwicklung von Software (Individualsoftware) oder der Implementierung von Standardsoftware eingebunden wird (IDW PS 850). Allerdings muss der Prüfer stets beurteilen, ob und in welchem Umfang das Risiko einer Selbstprüfung besteht; die daraus resultierenden Beeinträchtigungen der Unabhängigkeit sind abzuwägen (vgl. auch § 319a Abs. 1 Nr. 3 HGB, Ethics Sec. 290.200 ff. sowie → I.7 und III.1.2).
412 Vgl. auch ISA 330.A30.

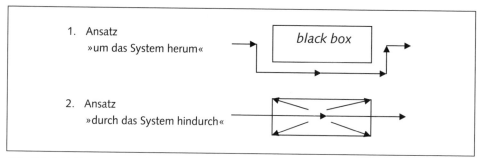

Abb. II.5-4: Prüfungsansätze für die IT-Prüfung

IT-gestützte Techniken treten häufig in Abhängigkeit von den technischen und organisatorischen Gegebenheiten des Prüfungsobjektes neben die manuellen Techniken und verändern die Einsatzgebiete der zuletzt genannten. Gibt der Mandant z. B. die Geschäftsvorfälle manuell in das IT-System ein, ist die Richtigkeit der Übertragung der Daten vom Eingabebeleg in das IT-System zu prüfen. Auch wenn systemimmanente Eingabekontrollen diese Übertragungsprüfungen weitgehend ersetzen, lassen sich Fehler nicht vollends ausschließen. Daher können im Einzelfall Übertragungsprüfungen dennoch sinnvoll und auch notwendig sein. Dies gilt besonders dann, wenn die Eingabekontrollen bei bestimmten Fehlertypen versagen und wenn die Person, welche die Eingaben vornimmt, fachlich nicht kompetent und/oder in Stresssituationen (z. B. hoher Arbeitsanfall) nicht belastbar ist. Demnach ergänzen sich Prüfungshandlungen im Bereich der Systemprüfung und aussagebezogene Prüfungshandlungen.

5.2.2.2.2 IT-Systemprüfung

Die IT-Systemprüfung folgt grundsätzlich der in → II.3.2.2.3 beschriebenen Vorgehensweise der Systemprüfung.[413] Das Ziel einer solchen Verfahrensprüfung ist die Beurteilung der Ordnungsmäßigkeit der IT-gestützten Rechnungslegung des Mandanten – insbesondere den im IDW RS FAIT 1 dargestellten Anforderungen -, um die nach § 322 Abs. 1 HGB i. V. m. §§ 317 Abs. 1, 321 Abs. 2 Satz 2 HGB geforderten Prüfungsaussagen über die Ordnungsmäßigkeit der Buchführung treffen zu können (IDW PS 330.8).

Art und Umfang der IT-Systemprüfung werden durch die Wesentlichkeit des IT-Systems für die Rechnungslegung sowie durch die Komplexität des IT-Einsatzes im Unternehmen bestimmt. In der Regel bietet es sich an, IT-Systemprüfungen bereits im Vorfeld der Abschlussprüfung durchzuführen (IDW PS 330.14).

5.2.2.2.2.1 Grundlegende Prüfungsschritte und Prüfungshandlungen

Aussagen zur Ordnungsmäßigkeit setzen die Beurteilung von IT-Fehlerrisiken voraus. Die IT-Systemprüfung ist demzufolge so zu planen, dass das IT-Fehlerrisiko zutreffend

---

413 Hierzu zählen die Aufbau- und die Funktionsprüfung; vgl. IDW PS 330.98. Die internationalen Prüfungsnormen unterscheiden zwischen der Gewinnung eines Verständnisses über das Unternehmen sowie dessen rechtliches und wirtschaftliches Umfeld einschließlich der internen Kontrollen (Aufbauprüfung) einerseits und den Funktionsprüfungen andererseits; vgl. ISA 315, 330.

beurteilt werden kann. Hierzu hat der Abschlussprüfer festzustellen, ob das Unternehmen durch die Einrichtung eines wirksamen internen Kontrollsystems auf die festgestellten inhärenten Risiken des IT-Systems angemessen reagiert hat (ISA 315.21 sowie IDW PS 330.25 f., 330.45 ff.). Die inhärenten Risiken sind im Rahmen der Entwicklung der Prüfungsstrategie zu beurteilen. Insbesondere sind die bereits aufgeführten *IT-bezogenen Risikoindikatoren* zu berücksichtigen (→ II.5.1.1): Abhängigkeiten sowie Änderungen des IT-Systems, Know-how und Ressourcen von Mitarbeitern und die geschäftliche Ausrichtung des IT-Systems.

Zur *Beurteilung des IT-Kontrollsystems* sind *folgende Prüfungsschritte* erforderlich (ISA 315.21, 315.A95 f. sowie IDW PS 261.37 ff., 330.25 ff.):

- Zunächst muss sich der Prüfer durch die *Aufnahme* (→ II.3.2.2.3.1.2) des IT-Systems einen Überblick über das IT-System verschaffen. In der Systemerfassung sind das IT-Kontrollsystem (mit den Komponenten IT-Umfeld sowie IT-Organisation), die IT-Infrastruktur, die IT-Anwendungen sowie die IT-Geschäftsprozesse[414] aufzunehmen. Die ermittelten Informationen und Kenntnisse über das IT-System bilden die Basis für die Aufbau- und Funktionsprüfung. Typische Prüfungshandlungen im Rahmen der Aufnahme des IT-Systems sind die Durchsicht von Unterlagen, Befragungen sowie die Beobachtung von Aktivitäten und Arbeitsabläufen.
- Anschließend ist der Aufbau des IT-Systems zu prüfen. Ziel dieser *Aufbauprüfung* (→ II.3.2.2.3.1) ist eine Beurteilung, ob das angewiesene IT-System (Soll-Zustand) des Unternehmens unter Berücksichtigung der prüffeldspezifischen inhärenten Risiken angemessen ist. Als wesentliche Voraussetzung für die Beurteilung der Angemessenheit hat der Prüfer die Angemessenheit der Bewertung der IT-Fehlerrisiken durch die Unternehmensleitung zu beurteilen.
- Sofern im Rahmen der Aufbauprüfung ein angemessenes IT-System festgestellt wurde, ist im Rahmen der *vorläufigen Systembeurteilung* (→ II.3.2.2.3.1.3) festzustellen, ob das ausgewiesene IT-Kontrollsystem im geplanten Umfang wirksam ist (vorläufige Beurteilung der Wirksamkeit).
- Sind die IT-Kontrollrisiken vorläufig als nicht hoch eingeschätzt worden, ist in der *Funktionsprüfung* (→ II.2.2.3.2) festzustellen, ob die eingerichteten IT-Kontrollen wirksam sind und somit die inhärenten Risiken des IT-Systems, die zu wesentlichen Fehlern in der Rechnungslegung führen können, verhindern, aufdecken und korrigieren. Ergebnis ist eine abschließende Beurteilung der Wirksamkeit und kontinuierlichen Anwendung des IT-Systems. Im Rahmen der Funktionsprüfung kommen Plausibilitätsbeurteilungen, der Nachvollzug von Kontrollen in Form von Wiederholungen sowie die Verwendung von Unterlagen Dritter in Betracht (IDW PS 330.34 und 330.37).

Alle zuvor genannten Prüfungsschritte können durch IT-gestützte Prüfungstechniken unterstützt werden (ISA 300.appendix, IDW PS 330.96 ff.). Zur Steigerung von Effektivität und Effizienz bietet es sich an, bzw. ist es im Einzelfall unabdingbar, IT-gestützte Prüfungstechniken einzusetzen. Abb. II.5-5 stellt die Prüfungsschritte sowie mögliche Konsequenzen für die Beurteilung des IT-Systems dar.

---

414 Zur Prüfung von IT-Geschäftsprozessen vgl. *Heese/Kreisel* (2010), S. 907 ff.

- Dabei beeinflussen mögliche Schwachstellen im IT-Kontrollsystem (*keine unein-geschränkt positive Beurteilung*) Art, Umfang und den Ablauf aussagebezogener Prüfungshandlungen[415]. Identifizierte Schwachstellen geben Anhaltspunkte dafür, welche Geschäftsvorfälle näher zu analysieren sind.[416] Da bei vollautomatisierten IT-Systemen (z. B. Handelsplattformen im Internet) manuelle Beleg- und Abstimm-prüfungen »ins Leere laufen«, kommen hier Einzelfallprüfungen nicht in Betracht. In diesem Fall sind vielmehr alternative Prüfungshandlungen, wie z. B. IT-gestützte Da-tenanalysen, zu erwägen, »bei denen komplette Transaktionsvolumina nachgebildet und auf Auffälligkeiten hin untersucht werden«[417].

- Bei einem angemessenen und wirksamen IT-System (*uneingeschränkt positive Beur-teilung*) muss der Prüfer entscheiden, ob das geplante Prüfungsprogramm beizube-halten ist oder ob eine Reduzierung aussagebezogener Prüfungshandlungen in Be-tracht kommt:

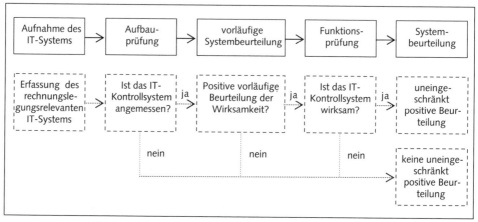

Abb. II.5-5: Prüfungsschritte für das IT-Kontrollsystem

Prüfungsgegenstände der IT-Systemprüfung sind das IT-Umfeld, die IT-Organisation, das IT-Kontrollsystem, die IT-Infrastruktur, die IT-Anwendungen und die IT-Geschäftsprozes-se (→ Abb. II.5-2). Als Teilbereich des IT-Kontrollsystems hat der Prüfer auch das *IT-Überwachungssystem* zu beurteilen (IDW RS FAIT 1.110 ff., IDW PS 330.89). Hierunter ist die Beurteilung der Angemessenheit und der Wirksamkeit des Systems im Zeitablauf zu verstehen. Die Überwachtung beinhaltet auch Aktivitäten der gesetzlichen Vertreter des zu prüfenden Unternehmens, die eine Beurteilung erlauben, ob die Strategien (Un-ternehmensstrategie und IT-Strategie) sowie die daraus abgeleiteten Grundsätze, Ver-fahren und Maßnahmen in Übereinstimmung mit den Unternehmenszielen umgesetzt wurden, ob das eingerichtete Kontrollsystem angemessen und wirksam ist und ob die

---

415 Zum IT-Einsatz bei Durchführung aussagebezogener Prüfungshandlungen → II.5.2.2.2.3.
416 Vgl. auch z. B. *Köster/Kuschel/Ribbert* (2010), S. 727 ff.
417 *Heese/Kreisel* (2010), S. 915.

Bereiche	Aufnahme	Aufbau	Funktionsprüfung
IT-Umfeld	• aus der Unternehmens-strategie verbindlich abgeleitete IT-Strategie • Grundeinstellung zum Einsatz des IT-Systems im Unternehmen	• Beurteilung der Ange-messenheit der Richt-linien und Verfahren auf Vollständigkeit, Aktualität und hinrei-chende Beachtung von Organisationsprinzipien (wie Funktionstrennung und Stellvertreterrege-lungen)	• Beobachtung von Ab-läufen und Vergleich mit Organisationsrichtlinien • Abgleich der Richtlinien zum Zugriffsschutz mit den entsprechenden Parametern von Zugriffs-schutzverfahren • Funktionstrennung durch Kompetenzregelungen und Bearbeitungsvermer-ke nachvollziehen
IT-Organi-sation	• Organigramme und Ab-laufpläne • Regelungen und Verfah-ren zur Steuerung des IT-Systems • Richtlinien und Arbeitsanweisungen so-wie Prozesse und Funk-tionsbeschreibungen		
IT-Infra-struktur	• Inventurliste der einge-setzten Hard- und Soft-ware • IT-Betrieb (Organisati-on, Systemverwaltung, Produktionsabwicklung etc.) • Sicherheitskonzepte (Zugriffskontrollen, firewalls, Datensiche-rung)	• Physische Sicherungs-maßnahmen im Hin-blick auf die eingesetzte Technik und den ge-wünschten Schutzzweck beurteilen • Logische Zugriffskon-trollen umfassen u. a. die Prüfung der Ange-messenheit der Verfah-rensanweisungen (z. B. zur Beantragung von Benutzerrechten) • Ferner erfolgt eine Prüfung der Datensi-cherungs- und Ausla-gerungsverfahren auf ihre Angemessenheit (z. B. Häufigkeit der Datensicherung, Art der verwendeten Siche-rungsmedien) • Existenz hinreichender Regelungen und Do-kumentationen sowie Prüfung der Plausibilität der Schadensszenarien nebst der Eventualpla-nungen für einen Wie-deranlauf der Systeme	• Begehung des Rechen-zentrums zur Prüfung der Existenz der technischen Sicherungsmaßnahmen (z. B. in Bezug auf Zu-griffskontrollen) • Prüfung der Überein-stimmung von definierten Verfahren mit tatsächli-chen Abläufen der Be-nutzeradministration und -pflege einschließlich stichprobenweiser Prü-fung, ob die eingerich-teten den beantragten Berechtigungen und dem tatsächlichen Aufgaben-gebiet des Mitarbeiters entsprechen • Testen der Wiederher-stellbarkeit von Program-men und Daten aus den Sicherungsmedien • Umsetzung der Orga-nisationsanweisungen und Einsichtnahme in die Aufzeichnungen der technischen Systeme; Wiederanlauftests sind nicht zwingend

Bereiche	Aufnahme	Aufbau	Funktionsprüfung
IT-Anwendungen	• Funktionalität der Software (einschließlich IT-Kontrollen) anhand der Verfahrensdokumentation erfassen	• Beurteilen der Angemessenheit der Programmfunktionen im Hinblick auf die Einhaltung der GoB sowie die Erfüllung von Anforderungen an rechnungslegungsrelevante Verarbeitungsregeln; dabei sind neben den generellen Kontrollen auch jene einzubeziehen, die sich auf die Auswahl-, Entwicklungs- und Implementierungsprozesse von Software richten	• Verifizierung der Richtigkeit der Programmabläufe, der sachlogischen Richtigkeit der programmierten Verarbeitungsregeln sowie der Wirksamkeit der im Programm enthaltenen IT-Kontrollen (z. B. durch Parallelverarbeitung, Beobachten von Eingaben sowie Abstimmung von Parametrisierungen und tatsächlich gebuchten Geschäftsvorfällen)
IT-Geschäftsprozesse	• Aufnahme der IT-relevanten Geschäftsprozesse (Daten-, Belegfluss, Schnittstellen) • Aufnahme anwendungsbezogener Kontrollen	• Beurteilung der Kompatibilität von Geschäftsprozessen und Geschäftsmodell des Unternehmens • Beurteilung der Angemessenheit prozessintegrierter Kontrollen	• Verifizierung der Wirksamkeit der identifizierten IT-Kontrollen, z. B. durch stichprobenartige Prüfung von Auftragsabwicklungen

Tab. II.5-1: Ausgewählte Prüfungshandlungen im Rahmen der IT-Systemprüfung[418]

umgesetzten Maßnahmen die Erreichung der Unternehmensziele sicherstellen. Typische Beispiele für solche Kontrollen sind die Durchsicht von Fehler- und Ausnahmeberichten im Hinblick auf die Beeinträchtigung kritischer Erfolgsfaktoren, die Durchführung von Benchmark-Tests oder die regelmäßige Analyse der internen Dienstleistungsqualität (in Anlehnung an IDW RS FAIT 1.111). Eine Überprüfung der zuvor angesprochenen sog. *high level-controls* lässt sich als ein wesentliches Element einer geschäftsrisikoorientierten Prüfung (→ II.3.3.1) charakterisieren. Werden bestimmte IT-Leistungen, z. B. Software, Hardware und/oder IT-Infrastruktur über das Internet abgerufen (cloud computing; → II.5.1.3), dann hat der Prüfer zu beurteilen, wie sich die Auslagerung auf das interne Kontrollsystem auswirkt (*IT-Outsourcing*; vgl. IDW PS 330.90 ff.; IDW RS FAIT 1.113 ff.).

Bezogen auf die verschiedenen Elemente des IT-gestützten Rechnungslegungssystems gibt Tab. II.5-1 *Beispiele für durchzuführende Prüfungshandlungen im Rahmen der IT-Systemprüfung.*

---

418 In Anlehnung an ISA 315.A88, 315.appendix 1.6, ISA 330.A29 sowie u. a. IDW PS 330.49 ff.; nicht näher betrachtet werden die Bereiche IT-Überwachungssystem und IT-Outsourcing.

5.2.2.2.2.2 Prüfungstechniken

Für die *Aufnahme* des IT-gestützten Rechnungslegungssystems kann der Prüfer auf Inventarisierungs- und Überwachungsprogramme zurückgreifen, die Auskunft über vorhandene Hardwarekomponenten sowie installierte IT-Programme liefern. Gängige Programme sind u. a. Netfinity von IBM sowie SCCM (System Center Configuration Manager) und MSIA (Microsoft Software-Inventory-Analyzer) von Microsoft. Darüber hinaus können Programme zur Aufdeckung von Sicherheitslücken dienen.[419] So ermöglichen z. B. die Benchmark-Tools für Windows automatisch eine Analyse und Aufdeckung von Sicherheitslücken im IT-System des Mandanten.[420]

Für Zwecke der *Aufbauprüfung und/oder Funktionsprüfung* lassen sich die nachstehend aufgeführten (IT-gestützten) Prüfungstechniken einsetzten.[421]

Programmfunktionsprüfung

Die Programmfunktionsprüfung ist v. a. dem Bereich IT-Anwendung zuzuordnen. Dabei geht es um die Prüfung von Angemessenheit und Funktionsfähigkeit der Programmfunktionen sowie der im Programm vorhandenen IT-Kontrollen im Hinblick auf die Einhaltung der GoB (IDW PS 330.72). Zwei zentrale Methoden der Programmfunktionsprüfung sind die sachlogische Programmprüfung sowie die Testdatenmethode. Beide Methoden zur Programmfunktionsprüfung sind dem Prüfungsansatz »durch das System hindurch« zuzuordnen.

Bei der *sachlogischen Programmprüfung* als Methode der Aufbauprüfung versucht der Prüfer, die einzelnen Programmierschritte anhand der Programmdokumentation (wie z. B. Programmablauf- und Datenflusspläne) nachzuvollziehen. Dieses Vorgehen erfordert gesicherte Programmierkenntnisse in der jeweiligen Programmiersprache. Ist eine Dokumentation nicht in ausreichendem Umfang vorhanden, muss der Prüfer diese selbst (z. B. in Form von *flowcharts*) erstellen.[422] Dabei kommen Rückübersetzungsprogramme (*flowcharting software*)[423] zum Einsatz, welche den gespeicherten Quellcode[424] in einen aktuellen Programmablaufplan umsetzen, der dann wiederum auf seine Sachlogik hin zu prüfen ist. Meist bieten solche Programme weitere Auswertungsmöglichkeiten, so dass z. B. Programmverzweigungen aufgezeigt und Syntaxfehler des Quellcodes offengelegt werden. Als Beispiele für flowcharting software zur Modellierung von flowcharts sind CrystalFlow sowie Code visual to Flowchart (CvF) zu nennen. Problematisch ist jedoch, dass der Quellcode bei fremderstellter Software oftmals nicht verfügbar ist. Gelangt der

---

419 Die Beurteilung, inwieweit eine entdeckte Sicherheitslücke ein inhärentes Risiko darstellt, erfolgt hingegen erst im Rahmen der Aufbauprüfung.

420 Vgl. hierzu z. B. URL: http://cisecurity.org/benchmarks.html (Stand: 1.4.2011).

421 Zu den nachstehenden Ausführungen vgl. *IIR-Arbeitskreis »IT-Revision«* (2000), S. 46 ff.; *Nutz/Hamberger* (2002), Sp. 1714 ff.; *Nutz* (2005), S. 45 ff.; *Schuppenhauer* (2007), S. 355 ff.; *Messier/Glover/Prawitt* (2008), S. 220 ff.; *Senft/Gallegos* (2009), S. 104 ff.

422 Zur Erstellung von flowcharts vgl. stellvertretend *Hunton/Bryant/Bagranoff* (2004), S. 61 ff.

423 Vgl. *Treuberg* (2002), Sp. 814 ff.

424 Ein in einer maschinenorientierten Sprache vorliegendes Programm heißt Objektprogramm. Diese Programme weisen geringe Maschinenlaufzeiten auf. Da ihre Programmierung jedoch sehr aufwändig ist, erfolgt diese zumeist in Form eines Quellprogramms (z. B. Cobol, C und C++). Die Umwandlung (Kompilierung) eines Quellprogramms in ein Objektprogramm erfolgt mit Hilfe von Übersetzungsprogrammen (z. B. Compiler).

Prüfer zu dem Ergebnis, dass die Programmfunktionen sachlogisch richtig sind, so ist in einem zweiten Schritt stets zu prüfen, ob das dokumentierte Programm im Prüfungszeitraum auch tatsächlich zum Einsatz gelangt ist (Programmidentitätsprüfung).

Bei der *Testdatenmethode* als Funktionsprüfung konstruiert der Prüfer *außerhalb des allgemeinen Geschäftsablaufs* fiktive Geschäftsvorfälle und lässt diese anstelle von Originaldaten durch die beim Mandanten eingesetzte Software verarbeiten. Beim Testen wird ein Programm mit dem Ziel ausgeführt, Fehlfunktionen sichtbar zu machen.[425]

Dabei sind verarbeitungsorientierte und kontrollorientierte Testfälle zu konstruieren. Während bei den *verarbeitungsorientierten Testfällen* dem normalen Geschäftsverlauf entsprechende Testfälle eingegeben werden, zeichnen sich *kontrollorientierte Testfälle* durch die bewusste Eingabe fehlerhafter Daten (Programmquäler) aus; dabei ist es das Ziel zu testen, ob unzulässige Eingaben als solche durch systemseitige Eingabe-, Verarbeitungs- und Ausgabekontrollen erkannt und abgewiesen werden. Die verarbeitungsorientierten Testfälle sind dergestalt zu konstruieren, dass alle wesentlichen Programmfunktionen zumindest einmal angesprochen werden. Die Verarbeitungsergebnisse (Ist-Werte) werden danach mit den vorher seitens des Prüfers ermittelten Sollwerten verglichen. Abb. II.5-6 veranschaulicht das Vorgehen.

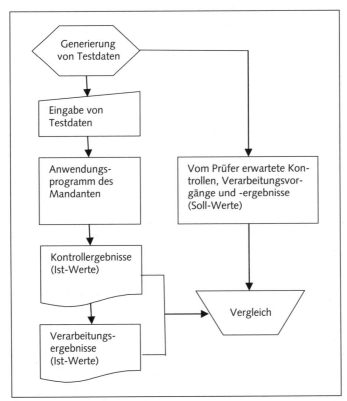

Abb. II.5-6: Testdatenmethode

---

425 Vgl. *Hunton/Bryant/Bagranoff* (2004), S. 188 f.; *Nutz* (2005), S. 49 f. Eine Zusammenstellung zu berücksichtigender Aspekte bei der Anwendung der Testdatenmethode zeigt IDW PS 330.105.

Die Identifikation wesentlicher Programmfunktionen setzt voraus, dass der Prüfer mit der Programmlogik vertraut ist; insofern muss der Prüfer auf die Ergebnisse einer zuvor durchgeführten sachlogischen Programmprüfung zurückgreifen. Die Erstellung von Testdaten lässt sich anhand von Testdatengeneratoren unterstützen.

Hinsichtlich der Aussagefähigkeit der Testdatenmethode ist festzustellen, dass lediglich der Prüfungsnachweis erbracht wird, dass die eingegebenen Testdaten richtig verarbeitet wurden. Auch wenn keine Aussage getroffen wird, ob die Software insgesamt korrekt arbeitet, handelt es sich hier um eine sehr wirkungsvolle Methode. Nach Anwendung der Testdatenmethode muss der Prüfer sicherstellen, dass die Testdaten aus dem Mandantenrechner gelöscht werden.

Oftmals erteilen unabhängige Dritte *Softwarebescheinigungen* über die bei dem Mandanten eingesetzten Programme. Wurde das Softwareentwicklungsverfahren bereits durch Dritte beurteilt (z. B. Qualitätsmanagement nach ISO 9001), kann der Prüfer diese Ergebnisse nach den üblichen berufsständischen Vorgaben (ISA 620, IDW PS 320, 322) verwerten. Damit unterliegen diese Ergebnisse stets zumindest der kritischen Würdigung durch den übernehmenden Wirtschaftsprüfer (ISAE 3000.26 ff. sowie IDW PS 880.73 f.)

Programmidentitätsprüfung

Durch das Testdatenverfahren kann zwar die korrekte Verarbeitung der Testdaten nachgewiesen werden, jedoch muss sich der Prüfer vergewissern, dass das von ihm geprüfte Programm auch tatsächlich beim Mandanten im Laufe des Geschäftsjahres genutzt wurde. Daher ist eine Programmidentitätsprüfung durchzuführen, die eine inhaltliche Identität zwischen dem im Rahmen der Programmfunktionsprüfung für adäquat befundenen Programm mit dem Programm, das für die tatsächliche Verarbeitung verwendet wurde, sicherstellt.[426] Methoden der Programmidentitätsprüfung sind die verschiedenen Möglichkeiten des Programmvergleichs sowie die Auswertung laufender Aufzeichnungen mittels Systemkontrollprogrammen.

Der *Programmvergleich* soll sicherstellen, dass das dem Prüfer vorgelegte Quellprogramm nebst Programmdokumentation auch jenem Programm entspricht, das für die tatsächliche Verarbeitung verwendet wurde. Dabei lässt sich mit Hilfe von *flowcharting software* der Quellcode des eingesetzten Programms in einen flowchart überführen. Stimmt dieser mit dem in der aktuellen Programmdokumentation enthaltenen Ablaufplan überein, so gilt die Programmidentität als bewiesen. Weiterhin erlaubt *code compare software* den Vergleich von zwei Programmen, wobei die eine Version die freigegebene und dokumentierte Fassung ist, während die andere Version die aktuell eingesetzte Fassung des Anwendungsprogramms darstellt. Die beiden zuvor genannten Formen der Programmidentitätsprüfung weisen allerdings den Nachteil auf, dass nicht ersichtlich ist, ob die dem Prüfer vorliegende Fassung (des Ist-Programms) auch tatsächlich über das gesamte Geschäftsjahr hinweg eingesetzt wurde.

Die Vermeidung eines zeitpunktbezogenen Programmvergleichs kann mit Hilfe der *Parallelsimulation* erfolgen. Hier erstellt der Prüfer selbst ein Programm, mit dem die Originaldaten nochmals ganz oder teilweise eingegeben und verarbeitet werden. Da-

---

426 Vgl. *Elder/Beasley/Arens* (2010), S. 381.

neben kommt auch der Einsatz von Standardsoftware für die Abschlusserstellung in Betracht, sofern diese den gleichen oder einen ähnlichen Funktionsumfang aufweist wie die des Mandanten[427]; möglich ist auch der Rückgriff auf eine bereits geprüfte Kopie des Ursprungsprogramms. Die auf diese Weise gewonnenen Ergebnisse sind dann mit den Originaldaten zu vergleichen. Nachteilig ist indes, dass eine Parallelsimulation sehr kostenintensiv ist; zudem dürften sich besonders bei integrierten Systemen mit automatischen Datenübernahmen die Fortschreibungen der Daten im Zeitablauf nur schwer rekonstruieren lassen. Weiterhin setzen alle im Rahmen des Programmvergleichs genannten Hilfsmittel umfangreiche IT-Kenntnisse des Prüfers voraus; insofern dürfte ihr Einsatz zumeist IT-Spezialisten vorbehalten bleiben.

Überwachungseinrichtungen

Überwachungseinrichtungen dienen gleichfalls der Programmfunktions- und Programmidentitätsprüfung. Für diese Zwecke werden laufende Aufzeichnungen ausgewertet.

Die in erster Linie für die Systemsicherheit fest installierten *Systemkontrollprogramme* ermöglichen laufende Aufzeichnungen (*logs*) in sog. Logbüchern (*log reports*) über das Verhalten des IT-Systems des Mandanten (ISA 315.appendix 1.6). Gleichzeitig ermöglichen Systemkontrollprogramme auch eine permanente Überprüfung der Programmidentität und sind insofern aussagekräftiger als ein zeitpunktbezogener Programmvergleich und weniger kostenintensiv als eine Parallelsimulation. Zur sinnvollen Nutzung von logs muss allerdings sichergestellt werden, dass diese Logbücher angemessen vor Zugriffen durch Nicht-Berechtigte geschützt sind.[428]

Systemkontrollprogramme sind Bestandteil des Betriebssystems oder sie werden als zusätzliche Dienstprogramme (sog. *utilities*)[429] zur Verfügung gestellt. Systemkontrollprogramme ermöglichen eine Vielzahl zusätzlicher Auswertungen; hierzu gehören u. a. Informationen über Laufzeit und Aufrufhäufigkeit von Programmen, Auftreten von Fehlern, das Öffnen und Schließen von Dateien, Logon-Versuche sowie abgewiesene Zugriffe, genutzte und gelöschte Dateien. Auf diese Weise kann der WP gezielt auf das zu untersuchende Geschäftsjahr bezogene Auswertungen vornehmen.

Für den WP interessant sind z. B. häufig abgewiesene Login-Versuche, Programmbenutzung außerhalb der üblichen Zeitpläne, Benutzung nicht autorisierter Programme, abgewiesene Zugriffsversuche auf sensible Daten sowie unerlaubte Programmänderungen, Passwort- und Systemmodifikationen.

Sind keine Anzeichen für Änderungen oder Manipulationen erkennbar, kann der Prüfer davon ausgehen, dass das aktuell angewandte Programm im gesamten zu prüfenden Zeitraum auch eingesetzt wurde. Finden sich jedoch Indizien für Unregelmäßigkeiten, ist zu prüfen, ob und inwieweit sich der bestehende Verdacht anhand aussagebezogener Prüfungshandlungen erhärten lässt. Dabei ist besonders zu prüfen, ob die im Rahmen

---

427 Zum Beispiel das Abschlussentwicklungssystem »BiG-Manager« von Gewidor; vgl. URL: http://www.gewidor-gmbh.de (Stand: 1.4.2011), welches über eine Softwarebescheinigung gem. IDW PS 880 verfügt.

428 Vgl. *Fabian* (2004), S. 54 ff.; *Silltow* (2005), S. 1 ff.

429 Dienstprogramme sind Hilfsprogramme zur Abwicklung häufig vorkommender, anwendungsneutraler Aufgaben bei der Benutzung des IT-Systems, wie z. B. Sortier-, Misch- und Kopiervorgänge.

der Systemprüfung erlangten Prüfungsnachweise als Indiz für fraud (→ II.4.1) zu werten sind.

> **Beispiel**
>
> Ein Tool dieser Art ist *SMF* (System Management Facilities) im Einsatz unter IBM-Betriebssystemen wie z/OS.[430] SMF zeichnet während des Verarbeitungsprozesses eine Vielzahl von Daten zur späteren Auswertung auf. Bei der Aufzeichnung der Daten werden, je nach ihrer Art, unterschiedliche Typen von Erfassungssätzen (z. B. Job-Schrittendesatz, Job-Endesatz und Systemausgabeprogrammsatz) in eine Systemdatei geschrieben. Eine Aufbereitung und Auswertung von SMF-Daten ist recht aufwändig und setzt wiederum den Einsatz besonderer Werkzeuge voraus. Anhand dieser Daten kann der Prüfer bspw. ermitteln, welche Jobs, Job-Schritte und Dialoge mit Fehlern abgebrochen wurden und zu welcher Kategorie die Fehler gehören. Weiterhin kann der Prüfer für bestimmte Perioden statistische Auswertungen (z. B. Unterbrechungen der Betriebsbereitschaft während der geplanten Einschaltzeit oder Verweilzeiten zu Jobs) vornehmen. Allerdings setzen derartige Prüfungshandlungen entsprechende IT-Kenntnisse beim Prüfer voraus.[431]

Eine besondere Ausprägungsform der Testdatenmethode bilden die *Integrated Test Facilities* (ITF). In diesem Fall werden fiktive Geschäftsvorfälle als Testdaten *zusammen mit den realen Geschäftsvorfällen* durch das Anwendungsprogramm des Mandanten verarbeitet. Voraussetzung für die Anwendung von ITF ist die Einrichtung eines fiktiven Subsystems (mini company oder dummy unit); dies kann z. B. durch die Einrichtung eines eigenen Buchungskreises für eine fiktive Betriebsstätte erfolgen. Nachteilig ist indes der hohe Implementierungsaufwand; zu nennen ist besonders der mit der Löschung der Daten verbundene Aufwand, der sich allerdings durch den Einsatz von Löschroutinen reduzieren lässt. ITF dienen primär der Programmfunktionsprüfung.

Den Überwachungseinrichtungen ist auch das *Schnappschussverfahren* (snapshot method; auch tagging and tracing) zuzurechnen, welches Routinen in das Anwendungsprogramm einbettet. Ausgewählte Transaktionen werden gekennzeichnet (tagging) und zu verschiedenen Verarbeitungszeitpunkten »Schnappschüsse« gemacht, anhand derer sich der Verarbeitungsvorgang zurückverfolgen lässt (tracing).[432] In ähnlicher Weise werden auch bei den *System Control and Audit Review Files* (SCARF) Routinen in das Anwendungsprogramm eingebettet, welche anhand vorab festgelegter Schwellenwerte Implausibilitäten sowie ungewöhnliche Werte aufzeichnen und in einen für den Prüfer bestimmten Datensatz aufzeichnen.[433] Dabei zeigen die Überwachungseinrichtungen und hier besonders ITF und SCARF eine stärker gegenwartsbezogene Ausrichtung der Abschlussprüfung. Diese Entwicklungen werden auch unter dem Begriff *kontinuierliche Prüfung* (continuous auditing)[434] diskutiert. In diesem Fall werden sog. »embedded

---

430 Vgl. *IBM* (2009), S. 11 ff.
431 In Anlehnung an *Wähner* (2002), S. 435 ff.
432 Vgl. *Kanter* (2001), S. 45 f.; *Rittenberg/Schwieger* (2005), S. 225 ff.
433 Vgl. *Fabian* (2004), S. 54 ff.; *Nutz* (2005), S. 46.
434 Siehe auch *Ruhnke* (2006), S. 470 ff.; *Du/Roohan* (2007), S. 133 ff.; *Hunton/Rose* (2010), S. 297 ff.

audit modules« in das IT-gestützte Rechnungslegungssystem des Mandanten integriert, die z. B. den IT-Datenfluss oder das interne IT-Kontrollsystem beim Mandanten nach zuvor definierten Regeln überwachen und dem Prüfer hierüber zeitnah bzw. realtime berichten.

Checklisten

Im Rahmen der Aufbau- und Funktionsprüfung des IT-Systems lassen sich u. a. Checklisten einsetzen (zum Einsatz bei der Systemerfassung → II.3.2.2.3.1.2); weitgehend synonym findet auch der Begriff »Fragebogen« Verwendung.[435] Sie lassen sich in Printform oder IT-gestützt einsetzen. Checklisten dienen der Erforschung des Prüfungsobjektes; dabei geben sie zumeist konkrete Hinweise hinsichtlich der Erlangung von Prüfungsnachweisen. Sie unterstützten den Prüfer beispielsweise bei der Aufnahme und Beurteilung des IT-Systems (Prüfungsobjekt). So ist bei der Bemessung des Umfangs von IT-Systemprüfungen u. a. die Komplexität der eingesetzten IT zu berücksichtigen (IDW PS 330.12). Dazu hat sich der Prüfer ein Verständnis über die Bedeutung und Komplexität des IT-Einsatzes für alle wesentlichen Buchungen, über den Umfang der IT innerhalb des Unternehmens sowie über die Verfügbarkeit der Daten (z. B. Archivierungsart und -dauer von Originaldokumenten, Dateien oder anderen Nachweisen) zu verschaffen.[436] Besonders Nutzen stiftend sind *IT-gestützte dialogisierte* Checklisten, die anhand der zuvor eingegebenen Basisangaben irrelevante Fragen von vornherein ausblenden.[437] So werden z. B. bei einem Mandanten, der ausschließlich Standardsoftware einsetzt, die Fragen zur Systemprüfung bei selbstentwickelter Software erst gar nicht gestellt. Eine manuelle Checkliste zur Abschlussprüfung beim Einsatz von IT stellt IDW PH 9.330.1 (Checkliste zur Abschlussprüfung bei Einsatz von IT) dar, welche den Prüfer bei der Prüfung der in IDW PS 330.51 ff. genannten Punkte unterstützen soll.[438]

Checklisten sind in der Praxis weit verbreitet, weil diese scheinbar einen raschen Zugang zu komplexen Prüfungsobjekten ermöglichen. Gleichwohl dürfen Checklisten nur von Prüfern eingesetzt werden, die in der betreffenden Materie erfahren sind. Nur solche Personen sind in der Lage, von dem in der Checkliste vorgegebenen Prüfungspfad abzuweichen, sofern sich im Einzelfall abweichende Prüfungserfordernisse ergeben (ISA 300. A17). Nachteilig ist, dass Checklisten zu schematisch und kreativitätshemmend vorgehen sowie insgesamt nur eine geringe Fehleraufdeckungskraft[439] besitzen. Überdies besteht die Gefahr, dass der Mandant bei einer mündlichen Befragung das prüferische

---

435 Vgl. *Niemann* (2008), S. 181 ff. sowie *IDW* (2010), S. 581 ff., die hier den Begriff Arbeitshilfen verwenden. Vgl. ferner *Cascarino* (2007), S. 411 ff. Der Einsatz von Fragebögen ist nicht nur auf die Aufbau- und Funktionsprüfung beschränkt. So lassen sich z. B. im Rahmen der Prüfungsplanung und -dokumentation Fragebögen einsetzen. Vgl. z. B. ISA 230.A3 sowie ISA 300.A17. Vgl. allgemein zum Einsatz von Fragebögen als Prüfungshilfsmittel *Sauer/Bohnert* (2002).

436 Vgl. *IDW* (2010) , S. 581 ff. Checklisten im Rahmen der Funktionsprüfung, vgl. dazu ebd. S. 751 ff.

437 Vgl. *Ewald* (1990), S. 1 ff. Eine umfangreiche IT-Checkliste zur Prüfung von IKS stellt das Produkt »ERA« von Methodware dar; vgl. URL: http://www.methodware.com (Stand: 1.4.2011).

438 Zu abschlusspostenbezogenen IT-gestützten Checklisten siehe *Niemann* (2008), S. 181 ff., und die diesem Werk beigefügte CD.

439 Beispielsweise zeigen *Wright/Ashton* (1989), S. 727, dass nur 3 % der vom Prüfer veranlassten Korrekturbuchungen (adjustments) auf den Einsatz von Fragebögen zurückzuführen sind.

Vorgehen zu leicht durchschaut; dies gilt besonders bei geschlossenen Fragestellungen, auf die der Mandant entweder mit ja oder nein zu antworten hat.

5.2.2.2.3 Aussagebezogene Prüfungshandlungen

Aussagebezogene Prüfungshandlungen umfassen Einzelfallprüfungen und analytische Prüfungen. Dem risikoorientierten Prüfungsansatz entspricht es, dass der Prüfer seine *Einzelfallprüfungen* zum einen auf die im Rahmen der (IT-)Systemprüfung aufgedeckten Schwachstellen und zum anderen auf die bei der Anwendung *analytischer Prüfungen* festgestellten Implausibilitäten konzentriert (→ II.1.2). Art und Umfang aussagebezogener Prüfungshandlungen orientieren sich demnach an den im Rahmen der Systemprüfung durchgeführten Prüfungshandlungen und den in diesem Zusammenhang getroffenen Prüfungsfeststellungen (→ Abb. II.5-7, sowie bereits Abb. II.5-5). Weiterhin werden aussagebezogene Einzelfallprüfungen getätigt, die nicht nur der Erlangung von Prüfungsnachweisen in Bezug auf abschlusspostenbezogene Aussagen dienen, sondern auch der Systemprüfung selbst (dual purpose tests; → II.3.2.2.3);[440] auch hier ist, wie bereits in den vorherigen Abschnitten dargestellt, der Einsatz IT-gestützter Prüfungstechniken bedeutsam.

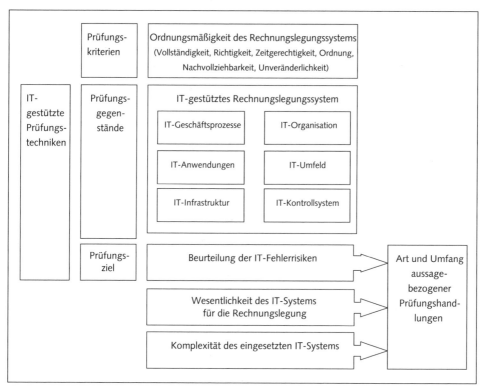

Abb. II.5-7: Bestimmungsfaktoren der Art und des Umfangs aussagebezogener Prüfungshandlungen

---

440 Vgl. ISA 330.A23, IDW PS 261.83 sowie IDW PS 300.23.

IT unterstützt den Prüfer nicht nur bei der Anwendung statistischer Stichprobenverfahren, sondern auch bei Durchführung bewusster Auswahlprüfungen sowie analytischer Prüfungen (ISA 330.A16, IDW PS 330.99 f.). Hier stellt das Vorliegen der Mandantendaten in IT-lesbarer Form kein Prüfungshindernis dar, sondern schafft gerade ideale Voraussetzungen für den Einsatz IT-gestützter Prüfungstechniken. Die *Nutzeffekte* IT-gestützter Prüfungstechniken sind demnach vorzugsweise in der *Sichtbarmachung* und der *prüferischen Aufbereitung* der gespeicherten Mandantendaten zu sehen; bei der Durchführung analytischer Prüfungen können diese Techniken den Prüfer bei der Entwicklung von Erwartungen (→ II.3.2.3.3) unterstützen.

Die zu prüfenden Daten lassen sich v. a. wie folgt aufbereiten:
- *Ordnen*: z. B. Sortieren von Forderungen und Verbindlichkeiten nach ihrem Altersaufbau,
- *Verdichten*: z. B. von Kostenstellen und Konten,
- *Selektieren*: z. B. Inventurbestände ab einer bestimmten Wertgrenze oder einer bestimmten Lagerdauer sowie die Offene-Postenliste bei Forderungen,
- *Vergleichen*: z. B. Abschreibungsverfahren für Anlagegegenstände im Vergleich zum Vorjahr,
- *Auswerten*: z. B. durch statistische Stichprobenverfahren.

Für diese Zwecke stehen dem Prüfer verschiedene IT-gestützte Prüfungstechniken zur Verfügung.[441] Der Prüfer kann entweder die zuvor genannten Aufbereitungsschritte direkt auf dem Mandantenrechner vornehmen (*einstufiges Verfahren*) oder relevante Daten auf seinen PC exportieren, um dort die entsprechende Datenaufbereitung vorzunehmen (*zweistufiges Verfahren*; vgl. Abb. II.5-8).

Einstufiges Verfahren

Im Rahmen einstufiger Verfahren hat der Prüfer drei Möglichkeiten, das IT-System des Mandanten für prüferische Zwecke zu nutzen (IDW PS 330.103 f.): Er nutzt allgemeine Dienstprogramme sowie spezifische Datenselektions- und Aufbereitungsprogramme des Mandanten, er greift auf die in IT-Anwendungen des Mandanten eingebettete Prüfungswerkzeuge zurück (*embedded audit-routines*) oder er lädt in Ausnahmefällen eigene Programme auf das IT-System des Mandaten. Einstufige Verfahren bieten den Vorteil des direkten Datenzugriffs sowie die Möglichkeit der Bearbeitung eines großen Datenvolumens. Nachteilig ist indes, dass dem Prüfer oftmals die erforderlichen Programmierkenntnisse und Transaktionsberechtigungen fehlen, um die notwendigen Auswertungen *eigenständig* zu erstellen

Zur Aufbereitung der Mandantendaten kann der Prüfer im Rahmen der einstufigen Verfahren unterschiedliche Techniken der Datenaufbereitung anwenden:
- Sind die prüfungsrelevanten Daten in einer Datenbank gespeichert, so kann der Prüfer mit Hilfe einer *Datenbankabfragesprache* (weite Verbreitung hat insbesondere die

---

441 Zu den nachstehend angesprochenen IT-gestützten Prüfungstechniken vgl. z. B. *Odenthal* (1995), S. 144 ff.; *IIR-Arbeitskreis »IT-Revision«* (2000), S. 47 ff.; *Nutz* (2005), S. 57 ff.; *Schuppenhauer* (2007), S. 385 ff. m. w. N.

Abfragesprache SQL[442] gefunden) gezielt auf die Inhalte der Datenbank zugreifen. Allerdings setzt dies meist ins Detail gehende Programmierkenntnisse der jeweiligen Abfragesprache voraus. Darüber hinaus kann die interaktive Auswertung relationaler Datenbanken eines Data Warehouse mittels On-Line Analytical Processing (OLAP) erfolgen.[443]

- Ein vereinfachtes Verfahren der Datenaufbereitung stellen *Listgeneratoren* dar. Diese Generatoren erzeugen parametergesteuert drucktechnisch aufbereitete Reports. Listgeneratoren erlauben den direkten Zugriff auf große Datenbestände und eine flexible Formulierung der Auswahlkriterien (z. B. Advantage™ CA-IDMS®-Culprit™ und SIRON®). Häufig enthalten Listgeneratoren auch bereits vorprogrammierte prüfungsspezifische Auswertungsfunktionen, wie z. B. Altersstrukturanalysen, Prüfsummenberechnungen und Stichprobenverfahren. Beispielsweise verfügt Advantage™ CA-EDP AUDITOR über eine Programmbibliothek mit vorgefertigten Prüfroutinen, die der Prüfer um selbst entwickelte Routinen erweitern kann. Listgeneratoren und Abfragesprachen sind besonders dann von Vorteil, wenn diese von Anfang an Teil des Mandantensystems sind und nicht vom Prüfer mitgebracht und an das Mandantensystem angepasst werden müssen.

Beispiel

Beim Einsatz der *Programmiersprache ABAP*[444] von SAP bietet es sich an, auf die in SAP hinterlegten Standardreports zurückzugreifen. So werden alle Informationen, die im Rahmen der Datenverarbeitung verwendet werden, in Tabellen gespeichert. Durch das ABAP Dictionary Pflege aufzurufende Data Dictionary können dann Eigenschaften der Tabellen und die enthaltenen Tabellenfelder eingesehen werden.[445] Wesentliche für die Prüfung relevante Auswertungen finden sich im SAP-Tool AIS.[446] Darüber hinaus können in ABAP/4 programmierte Berichte (reports) individuell auf die spezifischen Bedürfnisse des Anwenders angepasst werden. Die auf diese Weise erzeugten Auswertungen können mit Hilfe von Tabellen und hierin integrierter Funktionen ausgewertet und z. B. grafisch aufbereitet werden.[447]

- Alternativ kann der WP im jeweiligen *Betriebssystem* (z. B. Windows von Microsoft sowie z/OS von IBM) des Mandanten enthaltene Werkzeuge (*utilities*) zur Aufbereitung der zu prüfenden Daten einsetzen. Betriebssystemwerkzeuge sind an ein bestimmtes Betriebssystem oder eine Systemfamilie gebunden. Ein Vorteil von Betriebssystemwerkzeugen ist neben der sofortigen Verfügbarkeit beim Mandanten (Wegfall der Migration der Daten vom Bezugsystem auf ein Fremdsystem) auch die höhere

---

442 Structured Query Language.
443 Vgl. *Hansen/Neumann* (2009), S. 295 ff.; mit Prüfungsbezug *Nutz* (2005), S. 72 ff.
444 ABAP/4 steht für die Programmiersprache Advanced Business Application Programming (Programmiersprache der 4. Generation); mit Hilfe dieser Interpretersprache lässt sich der Quellcode der einzelnen ABAPs jederzeit am System einsehen. Vgl. *Kaluza et al.* (2003), S. 47; *Hartke/Hohnhorst/Sattler* (2010), S. 1, 27 f.
445 Vgl. z. B. *Hartke/Hohnhorst/Sattler* (2010), S. 10 ff.
446 Zu den weiteren Möglichkeiten und Funktionen von AIS → II.5.2.2.5.
447 Vgl. *Odenthal* (2002), S. 60 ff.

Performance. Ebenso sind Betriebssystemwerkzeuge komfortabler, da sie auf Technologien des Host-Systems basieren. Nachteile sind hingegen die mangelnde Ausrichtung auf Prüfungszwecke sowie ggf. die fehlende tiefergehende Vertrautheit des Prüfers mit dem spezifischen Betriebssystem.

Zweistufiges Verfahren

Als Alternative zu dem einstufigen Verfahren bietet sich ein *zweistufiges Verfahren* an. Hier werden – analog zur Vorgehensweise bei einem einstufigen Verfahren – zunächst die prüfungsrelevanten Daten auf dem Mandantenrechner zusammengestellt (z. B. durch Rückgriff auf entsprechende in SAP hinterlegte Standardlisten). Die gewählte Standardliste lässt sich wiederum exportieren und auf den Prüfer-PC übertragen (Datentransfer).[448] Für die Zwecke der Übernahme von Listendateien in Datenbanksysteme und Tabellenkalkulationsprogramme lassen sich speziell für diese Zwecke entwickelte Programme einsetzen (z. B. DataImport und Monarch). Anschließend erfolgt die Datenaufbereitung auf dem prüfereigenen PC. Als Vorteile eines solchen Vorgehens sind zu nennen: die einheitliche, dem Prüfer vertraute Anwendungsoberfläche sowie die Unabhängigkeit des Prüfers von den Laufzeiten und den speziellen Transaktionsberechtigungen des Mandantenrechners. Als mögliche Nachteile sind Probleme des Datentransfers und Speicherprobleme auf dem Prüfer-PC bei großem Datenvolumen zu nennen.

Abb. II.5-8 vermittelt einen Überblick über die zuvor beschriebenen IT-gestützten Prüfungstechniken. Im Einzelnen stehen die nachstehend beschriebenen Prüfungstechniken zur Verfügung.

- *Datenbanksysteme*: Datenbanksysteme (z. B. Microsoft Access, MySQL) erlauben es, durch Abfragen eine Vielzahl von Datenselektionen vorzunehmen.
- *Tabellenkalkulationsprogramme*: Die in der Praxis häufig eingesetzten Tabellenkalkulationsprogramme (z. B. Microsoft Excel) ermöglichen inzwischen eine Vielzahl von Auswertungen, wie z. B. das Sortieren von Datensätzen, umfassende deskriptive statistische Auswertungen (wie z. B. Maximum, Minimum, Mittelwert), das Filtern zur Feststellung der Häufigkeit von Werten sowie Rechenoperationen zum Vergleich mehrerer Wertfelder. Darüber hinaus ermöglicht Microsoft Excel auch die Anwendung komplexerer Verfahren z. B. zur statistischen Stichprobenziehung, zur Anwendung von Benford's Law (→ II.5.2.3.2) sowie zur Regressionsanalyse.[449] Auf Grund der umfassenden Anwendungsmöglichkeiten basieren einige Programme im Rahmen der Prüfung (z. B. Bilanza) auf Microsoft Excel. Allerdings bestehen im Unterschied zu den Datenbanksystemen bei Tabellenkalkulationsprogrammen stärkere Beschränkungen hinsichtlich der Anzahl der verarbeitbaren Datensätze und -felder.
- *Sonstige Anwendungsprogramme*: Sonstige auf dem prüfereigenen PC einsetzbare Anwendungsprogramme konzentrieren sich meist auf einzelne Prüfungsaspekte. Zu nennen sind z. B. Programme für die Prüfung einzelner Abschlussposten (z. B. Pen-

---

448 Ausführlich zur Datenübernahme siehe *Odenthal* (2006), S. 35 ff.
449 Eine ausführliche Darstellung der Anwendungsmöglichkeiten von Microsoft Excel findet sich in *Lanza* (2006), S. 5 ff., sowie ferner in *Hörmann* (1997), S. 30 ff.; *Gittler* (2007), S. 325 ff.; *Schmelter* (2010), S. 49 ff.

sionsrückstellungen) oder für die Berücksichtigung von Branchenspezifika (z. B. bei Kreditinstituten oder Versicherungsunternehmen).[450]

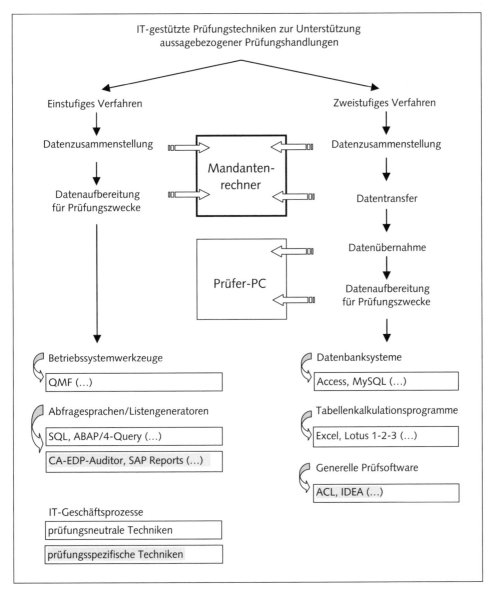

Abb. II.5-8: IT-gestützte Prüfungstechniken zur Unterstützung aussagebezogener Prüfungs-handlungen[451]

---

450 So auch *IDW* (2006), R 743.
451 Konzeptionell angelehnt an *Odenthal* (1995), S. 147, und *Odenthal* (2006), S. 10.

Neben den IT-gestützten Prüfungstechniken lassen sich auch Checklisten (vgl. bereits → II.5.2.2.2.2.2.) im Rahmen aussagebezogener Prüfungshandlungen wirkungsvoll einsetzen. Diese geben zumeist konkrete Hinweise hinsichtlich der Erlangung von Prüfungsnachweisen (z. B. abschlusspostenbezogene Checklisten).[452]

5.2.2.3 Dokumentation und Berichterstattung

Die Berichterstattung umfasst den internen Prüfungsbericht sowie den an externe Adressaten gerichteten Bestätigungsvermerk; hinzu tritt die Dokumentation in den Arbeitspapieren (→ II.6.3 und → II.6.4). In Bezug auf die IT-Systemprüfung hat der Abschlussprüfer die gewonnen Kenntnisse über das IT-System und die dazu durchgeführten Prüfungshandlungen in den Arbeitspapieren und im Prüfungsbericht zu dokumentieren. Art und Umfang der Dokumentation richten sich nach der Komplexität des IT-Systems (ISA 315.32 i. V. m. ISA 315.A131 sowie IDW PS 330.108 f).

Für die Erstellung dieser Materialien ist der Einsatz von *Textverarbeitungsprogrammen* (z. B. Word) obligatorisch. Als Vorteile einer solchen Vorgehensweise sind u. a. zu nennen: die leichte Änderbarkeit der Dokumente, die direkte Übernahme der vor Ort erstellten Prüfungsberichtsentwürfe als Grundlage für den endgültigen Prüfungsbericht sowie die Standardisierung der zuvor angesprochenen Materialien in formeller Hinsicht. Weiterhin lassen sich z. B. die Serienbrieffunktionen von Textverarbeitungsprogrammen für die Einholung von Saldenbestätigungen nutzen. Für die Präsentation von Prüfungsergebnissen können *Grafik- und Präsentationsprogramme* eingesetzt werden (z. B. Microsoft PowerPoint). Die Erstellung von flowcharts zur Darstellung von Systemabläufen lässt sich z. B. mit Hilfe von Microsoft Visio unterstützen.

5.2.2.4 Prüfungsbegleitende IT-gestützte Maßnahmen

Die Prüfungsbegleitung umfasst Maßnahmen, die nicht direkt auf die Erlangung von Prüfungsnachweisen ausgerichtet sind. Die im Rahmen der Prüfungsbegleitung einsetzbaren IT-Werkzeuge sind relativ heterogen; eine einheitliche Systematisierung ist nicht erkennbar. Die nachstehenden Ausführungen geben einen Überblick über zentrale, der Prüfungsbegleitung dienliche IT-gestützte Tools.[453]

Prüfungsspezifische Standardprogramme
Idealerweise erhält der Prüfer zu Beginn der Prüfung vom Mandanten eine Summen-/Saldenliste und einen (vorläufigen) Jahresabschluss. Diese sind wiederum unter Berücksichtigung der vom Prüfer ggf. veranlassten Korrekturbuchungen in einen endgültigen (testierten) Jahresabschluss zu überführen. Dabei ist stets darauf zu achten, dass dem WP ein prüfungsfähiger Abschluss vorliegt; die Mitwirkung des Prüfers bei der Abschlusserstellung stellt einen Ausschlussgrund gem. § 319 Abs. 3 Nr. 3 Buchst. a HGB dar (→ I.6.5.2.2, Unabhängigkeit).

---

452 Vgl. z. B. *IDW* (2010), S. 787 ff.
453 Vgl. auch *Senft/Gallegos* (2009), S. 83 ff.; *Nutz* (2005), S. 52 ff.

Das zuvor Gesagte schließt jedoch den IT-Einsatz für die Zwecke der Abschlusserstellung durch den Prüfer nicht aus. Prüfungsspezifische Standardprogramme sind z. B. Audit-Agent bzw. AuditSolution und BiG-Manager. Bei den genannten Programmen ergeben sich stark vereinfacht die folgenden Arbeitsschritte:[454]

- Eingabe der Stammdaten für den Mandanten in die Abschlusserstellungssoftware,
- automatisierter Import der Saldenliste des Mandanten,
- Zuweisung der Konten zu den Abschlussposten über Zuordnungsschlüssel und
- Eingabe der vorbereitenden Abschlussbuchungen nebst Korrekturbuchungen.

Auf dieser Basis lässt sich der Jahresabschluss automatisch erstellen. Darüber hinaus ermöglichen prüfungsspezifische Standardprogramme die digitale Dokumentation und Archivierung des Prüfungsprozesses sowie z. T. die Berichterstattung gegenüber dem Mandanten. Eine vorzunehmende Korrekturbuchung wird in diesem Fall gleichzeitig in die Dokumentationsunterlagen eingepflegt, so dass entsprechende Auswertungen für die Berichterstattung und Dokumentation sowie abschlussanalytische Berechnungen (z. B. Kennzahlenbildung) durchgeführt und automatisch angepasst werden. Insofern handelt es sich zumindest um partiell integrierte Systeme.

Wichtig ist dabei, dass die Erstellungsaktivitäten des Prüfers die des Mandanten nicht ersetzen dürfen. Vielmehr ist der IT-Einsatz als eine Art Parallelsimulation (→ II.5.2.2.2.2) zu interpretieren, die sich als Prüfungsnachweis für die Ordnungsmäßigkeit des Buchführungssystems des Mandanten verwerten lässt. Wesentliche Vorteile der zuvor genannten Programme sind: die Unabhängigkeit des Prüfers vom Buchführungssystem des Mandanten, aktuelle Informationen über den Stand der Abschlusserstellung, die direkte Verwertbarkeit der einmal eingegebenen Daten für die Zwecke der Berichterstattung und Dokumentation sowie die Bereitstellung IT-gestützter Checklisten, welche den Prüfer zumeist durch abschlusspostenbezogene Hinweise auf zentrale Prüfungshandlungen unterstützen sollen (z. B. die in AuditAgent enthaltene AuditChecklist).

Kommunikationssysteme

Derzeit ist der Einsatz von *Telefax* und *E-Mail* (z. B. Lotus Notes, Outlook) unabdingbar. Prüfungsunterstützung bieten auch *Kommunikationsforen* im Internet (Chat-Foren), die z. B. dem Erfahrungsaustausch über den Einsatz von CAAT dienen.[455]

Der Einsatz von *Groupware* erlaubt die Verbesserung der Gruppenzusammenarbeit auch von örtlich voneinander entfernt agierenden Gruppenmitgliedern. Groupware umfasst IT-Applikationen, welche es erlauben, einen gemeinsamen Informationsraum durch verschiedene Gruppenmitglieder kooperativ zu nutzen. Gängige Groupware Anwendungen sind z. B. Lotus Notes, Novell GroupWise und Microsoft Exchange.[456] Beispielsweise soll das auf Basis von Lotus Notes entwickelte System REDIS (Revisions-Da-

---

454 Zur Abschlussentwicklung sowie zu weiteren prüfungsspezifischen Programmfunktionen vgl. stellvertretend die Ausführungen zum Big-Manager unter URL: http://gewidor-gmbh.de/downlad/folder2/BIG-INFO.pdf (Stand: 1.4.2011).

455 Beispielhaft sei auf die verschiedenen Diskussionsforen im Bereich IT-Revision unter URL: http://www.foren-interne-revision.de/forum/?tab=29 (Stand: 1.4.2011) hingewiesen.

456 Vgl. *Hunton/Bryant/Bagranoff* (2004), S. 182.

ten-Informations-System) u. a. die Arbeitsabläufe einer Prüfung abbilden und zwischen den Beteiligten kommunizieren.[457] In der Praxis weit verbreitet ist z. B. die kooperative Erstellung von Arbeitspapieren.

Bei strukturierten, *ständig wiederkehrenden Arbeitsprozessen* spricht die Literatur auch von (groupwarebasierten) *Workflow-Management-Systemen*.[458] Sofern Abarbeitungsinteraktionen angesprochen sind, geht Groupware über ein reines Kommunikationssystem hinaus. Weiterhin erlauben prüfungsspezifische Standardprogramme oftmals die gleichzeitige Bearbeitung und Dokumentation.

Informationsbeschaffung

Bereits vor der Auftragsannahme sowie im Rahmen der Prüfungsplanung hat der Prüfer sich Kenntnisse der Geschäftätigkeit und des wirtschaftlichen Umfelds des Mandanten zu verschaffen. Auch darüber hinaus wird der Prüfer z. B. im Rahmen von analytischen Prüfungshandlungen zur Formulierung von Soll-Werten häufig auf Informationen zurückgreifen. Hier kann die Informationsbeschaffung wesentlich durch die Nutzung von Datenbanken unterstützt werden. So können z. B. über externe Online-Datenbanken Informationen über die Unternehmensbonität erlangt werden und es lassen sich das elektronische Unternehmensregister[459] sowie allgemeine Pressearchive nutzen.[460] Insbesondere in großen Prüfungsgesellschaften werden häufig interne Datenbanken z. B. über mandantenspezifische Informationen bereitgestellt und für planerische Zwecke genutzt.

Darüber hinaus erfolgt die Informationssuche zumeist über Suchmaschinen (z. B. URL: http://www.google.de; http://www.msn.de und http://www.yahoo.com).[461] Dabei lassen sich u. a. Branchendaten, charakteristische Merkmale vergleichbarer Unternehmen, allgemeine Marktdaten, Trends und zukünftige Entwicklungen recherchieren. Der Prüfer kann sich auf diese Weise auch zeitnah über aktuelle Entwicklungen im standard setting informieren (z. B. URL: http://www.iasb.org.uk; http://www.iasplus.com und http://www.idw.de).

Beispiel

Zur Beobachtung und Ermittlung von Unternehmensinformationen lässt sich der Nachrichten- und Informationsdienst Factiva (URL: http://www.factiva.com) einsetzen. Dieser Dienst unterstützt zum einen die Überprüfung von bestimmten Schätzgrößen und speziellen Unternehmensinformationen über eine Freitextsuche. Hier kann der Prüfer z. B. nach mandantenbezogenen Produktarten und -namen (z. B. Informationen zu Warentests, um ein Verständnis hinsichtlich möglicher Produkthaftungsrisiken und Drohverluste zu erlangen), Personennamen (z. B. Besetzung von Schlüsselpositionen beim Mandanten) sowie Konjunkturdaten suchen.

---

457 Vgl. *Williamson/Russell* (1997), S. 14 f.; *Seufert/Back* (1998), S. 72 ff.; *IIR-Arbeitskreis »IT-Revision«* (2000), S. 51, sowie ferner URL: http://www.iit-gmbh.de/produkte/redis (Stand: 1.4.2011).
458 Die Begriffsabgrenzungen sind nicht immer einheitlich; zum Workflow-Management siehe auch *Marten et al.* (1996), S. 225 ff. m. w. N.
459 Vgl. hierzu § 8b HGB sowie *Ruhnke* (2008), S. 102.
460 Vgl. *Langel* (1999), S. 266 ff.; *Ordemann* (2005), S. 325 ff.
461 Vgl. auch *Schmelter* (2010), S. 42 f.

Zum anderen ist auch eine laufende Beobachtung des Mandantenumfelds mit Suchprofilen möglich; die Rechercheergebnisse kann der Prüfer sich direkt per E-Mail zustellen lassen.[462]

Überdies bieten verschiedene Internetseiten dem Prüfer Hilfestellung bei der Anwendung von CAAT (z. B. bei Einsatz von ACL siehe URL: http://www.acl.com). Hinsichtlich der Nutzung von Jahresabschlussinformationen ist es möglich, diese Informationen auf der Basis der Berichtssprache XBRL im Internet standardisiert darzustellen und aufzubereiten.[463]

Sonstige Unterstützungsleistungen

Standardsoftware lässt sich auch zur *Erfassung und Abrechnung von Prüferleistungen* einsetzen (z. B. ProSystems fx Practice und Timeslips). Überdies ist Standardsoftware für verschiedene *prüfungsspezifische Berechnungen* (z. B. für steuerliche und versicherungsmathematische Zwecke) einsetzbar; für diese Zwecke lassen sich auch Tabellenkalkulationsprogramme verwenden, die dann auf die besonderen Erfordernisse des Mandanten hin zu programmieren sind.

5.2.2.5 Mandantensoftwarespezifische und prüfungsgesellschaftsspezifische Prüfungstechniken

Mandantensoftwarespezifische IT-gestützte Prüfungstechniken stellen weniger eine spezifische Funktionalität, als vielmehr ein bestimmtes Mandantensoftwaresystem in den Vordergrund.

DATEV-Software für die Abschlussprüfung

Die DATEV (Datenverarbeitung und Dienstleistung für den steuerberatenden Beruf eG.) hat für die Prüfung von Unternehmen, die ihre Bücher außer Haus über das DATEV-System führen, das Programm »Abschlussprüfung comfort« entwickelt, welches speziell auf die Erfordernisse des DATEV-Systems abgestimmt ist. Dieses Programm erlaubt eine entsprechende Übernahme der Rechnungswesendaten und unterstützt den Prüfer u. a. bei der Risikoanalyse, der Durchführung analytischer Prüfungen (durch Rückgriff auf ACL; → II.5.2.3.1) sowie der Erstellung von Arbeitspapieren und Prüfungsberichten. Eine Vielzahl von Hilfestellungen wird in Form von Checklisten gegeben.

Audit-Information-System (AIS) und CheckAud

Gleichfalls mandantensoftwarespezifisch fokussiert ist AIS. Dieses System ist auf die Prüfung des SAP-Systems R/3 (→ II.5.1.3) ausgerichtet und beinhaltet eine Sammlung, Strukturierung und Voreinstellung von Prüfungsfunktionen einschließlich Dokumentation, Prüfungsauswertungen und Download von Prüfungsdaten.[464] Neben AIS hat

---

462 Vgl. *Ordemann* (2005), S. 125 ff. Eine Übersicht über prüfungsspezifische Informationsanbieter findet sich in *ebd.*, S. 145 ff. Eine zentrale Wirtschaftsdatenbank mit Möglichkeit zur unternehmensspezifischen Recherche ist z. B. GENIOS; siehe hierzu URL: http://www.genios.de (Stand: 1.4.2011).

463 Siehe URL: http://www.xbrl.org (Stand: 1.4.2011) sowie → III.3.1.

464 Vgl. z. B. *DSAG Arbeitsgruppe Datenschutz* (2008), S. 112 f.

in den letzten Jahren »CheckAud for SAP Systems R/3« stärker an Bedeutung gewonnen.[465] Im Unterschied zu AIS ist CheckAud ein externes Tool. Mit dem dazugehörigen CheckScanR3 werden die auszuwertenden Daten aus SAP R/3 ausgelesen und in einer Datenbank gespeichert, auf die der Prüfer dann mittels CheckAud zurückgreift. Dieses Tool eignet sich besonders zur Auswertung von Zugriffsrechten.

Prüfungsgesellschaftsspezifische IT-gestützte Prüfungstechniken rücken den Einsatz in einer bestimmten Prüfungsgesellschaft in den Vordergrund.[466] Solche Softwaretools sollen den Mitgliedern einer Prüfungsgesellschaft über ein einheitlich einsetzbares IT-System eine organisationsspezifische Sichtweise der Prüfungsdurchführung vermitteln. Dabei lässt sich der IT-Einsatz auch als Mittel zur Umsetzung des organisationsspezifischen Prüfungsansatzes (audit approach) interpretieren; teilweise werden auch nur Teilbereiche der Prüfungsdurchführung unterstützt.

Beispiele

PricewaterhouseCoopers setzt mit *Aura* ein datenbankbasiertes IT-System ein, welches der konsequenten Umsetzung einer geschäftsrisikoorientierten Prüfung (→ II.3.3.1) dient. Diese windowsbasierte Anwendung unterstützt den Prüfer in allen Phasen der Abschlussprüfung. Aura-linkage soll dabei gezielt die Abschlussposten mit den spezifischen Risiken und den darauf bezogenen Prüfungshandlungen verknüpfen. Bei etwaigen Einschätzungen der inhärenten Risiken, der erwarteten Verlässlichkeit interner Kontrollen und den geplanten aussagebezogenen Prüfungshandlungen, die nicht dem Anforderungeniveau entsprechen, macht das System den Nutzer auf diesen Umstand aufmerksam (sog. alerts). Des Weiteren werden dem Prüfer in entsprechenden Bibliotheken allgemeine und branchenspezifische Prüfungsrisiken und Prüfungshandlungen aufgezeigt. Während des Prüfungsprozesses kann der Prüfer durch einen »Reference link« für die Prüfung relevante Rechnungslegungs- und Prüfungsliteratur abrufen.[467]

Die stark integrierte und modular aufgebaute Software *AuditSystem/2* (AS/2) von Deloitte & Touche unterstützt ebenfalls alle Phasen der Abschlussprüfung.[468] In der Prüfungsplanung eingegebene Informationen fließen automatisch in die Prüfungsdurchführung und führen zur Anpassung der Programme in dieser Phase. Prüfungsfeststellungen und -urteile fließen wiederum in die Prüfungsbeendigung. AS/2 enthält Werkzeuge zur Analyse, Dokumentation, Organisation, Kommunikation, Erfassung, Aufbereitung, Durchsicht und Präsentation von Informationen. Durch die Integration von an Deloitte & Touche angepasste Versionen von Microsoft Excel und Word besteht zum einen große Flexibilität und ist zum anderen eine unmittelbare Kommunikation mit dem Mandanten durch den Austausch von Dokumenten möglich. Darüber hinaus erlaubt das Modul »trial balance« eine automatische Übernahme der Saldenliste des Mandanten und eine darauf basierende Nachbildung des Abschlusses als Prüfungsgrundlage; realisiert wird dieses Modul über das IT-Tool Access. Das Modul STAR

---

465 Vgl. URL: http://www.checkaud.de (Stand: 1.4.2011) sowie *Tiede* (2004), S. 784 ff.
466 Zu den prüfungsgesellschaftsspezifischen IT-gestützten Prüfungstechniken vgl. auch *Ordemann* (2005), S. 263 ff.; *Hunton/Rose* (2010) m.w.N.
467 Vgl. *PwC* (2010).
468 Vgl. ferner *Krause/Breit* (1997), S. 63 ff.

(Statistical Techniques for Analytical Review) beinhaltet verschiedene statistische Verfahren zur Mustererkennung und Abweichungsanalyse von importierten Datensätzen. Für die Realisierung weiterer Module (z. B. Führung der Arbeitspapiere, Berichterstellung oder Datenbankabfragen) finden neben Microsoft Excel und Word auch andere Standardsoftwareprodukte, wie z. B. ACL und Lotus Notes Anwendung.

KPMG hat mit *eAudIT* ein ähnliches IT-Tool entwickelt, welches gleichfalls die mandantenspezifische Umsetzung einer geschäftsrisikoorientierten Prüfung unterstützt sowie in den jeweiligen Prüfungsschritten durch kontextbezogene Verweise auf die relevanten Textstellen der jeweils einschlägigen Standards die Einhaltung der ISA erleichtert. Zu den zentralen Funktionen gehört u. a. ein aktivitätsbasierter Workflow, der den gesamten Prüfungsprozess unterstützt. Zudem unterstützt das System bei der Bestimmung der relevanten Aussagen für signifikante Konten, um auf diese Weise das weitere prüfungsspezifische Vorgehen festzulegen. Dabei wird das Prüfungsteam durch Wissen (z. B. branchenspezifische Kontrollen und aussagebezogene Prüfungshandlungen) aus mehr als 40 Branchen unterstützt. Im Rahmen der Prüfungsdurchführung auftretende »significant matters« werden an zentraler Stelle dokumentiert und können somit bis zum Abschluss der Prüfung vollständig nachvollzogen werden. Das System lässt sich zudem leicht an die Größe und Komplexität des Mandanten (scalability) sowie die besonderen Erfordernisse einer Konzernabschlussprüfung (→ II.9.2) anpassen.[469]

Auch Ernst & Young setzt mit *GAMx* (Global Audit Methodology-x) ein datenbankbasiertes IT-Tool ein, welches den Prüfer bei der Durchführung und Dokumentation seiner Prüfungshandlungen unterstützen soll. Dieses Prüfungstool basiert auf der Groove Virtual Office Plattform von Microsoft. Die eingesetzte Peer-to-Peer Technologie erlaubt einen kontinuierlichen Datenaustausch zwischen den Mitarbeitern. Ferner können Prüfer auf Wissensdatenbanken (Prüfungsleitlinien und Interpretationen), berufsständische Normen, Dokumentations-Templates und sonstige Tools zugreifen.[470]

BDO setzt national und international für die Prüfung die eigenentwickelte Software *APT* (Audit Process Tool) ein. Mit dieser Software wird der risikoorientierte Prüfungsansatz nach den ISA in allen Phasen der Prüfung von der Planung über die Durchführung bis hin zur Berichterstattung und Dokumentation unterstützt. Die branchenspezifischen Bibliotheken mit »intelligenten« Checklisten erlauben eine effiziente, den Risiken der Prüfung angepasste Prüfung. Für den Datenaustausch der Teammitglieder und der Umsetzung der Archivierungsregeln wurde die von Microsoft entwickelte Kommunikationssoftware Groove zusammen mit einem Sharepointportal zur zentralen Datenspeicherung in die Prüfungssoftware eingesetzt. Ebenfalls werden weitere Microsoftprodukte sowie Software von Caseware und Caseware Working Papers eingebunden.[471]

---

469 Vgl. hierzu *KPMG* (2010a, 2010b).
470 Vgl. hierzu *Ernst & Young* (2008, 2010).
471 Vgl. hierzu *Gerber* (2010).

5.2.3   Funktionsweise IT-gestützter Prüfungstechniken am Beispiel des Einsatzes genereller Prüfsoftware

Generelle Prüfsoftware (häufig auch als *generelle Prüfsprache* bezeichnet) sind Programmpakete, die eine Vielzahl prüfungsbezogener Aufbereitungsfunktionen abdecken und bei unterschiedlichen Mandanten (und unabhängig von dessen IT-System) einsetzbar sind.[472] Der Einsatz genereller Prüfsoftware basiert auf dem in → II.5.2.2.2.3 beschriebenen *zweistufigen Verfahren* (vgl. Abb. II.5-8). Vereinfacht formuliert werden die Daten zunächst auf dem Mandantenrechner zusammengestellt und dann auf den Prüferrechner übertragen, um von dort aus die Datenaufbereitung für Prüfungszwecke vorzunehmen. Technische Probleme beim Datentransfer bestehen auf Grund der Vielzahl der vorhandenen Datenimportschnittstellen (auch zu SAP R/3) derzeit kaum noch. Neben einer Vielzahl vordefinierter Auswertungsfunktionen ermöglichen generelle Prüfprogramme darüber hinaus durch die Anwendung von Makrosprachen flexibel erweiterbare Funktionen und Abfragen.

Der Einsatz von Prüfsprachen ist bereits in die *Prüfungsplanung* einzubeziehen (ISA 300.A8 i. V. m. ISA 300.appendix, IDW PS 330.25, 330.48, 330.95 und 330.106). Gerade bei einer Erstprüfung sind bereits im Vorfeld der Prüfungsdurchführung zum einen die Voraussetzungen für einen reibungslosen Datentransfer sicherzustellen und zum anderen ist das Prüfungspersonal im Umgang mit der Prüfsprache zu schulen.

5.2.3.1 Auswertungsfunktion im Überblick

Die auf dem Betriebssystem Windows basierenden Prüfsprachen Audit Command Language (ACL) und Interactive Data Extraction and Analysis (IDEA) haben weite Verbreitung bei externen Prüfern und bei internen Revisoren erfahren.[473] ACL und IDEA sind als umfassender prüfungsspezifischer Werkzeugkasten ausgestattet und unterscheiden sich hinsichtlich ihrer Auswertungsfunktionen nur in Details. Als zentrale *Auswertungsfunktionen* von IDEA sind zu nennen:[474]

Feldstatistiken

Feldstatistiken sollen einen ersten Überblick über Inhalt, Aufbau und Struktur einer Datei sowie ein Gefühl für Zahlenwerte, deren Größenordnungen und Verteilungen vermitteln, um hiernach weitere gezielte Analyseschritte einleiten zu können. Ist es z. B. das Ziel des Prüfers, den Lagerbestand eines bestimmten Produktes näher zu untersuchen, so liefert die Funktion »Feldstatistiken« (auf Basis einer fiktiven Ausgangsdatei) die in Tab. II.5-2 dargestellten Informationen.

---

472 Zur Einordnung innerhalb der IT-gestützten Prüfungstechniken → II.5.2.2.
473 Vgl. *McCollum/Salierno* (2003), S. 35 ff. Zu den folgenden Ausführungen vgl. *Hunton/Bryant/Bagranoff* (2004), S. 189 ff.; *Odenthal* (2006), S. 97 ff.; zum Vergleich von ACL und IDEA siehe URL: http://www.acl.com (ACL; Stand: 1.4.2011) und URL: http://www.audicon.net/loesungen/index.php (IDEA; Stand: 1.4.2011).
474 Vgl. hierzu *Hunton/Bryant/Bagranoff* (2004), S. 189 ff.; *AUDICON* (2007), S. 1 ff. Zu den Anforderungen an eine generelle Prüfsoftware siehe auch *IIR-Arbeitskreis »IT-Revision«* (2000), S. 49.

Statistik	Wert
Nettowert	54.059.344,05
Absolutwert	54.066.350,99
Anzahl der Datensätze	3.068
Anzahl der Nullwerte	4
Debitorischer Wert (+)	54.062.847,52
Kreditorischer Wert (-)	–3.503,47
Anzahl debitorischer Datensätze (+)	3.060
Anzahl kreditorischer Datensätze (-)	4
Anzahl Datenfehler	0
Durchschnittswert	17.620,39
Minimum	–1.287,97
Maximum	65.524,47
Datensatznummer des Minimums	2.094
Datensatznummer des Maximums	938
Standardabweichung der Grundgesamtheit	19.748,47
Varianz der Grundgesamtheit	390.001.973,39
Schiefe der Grundgesamtheit	1,01
Kurtosis der Grundgesamtheit	–0,43

Tab. II.5-2: Feldstatistiken[475]

Datensätze selektieren

Der Prüfer kann aus der gesamten Datei anhand vorgegebener Kriterien einzelne Datensätze auswählen. Dabei kann er

- nach auffälligen Merkmalen suchen (z. B. besonders hohe Preise oder Rabatte, Retouren, hohe Reisekosten),
- Plausibilitätsprüfungen durchführen (z. B. Bestandspositionen ohne oder mit negativem Wert, Provisionen ohne Umsatz, Vorratsartikel, bei denen der Verkaufspreis den Einkaufspreis unterschreitet, Kundennummer ohne Kundenstammsatz) oder
- bestimmte bearbeitungsrelevante Vorgänge auswählen (z. B. Vorgänge nach einem bestimmten Stichtag, Auswahl der Lagerbestände bestimmter Lieferanten).

Wird die in Tab. II.5-2 dargestellte Feldstatistik näher untersucht, fallen jeweils vier Datensätze (Posten des Lagerbestands) mit einem negativen Bestandswert sowie mit einem Nullbestand auf. Um diese Datensätze näher zu betrachten, definiert der Prüfer

---

475 Die Schiefe bezeichnet die Abweichung einer Häufigkeitsverteilung von einer symmetrischen Verteilung; ist die Verteilung linksschief (rechtsschief) ist die Maßzahl < (>) 0. Die Kurtosis gibt an, ob eine Verteilung im Vergleich zur Normalverteilung breitgipflig oder schmalgipflig ist (Wölbung der Verteilung). Schiefe und Kurtosis sind jeweils null, wenn eine Normalverteilung vorliegt.

die Selektionsgleichung »Betrag ≤ 0« und es erscheinen Details zu den relevanten Negativbeständen (z. B. Datensatz-Nummer, Artikel-Nummer, Artikel-Name, Lagerort).

Im Sinne des risikoorientierten Prüfungsansatzes wäre es dann, diese bewusst selektierten Datensätze näher zu untersuchen. Als mögliche Fehlerursachen für die Existenz eines negativen Bestandswertes kommen z. B. die fehlende Erfassung von Warenzugängen, eine falsche Periodisierung (z. B. Erfassung von Warenzugängen, die dem laufenden Geschäftsjahr zuzuordnen sind, erst im nächsten Jahr) oder die falsche Zuordnung von Warenzugängen zu den Artikel-Nummern in Betracht.

Schichten einer Datei

Um einen Überblick über die *wertmäßige* Zusammensetzung von relevanten Feldern einer Datei zu erhalten, empfiehlt es sich, diese zu schichten. So ermöglicht die Altersstrukturanalyse, die Datensätze einer Datei (über ein *Datumsfeld*) in verschiedene frei definierbare Altersintervalle einzuteilen. In Bezug auf die zuvor angesprochene Lagerdatei ist eine solche Analyse z. B. dienlich, um die bereits seit längerer Zeit gelagerten Artikel zu identifizieren. Diese sind gleichfalls in einem zweiten Schritt näher zu beleuchten. Dabei kann es z. B. darum gehen, die Gründe für eine längere Lagerdauer zu identifizieren und die Notwendigkeit zur Durchführung einer außerplanmäßigen Abschreibung (z. B. bei verderblichen oder technisch überholten Artikeln) zu prüfen. Weiterhin lassen sich durch Schichtung in Bezug auf die Bestandsbuchwerte oder die Verbrauchswerte des Lagers ABC-Analysen durchführen.

Mehrfachbelegungs- und Lückenanalyse

Mit Hilfe dieser Funktionen kann zum einen festgestellt werden, inwiefern bei Datensätzen, die in einer aufeinander folgenden lückenlosen Reihenfolge vorhanden sein müssten (z. B. fortlaufende Belegnummerierung), Lücken auftreten und zum anderen, inwieweit Datensätze mehrfach vorkommen (z. B. doppelte Vergabe einer Belegnummer).[476] Derartige Fehler deuten auf Mängel im IKS hin.

Stichprobenerhebung

Die Stichprobenerhebung (→ II.3.2.4.2) unterstützt die systematische Auswahl, die Zufallsauswahl, die geschichtete Zufallsauswahl, das Monetary Unit Sampling (MUS) sowie das Attribut-Stichprobenverfahren; überdies findet sich ein Zufallszahlengenerator.

Aufbauend auf der zuvor dargestellten Funktionalität ist generelle Prüfsoftware in *allen Teilbereichen der Rechnungslegung* einsetzbar. Als zentrale Anwendungsgebiete kommen die Bereiche Kreditoren und Debitoren, Lager- und Materialwirtschaft, Löhne und Gehälter, Anlagevermögen, Hauptbuch sowie Ein- und Verkauf in Betracht.

---

476 Eine erste Orientierung ermöglicht hier die Berechnung eines sog. Mehrfachbelegungsfaktors; vgl. *Odenthal* (2006), S. 138 f.

> **Beispiel**
>
> Am Beispiel der *Kreditoren und Debitoren* sei im Folgenden die Vielfalt der unterstützbaren Prüfungshandlungen verdeutlicht: Auswahl nach Branchen, Kontengruppen, Statistik von Kunden, Lieferanten und Konten, debitorische Kreditoren, Saldenbestätigungen, Ausnahme-Reports für überschrittene Limits, Fälligkeiten und Zahlungsziele, außerperiodische und atypische Buchungen, Analyse der Zahlungsentwicklung und des Zahlungsstroms, Doppelzahlungen, Überzahlungen, Kontrolle der Rechnungseingangs- und Rechnungsausgangsbücher, Überziehung von Einkaufs- und Auftragslimits, Stichprobe aus Forderungen und Verbindlichkeiten.

5.2.3.2 Einsatz von Prüfsprachen zur Unterstützung der Aufdeckung von fraud

Besonders wirkungsvoll lassen sich Prüfsprachen dann einsetzen, wenn es um die *positive Suchverantwortung des Prüfers hinsichtlich der Existenz von fraud* geht (→ II.4.1); dasselbe gilt für den Einsatz von Prüfsprachen im Fall der Erteilung eines weiterreichenden Prüfungsauftrags zur Aufdeckung von Unterschlagungen (→ III.3.3.2.2).

Deuten z. B. erste Anzeichen auf das Vorliegen von fraud hin, kann der Prüfer die von fraudulenten Handlungen vermutlich betroffenen Datenbestände verschiedenen Plausibilitätsprüfungen unterziehen. Dabei ist zu beachten, dass die seitens des Prüfers vorgenommenen analytischen Prüfungen nur dann ein Potenzial zur Aufdeckung von fraud besitzen, wenn die Täuschungen oder bewusst begangenen Vermögensschädigungen ihre Spuren in dem zu prüfenden Datenmaterial hinterlassen haben.

Um Indizien aufzuspüren, die auf die Existenz von fraud hindeuten, kann der Prüfer bereits vorprogrammierte, prüfungsspezifische Standardanwendungen einsetzen (z. B. Datas-Pro für ACL). Der Prüfer kann die durchzuführenden Datenanalysen unter Rückgriff auf die verfügbaren Auswertungsfunktionen auch selbst definieren. Die folgenden Beispiele verdeutlichen den Einsatz von Prüfsprachen:[477]

Mitarbeiter-/Lieferantenabgleich
In nicht wenigen Fällen vermitteln Betriebsangehörige einem als Lieferanten registrierten Familienangehörigen überteuerte Aufträge. Die Identifikation solcher Vorgänge ist durch einen Abgleich der Personal-Stammdaten (z. B. Name, Anschrift, Telefonnummer oder Bankverbindung) mit den Lieferanten-Stammdaten möglich. Positionen mit übereinstimmenden Dateninhalten lassen sich herausfiltern und sind dann näher zu untersuchen.

Mehrfach gezahlte Rechnungen
In Zusammenarbeit mit dem Lieferanten ist es möglich, durch Mehrfachzahlung von Rechnungen unberechtigt Geld aus dem Unternehmen zu entwenden. Derartige Vorgänge lassen sich aufspüren, indem Rechnungsausgänge mit identischen Inhalten (z. B.

---

477 Zu den folgenden Ausführungen vgl. ISA 240.appendix 2 sowie *Coderre* (1999), S. 7 ff.; *Odenthal* (2006), S. 97 ff.

Rechnungsbetrag, Rechnungsdatum, Rechnungs- und Auftrags-Nummer) automatisch ermittelt werden. Dem Versuch der Täter (Defraudenten), das Aufdecken durch Variation der Rechnungsbeträge im Centbereich zu verschleiern, kann der Prüfer durch spezielle Rundungsfunktionen bei der Abfrage entgegen wirken.

Kennzahlenanalysen

Verbreitete Kennzahlen für die fraud-Aufdeckung sind das Verhältnis des höchsten zum zweithöchsten Wert, das Verhältnis des aktuellen Wertes zu dem des Vorjahres sowie das Verhältnis des höchsten zum niedrigsten Wert. Tab. II.5-3 verdeutlicht die Anwendung der zuletzt genannten Kennzahl am Beispiel der Verkaufspreise der Fertigprodukte A und B im Jahresverlauf. Dabei sind Kennzahlenausprägungen nahe dem Wert Eins als normal einzustufen.

	Maximum	Minimum	Kennzahl
Produkt A	235 €	127 €	1,85
Produkt B	289 €	285 €	1,01

Tab. II.5-3: Analyse von Verkaufspreisen

Demnach sind bei Produkt B keine Unregelmäßigkeiten zu vermuten. Dagegen muss der Prüfer den Ursachen für die hohe Abweichung vom Normwert bei Produkt A nachgehen.

Eine weitere, theoretisch anspruchsvollere Analysefunktion basiert auf der von Frank Benford beobachteten natürlichen Verteilung von Ziffern in unwillkürlich generierten Datensätzen (natürliche Grundgesamtheit). Das nach ihm benannte *Benford'sche Gesetz* geht davon aus, dass z. B. die mit der Ziffer Eins beginnenden Zahlen signifikant häufiger auftreten als andere Ziffern. Die folgende Formel beschreibt die erwartete Wahrscheinlichkeit für das Auftreten der ersten Ziffer einer Zahl:[478]

$$\text{Ziffernhäufigkeit} = \log\left(1 + \frac{1}{\text{jeweilige Ziffer}}\right).$$

Diese Formel führt, angewandt z. B. auf die erste Ziffer einer Zahl, zu der in Tab. II.5-4 dargestellten Häufigkeitsverteilung. Voraussetzung für die Anwendung ist, dass es sich um Massenvorgänge (z. B. Vorräte) handelt und eine natürliche Grundgesamtheit vorliegt. Demnach ist das Gesetz z. B. nicht anwendbar, wenn zugewiesene Zahlen der Identifikation dienen (z. B. Telefonnummern) oder klar definierte Unter- oder Obergrenzen existieren (z. B. für Provisionen).

---

478 Vgl. hierzu *Quick* (1999), S. 217 ff.; *Mochty* (2002), S. 725 ff.; *Odenthal* (2006), S. 156 ff. m. w. N. Zur Gültigkeit des Benford'schen Gesetzes in Bezug auf deutsche Rechnungslegungsdaten vgl. *Quick/ Wolz* (2003), S. 208 ff. Vgl. kritisch zu diesem Gesetz *Cleary/Thibodeau* (2005), S. 77 ff.; *Rafeld/Then Bergh* (2007), S. 26 ff.

Erste Ziffer	Beobachtete Häufigkeit Benford-Verteilung	Beobachtete Häufigkeit Hill-Verteilung
1	0,301	0,147
2	0,176	0,100
3	0,125	0,104
4	0,097	0,133
5	0,079	0,097
6	0,067	0,157
7	0,058	0,120
8	0,052	0,084
9	0,046	0,058

Tab. II.5-4: Häufigkeitsverteilung für die erste Ziffer einer Zahl nach Benford und Hill

Diese Gesetzmäßigkeit kann der Prüfer dahingehend nutzen, indem er die *Fehlerhypothese* (→ I.3.2.2) aufstellt, dass in Datenbeständen des Mandanten feststellbare Häufigkeitsverteilungen (Ist-Verteilung), die deutlich von der Benford'schen Häufigkeitsverteilung (Soll-Verteilung) abweichen, als Indiz für die Existenz von Fehlern zu werten sind. Abweichungen der Ist- von der Soll-Verteilung in einer Größenordnung von 1 bis 1,5 % für die erste Ziffer gelten als Indiz dafür, dass eine eingehendere Untersuchung dieser Ziffer stattfinden sollte. Weiterhin ist bedeutsam, dass in dem Fall, in dem eine Person bewusst Zufallszahlen erfindet, sich eine gewisse Präferenz für die Ziffern »1« und »6« zeigt. Als Referenzverteilung eignet sich hier die von *Hill* beobachtete Verteilung,[479] welche in ihrer Struktur deutlich von der Benford-Verteilung abweicht. Allerdings kann die Anwendung des Gesetzes scheitern, sofern nur wenige Einzelposten manipuliert wurden.

Prüfsoftware unterstützt den Prüfer hierbei dergestalt, dass sich die erste Ziffer über eine spezielle Programmfunktion in ein gesondertes numerisches Feld einstellen lässt. In einem weiteren Schritt wird dann die Ist-Verteilung (der zu untersuchenden Datei) mit der Benford'schen Häufigkeitsverteilung verglichen. Identifizierte auffällige Abweichungen sind dann im Hinblick auf ihre Ursachen hin näher zu untersuchen.

Beispiele

Beginnen bspw. in einer Datei mit Rechnungseingängen 13 % der erfassten Werte mit der Ziffer 4, so wären diese Rechnungseingänge näher zu analysieren. Es könnte z. B. sein, dass alle Rechnungen bis zu einem Limit von 500 € ohne besondere Kontrolle und Genehmigung bezahlt werden und dass sich ein Mitarbeiter und ein Kunde darauf verständigt haben, sich über fingierte Rechnungen (die zumeist Beträge zwischen 400 und 499 € aufweisen) zu bereichern. Handelt es sich um eine Datei mit Rechnungsausgängen, könnte das häufige Auftre-

---

479 Die Verteilung beruht auf einer Befragung von 742 »undergraduate calculus students«, die darum gebeten wurden, zufällig sechsstellige Ziffern anzugeben. Zu den Einzelheiten vgl. *Hill* (1998), S. 967 ff.

ten der Ziffer 4 auch darin begründet liegen, dass ein Sachbearbeiter die Kompetenz besitzt, Ausbuchungen bis zu einem Limit von 500 € vorzunehmen. Hier könnte der Sachbearbeiter mit einigen Freunden zusammenarbeiten, die regelmäßig Waren im Wert von knapp unter 500 € beziehen. Die regulär erstellten Rechnungen werden dann wiederum vom Sachbearbeiter ausgebucht.

Prüfsprachen lassen sich im Rahmen der Prüfungsdurchführung in Bezug auf das vorliegende Datenmaterial der gesamten Berichtsperiode oder auch kontinuierlich einsetzen. Bei einer kontinuierlichen Prüfung werden auffällige und mithin kritische Buchungen (z. B. Doppelzahlungen) automatisch protokolliert (insofern besteht ein enger Zusammenhang zu den Integrated Test Facilities (→ II.5.2.2.2.2.2).[480]

Da der Einsatz der Prüfsoftware der Erlangung von Prüfungsnachweisen dient, gelten auch hier die allgemeinen *Dokumentationsanforderungen*, die an die Ausgestaltung von Arbeitspapieren zu stellen sind (ISA 230, IDW PS 460, insbesondere 460.12). Hilfreich ist dabei, dass die mittels einer Prüfsprache formulierten Abfragen bzw. Abfragefolgen automatisch protokolliert werden. Während der Datenanalyse bieten Prüfsprachen zudem die Möglichkeit, Kommentare über einen elektronischen Notizzettel zu vermerken. Die Prüfungsergebnisse sind im Prüfungsbericht festzuhalten; die Erstellung des Berichts lässt sich wiederum z. B. über softwareeigene Berichts- und Diagrammassistenten unterstützen.

Kontrollfragen

1. Ordnen Sie die GoB i. e. S. in das GoB-System ein und gehen Sie auf die allgemeinen Anforderungen an die GoB i. e. S. ein. Welche Besonderheiten ergeben sich im Hinblick auf die Ausgestaltung der GoB i. e. S., wenn der Mandant IT-gestützte Rechnungslegungstechniken einsetzt?
2. Definieren Sie den Begriff »IT-gestütztes Rechnungslegungssystem« und skizzieren Sie das Zusammenwirken der einzelnen Komponenten eines solchen Systems.
3. Stellen Sie die Faktoren dar, die Art und Umfang der IT-Systemprüfung beeinflussen und stellen Sie auch den Zusammenhang zu den im Folgenden durchzuführenden aussagebezogenen Prüfungshandlungen her.
4. Analysieren Sie die IT-Fehlerrisiken, die aus der Einführung einer neuen Buchhaltungssoftware resultieren können.
5. Skizzieren Sie die Arbeitsschritte einer IT-gestützten Rechnungslegung.
6. Legen Sie die Notwendigkeit des Einsatzes IT-gestützter Prüfungstechniken dar.
7. Welche IT-gestützten Prüfungstechniken können den Prüfer in welcher Phase des Prüfungsprozesses unterstützen? Geben Sie einen systematischen Überblick über IT-gestützte Prüfungstechniken und die mit ihrem Einsatz verfolgten Zwecke.
8. Der Prüfungsleiter Hermann Schmidt beauftragt Sie, die IT-gestützte Rechnungslegung der Rabo AG zu prüfen.

---

480 Vgl. z. B. *Schmelter* (2010), S. 104 ff.

- Skizzieren Sie Ihr Vorgehen.
- Sie stellen die folgenden Mängel fest: Zum einen beschreibt die Ihnen zur Verfügung gestellte Systemdokumentation Eingabekontrollen, die zum Prüfungszeitpunkt in dem eingesetzten (Ist-)System nicht vorhanden sind, und zum anderen erscheint Ihnen die mit der Dateneingabe im Verkaufsbereich betraute Person unzuverlässig und fachlich nicht kompetent. Wie gehen Sie vor?
- Sie veranlassen verschiedene Korrekturbuchungen bei der Rabo AG und stellen fest, dass die gewünschten Darstellungen in der Bilanz und GuV (nach Durchführung der Korrekturbuchungen seitens des Mandanten) zutreffend sind. Allerdings ist das eingesetzte IT-System so konzipiert, dass sich nachträglich die ursprüngliche (falsche) Buchung und die Korrekturbuchung nicht mehr identifizieren lassen. Wie gehen Sie vor?

9. Gehen Sie auf den Einsatz von Prüfsprachen bei der Jahresabschlussprüfung ein. Inwieweit lässt sich die Aufdeckung von fraud i. S. von ISA 240 bzw. IDW PS 210 über Prüfsprachen unterstützen?

Zitierte und weiterführende Literatur

AUDICON (2007): IDEA, Stuttgart.

Baetge, J./Kirsch, H.-J./Thiele, S. (2004): Bilanzanalyse, 2. Aufl., Düsseldorf.

Baetge, J./Kirsch, H.-J./Thiele, S. (2009): Bilanzen, 10. Aufl., Düsseldorf.

Basar, B. (2010): Cloud computing, in: Controlling, S. 414–416.

BMF (1996): BMF-Schreiben vom 7.11.1995 – IV A 8 – S 0316 – 52/95, Grundsätze ordnungsgemäßer DV-gestützter Buchführungssysteme (GoBS), in: Der Betrieb, Beilage 2 zu Heft 3.

Busse von Colbe, W./Pellens, B. (1998): Lexikon des Rechnungswesens, 4. Aufl., München.

Calderon, T.G./Cheh, J. (2002): A roadmap for future neural networks research in auditing and risk assessment, in: International Journal of Accounting Information Systems, S. 203–236.

Cascarino, R.E. (2007): Auditor`s guide to information systems auditing, o.O. 2007.

Cleary, R./Thibodeau, J.C. (2005): Applying digital analysis using Benford's Law to detect fraud: the dangers of type I errors, in: Auditing: A Journal of Practice & Theory, S. 77–81.

Coderre, D.G. (1999): Fraud detection, using data analysis techniques to detect fraud, Vancouver.

Coderre, D.G. (2005): CAATTs & other BEASTs for auditors, 3. Aufl., Vancouver.

DSAG Arbeitsgruppe Datenschutz (2008): Leitfaden Datenschutz SAP ERP 6.0, Stand 30. Mai 2008, Walldorf.

Du, H./Roohani, S. (2007): Meeting challenges and expectations of continuous auditing in the context of independent audits of financial statements, in: International Journal of Auditing, S. 133–146.

Eisele, W. (2002): Technik des betrieblichen Rechnungswesens, 7. Aufl., München.

Elder, R.J./Beasley, M.S./Arens, R.J. (2010): Auditing and assurance services, 13. Aufl., Upper Saddle River.

Ernst, C. (2006). Effiziente Konsolidierung durch optimale Vorbereitung im Einzelabschluss, in: Küting, K./Pfitzer, N./Weber, C.-P. (Hrsg.): Internationale Rechnungslegung: Standortbestimmung und Zukunftsperspektiven, Stuttgart, S. 463–476.

Ernst & Young (2008): A technical overview of Ernst & Young's audit support tool, unveröffentlichte Quelle, o.O. 2008.

Ernst & Young (2010): Transparenzbericht zum 31. März 2010, Stuttgart.

Ewald, J. (1990): Verfahrensprüfung von EDV-gestützten Buchhaltungssystemen mit Hilfe dialogisierter Checklisten. Vortragsunterlagen, in: GEWIDOR (Veranstalter): Konferenz Computergestützte Revision und Abschlußprüfung, Düsseldorf.

Fabian, K. (2004): IT und Wirtschaftsprüfung, Düsseldorf.

Förschle, G. (2010): Kommentierung des § 243 HGB, in: Ellrott, H./Förschle, G./Kozikowski, M./Winkeljohann, N. (Hrsg.): Beck'scher Bilanz-Kommentar – Handels- und Steuerbilanz, 7. Aufl., München, S. 59–78.

Gerber, F. (2010): Tool-Einsatz bei BDO, unveröffentlichte interne Quelle, o.O.

Gittler, M.A. (2007): Stichprobenprüfung in der Internen Revision – Darstellung und Umsetzung am Beispiel von Microsoft Excel, in: Förschler, D. (Hrsg.): Innovative Prüfungstechniken und Revisionsvorgehensweisen, Frankfurt a.M., S. 326–351.

Guy, D.M./Alderman, C.W./Winters, A.J. (1999): Auditing, 5. Aufl., Forth Worth et al.

Hagemeister, G./Kons, M. (2010): Closing the books – Die Prüfung des IT-getützten Geschäftsprozesses »Erstellung des Jahresabschlusses«, in: Die Wirtschaftsprüfung, S. 339–348.

Hansen, H.R./Neumann, G. (2009): Wirtschaftsinformatik 1, Grundlagen und Anwendungen, 10. Aufl., Stuttgart.

Hartke, L./Hohnhorst, G./Sattler, G. (2010): SAP® Handbuch Sicherheit und Prüfung: Praxisorientierter Revisionsfaden für SAP®-Systeme, 4. Aufl., Düsseldorf.

Heese, K. (2003): Der risiko-, prozess- und systemorientierte Prüfungsansatz, in: Die Wirtschaftsprüfung, Sonderheft 2003, S. S223-S230.

Heese, K. (2010): Cloud computing – Wirtschaftsprüfung im virtuellen Raum?, in: Die Wirtschaftsprüfung, Heft 12, S. I.

Heese, K./Kreisel, H. (2010): Prüfung von Geschäftsprozessen, in: Die Wirtschaftsprüfung, S. 907–919.

Hill, T.P. (1998): Random-number guessing and the first digit phenomenon, in: Psychological Reports, S. 967–971.

Hörmann, F. (1997): Quantitative Verfahren in der Wirtschaftsprüfung, Wien.

Holey, T./Welter, W./Wiedemann, A. (2007): Wirtschaftsinformatik, 2. Aufl., Ludwigshafen.

Hunton, J.E./Bryant, S.M./Bagranoff N.A. (2004): Core concepts of information technology auditing, Hoboken, New Jersey.

Hunton, J.E./Rose, J.M. (2010): 21st century auditing: advancing decision support systems to achieve continuous auditing, in: Accounting Horizons, S. 297–312.

IBM (2009): Security target for IBM z/OS version 1 – release 10, version 5.11, o.O.

IDW (2002): Anforderungsprofil zur Beurteilung von Softwareprogrammen zur IT-Unterstützung in der mittelständischen WP-Praxis, in: IDW-Fachnachrichten, Beilage zu Heft 11.

IDW (2006): WP Handbuch 2006 – Wirtschaftsprüfung, Rechnungslegung, Beratung, Band I, 13. Aufl., Düsseldorf.

IDW (2010): IDW Praxishandbuch zur Qualitätssicherung 2010/2011, 4. Aufl., Düsseldorf.

IIR-Arbeitskreis »DV-Revision« (2000): Grundlagen der Prüfung von Geschäftsprozessen, in: IIR (Hrsg.): DV-Revision, Ergänzbarer Leitfaden zur Durchführung von Prüfungen der Informationsverarbeitung. Abschnitt 410, Berlin.

IIR-Arbeitskreis »IT-Revision« (2000): Einsatz von Software für Revisionszwecke, in: Zeitschrift Interne Revision, S. 46–51.

Kaluza, J./Glauch, T./Hohnhorst, G./Rediger, B./Stein, R./Sobania, J. (2003): SAP® Handbuch, Sicherheit und Prüfung – Praxisorientierter Revisionsleitfaden für R/3™-Systeme, 3. Aufl., Düsseldorf.

Kagermann, H./Küting, K./Wirth, J. (2008), IFRS-Konzernabschlüsse mit SAP®, 2. Aufl., Stuttgart.

Kanter, H. (2001): Systems auditing in a paperless environment, in: The Ohio CPA Journal, Heft January-March, S. 43–47.

Köster, C./Kuschel, K./Ribbert, M. (2010): Risiko- und prozessbasierte Vorbereitung und Durchführung von Journal-Entry-Tests auf Basis von IDW PS 210, in: Die Wirtschaftsprüfung, S. 727–734.

Koskivaara, E. (2004): Artificial neural networks in analytical review procedures, in: Managerial Auditing Journal, S. 191–223.

KPMG (2010a): eAudIT client messages, unveröffentlichte Quelle, o.O.

KPMG (2010b): Key features of eAudIT, unveröffentlichte Quelle, o.O.

Krause, J.P./Breit, H. (1997): Der Einsatz von Prüfungssoftware bei der Jahresabschlußprüfung, in: Gassner, W./Gröhs, B./Lang, M. (Hrsg.): Zukunftsaufgaben der Wirtschaftsprüfung, Festschrift 75 Jahre Deloitte & Touche Österreich, Wien, S. 57–68.

Krüger, R./Schult, B./Vedder, R. (2010): Digitale Betriebsprüfung, Wiesbaden.

Langel, R. (1999): Konzeption eines integrierten Informationsverarbeitungssystems zur Unterstützung von Wirtschaftsprüfern, Marburg.

Lanza, R.B. (2006): Using Excel as an Audit Software, o.O.

Lenz, H.-J./Müller, R./Ruhnke, K. (2003): Ein fuzzybasierter Ansatz zur Durchführung analytischer Prüfungen bei der Existenz von Schätzspielräumen, in: Die Wirtschaftsprüfung, S. 532–541.

Marten, K.-U./Damberger, P./Matula, J./Schröter, E. (1996): Workflow-Management – ein Instrument zur Kostenoptimierung und Qualitätsverbesserung in Wirtschaftsprüfungsgesellschaften, in: Die Wirtschaftsprüfung, S. 225–238.

McKee, T.E./Quick, R. (2003): IT-Kenntnisse der wirtschaftsprüfenden Berufsstände – Eine empirische Untersuchung, in: Die Wirtschaftsprüfung, S. 541–547.

McCollum, T./Salierno, D. (2003): Choosing the right tools, in: The Internal Auditor, Heft August, S. 32–43.

Messier, W.F./Glover, S.M./Prawitt, D.F. (2008): Auditing & Assurance Services – A systematic Approach, 6. Aufl., Boston et al.

Mochty, L. (2002): Die Aufdeckung von Manipulationen im Rechnungswesen – Was leistet das Benford's Law?, in: Die Wirtschaftsprüfung, S. 725–736.

Niemann, W. (2008): Jahresabschlussprüfung, 3. Aufl., München.

Nutz, A. (2005): Integrierte Prüfsoftware, Köln.

Nutz, A./Hamberger, B. (2002): Programmprüfung, in: Ballwieser, W./Coenenberg, A.G./Wysocki, K.v. (Hrsg.): Handwörterbuch der Rechnungslegung und Prüfung, 3. Aufl., Stuttgart, Sp. 1706–1722.

Odenthal, R. (1995): Computergestützte Datenprüfung in einer SAP-Großrechnerumgebung, in: Zeitschrift Interne Revision, S. 144–154.

Odenthal, R. (2002): REVIDATA-Leitfaden, Einführung in das SAP R/3™-System unter revisionsspezifischen Gesichtspunkten, Stand: 26.3.2002, Düsseldorf.

Odenthal, R. (2006): Prüfsoftware im Einsatz, Nürnberg.

Ordemann, D. (2005): Wissensmanagement in der Wirtschaftsprüfung – Konzeptionen und Ausprägungen, Oldenburg.

PwC (2010): Quick Reference Guide, Aura, 2010 Edition, unveröffentlichte Quelle, o.O.

Quick, R. (1999): Prüfungsmethoden im Spiegel der Forschung, in: Richter, M. (Hrsg.): Theorie und Praxis der Wirtschaftsprüfung II, Berlin, S. 177–234.

Quick, R./Wolz, M. (2003): Benford's Law in deutschen Rechnungslegungsdaten, in: Betriebswirtschaftliche Forschung und Praxis, S. 208–224.

Rafeld, H./Then Bergh, F.R (2007): Digitale Ziffernanalyse in deutschen Rechnungslegungsdaten, in: Interne Revision, S. 26–33.

Rittenberg, L.E./Schwieger, B.J. (2005): Auditing: Concepts for a Changing Environment, 5. Aufl., Mason, Ohio.

Ruhnke, K. (1992): Wissensbasierte Systeme für die Wirtschaftsprüfung, in: Die Wirtschaftsprüfung, S. 688–695.

Ruhnke, K. (1994): Prüfungsansätze bei standardsoftwaregestützter Erstellung des Konzernabschlusses, in: Die Wirtschaftsprüfung, S. 608–616.

Ruhnke, K. (1995): Konzernbuchführung, Düsseldorf.

Ruhnke, K. (2000): Normierung der Abschlußprüfung, Stuttgart.

Ruhnke, K. (2006): Kontinuierliche Prüfung, in: Marten, K.-U./Quick, R./Ruhnke, K. (Hrsg.): Lexikon der Wirtschaftsprüfung – Nach nationalen und internationalen Normen, Stuttgart, S. 470–473.

Ruhnke, K. (2008): Rechnungslegung nach IFRS und HGB, 2. Aufl., Stuttgart.

Sauer, K.-P./Bohnert, S. (2002): Fragebögen als Prüfungshilfsmittel, in: Ballwieser, W./Coenenberg, A.G./Wysocki, K.v. (Hrsg.): Handwörterbuch der Rechnungslegung und Prüfung, 3. Aufl., Stuttgart, Sp. 850–855.

Schmelter, H. (2010): IT-Unterstützung für Interne Revision und Wirtschaftsprüfung, Berlin.

Schmidt, S. (2004): Abschlussprüfung, in: Förschle, G./Peemöller, V.H. (Hrsg.): Wirtschaftsprüfung und Interne Revision, Heidelberg, S. 198–335.

Schultze, T. (2010): IT-gestützte Planung am Beispiel von SAP® Business Objects Planning and Consolidation, in: Controlling, S. 26–30.

Schuppenhauer, R. (2000): Grundsätze ordnungsmäßiger Datenverarbeitung im Rechnungswesen, in: Die Wirtschaftsprüfung, S. 128–151.

Schuppenhauer, R. (2007): GoDV-Handbuch, Grundsätze ordnungsmäßiger Datenverarbeitung und DV-Revision, 6. Aufl., Düsseldorf.

Senft, S./Gallegos, F. (2009): Information Technology Control and Audit, 3. Aufl., Boca Raton.

Seufert, A./Back, A. (1998): Kanzleiinformationssystem, Groupware-basiertes Wissensmanagement in Wirtschaftsprüfungs- und Steuerberatungskanzleien [1], in: Datenverarbeitung, Steuer, Wirtschaft, Recht, S. 72–76.

Silltow, J. (2005): Operating systems: basic information auditors need to know, in: ITAudit, Vol. 8, June 1, 2005.

Taylor, J.R./Allen, J.H./Hyatt, G.L./Kim, G.H. (2005): Change and patch management controls: Critical organizational success, in: Global Technology Audit Guides – v.3.1, Altamonte Springs.

Tiede, T. (2004): SAP® R/3®, Ordnungsmäßigkeit und Prüfung des SAP-Systems (OPSAP), 2. Aufl., Hamburg.

Treuberg, H. Graf v. (2002): Flow charts, in: Ballwieser, W./Coenenberg, A.G./Wysocki, K.v. (Hrsg.): Handwörterbuch der Rechnungslegung und Prüfung, 3. Aufl., Stuttgart, Sp. 812–818.

Wähner, G.W. (2002): DV-Revision, Ludwigshafen.

Williamson, A.L./Russell, N. (1997): Audit automation, in: Accountant's Digest, Ausgabe 367, S. 1–31.

Winkeljohann, N./Klein, B. (2010): Kommentierung des § 239 HGB, in: Ellrott, H./Förschle, G./ Kozikowski, M./Winkeljohann, N. (Hrsg.): Beck'scher Bilanz-Kommentar – Handels- und Steuerbilanz, 7. Aufl., München, S. 19–24.

Wobbermin, M. (2000): Arbeitsbuch Buchhaltung, Jahresabschluß, Bilanzanalyse – Aufgaben und Lösungen mit SAP R/3-Anwendungen, Stuttgart.

Wöhler, J./Neben, N. (2011): IT-gestützte Prüfungsmethoden und -software, in: Freidank, C.-C./ Peemöller, V. (Hrsg.): Kompendium der Internen Revision, Internal Audit in Wissenschaft und Praxis, Berlin, S. 409–431

Wright, A./Ashton, R.H. (1989): Identifying audit adjustments with attention-directing procedures, in: The Accounting Review, S. 710–728.

Zaeh, P.E. (1998): Entscheidungsunterstützung in der Risikoorientierten Abschlußprüfung, Landsberg am Lech.

6 Urteilsbildung, Berichterstattung und Dokumentation

6.1 Urteilsbildungsprozess

Zur Bildung seines Urteils verschafft sich der Prüfer zunächst einen Überblick über die Prüfungsnachweise der einzelnen Sachverhalte, bevor er diese zu einem Gesamturteil über die normenkonforme Darstellung der Vermögens-, Finanz- und Ertragslage des Unternehmens aggregiert.

6.1.1 Bildung von Urteilen über Einzelsachverhalte

Bei einer komplexen Prüfung vollzieht sich die Bildung von Urteilen über Einzelsachverhalte wie folgt (Abb. II.6-1; zum theoretischen Ansatz → I.3.2.2):

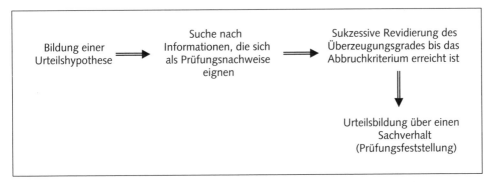

Abb. II.6-1: Allgemeines Vorgehen bei der Bildung von Urteilen über Einzelsachverhalte

Zunächst wird im ersten Schritt eine Urteilshypothese gebildet (z.B. »Prüffeld A ist frei von wesentlichen Falschdarstellungen«). Der Prüfer versucht, seine Hypothese durch angemessene Prüfungsnachweise zu bestätigen oder zu verwerfen. Als Abbruchkriterium gilt entweder das Erreichen einer hinreichenden Urteilssicherheit, womit die Hypothese angenommen wird, oder die Erkenntnis, dass das Prüffeld wesentliche Falschdarstellungen enthält, wodurch die Hypothese verworfen wird.

Den zweiten Schritt bildet die Suche nach *geeigneten* Informationen. Um das Abbruchkriterium effizient zu erreichen, konzentriert sich der Prüfer bei der Informationssuche auf Prüfungsnachweise, die seine Hypothese voraussichtlich am stärksten unterstützen (z.B. durch die Nachprüfung besonders großer oder risikobehafteter Positionen) oder mit großer Wahrscheinlichkeit zu deren Verwerfung führen (z.B. durch die bewusste Prüfung möglicherweise betroffener Positionen infolge bereits festgestellter Mängel im IKS). Prüfungs-nachweise ergeben sich aus der geeigneten Kombination einzelner Prüfungshandlungen (→ II.3.2.2 und II.3.2.3). Hierbei ist zu beachten, dass Prüfungs-nachweise eine von ihrer Art (z.B. schriftlich oder mündlich) und Quelle abhängige Zuverlässigkeit aufweisen (ISA 500.7, IDW PS 300.29).

Informationssuche und Urteilsbildung sind eng miteinander verknüpft. Während der Suche nach geeigneten Prüfungsnachweisen hat der Prüfer kontinuierlich zu kontrollieren, ob er die bei pflichtmäßigen Abschlussprüfungen erforderliche hinreichende Urteilssicherheit erreicht hat. Die Prüfungsnormen fordern eine hinreichende Prüfungssicherheit, die in Abhängigkeit von den Merkmalen des Prüfungsgegenstandes variiert (→ I.6). Demnach handelt es sich um ein relatives Konzept der Prüfungssicherheit, welches dazu führt, dass die geforderte absolute Sicherheit einzelfallbezogen festzulegen ist. Wird z. B. eine absolute Prüfungssicherheit von 95 % gefordert, so kann ein Prüfungsrisiko von 5 % akzeptiert werden. Bei Erreichen der notwendigen Prüfungssicherheit wird die Informationssuche abgebrochen. Dies geschieht auch, wenn der Prüfer auf Grund der Prüfungsnachweise seine Hypothese verwirft, d. h. der Prüfungsgegenstand sich als nicht fehlerfrei erweist.

Sobald *ausreichende und angemessene* Prüfungsnachweise vorliegen, leitet der Prüfer daraus im dritten Schritt begründete Schlussfolgerungen, sog. *Prüfungsfeststellungen*, ab (ISA 500.6, IDW PS 300.8). Diese Prüfungsfeststellungen beschränken sich zunächst auf einzelne Prüffelder oder Prüfungsgegenstände (z. B. die ordnungsmäßige Buchung von Rechnungen). Mehrere solcher Einzelurteile führen zu Teilurteilen über die Ordnungsmäßigkeit einzelner Konten (z. B. Bank) und diese wiederum zu Urteilen über einzelne Jahresabschlusspositionen, bis hin zum Gesamturteil über den Jahresabschluss in Form des Bestätigungs- bzw. Versagungsvermerks.

6.1.2   Aggregation der Einzelurteile zu einem Gesamturteil

Die während der Prüfung gewonnenen Einzelurteile sind vom Prüfer kritisch durchzusehen, zu bewerten und im Hinblick auf die Ableitung des abschließenden *Gesamturteils* zu gewichten. Die Bildung des Gesamturteils erfolgt analog zur oben beschriebenen Bildung der Einzelurteile, wobei Folgendes als Urteilshypothese formuliert werden kann: »Der Jahresabschluss entspricht in allen wesentlichen Aspekten den zu berücksichtigenden Rechnungslegungsnormen.« Der Informationsgewinnungsprozess bezieht sich dann auf das Sammeln und Beurteilen der Prüfungsfeststellungen zu den Einzelsachverhalten.

Der Prüfer vergewissert sich zunächst, ob die vorhandenen Einzelurteile bzw. die daraus abgeleiteten Teilurteile ausreichen, um die erforderliche Urteilssicherheit zu gewährleisten, d. h., dass über alle für das Gesamturteil wesentlichen Prüffelder Einzelurteile mit der erforderlichen Prüfungssicherheit vorliegen.

Der Prüfer hat abschließend analytische Prüfungshandlungen zur Bestätigung seiner Schlussfolgerungen bzgl. der einzelnen Prüffelder und des gesamten Abschlusses durchzuführen (ISA 520.6, IDW PS 312.23), d. h. es ist zu beurteilen, ob die Einzelurteile in ihrem Verhältnis zueinander konsistent sind. So wird sich bspw. eine überproportionale Entwicklung der Umsatzerlöse zum Ende eines Geschäftsjahres in einer Zunahme der Forderungsbestände niederschlagen. Bei rückläufigen Forderungen ist ein zu hoher Ausweis der Umsätze oder ein zu niedriger Ausweis der Forderungen denkbar. Folglich sind solange zusätzliche Prüfungsnachweise – z. B. im Rahmen von Befragungen des Managements und/oder Einzelfallprüfungen der Debitorenkonten – einzuholen, bis die Normenkonformität der betroffenen Prüffelder mit erforderlicher Prüfungssicherheit beurteilt werden kann. Die *Feststellung und Bewertung* von Abweichungen und Inkonsistenzen gestaltet sich häufig schwierig und ist nie frei von subjektiven Einflüssen. Wann die erforderliche Urteilssicherheit als Abbruchkriterium der Informationsgewinnung erreicht ist, lässt sich nur situationsspezifisch bestimmen und liegt letztendlich im prüferischen Ermessen.

Der Prüfer ist sowohl für jedes einzelne Urteil als auch für das abschließende Gesamturteil persönlich verantwortlich und hat daher sicherzustellen, dass auch die Ergebnisse seiner Prüfungsgehilfen als Grundlage für das Gesamturteil herangezogen werden können. Das durch die Aggregation der Einzelurteile erlangte Gesamturteil über die Normenkonformität des Jahresabschlusses ist schriftlich zu dokumentieren. Das Prüfungsurteil kann in den Formen uneingeschränkter Bestätigungsvermerk, eingeschränkter Bestätigungsvermerk und Versagungsvermerk abgegeben werden (→ II.6.3.1).

6.2 Ausgewählte Problemstellungen bei der Urteilsbildung

Im Zusammenhang mit der Urteilsbildung hat der Prüfer u. a. Aspekte zu berücksichtigen, die speziellen Prüfungsnormen unterliegen. Im Einzelnen sind dies die Behandlung von Ereignissen nach dem Abschlussstichtag, die Berücksichtigung von Darstellungen des Managements, die Verwertung von Urteilen Dritter, die Durchführung von Gemeinschaftsprüfungen und die Prüfung von Unternehmen, die Dienstleistungsorganisationen in Anspruch nehmen.

6.2.1 Berücksichtigung von Ereignissen nach dem Abschlussstichtag

Die Berücksichtigung von nach dem Abschlussstichtag bekannt werdenden Informationen über Geschäftsvorfälle des geprüften Unternehmens (sog. subsequent events) wird auf internationaler Ebene in ISA 560 und auf nationaler Ebene in IDW PS 203 behandelt.

Im Mittelpunkt steht dabei zunächst die Frage, ob *nach* dem Abschlussstichtag, jedoch noch *vor* dem Datum des Bestätigungsvermerks bekannt werdende Informationen nachträglich bessere Erkenntnisse über die Verhältnisse am Abschlussstichtag bzw. in der abgelaufenen Berichtsperiode liefern. Diese Informationen können sowohl auf Ereignissen basieren, die im Zeitraum zwischen Abschlussstichtag und dem Datum des Bestätigungsvermerks eingetreten sind, oder die bereits früher stattgefunden haben, jedoch erst nach dem Abschlussstichtag sowohl dem Unternehmen als auch dem Abschlussprüfer bekannt wurden. Letztgenannte Ereignisse werden als *wertaufhellende* (deutsche GoB) bzw. *berücksichtigungspflichtige* (IFRS) Ereignisse bezeichnet.[481] Hat beispielsweise ein Debitor bereits am Abschlussstichtag Zahlungsschwierigkeiten, kann die Eröffnung des Insolvenzverfahrens zwischen dem Abschlussstichtag und der Erteilung des Bestätigungsvermerks ein wertaufhellendes Ereignis darstellen. Hieraus würde eine

---

481 Vgl. hierzu sowie zu den folgenden Ausführungen stellvertretend *Ruhnke* (2008), S. 198 f. und 341 f.

entsprechende Wertberichtigung dieser Forderung zum Abschlussstichtag des abgelaufenen Geschäftsjahres folgen.[482] Auch nach IAS 10.3 sind vorteilhafte und nachteilige Ereignisse nach dem Abschlussstichtag berücksichtigungspflichtig, sofern diese zwischen Bilanzstichtag und dem Tag der Freigabe zur Veröffentlichung des Jahresabschlusses bekannt werden. Das Verfahren für die Freigabe zur Veröffentlichung des Abschlusses richtet sich dabei nach den spezifischen Gegebenheiten des jeweiligen Unternehmens, wobei insbesondere die gegebenen Managementstrukturen, gesetzlichen Vorschriften und jeweiligen Abläufe bei den Vorarbeiten und der Erstellung des Abschlusses den Zeitpunkt bestimmen. Bei Unternehmen, bei denen der Jahresabschluss einem Aufsichtsrat zur Prüfung vorgelegt werden muss, ist der Abschluss zur Veröffentlichung freizugeben, wenn das Management die Vorlage des Abschlusses an den Aufsichtsrat genehmigt hat (IAS 10.4 ff.). Insofern können das Datum des Bestätigungsvermerks und der Zeitpunkt der Veröffentlichung voneinander abweichen, wobei davon auszugehen ist, dass der Zeitpunkt der Veröffentlichung nach dem Datum des Bestätigungsvermerks liegt.

Alternativ können Ereignisse Gegebenheiten anzeigen, die *nach* dem Abschlussstichtag eingetreten sind, d. h. in diesem Fall bleibt das abgelaufene Geschäftsjahr unberührt. Hier handelt es sich um *wertbegründende* (deutsche GoB) bzw. *nicht berücksichtigungspflichtige* (IFRS) Ereignisse.

Der Abschlussprüfer hat grundsätzlich geeignete Prüfungshandlungen vorzunehmen, um *alle* Ereignisse nach dem Abschlussstichtag festzustellen, die wesentlichen Einfluss auf den Jahresabschluss haben können. Daraus ergibt sich auch die Pflicht, bis zum Datum des Bestätigungsvermerks zu prüfen, ob wertaufhellende Ereignisse stattgefunden haben. Beispiele für solche Prüfungshandlungen sind Befragungen der Unternehmensleitung über Planungen und den Stand schwebender Geschäfte, das kritische Lesen von unterjährigen Berichten und unternehmensinternen Berichten – z. B. Berichten des Vorstands an den Aufsichtsrat oder Berichte der Interne Revision – sowie die Untersuchung der Maßnahmen, die die Unternehmensleitung zur Gewährleistung einer vollständigen Erfassung der relevanten Ereignisse nach dem Abschlussstichtag getroffen hat (ISA 560.7, IDW PS 203.13 f.). Wertaufhellende Ereignisse können sich wesentlich auf die Rechnungslegung des Unternehmens auswirken. Hier hat der Abschlussprüfer zu prüfen, ob die Berücksichtigung zutreffend und ausreichend war. Ist dies nicht der Fall, ist der Bestätigungsvermerk ggf. einzuschränken oder zu versagen. Wertbegründende Ereignisse sind lediglich im Lagebericht darzustellen, da hier explizit auf Chancen und Risiken der künftigen Entwicklung des Unternehmens einzugehen ist.

Wesentliche Ereignisse *nach* dem Datum des Bestätigungsvermerks sind grundsätzlich nicht prüfungspflichtig. Sind für diesen Zeitraum bis zur Auslieferung jedoch wesentliche Ereignisse zu erwarten, oder findet die Auslieferung des Bestätigungsvermerks erst längere Zeit nach dessen Datum statt, liegt es in der Verantwortung des Prüfers, mögliche zwischenzeitliche Ereignisse, die den Bestätigungsvermerk tangieren, mit der Unternehmensleitung zu klären. Treten derartige Ereignisse dann tatsächlich ein, sind der Jahresabschluss und/oder Lagebericht ggf. zu ändern und im Wege der Nachtragsprüfung gem. § 316 Abs. 3 HGB zu prüfen, soweit es die Änderungen erfordern

---

482 Siehe hierzu z. B. *Winkeljohann/Büssow* (2010), § 252 HGB, Anm. 38.

(ISA 560.10 ff. bzw. 14 ff., IDW PS 203.22). Erfolgt diese Änderung *nicht*, hat der Prüfer festzustellen, ob dies den Widerruf des Bestätigungsvermerks erfordert (ISA 560.13 und 560.17, IDW PS 400.104 und 400.111).

Der Bestätigungsvermerk ist im Falle der Nachtragsprüfung mit dem Datum der Beendigung der ursprünglichen Abschlussprüfung und dem Datum der Beendigung der Nachtragsprüfung zu unterzeichnen (Doppeldatum) (ISA 560.11 und 560.15, IDW PS 203.24).

Die Berücksichtigung von Ereignissen zwischen dem Zeitpunkt des Bestätigungsvermerks und der Veröffentlichung des Jahresabschlusses behandeln ISA 560.10-13 und IDW PS 203.8-17. Die Behandlung von Ereignissen nach Veröffentlichung des Abschlusses behandeln ISA 560.14-17 und IDW PS 230.18-30 (zur Berücksichtigung going concern-aufhellender und -begründender Ereignisse → II.4.2.1).

Die IDW-Verlautbarung stimmt mit Ausnahme der Ausführungen in ISA 560.16 zur Ergänzung des Prüfungsurteils, das im Rahmen des IDW PS 400.108 f. transformiert wird und den Anforderungen des ISA 560.9 zur schriftlichen Erklärung der gesetzlichen Vertreter bzw. Aufsichtsorgane überein. Die Transformation von ISA 560.9 erfolgt durch IDW PS 303 (IDW PS 203.31).

6.2.2 Berücksichtigung von Darstellungen des Managements bei der Urteilsbildung

Der Prüfer hat eine schriftliche Erklärung der Unternehmensleitung über die Vollständigkeit der erteilten Auskünfte und Nachweise einzuholen (written representations by management, sog. Vollständigkeitserklärung; vgl. hierzu (ISA 580.11, IDW PS 303.23 ff.). Die Vorlagepflicht der gesetzlichen Vertreter des zu prüfenden Unternehmens und die Auskunftsrechte des Abschlussprüfers sind in § 320 HGB umfassend geregelt. Danach kann der Prüfer von den gesetzlichen Vertretern alle Aufklärungen und Nachweise verlangen, die für eine sorgfältige Prüfung notwendig sind. Eine Vollständigkeitserklärung stellt eine umfassende Versicherung des geprüften Unternehmens über die Vollständigkeit der erteilten Auskünfte und Nachweise dar und wird i. d. R. vom Vorstand bzw. der Geschäftsführung abgegeben. Für eine solche Erklärung haben sowohl das IDW als auch die IFAC eine Vorlage ausgearbeitet, die an die Gegebenheiten des Unternehmens anzupassen ist. Der Prüfer holt die Vollständigkeitserklärung des Managements zeitnah zur Erteilung des Bestätigungsvermerks ein und bewahrt sie in den Arbeitspapieren auf.

IDW PS 303 und ISA 580 stimmen weitestgehend überein. Beide Prüfungsnormen fordern die Einholung einer Vollständigkeitserklärung von den gesetzlichen Vertretern, die die Verantwortung für den Abschluss und den Lagebericht haben (ISA 580.9, IDW PS 303.8). Für den Fall, dass sich die gesetzlichen Vertreter weigern, eine Vollständigkeitserklärung abzugeben, schreiben sowohl IDW PS 303.27 als auch ISA 580.20 hierfür zwingend eine Versagung des Bestätigungsvermerks (disclaimer of opinion) vor (→ II.6.3.1.3). Allerdings geht IDW PS 303 insofern über die internationalen Prüfungsstandards hinaus, als darin festgelegt wird, dass der Abschlussprüfer auf die Verweigerung der Unternehmensleitung zur Abgabe einer vom Abschlussprüfer für notwendig erachteten weiteren Erklärung im Prüfungsbericht hinzuweisen und auf Grundlage des Auskunftsrechts nach § 320 HGB die entsprechenden Auskünfte mündlich einzuholen und schriftlich in den Arbeitspapieren zu dokumentieren hat (IDW PS 303.21 und 36). Überdies regelt IDW PS 303.27, dass der Abschlussprüfer, sofern er erhebliche Zweifel an der Integrität der gesetzlichen Vertreter hat und deshalb zu dem Ergebis gelangt, dass die Vollständigkeit der gegebenen Informationen oder der Nachweis der Gesamtverantwortung für die Rechnungslegung nicht verlässlich ist, oder sofern die gesetzlichen Vertreter diese Erklärung nicht abgegeben, den Bestätigungsvermerk zu versagen hat (ISA 580.18, IDW PS 303.27).

6.2.3   Verwertung von Urteilen Dritter bei der Urteilsbildung

Die Verwertung von Prüfungsergebnissen und Urteilen Dritter gewinnt durch die zunehmende Komplexität der Jahresabschlüsse, die häufig die Hinzuziehung z. B. von Steuer- oder Rechtsexperten notwendig macht, sowie im Hinblick auf eine wirtschaftliche Urteilsgewinnung zunehmend an Bedeutung. Als Dritte gelten z. B. andere Teilbereichsprüfer (→ II.9.2.3) bei Konzernabschlussprüfungen, Vorjahresprüfer, die Interne Revision des zu prüfenden Unternehmens oder Sachverständige. Im Falle einer eigenverantwortlichen Verwertung sind die von externen Prüfern durchgeführten Arbeiten durch den Abschlussprüfer zu prüfen und die Prüfungshandlungen in den Arbeitspapieren festzuhalten (IDW PS 320.5 und 322.23). Außerdem sind das Ausmaß und die Gewichtung der Verwertung von Prüfungsergebnissen und Urteilen Dritter zu beurteilen. Die ISA sprechen in diesem Zusammenhang von der Verwertung von Urteilen Dritter (»to use the work«; vgl. hierzu ISA 600.3, 610.6, 620.5). Auf Grund der Gesamtverantwortung des Abschlussprüfers halten es das IDW wie auch die IFAC für nicht sachgerecht, im Bestätigungsvermerk auf die Prüfungsergebnisse anderer Teilbereichsprüfer oder sonstiger Sachverständiger zu verweisen (IDW PS 400.34 und 320.33; ISA 600.11 und 620.14; → I.6.5.2.1, Berichterstattung; → II.9.2.3, Berichterstattungserfordernisse).

Das Ausmaß und die Gewichtung hängen von der Bedeutung des Sachverhaltes für das Gesamturteil sowie von der fachlichen Kompetenz und der beruflichen Qualifikation des Dritten ab (IDW PS 320.18 f., 321.17 und 322.12 f.; ähnlich die ISA zur *Verwertung*: ISA 600.19 f., 610.8 f., 620.9 f.). Der Prüfer hat somit die volle Verantwortung für das abzugebende Prüfungsurteil, welche durch die Verwertung der Prüfungsergebnisse und Urteile Dritter nicht vermindert wird. Daher hat er stets eigene Prüfungshandlungen durchzuführen, auf die sich seine Prüfungsfeststellungen stützen.

Der bisher im IDW PS 320 verwendete Ausdruck der *Verwendung* der Arbeit eines anderen externen Prüfers wird seit der Anpassung der IDW PS an die durch das BilMoG initiierten Änderungen durch den Begriff der *Verwertung* der Arbeit eines anderen externen Prüfers ersetzt. Hintergrund der Begriffsänderung ist die Neufassung des § 317 Abs. 3 Satz 2 HGB, der die bislang gesetzlich zugelassene Übernahme der Arbeit eines anderen externen Prüfers untersagt.[483] Da eine Übernahme nunmehr nicht mehr zu-

---

483 Der HFA des IDW hat auf die geänderten gesetzlichen Vorschriften zur Abschlussprüfung reagiert und am 09.09.2009 die Änderung mehrer IDW PS zur Anpassung an das BilMoG verabschiedet. Vgl. *IDW* (2009), S. 536 f.

lässig ist, findet nur noch eine Verwertung statt. Der Begriff der Verwertung erfordert in höherem Maße eigene Prüfungshandlungen des verwertenden Abschlussprüfers und stellt insofern die Eigenverantwortlichkeit des verwertenden Abschlussprüfers stärker in den Vordergrund.

Der Abschlussprüfer kann bei der Planung und Durchführung der Prüfungshandlungen in eigener Verantwortung auf seine Kenntnisse über die Arbeitsergebnisse der *Internen Revision* (→ I.1.3.3.5) zurückgreifen. Eine wirksame Interne Revision kann zur Verminderung des Prüfungsumfangs des Abschlussprüfers beitragen. Sofern der Abschlussprüfer beabsichtigt, bestimmte Arbeiten der Internen Revision zu verwerten, hat er diese zu beurteilen und die dabei durchgeführten Prüfungshandlungen sowie die gezogenen Schlussfolgerungen zu dokumentieren (ISA 610.8 ff., IDW PS 321.11 ff.).

Verwertet der Prüfer die Arbeit von *Sachverständigen*, die für die Beurteilung des Jahresabschlusses von Bedeutung sind, so hat er diese in jedem Fall kritisch zu würdigen und grundsätzlich nachzuprüfen. Sachverständige können sowohl vom geprüften Unternehmen als auch vom Abschlussprüfer beauftragt werden oder bei einem der beiden beschäftigt sein. Exemplarisch können Versicherungsmathematiker genannt werden, die mittels versicherungsmathematischer Gutachten Hinweise für den Wertansatz betrieblicher Altersvorsorgeverpflichtungen (Pensionsrückstellungen) liefern. Im Rahmen der Verwertung kann der Abschlussprüfer bspw. in einem ersten Schritt prüfen, ob sämtliche im Versorgungswerk enthaltenen Mitarbeiter im Gutachten Berücksichtigung fanden. Möchte der Abschlussprüfer die Ergebnisse eines Sachverständigen nutzen, so hat er dessen berufliche Kompetenz und Objektivität zu beurteilen und festzustellen, ob dessen Arbeit als Prüfungsnachweis ausreicht. Im Bestätigungsvermerk darf der Abschlussprüfer *nicht* auf die Arbeit eines Sachverständigen verweisen (ISA 620.14, ISA 500.8, IDW PS 322.24).

Bezüglich der Verwertung von Prüfungsergebnissen und Urteilen Dritter haben sowohl die IFAC als auch das IDW für jede der drei möglichen Quellen derartiger Informationen (andere Abschlussprüfer, Interne Revision, Sachverständige) einen eigenen Standard herausgegeben. Bei der IFAC sind dies die ISA 600, ISA 610 und ISA 620. Beim IDW sind es die PS 320, PS 321 und PS 322.

Tab. II.6-1 zeigt einen Vergleich der relevanten nationalen und internationalen Normen bzgl. der Verwertung von Prüfungsergebnissen und Urteilen Dritter. Es finden sich auch Querverweise auf andere Prüfungsnormen.

6.2.4 Durchführung von Gemeinschaftsprüfungen

Als Gemeinschaftsprüfungen (joint audits) werden Prüfungen bezeichnet, bei denen mehrere WP oder WPG gleichzeitig zum gesetzlichen Abschlussprüfer eines Einzel- oder Konzernabschlusses bestellt werden.[484] Die Konsequenzen einer solchen Bestellung behandelt IDW PS 208. In den Normen der IFAC findet sich *kein* entsprechender Standard (ISA 600 bezieht sich gem. Tz. 9 ausdrücklich nicht auf Gemeinschaftsprüfungen). IDW

---

484 Vgl. hierzu *Severus* (2008).

Vergleichskriterium	IDW PS 320, PS 321, PS 322	ISA 600, ISA 610, ISA 620
Gesamtverantwortung des Abschlussprüfers	Der Prüfer muss sich sein Urteil auf Grund des Grundsatzes der Gesamtverantwortung des Abschlussprüfers selbst bilden, darf jedoch Urteile Dritter verwerten. Die Gesamtverantwortung des Abschlussprüfers ist ein Berufsgrundsatz (§ 43 Abs. 1 WPO).	Der Abschlussprüfer trägt die alleinige Verantwortung für das abgegebene Prüfungsurteil. Im Gegensatz zu ISA 600 und ISA 620 wird der Grundsatz der Gesamtverantwortung in ISA 610 nicht ausdrücklich betont.
Bestätigungsvermerk (IDW PS) bzw. Vermerk (ISA)	Hinweise auf die Verwertung von Prüfungsergebnissen anderer Teilbereichsprüfer oder Sachverständiger sind nicht sachgerecht.	Der gesamtverantwortliche Abschlussprüfer darf im Vermerk nicht auf die Arbeit von anderen Teilbereichsprüfern oder Sachverständigen verweisen. Erfordern Gesetze einen solchen Verweis, soll im Vermerk darauf hingewiesen werden, dass dies die Gesamtveranwortung des Abschlussprüfers für das Prüfungsurteil nicht beeinflusst.
Verwertung	Da eine Übernahme nunmehr nicht mehr zulässig ist, findet nur noch eine Verwertung statt. Ausmaß und Gewichtung bei der Verwertung von Urteilen Dritter hängen von der Bedeutung des Sachverhalts für den Abschlussprüfer sowie der fachlichen Kompetenz und der beruflichen Qualifikation des Dritten ab.	Die ISA sprechen von der Verwertung von Urteilen Dritter (»to use«). Dabei sind die Bedeutung des Sachverhalts für das Gesamturteil und die fachliche Kompetenz bei der Verwertung zu berücksichtigen.
Anderer Abschlussprüfer	Der Konzernabschlussprüfer hat abzuschätzen, inwieweit er die Prüfungsurteile anderer Teilbereichsprüfer eigenverantwortlich verwerten kann. Der Abschlussprüfer muss sich bei Erstprüfungen von der Ordnungsmäßigkeit vorgetragener Schlussbilanzwerte des vorhergehenden Geschäftsjahrens überzeugen (Bilanzidentität) (IDW PS 205). Ferner muss er sich durch eigene Prüfungshandlungen von der Qualität der Urteile Dritter überzeugen.	Der gesamtverantwortliche Konzernabschlussprüfer darf die Arbeit eines anderen Teilbereichsprüfers unter bestimmten Voraussetzungen verwerten. Werden Ergebnisse anderer Abschlussprüfer aus dem Vorjahr infolge eines Prüferwechsels verwertet, so ist mit hinreichender Sicherheit auszuschließen, dass vorgetragene Schlussbilanzwerte des vorangegangenen Geschäftsjahres falsche Darstellungen mit wesentlichen Auswirkungen auf den Abschluss des laufenden Berichtjahr haben (ISA 510).
Interne Revision	Der Prüfer kann die Arbeitsergebnisse der Internen Revision bei der Bemessung des Prüfungsumfangs berücksichtigen. Sie können seine eigenen Prüfungsfeststellungen nicht ersetzen.	Der Prüfer kann die Arbeitsergebnisse der Internen Revision zur Festlegung der Prüfungshandlungen verwerten. Sie können seine eigenen Prüfungshandlungen nicht ersetzen.
Sachverständige	Bei der Verwertung von Urteilen von Sachverständigen hat der Prüfer diese kritisch zu würdigen.	Bei der Verwertung von Urteilen von Sachverständigen des Abschlussprüfers hat der Prüfer deren Angemessenheit nachzuprüfen.

Tab. II.6-1: Vergleich von IDW PS 320, PS 321, PS 322 mit ISA 600, ISA 610 und ISA 620 (Verwertung von Prüfungsergebnissen und Urteilen Dritter)

PS 208 beschäftigt sich gleichwohl *nicht* mit der Verwertung von Prüfungsergebnissen von nicht für diese Prüfung bestellten Prüfern. Werden mehrere Prüfer als Abschlussprüfer bestellt, so sind sie gemeinsam der Abschlussprüfer im Sinne der gesetzlichen Vorschriften. Die IDW-Prüfungsstandards finden entsprechend Anwendung, soweit nicht die Besonderheiten des IDW PS 208 greifen.

Die Bestellung mehrerer Prüfer als Abschlussprüfer vollzieht sich in Analogie zur Bestellung eines einzelnen Prüfers. Der Wahlbeschluss muss die Personen, die Abschlussprüfer sein sollen, so eindeutig bezeichnen, dass die gesetzlichen Vertreter oder der Aufsichtsrat den Prüfungsauftrag ohne eigenes Ermessen erteilen können. Ermöglicht der Wahlbeschluss den gesetzlichen Vertretern oder dem Aufsichtsrat, unter verschiedenen Personen auszuwählen, so ist dieser Wahlbeschluss unwirksam (IDW PS 208.5). Der Prüfungsauftrag ist nach § 318 Abs. 1 Satz 4 HGB unverzüglich nach der Wahl durch die gesetzlichen Vertreter – bei Zuständigkeit des Aufsichtsrats durch diesen – zu erteilen. Über die Annahme oder Ablehnung des Auftrags entscheidet jeder Gemeinschaftsprüfer eigenverantwortlich. Es empfiehlt sich, dass sich die Gemeinschaftsprüfer auf einheitliche Auftragsbedingungen einigen.

Jeder Gemeinschaftsprüfer ist für das Prüfungsergebnis selbst verantwortlich, was bedeutet, dass sich jeder Prüfer ein eigenes Urteil zu bilden hat. Risikobeurteilung und Planung der Prüfung müssen gemeinschaftlich erfolgen, wobei die Prüfungsgebiete auf die Gemeinschaftsprüfer aufgeteilt werden. Während der Prüfungsdurchführung soll zwischen den Gemeinschaftsprüfern eine enge Zusammenarbeit sowie ein reibungsloser Informationsfluss – z. B. durch regelmäßigen Austausch schriftlicher Zusammenfassungen – bestehen, um eine hohe Prüfungsqualität zu gewährleisten. Die Prüfungshandlungen und Ergebnisse der einzelnen Prüfer sind von den anderen Prüfern in eigener Verantwortung zu würdigen.

Das Gesamtergebnis der Abschlussprüfung setzt sich aus den Prüfungsergebnissen der Gemeinschaftsprüfer zusammen. Über das Gesamturteil sollten die Prüfer Einvernehmen erzielen, und sie sollten die Prüfungsergebnisse in einem gemeinsamen Prüfungsbericht festhalten. Angaben zur gemeinsamen Bestellung und zu abweichenden Prüfungsfeststellungen, die nicht unter den Gemeinschaftsprüfern geklärt werden konnten, sind in den Prüfungsbericht aufzunehmen. Den Bestätigungsvermerk unterzeichnen die Gemeinschaftsprüfer *gemeinsam*, es sei denn, sie können sich – in Ausnahmefällen – nicht auf ein einheitliches Gesamturteil einigen. In einem solchen Fall hat jeder Prüfer einen eigenen Bestätigungsvermerk zu erteilen und zu unterzeichnen. Sobald dabei mindestens ein Prüfer ein eingeschränktes Testat erteilt, ist das Gesamturteil der Abschlussprüfung eingeschränkt (IDW PS 208.29).

Diskussionsfrage

Welche Vor- und Nachteile sehen Sie in der gemeinschaftlichen Durchführung einer Jahresabschlussprüfung durch zwei voneinander unabhängige WP bzw. WPG (»joint audit«)? Wie beurteilen Sie diesbezügliche Vorschläge im Grünbuch der EU (→ I.6.3.1)?

6.2.5 Besonderheiten bei der Abschlussprüfung von Unternehmen, die ihre Rechnungslegung teilweise auf Dienstleistungsorganisationen ausgelagert haben

Zahlreiche Unternehmen beauftragen Dienstleistungsunternehmen, wie z. B. Steuerberatungsgesellschaften oder andere IT-Dienstleister, mit der Buchung von Geschäftsvorfällen (z. B. die DATEV eG). Mit ISA 402 und IDW PS 331 enthalten die internationalen und nationalen Prüfungsnormen jeweils einen Standard, der sich explizit mit den Konsequenzen für die Prüfung von Unternehmen beschäftigt, die Dienstleistungsorganisationen in Anspruch nehmen. ISA 402 wurde dahingehend überarbeitet, dass der Abschlussprüfer bei der Beurteilung der Qualität und Verwertbarkeit der Arbeit eines externen Prüfers des Dienstleistungsunternehmens dessen Unabhängigkeit vom Dienstleistungsunternehmen und die von diesem verwendeten Prüfungsstandards zu beurteilen hat (ISA 402.13, IDW PS 331.20). Außerdem soll der Abschlussprüfer das Management des zu prüfenden Unternehmens (auslagerndes Unternehmen) befragen, ob vom Dienstleistungsunternehmen Verstöße oder nicht korrigierte Falschdarstellungen mitgeteilt wurden, die sich auf den zu prüfenden Abschluss auswirken (ISA 402.19, IDW PS 331.26a).

Bei der Prüfung hat der Abschlussprüfer zu berücksichtigen, welchen Einfluss die Inanspruchnahme von Dienstleistungsorganisationen auf das Rechnungslegungssystem und IKS des Mandanten hat. Die Dienstleistungsorganisation kann durch die Grundsätze und Verfahren, die sie bei der Verarbeitung der Daten des Mandanten anwendet, Rechnungslegung und Kontrollen des Mandanten beeinflussen. Je nach Beziehung zwischen dem Mandanten und dem Dienstleistungsunternehmen kann die Dokumentation und Verarbeitung von Geschäftsvorfällen durch den Dienstleister so ausgestaltet sein, dass der Mandant in der Lage ist, eigene Maßnahmen zur Vermeidung von Falschdarstellungen im Jahresabschluss einzurichten.

Bei der Abschlussprüfung beurteilt der Prüfer sowohl die Bedeutung der Tätigkeiten des Dienstleistungsunternehmens für den Mandanten als auch deren Auswirkung auf die Prüfung anhand der anzuwendenden Kriterien. Zu diesen Kriterien gehören z. B. die Identifizierung von wesentlichen Jahresabschlussaussagen, die durch die Tätigkeiten der Dienstleistungsorganisation beeinflusst werden, und die Beurteilung des Kontrollrisikos. Gelangt der Prüfer dabei zu dem Schluss, dass das Kontrollrisiko *nicht* durch die Kontrollen des Dienstleisters beeinflusst wird (z. B. da der Mandant eigene Kontrollen eingerichtet hat), so kann er auf weitere Prüfungshandlungen in Bezug auf den Dienstleister verzichten. Wird das Kontrollrisiko hingegen durch die Kontrollen des vom Mandanten in Anspruch genommenen Dienstleistungsunternehmens beeinflusst, so hat sich der Prüfer ein Urteil über diese Kontrollen zu bilden. Zur Beurteilung der Kontrollen des Dienstleisters, soweit sie die Ausführung der ausgelagerten Funktion betreffen (dienstleistungsbezogenes internes Kontrollsystem), holt der Prüfer entsprechende Informationen ein und/oder nimmt eigene Prüfungshandlungen vor. Der Prüfer kann dazu ggf. auch den Bericht des Prüfers der Dienstleistungsorganisation einsehen. Liegt ein Prüfungsbericht vor, in dem die angemessene Konzeption und die tatsächliche Wirksamkeit der Kontrollen des Dienstleistungsunternehmens bestätigt werden, kann er seine Einschätzung des Kontrollrisikos reduzieren. Bestätigungen über die Angemessenheit und Wirksamkeit des internen Kontrollsystems des Dienstleistungsunternehmens können nur dann eine

Grundlage für die Annahme eines niedrigeren Kontrollrisikos darstellen, wenn durch den externen Prüfer ausreichende Funktionsprüfungen durchgeführt wurden.

Vor diesem Hintergrund hat der Abschlussprüfer zu beurteilen, ob die für die Abschlussprüfung erforderlichen Funktionsprüfungen nach Art, Umfang und Zeitpunkt als Prüfungsnachweise über die Wirksamkeit des internen Kontrollsystems des Dienstleistungsunternehmens ausreichen, um die vorläufige Beurteilung des Kontrollrisikos des zu prüfenden Unternehmens zu bestätigen (IDW PS 331.22). Wird der Bericht eines externen Prüfers vom Abschlussprüfer des Dienstleistungsunternehmens vom Abschlussprüfer verwertet, sind Art, Inhalt und Angemessenheit des Berichts zu würdigen. Anstelle eines Berichts kann auch eine Bescheinigung herangezogen werden, sofern diese die erforderlichen Angaben enthält (IDW PS 331.19). Überdies hat der Prüfer die berufliche Qualifikation, die fachliche Kompetenz sowie die Unabhängigkeit des externen Prüfers zu beurteilen (IDW PS 331.20). Die Qualität der Arbeit des externen Prüfers des Dienstleistungsunternehmens ist durch den Abschlussprüfer einzuschätzen sowie eine Beurteilung der erteilten Berichte hinsichtlich der Verwertbarkeit und Angemessenheit unter Berücksichtigung der verwendeten Prüfungsstandards vorzunehmen (IDW PS 331.21).

Zudem können Dienstleistungsorganisationen Abschlussprüfer mit einer gesonderten Prüfung der Angemessenheit und ggf. Wirksamkeit des dienstleistungsbezogenen internen Kontrollsystems beauftragen (IDW PS 951.6). In Ergänzung zu IDW PS 331 erläutert IDW PS 951 die Prüfung des internen Kontrollsystems beim Dienstleistungsunternehmen für auf das Dienstleistungsunternehmen ausgelagerte Funktionen. Werden Vorgänge in bestimmten Bereichen der Rechnungslegung eigenständig von Dienstleistungsorganisationen durchgeführt, so trägt das auslagernde Unternehmen ungeachtet dessen die Verantwortung für die ausgelagerten Vorgänge und deren ordnungsgemäße Abbildung in der Rechnungslegung (IDW PS 951.7). Somit ist für den Abschlussprüfer bei der Prüfung des internen Kontrollsystems des auslagernden Unternehmens auch die Beurteilung des dienstleistungsbezogenen internen Kontrollsystems des Dienstleistungsunternehmens von Bedeutung.

Allerdings darf im Vermerk des Abschlussprüfers nicht auf die Tätigkeit des Prüfers einer Dienstleistungsorganisation verwiesen werden (ISA 402.21). Auch nach nationalen Prüfungsnormen ist ein Verweis auf die Verwertung von Ergebnissen eines Dritten im Bestätigungsvermerk nicht zulässig (IDW PS 331.28, IDW PS 951.67). Jedoch sieht IDW PS 331.27 vor, dass der Abschlussprüfer die Verwertung von Ergebnissen Dritter ausführlich im Prüfungsbericht und in den Arbeitspapieren darstellt.

6.3 Urteilsmitteilung und Berichterstattung

Die Urteilsmitteilung schließt den Prüfungsprozess ab. Nach deutschen Prüfungsnormen stehen dem Prüfer insbesondere *zwei Berichterstattungsinstrumente* zur Verfügung, mit denen er sein Prüfungsurteil weitergibt: der Bestätigungsvermerk (→ II.6.3.1) und der Prüfungsbericht (→ II.6.3.2). Die Art der Berichterstattung hängt von den Berichtsadressaten ab. Der *Bestätigungsvermerk* richtet sich v. a. an externe Adressaten. Der *Prüfungsbericht* dagegen ist als unternehmensinternes Informationsinstrument an die

Geschäftsführung bzw. den Aufsichtsrat adressiert. Darüber hinaus bestehen weitere Berichterstattungsinstrumente, welcher sich der Abschlussprüfer bedienen kann, um bspw. offene Fragen mit der Unternehmensleitung zu klären (→ II.6.3.3). Seine Arbeit hat der Abschlussprüfer in seinen Arbeitspapieren angemessen zu dokumentieren (→ II.6.4).

6.3.1   Bestätigungsvermerk

Der in § 322 HGB normierte Bestätigungsvermerk enthält das Prüfungsergebnis (ISA 700.6, IDW PS 400.8) sowie die folgenden Angaben (IDW PS 400.2):
- Beschreibung der Aufgaben des Abschlussprüfers,
- Abgrenzung dieser Aufgaben gegenüber der Verantwortlichkeit der gesetzlichen Vertreter der Gesellschaft für die Buchführung und Rechnungslegung,
- Darstellung von Gegenstand, Art und Umfang der Prüfung,
- Zusammenfassung des Prüfungsergebnisses in einer Beurteilung.

Die Erteilung von Bestätigungsvermerken, deren Bestandteile und Inhalte, Formen des Prüfungsurteils, Besonderheiten bei Konzernabschlussprüfungen sowie Sonderfälle von Bestätigungsvermerken sind in IDW PS 400 geregelt. Auf internationaler Ebene sind ISA 700 sowie ISA 705 und ISA 706 einschlägig.[485] Der *Vermerk des Abschlussprüfers* (auditor's report on financial statements; dieser Ausdruck wird in den ISA verwendet) entspricht in seinen Bestandteilen dem deutschen Bestätigungsvermerk (→ I.6.5.2.1). Die in ISA 700 dargelegten Normen stellen dabei auf die Erstellung eines uneingeschränkten Bestätigungsvermerks ab, wohingegen die Regelungen von ISA 705 eine Konkretisierung von ISA 700 darstellen und für die Vergabe eines modifizierten Bestätigungsvermerks anzuwenden sind.

6.3.1.1 Erteilung

Erst nach Abschluss der für die Beurteilung erforderlichen Prüfung darf ein Bestätigungs- bzw. Versagungsvermerk erteilt werden (ISA 700.41; IDW PS 400.14). Die im Folgenden dargestellten Vorschriften zur Erteilung von Bestätigungsvermerken gelten analog für Versagungsvermerke. Nach § 322 Abs. 7 Satz 1 HGB ist der Bestätigungs- oder Versagungsvermerk unter Angabe des Orts (i.d.R. der Ort der Niederlassung des WP bzw. der WPG) und des Datums abzugeben. Die Datierung erfolgt auf den Tag, an dem die Prüfung der Rechnungslegung materiell abgeschlossen wurde (Beurteilungszeitpunkt). Der Bestätigungsvermerk ist »auf dem Jahresabschluss anzubringen oder mit diesem und ggf. dem Lagebericht fest zu verbinden« (IDW PS 400.80). Der beauftragte WP hat den Vermerk eigenhändig zu unterzeichnen und nach § 48 Abs. 1 WPO mit dem Berufssiegel zu versehen. Der Bestätigungsvermerk ist nach § 322 Abs. 7 Satz 2 HGB in den Prüfungsbericht aufzunehmen. Bestätigungsvermerk und Prüfungsbericht sind unabhängig voneinander, jedoch zeitgleich zu erteilen.

---

485 Zur grundsätzlichen Übereinstimmung zwischen ISA 700 und IDW PS 400 vgl. IDW PS 400.4.

6.3.1.2 Inhalt und Bestandteile

Der Bestätigungsvermerk beinhaltet das auf die Rechnungslegung bezogene Gesamturteil des Abschlussprüfers über die Übereinstimmung des Prüfungsgegenstands (Buchführung, Jahresabschluss sowie ggf. Lagebericht) mit den für das geprüfte Unternehmen geltenden Vorschriften. Hierbei ist insbesondere zu beurteilen, ob die wirtschaftliche Lage sowie die Chancen und Risiken der künftigen Entwicklung im Jahresabschluss und Lagebericht zutreffend dargestellt sind. Da der Bestätigungsvermerk sich insbesondere an externe Adressaten richtet, werden Unrichtigkeiten, die die Darstellung der Vermögens-, Finanz- und Ertragslage im Abschluss nicht *wesentlich* beeinträchtigen, nicht erwähnt. Der Wortlaut im Bestätigungsvermerk ist so zu wählen, dass die Gesamtaussage einheitlich verstanden werden kann und dass er außergewöhnliche Umstände verdeutlicht. Daher enthalten ISA 700 und ISA 705 sowie IDW PS 400 Standardformulierungen, die ggf. zu modifizieren oder zu ergänzen sind. Ein Bestätigungsvermerk besteht nach IDW PS 400.17 aus:

- Überschrift,
- Adressat (nur nach ISA),
- einleitendem Abschnitt,
- beschreibendem Abschnitt,
- Beurteilung durch den Abschlussprüfer,
- ggf. Hinweis zur Beurteilung des Prüfungsergebnisses,
- ggf. Hinweis auf Bestandsgefährdungen,
- Ort, Datum, Unterschrift, Siegel.

Als *Überschrift* bietet sich nach nationalen Normen die Bezeichnung »Bestätigungsvermerk« oder »Bestätigungsvermerk des Abschlussprüfers« bzw. »Versagungsvermerk« oder »Versagungsvermerk des Abschlussprüfers« an. Die ISA bevorzugen den Begriff »Vermerk des unabhängigen Abschlussprüfers«. Die Nennung eines *Adressaten* im Bestätigungsvermerk bzw. -bericht, wie in ISA 700.22 f. und ISA 700.A16 gefordert, wird in IDW PS 400.22 bei gesetzlichen Abschlussprüfungen für nicht sachgerecht gehalten, da neben dem Auftraggeber auch die Öffentlichkeit als Adressat betrachtet wird.

Der *einleitende Abschnitt* enthält Angaben zum Gegenstand der Prüfung, zum Unternehmen, zum geprüften Geschäftsjahr, zu den zu Grunde liegenden Vorschriften (Rechnungslegungsvorschriften, ergänzende Regelungen), zu den Verantwortlichkeiten der gesetzlichen Vertreter für den Prüfungsgegenstand sowie zur Aufgabe des Abschlussprüfers (ISA 700.23; IDW PS 400.24-27).

Der *beschreibende Abschnitt* beinhaltet die nach § 322 Abs. 1 Satz 2 HGB geforderte Beschreibung von Art und Umfang der Prüfungshandlungen. Der Hinweis, dass es sich um eine Jahresabschlussprüfung handelt, reicht zur Klassifizierung der Prüfung aus. Die Hinweise bzgl. des Umfangs beinhalten auch den Verweis, dass die Prüfung so geplant und durchgeführt wurde, dass wesentliche Unrichtigkeiten und Verstöße mit hinreichender Sicherheit erkannt wurden (→ II.4.1). Zudem sind die angewendeten Prüfungsnormen zu nennen. Nach ISA 200.22 f. und IDW PS 201.29 ist ein Abweichen von diesen Standards auf Grund der Eigenverantwortlichkeit des Prüfers möglich; sie sollte jedoch nur in begründeten Einzelfällen erfolgen. Ein solches Vorgehen ist im beschreibenden

Abschnitt anzuzeigen und im Prüfungsbericht ausführlich zu begründen. Nach IDW PS 400.30a kann der Prüfer ergänzend auf die ISA verweisen. Auch bei der Prüfung von Unternehmen, die ihre Rechnungslegung nach den IFRS durchführen, hat der Prüfer nach Ansicht des IDW die IDW-Standards zu beachten.[486] Die weiteren aufzuführenden Beschreibungen zum Umfang zeigt der nachfolgende Formulierungsvorschlag des IDW.[487]

Formulierungsvorschlag

»Ich habe meine/Wir haben unsere Jahresabschlussprüfung nach § 317 HGB unter Beachtung der vom Institut der Wirtschaftsprüfer (IDW) festgestellten deutschen Grundsätze ordnungsmäßiger Abschlussprüfung vorgenommen. Danach ist die Prüfung so zu planen und durchzuführen, dass Unrichtigkeiten und Verstöße, die sich auf die Darstellung des durch den Jahresabschluss unter Beachtung der Grundsätze ordnungsmäßiger Buchführung und durch den Lagebericht vermittelten Bildes der Vermögens-, Finanz- und Ertragslage wesentlich auswirken, mit hinreichender Sicherheit erkannt werden. Bei der Festlegung der Prüfungshandlungen werden die Kenntnisse über die Geschäftstätigkeit und über das wirtschaftliche und rechtliche Umfeld der Gesellschaft sowie die Erwartungen über mögliche Fehler berücksichtigt. Im Rahmen der Prüfung werden die Wirksamkeit des rechnungslegungsbezogenen internen Kontrollsystems sowie Nachweise für die Angaben in Buchführung, Jahresabschluss und Lagebericht überwiegend auf der Basis von Stichproben beurteilt. Die Prüfung umfasst die Beurteilung der angewandten Bilanzierungsgrundsätze und der wesentlichen Einschätzungen der gesetzlichen Vertreter sowie die Würdigung der Gesamtdarstellung des Jahresabschlusses und des Lageberichts. Ich bin/Wir sind der Auffassung, dass meine/unsere Prüfung eine hinreichend sichere Grundlage für meine/unsere Beurteilung bildet.« (IDW PS 400.36)

In der *Beurteilung durch den Abschlussprüfer* wird das Prüfungsurteil dargestellt. Der Prüfer beurteilt, ob das Unternehmen bei der Aufstellung des Jahresabschlusses die maßgeblichen (nationalen oder internationalen) Rechnungslegungsnormen beachtet hat. Ist der Gegenstand der Jahresabschlussprüfung gesetzlich erweitert und verlangt das Gesetz eine Aussage dazu im Bestätigungsvermerk, so ist in einem gesonderten Absatz des Prüfungsurteils über das Ergebnis der erweiterten Prüfung zu berichten. Gegebenenfalls sind *Hinweise zur Beurteilung des Prüfungsergebnisses* zu geben. Darunter fällt insbesondere das Aufzeigen von festgestellten Besonderheiten wie der Hinweis auf verbleibende wesentliche Unsicherheiten, die von zukünftigen Ereignissen abhängen, welche vom Unternehmen nicht unmittelbar beeinflussbar sind (z. B. schwebende Prozesse oder Risiken aus langfristigen Aufträgen). Für solche Hinweise empfiehlt IDW PS 400.75 folgende Formulierung: »Ohne diese Beurteilung einzuschränken, weise ich/weisen wir darauf hin, dass ...«.

Ferner ist der Bestätigungsvermerk ggf. um einen *Hinweis auf Bestandsgefährdungen* zu ergänzen (→ II.4.2.2). In diesem Fall weist der Abschlussprüfer in einem Unter-

---

486 Hierzu IDW PS 400.30a und IDW PS 400.97a (Konzernabschluss); zur Bezeichnung der Rechnungslegungsvorschriften im einleitenden Abschnitt siehe auch IDW PS 400.26 bzw. IDW PS 400.97.
487 Vgl. zur Stellung von GoA → I.6.3.3; anzumerken ist, dass das IDW nicht die alleinige Kompetenz zur Herausgabe von GoA hat.

abschnitt auf eine bestehende Gefährdung des Fortbestands und deren Darstellung im Lagebericht hin. IDW PS 400.77 schlägt folgende Formulierung vor:»Ohne diese Beurteilung einzuschränken, weise ich/weisen wir auf die Ausführungen im Lagebericht hin. Dort ist in Abschnitt ... ausgeführt, dass der Fortbestand der Gesellschaft auf Grund angespannter Liquidität bedroht ist.« Angaben zum Ort und Datum sowie Unterschrift und Siegel des Prüfers schließen den Bestätigungsvermerk ab.

6.3.1.3 Formen des Prüfungsurteils

Das Prüfungsurteil kann in drei Formen vergeben werden: Der Prüfer kann einen uneingeschränkten Bestätigungsvermerk (unqualified opinion), einen eingeschränkten Bestätigungsvermerk (qualified opinion) oder einen Versagungsvermerk erteilen. Ein Versagungsvermerk kann in zwei Ausprägungsformen vergeben werden: auf Grund von Einwendungen (adverse opinion) oder auf Grund von gravierenden Prüfungshemmnissen (disclaimer of opinion) (§ 322 Abs. 2 HGB; ISA 700.16-19 und ISA 705.2 i. V. m. ISA 705.7-10, IDW PS 400.41).

Der *uneingeschränkte Bestätigungsvermerk* bescheinigt, dass der Jahresabschluss unter Beachtung der GoB ein den tatsächlichen Verhältnissen entsprechendes Bild der Vermögens-, Finanz- und Ertragslage des Unternehmens vermittelt *und* dass der Lagebericht eine zutreffende Vorstellung von der Lage der Gesellschaft widerspiegelt sowie die Chancen und Risiken der künftigen Entwicklung zutreffend darstellt. Der Abschlussprüfer erteilt den uneingeschränkten Vermerk, wenn er keine wesentlichen Beanstandungen gegen Buchführung, Jahresabschluss und Lagebericht erhebt und keine Prüfungshemmnisse vorlagen.

Ein *eingeschränkter Bestätigungsvermerk* wird erteilt, wenn der Prüfer zu der Auffassung gelangt, dass zwar die wesentlichen Teile der Rechnungslegung eine positive Gesamtaussage zulassen, jedoch zum Zeitpunkt der Prüfungsbeendigung
- *wesentliche Beanstandungen* gegen abgrenzbare Teile der Buchführung oder der Rechnungslegung vorliegen (ISA 700.17 i. V. m. ISA 705.7a; IDW PS 400.50-51) oder
- auf Grund von *Prüfungshemmnissen* abgrenzbare Teile der Rechnungslegung aufgrund besonderer Umstände nicht mit hinreichender Sicherheit beurteilt werden können (ISA 700.17 i. V. m. ISA 705.7b; IDW PS 400.50-51; zu Beispielen siehe IDW PS 400.56).

So kann z. B. die fehlerhafte Anwendung von Bewertungsvorschriften in einem Bereich der Rechnungslegung zu einem eingeschränkten Bestätigungsvermerk führen. Korrigiert das Unternehmen vor Beendigung der Prüfung seine Fehler, so ist eine Einschränkung des Bestätigungsvermerks nicht mehr erforderlich. Prüfungshemmnisse können sich z. B. aus Beschränkungen beim Einholen von Saldenbestätigungen (→ II.3.4.2) ergeben, die darauf beruhen, dass dem Prüfer die Namen möglicher Ansprechpartner verweigert werden und er nicht auf andere Weise zu angemessenen und ausreichenden Prüfungsnachweisen gelangen kann.

Der Prüfer hat die Einschränkungen nach § 322 Abs. 4 Satz 3 und 4 HGB zu begründen und so darzulegen, dass ihre Tragweite erkennbar wird. Soweit möglich und sachgerecht ist dies durch Zahlenangaben zu konkretisieren. Er kann gemäß IDW PS 400.59

folgende Formulierung zu verwenden: »Meine/Unsere Prüfung hat mit Ausnahme der folgenden Einschränkung zu keinen Einwendungen geführt: (...).«

Der Prüfer erteilt einen *Versagungsvermerk*, wenn er wesentliche Beanstandungen gegen den Jahresabschluss erhebt, die so bedeutend oder zahlreich sind, dass ein eingeschränkter Bestätigungsvermerk nicht ausreicht, um die missverständliche oder unvollständige Darstellung des Jahresabschlusses zu verdeutlichen (ISA 700.10 i. V. m. ISA 700.17; ISA 705.8-10; IDW PS 400.65). Nach § 322 Abs. 4 Satz 3 HGB ist die Versagung zu begründen. IDW PS 400.68 sieht folgende Formulierung vor: »Meine/Unsere Prüfung hat zu folgender Einwendung geführt: (...).«

In Abgrenzung zu dieser Ursache wird ein *Versagungsvermerk* nach § 322 Abs. 5 HGB auch erteilt, wenn es dem Prüfer auf Grund von gravierenden Prüfungshemmnissen nicht möglich ist, zu einem (eingeschränkten) Bestätigungsvermerk zu gelangen. Er hat in diesem Fall die Abgabe eines Prüfungsurteils zu verweigern. Ein solches Prüfungshemmnis kann bspw. in nicht behebbaren Mängeln der Buchführung bestehen. IDW PS 400.69 empfiehlt als Formulierung: »Als Ergebnis meiner/unserer Prüfung stelle ich/ stellen wir fest, dass ich/wir nach Ausschöpfung aller angemessenen Möglichkeiten zur Klärung des Sachverhalts aus folgendem Grund nicht in der Lage war(en), ein Prüfungsurteil abzugeben: (...).« Der beschreibende Abschnitt wird in diesem Fall nicht in den Bestätigungsvermerk aufgenommen.[488]

§ 322 HGB regelt zusammenfassend die Grundlagen des Bestätigungsvermerks zum Jahresabschluss, zum Konzernabschluss und zum IRFS-Abschluss[489]. Der Bestätigungsvermerk entspricht internationalen Grundsätzen folgend einem frei zu formulierenden Bestätigungsbericht mit einem einleitenden und einem beschreibenden Abschnitt, dem Prüfungsurteil sowie der Angabe bestandsgefährdender Risiken. Das IDW hat IDW PS 400 unter Beachtung des ISA 700 verlautbart (zu etwaigen Abweichungen siehe IDW PS 400.116 f.).[490]

Die nachfolgende Tab. II.6-2 stellt die Normen zur Urteilsmitteilung durch den Bestätigungs- bzw. Versagungsvermerk – auf nationaler Ebene in IDW PS 400 und auf internationaler Ebene in ISA 700 sowie in ISA 705 und ISA 706[491] geregelt – gegenüber. In der letzten Spalte der Tabelle wird ersichtlich, in welchen der angesprochenen Aspekte die Regelungen übereinstimmen (symbolisiert durch ü), teilweise übereinstimmen (durch (ü) gekennzeichnet) oder sich unterscheiden (erkennbar durch X).

---

488 Siehe für weitere Beispiele zur Formulierung eingeschränkter und versagter Bestätigungsvermerke den Anhang zu IDW PS 400. Bei den internationalen Prüfungsnormen finden sich ebenfalls Formulierungsbeispiele in ISA 705.A23 f. sowie ISA 705.Illustrations 1–5.
489 Vgl. § 324a HGB i. V. m. § 325 Abs. 2a HGB.
490 Vgl. *Förschle/Küster* (2010), § 322 HGB, Tz. 1, 2 und 4.
491 ISA 706 (emphasis of matter paragraphs) regelt die Berichterstattung im Hinblick auf die Hervorhebung wesentlicher Sachverhalte aus der Sichtweise der Abschlussverwender. Aufgrund des spezifischen Charakters der Norm wird diese nur in ausgewählten Fällen in der nachfolgenden Tabelle betrachtet.

Vergleichs- kriterium	IDW PS 400	ISA 700/ISA 705	
Aufgabe des Bestäti- gungsver- merks (-berichts)	Abgabe eines schriftlich zu for- mulierenden Gesamturteils über das Ergebnis der nach geltenden Berufsgrundsätzen pflichtgemäß durchgeführten Prüfung. (IDW PS 400.8)	Zusammenfassung des Prüfungs- ergebnisses in einer schriftlichen Beurteilung. (ISA 700.6)	✓
Erteilung	Erst nach materiellem Abschluss der für die Beurteilung erforder- lichen Prüfung darf der Vermerk erteilt werden. (IDW PS 400.14)	Das Datum des Vermerks des Abschlussprüfers darf nicht vor dem Datum liegen, an dem der Abschlussprüfer die für eine Urteilsbildung erforderlichen Prüfungsnachweise erlangt hat. Daher kann die Erteilung erst nach Abschluss der für die Beurteilung erforderlichen Prüfung erfolgen. (ISA 700.41)	✓
Die Vor- schriften zur Erteilung ...	gelten sowohl für die Erteilung von Bestätigungs- als auch für die Erteilung von Versagungs- vermerken. (IDW PS 400.3)	gelten für alle Bestätigungs- berichte, unabhängig von dem darin enthaltenen Prüfungs- urteil. (ISA 700.1 f. i. V. m. ISA 700.16 (uneingeschränkt) bzw. ISA 700.1 f. i. V. m. ISA 700.17 i. V. m. ISA 705.1 f. (eingeschränkt))	✓
Datums- und Ortsangabe	Der Vermerk ist unter Angabe von Ort und Datum abzugeben. (IDW PS 400.17)	Im Bestätigungsbericht sind das Datum und der Ort anzugeben. (ISA 700.41 f.)	✓
Datum des Vermerks (Berichts)	Die Datierung erfolgt auf den Tag, an dem die Prüfung ma- teriell abgeschlossen wurde. (IDW PS 400.81)	Das Datum des Vermerks des Abschlussprüfers darf nicht vor dem Datum liegen, an dem der Abschlussprüfer die für eine Urteilsbildung erforderlichen Prüfungsnachweise erlangt hat. (ISA 700.41)	✓
Unterzeich- nung/Siegel	Der Vermerk ist eigenhändig zu unterzeichnen und zu siegeln. (IDW PS 400.17, 400.84, 400.86) Ihrer Unterschrift haben Wirt- schaftsprüfer die Berufs- bezeichnung »Wirtschafts- prüfer« ohne andere Berufs- bezeichnung hinzuzufügen. (IDW PS 400.85)	Der Bericht ist zu unterschreiben. (ISA 700.40) ISA 700.A37 nimmt auf nationale Besonderheiten Bezug.	(✓)
Anbringen des Vermerks	Der Vermerk ist auf dem Jah- resabschluss anzubringen oder mit diesem und ggf. dem Lage- bericht fest zu verbinden. (IDW PS 400.80)	Dem Abschluss ist der Vermerk beizufügen. (ISA 700.A17, ISA 700.Illustration 1–2) Eine explizi- te Regelung im Hinblick auf das physische Anbringen des Vermerks besteht nicht.	(✓)

Vergleichs-kriterium	IDW PS 400	ISA 700/ISA 705	
Inhalt des Vermerks (Berichts)	Er beinhaltet das auf die Rechnungslegung bezogene Gesamturteil des Abschlussprüfers über die Übereinstimmung der Buchführung, des Jahresabschlusses und des Lageberichts mit den für das geprüfte Unternehmen geltenden Vorschriften. Insbesondere ist zu beurteilen, ob die wirtschaftliche Lage sowie die Chancen und Risiken der künftigen Entwicklung zutreffend dargestellt sind. (IDW PS 400.8)	Er beinhaltet ein eindeutiges schriftliches Prüfungsurteil des Prüfers zum Abschluss. Dieses schließt die Beurteilung mit ein, ob der Abschluss in Übereinstimmung mit dem maßgebenden Regelwerk der Rechnungslegung aufgestellt wurde (ISA 700.6 i. V. m. ISA 700.10). Über Angabepflichten des Abschlussprüfers, die über die Anforderungen der ISA hinausgehen, ist in einem gesonderten Abschnitt zu berichten. (ISA 700.38 f.)	(✓)
Form und Inhalt des Vermerks (Berichts) ...	sind so zu gestalten, dass Bestätigungsvermerke einheitlich verstanden werden können und dass außergewöhnliche Umstände verdeutlicht werden. (IDW PS 400.18)	sind wünschenswerterweise in bestimmtem Ausmaß einheitlich zu gestalten, um das Verständnis des Lesers und das Erkennen außergewöhnlicher Umstände zu verbessern. (ISA 700.4, 700.20 ff, siehe auch ISA 706.4 i. V. m. ISA 706.7)	✓
Standardformulierungen	IDW PS 400 enthält Standardformulierungen, die verwendet werden sollten. (z. B. IDW PS 400.27, 400.46, 400.59-400.64 sowie der Anhang zu IDW PS 400)	ISA 700 sowie ISA 705 und ISA 706 enthalten Standardformulierungen, die verwendet werden sollten. (z. B. ISA 700.35 sowie ISA 700.A14 i. V. m. ISA 700.Illustrations 1–3; ISA 705.22 i. V. m. ISA 705.A23-A24)	✓
Bestandteile des Vermerks (Berichts)	• Überschrift • Adressat (freiwillige Abschlussprüfungen, IDW PS 400.23) • Einleitender Abschnitt • Beschreibender Abschnitt • Beurteilung durch den Abschlussprüfer • ggf. Hinweis zur Beurteilung des Prüfungsergebnisses • ggf. Hinweis auf Bestandsgefährdungen • Ort, Datum, Unterschrift, Siegel (IDW PS 400.17)	• Überschrift und Unterüberschriften • Adressat • Einleitender Abschnitt • Abschnitt zu den Verantwortlichkeiten der Unternehmensleitung • Abschnitt zu den Verantwortlichkeiten des Abschlussprüfers • Abschnitt zum Urteil • ggf. Abschnitt zu weiteren Prüfungsobjekten • ggf. Hinweis auf Bestandsgefährdungen (ISA 570.19) • Datum, Adresse, Unterschrift • Zweiteilung des Vermerks, falls über die ISA-Anforderungen zum Abschluss hinausgehende Angabepflichten bestehen (ISA 700.38, 700.39). (ISA 700.21-42)	(✓)

Vergleichs-kriterium	IDW PS 400	ISA 700/ISA 705	
Überschrift	Die Überschrift muss zutreffend sein. (IDW PS 400.19) Aus der Überschrift lässt sich ableiten, ob ein positives Urteil vorliegt oder nicht (nationale Besonderheit). Die Unabhängigkeit des Abschlussprüfers lässt sich nicht direkt aus der Überschrift erkennen (internationale Besonderheit).	Die Überschrift muss klar zeigen, dass es sich um den Bericht eines unabhängigen Prüfers handelt. (ISA 700.21, 700.A15)	✠
Anforderung an eine Überschrift	Die Bezeichnung »Bestätigungs-vermerk (des Abschlussprüfers)« oder »Versagungsvermerk (des Abschlussprüfers)« muss gewählt werden. (IDW PS 400.19 f.)	Die neutrale Bezeichnung »Vermerk des unabhängigen Abschlussprüfers« ist vorgeschrieben. (ISA 700.21 i. V. m. ISA 700.A15)	(✓)
Adres-sierung	Es ist nicht sachgerecht, den Vermerk bei gesetzlichen Prüfungen zu adressieren. (IDW PS 400.22)	Der Bericht ist zu adressieren. Die Art der Adressierung hängt von den Umständen des Auftrags ab. (ISA 700.22)	(✓)
Einleitender Abschnitt enthält Angaben ...	• zum Gegenstand der Prüfung • zum Unternehmen • zum geprüften Geschäftsjahr • zu den zu Grunde liegenden Vorschriften • zu den Verantwortlich-keiten der gesetzlichen Vertreter • zur Aufgabe des Abschlussprü-fers (IDW PS 400.24, 400.25 und 400.26)	• zum Gegenstand der Prüfung • zum Unternehmen • zum geprüften Geschäftsjahr • Auf die zu Grunde liegen-den Vorschriften wird nach ISA 700.35-37 im Abschnitt zum Prüfungsurteil sowie nach ISA 700.26 im Abschnitt Verantwortung der gesetzlichen Vertreter für den Abschluss eingegangen. • Die Verantwortlichkeiten der Unternehmensleitung werden nach ISA 700.24-27 in einem eigenen Abschnitt dargelegt; nach ISA 700.26 muss insbesondere die Verantwortung der gesetzlichen Vertreter für die internen Kontrollen beschrieben werden. • Eine Darstellung der Verantwortlichkeiten des Abschlussprüfers erfolgt nach ISA 700.28-33 in einem eigenen Abschnitt. (ISA 700.23)	(✓)
Der beschreibende Abschnitt ...	beinhaltet die Beschreibung von Art und Umfang der Prüfungs-handlungen. (IDW PS 400.28)	ist in ISA 700 formal nicht geregelt.	(✓)

Vergleichs-kriterium	IDW PS 400	ISA 700/ISA 705	
Zur Beschreibung der Art der Prüfung …	reicht der Hinweis, dass es sich um eine Jahresabschlussprüfung handelt. (IDW PS 400.29)	• ist nach ISA 700.29 auch ein Hinweis aufzunehmen, dass es sich um eine Abschlussprüfung handelt (»auf Grundlage der Abschlussprüfung«). • ist ggf. auf weitere spezifische Anforderungen, etwa im ethischen Bereich einzugehen. (ISA 700.30)	(✓)
Zur Beschreibung des Umfangs der Prüfung gehören u. a. …	• der Hinweis, dass die Prüfung so geplant und durchgeführt wurde, dass wesentliche Unrichtigkeiten und Verstöße mit hinreichender Sicherheit erkannt wurden. (IDW PS 400.30) • der Hinweis auf die nach Ansicht des IDW relevanten Prüfungsgrundsätze sowie ggf. ergänzend auf die ISA oder auf andere mit den GoA vereinbare Prüfungsgrundsätze. (IDW PS 400.30) • weitere aufzunehmende Hinweise zum Umfang gemäß IDW PS 400.31.	• der Hinweis, dass die Prüfung so geplant und durchgeführt wurde, dass wesentliche falsche Aussagen mit hinreichender Sicherheit erkannt wurden. (ISA 700.30 f.; siehe auch ISA 700.33) • der Hinweis auf die angewandten Prüfungs-normen (ISA oder nationale Normen). (ISA 700.30 i. V. m. ISA 700.35-37 und ISA 700.44-45) • weitere aufzunehmende Hinweise zum Umfang; ISA 700.31 hebt deutlicher die Bedeutung des internen Kontrollsystems hervor.	(✓)
Beurteilung durch den Abschlussprüfer	Dieser Abschnitt des Bestätigungsvermerks enthält das Prüfungsurteil darüber, ob das Unternehmen bei der Aufstellung des Jahresabschlusses die maßgeblichen Rechnungslegungsnormen beachtet hat und ob ein den tatsächlichen Verhältnissen entsprechendes Bild vermittelt wird. (IDW PS 400.38)	Dieser Abschnitt des Bestätigungsberichts enthält das Prüfungsurteil darüber, ob der Abschluss in Übereinstimmung mit dem maßgeblichen Rechnungslegungskonzept ein den tatsächlichen Verhältnissen entsprechendes Bild vermittelt. (ISA 700.10-15 i. V. m. ISA 700.35-37)	(✓)
Formen des Prüfungsurteils	• Uneingeschränkter Bestätigungsvermerk • Eingeschränkter Bestätigungsvermerk • Versagungsvermerk auf Grund von Einwendungen oder auf Grund von gravierenden Prüfungshemmnissen (IDW PS 400.41)	• Uneingeschränktes Prüfungsurteil • Eingeschränktes Prüfungsurteil • Negatives Prüfungsurteil • Verweigerung des Prüfungsurteils (ISA 700.16-19 und ISA 705.7-10)	(✓)

Vergleichs-kriterium	IDW PS 400	ISA 700/ISA 705	
Ein uneinge-schränkter Bestäti-gungsver-merk (unein-ge-schränktes Prüfungs-urteil) besagt, ...	• dass der Jahresabschluss ein den tatsächlichen Verhältnissen entsprechendes Bild der Vermö-gens-, Finanz- und Ertragslage des Unternehmens unter Beach-tung der Grundsätze ordnungs-mäßiger Buchführung vermittelt und • dass der Lagebericht eine zu-treffende Vorstellung von der Lage der Gesellschaft wiedergibt sowie die Chancen und Risiken der künftigen Entwicklung zu-treffend darstellt. (IDW PS 400.42)	• dass der Jahresabschluss ein den tatsächlichen Verhältnissen entsprechendes Bild (oder eine angemessene Darstellung in al-len wesentlichen Belangen) ver-mittelt. (ISA 700.16; siehe auch ISA 705.2 i. V. m. ISA 700.7c (Umkehrschluss)) und • dass der Lagebericht entspre-chend den nationalen Vorschrif-ten (HGB) aufgestellt wurde. (ISA 700.Illustration1 Unter-überschrift »Report on Other Legal and Regulatory Require-ments«)	(✓)
Ein uneinge-schränkter Bestäti-gungs-vermerk (un-einge-schränktes Prüfungs-urteil) wird er-teilt, wenn ...	• keine wesentlichen Beanstan-dungen gegen Buchführung, Jahresabschluss und Lagebericht vorliegen und • keine Prüfungshemmnisse für bestimmte wesentliche abgrenz-bare oder nicht abgrenzbare Teile der Rechnungslegung be-stehen. (IDW PS 400.42)	Ein nicht modifiziertes Prüfungs-urteil ist abzugeben, wenn der Prüfer zu dem Ergebnis gelangt, dass der Abschluss in allen we-sentlichen Belangen in Überein-stimmung mit dem maßgebenden Regelwerk der Rechnungslegung aufgestellt ist. (ISA 700.16)	✓
Ein einge-schränkter Bestäti-gungs-vermerk (ein-ge-schränktes Prüfungs-urteil) wird er-teilt, wenn ...	zwar die wesentlichen Teile der Rechnungslegung eine positive Gesamtaussage zulassen, jedoch • wesentliche Beanstan-dungen gegen abgrenzbare Teile der Rechnungslegung vor-liegen oder • auf Grund von Prüfungshemm-nissen abgrenzbare Teile der Rechnungslegung nicht mit hin-reichender Sicherheit beurteilt werden können. (IDW PS 400.50)	der Prüfer zu dem Ergebnis ge-langt, dass ein uneinge-schränktes Prüfungsurteil nicht erteilt werden kann, jedoch • die Auswirkungen von Fehlern der Rechnungslegung, die ein-zeln oder insgesamt, erheblich oder • die Auswirkungen auf Grund von Prüfungshemmnissen auf den Jahresabschluss wesent-lich sein könnten, aber nicht so wesentlich oder umfassend sind, dass diese ein negatives Prüfungsurteil oder die Ver-weigerung des Prüfungsurteils erfordern. (ISA 700.17 i. V. m. ISA 705.7)	(✓)
Gründe für die Einschrän-kungen ...	sind vom Prüfer so darzulegen, dass ihre Tragweite und relative Bedeutung erkennbar werden. So-weit möglich und sachgerecht, ist die Größenordnung durch Zahlen-angaben zu verdeutlichen. (IDW PS 400.58)	sind vom Prüfer klar zu be-schreiben. Soweit praktikabel, sind die Auswirkungen auf den Abschluss betragsmäßig anzu-geben. (ISA 705.16-21 i. V. m. ISA 705.26)	(✓)

Vergleichs- kriterium	IDW PS 400	ISA 700/ISA 705	
Ein Versa- gungs- vermerk (negatives Prüfungs- urteil) wird er- teilt, wenn...	• wesentliche Beanstandungen gegen den Jahresabschluss be- stehen, die so bedeutend oder zahlreich sind, dass ein einge- schränkter Bestäti- gungsvermerk nicht ausreicht, die missverständliche oder un- vollständige Darstellung des Jahresabschlusses zu verdeut- lichen (IDW PS 400.65) oder • sich die Prüfungs- hemmnisse so wesentlich aus- wirken, dass es dem Prüfer nicht möglich ist, zu einem (eingeschränkten) Bestätigungs- vermerk zu gelangen. (IDW PS 400.68a)	• die Auswirkungen falscher Angaben und Darstellungen einzeln oder insgesamt für den Abschluss sowohl wesent- lich als auch umfassend sind. (ISA 700.17 i. V. m. ISA 705.8) oder • die Auswirkungen auf Grund von Prüfungshemmnissen auf den Jahresabschluss so we- sentlich und umfassend sein könnten, dass eine Einschrän- kung des Prüfungsurteils nicht ausreicht. (ISA 700.17 i. V. m. ISA 705.9 zu einer Nichtabgabe eines Prüfungsurteils (disclaimer of opinion))	✓
Gründe für die Versagung...	sind vom Prüfer zu beschrei- ben und zu erläutern. (IDW PS 400.67)	sind vom Prüfer klar zu be- schreiben. Soweit praktikabel, sind die Auswirkungen auf den Abschluss betragsmäßig anzu- geben. (ISA 705.16-21 i. V. m. ISA 705.26 f.)	(✓)

Tab. II.6-2: Vergleich von IDW PS 400 und ISA 700/ISA 705 (Bestätigungsvermerk bzw. Bestätigungsbericht)

6.3.1.4 Konsequenzen eines eingeschränkten oder versagten Bestätigungsvermerks

Die rechtliche Bedeutung des Bestätigungsvermerks für prüfungspflichtige Kapitalgesell- schaften folgt aus der sog. *Feststellungssperre,* wonach der Jahresabschluss erst dann festgestellt werden kann, wenn die Jahresabschlussprüfung durchgeführt wurde und der Prüfungsbericht vorliegt, in den der Bestätigungsvermerk aufzunehmen ist (§§ 316 Abs. 1 Satz 2, 322 Abs. 7 HGB). Hat keine Prüfung stattgefunden, so kann auch kein Bestätigungsvermerk erteilt werden. Ein dennoch festgestellter Jahresabschluss ist bei prüfungspflichtigen Kapitalgesellschaften nichtig (§ 256 Abs. 1 Nr. 2 AktG).

Bei einem eingeschränkten Bestätigungsvermerk oder Versagungsvermerk hat der Aufsichtsrat den Einwendungen des Abschlussprüfers nachzugehen und in seinem Be- richt dazu Stellung zu nehmen (§ 171 Abs. 2 Satz 3 AktG, § 52 Abs. 1 GmbHG). Eine Einschränkung oder Versagung des Bestätigungsvermerks hindert den Aufsichtsrat je- doch nicht daran, den mit Einwendungen behafteten Jahresabschluss unter Angabe der Gründe, warum seiner Meinung nach eine Änderung des Jahresabschlusses nicht erfor- derlich ist, zu billigen und somit seine Feststellung herbeizuführen oder der Haupt-/Ge- sellschafterversammlung vorzuschlagen, diesen Jahresabschluss festzustellen. Auch die Haupt-/Gesellschafterversammlung ist nicht gehindert, einen solchen Jahresabschluss festzustellen. Sie kann ihn sogar ihrem Gewinnverwendungsbeschluss zu Grunde legen

(§§ 171 Abs. 1 und Abs. 2 Satz 4, 174 Abs. 1 AktG sowie in Bezug auf eine GmbH § 171 Abs. 2 Satz 3 AktG i. V. m. § 52 Abs. 1 GmbHG). Ist der Jahresabschluss jedoch nichtig (siehe § 256 AktG), so ist auch der hierauf basierende Gewinnverwendungsbeschluss nichtig (siehe § 253 Abs. 1 Satz 1 AktG [492]).

Für die gesetzlichen Vertreter einer Kapitalgesellschaft ergeben sich aus einem eingeschränkten Bestätigungsvermerk oder Versagungsvermerk keine unmittelbaren Folgen. Die Haupt-/Gesellschafterversammlung kann jedoch den gesetzlichen Vertretern, u. U. auch dem Aufsichtsrat, infolge eines eingeschränkten Bestätigungsvermerks oder eines Versagungsvermerks die Entlastung versagen (§§ 119 Abs. 1 Nr. 3, 120 AktG, § 46 Nr. 5 GmbHG).

In verschiedenen Fällen hat ein eingeschränkter oder versagter Bestätigungsvermerk unmittelbare Folgen auf Beschlüsse der Gesellschaftsorgane:

- Wenn die Hauptversammlung den Jahresabschluss ändert, werden ihre vor Beendigung der erforderlichen Nachtragsprüfung gefassten Beschlüsse über die Feststellung des Jahresabschlusses und die Gewinnverwendung erst dann wirksam, wenn sie innerhalb von zwei Wochen seit Beschlussfassung der Abschlussprüfer einen hinsichtlich der Änderungen uneingeschränkten Bestätigungsvermerk erteilt hat; andernfalls werden die Änderungen nichtig (§ 173 Abs. 3 AktG).
- Die letzte Jahresbilanz kann einem Beschluss der Hauptversammlung über eine Kapitalerhöhung aus Gesellschaftsmitteln nur dann zu Grunde gelegt werden, wenn diese mit einem uneingeschränkten Bestätigungsvermerk versehen ist (§ 209 Abs. 1 und Abs. 3 AktG). Gleiches gilt für eine GmbH (§ 57e Abs. 1 GmbHG).
- Im Falle eines uneingeschränkten Bestätigungsvermerks darf die zu leistende Einlage, die bei der Ausgabe von Belegschaftsaktien geleistet werden muss, nach § 204 Abs. 3 AktG aus einem bestimmten Teil des Jahresüberschusses gedeckt werden.

Ein eingeschränkter oder versagter Bestätigungsvermerk kann neben den rechtlichen Folgen auch wirtschaftliche Nachteile bewirken, wie z. B. hinsichtlich der Kreditwürdigkeit oder dem Ansehen des Unternehmens bei Investoren. Die Gesellschaftsorgane sind deshalb bemüht, einen uneingeschränkten Bestätigungsvermerk zu erhalten, um der Reputation des Unternehmens nicht zu schaden und um etwaige Darlegungs- und Beweiserleichterungen nicht zu verlieren. Sie sind daher bestrebt, bereits während der Prüfung etwaige Einwendungen auszuräumen. Da der Bestätigungsvermerk über die Einhaltung der Rechnungslegung informiert, erfüllt dieser in der Wirtschaft eine wesentliche Ordnungsfunktion (Reglerfunktion der Jahresabschlussprüfung). [493]

---

492 Diese Regelung ist nach h.M. analog auf eine GmbH anzuwenden; vgl. *Altmeppen* (2009), § 42a GmbHG, Rn. 34 f.; *Haas* (2010), § 42a GmbHG, Rn. 24 ff. und 37 ff.
493 Zu den rechtlichen Auswirkungen eines eingeschränkten oder versagten Bestätigungsvermerks siehe ausführlich *IDW* (2006), Q 414 ff.

6.3.2   Prüfungsbericht

Prüfungsbericht nach nationalen Normen

§ 321 HGB und IDW PS 450 sind die Normen zum Prüfungsbericht. Der Bericht über Gegenstand, Art, Umfang sowie wesentliche Prüfungsfeststellungen und -ergebnisse der Abschlussprüfung ist an die Aufsichtsorgane des Unternehmens gerichtet, um diese bei der Überwachung des Unternehmens zu unterstützen. Der Prüfungsbericht ist den gesetzlichen Vertretern bzw. dem Aufsichtsrat, wenn dieser den Prüfungsauftrag erteilt hat, vorzulegen. Der Prüfungsbericht stellt qualitative und quantitative Unregelmäßigkeiten ausführlich dar, da die Adressaten gewöhnlich Leitungs- und/oder Überwachungsfunktionen innehaben und somit Fehlerursachen beeinflussen können.

Der Abschlussprüfer hat nach § 43 Abs. 1 WPO seinen Beruf unabhängig, gewissenhaft, verschwiegen und eigenverantwortlich auszuüben und sich insbesondere bei der Erstattung von Prüfungsberichten unparteiisch zu verhalten. Die vom Gesetzgeber geforderte Klarheit der Berichterstattung umfasst eine verständliche und eindeutige Darlegung der wesentlichen Feststellungen und Sachverhalte.

Der Prüfungsbericht ist *problemorientiert* auszugestalten, um den Adressaten eine besondere Hilfestellung bei der Wahrnehmung ihrer Überwachungsaufgaben zu bieten. Hervorzuheben ist in diesem Zusammenhang § 321 Abs. 2 Satz 4 HGB, wonach bei der Berichterstattung zum einen wesentliche Bewertungsgrundlagen sowie zum anderen die Auswirkungen der Ausübung von Bilanzansatz- und Bewertungswahlrechten und weiterer sachverhaltsgestaltender Maßnahmen auf den Abschluss dargestellt werden sollen. Diese Darlegungen zielen darauf ab, das Verständnis der Berichtsadressaten für die Aussage und Interpretation des Abschlusses zu fördern.[494]

In Konkretisierung zur Ausgestaltung des Prüfungsberichts empfiehlt IDW PS 450.12 Ausführungen zu folgenden Gliederungspunkten (wobei Gliederung und Form der Berichterstattung im Zeitablauf beizubehalten sind):

- Die Erläuterung des *Prüfungsauftrags* (alternativ: Aufnahme dieser Angaben ins Deckblatt) soll u. a. Angaben zur Firma des geprüften Unternehmens, dem Abschlussstichtag und zur Bestellung des Abschlussprüfers sowie einen Hinweis darauf, dass es sich um eine Abschlussprüfung handelt, sowie ggf. die Auftragsbedingungen enthalten. Darüber hinaus ist der Abschlussprüfer nach § 321 Abs. 4a HGB und IDW PS 450.23a ausdrücklich verpflichtet, seine Unabhängigkeit im Prüfungsbericht ausdrücklich schriftlich zu bestätigen (IDW PS 450.21-25).
- Die *grundsätzlichen Feststellungen* umfassen eine Stellungnahme zur Beurteilung der Lage des Unternehmens durch die gesetzlichen Vertreter nach § 321 Abs. 1 Satz 2 HGB sowie in einem eigenen Unterabschnitt Ausführungen des Abschlussprüfers nach Maßgabe des § 321 Abs. 1 Satz 3 HGB. Diese sog. *Redepflicht des Abschlussprüfers* sieht vor, dass der Abschlussprüfer, sofern er bei der Durchführung der Abschlussprüfung Unrichtigkeiten oder Verstöße gegen die relevanten Rechnungslegungsnormen oder gegen die gesetzlichen, gesellschaftsvertraglichen oder satzungsmäßigen Vor-

---

494 Weitere Darstellungen zur problemorientierten Ausgestaltung des Prüfungsberichts finden sich in *Gross/Möller* (2004).

schriften sowie Tatsachen, die den Bestand des Unternehmens gefährden oder dessen Entwicklung wesentlich beeinträchtigen, feststellt, hierüber zu berichten hat.[495] Der Abschlussprüfer hat in seinen Ausführungen die berichtspflichtigen Tatbestände klar darzustellen, um den Adressaten des Prüfungsberichts frühzeitig Gelegenheit zu geben, diese Warnhinweise aufzugreifen und interne Gegenmaßnahmen einzuleiten.

Sieht der Abschlussprüfer besonders dringenden Handlungsbedarf, so hat der Abschlussprüfer die Berichtsadressaten in diesen Fällen aus Gründen der Eilbedürftigkeit bereits vor Abgabe des Prüfungsberichts durch einen Teilbericht (sog. Sonderbericht) über solche Tatbestände zu informieren, um der Warnfunktion der Redepflicht Rechnung zu tragen (IDW PS 450.41). Diese Sonderberichte sind vollständig in den Prüfungsbericht aufzunehmen. Darüber hinaus bietet sich dem Prüfer die Möglichkeit, Informationen zu einzelnen Prüfungsgegenständen in weiteren Teilberichten zum Prüfungsbericht darzulegen, da sich die Berichterstattung im Prüfungsbericht auf das Wesentliche beschränken soll (IDW PS 450.17). In diesen Teilberichten ist auf den (ggf. noch zu erstellenden) Prüfungsbericht hinzuweisen, obwohl dieser auch ohne die Heranziehung der Teilberichte verständlich sein muss. Korrespondierend dazu hat der Prüfungsbericht eine Übersicht aller erstatteten Teilberichte, deren Gegenstand und deren wesentliche Ergebnisse zu enthalten. Generell ist die h.M., dass die Redepflicht des § 321 Abs. 1 Satz 3 HGB unbeschadet der Tatsache, dass sie weiter reicht als die Prüfungspflicht gem. § 317 HGB, nicht zu einer Ausweitung des Prüfungsumfangs führt. Das bedeutet, dass der Abschlussprüfer dann über o. g. Tatsachen zu berichten hat, wenn er bei ordnungsmäßiger Durchführung der Abschlussprüfung hiervon Kenntnis erlangt (IDW PS 450.26-50).[496]

- *Gegenstand, Art und Umfang der Abschlussprüfung* sind nach § 321 Abs. 3 HGB darzustellen, um den Adressaten die Beurteilung der Prüfungstätigkeiten zu erleichtern. Gegenstand der Jahresabschlussprüfung sind Buchführung, Jahresabschluss, Lagebericht, ggf. das Risikofrüherkennungssystem sowie eventuelle Erweiterungen. Zu den Erläuterungen zu Art und Umfang der Prüfung gehört die Nennung der vom IDW festgestellten Prüfungsgrundsätze. Ergänzend kann nach IDW PS 450.55 auf die ISA oder andere mit den deutschen Normen vereinbare Prüfungsgrundsätze verwiesen werden. Ist ein Prüfer bei seiner Prüfung von den nationalen Normen abgewichen, so hat er diese Einzelfälle im Prüfungsbericht sachlich zu begründen.

    Inhaltlich hat der Prüfer über die angewandte Prüfungsstrategie (→ II.2.2.1.1) zu berichten. Darüber hinaus sind z. B. die festgelegten Prüfungsschwerpunkte, seine Vorgehensweise bei der Prüfung des IKS, die Verwendung von wesentlichen Arbeiten anderer externer Prüfer und von Urteilen Dritter (→ II.6.2.3), Besonderheiten der Inventurprüfung sowie eventuelle Prüfungshemmnisse zu beschreiben (IDW PS 450.51-60).

- Die *Feststellungen und Erläuterungen zur Rechnungslegung* enthalten Ausführungen zur Buchführung, zu weiteren geprüften Unterlagen, Jahresabschluss und Lagebericht. Der Prüfer stellt dar, ob die Buchführung den gesetzlichen sowie den gesell-

---

495 Die Redepflicht beinhaltet auch Informationen im Hinblick auf festgestellte Unrichtigkeiten der Entsprechenserklärung gemäß § 161 AktG i. V. m. § 289 a Abs. 2 Nr. 1 HGB (betrifft nur börsennotierte Aktiengesellschaften).

496 Zu diesen Darstellungen siehe ausführlich *Winkeljohann/Poullie* (2010a), § 321 HGB, Anm. 25 ff.

schaftsvertraglichen oder satzungsmäßigen Vorschriften entspricht. Weiterhin hat er über festgestellte Mängel im Jahresabschluss und deren Auswirkungen auf Rechnungslegung, Prüfungsergebnis und ggf. den Bestätigungsvermerk zu berichten. Wesentliche Jahresabschlussposten sind aufzugliedern und zu erläutern (z. B. hinsichtlich ausgeübter Ansatzwahlrechte oder angewandter Bewertungsmethoden), sofern dies die Darstellung der Vermögens-, Finanz- und Ertragslage wesentlich verbessert und die Angaben nicht bereits im Anhang enthalten sind. Außerdem ist zu würdigen, ob die *Gesamtaussage* des Jahresabschlusses ein zutreffendes Bild der Vermögens-, Finanz- und Ertragslage des Unternehmens widerspiegelt. Der Lagebericht ist daraufhin zu beurteilen, ob er mit dem Jahresabschluss in Einklang steht, eine zutreffende Vorstellung von der Lage des Unternehmens vermittelt und die Chancen und Risiken der künftigen Entwicklung zutreffend darstellt (IDW PS 450.61-103).

- Sofern das nach § 91 Abs. 2 AktG einzurichtende *Risikofrüherkennungssystem* zu prüfen ist, sind im Prüfungsbericht oder in einem zum Prüfungsbericht erstellten Teilbericht dessen Funktionsfähigkeit und ein eventueller Verbesserungsbedarf darzustellen (→ II.3.2.2.5). Wurde der Auftrag zur Abschlussprüfung um eine Aufgabe erweitert, die sich nicht auf den Jahresabschluss bezieht (z. B. Prüfung der Geschäftsführung, → III.3.3.2.1), sind *Feststellungen aus Erweiterungen des Prüfungsauftrags* in einem gesonderten Prüfungsberichtsteil darzustellen. Der nicht gesondert zu unterzeichnende *Bestätigungsvermerk* bildet den letzten Teil des Prüfungsberichts (IDW PS 450.104-107).

- Als *Anlagen zum Prüfungsbericht* sind der geprüfte Jahresabschluss, der Lagebericht und ggf. sich aus einem erweiterten Prüfungsauftrag ergebende Unterlagen aufzunehmen. Auch die Beifügung der Auftragsbedingungen wird empfohlen. Der Prüfungsbericht wird unter Angabe von Ort und Datum, die sich grundsätzlich mit der Angabe im Bestätigungsvermerk decken muss, von dem beauftragten WP eigenhändig unterzeichnet und mit dem Siegel versehen (IDW PS 450.110-113).

Offenlegung des Prüfungsberichts in besonderen Fällen

§ 321a HGB ermöglicht es, den *Prüfungsbericht* i. S. des § 321 HGB zum Jahres- und Konzernabschluss der letzten drei Geschäftsjahre *in besonderen Fällen* – trotz der grundsätzlich bestehenden Verschwiegenheitspflicht (§ 43 Abs. 1 Satz 1 WPO; → I.6.5.2.2.2) – *offenzulegen*. Falls über das Vermögen der betreffenden Gesellschaft ein Insolvenzverfahren eröffnet (§ 11 InsO) oder der Antrag auf Eröffnung des Insolvenzverfahrens mangels Masse abgewiesen wurde (§ 26 InsO i. V. m. § 207 InsO), ist ein besonderes Einsichtsrecht für Gläubiger und Gesellschafter in den Prüfungsbericht der betroffenen Gesellschaft vorgesehen.

Bei der Offenlegung gemäß § 321a HGB handelt es sich um keine Offenlegung im Sinne von § 325 HGB, es wird lediglich ein Rechtsanspruch auf Einsichtnahme gewährt. Im Fall einer AG oder KGaA steht das Recht auf Einsichtnahme in die Prüfungsberichte neben Gläubigern nur Gesellschaftern zu, denen allein oder gemeinsam mit anderen Gesellschaftern zum Zeitpunkt der Geltendmachung des Anspruchs mindestens 1 % des Grundkapitals oder der Anteile gehören oder deren Börsenwert mindestens 100.000 € beträgt. Dem Abschlussprüfer steht dabei das Recht zu, den Einsicht nehmenden Personen den Prüfungsbericht zu erläutern. Sollte die Offenlegung der Prüfungsberichte geeignet sein, der Gesellschaft einen erheblichen Nachteil zuzufügen, kann der Insolvenzverwalter oder ein gesetzlicher Vertreter des Schuldners einer Offenlegung von Geheimnissen widersprechen. Im Falle einer Einsichtnahme haben die betreffenden Personen über den Inhalt der von ihnen eingesehenen Unterlagen Verschwiegenheit zu bewahren.[497]

Mit der Ermöglichung einer Offenlegung der Prüfungsberichte gegenüber den Gläubigern und (bestimmten) Gesellschaftern eines insolventen Unternehmens hat der Gesetzgeber auf ein Dilemma reagiert, in dem sich der Abschlussprüfer eines Unternehmens befand, der nur kurze Zeit vor dem Bekanntwerden der eingetretenen oder drohenden Insolvenz einen uneingeschränkten Bestätigungsvermerk erteilt hat. Auf Grund seiner Verschwiegenheitspflicht gegenüber prüfungsvertragsfremden Dritten konnte er sich gegenüber den Gläubigern und Gesellschaftern des Unternehmens nicht durch die Offenlegung des Prüfungsberichts, der die Pflichtmäßigkeit seiner Prüfungstätigkeiten dokumentiert, rechtfertigen. Im Zusammenhang mit einer unerwarteten Unternehmensschieflage kann sich der Abschlussprüfer von einem ggf. in der Öffentlichkeit geäußerten Vorwurf der unzureichenden Prüfung oder Berichterstattung entlasten (IDW PS 240.152a).[498] Der Abschlussprüfer kann jedoch weiterhin einen (etwaigen) falschen Eindruck von seinem pflichtgemäßen Handeln nicht durch Offenlegung der Prüfungsberichte gegenüber der Öffentlichkeit revidieren. Derzeit existiert keine entsprechende internationale Regelung.

Prüfungsbericht nach internationalen Normen

Ein entsprechendes Pendant zum deutschen Prüfungsbericht ist nach internationalen Prüfungsnormen nicht vorhanden. Gleichwohl regelt insbesondere ISA 260 eine über den Bestätigungsvermerk hinausgehende zeitnahe Berichterstattung in einzelnen Fällen.

Hierzu legt ISA 260.11 dar, dass der Abschlussprüfer zunächst sog. verantwortliche Personen festzulegen hat, denen er jeweils über solche Prüfungsfeststellungen zu berichten hat, die für diese Personen von Bedeutung sind. Definiert werden relevante Personen als der Personenkreis, der mit der Unternehmensführung und -überwachung betraut ist, was je nach nationalem Recht differieren kann (ISA 260.10). Diesem Personenkreis hat der Abschlussprüfer über bestimmte, in einem zweiten Abschnitt von ISA 260 definierte Sachverhalte zu berichten. Beispiele für solche Sachverhalte sind:

- die Verantwortlichkeiten des Abschlussprüfers (ISA 260.14),
- allgemeine Angaben zur geplanten Vorgehensweise, zum Inhalt und zur zeitlichen Planung der Prüfung, inklusive etwaiger Einschränkungen des Prüfungsumfangs und Auftragserweiterungen (ISA 260.15, 260.9(a) und ISA 260.A11-A14),
- wesentliche Prüfungsfeststellungen (ISA 260.16),
- im Fall von börsennotierten Unternehmen muss eine Erklärung zur Unabhängigkeit des Abschlussprüfers sowie aller an der Prüfung beteiligten Personen vorliegen (ISA 260.17).

---

497 Näher zum Regelungsinhalt des § 321a HGB siehe *Forster/Gelhausen/Möller* (2007); *Winkeljohann/Poullie* (2010b).
498 Vgl. etwa *Bundestag* (2004), S. 43; *Winkeljohann/Poullie* (2010b), § 321a HGB, Anm. 1.

In diesem Zusammenhang weist ISA 260.16 i. V. m. ISA 260.14b darauf hin, dass die Prüfung nicht darauf ausgerichtet ist, alle derartigen Feststellungen, welche für die relevanten Personen von Bedeutung sind, aufzudecken. Einer Berichterstattung nach ISA 260 unterliegen somit nur solche Feststellungen, die dem Abschlussprüfer im Rahmen seiner Prüfung bekannt werden. Gleichwohl obliegt dem Abschlussprüfer sowohl nach nationalen als auch nach internationalen Normen eine »positive Suchverantwortung« im Hinblick auf fraud (→ II.4.1).

Abschließend legt ISA 260 Regelungen für den *Kommunikationsprozess* dar. Hierbei ist der Abschlussprüfer angehalten, sich mit den relevanten Personen über die gegenseitigen Erwartungen zur Form, zeitlichen Gestaltung und den Inhalten der Berichterstattung abzustimmen (ISA 260.18). Nach Tz. 19 sollte die Berichterstattung des Abschlussprüfers zur Prüfungsdurchführung und den wesentlichen Ergebnissen sowie zu Ausführungen bzgl. der Unabhängigkeit des Abschlussprüfers (ISA 260.20) grundsätzlich schriftlich erfolgen. Daneben ist sowohl eine mündliche als auch eine schriftliche Berichterstattung erlaubt, wobei dies u. a. von Größe und Struktur des Unternehmens sowie den rechtlichen Rahmenbedingungen abhängig sein sollte (ISA 260.22). Im Falle einer mündlichen Berichterstattung ist diese in den Arbeitspapieren (→ II.6.4) zu dokumentieren (ISA 260.23).

6.3.3   Weitere Berichterstattungsinstrumente

Über den Bestätigungsvermerk und den Prüfungsbericht hinaus stehen dem Abschlussprüfer weitere Berichterstattungsinstrumente zur Verfügung, die nachfolgend dargestellt werden:

- Gem. § 171 Abs. 1 Satz 2 AktG hat der Abschlussprüfer im Rahmen der gesetzlichen Abschlussprüfung oder einer freiwilligen Prüfung – hierbei jedoch nur, wenn der Aufsichtsrat den Abschlussprüfer dazu auffordert – an den Verhandlungen des Aufsichtsrats oder eines Ausschusses über den Jahresabschluss oder Konzernabschluss und den (Konzern-)Lagebericht teilzunehmen und über wesentliche Ergebnisse seiner Prüfung zu berichten (sog. *Bilanzsitzung*). Der Abschlussprüfer informiert gemäß Satz 3 über mögliche Befangenheitsgründe und über Leistungen, die er zusätzlich zur Abschlussprüfung erbracht hat. Die Berichterstattung umfasst insbesondere wesentliche Schwächen des internen Kontroll- und Risikomanagementsystems bezogen auf den Rechnungslegungsprozess. Schließt der Aufsichtsrat den Abschlussprüfer aus, so besteht für diesen keine Pflicht zur Teilnahme.[499] Der Abschlussprüfer hat gem. IDW PS 470 dem Aufsichtsrat einen kurzen, auf wesentliche Prüfungsergebnisse beschränkten Überblick über die Abschlussprüfung zu geben. Hierbei sollte er, neben allgemeinen Aussagen zum Prüfungsauftrag und -inhalt sowie zu rechtlichen und wirtschaftlichen Besonderheiten des Geschäftsjahres, insbesondere wesentliche

---

499 Ob eine solche Handlung des Aufsichtsrats pflichtgemäß ist, kann auf Basis von § 171 Abs. 1 Satz 2 AktG nicht eindeutig beurteilt werden. Für weiterreichende Ausführungen hierzu siehe *Hüffer* (2010), § 171 AktG, Tz. 11–11c.

Prüfungsaussagen zur Ordnungsmäßigkeit der Rechnungslegung und zu kritischen Einzelsachverhalten im rechnungslegungsbezogenen IKS, zur Angemessenheit und Wirksamkeit des Risikomanagementsystems ($\rightarrow$ II.3.2.2.5), soweit dieses Prüfungsgegenstand ist, erläutern.

Darüber hinaus muss er Verstöße gegen gesetzliche Vorschriften sowie Verstöße der gesetzlichen Vertreter oder Arbeitnehmer gegen Gesetz, Gesellschaftsvertrag und Satzung darstellen. Des Weiteren hat der Abschlussprüfer den Aufsichtsrat auf bedeutsame künftige Änderungen von Rechnungslegungsnormen hinzuweisen und auf das im Bestätigungsvermerk abgegebene Prüfungsurteil einzugehen. Diese mündliche Berichterstattung des Abschlussprüfers soll den Aufsichtsrat bei der Wahrnehmung seiner Überwachungspflichten gem. § 111 Abs. 1 AktG unterstützen. Dabei steht der Abschlussprüfer dem Aufsichtsrat für über den schriftlichen Prüfungsbericht hinausreichende Fragen zur Verfügung und kann seinerseits auch Anregungen für Fragen geben, die für die Wahrnehmung der Überwachungspflichten des Aufsichtsrats von Bedeutung sind.

- *Management letter* (IDW PS 450.17) enthalten ergänzende Informationen und/oder sich aus der Prüfung ergebende organisatorische oder sonstige Hinweise. Weder Inhalt noch Form sind in den Normen des IDW und der IFAC speziell geregelt. Sie sind lediglich vom Prüfungsbericht zu trennen und dürfen Angaben des Prüfungsberichts nicht ersetzen. Daher ist ein Verweis im Prüfungsbericht nicht erforderlich. Durch einen management letter hat der Prüfer die Möglichkeit, die Unternehmensleitung auf Sachverhalte aufmerksam zu machen, die nicht unmittelbar Gegenstand des Prüfungsauftrags waren oder die für das Gesamturteil sowie die Berichterstattung im Bestätigungsvermerk und Prüfungsbericht unwesentlich sind.[500] Management letter können z. B. Verbesserungsvorschläge zu organisatorischen, rechtlichen oder wirtschaftlichen Bereichen im Unternehmen enthalten.

- Auch die *Schlussbesprechung* ist nicht normiert. Nach allgemeiner Berufsübung findet sie zwischen Vertretern der WPG (hauptverantwortlicher Prüfer, diejenigen Prüfer, die mit der Prüfung problematischer oder beanstandeter Prüffelder betraut waren, und ggf. eine Person aus der Geschäftsleitung der Prüfungsgesellschaft) und Vertretern der geprüften Gesellschaft (ein oder mehrere gesetzliche Vertreter, d. h. Vorstand oder Geschäftsführung und weitere mit der Rechnungslegung betraute Personen) statt. Dabei wird nach Beendigung der eigentlichen Prüfungshandlungen, aber noch *vor* der Abgabe des Bestätigungsvermerks und des Prüfungsberichts über das voraussichtliche Prüfungsergebnis berichtet. Die Schlussbesprechung dient vornehmlich dem Zweck, den gesetzlichen Vertretern die wichtigsten Prüfungsfeststellungen darzulegen, ihnen eine Vorstellung vom Zustand des Rechnungswesens zu vermitteln sowie wichtige Sachverhalte aufzuzeigen. Außerdem können im Rahmen der Schlussbesprechung fehlende Auskünfte und Nachweise durch die Gesellschaft erbracht und Übereinstimmungen in strittigen Sachverhalten erzielt werden.[501]

---

500 Vgl. *IDW* (2006), R 799 ff.
501 Vgl. *IDW* (2006), R 794 ff.

6.4 Dokumentation

Unter den *Arbeitspapieren* (working papers) des Abschlussprüfers sind alle im Rahmen der Abschlussprüfung selbst erstellten Aufzeichnungen und Unterlagen sowie alle Schriftstücke und Unterlagen, die er ergänzend von dem geprüften Unternehmen oder Dritten zum Verbleib erhält, zu verstehen (IDW PS 460.1). Die Abschlussprüfung, insbesondere die Planung einzelner Prüfungsaufträge, die Gesamtplanung, evtl. vorgenommene Anpassungen der Planung, Art, Zeit und Umfang der durchgeführten Prüfungshandlungen, die Ergebnisse der Prüfungshandlungen, die festgestellten Schlussfolgerungen sowie Überlegungen zu elementaren Sachverhalten sind angemessen zu dokumentieren (ISA 230.2 f., ISA 230.8-11, IDW PS 460.9 und IDW PS 460.13 f.). Durch eine genaue Dokumentation wird gewährleistet, dass das Prüfungsergebnis und die verschiedenen Prüfungsfeststellungen nachvollziehbar sind. Die Arbeitspapiere bzw. die in ihnen festgehaltenen Prüfungsnachweise dienen der Dokumentation der Prüfungsnachweise zur Stützung der Prüfungsaussagen im Prüfungsbericht und im Bestätigungsvermerk, der Erörterung von Rückfragen, der Sicherung von Nachweisen bei Regressfällen sowie der Vorbereitung der Folgeprüfungen sowie dem Nachweis, dass die Abschlussprüfung in Übereinstimmung mit den Grundsätzen ordnungsmäßiger Abschlussprüfung geplant und durchgeführt wurde (ISA 230.5; IDW PS 460.7 f.). § 51b Abs. 4 Satz 2 WPO zufolge hat der WP in den Arbeitspapieren, die Abschlussprüfungen i. S. des § 316 HGB betreffen, auch die zur Überprüfung seiner Unabhängigkeit i. S. des § 319 Abs. 2-5 und § 319a HGB ergriffenen Maßnahmen, seine Unabhängigkeit gefährdende Umstände und ergriffene Schutzmaßnahmen schriftlich zu dokumentieren.[502] Die Aufzeichnung muss in Umfang und Inhalt so gestaltet sein, dass sich ein anderer Prüfer jederzeit ein Bild über den Stand der Prüfung und die den Entscheidungen zu Grunde liegenden Tatsachen und Maßnahmen des gesetzlichen Abschlussprüfers zur Überprüfung der Unabhängigkeit, die Unabhängigkeit gefährdende Umstände und ergriffene Schutzmaßnahmen (§ 51b Abs. 4 Satz 2 WPO) machen kann (ISA 230.8; IDW PS 460.9-14).

Die Arbeitspapiere sind klar, übersichtlich und sorgfältig zu führen und kontinuierlich zu aktualisieren (ISA 230.8 und ISA 230.A10 (analog); IDW PS 460.11 und IDW PS 460.18). Es soll eine bestimmte Ordnungsstruktur zur Verwaltung der Arbeitspapiere festgelegt werden, um eine einheitliche Vorgehensweise innerhalb der WPG zu gewährleisten. Hierbei ist insbesondere eine saubere Referenzierung wichtig, um die verschiedenen Dokumente strukturiert zu verknüpfen. Weitere Maßnahmen, die zur Übersichtlichkeit in den Arbeitspapieren beitragen, sind z. B. die Verwendung von vollständig ausgefüllten Kopfzeilen oder die vollständige Erläuterung der verwendeten Prüfzeichen.[503]

Die Arbeitspapiere gehören nach IDW PS 460.31 zu den *Handakten* des WP i. S. des § 51b Abs. 1 WPO. Zur Erhöhung der Effizienz greift die Praxis auf standardisierte Arbeitspapiere (z. B. Checklisten, Musterbriefe, Standardgliederung) zurück, die an die

---

502 Vgl. *Petersen/Zwirner/Boecker* (2010), S. 471 f.

503 Prüfzeichen (z. B. Haken, Kreis) werden verwendet, um in den zu prüfenden Unterlagen die durchgeführten Prüfungshandlungen (z. B. nachgerechnet, abgestimmt mit einer bestimmen Unterlage) zu dokumentieren; siehe *Krommes* (2008), S. 252 ff. (Referenzierung), insbesondere S. 253.

Gegebenheiten des jeweiligen Prüfungsauftrags anzupassen sind (IDW PS 460.24). Angaben und Prüfungsnachweise, die im Prüfungsbericht enthalten sind, brauchen nicht gesondert in die Arbeitspapiere aufgenommen zu werden (IDW PS 460.10).

Im Hinblick auf eine wiederholte Mandatierung des Abschlussprüfers durch das geprüfte Unternehmen hat sich die Aufteilung der Arbeitspapiere in *laufende Arbeitspapiere* und eine *Dauerakte* bewährt (IDW PS 460.25). In den laufenden Arbeitspapieren werden Unterlagen zu den Bereichen Buchführung, Jahresabschluss und Lagebericht sowie ggf. Risikofrüherkennungssystem, die nicht zur Dauerakte gehören, gesammelt (IDW PS 460.21 f.). Die stetig zu aktualisierende Dauerakte enthält alle Unterlagen, die über einen mehrjährigen Zeitraum bedeutsam sind (IDW PS 460.25). Es ist sinnvoll, in einer Dauerakte neben allgemeinen Informationen zum Unternehmen auch Unterlagen zu den Rechtsverhältnissen, der Geschäftsführung und den Aufsichtsorganen, den wirtschaftlichen Grundlagen, der Organisation und der Prüfungsdurchführung, die ebenfalls für einen längeren Zeitraum von Bedeutung sein können, aufzunehmen.[504] Für diese Kategorien kommt eine Vielzahl von Unterlagen in Frage, wie bspw.:[505]

- Allgemeine Informationen: genaue Firmenbezeichnung, Anschrift, Telefonnummern, Fax sowie Unterlagen zur Geschichte und Entwicklung des Unternehmens.
- Rechtsverhältnisse: Gesellschaftsvertrag/Satzung, Beteiligungsverhältnisse an der Gesellschaft, Unternehmensverbindungen (Konzernschaubild, Unternehmensverträge), Beschlüsse von Gesellschaftsorganen mit längerfristiger Gültigkeit, Handelsregisterauszüge, Zweigniederlassungen/Betriebsstätten, Verträge von wesentlicher Bedeutung (z. B. Liefer- und Abnahmeverträge, Miet- und Leasingverträge, Lizenz- und Konzessionsverträge), Versorgungszusagen, Betriebsvereinbarungen, Manteltarifverträge und Gerichtsurteile.
- Geschäftsführung und Aufsichtsorgane: Zusammensetzung, Amtsdauer, Vertretung und Geschäftsführungsbefugnisse sowie Geschäftsordnung.
- Wirtschaftliche Grundlagen: Geschäftsgebiete und Produktionsprogramme, technische Kapazitäten, abbaufähige Vorräte (bei Grundstoffgewinnung), Marktverhältnisse, Zahl der Mitarbeiter, Jahresabschlüsse, Lageberichte und Versicherungsschutz.
- Organisation: Organisationsplan unter Angabe der Funktionen der Geschäftsleitung und der Aufteilung der Verantwortlichkeiten, Organisation des Rechnungswesens, insbesondere Konten- und Kostenstellenplan, Beschreibung des Buchführungssystems und Dokumentation über den Ablauf des Rechnungslegungsprozesses (ggf. in Form eines Organigramms), unter Einbeziehung des internen Kontrollsystems und des Risikofrüherkennungssystems.
- Prüfungsdurchführung: längerfristig gültige Vereinbarungen mit dem Auftraggeber, mehrjähriger Prüfungsplan unter Berücksichtigung des internen Kontrollsystems und des Risikofrüherkennungssystems, Besonderheiten der letzten Prüfung, Hinweise auf Folgeprüfungen, übergreifende Feststellungen vorhergehender Prüfungen sowie steuerliche Betriebsprüfung.

---

504 Siehe ausführlich *Krommes* (2008), S. 251 ff.
505 Die nachfolgende Aufzählung basiert auf den Ausführungen von *Bischof* (2002), Sp. 96–101.

1. In welchen Schritten erfolgt die Bildung von Urteilen über Einzelsachverhalte?
2. Inwieweit berühren Ereignisse nach dem Abschlussstichtag die Prüfung?
3. Was ist eine Vollständigkeitserklärung? Wie und warum wird sie eingeholt?
4. Was ist bei der Durchführung von Gemeinschaftsprüfungen zu beachten?
5. Wie kann das Prüfungsurteil lauten? Ist es möglich, die Abgabe eines Prüfungsurteils zu verweigern?
6. Welche Bestandteile enthält ein Prüfungsbericht?

Zitierte und weiterführende Literatur

Altmeppen, H. (2009): Kommentierung des § 42a GmbHG, in: Roth, G./Altmeppen, H. (Hrsg.): Gesetz betreffend die Gesellschaften mit beschränkter Haftung (GmbHG) – Kommentar, 6. Aufl., München, S. 739–751.

Bischof, S. (2002): Arbeitspapiere, in: Ballwieser, W./Coenenberg A.G./Wysocki, K.v. (Hrsg.): Handwörterbuch der Rechnungslegung und Prüfung, 3. Aufl., Stuttgart, Sp. 96–101.

Bundestag (2004): Begründung zum Regierungsentwurf eines Gesetzes zur Einführung internationaler Rechnungslegungsstandards und zur Sicherung der Qualität der Abschlussprüfung (Bilanzrechtsreformgesetz – BilReG), BT-Drs. 15/3419, Berlin.

Förschle, G./Küster, T. (2010): Kommentierung des § 322 HGB, in: Ellrott, H./Förschle, G./Kozikowski, M./Winkeljohann, N. (Hrsg.): Beck'scher Bilanz-Kommentar – Handels- und Steuerbilanz, 7. Aufl., München, S. 2131–2155.

Forster, K.-H./Gelhausen, H.F./Möller, M. (2007): Das Einsichtsrecht nach § 321a HGB in Prüfungsberichte des gesetzlichen Abschlussprüfers, in: Die Wirtschaftsprüfung, S. 191–201.

Gross, G./Möller, M. (2004): Auf dem Weg zu einem problemorientierten Prüfungsbericht, in: Die Wirtschaftsprüfung, S. 317–324.

Haas, U. (2010): Kommentierung des § 42a GmbHG, in: Baumbach, A./Hueck, A. (Hrsg.): Beck'scher Kurz-Kommentar – GmbH-Gesetz, 19. Aufl., München, S. 851–871.

Hopt, J./Merkt, H. (2010): Kommentierung zu § 321 HGB, in: Hopt, J./Merkt, H. (Hrsg.): Beck'scher Kurz-Kommentar – Bilanzrecht, 34. Aufl., München, S. 349–354.

Hüffer, U. (2010): Aktiengesetz, 9. Aufl., München.

IDW (2006): WP Handbuch 2006 – Wirtschaftsprüfung, Rechnungslegung, Beratung, Band I, 13. Aufl., Düsseldorf.

IDW (2009): Zusammenfassende Darstellung der Änderungen von IDW Prüfungsstandards aufgrund des Bilanzrechtsmodernisierungsgesetzes (BilMoG), in: FN-IDW 2009, Nr. 11, S. 533–545.

Krommes, W. (2008): Handbuch Jahresabschlussprüfung – Ziele, Technik, Nachweise – Wegweiser zum sicheren Prüfungsurteil, Wiesbaden.

Petersen, K./Zwirner C./Boecker, C. (2010): Ausweitung der Ausschlussgründe für Wirtschaftsprüfer bei Vorliegen eines Netzwerks – Anmerkungen zu § 319b HGB, in: Die Wirtschaftsprüfung, S. 464–473.

Ruhnke, K. (2006): Prüfung von Jahresabschlüssen nach internationalen Prüfungsnormen, in: Der Betrieb, S. 1169–1175.

Ruhnke, K. (2008): Rechnungslegung nach IFRS und HGB, 2. Aufl., Stuttgart.

Severus, J. (2008): Jahresabschlussprüfung in Form eines Joint Audit`s, Wiesbaden.

Winkeljohann, N./Büssow, T. (2010): Kommentierung des § 252 HGB, in: Ellrott, H./Förschle, G./Kozikowski, M./Winkeljohann, N. (Hrsg.): Beck'scher Bilanz-Kommentar – Handels und Steuerbilanz, 7. Aufl., München, S. 382–407.

Winkeljohann, N./Poullie, M. (2010a): Kommentierung des § 321 HGB, in: Ellrott, H./Förschle, G./Kozikowski, M./Winkeljohann, N. (Hrsg.): Beck'scher Bilanz-Kommentar – Handels- und Steuerbilanz, 7. Aufl., München, S. 1947–1993.

Winkeljohann, N./Poullie, M. (2010b): Kommentierung des § 321a HGB, in: Ellrott, H./Förschle, G./Kozikowski, M./Winkeljohann, N. (Hrsg.): Beck'scher Bilanz-Kommentar – Handels- und Steuerbilanz, 7. Aufl., München, S. 1994–1998.

7 Interne und externe Qualitätssicherung

Durch WP erbrachte Dienstleistungen sind durch einen hohen Komplexitätsgrad gekennzeichnet und unterliegen aufgrund der ständigen Veränderung der Prüfungsgegenstände sowie der anzuwendenden Normen einem hohen Maß an Dynamik. Demgegenüber sind WP dazu angehalten, ihre Leistungen unter ökonomischen Gesichtspunkten, d.h. zu möglichst geringen Kosten, zu erbringen. Damit besteht grundsätzlich die Gefahr, dass WP-Leistungen nicht den geltenden Anforderungen genügen. Vielmehr werden einige Unternehmensschieflagen der jüngeren Vergangenheit u.a. auf eine unzureichende Prüfungsqualität zurückgeführt. Insbesondere die Normen zur Qualitätssicherung und Qualitätskontrolle stellen somit eine wichtige Reaktion auf mögliche Mängel von WP-Leistungen dar.

Der Begriff der »Qualität der Abschlussprüfung« ist weder gesetzlich (HGB oder WPO) noch in der Berufssatzung definiert. Ausgehend von einer allgemeinen Qualitätsdefinition, wonach Qualität den Erfüllungsgrad von Erwartungen an eine Leistung beschreibt, besteht die Qualität von Abschlussprüferleistungen in der Erfüllung aller geltenden Normen zu sämtlichen mit der Abschlussprüfung in Zusammenhang stehenden Tätigkeiten und zu den ausführenden Personen. Qualitätsnormen tragen somit zu einer Verringerung der Qualitätsunsicherheit auf der Seite der Nachfrager bei.[506] Diese Normen können auf Basis eines weiter gefassten Begriffsverständnisses in vier Regelungsbereiche unterteilt werden:[507]

1. Regelungen des Zugangs zum Berufsstand (→ I.4),
2. Regelungen und Maßnahmen zur internen Sicherung der Prüfungsqualität während der laufenden Berufsausübung,
3. Regelungen und Maßnahmen zur Überwachung der Berufsausübung (Berufsaufsicht (→ I.8.2) und externe Qualitätssicherung) sowie
4. zivil-, berufs- und strafrechtliche Bestimmungen (→ I.8).

Im Folgenden werden die Qualitätsnormen – der Systematisierung in Abschnitt I.6.5.1 entsprechend – in einem engeren Sinne verstanden. Deshalb werden zunächst der derzeitige Stand der Normierung der internen Qualitätssicherung in der deutschen und internationalen WP-Praxis (zweiter Regelungsbereich) und anschließend das Normengefüge zur externen Qualitätssicherung (Teil des dritten Regelungsbereichs) dargestellt.

7.1 Interne Qualitätssicherung

7.1.1 Begriffsabgrenzungen und Überblick

Im internationalen Prüfungskontext werden unter dem Begriff *quality control* die von einer Prüfungsgesellschaft installierten Maßnahmen verstanden, die sicherstellen sollen,

---

506 Vgl. *Lenz* (1993), S. 219 ff.
507 Vgl. *Egner* (1980), S. 202.

dass die Gesellschaft ihren gesetzlichen und berufsständischen Pflichten und Verantwortlichkeiten gegenüber den Mandanten nachkommt.[508] Dazu zählen Maßnahmen, die zum einen die Organisation der Gesellschaft und zum anderen die Abwicklung einzelner Prüfungsaufträge betreffen.[509] Auf deutscher Ebene wird »quality control« dem Begriff »interne Qualitätssicherung« gleichgesetzt.

Die Sicherstellung der Qualität in der Arbeit der WP nimmt im deutschen Berufsstand einen hohen Stellenwert ein. So ist nach § 55b WPO jeder Berufsangehörige in eigener Praxis dazu verpflichtet, ein praxisinternes Qualitätssicherungssystem einzurichten und zu dokumentieren. Darüber hinaus regelt § 4 Abs. 8-12 der IDW-Satzung die Selbstverpflichtung aller IDW-Mitglieder zur Einhaltung eines hohen Qualitätsniveaus in der eigenen Arbeit. In Deutschland bilden folgende Normen den Anforderungskatalog für die interne Sicherung der Qualität von WP-Leistungen:

- §§ 43 bis 56 WPO,
- §§ 318, 319, 319a, 323 HGB,
- die Berufsatzung für WP/vBP,
- die gemeinsame Stellungnahme der WPK und des IDW »Anforderungen an die Qualitätssicherung in der Wirtschaftsprüferpraxis«, VO 1/2006, sowie
- IDW PS 400 und IDW PS 450.

Neben der VO 1/2006 als eine Säule der internen Qualitätssicherung bildet die Berufssatzung eine weitere Säule der Normen zur Prüfungsqualität i. e. S. Letztere regelt die Rechte und Pflichten bei der Ausübung des Berufs des WP und wurde durch die WPK gem. § 57 Abs. 3 WPO erlassen. In Teil 4 der Satzung werden die besonderen Berufspflichten zur Sicherung der Qualität der Berufsarbeit geregelt. Dazu zählen im Einzelnen:

- Die Einrichtung eines angemessenen und wirksamen Qualitätssicherungssystems, welches in geeignetem Maße dokumentiert wird (§ 31 Berufssatzung),
- die Einhaltung gesonderter Regelungen zur Qualitätssicherung bei Aufträgen mit Siegelführung (§ 32 Berufssatzung) und
- die Durchführung einer internen Nachschau (§ 33 Berufssatzung).

Sämtliche genannten Berufspflichten finden sich in ähnlicher Form in der VO 1/2006 des IDW und der WPK wieder.

Auch im internationalen Kontext wird der internen Sicherung der Prüfungsqualität ein hoher Stellenwert eingeräumt. Diese Bedeutung kommt insbesondere durch die beiden von der IFAC herausgegebenen Normenwerke International Standard on Quality Control 1 (ISQC 1) und ISA 220 zum Ausdruck. Zweck beider Standards ist die Aufstellung von Grundsätzen und eines Leitfadens für die interne Sicherung der Prüfungsqualität.

---

508 Vgl. etwa den von der IFAC herausgegebenen International Standard on Quality Control 1 (ISQC 1) unter ISQC 1.3 i. V. m. ISQC 1.11. Siehe zu den internationalen Qualitätsnormen ISQC 1 und ISA 220 die Ausführungen im weiteren Verlauf.

509 Vgl. *Lück* (1999), S. 204 und *Elder/Beasley/Arens* (2010), S. 37.

7.1.2 Kennzeichen zentraler Normen

7.1.2.1 Anforderungen der VO 1/2006

Zur Bereitstellung konkreter Leitlinien, anhand derer WP geeignete organisatorische Maßnahmen und Kontrollen zur Sicherstellung einer ausreichenden Prüfungsqualität implementieren können, haben das IDW und die WPK im Jahr 2006 die gemeinsame Stellungnahme VO 1/2006 »Anforderungen an die Qualitätssicherung in der Wirtschaftsprüferpraxis« herausgegeben. Hierbei wurden insbesondere die Anforderungen der internationalen Normen ISQC 1 und ISA 220 umgesetzt.[510]

Nach Auffassung des WPK-Vorstands steht ein Qualitätssicherungssystem, das den Vorgaben der VO 1/2006 entspricht, im Einklang mit den Anforderungen der WPO und der Berufssatzung. Die VO 1/2006 stellt dabei eine Selbstbindung des Vorstands der WPK bei der Auslegung des Berufsrechts dar. Berufsangehörige, die die Vorgaben der VO 1/2006 beachten, verhalten sich berufsrechtskonform und müssen mit keinen Maßnahmen im Rahmen der Berufsaufsicht rechnen (VO 1/2006.1). Die Stellungnahme gliedert die aufgeführten Regelungen zur Qualitätssicherung in die Bereiche der allgemeinen Praxisorganisation, der Auftragsabwicklung sowie der internen Nachschau. Die nachfolgende Abb. II.7-1 stellt den Aufbau der VO 1/2006 grafisch dar.

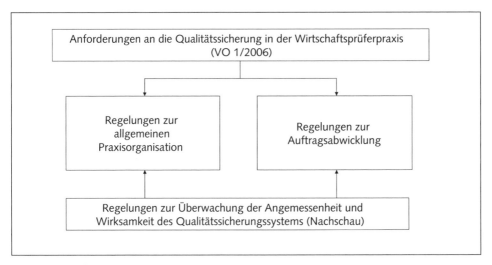

Abb. II.7-1: Aufbau der VO 1/2006

---

510 Das Statement of Membership Obligations (SMO) verpflichtet WPK und IDW als Mitgliedsorganisationen der IFAC (→ I.5.4.2), auf eine Umsetzung der durch das IAASB herausgegebenen Standards in nationale Normen hinzuwirken (SMO 3.4a). Die Umsetzung der Anforderungen von ISQC 1 und ISA 220 war somit zwingend.

7.1.2.2 Anforderungen von ISQC 1 und ISA 220

Im Regelwerk der IFAC behandeln der ISQC 1 »Quality Control for Firms that Perform Audits and Reviews of Financial Statements, and Other Assurance and Related Services Engagements« und der ISA 220 »Quality Control for an Audit of Financial Statements« Fragen der internen Qualitätssicherung von WP-Praxen.

Während die VO 1/2006 im Bereich der allgemeinen Praxisorganisation sämtliche Tätigkeitsfelder des WP abdeckt, beschränken sich die internationalen Normen auf bestimmte Bereiche des Dienstleistungsspektrums. So enthält ISQC 1 Regelungen zur internen Qualitätssicherung bei der Durchführung von Abschlussprüfungen, prüferischen Durchsichten und prüfungsnahen Dienstleistungen. Darüber hinaus schreibt ISA 220 weitere spezielle Qualitätssicherungsmaßnahmen für den Bereich der Abschlussprüfung vor.

7.1.3 Regelungsbereiche

Die Verantwortung für die Einrichtung, die Durchsetzung und die Überwachung des internen Qualitätssicherungssystems liegt bei der Leitung einer WP-Praxis. Sämtliche im Hinblick auf die Qualitätssicherung getroffenen Regelungen müssen sowohl angemessen als auch wirksam sein. Angemessenheit ist gegeben, wenn die Regelungen geeignet sind, eine Verletzung von Berufspflichten zu verhindern oder zumindest zeitnah aufzudecken. Wirksam sind die Regelungen dann, wenn sie allen betroffenen Mitarbeitern bekannt sind und im Rahmen deren täglicher Arbeit auch tatsächlich umgesetzt werden.

Im Folgenden wird ein Überblick gegeben, wie ein praxisinternes Qualitätssicherungssystem im Einzelnen ausgestaltet sein soll. Der Aufbau orientiert sich an der deutschen VO 1/2006, da diese mit Ausnahme weniger durch nationale Gegebenheiten begründete Abweichungen den Anforderungen von ISQC 1 und ISA 220 entspricht (VO 1/2006.6 und VO 1/2006.176 f.). Die nachfolgenden Ausführungen zu den Regelungen zur allgemeinen Praxisorganisation, zur Auftragsabwicklung sowie zur internen Nachschau basieren daher auf der VO 1/2006, wobei jeweils auch die entsprechenden Textziffern des ISQC 1 und des ISA 220 angegeben werden.

7.1.3.1 Regelungen zur allgemeinen Praxisorganisation

Beachtung der allgemeinen Berufspflichten
Die allgemeinen Berufspflichten des WP sind in § 43 WPO und in Teil 1 der Berufssatzung sowie – für Abschlussprüfungen – in den §§ 318, 319, 319a und 323 HGB geregelt.[511] Er hat hiernach gewissenhaft und eigenverantwortlich zu arbeiten, Unabhängigkeit und Verschwiegenheit zu bewahren sowie jegliches Verhalten zu unterlassen, das dem Ansehen des Berufs schaden könnte (→ I.6.5.2.2 und I.7).

---

511 ISQC 1 und ISA 220 verweisen im Zusammenhang mit den allgemeinen Berufspflichten auf den IFAC Code of Ethics. Die im Rahmen der VO 1/2006 referenzierten deutschen Normen stehen mit diesem im Einklang (VO 1/2006.6).

Die Praxisleitung ist verpflichtet, die Einhaltung der jeweils geltenden Unabhängigkeitsvorschriften (→ I.7.3) durch die WP-Praxis, sämtliche Mitarbeiter sowie etwaig beauftragte externe Personen sicherzustellen. Zu diesem Zweck müssen zunächst die für die Erkennung möglicher Unabhängigkeitsgefährdungen notwendigen Informationen auftragsbezogen erfasst sowie die Mitarbeiter und ggf. die externen Beauftragten grundsätzlich über die Unabhängigkeitsanforderungen aufgeklärt werden. Die Einhaltung der Unabhängigkeitsvorschriften hat jeder Mitarbeiter mindestens einmal jährlich durch eine schriftliche Unabhängigkeitserklärung zu bestätigen. Kann die erforderliche Unabhängigkeit bei der Durchführung eines Auftrags nicht gewährleistet werden (Existenz von Unabhängigkeitsbedrohungen), so ist dieser Gefährdung mit geeigneten Schutzmaßnahmen zu begegnen (sog. threats and safeguards-approach; ausführlich hierzu → I.6.5.2.2.3), bspw. dem Einsatz anderer Mitarbeiter oder der vollständigen Niederlegung des Mandats (VO 1/2006.36 f. und VO 1/2006.41 f., ISQC 1.21 und ISQC 1.24).

Die geforderte Gewissenhaftigkeit in der Berufsausübung wird durch die Einhaltung der einschlägigen gesetzlichen und berufsständischen Normen und fachlichen Regeln sichergestellt (§ 4 Abs. 1 Berufssatzung); in diesem Zusammenhang nennt die VO 1/2006 als Beispiel explizit die IDW PS. Um die notwendige fachliche Kompetenz zu gewährleisten, müssen WP und ihre Mitarbeiter regelmäßig an Fortbildungsveranstaltungen[512] teilnehmen (VO 1/2006.47 f.).

Der Grundsatz der Verschwiegenheit verpflichtet den WP, Informationen, die ihm bei der Ausübung seiner Tätigkeit bekannt werden, nicht an Dritte weiterzugeben. Um dies sicherzustellen, muss er seine Mitarbeiter schriftlich zur Verschwiegenheit verpflichten und Unterlagen, die mandantenspezifische Informationen enthalten, z. B. seine Arbeitspapiere, durch geeignete Maßnahmen gegen Zugriff durch Dritte schützen (VO 1/2006.50).

Die Pflicht zur eigenverantwortlichen Ausübung seines Berufs verlangt von einem WP, sein Urteil selbst zu bilden und Entscheidungen selbst zu treffen. Im Rahmen der Praxisorganisation muss daher sichergestellt werden, dass der jeweils verantwortliche WP in einem Umfang an der Abwicklung eines Auftrags teilnehmen kann, der ihm unter Berücksichtigung der Arbeit seiner Mitarbeiter die Ableitung eines eigenen Urteils gestattet (VO 1/2006.52).

Eine WP-Praxis hat Regelungen zu treffen, die eine Betätigung ihrer Mitarbeiter verhindern, welche mit dem Ansehen des Berufs nicht zu vereinbaren ist. Hierzu zählen bspw. die Ablehnung von Aufträgen, die Berufspflichtverletzungen mit sich bringen würden, die Vereinbarung einer für einen Auftrag angemessenen Vergütung oder die Sicherstellung, dass keine erfolgsabhängigen Honorare vereinbart werden (VO 1/2006.55).

Annahme, Fortführung und vorzeitige Beendigung von Aufträgen

Eine WP-Praxis darf einen Auftrag nur dann annehmen oder fortführen, wenn sie in der Lage ist, diesen sachlich, personell und zeitlich ordnungsgemäß zu erfüllen. Dies setzt u. a. voraus, dass die Integrität eines (potenziellen) Mandanten sowie die mit der Übernahme eines Mandats verbundenen Risiken vorab eingehend analysiert werden.

---

512 Vgl. zur Fortbildungspflicht z. B. *Ruhnke/Füssel* (2010).

Darüber hinaus muss die Praxis in einer für die fristgerechte Erfüllung des Auftrags ausreichenden Zahl Mitarbeiter einsetzen können, die über die erforderliche Erfahrung und fachliche Kompetenz verfügen. Eine hohe fachliche Kompetenz kann z. B. in Bezug auf bestimmte Branchen oder Spezialgebiete wie bspw. Immobilienbewertungen oder versicherungsmathematische Fragestellungen erforderlich sein. Auch darf die Annahme eines Mandats nicht dazu führen, dass Berufspflichten – vornehmlich der Unabhängigkeitsgrundsatz – verletzt werden (VO 1/2006.56, VO 1/2006.58 und VO 1/2006.61, ISQC 1.26 sowie ISA 220.12 i. V. m. ISA 220.A8; zur Auftragsannahme → II.2.1).

Werden im Zuge der Durchführung eines Auftrags Sachverhalte bekannt, die, hätte die Praxis von ihnen bereits vor Annahme des Mandats Kenntnis gehabt, zu einer Ablehnung des Auftrags geführt hätten, müssen der verantwortliche WP und die Praxisleitung gemeinsam über die weitere Vorgehensweise entscheiden und ggf. das Mandat gem. § 4 Abs. 4 Berufssatzung niederlegen (VO 1/2006.65, ISQC 1.28 sowie ISA 220.13; bei gesetzlichen Abschlussprüfungen sind hinsichtlich der Niederlegung des Mandats zudem die Voraussetzungen des § 318 Abs. 6 HGB zu beachten).

Mitarbeiterentwicklung

Die Mitarbeiterentwicklung einer WP-Praxis hat sich daran zu orientieren, dass qualifiziertes Personal stets in einem Umfang zur Verfügung steht, der eine Abwicklung der angenommenen Aufträge unter Einhaltung sämtlicher gesetzlicher und berufsständischer Pflichten ermöglicht (VO 1/2006.68, ISQC 1.31).

§ 6 Abs. 2 Berufssatzung verlangt, dass nur solchen Mitarbeitern Verantwortung übertragen wird, welche die erforderliche fachliche und persönliche Qualifikation aufweisen. Daher müssen Kriterien ausgearbeitet werden, die bereits bei der Bewerberauswahl eine angemessene Prüfung der Eignung der Kandidaten erlauben. Im Sinne einer erhöhten Objektivität sollte auch bei Vorstellungsgesprächen das Vier-Augen-Prinzip Anwendung finden.[513] Nach der Einstellung ist der Berufsnachwuchs sowohl theoretisch als auch praktisch – z. B. durch Training-on-the-job – aus- und weiterzubilden. Auch nach Ablegen des Berufsexamens unterliegt der WP einer Pflicht zur regelmäßigen Fortbildung, deren Art und Umfang sich an den spezifischen Erfordernissen der WP-Praxis orientieren soll (VO 1/2006.68 f. und VO 1/2006.71 f., ISQC 1.29 i. V. m. ISQC 1.A24-A26). Detaillierte Regelungen zur Fortbildungspflicht finden sich in § 4a Berufssatzung.[514]

Als weitere Bestandteile der Mitarbeiterentwicklung verlangt die VO 1/2006 eine regelmäßige Beurteilung der fachlichen Mitarbeiter, die sich auch auf deren persönliche Karriere in der WP-Praxis auswirken soll, sowie eine Bereitstellung von Fachinformationen durch den Arbeitgeber (VO 1/2006.74 und VO 1/2006.78, ISQC 1.A28).

Gesamtplanung aller Aufträge

Neben der Planung der einzelnen Aufträge einer Praxis ist auch eine Gesamtplanung aller Aufträge vorzunehmen. § 4 Abs. 3 Berufssatzung verlangt dies im Hinblick auf die Notwendigkeit einer zeitgerechten Abwicklung der angenommenen Aufträge, die im

---

513 Vgl. *Schmidt/Pfitzer/Lindgens* (2005), S. 334.
514 Vgl. auch *Ruhnke/Füssel* (2010), S. 195 f.

Einklang mit den Berufsgrundsätzen stehen muss. In welchem Umfang eine Gesamtplanung zu betreiben ist, hängt maßgeblich von der Größe der Praxis ab. So kann es im Fall einer kleinen Praxis mit wenigen Aufträgen geringer Komplexität bspw. ausreichend sein, eine übersichtliche Terminplanung der Aufträge zu erstellen (VO 1/2006.79 f.; → II.2.2).

Die Anforderung, eine Gesamtplanung aller Aufträge zu betreiben, stellt eine Erweiterung der deutschen VO 1/2006 gegenüber ISQC 1 und ISA 220 dar, welche eine solche nicht explizit verlangen (VO 1/2006.177).

Umgang mit Beschwerden und Vorwürfen
Der Sicherung der Qualität der Berufsausübung dient auch die in § 24c Berufssatzung kodifizierte Pflicht, den an eine WP-Praxis herangetragenen Beschwerden oder Vorwürfen nachzugehen. Solche Beschwerden oder Vorwürfe können sich auf mögliche Verstöße gegen gesetzliche oder berufsständische Normen beziehen und von Mitarbeitern, Mandanten oder Dritten erhoben werden. Insbesondere ihren Mitarbeitern muss die Praxisleitung eine Möglichkeit einräumen, ohne Sorge vor persönlichen Nachteilen auf etwaige Verstöße hinzuweisen, was z. B. durch anonyme Mitteilungen realisiert werden kann. Die nähere Prüfung von Beschwerden und Vorwürfen liegt in der Verantwortung der Praxisleitung. Dabei kann es ggf. von Vorteil sein, externe qualifizierte Personen mit der Untersuchung zu beauftragen, bspw. einen anderen WP. Im Rahmen der Untersuchung festgestellte tatsächliche Verstöße sind angemessen zu sanktionieren (VO 1/2006.81-83, ISQC 1.55 f. und ISQC 1.A70-A72).

7.1.3.2 Regelungen zur Auftragsabwicklung

Während die Regelungen zur allgemeinen Praxisorganisation sämtliche Tätigkeitsbereiche der WP-Praxis umfassen, sind die folgenden auftragsbezogenen Regelungen der VO 1/2006 verpflichtend nur bei der Durchführung von betriebswirtschaftlichen Prüfungen nach § 2 Abs. 1 WPO anzuwenden (VO 1/2006.5).[515]

Organisation der Auftragsabwicklung
Ausgangspunkt der Organisation der Abwicklung eines Prüfungsauftrags sind die Festlegung eines verantwortlichen WP sowie die Auswahl der Mitglieder des Prüfungsteams. Bei der Zusammenstellung des Teams sind die praktische Erfahrung, das Verständnis der fachlichen Regeln, die Branchenkenntnisse sowie die Kenntnisse des praxisinternen Qualitätssicherungssystems der Teammitglieder zu berücksichtigen (VO 1/2006.84 f., ISQC 1.30 f. und ISQC 1.A31).

Dem verantwortlichen WP obliegt es u. a., die Einhaltung der allgemeinen Berufspflichten – darunter insbesondere die Unabhängigkeitsvorschriften – sicherzustellen. Seine Erwägungen sowie eventuelle Feststellungen zu etwaigen Unabhängigkeitsgefährdungen hat er zu dokumentieren. Seine Zuständigkeit hierfür schließt jedoch nicht

---

515 Weitere Einschränkungen gelten für die Berichtskritik, welche nur bei Aufträgen obligatorisch ist, die unter Führung des Berufssiegels abgewickelt werden, sowie für die auftragsbegleitende Qualitätssicherung, die verpflichtend nur bei Abschlussprüfungen von Unternehmen des öffentlichen Interesses i. S. des § 319a Abs. 1 Satz 1 HGB durchzuführen ist.

aus, dass der verantwortliche WP – insbesondere bei komplexen und zeitaufwendigen Mandaten – Teile seiner Aufgaben an geeignete Personen delegiert, solange er deren Tätigkeit angemessen überwacht und die Gesamtverantwortung für die ordnungsgemäße Auftragsabwicklung trägt (VO 1/2006.86-88 und VO 1/2006.90, ISA 220.8-11).

Einhaltung der gesetzlichen Vorschriften und der fachlichen Regeln für die Auftragsabwicklung

Eine WP-Praxis hat interne Regelungen zu erarbeiten, mit deren Hilfe die Einhaltung gesetzlicher Vorschriften und fachlicher Regeln bei der Abwicklung von Prüfungsaufträgen sichergestellt werden kann. Die dabei wichtigsten Gesichtspunkte, die auch in der Berufssatzung genannt werden, sind die Auftragsplanung (→ II.2.2) in zeitlicher, personeller und sachlicher Hinsicht, die Zuständigkeit des verantwortlichen WP für die Anleitung des Auftragsteams und die Überwachung der Arbeit der Teammitglieder sowie eine eigene Würdigung wesentlicher Ergebnisse und Beurteilungen durch den verantwortlichen WP (VO 1/2006.91 f., ISQC 1.32 f.).

Anleitung des Prüfungsteams

Die Ausarbeitung und Erteilung von Prüfungsanweisungen obliegt dem mandatsverantwortlichen WP. Um eine ordnungsgemäße Durchführung und Dokumentation der Prüfungshandlungen sowie eine angemessene Berichterstattung zu gewährleisten, müssen seine Prüfungsanweisungen strukturiert und klar verständlich sein. Sie sollten zumindest allgemeine Informationen über Auftrag, Auftragsdurchführung und Berichterstattung, das Geschäft des zu prüfenden Unternehmens, etwaige Auftragsrisiken, besondere Problembereiche sowie die Verteilung der Verantwortlichkeit auf die Teammitglieder beinhalten (VO 1/2006.95 f., ISQC 1.32(a) i.V.m. ISQC 1.A32 sowie ISA 220.15(a) i.V.m. ISA 220.A13).

Einholung von fachlichem Rat (Konsultation)

Unter einer Konsultation wird eine Erörterung von Zweifelsfragen mit kompetenten praxisinternen oder -externen Personen verstanden. Ziel einer Konsultation ist es, die Wahrscheinlichkeit zu verringern, dass eine Fehlentscheidung getroffen wird. Diese Erörterungen sind somit immer dann vorzunehmen, wenn eine Entscheidung über fachliche, berufsrechtliche oder sonstige Zweifelsfragen maßgeblichen Einfluss auf das Prüfungsergebnis haben kann. Praxisintern muss daher sichergestellt werden, dass es in solchen Fällen überhaupt zu einer Konsultation kommt, die erforderlichen Ressourcen – bspw. zeitlicher und personeller Art – hierfür zur Verfügung stehen, Art, Umfang und Ergebnis der Erörterungen dokumentiert und die erarbeiteten Lösungen schließlich umgesetzt werden. Für einen konstruktiven Konsultationsprozess ist ein Arbeitsklima erforderlich, das die Mitarbeiter diese Art der fachlichen Diskussionen schwieriger Fragestellungen als Stärke – und nicht etwa als Eingeständnis eines eigenen Wissensmangels – verstehen lässt (VO 1/2006.98-101, ISQC 1.34 i.V.m. ISQC 1.A36 f. sowie ISA 220.18).

Laufende Überwachung der Auftragsabwicklung

Der mandatsverantwortliche WP hat dafür Sorge zu tragen, dass seine Prüfungsanweisungen sowie sämtliche gesetzliche und berufsständische Anforderungen durch die Mitglieder des Prüfungsteams eingehalten werden. Darüber hinaus muss er sicherstellen, dass ihm kritische Fragen rechtzeitig bekannt werden und – falls erforderlich – Konsultationen durchgeführt werden. Diese Aufgaben machen eine eigene Beteiligung an der Prüfungsdurchführung und eine laufende Überwachung der eingesetzten Mitarbeiter unerlässlich (VO 1/2006.106 f., ISQC 1.32(b) i. V. m. ISQC 1.A34 und ISA 220.15(a) i. V. m. ISA 220.A15).

Abschließende Durchsicht der Auftragsergebnisse

Bevor der Prüfungsbericht an den Mandanten übergeben wird, hat der verantwortliche WP eine eigene Beurteilung der Auftragsergebnisse vorzunehmen. Damit sollte er bereits begleitend zur Abwicklung des Prüfungsauftrags beginnen, um bei etwaig festgestellten Mängeln genügend Zeit für deren Behebung zur Verfügung zu haben. Im Rahmen seiner Durchsicht sollte er u. a. hinterfragen, ob die gesetzlichen und berufsständischen Prüfungsnormen eingehalten wurden, ob im Zuge der Prüfung neu gewonnene Erkenntnisse in angemessener Weise Art und Umfang der Prüfungshandlungen beeinflusst haben, ob die gewonnenen Erkenntnisse und das daraus abgeleitete Prüfungsurteil nachvollziehbar sind, ob Prüfungsergebnisse ausreichend durch Prüfungsnachweise belegt wurden und ob eine geeignete Dokumentation der Prüfungshandlungen in den Arbeitspapieren stattgefunden hat (VO 1/2006.109 f., ISQC 1.32(c) i. V. m. ISQC 1.A35 sowie ISA 220.17 i. V. m. ISA 220.A17 f.).

Auftragsbezogene Qualitätssicherung

Grundlegendes Ziel aller Maßnahmen der auftragsbezogenen Qualitätssicherung ist es, etwaige Mängel in der Ausübung des Berufs schon im Zuge der eigentlichen Auftragsabwicklung – und nicht erst als Ergebnis der nachgelagerten internen Nachschau oder externen Qualitätskontrolle – festzustellen.[516] Es lassen sich zwei Ausprägungen der auftragsbezogenen Qualitätssicherung unterscheiden. So ist nach § 24d Abs. 1 Berufssatzung zunächst bei sämtlichen Aufträgen, bei denen – verpflichtend oder freiwillig – das Berufssiegel geführt wird, grundsätzlich[517] eine Berichtskritik durchzuführen (VO 1/2006.112). Gemäß § 24d Abs. 2 Berufssatzung unterliegen gesetzliche Abschlussprüfungen von Unternehmen des öffentlichen Interesses i. S. des § 319a Abs. 1 Satz 1 HGB[518] darüber hinaus deutlich umfangreicheren Maßnahmen zur auftragsbegleitenden Qualitätssicherung.[519]

---

516 Vgl. etwa *Pfitzer/Schneiß* (2007), S. 1109; *Naumann* (2008), S. 107.
517 In bestimmten Fällen kann auch bei diesen Aufträgen auf eine Berichtskritik verzichtet werden (vgl. VO 1/2006.115–117).
518 Nach § 24d Abs. 3 Berufssatzung ist zudem zu regeln, ob und unter welchen Voraussetzungen auch bei anderen Prüfungen eine auftragsbegleitende Qualitätssicherung durchzuführen ist.
519 Die internationalen Normen ISQC 1 und ISA 220 kennen eine solche Trennung nicht. Sie verlangen eine Berichtskritik lediglich als Bestandteil der auftragsbegleitenden Qualitätssicherung bei der Prüfung von »listed entities« (VO 1/2006.177).

Die Berichtskritik ist Ausfluss einer konsequenten Anwendung des Vier-Augen-Prinzips auch auf die Aufgaben des verantwortlichen WP. Sie besteht in der Durchsicht des Prüfungsberichts vor dessen Aushändigung an den Mandanten durch eine vom verantwortlichen WP verschiedene Person, die zudem nicht wesentlich an der Durchführung der Prüfung und an der Abfassung des Prüfungsberichts beteiligt gewesen sein darf. Der Berichtskritiker muss zudem über ein angemessenes Maß an Berufserfahrung verfügen und die erforderliche Objektivität und Unabhängigkeit gegenüber dem Mandat vorweisen können. Ziel der Berichtskritik ist es, die Einhaltung der fachlichen Regeln für die Erstellung des Prüfungsberichts sicherzustellen. Darüber hinaus soll durch eine Plausibilitätsprüfung ermittelt werden, ob aus den im Rahmen der Prüfung gewonnenen Erkenntnissen glaubhafte Schlussfolgerungen und Beurteilungen abgeleitet wurden und ob das darauf aufbauende Prüfungsergebnis nachvollziehbar erscheint (VO 1/2006.113 und VO 1/2006.118 f.).

Die gegenüber der reinen Berichtskritik umfangreichere auftragsbegleitende Qualitätssicherung bei Abschlussprüfungen von Unternehmen des öffentlichen Interesses i. S. des § 319a Abs. 1 Satz 1 HGB verfolgt das Ziel einer objektiven Beurteilung der maßgeblichen fachlichen Entscheidungen des Prüfungsteams. Die Berichtskritik ist dabei ein Bestandteil der auftragsbegleitenden Qualitätssicherung (VO 1/2006.121 f.).

Im Gegensatz zur Berichtskritik, welche lediglich in einer Durchsicht des Prüfungsberichts besteht, beinhaltet die auftragsbegleitende Qualitätssicherung auch Gespräche des Qualitätssicherers mit dem verantwortlichen WP und die Durchsicht von Teilen der Arbeitspapiere. Sie ist vor der Abgabe der Berichterstattung an den Mandanten durchzuführen und erstreckt sich über sämtliche Phasen des Prüfungsprozesses. Der Qualitätssicherer hat dabei u. a. zu beurteilen, ob die Regelungen zur Auftragsannahme und -fortführung – insbesondere die Unabhängigkeitsvorschriften – beachtet wurden, ob die spezifischen Risiken des Mandats eruiert und im weiteren Verlauf der Prüfung berücksichtigt wurden, ob erforderliche Konsultationen stattgefunden haben und ob Berichterstattung und Dokumentation ordnungsgemäß sind. Sollte es bzgl. eines Sachverhaltes zu Meinungsverschiedenheiten zwischen dem verantwortlichen WP und dem Qualitätssicherer kommen, so darf vor deren Klärung keine Berichterstattung an den Mandanten erfolgen (VO 1/2006.126-129, ISQC 1.36-38 i. V. m. ISQC 1.A45 sowie ISA 220.19-21 i. V. m. ISA 220.A28).

Die auftragsbegleitende Qualitätssicherung darf nur von Personen durchgeführt werden, die an der Prüfungsabwicklung selbst nicht beteiligt gewesen sind. Darüber hinaus muss der Qualitätssicherer über die erforderliche Erfahrung, Fachkompetenz (z. B. spezielle Branchenkenntnisse) und persönliche Autorität für diese Aufgabe verfügen. Diese Anforderungen implizieren, dass im Zweifelsfall auch externe Personen mit der Durchführung der auftragsbegleitenden Qualitätssicherung beauftragt werden müssen, falls praxisintern keine solchen Mitarbeiter zur Verfügung stehen (VO 1/2006.131 f., ISQC 1.39 f. und ISQC 1.A49 f.). Insbesondere für kleine und mittelständische WP-Praxen kann diese Anforderung zu erhöhten finanziellen Belastungen führen.[520]

---

520 Vgl. *Lehwald* (2005), S. 516, *Lenz* (2005), S. 1619 oder *Naumann* (2008), S. 107.

Die Durchführung der auftragsbegleitenden Qualitätssicherung ist zu dokumentieren (VO 1/2006.139, ISQC 1.42).

Lösung von Meinungsverschiedenheiten

Im Zuge der Abwicklung eines Prüfungsauftrags können auf verschiedenen Ebenen Meinungsunterschiede über bedeutende Zweifelsfragen auftreten. So sind unterschiedliche Ansichten bzgl. eines Sachverhalts sowohl innerhalb des Prüfungsteams als auch zwischen dem verantwortlichen WP und Konsultationspartnern oder dem Qualitätssicherer denkbar. Aus diesem Grund ist praxisintern zu regeln, wie mit solchen Meinungsverschiedenheiten umgegangen werden soll. In die Konfliktlösung sollten – soweit erforderlich – regelmäßig auch die Praxisleitung oder von ihr beauftragte Personen einbezogen werden. Auch kann die Einholung von externem fachlichen Rat – bspw. von einer anderen WP-Praxis oder von einer Berufsorganisation – angezeigt sein. Sollten sich Meinungsverschiedenheiten nicht ausräumen lassen, so muss letztlich der mandatsverantwortliche WP unter Berücksichtigung des Grundsatzes der Eigenverantwortlichkeit eine Lösung herbeiführen. (VO 1/2006.140-142, ISQC 1.43 i. V. m. ISQC 1.A53 sowie ISA 220.22; auch → I.6.5.2.2.3).

Abschluss der Dokumentation der Auftragsabwicklung und Archivierung der Arbeitspapiere

Die Anfertigung der Arbeitspapiere muss zeitnah nach Beendigung eines Auftrags abgeschlossen werden. Die VO 1/2006 empfiehlt, dass im Fall von Abschlussprüfungen eine Frist von 60 Tagen nach Erteilung des Bestätigungsvermerks nicht überschritten wird. Bedingt durch die Verschwiegenheitspflicht ist eine vertrauliche und sichere Aufbewahrung der Arbeitspapiere erforderlich. Ein sorgfältiger Umgang mit diesen Dokumenten ist auch auf Grund einer etwaigen Notwendigkeit geboten, mit ihrer Hilfe die Ordnungsmäßigkeit der Auftragsabwicklung nachweisen zu müssen. Aus diesem Grund bietet es sich an, Arbeitspapiere über die vorgeschriebene Frist von sieben Jahren hinaus aufzubewahren (VO 1/2006.144f., VO 1/2006.147 und VO 1/2006.153, ISQC 1.45-47, ISQC 1.A54 und ISQC 1.A60).

7.1.3.3 Regelungen zur internen Nachschau

Das Ziel der internen Nachschau besteht in der Überprüfung der Angemessenheit und Wirksamkeit des internen Qualitätssicherungssystems. Die Nachschauaktivitäten erstrecken sich demnach sowohl auf die Einhaltung der Regelungen zur allgemeinen Praxisorganisation als auch auf die Beachtung der Anforderungen an eine ordnungsgemäße Auftragsabwicklung. Grundsätzlich ist die Praxisleitung für die interne Nachschau verantwortlich. Organisation und Durchführung der in diesem Zusammenhang erforderlichen Aktivitäten können jedoch an eine mit entsprechender Erfahrung, Fachkompetenz und Autorität ausgestattete Person übertragen werden. Für WPG mit mehreren Abteilungen oder Niederlassungen wird zur Erhöhung der Objektivität empfohlen, die Nachschau durch abteilungs- bzw. niederlassungsfremde Personen durchführen zu lassen (VO 1/2006.156f., ISQC 1.48 i. V. m. ISQC 1.A64 sowie ISA 220.23).

Die im Rahmen einer internen Nachschau erforderlichen Überprüfungen der Abwicklung ausgewählter Prüfungsaufträge dürfen nur von Personen vorgenommen werden, die weder an den betroffenen Aufträgen selbst noch an der auftragsbegleitenden Qualitätssicherung dieser Mandate beteiligt gewesen sind. Unberührt hiervon bleibt die insbesondere kleinen WP-Praxen eingeräumte Möglichkeit, die Nachschau im Fall von Prüfungsaufträgen, die keine Unternehmen des öffentlichen Interesses i. S. des § 319a Abs. 1 Satz 1 HGB betreffen, im Rahmen einer Selbstvergewisserung durchzuführen.[521] Voraussetzung hierfür ist jedoch, dass in der Praxis keine für die Durchführung der Nachschau geeigneten Personen verfügbar sind und die Hinzuziehung eines externen Dritten vor dem Hintergrund von Art und Umfang der abgewickelten Aufträge nicht zumutbar wäre. Die Durchführung der Selbstvergewisserung hat zudem in einem hinreichenden zeitlichen Abstand zur Auftragsabwicklung zu erfolgen (VO 1/2006.158).

Beispiele für Fragen, die im Rahmen einer internen Nachschau beantwortet werden sollten, sind (VO 1/2006.162 f., ISQC 1.A65):

* Ist sichergestellt, dass neue gesetzliche und berufsständische Anforderungen Eingang in die Ausgestaltung des Qualitätssicherungssystems finden?
* Kennen die Mitarbeiter der Praxis die Regelungen des Qualitätssicherungssystems und werden sie von ihnen eingehalten?
* Wird von den Mitarbeitern mindestens einmal jährlich eine schriftliche Unabhängigkeitserklärung verlangt?
* Ist das Aus- und Fortbildungsprogramm der WP-Praxis angemessen und welche Aus- und Fortbildungsmaßnahmen haben die Mitarbeiter tatsächlich durchlaufen?
* Werden die Regelungen zur Annahme, Fortführung und Beendigung von Aufträgen eingehalten?
* Wie geht die Praxis mit an sie herangetragenen Beschwerden und Vorwürfen um?
* Ist sichergestellt, dass etwaig festgestellte Mängel am Qualitätssicherungssystem der Praxisleitung zur Kenntnis gebracht werden?
* Werden solche Mängel zeitnah beseitigt und wurden Anregungen aus früheren internen Nachschauaktivitäten aufgegriffen?
* Entspricht die tatsächliche Abwicklung von Prüfungsaufträgen den Anforderungen an eine gewissenhafte Abwicklung von Aufträgen, d. h. wurden sämtliche gesetzlichen und berufsständischen Vorschriften eingehalten, wurde über die Ergebnisse der Prüfungen ordnungsgemäß Bericht erstattet und wurden die internen Regelungen zur Qualitätssicherung bei der Auftragsabwicklung eingehalten?

Die interne Nachschau hat in angemessenen Abständen aber auch bei gegebenem Anlass zu erfolgen. Ein Nachschauzyklus darf höchstens drei Jahre betragen, wobei die Durchführung der Auftragsprüfungen über diesen Zeitraum verteilt werden kann. Die VO 1/2006 empfiehlt, die Bestimmung der in die Nachschau einzubeziehenden Prüfungsaufträge nicht auf Basis eines Stichprobenverfahrens, sondern mittels einer bewussten Auswahl vorzunehmen, wobei Kriterien wie bspw. die Komplexität des Auf-

---

521 Die internationalen Normen ISQC 1 und ISA 220 erlauben eine solche Abweichung vom Grundsatz der ausschließlichen Durchführung der Auftragsprüfungen im Rahmen der internen Nachschau durch Personen, die an Abwicklung und Qualitätssicherung der betroffenen Mandate nicht beteiligt gewesen sind, nicht. Die daraus resultierende Abweichung der VO 1/2006 von ISQC 1 und ISA 220 wird jedoch von den deutschen Berufsorganisationen in Kauf genommen (VO 1/2006.177).

trags, die Größe und Branche des Mandanten, besondere Haftungsrisiken oder das öffentliche Interesse an einem Auftrag Berücksichtigung finden können. Darüber hinaus muss sichergestellt sein, dass von jedem in der Praxis tätigen WP, der Verantwortung für einzelne Prüfungsaufträge übernimmt, mindestens ein Mandat pro Nachschauzyklus in die Auftragsprüfung einbezogen wird (VO 1/2006.161 und VO 1/2006.164 f., ISQC 1.A66).

Im Zuge der internen Nachschau getroffene Feststellungen dienen als Ausgangspunkt für die Weiterentwicklung des praxisinternen Qualitätssicherungssystems. Handelt es sich bei etwaig aufgedeckten Verstößen nicht um Einzelfehler, sondern sind diese vielmehr auf Schwächen im Qualitätssicherungssystem zurückzuführen, so sind konkrete Verbesserungsvorschläge zu unterbreiten und an die Praxisleitung zu kommunizieren. Im Rahmen der nächsten internen Nachschau ist auch die Umsetzung dieser Verbesserungsvorschläge zu überprüfen (VO 1/2006.168, ISQC 1.49-51).

Die interne Nachschau ist in geeigneter Weise zu dokumentieren, wobei die Dokumentation sowohl die Organisation und Durchführung der Nachschau als auch deren Ergebnisse zum Gegenstand haben soll (VO 1/2006.171, ISQC 1.57 i. V. m. ISQC 1.A74).

7.2 Externe Qualitätssicherung

7.2.1 Begriffsabgrenzungen und Überblick

Die Verpflichtung zur Implementierung eines Systems der externen Qualitätssicherung[522] besteht sowohl auf internationaler[523] als auch auf europäischer Ebene (→ II.7.2.2 und II.7.2.5). Ziel eines solchen Systems ist es, eine hohe Prüfungsqualität zu gewährleisten. Diese soll dem Schutz von Investoren dienen und das Vertrauen der Nutzer von Finanzinformationen sichern.

In Deutschland umfasst das System der externen Qualitätssicherung die externen Qualitätskontrollen sowie für Prüfer, die Abschlüsse von Unternehmen des öffentlichen Interesses nach § 319a Abs. 1 Satz 1 HGB prüfen, die anlassunabhängigen Sonderuntersuchungen. Beide Verfahren unterscheiden sich insbesondere hinsichtlich der Konzeption der Kontrolle und der für diese zuständigen Personen.

So ist die externe Qualitätskontrolle als Systemprüfung ausgestaltet und dient der Beurteilung der Angemessenheit und Wirksamkeit des internen Qualitätssicherungssystems einer WP-Praxis. Die anlassunabhängige Sonderuntersuchung ist hingegen eine stichprobenartige und risikoorientierte Kontrolle der Einhaltung der Berufsplichten bei

---

522 Zur Begrifflichkeit siehe Abschlussprüferrichtlinie (→ I.6.3.1) und *EU-Kommission* (2008).

523 So schreibt die IFAC ihren Mitgliedsorganisationen (→ I.5.4.2) im Statement of Membership Obligations 1 (SMO 1) vor, ein System der externen Qualitätssicherung (*quality assurance review program*) zu betreiben, das den durch diesen Standard festgelegten Anforderungen entspricht. Falls den Mitgliedsorganisationen die Zuständigkeit für ein solches System nicht obliegt, müssen sie zumindest im Rahmen ihrer Möglichkeiten darauf hinwirken, dass in ihrem Land ein mit den Regelungen des SMO 1 konformes Verfahren eingerichtet wird.

einzelnen ausgewählten Teilbereichen der Abwicklung von Prüfungsaufträgen über gesetzlich vorgeschriebene Abschlussprüfungen bei Unternehmen des öffentlichen Interesses nach § 319a Abs. 1 Satz 1 HGB sowie bei ausgewählten Aspekten des Qualitätssicherungssystems der WP-Praxis und beim aktuellen Transparenzbericht.

Durchgeführt wird die externe Qualitätskontrolle von einer dem Berufsstand angehörenden, praxisfremden Person. Aufgrund der Kontrolle durch einen Berufskollegen – den sogenannten *peer* – ist das Verfahren als *peer review* zu klassifizieren.[524] Die kontrollierte Praxis kontrahiert eigenständig mit dem die externe Qualitätskontrolle durchführenden Berufskollegen; der Berufsstand schafft lediglich den organisatorischen Rahmen. Im Gegensatz hierzu sind die anlassunabhängigen Sonderuntersuchungen als *monitoring*-Verfahren ausgestaltet. Ein solches Verfahren zeichnet sich dadurch aus, dass die Kontrollen – bei einem solchen Verfahren auch *Inspektionen* genannt – ohne direkte Beteiligung von Berufsstandsangehörigen von Angestellten einer staatlichen, quasi-staatlichen oder berufsständischen Stelle durchgeführt werden.[525] Diese Angestellten verfügen zwar über entsprechende praktische Erfahrungen im Bereich der Abschlussprüfung, dürfen aber während ihrer Zugehörigkeit zum Untersuchungsteam weder gesetzliche Abschlussprüfungen durchführen noch bei einer WP-Praxis, die Unternehmen des öffentlichen Interesses nach § 319a Abs. 1 Satz 1 HGB prüft, tätig sein. Zentrales Unterscheidungskriterium zwischen externen Qualitätskontrollen (*peer review*) und anlassunabhängigen Sonderuntersuchungen (*monitoring*) ist folglich die Beteiligung von Berufsstandsangehörigen am Verfahren.[526]

Tabelle II.7-1 gibt einen Überblick über zentrale Aspekte der beiden Qualitätssicherungsverfahren, auf die in den Abschnitten II.7.2.3 und II.7.2.4 genauer eingegangen wird.

7.2.2   Europarechtliche Anforderungen an die externe Qualitätssicherung gemäß der Abschlussprüferrichtlinie

Für das deutsche System der Aufsicht über den Berufsstand der Wirtschaftsprüfer sind insbesondere die Vorgaben zur externen Qualitätssicherung auf europäischer Ebene relevant, so dass diese auch maßgeblich auf die bisherige Entwicklung des deutschen Systems eingewirkt haben. So befasst sich Art. 29 der Abschlussprüferrichtlinie mit den bei der Ausgestaltung ihres Qualitätssicherungssystems von den einzelnen Mitgliedstaaten einzuhaltenden Anforderungen:

---

524 Der Begriff *peer* bedeutet »seinesgleichen« oder »gleichwertig«, so dass der Begriff *peer review* als »Überprüfung durch seinesgleichen« zu übersetzen bzw. im hier vorliegenden Kontext als »Überprüfung eines Abschlussprüfers durch einen Abschlussprüfer« zu verstehen ist. Vgl. *Niehus* (2002), Sp. 1613.

525 Hierzu *Paulitschek* (2009), S. 97 f.

526 Es sei darauf hingewiesen, dass es sich beim Verfahren der externen Qualitätskontrolle in seiner heutigen Ausgestaltung um ein *peer review* mit *monitoring*-Elementen handelt. Als Elemente des *monitoring*, die – neben weiteren Anpassungen – mit dem APAG (6. WPO-Novelle) eingeführt wurden, sind etwa die Letztentscheidungsbefugnis der APAK sowie die Durchsicht der Qualitätskontrollberichte durch die KfQK und deren Mitwirkung bei der Auswahl des PfQK zu nennen. Vgl. *Paulitschek* (2009), S. 97 f.

Aspekt	Externe Qualitätskontrolle	Anlassunabhängige Sonderuntersuchung
Kontrolleur	Praxisfremder Berufskollege (*peer*)	Bei der WPK angestellter Inspektor
Turnus	Alle drei Jahre, wenn Abschlussprüfungen bei Unternehmen des öffentlichen Interesses nach § 319a Abs. 1 Satz 1 HGB durchgeführt werden; ansonsten alle sechs Jahre.	Je nach Anzahl der Mandate bei Unternehmen des öffentlichen Interesses nach § 319a Abs. 1 Satz 1 HGB jährlich oder mindestens alle drei Jahre.
Methodik	Systemprüfung	Stichprobenartige und risikoorientierte Kontrolle
Gegenstand	Angemessenheit und Wirksamkeit des internen Qualitätssicherungssystems	Auftragsabwicklung, internes Qualitätssicherungssystem und aktueller Transparenzbericht
Ergebnis	Gesamturteil zum Qualitätssicherungssystem	Einzelfeststellungen zu Berufspflichtverletzungen
Verhältnis zur Berufsaufsicht	Externe Qualitätskontrolle und Berufsaufsicht sind organisatorisch und personell getrennt. Feststellungen können nicht berufsaufsichtsrechtlich geahndet werden.	Direkt bei der Berufsaufsicht angesiedelt. Festgestellte Berufspflichtverletzungen können berufsaufsichtsrechtlich belangt werden.

Tab. II.7-1: Überblick über zentrale Aspekte der externen Qualitätssicherungsverfahren

- Das Qualitätssicherungssystem muss von den zu prüfenden Praxen unabhängig sein und einer öffentlichen Aufsicht unterliegen.
- Die Finanzierung der Qualitätssicherungsprüfung muss eine Einflussnahme der zu prüfenden Praxen ausschließen.
- Es muss die Verfügbarkeit ausreichender Ressourcen sichergestellt sein, um die erforderlichen Qualitätssicherungsprüfungen abzuwickeln.
- Die Qualitätssicherungsprüfer müssen über ausreichend Berufserfahrung und eine spezielle Ausbildung im Bereich der Qualitätssicherungsprüfung verfügen.
- Das Auswahlverfahren der Qualitätssicherungsprüfer muss objektiv sein, um Interessenkonflikte zwischen diesen und der zu prüfenden Praxis zu vermeiden.
- Gegenstand der Qualitätssicherungsprüfung ist das interne Qualitätssicherungssystem der zu prüfenden Praxis; auch eine Überprüfung der Angemessenheit der berechneten Prüfungshonorare wird verlangt.[527]
- Die Ergebnisse der Qualitätssicherungsprüfung werden in einem Bericht dokumentiert.
- Ein Zeitraum von sechs Jahren zwischen zwei Qualitätssicherungsprüfungen darf nicht überschritten werden.[528]

---

527 § 55 Abs. 1 WPO regelt die Angemessenheit der Prüfungshonorare als Berufspflicht, deren Überprüfung u. a. Gegenstand der externen Qualitätskontrolle ist.

528 In Bezug auf Unternehmen des öffentlichen Interesses verlangt Art. 43 der Abschlussprüferrichtlinie, dass eine externe Qualitätssicherungsprüfung in einem verkürzten Zyklus von höchstens drei Jahren stattzufinden hat.

- Über die Ergebnisse des gesamten Systems der externen Qualitätssicherung ist jährlich (in aggregierter Form) zu berichten.
- Im Rahmen einer Qualitätssicherungsprüfung ausgesprochene Empfehlungen müssen von der geprüften Praxis in angemessener Frist umgesetzt werden, andernfalls sind Sanktionen zu verhängen.

Die Regelungen der Abschlussprüferrichtlinie, die den EU-weiten Rahmen für die die Qualität der Abschlussprüfung bestimmenden Bereiche – einschließlich der Merkmale eines angemessenen und wirksamen Systems der externen Qualitätssicherung – vorgibt, legen nicht fest, ob ein Verfahren der externen Qualitätssicherung als *peer review* oder als *monitoring* ausgestaltet sein soll.

7.2.3   Externe Qualitätskontrolle in Deutschland

Die mit dem Wirtschaftsprüferordnungs-Änderungsgesetz (WPOÄG/4. WPO-Novelle) eingeführte externe Qualitätskontrolle ist als Systemprüfung ausgestaltet und dient der Beurteilung der Angemessenheit und Wirksamkeit des internen Qualitätssicherungssystems einer WP-Praxis durch einen außenstehenden Dritten, wobei die Einhaltung sowohl der gesetzlichen Vorschriften als auch die Anforderungen der Berufssatzung für WP/vBP Gegenstand der Überprüfung ist.[529] Als Soll-Objekt der externen Qualitätskontrolle dient in Deutschland ein internes Qualitätssicherungssystem, das im Einklang mit den gesetzlichen Anforderungen sowie den Vorgaben der Berufssatzung für WP/vBP steht.[530] Die Durchführung durch einen praxisfremden Dritten und damit die formale Unabhängigkeit des Prüfers vom Geprüften ist das wesentliche Unterscheidungsmerkmal zwischen der externen Qualitätskontrolle und der internen Nachschau (→ II.7.1.3.3).

7.2.3.1 Zielsetzung

Die Gründe für die Einführung der externen Qualitätskontrolle in Deutschland waren unterschiedlicher Natur. So sollte die Qualitätskontrolle dabei helfen, Mängel bei der internen Qualitätssicherung von WP-Praxen aufzudecken und zu beseitigen und damit die Qualität der Berufsausübung zu erhöhen. Auch eine Festigung des Vertrauens der Öffentlichkeit in die Abschlussprüferleistungen wurde angestrebt, indem die Befolgung der Regeln zur Qualitätssicherung durch die Berufsangehörigen den Adressaten mittels einer Überprüfung durch einen unabhängigen Dritten zugesichert wird. Die Abwicklung der Qualitätskontrolle durch einen Prüfer für Qualitätskontrolle (PfQK) und die WPK sollte dazu beitragen, die Selbstverwaltung berufsständischer Angelegenheiten zu erhalten und zu stärken. Letztlich verursachte auch die Existenz von Qualitätskontrollverfahren in den USA und zahlreichen anderen europäischen Staaten einen faktischen Zwang, ein vergleichbares Aufsichtselement in Deutschland zu implementieren, um die internatio-

---

529 Vgl. *Meyer/Paulitschek* (2006a), S. 660.
530 Zum Verhältnis der gesetzlichen und satzungsmäßigen Normen zur VO 1/2006 siehe Abschnitt II.7.1.

nale Wettbewerbsfähigkeit des deutschen Berufsstands nicht zu gefährden. So akzeptiert bspw. die US-amerikanische Börsenaufsichtsbehörde SEC nur Abschlussprüfer, die an einem von ihr anerkannten System der externen Qualitätssicherung teilnehmen.[531]

Seit Einführung der externen Qualitätskontrolle in Deutschland hat sich das Umfeld, in dem WP tätig sind, national wie international stark verändert. Zahlreiche durch den Abschlussprüfer nicht aufgedeckte schwerwiegende Rechnungslegungsverstöße haben dazu geführt, dass das Vertrauen der Öffentlichkeit in die Arbeit der WP zurückgegangen ist. Der US-amerikanische Gesetzgeber reagierte hierauf mit dem Sarbanes-Oxley Act of 2002, einem Gesetz, das sowohl bei der SEC registrierte Unternehmen als auch deren Abschlussprüfer einer verschärften Aufsicht und Kontrolle unterwirft und dabei auch die externe Qualitätssicherung durch die Einführung der *inspections* neu regelt. Auf europäischer Ebene wurden die Anforderungen an die Abschlussprüfung und deren Beaufsichtigung zunächst durch die Abschlussprüferrichtlinie vereinheitlicht.

Diese legislativen Entwicklungen zwangen auch den deutschen Gesetzgeber zum Handeln;[532] das System der externen Qualitätskontrolle wurde hierbei insbesondere durch das APAG weiterentwickelt.[533] Die durch das BARefG implementierten Neuerungen hatten in erster Linie die Berufsaufsicht (→ I.8.2) im Fokus, jedoch wurde durch die Einführung der anlassunabhängigen Sonderuntersuchungen – als weiterer Teil des externen Qualitätssicherungssystems – auch das System der externen Qualitätskontrolle tangiert und der Grundstein für eine weitreichende Änderung des Systems der externen Qualitätssicherung gelegt (→ II.7.2.4 bis II.7.2.5).

7.2.3.2 Normierung und Anwendungsbereich

Die grundlegenden Normen zur externen Qualitätskontrolle finden sich im HGB und in der WPO. § 319 Abs. 1 Satz 3 HGB i. V. m. § 57a Abs. 1 Satz 1 WPO machen die Teilnahme am Verfahren der externen Qualitätskontrolle für WP und vBP[534] zur Voraussetzung für die Durchführung von gesetzlich vorgeschriebenen Abschlussprüfungen. Die Gültigkeit der durch die Kommission für Qualitätskontrolle (KfQK) ausgestellten Teilnahmebescheinigung ist nach § 57a Abs. 6 Satz 8 WPO auf einen Zeitraum von sechs Jahren beschränkt, so dass die externe Qualitätskontrolle innerhalb dieser Frist zu wiederholen ist. Berufsangehörige, die Abschlussprüfungen bei Unternehmen des öffentlichen Inte-

---

531 Vgl. zu den Zielen der Einführung einer externen Qualitätskontrolle in Deutschland die Regierungsbegründung zum WPOÄG sowie z. B. auch *Marks/Schmidt* (1998), S. 976–978; *Niehus* (2000), S. 1133 f.; *Quick* (2001), S. 27; *Sahner/Schulte-Groß/Clauß* (2001), S. 6 f.; *Paulitschek* (2009), S. 96–98.

532 Der grundsätzliche Weg war hierbei bereits durch das 10-Punkte-Programm der Bundesregierung zur Stärkung der Unternehmensintegrität und des Anlegerschutzes vom 25.2.2003 vorgegeben; siehe hierzu etwa *Seibert, U.* (2003).

533 Neben einer Wiederherstellung verloren gegangenen öffentlichen Vertrauens wurde dabei insbesondere auch die Erhaltung der internationalen Konkurrenzfähigkeit des deutschen Aufsichtssystems und damit des gesamten Berufsstands angestrebt. Vgl. hierzu neben der Regierungsbegründung zum APAG z. B. auch *Heininger/Bertram* (2004), S. 1737 f.; *Marten/Köhler* (2005b), S. 145; *Böcking/Dutzi* (2006), S. 1–3, oder *Marten/Paulitschek* (2006), S. 155–157.

534 Nach § 130 Abs. 3 WPO finden die Vorschriften zur externen Qualitätskontrolle analog auch auf vBP Anwendung. PfQK kann in diesem Fall auch ein vBP sein.

resses i. S. des § 319a Abs. 1 Satz 1 HGB durchführen, müssen die Teilnahmebescheinigung bereits nach drei Jahren erneuern; dies entspricht Art. 43 der Abschlussprüferrichtlinie.[535] Es ist der WPK gemäß § 57a Abs. 1 Satz 2 WPO gestattet, befristete Ausnahmegenehmigungen von der Teilnahme an der externen Qualitätskontrolle zu erteilen, um Härtefälle – z. B. bei Existenzgründungen – zu vermeiden.

Über den genannten Kreis hinaus erstreckt sich die Verpflichtung, regelmäßig eine externe Qualitätskontrolle vornehmen zu lassen, gem. § 57h WPO auch auf die Prüfungsstellen der Sparkassen- und Giroverbände, falls diese Mitglied der WPK sind, sowie nach §§ 63e-63g GenG auf genossenschaftliche Prüfungsverbände (→ III.2.2.2.1). Außerdem besteht nach § 57g WPO für Berufsangehörige, die keine gesetzlich vorgeschriebenen Abschlussprüfungen durchführen, die Möglichkeit einer freiwilligen Teilnahme am Verfahren der externen Qualitätskontrolle.

7.2.3.3 Durchführung

Inwieweit die externe Qualitätskontrolle ihren Zielen – darunter insbesondere einer Erhöhung der Qualität der Berufsausübung – gerecht werden kann, hängt nicht zuletzt von der Qualifikation und der Unabhängigkeit des die Prüfung durchführenden praxisfremden Berufskollegen (*peer*) ab.

So kann ein WP nach § 57a Abs. 3 Satz 2 WPO nur dann die Registrierung als PfQK bei der WPK beantragen, wenn er
- seit mindestens drei Jahren als WP bestellt und dabei im Bereich der Abschlussprüfung tätig war,
- über nachzuweisende Kenntnisse in der Qualitätssicherung verfügt,
- in den letzten fünf Jahren nicht wegen der Verletzung einer Berufspflicht, welche die Eignung als PfQK ausschließt, berufsgerichtlich verurteilt wurde und
- nach erstmaliger Registrierung eine spezielle Fortbildung über die Qualitätssicherung nachweist.
- Des Weiteren muss ein Berufsangehöriger in eigener Praxis, der eine Registrierung als PfQK anstrebt, bereits sich selbst bzw. seine Praxis sich erfolgreich einer externen Qualitätskontrolle unterzogen haben (§ 57a Abs. 3 Satz 3 WPO).

Mit diesen Anforderungen soll gewährleistet werden, dass nur erfahrene WP als PfQK zugelassen werden. Diese dürften zum einen über ausreichende und in der Praxis bereits erprobte Kenntnisse der Berufsgrundsätze sowie der Rechnungslegungs- und Prüfungsnormen verfügen und zum anderen Erfahrungen in Bezug auf die Geschäftstätigkeit und das wirtschaftliche Umfeld einer WP-Praxis besitzen. Eine WPG kann als PfQK tätig werden, wenn mindestens ein Vorstandsmitglied, Geschäftsführer, persönlich haftender Gesellschafter oder Partner die oben dargestellten persönlichen Voraussetzungen erfüllt.

---

535 Zum Zeitpunkt der Einführung der externen Qualitätskontrolle galt für alle WP-Praxen eine Frist von drei Jahren. Durch das BARefG wurde diese Frist bei WP-Praxen, die keine Abschlussprüfungen bei Unternehmen des öffentlichen Interesses i. S. des § 319a Abs. 1 Satz 1 HGB durchführen, auf sechs Jahre verlängert.

Die Auswahl des PfQK erfolgt grundsätzlich durch die zu prüfende Praxis selbst. Um die Transparenz und die Unabhängigkeit der Auswahl zu gewährleisten, unterliegt diese aber einem in § 57a Abs. 6 Satz 1–5 WPO normierten Verfahren, das ein Widerspruchsrecht der KfQK vorsieht. So hat die zu prüfende Praxis im Vorfeld einer anstehenden Qualitätskontrolle bei der KfQK bis zu drei Vorschläge für potenzielle PfQK einzureichen, denen Unabhängigkeitsbestätigungen der PfQK beizulegen sind. Die KfQK kann einzelne oder alle Vorschläge ablehnen; im letzteren Fall kann die zu prüfende Praxis bis zu drei neue PfQK vorschlagen. Die zu prüfende Praxis kontrahiert eigenverantwortlich mit einem vorgeschlagenen und nicht von der KfQK abgelehnten PfQK.

Darüber hinaus hat der PfQK bereits vor der Annahme eines Auftrags sicherzustellen, dass er mit der Übernahme des Mandats nicht gegen die Unabhängigkeitsvorschriften verstößt und keine Ausschlussgründe des § 57a Abs. 4 WPO gegeben sind; auch muss er prüfen, ob er die erforderlichen Kenntnisse und ausreichend Erfahrung hat, um die Qualitätskontrolle sachgerecht durchzuführen (IDW PS 140.24 f.). Er sollte sich mit den Ergebnissen der letzten Qualitätskontrolle vertraut machen und mit der zu prüfenden Praxis vereinbaren, dass der Vorprüfer von seiner Verschwiegenheitspflicht entbunden wird (IDW PS 140.28). Beide Parteien können einen Auftrag zur Durchführung einer Qualitätskontrolle nur aus wichtigem Grund kündigen. Der Gesetzgeber und das IDW weisen ausdrücklich darauf hin, dass Meinungsverschiedenheiten über den Inhalt des Qualitätskontrollberichts nicht als solcher anzusehen sind (§ 57a Abs. 7 WPO und IDW PS 140.29).

Bei der externen Qualitätskontrolle handelt es sich nach IDW PS 140.10 um eine betriebswirtschaftliche Prüfung i. S. des § 2 Abs. 1 WPO. Aus diesem Grund unterliegt ihre Durchführung den in § 43 Abs. 1 WPO normierten allgemeinen Berufspflichten, welche im Kontext der externen Qualitätskontrolle in den §§ 57a Abs. 4 und 57e Abs. 1 Satz 3 WPO (Unabhängigkeit), § 57b Abs. 1 WPO (Verschwiegenheit)[536] sowie § 57b Abs. 4 WPO (Gewissenhaftigkeit und Unparteilichkeit) konkretisiert werden.[537]

Die Berufsauffassung, wie eine externe Qualitätskontrolle normenkonform abzuwickeln ist, legt IDW PS 140 dar, der durch die in IDW PH 9.140 zusammengefassten Checklisten zur Durchführung der Qualitätskontrolle ergänzt wird.

Die externe Qualitätskontrolle ist als Systemprüfung (→ II.3.2.2) ausgestaltet; *Prüfungsgegenstand* ist nach § 57a Abs. 2 WPO das interne Qualitätssicherungssystem der zu prüfenden Praxis (IDW PS 140.11). Die Aufgabe des PfQK besteht demnach in der Abgabe eines hinreichend sicheren Prüfungsurteils (*reasonable assurance*) über die Angemessenheit und die Wirksamkeit des Qualitätssicherungssystems (IDW PS 140.12). Unter Angemessenheit wird hierbei die Erfüllung der gesetzlichen Anforderungen sowie der Vorgaben der Berufssatzung für WP/vBP durch ein Qualitätssicherungssystem verstanden; Wirksamkeit ist bei Kenntnis und Beachtung der Regelungen zur Qualitätssicherung durch die Mitarbeiter der Praxis gegeben (IDW PS 140.13-15).

---

536 Die Pflicht zur Verschwiegenheit erstreckt sich neben dem PfQK auch auf dessen Gehilfen, die Mitglieder der KfQK sowie die Bediensteten der WPK.
537 Dies zieht unter anderem nach sich, dass gegenseitige Qualitätskontrollen ausgeschlossen sind.

Bei der Prüfung des internen Qualitätssicherungssystems handelt es sich um eine risikoorientierte Prüfung. Durch geeignete Prüfungshandlungen hat der PfQK das Qualitätskontrollrisiko so weit zu reduzieren, dass er über die Angemessenheit und die Wirksamkeit des Qualitätssicherungssystems mit hinreichender Sicherheit urteilen kann. Analog zum Konzept des risikoorientierten Prüfungsansatzes ($\rightarrow$ II.1.2) ist das Qualitätskontrollrisiko wie folgt definiert:

$$QKR = QR \cdot ER$$

QKR	=	Qualitätskontrollrisiko = Wahrscheinlichkeit dafür, dass der Prüfer ein uneingeschränktes Prüfungsurteil zu einem mit wesentlichen Mängeln behafteten Qualitätssicherungssystem abgibt oder eine Fehlentscheidung im Zusammenhang mit der Abgabe von Empfehlungen zur Verbesserung des internen Qualitätssicherungssystems trifft (IDW PS 140.34).
QR	=	Qualitätsrisiko = Wahrscheinlichkeit, dass nicht alle gesetzlichen und satzungsmäßigen Anforderungen eingehalten werden (IDW PS 140.35).
ER	=	Entdeckungsrisiko = Wahrscheinlichkeit, dass der Prüfer aufgrund der durchgeführten Prüfungshandlungen wesentliche Mängel im Qualitätssicherungssystem nicht entdeckt (IDW PS 140.36).

Im Rahmen der Planung hat der PfQK Qualitäts- und Entdeckungsrisiko zu analysieren. Um das Qualitätsrisiko abschätzen zu können, sind zunächst die Risiken, die sich wesentlich auf die Qualität der Berufsausübung auswirken können (*qualitätsgefährdende Risiken*), zu identifizieren. Anschließend ist zu prüfen, ob das interne Qualitätssicherungssystem geeignet ist, durch qualitätsgefährdende Risiken verursachte wesentliche Mängel zu verhindern (IDW PS 140.34). Entsprechend dem gegebenen Qualitätsrisiko ist durch die Festlegung des Entdeckungsrisikos das angestrebte Qualitätskontrollrisiko zu realisieren, so dass das Prüfungsurteil mit hinreichender Sicherheit abgegeben werden kann. Hierzu hat der PfQK Prüfungshandlungen festzulegen, die geeignet sind, die Angemessenheit (Aufbauprüfung) und die Wirksamkeit (Funktionsprüfung) des Qualitätssicherungssystems zu beurteilen (IDW PS 140.36). Aufbau- und Funktionsprüfung müssen dabei so ausgestaltet sein, dass Aussagen über Angemessenheit und Wirksamkeit des Qualitätssicherungssystems hinsichtlich der durch die VO 1/2006 normierten Bereiche möglich sind. Angesprochen sind gem. IDW PS 140.54 die Praxisorganisation (IDW PS 140.56-59), die Abwicklung siegelführender Aufträge (IDW PS 140.60-74) sowie die interne Nachschau (IDW PS 140.75-77, $\rightarrow$ II.7.1.3).

Um die Einhaltung der Regelungen bei der Abwicklung siegelführender Aufträge durch die zu prüfende Praxis zu beurteilen, muss der PfQK Auftragsprüfungen (sog. *engagement reviews*) vornehmen. Je höher das Qualitätsrisiko ist, desto größer muss die Anzahl der zu prüfenden Aufträge sein (IDW PS 140.37). Hierfür wählt er aus der Grundgesamtheit der von der zu prüfenden Praxis durchgeführten betriebswirtschaftlichen Prüfungen i.S. des § 2 Abs. 1 WPO, bei denen das Berufssiegel geführt wird, unter risikoorientierten Gesichtspunkten eine repräsentative Stichprobe aus. Mittels einer Durchsicht von Berichterstattung und Arbeitspapieren sowie Gesprächen mit dem verantwortlichen WP und ggf. weiteren fachlichen Mitarbeitern muss er sich in die Lage versetzen, ein Urteil über die Einhaltung der Regelungen zur Qualitätssicherung bei der Auftragsabwicklung abzugeben (IDW PS 140.60, 140.62 und 140.66).

Die interne Nachschau ist auf Basis der Dokumentation über die Nachschau zu beurteilen. Dabei ist u. a. zu berücksichtigen, ob im Rahmen der Nachschau etwaig festgestellte Mängel am Qualitätssicherungssystem korrigiert und Vorschläge zu dessen Weiterentwicklung umgesetzt wurden. Kommt der PfQK zu der Feststellung, dass die interne Nachschau wirksam ist, kann er auf Grund eines dadurch geringeren Qualitätsrisikos u. U. seine eigenen Prüfungshandlungen einschränken und Ergebnisse der Nachschau im Rahmen der Qualitätskontrolle verwenden (IDW PS 140.64 und 140.75-77). Auftragsannahme, Prüfungsplanung, Prüfungsdurchführung und Prüfungsergebnisse der Qualitätskontrolle sind durch den PfQK zu dokumentieren (IDW PS 140.80).

Die Qualitätskontrolle wird durch einen *schriftlichen Bericht* abgeschlossen, der ein Prüfungsurteil beinhaltet (IDW PS 140.82). Er richtet sich gleichermaßen an die geprüfte Praxis und die KfQK und informiert über Gegenstand, Art und Umfang sowie Ergebnis der Qualitätskontrolle. Der PfQK muss den Bericht in einer Art und Weise abfassen, die der KfQK ein Nachvollziehen des Prüfungsurteils sowie eine Bewertung von Prüfungsdurchführung und Urteilsbildung ermöglicht. Sofern das *Prüfungsurteil* eingeschränkt oder versagt wird, ist dies im Bericht entsprechend zu begründen. Prinzipiell können sowohl festgestellte wesentliche Mängel im Qualitätssicherungssystem als auch Prüfungshemmnisse[538] zu einem eingeschränkten oder versagten Urteil führen. Im Falle eines eingeschränkten Urteils auf Grund von wesentlichen Mängeln im Qualitätssicherungssystem muss der PfQK im Rahmen seines Berichts Empfehlungen für deren Beseitigung aussprechen (IDW PS 140.83 f.). Die einzelnen Bestandteile, die der Qualitätskontrollbericht zu enthalten hat, sind in § 57a Abs. 5 Satz 2 WPO sowie ergänzend in IDW PS 140.85-113 festgelegt.

Nach erfolgter Durchführung der Qualitätskontrolle leitet der PfQK den Qualitätskontrollbericht schnellstmöglich an die KfQK weiter. Diese bestätigt der geprüften Praxis für den Fall einer ordnungsgemäß durchgeführten Qualitätskontrolle und eines nicht versagten Prüfungsurteils nach § 57a Abs. 6 Satz 7 und 9 WPO die Teilnahme am Verfahren der externen Qualitätskontrolle (*Teilnahmebescheinigung*) und erteilt ihr damit die Erlaubnis, gesetzlich vorgeschriebene Abschlussprüfungen durchzuführen (§ 319 Abs. 1 Satz 3 HGB i. V. m. § 57a Abs. 1 Satz 1 WPO).

7.2.3.4 Organisation und Überwachung

Die externe Qualitätskontrolle ist eingebettet in ein System der sog. modifizierten Selbstverwaltung.[539] Das bedeutet, dass das Verfahren der externen Qualitätskontrolle – wie z. B. auch die Berufsaufsicht – grundsätzlich auf berufsständischer Ebene organisiert und betrieben wird. Diese Aufgabe kommt nach § 57 Abs. 2 Nr. 14 WPO der WPK als Selbstverwaltungsorgan des Berufsstands zu. Durch die Einrichtung der APAK im

---

538 Ein Prüfungshemmnis liegt vor, wenn eine Beurteilung von Teilen oder des gesamten internen Qualitätssicherungssystems mit hinreichender Sicherheit nicht möglich gewesen ist. Dies kann z. B. dann der Fall sein, wenn die zu prüfende Praxis die Erteilung von Auskünften oder die Vorlage von Unterlagen unter Berufung auf das Selbstbelastungsverbot verweigert.

539 Vgl. Regierungsbegründung zum APAG, Abschnitt B, zu Art. 1, zu Nummer 22 (§ 66a). Hierzu etwa auch *Marten/Paulitschek* (2005), S. 523; *Böcking/Dutzi* (2006), S. 9; *Paulitschek* (2009), S. 101.

Jahr 2005 als berufsfremd besetztes Gremium, dem auch in Fragen der Qualitätskontrolle eine Letztentscheidungskompetenz zukommt, entstand eine eingeschränkte und damit modifizierte Selbstverwaltung.

Eine wichtige Aufgabe der WPK im Zusammenhang mit der externen Qualitätskontrolle ist nach § 57c WPO der Erlass einer *Satzung für Qualitätskontrolle* (SfQK), die vom BMWi genehmigt werden muss. Der Zweck dieser Satzung besteht darin, Einzelheiten des Qualitätskontrollverfahrens zu regeln und so die WPO von Detailfragen zu entlasten. Folgende Aspekte werden gemäß § 57c Abs. 2 WPO in der SfQK konkretisiert:

1. Voraussetzungen und Verfahren für die Registrierung der PfQK,
2. Ausschlussgründe des PfQK,
3. Verfahren innerhalb der WPK, z. B. zur Auswertung der Qualitätskontrollberichte,
4. Berechnung der Sechs- bzw. Dreijahresfrist für die nächste Qualitätskontrolle,
5. von der KfQK zu ergreifende Maßnahmen,
6. Inhalt und Aufbau des Qualitätskontrollberichts,
7. Inhalt und Aufbau der den Vorschlägen für potenzielle PfQK beizufügenden Unabhängigkeitsbescheinigung sowie
8. Umfang und Inhalt der Fortbildungsverpflichtung, die der PfQK nach erstmaliger Registrierung erbringen muss.

Innerhalb der WPK ist die aus WP und vBP zusammengesetzte KfQK als eigenständiges Organ für sämtliche Angelegenheiten der Qualitätskontrolle zuständig.[540] Ihre Mitglieder werden auf Vorschlag des WPK-Vorstands vom Beirat gewählt, sind unabhängig und nicht weisungsgebunden. Die sich hieraus ergebende strenge organisatorische Trennung zwischen der Berufsaufsicht durch den Vorstand der WPK und dem System der externen Qualitätskontrolle wird auch als *firewall* bezeichnet und trägt dem in § 57e Abs. 5 WPO kodifizierten Verbot der berufsaufsichtsrechtlichen Verwertung von Informationen Rechnung, die im Zuge einer Qualitätskontrolle erlangt und durch die KfQK sanktioniert wurden. Der Gesetzgeber hat diese Trennung im Hinblick auf die Vermeidung einer möglichen Selbstbelastung durch einen Berufsangehörigen im Zuge der Qualitätskontrolle vorgesehen.[541] Allerdings hat die KfQK nach § 57e Abs. 4 Satz 1 WPO den Vorstand der WPK in Kenntnis zu setzen, wenn im Rahmen einer Qualitätskontrolle Feststellungen gemacht werden, die zu einem Widerruf der Bestellung als WP bzw. Anerkennung als WPG führen könnten.

In den Zuständigkeitsbereich der KfQK fallen gemäß § 57e Abs. 1 Satz 5 WPO:

- Registrierung der PfQK,
- Entgegennahme der Qualitätskontrollberichte,
- Erteilung und Widerruf von Teilnahmebescheinigungen an einer Qualitätskontrolle,
- Erteilung von Ausnahmegenehmigungen,
- Entscheidung über Maßnahmen bei aufgedeckten Mängeln sowie über Sanktionen in den Fällen, in denen den verhängten Maßnahmen nicht nachgekommen wird,

---

540 Beschränkt ist die Kompetenz der KfQK lediglich durch eine etwaige Zuständigkeit der APAK (§ 57e Abs. 1 Satz 4 WPO).

541 Vgl. hierzu Regierungsbegründung zum WPOÄG, Abschnitt B, zu Art. 1, zu Nummer 26 (§§ 57a bis 57h), zu § 57e, zu Abs. 1 und Abs. 4.

- Behandlung von Widersprüchen gegen Entscheidungen im Zusammenhang mit einer Qualitätskontrolle.

Der der KfQK zur Verfügung stehende Maßnahmenkatalog umfasst Auflagen zur Beseitigung von Mängeln (bspw. die Auflage, Mitarbeiter zu schulen), Sonderprüfungen oder den Widerruf erteilter Teilnahmebescheinigungen. Kommt die geprüfte WP-Praxis den Maßnahmen nicht nach, kann die KfQK ein Zwangsgeld von bis zu 25 T€ (ggf. auch wiederholt) verhängen (§ 57e Abs. 2 und 3 WPO sowie § 17 SfQK).

Die Letztverantwortung im Bereich der externen Qualitätskontrolle fällt der APAK zu (→ I.8.2.1). Sie kann als Nachfolgegremium des früheren Qualitätskontrollbeirats angesehen werden, dessen Aufgaben jedoch auf die öffentliche Überwachung des Qualitätskontrollverfahrens und die Erarbeitung von Vorschlägen zu dessen Weiterentwicklung beschränkt waren.[542] Das Tätigkeitsspektrum der APAK ist in zweierlei Hinsicht weiter gefasst. Erstens erstreckt sich ihre Überwachungsaufgabe auf zusätzliche Bereiche der Prüferaufsicht und zweitens hat sie die Kompetenz, berufsständische Entscheidungen entsprechend ihrer eigenen Auffassung zu korrigieren.

Zur Wahrnehmung ihrer öffentlichen fachbezogenen Aufsicht über die WPK hat die APAK auch gegenüber der KfQK Informations- und Einsichtsrechte; sie kann sich also über konkrete Sachverhalte aus einzelnen Qualitätskontrollverfahren informieren lassen. Sollte sie mit einer Vorentscheidung der KfQK – z.B. mit dem Widerruf einer Teilnahmebescheinigung – nicht einverstanden sein, kann sie den Vorgang nach § 66a Abs. 4 Satz 1 Halbsatz 1 WPO zur Zweitprüfung zurückverweisen. Leistet die KfQK keine Abhilfe, d.h. bleibt sie bei ihrer abweichenden Meinung und kann sie diese gegenüber der APAK auch nicht zu deren Zufriedenheit begründen, kann die APAK nach § 66a Abs. 4 Satz 1 Halbsatz 2 WPO eine Letztentscheidung treffen, die die WPK (bzw. die KfQK) im eigenen Namen umzusetzen hat.

Abschließend sei festgestellt, dass die externe Qualitätskontrolle ein als Systemprüfung ausgestaltetes Verfahren ist, in dessen Rahmen die Regelungen zur internen Qualitätssicherung in den WP-Praxen insgesamt auf ihre Angemessenheit und Funktionsfähigkeit überprüft werden. Es handelt sich explizit nicht um eine zweite Abschlussprüfung der von dem WP geprüften Unternehmen. Ein bewusstes Umgehen des Qualitätssicherungssystems der WP-Praxis durch einen WP kann auch weiterhin zu Normenverstößen führen und kann durch das System der externen Qualitätskontrolle nicht immer aufgedeckt werden. Jedoch dürfte die Qualitätssicherung durch die Einführung einer externen Qualitätskontrolle in vielen WP-Praxen einen höheren Stellenwert erlangt haben. Zudem konnten in Vergangenheit bereits mehrfach im Zuge von Qualitätskontrollen aufgedeckte Mängel in der praxisinternen Qualitätssicherung durch die betroffenen Praxen beseitigt werden,[543] was auf eine Erreichung des vom Gesetzgeber formulierten Ziels einer erhöhten Qualität der Berufsausübung hindeutet. Die Angemessenheit und Wirksamkeit des

---

542 Sämtliche Aufgaben des früheren Qualitätskontrollbeirats sind auf die APAK übergegangen.
543 Vgl. hierzu die über die Internetseite der WPK (URL: http://www.wpk.de) abrufbaren Tätigkeitsberichte der KfQK.

Systems der externen Qualitätskontrolle wurde auch durch den Qualitätskontrollbeirat und die APAK im Rahmen ihrer jährlichen Berichte im Grundsatz nicht angezweifelt.

7.2.4   Anlassunabhängige Sonderuntersuchungen in Deutschland

Seit dem BARefG werden bei WP-Praxen, die gesetzlich vorgeschriebene Abschlussprüfungen bei Unternehmen von öffentlichem Interesse nach § 319a Abs. 1 Satz 1 HGB durchführen, gemäß §§ 61a Satz 2 Nr. 2, 62b Abs. 1 WPO stichprobenartig und ohne besonderen Anlass Kontrollen von der WPK durchgeführt; diese berufsaufsichtlichen Ermittlungen werden als anlassunabhängige Sonderuntersuchungen bezeichnet.[544] Die anlassunabhängigen Sonderuntersuchungen stehen im System der externen Qualitätssicherung in seiner derzeitigen Form als reines *monitoring*-Verfahren ergänzend neben den als *peer reviews* angelegten externen Qualitätskontrollen.[545]

7.2.4.1 Zielsetzung

Die anlassunabhängigen Sonderuntersuchungen wurden – neben anderen Regelungen – eingeführt, um durch eine Ausweitung der Ermittlungszuständigkeiten und -kompetenzen der Berufsaufsicht eine unabhängige und starke Berufsaufsicht zu gewährleisten, die den nationalen und internationalen Erwartungen entspricht und dem nationalen und europäischen Interesse am Schutz des Kapitalmarkts und seiner Teilnehmer gerecht wird. Durch die Einführung des präventiven Instruments der anlassunabhängigen Sonderuntersuchungen, welches es der WPK ermöglicht, neben anlassbezogenen Ermittlungen auch ohne Anlass Untersuchungen durchzuführen, sollte ein aktives Aufsichtssystem geschaffen werden.[546]

In Ergänzung zur DPR (→ I.5.2.1.3), die die Rechnungslegung von Unternehmen, die in Deutschland am regulierten Markt tätig sind, prüft, vervollständigen die anlassunabhängigen Sonderuntersuchungen das System zum Schutz des Kapitalmarkts und seiner Teilnehmer, indem auch in Bezug auf die Einhaltung der spezifischen Berufspflichten der Abschlussprüfer ein entsprechendes Instrumentarium zur Verfügung steht.

Weiterhin zielte die Einführung der anlassunabhängigen Sonderuntersuchungen auf die Gleichwertigkeit und gegenseitige Anerkennung der Untersuchungssysteme auf internationaler Ebene ab. Durch ein international anerkanntes System der Aufsicht und der externen Qualitätssicherung sollte verhindert werden, dass deutsche Prüfer, die im Ausland gelistete Unternehmen oder deren Verbundunternehmen prüfen, zusätzlich durch ausländische Inspektoren untersucht werden. Darüber hinaus sollte den Anforderungen der Abschlussprüferrichtlinie vollumfänglich Rechnung getragen werden, um ein europarechtlich konformes System der externen Qualitätssicherung zu schaffen.[547]

---

544 Im internationalen Raum werden solche Ermittlungen als *inspections* bezeichnet.
545 Zur Ergänzung des zuvor nur aus den externen Qualitätskontrollen bestehenden Qualitätssicherungssystems in Deutschland um die anlassunabhängigen Sonderuntersuchungen siehe auch Abschnitt II.7.2.3.1.
546 Vgl. *Ulrich* (2006), S. 1.
547 Siehe zu den Zielen der Einführung der anlassunabhängigen Sonderuntersuchungen in Deutschland die Regierungsbegründung zum BARefG sowie *Ulrich* (2006), S. 1 f., und *Basse* (2008), Rn. 1–3.

7.2.4.2 Normierung und Anwendungsbereich

Die normative Grundlage für die anlassunabhängigen Sonderuntersuchungen bilden die §§ 61a Satz 2 Nr. 2, 62b Abs. 1 WPO, die durch die »Verfahrensordnung des Vorstandes der Wirtschaftsprüferkammer für die Durchführung der Untersuchungen nach §§ 61a Satz 2 Nr. 2, 62b Abs. 1 WPO« (im Folgenden als Verfahrensordnung Sonderuntersuchungen bezeichnet) ergänzt werden. Gemäß § 61a Satz 2 Nr. 2 WPO sind von den stichprobenartigen und ohne besonderen Anlass durchgeführten berufsaufsichtlichen Ermittlungen WP/WPG betroffen, die gesetzlich vorgeschriebene Abschlussprüfungen bei Unternehmen von öffentlichem Interesse i.S. des § 319a Abs. 1 Satz 1 HGB durchführen. Die Ermittlungen sind hierbei auf die Mandate bei Unternehmen des öffentlichen Interesses nach § 319a Abs. 1 Satz 1 HGB beschränkt, sofern der WPK keine Beanstandungen vorliegen, die eine Ausweitung des Untersuchungsgegenstands zur Folge haben können (§ 2 Verfahrensordnung Sonderuntersuchungen).

Im Gegensatz zu den externen Qualitätskontrollen findet eine anlassunabhängige Sonderuntersuchung nicht nach Ablauf einer bestimmten Frist statt; vielmehr sind die in die Untersuchungsstichprobe aufzunehmenden Praxen anlassunabhängig und in geeigneter Weise[548] zu bestimmen. Die Festlegung der Grundgesamtheit der zu untersuchenden Praxen sowie die Auswahl der Stichprobe nimmt die WPK im Rahmen ihrer Jahresplanung vor. Die Stichprobenauswahl erfolgt auf Basis einer bewussten, risikoorientierten Auswahl in Verbindung mit Verfahren der statistischen Zufallsauswahl. So soll bei den von den anlassunabhängigen Sonderuntersuchungen betroffenen WP/WPG innerhalb von drei Jahren[549] mindestens eine Untersuchung stattfinden; weitere anlassunabhängige Sonderuntersuchungen sind jedoch jederzeit möglich. Die Kriterien, anhand derer der Untersuchungsleiter die Stichprobenauswahl vornimmt, legt dieser in Abstimmung mit der Vorstandsabteilung Berufsaufsicht und der APAK fest. Darüber hinaus hat die APAK selbst die Möglichkeit, bei Hinweisen auf Berufspflichtverletzungen, bei Anfragen im Rahmen der Zusammenarbeit mit ausländischen Prüferaufsichtsstellen oder ohne Anlass die WPK zu beauftragen, bei bestimmten Praxen oder in bestimmten Teilbereichen anlassunabhängige Sonderuntersuchungen durchzuführen.

7.2.4.3 Durchführung

Ein zentrales Merkmal der anlassunabhängigen Sonderuntersuchungen ist die Durchführung der Untersuchung durch Angestellte der WPK. Dies unterscheidet die anlassunabhängigen Sonderuntersuchungen als *monitoring*-Verfahren nicht nur von den externen Qualitätskontrollen, sondern ist auch für die internationale Anerkennung des Systems der externen Qualitätssicherung von besonderer Bedeutung. Die Zuständigkeit für die

---

548 Als geeignete Weise nennt § 10 Abs. 1 Verfahrensordnung Sonderuntersuchungen beispielsweise die Auswertung der Transparenzberichte (→ I.7.3).

549 Der Turnus von mindestens drei Jahren entspricht Art. 43 der Abschlussprüferrichtlinie. Sofern die geprüfte Praxis mehr als 25 Mandanten hat, bei denen im Vorjahr Abschlussprüfungen nach § 319a Abs. 1 Satz 1 HGB durchgeführt wurden, ist jährlich mindestens eine anlassunabhängige Sonderuntersuchung durchzuführen. Vgl. hierzu § 10 Abs. 2 Verfahrensordnung Sonderuntersuchungen.

fachliche und organisatorische Durchführung der Untersuchungen liegt hierbei beim Untersuchungsleiter, bei dem es sich um einen Berufsangehörigen handelt, welcher über die notwendige Erfahrung bei großen Abschlussprüfungen nach nationalen und internationalen Normen verfügt. Der Untersuchungsleiter benennt ein entsprechend qualifiziertes Team von Angestellten der WPK zur Durchführung der Untersuchung.[550] Zur Sicherstellung der Unabhängigkeit unterliegen alle Mitglieder eines Untersuchungsteams Ausschlussgründen, zu denen sie sich jährlich schriftlich erklären müssen.[551]

Prüfungsgegenstand der anlassunabhängigen Sonderuntersuchungen sind ausgewählte Aspekte der Bearbeitung der einzelnen Mandate durch den Berufsangehörigen sowie Teilbereiche des internen Qualitätssicherungssystems der Praxis. Insofern unterscheiden sich diese von den externen Qualitätskontrollen, bei denen Angemessenheit und Wirksamkeit des gesamten Qualitätssicherungssystems der Praxis beurteilt werden.

Gem. § 3 Abs. 1 Verfahrensordnung Sonderuntersuchungen ist es das *Prüfungsziel* der anlassunabhängigen Sonderuntersuchungen, festzustellen, ob in den untersuchten Teilbereichen der betroffenen WP-Praxen Verletzungen von Berufspflichten vorliegen, die bei gesetzlich vorgeschriebenen Abschlussprüfungen von Unternehmen des öffentlichen Interesses nach § 319a Abs. 1 Satz 1 HGB zu beachten sind. Zu diesem Zweck werden stichprobenartig und risikoorientiert ausgewählte Teilbereiche der Abwicklung einzelner Aufträge über gesetzliche Abschlussprüfungen und des internen Qualitätssicherungssystems der WP-Praxis sowie der aktuelle Transparenzbericht (→ I.7.3) untersucht. Die Untersuchung ausgewählter Aspekte einzelner Prüfungsaufträge ist auf die Überprüfung der Beachtung der Berufspflichten in diesen Teilbereichen fokussiert. Bei der Überprüfung des internen Qualitätssicherungssystems der WP-Praxis wird kontrolliert, ob die Organisation der WP-Praxis insgesamt darauf abzielt, den Qualitätsanforderungen zu entsprechen. Weiterhin wird untersucht, ob bei den ausgewählten Aspekten Anhaltspunkte für Berufspflichtverletzungen gemäß § 55b WPO festzustellen sind. Darüber hinaus werden die im Transparenzbericht dargelegten Sachverhalte mithilfe der Erkenntnisse aus der anlassunabhängigen Sonderuntersuchung beurteilt (§ 3 Abs. 1 Verfahrensordnung Sonderuntersuchungen).

Eine im Rahmen der stichprobenartigen und risikoorientierten Festlegung der Untersuchungsstichprobe (→ II.7.2.3.2) selektierte WP-Praxis erhält eine schriftliche *Untersuchungsanordnung* der WPK, die das Verfahren offiziell einleitet und die WP-Praxis über ihre Rechte und Pflichten aufklärt. Nach Erhalt der Untersuchungsanordnung ist die WP-Praxis verpflichtet, der WPK innerhalb einer bestimmten Frist Angaben zur Praxisorganisation, zum internen Qualitätssicherungssystem und zu den Mandaten nach § 319a Abs. 1 Satz 1 HGB zukommen zu lassen (§ 14 Verfahrensordnung Sonderuntersuchungen).

Auf Basis dieser Angaben legt der Untersuchungsleiter die im Rahmen der anlassunabhängigen Sonderuntersuchung zu überprüfenden Aspekte der Praxisorganisation

---

550 Als Voraussetzungen der Teammitglieder nennt § 6 Satz 3 Verfahrensordnung Sonderuntersuchungen Kenntnisse und praktische Erfahrungen in der Planung, Organisation und Durchführung von Pflichtprüfungen sowie zu den Anforderungen an das interne Qualitätssicherungssystem und in der Durchführung von berufsrechtlichen Verfahren.

551 Siehe §§ 7 und 8 Verfahrensordnung Sonderuntersuchungen.

sowie die zu untersuchenden Mandate fest, wobei sich die Auswahl der Mandate grundsätzlich auf Abschlussprüfungen bei Unternehmen i.S. des § 319a Abs. 1 Satz 1 HGB beschränkt.[552] Anschließend führt das Untersuchungsteam die notwendigen Untersuchungshandlungen durch, um das Prüfungsziel zu erreichen; hierbei hat das Untersuchungsteam die Verfahrensordnung Sonderuntersuchungen sowie – wenn es sich nicht um eine themenbezogene Prüfung handelt – die berufsüblichen Grundsätze für betriebswirtschaftliche Prüfungen zu beachten (§§ 13 Abs. 1 und 17 Abs. 1 f. Verfahrensordnung Sonderuntersuchungen). Die Untersuchung wird grundsätzlich vor Ort in der WP-Praxis oder in geeigneten Fällen in den Räumen der WPK vorgenommen.

Nach der Untersuchung wird die Praxis vom Untersuchungsleiter mithilfe einer *vorläufigen Feststellung* informiert, in der das Untersuchungsteam die Ergebnisse der Untersuchung, also die Einzelfeststellungen zu den untersuchten Teilbereichen, zusammenfasst. Die vorläufige Feststellung macht weiterhin deutlich, ob bei den untersuchten Abschlussprüfungen oder beim internen Qualitätssicherungssystem Hinweise auf Berufspflichtverletzungen entdeckt wurden. Zu dieser vorläufigen Feststellung kann die WP-Praxis Stellung nehmen (*rechtliches Gehör*). Abschließend wird die vorläufige Feststellung sowie gegebenenfalls vorhandene Stellungnahmen über die APAK an die Vorstandsabteilung Berufsaufsicht der WPK geleitet, die die Unterlagen würdigt und der WP-Praxis eine *Schlussfeststellung* zukommen lässt. Sofern die anlassunabhängige Sonderuntersuchung keine Berufspflichtverletzungen ergeben hat, wird dies der WP-Praxis mit der Schlussfeststellung mitgeteilt; andernfalls enthält die Schlussfeststellung die erforderlichen Hinweise der WPK sowie gegebenenfalls eine Mitteilung über eingeleitete Berufsaufsichtsverfahren (§§ 19 und 20 Abs. 1–3 Verfahrensordnung Sonderuntersuchungen).

7.2.4.4 Organisation und Überwachung

Als Teil der Berufsaufsicht (→ I.8.2) fällt das Verfahren der anlassunabhängigen Sonderuntersuchungen in den Zuständigkeitsbereich der WPK; genauer in den Zuständigkeitsbereich des Vorstands, der diese Zuständigkeit an die Vorstandsabteilung Berufsaufsicht delegiert hat.[553] Da das Verfahren unter der fachbezogenen Aufsicht der APAK steht, unterliegen die anlassunabhängigen Sonderuntersuchungen sowie alle getroffenen Entscheidungen und verfahrensabschließenden Maßnahmen der Letztentscheidung der APAK (→ I.8.2.1).

Aufgrund der Tatsache, dass die anlassunabhängigen Sonderuntersuchungen Teil der Berufsaufsicht sind, bilden die Einzelfeststellungen zu den untersuchten Teilbereichen die Grundlage für Entscheidungen im Rahmen der Berufsaufsicht; eine *firewall* (→ II.7.2.3.4) existiert nicht. Berufspflichtverletzungen, die im Rahmen der anlassunabhängigen Sonderuntersuchungen festgestellt werden, können somit berufsaufsichtsrechtlich geahndet werden (§§ 3 Abs. 2 und 20 Abs. 3 Verfahrensordnung Sonderuntersuchungen) (→ I.8.2). Sofern nicht unwesentliche Berufspflichtverletzungen festgestellt

---

552 Vgl. § 15 Verfahrensordnung Sonderuntersuchungen.
553 Vgl. §§ 57 Abs. 5, 59a , 61a WPO sowie § 4 Abs. 1 Verfahrensordnung Sonderuntersuchungen.

werden, die das interne Qualitätssicherungssystem der WP-Praxis betreffen, wird die KfQK informiert, die im Rahmen der externen Qualitätskontrolle hierauf reagiert (§§ 3 Abs. 2 und 20 Abs. 4 Verfahrensordnung Sonderuntersuchungen); hierdurch lassen sich parallele Verfahren mit identischem Gegenstand vermeiden.

Abschließend ist festzustellen, dass das präventive Verfahren der risikoorientierten und stichprobenartigen Untersuchungen der Einhaltung der Berufspflichten bei Prüfern von Unternehmen des öffentlichen Interesses gemäß § 319a Abs. 1 Satz 1 HGB den europäischen Rahmenbedingungen und den internationalen Entwicklungen Rechnung trägt. Die Einführung solcher *inspections*, die zum Zeitpunkt des BARefG bereits in vielen Ländern – insbesondere in den USA – üblich waren, bildet die Basis für die gegenseitige Anerkennung der berufsständischen Aufsichtssysteme.

7.2.5 Aktuelle normative Entwicklungen

Im Hinblick auf die Regelungen zur externen Qualitätssicherung wurde in Deutschland angesichts der seit Einführung der externen Qualitätskontrolle erfolgten Gesetzesnovellierungen zunächst nur ein begrenzter Anpassungsbedarf an die Anforderungen der Abschlussprüferrichtlinie gesehen.[554] Die Empfehlung der EU-Kommission vom 6.5.2008 zur externen Qualitätssicherung von Abschlussprüfern und Prüfungsgesellschaften, die Unternehmen von öffentlichem Interesse prüfen, welche in Konsequenz der internationalen – insbesondere US-amerikanischen – Entwicklungen ausgesprochen wurde, machte jedoch deutlich, dass das System des *monitored peer-review* international nicht länger als gleichwertig anerkannt wird.

Um in den europäischen Mitgliedsstaaten objektivierbare und berufsstandsunabhängige Systeme der externen Qualitätssicherung zu schaffen, die eine europaweit einheitlich hohe Prüfungsqualität und die internationale Wettbewerbsfähigkeit gewährleisten können, konkretisiert die Empfehlung der EU-Kommission die bisherigen Vorgaben des Art. 29 der Abschlussprüferrichtlinie.[555] Um diese Ziele zu erreichen, muss eine nicht mit dem Berufsstand verbundene öffentliche Aufsichtsstelle die Letztentscheidungsbefugnis bei externen Qualitätssicherungsprüfungen haben und ausschließlich diese Aufsichtsstelle – unter bestimmten Voraussetzungen gegebenenfalls gemeinsam mit einer anderen geeigneten Stelle – die externen Qualitätssicherungsprüfungen durchführen.[556] Bezüglich der Qualitätssicherungsprüfungen, den so genannten *Inspektionen*, wird vorgegeben, dass die hierbei tätigen *Inspektoren* unabhängig, objektiv und kein Mitglied des Berufsstands sind; zur Sicherung der Unabhängigkeit und Objektivität sind angemessene Grundsätze und Verfahren zu schaffen.[557] Die Untersuchung soll sich auf die

---

554 Vgl. *Naumann/Feld* (2006), S. 874 f.
555 Vgl. *EU-Kommission* (2008), Erwägungsgründe 1, 3 und 4.
556 Siehe *EU-Kommission* (2008), Art. 4 f. Zu den Zuständigkeiten, die bei der öffentlichen Aufsichtsstelle verbleiben müssen, wenn diese eine andere geeignete Stelle mit der Durchführung der Qualitätssicherungsprüfungen betraut, siehe *EU-Kommission* (2008), Art. 6. Die öffentliche Aufsichtsstelle soll nach Art. 7 der EU-Empfehlung ferner Zugang zu allen relevanten Dokumenten haben und an den Qualitätssicherungsprüfungen teilnehmen können.
557 Vgl. *EU-Kommission* (2008), Art. 10 f.

Beurteilung des internen Qualitätssicherungssystems erstrecken; hierbei sind auch die Adäquanz der in der WP-Praxis implementierten internen Kontrollverfahren[558] und die Unterlagen von Prüfungen bei Unternehmen des öffentlichen Interesses zu überprüfen, um eine Aussage über die Wirksamkeit des internen Qualitätssicherungssystems treffen zu können. Weiterhin ist der aktuelle Transparenzbericht auf der Basis der hieraus gewonnenen Erkenntnisse zu bewerten.[559] Die öffentliche Aufsichtsstelle soll berechtigt sein, aufgrund der Inspektionsergebnisse Sanktionen sowie Disziplinarmaßnahmen zu verhängen oder der WP-Praxis gegenüber Empfehlungen auszusprechen.[560] Aus der Inspektion resultierende Empfehlungen sind innerhalb einer Frist von maximal zwölf Monaten umzusetzen, andernfalls werden größere festgestellte Mängel des internen Qualitätssicherungssystems der Öffentlichkeit mitgeteilt.[561] Unabhängig hiervon sind im Fall von Disziplinarmaßnahmen oder Sanktionen die festgestellten Mängel und die daher verhängten Maßnahmen unter Nennung von Namen durch die öffentliche Aufsichtsstelle öffentlich bekannt zu gegeben.[562]

Aus diesen Vorgaben resultiert ein grundsätzlicher Reformbedarf für das System der Berufsaufsicht in Deutschland, da die operative Verantwortung einer vom Berufsstand unabhängigen öffentlichen Aufsichtsstelle insbesondere für die Verfahren der externen Qualitätssicherung bislang nicht gegeben ist und das Verfahren der externen Qualitätskontrolle nicht den Vorgaben der EU-Empfehlung gerecht wird.

Kontrollfragen

1. Beschreiben Sie die drei Elemente, aus denen sich das interne Qualitätssicherungssystem einer WP-Praxis in Deutschland konstituiert.
2. Welche Ziele werden mit der externen Qualitätskontrolle von WP-Praxen in Deutschland verfolgt?
3. Welche Akteure spielen im System der externen Qualitätskontrolle eine Rolle und welche Aufgaben haben diese jeweils?
4. Beschreiben Sie den Untersuchungsgegenstand und das Ergebnis einer anlassunabhängigen Sonderuntersuchung.

---

558 Die mindestens zu überprüfenden Grundsätze und Verfahren umfassen die Einhaltung der Standards und Normen zur Prüfung, Qualitätskontrolle, Berufsethik und Unabhängigkeit sowie der relevanten Rechts- und Verwaltungsvorschriften und der Anforderungen an die Fortbildung, an die Prüfungshonorare und an den Ressourceneinsatz; siehe *EU-Kommission* (2008), Art. 18.
559 Vgl. *EU-Kommission* (2008), Art. 17.
560 Vgl. *EU-Kommission* (2008), Art. 21.
561 Vgl. *EU-Kommission* (2008), Art. 20.
562 Vgl. *EU-Kommission* (2008), Art. 22.

Zitierte und weiterführende Literatur

Basse, S. (2008): § 62b Anlassunabhängige Sonderuntersuchungen, in: Hense, B./Ulrich, D. (2008): WPO-Kommentar, Kommentar zum Berufsrecht der Wirtschaftsprüfer und vereidigten Buchprüfer – Wirtschaftsprüferordnung (WPO), S. 768–775.

Böcking, H.-J./Dutzi, A. (2006): Neugestaltung der Berufsaufsicht für Wirtschaftsprüfer, in: Betriebswirtschaftliche Forschung und Praxis, S. 1–21.

Egner, H. (1980): Betriebswirtschaftliche Prüfungslehre, Berlin/New York.

Elder, R.J./Beasley, M.S./Arens, A.A. (2010): Auditing and Assurance Services – An Integrated Approach, 13. Aufl., Upper Saddle River.

EU-Kommission (2008): Empfehlung der EU-Kommission vom 6. Mai 2008 zur externen Qualitätssicherung von Abschlussprüfern und Prüfungsgesellschaften, die Unternehmen von öffentlichem Interesse prüfen, AblEU Nr. L 120/20 vom 7.5.2008, Brüssel.

Fölsing, P. (2007): Anlassunabhängige Sonderuntersuchungen der Wirtschaftsprüferkammer – Adäquate Reaktion auf US-Recht oder Verstoß gegen Verfassungsrecht?, in: Zeitschrift für Corporate Governance, S 215–220.

Heininger, K./Bertram, K. (2004): Neue Anforderungen an Berufsaufsicht und Qualitätskontrolle durch das Abschlussprüferaufsichtsgesetz (APAG), in: Der Betrieb, S. 1737–1741.

Heininger, K./Bertram, K. (2006): Der Referentenentwurf zur 7. WPO-Novelle (BARefG), in: Der Betrieb, S. 905–911.

Lehwald, K.-J. (2005): Die Einrichtung eines dokumentierten Qualitätssicherungssystems als Berufspflicht für alle Wirtschaftsprüfer und vereidigten Buchprüfer, in: Die Steuerberatung, S. 507–520.

Lenz, H. (1993): Die Wahl des handelsrechtlichen Abschlußprüfers – Eine theoretische und empirische Analyse, unveröffentlichte Habilitationsschrift, Freie Universität Berlin.

Lenz, H. (2005): Entwurf VO 1/2005 zur Qualitätssicherung in der Wirtschaftsprüfung aus Sicht mittelständischer WP-Praxen, in: Betriebs-Berater, S. 1615–1620.

Lindgens, U. (2004): Aus der Arbeit der Kommission für Qualitätskontrolle, in: Marten, K.-U./Quick, R./Ruhnke, K. (Hrsg.): Externe Qualitätskontrolle im Berufsstand der Wirtschaftsprüfer – Status quo und Weiterentwicklung, Düsseldorf, S. 41–65.

Lück, W. (1999): Prüfung der Rechnungslegung – Jahresabschlußprüfung, München et al.

Marks, P./Schmidt, S. (1998): Einführung einer externen Qualitätskontrolle im Berufsstand der deutschen Wirtschaftsprüfer, in: Die Wirtschaftsprüfung, S. 975–987.

Marks, P./Schmidt, S. (2000): Externe Qualitätskontrolle nach dem Regierungsentwurf eines Wirtschaftsprüferordnungs-Änderungsgesetzes (WPOÄG), in: Die Wirtschaftsprüfung, S. 409–425.

Marten, K.-U./Köhler, A.G. (2005a): Abschlussprüferaufsichtskommission, in: Die Betriebswirtschaft, S. 427–429.

Marten, K.-U./Köhler, A.G. (2005b): Vertrauen durch öffentliche Aufsicht – Die Abschlussprüferaufsichtskommission als Kernelement der WPO-Novellierung, in: Die Wirtschaftsprüfung, S. 145–152.

Marten, K.-U./Köhler, A.G./Paulitschek, P. (2006): Enforcement der Abschlussprüfung in Deutschland – Kontext und Ansatzpunkte des Referentenentwurfs eines Berufsaufsichtsreformgesetzes, in: Betriebs-Berater, BB-Special 4/2006, S. 23–30.

Marten, K.-U./Paulitschek, P. (2005): Öffentliche Aufsicht über Abschlussprüfer in Deutschland, in: Die Steuerberatung, S. 521–525.

Marten, K.-U./Paulitschek, P. (2006): Öffentliche Aufsicht über deutsche Abschlussprüfer unter Berücksichtigung der Implikationen des geplanten Berufsaufsichtsreformgesetzes, in: Österreichische Zeitschrift für Recht und Rechnungswesen, S. 155–161.

Meyer, S. (2003): Die externe Qualitätskontrolle im Berufsstand der Wirtschaftsprüfer – Deutscher Status quo und internationale Entwicklungen, Lohmar/Köln.

Meyer, S./Paulitschek, P. (2006a): Qualitätskontrolle, externe, in: Marten, K.-U./Quick, R./Ruhnke, K. (Hrsg.): Lexikon der Wirtschaftsprüfung – Nach nationalen und internationalen Normen, Stuttgart, S. 660–667.

Meyer, S./Paulitschek, P. (2006b): Qualitätssicherung, interne, in: Marten, K.-U./Quick, R./Ruhnke, K. (Hrsg.): Lexikon der Wirtschaftsprüfung – Nach nationalen und internationalen Normen, Stuttgart, S. 667–673.

Naumann, K.-P. (2004): Stand und Weiterentwicklung der Normen zur Qualitätssicherung und Qualitätskontrolle, in: Marten, K.-U./Quick, R./Ruhnke, K. (Hrsg.): Externe Qualitätskontrolle im Berufsstand der Wirtschaftsprüfer – Status quo und Weiterentwicklung, Düsseldorf, S. 67–106.

Naumann, K.-P. (2008): Abschlussprüfung in einem geänderten regulatorischen Umfeld, in: Ballwieser, W./Grewe, W. (Hrsg.): Wirtschaftsprüfung im Wandel – Herausforderungen an Wirtschaftsprüfung, Steuerberatung, Consulting und Corporate Finance, München, S. 97–120.

Naumann, K.-P./Feld, K.-P. (2006): Die Transformation der neuen Abschlussprüferrichtlinie – Erwartungen des Berufsstands der Wirtschaftsprüfer an den deutschen Gesetzgeber, in: Die Wirtschaftsprüfung, S. 873–885.

Niehus, R.J. (2000): Peer Review in der deutschen Abschlussprüfung – Ein Berufsstand kontrolliert sich, in: Der Betrieb, S. 1133–1142.

Niehus, R.J. (2002): Peer Review, in: Ballwieser, W./Coenenberg, A.G./Wysocki, K.v. (Hrsg.): Handwörterbuch der Rechnungslegung und Prüfung, 3. Aufl., Stuttgart, Sp. 1613–1622.

Niemann, W. (2005): Anforderungen an die Qualitätssicherung in kleinen und mittleren WP/vBP-Praxen, in: Deutsches Steuerrecht, S. 1581–1588.

Paulitschek, P. (2009): Aufsicht über den Berufsstand der Wirtschaftsprüfer – Eine agencytheoretische Analyse, Wiesbaden.

Pfitzer, N. (2006): Aktuelles zur Qualitätssicherung und Qualitätskontrolle, in: Die Wirtschaftsprüfung, S. 186–197.

Pfitzer, N./Schneiß, U. (2007): Die Sicherung und Überwachung der Qualität in der Wirtschaftsprüferpraxis, in: Kirsch, H.-J./Thiele, S. (Hrsg.): Rechnungslegung und Wirtschaftsprüfung – Festschrift zum 70. Geburtstag von Jörg Baetge, Düsseldorf, S. 1085–1126.

Poll, J. (2009): Aktuelle Fragen zur Qualitätskontrolle und zur Qualitätssicherung, in: Die Wirtschaftsprüfung, S. 493–496.

Quick, R. (2001): Externe Qualitätskontrolle im deutschen Prüfungswesen – Zur Einführung eines Peer Review-Systems in Deutschland, in: Der Schweizer Treuhänder, S. 25–32.

Ruhnke, K./Füssel, J. (2010): Die Fortbildung des Wirtschaftsprüfers in Deutschland unter besonderer Berücksichtigung der im Rahmen einer kontinuierlichen berufsständischen Fortbildung relevanten internationalen Messkonzepte, in: Die Wirtschaftsprüfung, S. 193–201.

Sahner, F./Clauß, C./Sahner, M. (2002): Qualitätskontrolle in der Wirtschaftsprüfung, Köln.

Sahner, F./Schulte-Groß, H./Clauß, C. (2001): Das System der Qualitätskontrolle im Berufsstand der Wirtschaftsprüfer und vereidigten Buchprüfer, in: Wirtschaftsprüferkammer-Mitteilungen, Sonderheft April, S. 5–17.

Schmidt, A./Pfitzer, N./Lindgens, U. (2005): Qualitätssicherung in der Wirtschaftsprüferpraxis, in: Die Wirtschaftsprüfung, S. 321–343.

Schmidt, S. (2006): Risikomanagement und Qualitätssicherung in der Wirtschaftsprüferpraxis, in: Die Wirtschaftsprüfung, S. 265–274.

Seibert, U. (2003): Das 10-Punkte-Programm »Unternehmesintegrität und Anlegerschutz«, in: Betriebs-Berater, S. 693–698.

Treuberg, H. Graf v. (2004): Konzeption des Systems der externen Qualitätskontrolle in Deutschland, in: Marten, K.-U./Quick, R./Ruhnke, K. (Hrsg.): Externe Qualitätskontrolle im Berufsstand der Wirtschaftsprüfer – Status quo und Weiterentwicklung, Düsseldorf, S. 23–40.

Ulrich, D. (2006): Einführung anlassunabhängiger Sonderuntersuchungen durch das Berufsaufsichtsreformgesetz, in: WPK Magazin, Heft 4, S. 50–53.

Wiechers, K. (2006): Qualitätssicherung in der Wirtschaftsprüferpraxis – Anforderungen nach der VO 1/2006 und praxisorientierte Umsetzung, in: BBK – Buchführung, Bilanzierung, Kostenrechnung, Fach 28, S. 1383–1390.

8 Prüfung spezifischer Rechnungslegungsbestandteile

Neben den Hauptbestandteilen eines Jahresabschlusses (Bilanz, Gewinn- und Verlustrechnung sowie Anhang) existieren weitere Rechnungslegungsbestandteile, die unter bestimmten Voraussetzungen durch den Abschlussprüfer zu prüfen sind. Da sich diese Bestandteile gut losgelöst von den bisherigen Überlegungen betrachten lassen, werden diese im Folgenden nach einem festen *Bearbeitungsschema* dargestellt. Dabei folgt zunächst jeweils eine kurze Einführung nebst Abgrenzung der relevanten Begriffe. Im Anschluss daran werden der Prüfungsgegenstand sowie die Prüfungsdurchführung nebst Berichterstattung näher beleuchtet. Diesem Schema folgend werden als Rechnungslegungsbestandteile die Segmentberichterstattung (→ II.8.1), die Kapitalflussrechnung (→ II.8.2), die Eigenkapitalveränderungsrechnung (→ II.8.3), die Beziehungen zu nahe stehenden Personen (→ II.8.4), die Prüfung der Auswirkungen des Deutschen Corporate Governance Kodex auf die Abschlussprüfung (→ II.8.5) sowie der Lagebericht (→ II.8.6) näher untersucht.

8.1 Segmentberichterstattung

8.1.1 Einführung und Begriffsabgrenzung

Sind Unternehmen in verschiedenen Branchen oder Regionen tätig, so stellt eine unternehmensweit aggregierte Berichterstattung im Jahresabschluss keine befriedigende Informationsquelle dar. Eine etwaige in einzelnen Segmenten stark voneinander abweichende Vermögens-, Finanz- und Ertragslage könnte durch eine aggregierte Darstellung nivelliert und so für den Außenstehenden verdeckt werden. Darüber hinaus ist die Vergleichbarkeit eines diversifizierten Unternehmens mit Wettbewerbern durch eine aggregierte Darstellung im Jahresabschluss nur bedingt möglich. Die Darstellung von Segmentinformationen, d. h. eine Disaggregation von verschiedenen Rechnungslegungsinformationen, stellt hier eine wertvolle Ergänzung zur Erfüllung der Informationsfunktion des Jahresabschlusses dar.[563]

§ 297 Abs. 1 HGB räumt den gesetzlichen Vertretern von Mutterunternehmen die Möglichkeit ein, ihren Konzernabschluss (freiwillig) um eine Segmentberichterstattung als eigenständigen Bestandteil zu erweitern. Für Personengesellschaften, die gem. § 13 Abs. 2 und 3 PublG konzernabschlusspflichtig sind, gilt das Wahlrecht zur Erstellung einer Segmentberichterstattung entsprechend. Gem. § 264 Abs. 1 Satz 2 HGB haben kapitalmarktorientierte Kapitalgesellschaften, die nicht zur Aufstellung eines Konzernabschlusses verpflichtet sind, die Möglichkeit, den Einzelabschluss um eine Segmentberichterstattung zu erweitern.

Für alle Unternehmen, die gem. § 315a Abs. 1 und 2 HGB zur Anwendung der IFRS im Konzernabschluss verpflichtet sind oder aber die Möglichkeit in Anspruch nehmen,

---

563 Vgl. *Alvarez* (2004), S. 20; *Ruhnke* (2008), S. 668; *Coenenberg/Haller/Schultze* (2009), S. 903 f.

einen befreienden Konzernabschluss bzw. zu Offenlegungszwecken einen informatorischen Einzelabschluss nach IFRS zu erstellen (→ II.9.3.1), ergibt sich die Pflicht zur Aufstellung einer Segmentberichterstattung aus IFRS 8 (Geschäftssegmente). Dieser verpflichtet neben kapitalmarktorientierten Unternehmen auch Unternehmen, die eine Emission von Eigen- oder Fremdkapitalpapieren anstreben und daher ihren Abschluss einer Wertpapieraufsichtsbehörde übermitteln, zur Ergänzung dieses Abschlusses um eine Segmentberichterstattung.[564] Dabei ist es unerheblich, ob es sich um einen Einzel- oder Konzernabschluss handelt (vgl. IFRS 8.2).

Für alle Unternehmen, die nicht zur Bilanzierung nach IFRS verpflichtet sind und auch die eingeräumten Wahlrechte nicht in Anspruch nehmen, sind handelsrechtlich weder Form noch Inhalt der Segmentberichterstattung vom Gesetzgeber konkretisiert. Die Formulierung entsprechender Normen für Konzerne hat der deutsche Gesetzgeber faktisch dem DRSC übertragen (sog. GoB-Vermutung auf Konzernebene; § 342 Abs. 1 Nr. 1 HGB). Mit dem DRS 3 zur Segmentberichterstattung hat das DRSC entsprechende konkretisierende Vorgaben verlautbart. Aus DRS 3-10 bzw. DRS 3-20 ergeben sich ergänzende branchenspezifische Sondervorschriften für Kreditinstitute bzw. Versicherungen.

8.1.2 Prüfungsgegenstand

In der Segmentabgrenzung lassen sich segmentierte Angaben sowohl zur Bilanz (Segmentvermögen/Segmentschulden) als auch zur GuV (Segmenterträge/Segmentaufwendungen) darstellen. Im Wesentlichen fordert die Segmentberichterstattung Angaben zum Segmentergebnis sowie zum Segmentvermögen.

Unter Berücksichtigung der Vorgaben von IFRS 8.5 sind, wie auch gem. DRS 3.9, operative Segmente abzugrenzen, wobei die Segmentabgrenzung vorrangig anhand der internen Organisations- und Berichtsstruktur zu erfolgen hat. Operative Segmente sind nach IFRS 8.5 Unternehmensbereiche, die Erträge und Aufwendungen generieren können, deren Betriebsergebnisse vom Hauptentscheidungsträger zur Verteilung von Ressourcen herangezogen werden und für die Finanzinformationen zur Verfügung stehen.

Zur Vermeidung eines information overload durch die Berichterstattung über viele kleine Segmente, besteht nur für diejenigen Segmente eine Berichtspflicht, bei denen gem. IFRS 8.13 entweder Segmentumsatz, -ergebnis oder -vermögen 10% der jeweiligen Gesamtunternehmensgrößen überschreiten.[565] Darüber hinaus kann auch bei Nichterfüllung der quantitativen Wesentlichkeitskriterien die Offenlegung von kleineren Segmenten erfolgen, wenn die Segmentdaten für den Abschlussleser qualitativ betrachtet von Bedeutung sind (z. B. weil ein Segment ein hohes Entwicklungspotenzial besitzt). Bei einer Gleichartigkeit verschiedener Segmente hinsichtlich der in IFRS 8.12 aufgeführten Aggregationskriterien, d. h. Art der Produkte und der Produktionsprozesse bzw. Dienstleistungen und Dienstleistungsprozesse, Kundengruppen, Vertriebsmethoden

---

564 An dieser Stelle sei darauf hingewiesen, dass in IFRS 8 nicht der Begriff Segmentberichterstattung, sondern der Begriff Geschäftssegmente verwendet wird. Damit verbunden ist die Änderung der gesamten Terminologie innerhalb des IFRS.
565 Siehe *Fink/Ulbrich* (2007), S. 982.

und ggf. der Art des gewöhnlichen Regelungsumfelds, ist eine Zusammenfassung von einzelnen Segmenten möglich. Werden intern berichtete Segmente weder separat noch zusammengefasst in die Segmentberichterstattung einbezogen, sind sie, solange die Außenumsatzerlöse der derartig zusammengefassten (kleinen) Segmente nicht 25 % der entsprechenden Gesamtgröße aller operativen Segmente überschreiten, nach IFRS 8.15 f. in einem Sammelsegment (alle sonstigen Segmente) auszuweisen.[566]

8.1.3   Prüfungsdurchführung

Die Hauptziele der Prüfung von Segmentberichten nach IFRS leiten sich grundsätzlich aus den qualitativen Charakteristika des Conceptual Framework[567] sowie den spezifischen Anforderungen des IFRS 8 ab. Das vorrangige Ziel der Prüfung besteht in der Feststellung des vollständigen Ausweises der berichtspflichtigen Segmente (*Vollständigkeit*), in der Beurteilung der zutreffenden Abgrenzung der einzelnen Segmente sowie der Richtigkeit der ausgewiesenen beitragsmäßigen Angaben (*Genauigkeit und Bewertung*) und in der Beurteilung der angemessenen Darstellung, Berichterstattung und verständlichen Formulierung (*Kontenzuordnung und Verständlichkeit*). In Bezug auf die genannten Aussagen zur Darstellung im Abschluss und zu den Abschlussangaben (assertions about presentation and disclosure) (→ I.6.2) hat der Abschlussprüfer geeignete und angemessene Prüfungshandlungen zu bestimmen und durchzuführen[568], sofern die Segmentinformationen für die Aussage des Jahresabschlusses oder des Lageberichts wesentlich sind.

Zur Erlangung von Prüfungsnachweisen für die Prüfung von Segmentberichten liefern ISA 501.13 sowie konkretisierend ISA 501.A26-A27 bzw. IDW PS 300.47 erste allgemeine Hinweise. Die Wesentlichkeit von Segmentinformationen ist in Bezug auf den Jahresabschluss als Ganzes zu bewerten und aus qualitativen und quantitativen Gesichtspunkten heraus zu beurteilen (zum Grundsatz der Wesentlichkeit → II.1.3). Unter qualitativen Gesichtspunkten können Segmentinformationen wesentlich sein, wenn z. B. die den Segmentinformationen zugrunde liegenden Sachverhalte für das Unternehmen unabhängig von der Größe des Segments von besonderer Bedeutung sind oder wenn sich Auswirkungen auf andere Elemente der Segmentberichterstattung ergeben (vgl. z. B. ISA 450.A16). Unter qualitativen Gesichtspunkten kann somit ein quantitativ nicht wesentlicher Fehler für den Jahresabschluss als Ganzes wesentlich sein. Falls Segmentinformationen unter den aufgezeigten Gesichtspunkten wesentlich für den Abschluss bzw. den Lagebericht sind, hat der Abschlussprüfer zu prüfen, ob die Informationen entsprechend den gesetzlichen Vorschriften sowie den anderen Rechnungslegungsnormen (z. B. IFRS 8) ausgewiesen sind.

Der Abschlussprüfer hat bei der Prüfung der Segmentinformationen zunächst festzustellen, welches Rechnungslegungsnormensystem beim Mandanten bei der Erstellung

---

566 Hinsichtlich weiterer Informationen zur Aufstellung der Segmentberichterstattung siehe *Alvarez/Büttner* (2006), S. 307–318; *Fink/Ulbrich* (2007), S. 981–985 sowie *Ruhnke* (2008), S. 668 ff.
567 Siehe hierzu Kapitel 3 des Conceptual Framework for Financial Reporting.
568 Vgl. ISA 315.25(b) i. V. m. A111(c).

der Segmentberichterstattung angewandt wurde. Die folgenden Ausführungen konzentrieren sich auf die Prüfung eines Segmentberichts, der IFRS 8 entsprechen soll.

Der Prüfungsablauf, welcher sich an der Struktur einer geschäftsrisikoorientierten Prüfung (→ II.3.3.1) orientiert, kann sich an die Vorgehensweise bei der Erstellung des Segmentberichts anlehnen und in die folgenden Teilschritte untergliedert werden:[569]

Gewinnung eines Verständnisses über das Unternehmen sowie Risikobeurteilung

Der *erste Prüfungsschritt* besteht in der Feststellung des mit der Segmentberichterstattung verbundenen inhärenten Risikos (→ II.1.2.1). Der Ermittlung des inhärenten Risikos sind die Kenntnisse des Abschlussprüfers über Art und Ausmaß der Zentralisierung, Integration sowie Einheitlichkeit des Rechnungswesens in dem zu prüfenden Unternehmen zu Grunde zu legen. Weiterhin hat das Vorhandensein bedeutender Abnehmer im Ausland sowie das Bestehen ausländischer Unternehmenseinheiten ebenso Einfluss auf das inhärente Risiko wie Veränderungen der Vermögens-, Umsatz- oder Aufwandsstruktur sowie Veränderungen der Produktstruktur bzw. des Dienstleistungsangebots.

IFRS 8 grenzt die Segmente nach dem Management-Ansatz ab. Um die hierfür erforderliche Übereinstimmung der Segmentierung mit den Steuerungseinheiten eines Unternehmens zu beurteilen, muss der Abschlussprüfer weiterhin die interne Organisations- und Berichtsstruktur des Mandanten nachvollziehen und analysieren.

Die Prüfung kann dabei als Systemprüfung (→ II.3.2.2), bestehend aus Aufbau- und Funktionsprüfung, angelegt werden. Im Rahmen der Aufbauprüfung (→ II.3.2.2.3.1) bietet sich zunächst die Einsichtnahme in Organisationshandbücher, Organigramme, Verfahrensanweisungen zum Berichtswesen sowie Berichte an Vorstand und Aufsichtsrat über verschiedene Geschäftsbereiche an.[570] Weiterhin sind die Prozesse der Berichterstattung nachzuvollziehen, zu bewerten und zu prüfen. Der Abschlussprüfer sollte die vorhandenen Kontrollen zur Sicherstellung eines funktionierenden Informationsflusses identifizieren und sich ein Urteil über deren Eignung bilden. Werden die Kontrollen vom Abschlussprüfer als geeignet erachtet, sind diese durch eine Funktionsprüfung (→ II.3.2.2.3.2) auf ihre Effektivität zu testen. Mit den gewonnen Erkenntnissen kann nun das Kontrollrisiko (→ II.1.2.1) bestimmt werden. Darauf aufbauend kann der Abschlussprüfer nun die zur Erlangung der geforderten Prüfungssicherheit durchzuführenden aussagebezogenen Prüfungshandlungen, die sich direkt auf die identifizierten Risiken beziehen müssen, festlegen.

Spezifische Prüfungshandlungen auf Aussagenebene

Im *zweiten Prüfungsschritt* muss der Prüfer die richtige *Abgrenzung* der (operativen) Segmente beurteilen. IFRS 8 verlangt grundsätzlich eine konsequente Umsetzung des Management-Ansatzes. Die Segmentierung soll somit gem. IFRS 8.5 das von der Unternehmensleitung für interne Entscheidungen eingerichtete Berichts- und Steuerungssystem widerspiegeln.

---

569 In Anlehnung an *Lenz/Focken* (2002), S. 856–863.
570 Siehe *Lenz/Focken* (2002), S. 857.

Findet allerdings unternehmensintern eine Abgrenzung nach mehreren nebeneinander stehenden Segmentierungen statt (z. B. eine Matrixorganisation, die keine eindeutige Identifizierung von operativen Segmenten zulässt), ist vom Abschlussprüfer zu würdigen, welche Segmente zu den berichtspflichtigen Segmenten zählen. Hierbei muss er auf das Grundprinzip gem. IFRS 8.1 zurückgreifen, d. h. die Adressaten sollen in die Lage versetzt werden, die Geschäftsaktivitäten und das Unternehmensumfeld bewerten zu können. Es sollen entscheidungsrelevante Informationen zur Verfügung gestellt werden. Zur Überprüfung einer korrekten Abgrenzung der Segmente kann der Abschlussprüfer beispielsweise auf die Dokumentationen der Aufbau- und Ablauforganisation der Geschäftsbereiche des Mandanten zurückgreifen. Es ist ersichtlich, dass Unternehmen hier einen großen Ermessensspielraum haben.[571]

Identifizierte operative Segmente können zusammengefasst werden, sofern diese eine langfristig vergleichbare Vermögens-, Finanz- und Ertragslage aufweisen und hinsichtlich sämtlicher Kriterien des IFRS 8.12 ähnlich sind.

Daher ist es im *dritten Prüfungsschritt* Aufgabe des Prüfers, einerseits die Ähnlichkeit der in IFRS 8.12 genannten wirtschaftlichen Merkmale zu prüfen, und gleichzeitig, bei vorliegender Homogenität, einer zu umfangreichen Zusammenfassung von Segmenten unter Verweis auf die Ziele des IFRS 8 entgegen zu wirken. Bei einer zu starken Zusammenfassung einzelner Segmente würde der Grundsatz des IFRS 8, den Abschlussadressaten durch ergänzende Informationen eine bessere Einschätzung der Geschäftsaktivitäten und der daraus resultierenden ökonomischen Effekte für das berichtspflichtige Unternehmen sowie dessen wirtschaftlichen Umfelds zu ermöglichen, negiert und ein zusätzlicher Nutzen durch die Segmentberichterstattung gegenüber den aggregierten Jahresabschlussteilen konterkariert.[572]

Im Anschluss hat im *vierten Prüfungsschritt* eine Prüfung der Einhaltung der Größenmerkmale der Segmente zu erfolgen. Segmentinformationen werden gem. IFRS 8 grundsätzlich nur dann offengelegt, sofern Segmentumsatz, -ergebnis oder -vermögen 10 % der jeweiligen Gesamtunternehmensgrößen (IFRS 8.13) überschreiten. Die richtige Anwendung dieser Größenkriterien sowie die entsprechend ausgewiesenen Beträge sollte der Abschlussprüfer u. a. durch vorliegende Unterlagen und Plausibilitätsüberlegungen nachvollziehen. Weiterhin ist zu prüfen, ob gem. IFRS 8.15 insgesamt mindestens 75 % der gesamten Umsatzerlöse durch die anzugebenden Segmente erklärt werden. Ist dies nicht der Fall, bedarf es der Identifizierung weiterer originär nicht berichtspflichtiger Segmente, bis die Umsatzerlöse der offengelegten Segmente insgesamt mindestens 75 % der gesamten Umsatzerlöse betragen.

In Bezug auf den Inhalt und die Darstellung der Segmentinformationen besteht im *fünften Prüfungsschritt* die Aufgabe des Abschlussprüfers in der Beurteilung der *Vollständigkeit*, der *Genauigkeit und Bewertung* sowie der *Kontenzuordnung und Verständlichkeit*, d. h. ob die Angaben richtig sind und die Darstellung und Offenlegung angemessen, verständlich und entsprechend den anzuwendenden Rechnungslegungsnormen erfolgt (→ I.6.2). Hinsichtlich der *Vollständigkeit* der Segmentinformationen ist zu be-

---

571 Vgl. *Brune* (2010), S. 303.
572 Siehe *Geiger* (2002), S. 1907.

achten, dass nach IFRS 8 in konsequenter Umsetzung des Management-Ansatzes der Ausweis vieler Größen nur dann erfolgen muss, wenn diese auch intern für die Führung und Steuerung herangezogen werden. Eine Beurteilung der Vollständigkeit setzt daher voraus, dass der Abschlussprüfer sich mit dem internen Berichtswesen und der internen Organisation befassen muss.

Im Hinblick auf die zusätzlich darzustellenden qualitativen Informationen zur Erläuterung bestimmter Positionen des Segmentberichts hat der Prüfer sicherzustellen, dass die Informationen nicht zu einer Verfälschung des Gesamteindrucks des Segmentberichts führen. Der Abschlussprüfer hat auf die ausführliche Darstellung entscheidungsrelevanter Informationen zu bestehen, soweit die Angaben für Investitions- und Desinvestitionsentscheidungen von Bedeutung sein könnten.[573]

Im Rahmen der Prüfung der Richtigkeit der *Genauigkeit und Bewertung* der Segmentdaten sind zunächst analytische Prüfungshandlungen, wie z. B. Vergleiche absoluter und relativer Zahlen des laufenden Geschäftsjahres mit denen der Vorjahre, durchzuführen.[574] Diese tragen dazu bei, evtl. fehlerhafte Angaben und Auffälligkeiten zu identifizieren, die durch Einzelfallprüfungen näher untersucht werden müssen. Durch die Analyse von Berichten an die Unternehmensleitung sowie von Protokollen der Vorstands- und Aufsichtsratssitzungen lässt sich überprüfen, inwiefern die Angaben im Segmentbericht den intern berichteten Angaben entsprechen.

Die geforderte Überleitungsrechnung, in der die relevanten Angaben aus Bilanz sowie GuV in die Segmentberichterstattung überführt werden, bietet sich für diesen Prüfungsschritt als zentraler Prüfungsgegenstand an. Neben der Durchführung analytischer Prüfungshandlungen hat sich der Prüfer mittels Durchführung von Einzelfallprüfungen für ausgewählte Positionen der Überleitungsrechnung von der korrekten Zuordnung der Umsatzerlöse zu den Segmenten zu überzeugen. Als Auswahlverfahren für die Ermittlung der Stichprobe erscheint hierbei eine bewusste Auswahl angezeigt. Es bieten sich als Auswahlkriterien insbesondere eine Orientierung an der absoluten oder relativen Bedeutung der Prüfungselemente, die Berücksichtigung typischer Geschäftsvorfälle sowie persönlicher Erfahrungen und Erkenntnisse des Abschlussprüfers in Bezug auf die Risikoeinschätzung an (zu den Auswahlverfahren → II.3.2.4.2).[575] Weiterhin ist zu prüfen, auf welcher Grundlage die Verteilung von Vermögenswerten und Schulden erfolgt, die mehreren Segmenten zuzurechnen sind. IFRS 8 macht hierzu keine konkreten Aussagen und verlangt lediglich eine nachvollziehbare Vorgehensweise, die sich begründen lässt. Maßgeblich ist gem. IFRS 8.25 alleine die interne Berichterstattung. Der Abschlussprüfer wird sich an dieser Stelle mit Plausibilitätsüberlegungen begnügen müssen.[576]

Auch der Ansatz der tatsächlich verwendeten Verrechnungspreise, die den intersegmentären Umsätzen zu Grunde gelegt wurden, ist zu prüfen, wobei eine Aussage über die Angemessenheit der Verrechnungspreise zu treffen ist. Weiterhin ist sicherzustellen, dass die *Kontenzuordnung und Verständlichkeit* der Informationen, d. h. die Einhaltung der Vorschriften des IFRS 8 zur Darstellung und Offenlegung, gegeben ist.

---

573 Vgl. *Lenz/Focken* (2000), S. 522.
574 Vgl. *Lenz/Focken* (2002), S. 859.
575 Nach *IDW* (2006), R 92 ff.
576 Siehe *Lenz/Focken* (2002), S. 861.

Gesamtwürdigung der erlangten Prüfungsnachweise

Darüber hinaus sind die in der Segmentberichterstattung getroffenen Aussagen kritisch zu lesen und auf Konsistenz zu prüfen (siehe hierzu in Bezug auf die Beurteilung zusätzlicher Informationen zum Jahresabschluss IDW PS 202.7 sowie → I.6.5.2.1).

Der Abschlussprüfer hat in einem letzten Schritt zu verifizieren, ob die gewonnenen Erkenntnisse mit den Ergebnissen aus Prüfungshandlungen zu den anderen Aussagekategorien (vgl. hierzu ISA 315.A111(a) und (b)) im Einklang stehen.

8.1.4 Berichterstattung

Die Ergebnisse der Prüfung der Segmentberichterstattung durch den Abschlussprüfer sind in den Arbeitspapieren zu dokumentieren und haben unmittelbare Auswirkung auf den Prüfungsbericht und den Bestätigungsvermerk, wobei gem. § 321 Abs. 1 Satz 3 HGB im Prüfungsbericht festgestellte Verstöße gegen Rechnungslegungsvorschriften oder Unrichtigkeiten bei der Segmentberichterstattung darzustellen sind (IDW PS 450.45 ff.). Auf Besonderheiten im Ausweis sowie wesentliche Veränderungen gegenüber dem Vorjahr ist im Prüfungsbericht gem. IDW PS 450.74 gesondert einzugehen. Ebenfalls sind die der Erstellung der Segmentberichterstattung zu Grunde liegenden Rechnungslegungsnormen im Prüfungsbericht zu benennen sowie das Fehlen von Pflichtangaben bzgl. der Segmentberichterstattung festzuhalten. Gem. IDW PS 450.135 ist im Prüfungsbericht eine Feststellung zur Ordnungsmäßigkeit der Segmentberichterstattung zu treffen, sofern diese Element des Konzernabschlusses ist.

Falls wesentliche nicht korrigierte Unrichtigkeiten und Verstöße, die zu falschen Angaben in der Segmentberichterstattung führen, oder wesentliche Prüfungshemmnisse im Rahmen der Prüfung der Segmentberichterstattung gem. IDW PS 400.50-56 festgestellt wurden, ist der Bestätigungsvermerk einzuschränken. Dies dürfte z. B. im Falle des Vorliegens gravierender Abweichungen der Segmentabgrenzung von der Umsetzung des Management-Ansatzes oder beim Unterlassen wesentlicher Pflichtangaben gegeben sein.[577] Eine Versagung des Bestätigungsvermerkes allein aufgrund einer fehlenden Segmentberichterstattung kommt wohl nicht in Betracht.[578]

8.2 Kapitalflussrechnung

8.2.1 Einführung und Begriffsabgrenzung

Investitions- und Finanzierungsvorgänge wirken durch Einzahlungen und Auszahlungen auf die Finanzlage eines Unternehmens. Die Kapitalflussrechnung soll dem Leser eines Jahresabschlusses einen Einblick in die Entwicklung der Finanzlage eines Unter-

---

577 Vgl. *Geiger* (2002), S. 1906.
578 Vgl. *Lenz/Focken* (2002), S. 863.

nehmens in der vorangegangenen Periode geben (DRS 2.1), wobei ausschließlich Zahlungsströme betrachtet werden, weshalb Bilanzierungs- und Bewertungsunterschiede keinen Einfluss auf die Darstellung haben. Auf Basis dieser Informationsquelle sollen die Prognose zukünftig erzielbarer Überschüsse sowie die Beurteilung der Fähigkeit eines Unternehmens oder Konzerns, seinen Zahlungsverpflichtungen auch zukünftig nachzukommen, erleichtert werden.

Vor diesem Hintergrund sind die gesetzlichen Vertreter von Mutterunternehmen, die nach § 290 HGB einen Konzernabschluss aufstellen *müssen*, nach § 297 Abs. 1 Satz 1 HGB verpflichtet, den Konzernabschluss um eine Kapitalflussrechnung als eigenständigen Bestandteil zu erweitern, wobei die Grundsätze des DRS 2 zu beachten sind. Zudem haben die gesetzlichen Vertreter kapitalmarktorientierter Kapitalgesellschaften (§ 264 Abs. 1 Satz 2 HGB), die nicht zur Aufstellung eines Konzernabschlusses verpflichtet sind, für Geschäftsjahre, den Einzelabschluss um eine Kapitalflussrechnung zu erweitern. Gem. DRS 2.2d sollen in diesem Fall die Grundsätze des DRS 2 beachtet werden.

Weiterhin sollen die Grundsätze des DRS 2 gem. DRS 2.2b sowie DRS 2.3 im Falle der *freiwilligen* Aufstellung einer (Konzern-)Kapitalflussrechnung aufgrund des GoB-Charakters des Standards beachtet werden. Im Falle der *erstmaligen* Aufstellung einer Kapitalflussrechnung nach DRS 2 können Unternehmen auf die Angabe von Vorjahresbeträgen verzichten (DRS 2.56). Unternehmen, die bislang eine von DRS 2 abweichende Kapitalflussrechnung aufgestellt haben, sollen Vorjahresbeträge nur angeben, wenn diese nach den Grundsätzen des DRS 2 ermittelt wurden (DRS 2.57).

Für Unternehmen, die gem. § 315a Abs. 1 und 2 HGB zur Anwendung der IFRS im Konzernabschluss verpflichtet sind oder aber die Möglichkeit in Anspruch nehmen, freiwillig einen befreienden Konzernabschluss nach § 315a Abs. 3 HGB bzw. zu Offenlegungszwecken nach § 325 Abs. 2a HGB einen Einzelabschluss nach IFRS zu erstellen, ergibt sich die Pflicht zur Aufstellung aus IAS 1.8 8(d) und IAS 7. IAS 7 sieht keine Differenzierung hinsichtlich Größe, Kapitalmarktorientierung bzw. Rechtsform vor. Alle Unternehmen, unabhängig davon ob es sich um einen Einzel- oder Konzernabschluss nach IFRS handelt, sind zur Anwendung von IAS 7 und somit zur Aufstellung einer Kapitalflussrechnung verpflichtet (IAS 7.1).

Eine Prüfungspflicht der Kapitalflussrechnung resultiert aus der Prüfungspflicht des Einzel- (§ 316 Abs. 1 HGB) bzw. Konzernabschlusses (§ 316 Abs. 2 HGB). Wird eine Kapitalflussrechnung freiwillig im Anhang oder Lagebericht offengelegt, ergibt sich hieraus ebenfalls eine Prüfungspflicht.[579]

8.2.2 Prüfungsgegenstand

In einer Kapitalflussrechnung sind gem. IAS 7 sowie DRS 2 die Zahlungsströme für die Tätigkeitsbereiche der *laufenden Geschäftstätigkeit* (zahlungswirksame Tätigkeiten, die auf Erlöserzielung ausgerichtet sind, sowie sonstige zahlungswirksame Tätigkeiten, die nicht der Investitions- oder Finanzierungstätigkeit zuzuordnen sind), der *Investitionstä-*

---

579 Vgl. *Ellrott* (2010), § 284 HGB, Anm. 80.

tigkeit (Erwerb und Veräußerung von Gegenständen des Anlagevermögens sowie länger-fristigen finanziellen Vermögenswerten, die nicht dem Finanzmittelfonds[580] zugehören, sowie die Anlage von Finanzmittelbeständen, die nicht dem Finanzmittelfonds oder der Finanzierungstätigkeit zuzuordnen sind) sowie der *Finanzierungstätigkeit* (zahlungs-wirksame Tätigkeiten mit Auswirkung auf Eigenkapital und Finanzschulden) gesondert darzustellen (IAS 7.10, DRS 2.7).

Wie Abb. II.8-1 veranschaulicht, errechnet sich die Veränderung des Finanzmittel-fonds während einer Periode aus den getätigten Ein- und Auszahlungen der drei be-schriebenen Tätigkeitsbereiche. In der Regel setzt sich der Finanzmittelfonds aus Geld-mitteln sowie leicht liquidierbaren Vermögenswerten zusammen. Unrealisierte Gewinne bzw. Verluste, die aus der Umrechnung von Fremdwährungspositionen im Einzelab-schluss oder der Umrechnung von Abschlüssen von Tochterunternehmen entstehen, sind nicht Bestandteil der Veränderung des Finanzmittelfonds (IAS 7.28, DRS 2.20). Der Ausweis wechselkursbedingter Veränderungen der Zahlungsmittel und Zahlungsmittel-äquivalente erfolgt in einem gesonderten Posten der Kapitalflussrechnung.

Im Gegensatz zum Cashflow (CF) aus der Investitions- und Finanzierungstätigkeit, der grundsätzlich nach der direkten Methode ermittelt wird, ist bei der Ermittlung des CF aus *laufender Geschäftstätigkeit* die *direkte* und die *indirekte Ermittlung* von Zahlungsströmen zu unterscheiden (IAS 7.18, DRS 2.26f.). Die direkte Methode erfasst die Mittelzu- und -abflüsse direkt nach ihrer Zahlungswirksamkeit und die Ein- und Auszahlungen wer-den unsaldiert angegeben. Hingegen ergibt sich der CF nach der indirekten Methode rückwirkend (retrograd) aus dem Jahresergebnis (IAS 7.20, DRS 2.27).[581] Zahlungsun-wirksame Erträge und Aufwendungen sowie Bestandsveränderungen bei Posten des Nettoumlaufvermögens werden dabei herausgerechnet.[582] Auf Grund des in Relation geringeren Arbeitsaufwands bei der indirekten Ermittlung der Zahlungsströme bevor-zugen die meisten Unternehmen diese Methode.[583] Gleichwohl empfiehlt IAS 7.19 die direkte Methode.[584]

Für die Erstellung einer *Konzernkapitalflussrechnung* bieten sich zwei Vorgehenswei-sen an: Beim sog. bottom up-Konzept wird die Konzernkapitalflussrechnung durch die Summierung der Kapitalflussrechnungen der einzelnen Konzernunternehmen, korrigiert um konzerninterne Ein- und Auszahlungen, ermittelt. Im Gegensatz dazu lässt sich die Konzernkapitalflussrechnung auch indirekt aus dem Konzernabschluss herleiten (top down-Konzept).

---

580 Vgl. *Freiberg* (2010), S. 130–140.
581 Vgl. *Ruhnke* (2008), S. 656.
582 Vgl. *Ruhnke* (2008), S. 655f.
583 Vgl. *Lenz/Focken* (2000), S. 503; *Reinholdt/Schmidt* (2010), S. 98; *Förschle/Kroner* (2010), § 297 HGB, Anm. 59.
584 Vgl. *Ruhnke* (2008), S. 656.

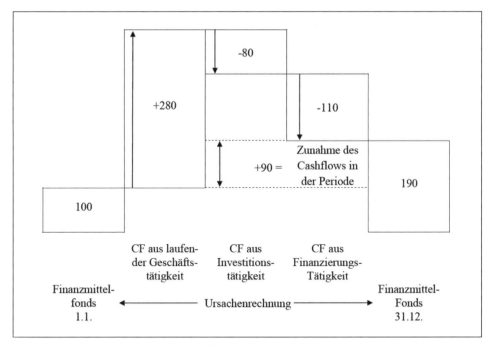

Abb. II.8-1: Veränderung des Bestands an liquiden Mitteln während einer Periode, abgeleitet aus Ein- und Auszahlungen aus laufender Geschäfts-, Investitions- und Finanzierungstätigkeit

8.2.3 Prüfungsdurchführung

Bei der Prüfung der Kapitalflussrechnung hat der Abschlussprüfer zunächst zu berücksichtigen, welche Rechnungslegungsnorm angewandt wurde, und festzustellen, ob die Darstellungs- und Ausweisvorschriften der jeweiligen Rechnungslegungsnorm beachtet wurden. Form und Inhalt der Kapitalflussrechnung können sich dabei aus DRS 2 oder IAS 7 ergeben. Die Grundsätze des DRS 2 und des IAS 7 sind hierbei weitgehend deckungsgleich, so dass sich Kapitalflussrechnungen, die nach DRS oder IFRS aufgestellt wurden, grundsätzlich in ihrer Konzeption und Ausgestaltung entsprechen. Unterschiede bestehen hinsichtlich der Zuordnung der Zahlungsströme aus Zinsen und Dividenden. Gem. DRS 2.36 f. sind erhaltene und gezahlte Zinsen sowie erhaltene Dividenden der laufenden Geschäftstätigkeit zuzuordnen. Dies gilt nach IAS 7.33 grundsätzlich nur für Finanzinstitutionen. Für andere Unternehmen erfolgt der Ausweis gem. IAS 7 grundsätzlich als CF aus der Finanzierungs- oder Investitionstätigkeit. Weiterhin setzt IAS 7 im Gegensatz zu DRS 2 kein Mindestgliederungsschema voraus. Das Gliederungsschema des DRS 2 entspricht hierbei jedoch grundsätzlich den Anforderungen des IAS 7.[585] Abb. II.8-2 stellt zusammenfassend die Ermittlung des CF dar.

---

585 Vgl. *IDW* (2006), M 723 ff.

Direkte Methode	Indirekte Methode
• Einzahlungen (+) von Kunden für den Verkauf von Erzeugnissen, Waren und Dienstleistungen • Auszahlungen (–) an Lieferanten und Beschäftigte • Sonstige Ein- (+) und Auszahlungen (–), die nicht der Investitions- oder Finanzierungstätigkeit zuzuordnen sind • Ein- (+) und Auszahlungen (–) aus außerordentlichen Posten	• Periodenergebnis (einschließlich Ergebnisanteilen von Minderheitsgesellschaftern) vor außerordentlichen Posten • Abschreibungen (+)/Zuschreibungen (–) auf Gegenstände des Anlagevermögens • Zunahme (+)/Abnahme (–) der Rückstellungen • Sonstige zahlungsunwirksame Aufwendungen (+)/Erträge (–), wie z.B. Abschreibungen auf ein aktiviertes Disagio • Gewinn (–)/Verlust (+) aus dem Abgang von Gegenständen des Anlagevermögens • Zunahme (–)/Abnahme (+) der Vorräte, der Forderungen aus Lieferungen und Leistungen sowie anderer Aktiva, die nicht der Investitions- oder Finanzierungstätigkeit zuzuordnen sind • Zunahme (+)/Abnahme (–) der Verbindlichkeiten aus Lieferungen und Leistungen sowie anderer Passiva, die nicht der Investitions- oder Finanzierungstätigkeit zuzuordnen sind • Ein- (+)/Auszahlungen (-) aus außerordentlichen Posten

= CF aus laufender Geschäftstätigkeit

• Einzahlungen aus Abgängen (+) aus dem/Auszahlungen (–) für Investitionen in das:
Sachanlagevermögen
Immaterielle(n) Anlagevermögen
Finanzanlagevermögen
• Einzahlungen aus dem Verkauf (+)/Auszahlungen für den Erwerb (-) von konsolidierten Unternehmen und sonstigen Geschäftseinheiten
• Einzahlungen (+)/Auszahlungen (–) auf Grund von Finanzmittelanlagen im Rahmen der kurzfristigen Finanzdisposition

= CF aus Investitionstätigkeit

• Einzahlungen (+) aus Eigenkapitalzuführungen, wie z.B. Kapitalerhöhungen oder Verkauf eigener Anteile
• Auszahlungen (–) an Unternehmenseigner und Minderheitsgesellschafter, wie z.B. Dividenden, Erwerb eigener Anteile, Eigenkapitalrückzahlungen, andere Ausschüttungen
• Einzahlungen (+) aus der Begebung von Anleihen und der Aufnahme von (Finanz-) Krediten/ Auszahlungen aus der Tilgung (–) von Anleihen und (Finanz-) Krediten

= CF aus Finanzierungstätigkeit

= Zahlungswirksame Veränderung der Liquiden Mittel
+ Liquide Mittel am Anfang der Periode
= Liquide Mittel am Ende der Periode

Abb. II.8-2: Ermittlung des Cashflow aus laufender Geschäfts-, Investitions- und Finanzierungstätigkeit

Unter Berücksichtigung der Risikobeurteilung auf Jahresabschlussebene sowie in Bezug auf die wesentlichen *assertions* (zum Konzept der assertions → I.6.2) hat der Abschlussprüfer geeignete und angemessene Prüfungshandlungen zu bestimmen und durchzuführen (ISA 315.25). Wesentliche *assertions* in Bezug auf die Kapitalflussrechnung sind das Vorhandensein (*occurance*) und die Vollständigkeit (*completeness*) von Geschäftsvorfällen und Transaktionen, die Darstellung und der Ausweis der Zahlungsströme (*classification and understandability*) sowie die Genauigkeit und Bewertung der ausgewiesenen Beträge (*accuracy and valuation*) (ISA 315.A111(c)). Wesentliche Prüfungsziele des Abschlussprüfers sind somit die Überprüfung des *Vorhandenseins* sowie der *Vollständigkeit* der Zahlungsmittelbestände und Zahlungsmitteläquivalente am Abschlussstichtag, die Überprüfung des *Vorhandenseins*, der *Vollständigkeit* und *periodengerechten Abgrenzung* der Zahlungsströme sowie der Beachtung der relevanten Darstellungs- und Berichterstattungsvorschriften. Grundsätzlich hängen die vom Abschlussprüfer durchzuführenden Prüfungshandlungen maßgeblich von der durch den Mandanten gewählten Methode zur Herleitung der Kapitalflussrechnung ab. Organisationsanweisungen und sonstige Unterlagen des Unternehmens zur Herleitung der Kapitalflussrechnung können dem Abschlussprüfer hier im Rahmen einer *Systemprüfung* wichtige Hinweise liefern. Die notwendigen Prüfungshandlungen lassen sich nach den drei darzustellenden Tätigkeitsbereichen (CF aus laufender Geschäftstätigkeit, CF aus der Investitionstätigkeit sowie CF aus der Finanzierungstätigkeit) strukturieren.

Prüfungsansatz bei direkter Ermittlung der Kapitalflussrechnung

Wie bereits ausgeführt, kann der *CF aus laufender Geschäftstätigkeit* direkt durch die Aufstellung von Ein- und Auszahlungen einer Periode ermittelt werden. Wird beim zu prüfenden Unternehmen bereits auf der Buchungsebene über Zusatzkontierungen jeder einzelne Geschäftsvorfall differenziert nach zahlungswirksamen und zahlungsunwirksamen Buchungen erfasst, kann sich die Prüfung weitgehend auf eine *Systemprüfung* beschränken. Hierbei muss sichergestellt werden, dass bereits bei der Erfassung der Geschäftsvorfälle die Zuordnung zu den relevanten Kapitalfonds gewährleistet ist. In diesem Fall sind die unter Berücksichtigung des ermittelten inhärenten Risikos durchzuführenden Prüfungshandlungen auf ausgewählte komplexe und wesentliche Zahlungsvorgänge (z. B. Erwerb und Verkauf von zu konsolidierenden Unternehmen und sonstigen Geschäftseinheiten) sowie auf ermessensabhängige Ausweisfragen (z. B. den Ausweis von aktivierten Zinsen) zu beschränken.[586]

Prüfungsansatz bei indirekter Ermittlung der Kapitalflussrechnung

Auch bei der in der Praxis fast ausnahmslos angewandten indirekten Methode zur Ermittlung des *CF aus laufender Geschäftstätigkeit* besteht die Aufgabe des Abschlussprüfers zunächst darin, die vom Unternehmen implementierte Methode zur Erstellung der Überleitungsrechnung durch eine *Systemprüfung* nachzuvollziehen. Die wesentlichen

---

586 Vgl. *Lenz/Focken* (2000), S. 502. Ungeachtet dieser Einschränkung sind umfangreiche aussagebezogene Prüfungshandlungen durchzuführen, sofern signifikante Risiken festgestellt werden (vgl. ISA 315 und ISA 330 bzw. IDW PS 300).

Prüfungsziele bestehen in der Überprüfung der *Genauigkeit und Bewertung* sowie der Feststellung des *Vorhandenseins*, der *Vollständigkeit* und *Periodenabgrenzung* der Zahlungsströme. Darüber hinaus ist im Rahmen einer Abstimmungsprüfung mit den Prüfungsnachweisen der Abschlussprüfung das *Vorhandensein* der Zahlungsmittelbestände und Zahlungsmitteläquivalente am Bilanzstichtag zu beurteilen. Im Folgenden wird ein möglicher Prüfungsablauf zur Prüfung einer auf Basis der indirekten Methode ermittelten Kapitalflussrechnung dargestellt:

Der Prüfer hat sich zunächst durch Einsichtnahme in die Unterlagen zur Herleitung der Kapitalflussrechnung und Organisationsanweisungen sowie in die Überleitungsrechnung der Daten aus dem Jahresabschluss einen ersten Eindruck von der Ordnungsmäßigkeit der Kapitalflussrechnung zu verschaffen. Hierbei ist insbesondere das Vorhandensein geeigneter Kontrollen sowie die Richtigkeit der Überleitung des Finanzmittelfonds zu den einzelnen Positionen des Jahresabschlusses unter Beachtung der Ausweis-, Gliederungs- und Erläuterungsvorschriften zu prüfen sowie die Einhaltung der Kriterien für den Ausweis der Zahlungsmitteläquivalente zu beurteilen.

Die Plausibilität der erstellten Kapitalflussrechnung kann anhand analytischer Prüfungshandlungen, wie z. B. dem Vergleich relevanter Kennzahlen im Jahresverlauf oder dem Vergleich mit Vorjahreszahlen, untersucht werden. So kann als eine mögliche analytische Prüfung die Kennzahl des Quotienten aus *CF aus laufender Geschäftstätigkeit* und den *Umsatzerlösen* des aktuellen mit der des Vorjahres verglichen werden. Dabei können Abweichungen von den Erwartungen des Abschlussprüfers bzw. wesentliche Veränderungen im Vergleich zum Vorjahr sowie Widersprüche zu bereits erlangten Prüfungsnachweisen Anhaltspunkte für mögliche Fehler liefern.[587]

Im Rahmen von aussagebezogenen Prüfungshandlungen gilt es darüber hinaus, die Abgrenzung des Finanzmittelfonds durch Erhebung und Analyse von Informationen zur *Fristigkeit* bestimmter Positionen (Restlaufzeit von unter drei Monaten, auf den Erwerbszeitpunkt gerechnet), zur *Liquidierbarkeit* sowie im Hinblick auf das *Wertänderungsrisiko* zu untersuchen, um die normenkonforme Berücksichtigung aller Beträge zu prüfen. Von der normenkonformen Abgrenzung hat sich der Abschlussprüfer in Stichproben zu überzeugen. Da in ihrer Verfügbarkeit eingeschränkte Beträge i. d. R. nicht in eine Kapitalflussrechnung eingehen dürfen, sind z. B. die auf ausländischen Bankkonten unterhaltenen Guthaben des Mandanten hinsichtlich evtl. bestehender Transferbeschränkungen zu untersuchen, da diese nicht dem Finanzmittelfonds zuzurechnen sind.[588]

Wesentliche nicht zahlungswirksame Geschäftsvorfälle sind durch den Abschlussprüfer u. a. im Hinblick auf die Vollständigkeit ihrer Erfassung sowie das Vorhandensein zu untersuchen, wobei der Abschlussprüfer hierbei weitgehend auf bereits im Rahmen der Abschlussprüfung erlangte Prüfungsnachweise zurückgreifen kann. Aus Gründen der Effizienz sind insbesondere die einzelfallbezogenen Prüfungshandlungen in die Prüfung der wesentlichen Jahresabschlussposten vorzuverlagern. In Bezug auf den *CF aus der Investitionstätigkeit* kann der Prüfer z. B. bereits im Rahmen der Prüfung des Anlage-

---

587 Vgl. *Lenz/Focken* (2000), S. 507.
588 Vgl. *Lenz/Focken* (2000), S. 509.

spiegels die für die Prüfung der Kapitalflussrechnung relevanten zahlungswirksamen Investitionen identifizieren.

Generell kann nahezu jede Position der Kapitalflussrechnung mit den Positionen der Bilanz und der GuV abgestimmt werden. Durch einen direkten Zahlenvergleich können sämtliche Positionen der Kapitalflussrechnung überprüft werden, die durch die indirekte Methode in die Kapitalflussrechnung eingegangen sind (z. B. Jahresergebnis, Abschreibungen). Weiterhin ist durch den Abschlussprüfer im Falle einer Folgeprüfung anhand der Vorjahresarbeitspapiere sicherzustellen, dass der Stetigkeitsgrundsatz hinsichtlich der Abgrenzung des Finanzmittelfonds sowie in Bezug auf die Darstellungsform der Kapitalflussrechnung eingehalten wurde. Abweichungen im Vergleich zum Vorjahr sind von der Unternehmensleitung zu begründen.

Im Falle von Veränderungen innerhalb des Konsolidierungskreises im Berichtszeitraum ist zu prüfen, ob in diesem Zusammenhang gegebenenfalls zahlungsunwirksame Zu- oder Abgänge von Vermögensposten fehlerhaft in die Kapitalflussrechnung einbezogen wurden (IAS 7.37 ff.).

8.2.4 Berichterstattung

Der Abschlussprüfer hat die Prüfungsfeststellungen sowie das Prüfungsergebnis in den Arbeitspapieren zu dokumentieren und abschließend die Normenkonformität der Kapitalflussrechnung mit der zu Grunde liegenden Rechnungslegungsvorschrift zu beurteilen. Die Prüfungsfeststellungen haben Einfluss auf den Prüfungsbericht und den Bestätigungsvermerk, wobei gem. § 321 Abs. 1 Satz 3 HGB festgestellte Verstöße gegen Rechnungslegungsvorschriften oder Unrichtigkeiten in Bezug auf die Kapitalflussrechnung im Prüfungsbericht darzustellen sind (ISA 700.46 ff., IDW PS 450.45 ff.). Auch auf das Fehlen von Pflichtangaben zur Kapitalflussrechnung ist im Prüfungsbericht hinzuweisen. Auf Besonderheiten im Ausweis sowie wesentliche Veränderungen gegenüber dem Vorjahr ist im Prüfungsbericht gem. ISA 700.46 ff. bzw. IDW PS 450.74 gesondert einzugehen. Haben die seitens des Abschlussprüfers durchgeführten Prüfungshandlungen nicht zu wesentlichen Beanstandungen der Kapitalflussrechnung geführt, ergeben sich keine einschränkenden Auswirkungen auf den Bestätigungsvermerk. Wurden hingegen wesentliche nicht korrigierte Unrichtigkeiten und Verstöße bei der Kapitalflussrechnung identifiziert oder lagen wesentliche Prüfungshemmnisse vor, ist der Bestätigungsvermerk gem. ISA 701.11 ff. bzw. IDW PS 400.50 einzuschränken.

8.3 Eigenkapitalveränderungsrechnung

8.3.1 Einführung und Begriffsabgrenzung

Veränderungen des Eigenkapitals sind für Abschlussadressaten i. d. R. nur begrenzt nachvollziehbar, da u. a. ergebnisneutrale Veränderungen des Eigenkapitals nicht unmittelbar für außenstehende Interessenten erkennbar sind. Die Eigenkapitalveränderungsrechnung soll vor diesem Hintergrund zu einer Steigerung des Informationsgehalts beitragen, indem umfassende Informationen zu Veränderungen des Eigenkapitals während einer Berichtsperiode bereitgestellt werden. Durch sie erhält der Abschlussadressat einerseits Informationen, die er für eine Einschätzung der aktuellen und zukünftigen Ertragslage des Unternehmens heranziehen kann; andererseits können die Eigentümer die Eigenkapitalentwicklung besser nachvollziehen.[589]

§ 297 Abs. 1 Satz 1 i. V. m. § 290 Abs. 1 HGB bzw. § 11 PublG folgend ist der Eigenkapitalspiegel ein Pflichtbestandteil des handelsrechtlichen Konzernabschlusses. Auch kapitalmarktorientierte Kapitalgesellschaften, die nicht zur Aufstellung eines Konzernabschlusses verpflichtet sind, haben nach § 264 Abs. 1 Satz 2 HGB ihren handelsrechtlichen Einzelabschluss u. a. um einen Eigenkapitalspiegel zu erweitern. Der Gesetzgeber verzichtet jedoch – ähnlich wie bei der Segmentberichterstattung und der Kapitalflussrechnung – auf die Festlegung einer bestimmten Darstellungsform.[590] Konkretisierte Vorschriften zur Aufstellung eines Konzerneigenkapitalspiegels enthält DRS 7 (Konzerneigenkapital und Konzerngesamtergebnis).[591]

Sind Unternehmen gem. § 315a Abs. 1 und 2 HGB bei der Erstellung ihres Konzernabschlusses zur Anwendung der IFRS verpflichtet oder nehmen sie die Möglichkeit in Anspruch, freiwillig einen befreienden Konzernabschluss bzw. zu Offenlegungszwecken einen Einzelabschluss nach den Vorschriften der IFRS zu erstellen, ergibt sich die Pflicht zur Aufstellung einer Eigenkapitalveränderungsrechnung aus IAS 1. Gem. IAS 1.10c ist die Eigenkapitalveränderungsrechnung obligatorischer Bestandteil eines jeden IFRS-Abschlusses und somit gleichberechtigt neben Bilanz, GuV, Anhang und Kapitalflussrechnung. Im Gegensatz zu DRS 7 fordert IAS 1 nicht die Einhaltung einer konkreten Darstellungsform zur Abbildung der Eigenkapitalveränderungen, sondern zeigt im Rahmen von IAS 1.IG6 Part I lediglich eine beispielhafte Darstellung der Eigenkapitalveränderungsrechnung auf. Seit der Überarbeitung des IAS 1 im Jahr 2007 liegt der Zweck der Eigenkapitalveränderungsrechnung nicht mehr in erster Linie in der Abbildung der Veränderungen des Eigenkapitals, die nicht ergebniswirksam in der GuV abgebildet wurden, sondern vornehmlich darin, die Beziehungen des Unternehmens und seiner Eigentümer darzustellen.[592]

Eigenkapitalveränderungen können zwei unterschiedliche Kategorien von Sachverhalten zu Grunde liegen: einerseits Transaktionen mit Eigentümern, die zu einer ergebnisneutralen Buchung im Eigenkapital führen, wie Kapitaleinlagen, Kapitalrückzahlungen sowie Dividendenzahlungen, und andererseits Geschäftsvorgänge, denen sich neben einer ergebnisneutralen Buchung eine zeitlich nachgelagerte Auflösung anschließt. Dies ist beispielsweise bei der Neubewertung von Sachanlagen gem. IAS 16 oder von immateriellen Vermögenswerten gem. IAS 38 der Fall, deren Wertänderungen unter bestimmten Voraussetzungen zum Zeitpunkt der Erfassung noch nicht als realisiert gelten.[593]

---

589 Vgl. *Kirsch* (2004), S. 1001.
590 Vgl. *Baetge/Kirsch/Thiele* (2009), S. 483.
591 Vgl. hierzu *Coenenberg/Haller/Schultze* (2009), S. 579 f.
592 Vgl. IAS 1.109 i. V. m. *Senger/Brune* (2009), § 17 Tz. 10.
593 Angesprochen ist die Anwendung des Neubewertungsmodells, sofern es zu Wertansätzen kommt, die über die historischen fortgeführten Kosten hinausgehen. Vgl. *Ruhnke* (2008), S. 333–337.

8.3.2 Prüfungsgegenstand

Die Regelungen des IAS 1 sehen vor, dass zwischen Veränderungen des Eigenkapitals, die aus Transaktionen mit den Eigentümern in ihrer Eigenschaft als Eigenkapitalgeber resultieren (z. B. Dividendenausschüttungen, Rückkauf eigener Anteile), und nicht eigentümerbezogenen Änderungen zu unterscheiden ist. Während Letztere in einer Gesamtergebnisrechnung (statement of comprehensive income)[594] darzustellen sind, werden sämtliche eigentümerinduzierten Eigenkapitalveränderungen gesondert in der Eigenkapitalveränderungsrechnung aufgezeigt. Gemäß IAS 1.106 umfasst die Aufstellung der Veränderungen des Eigenkapitals folgende Bestandteile:

- Gesamtergebnis der Berichtsperiode, getrennt nach den auf die Eigentümer des Mutterunternehmens und die Minderheitsanteile entfallenden Beträge;
- für jeden Bestandteil des Eigenkapitals die Auswirkungen einer gem. IAS 8 bilanzierten retrospektiven Anwendung oder Anpassung von Bilanzansatz- und Bewertungsmethoden sowie Fehlerberichtigungen;[595]
- die Beträge der Kapitaltransaktionen mit den Eigentümern, wobei Kapitalzuführungen von und Dividendenausschüttungen an die Eigentümer getrennt voneinander auszuweisen sind;
- für jeden Bestandteil des Eigenkapitals eine Überleitung der Buchwerte zu Beginn und am Ende der Berichtsperiode.

Dividendenausschüttungen an die Eigentümer des Unternehmens sowie der entsprechende Betrag je Aktie sind gem. IAS 1.107 entweder in der Eigenkapitalveränderungsrechnung oder im Anhang anzugeben, wohingegen eine Erfassung in der Gesamtergebnisrechnung unzulässig ist.

8.3.3 Prüfungsdurchführung

Der Abschlussprüfer sollte zu Beginn der Prüfung der Eigenkapitalveränderungsrechnung das inhärente Risiko (→ II.1.2.1) und das Kontrollrisiko (→ II.1.2.1) beurteilen. Die Anzahl und Komplexität von Transaktionen, aus denen eine Eigenkapitalveränderung in der zu prüfenden Berichtsperiode resultiert, beeinflusst das inhärente Risiko in wesentlichem Maße. Wurden in der Berichtsperiode nur wenige Transaktionen getätigt, für deren Durchführung ein Beschluss der Hauptversammlung vorliegen muss, wie etwa bei bestimmten Formen der Kapitaländerung oder bei Dividendenausschüttungen, so

---

594 Gem. IAS 1.81 besteht im Hinblick auf die Darstellung der Gesamtergebnisrechnung ein Wahlrecht. Demnach können sämtliche Aufwendungen und Erträge in einer einzigen Gesamtergebnisrechnung dargestellt werden oder es erfolgt eine zweigeteilte Aufstellung der erfolgswirksam erfassten Aufwendungen und Erträge (gesonderte Gewinn- und Verlustrechnung) auf der einen Seite und einer Überleitung des Jahresergebnisses zum Gesamtergebnis mit entsprechendem Ausweis der ergebnisneutral erfassten Bestandteile des sonstigen Ergebnisses (Gesamtergebnisrechnung) auf der anderen Seite. Für weitere Ausführungen zur Gesamtergebnisrechnung vgl. z. B. *Ruhnke* (2008), S. 243–254.

595 Siehe IAS 1.110 für weiterführende Informationen; zur retrospektiven Anpassung siehe *Ruhnke* (2008), S. 231–233.

ist das inhärente Risiko eher als gering einzuschätzen. Von einem erhöhten inhärenten Risiko ist insbesondere bei einer zunehmenden Anzahl von Transaktionen, die auf
Änderungen der Bilanzansatz- und Bewertungsmethoden nach IAS 8 zurückzuführen
sind, auszugehen. Gewonnene Kenntnisse aus der Systemprüfung (→ II.3.2.2) sind für
die Einschätzung des Kontrollrisikos heranzuziehen. Im Rahmen der Systemprüfung
sollte der Abschlussprüfer feststellen, ob die eigenkapitalverändernden Transaktionen
von kompetenten und entsprechend autorisierten Mitarbeitern durchgeführt wurden.
Darüber hinaus können bei der Durchführung der Systemprüfung Erkenntnisse darüber
erlangt werden, ob fehlerhafte Buchungen von Kapitaltransaktionen vom eingerichteten
System erkannt bzw. verhindert werden. Ebenso sollte der Abschlussprüfer auch den
Kontenplan hinsichtlich der auftretenden Eigenkapitalveränderungen auf Vollständigkeit
überprüfen und die zum Kontenplan zugehörigen Kontierungsrichtlinien auf ihre Be-
stimmtheit und Eignung hin analysiert haben.[596]

Der Einschätzung der vorliegenden Risiken sollte sich die Bestimmung des zur Einhaltung der Prüfungssicherheit notwendigen Umfangs der vorzunehmenden Prüfungshandlungen anschließen. Die Prüfungshandlungen sollten darauf ausgerichtet sein,
Aussagen über Darstellung und Abschlussangaben (assertions about presentation and
disclosure) treffen zu können.[597] Zur Erlangung von Prüfungsnachweisen erscheinen
neben analytischen Prüfungshandlungen (→ II.3.2.3) insbesondere in Bezug auf die
Prüfung der Veränderungen verschiedener Eigenkapitalpositionen Einzelfallprüfungen
(→ II.3.2.4) zweckmäßig.

Der Abschlussprüfer hat die Konformität der Eigenkapitalveränderungsrechnung mit
der zugrunde liegenden Rechnungslegungsnorm festzustellen. Das bedeutet im Rahmen
der Prüfung der Aussagen *Vollständigkeit* und *Verständlichkeit* insbesondere, dass alle
gem. IAS 1.106f. bzw. DRS 7.7 (einschl. der zu DRS 7 zugehörigen Anlage) notwendigen
Angaben gemacht und konsequent umgesetzt wurden. Zu beanstanden wäre beispielsweise, wenn die Aufstellung einer separaten Eigenkapitalveränderungsrechnung unterlassen wurde und stattdessen die entsprechenden Angaben im Anhang zur Verfügung
gestellt werden, da in diesem Falle ein unvollständiger Einzel- bzw. Konzernabschluss
i.S.v. IAS 1.10 bzw. § 264 Abs. 1 Satz 2 HGB oder § 297 Abs. 1 Satz 1 HGB vorläge.

Im Hinblick auf die Prüfung der *Richtigkeit* der Angaben sollte der Abschlussprüfer
zunächst die rechnerische Richtigkeit der Überleitungsrechnung überprüfen. Daran anschließend sind die – unter Berücksichtigung des Wesentlichkeitsaspekts stichprobenartig ausgewählten – in der Eigenkapitalveränderungsrechnung ausgewiesenen Beträge
zu prüfen. So ist im Rahmen von analytischen Prüfungshandlungen die Postenzusam-
mensetzung des Eigenkapitals mit jenen der Berichtsvorperioden zu vergleichen. Darauf
aufbauend sind unerwartete Änderungen sowie das Ausbleiben erwarteter Veränderungen zu klären. Um Aussagen über die Plausibilität der Veränderungen der einzelnen
Eigenkapitalposten treffen zu können, sind weiterhin Informationen über Unternehmensakquisitionen sowie Reorganisationsmaßnahmen heranzuziehen, die Einfluss auf

---

596 Vgl. *Kirsch* (2004), S. 1009.
597 Vgl. ISA 315.25(b) i.V.m. A111(c) und IDW PS 300.7. Zu den verschiedenen Kategorien des Konzepts
der Abschlussaussagen siehe → I.6.2.

die Veränderung der Eigenkapitalkonten haben könnten. Hinsichtlich der Beurteilung des Ausweises des Minderheitenkapitals hat sich der Abschlussprüfer anhand geeigneter Verträge und sonstiger relevanter Dokumente einen Gesamtüberblick über die Anzahl und Zusammensetzung der Minderheitsgesellschafter sowie die faktisch den Minderheitsgesellschaftern zustehenden Ansprüche am Eigenkapital und Gesamtergebnis zu verschaffen.

Im Rahmen von Einzelfallprüfungen hat der Abschlussprüfer hinsichtlich der Eigenkapitalkonten in Bezug auf die Richtigkeit der Angaben zu prüfen, ob die gesetzlichen Vorschriften sowie Bestimmungen, die sich aus dem Gesellschaftsvertrag bzw. der Satzung und sonstigen Verträgen und Urkunden ergeben, beachtet und eingehalten wurden. Bei der Prüfung der Eigenkapitalkonten ist insbesondere die Abstimmbarkeit der Eigenkapitalbuchführung mit dem Hauptbuch sicherzustellen. Im Rahmen der Einzelfallprüfungen ist ferner das gezeichnete Kapital[598] mit dem aktuellen Handelsregisterauszug abzugleichen.

Zur Überprüfung der Plausibilität der in der Eigenkapitalveränderungsrechnung ausgewiesenen Informationen bietet sich insgesamt ein Vergleich mit den gewonnenen Erkenntnissen aus der Prüfung des Eigenkapitalpostens an. Darüber hinaus kann das in der Eigenkapitalveränderungsrechnung ausgewiesene Gesamtergebnis mit den im Rahmen der Prüfung der Gesamtergebnisrechnung erlangten Erkenntnissen abgeglichen werden. Für Eigenkapitalveränderungen, die durch Änderungen in den Bilanzansatz- und Bewertungsmethoden sowie Fehlerberichtigungen bedingt sind, bietet sich die Möglichkeit zur Abstimmung mit den berichtigten Abschlussposten sowie den ergänzenden Erläuterungen im Anhang an.

Dem Aussagenkonzept (→ I.6.2) folgend sollte sich der Abschlussprüfer schließlich von der Ordnungsmäßigkeit der *Bewertung* der ausgewiesenen Beträge überzeugen. Im Rahmen von Einzelfallprüfungen bedarf es zur Erlangung von Prüfungsnachweisen seitens des Abschlussprüfers im Falle von Kapitalveränderungen (z. B. Kapitalerhöhung bzw. -herabsetzung, Verkauf/Erwerb von Anteilen/Aktien, Neuemission) der Einsichtnahme in die maßgeblichen Beschlüsse und Erklärungen, um die Ordnungsmäßigkeit der Beschlussfassung sowie die korrekte wertmäßige Abbildung der Kapitalveränderung beurteilen zu können. Auch an dieser Stelle kann analog zur Abschlussaussage *Richtigkeit* auf Ergebnisse der Prüfungen des Abschlusspostens Eigenkapital (→ II.3.3.2.2), der Gesamtergebnisrechnung sowie des Anhangs zurückgegriffen werden; insofern handelt es sich hier um eine Abstimmungsprüfung.

8.3.4 Dokumentation und Berichterstattung

Die Prüfungsfeststellungen sowie das Prüfungsergebnis sind in den Arbeitspapieren entsprechend zu dokumentieren und haben Einfluss auf den Prüfungsbericht (→ II.6.3.2) und den Bestätigungsvermerk (→ II.6.3.1), wobei gem. § 321 Abs. 1 Satz 3 HGB im Prü-

---

598 Bzw. das entsprechende Pendant, das in Bezug auf die Rechtsform des zu prüfenden Unternehmens, anders lauten kann.

fungsbericht festgestellte Verstöße gegen Rechnungslegungsvorschriften bei der Erstellung der Eigenkapitalveränderungsrechnung darzustellen sind (IDW PS 450.42 ff.). Im Rahmen der Abschlussprüfung muss im Prüfungsbericht eine Aussage zur Ordnungsmäßigkeit der Eigenkapitalveränderungsrechnung getroffen werden, wenn diese Bestandteil des zu prüfenden Abschlusses ist.[599]

Haben die seitens des Abschlussprüfers durchgeführten Prüfungshandlungen zu keinen wesentlichen Beanstandungen hinsichtlich der Eigenkapitalveränderungsrechnung geführt, ist der Bestätigungsvermerk uneingeschränkt zu erteilen.[600] Wurden durch den Abschlussprüfer hingegen wesentliche, nicht korrigierte Unrichtigkeiten und Verstöße oder wesentliche Prüfungshemmnisse im Rahmen der Prüfung der Eigenkapitalveränderungsrechnung festgestellt, ist der Bestätigungsvermerk einzuschränken.[601] Eine Einschränkung des Bestätigungsvermerks erscheint vor diesem Hintergrund erforderlich, wenn beispielsweise in Bezug auf eine durchgeführte Kapitalerhöhung wesentliche Abweichungen zwischen den vorliegenden Beschlussfassungen sowie den Angaben in der Eigenkapitalveränderungsrechnung festgestellt wurden.

8.4   Beziehungen zu nahe stehenden Personen

8.4.1   Einführung und Begriffsabgrenzung

Beziehungen des rechnungslegenden Unternehmens zu nahe stehenden Unternehmen und Personen können dazu führen, dass Geschäfte nur auf Grund dieser Beziehung abgeschlossen oder unterlassen werden; sie halten einem Drittvergleich häufig nicht stand. Deshalb dient die Offenlegung von Beziehungen zu und Geschäftsvorfällen mit nahe stehenden Personen einer Verbesserung des Einblicks in die Vermögens-, Finanz- und Ertragslage der Bericht erstattenden Einheit.[602]

Obwohl Beziehungen zu und Geschäftsvorfälle mit nahe stehenden Personen als normaler Bestandteil wirtschaftlicher Tätigkeit angesehen werden, ist diesbezüglich eine besondere Sorgfalt notwendig, da

- sich Auswirkungen auf die Aussagekraft der Rechnungslegung des Unternehmens ergeben können,
- die Zuverlässigkeit von Prüfungsnachweisen, die von nahe stehenden Personen angefertigt wurden, niedriger ist und
- Geschäftsvorfälle u. U. ausschließlich aus persönlichen Erwägungen heraus getätigt und dabei wirtschaftliche Gesichtpunkte vernachlässigt wurden, so dass es z. B. zu Vermögensschädigungen oder Gesetzesverstößen kommen kann (vgl. IDW PS 255.10).

---

599 Vgl. IDW PS 450.67 f. (Einzelabschluss), IDW PS 450.132 (Konzernabschluss).
600 Vgl. ISA 700.16, IDW PS 400.42.
601 Vgl. ISA 700.17-19 i. V. m. ISA 705, IDW PS 400.50 ff.
602 Vgl. z. B. *Marten* (2006), S. 50; *Böckem* (2009), S. 644.

Nahe stehende Personen umfassen natürliche und juristische Personen. Teilweise wird auch auf »nahe stehende Personen und Unternehmen« Bezug genommen (vgl. z. B.: § 285 Nr. 21 HGB, IDW RS HFA 33). Im Hinblick auf die Definition nahe stehender Unternehmen und Personen verweist IDW RS HFA 33.8 auf den zum jeweiligen Abschlussstichtag geltenden, d. h. in europäisches Recht übernommenen IAS 24. So sieht es Art. 43 Abs. 1 Nr. 7b der am 5.9.2006 in Kraft getretenen Richtlinie zur Änderung der 4. und 7. EG-Richtlinie (Änderungs-RL) vor.[603] Das IASB stellt dabei nicht auf eine abstrakte Definition des Begriffs »nahe stehende Unternehmen und Personen« ab. Stattdessen wird in IAS 24.9 anhand möglicher Tatbestände festgelegt, welche Parteien aus Sicht der Berichtseinheit als nahe stehend anzusehen sind. IAS 24.11 nennt darüber hinaus auch Parteien, die nicht als nahe stehende Unternehmen und Personen einzustufen sind.

8.4.2   Prüfungsgegenstand

Der Kreis der nahe stehenden Unternehmen und Personen lässt sich als Prüfungsgegenstand gem. IDW RS HFA 33.8[604] folgendermaßen abgrenzen:

Nahe stehende Unternehmen und Personen stehen dem abschlusserstellenden Unternehmen nahe. Dem berichtenden Unternehmen steht eine Person (oder ein naher Familienangehöriger dieser Person) nahe, wenn

- ein Beherrschungsverhältnis[605] zum berichtenden Unternehmen besteht oder eine gemeinschaftliche Beteilung[606] an diesem vorliegt, oder
- ein maßgeblicher Einfluss[607] auf das rechnungslegende Unternehmen besteht, oder
- diese in einer Schlüsselposition[608] beim berichtenden Unternehmen, oder dessen Mutterunternehmen tätig ist.

Dem berichtenden Unternehmen steht ein Unternehmen nahe, wenn z. B. eines der folgenden Kriterien vorliegt:

- Beide Unternehmen gehören dem gleichen Konzernverbund an.
- Es handelt sich bei einem der beiden Unternehmen um ein assoziiertes Unternehmen oder Gemeinschaftsunternehmen des anderen.

---

603 Vgl. RL 2006/46/EG, AblEG Nr. L 224 vom 16.8.2006, URL: http://eur-lex.europa.eu/LexUriServ/LexUriServ.do?uri=OJ:L:2006:224:0001:0007:DE:PDF (Stand: 1.4.2011). Gem. der EU-Verordnung Nr. 1606/2002 i. V. m. § 315a Abs. 1 HGB haben IFRS-bilanzierende Unternehmen IAS 24 bereits direkt anzuwenden. Unternehmen, die nach HGB bilanzieren, sind zur Anwendung der Kriterien des IAS 24 in der jeweils aktuellen Fassung erst seit in Kraft treten des BilMoG verpflichtet.

604 Unter Verweis auf die EU-Verordnung Nr. 632/2010.

605 Beherrschung ist nach IAS 24.9 die Möglichkeit, die Finanz- und Geschäftspolitik eines anderen Unternehmens zu bestimmen, um einen Nutzen aus dessen Tätigkeit ziehen zu können.

606 Unter gemeinschaftlicher Beteilung versteht IAS 24.9 die auf einen Vertrag basierende Mitwirkung an der Führung einer wirschaftlichen Geschäftstätigkeit.

607 Unter maßgeblichem Einfluss versteht IAS 24.9 das Mitwirken an der Finanz- und Geschäftspolitik eines Unternehmens ohne die Möglichkeit der Beherrschung. Begründet wird der Einfluß durch Anteilsbesitz, Satzung oder eine vertragliche Vereinbarung.

608 Gem. IAS 24.9 handelt es sich um natürliche Personen, die im Bereich der Planung, Leitung und Überwachung des Unternehmens direkt oder indirekt tätig sind und somit eine hohe Verantwortung tragen. Diese Definition umfasst auch die Mitglieder der Geschäftsführungs- und Aufsichtsorgane.

- Sowohl das berichtende Unternehmen als auch das andere Unternehmen sind Gemeinschaftsunternehmen eines dritten Unternehmens.
- Eine dem berichtenden Unternehmen nahe stehende Person beherrscht das Unternehmen, oder das Unternehmen steht unter einer gemeinschaftlichen Führung, an welcher eine dem berichtenden Unternehmen nahe stehende Person beteiligt ist.

Art. 43 Abs. 1 Nr. 7b und Art. 34 Nr. 7b der am 5.9.2006 in Kraft getretenen Richtlinie zur Änderung der 4. und 7. EG-Richtlinie (Änderungs-RL) sieht neben der Anwendung der Kriterien des IAS 24 in der jeweils geltenden Fassung zur Abgrenzung des Kreises der nahe stehenden Personen eine Erweiterung der Angabepflichten zu Geschäften mit nahe stehenden Unternehmen und Personen im Anhang vor. Berichtspflichtig ist der Wertumfang solcher Transaktionen, die Art der Beziehung sowie weitere Angaben zu Geschäften, die für die Beurteilung der Gesellschaft notwendig sind, soweit diese Geschäfte wesentlich sind und zu nicht marktüblichen Bedingungen abgeschlossen werden.[609] Die Regelungen der Richtlinie sind nach ihrer Umsetzung in nationales Recht durch den deutschen Gesetzgeber anzuwenden.

In Deutschland erfolgte die Umsetzung mit dem BilMoG, welches für große Kapitalgesellschaften und AG von mindestens mittlerer Größe neue Berichterstattungspflichten über Geschäfte mit nahe stehenden Unternehmen und Personen nach sich zieht.[610] Im deutschen Bilanzrecht werden mit diesem Gesetz erstmals Anhangangaben zu nahe stehenden Unternehmen und Personen im Jahres- und Konzernabschluss vorgeschrieben.[611] Im Anhang des Einzelabschlusses sind gemäß § 285 Nr. 21 HGB Angaben zu Geschäften mit nahe stehenden Unternehmen und Personen, zumindest soweit diese wesentlich und zu nicht marktüblichen Konditionen erfolgt sind, zu tätigen. Des Weiteren sind Angaben zur Art der Beziehung, zum Wert der Geschäfte sowie weitere Angaben, welche für die Beurteilung der Finanzlage erforderlich sind, zu erbringen. Die Angaben sind gemäß § 314 Abs. 1 Nr. 13 HGB entsprechend auch im Konzernanhang zu leisten.

Für Unternehmen in der Rechtsform einer AG oder KGaA ergeben sich darüber hinaus auch Berichtspflichten aus dem Aktiengesetz. Nach § 312 Abs. 1 AktG muss der Vorstand eines in einem Abhängigkeitsverhältnis stehenden Unternehmens einen Abhängigkeitsbericht (→ III.2.2.7) erstellen. Dieser ist jedoch nicht im Ganzen zu veröffentlichen, sondern lediglich dessen Schlusserklärung als Bestandteil des Lageberichts (§ 312 Abs. 3 Satz 3 AktG). Des Weiteren ergeben sich Berichtspflichten über Beteiligungen an anderen Unternehmen bzw. von anderen Unternehmen aus §§ 20 f. AktG. Es sind zusätzlich Informationen bereitzustellen, sofern eine Grenze von 3 %, 5 %, 10 %,

---

609 Vgl. RL 2006/46/EG, AblEG Nr. L 224 vom 16.8.2006, URL: http://eur-lex.europa.eu/LexUriServ/LexUriServ.do?uri=OJ:L:2006:224:0001:0007:DE:PDF (Stand: 1.4.2011).

610 Die neuen Regelungen sind auch auf bestimmte Personenhandelsgesellschaften i. S. des § 264a HGB anzuwenden.

611 Vgl. z. B. *Küting/Boecker* (2008), S. 543 oder *Niehus* (2008), S. 2493.

15%, 20%, 25%, 30%, 50% oder 75% der Stimmrechte über- bzw. unterschritten wird (§§ 21 f. WpHG).[612]

8.4.3 Prüfungsdurchführung

Durch die VO 1/2006, die Ausführungen zur Qualitätssicherung in der WP-Praxis enthält (→ II.7.1.2.1), wird eine Analyse der bei der Prüfung zu berücksichtigenden individuellen Risikofaktoren des zu prüfenden Unternehmens gefordert. Ein solcher Risikofaktor kann die Beziehung zu nahe stehenden Personen sein. Besondere Sorgfalt ist hierbei notwendig, da

- Beziehungen zu und Geschäftsvorfälle mit nahe stehenden Personen durch komplexe Strukturen gekennzeichnet sind;
- Informationssysteme zur Indentifizierung und Zusammenfassung von Geschäftsvorfällen und ausstehenden Salden zwischen dem berichtenden Unternehmen und ihm nahe stehenden Personen nicht immer wirksam sind;
- Transaktionen mit nahe stehenden Personen zu nicht marküblichen Konditionen abgewickelt werden könnten (vgl. ISA 550.2).

Damit besteht ein größeres Risiko für eine falsche Erfassung in der Rechnungslegung. Infolgedessen fordern ISA 550 und IDW PS 255 sowohl erweiterte Prüfungshandlungen zur Feststellung und Beurteilung von Risiken wesentlicher falscher Angaben in der Rechnungslegung als auch in Reaktion hierauf erweiterte Prüfungshandlungen. Insofern folgt die Prüfung der Beziehungen zu nahe stehenden Personen den allgemeinen Strukturvorgaben einer geschäftsrisikoorientierten Prüfung (→ II.3.3.1.4).

Prüfungshandlungen zur Risikobeurteilung sind entsprechend ISA 315 bzw. IDW PS 230 und ISA 240 bzw. IDW PS 210 durchzuführen. ISA 315 bzw. IDW PS 230 fordern, dass sich der Abschlussprüfer ausreichende Kenntnisse über die Geschäftstätigkeit sowie über das wirtschaftliche und rechtliche Umfeld des Unternehmens zu verschaffen hat. Diese Kenntnisse sind nach ISA 315.11b sowie A23 bzw. IDW PS 230.7 die Grundlage u. a. für die Identifikation von nahe stehenden Personen und Unternehmen.

Die Anfälligkeit des Abschlusses für wesentliche – beabsichtigte oder unbeabsichtigte – falsche Angaben, die im Zusammenhang mit Beziehungen zu und Geschäftsvorfällen mit nahe stehenden Personen resultieren können, sind gem. ISA 550.12 bzw. IDW PS 255.10a bereits bei der Prüfungsplanung im Prüfungsteam zu erörtern. Zum Verständnis der Beziehungen und Transaktionen der Bericht erstattenden Einheit mit nahe stehenden Personen kann auch eine Befragung der gesetzlichen Vertreter des zu prüfenden Unternehmens beitragen. Es ist zu klären, wer die nahe stehenden Personen sind und ob es Änderungen im Vergleich zum Vorjahr gegeben hat. Ferner sind einerseits Informationen über die Art von Beziehungen zu nahe stehenden Personen einzuholen, sowie anderer-

---

[612] Eine Meldepflicht gem. § 21 WpHG besteht für Stimmrechte an Emittenten, deren Aktien zum Handel an einem organisierten Markt gem. § 2 Abs. 5 WpHG zugelassen sind und zugleich die Bundesrepublik Deutschland deren Herkunftsstaat ist.

seits die Geschäftsvorfälle in der Berichtsperiode mit diesen nahe stehenden Personen wie auch die Art und den Zweck dieser Transaktionen zu eruieren und zu erläutern (ISA 550.13, IDW PS 255.15). Über die Vollständigkeit dieser Daten und die angemessene Berücksichtigung der Beziehungen zu nahe stehenden Personen im Rechnungswesen sind schriftliche Erklärungen der Unternehmensleitung (representation letter) und ggf. des Aufsichtsorgans einzuholen (ISA 550.26 sowie A48 und A49, IDW PS 255.24).[613]

Im Rahmen der Festlegung seiner Prüfungshandlungen hat sich der Abschlussprüfer durch Befragung der gesetzlichen Vertreter und weiterer Personen des zu prüfenden Unternehmens sowie durch die Durchführung weiterer Prüfungshandlungen zur Risikobeurteilung ein Bild von den Kontrollen zu verschaffen, welche eingerichtet wurden, um

* die Konformität mit den Vorschriften des maßgebenden Regelwerks der Rechnungslegung in Bezug auf die Identifikation und den Ausweis von Beziehungen zu und Geschäftsvorfällen mit nahe stehenden Personen zu gewährleisten, sowie
* wesentliche Geschäftsvorfälle und Absprachen mit nahe stehenden Personen, auch außerhalb der gewöhnlichen Geschäftstätigkeit, zu genehmigen (ISA 550.14, IDW PS 255.18).

Dabei ist festzuhalten, dass es in der Verantwortung der gesetzlichen Vertreter liegt, ein den Beziehungen zu nahe stehenden Personen angemessenes IKS zu installieren (ISA 550.A16, IDW PS 255.7), und die Verantwortung des Prüfers darin besteht, angemessene und ausreichende Prüfungsnachweise zu erlangen, um die Angemessenheit und Wirksamkeit des IKS im Hinblick auf solche Beziehungen zu beurteilen (ISA 550.A17, IDW PS 255.8).

Während der Abschlussprüfung muss der Prüfer bei der Einsichtnahme in Aufzeichnungen und Dokumente stets aufmerksam sein, um evtl. Hinweise auf die Existenz von Beziehungen zu und Geschäftsvorfällen mit nahe stehenden Personen zu erlangen, welche das Management bislang nicht erkannt oder dem Abschlussprüfer nicht genannt hat (ISA 550.15, IDW PS 255.19). Bei der Durchsicht der buchhalterischen Aufzeichnungen können Geschäftsvorfälle mit hohem Geschäftsvolumen oder ungewöhnlichen Konditionen (z. B. Zinsen oder Preise) dem Prüfer als Hinweise auf nicht aufgeführte Beziehungen zu oder Geschäftsvorfälle mit nahe stehenden Personen dienen. Außerdem werden im Zusammenhang mit einzelnen Geschäftsvorfällen oder Beständen Einzelfallprüfungen durchgeführt, um z. B. Geschäftsvorfälle aufzudecken, deren rechtliche und wirtschaftliche Gestaltung nicht übereinstimmen oder deren Abschluss aus wirtschaftlichen Überlegungen heraus unbegründet erscheint. Auf ungewöhnliche Art und Weise abgewickelte Geschäftsvorfälle können ebenso auf Beziehungen zu nahe stehenden Personen hindeuten, wie z. B. unentgeltliche Nutzungsüberlassungen, die nicht in der Buchführung erfasst wurden. Weitere Prüfungshandlungen sind hier auch die Beurteilung von Bestätigungen Dritter sowie die Einholung von Bank- und Rechtsanwaltsbestätigungen, die über vergebene oder aufgenommene Darlehen informieren. Zusätzlich werden Prüfungshandlungen durchgeführt, die Hinweise auf erworbene oder verkaufte

---

613 Um die von den gesetzlichen Vertretern erhaltenen Informationen auf Vollständigkeit zu überprüfen, werden in IDW PS 255.16 (ähnlich ISA 550.A22) zahlreiche Prüfungshandlungen aufgeführt.

Beteiligungen sowie auf bestehende Bürgschaften oder andere Haftungsverhältnisse liefern sollen. Können hierbei bedeutsame Geschäftsvorfälle außerhalb der gewöhnlichen Geschäftstätigkeit festgestellt werden, so hat der Abschlussprüfer die gesetzlichen Vertreter hinsichtlich der Art dieser Geschäftsvorfälle und ob eine Beteiligung nahe stehender Personen an diesen vorliegt zu befragen (ISA 550.16, IDW PS 255.20a).

ISA 550.17 bzw. IDW PS 255.16a sieht darüber hinaus vor, dass sich die Mitglieder des Prüfungsteams über die gewonnenen Erkenntnisse bezüglich nahe stehender Personen des zu prüfenden Unternehmens austauschen. Gemäß ISA 550.27 bzw. IDW PS 255.23d hat der Abschlussprüfer auch mit dem Aufsichtsorgan über bedeutsame Sachverhalte in Bezug auf nahe stehende Personen zu kommunizieren.

Sofern durch diese Prüfungshandlungen keine Sachverhalte erkannt werden, die auf eine Ausweitung des Risikos von Unrichtigkeiten im Zusammenhang mit der Berichterstattung über die Beziehungen zu nahe stehenden Personen über das erwartete Ausmaß hinaus bzw. auf bereits aufgetretene Verstöße hinweisen, kann von ausreichenden und angemessenen Prüfungsnachweisen ausgegangen werden. Andernfalls hat der Abschlussprüfer die Prüfungshandlungen auszudehnen oder zusätzliche bzw. andere Prüfungshandlungen durchzuführen.

Identifiziert der Prüfer im Rahmen der Abschlussprüfung Beziehungen zu oder bedeutsame Geschäftsvorfälle mit nahe stehenden Personen, welche vom Management vorher nicht erkannt oder dem Abschlussprüfer nicht mitgeteilt wurden, so sehen ISA 550.22 bzw. IDW PS 255.23a weitere Prüfungshandlungen vor. Werden bedeutsame Geschäftsvorfälle außerhalb der gewöhnlichen Geschäftstätigkeit festgestellt, sind weitere Prüfungshandlungen gemäß ISA 550.23 bzw. IDW PS 255.23b durchzuführen.

Entscheidet sich das zu prüfende Unternehmen gem. §§ 285 Nr. 21 bzw. 314 Abs. 1 Nr. 13 HGB dafür, die Angabe auf wesentliche marktunübliche Geschäfte mit nahe stehenden Personen zu begrenzen, so ist für den Fall, dass keine Angaben gemacht werden, daraus zu schließen, dass keine solchen Geschäfte im Berichtsjahr stattgefunden haben bzw. die durchgeführten Geschäfte mit nahe stehenden Personen alle zu marktüblichen Bedingungen erfolgt sind. Eine Überprüfung, ob die Geschäfte tatsächlich zu marktüblichen Konditionen abgeschlossen wurden, kann nur dann unterbleiben, wenn

- sich keine Anzeichen erkennen lassen, die gegen eine marktübliche Abwicklung sprechen, oder
- das zu prüfende Untenehmen sich für das Wahlrecht entscheidet, alle wesentlichen Geschäfte mit nahe stehenden Personen im Anhang anzugeben. In einem solchen Fall ist eine Unterteilung in Geschäfte zu marktüblichen und marktunüblichen Bedingungen nicht erforderlich (IDW PS 255.9a).

Wird von den gesetzlichen Vertretern eine Aussage dahingehend getroffen, dass es sich um Geschäftvorfälle zu marktüblichen Konditionen mit nahe stehenden Personen handelt, so hat der Abschlussprüfer gem. ISA 550.24 bzw. IDW PS 255.23c ausreichende geeignete Prüfungsnachweise zu dieser Aussage einzuholen.

8.4.4   Dokumentation und Berichterstattung

Gemäß ISA 550.28 bzw. IDW PS 255.25a hat der Abschlussprüfer die im Rahmen der Prüfung identifizierten nahe stehenden Personen sowie die Art der Beziehungen zu diesen in den Arbeitspapieren zu dokumentieren. Die Prüfungsfeststellungen haben dabei Einfluss auf den Prüfungsbericht (→ II.6.3.2) und den Bestätigungsvermerk (→ II.6.3.1). Ist es dem Abschlussprüfer im Rahmen der Prüfung nicht möglich, ausreichende und angemessene Prüfungsnachweise hinsichtlich der Beziehungen zu und Geschäftsvorfällen mit nahe stehenden Personen zu erlangen, so ist dies im Prüfungsbericht zu erfassen. Ebenfalls sind im Prüfungsbericht festgestellte Verstöße gegen Rechnungslegungsvorschriften in Bezug auf die Angabe von Beziehungen zu und Geschäftsvorfällen mit nahe stehenden Personen gem. § 321 Abs. 1 Satz 3 HGB darzustellen (IDW PS 450.42 ff.). Dies hat ggf. auch Konsequenzen für den Bestätigungsvermerk (IDW PS 255.25 i. V. m. IDW PS 400.50 ff.).

Besondere Prüfungsanforderungen in Bezug auf bestimmte nahe stehende Personen ergeben sich auch aus § 313 AktG. So unterliegt der Bericht über die Beziehungen zu verbundenen Unternehmen gemäß § 312 AktG der Prüfung durch den Abschlussprüfer (IDW PS 255.26).

8.5   Auswirkungen des Deutschen Corporate Governance Kodex auf die Abschlussprüfung

8.5.1   Einführung und Begriffsabgrenzung

Der *Deutsche Corporate Governance Kodex* (DCGK) stellt wesentliche gesetzliche Vorschriften zur Leitung und Überwachung deutscher börsennotierter Gesellschaften dar und gibt auch Empfehlungen und Anregungen zur Ausgestaltung guter Unternehmensführung, die auf dem Wege einer freiwilligen Selbstverpflichtung gelten.[614] Der Kodex soll das deutsche Corporate Governance-System transparent und nachvollziehbar machen und das Vertrauen der stakeholder in die Leitung und Überwachung deutscher börsennotierter AG fördern (DCGK Ziff. 1).[615]

Vorstand und Aufsichtsrat müssen in einer sog. *Entsprechenserklärung* jährlich angeben, ob und inwieweit sie die *Empfehlungen* des DCGK befolgt haben und befolgen werden (§ 161 Abs. 1 Satz 1 AktG). Art. 46a der am 5.9.2006 in Kraft getretenen Richtlinie zur Änderung der 4. und 7. EG-Richtlinie (Änderungs-RL) sieht ein sog. *Corporate Governance Statement* vor, welches deutlich über die in Zusammenhang mit dem DCGK

---

614 Die aktuelle Fassung wurde am 2.7.2010 durch das BMJ bekannt gegeben, einsehbar unter: URL: http://www.corporate-governance-code.de/ger/kodex/1.html (Stand: 1.4.2011).

615 Vgl. hierzu u. a. *Strieder* (2005). Erste empirische Ergebnisse zeigen einen signifikant positiven Zusammenhang zwischen den Aktienrenditen und der Qualität der unternehmensspezifischen Corporate Governance, der auch gegenüber einer Adjustierung um systematische Risikofaktoren robust ist; vgl. *Drobetz/Schillhofer/Zimmermann* (2004), S. 5 ff.

relevante Entsprechenserklärung hinausgeht.[616] Mit dem BilMoG ist die verpflichtende »Erklärung zur Unternehmensführung« in § 289a HGB kodifiziert worden.[617] Sie umfasst gem. § 289a Abs. 2 HGB neben der zuvor angesprochenen Entsprechenserklärung zum DCGK weitere relevante Angaben zu Unternehmensführungspraktiken, die über die gesetzlichen Anforderungen hinaus angewandt werden, eine Beschreibung der Arbeitsweise von Vorstand und Aufsichtsrat sowie deren Zusammensetzung und der Arbeitsweise von deren Ausschüssen. Die folgenden Ausführungen konzentrieren sich auf die Auswirkungen des DCGK auf die Abschlussprüfung.

8.5.2 Prüfungsgegenstand

Der DCGK enthält *drei Kategorien von Aussagen*:

- Verpflichtende (gesetzliche) Regelungen: »Muss-Regelungen« beziehen sich auf bestehende gesetzliche Vorschriften, die aus Kommunikationsgründen noch einmal dargestellt werden. So findet sich z. B. die in § 84 AktG kodifizierte Verpflichtung zur Bestellung der Mitglieder des Vorstands durch den Aufsichtsrat in DCGK Ziff. 5.1.2.
- Empfehlungen: Von den »Soll-Empfehlungen« können die Gesellschaften abweichen. Allerdings gilt hier das »comply or explain«-Prinzip. Danach haben Vorstand und Aufsichtsrat jährlich zu erklären, ob sie den Kodex vollständig beachtet haben oder in welchen Bereichen sie abgewichen sind und warum. Die Nichtbefolgung des DCGK ist demnach explizit zu begründen. Beispielsweise sollen die Mitglieder des Aufsichtsrats neben einer festen eine erfolgsorientierte Vergütung erhalten (DCGK Ziff. 5.4.6).
- Anregungen: »Sollte-/Kann-Regelungen« geben Anregungen für eine gute Unternehmensführung. Von diesen Regelungen kann ohne Offenlegung abgewichen werden, da sie sich in der deutschen Praxis noch nicht als allgemein anerkannte »best practice« durchgesetzt haben. Beispielsweise sollte der Vorsitzende des Prüfungsausschusses kein ehemaliges Vorstandsmitglied der Gesellschaft sein (DCGK Ziff. 5.3.2).

Der Kodex gliedert 66 verpflichtende Regelungen, 75 Empfehlungen und 15 Anregungen in die Bereiche »Aktionäre und Hauptversammlung«, »Zusammenwirken von Vorstand und Aufsichtsrat«, »Vorstand«, »Aufsichtsrat«, »Transparenz« sowie »Rechnungslegung und Abschlussprüfung«. Die Inhalte sollen einmal jährlich vor dem Hintergrund nationaler und internationaler Entwicklungen überprüft und bei Bedarf angepasst werden.

Die Entsprechenserklärung bezieht sich auf die *Empfehlungen* des DCGK. Diese werden in Deutschland bereits durchschnittlich zu 85,8 % befolgt;[618] allerdings variiert die

---

616 Vgl. RL 2006/46/EG, AblEG Nr. L 224 vom 16.8.2006, URL: http://eur-lex.europa.eu/LexUriServ/LexUriServ.do?uri=OJ:L:2006:224:0001:0007:DE:PDF (Stand: 1.4.2011). Vgl. auch *Lentfer/Weber* (2006), S. 2357 ff., sowie zur Prüfung *ebd.*, S. 2363.

617 Vgl. hierzu z. B. *Bachmann* (2010), S. 1517 ff.

618 So die Ergebnisse einer Befragung. Der Fragebogen wurde an alle 605 an der FWB notierten Unternehmen verschickt; die verwertbare Rücklaufquote betrug 28,9 % (175 Unternehmen). Die Ergebnisse wurden anhand der in den Entsprechenserklärungen von 30 Unternehmen getätigten Angaben validiert. Vgl. *Werder/Talaulicar* (2010), S. 883 ff., unter Bezugnahme auf den DCGK i. d. F. vom 18.6.2009.

Akzeptanz sehr stark mit der Zugehörigkeit zu den unterschiedlichen Börsensegmenten und sie steigt mit zunehmender Größe der Gesellschaft. Da ein Abweichen von den Anregungen nicht angabepflichtig ist, werden diese erwartungsgemäß nur zu 63,5 % eingehalten.

Die Entsprechenserklärung ist nicht Bestandteil des Einzel- oder Konzernabschlusses und daher gesondert abzugeben und nach § 161 Abs. 2 AktG den Aktionären dauerhaft auf der Internetseite der Gesellschaft zugänglich zu machen.[619] Im Anhang des Geschäftsberichts von Einzelunternehmen (§ 285 Nr. 16 HGB) und von allen in den Konzernabschluss einbezogenen börsennotierten Unternehmen (§ 314 Abs. 1 Nr. 8 HGB) muss jedoch angeben werden, dass die vorgeschriebene Entsprechenserklärung abgegeben und wo sie den Aktionären zugänglich gemacht worden ist.

Beispiel für den Verweis auf die Abgabe der Entsprechenserklärung im Anhang

»Vorstand und Aufsichtsrat haben die Entsprechenserklärung gemäß § 161 AktG für das Jahr 2010 im September 2010 abgegeben und den Aktionären und Interessenten auf den Internetseiten des Unternehmens (www.technotrans.de) dauerhaft zur Verfügung gestellt.«[620]

Vorstand und Aufsichtsrat sollen gem. DCGK Ziff. 3.10 jährlich im Geschäftsbericht über die Corporate Governance berichten (sog. *Corporate Governance Bericht*).[621] Zu den Berichtsbestandteilen gehören auch die Entsprechenserklärung sowie die Erläuterung eventueller Abweichungen von den Empfehlungen des DCGK. Über Form und den genauen Umfang des Corporate Governance-Berichts trifft der DCGK allerdings keine Aussage.[622]

8.5.3 Prüfungsdurchführung

Da der Verweis auf die Abgabe der Entsprechenserklärung im Anhang abgegeben wird, hat der Abschlussprüfer diesen gem. §§ 316 Abs. 1 und 2 i. V. m. 317 Abs. 1 Satz 2 HGB auch zu prüfen.[623] Die gesetzliche Prüfungspflicht erstreckt sich allerdings nur darauf, ob der Angabepflicht im Anhang (§ 285 Nr. 16 HGB) entsprochen wurde (Abgabe der Entsprechenserklärung und dauerhafter öffentlicher Zugang). Eine *inhaltliche Prüfung* erfolgt insofern *nicht*. Letzteres gilt gem. § 317 Abs. 2 Satz 3 HGB auch dann, wenn die Entsprechenserklärung als Bestandteil der Erklärung zur Unternehmensführung gem. § 289a HGB in den Lagebericht aufgenommen wurde (IDW PS 345.3). In diesem Fall

---

619 Ergänzend sieht § 325 Abs. 1 Satz 3 HGB vor, dass die Entsprechenserklärung zusammen mit dem Einzel- bzw. Konzernabschluss und dem entsprechenden Lagebericht im Bundesanzeiger bekannt zu machen und die Bekanntmachung zum Handelsregister einzureichen ist; vgl. *Strieder/Kuhn* (2006), S. 2247 ff.

620 *technotrans AG* (2011), S. 150.

621 Siehe hierzu z. B. *technotrans AG* (2011), S. 28 ff.

622 Vgl. ausführlich *Strieder/Kuhn* (2005), S. 562 ff. unter Bezugnahme auf den DCGK i. d. F. vom 2.6.2005.

623 Zu den folgenden Ausführungen vgl. ferner *Ruhnke* (2003) m. w. N.

ist lediglich zu prüfen, ob die Erklärung zur Unternehmensführung einen gesonderten Abschnitt im Lagebericht bildet (§ 289a Abs. 1 Satz 1 HGB).

Wichtig ist, dass Art und Umfang der Abschlussprüfungshandlungen nicht auf die Einhaltung der Verhaltensempfehlungen des DCGK auszurichten sind (IDW PS 345.22); insofern besteht *keine positive Suchverantwortung* seitens des Prüfers. Dabei ist es je nach Art und Inhalt der einzelnen Verhaltensempfehlungen mehr oder weniger wahrscheinlich, dass der Abschlussprüfer etwaige Abweichungen von diesen Empfehlungen bei der Durchführung der Abschlussprüfung feststellt.

Die *Aufdeckungswahrscheinlichkeit* von Abweichungen vom DCGK variiert in Abhängigkeit davon, ob der Prüfer mit einer Regelung des DCGK im Rahmen der Abschlussprüfung regelmäßig sachlich befasst ist (Kategorie 1), von einer solchen Regelung regelmäßig Kenntnis nimmt (Kategorie 2) oder mit dieser Regelung gar nicht befasst ist (Kategorie 3). Dabei ist von einer abnehmenden Wahrscheinlichkeit auszugehen. IDW PS 345.Anhang 1 enthält eine Übersicht, welche die im DCGK enthaltenen Regelungen unverbindlich den drei zuvor angesprochenen Kategorien zuordnet; insbesondere wird hervorgehoben, dass sich eine Zuordnung zu Kategorie 1 oder 2 nicht allgemein festlegen lässt und stets einzelfallabhängig ist. Nachstehend werden die genannten *Kategorien* näher beschrieben.

- *Kategorie 1: Regelmäßige sachliche Befassung im Rahmen der Abschlussprüfung*: Bei der Durchführung der Abschlussprüfung stellt der Prüfer die Richtigkeit der Einhaltung bestimmter Regeln unzweifelhaft fest.
  - Beispiel: Anteilseigner und Dritte sollen während des Geschäftsjahres zusätzlich durch unterjährige Berichte unterrichtet werden und der Konzernabschluss und die unterjährigen Berichte sollen unter Beachtung der international anerkannten Rechnungslegungsgrundsätze aufgestellt werden (DCGK Ziff. 7.1.1).
- *Kategorie 2: Regelmäßige Kenntnisnahme im Rahmen der Abschlussprüfung*: Regeln, von deren Einhaltung der Abschlussprüfer regelmäßig Kenntnis nimmt.
  - Beispiel: Nach DCGK Ziff. 4.2.1 soll der Vorstand aus mehreren Personen bestehen und einen Vorsitzenden oder Sprecher haben. Weiterhin soll eine Geschäftsordnung die Geschäftsverteilung und die Zusammenarbeit im Vorstand regeln.
- *Kategorie 3: Keine Befassung im Rahmen der Abschlussprüfung*: Regeln, mit deren Einhaltung der Prüfer i.d.R. nicht befasst ist und deren Befolgung sich aus diesem Grunde nur ausnahmsweise oder gar nicht feststellen lässt.
  - Beispiel: Vorstandsmitglieder sollen Nebentätigkeiten, insbesondere Aufsichtsratsmandate außerhalb des Unternehmens, nur mit Zustimmung des Aufsichtsrats übernehmen (DCGK Ziff. 4.3.5).

Nach § 161 Abs. 2 AktG ist die Entsprechenserklärung den Aktionären dauerhaft im Internet zugänglich zu machen. Dies gilt wiederum unabhängig davon, ob die Erklärung zur Unternehmensführung gemäß § 289a HGB auch in den Lagebericht aufgenommen wurde (IDW PS 345.15). Der Prüfer hat sich zu vergewissern, dass das Unternehmen Vorkehrungen getroffen hat, die eine solche dauerhafte Verfügbarkeit der Entsprechenserklärung ermöglichen (IDW PS 345.15). Nicht mehr aktuelle Entsprechenserklärungen soll die Gesellschaft fünf Jahre lang auf ihrer Internetseite zugänglich halten (DCGK Ziff. 3.10).

Die Berichterstattung über das Ergebnis der Prüfung erfolgt ggf. im Bestätigungsvermerk und/oder im Prüfungsbericht.

- Auswirkungen auf den *Bestätigungsvermerk* gem. § 322 HGB ergeben sich nur dann, wenn die Angaben zur Entsprechenserklärung nicht vorhanden, unvollständig oder unzutreffend sind (IDW PS 345.31 Satz 1). In diesem Fall ist der Vermerk unter Hinweis auf die Bedeutung, die die §§ 285 Nr. 16 und 314 Abs. 1 Nr. 8 HGB *für die Verbindlichkeitswirkung des DCGK haben*, einzuschränken (IDW PS 345.31 Satz 2). Der Vermerk ist auch dann einzuschränken, wenn die formellen Anforderungen des § 161 AktG nicht erfüllt sind (vgl. hierzu IDW PS 345.31); hierzu gehört auch, dass die Erklärung den Aktionären dauerhaft zugänglich gemacht wird (IDW PS 345.27).
- Auch im *Prüfungsbericht* gem. § 321 HGB ist über die Prüfung der Anhangangaben zur Entsprechenserklärung nur dann zu berichten, wenn diese Angaben nicht vorhanden, unvollständig oder unzutreffend sind (IDW PS 345.32 ff.).

  Weiterhin hat der Abschlussprüfer im Rahmen der Redepflicht gem. § 321 Abs. 1 Satz 3 HGB oder auf Grund einer nach DCGK Ziff. 7.2.3. getroffenen Vereinbarung mit dem Aufsichtsrat über *bei Durchführung der Abschlussprüfung festgestellte Tatsachen* zu berichten, die erkennen lassen, dass die Entsprechenserklärung inhaltlich unzutreffend ist, insbesondere weil von einzelnen Verhaltensempfehlungen abgewichen worden ist, ohne dass dies in der Entsprechenserklärung zum Ausdruck kommt und damit gegen § 161 AktG verstoßen wird (IDW PS 345.33; vgl. auch IDW PS 450.18).

Wurde die Erklärung zur Unternehmensführung, welche die Entsprechenserklärung beinhaltet, in den *Lagebericht* aufgenommen, ist diese gem. § 317 Abs. 2 Satz 3 HGB nicht prüfungspflichtig. Wichtig ist, dass die Erklärung gem. § 289a Abs. 1 Satz 1 HGB in einen »gesonderten Abschnitt« aufzunehmen ist, so dass für die Abschlussadressaten klar erkennbar ist, welche Teile geprüft wurden und welche nicht. Wurde die Erklärung indes in keinem klar erkennbaren »gesonderten Abschnitt« aufgenommen, so erscheint eine Einschränkung des Bestätigungsvermerks angemessen. In der Begründung zur Tragweite der Einschränkung gem. § 322 Abs. 4 Satz 3 HGB ist darzulegen, welche Teile des Lageberichtes die nicht geprüften Angaben nach § 289a HGB darstellen.[624] Weiterhin erscheint es sachgerecht, die in einem gesonderten Abschnitt aufgenommene Erklärung im Lagebericht als »ungeprüft« zu kennzeichnen. Obwohl ein solcher Hinweis nicht verlangt werden kann, erscheint dieser zulässig.[625]

IDW PS 345.22 zufolge besteht auch dann keine Prüfungspflicht, wenn die Erklärung in den *Anhang* aufgenommen wurde. Dem kann gefolgt werden, auch wenn ein Verweis auf die nicht bestehende Prüfungspflicht an einer geeigneten Stelle im HGB zu erwarten gewesen wäre. In diesem Fall erscheint eine Kennzeichnung als ungeprüft dringend geboten.

Obwohl die Erklärung von der inhaltlichen Prüfung ausgenommen ist, hat der Prüfer durch eine Plausibilitätsprüfung im Sinne des *kritischen Lesens* festzustellen, ob Unstimmigkeiten zwischen der Entsprechenserklärung und dem geprüften Jahresabschluss

---

624 So auch *Kuhn/Stibi* (2009), S. 1165 f.
625 I.d.S. auch *Gelhausen/Fey/Kämpfer* (2009), § 317 HGB, Tz. 16.

oder Lagebericht bestehen (IDW PS 202.6ff.). Dies gilt jedoch nur im Falle einer Aufnahme der Entsprechenserklärung in den Lagebericht, den Anhang oder in den *nicht prüfungspflichtigen Teil des Geschäftsberichts* und beinhaltet *faktisch inhaltlich ausgerichtete Prüfungshandlungen.* Wurde die Erklärung indes nur auf den Internetseiten des Unternehmens veröffentlicht, besteht keine Pflicht zum kritischen Lesen, da das Internet ein Mittel der Informationsverteilung und kein Dokument darstellt.[626]

Falls durch das kritische Lesen eine wesentliche Unstimmigkeit erkannt wird, dürfte ein sich ergebender Änderungsbedarf fast ausnahmslos die zusätzlichen Informationen in Gestalt der Entsprechenserklärung betreffen. Weigert sich das Unternehmen, die Entsprechenserklärung zu ändern, so könnte es hier im Hinblick auf die Zielsetzung der Abschlussprüfung und die Interessenlage der Abschlussadressaten geboten sein, den uneingeschränkten Vermerk um einen Hinweis zu ergänzen und dort auf die festgestellten Besonderheiten hinzuweisen. IDW PS 400.75 führt in Zusammenhang mit der Erteilung eines uneingeschränkten Testats Folgendes aus: »In Einzelfällen kann ein Hinweis auf bei der Prüfung festgestellte Besonderheiten sachgerecht sein (vgl. § 322 Abs. 3 Satz 2 HGB).« Dagegen sind aus dem Gesetz keine Hinweise für die in IDW PS 202.15 vertretene Meinung ersichtlich, wonach der Vermerk bis zur Klärung der Unstimmigkeit nicht herauszugeben ist (vgl. hierzu bereits → I.6.5.2.1).

Stößt der Prüfer durch kritisches Lesen der Entsprechenserklärung auf wesentliche, anscheinend unzutreffende Informationen, die aber *keinen Bezug zu Jahresabschluss und Lagebericht haben*, so hat der Prüfer diese mit den gesetzlichen Vertretern zu erörtern, um festzustellen, ob sie tatsächlich falsch sind (IDW PS 202.19). Ist der Prüfer nach diesem Gespräch überzeugt, dass die Erklärung eine wesentlich falsche Angabe enthält, die durch die gesetzlichen Vertreter nicht beseitigt wurde, hat der Abschlussprüfer durch geeignete Maßnahmen (z. B. Hinweis an die Vertreter auf eine Erörterung ggf. bestehender Haftungsfragen[627] mit dem Unternehmensanwalt) auf eine Änderung dieser Haltung der gesetzlichen Vertreter hinzuwirken und diese Maßnahmen schriftlich zu dokumentieren (IDW PS 202.20).

Eine weitere prüfungsspezifische Besonderheit in Zusammenhang mit dem DCGK liegt in der Abgabe einer sog. *Unabhängigkeitserklärung* durch den Abschlussprüfer (DCGK Ziff. 7.2.1). Die Verantwortung für die Einhaltung der Unabhängigkeit liegt zweifelsfrei beim Abschlussprüfer selbst (§ 43 Abs. 1 WPO und §§ 1f. Berufssatzung). Dabei hat der Prüfer seine Tätigkeit zu versagen, wenn er befangen ist oder die Besorgnis der Befangenheit besteht (§ 319 Abs. 2 HGB, § 49 Halbsatz 2 WPO, §§ 21 ff. Berufssatzung). Konkretisiert wird das Konstrukt »Besorgnis der Befangenheit« über die in §§ 319 Abs. 3,

---

626 So auch die US-amerikanische Prüfungsnorm AU § 9550.17. Da die Erklärung in diesem Fall im Internet veröffentlicht wird, ist nicht davon auszugehen, dass die Abschlussadressaten eine Prüfung dieser Erklärung vermuten. Dies gilt auch dann, wenn der Jahresabschluss selbst im Internet veröffentlicht wird. Würde man in diesem Fall eine Pflicht zum kritischen Lesen bejahen, so müsste der Prüfer alle Darstellungen im Internet kontinuierlich dahingehend prüfen, ob diese Darstellungen geprüfte Jahresabschlussinformationen beinhalten und alle in einem zu definierenden Umfeld (z. B. Homepage des Mandanten) eingestellten Informationen auf Plausibilität prüfen. Ein solches Vorgehen kann nicht gewollt sein.

627 Vgl. stellvertretend *Berg/Stöcker* (2002), S. 1575ff. sowie in Bezug auf die Erklärung zur Unternehmensführung *Bachmann* (2010), S. 1526.

319a HGB und § 21 Berufssatzung genannten Gründe, die dazu führen, dass ein Prüfer einen Prüfungsauftrag nicht annehmen darf bzw. ein bestehendes Mandat niederlegen muss (→ I.6.5.2.2, insbesondere Abb. I.6-8, sowie I.7).

Über die gesetzlichen Vorschriften geht der Kodex insofern hinaus, als dass der Aufsichtsrat bereits bei der Vorbereitung seines Wahlvorschlags an die Hauptversammlung die Unabhängigkeit des vorgesehenen Abschlussprüfers feststellen soll. Für diese Zwecke soll der Aufsichtsrat »eine Erklärung des vorgesehenen Prüfers einholen, ob und ggf. welche geschäftlichen, finanziellen, persönlichen oder sonstigen Beziehungen zwischen dem Prüfer (...) und dem Unternehmen (...) bestehen, die Zweifel an seiner Unabhängigkeit begründen können« (DCGK Ziff. 7.2.1). Diese Unabhängigkeitserklärung hat sich auf die für die Unabhängigkeit bedeutsamen Beziehungen zwischen dem Prüfer, seinen Organen und dem Prüfungsteam einerseits und dem zu prüfenden Unternehmen und seinen Organmitgliedern andererseits zu erstrecken. Wird die Erklärung nicht eingeholt, ist dies in der Entsprechenserklärung anzugeben (IDW PS 345.37).

Die Unabhängigkeitserklärung soll auch eine Angabe beinhalten, »in welchem Umfang im vorausgegangenen Geschäftsjahr andere Leistungen für das Unternehmen, insbesondere auf dem Beratungssektor, erbracht wurden bzw. für das folgende Jahr vertraglich vereinbart sind« (DCGK Ziff. 7.2.1). Darüber hinaus empfiehlt IDW PS 345.50, auch die Honorare anzugeben, die der Prüfer für im vorausgegangenen Geschäftsjahr erbrachte Prüfungsleistungen erzielt hat. Bezüglich der Nichtprüfungsleistungen empfiehlt IDW PS 345.53 unter Verweis auf die §§ 285 Nr. 17, 314 Abs. 1 Nr. 9 HGB die dort erzielten Honorare weiter in die Kategorien »andere Bestätigungsleistungen«, »Steuerberatungsleistungen« und »sonstige Leistungen« aufzugliedern, wobei Letztere wiederum in weitere Unterkategorien unterteilt werden sollten, wenn die darin enthaltenen Posten wesentlich voneinander abweichen. Die beiden zuvor angesprochenen Empfehlungen stehen im Einklang mit der Zielsetzung des Kodex und lassen sich als sachgerechte Konkretisierung der im DCGK Ziff. 7.2.1 geforderten Angaben interpretieren.

8.6 Lagebericht

8.6.1 Einführung und Begriffsabgrenzungen

Der Lagebericht ist ein eigenständiger Teil der jährlichen Rechenschaftslegung, der neben dem Jahresabschluss steht. Ihm kommt neben einer Informations- und Rechenschaftsfunktion auch eine Ergänzungsfunktion zu.[628] Der Lagebericht ergänzt und verdichtet den Jahresabschluss um eine der Komplexität der Geschäftstätigkeit entsprechende analytische Beurteilung des Geschäftsverlaufs einschließlich des Geschäftsergebnisses sowie der Lage der Gesellschaft durch die Geschäftsführung, da der Jahresabschluss mit den Erläuterungen im Anhang den Adressaten nur begrenzt ermöglicht, die tatsächliche Lage zu erkennen. In den Lagebericht sind alle Informationen aufzunehmen, die die

---

628 Siehe *Ruhnke* (2008), S. 680.

wirtschaftliche Gesamtbeurteilung der Gesellschaft berühren. Der Lagebericht ist nicht an das Stichtags- und Vorsichtsprinzip gebunden und deshalb umfassender und zukunftsorientierter ausgerichtet.

Unabhängig von den Einzelposten des Jahresabschlusses sollen Geschäftsverlauf, Geschäftsergebnis und Unternehmenslage so dargestellt werden, dass ein den tatsächlichen Verhältnissen entsprechendes Bild vermittelt wird.[629] Der gemäß §§ 289 Abs. 1 Satz 5 bzw. 315 Abs. 1 Satz 6 HGB geforderte Bilanzeid ist nicht Bestandteil des Lageberichts; das ergibt sich aus §§ 37v Abs. 2 bzw. 37y Nr. 1 WpHG.[630] Während der Jahresabschluss eine Rechenschaftsfunktion über die abgeschlossene Berichtsperiode ausübt, hat die Geschäftsführung der Gesellschaft im Rahmen des Lageberichts eine Beurteilung der voraussichtlichen Geschäftsentwicklung einschließlich der Risiken und Chancen unter Angabe der getroffenen Annahmen abzugeben (Chancen- und Risikobericht, Prognosebericht). Ferner beinhaltet der Lagebericht u. a. einen Nachtragsbericht, in dem Vorgänge von besonderer Bedeutung erläutert werden, die nach dem Bilanzstichtag eingetreten sind.

In den §§ 289, 289a, 315, 317 Abs. 2 HGB finden sich die relevanten gesetzlichen Vorschriften zum Lagebericht für Kapitalgesellschaften sowie bestimmte haftungsbeschränkte Personenhandelsgesellschaften i. S. des § 264a HGB und Konzerne. Kleine Kapitalgesellschaften sind von der Pflicht zur Aufstellung des Lageberichts gemäß § 264 Abs. 1 Satz 4 HGB befreit; kapitalmarktorientierte Unternehmen i. S. des § 264d HGB gelten gemäß § 267 Abs. 3 Satz 2 HGB stets als große Kapitalgesellschaft und sind somit zur Aufstellung verpflichtet. Durch das BilMoG wurden die Vorschriften zur Lageberichterstattung in §§ 289, 315, 317 HGB geändert; § 289a HGB wurde neu ins HGB eingefügt. Die zusätzlichen Berichtspflichten stellen grundsätzlich auf kapitalmarktorientierte Unternehmen i. S. des § 264d HGB, der ebenfalls durch das BilMoG neu in das HGB eingefügt wurde und den Begriff »kapitalmarktorientiert« definiert, als Normenadressaten ab. Der neu eingefügte Abs. 5 des § 289 HGB verweist auf § 264d HGB und fordert eine Beschreibung der wesentlichen Merkmale des internen Kontroll- und Risikomanagementsystems hinsichtlich des Rechnungslegungsprozesses innerhalb des Lageberichts. Entsprechendes verlangt § 315 Abs. 2 Nr. 5 HGB für den Konzernabschluss. Ferner wird die zuvor durch den DCGK empfohlene Abgabe eines Corporate-Governance-Berichts (Erklärung zur Unternehmensführung) für börsennotierte AG sowie solche, die ausschließlich andere Wertpapiere als Aktien zum Handel an einem organisierten Markt i. S. des § 2 Abs. 5 WpHG ausgegeben haben, welche auf eigene Veranlassung über ein multilaterales Handelssystem i. S. des § 2 Abs. 3 Satz 1 Nr. 8 WpHG gehandelt werden, durch Einfügung des § 289a HGB verpflichtend.[631] Die Anpassung der Gesetzesnormen verdeutlicht die gewachsene Bedeutung der Lageberichterstattung.

Neben den gesetzlichen Normen behandeln DRS 5 die Risikoberichterstattung und DRS 15 die (Konzern-)Lageberichterstattung. Die Beachtung der die Konzernrechnungslegung betreffenden GoB wird vermutet, soweit die Empfehlungen des DRSC beachtet

---

629 Vgl. *IDW* (2006), M 840.
630 Siehe zum Bilanzeid *Schellhorn* (2009), S. 2364.
631 Siehe *Strieder* (2009), S. 1004 f.

worden sind (§ 342 Abs. 2 HGB). Sofern es sich bei DRS 5 und 15 um Auslegungen der allgemeinen gesetzlichen Grundsätze zur Lageberichterstattung handelt, haben diese grundsätzlich auch Bedeutung für den Lagebericht nach § 289 HGB (vgl. IDW PS 350.2). Weitere Hinweise zur Aufstellung von Lageberichten finden sich in IDW RH HFA 1.005 und 1.007.

Aufgrund der zahlreichen unbestimmten Rechtsbegriffe in den Gesetzesnormen haben sich aus den allgemeinen Grundsätzen der Rechenschaftslegung Grundsätze ordnungsmäßiger Lageberichterstattung entwickelt.[632] Die aus Sicht des DRSC relevanten Grundsätze finden sich in DRS 15.9-35:

- Vollständigkeit,
- Verlässlichkeit,
- Klarheit und Übersichtlichkeit,
- Vermittlung aus Sicht der Unternehmensleitung,
- Konzentration auf die nachhaltige Wertschaffung.

Ein Lagebericht ist *vollständig*, wenn alle für den Informationsempfänger benötigten Informationen dergestalt gegeben werden, dass der Geschäftsverlauf im abgelaufenen Geschäftsjahr, die Lage des Unternehmens sowie die voraussichtliche Entwicklung unter Einschluss der wesentlichen Chancen und Risiken beurteilt werden können.[633] Konkret stellt die Vollständigkeit auf Informationen von wesentlicher Bedeutung für diese Beurteilung ab.

Die Angaben im Lagebericht müssen *verlässlich*, d. h. zutreffend und nachvollziehbar oder plausibel sein; sie müssen konsistent und frei von Widersprüchen gegenüber dem Jahresabschluss sein.[634] Bei prognostischen und wertenden Angaben steht die Plausibilität im Vordergrund (vgl. IDW PS 350.22). Informationen verbaler Natur müssen zutreffend und nachvollziehbar sein.

Die *Klarheit* eines Lageberichts verlangt, dass dieser übersichtlich, prägnant und den Adressaten verständlich ist. Insbesondere muss die sachliche, zeitliche und formale Vergleichbarkeit der Informationen auf Basis der Darstellung möglich sein. Es gilt der Grundsatz der Stetigkeit. Eine systematische Gliederung mit Kennzeichnung von Anfang und Ende des Lageberichts ist notwendig.

Dem Leser des Lageberichts soll die *Sicht der Unternehmensleitung* vermittelt werden. Daher stehen die Einschätzung und die Beurteilung der Geschäftsleitung im Vordergrund.

Um den Grundsatz der *Konzentration auf die nachhaltige Wertschaffung* zu erfüllen, ist bei der Lageberichterstattung auf alle zum Berichtszeitpunkt bekannten Ereignisse, Entscheidungen und Faktoren einzugehen, die aus Sicht der Unternehmensleitung einen wesentlichen Einfluss auf die Weiterentwicklung des Unternehmens haben können.

Im Gegensatz zur Aufstellungspflicht eines Lageberichts nach HGB enthalten die IFRS lediglich eine Empfehlung zur Erstellung eines Berichts außerhalb des Abschlusses, in

---

632 Vgl. *Adler/Düring/Schmaltz* (1995), § 289 HGB, Rz. 39.
633 Vgl. *Lange* (2008), § 289 HGB, Rz. 28.
634 Vgl. *Ellrott* (2010), § 289 HGB, Anm. 11.

dem die Unternehmensleitung die wesentlichen Merkmale der Vermögens-, Finanz- und Ertragslage sowie die wichtigsten Risiken aus ihrer Sicht beschreibt und erläutert (IAS 1.13). Das IASB veröffentlichte im Dezember 2010 das Practice Statement *Management Commentary*, einen Leitfaden zur Forcierung der internationalen Vereinheitlichung und Verbesserung der Managementberichterstattung, über dessen Verbindlichkeit von den nationalen Gesetzgebern zu entscheiden ist.[635] Stellt ein Unternehmen einen Konzernabschluss nach IFRS auf, sind gemäß § 315a Abs. 1 HGB die handelsrechtlichen Vorschriften für den Konzernlagebericht bindend, da der Konzernlagebericht einen von der IFRS-Rechnungslegung nicht abgedeckten Bereich widerspiegelt.[636] Das Practice Statement *Management Commentary* fungiert als Leitlinie für über den IFRS-Abschluss hinausgehende und erläuternde Darstellungen des Managements an die Abschlussadressaten. Die Leitlinie ist allgemein und vage formuliert; die konkrete Ausgestaltung des Commentary bleibt mithin der Geschäftsführung überlassen.[637] Bzgl. des Inhalts soll zu den folgenden fünf Themenfeldern berichtet werden, sodass weitgehende Übereinstimmung mit der Zielsetzung des Lageberichts zu verzeichnen ist:[638]

- Geschäft und Rahmenbedingungen,
- Ziele und Strategien,
- wesentliche Ressourcen, Risiken und Beziehungen,
- Geschäftsergebnis und Ausblick und
- wichtigste Leistungsmaßstäbe und -indikatoren.

Der Aufbau dieses Abschnitts besteht aus zwei Teilen. Zunächst erfolgt eine Auseinandersetzung mit den Bestandteilen bzw. Anforderungen an die handelsrechtliche Lageberichterstattung. Nach Darlegung der Grundlagen wird im zweiten Teil die Prüfung der Lageberichterstattung unter Berücksichtigung der im ersten Teil zugrundegelegten Gliederung behandelt. Die Gliederung veranschaulicht Abb. II.8-3.

8.6.2 Geschäftsverlauf und Lage der Gesellschaft

Gemäß § 289 Abs. 1 Satz 1 HGB sind der Geschäftsverlauf und die Lage der Gesellschaft einschließlich des Geschäftsergebnisses im Lagebericht so darzustellen, dass dem Konzept des *true and fair view* Rechnung getragen wird.[639] Dabei lassen sich die Darstellung des Geschäftsverlaufs und der Lage des Unternehmens i. Allg. nur schwer trennen, da die Abbildung des Geschäftsverlaufs das Bild der Lage des Unternehmens bereits skizziert. Hier ist zwischen einer *Zeitraum-* (Geschäftsverlauf) und einer *Zeitpunkt*betrachtung (Lagedarstellung) zu differenzieren. Der Geschäftsverlauf der vergangenen Periode mündet in der Lage zum Stichtag. Der Geschäftsverlauf ist dabei aber nicht isoliert,

---

635 Siehe *Kajüter/Guttmeier* (2009), S. 2333; *IASB* (2010), Rdnr. 1, 4; *Fischer* (2011), S. 49 f.
636 Vgl. dazu *Ruhnke* (2008), S. 112.
637 Vgl. *Buchheim* (2009), S. 1686; *Kajüter/Guttmeier* (2009), S. 2337; *Unrein* (2009), S. 266; *Kajüter et al.* (2010), S. 185.
638 So das *IASB* (2010), Rdnr. 24.
639 Ohne die Einschränkung »unter Beachtung der GoB« wie in § 264 Abs. 2 Satz 1 HGB vorgegeben; vgl. hierzu *Ellrott* (2010), § 289 HGB, Rz. 4.

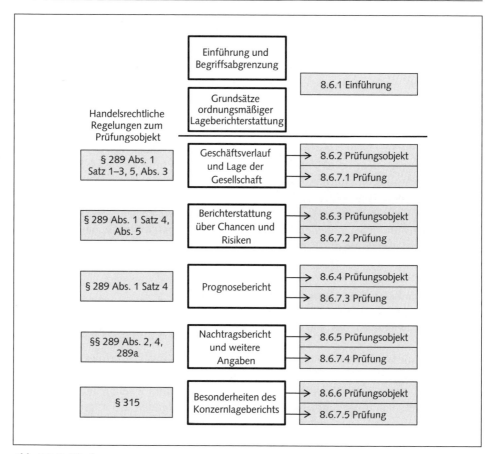

Abb. II.8-3: Gliederung

sondern vielmehr vor dem Hintergrund der gesamtwirtschaftlichen und branchenspezifischen Rahmenbedingungen darzustellen. Das Ziel, zusätzliche relevante Informationen bereitzustellen und ein den tatsächlichen Verhältnissen entsprechendes Bild zu vermitteln, bestimmt die Form der Darstellung. So kann z. B. eine funktionale, entlang der betrieblichen Wertschöpfungskette aufgebaute Gliederung zweckdienlich sein.[640]

§ 289 Abs. 1 Satz 2 HGB ergänzt, dass nicht nur darstellend, sondern auch analytisch berichtet werden muss. Die einzelnen Einflussfaktoren sollen systematisch untersucht und dargelegt werden. Die quantitative sowie qualitative Analyse muss der Komplexität und dem Umfang der Geschäftstätigkeit der Gesellschaft entsprechend ausgewogen und umfassend sein.

Nach DRS 15 soll zuerst über das Geschäft der Gesellschaft und deren Rahmenbedingungen berichtet werden. Konkret ist an dieser Stelle Folgendes darzustellen:

---

640 Vgl. *Lange* (2008), § 289 HGB, Rz. 60.

- rechtliche und organisatorische Struktur,
- Segmente und wesentliche Standorte (Zweigniederlassungen),
- wichtige Produkte und Geschäftsprozesse,
- wesentliche Absatzmärkte und Wettbewerbsposition,
- wesentliche rechtliche und wirtschaftliche Einflussfaktoren des Geschäfts,
- wesentliche Forschungs- und Entwicklungsaktivitäten und wesentliche Änderungen zum Vorjahr.

Die Geschäftsleitung hat außerdem abzuschätzen, wie sich die Veränderungen des wirtschaftlichen und rechtlichen Umfelds auf den Geschäftsverlauf ausgewirkt haben. Es ist explizit zu beurteilen, ob der Geschäftsverlauf im Hinblick auf die eigene Wettbewerbsposition als günstig oder ungünstig erachtet wird.

Gemäß § 289 Abs. 1 Satz 3 HGB ist bei der Analyse des Geschäftsverlaufs und der Lage der Gesellschaft auf bedeutsame finanzielle Leistungsindikatoren einzugehen. Beispiele für die wesentlichen finanziellen Leistungsmerkmale sind z. B.: [641]

- Ergebnisentwicklung,
- Ergebniskomponenten wie Zins-, Beteiligungs- oder Wechselkursergebnis,
- Kapitalausstattung und Eigenkapitalrentabilität,
- Liquidität,
- Umsatzrentabilität.

In diesem Zusammenhang bietet sich als Darstellungsgrundlage auch an, beispielsweise folgende Angaben zu tätigen (DRS 15.50-60):

- Mehrperiodenübersichten für wesentliche Kennzahlen der Vermögens-, Finanz- und Ertragslage, die das abgelaufene und vorangegangene und das kommende Geschäftsjahr umfassen,
- Umsatzentwicklung und Auftragslage.

Die Erläuterung hat generell mit Bezug auf die im Jahresabschluss ausgewiesenen Beträge und Angaben zu erfolgen (§ 289 Abs. 1 Satz 3 Halbsatz 2 HGB). Es ist nicht beabsichtigt, Informationen aus dem Jahresabschluss zu wiederholen; grundsätzlich soll eine gesonderte Analyse und Aufbereitung das Verständnis des Jahresabschlusses – unter Berücksichtigung des Stetigkeitsgrundsatzes bzgl. der Verwendung von Leistungsindikatoren – erhöhen.[642]

Bei einer großen Kapitalgesellschaft gemäß § 267 Abs. 3 HGB sind bzgl. der Analyse des Geschäftsverlaufs nach § 289 Abs. 3 HGB auch nichtfinanzielle Leistungsindikatoren (z. B. Informationen zu Umwelt- und Arbeitnehmerbelangen) zu berücksichtigen, sofern sie zu einem besseren Verständnis des Geschäftsverlaufs oder der Lage beitragen (DRS 15.31 f.).

Der Stellenwert der Lageberichterstattung für die Adressaten wird dadurch unterstrichen, dass der Bilanzeid gemäß § 264 Abs. 2 Satz 3 HGB durch das TUG auch auf

---

641 Vgl. *Bundestag* (2004), S. 30; *Lange* (2008), § 289 HGB, Rz. 75.
642 Vgl. *Bundestag* (2004), S. 30; *Merkt* (2010), § 289 HGB, Rz. 1.

den Lagebericht und Konzernlagebericht Bezug nimmt. Der Bilanzeid fordert von den gesetzlichen Vertretern börsenorientierter Kapitalgesellschaften die schriftliche Bestätigung der Einhaltung der gesetzlichen Pflichten für die Aufstellung des Lageberichts. Die Geschäftsführung von Kapitalgesellschaften, die Inlandsemittenten gemäß § 2 Abs. 7 WpHG und keine Kapitalgesellschaften gemäß § 327a HGB sind, haben gemäß §§ 289 Abs. 1 Satz 5 bzw. 315 Abs. 1 Satz 6 HGB zu versichern, dass der Lagebericht Geschäftsverlauf, Geschäftsergebnis sowie die Lage der Gesellschaft den tatsächlichen Verhältnissen entsprechend widerspiegelt und dass die Chancen und Risiken i.S. der §§ 289 Abs. 1 Satz 4 bzw. 315 Abs. 1 Satz 5 HGB beschrieben sind. Dies gilt auch dann, wenn nach IFRS bilanziert wird.[643]

8.6.3 Berichterstattung über Chancen und Risiken

Während die Darstellung des Geschäftsverlauf und der Lage der Gesellschaft auf das abgelaufene Geschäftsjahr zurückblicken, sind die Ausführungen im Chancen- und Risikobericht sowie Prognosebericht zukunftsgerichtet. Die in § 289 Abs. 1 Satz 4 HGB vorgenommene Zusammenfassung der Berichterstattung über die voraussichtliche Entwicklung mit ihren wesentlichen Chancen und Risiken bedeutet nicht, dass die Ausführungen zu wesentlichen Chancen und Risiken nur einen Teilaspekt der Prognoseberichterstattung darstellen, sondern dass eigenständig über die voraussichtliche Entwicklung und die wesentlichen Chancen und Risiken zu berichten ist.[644] Infolgedessen kann der Chancen- und Risikobericht selbstständig neben dem Prognosebericht stehen. Vor dem Hintergrund, dass aus dem Gesetzestext jedoch die Zusammengehörigkeit von Prognose- und Risikobericht erkennbar ist und die Zusammenfassung eine aussagekräftigere Darstellung begünstigen kann, kann es geboten sein, die Ausführungen innerhalb eines Berichts zu bündeln.[645] Dies wird auch durch den DSR bekräftigt, der im Rahmen des DRÄS 5 erstmals die Möglichkeit einer zusammengefassten Darstellung eröffnet. Ob eine zusammengefasste oder getrennte Darstellung erfolgt, ist demnach gemäß DRS 5.32 bzw. DRS 15.92 davon abhängig, welche Darstellung die voraussichtliche Entwicklung und ihre Chancen sowie Risiken klarer vermittelt, wobei bei der gewählten Form der Darstellung der Stetigkeitsgrundsatz zu beachten ist (DRS 15.23-27).

Welche inhaltlichen Ansprüche an den Chancen- und Risikobericht gestellt werden, regeln DRS 5 und DRS 15. Risiko wird definiert als die Möglichkeit einer negativen, Chance entsprechend als Möglichkeit einer positiven künftigen Entwicklung der wirtschaftlichen Lage. Chancen und Risiken sind Bestandteil unternehmerischen Handelns; demnach muss aus Gründen der Übersichtlichkeit, Klarheit und Wesentlichkeit eine Berichtspflicht beide Komponenten umfassen. Es ist gleichgewichtet und getrennt auf Chancen und Risiken einzugehen, damit eine zu positive oder zu vorsichtige Darstellung vermieden wird. Es gilt zu beachten, dass der Chancenbericht zwar nicht dem Vor-

---

643 Vgl. *Merkt* (2010), § 264 HGB, Rz. 26.
644 Vgl. *Kajüter* (2004), S. 430.
645 Siehe *Withus* (2010), S. 240.

sichtsprinzip unterliegt; die Grundsätze der Wahrheit und Nachvollziehbarkeit müssen bei der Darstellung der Chancen aber stets gewahrt sein. Eine Saldierung von Chancen und Risiken ist unzulässig (DRS 5.26).

Die Geschäftsführung hat die mit der erwarteten künftigen Geschäftsentwicklung behafteten Chancen und Risiken zu würdigen und zu erläutern. Dies beinhaltet u. a. Aussagen über Änderungen der Geschäftspolitik, die Erschließung neuer Absatzmärkte, oder Änderungen in der Angebotsstruktur inklusive der erwarteten finanziellen Auswirkungen solcher Maßnahmen (DRS 15.83). Bei den Ausführungen sollte zudem zwischen unternehmensspezifischen und allgemeinen (z. B. wirtschaftlichen oder politischen) Chancen und Risiken differenziert werden, damit der Adressat beurteilen kann, ob und wie die Geschäftsführung auf die unternehmerischen Rahmenbedingungen reagieren kann.[646] Die Risikoberichterstattung ist an den Unternehmensspezifika und den wirtschaftlichen Rahmenbedingungen, insbesondere an den mit der betrieblichen Tätigkeit behafteten Risiken auszurichten (DRS 5.12 f.). Die Risiken sind adäquat in verschiedenen Kategorien zu gruppieren (DRS 5.16 f.). Bestandsgefährdende Risiken sind entsprechend hervorzuheben. Risiken sollten nach Möglichkeit mit Eintrittswahrscheinlichkeiten versehen und ihre finanzwirtschaftlichen Auswirkungen erläutert werden. Eine Quantifizierung der Risiken einschließlich der Erläuterung der verwendeten Modelle und Prämissen ist vorzunehmen, wenn dadurch hinsichtlich der Adressaten des Lageberichts die Entscheidungsrelevanz erhöht wird, anerkannte und verlässliche Methoden verwendet werden und die Durchführung wirtschaftlich vertretbar ist (DRS 5.20).

Es bietet sich an, innerhalb des Risikoberichts der Berichtspflicht über Finanzinstrumente gemäß § 289 Abs. 2 Nr. 2 HGB nachzukommen (zur Prüfung von Finanzinstrumenten → II.3.4.3). Form und Umfang des Begriffs der Berichterstattung sind nicht gesetzlich normiert; eine verbale Darstellung wesentlicher, mit Finanzinstrumenten verbundener Risiken, dürfte jedoch ausreichen.[647] Wesentlich sind Risiken dann, wenn sie für die Beurteilung der aktuellen Lage oder der zukünftigen Entwicklung von hohem Stellenwert sind. Die Berichtspflicht unterliegt hierbei dem Wesentlichkeitsgrundsatz. Der Begriff der Finanzinstrumente umfasst neben Wertpapieren, Derivaten, Finanzanlagen und Darlehensverbindlichkeiten auch Forderungen und Verbindlichkeiten aus Lieferungen und Leistungen nebst schwebenden Geschäften (IDW RH HFA 1.005.35).

Bei der Berichterstattung ist auf Risikomanagementziele und -methoden einzugehen; dies ist auf den Bereich der Finanzinstrumente beschränkt und nicht etwa auf das gesamte Risikomanagement der Gesellschaft bezogen (DRS 15.93; IDW PS 350.29). Gemäß DRS 15.93 f. ist eine gesonderte Bezugnahme auf die aus der Verwendung von Finanzinstrumenten resultierenden Risikoarten, denen das Unternehmen gegenübersteht, einschließlich der jeweiligen Ausmaße geboten, sofern dies für die Beurteilung der Lage oder voraussichtlichen Entwicklung wesentlich ist. Die Geschäftsführung hat die eigene Risikoneigung bei der Verwendung von Finanzinstrumenten zu beschreiben und Angaben über Art von Grund- und Sicherungsgeschäften zu machen (DRS 15.95 f.; IDW RH HFA 1.005.33).

---

646 Vgl. *Withus* (2010), S. 240.
647 Siehe *Ellrott* (2010), § 289 HGB, Rz. 65.

Die in § 289 Abs. 2 Nr. 2 Buchst. b HGB einzeln aufgeführten Risiken und damit verbundene Berichtspflichten werden in IDW RH HFA 1.005.36 erläutert.

Durch das BilMoG wurde die Lageberichterstattung dahingehend ergänzt, dass eine Beschreibung der wesentlichen Merkmale des internen Kontroll- und Risikomanagementsystems hinsichtlich des Rechnungslegungsprozesses kapitalmarktorientierter Unternehmen zu erfolgen hat (§ 289 Abs. 5 HGB).[648] Hierunter ist ein Bericht zu verstehen, der die Aufbauorganisation und Prozesse der Rechnungslegung sowie Kontrollvorgänge beschreibt.[649] Der Rechnungslegungsprozess umfasst jedwede Aktivitäten von der Buchung einzelner Geschäftsvorfälle bis zur Abschluss- und Lageberichterstellung. Das Gesetz fordert weder eine Würdigung des Systems – etwa dessen Effektivität – noch verpflichtet es zur Einrichtung eines solchen. Eine Integration in den Chancen- und Risikenbericht ist möglich (DRS 15.106), zumal die Beschreibung rechnungslegungsbezogener Risiken unter § 289 Abs. 1 Satz 4 HGB fällt.[650]

8.6.4 Prognosebericht

Der Prognosebereicht als Pflichtbestandteil des Lageberichts steht im Zusammenhang mit den Ausführungen im Chancen- und Risikobericht. Hierin ist auf die voraussichtliche zukünftige Entwicklung der Gesellschaft mit den wesentlichen Chancen und Risiken einzugehen. Er soll den Adressaten eine eigenständige Beurteilung der wirtschaftlichen Lage und der künftigen Entwicklung ermöglichen.[651] Der Prognosebericht kann nicht mit Verweis auf die Unmöglichkeit einer verlässlichen Prognose unterbleiben.[652] Sofern aufgrund besonderer Umstände der gesamtwirtschaftlichen Rahmenbedingungen eine außergewöhnlich hohe Unsicherheit in Bezug auf die zukünftige Entwicklung besteht und die Prognosefähigkeit wesentlich beeinträchtigt ist, kann von konkreten Aussagen abgesehen werden. Die Umstände und die Auswirkungen auf die Prognosefähigkeit sowie die Vermögens-, Finanz- und Ertragslage sind dann zu erläutern. Die vollständige Aufgabe zukunftsgerichteter Aussagen ist in jedem Fall unzulässig (DRS 15.90).

Inhalte werden vom Gesetzgeber nicht detailliert vorgegeben, sodass auf DRS 5 und DRS 15 zurückzugreifen ist. Demnach ist auf die Geschäftspolitik, die Konjunktur und die erwartete Branchenentwicklung einzugehen. Dabei sind diejenigen Chancen und Risiken wesentlicher Natur, die einen wesentlichen Einfluss auf die Vermögens-, Finanz- und Ertragslage haben können.[653] Die den Prognosen und der Einschätzung der Geschäftsführung zugrundeliegenden Annahmen müssen genannt werden. Dabei sollten signifikante Parameter (z. B. Wechselkursentwicklung) und Kausalzusammenhänge thematisiert werden. Die Einschätzungen sind so zu verdichten, dass sie zu einer abschließenden Gesamtaussage führen; eine verbale Darstellung der Prognosen wird als

---

648 Der Begriff Beschreibung wird analog zum Begriff Darstellung verwendet. Siehe dazu DRS 5.8.
649 Dazu *Kuhn/Stibi* (2009), S. 1164; *Strieder* (2009), S. 1003 f.
650 Vgl. *Withus* (2009), S. 448.
651 Vgl. *Quick/Reus* (2009), S. 18.
652 So *OLG Frankfurt a.M.* (2009), S. 65.
653 Vgl. *Ellrott* (2010), § 289 HGB, Rz. 53.

ausreichend angesehen. Als zeitlichen Umfang nennt DRS 15.83 und 15.86 mindestens zwei Jahre.

8.6.5 Nachtragsbericht und weitere Angaben

Neben den in § 289 Abs. 1 HGB genannten Berichtspflichten soll der Lagebericht gemäß § 289 Abs. 2 HGB auch auf folgende Sachverhalte eingehen:

- Vorgänge von besonderer Bedeutung, die nach dem Schluss des Geschäftsjahres eingetreten sind (sog. Nachtragsbericht),
- Risikomanagementziele und -methoden sowie Risikodarstellung in Bezug auf die Verwendung von Finanzinstrumenten,
- Forschung und Entwicklung,
- Zweigniederlassungen,
- Grundzüge des Vergütungssystems der Gesellschaft[654].

Trotz des möglicherweise missverständlichen Gesetzeswortlauts (»soll auch eingehen auf«) des § 289 Abs. 2 HGB, der auf einen weniger verbindlichen Charakter gegenüber § 289 Abs. 1 HGB schließen lassen könnte, ist davon auszugehen, dass mit § 289 Abs. 2 HGB der Bericht erstattenden Gesellschaft kein Wahlrecht über die Berichterstattung der angegebenen Sachverhalte eingeräumt wird. Sie ist somit obligatorisch, wenn die genannten Tatbestände für die Lagebeurteilung bedeutsam, z. B. wenn Forschungs- und Entwicklungsaktivitäten im Branchenumfeld üblich sind bzw. wenn eine Darstellung positiver wie negativer Vorgänge nach dem Bilanzstichtag zu einer anderen Darstellung der Vermögens-, Finanz- und Ertragslage geführt hätten, sofern sie vor dem Stichtag bekannt gewesen wären. Der in § 289 Abs. 2 Nr. 1 HGB geforderte Nachtragsbericht bezweckt eine aktualisierte Darstellung der Lage der Gesellschaft zum Zeitpunkt der Berichtserstellung.[655] Die Prüfung der Angaben zu Finanzinstrumenten wird in → II.8.6.7.2 behandelt, da die Berichterstattung häufig im Rahmen des Risikoberichts erfolgt; in Bezug auf die Berichterstattung über Forschung und Entwicklung sowie über Zweigniederlassungen thematisiert → II.8.6.7.4 Aspekte der Prüfung.

Durch das BilMoG wurde mit § 289a HGB eine zusätzliche Berichtspflicht eingeführt, nach der alle börsennotierten Unternehmen sowie bestimmte AG (→ II.8.6.1) eine Erklärung zur Unternehmensführung abgeben müssen, die entweder Teil des Lageberichts oder unter entsprechendem Hinweis im Lagebericht auf der Internetpräsenz der Gesellschaft zu veröffentlichen ist. Inhaltlich gefordert sind nach § 289a Abs. 2 HGB u. a. die Erklärung zur Anwendung des Corporate Governance Kodex gemäß § 161 AktG (→ II.8.5).

---

654 Siehe § 289 Abs. 2 Nr. 5 HGB. Diese Vorschrift wurde durch das VorstOG eingefügt und soll einer Verbesserung der Corporate Governance Rechnung tragen.
655 Vgl. *Merkt* (2010), § 289 HGB, Rz. 2.

8.6.6   Besonderheiten des Konzernlageberichts

Die Regelungen des § 315 HGB über den Inhalt des Konzernlageberichts entsprechen denen des Lageberichts einer Gesellschaft gemäß § 289 HGB mit der Maßgabe, dass die besonderen Verhältnisse des Konzerns zu berücksichtigen sind, und der Einschränkung, dass nicht über Zweigniederlassungen zu berichten ist. Zudem verpflichtet § 289 Abs. 3 HGB nur große Kapitalgesellschaften i. S. des § 267 Abs. 3 HGB zur Veröffentlichung von bestimmten nichtfinanziellen Leistungsindikatoren, während § 315 Abs. 1 Satz 4 HGB dies für jeden Konzern vorschreibt. Die Berichterstattung über die wesentlichen Merkmale des internen Kontroll- und Risikomanagementsystems hinsichtlich des Rechnungslegungsprozesses besteht für den Konzernlagebericht, wenn zumindest eines der einbezogenen Unternehmen oder das Mutterunternehmen kapitalmarktorientiert ist (§ 315 Abs. 2 Nr. 5 HGB). Ein Pendant zu § 289a HGB existiert für den Konzernlagebericht nicht.

8.6.7   Prüfung des Lageberichts

Nach Schilderung der Grundlagen der Lageberichterstattung geht der zweite Teil dieses Abschnitts auf die Prüfung des Lageberichts ein. Für Unternehmen, die einen Lagebericht aufzustellen haben, ist er Bestandteil der jährlichen Rechnungslegung und deshalb in die gesetzliche Abschlussprüfung einzubeziehen. Gegenstand und Umfang der Prüfung ergeben sich vor allem aus § 317 HGB und den §§ 321, 322 HGB.

8.6.7.1 Prüfung des Berichts über Geschäftsverlauf und Lage der Gesellschaft

Die Prüfung der Berichterstattung über den Geschäftsverlauf ist infolge des engen Bezugs zum Jahresabschluss schon während der Jahresabschlussprüfung vorzunehmen. Erkenntnisse aus der Abschlussprüfung sind somit Grundlage für die Prüfung des Lageberichts. Bei Prüfungsplanung ist die Unternehmenslage vorläufig zu beurteilen, um Risiken frühzeitig aufdecken und in der Prüfung adäquat berücksichtigen zu können.[656]

Die vergangenheitsbezogenen Angaben zum abgelaufenen Geschäftsjahr sind i. d. R. ohne große Schwierigkeiten auf ihre Verlässlichkeit zu prüfen, indem Informationen wie etwa Stückzahlen oder Produktionsangaben mit dem Inhalt des Jahresabschlusses oder anderer Quellen der an der Lageberichtserstellung beteiligten Unternehmensbereiche verglichen werden. Hierbei können unbedeutsame Einzelheiten infolge des Wesentlichkeitsgrundsatzes vom Prüfer vernachlässigt werden.

Der Abschlussprüfer hat bei der Prüfung der Lagedarstellung darüber hinaus die Vollständigkeit und Klarheit der getätigten Angaben zu prüfen. Die Vollständigkeit der Aussagen hat sich der Prüfer außerdem durch eine Vollständigkeitserklärung der Geschäftsführung der Gesellschaft bescheinigen zu lassen. Er hat gemäß § 317 Abs. 2 Satz 1 HGB festzustellen, dass die im Laufe dieser Prüfung gewonnenen Informationen im Einklang

---

656 Siehe *Paetzmann* (2009), § 289 HGB, Rz. 80.

mit den bei der Prüfung des Jahresabschlusses gewonnenen Erkenntnissen stehen (IDW PS 350.6).

Im Rahmen der Abschlussprüfung ist zu beurteilen, ob die Ausführungen der gesetzlichen Vertreter zu den bedeutsamen finanziellen und ggf. nichtfinanziellen Leistungsindikatoren bei der Darstellung der Vermögens-, Finanz- und Ertragslage dazu beitragen, ein zutreffendes Bild von der Lage des Unternehmens zu vermitteln (IDW PS 350.11). Hier ist zu prüfen, ob die im Lagebericht dargestellten finanziellen Leistungsindikatoren angemessen definiert sowie unter Bezugnahme auf die im Jahresabschluss ausgewiesenen Beträge und sonstigen Angaben übergeleitet und erläutet wurden (IDW RH HFA 1.007.8). Bei der Prüfung der Leistungsindikatoren ist zu berücksichtigen, dass die Lageberichterstattung die Sicht der Unternehmensleitung vermitteln soll (DRS 15.28). Bei der Einschätzung der Bedeutsamkeit der ausgewählten Leistungsindikatoren ist daher die Einschätzung und Beurteilung durch die Unternehmensleitung in den Vordergrund zu stellen.

Bei der Verwendung und Darstellung der Kennzahlen und Indikatoren ist die Beachtung des Stetigkeitsgrundsatzes und die verständliche Präsentation zu prüfen (DRS 15.23-25; IDW PS 350.11). Dabei ist auch eine Beurteilung der Vorjahresangaben zu den Leistungsindikatoren vorzunehmen (vgl. DRS 15.26). Bei wertenden Aussagen zum Geschäftsverlauf ist darüber hinaus zu prüfen, ob nicht trotz sachlich zutreffender Einzelangaben durch die gewählte Darstellungsform ein falscher Eindruck vermittelt wird (z. B. durch das Weglassen von Informationen; IDW PS 350.21; siehe auch IDW RH HFA 1.007.9).

Sofern nichtfinanzielle Leistungsindikatoren keinen direkten Bezug zum Jahresabschluss und zum direkten Umfang der Abschlussprüfung nehmen, muss sich der Abschlussprüfer bzgl. der Glaubwürdigkeit der verwendeten Quellen vergewissern und ggf. Nachweise einholen (IDW PS 350.20). Da hierbei im Gegensatz zur Abbildung des Geschäftsverlaufs auch zukünftige Ziele und Entwicklungen mit einzubeziehen sind, nehmen wertende Aussagen der gesetzlichen Vertreter und prospektive Angaben in der Berichterstattung zu. Dies führt zu einer veränderten Aufgabenstellung an den Abschlussprüfer. Er hat neben der Prüfung bedeutsamer Einzelaussagen hauptsächlich den von der Gesellschaft dargelegten Gesamteindruck der Lage der Gesellschaft zu untersuchen. Der Abschlussprüfer beurteilt somit anhand eines eigenen Maßstabs die Einschätzungen der Abschlussersteller. IDW PS 350.22 stellt klar, dass der Abschlussprüfer diese zukunftorientierten Aussagen lediglich plausibilisiert und ihre Übereinstimmung mit bereits erlangten Erkenntnissen beurteilt. Pflicht des Abschlussprüfers bei prognostischen Aussagen ist es daher, das interne Planungssystem zu prüfen sowie getroffene Annahmen auf Plausibilität, Vollständigkeit sowie Übereinstimmung mit internen Erwartungen des Unternehmens zu untersuchen (IDW PS 350.23 f.; zur Prognoseprüfung → II.3.4.3). In dieser Hinsicht hat auch ein Vergleich der Vorjahreslageberichte mit der eingetretenen Entwicklung zu erfolgen. Darüber hinaus ist zu prüfen, ob das verwendete Verfahren oder Modell sachgerecht gewählt und korrekt angewendet wurde (IDW PS 350.25). Prognosen und Wertungen sind darauf zu prüfen, ob sie einerseits als solche erkennbar und andererseits realitätsnah sind.

8.6.7.2 Prüfung der Berichterstattung über Chancen und Risiken

Der Abschlussprüfer hat zu prüfen, ob im Lagebericht neben den Risiken auch die Chancen der künftigen Entwicklung zutreffend dargestellt und das Saldierungsgebot gemäß DRS 5.26 beachtet worden sind. Eine Berichterstattung über Risiken darf nicht deswegen unterbleiben, weil die Gewinnchancen aus dem Auftragsbestand und der künftigen Geschäftstätigkeit stark überwiegen. Ebensowenig darf die Berichterstattung über Chancen und Risiken der zukünftigen Entwicklung per se unterbleiben, wenn daraus keine wesentlichen zusätzlichen Erkenntnisse resultieren (IDW PS 350.9).

Bei der Prüfung der Chancen- und Risikoberichterstattung hat der Abschlussprüfer sicherzustellen, dass über alle wesentlichen Chancen und Risiken in angemessenem Umfang berichtet wurde. Dabei müssen die der Berichterstattung zugrundegelegten Annahmen und Prognoseverfahren auf Plausibilität geprüft werden. Der Prüfer hat dabei eigene Plausibilitätsbeurteilungen abzugeben; die Lagebeurteilung durch die Geschäftsführung ist vom Prüfer kritisch zu hinterfragen.[657]

Die Prüfung der Risikoberichterstattung im Lagebericht muss die Berücksichtigung von Risiken sicherstellen, auch wenn bereits eine Rückstellung oder eine Wertberichtigung erfolgt ist, sofern der Jahresabschluss das vollständige drohende Schadensausmaß nicht bereits widerspiegelt. Auf detaillierte Informationen im Konzernabschluss kann im Lagebericht verwiesen werden, sofern der Verweis eindeutig ist (DRS 15.11). Eine Risikoberichterstattung hat auch dann zu erfolgen, wenn Gegenmaßnahmen oder Vorkehrungen getroffen oder eingeleitet worden sind. Um eine zu negative Darstellung des Unternehmens zu verhindern, ist auf entsprechende Gegenmaßnahmen hinzuweisen.

Der Abschlussprüfer hat darauf zu achten, dass die nach § 289 Abs. 2 Nr. 2 HGB vorgeschriebenen Angaben zu den Risikomanagementzielen und -methoden der Gesellschaft sowie den Risiken, denen die Gesellschaft ausgesetzt ist – jeweils in Bezug auf die Verwendung von Finanzinstrumenten – angemessen sind. Die Erläuterungspflichten umfassen nicht das gesamte Risikomanagementsystem, sondern beziehen sich ausschließlich auf die Verwendung von Finanzinstrumenten durch die Gesellschaft (IDW PS 350.29), unabhängig davon, ob sie im Abschluss bilanziert werden (DRS 15.97).

Der Prüfer muss prüfen, ob die Darstellung der Risikomanagementziele und -methoden sowie der Risiken dazu beiträgt, ein zutreffendes Bild von den tatsächlichen Verhältnissen im Unternehmen zu vermitteln (IDW PS 350.30).

U.a. werden folgende Prüfungshandlungen von IDW PS 350.31 vorgeschlagen:

- Durchsicht interner Richtlinien des Finanz- und Rechnungswesens,
- Durchsicht der Dokumentationen der internen Revision,
- Beobachtung der Einhaltung der internen Richtlinien.

Sofern Angaben gemäß § 289 Abs. 2 Nr. 2 HGB im Anhang enthalten sind (z. B. nach IFRS 7), genügt ein eindeutiger Verweis auf diese Angaben (DRS 15.98). Informationen, die im Jahresabschluss zu machen sind, dürfen nur dann in den Lagebericht verlagert werden, wenn ein Gesetz bzw. Standard (IAS 1.138) dies ausdrücklich erlaubt.

---

657 Vgl. *Hopt/Merkt* (2010), § 317 HGB, Rz. 7.

Als Bestandteil des Lageberichts hat der Prüfer die Beschreibung der wesentlichen Merkmale des internen Kontroll- und Risikomanagementsystems in Bezug auf den Rechnungslegungsprozess des Unternehmens dahingehend zu prüfen, ob sie die tatsächlichen Verhältnisse im Unternehmen widerspiegelt und den bei der Prüfung gewonnenen Erkenntnissen entspricht (IDW PS 350.19b).

> **Diskussionsfrage**
>
> Wie schätzen Sie die Möglichkeit des Abschlussprüfers ein, die im Lagebericht aufzuführenden Chancen und Risiken zu prüfen?

8.6.7.3 Prüfung des Prognoseberichts

Bei Angaben des Prognoseberichts handelt es sich um unsichere, die Zukunft betreffende Angaben. Insofern ist die Prüfung dieser Angaben im Vergleich zu vergangenheitsorientierten Angaben differenziert anzugehen. Die zukunftsgerichteten Angaben sind auf ihre Plausibilität und Vollständigkeit im Hinblick auf den Jahresabschluss und den bei dessen Prüfung erlangten Erkenntnissen zu beurteilen. Als Bestandteile des Lageberichts gilt auch für die genannten Teilberichte, dass sie im Einklang mit Jahresabschluss und den erlangten Prüfungserkenntnissen stehen und ein zutreffendes Bild der Lage der Gesellschaft vermitteln müssen. Für den Abschlussprüfer hat sich hier ein wichtiges Prüffeld ergeben. Die Darstellung der Risiken und Chancen der zukünftigen Entwicklung ist Bestandteil einer besonders hervorgehobenen Berichterstattung des Abschlussprüfers. So hat er im Prüfungsbericht eine Stellungnahme zur Einschätzung der Lage der Gesellschaft durch die gesetzlichen Vertreter vorweg zu stellen (§ 321 Abs. 1 Satz 2 HGB).

Außerdem muss er im Bestätigungsvermerk auf festgestellte bestandsgefährdende Risiken eingehen (§ 322 Abs. 2 Satz 3 HGB). Ein Aspekt der Prüfung in diesem Zusammenhang ist die Frage, ob die kurz- und mittelfristige Erfolgs- und Finanzplanung der Gesellschaft, die der Aufrechterhaltung der *going concern*-Prämisse zugrundeliegt, realitätsnah ist (→ II 4.2). Für bestandsgefährdende Risiken ist ein Prognosezeitraum von mindestens zwölf Monaten ab dem Abschlussstichtag sachgerecht (vgl. IDW PS 270.8).

Bei prognostischen und wertenden Angaben beurteilt der Abschlussprüfer vor dem Hintergrund der Jahresabschlussangaben deren Plausibilität und Übereinstimmung mit seinen während der Abschlussprüfung gewonnenen Erkenntnissen (IDW PS 350.22). Zu prüfen ist hierbei, ob bei nicht quantitativen Informationen bzgl. der Erwartungen der voraussichtlichen Entwicklung ein Prognosezeitraum von mindestens zwei Jahren zugrundeliegt (DRS 15.86). Die Quantifizierung der Erwartungen für das kommende Geschäftsjahr wird empfohlen (DRS 15.177).

Als wesentliche Prüfungshandlungen lassen sich u. a. nennen (IDW PS 350.23-26):

- Prüfung der Zuverlässigkeit und Funktionsfähigkeit des unternehmensinternen Planungssystems und damit der Prognosesicherheit u. a. anhand eines Vergleichs der Angaben des Vorjahresberichts mit der eingetretenen Entwicklung (IDW PS 314.55 f.)[658],

---

658 Sofern ein Unternehmen über kein Planungssystem verfügt, muss der Prüfer die Würdigung zu-

- Prüfung der eindeutigen Kennzeichnung prognostischer Angaben sowie Prüfung ihrer Realitätsnähe – auch hinsichtlich der Erwartungen und Umsetzungsmöglichkeiten der Unternehmensführung,
- Prüfung der Prägnanz und Entsprechung der verbalen Analysen und Schlussfolgerungen hinsichtlich der tatsächlich erwarteten Verhältnisse.

Eine signifikante Bedeutung besitzt demnach auch die Beurteilung der zugrundeliegenden wesentlichen Annahmen für die Prognosen. (→ II.3.4.3)

8.6.7.4 Prüfung des Nachtragsberichts und der weiteren Angaben

Der Abschlussprüfer benötigt für die Prüfung der Angaben im Nachtragsbericht weitergehende Informationen, da es sich bei den Angaben gemäß § 289 Abs. 2 Nr. 1 HGB um Vorgänge handelt, die sich nach dem Bilanzstichtag ereignet haben.[659] Um ein vollständiges Bild über die berichtspflichtigen Vorfälle zu erlangen, sind gemäß IDW PS 350.27 bzw. IDW PS 203.13 f. u. a. Monatsberichte (→ III.3.3.1.1), Protokolle über Sitzungen der Führungs- und Aufsichtsgremien heranzuziehen oder Befragungen (z. B. der gesetzlichen Vertreter) vorzunehmen. Anhand der gewonnenen Erkenntnisse hat der Abschlussprüfer die Angaben des Nachtragsberichts auf ihre Richtigkeit hin zu überprüfen. Der Nachtragsbericht ist auch daraufhin zu prüfen, ob er eine zutreffende Vorstellung von der Lage der Gesellschaft vermittelt und nicht durch eine bewusst falsche Auswahl günstiger, ungünstiger, bedeutender oder unbedeutender Vorgänge das Bild verfälscht. Um ihn hinsichtlich seiner Vollständigkeit und Plausibilität zu untersuchen, sind daneben auch alle Geschäftsvorfälle des neuen Berichtsjahres zu bedenken, von denen der Abschlussprüfer während der Untersuchung des vorangegangenen Geschäftsjahres Kenntnis erlangt hat. Ferner hat der Prüfer darauf zu achten, dass sich die Vollständigkeitserklärung der gesetzlichen Vertreter auch auf den Lagebericht und die notwendigen Aussagen zu den Vorgängen von besonderer Bedeutung nach dem Bilanzstichtag bezieht (IDW PS 350.28).

Der Lagebericht börsennotierter AG hat gemäß § 289 Abs. 2 Nr. 5 HGB auf die Grundzüge des Vergütungssystems für die in § 285 Satz 1 Nr. 9 HGB genannten Gesamtbezüge einzugehen. Der Abschlussprüfer hat sicherzustellen, dass der Personenkreis, auf den sich die Vorschrift bezieht (Vorstand, Aufsichtsrat oder Beirat, ausgeschiedene Mitglieder der genannten Gremien und deren Hinterbliebene) vollständig in die Berichterstattung aufgenommen wird. Die Strukturen des Vergütungssystems und Faktoren der Bemessung variabler Gehaltsbestandteile, die darzulegen sind, um so den Aktionären der Gesellschaft eine höhere Transparenz bei der Vergütung der Leitungs- und Kontrollorgane zu gewährleisten, sind durch den Abschlussprüfer hinsichtlich ihrer vertraglichen Grundlagen zu prüfen.

---

kunftsorientierter Aussagen vornehmlich auf Basis der Prognoseaussagen der Geschäftsführung beurteilen.

659 So sind bspw. bei der Prüfung von Rückstellungen auch Ereignisse nach dem Bilanzstichtag zu berücksichtigen.

Ferner sind börsennotierte Kapitalgesellschaften[660] im Rahmen der Lageberichterstattung verpflichtet, Angaben gemäß § 289 Abs. 4 HGB zu tätigen, die der Abschlussprüfer hinsichtlich ihrer Entsprechung mit den existierenden gesellschaftsrechtlichen Grundlagen zu überprüfen hat. Dazu zählen beispielsweise:

- Zusammensetzung des gezeichneten Kapitals,
- Beschränkungen, die Stimmrechte oder die Übertragung von Anteilen betreffen,
- direkte und indirekte Beteiligungen am Kapital, die 10 % der Stimmrechte überschreiten,
- Inhaber von Aktien mit Sonderrechten, die Kontrollbefugnisse verleihen, einschließlich Beschreibung der Sonderrechte.

Nach deutschem Recht betrifft diese Vorschrift AG und KGaA, die stimmberechtigte Aktien über den organisierten Markt i. S. des § 2 Abs. 7 WpÜG ausgegeben haben. Die neuen Offenlegungsvorschriften gelten daher nicht für Unternehmen, die lediglich Schuldverschreibungen oder Genussscheine über einen organisierten Markt begeben haben.

Der Prüfer hat die sich darüber hinaus auf das abgelaufene Geschäftsjahr beziehenden Angaben zum Bereich Forschung und Entwicklung auf Vollständigkeit und Richtigkeit zu untersuchen. Dabei ist zu prüfen, ob ein angemessener Umfang der Angaben getätigt wurde.[661] Zahlenangaben zu Gesamtaufwendungen, zu nach § 248 Abs. 2 Satz 1 HGB aktivierten Entwicklungskosten oder zu wichtigen Entwicklungsvorhaben sind auf Übereinstimmung mit den Zahlen der Buchführung oder des Jahresabschlusses bzw. mit Hilfe anderer geeigneter Unterlagen (z. B. Anzahl der angemeldeten Patente, Planrechnungen) auf ihre Richtigkeit zu überprüfen.

Sofern der Lagebericht auch Angaben über künftige Forschungs- und Entwicklungstätigkeiten enthält, sind diese dahingehend zu prüfen, ob sie im Kontext der geschäftlichen Aktivitäten als realistisch einzustufen sind. Hierzu hat sich der Prüfer in Gesprächen mit der Unternehmensleitung oder den für die Forschung und Entwicklung zuständigen Personen einen entsprechenden Eindruck zu verschaffen. Zusätzlich kann er einen Kennzahlenvergleich mit Wettbewerbern vornehmen.

Zudem ist vom Abschlussprüfer zu befinden, ob die Angaben eine zutreffende Vorstellung von der Lage der Gesellschaft vermitteln und diese nicht etwa durch zu positive Berichte über Leistungen im Bereich Forschung und Entwicklung verzerrt wird.

Bei der Prüfung der Angaben zu bestehenden Zweigniederlassungen der Gesellschaft hat der Prüfer festzustellen, ob in der gebotenen Weise dargestellt wurde und ob die Aussagen dem Grundsatz der Richtigkeit entsprechen. Die Richtigkeit kann auch durch den Vergleich mit den Angaben im Handelsregister festgestellt werden.

In Bezug auf die Erklärung zur Unternehmensführung nach § 289a HGB muss geprüft werden, ob diese oder ein Hinweis auf deren Veröffentlichung auf der Internetseite der Gesellschaft in den Lagebericht aufgenommen wurde. Bei Veröffentlichung im Internet muss gewährleistet sein, dass die Angaben auch tatsächlich öffentlich zugänglich

---

660 Die Angabepflichten betreffen nur Unternehmen, deren Aktien bereits zum Handel zugelassen sind, nicht hingegen solche, für deren Aktien die Zulassung lediglich erst beantragt worden ist.
661 Ein gesetzlicher Mindestumfang existiert nicht. Er ist daher unternehmensspezifisch zu bestimmen. Siehe DRS 15.40-42.

gemacht wurden (IDW PS 350.9a). Ferner obliegt dem Prüfer die kritische Durchsicht dieser zusätzlichen Information (ISA 720.6; IDW PS 202.10a). Sofern er wesentliche Unstimmigkeiten zwischen der Erklärung und den Prüfungserkenntnissen erkennt, hat er Maßnahmen zur Klärung und gegebenenfalls zur Beseitigung gemäß IDW PS 202 bzw. ISA 720 zu ergreifen (siehe auch → II.8.5.3). Unter Umständen kann die verzögerte Herausgabe des Bestätigungsvermerks bei einem schwerwiegenden Verstoß gegen § 289a HGB eine adäquate Maßnahme des Prüfers darstellen, eine Anpassung herbeizuführen.[662]

8.6.7.5 Besonderheiten bei der Prüfung des Konzernlageberichts

Der Konzernabschlussprüfer (zur Prüfung von Konzernabschlüssen → II.9.2) kann bei der Prüfung des Konzernlageberichts als zusätzliche Informationsquellen Lageberichte und Prüfungsberichte der jeweiligen Tochterunternehmen (sofern diese einen Lagebericht aufzustellen haben) unabhängig von deren Einbeziehung in den Konzernabschluss dazu nutzen, den Konzernlagebericht abzustimmen (IDW PS 350.38). Sofern keine oder nur unvollständige Lageberichte der Tochterunternehmen vorliegen, muss der Konzernabschlussprüfer weitergehende Informationen anfordern. Ergibt sich aus dem Lagebericht eines Tochterunternehmens ein bestandsgefährdendes Risiko, so muss im Bestätigungsvermerk zum Konzernabschluss nicht darauf hingewiesen werden, soweit das Tochterunternehmen von nur untergeordneter Bedeutung für die Vermittlung eines des tatsächlichen Verhältnissen entsprechenden Bildes der Vermögens-, Finanz- und Ertragslage ist (IDW PS 350.37). Werden der Konzernlagebericht und der Lagebericht des Mutterunternehmens in einem Bericht zusammengefasst (§ 315 Abs. 3 HGB i. V. m. § 298 Abs. 3 HGB), hat der Prüfer sicherzustellen, dass alle für die Darstellung der Lage des Mutterunternehmens als auch des Konzerns notwendigen Informationen enthalten sind (IDW PS 350.39).

Kontrollfragen

1. Wie werden Segmente nach IFRS 8 abgegrenzt und wie ist diese Abgrenzung von Abschlussprüfern zu prüfen?
2. Unter welcher Voraussetzung kann sich die Prüfung einer nach der direkten Methode erstellten Kapitalflussrechnung weitestgehend auf eine Systemprüfung beschränken?
3. Nennen und erläutern Sie die wesentlichen Prüfungsziele in Bezug auf die Prüfung der Kapitalflussrechnung.
4. Woran orientiert sich die Bestimmung der durchzuführenden Prüfungshandlungen im Rahmen der Prüfung der Eigenkapitalveränderungsrechnung? Zeigen Sie mögliche Prüfungshandlungen auf.
5. Wie sind nach IFRS nahe stehende Personen definiert?
6. Welche Prüfungshandlungen sind durchzuführen, um die Vollständigkeit der Angaben über die Beziehungen zu nahe stehenden Personen zu überprüfen?

---

662 Vgl. *Kuhn/Stibi* (2009), S. 1165.

7. Welche Sachverhalte können Hinweise auf Beziehungen zu nahe stehenden Personen liefern und durch welche Prüfungshandlungen können diese Hinweise erlangt werden?
8. Im Anhang erklären der Vorstand und der Aufsichtsrat einer börsennotierten Gesellschaft Folgendes: »Die Entsprechenserklärung gem. § 161 AktG wurde abgegeben und den Aktionären und Interessenten auf den Internetseiten des Unternehmens dauerhaft zur Verfügung gestellt.« Bedarf es im Zusammenhang mit der Angabe der Entsprechenserklärung weiterer Prüfungshandlungen? Die Entsprechenserklärung selbst wurde nicht in den Anhang, den Lagebericht oder den prüfungspflichtigen Teil des Geschäftsberichts aufgenommen.
9. Nennen und erläutern Sie den Zweck und die Bestandteile des Lageberichts.
10. Worin liegt die Besonderheit der Aufstellung und der Prüfung des Prognoseberichts? Zeigen Sie entsprechend mögliche Prüfungsgegenstände und begründen Sie diese.
11. In welchen Berichtsteilen spielt die (gegenwärtige und zukünftige) Lage des Unternehmens eine bedeutende Rolle? Skizzieren Sie die jeweiligen Gründe.
12. Die Angaben nach 289a HGB (Erklärung zur Unternehmensführung) sind nicht in die Prüfung des Lageberichts einzubeziehen (§ 317 Abs. 2 Satz 3 HGB). Welche konkrete Bedeutung erfährt dieser Grundsatz für den Abschlussprüfer in der Praxis?

Zitierte und weiterführende Literatur

Adler, H./Düring, W./Schmaltz, K. (1995): Rechnungslegung und Prüfung der Unternehmen, neu bearbeitet von Forster, K.-H./Goerdeler, R./Lanfermann, J./Müller, H.-P./Siepe, G./Stolberg, K., Teilband 2, 6. Aufl., Stuttgart.

Alvarez, M. (2004): Segmentberichterstattung und Segmentanalyse, Wiesbaden.

Alvarez, M./Büttner, M. (2006): ED 8 – Der neue Standardentwurf das IASB zur Segmentberichterstattung im Kontext des »Shortterm Convergence Project« von IASB und FASB, in: Zeitschrift für internationale und kapitalmarktorientierte Rechnungslegung, S. 307–318.

Bachmann, G. (2010): Die Erklärung zur Unternehmensführung (Corporate Governance Statement), in: Zeitschrift für Wirtschaftsrecht, S. 1517–1526.

Baetge, J./Kirsch, H.-J./Thiele, S. (2009): Konzernbilanzen, 8. Aufl., Düsseldorf.

Berg, S./Stöcker, M. (2002): Anwendungs- und Haftungsfragen zum Deutschen Corporate Governance Codex, in: Wertpapier-Mitteilungen, S. 1569–1616.

Böckem, H. (2009): Die Reform von IAS 24 – Angaben über Beziehungen zu nahe stehenden Unternehmen und Personen (Related Party Disclosures), in: Die Wirtschaftsprüfung, S. 644–649.

Böcking, H.-J./Stein, T. (2006): Der Konzernlagebericht als ein Instrument einer wertorientierten Unternehmensberichterstattung – Neue Anforderungsprofile für Vorstände, Aufsichtsräte und Abschlussprüfer im Sinne einer gesetzlichen Konkretisierung der Corporate Governance, in: Der Konzern, S. 753–762.

Böcking, H.-J./Stein, T. (2007): Prüfung des Konzernlageberichts durch Abschlussprüfer, Aufsichtsräte und Deutsche Prüfstelle für Rechnungslegung – Neue Anforderungsprofile für Vorstände, Aufsichtsräte und Abschlussprüfer i. S. einer gesetzlichen Konkretisierung der Corporate Governance, in: Der Konzern, S. 43–54.

Bosse, C. (2007): Wesentliche Neuregelungen ab 2007 aufgrund des Transparenzrichtlinie-Umsetzungsgesetzes für börsennotierte Unternehmen – Änderung der Veröffentlichungs-, Melde- und Rechnungslegungspflichten, in: Der Betrieb, S. 39–46.

Brune, J.W. (2010): Abgrenzung von Geschäfts- und Berichtssegmenten nach IFRS 8 bei mehrschichtiger Reporting- und Führungsstruktur, in: Zeitschrift für Internationale Rechnungslegung, S. 301–304.

Buchheim, R. (2009): ED Management Commentary des IASB – Neues zum Lagebericht aus London?, in: Betriebs-Berater, S. 1685–1687.

Buchheim, R./Knorr, L. (2006): Der Lagebericht nach DRS 15 und internationale Entwicklungen, in: Die Wirtschaftsprüfung, S. 413–425.

Bundestag (2004): Begründung zum Regierungsentwurf eines Gesetzes zur Einführung internationaler Rechnungslegungsstandards und zur Sicherung der Qualität der Abschlussprüfung (Bilanzrechtsreformgesetz – BilReG), BT-Drs. 15/3419, Berlin.

Coenenberg, A.G./Haller, A./Schultze, W. (2009): Jahresabschluss und Jahresabschlussanalyse: Betriebswirtschaftliche, handelsrechtliche, steuerrechtliche und internationale Grundsätze – HGB, IFRS und US-GAAP, DRS, 21. Aufl., Stuttgart.

Drobetz, W./Schillhofer, A./Zimmermann, H. (2004): Ein Corporate Governance Rating für deutsche Publikumsgesellschaften, in: Zeitschrift für Betriebswirtschaft, S. 5–27.

Ellrott, H. (2010): Kommentierung des § 284 HGB, in: Ellrott, H./Förschle, G./Hoyos, M./Winkeljohann, N. (Hrsg.): Beck'scher Bilanz-Kommentar – Handels- und Steuerbilanz, 7. Aufl., München, S. 1230–1272.

Ellrott, H. (2010): Kommentierung des § 289 HGB, in: Ellrott, H./Förschle, G./Kozikowski, M./ Winkeljohann, N. (Hrsg.): Beck'scher Bilanz-Kommentar – Handels- und Steuerbilanz, 7. Aufl., München, 1393–1433.

Fink, C./Ulbrich, P.R. (2007): IFRS 8: Paradigmenwechsel in der Segmentberichterstattung, in: Der Betrieb, S. 981–985.

Fischer, D.T. (2011): IFRS Practice Statement – Management Commentary, in: Praxis der internationalen Rechnungslegung, S. 49–50.

Förschle, G./Kroner, M. (2010): Kommentierung des § 297 HGB, in: Ellrott, H./Förschle, G./Kozikowski, M./Winkeljohann, N. (Hrsg.): Beck'scher Bilanz-Kommentar – Handels- und Steuerbilanz, 7. Aufl., München, S. 1545–1580.

Freiberg, J. (2010): Kapitalflussrechnung – Statement of Cash Flows, in: Lüdenbach, N./Hoffmann, W.-D. (Hrsg.): Haufe IFRS-Kommentar, 8. Aufl., Freiburg, S. 125–188.

Friedrich, R./Wittmann, M. (2009): Die Auswirkungen des Bilanzrechtsmodernisierungsgesetzes (BilMoG) auf die Lageberichterstattung, in: Die Steuerberatung, S. 68–70.

Füser, K./Wader, D./Fischer, K. (2009): Erklärung zur Unternehmensführung gemäß § 289a HGB n. F., in: Küting, K./Pfitzer, N./Weber, C.-P. (Hrsg.): Das neue deutsche Bilanzrecht, 2. Aufl., Stuttgart, S. 610–615.

Geiger, T. (2002): Ansatzpunkte zur Prüfung der Segmentberichterstattung nach SFAS 131, IAS 14 und DRS 3, in: Betriebs-Berater, S. 1903–1909.

Geirhofer, S. (2009): Vom Lagebericht zum Managementbericht, in: Zeitschrift für Internationale Rechnungslegung, S. 431–437.

Gelhausen, H.F./Fey, G./Kämpfer, G. (2009): Rechnungslegung und Prüfung nach dem Bilanzrechtsmodernisierungsgesetz, Düsseldorf.

Hauptmann, M./Kiesewetter, M. (2006): Neue Berichtspflichten fordern Unternehmen heraus – Mehraufwand durch Übernahmerichtlinien-Umsetzungsgesetz – Offenlegung von Akquisitionshürden künftig im Lagebericht, in: Börsen-Zeitung vom 18.10.2006, S. 2.

Heyd, R./Kreher, M. (2010): BilMoG – Das Bilanzrechtsmodernisierungsgesetz Neuregelungen und ihre Auswirkungen auf Bilanzpolitik und Bilanzanalyse, München.

Hopt, K.J./Merkt, H. (2010): Kommentierung des § 317 HGB, in Hopt, K.J./Merkt, H./Baumbach, A. (Hrsg.): Baumbach/Hopt, Handelsgesetzbuch, 34. Aufl., München.

IASB (2010): IFRS Practice Statement Management Commentary, URL: http://www.ifrs.org/NR/ rdonlyres/9EA9F29A-3F34-4E39-9388-989B07563D4E/0/Managementcommentarypracticestatement8December.pdf (01.04.2011).

IDW (2003): IDW PS 270 Die Beurteilung der Fortführung der Unternehmenstätigkeit im Rahmen der Abschlussprüfung, in: Die Wirtschaftsprüfung, S. 775–780.

IDW (2005): IDW RH HFA 1.005 Anhangsangaben nach § 285 Satz 1 Nr. 18 und Nr. 19 HGB sowie Lageberichterstattung nach § 289 Abs. 2 Nr. 2 HGB in der Fassung des Bilanzrechtsreformgesetzes, in: Die Wirtschaftsprüfung, S. 531–534.

IDW (2005): IDW RH HFA 1.007 Lageberichterstattung nach § 289 Abs. 1 und 3 HGB bzw. § 315 Abs. 1 HGB in der Fassung des Bilanzrechtsreformgesetzes, in: Die Wirtschaftsprüfung, S. 1234 f.

IDW (2006): WP Handbuch 2006 – Wirtschaftsprüfung, Rechnungslegung, Beratung, Band I, 13. Aufl., Düsseldorf.

IDW (2009): IDW PS 202 Die Beurteilung von zusätzlichen Informationen, die von Unternehmen zusammen mit dem Jahresabschluss veröffentlicht werden, in: Die Wirtschaftsprüfung, Supplement 4/2009, S. 1 ff.

IDW (2009): IDW PS 203 Ereignisse nach dem Abschlussstichtag, in: Die Wirtschaftsprüfung, Supplement 4/2009, S. 14 ff.

IDW (2009): IDW PS 314 Die Prüfung von geschätzten Werten in der Rechnungslegung einschließlich von Zeitwerten, in: Die Wirtschaftsprüfung, Supplement 4/2009, S. 23 ff.

IDW (2009): IDW PS 350 Prüfung des Lageberichts, in: Die Wirtschaftsprüfung, Supplement 4/2009, S. 1 ff.

IDW (2009): IDW PS 800 Beurteilung eingetretener oder drohender Zahlungsunfähigkeit beim Unternehmen, in: Die Wirtschaftsprüfung, Supplement 2/2009, S. 42 ff.

Kajüter (2004): Berichterstattung über Chancen und Risiken im Lagebericht – Auswirkungen des Referentenentwurfs für das Bilanzrechtsreformgesetz, in: Betriebs-Berater, S. 427–433.

Kajüter, P./Bachert, K./Blaesing, D. (2010): Ergänzung des IFRS-Abschlusses um einen Managementbericht, in: Zeitschrift für internationale und kapitalmarktorientierte Rechnungslegung, S. 183–191.

Kajüter, P./Guttmeier, M. (2009): Der Exposure Draft des IASB zum Management Commentary, in: Der Betrieb, S. 2333–2339.

Kirsch, H. (2004): Die Eigenkapitalveränderungsrechnung im IFRS-Abschluss – Darstellung und Prüfungsgegenstand, in: Steuern und Bilanzen, S. 1001–1009.

Kocher, D. (2010): Ungeklärte Fragen der Erklärung zur Unternehmensführung nach § 289a HGB, in: Deutsches Steuerrecht, S. 1034–1037.

Kozikowski, M./Ritter, K.-M. (2010): Kommentierung des § 315a HGB, in: Ellrott, H./Förschle, G./ Kozikowski, M./Winkeljohann, N. (Hrsg.): Beck'scher Bilanz-Kommentar – Handels- und Steuerbilanz, 7. Aufl., München, S. 1942–1946.

Kozikowski, M./Röhm-Kottmann, M. (2010): Kommentierung des § 289a HGB, in: Ellrott, H./ Förschle, G./Kozikowski, M./Winkeljohann, N. (Hrsg.): Beck'scher Bilanz-Kommentar – Handels- und Steuerbilanz, 7. Aufl., München, S. 1465–1743.

Kuhn, S./Stibi, E. (2009): Änderungen der IDW Prüfungsstandards aufgrund des Bilanzrechtsmodernisierungsgesetzes (BilMoG), in: Die Wirtschaftsprüfung, S. 1157–1666.

Küting, K./Boecker, C. (2008): Anhangangaben und Offenlegungserfordernisse, in: Küting, K./ Pfitzer, N./Weber, C.-P. (Hrsg.) (2008), Das neue deutsche Bilanzrecht – Handbuch für den Übergang auf die Rechnungslegung nach dem Bilanzrechtsmodernisierungsgesetz (BilMoG), Stuttgart, S. 529–557.

Lange, K.W. (2008): Kommentierung des § 289 HGB, in: Schmidt, K./Ebke, W.F. (Hrsg.): Münchener Kommentar zum Handelsgesetzbuch, 2. Aufl., München, S. 815–850.

Lentfer, T./Weber, S. (2006): Das Corporate Governance Statement als neues Publizitätsinstrument, in: Der Betrieb, S. 2357–2363.

Lenz, H./Focken, E. (2000): Prüfung von Kapitalflussrechnung und Segmentberichterstattung nach § 297 Abs. 1 HGB bei börsennotierten Muttergesellschaften, in: Lachnit, L./Freidank, C.-C. (Hrsg.): Investororientierte Unternehmenspublizität – Neue Entwicklungen von Rechnungslegung, Prüfung und Jahresabschlussanalyse, Wiesbaden, S. 495–526.

Lenz, H./Focken, E. (2002): Die Prüfung der Segmentberichterstattung, in: Die Wirtschaftsprüfung, S. 853–863.

Marten, K.-U. (2006): Related Parties – Prüfung nach dem neuen ISA 550 und Grundlagen der Behandlung in der Rechnungslegung, in: Zeitschrift für Internationale Rechnungslegung, S. 49–56.

Merkt, H. (2010): Kommentierung der §§ 264, 289, 289a und 315 HGB, in Hopt, K.J./Merkt, H./ Baumbach, A. (Hrsg.): Baumbach/Hopt, Handelsgesetzbuch, 34. Aufl., München.

Niehus, R.J. (2008): Berichterstattung über Geschäfte mit nahe stehenden natürlichen Personen nach dem BilMoG und dem Deutschen Corporate Governance Kodex, in: Der Betrieb, S. 2493–2500.

OLG Frankfurt a.M. (2009) v. 24.11.2009 WpÜG 11, 12/09, in: Neue Zeitschrift für Gesellschaftsrecht, S. 63–66.

Paetzmann, K. (2009): Kommentierung des § 289 HGB, in Bertram, H./Brinkmann, R./Kessler, H./ Müller, S. (Hrsg.): Haufe HGB Kommentar, Freiburg, S. 1468–1502.

Philipps, H. (2010): Rechnungslegung nach BilMoG Kurzkommentar zum Jahresabschluss und Lagebericht nach neuem Bilanzrecht, 2010, Wiesbaden.

Quick, R./Reus, M. (2009): Zur Qualität der Prognoseberichterstattung der DAX 30-Gesellschaften, in: Zeitschrift für internationale und kapitalmarktorientierte Rechnungslegung, S. 18–32.

Reinholdt, A./Schmidt, J. (2010): Die Kapitalflussrechnung, in: Zeitschrift für Internationale Rechnungslegung S. 97–99.

Ruhnke, K. (2003): Prüfung der Einhaltung des Deutschen Corporate Governance Kodex durch den Abschlussprüfer, in: Die Aktiengesellschaft, S. 371–377.

Ruhnke, K. (2008): Rechnungslegung nach IFRS und HGB, 2. Aufl., Stuttgart.

Schellhorn, M. (2009): Der Bilanzeid nach § 264 Abs. 2 Satz 3 HGB – Anwendungsfragen und Bedeutung, in: Der Betrieb, S. 2363–2366.

Scherff, S./Willeke, C. (2006): Die Prüfung des Lageberichts – der IDW EPS 350 n. F., in: Steuern und Bilanzen, S. 143–148.

Senger, T./Brune, J.W. (2009): § 17 Eigenkapitalveränderungsrechnung, in: Bohl, W./Riese, J./ Schlüter, J. (Hrsg.), Beck'sches IFRS-Handbuch – Kommentierung der IFRS/IAS, 3. Aufl., München, S. 643–663.

Strieder, T. (2005): DCGK, Deutscher Corporate Governance Kodex, Praxiskommentar, München.

Strieder, T. (2009): Erweiterung der Lageberichterstattung nach dem BilMoG, in: Betriebs-Berater, S. 1002–1006.

Strieder, T./Kuhn, A. (2005): Der Corporate Governance Bericht nach dem Deutschen Corporate Governance Kodex, in: Zeitschrift für internationale und kapitalmarktorientierte Rechnungslegung, S. 562–566.

Strieder, T./Kuhn, A. (2006): Die Offenlegung der jährlichen Entsprechenserklärung zum Deutschen Corporate Governance Kodex sowie die zukünftigen Änderungen durch das EHUG, in: Der Betrieb, S. 2247–2250.

Stute, A. (2009): IFRS: Lagebericht und Konzernlagebericht, Berlin.

technotrans AG (2011): Geschäftsbericht 2010, Sassenberg.

Unrein, D. (2009): Der Exposure Draft zum Management Commentary-Projekt des IASB – Die zukünftige Lageberichterstattung nach IFRS, in: NWB Internationale Rechnungslegung – PiR, S. 259–266.

Werder, A.v./Talaulicar, T. (2010): Kodex Report 2010: Die Akzeptanz der Empfehlungen und Anregungen des Deutschen Corporate Governance Kodex, in: Der Betrieb, S. 853–861.

Withus, K.-H. (2009): Neue Anforderungen nach BilMoG zur Beschreibung der wesentlichen Merkmale des Internen Kontroll- und Risikomanagementsystems im Lagebericht kapitalmarktorientierter Unternehmen, in: Zeitschrift für internationale und kapitalmarktorientierte Rechnungslegung, S. 440–451.

Withus, K.-H. (2010): Lageberichterstattung über Chancen und Risiken im Fokus des Enforcementverfahrens, in: Zeitschrift für internationale und kapitalmarktorientierte Rechnungslegung, S. 237–240.

Wolf, K. (2009): Zur Anforderung eines internen Kontroll- und Risikomanagementsystems im Hinblick auf den (Konzern-) Rechnungslegungsprozess gemäß BilMoG, in: Deutsches Steuerrecht, S. 920–925.

9 Prüfungsobjektspezifische Besonderheiten

9.1 Prüfung kleiner und mittelgroßer Unternehmen

9.1.1 Begriffsabgrenzung und anwendbare Prüfungsnormen

In dem vorliegenden Kontext werden die folgenden Begriffe weitgehend deckungsgleich verwendet: »Kleine und mittelgroße Unternehmen« (KMU) bzw. »kleine und mittlere Unternehmen«, »small entities« sowie »small and medium sized entities« (SME). Im Folgenden findet vorzugsweise der Begriff »KMU« Verwendung.

Aus dem Blickwinkel der Identifikation etwaiger Besonderheiten der Prüfungsdurchführung sind für die *Einordnung als KMU* nicht *quantitative Merkmale* wie vor allem die *Größe* (z. B. anhand der Größenmerkmale des § 267 HGB) eines Unternehmens relevant. Vielmehr gilt es jene Unternehmen abzugrenzen, deren Prüfung durch spezielle Eigenschaften besondere Anforderungen an den Prüfer stellt.[663] Für die Beurteilung können z. B. die folgenden *qualitativen Merkmale* herangezogen werden, die jedoch nicht kumulativ vorliegen müssen (ISA 200.A64):
- Dominierendes Merkmal ist, dass das Eigentum bei einer kleinen Anzahl von Personen liegt, welche häufig gleichzeitig eine geschäftsführende Position einnehmen.
- Als weitere Merkmale sind z. B. zu nennen: Wenige Geschäftsbereiche und wenige Produkte, ein einfaches Rechnungswesen, nur wenige bzw. einfache interne Kontrollen, wenige Managementebenen sowie wenige Mitarbeiter mit umfangreichen Aufgabenbereichen.

KMU im Sinne dieses Gliederungspunktes unterliegen im Regelfall keiner gesetzlichen *Prüfungspflicht* (§§ 316 Abs. 1 Satz 1 i. V. m. 267 Abs. 1 HGB). Eine Prüfungspflicht könnte sich indes auf Grund der Bestimmungen des Gesellschaftsvertrags oder der Satzung ergeben. Sollte keine Prüfungspflicht bestehen, kann sich das Unternehmen grundsätzlich auch *freiwillig prüfen lassen*. Normalerweise können bei freiwilligen Prüfungen Gegenstand und Umfang der Prüfung zwischen der Unternehmensleitung und dem Abschlussprüfer frei vereinbart werden. Soll allerdings ein Bestätigungsvermerk i. S. des § 322 HGB erteilt werden, muss die Abschlussprüfung den Vorschriften der §§ 316 ff. HGB genügen.

Hinsichtlich der *anwendbaren Prüfungsnormen* ist folgendes festzustellen:
- Auf *internationaler Ebene* werden in den seit März 2003 verabschiedeten ISA die Besonderheiten bei der Prüfung von KMU direkt *in einem gesonderten Abschnitt in den einzelnen ISA*[664] angesprochen. Zuvor waren diese Besonderheiten in einer Norm (IAPS 1005) geregelt. Des Weiteren hat die IFAC im Oktober 2010 einen *Leitfaden zur Anwendung der nunmehr überarbeiteten ISA* (clarified ISA; → I.6.3.1.) *auf die Prü-*

---

663 Vgl. *Ruhnke/Niephaus* (1996), S. 789.
664 Bezeichnet als »considerations specific to smaller entities«; siehe z. B. die Tz. A10, A16, A41, A49 f. in ISA 315.

fung von KMU veröffentlicht. Dieser Leitfaden soll den Prüfer beim Verständnis und bei der Anwendung der ISA in Bezug auf die Prüfung von KMU unterstützen.[665]

- Auf *nationaler Ebene* werden die Besonderheiten der Abschlussprüfung von KMU unverändert geschlossen in einer Norm behandelt. Angesprochen ist hier *IDW PH 9.100.1.* Dabei orientiert sich der Prüfungshinweis an den internationalen Standards, berücksichtigt aber Besonderheiten der nationalen Rechtslage und Berufsausübung. Nationale und internationale Regelungen weichen gleichwohl hinsichtlich der Regelungssystematik (Regelung in einer Norm vs. Regelung in einem gesonderten Abschnitt in den einzelnen ISA) als auch in der Regelungstiefe deutlich erkennbar voneinander ab.

9.1.2   Besonderheiten der Prüfungsdurchführung

Für die *Rechnungslegung* von KMU liegt auf internationaler Ebene seit der Veröffentlichung des IFRS for SMEs im Juli 2009 ein eigener Standard vor.[666] Dieser entbindet KMU von der Anwendung der komplexen und umfangreichen IFRS.

Im Gegensatz dazu sollen die in den einzelnen ISA enthaltenen Überlegungen zu den Besonderheiten von KMU den Prüfer bei der *Prüfung unterstützen*, befreien ihn jedoch nicht von der Pflicht, die Anforderungen der übrigen ISA einzuhalten.[667] Demnach gelten grundsätzlich die gleichen Prüfungsanforderungen wie bei anderen Unternehmen, d. h. der Prüfer muss ungeachtet ggf. bestehender erhöhter Risiken zu einer angemessenen Prüfungssicherheit gelangen (ISA 200.17). Ein verringerter Prüfungsumfang ergibt sich jedoch zumeist aus den im vorherigen Abschnitt dargelegten qualitativen Merkmalen, wie z. B. der geringen Komplexität von Geschäftsvorfällen.[668] Nachstehend werden Besonderheiten bei der Durchführung einer Abschlussprüfung (Prüfungsprozess) aufgezeigt.

Auch bei der Prüfung von KMU ist grundsätzlich der *risikoorientierte Prüfungsansatz* anzuwenden. Die qualitativen Merkmale führen wiederum zu *typischen Unternehmensrisiken*, welche den Prüfungsablauf erheblich beeinflussen. Beispielsweise ist die Gefahr, dass die Unternehmensleitung sich über bestehende Kontrollen hinwegsetzt (management override), als hoch einzustufen. Das Geschäftsrisiko ist auf Grund der Abhängigkeit von wenigen Produkten und Kunden hoch. Als weitere Risiken sind eine oftmals nur ungenügende Eigenkapitalausstattung sowie eingeschränkte Finanzierungsmöglichkeiten zu nennen. Weiterhin muss die höhere Fehleranfälligkeit des Rechnungswesens von KMU[669] im Vergleich zu anderen Unternehmen beachtet werden.

Das Vorgehen folgt grundsätzlich dem Ablauf einer *geschäftsrisikoorientierten Abschlussprüfung* (→ II.3.3). Demnach ist zunächst ein Verständnis über das Unter-

---

665 Vgl. ausführlich *IFAC* (2010a, 2010b).
666 Eine Übernahme in europäisches Recht ist bislang nicht erfolgt. Für einen umfassenden Überblick über zentrale Inhalte des IFRS für SME vgl. u. a. *Winkeljohann/Morich* (2009), S. 1630 ff. Kritisch hierzu z. B. *Janssen/Gronewold* (2010).
667 Vgl. ISA 200.A63.
668 Vgl. *Ferlings/Poll/Schneiß* (2007), S. 109.
669 Vgl. dazu *Ruhnke/Niephaus* (1996), S. 789 f. m. w. N.

nehmen sowie dessen rechtliches und wirtschaftliches Umfeld einschließlich der internen Kontrollen zu gewinnen. Es folgen die Risikobeurteilungen auf Abschluss- und Aussagenebene. Hierauf hat der Prüfer wiederum durch geeignete Prüfungshandlungen (einschließlich Kontrolltests) zu reagieren, d. h. die beurteilten Risiken sind in geeignete Prüfungshandlungen umzusetzen, um auf dieser Basis das Prüfungsurteil mit der geforderten Prüfungssicherheit treffen zu können.[670]

Die folgenden Punkte behandeln ausgewählte *fachtechnische Besonderheiten* bei der Prüfung von KMU.[671] Ein Verweis auf einschlägige Prüfungsnormen erfolgt nur, sofern dort Besonderheiten der Prüfung von KMU behandelt werden.

Bereits bei der *Auftragsannahme* (→ II.2.1) ist aufgrund der häufigen Personenidentität zwischen Gesellschafter und Geschäftsführer darauf zu achten, dass der Abschlussprüfer nicht nur vom zuständigen Organ beauftragt, sondern auch gewählt worden ist. Sowohl bei einer gesetzlich vorgeschriebenen als auch bei einer freiwilligen Prüfung sollte auf eine schriftliche Auftragsbestätigung nicht verzichtet werden, einerseits um den Verantwortlichen des KMU deren Aufgaben bei der Jahresabschlusserstellung zu verdeutlichen und andererseits, um den Umfang der Haftung bei einer freiwilligen Prüfung genau festzulegen (ISA 210.A20, IDW PH 9.100.1.9 ff.).

Die *Prüfungsplanung* (→ II.2.2) ist an den besonderen Risiken von KMU auszurichten. Zur Feststellung der Fehlerrisiken und für die sich anschließende Festlegung von Prüfungsstrategie und -programm greift der Prüfer oftmals auf Befragungen der Unternehmensleitung zurück. Dies stellt wiederum hohe Anforderungen an die Kompetenz und Integrität der Unternehmensleitung. Umfang und Dokumentation der Prüfungsplanung können an die Größe und geringere Komplexität von KMU angepasst werden (ISA 300.A11, 300.A15 und 300.A19).

Bei KMU spielt die *Beurteilung der going concern-Annahme* (→ II.4.2) eine besondere Rolle (ISA 570.A4 f.). Auf der einen Seite können gerade kleine Unternehmen zwar auf veränderte Situationen schneller reagieren, doch auf der anderen Seite besitzen sie wesentlich weniger finanzielle und personelle Spielräume, um eventuelle Krisensituationen zu bewältigen. Besonders folgende Risiken können den Bestand von KMU gefährden: Eingeschränkte Möglichkeiten der Fremdkapitalaufnahme, Abwanderung von Großkunden oder Arbeitnehmern sowie Rückzug eines geschäftsführenden Gesellschafters vom Unternehmen. Bei großen Unternehmen kann der Prüfer bei der Beurteilung regelmäßig u. a. auf Budget- und Cashflow-Zahlen sowie Gewinnplanungen zurückgreifen. Häufig liegen diese Daten bei KMU nicht vor und der Prüfer muss versuchen, über Gespräche mit der Unternehmensleitung oder die Einholung schriftlicher Erklärungen diesbezüglich geeignete Prüfungsnachweise zu erlangen.[672]

KMU sind anfälliger für *Unregelmäßigkeiten* (IDW PH 9.100.1.54 ff.; → II.4.1).[673] Bei einem dominierenden geschäftsführenden Gesellschafter ist seine Kompetenz und Inte-

---

670 Zum Prüfungsprozess bei KMU vgl. *IFAC* (2010a), insbes. das Ablaufdiagramm auf S. 18; vgl. ferner *IDW* (2010), insbes. S. 117.
671 Vgl. *Schreiber* (1994), S. 104 ff.; *Ruhnke/Niephaus* (1996), S. 790 ff.; *Siebert* (2004), S. 975 ff.; *Scherff/Willeke* (2005), S. 61 ff; *Schlager* (2009), S. 623 ff.
672 Vgl. ISA 570.A11.
673 Vgl. *Ruhnke/Niephaus* (1996), S. 789 f.; *Beasley/Carcello/Hermanson* (1999), S. 2, 20 f. und 31.

grität entscheidend. Wenn diese gegeben ist, lassen sich etwaige höhere Fehlerrisiken z. B. dadurch reduzieren, dass die Unternehmensleitung selbst Kontrollen (high level controls) vornimmt. Etwaige Kontrollschwächen können ausgeglichen werden, indem die Mitarbeiter verpflichtet werden, für bestimmte Transaktionen Genehmigungen bei der Unternehmensleitung einzuholen (ISA 240.A27).

Erhöhte inhärente Risiken ergeben sich hinsichtlich der Prüfung der Beziehungen zwischen dem KMU und *nahe stehenden Personen* (ISA 550.A20 und A41, IDW PH 9.100.1.57 ff.; → II.8.4). Angesprochen sind z. B. Beziehungen zum geschäftsführenden Gesellschafter und zu anderen Gesellschaftern sowie zu nahen Angehörigen dieser Personen. Der Prüfer muss beurteilen, ob die gesetzlichen Vertreter des KMU den Kreis der nahe stehenden Personen kennen und das IKS angemessen und wirksam auf die Erfassung der Geschäftsvorfälle mit nahe stehenden Personen ausgerichtet haben.

Systemprüfungen (→ II.3.2.2) sind auch bei KMU obligatorisch (ISA 315.12, 330.8).[674] Auf Grund der zumeist nur geringen Anzahl von Mitarbeitern können kleine Unternehmen eine angemessene Funktionstrennung (z. B. Trennung von operativen Aufgaben und deren Überwachung) oftmals nicht gewährleisten. Auch eine Interne Revision und eine Dokumentation der Regelungen zum IKS fehlen häufig (ISA 315.A76 f.). Festgestellte Schwächen können durch eine starke Einbindung des geschäftsführenden Gesellschafters in das Tagesgeschäft und/oder die Ausübung direkter Kontrollen kompensiert werden[675]; dies setzt ein positives Kontrollbewusstsein des Geschäftsführers voraus. Dieses Vorgehen birgt wiederum die Gefahr, dass der Geschäftsführer sich über interne Kontrollen hinwegsetzt (management override; siehe hierzu ISA 315.A47).

Einen Teilausschnitt der Systemprüfung bildet die IT-Systemprüfung (IDW PH 9.100.1.50 ff.; → II.5, insbesondere → II.5.2.2.2.2). Bei IT-Systemen mit geringer Komplexität sind lediglich ausgewählte Teilbereiche des IT-Systems zu prüfen; dagegen ist bei einem komplexen IT-System eine umfassende Systemprüfung zwingend. Ist z. B. bei einem IT-System mit geringer Komplexität nur eine begrenzte Funktionstrennung gegeben, die auch nicht durch prozessintegrierte oder fallweise Kontrollen kompensiert wird, kann der Prüfer die Verarbeitung von Geschäftsvorfällen retrograd durch Einzelfallprüfungen nachvollziehen.[676]

Bei Einsatz der *statistischen Zufallsauswahl* (→ II.3.2.4.2.3 und II.3.2.4.3) müssen bei KMU dieselben Voraussetzungen wie bei einem nicht kleinen Unternehmen vorliegen. Da die für die Stichprobenziehung zur Verfügung stehende Grundgesamtheit bei kleinen Unternehmen oftmals nicht sehr groß sein wird, ist besonders zu prüfen, ob die erwarteten Effizienzvorteile des Einsatzes statistischer Verfahren bei kleinen Unternehmen wirklich zum Tragen kommen. Neben der geringen Anzahl der Elemente der Grundgesamtheit kann fehlende Homogenität zur Nichtaussagefähigkeit bzw. Nichtanwendbarkeit des Verfahrens führen. Deshalb sollten bei geeigneten Vorinformationen verstärkt

---

674 Die Systemprüfung umfasst die Aufbauprüfung im Rahmen der Risikobeurteilung und eine Funktionsprüfung im Rahmen der Reaktion auf die beurteilten Risiken; z. B. → II.3.2.2.3.
675 Vgl. ISA 315.A49 und A76.
676 Zum internen Kontrollsystem bei KMU vgl. auch das COSO-Framework for smaller public companies (Internal Control over Financial Reporting – Guidance for Smaller Public Companies); siehe hierzu URL: http://www.coso.org/ICFR-GuidanceforSPCs.htm (Stand: 1.4.2011).

Prüfungshandlungen der bewussten Auswahl eingesetzt (so auch IDW PH 9.100.1.67) oder in abgegrenzten Teilbereichen alle Elemente einer Grundgesamtheit geprüft werden. Eine solche Vollprüfung erscheint im Hinblick auf den bei KMU oftmals nur geringen Umfang der Grundgesamtheit durchaus praktikabel, ist aber nicht zwingend durchzuführen. *Analytische Prüfungshandlungen* (→ II.3.2.3; IDW PH 9.100.1.70 f.) sind grundsätzlich einsetzbar. Allerdings ist in der Phase der Prüfungsplanung die Datenbasis bei KMU oftmals nicht vorhanden; ersatzweise erscheint es dann möglich, analytische Prüfungshandlungen auf Basis von Saldenlisten durchzuführen. Im Rahmen der weiteren Prüfungsdurchführung lassen sich analytische Prüfungshandlungen auch bei KMU effizient einsetzen. Dabei sind auch stark vereinfachte Vorgehensweisen zulässig: Setzt ein KMU z. B. eine bekannte Anzahl von Mitarbeitern zu einem fest vereinbarten Entgelt ein, kann der Prüfer anhand dieser Daten die in der GuV auszuweisenden Personalaufwendungen normalerweise mit relativ hoher Genauigkeit schätzen und auf diese Weise den Umfang der Einzelfallprüfungen reduzieren.

Im Rahmen der *Prüfung der Vorratsinventur* (IDW PH 9.100.1.72; → II.3.4.1) können sich Auswirkungen durch die qualitativen Merkmale von KMU und die daraus resultierenden Besonderheiten ergeben. Eine fehlende Funktionstrennung, fehlende Verfahrensanweisungen, mangelnde fachliche Kenntnisse und unzureichende Kontrollen bzw. die fehlende Dokumentation dieser können insbesondere zu Problemen bei der körperlichen Bestandsaufnahme und auch zu einer fehlerhaften Bewertung der Vorräte führen. Beispielsweise können mangelnde Routine bei der Aufnahme und Bewertung der Vorräte, eine fehlende Verknüpfung von Finanzbuchführung und Warenwirtschaft, eine unzureichende Aktualisierung von Einstandspreisen oder auch eine mangelhafte Ermittlung der Herstellungskosten das Fehlerrisiko bei KMU (insbesondere bei KMU, die im Wesentlichen mit Auftragsfertigung befasst sind) erhöhen. Dies muss durch eine Ausweitung zusätzlicher Prüfungshandlungen kompensiert werden. Die Teilnahme des Prüfers an der Vorratsinventur ist bei wesentlichen Vorratsbeständen obligatorisch (ISA 501.4) und aus den o. g. Gründen bei KMU umso wichtiger. Ein Prüfungshemmnis kann vorliegen, wenn sich trotz der Ausweitung der Prüfungshandlungen keine ausreichenden oder angemessenen Prüfungsnachweise einholen lassen.

Da der gesetzliche Vertreter (bei KMU zumeist der geschäftsführende Gesellschafter) für die Bewertung und Veröffentlichung von *Schätzwerten* (→ II.3.4.3) verantwortlich ist, muss der Abschlussprüfer darauf achten, ob ggf. ein unabhängiger Experte zu Hilfe gezogen werden muss. Dies ist der Fall, wenn der gesetzliche Vertreter nicht über die nötige Sachkenntnis verfügt, um etwa komplexe und mit Unsicherheit behaftete geschätzte beizulegende Zeitwerte zu bestimmen (ISA 540.A30). Auf Grund des zumeist wenig formalisierten Prozesses zur Ermittlung von Schätzwerten mangelt es häufig auch an entsprechenden Kontrollen. Folglich nimmt der Prüfer vor allem analytische Prüfungshandlungen vor (ISA 540.A86). Da häufig eine einzelne Person (etwa der geschäftsführende Gesellschafter) für die Ermittlung von Schätzwerten verantwortlich ist, kommen insbesondere Befragungen derselben in Betracht (ISA 540.A21 und A108). Ähnliche Besonderheiten ergeben sich auch bei der Prüfung derivativer Finanzinstrumente (IAPS 1012). Eine beratende Tätigkeit des Prüfers bei der Bewertung kann die Unabhängigkeit des Prüfers gefährden (→ I.6.5.2.2 und I.7.4.1). Legt der gesetzliche Vertreter die Bewertungsgrundlagen nicht offen, ist festzustellen, ob ein Prüfungshemmnis vorliegt.

Berichterstattung und Dokumentation (IDW PH 9.100.1.81 ff.; → II.6.3 und II.6.4) sind gleichfalls an die Größe und Komplexität von KMU anzupassen. Als Besonderheit ist z. B. zu nennen, dass auf Grund auftragsbezogener Erfordernisse die Dokumentationsfunktion des Prüfungsberichts bei KMU besonders ausgeprägt ist. Wünscht ein Unternehmen zusätzliche Erläuterungen oder Aufgliederungen, so ist dies in einem klar abgegrenzten Teil des Berichts möglich, allerdings übernimmt der Abschlussprüfer damit auch die Verantwortung für deren Richtigkeit. Da ein KMU definitionsgemäß häufig durch ein schwaches IKS geprägt ist, muss der Prüfer häufiger über aussagebezogene Prüfungshandlungen Prüfungsnachweise erlangen (ISA 330.A18). Dies führt tendenziell dazu, dass die Wahrscheinlichkeit steigt, keine ausreichenden und angemessenen Prüfungsnachweise zu erlangen. Ein solches Prüfungshemmnis führt zu einer Einschränkung oder Versagung des Bestätigungsvermerks.

9.1.3 Weitere Dienstleistungsarten und besondere Anforderungen an den Prüfer

In diesem Abschnitt werden Alternativen zu einer freiwilligen Jahresabschlussprüfung bei KMU vorgestellt und zusätzliche besondere Anforderungen an den Prüfer dargelegt.

Auf Grund der zuvor angesprochenen Prüfungsspezifika und des Umstands, dass sich die Frage, ob der Nutzen einer freiwilligen Abschlussprüfung (z. B. hinsichtlich der Entscheidung einer Bank, einen Kredit zu gewähren) die damit einhergehenden Kosten übersteigt, nicht eindeutig beantworten lässt,[677] ist bei KMU zu erwägen, ob nicht eine *prüferische Durchsicht* (review) einer Abschlussprüfung vorzuziehen ist (→ I.6.4.2). Spezifische Regeln zur prüferischen Durchsicht von Abschlüssen finden sich in ISRE 2400 und IDW PS 900.[678]

Insbesondere bei nicht prüfungspflichtigen Unternehmen kommt auch die Vergabe eines *Erstellungsauftrags* (compilation engagement; vgl. ISRS 4410, IDW S 7 sowie → I.6.4.2) an einen Abschlussprüfer in Betracht. Der Auftragsumfang ist frei zwischen Prüfer und Mandant vereinbar. Dabei lassen sich nach dem Grad der durch den Prüfer gegebenen Verlässlichkeit verschiedene Auftragsarten unterscheiden (IDW S 7.11):

- »Erstellung ohne Beurteilungen«,
- »Erstellung mit Plausibilitätsbeurteilungen« und
- »Erstellung mit umfassenden Beurteilungen«.

In allen drei Fällen ist kein Bestätigungsvermerk, sondern eine auf den vereinbarten Auftragsumfang bezogene *Bescheinigung* zu erteilen. Bei einer »Erstellung mit umfassenden Beurteilungen« muss der Prüfer »hinreichende Sicherheit über die Ordnungsmäßigkeit dieser Unterlagen erlangen« (IDW S 7.45). In dem zuletzt genannten Fall bezieht sich

---

677 Die vorhandenen empirischen Belege sprechen tendenziell dafür: Beispielsweise zeigen *Allee/Yohn* (2009), dass kleine haftungsbeschränkte Unternehmen, die einen geprüften Abschluss vorgelegt haben, signifikant häufiger eine beantragte Kreditlinie gewährt bekommen als Unternehmen ohne einen geprüften Abschluss. *Carey* (2008) zeigt einen im Durchschnitt um 25 Basispunkte niedrigeren Zinssatz bei geprüften im Vergleich zu nicht geprüften kleinen Unternehmen.

678 Zur prüferischen Durchsicht von unterjährigen Berichten → III.3.3.1.1.

die Prüfungssicherheit allerdings nur auf die Teilbereiche, an deren Zustandekommen der Prüfer nicht mitgewirkt hat.[679] Demnach dürfte sich die gegebene Prüfungssicherheit auch aus diesem Grunde faktisch auf einem vergleichsweise niedrigen absoluten Niveau bewegen.[680] Zwar wird die Abschlusserstellung durch die in IDW S 7 verwendete Terminologie von der Prüfung und der prüferischen Durchsicht abgegrenzt (so führt der Prüfer z. B. lediglich »Beurteilungen« durch und keine »Prüfungshandlungen«).[681] Dennoch ist fraglich, ob eine Berichterstattung in der in IDW S 7 angegebenen Form[682] nicht irreführend ist bzw. eine falsche Erwartungshaltung bei den Adressaten weckt.[683]

Der Nutzen der Erteilung eines Erstellungsauftrags liegt für den Abschlussverwender darin, dass die Handlungen des Abschlussprüfers mit der berufsüblichen Sorgfalt und Vorsicht durchgeführt werden. Die Vergabe eines Erstellungsauftrags an einen WP und die gleichzeitige Vergabe eines Prüfungsauftrags an denselben Prüfer ist nicht zulässig (§ 319 Abs. 3 Nr. 3 Buchst. a) HGB).

Neben den zuvor angesprochenen fachtechnischen Aspekten bestehen auch hinsichtlich der Einhaltung der *ethischen Anforderungen* Besonderheiten (→ I.6.5.2.2, insbesondere zu den Stichworten Steuerberatung und Unabhängigkeit; siehe auch → II.7).

Infolge der zumeist nur geringen fachlichen Kompetenz in Rechnungslegungsfragen erwartet ein kleiner Mandant oftmals vom Prüfer, dass er nicht nur eine Prüfungsdienstleistung erbringt, sondern auch die Bücher führt und/oder den Abschluss erstellt oder zumindest in den zuvor genannten Tätigkeitsgebieten beratend tätig wird. Auf Grund des betriebswirtschaftlichen Fachwissens des Prüfers besitzt gerade ein kleiner Mandant ein besonderes Interesse, den Prüfer in anderen Beratungsfragen (wie z. B. der Steuerberatung) hinzuzuziehen oder direkt in die Unternehmensführung zu involvieren. In den zuvor genannten Fällen muss der Prüfer sorgfältig abwägen, ob die gegebenen Hilfestellungen über eine Entscheidungshilfe hinausgehen, d. h. es ist festzustellen, ob eine Unabhängigkeitsgefährdung vorliegt (hierzu und zu den daraus ggf. resultierenden Konsequenzen → I.6.5.2.2).

Gerade die Prüfung kleiner Unternehmen erfordert eine enge Beziehung zwischen dem Abschlussprüfer und der Geschäftsleitung und deutet nicht zwangsläufig auf eine Unabhängigkeitsbedrohung hin.[684] Für eine Unabhängigkeitsbedrohung sprechen die erforderlichen Kenntnisse des Abschlussprüfers über die Geschäftstätigkeit und das wirtschaftliche und rechtliche Umfeld des kleinen Unternehmens, welche häufig durch einen engen Kontakt zur Geschäftsleitung erworben werden. Ethics Sec. 290.153 legt dar, dass es bei einer langjährigen Beziehung zwischen dem Mandanten und dem Prüfer zu einer starken Vertrautheit und damit zu einer Gefährdung der Unabhängigkeit kommen kann (vgl. auch § 24 Berufssatzung). Eine Bedrohung führt jedoch nicht zwingend zu einer

---

679 Siehe IDW S 7.Anlage 6 sowie Tz. 63 in Bezug auf die Erstellung mit Plausibilitätsbeurteilungen.

680 Zur Unterscheidung zwischen relativer und absoluter Prüfungssicherheit vgl. *Ruhnke/Lubitzsch* (2010).

681 So auch *Gewehr/Harrison* (2010), S. 1057.

682 Siehe hierzu die Vorschläge 5. und 6. für die Formulierung einer Bescheinigung in IDW S 7.

683 Ähnlich gelagerte Probleme bei der Interpretation des Bestätigungsvermerks bestehen bereits bei der Durchführung einer Abschlussprüfung (audit); siehe hierzu *Ruhnke/Schmiele/Schwind* (2010), S. 409 f.

684 Zum sog. threats and safeguards-approach → I.6.5.2.2.

Unabhängigkeitsbeeinträchtigung. Vielmehr obliegt es dem Prüfer, die Bedrohung durch die Anwendung geeigneter Schutzmaßnahmen auf ein akzeptables Maß zu reduzieren (vgl. Ethics Sec. 100.7 sowie § 21 Abs. 2 i. V. m. § 22 Berufssatzung). Beispiele hierfür sind die Überwachung der Arbeit des langjährig involvierten Prüfers durch einen anderen Prüfer des Unternehmens, die interne Rotation des verantwortlich zeichnenden Prüfers oder unabhängige interne Qualitätskontrollen (→ II.7.1).

KMU werden häufig durch einen Einzelprüfer sowie kleine oder mittelgroße WP-Praxen geprüft. Die daraus resultierenden Besonderheiten gilt es zu berücksichtigen: Beispielsweise könnten sich auf Grund einer geringen Personalstärke Probleme bei der Durchführung der Berichtskritik gem. § 24d Abs. 1 Satz 1 Berufssatzung ergeben. Steht eine geeignete Person innerhalb der WP-Praxis nicht zur Verfügung und kann von einer Berichtskritik auch nicht abgesehen werden, so ist eine externe Person zu beauftragen (§ 24d Abs. 1 Satz 2–4 Berufssatzung).

9.2 Prüfung von Konzernabschlüssen

9.2.1 Prüfungspflicht, Prüfungsberechtigte und Bestellung des Konzernabschlussprüfers

Prüfungspflichtig sind alle Konzernabschlüsse und -lageberichte, für die eine gesetzliche Aufstellungspflicht besteht (Einzelheiten zu den Prüfungsgegenständen finden sich in → II.9.2.2). Diese Prüfungspflicht ist für Kapitalgesellschaften in § 316 Abs. 2 Satz 1 HGB kodifiziert. § 14 Abs. 1 PublG verpflichtet zur Prüfung eines (Teil-)Konzernabschlusses, den nach § 11 PublG verpflichtete Unternehmen aufstellen, die nicht in der Rechtsform einer Kapitalgesellschaft firmieren und die bestimmte Größenkriterien überschreiten. Prüfungspflichtig sind auch Konzernabschlüsse, die nach den in § 315a Abs. 1 HGB benannten internationalen Rechnungslegungsnormen aufgestellt werden.[685] Die Prüfungspflicht des § 316 Abs. 2 Satz 1 HGB greift damit für IFRS-Konzernabschlüsse unabhängig davon, ob die Aufstellung nach IFRS auf Grund der Inanspruchnahme eines organisierten Marktes (§ 315a Abs. 1 HGB) bzw. beantragter Zulassung für ein Wertpapier (§ 315a Abs. 2 HGB) obligatorisch oder nach Maßgabe des § 315a Abs. 3 HGB wahlweise erfolgt ist.[686]

Eine *Ausnahme von der Prüfungspflicht* besteht nach § 264 Abs. 3 bzw. Abs. 4 HGB. Diese gilt für solche Kapitalgesellschaften, die Tochterunternehmen eines nach § 290 HGB bzw. § 11 PublG zur Aufstellung eines Konzernabschlusses verpflichteten Mutterunternehmens sind, wenn die übrigen Voraussetzungen des § 264 Abs. 3 HGB kumulativ erfüllt sind (vgl. auch IDW PH 9.200.1). Hat *keine Prüfung stattgefunden*, so kann der Konzernabschluss nicht durch den Aufsichtsrat oder durch die Gesellschafter gebilligt

---

685 Die Aufstellungspflicht ergibt sich aus § 290 HGB. Zum Verhältnis von Aufstellungspflicht und verpflichtender Anwendung der IFRS vgl. *Knorr/Buchheim/Schmidt* (2005), S. 2399 ff.

686 Zur Prüfungspflicht eines gem. § 315a Abs. 3 HGB freiwillig erstellten IFRS-Konzernabschlusses vgl. *Ruhnke* (2008), S. 73. Zur Prüfung von IFRS-Abschlüssen siehe → II.9.3.1.

werden (§ 316 Abs. 2 Satz 2 HGB). Da der Konzernabschluss lediglich eine Informationsfunktion hat, zieht eine Nicht-Billigung keine unmittelbaren Folgen nach sich. Allerdings hat der Aufsichtsrat in seinem Bericht über die Prüfung des Konzernabschlusses auch auf die etwaige Billigung oder Nicht-Billigung einzugehen (§ 171 Abs. 2 AktG). Da dieser Bericht zusammen mit dem Konzernabschluss zu publizieren ist (§ 325 Abs. 3 Satz 1 HGB), werden die Aktionäre und die sonstige Öffentlichkeit über eine versagte Billigung informiert.[687]

Zur Prüfung des Konzernabschlusses und des Konzernlageberichts einer Kapitalgesellschaft sind nur WP und WPG *berechtigt* (§§ 316 Abs. 2 i. V. m. 319 Abs. 1 HGB).[688] Wird kein anderer Prüfer bestellt, so gilt nach § 318 Abs. 2 Satz 1 HGB der Abschlussprüfer des Mutterunternehmens als Konzernabschlussprüfer *bestellt*.[689] Die internationalen Prüfungsnormen enthalten keine § 318 HGB entsprechenden Regeln zur Bestellung des Konzernabschlussprüfers.

9.2.2 Prüfungsgegenstände

§ 317 HGB regelt Gegenstand und Umfang der Abschlussprüfung und konkretisiert damit die in § 316 Abs. 2 Satz 1 HGB kodifizierte Prüfungspflicht. Die *Bestandteile der Konzernrechnungslegung* und hier insbesondere der Konzernabschluss bilden damit die Prüfungsgegenstände gem. § 316 Abs. 2 HGB.[690]

- Der *HGB-Konzernabschluss* gem. § 297 Abs. 1 Satz 1 HGB umfasst die Konzernbilanz und -GuV, den Konzernanhang, die Konzernkapitalflussrechnung (→ II.8.2) und den Konzerneigenkapitalspiegel (→ II.8.3). Dieser Abschluss kann um eine Konzernsegmentberichterstattung erweitert werden; diese ist dann ebenfalls prüfungspflichtig (§ 297 Abs. 1 Satz 2 HGB; → II.8.1). Weitere Prüfungsgegenstände sind der *Konzernlagebericht* (§ 317 Abs. 2 HGB; → II.8.6) sowie die Angaben zu den *Beziehungen zu nahe stehenden Personen* (→ II.8.4). Darüber hinaus ist ggf. ein konzernweites *Risikomanagementsystem* einzurichten (→ II.3.2.2.5).

- Ein *IFRS-Konzernabschluss* (zu den Besonderheiten der Prüfung von IFRS-Abschlüssen → II.9.3.1) umfasst gem. IAS 1.10 eine Konzernbilanz und eine Konzern-Gesamtergebnisrechnung (statement of comprehensive income for the period), den Konzernanhang (notes), die Konzernkapitalflussrechnung (→ II.8.2) und -eigenkapitalveränderungsrechnung (→ II.8.3). Angaben zu den *Beziehungen zu nahe stehenden Personen* sind gem. IAS 24 integraler Bestandteil der Berichtpflichten in den notes (→ II.8.4). Als Pflichtergänzung treten ggf. die Konzernsegmentberichterstattung gem. IFRS 8 (→ II.8.1) sowie Angaben zum Konzernergebnis je Aktie gem. IAS 33 hinzu. Ein dem

---

687 Vgl. hierzu *Ruhnke/Schmidt* (2010a), § 316 HGB, Rz. 52 f. Zu den Sanktionsmöglichkeiten bei Kapitalgesellschaften siehe *ebd.*, Rz. 9 ff.
688 Zu weiteren Einzelheiten vgl. *IDW* (2006), M 831 ff.
689 Vgl. ausführlich *Mattheus* (2002), § 318 HGB, Rz. 91 ff.
690 Mit Konzernabschluss ist im Folgenden der Jahresabschluss des Konzerns angesprochen. Einzelheiten zur Erstellung solcher Abschlüsse nach HGB und IFRS finden sich z. B. in *Busse von Colbe et al.* (2010); *Küting/Weber* (2010).

Lagebericht ähnlicher Bericht ist die financial review by management gem. IAS 1.13, der jedoch nicht verpflichtend zu erstellen ist. Deutsche IFRS-Bilanzierer haben zudem einen *Konzernlagebericht* nach deutschem Recht (→ II.8.6) zu erstellen sowie ggf. ein konzernweites *Risikomanagementsystem* einzurichten (→ II.3.2.2.5).

Der Konzernabschluss hat die Aufgabe, das Ergebnis der wirtschaftlichen Aktivitäten der Konzernunternehmen so zu zeigen, wie es sich für den Konzern als wirtschaftliche Einheit darstellt. Dabei werden die relevanten Einzelabschlüsse durch Konsolidierung zum Konzernabschluss zusammengefasst. Aus methodischer Sicht besteht das Wesensmerkmal der Konsolidierung darin, dass die Einzelabschlüsse der rechtlich selbstständigen Unternehmen als Ausgangspunkt der Konzernabschlusserstellung dienen (Handelsbilanzen I[691]).

Der Fokus einer Konzernabschlussprüfung (group audit) liegt neben der Ordnungsmäßigkeit der Konsolidierungsmaßnahmen auch auf einer korrekten und stetigen Abgrenzung des Konsolidierungskreises.[692] Die Handelsbilanzen I der zu konsolidierenden Tochterunternehmen müssen vor Durchführung der Konsolidierung hinsichtlich Bilanzgliederung und -ansatz, Bewertung und Recheneinheit (Währungsumrechnung) an die konzerneinheitlichen Vorgaben angepasst werden; dabei sind ggf. auch latente Steuern zu berücksichtigen. Dies erfolgt mittels einer Ergänzungsrechnung (Handelsbilanz II).

Sind z. B. HGB-Einzelabschlüsse in einen IFRS-Konzernabschluss einzubeziehen, ist neben den zuvor angesprochenen Vereinheitlichungen auch eine Anpassung der Einzelabschlüsse an die IFRS vorzunehmen, sofern die handelsrechtlichen Vorschriften zwingend von den konzerneinheitlichen IFRS-Vorgaben abweichen (z. B. kennen die handelsrechtlichen Vorschriften keine Wertminderung gem. IAS 36 unter Rückgriff auf einen Nutzungswert). Ergebnis dieser Vereinheitlichungen ist die IFRS-Handelsbilanz II. Die zuvor genannten Vereinheitlichungen sind der Konsolidierung vorgelagert und lassen sich insofern als *konsolidierungsvorbereitende Maßnahmen* charakterisieren. Ist die Kapitalkonsolidierung nach der Neubewertungsmethode (§ 301 Abs. 1 Satz 2 HGB) bzw. nach der Akquisitionsmethode gem. IFRS 3.19[693] durchzuführen, erfolgt aufbauend auf der Handelsbilanz II zunächst eine *Neubewertung* der Vermögenswerte und Schulden der Tochterunternehmen in der sog. Handelsbilanz III. Beispielsweise sind in einer IFRS-Handelsbilanz III auch weitere immaterielle Posten, wie z. B. Markenrechte, Markenzeichen und rechtlich abgesicherte Auftragsbestände, anzusetzen (vgl. IFRS 3.B31). In Höhe der aufgedeckten stillen Reserven und Lasten (bzw. zusätzlich angesetzter Aktiv- oder Passivposten) ist eine Neubewertungsrücklage zu bilden.

Die *Addition* der Handelsbilanzen III führt zur Summenbilanz. Erst auf dieser Grundlage ist mittels Aufrechnung der innerkonzernlichen Verbindungen (*Konsolidierung*) der

---

691 Die folgenden Ausführungen beschränken sich auf die bilanzielle Betrachtung; ggf. ist auch zu berücksichtigen, dass ergebniswirksame konsolidierungsvorbereitende Maßnahmen Einfluss auf die Konzern-GuV nehmen.

692 Vgl. *Förschle/Almeling* (2010), § 317 HGB, Anm. 33 f. Zur Prüfung der Abgrenzung des Konsolidierungskreises vgl. *Schmidt* (2006), S. 454 ff., und auch *Lubitzsch* (2006), S. 480 f.

693 Angesprochen ist die Alternative 2; diese Vorgehensweise entspricht der vollständigen Neubewertungsmethode im HGB. Dagegen sieht die in Tz. 19 angesprochene Alternative 1 vor, auch den auf die nicht kontrollierten Gesellschafter entfallenden Goodwill zu zeigen (full goodwill-Methode).

Konzernabschluss zu erstellen. Eine zentrale Konsolidierungsmaßnahme ist die Kapitalkonsolidierung. Hierbei wird der Beteiligungsbuchwert (des Mutterunternehmens) mit dem konsolidierungspflichtigen Eigenkapital (des Tochterunternehmens auf Basis der Handelsbilanz III einschließlich der Neubewertungsrücklage) verrechnet. Ist der Beteiligungsbuchwert z. B. größer als das konsolidierungspflichtige Kapital, ist im Konzernabschluss ein Geschäfts- oder Firmenwert auszuweisen und in den Folgeperioden fortzuführen; im umgekehrten Fall ist ggf. ein negativer Unterschiedsbetrag auf der Passivseite (badwill) zu zeigen. Als weitere zentrale Konsolidierungsmaßnahmen sind die Schuldenkonsolidierung, die Zwischenergebniseliminierung sowie die Aufwands- und Ertragskonsolidierung zu nennen; dabei sind ggf. auch latente Steuern zu berücksichtigen.

Der zuvor skizzierte Ablauf der Konsolidierung lässt sich am Beispiel der Überführung einer HGB-Handelsbilanz I in einen IFRS-Konzernabschluss vereinfacht wie in Abb. II.9-1 darstellen.[694]

Analog zur Prüfung des Einzelabschlusses ist die Konzernabschlussprüfung darauf ausgerichtet festzustellen, ob der vorgelegte Konzernabschluss den relevanten Rechnungslegungsnormen (z. B. HGB oder IFRS) entspricht.[695] Die Normenkonformitätsprüfung des § 317 Abs. 1 Satz 2 HGB (→ I.6.2) erstreckt sich in Bezug auf die Konzernab-

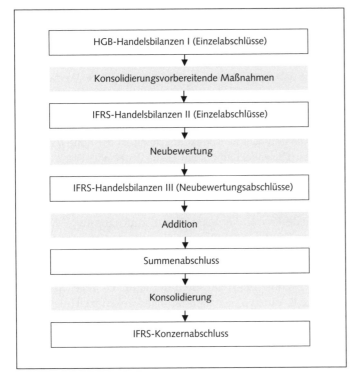

Abb. II.9-1: Ablauf der Konsolidierung

---

694 Vgl. hierzu *Ruhnke* (1995), S. 62 ff. sowie jüngst *Küting/Scheren* (2010), insbesondere S. 1894 f.
695 Vgl. *Lubitzsch* (2006), S. 480.

schlussprüfung insbesondere auf die Beachtung der für die Konzernrechnungslegung relevanten Normen, d. h. §§ 290 bis 315a HGB. Prüfungsgegenstand ist demgemäß auch die Einhaltung der Vorschriften über die Konsolidierungsmaßnahmen (§§ 300 ff. HGB bzw. IAS 27 und IFRS 3).

Obwohl in § 317 Abs. 1 Satz 1 HGB die *Konzernbuchführung* nicht als Gegenstand der Konzernabschlussprüfung genannt wird, besteht faktisch eine Verpflichtung zur Prüfung der Konzernbuchführung, da ohne einen Nachweis des Zusammenhangs von Einzel- und Konzernabschluss einer sachgerechten Konzernabschlussprüfung jede Grundlage entzogen wird. Eine Konzernbuchführung umfasst v. a. die organisatorischen Regelungen ihrer Durchführung und die technische Durchführung selbst. Die organisatorischen Regelungen zur Konzernbuchführung sind hierbei so auszugestalten, dass ein sachverständiger Dritter die Herleitung des Konzernabschlusses aus den Einzelabschlüssen innerhalb angemessener Zeit nachvollziehen kann (§ 298 Abs. 1 i. V. m. § 238 Abs. 1 Satz 2 HGB). Die Konzernbuchführung ist v. a. auf die Erfassung der Konzerngeschäftsvorfälle ausgerichtet.[696] Sie bezieht sich sowohl auf die konsolidierungsvorbereitenden Maßnahmen als auch auf die Konsolidierung selbst. Die folgenden Ausführungen verdeutlichen den Korrekturcharakter dieser Geschäftsvorfälle:

Konsolidierungsvorbereitende Maßnahmen

Ein nach IFRS bilanzierendes Mutterunternehmen (MU) bewertet eine bestimmte Gruppe von Vorräten nach der FiFo-Methode. Ein nach HGB bilanzierendes, in den Konzernabschluss des MU einzubeziehendes Tochterunternehmen (TU) hat gleichartige Vorräte im Einzelabschluss nach der LiFo-Methode gem. § 256 Satz 1 HGB bewertet. Hierbei ergab sich ein Wertansatz der Vorräte i. H. v. 600 T€; bei Anwendung der FiFo-Methode hätte sich ein Wertansatz i. H. v. 800 T€ ergeben. Da IAS 2 die Anwendung der LiFo-Methode verbietet, muss der Wertansatz der Vorräte im Zuge der konsolidierungsvorbereitenden Maßnahmen in der IFRS-Handelsbilanz II des TU korrigiert werden. Die erforderliche Korrekturbuchung (in der Konzernbuchführung zu erfassender Konzerngeschäftsvorfall) erhöht auf Ebene der Handelsbilanz II den Wertansatz der Vorräte um 200 T€.

Nicht nur Einzel-, sondern auch Konzernabschlüsse werden regelmäßig IT-gestützt erstellt. Oftmals gelangt hier spezielle *Konsolidierungssoftware* zum Einsatz.[697] Kleinere Mandanten führen die IT-gestützte Konzernbuchführung überwiegend als stand alone-System. Zumeist erfolgt eine dezentrale PC-Erfassung der zu konsolidierenden Handelsbilanzen I/II sowie der entsprechenden Formblätter mit anschließender automatischer Plausibilitätskontrolle. Werden konsolidierungsrelevante Informationen dagegen bereits im Zeitpunkt ihrer Entstehung (z. B. durch Zusatzkontierungen gekennzeichnete konzerninterne Forderungen und Verbindlichkeiten, die im Einzelabschluss auszuweisen sind, jedoch auf Konzernebene Gegenstand der Schuldenkonsolidierung sind) erfasst und in einer zentralen (Konzern-)Datenbank gespeichert, liegt ein integriertes System

---

696 Vgl. ausführlich *Ruhnke* (1995), S. 8 ff.
697 Vgl. hierzu *Kagermann/Küting/Wirth* (2008) und *Krimpmann* (2009).

vor (z. B. SAP R/3). Dieses Vorgehen ermöglicht zwar in weiten Teilen eine Konsolidierung per Knopfdruck (die zuvor genannten, durch Zusatzkontierung gekennzeichneten Positionen entfallen), setzt jedoch komplexe Abstimmungen und Vorarbeiten voraus.

Die Prüfung der eingesetzten IT und insbesondere eines integrierten Systems erfordert umfangreiches IT-Wissen, um die IT-Systemprüfung sachgerecht durchführen zu können.[698] Häufig wurde die eingesetzte (integrierte) Software bereits durch einen Dritten geprüft und eine Softwarebescheinigung (→ II.5.2.2.2.2.2) erteilt. In diesem Fall hat der Konzernabschlussprüfer zu erwägen, inwieweit er diese Bescheinigung und die zu Grunde liegenden Feststellungen als Prüfungsurteile Dritter berücksichtigen kann.

9.2.3 Besonderheiten der Prüfungsdurchführung

Auf Konzernebene muss der Prüfer eine Vielzahl konzernspezifischer Prüfungshandlungen durchführen: Beispielsweise ist festzustellen, ob in den Konzernabschluss einbezogene Unternehmen Waren an konzernfremde Unternehmen geliefert haben, die dann wiederum an ein Unternehmen des Konsolidierungskreises gelangt sind. Aus diesen Dreiecksgeschäften resultierende (Zwischen-)Ergebnisse sind zu eliminieren, sofern diese Geschäfte bewusst angelegt wurden, um die Pflicht zur Eliminierung von Zwischenergebnissen (§ 304 HGB und IAS 27.20) zu umgehen. Festzustellen ist auch, ob die Konzernlage dadurch verzerrt dargestellt wird, dass Lieferungen und Leistungen in erheblichem Umfang von Unternehmen stammen, die dem Grunde nach dem Konzern zugehören, aber nicht in den Konzernabschluss einbezogen werden.

Diese und weitere Besonderheiten einer Konzernabschlussprüfung[699] behandelt ISA 600.[700] Dieser Standard überträgt einerseits Elemente der geschäftsrisikoorientierten Prüfung (→ II.3.3.1) auf die Prüfung von Konzernabschlüssen und formuliert andererseits weitergehende Anforderungen an die Einbindung von Teilbereichsprüfern. Bevor der Aufbau der Prüfung anhand der Strukturvorgaben des geschäftsrisikoorientierten Prüfungsansatzes näher beschrieben wird, werden zunächst zentrale Begriffe definiert sowie die Besonderheiten für das Risikomodell, die Verantwortlichkeit und die Ziele dieses Standards dargelegt.[701]

Zentrale Begriffsdefinitionen

Ein *Teilbereich* (*component*) ist eine Unternehmenseinheit oder eine Geschäftsaktivität, für die die Leitungsorgane des Konzerns oder des Teilbereiches Finanzinformationen

---

698 Zur Prüfung bei Einsatz von Standardsoftware zur Erstellung des Konzernabschlusses vgl. *Ruhnke* (1994), S. 608 ff. und *Ruhnke* (1995), S. 233 ff. Zur Erlangung von Prüfungsnachweisen bei IT-Einsatz → II.5.

699 Die fallstudienähnlichen Ausführungen von *Hayes et al.* (2005), S. 541 ff., vermitteln einen ersten Eindruck von der Komplexität einer Konzernabschlussprüfung. Zur Organisation einer Konzernabschlussprüfung vgl. *Schnicke* (2002), Sp. 1360 ff., und zur Koordination einer multinationalen Prüfung siehe *Barrett/Cooper/Jamal* (2005), S. 1 ff.

700 Im März 2011 hat das IDW mit IDW EPS 302 einen Entwurf vorgelegt, der den Anforderungen von ISA 600 entsprechen soll.

701 Vgl. hierzu und zu den folgenden Ausführungen auch *Ruhnke/Canitz* (2007).

erstellen, die in den Konzernabschluss einzubeziehen sind (ISA 600.9a). Der Begriff umfasst nicht nur in den Konzernabschluss einzubeziehende Tochterunternehmen, gemeinschaftlich geführte Unternehmen und assoziierte Unternehmen, sondern auch unselbständige Unternehmensteile, wie z. B. Niederlassungen. Die Festlegung von Teilbereichen durch den Konzernabschlussprüfer ist zudem abhängig von der Organisation des Konzernberichtswesens. Erfolgt beispielsweise eine Organisation nach Produkten, können auch diese Teilbereiche darstellen.[702] Im Falle mehrerer möglicher Betrachtungsebenen soll der Prüfer sein Augenmerk möglichst auf Teilbereiche eines hohen Aggregationsniveaus lenken.[703]

ISA 600.9m stuft einen Teilbereich als *signifikant* ein, sofern zumindest eine der beiden folgenden Voraussetzungen gegeben ist:

- *Individuelle finanzielle Signifikanz für den Konzern*: Bei der Beurteilung, ob ein Teilbereich individuell finanziell signifikant ist, kann gem. ISA 600.A5 auf prozentuale Grenzwerte geeigneter Größen (z. B. Vermögensposten, Verbindlichkeiten, Cashflows, Gewinn oder Umsatz) zurückgegriffen werden. Dabei wird ein Grenzwert in Höhe von 15% der relevanten Bezugsgröße vorgeschlagen. Ein höherer oder niedrigerer Grenzwert kann jedoch unter Beachtung der jeweiligen Umstände angemessen sein.

- *Existenz eines signifikanten Risikos*: Ein solches Risiko ist gegeben, wenn der Teilbereich aufgrund seiner spezifischen Merkmale oder Umstände wahrscheinlich ein bedeutsames Risiko einer wesentlichen Falschdarstellung für den Konzernabschluss beinhaltet. Beispielsweise könnte bei einem Teilbereich, welcher für den Devisenhandel des Konzerns verantwortlich ist, ein erhöhtes Risiko einer wesentlichen Falschdarstellung bestehen, da zum einen die Wertbestimmung der Finanzinstrumente unter Umständen mit erheblichen Ermessensspielräumen behaftet ist und zum anderen der Devisenhandel eine Ausstrahlungswirkung auf die Wertansätze von Posten in anderen Teilbereichen haben kann (ISA 600.A6 i. V. m. ISA 315.28e).[704]

Der ISA 600 richtet sich an den verantwortlichen Konzernabschlussprüfer (*group engagement partner*) sowie das mit der Konzernabschlussprüfung befasste Prüfungsteam (*group engagement team*). Der verantwortliche Konzernabschlussprüfer ist gemäß ISA 600.9h definiert als der für den Prüfungsauftrag, dessen Durchführung und die Berichterstattung verantwortliche Partner (bzw. eine andere mit diesen Aufgaben betraute Person). Das Konzernprüfungsteam schließt diejenigen Partner (einschließlich des verantwortlichen Konzernabschlussprüfers) und Mitarbeiter der Prüfungsgesellschaft ein, welche die Prüfungsstrategie festlegen, mit Teilbereichsprüfern kommunizieren, den Konsolidierungsprozess prüfen und erlangte Prüfungsnachweise als Grundlage zur Formulierung eines Prüfungsurteils über den Konzernabschluss nutzen.

Vom Prüfungsteam zu unterscheiden sind die *Teilbereichsprüfer* (*component auditors*). Diese führen auf Ersuchen des Konzernprüfungsteams auf die Finanzinformatio-

---

702 Vgl. ISA 600.A2.
703 Vgl. ISA 600.A3.
704 Zur Prüfung geschätzter Werte → II.3.4.3.

nen eines Teilbereiches bezogene Prüfungshandlungen durch (ISA 600.9b). Dabei kann ein Teilbereichsprüfer auch gleichzeitig dem Konzernprüfungsteam angehören.[705]

Besonderheiten für das Risikomodell

Der *risikoorientierte Prüfungsansatz* kommt grundsätzlich auch auf Konzernebene zum Einsatz.[706] Die Anwendung dieses Ansatzes im Rahmen der Prüfung des Konzernabschlusses nebst zu Grunde liegender Buchführung wird jedoch dadurch erschwert, dass *die inhärenten Risiken* und die *Kontrollrisiken* bezogen auf einzelne Teilbereiche des Konzerns u. U. unterschiedlich zu beurteilen sind. Zudem ergeben sich Besonderheiten für das Entdeckungsrisiko. Dieses umfasst bei einer Konzernabschlussprüfung neben dem Risiko, dass wesentliche Falschdarstellungen in der Konzernrechnungslegung nicht durch das Konzernprüfungsteam entdeckt werden, das Risiko, dass der Teilbereichsprüfer eine Falschdarstellung in den Finanzinformationen der Teilbereiche (z. B. Einzelabschluss) nicht aufdeckt, die ursächlich für eine wesentliche Falschdarstellung auf Konzernebene ist, und dass diese Falschdarstellung auch nicht durch das mit der Konzernabschlussprüfung befasste Prüfungsteam aufgedeckt wird (ISA 600.6).

Weitere Konsequenzen können sich aus der hohen Komplexität des Prüfungsobjektes ergeben. Diese können beispielsweise daraus resultieren, dass die Geschäftsprozesse bei den zu konsolidierenden Einheiten unterschiedlich organisiert sind und die Qualität der eingesetzten Rechnungslegungs- und internen Kontrollsysteme stark voneinander abweicht. Unterscheiden sich die inhärenten und die Kontrollrisiken in Bezug auf die Teilbereiche stark, erschwert dies die Bildung eines Gesamturteils.

Verantwortlichkeit

Der verantwortliche Konzernabschlussprüfer unterzeichnet den Bestätigungsvermerk (ISA 600.11). ISA 600.4 ff. gehen auf das Verhältnis des verantwortlichen Konzernabschlussprüfers gegenüber dem Prüfungsteam und den Teilbereichsprüfern sowie die hieraus resultierenden Verpflichtungen ein. Der verantwortliche Konzernabschlussprüfer hat sich in Übereinstimmung mit ISA 220 davon zu überzeugen, dass das Prüfungsteam und die Teilbereichsprüfer über die nötige Sachkenntnis und die nötigen Fähigkeiten verfügen. Ihm obliegt zudem die Anleitung, Überwachung und Durchführung der Abschlussprüfung.[707] Er hat die Vorgaben des ISA 220 unabhängig davon zu beachten, ob die Prüfung von Finanzinformationen durch ein Mitglied des Prüfungsteams oder durch einen Teilbereichsprüfer erfolgt (ISA 600.5).

Ziele des ISA 600

Die Zielvorgaben des ISA 600.8 an den verantwortlichen Konzernabschlussprüfer bestehen erstens darin festzustellen, ob er in dieser Funktion tätig werden darf. Zweitens soll er sich mit den Teilbereichsprüfern über Umfang und zeitliche Einteilung der Prüfung

---

705 Vgl. ISA 600.A7.
706 So auch *Rochat/Walton* (2000), S. 886 und 893 f.
707 Vgl. ISA 220.15.

abstimmen und drittens ausreichende und angemessene Prüfungsnachweisen erlangen, um das Prüfungsrisiko auf ein akzeptables Maß zu reduzieren.

Auftragsannahme und -fortführung

Der verantwortliche Konzernabschlussprüfer muss bereits im Stadium der Auftrags-annahme und -fortführung ein umfassendes Verständnis vom Konzern, seinen Teil-bereichen und deren Umfeld entwickeln (ISA 600.12 ff.). Das Verständnis ist einerseits zu entwickeln, um im Rahmen der Auftragsannahme und -fortführung eine Einschät-zung darüber abgeben zu können, ob im Rahmen der Prüfung ausreichende und an-gemessene Prüfungsnachweise hinsichtlich des Konsolidierungsprozesses und der Fi-nanzinformationen der Teilbereiche erlangt werden können. Dies gilt gem. Tz. 13 auch dann, wenn Teilbereiche durch andere Prüfer (die nicht dem Konzernprüfungsteam zuzurechnen sind) geprüft wurden. Andererseits ist das erlangte Verständnis Aus-gangspunkt für die Beurteilung, welche Teilbereiche als signifikant einzuschätzen sind.

In Bezug auf signifikante Teilbereiche muss der verantwortliche Konzernabschluss-prüfer einschätzen, ob das Konzernprüfungsteam ausreichenden Einblick in die Tätig-keit des Teilbereichsprüfers hat, um ausreichende und angemessene Prüfungsnachweise zu erlangen. Gelangt er zu der Einschätzung, dass es aufgrund einer *Zugriffsbeschrän-kung durch die Konzernleitung* nicht möglich sein wird, ausreichende und angemessene Prüfungsnachweise zu erlangen und führt dies seiner Einschätzung zufolge zu einem gravierenden Prüfungshemmnis und in der Konsequenz zur Erteilung eines Versagungs-vermerks, so ist der Prüfungsauftrag gem. ISA 600.13 abzulehnen. Sollte die Ablehnung des Mandats aufgrund entgegenstehender gesetzlicher Vorschriften nicht möglich sein, hat der verantwortliche Konzernabschlussprüfer das Prüfungsurteil zu verweigern und einen Versagungsvermerk zu erteilen (→ II.6.3.1.3). Die zu treffenden Konsequenzen hängen von der Signifikanz des betreffenden Teilbereiches und davon ab, ob die Zu-griffsbeschränkung durch die Konzernleitung oder durch andere Umstände verursacht wird.

- Beschränkt die Konzernleitung den Zugriff auf Informationen hinsichtlich eines *sig-nifikanten Teilbereiches*, so ist es nicht möglich, ausreichende und angemessene Prü-fungsnachweise zu erlangen (ISA 600.A16). Zugriffsbeschränkungen durch die Kon-zernleitung *können* auch dann Auswirkungen auf das Prüfungsurteil haben, wenn es sich um einen *nicht signifikanten* Teilbereich handelt (ISA 600.A17). Beispielsweise ist dies der Fall, wenn die Zugriffsbeschränkung darauf hindeutet, dass erteilte Aus-künfte der Konzernleitung nicht als verlässlich erachtet werden können.
- Ist der Zugriff aufgrund *anderer Umstände* beschränkt (z. B. aufgrund gesetzlicher Datenschutzbestimmungen), so ist es dennoch möglich, ausreichende Prüfungsnach-weise zu erlangen (ISA 600.A15). Allerdings nimmt die Wahrscheinlichkeit der Erlan-gung ausreichender und angemessener Prüfungsnachweise in diesem Fall mit zuneh-mender Signifikanz eines Teilbereiches ab.

Festlegung von Wesentlichkeitsgrenzen

ISA 600 *konkretisiert* den Grundsatz bzw. das Konzept der Wesentlichkeit (angespro-chen sind ISA 320 und 450; → II.1.3) im Hinblick auf die Prüfung von Konzernabschlüssen.[708] Wesentlichkeitsaspekte spielen eine entscheidende Rolle bei der Konzernabschlussprüfung: So kann der Fall eintreten, dass ein auf Ebene eines Teilbereiches als wesentlich erachteter Tatbestand aus Konzernsicht nicht mehr als wesentlich zu beurteilen ist. Möglich ist auch, dass auf Teilbereichsebene als unwesentlich einzustufende Falschdarstellungen auf Konzernebene insgesamt als wesentlich zu beurteilen sind. Weiterhin können sich durch Konsolidierungsmaßnahmen, wie z. B. die Eliminierung bilanzieller Effekte und Erfolgswirkungen aus dem innerbetrieblichen Leistungsverkehr (z. B. Zwischenergebniseliminierung und Schuldenkonsolidierung), abweichende Wesentlichkeitsbeurteilungen ergeben.

Unterschieden werden daher Wesentlichkeitsgrenzen auf Ebene des Konzerns und der Teilbereiche. Diese gilt es wiederum gem. ISA 600 auf verschiedenen Ebenen zu definieren (siehe Abb. II.9-2). Ziel ist es, über die Festlegung dieser Grenzen sicherzustellen, dass die Wesentlichkeitsgrenze auf Ebene des Konzernabschlusses nicht überschritten wird.

Nachstehend werden die einzelnen Grenzen und das bestehende Beziehungsgeflecht beschrieben:

- *Wesentlichkeitsgrenze auf Ebene des Konzernabschlusses*: Diese Gesamtwesentlichkeitsgrenze (*overall materiality*) ist vor allem für Zwecke der Festlegung einer Konzernprüfungsstrategie festzulegen (ISA 600.21a). Diese Grenze kann im Rahmen der Prüfungsplanung zunächst einmal auf der Basis unkonsolidierter Werte festgelegt werden. Gleichwohl ist im weiteren Verlauf der Prüfung die Eignung dieser Grenze anhand der konsolidierten Werte zu überprüfen.

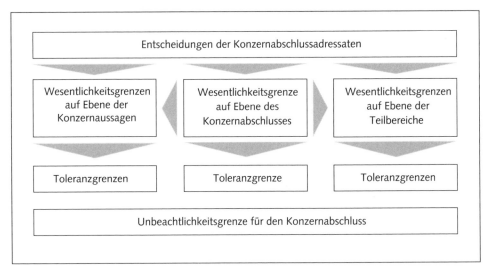

Abb. II.9-2: Festlegung von Wesentlichkeitsgrenzen gem. ISA 600

---

708 Vgl. zu den folgenden Ausführungen *Ruhnke/Schmitz* (2011), S. 193 ff.

- *Wesentlichkeitsgrenzen auf Ebene der Konzernaussagen*: Hier erfolgt eine Einschätzung unter Berücksichtigung der besonderen Umstände des Konzerns, ob es bestimmte Arten von Aussagen (Konzernaussagen über Geschäftsvorfälle und Ereignisse innerhalb des Prüfungszeitraums, über Kontensalden sowie über Ausweis und Angaben; → II.6.2) gibt, bei denen vernünftigerweise erwartet werden kann (could reasonably be expected), dass Falschdarstellungen unterhalb der Gesamtwesentlichkeitsgrenze wirtschaftliche Entscheidungen der Abschlussadressaten beeinflussen (z. B. Angaben zu den Forschungs- und Entwicklungsaufwendungen). Demnach sind auf Ebene der Aussagenkategorien niedrigere Wesentlichkeitsgrenzen als die Gesamtwesentlichkeitsgrenze festzulegen (ISA 600.21b).

  ISA 600 legt keine gesonderten Wesentlichkeitsgrenzen zur Prüfung der Konsolidierungsmaßnahmen fest. Dies erscheint plausibel, da die Konzernaussagen die Konsolidierungsmaßnahmen beinhalten (z. B. wird eine konsolidierungspflichtige Beteiligung gegen das konsolidierungspflichtige Kapital verrechnet, so dass sich für die Beteiligung auf Einzel- und Konzernabschlussebene naturgemäß abweichende Ansätze ergeben). Insofern müssen die Wesentlichkeitsbeurteilungen abschließend stets auf Ebene des Konzernabschlusses und der Konzernaussagen erfolgen.

- *Wesentlichkeitsgrenzen auf Ebene der Teilbereiche (component materiality)*: Aus der Gesamtwesentlichkeitsgrenze sind niedrigere Wesentlichkeitsgrenzen auf Ebene der Teilbereiche abzuleiten, um sicherzustellen, dass die aufgedeckten und nicht aufgedeckten Falschdarstellungen in der Summe die Gesamtwesentlichkeitsgrenze nicht überschreiten (ISA 600.21c i. V. m. 600.A43 f.). Angesprochen sind die Teilbereiche, die geprüft oder einer prüferischen Durchsicht unterzogen werden. Teilbereichswesentlichkeitsgrenzen werden gem. Tz. A43 im Rahmen der Festlegung einer auf die Teilbereiche bezogenen Prüfungsstrategie verwendet. Als Faktoren, die die Festlegung der Teilbereichswesentlichkeitsgrenze beeinflussen, sind z. B. Art und Umfang der teilbereichsspezifischen Schätzerfordernisse, die erwarteten teilbereichsbezogenen Falschdarstellungen sowie die Anzahl der Teilbereiche zu nennen.

  Ungelöst bleibt in ISA 600 die Frage, welches Verfahren der *materiality-Allokation* für die Ableitung der Wesentlichkeitsgrenzen für die Teilbereiche aus der Gesamtwesentlichkeitsgrenze anzuwenden ist. ISA 600.A43 führt hierzu lediglich aus, dass die Summe der Wesentlichkeitsgrenzen aller Teilbereiche die Gesamtwesentlichkeitsgrenze regelmäßig überschreiten dürfte. Nachstehend werden *verschiedene Vorgehensweisen* anhand eines einfachen Beispiels dargestellt und diskutiert:

  – *Übernahme der Gesamtwesentlichkeitsgrenze auch für die Teilbereiche*: Ein solches Vorgehen würde bei einer Gesamtwesentlichkeitsgrenze von 900 T€ dazu führen, dass sich für jeden Teilbereich ebenfalls eine Grenze von 900 T€ ergibt. In diesem Fall wird zweifelsfrei ein zu hohes Prüfungsrisiko akzeptiert; daher ist ein solches Vorgehen unzulässig.

  – *Risikoproportionale Aufteilung*: Bei einer risikoproportionalen Aufteilung der Gesamtwesentlichkeitsgrenze auf die Teilbereiche kann als Indikator für das einem Teilbereich innewohnende Risiko die Größe des Teilbereiches, z. B. gemessen an den Umsatzerlösen, herangezogen werden. In Weiterführung des oben angesprochenen Beispiels würde sich bei drei gleich großen bzw. annahmegemäß gleich risikobehafteten Teilbereichen eine Wesentlichkeitsgrenze von jeweils 300 T€ ergeben. Dieses

Vorgehen ist jedoch sehr konservativ und mithin aus Prüfersicht wenig effizient, da hier die auf Konzernebene erreichte Prüfungssicherheit extrem hoch wäre.

Beide Verfahren gelangen zu nicht zufriedenstellenden Ergebnissen, da sie das *Teilbereichsaggregationsrisiko*, d. h. die mit zunehmender Anzahl signifikanter Teilbereiche steigende Wahrscheinlichkeit, dass die vorgenommene Wesentlichkeitsallokation dazu führt, dass die Summe der unentdeckten und nicht korrigierten Falschdarstellungen aller Teilbereiche die Wesentlichkeitsgrenze auf Konzernebene übersteigt, nicht in geeignetem Maße berücksichtigen. Das Teilbereichsaggregationsrisiko wird bei der Übernahme der Gesamtwesentlichkeitsgrenze gar nicht beachtet; bei der risikoproportionalen Aufteilung wird es hingegen zu stark berücksichtigt. Nachfolgend werden daher zwei weitere Verfahren vorgestellt, welche zu Ergebnissen zwischen diesen Extrempunkten gelangen.

– *Multiplikative Vorgehensweise*: Teilweise wird vorgeschlagen, die Gesamtwesentlichkeitsgrenze nicht direkt risikoproportional aufzuteilen, sondern diese Grenze zuvor mit einem Faktor (der sich in Abhängigkeit von der Anzahl der signifikanten Teilbereiche errechnet) zu multiplizieren, um diesen höheren Betrag dann auf die einzelnen Teilbereiche aufzuteilen. Der Faktor steigt mit zunehmender Anzahl signifikanter Teilbereiche und beträgt auf der Basis wahrscheinlichkeitstheoretischer Überlegungen z. B. bei drei signifikanten Teilbereichen »2«.[709] Anknüpfend an das obige Beispiel ergibt sich ein zu verteilender Wesentlichkeitsbetrag von 1,8 Mio. € (2 · 900 T€), der dann bei drei in gleicher Weise risikobehafteten Teilbereichen zu einer Teilbereichswesentlichkeitsgrenze von jeweils 600 T€ führt.[710]

– *Anwendung der Quadratwurzel-Formel*: Die Anwendung der Quadratwurzel-Formel (→ II.1.3.3) führt zu ähnlichen Ergebnissen. In diesem Fall ist die Teilbereichswesentlichkeitsgrenze beispielhaft wie Folgt definiert:

$$\text{Teilbereichswesentlichkeitsgrenze}_i = \text{Gesamtwesentlichkeitsgrenze} \cdot \sqrt{\frac{\text{Teilbereichsumsatz i}}{\text{Umsätze aller Teilbereiche}}}$$

Da der Ausdruck unter dem Wurzelzeichen bei gleich hohen Umsatzerlösen immer 1/3 ist, errechnet sich für das obige Beispiel für jeden Teilbereich eine Teilbereichswesentlichkeitsgrenze von 519.615 €.

Sowohl die multiplikative Vorgehensweise als auch die Anwendung der Quadratwurzel-Formel erscheinen *grundsätzlich plausibel*, da beide Verfahren das Teilbereichsaggregationsrisiko berücksichtigen. Da die Summe der Teilbereichswesentlichkeitsgrenzen in beiden Fällen die Gesamtwesentlichkeitsgrenze überschreitet, ist stets abschließend zu prüfen, ob die im Einzelfall tolerierten, nicht wesentlichen Beträge die Gesamtwesentlichkeitsgrenze überschreiten. Ein solches Vorgehen ist indes unter Verweis auf die nachstehenden Ausführungen zur Unbeachtlichkeitsgrenze (Prüfung auf Korrekturbedarf) gegeben, so dass das Aggregationsrisiko regelmäßig gering sein dürfte.

---

709 Zu den gesetzten Annahmen und den Einzelheiten der Berechnung siehe *Glover et al.* (2008), S. 44; bei mehr als 131 signifikanten Teilbereichen wird ein Multiplikator von »9« verwendet; vgl. ebd.

710 Weitere Variationen dieser Vorgehensweise finden sich in *Glover et al.* (2008), S. 45 f.

Ob und inwieweit die multiplikativ oder unter Anwendung der Quadratwurzel-Formel festgelegten Teilbereichswesentlichkeitsgrenzen geeignet sind, eine zweckdienliche Prüfungsstrategie auf Ebene der Teilbereiche festzulegen (und mithin das Prüfungsrisiko auf Teilbereichsebene auf ein geeignetes Maß zu begrenzen), lässt sich indes nur schwer beurteilen. Wichtig ist hier auch, dass neben diesen quantitativen materiality-Erwägungen auch qualitative Faktoren eine Rolle spielen; d. h. in einem bestimmten Teilbereich können auch niedrigere Beträge bedeutsam sein, weil dieser Teilbereich z. B. für die künftige Entwicklung des Konzerns von besonderer Bedeutung ist. Demnach sind die zuvor errechneten Teilbereichswesentlichkeitsgrenzen ggf. in geeigneter Form zu modifizieren, so dass dem *prüferischen Ermessen* eine *erhebliche Bedeutung* zukommt.

- Weiterhin sind *Toleranzwesentlichkeitsgrenzen* (*performance materiality*; im Folgenden kurz Toleranzgrenzen) festzulegen, da ansonsten die Gefahr besteht, dass einzelne unwesentliche Falschdarstellungen aggregiert betrachtet zu einer wesentlichen Falschdarstellung führen.[711] Toleranzgrenzen sind einerseits auf Ebene der Teilbereiche und andererseits auf Ebene des Konzernabschlusses (sowie auch auf Ebene der Aussagenkategorien, d. h. für einzelne Arten von Geschäftsvorfällen, Kontensalden oder Abschlussangaben) festzulegen (ISA 600.A42).

  Auf Ebene der Teilbereiche hat der Teilbereichsprüfer (oder das Konzernprüfungsteam) auch unter Berücksichtigung der Teilbereichswesentlichkeitsgrenze eine (unterhalb der zuletzt genannten Grenze liegende) Toleranzgrenze abzuleiten (ISA 600.22). Diese Grenze wird festgelegt, um die *Risiken* wesentlicher Falschdarstellungen in den Finanzinformationen des Teilbereichs *zu beurteilen* und als Reaktion auf die beurteilten Risiken weitere Prüfungshandlungen zu *planen* (ISA 600.A46).[712]

  Auf Konzernebene werden Toleranzgrenzen auch festgelegt, um Art und Umfang der durch das Konzernprüfungsteam durchzuführenden Prüfungshandlungen (z. B. in Bezug auf die Prüfung der Konsolidierungsvorgänge) zu bestimmen.

- *Unbeachtlichkeitsgrenze:*[713] Unterhalb dieser Grenze ist eine Falschdarstellung gem. ISA 600.21d für den Konzernabschluss als Ganzes zweifelsfrei unbeachtlich (clearly trivial). Von Beträgen, die diese Grenze unterschreiten, wird erwartet, dass diese auch aggregiert betrachtet nicht wesentlich sind (siehe auch ISA 450.5, 450.A2).[714]

  Die Unbeachtlichkeitsgrenze ist insoweit für den Teilbereichsprüfer relevant, als *diese Grenze überschreitende Falschdarstellungen* dem Konzernprüfungsteam mitzuteilen sind (ISA 600.A45); demnach stellt die Unbeachtlichkeitsgrenze die *Berichterstattungsgrenze des Teilbereichsprüfers* dar. Beabsichtigt ist es, dass das Konzernprüfungsteam *alle* berichteten Beträge (Prüfungsdifferenzen)[715] sammelt und anschlie-

---

711 Vgl. auch ISA 320.9, 320.11 und 320.A12.

712 In Bezug auf den Einzelabschluss werden Werte von 50–80 % der Gesamtwesentlichkeitsgrenze (übertragen auf die Konzernabschlussprüfung ist in diesem Fall die Teilbereichswesentlichkeitsgrenze relevant) genannt. Vgl. *IDW* (2010), S. 579, jedoch ohne nähere Begründung.

713 Synonym findet auch der Begriff Nichtaufgriffsgrenze Verwendung; z. B. IDW PS 250.20.

714 In Bezug auf den Einzelabschluss werden Werte von 3–5 % der Gesamtwesentlichkeitsgrenze (übertragen auf die Konzernabschlussprüfung ist die Wesentlichkeitsgrenze auf Ebene des Konzernabschlusses relevant) genannt. Vgl. *IDW* (2010), S. 185, jedoch ohne nähere Begründung.

715 Demnach umfassen Prüfungsdifferenzen auch unter der Wesentlichkeitsgrenze liegende Differenzen; vgl. hierzu Ruhnke (2009), S. 677 f.

ßend beurteilt, ob einzeln oder aggregiert betrachtet (durch einen Vergleich mit der Gesamtwesentlichkeitsgrenze auf Konzernebene) Korrekturbedarf (i. S. einer Prüfungsdifferenz, die seitens des Mandanten zu korrigieren ist) besteht (siehe auch ISA 450.11). Bucht der Mandant solche Differenzen nicht, sind Konsequenzen im Hinblick auf das Prüfungsurteil (z. B. Einschränkung des Bestätigungsvermerks) zu erwägen.

Verwertung von Ergebnissen Dritter

§ 317 Abs. 3 Satz 1 HGB bestimmt eine grundsätzliche Prüfungspflicht der zu konsolidierenden Handelsbilanzen I/II durch den Konzernabschlussprüfer. Gemäß Satz 2 hat er, sofern die konsolidierten Einzelabschlüsse durch einen *anderen Prüfer*[716] geprüft wurden, dessen Arbeit zu überprüfen und dies zu dokumentieren. Da der Konzernabschlussprüfer auch bei einer Verwertung von Urteilen anderer Abschlussprüfer (→ II.6.2.3) unverändert die volle Verantwortung für die Richtigkeit des testierten Konzernabschlusses trägt (§ 43 Abs. 1 WPO, ISA 600.A8), sollte eine laufende Zusammenarbeit mit dem Abschlussprüfer, dessen Urteil verwertet werden soll, angestrebt werden.

Dabei stehen dem Konzernabschlussprüfer umfassende *Vorlage- und Auskunftsrechte* gegenüber dem anderen Prüfer und auch den gesetzlichen Vertretern des vom anderen Prüfer geprüften Teilbereiches (angesprochen ist der Einzelabschluss) zu (§ 320 Abs. 3 HGB).[717] Das Konzernprüfungsteam muss daher die Teilbereichsprüfer auffordern, für das Konzernprüfungsurteil relevante Sachverhalte zu kommunizieren (ISA 600.41). Diese Berichterstattung wird genutzt, um die Tätigkeit der Teilbereichsprüfer auf ihre Angemessenheit zu beurteilen. Gelangt das Konzernprüfungsteam zu dem Schluss, dass diese unzureichend ist, muss es zusätzliche Prüfungshandlungen festlegen.

Das Konzernprüfungsteam muss sich weiterhin vergewissern, dass ein Teilbereichsprüfer für die auf Grund gesetzlicher oder satzungsmäßiger Bestimmungen durchgeführte Prüfung der finanziellen Informationen der Teilbereiche Teilbereichswesentlichkeitsgrenzen und Teilbereichstoleranzgrenzen verwendet hat, welche den Anforderungen in ISA 600 genügen (ISA 600.23). Verwendet ein Teilbereichsprüfer z. B. bei einem signifikanten Teilbereich eine Wesentlichkeitsgrenze, welche die gem. ISA 600 festzulegende Teilbereichswesentlichkeitsgrenze übersteigt, so dürfte eine vorbehaltlose Ergebnisverwertung dieses Prüfers nicht in Betracht kommen, weil den Anforderungen in ISA 600.27a nicht Rechnung getragen wird.

Prüfungshandlungen anhand der Strukturvorgaben des geschäftsrisikoorientierten Prüfungsansatzes

ISA 600 folgt in seinem Aufbau grundsätzlich der für einen geschäftsrisikoorientierten Prüfungsansatz charakteristischen Vorgehensweise (→ II.3.3.1; angesprochen sind ISA 315 und ISA 330). Nachstehend wird der ursprüngliche Aufbau als Ausgangspunkt herangezogen und im Hinblick auf die konzernspezifischen Besonderheiten modifiziert. Dabei lässt sich das Vorgehen in drei Schritte untergliedern:

---

716 Sofern ein Teilbereichsprüfer nicht dem Prüfungsteam angehört, handelt es sich (ebenfalls) um einen anderen Prüfer.
717 Vgl. z. B. *Ruhnke/Schmidt* (2010b), § 320 HGB, Rz. 101 ff.

Schritt 1 (Risikoidentifikation und -beurteilung): Der Abschlussprüfer hat sich mit der Branche, den rechtlichen Rahmenbedingungen und anderen externen Faktoren zu befassen. Diese Vorgaben zur *Risikoidentifikation* werden konzernspezifisch durch ISA 600.17 konkretisiert. Demzufolge muss das Konzernprüfungsteam das in der Phase der Auftragsannahme gewonnene Verständnis vom Konzern, seinen Teilbereichen sowie deren Umfeld einschließlich der konzernweiten internen Kontrollen (*group wide controls*) vertiefen. Zudem muss er ein Verständnis vom Konsolidierungsprozess erlangen. Das in Bezug auf den Konsolidierungsprozess zu erlangende Verständnis umfasst Sachverhalte in Zusammenhang mit den angewandten Rechnungslegungsnormen, dem Konsolidierungsprozess und den Konsolidierungsbuchungen, die in ISA 600.appendix 2.3 beispielhaft beschrieben werden.

Weiterhin muss sich das Prüfungsteam mit den Anweisungen der Konzernleitung an die Teilbereiche beschäftigen.[718] Die schriftlichen Anweisungen erfolgen regelmäßig in Form einer sog. Konzernrichtlinie, welche auch den Umfang der Berichtspakete festlegt.[719] Zumeist werden Berichtspakete (reporting packages) erstellt, welche alle für die Konzernabschlusserstellung relevanten Informationen des jeweiligen Teilbereiches (z. B. Daten für die Durchführung von Zwischenergebniseliminierungen) beinhalten.

Das gewonnene Verständnis soll ausreichen, um die in der Phase der Auftragsannahme vorgenommene Einschätzung der Teilbereiche bezüglich ihrer Signifikanz[720] bestätigen bzw. revidieren zu können. Zudem dient das Verständnis dem Prüfer dazu, identifizierte Fehlerrisiken zu *beurteilen* (ISA 600.18). Als Sachverhalte, die auf Fehlerrisiken hindeuten, nennt ISA 600.appendix 3 beispielsweise komplexe Konzernstrukturen, ungewöhnliche Transaktionen mit nahestehenden Personen oder Teilbereiche, die in ausländischen Rechtsräumen operieren und dort unüblichen staatlichen Interventionen sowie Wechselkursschwankungen ausgesetzt sein können.

Sofern eine Einbindung eines Teilbereichsprüfers erfolgen soll, ist weiterhin ein Verständnis vom Teilbereichsprüfer zu gewinnen und in die Risikobeurteilung einzubeziehen (ISA 600.19 f.). Dabei sind z. B. die Einhaltung der relevanten ethischen Prüfungsnormen, insbesondere der Unabhängigkeit des Teilbereichsprüfers, und seine fachliche Kompetenz relevant. Erfüllt ein Teilbereichsprüfer z. B. nicht die Unabhängigkeitsanforderungen, muss sich das Konzernprüfungsteam ohne Einbindung des Teilbereichsprüfers ausreichende und angemessene Prüfungsnachweise zu den Finanzinformationen des Teilbereiches beschaffen.

Schritt 2 (Reaktionen auf die beurteilten Fehlerrisiken): Ausgehend von der vorhergehenden Risikobeurteilung sind Art und Umfang der weiteren Prüfungshandlungen zu bestimmen (ISA 600.24 ff.). Weiterhin müssen Art und Umfang der Einbindung in die Arbeit der Teilbereichsprüfer festgelegt werden. Die Signifikanz eines Teilbereiches, die identifizierten signifikanten Fehlerrisiken, die Art und Wirksamkeit konzernweiter Kontrollen sowie das erlangte Verständnis vom Teilbereichsprüfer determinieren Art und Umfang der Prüfungshandlungen, die in Bezug auf die Finanzinformationen der

---

718 Vgl. ISA 600.17b i. V. m. ISA 600.A24 ff.
719 Vgl. hierzu *Ruhnke* (1995), S. 144 ff., sowie *Veit* (2002).
720 Im Abschnitt *Zentrale Begriffsdefinitionen* wurden die Kriterien zur Einschätzung der Signifikanz eines Teilbereiches erörtert.

Teilbereiche zu tätigen sind bzw. Art und Umfang der Einbindung in die Tätigkeit der Teilbereichsprüfer (ISA 600.A47). Basiert die Prüfung eines Teilbereiches oder des Konsolidierungsprozesses auf der Einschätzung, dass konzernweite Kontrollen wirksam funktionieren, oder liefern aussagebezogene Prüfungshandlungen allein keine hinreichende Prüfungssicherheit, so sind Kontrolltests (Funktionsprüfungen) durchzuführen (ISA 600.25 und 32).

Um auf die beurteilten Risiken zu reagieren, sind Prüfungshandlungen zu tätigen, die sich auf die Teilbereiche einerseits und den Konsolidierungsprozess andererseits beziehen:

- *Prüfungshandlungen in Bezug auf Teilbereiche* (ISA 600.26-31): Hier wird das Problem der Verbindung der beurteilten Risiken mit den zu tätigenden Prüfungshandlungen konzeptionell angegangen, indem der Prüfer der Frage nachzugehen hat, ob und aus welchen Gründen ein Teilbereich als *signifikant* zu beurteilen ist:[721] Ist ein Teilbereich *aus wirtschaftlichen Gründen* als signifikant einzustufen, ist dieser stets als Ganzes zu prüfen (ISA 600.26). Ist ein Teilbereich dagegen wegen *seiner spezifischen Merkmale oder Umstände* als signifikant einzustufen, ist dieser als Ganzes zu prüfen oder es sind z. B. einzelne mit bedeutsamen Risiken behaftete Kontensalden dieses Teilbereiches zu prüfen oder es sind sonstige auf diese Risiken bezogene Prüfungshandlungen vorzunehmen (vgl. ISA 600.27).

  Gelangt der verantwortliche Konzernabschlussprüfer jedoch zu dem Ergebnis, dass die erlangte *Prüfungssicherheit*, die durch auf die Finanzinformationen signifikanter Teilbereiche bezogene Prüfungshandlungen erzielt wurde, *noch nicht hinreichend ist*, so sind zusätzliche auf die Finanzinformationen der nicht signifikanten Teilbereiche bezogene Prüfungshandlungen vorzunehmen (vgl. ISA 600.29); neben einer Prüfung des Teilbereiches als Ganzes, der Prüfung einzelner Abschlussposten dieses Teilbereiches oder der Durchführung sonstiger spezifischer Prüfungshandlungen kommt, hier auch eine prüferische Durchsicht der Finanzinformationen des Teilbereiches in Betracht.[722]

- *Prüfungshandlungen in Bezug auf den Konsolidierungsprozess* (ISA 600.32-37): ISA 600.34 gibt drei konsolidierungsspezifische Prüfungsziele vor, welche den Charakter von Konsolidierungsaussagen (zu den assertions → I.6.2) besitzen: Die Angemessenheit (appropriateness), Vollständigkeit (completeness) und Genauigkeit (accuracy) der Konsolidierungsanpassungen und -umbuchungen sollen überprüft werden.[723] Dabei soll der Prüfer sein Augenmerk insbesondere auf signifikante Anpassungen richten (ISA 600.A56). Die diesbezüglichen Prüfungshandlungen können sich z. B. darauf beziehen, ob die zu eliminierenden Zwischengewinne die dahinter stehende

---

721 Für nicht signifikante Teilbereiche ist es grundsätzlich ausreichend, analytische Prüfungen zu tätigen; vgl. ISA 600.28.

722 Anhaltspunkte für die Auswahl der in die Prüfung einzubeziehenden, nicht signifikanten Teilbereiche gibt ISA 600.A51. Ein Ablaufdiagramm, welches die Bestimmung von Art und Umfang der Prüfungshandlungen in den Teilbereichen verdeutlicht, findet sich in ISA 600.A47.

723 Der Rückgriff auf diese drei Aussagen erscheint an dieser Stelle unzureichend, bspw. wäre die Aussage »Periodenabgrenzung« in Bezug auf die Einbeziehung von Einzelabschlüssen mit abweichendem Geschäftsjahr (ISA 600.37) relevant. Vgl. ausführlich *Ruhnke/Canitz* (2007), S. 457 f.

ökonomische Realität angemessen reflektieren sowie ob die Zwischengewinne vollständig und hinreichend genau ermittelt wurden (vgl. hierzu ISA 600.A56).[724]

Schritt 3 (Gesamtwürdigung der erlangten Prüfungsnachweise): Im Anschluss sollen die erhaltenen Prüfungsnachweise auf ausreichenden Umfang und Eignung beurteilt werden (ISA 600.42-45). Hierzu soll zunächst überprüft werden, ob die Berichterstattung der Teilbereichsprüfer sowie von diesen durchgeführte Prüfungshandlungen angemessen sind.[725] Gelangt das Konzernprüfungsteam zu der Einschätzung, dass die Tätigkeiten eines Teilbereichsprüfers unzureichend sind, muss es entscheiden, welche zusätzlichen Prüfungshandlungen durchzuführen sind und ob diese vom Teilbereichsprüfer oder vom Konzernprüfungsteam vollzogen werden.

Weiterhin muss eine Beurteilung erfolgen, ob aus den Prüfungshandlungen bezüglich des Konsolidierungsprozesses und der Teilbereiche ausreichende und angemessene Prüfungsnachweise für das Konzernprüfungsurteil erlangt werden konnten. Der verantwortliche Konzernabschlussprüfer muss die Auswirkung nicht korrigierter Falschdarstellungen auf Konzern- und Teilbereichsebene sowie von Fällen, in denen keine ausreichenden Prüfungsnachweise erlangt werden konnten (Prüfungshemmnis), auf das Konzernprüfungsurteil einschätzen. Er soll zu einem Urteil gelangen, ob der Konzernabschluss als Ganzes wesentliche Falschdarstellungen enthält.[726]

Die zuvor skizzierten Schritte einer geschäftsrisikoorientierten Konzernabschlussprüfung sowie wesentliche Elemente der angestellten Überlegungen fasst Abb. II.9-3 (S. 647) zusammen.

Berichterstattungserfordernisse

Die Ausführungen zur Berichterstattung bei der Prüfung eines Einzelabschlusses (→ II.6.3) gelten grundsätzlich auch auf Konzernebene.

Der *Prüfungsbericht* über die Konzernabschlussprüfung ist grundsätzlich separat zu erstellen, kann jedoch, sofern die Bekanntmachung des Konzernabschlusses und des Einzelabschlusses zeitgleich stattfinden, mit dem Prüfungsbericht des Mutterunternehmens zusammengefasst werden. Gleiches gilt für den *Bestätigungsvermerk* (§ 325 Abs. 3a HGB). Spezifische Anforderungen an den Bestätigungsvermerk bei Konzernabschlussprüfungen gelten, wenn das Konzernprüfungsurteil modifiziert wird, weil es dem Prüfungsteam nicht möglich war, ausreichende und angemessene Prüfungsnachweise zu den Finanzinformationen eines oder mehrerer Teilbereiche zu erlangen. In diesem Fall sollen die Gründe hierfür im Abschnitt über die Grundlage der Modifizierung des Bestätigungsvermerks ohne Bezugnahme auf den Teilbereichsprüfer erläutert werden; ein Beispiel hierfür gibt ISA 600.appendix 1.

---

724 Zur Prüfung der Zwischenergebniseliminierung vgl. *Nerlich* (2006), S. 922 ff.
725 Zu den Anforderungen an die Berichterstattung der Teilbereichsprüfer siehe ISA 600.41.
726 Vgl. ISA 600.45 und A63.

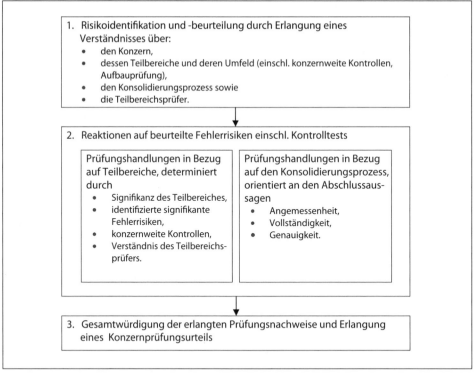

1. Risikoidentifikation und -beurteilung durch Erlangung eines Verständnisses über:
   - den Konzern,
   - dessen Teilbereiche und deren Umfeld (einschl. konzernweite Kontrollen, Aufbauprüfung),
   - den Konsolidierungsprozess sowie
   - die Teilbereichsprüfer.

2. Reaktionen auf beurteilte Fehlerrisiken einschl. Kontrolltests

Prüfungshandlungen in Bezug auf Teilbereiche, determiniert durch	Prüfungshandlungen in Bezug auf den Konsolidierungsprozess, orientiert an den Abschlussaussagen
• Signifikanz des Teilbereiches, • identifizierte signifikante Fehlerrisiken, • konzernweite Kontrollen, • Verständnis des Teilbereichsprüfers.	• Angemessenheit, • Vollständigkeit, • Genauigkeit.

3. Gesamtwürdigung der erlangten Prüfungsnachweise und Erlangung eines Konzernprüfungsurteils

Abb. II.9-3: Durchzuführende Prüfungshandlungen anhand der Strukturvorgaben des geschäftsrisikoorientierten Prüfungsansatzes

9.3 Einflussnahme des Rechnungslegungssystems auf das Prüfungsobjekt

9.3.1 Prüfung von IFRS-Abschlüssen

9.3.1.1 Anwendungsbereich, Pflichtbestandteile und anzuwendende Prüfungsnormen

Der *Anwendungsbereich der IFRS* lässt sich wie folgt skizzieren: Nach § 315a Abs. 1 HGB müssen kapitalmarktorientierte Mutterunternehmen, die dem Recht eines Mitgliedstaates der EU unterliegen, ihre konsolidierten Abschlüsse (→ II.9.2) nach IFRS erstellen.[727] Auch nicht kapitalmarktorientierte Unternehmen haben nach § 315a Abs. 3 HGB ein Wahlrecht zur Erstellung eines IFRS-Konzernabschlusses. In beiden Fällen befreit ein

---

727 Die Verpflichtung ergibt sich auch aus der Verordnung (EG) Nr. 1606/2002 des Europäischen Parlaments und des Rates.

IFRS-Konzernabschluss das Mutterunternehmen von der Aufstellung eines HGB-Konzernabschlusses. Zudem ist es zulässig, zum Zwecke der besseren Information (anstelle des HGB-Einzelabschlusses) einen IFRS-Einzelabschluss zu veröffentlichen (sog. informatorischer Einzelabschluss; vgl. § 325 Abs. 2a HGB). Allerdings ist in diesem Fall weiterhin für Ausschüttungs- und Steuerbemessungszwecke ein HGB-Einzelabschluss und bei abweichenden steuerrechtlichen Vorschriften ggf. eine gesonderte Steuerbilanz zu erstellen.

Pflichtbestandteile eines IFRS-Abschlusses sind gem. IAS 1.10:[728] Bilanz (statement of financial position), Gesamtergebnisrechnung (statement of comprehensive income), erläuternde Angaben in Form des Anhangs (notes), Kapitalflussrechnung (statement of cash flows gem. IAS 7; → II.8.2) sowie Eigenkapitalveränderungsrechnung (statement of changes in equity; → II.8.3). Als Pflichtergänzung treten ggf. die Segmentberichterstattung (operating segments gem. IFRS 8; → II.8.1) und Angaben zum Ergebnis je Aktie (earnings per share gem. IAS 33) hinzu. Da die Erstellung und Prüfung eines IFRS-Abschlusses ohne eine sachgerechte Buchführung nicht möglich ist, besteht weiterhin eine faktische Buchführungspflicht. Diese Buchführungspflicht gilt sowohl in Bezug auf die Erstellung von Einzel- als auch Konzernabschlüssen.

Erstellt ein deutsches Mutterunternehmen einen IFRS-Konzernabschluss, ist zudem gem. § 315a Abs. 1 HGB ein Lagebericht (→ II.8.6) zu erstellen, der den Anforderungen des § 315 HGB i. V. m. DRS 5 und 15 genügt.[729] Weiterhin sind bestimmte, nur nach deutschem Recht geforderte Angaben zu tätigen. Angesprochen sind die in § 315a Abs. 1 HGB genannten Angabepflichten, welche u. a. die Offenlegung der Bezüge der Organmitglieder gem. § 314 Abs. 1 Nr. 6 HGB umfassen.

Bei Erstellung eines IFRS-Abschlusses ist im Hinblick auf die *Prüfungspflicht sowie die bei der Prüfung anzuwendenden Prüfungsnormen* Folgendes festzustellen:[730]

- Deutsche Unternehmen, die verpflichtend oder wahlweise einen IFRS-Konzernabschluss erstellen, müssen § 315a Abs. 1 HGB anwenden. Demnach sind die Vorschriften außerhalb dieses Unterabschnittes (angesprochen ist der zweite Unterabschnitt; §§ 290–315a HGB) anzuwenden, so dass auch die Ausführungen im dritten Unterabschnitt zur Prüfung (§§ 316–324a HGB) für die zuvor angesprochenen Unternehmen ihre Gültigkeit besitzen. Folglich besteht nach § 316 Abs. 2 HGB eine Prüfungspflicht.
- Die Prüfung eines informatorischen IFRS-Einzelabschlusses gem. § 325 Abs. 2a HGB regelt § 325 Abs. 2b HGB. Ein solcher Abschluss ist gem. § 324a Abs. 1 HGB gleichfalls gem. § 316 Abs. 1 HGB prüfungspflichtig.[731]
- § 37v Abs. 2 WpHG schreibt für Inlandsemittenten[732] vor, dass der Jahresfinanzbericht einen gemäß dem nationalen Recht des Sitzungsstaates des Unternehmens aufgestellten und geprüften Jahresabschluss zu enthalten hat. Diese Formulierung

---

728 Vgl. ausführlich *Ruhnke* (2008), S. 110 ff.
729 Weiterhin sind ggf. DRS 5-10, 5-20, 15a und 17 zu beachten. Die IFRS sehen derzeit kein mit dem deutschen Lagebericht vergleichbares Berichtsinstrument vor, jedoch verfolgt der IASB mit dem sog. »management commentary project« das Ziel, mittelfristig zumindest einen international einheitlichen Rahmen für die Mangementberichterstattung zu schaffen.
730 In Anlehnung an *Ruhnke* (2008), S. 73.
731 So auch *Ellrott/Grottel* (2010), § 325 HGB, Anm. 71.
732 Zum Begriff des Inlandsemittenten vgl. § 2 Abs. 7 WpHG.

ist so zu interpretieren, dass sich der Zusatz »gemäß dem nationalen Recht« nicht nur auf die Aufstellung und damit die Rechnungslegungsnormen, sondern auch auf die Prüfungsnormen bezieht. Eine Prüfung nach §§ 316 ff. HGB ist demzufolge nur für deutsche Unternehmen verpflichtend. Für Inlandsemittenten besteht gem. § 37y WpHG auch eine Verpflichtung zur Erstellung und Prüfung eines IFRS-Konzernabschlusses.[733]

- Unabhängig von den zuvor angesprochenen Fällen dürfte häufig eine faktische Prüfungspflicht bestehen, da der Kapitalmarkt ungeprüfte IFRS-Abschlüsse nicht akzeptiert.

Ergibt sich die Prüfungspflicht nach § 316 Abs. 1 bzw. 2 HGB in der zuvor beschriebenen Weise, so bestehen hinsichtlich der anzuwendenden fachtechnischen Prüfungsnormen keine grundsätzlichen Unterschiede im Vergleich zur Prüfung eines HGB-Abschlusses (zur Bindungswirkung der nationalen und internationalen Prüfungsnormen → I.6.3.2). In Folge der Umsetzung des Art. 26 Abs. 1 Satz 1 der Abschlussprüferrichtlinie[734] durch das BilMoG sind gem. § 317 Abs. 5 HGB bei der Durchführung von Abschlussprüfungen künftig zwingend die internationalen fachtechnischen Prüfungsnormen anzuwenden (ausführlich hierzu → I.6.3.1. f.).

9.3.1.2 Einflussnahme des Rechnungslegungssystems auf den Prüfungsprozess und die Berichterstattung

Die *Besonderheiten bei der Prüfung eines IFRS-Abschlusses* resultieren v. a. aus den anzuwendenden Rechnungslegungsnormen (zum Beziehungsgeflecht zwischen Rechnungslegungs- und Prüfungsnormen → I.6.1).[735] Zwar erfolgte durch das BilMoG eine Annäherung der Regelungen des HGB an die IFRS, jedoch ist weiterhin eine stärker zukunftsorientierte Ausrichtung der IFRS zu konstatieren. Der Prüfer sieht sich demnach regelmäßig mit erhöhten Schätz- und Beurteilungserfordernissen konfrontiert, was die folgenden Beispiele verdeutlichen:[736]

Besonderheiten bei der Prüfung eines IFRS-Abschlusses

Bei *langfristigen Fertigungsaufträgen* sind für die Zwecke der Teilgewinnrealisierung gem. IAS 11 u. a. die Gesamterlöse und Gesamtkosten eines Auftrags sowie der Fertigstellungsgrad zu schätzen. Dabei sind für die Messung des Fertigstellungsgrades nach der cost-to-cost-Methode die bis zum Bilanzstichtag angefallenen Auftragskosten zu den geschätzten gesamten Auftragskosten ins Verhältnis zu setzen (IAS 11.30a).

---

733 Vgl. *Hönsch* (2009), § 37y WpHG, Rn. 1 ff. Dem Wortlaut des § 37y WpHG folgend besteht für den Konzernlagebericht keine Prüfungspflicht; für Emittenten mit Sitz in Deutschland ergibt sich diese jedoch aus § 316 Abs. 2 HGB.
734 Richtlinie 2006/43/EG des Europäischen Parlaments und des Rates vom 17. Mai 2006.
735 Vgl. auch *Ruhnke* (2006), S. 1174 f.
736 Vgl. hierzu z. B. *Ruhnke* (2008), S. 441 ff., 603 ff.

Im Zuge der Folgebewertung von Sachanlagen ist nach dem amortized cost-Modell ein *Wertminderungstest* (impairment test) gem. IAS 36 durchzuführen. Vereinfacht formuliert hat dieser Wertminderungstest die Identifizierung eines etwaigen Wertminderungsbedarfes anhand der Bestimmung des erzielbaren Betrages zum Ziel. Der erzielbare Betrag ist definiert als der höhere Wert aus beizulegendem Zeitwert abzüglich Verkaufskosten und Nutzungswert. Die Bestimmung des Nutzungswertes setzt wiederum voraus, in geeigneter Weise zahlungsmittelgenerierende Einheiten (cash-generating units) abzugrenzen sowie mit der Nutzung dieser Einheiten einhergehende Zahlungsströme zu schätzen, die mit einem risikoadäquaten Zinssatz vor Steuern zu diskontieren sind. Hinzu tritt, dass gemeinschaftliche Vermögenswerte (corporate assets; z. B. Verwaltungsgebäude), die keine eigenständigen cashflows generieren, in geeigneter Weise anteilig auf die cash-generating units verteilt werden müssen. Ebenso ist mit einem erworbenen Geschäfts- oder Firmenwert (goodwill) zu verfahren.

Weitere Unterschiede bestehen bei der *Kaufpreisallokation* (purchase price allocation) im Rahmen eines Unternehmenszusammenschlusses gem. IFRS 3. Auf Konzernebene sind z. B. immaterielle Vermögenswerte bereits dann anzusetzen, wenn diese identifizierbar sind (IFRS 3.13, 3.B31). Die weiteren auf Einzelabschlussebene relevanten Kriterien (vgl. IAS 38.21; angesprochen ist der wahrscheinliche künftige Nutzenzufluss sowie verlässlich messbare Kosten) müssen demnach nicht mehr erfüllt sein. Konkrete Beispiele finden sich in IFRS 3.IE16ff. Die hiermit einhergehenden Probleme im Rahmen der Abschlussprüfung sind beachtlich.[737]

Vor diesem Hintergrund erlangen vor allem jene Prüfungsnormen eine besondere Bedeutung, die sich mit der Prüfung von geschätzten Werten beschäftigen (z. B. ISA 540; → II.3.4.3). Allerdings existieren *keine IFRS-spezifischen Prüfungsnormen*, da der Anwendungsbereich der IFAC-Normen nicht auf die Prüfung eines bestimmten Systems von Rechnungslegungsnormen beschränkt ist.

Nach § 315a HGB sind Konzernabschlüsse unter Beachtung der IFRS, wie sie in der EU anzuwenden sind, zu erstellen. Die Prüfung solcher Abschlüsse erfolgt häufig unter ergänzender Beachtung der internationalen Prüfungsnormen.[738] Hieraus ergeben sich die folgenden Konsequenzen für die *Berichterstattung* im Bestätigungsvermerk (auditor's report):

- Eine zusätzliche Bezugnahme auf die internationalen Prüfungsnormen ist nur dann zulässig, sofern sowohl diese als auch die nationalen Prüfungsnormen *vollständig* beachtet wurden (ISA 700.44 i. V. m. ISA 700.A43; IDW PS 400.30a). Die gleichzeitige Anwendung darf dabei nicht zu widersprüchlichen Urteilen führen (ISA 700.44a; IDW PS 400.30a).
- Schreiben die nationalen Normen Formulierung und Inhalt des Bestätigungsvermerks vor, so ist eine Bezugnahme auf die internationalen Prüfungsnormen nur dann zulässig, wenn der Bestätigungsvermerk gleichzeitig den (Mindest-)Anforderungen der internationalen Prüfungsnormen entspricht (ISA 700.44b, IDW PS 400.97a). Entsprechende Mindestangaben normiert ISA 700.43.

---

737 Zu den Besonderheiten bei der Prüfung der Kaufpreisallokation vgl. *Bartels/von Kanitz* (2008), S. 267 ff.; zu einer abschlusspostenorientierten Vorgehensweise (→ II.3.3.2.2) siehe *ebd.*, S. 298 ff.
738 Vgl. beispielhaft *Deutsche Bank AG* (2011), S. 372; *Lufthansa AG* (2011), S. 216 und *Siemens AG* (2011), S. 291.

- Über die ISA hinausgehende Berichterstattungserfordernisse nationaler Prüfungsnormen (z. B. zur Prüfung des Konzernlageberichts) sind in einem gesonderten Abschnitt im Bestätigungsvermerk zu behandeln (ISA 700.38). Der Bestätigungsvermerk ist mithin in einen Vermerk zum Konzernjahresabschluss und einen Vermerk aufgrund weiterer rechtlicher Vorschriften zu unterteilen (ISA 700.39; ein Beispiel für die Ausgestaltung des Bestätigungsvermerks findet sich in IDW PS 400.Anhang, 4a.).

Eine (nicht in ISA 700 angesprochene) berichterstattungspflichtige Besonderheit könnte sich auf Grund von Unterschieden zwischen den vom IASB veröffentlichten IFRS und den im Zuge eines Komitologieverfahrens in EU-Recht übernommenen IFRS ergeben.[739] Erst mit Abschluss dieses Verfahrens und Veröffentlichung der IFRS im Amtsblatt sind die IFRS rechtlich verbindlich; demnach lassen sich IASB-IFRS und EU-IFRS unterscheiden. Da § 315a HGB ausdrücklich auf die EU-IFRS Bezug nimmt, erscheint die vom Accounting Regulatory Committee (ARC) der EU vertretene Auffassung konsequent, dass auch der Abschlussprüfer im Bestätigungsvermerk auf die EU-IFRS Bezug nehmen muss (in accordance with IFRSs as adopted by EU).[740]

Es kann nun der Fall eintreten, dass nicht alle zu einem bestimmten Zeitpunkt gültigen IASB-IFRS den Status von EU-IFRS erlangt haben. Dies kann auf rein zeitliche Restriktionen (z. B. IASB-IFRS wurden bereits von der EU-Kommission übernommen, jedoch noch nicht im EU-Amtsblatt veröffentlicht), aber auch auf die bewusst fehlende oder nur teilweise Übernahme durch die EU-Kommission zurückzuführen sein. Das ARC versucht, mögliche ausschließlich zeitlich bedingte Unterschiede zwischen den IASB-IFRS und den EU-IFRS dadurch zu minimieren, indem als Stichtag für die heranzuziehenden EU-IFRS nicht der Abschlussstichtag, sondern der (zeitlich folgende) Tag der Beendigung des Aufstellungszeitraums maßgeblich ist. Damit können bspw. die im Januar der Berichtsperiode t_2 im Amtsblatt veröffentlichten EU-IFRS noch im Abschluss der Berichtsperiode t_1 angewandt werden.[741]

Stellt ein Mandant seinen Abschluss unter Beachtung der aktuell gültigen IASB-IFRS auf, stellt sich die Frage, ob ein solches Abweichen zwingend ein nicht uneingeschränkt erteiltes Testat nach sich zieht.[742] Bietet bspw. ein IASB-IFRS eine bestimmte Lösung für ein Bilanzierungsproblem an und wurde dieser bis zum Tag der Beendigung des Aufstellungszeitraums nicht in das Amtsblatt übernommen (sei es bewusst oder ausschließlich aufgrund von zeitlichen Restriktionen), ist einzelfallbezogen zu prüfen, ob der IASB-IFRS eine Problemlösung anbietet, welche den Anforderungen in IAS 8.107 ff. genügt.[743] Ist dies der Fall, ist der nicht im Amtsblatt veröffentlichte IASB-IFRS faktisch relevant; die Anwendung im IFRS-Abschluss lässt sich dann über IAS 8 (EU-IFRS) begründen. Insofern führt eine Beachtung von IASB-IFRS, die nicht EU-IFRS darstellen,

---

739 Vgl. hierzu und im Folgenden ausführlich *Ruhnke* (2008), S. 12 ff. sowie *ebd.*, S. 66 ff.
740 Vgl. *ARC* (2005), S. 2. So auch IDW PS 400.Anhang, 4. und 5.
741 Vgl. *ARC* (2005), S. 3.
742 Ohne nähere Begründung sprechen sich *Förschle/Küster* (2010), § 322 HGB, Anm. 139 f., für die Erteilung eines eingeschränkten Bestätigungsvermerks aus.
743 Vgl. zur Problemlösungsmethodik des IAS 8 ausführlich *Ruhnke* (2008), S. 375 ff.

nach der hier vertretenen Auffassung nicht zwangsläufig zu einer Einschränkung des Bestätigungsvermerks.

Schließlich ist der Fall vorstellbar, dass ein Konzernabschluss bezüglich einer gleichzeitigen Entsprechung mit verschiedenen Rechnungslegungssystemen beurteilt werden soll. In Frage kommt hier etwa die zusätzliche Übereinstimmung eines unter Anwendung der EU-IFRS aufgestellten Konzernabschlusses mit den IASB-IFRS.[744] Der Abschlussprüfer muss in diesem Fall die Übereinstimmung mit beiden Systemen separat beurteilen (ISA 700.A32; IDW PS 400.97):

- Stimmt der Abschluss mit beiden Rechnungslegungssystemen überein, so können beide Urteile in einem Satz zusammengefasst werden (ISA 700.A32a; ein Beispiel für die Ausgestaltung des Bestätigungsvermerks gibt IDW PS 400.Anhang 5.).
- Ergeben sich hingegen z. B. nur in Bezug auf ein Rechnungslegungssystem Abweichungen, die eine Einschränkung des Vermerks erfordern, ist der Vermerk in Bezug auf dieses Rechnungslegungssystem eingeschränkt und in Bezug auf das andere uneingeschränkt zu erteilen (ISA 700.A32b).

9.3.2   Anmerkungen zur Prüfung von US-GAAP-Abschlüssen

Für die Prüfung eines US-GAAP-Abschlusses[745] sind grundsätzlich die US-amerikanischen Prüfungsnormen heranzuziehen. Abschlüsse von unter der Aufsicht der SEC stehenden Unternehmen dürfen nur von beim PCAOB registrierten Prüfungsgesellschaften geprüft werden. In Frage kommen hier v. a. US-GAAP- oder IFRS-Abschlüsse von deutschen Unternehmen mit einer US-amerikanischen Börsennotierung sowie US-GAAP-Abschlüsse von in Deutschland ansässigen Tochterunternehmen börsennotierter US-Unternehmen.

In diesem Fall sind die vom PCAOB herausgegebenen Prüfungsnormen zu beachten. Hierzu zählen insbesondere die direkt vom PCAOB herausgegebenen Prüfungsstandards sowie die vom ASB herausgegebenen und als Interim Standards übernommenen Prüfungsnormen (US-GAAS[746], wie in SAS 95 bzw. AU § 150 beschrieben; → I.5.2.2).[747] Zwischen den fachtechnischen internationalen und US-amerikanischen PCAOB-Standards bestehen *nur wenige substantielle Unterschiede*:[748] Beispielsweise begrenzen die US-Normen die Bezugsperiode für going concern-Beurteilungen (→ II.4.2.) auf zwölf Monate, während ISA 570.13 einen Zeitraum von mindestens zwölf Monaten vorsieht, ohne ihn hierauf zu begrenzen.

Unterschiede dürften sich indes in nicht wenigen Fällen hinsichtlich der in Zusammenhang mit den *Regelungen zum SOA anzuwendenden Prüfungsnormen* ergeben: Beispielsweise hat der Prüfer gem. PCAOB AS 5 (An Audit of Internal Control Over Finan-

---

744 Vgl. beispielhaft *Deutsche Bank AG* (2011), S. 372 und *Siemens AG* (2011), S. 291.

745 Zur Rechnungslegung nach US-GAAP vgl. z. B. *KPMG* (2007) sowie zu den aktuellen Entwicklungen *Sellhorn/Hahn/Müller* (2010).

746 Vgl. z. B. *Schrader* (2003), S. 27 ff. sowie *Schmidt* (2006), S. 808 ff.

747 Die Interim Standards besitzen gem. PCAOB Rule 3200T so lange Gültigkeit, bis sie durch einen PCAOB-Standard ersetzt werden.

748 Vgl. hierzu *MARC* (2009), S. 43 ff. sowie *PCAOB* (2009), S. A10-1 ff.

cial Reporting That Is Integrated with An Audit of Financial Statements), der sich auf die Prüfung der Einhaltung von Sec. 404 SOA (Management Assessment over Internal Controls) bezieht, im Rahmen der Prüfung des Jahresabschlusses auch zwingend Aufbau und Wirksamkeit des vom Management einzurichtenden, auf die externe Finanzberichterstattung ausgerichteten internen Kontrollsystems zu beurteilen (sog. »integrated audit«; vgl. PCAOB AS 5.6 ff.). Über die Ergebnisse dieser Prüfung ist gesondert zu berichten, so dass eine Prüfung gem. PCAOB AS 5 regelmäßig mit der Erteilung von zwei Testaten (Testat zum Jahresabschluss und Testat zur Beurteilung des auf die externe Finanzberichterstattung ausgerichteten IKS) durch den Prüfer einhergeht.

Kontrollfragen:

1. Welche Geschäftsrisiken sind charakteristisch für KMU? Inwiefern ergeben sich hieraus Konsequenzen für die Prüfung?
2. Wie beurteilen Sie die Abgrenzung von KMU nach qualitativen Merkmalen anstelle von Größenkriterien?
3. Geben Sie einen systematischen Überblick über die konzernspezifischen Prüfungsgegenstände.
4. Gehen Sie kurz auf die Besonderheiten der Konzernabschlussprüfung gem. ISA 600 ein. Inwieweit beinhaltet ISA 600 Elemente einer geschäftsrisikoorientierten Abschlussprüfung?
5. Welche Besonderheiten ergeben sich bei der Konzernabschlussprüfung in Bezug auf die Bestimmung von Wesentlichkeitsgrenzen?
6. Ein Unternehmen mit Sitz in Deutschland erstellt einen IFRS-Konzernabschluss gem. § 315a Abs. 1 HGB. Sie sind amtierender Abschlussprüfer dieses Unternehmens. Welche Probleme können aus der zeitversetzten Übernahme bereits verabschiedeter IFRS in das Amtsblatt der EU resultieren? Skizzieren Sie mögliche Lösungsansätze.
7. Eine AG mit Sitz in Deutschland erstellt einen IFRS-Konzernabschluss gem. § 315a Abs. 1 HGB und Sie sind mit der Prüfung dieses Abschlusses betraut. Der Mandant verzichtet unter Hinweis darauf, dass er einen IFRS- und keinen HGB-Konzernabschluss erstellt, für jedes in den Konzernabschluss einbezogene börsennotierte Unternehmen die nach § 161 AktG vorgeschriebene Erklärung zum DCGK (→ II.8.5) abzugeben und den Aktionären zugänglich zu machen. Welche Konsequenzen ergeben sich im Rahmen der Abschlussprüfung?

Zitierte und weiterführende Literatur

Allee, K.D./Yohn, T.L. (2009): The demand for financial statements in an unregulated environment: An examination of the production and use of financial statements by privately held small businesses, in: The Accounting Review, S. 1–25.

ARC (2005): Meeting of the Accounting Regulatory Committee and Contact Committee of 30 November 2005, o.O., URL: http://ec.europa.eu/internal_market/accounting/docs/arc/2005-11-30-summary-record-rev_en.pdf (Stand: 1.4.2011).

Barrett, M./Cooper, D.J./Jamal, K. (2004): Globalization and the coordinating of work in multinational audits, in: Accounting, Organizations and Society, S. 1–24.

Bartels, P./von Kanitz, F. Graf (2008): Purchase Price Allocation und Impairment-Test aus Sicht des Wirtschaftsprüfers, in: Ballwieser, W./Beyer, S./Zelger, H. (Hrsg.): Unternehmenskauf nach IFRS und US-GAAP, 2. Aufl., Stuttgart, S. 267–315.

Beasley, M.S./Carcello, J.V./Hermanson, D.R. (1999): Fraudulent Financial Reporting: 1987–1997 An Analysis of U.S. Public Companies, Jersey City.

Bückle, K./Wicisk, M. (2000): Der Konzernabschluss im Zeitalter der Globalisierung: Internationalisierung, Harmonisierung, integrierte DV-Lösungen, Ulm.

Busse von Colbe, W./Ordelheide, D./Gebhardt, G./Pellens, B. (2010): Konzernabschlüsse, 9. Aufl., Wiesbaden.

Carey, P. (2008): The benefit small and medium sized enterprises derive from external audit, o.O.

Deutsche Bank AG (2011): Geschäftsbericht 2010, Frankfurt am Main.

Ellrott, H./Grottel, B. (2010): Kommentierung des § 325 HGB, in: Ellrott, H./Förschle, G./Kozikowski, M./Winkeljohann, N. (Hrsg.): Beck'scher Bilanz-Kommentar – Handels- und Steuerbilanz, 7. Aufl., München, S. 2263–2287.

Ferlings, J./Poll, J./Schneiß, U. (2007): Aktuelle Entwicklungen im Bereich nationaler und internationaler Prüfungs- und Qualitätssicherungsstandards – unter besonderer Berücksichtigung der Prüfung von KMU – (Teil 1), in: Die Wirtschaftsprüfung, S. 101–113.

Förschle, G./Almeling, C. (2010): Kommentierung des § 317 HGB, in: Ellrott, H./Förschle, G./Kozikowski, M./Winkeljohann, N. (Hrsg.): Beck'scher Bilanz-Kommentar – Handels- und Steuerbilanz, 7. Aufl., München, S. 1953–2000.

Förschle, G./Küster, T. (2010): Kommentierung zu § 322 HGB, in: Ellrott, H./Förschle, G./Kozikowski, M./Winkeljohann, N. (Hrsg.): Beck'scher Bilanz-Kommentar – Handels- und Steuerbilanz, 7. Aufl., München, S. 2131–2168.

Gewehr, M./Harrison, J. (2010): Grundsätze für die Erstellung von Jahresabschlüssen (IDW S 7), in: Die Wirtschaftsprüfung, S. 1053–1057.

Glover, S.M./Prawitt, D.F./Liljegren, J.T./Messier, W.F. (2008): Component materiality for group audits, in: Journal of Accountancy, S. 42–46.

Hayes, R./Dassen, R./Schilder, A./Wallage, P. (2005): Principles of Auditing: An Introduction to International Standards on Auditing, 2. Aufl., London et al.

Heininger, K. (2010): Aktuelle Entwicklungen zur ISA-Anwendung in Europa, in: Die Wirtschaftsprüfung, S. 15–23.

Hönsch, H. (2009): Kommentierung zu § 37y WpHG, in: Assmann, H.-D./Schneider, U.H. (Hrsg.): Wertpapierhandelsgesetz – Kommentar, 5. Auflage, Köln, S. 1822–1825.

IDW (2005): Internationalisierung der Rechnungslegung im Mittelstand, Düsseldorf.

IDW (2006): WP Handbuch 2006 – Wirtschaftsprüfung, Rechnungslegung, Beratung, Band I, 13. Aufl., Düsseldorf.

IDW (2010): IDW Praxishandbuch zur Qualitätssicherung 2010/2011 – Mit Arbeitshilfen zur internen Qualitätssicherung und zum risikoorientierten Prüfungsvorgehen bei der Prüfung kleiner und mittelgroßer Unternehmen, 5. Aufl., Düsseldorf.

IFAC (2010a): Guide to Using International Standards on Auditing in the Audits of Small- and Medium-sized Entities, 2. Aufl., Volume 1 – Core Concepts, New York, URL: http://web.ifac.org/publications (Stand: 1.4.2011).

IFAC (2010b): Guide to Using International Standards on Auditing in the Audits of Small- and Medium-sized Entities, 2. Aufl., Volume 2 – Practical Guidance, New York, URL: http://web.ifac.org/publications (Stand: 1.4.2011).

Janssen, J./Gronewold, U. (2010): IFRS for Small and Medium-sized Entities – Konzeptionelle Schwächen des neuen Standards und ihre Implikationen, in: Zeitschrift für internationale und kapitalmarktorientierte Rechnungslegung, S. 75–80.

Kagermann, H./Küting, K./Wirth, J. (2008): IFRS-Konzernabschlüsse mit SAP®, 2. Aufl., Stuttgart.

Knorr, L./Buchheim, R./Schmidt, M. (2005): Konzernrechnungslegungspflicht und Konsolidierungskreis – Wechselwirkungen und Folgen für die Verpflichtung zur Anwendung der IFRS, in: Betriebs-Berater, S. 2399–2403.

KPMG (2007): US-GAAP – Rechnungslegung nach US-amerikanischen Vorschriften, 4. Aufl., Düsseldorf.

Krimpmann, A. (2009): Konsolidierung nach IFRS und HGB – Vom Einzel- zum Konzernabschluss, Freiburg im Breisgau.

Küting, K./Scheren, M. (2010): Die Organisation der externen Konzernrechnungslegung, Teil I und Teil II, in: Der Betrieb, S. 1893–1900 und 1951–1958.

Küting, K./Weber, C.-P. (2010): Der Konzernabschluss, 12. Aufl., Stuttgart.

Link, R./Giese, A./Kunellis, A. (2008): Geschäftsrisikoorientierte Prüfung des Konzernabschlusses: neue Anforderungen und Handlungsspielräume bei einer Prüfung nach ISA 600, in: Betriebs-Berater, S. 378–382.

Lubitzsch, K. (2006): Konzernabschluss, Prüfung, in: Marten, K.-U./Quick, R./Ruhnke, K. (Hrsg.): Lexikon der Wirtschaftsprüfung – Nach nationalen und internationalen Normen, Stuttgart, S. 479–485.

Lufthansa AG (2011): Geschäftsbericht 2010, Köln.

MARC (2009): Evaluation of the differences between International Standards on Auditing (ISA) and the standards of the US Public Company Accounting Oversight Board (PCAOB), Maastricht, URL: http://ec.europa.eu/internal_market/auditing/docs/ias/evalstudy2009/report_en.pdf (Stand: 1.4.2011).

Mattheus, D. (2002): Kommentierung des § 318 HGB, in: Baetge, J./Kirsch, H.-J./Thiele, S. (Hrsg.): Bilanzrecht – Handelsrecht mit Steuerrecht und den Regelungen des IASB, Bonn/Berlin.

Nerlich, C. (2006): Zwischenergebniseliminierung, Prüfung, in: Marten, K.-U./Quick, R./Ruhnke, K. (Hrsg.): Lexikon der Wirtschaftsprüfung – Nach nationalen und internationalen Normen, Stuttgart, S. 922–928.

PCAOB (2009): Proposed Auditing Standards Related to the Auditor's Assessment of and Response to Risk, Washington, URL: http://pcaobus.org/Rules/Rulemaking/Docket%20026/2009-12-16_Release_No_2009-007.pdf (Stand: 1.4.2011).

Rochat, M./Walton, P. (2000): Abschlussprüfung multinationaler Unternehmen, in: Haller, A./Raffournier, B./Walton, P. (Hrsg.): Unternehmenspublizität im internationalen Wettbewerb, Stuttgart, S. 869–903.

Ruhnke, K. (1994): Prüfungsansätze bei standardsoftwaregestützter Erstellung des Konzernabschlusses, in: Die Wirtschaftsprüfung, S. 608–617.

Ruhnke, K. (1995): Konzernbuchführung, Düsseldorf.

Ruhnke, K. (2006): Prüfung von Jahresabschlüssen nach internationalen Prüfungsnormen, in: Der Betrieb, S. 1169–1175.

Ruhnke, K. (2008): Rechnungslegung nach IFRS und HGB, 2. Aufl., Stuttgart.

Ruhnke, K. (2009): Prüfungsdifferenzen – State of the art und Ergebnisse einer empirischen Untersuchung deutscher Prüfungsaufträge, in: Die Wirtschaftsprüfung, S. 677–689.

Ruhnke, K./Canitz, I. (2007): Besonderheiten der Prüfung von Konzernabschlüssen – Darstellung und Analyse des Proposed ISA 600 RR unter besonderer Berücksichtigung einer geschäftsrisikoorientierten Prüfung, in: Die Wirtschaftsprüfung, S. 447–458.

Ruhnke, K./Lubitzsch, K. (2010): Determinants of the Maximum Level of Assurance for Various Assurance Services, in: International Journal of Auditing, S. 233–255.

Ruhnke, K./Niephaus, J. (1996): Jahresabschlußprüfung kleiner Unternehmen, in: Der Betrieb, S. 789–795.

Ruhnke, K./Schmidt, M. (2010a): Kommentierung des § 316 HGB, in: Baetge, J./Kirsch, H.-J./Thiele, S. (Hrsg.): Bilanzrecht – Handelsrecht mit Steuerrecht und den Regelungen des IASB, 34. Ergänzungslieferung, Bonn/Berlin.

Ruhnke, K./Schmidt, M. (2010b): Kommentierung des § 320 HGB, in: Baetge, J./Kirsch, H.-J./Thiele, S. (Hrsg.): Bilanzrecht – Handelsrecht mit Steuerrecht und den Regelungen des IASB, 34. Ergänzungslieferung, Bonn/Berlin.

Ruhnke, K./Schmiele, C./Schwind, J. (2010): Die Erwartungslücke als permanentes Phänomen der Abschlussprüfung – Definitionsansatz, empirische Untersuchung und Schlussfolgerungen, in: Zeitschrift für betriebswirtschaftliche Forschung, S. 394–421.

Ruhnke, K./Schmitz, S. (Hrsg.): (2011): Wesentlichkeitsüberlegungen bei der Prüfung von Konzernabschlüssen, in: Zeitschrift für Internationale Rechnungslegung, S. 193–198.

Scherff, S./Willeke, C. (2005): Zur Abschlussprüfung kleiner und mittelgroßer Unternehmen (KMU) – der IDW PH 9.100.1, in: Steuern und Bilanzen, S. 61–66.

Schlager, J. (2009): Aspekte der Abschlussprüfung von KMU, in: Urnik, S./Fritz-Schmied, G./Kanduth-Kristen, S. (Hrsg.): Steuerwissenschaften und betriebliches Rechnungswesen: Strukturen – Prinzipien – Neuerungen: Festschrift für Herbert Kofler zum 60. Geburtstag, Wien, S. 623–652.

Schmidt, M. (2006): Konsolidierungskreis, Prüfung, in: Marten, K.-U./Quick, R./Ruhnke, K. (Hrsg.): Lexikon der Wirtschaftsprüfung – Nach nationalen und internationalen Normen, Stuttgart, S. 454–463.

Schmidt, M. (2006): United States-Generally Accepted Auditing Standards, in: Marten, K.-U./Quick, R./Ruhnke, K. (Hrsg.): Lexikon der Wirtschaftsprüfung – Nach nationalen und internationalen Normen, Stuttgart, S. 808–813.

Schnicke, C. (2002): Konzernabschlussprüfung, Organisation der, in: Ballwieser, W./Coenenberg, A.G./Wysocki, K.v. (Hrsg.): Handwörterbuch der Rechnungslegung und Prüfung, 3. Aufl., Stuttgart, Sp. 1360–1371.

Schrader, M.C. (2003): Prüfungsgrundsätze des US-amerikanischen Wirtschaftsprüfers, Regensburg.

Schreiber, S. (1994): Die Abschlußprüfung kleiner Unternehmen unter Berücksichtigung deutscher und US-amerikanischer Prüfungsgrundsätze, Marburg.

Sellhorn, T./Hahn, S./Müller, M. (2010): Die neue Ordnung der US-GAAP, in: Zeitschrift für internationale und kapitalmarktorientierte Rechnungslegung, S. 154–162.

Siebert, G.H. (2004): Zur Anwendung der IDW Prüfungsstandards auf die Abschlussprüfung kleiner und mittelgroßer Unternehmen, in: Die Wirtschaftsprüfung, S. 973–984.

Siemens AG (2011): Geschäftsbericht 2010, München.

Veit, K.-R. (2002): Funktion, Struktur und Bereiche von Konzernabschluss-Richtlinien, Kiel.

Winkeljohann, N./Morich, S. (2009): IFRS für den Mittelstand: Inhalte und Akzeptanzaussichten des neuen Standards, in: Betriebs-Berater, S. 1630–1634.

Kapitel III: Weitere Prüfungsdienstleistungen

1 Einordnung und Systematisierung

Das Berufsbild des WP ist in erster Linie durch die Vorbehaltsaufgabe der gesetzlichen Abschlussprüfung gekennzeichnet. Die im Rahmen gesetzlicher Prüfungsleistungen erforderlichen Qualifikationen und Kenntnisse befähigen WP grundsätzlich aber auch zur Erbringung darüber hinausgehender Leistungen. Dabei ist zwischen *gesetzlichen* und *freiwilligen Prüfungsleistungen* zu differenzieren. Bei den gesetzlichen Leistungen (→ III.2) wird zudem zwischen Vorbehalts- und Nicht-Vorbehaltsprüfungen und bei den freiwilligen Leistungen (→ III.3) zwischen Prüfungen mit eigenständiger Normierung (→ III.3.3.1) und Prüfungen ohne eigenständige Normierung (→ III.3.3.2) unterschieden.

WP besitzen letztlich einen *ökonomischen* Anreiz, die mit dem Erwerb ihrer Qualifikationen und Kenntnisse verbundenen Fixkosten pro Leistungseinheit durch eine Ausdehnung des Leistungsspektrums zu senken, d. h. bei einem Mandanten auch über die Abschlussprüfung hinausgehende Prüfungsdienstleistungen zu erbringen, sofern sie ihre Unabhängigkeit als Abschlussprüfer nicht beeinträchtigen (→ I.7). Oftmals ist das gleichzeitige Angebot von Pflichtprüfungen wie der Abschlussprüfung und weiteren freiwilligen Prüfungsdienstleistungen bei einem Mandanten jedoch nicht unproblematisch. Die auf nationaler und internationaler Ebene existierenden ethischen Prüfungsnormen (→ I.6.5.2.2 und I.7) sind zwingend zu beachten.

1.1 Ökonomische Motivation der Leistungsdiversifizierung

Im Gegensatz zu den gesetzlichen Prüfungsleistungen greifen bei Angebot und Nachfrage *freiwilliger* Prüfungsdienstleistungen ausschließlich Marktmechanismen, die Umfang und Preis der Leistung bestimmen. So kommt es nur dann zur Erstellung einer freiwilligen Prüfungsdienstleistung, wenn sowohl für den WP als Anbieter als auch für ein Unternehmen als Nachfrager der mit der Leistungserstellung verbundene Gewinn bzw. Nutzen die dadurch verursachten Kosten übersteigt.

Auf der Seite der WP stellen Kostenaspekte häufig die primäre Motivation für das Angebot von freiwilligen Prüfungsdienstleistungen dar. Insbesondere die Erfüllung der zur Erbringung von pflichtmäßigen Abschlussprüfungen notwendigen Zulassungsvoraussetzungen (→ I.4.1.1.2.) ist teilweise mit erheblichen Kosten verbunden. Dazu zählen neben finanzieller Unterstützung der Mitarbeiter im Rahmen des Berufsexamens durch die Prüfungsgesellschaften auch Kosten, welche durch die kontinuierlich erforderliche Fortbildung anfallen. Da diese Kosten vom Umfang der Leistungserstellung unabhängig sind, stellen sie Fixkosten dar, die – bezogen auf eine Leistungserstellungseinheit –

durch eine Erhöhung der Anzahl der Prüfungsmandate bzw. durch eine Ausdehnung des Leistungsspektrums gesenkt werden können. Ferner können Kenntnisse aus der Erbringung freiwilliger Prüfungsdienstleistungen bei der Abschlussprüfung von Nutzen sein.

Auch für Unternehmen kann es effizient sein, die Abschlussprüfung sowie darüber hinausgehende freiwillige Prüfungsdienstleistungen »aus einer Hand« zu erhalten, da durch einen möglichen Informationstransfer seitens des Anbieters der Ressourceneinsatz zur Bereitstellung unternehmensspezifischer Informationen gesenkt werden kann.

Schließlich können die auf der Anbieterseite realisierten Kosteneinsparungen zumindest teilweise an die Nachfrager weitergegeben werden und somit zu einer Senkung der Honorare führen, was einen Wettbewerbsvorteil gegenüber anderen Anbietern bedeuten kann. Der Anreiz für WP, bei ihren Abschlussprüfungsmandanten sowie bei anderen Unternehmen Leistungen zu erbringen, die über die pflichtmäßige Abschlussprüfung hinausgehen, wird dadurch verstärkt. Ferner kann durch die Erbringung weiterer Dienstleistungen, neben den unter hohem Preisdruck stehenden, pflichtmäßigen Prüfungsaufträgen, ein hohes Wachstumspotenzial generiert werden.

Der Einfluss des Fixkosteneffekts auf die Höhe des Gewinns eines WP, der gleichzeitig pflichtmäßige Abschlussprüfungen sowie darüber hinausgehende Leistungen erbringt, ist im Vergleich zu einem WP, der ausschließlich als Abschlussprüfer tätig ist, in Abb. III.1-1 vereinfacht dargestellt. Dabei wird unterstellt, dass beide Prüfer ihre Kapazitäten nicht voll auslasten. Dies impliziert, dass die Annahme zusätzlicher Aufträge bei gleichbleibendem Prüfungsumfang möglich ist. Betrachtungsgegenstand ist der Kostenverlauf für die Durchführung einer Abschlussprüfung, die unter den getroffenen Annahmen alternativ

- von einem WP durchgeführt wird, der gleichzeitig darüber hinausgehende Leistungen erbringt (Unternehmen U_1),
- von einem WP durchgeführt wird, der ausschließlich als Abschlussprüfer tätig ist (Unternehmen U_2).

Wird ein für U_1 und U_2 identischer linearer Verlauf der variablen Kosten für die Abschlussprüfung unterstellt, ist die Summe der Fix- und variablen Kosten für U_2 immer höher als für U_1. Die Durchschnittskosten DK_1 liegen damit bei jedem Leistungsumfang y unterhalb von DK_2. Unter der Annahme, dass die Abschlussprüfung bzgl. ihres Umfangs und Honorars mit Vertragsabschluss festgelegt wird – hier vereinfachend dargestellt durch p' und y' – beschreibt die Fläche ACFD den Gewinn G_1 von U_1 und die Fläche BCFE den Gewinn G_2 von U_2. Auf Grund der Kostenvorteile von U_1 gegenüber U_2 ist $G_1 > G_2$. Die Fläche ABED kennzeichnet den zusätzlichen Nutzen für U_1.

1.2   Abgrenzung des Leistungsspektrums

Die Pflichtmäßigkeit von Prüfungen ergibt sich aus Besonderheiten der Kosten-Nutzen-Verhältnisse von Prüfungsergebnissen bei den Adressaten sowie externen Effekten ($\rightarrow$ I.3.2). Zur Sicherstellung der Nachfrage nach Prüfungsleistungen auf einem gesamt-

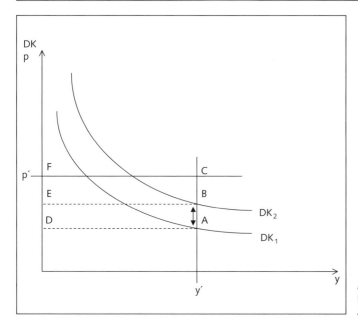

Abb. III.1-1: Alternative Kostenverläufe für die Jahresabschlussprüfung

wirtschaftlich optimalen Niveau schreibt der Gesetzgeber eine Reihe von Prüfungen von besonderer Bedeutung für die Öffentlichkeit vor (→ III.2).

Darüber hinaus gehören gemäß § 2 Abs. 3 WPO weitere Tätigkeiten in das Berufsbild des Wirtschaftsprüfers. Darunter fallen die Dienstleistungen Begutachtung, Treuhandtätigkeiten und Beratung, welche nachfolgend dargestellt werden.

Begutachtung

Bei der Begutachtung findet kein expliziter Abgleich eines Begutachtungsobjektes mit dessen korrespondierendem normenkonformen Soll-Objekt statt (Prüfung), sondern die objektivierte Beschreibung oder Quantifizierung eines Tatbestands anhand einer nachvollziehbaren Methodik durch einen sachkundigen Dritten. Ziel ist die Bereitstellung von Erst- oder Zusatzinformationen über einen Tatbestand bei Entscheidungsunsicherheiten oder mangelnder Fachkundigkeit. Gutachten können demnach sowohl der Unterstützung einer bereits vorliegenden Meinung durch die Erhöhung der Glaubwürdigkeit gegenüber Dritten dienen als auch der Feststellung eines Vermittlungswerts im Streitfall. Im letztgenannten Fall sind die verschiedenen subjektiven Vorstellungen der Parteien zu berücksichtigen – man spricht hier von Schiedsgutachen. Bei Schiedsgutachten vereinbaren widerstreitende Parteien, dass über den Streitfall ein Sachverständiger entscheiden und sein Spruch für die Parteien verbindlich sein soll. Bei gerichtlichen Sachverständigengutachen zieht ein Gericht Personen mit besonderem Fachwissen heran, wenn die Entscheidung eines Rechtsstreits von der Klärung von Problemen abhängt, die nur mit speziellen Kenntnissen auf außergerichtlichen Wissensgebieten gelöst werden können. Parteiengutachter werden bei gerichtlichen oder außergerichtlichen Auseinandersetzungen von einzelnen Parteien oder im Strafprozess von Beschuldigten herangezogen. Ferner können Ermittlungs-, Erklärungsgutachten, prognostische Gutachten und Gutachten über Handlungsalternativen unterschieden werden.[1]

Der Gutachter stellt – außer bei einem Parteiengutachten – einen unabhängigen Sachverständigen dar, der bei der Urteilsabgabe sämtliche tatbestandsrelevanten Informationen einzuholen und zu verarbeiten hat.[2] WP können dabei in allen Bereichen der wirtschaftlichen Betriebsführung auftreten (§ 2 Abs. 3 Nr. 1 WPO). Sie werden auf Grund ihrer fachlichen und persönlichen Qualifikation, des Ansehens des Berufsstands und der Verpflichtung zur Einhaltung von normierten Berufsgrundsätzen mit gutachterlichen Stellungnahmen zu wirtschaftlichen Sachverhalten betraut. Von hoher Bedeutung ist hierbei die Gutachtertätigkeit im Rahmen der Unternehmensbewertung (vgl. IDW S 1) und Prospekten (vgl. IDW S 4).[3]

Treuhandtätigkeiten

Zentrales Merkmal einer Treuhandschaft ist das Rechtsverhältnis zwischen einem *Treuhänder* und einem *Treugeber*, in dem der Treugeber an den Treuhänder Rechte mit der Auflage übergibt, diese nicht im eigenen Interesse (d. h. im Interesse des Treuhänders) wahrzunehmen.[4] Dieses Rechtsverhältnis kann auf einem Rechtsgeschäft zwischen den beiden Parteien, einem staatlichen Hoheitsakt oder einem Gesetz basieren.[5]

Treuhandtätigkeiten stellen im Sinne des Gesetzgebers mit dem Beruf des WP vereinbare Tätigkeiten dar (§ 43a Abs. 4 sowie § 2 Abs. 3 Nr. 3 WPO). Beispiele für derartige Aufgaben sind u. a. die Verwaltung fremden Vermögens, die Wahrnehmung von Gesellschaftsrechten und das Halten von Gesellschaftsanteilen, Tätigkeiten als Testamentsvollstrecker, Nachlassverwalter, Vormund sowie die sog. Domizilgewährung, bei der für gewerbliche Unternehmen, die sich in der Gründung oder Aufbauphase befinden, die Funktion einer Zustelladresse übernommen wird.[6]

Beratung

Ein Prüfungsurteil beinhaltet keine Handlungsempfehlung. Gibt ein Sachverständiger neben oder im Zuge seiner Beurteilung eines Tatbestands jedoch explizit *Empfehlungen* zur Ausgestaltung von Systemen (z. B. Aufbauorganisation der Buchhaltung eines Unternehmens) oder Prozessen (z. B. IT-gestützte Belegerfassung und -bearbeitung) ab, liegt eine Beratung vor. Da die individuelle Situation des Auftraggebers immer den Ausgangspunkt von Empfehlungen darstellt, und diese stets unter Berücksichtigung aktueller und künftiger Entwicklungstendenzen im Umfeld des Auftraggebers erarbeitet werden, ist Beratung durch ein hohes Maß an Individualität, Flexibilität und Auftraggeberorientierung gekennzeichnet. Gleichwohl ist z. B. die Unternehmensberatung trotz einer möglichen

---

1   Einen Überblick über die Gutachtenkategorien bietet *Buchner* (1997), S. 307 ff.
2   Zu den Grundzügen der Begutachtung vgl. *Grünefeld* (1972).
3   Zum Bewertungsgutachten siehe IDW S 1.175 ff. sowie zum Prospektgutachten IDW S 4.55 ff.
4   Vgl. *Thümmel* (1989).
5   Vgl. *Lück* (1991), S. 240 f. Der Versicherungsschutz im Rahmen der obligatorischen Berufshaftpflichtversicherung für WP deckt ausschließlich die Treuhandtätigkeit auf gesetzlicher oder rechtsgeschäftlicher Grundlage ab.
6   Vgl. *IDW* (2006), A 30; sowie ausführlich zu den verschiedenen Typen der Treuhandschaft *IDW* (2007), H 3–15.

Gefährdung der Unabhängigkeit bei der Erbringung dieser Leistungen durch den gesetzlichen Abschlussprüfer den das Berufsbild prägenden Tätigkeiten zugeordnet worden. Besonders kritisch ist hierbei die Abgrenzung von Prüfung und Erstellung zu sehen.[7] Die hohen Anforderungen an die Berichterstattung der Unternehmen generieren dabei für die Prüfungsgesellschaften weiteres Wachstumspotenzial durch neue Leistungsformen (z.B. im Bereich der prüfungsnahen Beratung bezüglich neuer Angabeverpflichtungen oder Unterstützungsleistungen im Bereich des Risikomanagementsystems). Die Unternehmensberatung schließt auch die Personalberatung mit ein, sofern sie die fachliche Überprüfung von Bewerbern für Führungspositionen in den Bereichen Rechnungswesen, Finanzen und Steuern betrifft.[8]

Daneben zählt die Steuerberatung gem. § 2 Abs. 2 WPO i.V.m. §§ 3, 12 StBerG zu denjenigen Aufgaben von WP, die das Berufsbild maßgeblich kennzeichnen. Berufsangehörige besitzen das Recht, Steuerpflichtige vor den Finanzgerichten und dem Bundesfinanzhof sowie in Fällen, in denen der Verfahrensgegenstand die Überprüfung steuerrechtlich relevanter Verwaltungsakte darstellt, vor den Verwaltungsgerichten zu vertreten. WP sind darüber hinaus als Bevollmächtigte vor Finanzbehörden (§ 80 AO) und als Prozessbevollmächtigte vor den Finanzgerichten zugelassen.

Kontrollfragen

1. Worin bestehen für WP die Verbundvorteile beim Erbringen von Beratungs- und Prüfungsleistungen bei *einem* Mandanten?
2. Worin besteht der Unterschied zwischen Prüfung und Beratung?

Zitierte und weiterführende Literatur

BGH (1997): Urteil vom 21.04.1997 – II ZR 317/95, Prüfung und Beratung, in: Betriebs-Berater, S. 1470–1472.

Buchner, R. (1997): Wirtschaftliches Prüfungswesen, 2. Aufl., München.

Ferlings, J./Lanfermann, G. (2002): Unabhängigkeit von deutschen Abschlussprüfern nach Verabschiedung des Sarbanes-Oxley Acts, in: Der Betrieb, S. 2117–2122.

Goez, C. (2008): Die Neuregelung des Steuerberatungsrechts durch das 8. StBerÄndG, in: Der Betrieb, S. 971–974.

Grünefeld, K.-P. (1972): Das betriebswirtschaftliche Gutachten, Düsseldorf.

IDW (2006): WP Handbuch 2006 – Wirtschaftsprüfung, Rechnungslegung, Beratung, Band I, 13. Aufl., Düsseldorf.

IDW (2007): WP Handbuch 2008 – Wirtschaftsprüfung, Rechnungslegung, Beratung, Band II, 13. Aufl., Düsseldorf.

Kaiser, K. (2005): Jahresabschlussprüfung und prüfungsnahe Beratung bei zukunftsorientierter Lageberichterstattung gemäß dem Bilanzrechtsreformgesetz, in: Der Betrieb, S. 2309–2314.

Lück, W. (1991): Wirtschaftsprüfung und Treuhandwesen, 2. Aufl., Stuttgart.

Marten, K.-U./Quick, R./Ruhnke, K. (2006): Lexikon der Wirtschaftsprüfung – Nach nationalen und internationalen Normen, Stuttgart.

---

7 Zur Gefahr der Selbstprüfung und möglichen Konsequenzen, sofern der amtierende Abschlussprüfer die Beratungstätigkeit erbringt → I.6.5.2.2.3f.

8 Vgl. *IDW* (2006), A 27.

Melcher, W./Mattheus, D. (2009): Zur Umsetzung der HGB-Modernisierung durch das BilMoG: Neue Offenlegungspflichten zur Corporate Governance, in: Der Betrieb, Beilage 5 zu Heft 23, S. 77–82.

Meuwissen, R./Quick, R. (2009): Abschlussprüfung und Beratung – Eine experimentelle Analyse der Auswirkungen auf Unabhängigkeitswahrnehmungen deutscher Aufsichtsräte, in: Schmalenbachs Zeitschrift für betriebswirtschaftliche Forschung, S. 382–415.

Quick, R. (2002): Abschlussprüfung und Beratung – Zur Vereinbarkeit mit der Forderung nach Urteilsfreiheit, in: Die Betriebswirtschaft, S. 622–643.

Quick, R. (2006): Prüfung, Beratung und Unabhängigkeit des Abschlussprüfers – Eine Analyse der neuen Unabhängigkeitsnormen des HGB im Lichte empirischer Forschungsergebnisse, in: Betriebswirtschaftliche Forschung und Praxis, S. 42–61.

Quick, R./Warming-Rasmussen, B. (2007): Unabhängigkeit des Abschlussprüfers – Zum Einfluss von Beratungsleistungen auf Unabhängigkeitswahrnehmungen von Aktionären, in: Zeitschrift für Betriebswirtschaft, S. 1007–1033.

Thümmel, M. (1989): Stichwort »Treuhänder«, in: Lück, W. (Hrsg.): Lexikon der Rechnungslegung und Abschlußprüfung, Marburg, S. 760.

Veltins, M.A. (2004): Verschärfte Unabhängigkeitsanforderungen an Abschlussprüfer, in: Der Betrieb, S. 445–452.

2 Gesetzliche Prüfungsleistungen

2.1 Überblick

Bei den gesetzlichen Prüfungen ist zwischen Vorbehaltsprüfungen und Nicht-Vorbehaltsprüfungen zu unterscheiden. Zur Durchführung von Vorbehaltsprüfungen sind ausschließlich vom Gesetz autorisierte Prüfer befugt, wobei diese Befugnis in vielen Fällen auf WP und WPG beschränkt ist. WP und WPG sind bei Vorbehaltsaufgaben nach § 48 Abs. 1 Satz 1 WPO i. V. m. §§ 18, 18a Berufssatzung verpflichtet, ein Siegel zu benutzen. Nicht-Vorbehaltsprüfungen können hingegen von allen Personen mit hinreichender Erfahrung und Sachkenntnis durchgeführt werden. Abb. III.2-1 systematisiert die vom Gesetzgeber vorgesehenen obligatorischen Prüfungen.

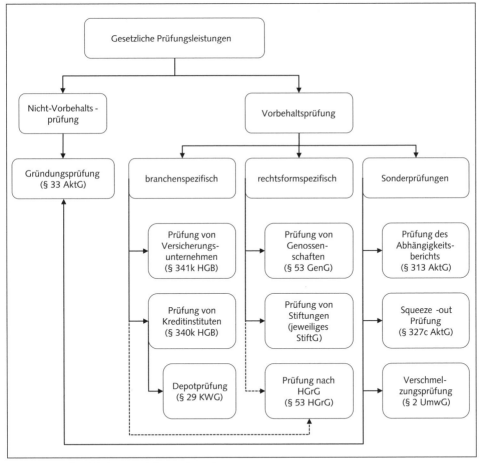

Abb. III.2-1: Überblick gesetzliche Prüfungsleistungen

Die Prüfung nach HGrG lässt sich nicht eindeutig zuordnen. Auf der einen Seite kann die öffentliche Wirtschaft als eine separate Branche angesehen werden; dies spricht für die Einordnung unter den branchenspezifischen Prüfungen. Auf der anderen Seite greift § 53 HGrG nur für Rechtsformen des privaten Rechts, an denen Gebietskörperschaften mehrheitlich beteiligt sind, so dass auch eine Einordnung unter die rechtsformspezifischen Prüfungen zu rechtfertigen ist.

Die internationalen fachtechnischen Prüfungsnormen (→ I.6.5.2.1) weisen mit der Ausnahme der Bankenprüfung keine eigenständigen rechtsformspezifischen Regelungen auf. Zwar werden im Anschluss an jede Norm eventuelle Besonderheiten für Unternehmen des öffentlichen Sektors (sog. Public Sector Perspective) genannt, jedoch kann hieraus das Bestehen eines eigenständigen Systems von Prüfungsnormen für öffentliche Unternehmen nicht abgeleitet werden. Für die Prüfung von Banken findet sich eine umfassende Anleitung in den IAPS 1000, 1004 und 1006.

2.2   Ausgewählte Leistungen

2.2.1   Branchenspezifischen Prüfungsleistungen

2.2.1.1   Prüfung von Versicherungsunternehmen

Prüfungspflicht und Prüfer

Nach § 341k Abs. 1 HGB haben *alle Versicherungsunternehmen*, d. h. Unternehmen, die den Betrieb von Versicherungsgeschäften zum Gegenstand haben und nicht Träger der Sozialversicherung sind, unabhängig von ihrer Größe den Jahresabschluss (unter Einbeziehung der Buchführung) und den Lagebericht sowie den Konzernabschluss und den Konzernlagebericht prüfen zu lassen. Dabei sind grundsätzlich die allgemeinen Prüfungsvorschriften der §§ 316–324a HGB anzuwenden. Für nach Landesrecht errichtete und der Landesaufsicht unterliegende öffentlich-rechtliche Versicherungsunternehmen gelten zusätzlich landesrechtliche Bestimmungen zur Prüfung ihrer Jahresabschlüsse (§ 60 VAG).

Von der Prüfungspflicht befreit sind die in § 61 RechVersV genannten Unternehmen (§ 64 VAG). Die Entscheidung über die Befreiung wird durch das von diesen Versicherungsunternehmen betriebene Geschäft und bestimmte Größenmerkmale determiniert.

Abschlussprüfer von Versicherungsunternehmen dürfen *ausschließlich WP und WPG* sein. Auch bei mittelgroßen Gesellschaften sind vBP und BPG von der Abschlussprüfertätigkeit ausgeschlossen (§ 341k Abs. 1 Satz 2 HGB).

Der Abschlussprüfer ist der BaFin gem. § 58 Abs. 2 VAG unverzüglich anzuzeigen. Bei Bedenken kann die BaFin innerhalb einer angemessenen Frist die Bestellung eines anderen Abschlussprüfers verlangen. Geschieht dies nicht oder bestehen auch gegen den neuen Prüfer Bedenken, hat die BaFin den Prüfer selbst zu bestimmen.

Prüfungsgegenstände

Bei der Prüfung handelt es sich um eine Ordnungsmäßigkeitsprüfung, die sich auf die *Einhaltung der gesetzlichen Rechnungslegungsnormen* sowie ergänzender Bestimmungen des Gesellschaftsvertrags oder der Satzung erstreckt. Grundsätzlich gelten für Versicherungsunternehmen die Rechnungslegungsvorschriften für große Kapitalgesellschaften. Diese werden jedoch durch die besonderen Rechnungslegungsvorschriften für Versicherungsunternehmen (§§ 341a–341j HGB, §§ 55, 55a, 56a VAG) ergänzt bzw. ersetzt. Darüber hinaus haben Versicherungsunternehmen die Verordnung über die Rechnungslegung von Versicherungsunternehmen (RechVersV) zu beachten. Hat das Versicherungsunternehmen die Normen des AktG anzuwenden, so erstreckt sich die Prüfung auch auf das gem. § 317 Abs. 4 HGB ansonsten nur für börsennotierte AG prüfungspflichtige Risikofrüherkennungssystem nach § 91 Abs. 2 AktG (§ 57 Abs. 1 Satz 3 VAG). Sind Wertpapiere eines Versicherungsmutterunternehmens zum Handel an einem organisierten Markt zugelassen oder ist eine solche Zulassung beantragt worden, so ist der Konzernabschluss nach internationalen Rechnungslegungsnormen aufzustellen; nicht kapitalmarktorientierte Mutterunternehmen haben ein Wahlrecht zur Anwendung der IFRS (§ 315a Abs. 3 HGB; zur Prüfung von Jahresabschlüssen nach IFRS und US-GAAP → II.9.3). Die Prüfung von Rückstellungen für noch nicht abgewickelte Versicherungsfälle gem. § 341g HGB (Schadenrückstellungen) ist auf Grund der betragsmäßigen Bedeutung des Postens für die Bilanz des Versicherungsunternehmens ein wesentlicher Bestandteil der Jahresabschlussprüfung. Für die *Prüfung von Schadenrückstellungen bei Schaden-/Unfallversicherungsunternehmen* im Rahmen der Abschlussprüfung existiert mit IDW PS 560 eine spezielle Norm. Im Rahmen der Prüfungsdurchführung ist eine angemessene Kombination aus Systemprüfungen und aussagebezogenen Prüfungshandlungen anzuwenden. Die Systemprüfung beschäftigt sich mit den Schadenregulierungsprozessen und liefert Anhaltspunkte für die Art und den Umfang aussagebezogener Prüfungshandlungen. Analytische Prüfungen können z. B. die Schadenhäufigkeit, Durchschnittsschäden, die Abwicklungsgeschwindigkeit, Relationen wie Abwicklungsergebnis zu Ursprungsschadenrückstellung oder Schadenrückstellung bzw. Gesamtschadenaufwand zu verdienten Beiträgen als Benchmark oder Kennzahlen verwenden (IDW PS 560.34). Bei wesentlichen Posten, insbesondere bei potenziellen Großschäden, sind Einzelfallprüfungen, d. h. die Prüfung einzelner Schadenereignisse anhand der Schadenakten, unerlässlich. Für die Überprüfung noch nicht erledigter Schadensfälle kommt die Anwendung mathematisch-statistischer Verfahren in Betracht. Als hierfür geeignet sind mathematisch-statistische Verfahren anzusehen, die auf dem Chain-Ladder-Verfahren beruhen, wie z. B. das Cape-Cod- oder das Bornhuetter-Ferguson-Verfahren (IDW RS VFA 3).

Beim Chain-Ladder-Verfahren handelt es sich um ein deterministisches Verfahren, bei dem aus Daten aus der Vergangenheit der zukünftige Schadensaufwand durch Projektion geschätzt wird. Die aus der Vergangenheit gewonnene Datenbasis wird dabei in Form eines Schadensdreiecks dargestellt, dessen Zeilen die Schadensanfalljahre und Spalten die Abwicklungsjahre darstellen und in das die Schadenszahlungen eingetragen werden. Anschließend wird ein Durchschnittsfaktor berechnet, mit dem der Gesamtschadensaufwand eines bestimmten Jahres anhand des Gesamtbetrags des Vorjahres geschätzt werden kann. Dieser Durchschnittswert lässt sich einfach durch die Bestimmung des sog.

link ratios bilden, welcher den Quotienten aus einem Wert im Schadensdreieck und dem Wert in der Zelle unmittelbar links daneben darstellt. Doch häufig – insbesondere, wenn das Geschäftsvolumen mit den Jahren erheblich variiert – ist es zweckadäquater, den nach Geschäftsvolumen gewichteten Durchschnitt zu ermitteln. Dies geschieht i.d.R. durch Addition der Werte in benachbarten Spalte und anschließender Division des einen durch den anderen Wert.

Beispiel

Anfalljahr	Abwicklungsjahr					
	t_1	t_2	t_3	t_4	t_5	t_6
2005	45	105	155	210	250	250
2006	65	140	180	230	300	
2007	70	145	220	300		
2008	80	120	210			
2009	60	130				
2010	55					

Das Anfalljahr spricht das Jahr an, in dem der Schaden angefallen ist. Das Abwicklungsjahr ist das Jahr, in dem der Schaden abgewickelt wurde. Beispielsweise wurden Schäden i.H.v. 155 GE, die im Jahr 2005 angefallen sind, bis t_3 (in diesem Fall 2007) abgewickelt. Weiterhin wird unterstellt, dass alle Schäden nach sechs Jahren abgewickelt sind.

Um die Entwicklung zwischen den Abwicklungsjahren t_1 und t_2 zu bestimmen, sind die Werte in der Spalte für t_2 zu addieren und durch die Summe der Werte in der Spalte für t_1 – außer dem letzten Wert – zu dividieren (640:320 = 2). Analog ist für die folgenden Jahre vorzugehen (t_2 zu t_3: 765:510 = 1,5; t_3 zu t_4: 740:555 = 1,3333; t_4 zu t_5: 550:440 = 1,25; t_5 zu t_6: 250:250 = 1). Diese Werte werden als sog. Abwicklungskoeffizienten (*age-to-age development factors*) bezeichnet. Anschließend können mit Hilfe dieser Koeffizienten die leeren Zellen der Tabelle durch Projektion von links nach rechts ausgefüllt werden, indem der Wert links neben der Zelle, die es zu projezieren gilt, mit dem entsprechenden Abwicklungskoeffizienten multipliziert wird:

Anfalljahr	Abwicklungsjahr					
	t_1	t_2	t_3	t_4	t_5	t_6
2005	45	105	155	210	250	250
2006	65	140	180	230	300	300
2007	70	145	220	300	375	375
2008	80	120	210	280	350	350
2009	60	130	195	260	325	325
2010	55	110	165	220	275	275

Schließlich sind die Werte in der letzten Spalte zu addieren (1.875) und hiervon die Summe der letzten nicht projezierten Werte in jeder Zeile (1.245) zu subtrahieren. Die Differenz von 630 GE ergibt den geschätzten künftigen Schadensaufwand, der in der Bilanz des Geschäftsjahres 2010 als Schadenrückstellung auszuweisen ist.

Nicht Gegenstand der Prüfung ist die interne Rechnungslegung gegenüber der BaFin gem. § 55a Abs. 1 Nr. 1 (interner jährlicher Bericht) und Nr. 1a (interner vierteljährlicher Bericht) VAG.

Der Prüfer hat bei der Prüfung des Jahresabschlusses auch festzustellen, ob das Versicherungsunternehmen bestimmten *Anzeigepflichten gegenüber der BaFin*, bestimmten *Anforderungen* des VAG zu Versicherungsgruppen bzw. Finanzkonglomeraten (§ 57 Abs. 1 VAG) sowie den *Verpflichtungen und Vorkehrungen zur Verhinderung von Geldwäsche und Terrorismusfinanzierung* (§ 57 Abs. 1a VAG) nachgekommen ist. Bei den Anzeigepflichten handelt es sich um die folgenden:

- Errichtung einer Niederlassung in einem Mitgliedstaat der EU bzw. einem Vertragsstaat des EWR-Abkommens (§ 13b Abs. 1 und 4 VAG),
- Aufnahme des Dienstleistungsverkehrs in einem Mitgliedstaat der EU bzw. einem Vertragsstaat des EWR-Abkommens (§ 13c Abs. 1 und 4 VAG),
- Bestellung eines Geschäftsleiters (§ 13d Nr. 1 VAG),
- Ausscheiden eines Geschäftsleiters (§ 13d Nr. 2 VAG),
- Satzungsänderungen, die eine Kapitalerhöhung zum Gegenstand haben (§ 13d Nr. 3 VAG),
- Erwerb oder Aufgabe einer bedeutenden Beteiligung an Versicherungsunternehmen (§ 13d Nr. 4 VAG),
- Erreichen, Über- oder Unterschreiten von bestimmten Beteiligungsschwellen (§ 13d Nr. 4 VAG),
- Qualifizierung des Versicherungsunternehmens als Tochterunternehmen eines anderen Unternehmens (§ 13d Nr. 4 VAG),
- Halten einer bedeutenden Beteiligung am Versicherungsunternehmen (§ 13d Nr. 5 VAG),
- Anzeigepflichten von Versicherungs-Holdinggesellschaften und gemischten Finanzholding-Gesellschaften (Veränderungen in der Geschäftsführung, Änderungen in der Struktur der Unternehmensgruppe, Beteiligungen bzw. konglomeratsangehörigen Unternehmen; § 13e VAG).

Bei den Anforderungen nach VAG, deren Einhaltung vom Abschlussprüfer festzustellen ist, geht es um die zusätzliche Beaufsichtigung von Versicherungsunternehmen, die einer Versicherungsgruppe oder einem Finanzkonglomerat angehören. Im Einzelnen handelt es sich um:

- Angemessene interne Kontrollverfahren für die Vorlage von Informationen und Auskünften, die für die Durchführung der zusätzlichen Beaufsichtigung des beteiligten Versicherungsunternehmens zweckdienlich sind (bei beteiligten Erstversicherungsunternehmen) (§ 104d VAG),
- Berechnung einer bereinigten Solvabilität bei Erstversicherungsunternehmen (§ 104g Abs. 1 VAG),

- Gewährleistung einer angemessenen Eigenmittelausstattung von Finanzkonglomeraten (§ 104q Abs. 1 Satz 1, Abs. 2 Satz 2–4 und Abs. 3–9 VAG),
- Vorgaben zu Risikokonzentrationen und gruppeninternen Transaktionen bei Finanzkonglomeraten (§ 104r Abs. 1, 3 und 4 VAG).

Sowohl die §§ 80c bis 80f VAG als auch die Normen des *Geldwäschegesetzes* (GwG) regeln Pflichten und Vorkehrungen, die ein Versicherungsunternehmen einhalten bzw. treffen muss, um den Missbrauch zur Geldwäsche sowie zur Terrorismusfinanzierung zu verhindern. Diesbezüglich sind als interne Sicherungsmaßnahmen u. a. durchzuführen:

- Bestellung eines der Geschäftsleitung unmittelbar nachgeordneten Geldwäschebeauftragten, der Ansprechpartner für die Strafverfolgungsbehörden und das Bundeskriminalamt ist (§ 9 Abs. 2 Satz 1 Nr. 1 GwG),
- Betreiben von Systemen, mit denen Geschäftsbeziehungen und einzelne Transaktionen erkannt werden können, die auf Basis des verfügbaren Erfahrungswissens über die Methoden der Geldwäsche und der Terrorismusfinanzierung als zweifelhaft oder ungewöhnlich anzusehen sind (§ 80d VAG, § 9 Abs. 2 Satz 1 Nr. 2 GwG),
- Sicherstellung, dass die mit der Durchführung von Transaktionen und mit der Anbahnung und Begründung von Geschäftsbeziehungen befassten Beschäftigten über die Methoden der Geldwäsche und Terrorismusfinanzierung unterrichtet werden (§ 9 Abs. 2 Satz 1 Nr. 3 GwG).

Gemäß § 9 Abs. 3 Satz 2 GwG dürfen die Versicherungsunternehmen diese Vorkehrungen mit Zustimmung der zuständigen Behörde auch durch andere Unternehmen oder Personen treffen lassen.

Berichtspflichten

Neben den §§ 321–322 HGB sowie IDW PS 400, 450 hat der Abschlussprüfer insbesondere die *Prüfungsberichteverordnung des BAV*[9] (PrüfV) zu beachten, denn dem Prüfungsbericht kommt neben seiner traditionellen Funktion als Informationsinstrument die Aufgabe zu, eine Grundlage für die Beaufsichtigung durch die BaFin zu bilden. Sie basiert auf § 55a Abs. 1 Satz 1 Nr. 3 VAG, der die Ermächtigung des Bundesministers der Finanzen enthält, durch Rechtsverordnung nähere Bestimmungen über den Inhalt der Prüfungsberichte zu erlassen, soweit dies zur Durchführung der Aufsicht erforderlich ist. Diese Ermächtigung wurde gem. § 55a Abs. 1 Satz 2 VAG auf die BaFin übertragen.

Der Vorstand hat eine Ausfertigung des Prüfungsberichts mit seinen Bemerkungen und denen des Aufsichtsrats unverzüglich nach Feststellung des Jahresabschlusses der Aufsichtsbehörde vorzulegen. Die Aufsichtsbehörde kann den Bericht mit dem Ab-

---

9 Die Bundesaufsichtsämter für das Versicherungswesen (BAV), das Kreditwesen (BAKred) und den Wertpapierhandel (BAWe) wurden durch das Gesetz über die integrierte Finanzdienstleistungsaufsicht vom 22.4.2002 zum 1.5.2002 unter dem Dach der neu gegründeten Bundesanstalt für Finanzdienstleistungsaufsicht (BaFin) zusammengeführt. Die von den ehemaligen Bundesämtern erlassenen Rechtsverordnungen sind weiterhin anzuwenden. Allerdings sind die aus den Verordnungen entstehenden Pflichten, seit Inkrafttreten des o. a. Gesetzes gegenüber der neu gegründeten BaFin zu erfüllen.

schlussprüfer erörtern und, wenn nötig, Ergänzungen der Prüfung und des Berichts auf Kosten des Versicherungsunternehmens veranlassen (§ 59 VAG).

Der Abschlussprüfer muss nach § 341k Abs. 3 i.V.m. § 321 Abs. 1 Satz 3 HGB die BaFin unverzüglich unterrichten, wenn er bei der Wahrnehmung seiner Aufgaben Tatsachen feststellt,

- die den Bestand des Versicherungsunternehmens gefährden,
- die Entwicklung des Versicherungsunternehmens wesentlich beeinträchtigen können oder
- schwerwiegende Verstöße der gesetzlichen Vertreter oder von Arbeitnehmern gegen Gesetz, Gesellschaftsvertrag oder Satzung

erkennen lassen. Auf Verlangen der Aufsichtsbehörde hat der Abschlussprüfer auch sonstige bei der Prüfung bekannt gewordene Tatsachen mitzuteilen, die gegen eine ordnungsmäßige Durchführung der Geschäfte des Versicherungsunternehmens sprechen (§ 57 Abs. 1 Satz 5 VAG).

2.2.1.2 Prüfung von Kreditinstituten

Prüfungspflicht und Prüfer

§ 340k Abs. 1 HGB schreibt *allen Kreditinstituten* unabhängig von ihrer Größe und ihrer Rechtsform die Prüfung des Jahresabschlusses und des Lageberichts sowie ggf. des Konzernabschlusses und des Konzernlageberichts vor. Dabei sind grundsätzlich die Prüfungsvorschriften der §§ 316–324a HGB anzuwenden (ausgenommen § 319 Abs. 1 Satz 2 HGB). Die Prüfung ist spätestens vor Ablauf des fünften Monats des dem Abschlussstichtag nachfolgenden Geschäftsjahres vorzunehmen.

Auswahl, Bestellung und *Abberufung* des Abschlussprüfers richten sich nach den für die jeweilige Rechtsform maßgeblichen Vorschriften. Als Prüfer kommen dabei gem. § 340k HGB WP bzw. WPG, genossenschaftliche Prüfungsverbände (falls das Kreditinstitut eine Genossenschaft oder ein rechtsfähiger wirtschaftlicher Verein ist) und Prüfungsstellen eines Sparkassen- und Giroverbands (falls das Kreditinstitut eine Sparkasse ist) in Frage. Dagegen sind vBP und BPG von der Abschlussprüfertätigkeit ausgeschlossen.

Die Kreditinstitute haben der BaFin und der Deutschen Bundesbank (DBB) den von ihnen bestellten Prüfer unverzüglich anzuzeigen. Innerhalb eines Monats kann die BaFin die Bestellung eines anderen Prüfers verlangen, wenn dies zur Erreichung des Prüfungszwecks geboten erscheint (§ 28 Abs. 1 KWG). Darüber hinaus hat nach § 28 Abs. 2 KWG das Registergericht am Sitz des Kreditinstituts auf Antrag der BaFin einen Prüfer zu bestellen, wenn

- die Anzeige des bestellten Prüfers nicht unverzüglich nach Ablauf des Geschäftsjahres erfolgt,
- das Kreditinstitut dem Verlangen der BaFin auf Bestellung eines anderen Prüfers nicht unverzüglich nachkommt,
- der gewählte Prüfer die Annahme des Prüfungsauftrags abgelehnt hat, weggefallen ist oder am rechtzeitigen Abschluss der Prüfung verhindert ist und das Kreditinstitut nicht unverzüglich einen anderen Prüfer bestellt hat.

Die Bestellung durch das Gericht ist endgültig. Das Registergericht kann auf Antrag der BaFin einen bestellten Prüfer abberufen. § 28 KWG ist auf Kreditinstitute, die einem genossenschaftlichen Prüfungsverband angeschlossen sind oder durch die Prüfungsstelle eines Sparkassen- und Giroverbands geprüft werden, nicht anzuwenden.

Praxisbezogene Hinweise und Hilfestellungen zur Verbesserung der Zusammenarbeit zwischen dem Prüfer und den jeweiligen Aufsichtsbehörden finden sich in IAPS 1004.

| **Diskussionsfrage** |

Welche Eigenschaften von Kreditinstituten rechtfertigen spezielle Normen für deren Abschlussprüfung?

Prüfungsgegenstände

Die Jahresabschlussprüfung hat zunächst die *Ordnungsmäßigkeit der Rechnungslegung* zum Gegenstand, d. h. der Prüfer hat die Einhaltung der gesetzlichen Vorschriften sowie der sie ergänzenden Bestimmungen der Satzung bzw. des Gesellschaftsvertrags zu kontrollieren. Dabei ist zu beachten, dass die allgemeinen handelsrechtlichen Rechnungslegungsvorschriften durch die besonderen Rechnungslegungsvorschriften für Kreditinstitute (§§ 340a–340j HGB) *ergänzt* werden. Zudem haben Kreditinstitute die Verordnung über die Rechnungslegung der Kreditinstitute und Finanzdienstleistungsinstitute (RechKredV) zu beachten. Sind Wertpapiere eines Kreditinstitutsmutterunternehmens zum Handel an einem organisierten Markt zugelassen oder ist eine solche Zulassung im Inland beantragt worden, so ist der Konzernabschluss nach internationalen Rechnungslegungsstandards aufzustellen; nicht kapitalmarktorientierte Mutterunternehmen haben ein Wahlrecht zur Anwendung der IFRS (§ 315a Abs. 3 HGB; zur Prüfung von Jahresabschlüssen nach IFRS und US-GAAP → II.9.3).

Das Adressenausfallrisiko, d. h. das Risiko des Verlustes oder entgangenen Gewinns auf Grund des Ausfalls eines Vertragspartners, ist ein wesentliches branchentypisches Risiko für Kreditinstitute. Diese müssen im Jahresabschluss eine angemessene Risikovorsorge für akute und latente Ausfallrisiken bilden. Daher stellt die Prüfung der ordnungsmäßigen Berücksichtigung von Adressenausfallrisiken und operationalen Risiken des Kreditgeschäfts im Jahresabschluss und Lagebericht (*Kreditprüfung*) einen wesentlichen Bestandteil der Jahresabschlussprüfung von Kreditinstituten dar (IDW PS 522.2). Dabei sind zunächst die Organisation des Kreditgeschäfts und das interne Kontrollsystem einschließlich interner Kontrollverfahren für Adressenausfallrisiken zu prüfen. Die Ergebnisse sind bei der Planung von Einzelfallprüfungen zu berücksichtigen. Mit der Prüfung einzelner Transaktionen soll insbesondere die Einschätzung der Adressenausfallrisiken durch das Kreditinstitut und die Angemessenheit einer ggf. getroffenen Risikovorsorge überprüft werden. Hierfür ist zum einen die Wahrscheinlichkeit maßgeblich, mit der ein Kreditnehmer seinen vertraglichen Verpflichtungen nicht mehr nachkommen kann. Zum anderen ist zu beurteilen, welche Zahlungen nach Eintritt von Leistungsstörungen noch erwartet werden können, wofür v. a. die erwarteten Erlöse aus Sicherheiten bestimmend sind (IDW PS 522.25).

Auf Grund des hohen Anteils von Forderungen und Verbindlichkeiten an der Bilanzsumme, der mit dem Massengeschäft verbundenen großen Anzahl von Kunden und

Umsätzen, der hohen Bedeutung von Off-Balance-Sheet-Geschäften und derivativen Finanzinstrumenten sowie der Nutzung neuer Vertriebswege (z. B. E-Commerce) kommt Bestätigungen Dritter bei der Prüfung von Kreditinstituten eine besondere Bedeutung zu. Diese sind in IDW PH 9.302.1 speziell geregelt. Weitere praxisbezogene Hilfestellungen, die sich speziell auf die Einholung von Bestätigungen anderer Kreditinstitute beziehen, liefert IAPS 1000. Eine hohe Bedeutung in der Rechnungslegung von Kreditinstituten nehmen derivative Finanzinstrumente ein, denen oftmals eine Bewertung zum beizulegenden Zeitwert bzw. anhand geschätzter Werte zu Grunde liegt. Hierfür liegen gesonderte Prüfungsnormen vor ($\rightarrow$ II.3.4.3.2). Ansonsten finden sich Praxishinweise zur Planung und Durchführung von Jahresabschlussprüfungen bei Banken in IAPS 1006.

Einen weiteren wesentlichen Bestandteil der Prüfung von Kreditinstituten stellt die Prüfung einer *ordnungsgemäßen Geschäftsorganisation* dar (§ 29 Abs. 1 i. V. m. § 25a Abs. 1 Satz 3 und 6 Nr. 1 KWG). Eine ordnungsgemäße Geschäftsorganisation umfasst insbesondere ein angemessenes und wirksames Risikomanagement, auf dessen Basis ein Institut die Risikotragfähigkeit laufend sicherzustellen hat, sowie angemessene Regelungen, anhand derer sich die finanzielle Lage des Instituts jederzeit mit hinreichender Genauigkeit bestimmen lässt. Das Risikomanagement beinhaltet in diesem Zusammenhang auch die Einrichtung interner Kontrollverfahren mit einem internen Kontrollsystem und einer Internen Revision. Mit den von der BaFin herausgegebenen *Mindestanforderungen an das Risikomanagement* (MaRisk) liegt zudem ein verbindlicher Rahmen für die Ausgestaltung des Risikomanagements der Institute vor, der gleichfalls im Rahmen der Prüfung zu beachten ist. In den MaRisk werden neben den Adressenausfallrisiken zusätzlich Marktpreisrisiken, Liquiditätsrisiken und operationale Risiken als wesentliche Risiken bei Kreditinstituten eingestuft. Insofern stellt die Prüfung der Einhaltung der Anforderungen an das Management dieser Risiken einen wesentlichen Bestandteil der Prüfung von Kreditinstituten dar. Zudem existiert mit IDW PS 525 ein Prüfungsstandard, der die Beurteilung des Risikomanagements von Kreditinstituten im Rahmen der Abschlussprüfung behandelt. Hiernach hat sich der Prüfer u. a. von der Einrichtung und Funktionsfähigkeit der verschiedenen Funktionen des Risikomanagementprozesses zu überzeugen (vgl. IDW PS 525.13). Die Funktionen sind darin zu sehen, dass das Kreditinstitut ein Bewusstsein für die eingegangenen Risiken geschaffen hat (Risikobewusstsein), mithilfe der eingerichteten Systeme und Prozesse alle wesentlichen Risiken frühzeitig und vollständig erkennen kann (Risikoerkennung), die Risiken im Hinblick auf die geschäftspolitischen Ziele beurteilen (Risikoanalyse) und entsprechend steuern kann (Risikosteuerung), den Verantwortlichen über die Risiken berichten (Risikokommunikation) und die Risiken überwachen kann (Risikoüberwachung).

Darüber hinaus hat der Abschlussprüfer auch Schutzfunktionen im gesamtwirtschaftlichen Interesse wahrzunehmen, aus denen sich weitere Prüfungsgegenstände ergeben (§ 29 Abs. 1 und 2 KWG):

- Prüfung der *wirtschaftlichen Verhältnisse* des Kreditinstituts.
- Prüfung der *Einhaltung von Anzeigepflichten* gegenüber der DBB bzw. der BaFin, u. a.:
  - Anzeigepflichten zur *Eigenmittelausstattung*: Einreichung der zur Überprüfung der angemessenen Eigenkapitalausstattung erforderlichen Angaben (§§ 10 Abs. 1e KWG, 10b Abs. 2 Satz 2 KWG), Einreichung von Zwischenabschlüssen (§ 10 Abs. 3 Satz 3 KWG), Offenlegung der Berechnung nicht realisierter Reserven (§ 10 Abs. 4a

Satz 4 KWG), Erwerb eigener Genussrechte zur Marktpflege (§ 10 Abs. 5 Satz 7 KWG), Erwerb von in Wertpapieren verbrieften eigenen nachrangigen Verbindlichkeiten zur Marktpflege (§ 10 Abs. 5a Satz 7, Abs. 7 Satz 6 KWG), Absinken der Eigenmittel auf unter 120 % der angemessenen Eigenmittel durch Tilgungs- und Zinszahlungen auf die kurzfristigen nachrangigen Verbindlichkeiten (§ 10 Abs. 7 Satz 7 KWG), Gewährung von Krediten an Gesellschafter (§ 10 Abs. 8 KWG), Wahl der Methode zur Berechnung der Eigenmittel von Finanzkonglomeraten (§ 10b Abs. 3 Satz 4 KWG).

– Anzeigepflichten zur *Liquidität*: Einreichung der zur Überprüfung einer ausreichenden Liquidität erforderlichen Angaben (§ 11 Abs. 1 Satz 2 Nr. 3 KWG).

– Anzeigepflichten zur *Begründung von Unternehmensbeziehungen*: Begründung, Veräußerung oder Aufgabe einer Beteiligung an einem Unternehmen im Ausland bzw. von Unternehmensbeziehungen zu einem Unternehmen im Ausland (§ 12a Abs. 1 Satz 3 KWG).

– Anzeigepflichten zu *Großkrediten*: Großkredite liegen vor, wenn die Kredite eines Kreditinstituts an einen Kreditnehmer insgesamt 10 % seines haftenden Eigenkapitals erreichen oder übersteigen.[10]

– Anzeigepflichten zu *gruppeninternen Transaktionen mit gemischten Unternehmen* und zur *Risikokonzentration und gruppeninternen Transaktionen von Finanzkonglomeraten*: §§ 13c Abs. 1 Satz 1, Abs. 3 Satz 3, 13d Abs. 1 KWG.

– Anzeigepflichten zu *Millionenkrediten*: Als Millionenkredite gelten Kredite mit einem Volumen von 1,5 Mio. € oder mehr (§ 14 Abs. 1 KWG).

– Anzeigepflichten zu *Organkrediten*: Organkredite sind Kredite an Personen oder Unternehmen, die in besonders enger Beziehung zu dem Kredit gewährenden Unternehmen stehen. Hier besteht die Gefahr, dass die Kreditentscheidung durch unsachliche Einflussnahme, Kollisionen der Interessen des Kreditinstituts mit den Eigeninteressen des Organs oder sachfremde Überlegungen beeinflusst wird. Die Gewährung von Organkrediten ohne vorherigen einstimmigen Beschluss sämtlicher Geschäftsleiter und ausdrückliche Zustimmung des Aufsichtsorgans ist, wenn der Beschluss der Geschäftsleiter nicht innerhalb von zwei Monaten bzw. der Beschluss des Aufsichtsorgans nicht innerhalb von vier Monaten nachgeholt wird, anzeigepflichtig (§ 15 Abs. 4 Satz 5 KWG).

– Anzeigepflichten *nach* § 24 KWG: Hiernach sind bestimmte personelle (z. B. Geschäftsführer und einzelvertretungsbefugte Personen), finanzielle (z. B. unmittelbare und mittelbare Beteiligungen, Verluste i. H. v. 25 % des haftenden Eigenkapitals, Einstellung des Geschäftsbetriebs, Auflösungsabsicht, Absinken des Eigenkapitals unter die Mindestanforderungen, Passivbeteiligungen, Unregelmäßigkeiten bei Wertpapierpensions- und -darlehensgeschäften) und organisatorische Veränderungen (Änderung der Rechtsform und der Firma, Verlegung der Niederlassung oder des Sitzes, Veränderungen bei den Zweigstellen, Vereinigungsabsicht) anzuzeigen.

---

10 Diesbezügliche Anzeigepflichten finden sich in §§ 13 Abs. 1 Satz 1, Abs. 2 Satz 5 und 8, Abs. 3 Satz 2, 4 und 6, Abs. 4, 13a Abs. 1 Satz 1, Abs. 2, Abs. 3 Satz 2, Abs. 4 Satz 2, Abs. 5 Satz 2 und 4, Abs. 6, 13b Abs. 1, Abs. 4 Satz 1 KWG.

- Anzeigepflichten zur *Errichtung einer Zweigniederlassung und Erbringung grenz-überschreitender Dienstleistungen in anderen Staaten des EWR* (§ 24a Abs. 1, 3, 3a, 3b und 4 KWG)
- Feststellung der *Einholung von Kreditunterlagen*: Kreditinstitute haben sich gem. § 18 KWG von Kreditnehmern, denen Kredite von insgesamt mehr als 750 T€ oder 10 % des haftenden Eigenkapitals des Instituts gewährt werden, die wirtschaftlichen Verhältnisse offenlegen zu lassen, es sei denn, dass der Kredit durch erstrangige Grundpfandrechte auf selbst genutztes Wohneigentum besichert ist, der Kredit vier Fünftel des Beleihungswertes des Pfandobjekts nicht übersteigt und der Kreditnehmer die von ihm geschuldeten Zins- und Tilgungszahlungen störungsfrei erbringt.
- Überprüfung der Anforderungen zu Handels- und Anlagenbuch (§ 1a Abs. 4 bis 8 KWG), zur Eigenmittelausstattung (§§ 10, 10a, 10b KWG), Liquidität (§ 11 KWG), Begrenzung von qualifizierten Beteiligungen und Beteiligungsbeschränkungen für E-Geld-Institute (§ 12 KWG), Begrenzung von Großkrediten (§§ 13–13d KWG), zur Ermöglichung automatisierter Abrufe von Konteninformationen (§ 24c KWG) und Überprüfung organisatorischer Pflichten (§ 25a KWG).
- Prüfung *der Einhaltung von Verpflichtungen, die im Zusammenhang mit der Verhinderung von Geldwäsche und Terrorismusfinanzierung* stehen. Hierbei sind insbesondere die Einhaltung bestimmter Sorgfaltspflichten (§§ 25c bis 25h KWG), die Verpflichtungen nach dem *Geldwäschegesetz (GwG)* (→ III.2.2.1.1, Prüfungsgegenstände) sowie nach der *Verordnung (EG) Nr. 1781/2006* zu überprüfen.
- Prüfung der Einhaltung von *Pflichten zur Informationsoffenlegung* (§ 26a KWG).
- Überprüfung der *korrekten Ermittlung der nicht realisierten Reserven*, sofern dem haftenden Eigenkapital des Kreditinstituts nicht realisierte Reserven zugerechnet werden.

Die BaFin kann unbeschadet der Pflichten des Prüfers nach § 29 KWG gegenüber einem Kreditinstitut Bestimmungen über den Inhalt der Prüfung treffen und insbesondere Schwerpunkte für die Prüfung festlegen (§ 30 KWG).

Durch die über die Prüfung der Rechnungslegung hinausgehenden Prüfungspflichten werden Teilaspekte der *Ordnungsmäßigkeit der Geschäftsführung* zum Prüfungsgegenstand erhoben.

Berichtspflichten

Der Abschlussprüfer hat neben den gesetzlichen (§§ 321–322 HGB) und den berufsständischen Normen (IDW PS 400, 450) insbesondere die von der BaFin erlassene *Prüfungsberichtsverordnung* (PrüfbV) zu beachten. Letztere umfasst detaillierte Regelungen zum Aufbau und zum Inhalt des Prüfungsberichts und erleichtert dadurch die Auswertung der Prüfungsberichte durch die Aufsichtsbehörden. Indirekt bestimmt die Prüfungsberichtsverordnung auch weitgehend Art und Umfang der durchzuführenden Prüfungshandlungen.

Nach § 26 Abs. 1 KWG hat der Abschlussprüfer den Prüfungsbericht unverzüglich nach Beendigung der Prüfung der BaFin und der DBB einzureichen. Bei Kreditinstituten, die einem genossenschaftlichen Prüfungsverband angehören oder durch die Prüfungsstelle eines Sparkassen- oder Giroverbands geprüft werden, ist der Prüfungsbericht nur auf Anforderung einzureichen.

Werden dem Prüfer bei der Prüfung Tatsachen bekannt, welche
- die Einschränkung oder Versagung des Bestätigungsvermerks rechtfertigen,
- den Bestand des Kreditinstituts gefährden,
- die Entwicklung des Kreditinstituts wesentlich beeinträchtigen können oder
- schwerwiegende Verstöße der Geschäftsleiter gegen Gesetz, Satzung oder Gesellschaftsvertrag

erkennen lassen, hat er dies unverzüglich, d. h. regelmäßig noch während der laufenden Prüfung der BaFin und der DBB anzuzeigen (§ 29 Abs. 3 Satz 1 KWG).

Auf Verlangen der BaFin oder der DBB hat der Abschlussprüfer diesen den Prüfungsbericht zu erläutern und sonstige bei der Prüfung bekannt gewordene Tatsachen mitzuteilen, die gegen eine ordnungsmäßige Durchführung der Geschäfte des Kreditinstituts sprechen (§ 29 Abs. 3 Satz 2 KWG).

2.2.1.3 Depotprüfung

Prüfungspflicht und Prüfer

Nach § 29 Abs. 2 Satz 2 KWG haben die Jahresabschlussprüfer bei Kreditinstituten, die das Depotgeschäft betreiben, dieses Geschäft besonders zu prüfen, sofern diese Institute keine Wertpapierdienstleistungsunternehmen im Sinne von § 2 Abs. 4 WpHG sind, bei denen die Depotprüfung Teil der Prüfung des Wertpapierdienstleistungsgeschäfts ist. Das Depotgeschäft umfasst die Verwahrung und Vewaltung von Wertpapieren für andere. In diesem Zusammenhang ist darauf hinzuweisen, dass Kreditinstitute dazu verpflichtet sind, die BaFin und die DBB unverzüglich von der Aufnahme des Depotgeschäfts zu unterrichten. Die Bestellung des Jahresabschlussprüfers und damit des Depotprüfers erfolgt durch das Kreditinstitut (→ III.2.2.1.2).

Prüfungsgegenstände

Bei der Depotprüfung handelt es sich um eine *jährlich* auszuführende *Zeitraumprüfung* (§ 57 PrüfbV). Sie wird zeitlich unabhängig von der Jahresabschlussprüfung durchgeführt. Der Prüfer legt den Beginn der Prüfung und den Berichtszeitraum nach pflichtgemäßem Ermessen fest. Hierbei ist zu beachten, dass der Berichtszeitraum der ersten Prüfung der Zeitraum zwischen der Aufnahme des Depotgeschäfts oder der Übernahme der Depotbankaufgaben und dem Stichtag der ersten Prüfung sein muss. Berichtszeitraum der folgenden Prüfung ist jeweils der Zeitraum zwischen dem Stichtag der letzten Prüfung und dem Stichtag der folgenden Prüfung. Die Prüfung muss spätestens 15 Monate nach dem Anfang des für sie maßgeblichen Berichtszeitraums begonnen worden sein.

Hauptziel der Depotprüfung ist es sicherzustellen, dass die Rechte an Wertpapieren korrekt verschafft und einwandfrei laufend verbucht werden und dass die Rechte an den Wertpapieren insgesamt gewahrt werden. Somit besteht die Aufgabe der Depotprüfung in der Überprüfung der ordnungsmäßigen Einhaltung der für den Bereich des Depotgeschäfts erlassenen Kundenschutzvorschriften, d. h. im Rahmen der Depotprüfung ist zu untersuchen, ob das Kreditinstitut die Verwahrung und Verwaltung von Wertpapieren und die Erfüllung von Wertpapierlieferungen ordnungsgemäß ausführt.

Im Rahmen der Depotprüfung gem. § 56 PrüfbV hat der Prüfer die Einhaltung der Vorschriften des Depotgesetzes (DepotG) sowie die Bestimmungen des § 128 AktG (Mitteilungspflichten an die Depotkunden) und des § 135 AktG (Ausübung des Stimmrechts aus für Kunden verwahrte Wertpapiere) zu überprüfen.

Sofern ein Kreditinstitut oder eine Zweigniederlassung eines Kreditinstituts als Depotbank nach § 20 Abs. 1 Satz 1 oder Abs. 2 InvG tätig ist, hat der Prüfer die ordnungsmäßige Erfüllung der in den §§ 22 bis 29 InvG genannten Pflichten zu überprüfen.

Berichtspflichten

Über die Depotprüfung ist gesondert zu berichten (§ 29 Abs. 2 Satz 3 KWG). Je eine Ausfertigung des Prüfungsberichts ist der BaFin und der DBB zuzuleiten, es sei denn, dass auf eine Einreichung verzichtet wird. Bei Kreditinstituten, die einem genossenschaftlichen Prüfungsverband angehören oder durch die Prüfungsstelle eines Sparkassen- oder Giroverbands geprüft werden, ist der Prüfungsbericht nur auf Anforderung der BaFin einzureichen. Der Prüfungsbericht muss Angaben zur Ordnungsmäßigkeit folgender Sachverhalte enthalten (§ 58 Abs. 1 PrüfbV):

- Vewahrung und Verwaltung von Wertpapieren für andere,
- Verwahrungsbuch,
- Verfügungen über Kundenwertpapiere und Ermächtigungen sowie
- Beachtung der §§ 128 und 135 AktG.

In einer im Prüfungsbericht enthaltenen Schlussbemerkung ist zu beurteilen, ob das geprüfte Depotgeschäft ordnungsgemäß betrieben und die geprüften Aufgaben ordnungsgemäß erfüllt wurden. Zudem ist darzulegen, welche erwähnenswerten Beanstandungen sich auf Grund der Prüfung ergeben haben (§ 58 Abs. 3 PrüfbV).

Weigert sich das Kreditinstitut, die Prüfung vornehmen zu lassen, oder wird der Prüfer in anderer Weise an der Wahrnehmung seiner Rechte gehindert, so hat er darüber der BaFin und der DBB unverzüglich zu berichten. Stellt der Prüfer Mängel in der Handhabung des Depotgeschäfts fest, die nicht während der laufenden Prüfung beseitigt werden können, hat er den Abschluss der Prüfung so lange auszusetzen, bis er sich von der Abstellung der Mängel überzeugt hat. Über eine längere Aussetzung der Prüfung ist die BaFin zu informieren. Bei unwesentlichen Mängeln, die nicht zu einer Schädigung von Kunden führen können, hat der Prüfer die Innenrevision zu unterrichten. Insbesondere bei solchen Mängeln, die zu einer Schädigung führen können, oder bei Verdacht auf strafbare Handlungen hat der Prüfer sofort die BaFin und die DBB zu unterrichten.[11]

Der Jahresabschlussprüfer hat in seiner zusammenfassenden Schlussbemerkung über die Jahresabschlussprüfung eines Kreditinstituts auch darüber zu berichten, ob das geprüfte Institut den Mitteilungspflichten über die Aufnahme depotprüfungspflichtiger Geschäfte nachgekommen ist.

---

11 Vgl. *Miletzki* (1999), S. 1453; *Scharpf/Schaber* (2009), S. 854.

2.2.2   Rechtsformspezifische Prüfungsleistungen

2.2.2.1 Prüfung von Genossenschaften

Prüfungspflicht und Prüfer

Bei Genossenschaften handelt es sich um den Zusammenschluss von Personen, um gemeinsam Aufgaben zu übernehmen, die der Einzelne im Wettbewerb allein nicht bewältigen kann (Hilfe zur Selbsthilfe). Sie haben nach § 1 Abs. 1 GenG den Auftrag, die wirtschaftlichen Belange ihrer Mitglieder durch gemeinschaftlichen Geschäftsbetrieb zu fördern. Die *Sicherstellung des Förderzwecks* der Genossenschaft sowie der *Schutz derer Mitglieder* begründen Besonderheiten der genossenschaftlichen Prüfung.

Genossenschaften unterliegen einer Prüfungspflicht durch den *Genossenschaftsverband*.[12] Diese Pflichtprüfung erfolgt jährlich; Genossenschaften mit einer Bilanzsumme bis zwei Mio. € müssen sich dieser Prüfung nach § 53 Abs. 1 GenG nur alle zwei Jahre unterziehen. Die Genossenschaft hat zwingend einem Prüfungsverband anzugehören, der die Prüfung durchführt (§§ 54, 55 GenG).[13] Eine verbandslose Genossenschaft wird von Amts wegen aufgelöst (§ 54a GenG).

Nach § 63b GenG soll ein genossenschaftlicher Prüfungsverband die Rechtsform des eingetragenen Vereins besitzen und mindestens einen WP im Vorstand haben. Mitglieder des Verbands können grundsätzlich nur eingetragene Genossenschaften sein. Das Prüfungsrecht wird dem Verband durch die zuständige oberste Landesbehörde verliehen, in deren Gebiet der Verband seinen Sitz hat (§ 63 Abs. 1 GenG). Ein Verband muss die Prüfung seiner Mitglieder und kann auch sonst die gemeinsame Wahrnehmung ihrer Interessen zum Zweck haben.

Zur Prüfung seiner Mitglieder bedient sich der Prüfungsverband grundsätzlich seiner angestellten Prüfer. Diese sollen nach § 55 Abs. 1 Satz 3 GenG im genossenschaftlichen Prüfungswesen ausreichend vorgebildet und erfahren sein. Dabei kommen Verbandsprüfer und WP zum Einsatz. Verbandsprüfer werden nach einem bundeseinheitlichen Lehrplan ausgebildet, besuchen einen mehrmonatigen Verbandsprüferlehrgang und legen das Verbandsprüferexamen ab. Die Qualifikation des WP ist nicht zwingend vorgeschrieben. Handelt es sich bei der Genossenschaft allerdings um ein Kreditinstitut, muss mehr als die Hälfte der geschäftsführenden Vorstandsmitglieder des Prüfungsverbandes über die Qualifikation des WP verfügen (§ 340k Abs. 2 Satz 1 HGB) und der Bestätigungsvermerk darf nur von WP unterzeichnet werden (§ 340k Abs. 2a Satz 1 HGB). Ausnahmsweise ist der Prüfungsverband gem. § 55 Abs. 3 GenG auch dazu berechtigt, die Prüfung indirekt durch einen WP, eine WPG oder einen anderen Prüfungsverband durchführen zu lassen. Eine solche Beauftragung eines anderen Prüfers durch den Prüfungsverband ist jedoch nur zulässig, wenn dies im Einzelfall notwendig ist, um eine gesetzmäßige sowie sach- und termingerechte Prüfung zu gewährleisten. Die Beauftragung nach § 55 Abs. 3 GenG ist in der Praxis ein seltener Ausnahmefall (so hat z. B.

---

12   Von der regelmäßigen genossenschaftlichen Pflichtprüfung abzugrenzen ist die genossenschaftliche Gründungsprüfung gemäß § 11 Abs. 2 Nr. 3 GenG.

13   Das Bundesverfassungsgericht hält diese Pflichtmitgliedschaft für verfassungskonform. Vgl. *BVerfG* (2001).

PwC für den Rheinisch-Westfälischen Genossenschaftsverband e. V. die Prüfung des Jahresabschlusses und des Lageberichts der Deutschen Apotheker- und Ärztebank für das Geschäftsjahr 2009 durchgeführt).

Die genossenschaftliche Pflichtprüfung versteht sich auch als umfassende Beratungs- und Betreuungsverpflichtung, so dass der Beratung eine erhebliche Bedeutung zukommt. In § 55 Abs. 2 GenG sind Ausschlussgründe genannt, welche eine unabhängige Prüfung gewährleisten sollen. Hier werden im Wesentlichen die Regelungen des § 319 Abs. 3 HGB übernommen (→ I.7.3). Es lassen sich zwei Ausnahmen erkennen:

- zum einen gilt die Umsatzgrenze des § 319 Abs. 3 Nr. 5 HGB nicht;
- zum anderen sind lediglich gesetzliche Vertreter des Verbands oder vom Verband beschäftigte Personen, die das Ergebnis der Prüfung beeinflussen können, von der Prüfung der Genossenschaft ausgeschlossen, wenn sie die genannten Ausschlusstatbestände erfüllen. Der Prüfungsverband selbst ist hingegen nicht von der Prüfung ausgeschlossen.

Diese Erleichterungen liegen wiederum in den Besonderheiten der genossenschaftlichen Prüfung begründet:[14]

- durch die Pflichtmitgliedschaft im genossenschaftlichen Prüfungsverband besteht keine freie Prüferwahl, welche die Drohung des Mandatsentzugs zulassen würde;
- die Prüfungsverbände erfüllen Beratungsaufgaben nicht zur Gewinnerzielung, sondern zur Förderung der Mitglieder;
- die Vielzahl der Mitglieder eines Verbands sichern eine breite finanzielle Basis, so dass die Gefahr finanzieller Abhängigkeit nicht besteht, zumal sich die Verbände nicht nur über Einzelabrechnungen von Leistungen, sondern zu einem bedeutenden Teil auch über Mitgliedsbeiträge oder Umlagen finanzieren;
- die Prüfungsbereiche müssen ihre Kosten decken, so dass eine Subventionierung von nicht kostendeckend kalkulierten Prüfungshonoraren durch entsprechende Gewinne aus Beratungsaufträgen nicht stattfindet;
- Honorarvereinbarungen entfallen, da die Prüfungsgebühren von den zuständigen Gremien des Prüfungsverbands beschlossen werden.

Das System der Pflichtmitgliedschaft in einem Prüfungsverband sowie der Pflichtprüfung dient dem Prinzip der Selbstverwaltung der Genossenschaft sowie dem besonderen Schutzbedürfnis der Mitglieder.

Nach § 38 Abs. 1a GenG kann der Aufsichtsrat einen *Prüfungsausschuss* bestellen. Bei Genossenschaften mit nicht mehr als 20 Mitgliedern kann durch Bestimmung in der Satzung auf einen Aufsichtsrat verzichtet werden (§ 9 Abs. 1 Satz 2 GenG). Für Genossenschaften, die im Sinne des § 324 HGB kapitalmarktorientiert sind und keinen Aufsichtsrat haben, gilt gemäß § 53 Abs. 3 GenG § 324 HGB entsprechend, d. h. sie sind verpflichtet, einen Prüfungsausschuss einzurichten.

---

14 Vgl. hierzu ausführlich *Esser/Hillebrand/Walter* (2006).

Prüfungsgegenstände

Die genossenschaftliche Pflichtprüfung ist auf die Feststellung der wirtschaftlichen Verhältnisse sowie der Ordnungsmäßigkeit der Geschäftsführung ausgerichtet. Sie soll damit dem Ziel dienen, ein Urteil darüber zu erlangen, ob der Vorstand seinen Grundauftrag zur bestmöglichen Förderung der Mitglieder erfüllt hat. Hierzu sind die Einrichtungen der Genossenschaft, die Vermögenslage sowie die Geschäftsführung einschließlich der Führung der Mitgliederliste zu prüfen (§ 53 Abs. 1 GenG). Buchführung, Jahresabschluss und Lagebericht unterliegen nur bei Genossenschaften mit einer Bilanzsumme von über einer Mio. € und Umsatzerlösen von über zwei Mio. € der Prüfungspflicht, wobei dann die §§ 316 Abs. 3, 317 Abs. 1 Satz 2 und 3, Abs. 2 HGB Anwendung finden. Bei der Prüfung großer Genossenschaften im Sinne des § 58 Abs. 2 GenG ist zusätzlich § 317 Abs. 5 und 6 HGB entsprechend anzuwenden (§ 53 Abs. 2 GenG). Im Regelfall kann aber auch bei der Prüfung einer kleinen Genossenschaft nicht gänzlich auf die Überprüfung des Jahresabschlusses verzichtet werden, denn die wirtschaftlichen Verhältnisse und die Ordnungsmäßigkeit der Geschäftsführung können nicht ohne verlässliches Zahlenmaterial der Genossenschaft beurteilt werden. Eine prüferische Durchsicht dürfte hier allerdings genügen.[15]

Die genossenschaftliche Prüfung geht im Sinne einer *betreuenden Prüfung* über eine reine Abschlussprüfung hinaus. Der Prüfer soll bei Fehlentwicklungen, die die Entwicklung der Genossenschaft beeinträchtigen können, Ratschläge zur Korrektur geben. Im Zweifel hat er den Aufsichtsrat bei der Durchsetzung notwendiger Maßnahmen in der Genossenschaft zu unterstützen. Da nach § 9 Abs. 2 GenG Vorstands- und Aufsichtsratsmitglieder Mitglied der Genossenschaft sein müssen, besteht insbesondere bei kleinen Genossenschaften die Gefahr, dass sich aus diesem Kreis nicht immer Personen finden, die über ausreichende Kenntnisse in den betreffenden geschäftlichen Angelegenheiten verfügen. Dies unterstreicht die Notwendigkeit einer Betreuungsprüfung. Somit geht die genossenschaftliche Pflichtprüfung formell wie auch inhaltlich über die Pflichtprüfung nach den §§ 316–324a HGB hinaus.

Im Rahmen der *Prüfung der Einrichtungen* sind die Anlagen und Bauten sowie die be-triebs-, organisations- und verwaltungstechnischen Einrichtungen in die Prüfung mit einzubeziehen. Damit sind z. B. das Rechnungswesen und die Organisation der Arbeitsabläufe (Innenorganisation) sowie das Vorhandensein einer geeigneten und wirksamen Vertriebsorganisation (Außenorganisation) Gegenstand der genossenschaftlichen Pflichtprüfung. Der Fokus liegt dabei auf der Vollständigkeit, der Funktionsfähigkeit wie auch auf dem Erhaltungszustand und der wirtschaftlichen Zweckmäßigkeit im Hinblick auf die unternehmerischen Zielsetzungen. Die Prüfung eines ausreichenden internen Überwachungssystems und eines adäquaten Instrumentariums zur Unternehmenssteuerung gewinnt zunehmend an Bedeutung.

Zur *Feststellung der wirtschaftlichen Verhältnisse* ist nach § 53 Abs. 1 Satz 1 GenG die Prüfung der *Vermögenslage* der Genossenschaft erforderlich. Hierbei hat sich der Prüfer Klarheit über die Höhe, Struktur und Entwicklung des Vermögens sowie seiner Finanzierung zu verschaffen. Dieses Vorgehen schließt eine Auseinandersetzung sowohl mit

---

15 Vgl. *Esser/Hillebrand/Walter* (2007), S. 33.

der Ertragslage als auch mit der Liquiditätssituation der zu prüfenden Genossenschaft mit ein, so dass die Feststellung der wirtschaftlichen Verhältnisse mit einer Feststellung der wirtschaftlichen Lage gleichzusetzen ist, d. h. auch die Finanz- und Ertragslage sind Gegenstand der Prüfung. Zu prüfen sind daher die Kapitalausstattung, die Liquidität, die Rentabilität, die Wirtschaftlichkeit, die Erfolgspotenziale, die Preisgestaltung, die Finanzierung und die Kreditwürdigkeit. Damit sollen wirtschaftliche Schieflagen verhindert werden.

> ### Beispiel
>
> Bei einer Handelsgenossenschaft würde dies etwa die Prüfung der wirtschaftlichen Grundlagen im Beschaffungs- und Absatzbereich, der Umsatzentwicklung nach Warengruppen, Regionen und Vertriebstypen sowie der Wirtschaftlichkeit der einzelnen Vertriebsstellen umfassen. Auch ist die Vermögens- und Kapitalstruktur aufzugliedern sowie eine Bewegungsbilanz zu erstellen und die Höhe der geplanten Investitionen zu untersuchen und deren Finanzierung zu überprüfen. Dabei ist auch die zukünftige Entwicklung der wirtschaftlichen Verhältnisse zu bewerten. Dazu ist die kurz- und mittelfristige Planung der Geschäftsführung zu hinterfragen und zu beurteilen.

Auf Grund der notwendigen Prüfungshandlungen geht die Feststellung der wirtschaftlichen Verhältnisse nahtlos in die *Prüfung der Geschäftsführung* über, welche sich nicht nur auf den Vorstand beschränkt, sondern auch den Aufsichtsrat und die Generalversammlung einbezieht. Die Geschäftsführungsprüfung erstreckt sich auf die Geschäftsführungsorganisation sowie deren Instrumente und Tätigkeit und hat neben deren Ordnungsmäßigkeit auch die Zweckmäßigkeit zu erfassen. Sie untergliedert sich in die Prüfung der Geschäftsführungsorganisation, des Geschäftsführungsinstrumentariums (Unternehmensplanung, Aufbau- und Ablauforganisation, Personalmanagement, Rechnungswesen, Risikomanagementsystem und internes Überwachungssystem) sowie der Geschäftsführungstätigkeiten und deckt sich diesbezüglich weitestgehend mit der Prüfung der Geschäftsführung nach § 53 HGrG (→ III.2.2.2.3).[16]

Die Prüfung der *Rechnungslegung* einer Genossenschaft erstreckt sich nicht nur auf die Buchführung und den Jahresabschluss (handelsrechtlicher Prüfungsumfang), sondern umfasst auch die genossenschaftlichen Sonderregelungen (insbesondere §§ 336–339 HGB, 33 GenG), Satzungsbestimmungen und das interne Rechnungswesen ebenso wie die Beurteilung der Zweckmäßigkeit des Rechnungswesens.

Berichtspflichten

Die grundlegenden Berichtspflichten des Prüfers bzw. Prüfungsverbands regelt § 58 GenG. Danach ist über das Ergebnis der Prüfung schriftlich zu berichten, wobei die Regelungen des § 321 Abs. 1–3 sowie 4a HGB insoweit zu berücksichtigen sind, als sie den Jahresabschluss und den Lagebericht betreffen. Die materiellen Vorschriften zur Erteilung des Bestätigungsvermerks des § 322 HGB finden lediglich bei der Prüfung von

---

16 Zur Prüfung der Geschäftsführung vgl. ausführlich *DGRV* (2005).

großen Genossenschaften i. S. des § 267 Abs. 3 HGB Anwendung (§ 58 Abs. 2 GenG). Der Prüfungsbericht ist dabei nach § 58 Abs. 3 Satz 1 GenG vom Prüfungsverband zu unterzeichnen (durch die dafür nach dem Regelwerk des Prüfungsverbands zuständigen Vertreter bzw. Mitarbeiter; dies müssen nicht zwingend WP sein) und dem Vorstand der Genossenschaft, unter gleichzeitiger Benachrichtigung des Vorsitzenden des Aufsichtsrats, zuzuleiten. Jedes Mitglied des Aufsichtsrats hat den Inhalt des Prüfungsberichts zur Kenntnis zu nehmen (§ 58 Abs. 3 Satz 2 GenG). Über das Prüfungsergebnis haben Vorstand und Aufsichtsrat der Genossenschaft dann nach § 58 Abs. 4 GenG unverzüglich nach Eingang des Prüfungsberichts in einer gemeinsamen Sitzung zu beraten, wobei der Prüfungsverband und der Prüfer an der Beratung teilnehmen dürfen. Dazu sind Prüfer bzw. Prüfungsverband vorher von der Sitzung in Kenntnis zu setzen.

Als weitere Besonderheit ist das Erfordernis zu sehen, dass der Prüfer den Aufsichtsratsvorsitzenden unmittelbar darüber zu unterrichten hat, wenn wichtige Feststellungen während der Prüfung ein unverzügliches Reagieren des Aufsichtsrats erforderlich machen. Ebenso hat der Prüfer vor Abgabe des Prüfungsberichts den Aufsichtsrat und den Vorstand der Genossenschaft in einer gemeinsamen Sitzung vom voraussichtlichen Ergebnis der Prüfung in Kenntnis zu setzen (§ 57 Abs. 3 und 4 GenG).

Nach Beendigung der Prüfung hat der Vorstand der Genossenschaft eine Bescheinigung des Prüfungsverbands über die abgeschlossene Prüfung beim Genossenschaftsregister einzureichen und den Prüfungsbericht bei der Einberufung der nächsten Generalversammlung zur Beschlussfassung anzukündigen. Jedes Mitglied hat das Recht, Einsicht in das zusammengefasste Ergebnis des Prüfungsberichts zu nehmen (§ 59 Abs. 1 Satz 2 GenG). Der Vorstand einer Genossenschaft wird im Zuge der Einberufung einer Generalversammlung, die die Behandlung des Prüfungsberichts zum Gegenstand hat, die Zusammenfassung des Prüfungsergebnisses in den Geschäftsräumen auslegen und damit dem Mitglied die Möglichkeit verschaffen, Einsicht in das zusammengefasste Ergebnis des Prüfungsberichts zu nehmen. In der Generalversammlung hat sich der Aufsichtsrat nach § 59 Abs. 2 GenG über wesentliche Feststellungen oder Beanstandungen der Prüfung zu erklären. Dies kann von einer vollen Akzeptanz bis zur Artikulation einer gänzlich anderen Sicht gehen. Der Prüfungsverband kann an der Generalversammlung teilnehmen und darauf bestehen, dass Teile des Prüfungsberichts verlesen werden (§ 59 Abs. 3 GenG). Dabei wird der Prüfungsverband darauf achten, dass eine den Feststellungen des Prüfers entsprechende Berichterstattung erfolgt. Nach der Berichterstattung über die Prüfung und den Erklärungen des Aufsichtsrats zur Prüfung hat der Versammlungsleiter eine Abstimmung herbeizuführen, ob die Generalversammlung über das Ergebnis der Prüfung hinreichend informiert wurde. Gewinnt der Prüfungsverband die Überzeugung, dass die Beschlussfassung über den Prüfungsbericht ungebührlich verzögert wird oder dass die Versammlung nicht ausreichend oder fehlerhaft über die Ergebnisse der Prüfung informiert wurde, ist er berechtigt, eine neuerliche Generalversammlung einzuberufen, auf der eine vom Prüfungsverband bestimmte Person den Vorsitz innehat (§ 60 GenG).

Führt ein Prüfungsverband die gesetzlich vorgeschriebene Abschlussprüfung bei einem Unternehmen durch, das im Sinne von § 264d HGB kapitalmarktorientiert ist, hat er einen *Transparenzbericht* gemäß § 55c WPO zu veröffentlichen (§ 55 Abs. 4 GenG).

2.2.2.2 Prüfung von Stiftungen

Prüfungspflicht und Prüfer

Stiftungen sind juristische Personen, die durch ein sog. Stiftungsgeschäft[17] und die Anerkennung durch die zuständige Behörde des Landes entstehen (§ 80 BGB). Soweit keine speziellen Vorschriften (insbesondere BGB und Stiftungsgesetze) bestehen, kommen für Stiftungen bestimmte bürgerlich-rechtliche Vorschriften des rechtsfähigen Vereins zur Anwendung (§ 86 BGB). Stiftungsgesetze werden nicht vom Bund, sondern von den Ländern erlassen. Dementsprechend existieren keine bundeseinheitlichen – über die Regelungen des BGB hinausgehende – Vorschriften für Stiftungen (IDW RS HFA 5.1). Für Fragestellungen zur Rechnungslegung und Prüfung von Stiftungen ist demnach das jeweilige Landesstiftungsgesetz sowie der IDW RS HFA 5 von Bedeutung. Für Fragestellungen zur Prüfung von Stiftungen ist weiterhin der IDW PS 740 relevant, der unabhängig davon zu beachten ist, ob der Prüfer einen Bestätigungsvermerk oder eine Bescheinigung erteilt. In den IFAC-Prüfungsnormen gibt es hierzu kein dienstleistungsspezifisches Äquivalent. Sowohl bei der Rechnungslegung als auch bei der Prüfung sind insbesondere der bei der Gründung der Stiftung im Stiftungsgeschäft verankerte Stiftungszweck, speziell die Ziele wie Erhaltung des Stiftungsvermögens oder Verwendung der Mittel im Sinne des Stiftungszwecks, zu beachten.

Die *Rechnungslegung* der Stiftung[18] wird in den meisten Landesstiftungsgesetzen als Jahresrechnung bzw. Jahresabrechnung bezeichnet[19] und kann neben der Buchführungspflicht eine Pflicht zur Aufstellung einer Vermögensrechnung sowie einer Einnahmen-/Ausgaben-rechnung umschließen. Auf Grund der Größe oder Komplexität der Stiftung kann eine Jahresabschlusserstellung auf Basis der handelsrechtlichen Rechnungslegungsvorschriften sachgerecht sein. Ferner können Finanzämter Stiftungen, die die Größenkriterien des § 141 AO überschreiten, zur doppelten Buchführung und Gewinnermittlung durch Betriebsvermögensvergleich auffordern.[20]

Grundsätzlich obliegt die *Prüfung* der Einhaltung der Stiftungsvorschriften den Stiftungsaufsichtsbehörden der Länder. Die in den Landesstiftungsgesetzen enthaltenen Prüfungsvorschriften unterscheiden sich in den einzelnen Bundesländern. Eine Pflicht zur Prüfung des Jahresabschlusses durch einen WP ist bspw. gem. § 7 Abs. 1 StiftG Nordrhein-Westfalen vorgesehen. Auch § 6 Abs. 2 StiftG Brandenburg sieht eine Prüfung des Jahresabschlusses vor, sofern die Stiftung ein erwerbswirtschaftliches Unternehmen betreibt. Auch ohne dass die letzte Voraussetzung erfüllt ist, ist die Rechnungslegung bspw. gem. Art. 16 Abs. 2 StiftG Bayern zu prüfen, wobei grundsätzlich jedoch die Aufsichtsbehörde das Prüfungsorgan ist, diese aber ohne das Vorliegen weiterer Voraussetzungen die Prüfung durch einen WP verlangen kann (Art. 16 Abs. 4 StiftG Bayern).

---

17 Ein Stiftungsgeschäft enthält die verbindliche Erklärung eines Stifters, ein Vermögen zur Erfüllung eines von ihm vorgegebenen Zwecks zu widmen, sowie genaue Angaben zum Namen, zum Sitz, zum Zweck, zum Vermögen und zur Bildung des Vorstands der Stiftung (§ 81 BGB).
18 Vgl. zu grundlegenden Ausführungen *Koss* (2003).
19 Siehe *Merl* (2003), S. 896.
20 Siehe *Koss* (2003), S. 90.

Teilweise sind in den jeweiligen Stiftungsgesetzen fakultative Prüfungsvorschriften enthalten.

Stiftungen, die auch ein Gewerbe betreiben und dem Publizitätsgesetz unterliegen, sind grundsätzlich über die Prüfungsvorschriften des § 6 Abs. 1 bzw. § 14 Abs. 1 PublG (i. V. m. §§ 316 ff. HGB) von WP zu prüfen (IDW PS 740.7). Auch die Satzung der Stiftung kann festschreiben, dass die Rechnungslegung der Stiftung einer periodischen Prüfung durch einen Abschlussprüfer zu unterziehen ist.[21]

Beauftragt wird der WP dementsprechend entweder durch den Stiftungsvorstand[22] (§ 86 i. V. m. § 26 BGB) oder durch die Stiftungsaufsichtsbehörde.

Prüfungsgegenstände

Der Prüfungsgegenstand ist dem jeweiligen Stiftungsgesetz zu entnehmen und ggf. entsprechend den Ausführungen der Stiftungssatzung zu erweitern. Er kann im Vergleich zu einer handelsrechtlichen Jahresabschlussprüfung enger oder weiter definiert sein. Die Definitionsweite ergibt sich u. a. daraus, inwiefern bspw. ein Jahresabschluss zu erstellen bzw. zu prüfen ist und inwiefern die Stiftungsgesetze oder die Satzung bestimmte Prüfungsgegen-standserweiterungen vorsehen. Erweiterungen des Prüfungsgegenstands kommen insbesondere in Betracht im Hinblick auf

- die Erhaltung des Stiftungsvermögens,
- die satzungsgemäße Verwendung der Stiftungsmittel,
- die Ordnungsmäßigkeit der Geschäftsführung und
- die Einhaltung der steuerrechtlichen Vorschriften der AO.[23]

Letzteres ist auch im Hinblick darauf relevant, dass das steuerliche Gemeinnützigkeitsrecht wesentliche Auswirkungen auf den Abschluss der Stiftung haben kann (bspw. ordnungsgemäße Mittelsperrung in der Vermögensrechnung bzw. Einnahmen-/Ausgabenrechnung, Rückstellungsdotierung).

Enthalten die Landesstiftungsgesetze keine Ausführungen zum Prüfungsgegenstand und macht die Stiftungsaufsicht auch keine weiteren Auflagen, kann der Prüfungsgegenstand zwischen dem Stiftungsvorstand und dem WP frei vereinbart werden.[24] Soll ein Bestätigungsvermerk erteilt werden, ist die Prüfung nach den handelsrechtlichen Prüfungsnormen durchzuführen.[25] Zu beachten sind darüber hinaus die IDW-Prüfungsstandards zur Jahresabschlussprüfung (IDW PS 200 ff.). Das Gleiche gilt, wenn der Prüfungsauftrag keine Angaben über den Gegenstand und Umfang der Prüfung enthält.

Informationen, die vom Stiftungsvorstand in ein dem Umfang der Prüfung unterliegendes Rechnungslegungswerk (z. B. Lagebericht, Anhang) aufgenommen werden, haben – unabhängig davon, ob eine entsprechende Prüfungspflicht vorliegt – eine Erweiterung des Prüfungsgegenstands auf die entsprechenden Informationen zur Folge. Dies ist insbesondere im Hinblick darauf relevant, dass Stiftungen regelmäßig über den

---

21 Siehe *Merl* (2003), S. 908.
22 Laut *Merl* (2003), S. 908, ist eine Beauftragung durch den Stiftungsvorstand die Regel.
23 Vgl. hierzu *Merl* (2003), S. 911.
24 Siehe *Merl* (2003), S. 908.
25 Vgl. *Merl* (2003), S. 917.

Stiftungszweck und dessen Erfüllung im Lagebericht (Stiftungsbericht) informieren. Werden solche Informationen dem Abschluss lediglich beigelegt, sind diese zusätzlichen Informationen nicht zu prüfen, sondern kritisch zu lesen (IDW PS 202.7; → I.6.5.2.1).

Schließt die auftraggebende Stiftung gesetzlich vorgeschriebene Prüfungsinhalte aus, darf keine Abschlussprüfung durchgeführt werden, die mit einem Bestätigungsvermerk abgeschlossen wird, sondern lediglich eine Bescheinigung über die geprüften Sachverhalte erteilt werden (IDW PS 740.9).

Das Ausmaß der anzuwendenden Prüfungsnormen ist abhängig vom Prüfungsgegenstand. Eine Anwendung der jahresabschlussbezogenen Prüfungsnormen ist dann verbindlich, wenn ein Bestätigungsvermerk erteilt werden soll. In diesem Fall sind auch die gesetzlichen Prüfungsvorschriften der §§ 316 ff. HGB zu beachten. Grundsätzlich sind die Hinweise in IDW RS HFA 5 vom WP als Beurteilungsmaßstab heranzuziehen.

Berichtspflichten

Regelungen zum Prüfungsbericht finden sich in IDW PS 450.[26] Inhaltliche Erweiterungen der diesbezüglichen Berichterstattung ergeben sich aus ggf. erfolgten Erweiterungen des Prüfungsgegenstands. Im Rahmen der Redepflicht des Abschlussprüfers sind insbesondere Verstöße gegen die Stiftungssatzung und eine im Rahmen der Prüfungstätigkeit entdeckte Gefährdung der steuerlichen Anerkennung als steuerbegünstigte Körperschaft relevant. Die Angaben zur rechtlichen Struktur sollten sich z. B. auf die Stiftungsgenehmigung, den wesentlichen Inhalt des Stiftungsgesetzes sowie der Stiftungssatzung, die Stiftungsorgane und deren Art und Umfang der Vertretungsbefugnis sowie besondere Beschlüsse der Stiftungsorgane beziehen (ausführlicher siehe IDW PS 740.42). Wesentliche Stiftungsaktivitäten, Mittelverwendungsrechnungen und Tätigkeitsberichte der Stiftungsorgane sind mögliche Prüfungsberichtsangaben, um die wirtschaftliche Lage darzulegen (ausführlicher IDW PS 740.44).

Im Rahmen der Erstellung des Bestätigungsvermerks hat der Prüfer auch bei einer Stiftungsprüfung die Grundsätze des IDW PS 400 zu beachten. Grundsätzlich ist der Bestätigungsvermerk nur auf die Rechnungslegung der Stiftung zu beziehen. Nur wenn auf Grund der Landesstiftungsgesetze eine Erweiterung des Prüfungsgegenstands zu beachten ist, sind im Bestätigungsvermerk diese Erweiterungen zu beachten (IDW PS 740.46). Ungeachtet dessen kann ein umfassenderes Gesamturteil bzgl. derjenigen Erweiterungen formuliert werden, die in einem anderen Bundesland zum Gegenstand der Abschlussprüfung gemacht worden sind (IDW PS 740.47).

Gegebenenfalls sind die wertenden Formulierungsempfehlungen des IDW PS 450 anzupassen, um die Besonderheiten der sich auf Stiftungen beziehenden Rechnungslegungs- und Prüfungsvorschriften zu verdeutlichen. Auf die Satzung der Stiftung wird nur verwiesen, wenn diese Regelungen zum Abschluss, zur Kapitalerhaltung oder zur Mittelverwendung enthält (IDW PS 740.51).

---

26 Siehe *Merl* (2003), S. 913.

2.2.2.3 Prüfung nach HGrG

Prüfungspflicht und Prüfer

Für den Fall, dass einer Gebietskörperschaft die Mehrheit der Anteile eines Unternehmens in einer Rechtsform des privaten Rechts (i. d. R. Kapitalgesellschaften) gehört, kann die Gebietskörperschaft verlangen, dass das zuständige Organ des Unternehmens seinen Abschlussprüfer mit der Erweiterung der Abschlussprüfung nach § 53 HGrG beauftragt.[27] Zusätzlich zu den obligatorischen Prüfungsinhalten nach den §§ 317 ff. HGB werden damit die *Ordnungsmäßigkeit der Geschäftsführung* sowie die *wirtschaftlichen Verhältnisse* Gegenstand der Pflichtprüfung des Jahresabschlusses.

Die Prüfung ist dabei generell eine Vorbehaltsprüfung, d. h. sie ist ausschließlich von WP und WPG durchzuführen. Lediglich bei *Eigenbetrieben* (wirtschaftliche Unternehmen einer Gemeinde ohne eigene Rechtspersönlichkeit) können auch länderspezifische öffentlich-rechtliche Einrichtungen (z. B. Gemeinde- oder Kommunalprüfungsämter bei Bezirksregierungen, die Gemeindeprüfungsanstalt Baden-Württemberg oder Landesrechnungshöfe) als prüfende Instanz herangezogen werden.

Prüfungsgegenstände

Das IDW hat mit PS 720 einen Prüfungsstandard zur Berichterstattung über die Erweiterung der Abschlussprüfung nach § 53 HGrG verlautbart (zur Geschäftsführungsprüfung außerhalb des HGrG → III.3.3.2.1). Dieser betont zunächst die Notwendigkeit der expliziten Auftragserweiterung i. S. des § 53 HGrG, da ein Abschlussprüfer weder verpflichtet noch berechtigt ist, diese Erweiterung des Prüfungsauftrags eigenmächtig vorzunehmen. Die Ausnahme bilden auch hier die Eigenbetriebe, bei denen diese Erweiterung obligatorisch ist und es daher keiner besonderen Beauftragung des Abschlussprüfers bedarf.

IDW PS 720 gibt einen Fragenkatalog vor, der zur Beurteilung der Prüfungsinhalte heranzuziehen ist. Dieser Katalog ist generell auf die Bedürfnisse gewisser Rechtsformen öffentlicher Betriebe ausgerichtet und kann daher Spezifika – wie etwa die Größe oder Branche des zu prüfenden Unternehmens – nicht berücksichtigen. Daher kann der Katalog nicht als abschließend angesehen werden und ist ggf. in geeigneter Form zu erweitern (IDW PS 720.4). Andererseits ist er so zu interpretieren, dass explizit zu begründen ist, falls eine oder mehrere Fragen keine Relevanz für das zu prüfende Unternehmen besitzen. Auch kann nicht erwartet werden, dass sämtliche Fragen jedes Jahr mit gleicher, hoher Intensität Prüfungsgegenstand sind; der Abschlussprüfer hat hier über die Jahre geeignete, wechselnde Schwerpunkte zu setzen.

Darüber hinaus geht der Prüfungsstandard davon aus, dass die geprüften öffentlichen Unternehmen regelmäßig ein Risikofrüherkennungssystem nach § 91 Abs. 2 AktG einzurichten haben. Im Rahmen der Prüfung der Ordnungsmäßigkeit der Geschäftsführung nach § 53 HGrG ist daher auch festzustellen, ob die Gesellschaft ein derartiges Risi-

---

27 Gleiches gilt auch, falls eine Gebietskörperschaft mindestens ein Viertel der Anteile besitzt und sich darüber hinaus die Mehrheit der Anteile an diesem Unternehmen zusammen mit anderen Gebietskörperschaften in öffentlicher Hand befindet.

kofrüherkennungssystem implementiert hat und ob dieses geeignet ist, seine Aufgaben zu erfüllen (→ II. 3.2.2.5).

Zur Beurteilung der Ordnungsmäßigkeit der Geschäftsführung wie auch der wirtschaftlichen Verhältnisse des zu prüfenden Unternehmens muss der Abschlussprüfer selbstverständlich mit den jeweiligen Geschäftszweigen vertraut sein; darüber hinaus benötigt er zur sachgerechten Beurteilung öffentlicher Unternehmen auch Kenntnisse über mögliche Wechselbeziehungen zu den Gebietskörperschaften, die bei der Beurteilung der wirtschaftlichen Sachverhalte oft auch Fragen des öffentlichen Rechts aufwerfen.

Im Rahmen der Prüfung der Geschäftsführung kann jedoch keine umfassende Auseinandersetzung des Abschlussprüfers mit der Geschäftspolitik und der Zweckmäßigkeit der unternehmenspolitischen Entscheidungen gefordert werden. Vielmehr geht es hierbei um die Beurteilung der Ordnungsmäßigkeit der getroffenen Entscheidungen, d. h. ob die geltenden rechtlichen Rahmenbedingungen beachtet wurden. Es kommen somit nur wesentliche, grob fehlerhafte oder missbräuchliche kaufmännische Ermessensentscheidungen oder vergleichbare Unterlassungen in Betracht.

Erste Anhaltspunkte für die Prüfungsdurchführung gibt der als Checkliste angelegte IDW PS 720, der 16 Fragenkreise mit insgesamt 67 Einzelfragen zur Prüfung folgender Sachverhalte umfasst:

Ordnungsmäßigkeit der Geschäftsführungsorganisation

Im Rahmen der Prüfung der *Geschäftsführungsorganisation* hat der Abschlussprüfer deren innere Strukturierung und Aufgabenverteilung zu beurteilen (IDW PS 720.19). Neben der Einhaltung gesetzlicher sowie unternehmensinterner Regelungen geht es dabei auch um die Arbeitsweise der Geschäftsführung z. B. im Hinblick auf die Verfahren der Entscheidungsfindung. Prüfungsziel ist des Weiteren auch die Frage, wie die Wahrnehmung der Führungsaufgabe im zu prüfenden Unternehmen organisiert ist.

Ordnungsmäßigkeit des Geschäftsführungsinstrumentariums

In Bezug auf das *Geschäftsführungsinstrumentarium* sind die Teilbereiche Rechnungswesen und Information, Planung, Überwachung sowie Organisation zu beachten (IDW PS 720.20). Im Rahmen des *Rechnungswesens* ist hierbei neben dessen Ordnungsmäßigkeit v. a. die Zweckmäßigkeit und Angemessenheit auch des internen Rechnungswesens und damit der Kostenrechnung von Interesse. Das *Planungswesen* ist auf das Vorhandensein mehrperiodiger Planungen und entsprechender Plankontrollen zu untersuchen; ebenso ist die Wirtschaftlichkeit von Investitionen zu überprüfen. Die Prüfung der *Überwachung* richtet sich auf das Vorhandensein und die Funktionsfähigkeit eines internen Überwachungssystems sowie die Interne Revision. Im Hinblick auf die *Organisation des Unternehmens* sind die Art der Ablauforganisation sowie die getroffenen Regelungen – sofern vorhanden – der Organisationsabläufe Gegenstand der Beurteilung. Dabei ist insbesondere die Zweckmäßigkeit und Wirtschaftlichkeit zu beurteilen.

Ordnungsmäßigkeit der Geschäftsführungstätigkeit

Die Prüfung der *Geschäftsführungstätigkeit* ist nicht so weit reichend zu verstehen, wie es die Bezeichnung nahe legen könnte (IDW PS 720.21). Sie richtet sich nicht auf die

Geschäftspolitik und damit auch nicht auf sämtliche Dimensionen der Qualität der Unternehmensführung. Auch hat der Abschlussprüfer nicht die einzelnen Entscheidungsprozesse der Geschäftsführung nachzuvollziehen und auf ihre Zweckmäßigkeit hin zu beurteilen. Vielmehr hat er insbesondere gravierende, grob fahrlässige oder missbräuchliche Ermessensentscheidungen aufzudecken. Damit zielt die Prüfung der Geschäftsführungstätigkeit auf die Wahrnehmung der Geschäftsführungsfunktion ab, d. h. ob die Geschäftsführung im Einklang mit internen und externen Regelungen gehandelt hat und die getroffenen Entscheidungen sinnvollen betriebswirtschaftlichen Überlegungen, z. B. Wirtschaftlichkeit und/oder Risikominimierung, folgten.

Untersuchung der Vermögens-, Finanz- und Ertragslage

Die *Prüfung der wirtschaftlichen Verhältnisse* gestaltet sich angesichts der oftmals nicht erfolgswirtschaftlichen Ausrichtung der Unternehmen schwierig. Dies bedeutet, dass öffentliche Betriebe oftmals öffentliche Zwecke – z. B. der öffentliche Nahverkehr – verfolgen, die die Rentabilität hinter die Erfüllung des öffentlichen Auftrags zurücktreten lassen. Eine Beurteilung nach allgemeinen Rentabilitätskriterien kann hier nicht erfolgen. Vielmehr ist vom Abschlussprüfer zu beurteilen, ob das *Wirtschaftlichkeitsprinzip* eingehalten wurde, d. h. ob bei prinzipiell defizitären Unternehmen der vorgegebene öffentliche Zweck mit geringst möglichem Aufwand erreicht wurde bzw. bei Wirtschaftsbetrieben der öffentlichen Hand, ob bei gegebenem Aufwand ein möglichst hoher Erfolg erzielt wurde.

Ungeachtet dessen fordert § 53 HGrG vom Abschlussprüfer eine explizite Auseinandersetzung und Berichterstattung über die Entwicklung der Vermögens-, Finanz- und Ertragslage des zu prüfenden öffentlichen Unternehmens (IDW PS 720.22 f.). Hierbei ist der Terminus »Entwicklung« zukunftsbezogen zu interpretieren, so dass dieses Prüfungserfordernis über die in § 321 HGB geforderte Berichterstattung bzgl. der wirtschaftlichen Lage hinausgeht. Der Abschlussprüfer hat sich dabei mit einzelnen bedeutsamen Verlust bringenden Geschäften und ihren Ursachen auseinander zu setzen und dementsprechend auch die Ursachen eines eventuellen Jahresfehlbetrags zu analysieren sowie die diesbezüglichen Geschäftsführungsmaßnahmen zu bewerten. Auch wird explizit die Auseinandersetzung mit der Liquidität des Unternehmens gefordert, so dass die Erstellung eines Finanzplans zu den obligatorischen Aufgaben des Abschlussprüfers zu zählen ist. Gleiches gilt für die Berichterstattung über die wirtschaftliche Lage. So hat der Abschlussprüfer u. a. zur Angemessenheit der Eigenkapitalausstattung, wobei IDW PH 9.720.1 Kriterien zur Beurteilung der Angemessenheit der Eigenkapitalausstattung aufzeigt, und zur Höhe und Entwicklung der stillen Reserven Stellung zu beziehen. Ebenso sind Verlust bringende Geschäfte zusammen mit den Ursachen der Verluste aufzuzeigen.

Problematisch gestaltet sich oftmals auch die *Messung der Leistungserbringung* des öffentlichen Unternehmens, da eine Bewertung des öffentlichen Nutzens nicht aus kaufmännischen Daten abgeleitet werden kann, sondern vielmehr auch politische Standpunkte einfließen. Als ein Versuch der Leistungsmessung im öffentlichen Sektor kann das *Benchmarking*-Konzept herangezogen werden.[28] Hierbei handelt es sich um den

---

28   Vgl. hierzu ausführlich *Horváth/Reichmann* (2003), S. 48 f.

Vergleich mit anderen Unternehmen, etwa aus dem privaten Bereich, die sich durch ihren nachhaltigen Erfolg als die »Klassenbesten« etabliert haben. Durch die Gegenüberstellung von Unternehmen, die ähnliche Funktionen und Aktivitäten herausragend beherrschen, könnten einerseits marktorientierte Zielvorgaben ermittelt und andererseits Unterschiede zum anderen Unternehmen und deren Gründe erkannt und somit Maßnahmen zur Leistungssteigerung erarbeitet werden.

Ein weiterer Versuch zur Leistungsmessung bei öffentlichen Unternehmen besteht in der Betrachtung von *Kosten-* bzw. *Aufwandsdeckungsgraden*, d.h. der Feststellung, wie weit die entstandenen Aufwendungen durch die Erträge des Unternehmens gedeckt werden konnten. So könnte z.B. bei Unternehmen des öffentlichen Personennahverkehrs mit Schienen- und Busverkehr in Großstädten eine Kostendeckung von 60%, bei Omnibusverkehr in kleinen bis mittelgroßen Städten von 70% und bei Omnibusverkehr mit Linienstruktur im ländlichen Raum von 80% als akzeptabel angesehen werden.[29] Die verbleibenden Differenzen sind als Beitrag der öffentlichen Hand zur Erfüllung des öffentlichen Auftrags anzusehen.

Derartige grobe Richtwerte definieren den Grad der Zielerreichung des zu prüfenden öffentlichen Unternehmens. Der Abschlussprüfer hat hier durch weitergehende Analysen ein Urteil über die Wirtschaftlichkeit des Unternehmens abzugeben und Hinweise auf gravierende Mängel zu geben. Eine ausführliche betriebswirtschaftliche Analyse (etwa der Prozesse oder der Marktstellung des Unternehmens) kann jedoch im Rahmen einer Jahresabschlussprüfung nicht erwartet werden.

Berichtspflichten

Sofern die zuständige Gebietskörperschaft eine erweiterte Prüfung nach § 53 HGrG verlangt, kann sie das zu prüfende Unternehmen veranlassen, dass der Abschlussprüfer in seinem Prüfungsbericht nicht nur die Pflichtangaben nach § 321 und § 322 HGB sowie den berufsständischen Normen (IDW PS 400, 450 und IDW PH 9.450.1) aufnimmt, sondern auch explizit zu folgenden Sachverhalten Stellung nimmt (§ 53 Abs. 1 Nr. 2 HGrG):

- die Entwicklung der Vermögens- und Ertragslage sowie die Liquidität und Rentabilität des Unternehmens;
- Verlust bringende Geschäfte und die Ursachen der Verluste, wenn diese Geschäfte und die Ursachen für die Vermögens- und Ertragslage von Bedeutung waren;
- die Ursachen eines in der GuV ausgewiesenen Fehlbetrags.

Der Prüfungsbericht ist dementsprechend nicht nur den gesetzlichen Vertretern des zu prüfenden Unternehmens, sondern auf Verlangen auch der Gebietskörperschaft zuzustellen.

---

29 Vgl. hierzu auch *Bühler/Pucher* (2010).

2.2.3   Sonderprüfungen

2.2.3.1 Gründungsprüfung

Prüfungspflicht und Prüfer

Der *Gründungsverlauf* einer AG ist gem. § 33 Abs. 1 AktG generell *durch deren Vorstand und Aufsichtsrat* zu prüfen. Für den Fall, dass mindestens eines dieser Gremien möglicherweise befangen ist oder einen wirtschaftlichen Vorteil aus der Gründung der AG ziehen könnte, ist bei der Gründung der AG darüber hinaus ein externer Gründungsprüfer hinzuzuziehen. Diese Regelung dient dem Schutz vor unzulänglichen Gründungen. § 33 Abs. 2 AktG nennt abschließend vier Fälle, in denen ein Gründungsprüfer heranzuziehen ist:

- *Ein Mitglied von Aufsichtsrat bzw. Vorstand ist gleichzeitig Gründer*: Es besteht die Gefahr, dass dieses die ihm nach § 33 Abs. 1 AktG obliegende Prüfung nicht mit der gebotenen sachlichen Distanz und Unparteilichkeit vornimmt.
- *Bei der Gründung sind für Rechnung eines Mitglieds des Vorstands oder des Aufsichtsrats Aktien übernommen worden*: Die von dem Strohmann für Rechnung eines Organmitglieds übernommenen Aktien sind dem Organmitglied wirtschaftlich zuzuordnen. Insofern kann von diesem auch hier nicht erwartet werden, dass es den Hergang der Gründung mit der gebotenen Unvoreingenommenheit und Objektivität prüft. Der Umfang der übernommenen Aktien ist ohne Bedeutung, d. h. eine Aktie ist ausreichend.
- *Ein Vorstands- oder Aufsichtsratsmitglied hat sich einen besonderen Vorteil, einen Gründerlohn oder eine Gründungsentschädigung ausbedungen*: Auch hier ist eine zusätzliche externe Prüfung geboten, weil von einem Organmitglied keine objektive Beurteilung begünstigender Zusagen erwartet werden kann, von denen es selbst profitieren will. Es soll verhindert werden, dass die Organmitglieder aufgrund der ihnen gemachten besonderen Zusagen zu Zugeständnissen gegenüber den Gründern bereit sind. Unerheblich ist, von welcher Seite der Vorteil versprochen wurde. Die Zuwendung durch einen Dritten reicht aus.
- *Gründung mit Sacheinlage oder Sachübernahme*: In diesem Fall ist die Beteiligung eines Organmitglieds nicht erforderlich. Die Notwendigkeit einer externen Prüfung beruht allein auf der besonderen Kontrollbedürftigkeit der objektiven Werthaltigkeit der in die Gesellschaft einzubringenden oder von ihr zu übernehmenden Gegenstände. Die Prüfung ist ungeachtet des Wertes und ungeachtet, von wem der Gegenstand übernommen werden soll, geboten. Eine externe Gründungsprüfung ist nach § 33a AktG allerdings nicht notwendig, wenn für die Bewertung eindeutige Anhaltspunkte bestehen. Dies ist der Fall, wenn es sich bei der Sache um Wertpapiere oder Geldmarktinstrumente handelt, die mit dem gewichteten Durchschnittspreis bewertet werden, zu dem sie während der letzten drei Monate gehandelt worden sind. Gleiches gilt für andere Vermögensgegenstände, wenn eine Bewertung zu Grunde gelegt wird, die ein unabhängiger, ausreichend vorgebildeter und erfahrener Sachverständiger nach den allgemein anerkannten Bewertungsgrundsätzen mit dem beizulegenden Zeitwert ermittelt hat, sofern der Bewertungsstichtag nicht mehr als sechs Monate zurück liegt. Liegen die angesprochenen Ausnahmen vor, besteht ein Wahlrecht zur Gründungsprüfung. Diese Regelung soll die Sachgründung vereinfachen.

Ebenso ist eine derartige externe Prüfung für den Fall der Gründung einer AG gegen Bareinlagen vorgesehen, wenn innerhalb der zwei auf die Eintragung ins Handelsregister folgenden Jahre mindestens 10 % des Grundkapitals dazu verwendet werden, Vermögensgegenstände zu erwerben (§ 52 AktG, *Nachgründung*).

Eine unterlassene Prüfung nach § 33 Abs. 2 AktG zieht als Rechtsfolge einen Errichtungsmangel nach sich. Infolgedessen hat das Registergericht die Eintragung der Gesellschaft nach § 38 Abs. 1 Satz 2 AktG abzulehnen. Erfolgt die Eintragung trotzdem, ist die Gesellschaft wirksam entstanden. Eine Nichtigkeitsklage oder eine Amtslöschung kommen nicht in Betracht.

In den ersten beiden Fällen (Organmitglied als Gründer bzw. Strohmanngründung) kann der Notar, der die Gründung der Gesellschaft beurkundet hat, anstelle eines Gründungsprüfers die erforderliche Prüfung im Auftrag der Gründer vornehmen (§ 33 Abs. 3 Satz 1 AktG). In diesem Fall finden die Bestimmungen zur Gründungsprüfung sinngemäß Anwendung. Diese mit dem TransPuG aufgenommene Möglichkeit soll die Gründung erleichtern und beschleunigen. Der Notar ist nicht verpflichtet, einen entsprechenden Prüfungsauftrag anzunehmen. Lehnt der diesen ab, ist ein besonderer Gründungsprüfer durch das Gericht zu bestellen.

Von dem Sonderfall der *notariellen Prüfung* abgesehen, wird der Gründungsprüfer nach § 33 Abs. 3 Satz 2 AktG vom Registergericht bestellt. Zuständig ist das Amtsgericht am Sitz der Gesellschaft. Das Gericht wird nur auf Antrag tätig. Antragsberechtigt sind der Vorstand oder sämtliche Gründer gemeinsam. Mit dem Antrag kann dem Gericht ein Vorschlag hinsichtlich der Person des Gründungsprüfers unterbreitet werden. Die Auswahl des Prüfers oder der Prüfer erfolgt jedoch nach pflichtgemäßem Ermessen des Gerichts. Bestellt das Gericht mehrere Gründungsprüfer, kann es eine Aufgabenteilung anordnen. Andernfalls hat jeder Gründungsprüfer eine vollständige Prüfung durchzuführen. Das Gericht entscheidet durch Beschluss, der auch die Vergütung des Prüfers (§ 35 Abs. 3 AktG) festsetzt. Gegen den Beschluss ist nach § 33 Abs. 3 Satz 3 AktG die sofortige Beschwerde zulässig. Da die Gründungsprüfer ein ihnen vom Gericht übertragenes Amt ausüben, bedarf es keiner Annahme des Amtes gegenüber der Gesellschaft. Ausgeschlossen ist auch eine Kündigung durch die Gesellschaft, d. h. ein Gründungsprüfer kann nur durch das Gericht abberufen werden. Der vom Gericht vorgesehene Gründungsprüfer kann die Übernahme dieser Funktion ohne Angabe von Gründen ablehnen. Zudem kann er dieses Amt auch später durch Erklärung gegenüber dem Gericht niederlegen. In diesen Fällen muss sich das Gericht um die Bestellung eines neuen Prüfers bemühen.

Als Gründungsprüfer kommen generell Personen in Betracht, die in der Buchführung ausreichend vorgebildet und erfahren sind oder auch Prüfungsgesellschaften, wenn mindestens einer der gesetzlichen Vertreter die Voraussetzungen erfüllt, um als Gründungsprüfer bestellt zu werden (§ 33 Abs. 4 AktG). Obwohl es sich um *keine Vorbehaltsprüfung* handelt, werden i. d. R. dennoch WP bzw. WPG mit der Gründungsprüfung beauftragt, da diese regelmäßig als ausreichend qualifiziert gelten Erfordert die Durchführung einer sachgerechten Gründungsprüfung besondere Spezialkenntnisse, die eine in der Buchführung ausreichend vorgebildete und erfahrene Person nicht besitzt, kann das Gericht statt dessen bzw. zusätzlich Angehörige anderer Berufe zu Gründungsprüfern bestellen. Ein Verstoß gegen § 33 Abs. 4 AktG macht die Bestellung nicht unwirksam.

Nicht als Prüfer kommt nach § 33 Abs. 5 Satz 1 i. V. m. § 143 Abs. 2 AktG in Betracht, wer die Ausschlussgründe der §§ 319 Abs. 2, 3 und 4 sowie 319a Abs. 1 HGB erfüllt. Ferner sind gemäß § 33 Abs. 5 Satz 2 AktG auch solche Personen oder Prüfungsgesellschaften ausgeschlossen, auf deren Geschäftsführung die Gründer oder Personen, für deren Rechnung die Gründer Aktien übernommen haben, maßgeblichen Einfluss haben. Ein beherrschender Einfluss ist nicht notwendig. Vielmehr genügt es, dass aufgrund des besonderen Verhältnisses des Gründers oder seines Hintermannes zur Person des Gründungsprüfers die Gefahr droht, dass persönlichen Erwägungen der Vorrang vor prüfungsrelevanten Sachverhalten gegeben wird. Ausschlaggebend ist allein die Möglichkeit der Einflussnahme, auf die tatsächliche Ausübung kommt es nicht an. Unerheblich ist, worauf die Gelegenheit zur Einwirkung beruht. In Betracht kommen rechtliche, finanzielle, wirtschaftliche oder persönliche Beziehungen. Die Bestellung eines nach § 33 Abs. 5 AktG von diesem Amt ausgeschlossenen Gründungsprüfers ist unwirksam und vom Gericht, sobald es von dem Ausschlussgrund Kenntnis erlangt, durch Widerruf der Bestellung und Berufung eines anderen Gründungsprüfers zu korrigieren. Wurde der im Zusammenhang mit der Anmeldung eingereichte Bericht über die Gründungsprüfung von einer nach § 33 Abs. 5 AktG als Prüfer ausgeschlossenen Person erstellt, hat das Registergericht die Eintragung der Gesellschaft abzulehnen.

Prüfungsgegenstände

Die Gründungsprüfung soll sicherstellen, dass mit der Gründung die Aufnahme des Geschäftsbetriebs überhaupt beabsichtigt ist, die formellen Anforderungen an eine Gründung beachtet wurden und die Wertansätze in der Gründungsbilanz materiell richtig sind. Dabei hat der Prüfer nach § 34 Abs. 1 AktG explizit zu verifizieren,

1. ob die Angaben der Gründer über die Übernahme der Aktien, die Einlagen auf das Grundkapital, die Sondervorteile und den Gründungsaufwand nach § 26 AktG sowie die Sacheinlagen und die Sachübernahmen nach § 27 AktG richtig und vollständig sind und
2. ob der Wert der Sacheinlagen oder Sachübernahmen den geringsten Ausgabebetrag der dafür zu gewährenden Aktien oder den Wert der dafür zu gewährenden Leistungen erreicht.

Sind die Einlagen im Zeitpunkt der Gründungsprüfung bereits erbracht worden, hat sich die Prüfung auf die Richtigkeit dieser Angaben und die Ordnungsmäßigkeit der Einlagenleistung zu erstrecken. Sind die Einlagen dagegen zu diesem Zeitpunkt noch nicht erbracht worden, beschränkt sich die Prüfung darauf, ob ordnungsmäßige Aktienübernahmeerklärungen vorliegen und die Einlageverpflichtung wirksam begründet wurde. § 34 Abs. 1 Nr. 1 AktG spricht Sachverhalte an, die direkt die Ordnungsmäßigkeit der Rechenschaftslegung der AG-Gründer betreffen. Dabei sind die im Zusammenhang mit den §§ 26 und 27 AktG genannten Sachverhalte auch in die Satzung aufzunehmen, so dass § 34 Abs. 1 AktG zunächst auch eine *Satzungsprüfung* impliziert. So müssen alle Sondervorteile, die einem einzelnen Aktionär oder einem Dritten eingeräumt werden, unter Bezeichnung der Berechtigten in der Satzung vermerkt sein (§ 26 Abs. 1 AktG) und dürfen nicht als Gründungsaufwand ausgewiesen werden. Auch mögliche Sacheinlagen oder Sachübernahmen durch Aktionäre sind in die Satzung aufzunehmen. Dabei ist der Gegenstand der Sacheinlage bzw. Sachübernahme, die Person, von der die Gesellschaft den Gegenstand erwirbt, und der Nennbetrag bzw. bei Stückaktien die Zahl der bei der Sacheinlage zu gewährenden Aktien oder die bei Sachübernahme zu gewährende Vergütung in der Satzung aufzuführen (§ 27 Abs. 1 AktG). Darüber hinaus ist darauf zu achten, dass die Feststellungen nach § 23 Abs. 3 AktG (Pflichtbestandteile der Satzung) berücksichtigt wurden.

Es ist zu beachten, dass § 34 Abs. 1 AktG lediglich besonders wesentliche Gegenstände der Prüfung bezeichnet, jedoch keine abschließende Regelung zum Umfang der Prüfung trifft. Zweck der Gründungsprüfung ist es, die ordnungsmäßige Gründung der AG sicherzustellen und die registergerichtliche Prüfung nach § 38 AktG zu erleichtern. Zudem soll der Öffentlichkeit ein Überblick über die Gründungsverhältnisse gegeben werden. Das macht es erforderlich, alle tatsächlichen und rechtlichen Vorgänge, die mit der Gründung zusammenhängen, sowie alle Umstände, auf die sich die Prüfung durch das Registergericht erstreckt, zum Gegenstand der Prüfung zu machen.[30]

Die angesprochene Satzungsprüfung ihrerseits bildet daher einen Teilaspekt der Prüfung des *Gründungsablaufs*, welche die formellen Aspekte der Gründung zum Gegenstand hat. Dabei ist z. B. zu verifizieren, ob eine Satzung erstellt und notariell beglaubigt wurde, ob der Aufsichtsrat ordnungsgemäß gewählt und bestellt wurde, der Aufsichtsrat den Vorstand ernannt hat, ein Bericht der Gründer über den Gründungsverlauf vorliegt und von den Gründern unterzeichnet wurde (Gründungsbericht) sowie ob ein Prüfungsbericht des Vorstands und des Aufsichtsrats vorliegt. Der *Gründungsbericht* seinerseits ist unter formellen Aspekten daraufhin zu überprüfen, ob er von den Gründern eigenhändig unterzeichnet wurde und ob er die obligatorischen Bestandteile nach § 32 Abs. 2 AktG enthält, die wiederum insbesondere auf die Angemessenheit der Leistungen für Sacheinlagen und Sachübernahmen sowie auf Sondervorteile für Vorstands- oder Aufsichtsratsmitglieder abzielen. Die Prüfung hat sich hingegen nicht damit zu befassen, ob die Gründung wirtschaftlich sinnvoll, die Wahl der Rechtsform angemessen oder die Ausstattung der Gesellschaft mit Kapital im Hinblick auf die beabsichtigte unternehmerische Tätigkeit ausreichend ist.

Die Prüfung der *Angemessenheit der Sacheinbringung* (§ 34 Abs. 1 Nr. 2 AktG) zielt auf die materielle Ordnungsmäßigkeit der Gründung ab. Hierbei ist zu prüfen, ob der Wert der in der Satzung festgeschriebenen Sacheinlagen oder -übernahmen den Nennbetrag der dafür zu gewährenden Aktien bzw. der dafür zu gewährenden Leistungen erreicht. Es ist als unkritisch anzusehen, wenn die Leistung der Gesellschaft deutlich unter dem Wert der Gegenleistung liegt. Allerdings darf nicht gegen das Verbot der Bildung willkürlicher stiller Reserven verstoßen werden. Dabei ist zunächst im Sinne einer Inventurprüfung die mengenmäßige Richtigkeit der Sacheinbringung zu verifizieren (Angemessenheitsprüfung), um dann in einem zweiten Schritt die wertmäßige Richtigkeit der eingebrachten Vermögensgegenstände festzustellen. Als Wertmaßstab ist dabei i. d. R. vom Zeitwert auszugehen. Zum Teil wird in diesem Zusammenhang auch die Notwendigkeit gesehen, den Gründungsaufwand und hierbei insbesondere den Gründungslohn auf seine Angemessenheit hin zu prüfen.

---

30 Vgl. *Hüffer* (2010), § 34, Rn. 2 f.

Berichtspflichten

Über die Gründungsprüfung ist durch den Gründungsprüfer unter expliziter Darlegung der vorgenannten Sachverhalte nach § 34 Abs. 2 AktG schriftlich zu berichten. Der Prüfungsbericht ist von allen Prüfern eigenhändig zu unterzeichnen. Er hat alle Punkte zu umfassen, auf die sich die Prüfung nach den §§ 33 und 34 AktG zu erstrecken hat, auch wenn sich keine Beanstandungen ergeben haben. Es ist insbesondere der Gegenstand jeder Sacheinlage oder Sachübernahme zu beschreiben und auch anzugeben, anhand welcher Methoden die Wertermittlung stattgefunden hat. Vom Prüfungsbericht ist dem Registergericht sowie dem Vorstand der AG jeweils ein Exemplar auszuhändigen. Verantwortlich für die Einreichung des Prüfungsberichts sind die Gründungsprüfer. Er ist beim Registergericht öffentlich zugänglich zu machen (§ 34 Abs. 3 AktG), d.h. jedermann kann den eingereichten Bericht ohne Darlegung eines besonderen Interesses bei Gericht einsehen. Betriebs- und Geschäftsgeheimnisse dürfen und brauchen aufgrund der Publizität des Prüfungsberichts nicht aufgenommen werden. Wegen der öffentlichen Zugänglichkeit des Prüfungsberichts ist eine Zusammenfassung des Prüfungsergebnisses in einem Bestätigungsvermerk nicht erforderlich. Unterbleibt die Einreichung des Prüfungsberichts, wird die Gesellschaft nicht eingetragen (§ 38 Abs. 1 AktG).

2.2.3.2 Prüfung des Abhängigkeitsberichts

Prüfungspflicht und Prüfer

Nach § 17 Abs. 1 AktG sind abhängige Unternehmen rechtlich selbstständige Unternehmen, auf die ein anderes Unternehmen (herrschendes Unternehmen) unmittelbar oder mittelbar einen beherrschenden Einfluss ausüben kann. Ein herrschendes Unternehmen darf gem. § 311 Abs. 1 AktG seinen Einfluss nicht dazu benutzen, eine abhängige AG oder KGaA zu veranlassen, ein für sie nachteiliges Rechtsgeschäft vorzunehmen oder Maßnahmen zu ihrem Nachteil zu ergreifen oder zu unterlassen, es sei denn, dass die Nachteile ausgeglichen werden (Nachteilsausgleich). Diese Regelung soll verdeckte Schädigungen, d.h. ein Handeln der Konzernleitung zum Nachteil der abhängigen Gesellschaft und deren Minderheitsgesellschafter vermeiden.

Zur Darlegung der Nachteile und ihres Ausgleichs hat der Vorstand der abhängigen Gesellschaft einen *Bericht über Beziehungen zu verbundenen Unternehmen* (Abhängigkeitsbericht) aufzustellen (§ 312 Abs. 1 AktG). Ein Abhängigkeitsbericht ist nicht zu erstellen, wenn die Abhängigkeit auf einem Beherrschungsvertrag (§ 311 Abs. 1 Satz 1 AktG), einem Gewinnabführungsvertrag (§ 316 AktG) oder einer Eingliederung (§ 323 Abs. 1 Satz 1 AktG) beruht. Durch den Abhängigkeitsbericht soll der Ausgleich nachteiliger Veranlassungen ermöglicht und durchgesetzt werden. Damit soll die abhängige Gesellschaft vermögensmäßig so gestellt werden, als sei sie unabhängig. Diese Sicherungsfunktion wird durch eine Prüfungspflicht ergänzt.

Neben der Prüfung des Abhängigkeitsberichts durch den Aufsichtsrat (§ 314 Abs. 2 AktG) fordert § 313 AktG auch eine Prüfung durch den Abschlussprüfer der abhängigen Gesellschaft. Hintergrund ist die Befürchtung, dass der zumeist mit Repräsentanten des herrschenden Unternehmens besetzte Aufsichtsrat nicht zu einer unabhängigen Prüfung in der Lage sein könnte. Die Prüfungspflicht ist an die *Prüfungspflicht des Jahresabschlusses gebunden*, d.h. sie entfällt z.B. bei kleinen AG i.S. des § 267 Abs. 1 HGB.

Allerdings kann in diesem Fall der Aufsichtsrat der abhängigen Gesellschaft freiwillig einen speziellen Auftrag zur Prüfung des Abhängigkeitsberichts erteilen. Die Prüfung des Abhängigkeitsberichts ist stets und ausnahmslos unselbständiger Bestandteil der Abschlussprüfung und damit Aufgabe des Abschlussprüfers, d. h. dessen Zuständigkeit ist zwingend. Eine gesonderte Bestellung des Prüfers für den Abhängigkeitsbericht entfällt somit. Der Abhängigkeitsbericht ist nach § 313 Abs. 1 Satz 1 AktG gleichzeitig mit dem Jahresabschluss und dem Lagebericht dem Abschlussprüfer der abhängigen Gesellschaft vorzulegen.

Prüfungsgegenstände

Wurde vom Vorstand einer prüfungspflichtigen AG bzw. KGaA kein Abhängigkeitsbericht vorgelegt, ist vom Abschlussprüfer festzustellen, ob die Erstellung unzulässiger Weise unterlassen wurde, was zu einer Einschränkung des Bestätigungsvermerks führt (SN HFA 3/1991.III.3). Daher ist zu prüfen, ob ein *Abhängigkeitsverhältnis* vorliegt.

Der Abhängigkeitsbericht ist daraufhin zu prüfen, ob die *tatsächlichen Angaben richtig* sind (§ 313 Abs. 1 Satz 2 Nr. 1 AktG). Bei Routinevorgängen und Massengeschäften kann sich der Prüfer auf *Stichproben* beschränken. Angaben sind unrichtig, wenn sie nicht stimmen oder durch Auslassungen oder die Darstellungsart einen unzutreffenden Eindruck vermitteln. Zu prüfen ist insbesondere, ob die im Bericht genannten Rechtsgeschäfte wirklich und zu den angegebenen Konditionen getroffen oder unterlassen worden sind und die im Bericht genannten Maßnahmen wirklich und unter den genannten Umständen getroffen oder unterlassen worden sind. In diesem Zusammenhang muss der Prüfer insbesondere auf die vollständige Darstellung der für die Beurteilung wesentlichen Merkmale der aufgeführten Sachverhalte und auf die Übereinstimmung der Angaben mit den Büchern und sonstigen Unterlagen achten. Eine *Prüfung der Vollständigkeit* der im Abhängigkeitsbericht aufgeführten Maßnahmen und Rechtsgeschäfte ist dagegen nach h. M.[31] *nicht erforderlich*, denn die Unvollständigkeit des Berichts ist i. d. R. von außen nicht erkennbar. Die Prüfung erfolgt somit *retrograd*. Allerdings sind die von der abhängigen Gesellschaft getroffenen Vorkehrungen zur Sicherstellung der vollständigen Erfassung solcher Vorgänge zu prüfen (*Systemprüfung*). Über ihm bekannte Unvollständigkeiten des Abhängigkeitsberichts hat der Abschlussprüfer zu berichten (§ 313 Abs. 2 Satz 2 AktG).

Bei den im Abhängigkeitsbericht aufgeführten *Rechtsgeschäften* hat der Prüfer Äquivalenz von Leistung und Gegenleistung zu beurteilen, d. h. festzustellen und zu beurteilen, inwieweit der abhängigen Gesellschaft nach den Umständen, die im Zeitpunkt der Vornahme der Rechtsgeschäfte bekannt waren, aus diesen Rechtsgeschäften *Nachteile* erwachsen sind. Dazu muss er überprüfen, ob die Leistung der Gesellschaft nicht unangemessen hoch war. Geringfügige Abweichungen von der nach seiner Ansicht angemessenen Gegenleistung braucht der Abschlussprüfer nicht zu beanstanden. Zu prüfen ist, ob das Rechtsgeschäft vom gewissenhaften und sorgfältigen Vorstand einer unabhängigen AG hätte vorgenommen werden dürfen. Insoweit obliegt dem Abschlussprüfer die Bewertung der im Abhängigkeitsbericht dokumentierten Rechtsgeschäfte. Sind Nachteile

---

31 Vgl. *Kropff* (2000), § 313 AktG, Rn. 39, 56; *IDW* (2006), F 991 f.

entstanden, hat der Prüfer des Weiteren festzustellen, ob die *Nachteile ausgeglichen* wurden und ob der Ausgleich angemessen war (§ 313 Abs. 1 Satz 2 Nr. 2 AktG). Maßgebend ist der Zeitpunkt des Ausgleichs. Ein Nachteilsausgleich kann sich tatsächlich oder durch rechtzeitige Begründung eines Rechtsanspruchs vollzogen haben.

Hinsichtlich der im Abhängigkeitsbericht aufgeführten *Maßnahmen* ist zu prüfen, ob keine Umstände für eine wesentlich andere Beurteilung als die des Vorstands sprechen (§ 313 Abs. 1 Satz 2 Nr. 3 AktG). Es ist also festzustellen, ob der Vorstand eine im Wesentlichen vertretbare Ermessensentscheidung getroffen hat. Dadurch trägt das Gesetz dem Umstand Rechnung, dass im Fall sonstiger Maßnahmen die Beurteilung des nachteiligen Charakters und die Bezifferung des Nachteils mit besonderen Schwierigkeiten verbunden sind. Der Abschlussprüfer hat die Angaben des Vorstands auf ihre Schlüssigkeit zu überprüfen und zu beurteilen, ob sie die Maßnahme als vertretbar erscheinen lassen. Dabei hat der Abschlussprüfer im Bericht nicht angegebene, ihm aber bekannte Gründe und Erwägungen in die Betrachtung einzubeziehen sowie seine besondere Sachkunde einzubringen und zu prüfen, ob diese Informationen für eine wesentlich andere Beurteilung als die durch den Vorstand sprechen (SN HFA 3/1991.III.6). In die Prüfung nach § 313 Abs. 1 Satz 2 Nr. 3 AktG ist auch ein etwaiger Nachteilsausgleich einzubeziehen.

Berichtspflichten

Nach § 313 Abs. 2 AktG hat der Prüfer über das Ergebnis der Prüfung schriftlich zu berichten. Stellt er Unvollständigkeiten fest, so hat er auch hierüber zu berichten. Im Bericht ist auch darauf einzugehen, wie der Kreis der in die Berichterstattung einbezogenen Unternehmen abgegrenzt wurde, worauf sich die Beurteilung des Prüfers stützt (SN HFA 3/1991.III.8) und ob erbetene Unterlagen vorgelegt und Auskünfte erteilt wurden. Der Prüfungsbericht ist dem Aufsichtsrat vorzulegen, wobei dem Vorstand vor der Zuleitung Gelegenheit zur Stellungnahme zu geben ist. Sind nach dem abschließenden Ergebnis der Prüfung keine Einwendungen zu erheben, so hat der Prüfer einen uneingeschränkten Bestätigungsvermerk zu erteilen, dessen regulärer Wortlaut vorgegeben ist (§ 313 Abs. 3 AktG). Erläuternde Zusätze sind zulässig. Hat der Vorstand selbst erklärt, dass die Gesellschaft durch bestimmte Rechtsgeschäfte oder Maßnahmen benachteiligt worden ist, ohne dass die Nachteile ausgeglichen worden sind, so ist dies nach § 313 Abs. 4 Satz 2 AktG im Vermerk anzugeben und der Vermerk auf die übrigen Rechtsgeschäfte oder Maßnahmen zu beschränken. Dabei handelt es sich nicht um eine Einschränkung des Bestätigungsvermerks, weil gegen den Abhängigkeitsbericht keine Einwendungen zu erheben sind. Sind Einwendungen zu erheben oder hat der Abschlussprüfer die Unvollständigkeit des Abhängigkeitsberichts festgestellt, so hat er die Bestätigung einzuschränken oder zu versagen (§ 313 Abs. 4 AktG). Dies eröffnet jedem Aktionär die Möglichkeit, eine *Sonderprüfung* nach § 315 AktG zu beantragen.

2.2.3.3 Prüfung der Angemessenheit von Abfindungszahlungen im Rahmen eines (gesellschaftsrechtlichen) squeeze-out

Prüfungspflicht und Prüfer

Mit Inkrafttreten des WpÜG am 1.1.2002 wurde in Deutschland erstmals ein Instrument geschaffen, Minderheitsaktionäre auch gegen deren Willen aus dem Unternehmen auszuschließen. Dieser sog. squeeze-out ist in den §§ 327a–327f AktG kodifiziert und ermöglicht es dem Hauptaktionär einer AG oder KGaA, der direkt oder indirekt zumindest 95 % der Anteile am Grundkapital der Gesellschaft hält, die ausstehenden Anteile gegen Zahlung einer angemessenen Barabfindung an die Minderheitsaktionäre auf sich übertragen zu lassen. Die Höhe dieser Barabfindung wird durch den Hauptaktionär im Rahmen einer Unternehmensbewertung festgelegt und deren Angemessenheit ist durch einen oder mehrere sachverständige Prüfer zu prüfen (§ 327c Abs. 2 Satz 2 AktG). Die Auswahl des squeeze-out-Prüfers betreffend verweist § 327c Abs. 2 Satz 4 AktG auf § 293d AktG, welcher selbst wiederum auf § 319 Abs. 1 HGB rekurriert. Demnach kommen ausschließlich WP bzw. WPG für die Durchführung von squeeze-out-Prüfungen in Frage. Dabei ist im Regelfall davon auszugehen, dass jeder WP in Bezug auf eine squeeze-out-Prüfung als »sachverständig« angesehen werden kann.[32]

Die Bestellung des Prüfers erfolgt durch das für die Gesellschaft zuständige Landgericht.[33] Dabei fällt dem Hauptaktionär, nicht der Gesellschaft selbst, das Antragsrecht zu (§ 327c Abs. 2 Satz 3 AktG). Über diesen Vorschlag kann das Gericht nach billigem Ermessen entscheiden.[34] Sofern allerdings keine begründeten Bedenken gegen den Vorschlag vorliegen, wird das Gericht dem Wunsch des Hauptaktionärs i.d.R.nachkommen.[35] Durch dieses Vorgehen soll sichergestellt werden, dass zwischen dem beauftragten Prüfer und dem Hauptaktionär eine gewisse Distanz vorliegt und dadurch das Prüfungsurteil auf Seiten der Minderheitsaktionäre eher akzeptiert wird.[36] Um die erforderliche Unabhängigkeit des WP sicherzustellen (vgl. dazu § 43 Abs. 1 WPO; → I.6.5.2.2 und I.7), hat dieser bei der Auftragsannahme gem. § 327c Abs. 2 Satz 2 i.V.m. § 293d Abs. 1 AktG die Ausschlustatbestände nach §§ 319 Abs. 1–4, 319a Abs. 1 HGB zu beachten. Diese empfiehlt es im Rahmen einer squeeze-out-Prüfung noch um den Fall zu ergänzen, dass der Prüfer selbst Anteile an der übernehmenden Gesellschaft hält, da die zu prüfende Höhe der Barabfindung unmittelbare Auswirkung auf die Vermögenslage des Hauptaktionärs hat.[37]

Prüfungsgegenstand
Gegenstand der squeeze-out-Prüfung ist allein die Angemessenheit der durch den Hauptaktionär festgelegten Barabfindung (§ 327c Abs. 2 Satz 4 i.V.m. § 293e Abs. 1 AktG). Die Höhe der Barabfindung gilt grundsätzlich dann als angemessen, wenn ein Aktionär ohne wirtschaftliche Nachteile ausscheiden kann. Die Feststellung der maßgeblichen Höhe der Entschädigungszahlung erfolgt durch eine Unternehmensbewertung nach einem anerkannten Bewertungsverfahren. Der Prüfer fungiert hierbei als neutraler Gutachter, der die subjektiven Wertvorstellungen der beteiligten Parteien außer Acht lässt, um einen objektivierten Unternehmenswert festzustellen. Es ist nicht notwendig, dass der Prüfer selbst eine Unternehmensbewertung durchführt; er ist lediglich mit der Beurteilung der

---

32 Vgl. dazu *Veit* (2005), S. 1699.
33 So *Eisolt* (2002), S. 1147; *Sieger/Hasselbach* (2002), S. 154.
34 Vgl. *Eisolt* (2002), S. 1147.
35 Dazu *Ott* (2003); S. 1615; *Marten/Müller* (2005), S. 973; *Hasselbach* (2010), § 327c AktG, Rn. 35.
36 Siehe *Bundestag* (2001), S. 54.
37 Vgl. *Eisolt* (2002), S. 1147 sowie *Grzimek* (2008), § 327c AktG, Rn. 17.

Vorgehensweise zur Bestimmung der Abfindungshöhe auf Plausibilität betraut.[38] Dabei empfiehlt es sich, die berufsständische Auffassung zur Durchführung von Unternehmensbewertungen durch den WP, welche in IDW S 1 dargelegt wird, im Rahmen der Prüfung der angewandten Methoden und getroffenen Annahmen zu berücksichtigen.

Den Ergebnissen einer empirischen Untersuchung von *Hachmeister/Kühnle/Lampenius* (2009) zufolge bildet das Ertragswertverfahren das am häufigsten verwendete Bewertungsverfahren. Nach der Ertragswertmethode ist der Wert des Unternehmens durch Diskontierung der den Anteilseignern zufließenden Überschüsse zu ermitteln, die üblicherweise aus den für die Zukunft geplanten Jahresergebnissen abgeleitet werden (Planungsrechnung). Hierfür ist zunächst eine Bereinigung der Vergangenheitserfolgsrechnung, eine Planung der Aufwendungen und Erträge und eine Finanzplanung inklusive Zinsprognose erforderlich. Die hierüber ermittelten Überschüsse sind mit dem Kapitalisierungszinssatz auf den Bewertungsstichtag abzuzinsen. Der Kapitalisierungszinssatz repräsentiert die Rendite aus einer Alternativanlage und muss dem Kapitalisierungsstrom hinsichtlich Fristigkeit, Risiko und Besteuerung äquivalent sein. Der Abschlussprüfer hat die in die Ermittlung des Ertragswertes eingehenden Daten auf Richtigkeit zu untersuchen. Insbesondere ist zu prüfen, ob die zugrunde gelegten Daten fachgerecht abgeleitet sind und die vorgenommenen Zukunftseinschätzungen plausibel erscheinen. Neben der Ertragswertmethode wird bei börsennotierten Gesellschaften häufig auch der durchschnittliche Börsenkurs als Bewertungsobergrenze angewandt, wenn der Wert oberhalb des Ertragswerts liegt.[39]

Der Börsenkurs, der in den letzten drei Monaten vor Einberufung der Hauptversammlung ermittelt wurde, bildet die Wertuntergrenze der anzubietenden Barabfindung, sofern dieser den Verkehrswert der Aktie widerspiegelt und nicht durch die Marktenge[40] oder einen über längere Zeit ausbleibenden liquiden Handel beeinflusst ist.[41] Um einen bestehenden Ausgleich aus einem Beherrschungs- und Gewinnabführungsvertrag zu berücksichtigen wird häufig auch der Wert der kapitalisierten Ausgleichszahlung pro Aktie verwendet. In den letzten Jahren wird zu Plausibilisierungszwecken zunehmend auch auf Multiplikatoren zurückgegriffen.[42]

Nicht zu prüfen ist, ob der Minderheitenausschluss wirtschaftlich sinnvoll ist. Genauso wenig ist zu untersuchen, inwiefern die Vorraussetzungen zur Durchführung des squeeze-out erfüllt sind. Damit befinden sich das Vorliegen einer Bankgarantie über die Höhe der zu leistenden Barabfindung, das Erreichen der 95 %igen Beteiligung am Grundkapital sowie die Rechtmäßigkeit des durch den Hauptaktionär nach § 327c Abs. 2 Satz 1 AktG zu erstellenden Berichts nicht im Aufgabenbereich des squeeze-out-Prüfers.[43] Letz-

---

38 Dazu *Marten/Müller* (2005), S. 975 sowie *Veit* (2005), S. 1700.
39 Vgl. *Hachmeister/Kühnle/Lampenius* (2009), S. 1235.
40 Marktenge ergibt sich aus dem geringen Anteil der in Umlauf befindlichen Aktien und führt dazu, dass ein einzelner Aktionär seine Aktie nicht mehr zum Börsenpreis verkaufen kann.
41 Die Rechtsprechung des BVerfG zu den §§ 304 f. (vgl. BVerfG, Urteil vom 27.4.1999 – 1, BvR 1613/94) welche den Börsenkurs als vorzugswürdigen Bewertungsansatz ansieht, greift daher im Falle von squeeze-outs nicht; vgl. dazu *Hasselbach* (2010), § 327b AktG, Rn. 26.
42 Vgl. *Hachmeister/Kühnle/Lampenius* (2009), S. 1235.
43 Vgl. dazu *Eisolt* (2002), S. 1147; *Marten/Müller* (2005), S. 975; *Veit* (2005), S. 1700 sowie *Grunewald* (2010), § 327c AktG, Rn. 11.

teren sollte er allerdings regelmäßig berücksichtigen, da er wesentliche Angaben über das Prüfungsobjekt sowie die getroffenen Annahmen und angewandten Methoden im Rahmen der Ermittlung der Angemessenheit der Barabfindung erläutern und begründen muss.[44] Insofern ist der Bericht des Hauptaktionärs mittelbar Objekt der Prüfung, soweit er sich auf die Abfindungshöhe bezieht.[45]

Berichtspflichten

Gemäß § 327c Abs. 2 Satz 2 i. V. m. § 293e Abs. 1 Satz 1 AktG hat der squeeze-out-Prüfer über seine Arbeit schriftlich Bericht zu erstatten. Dieser Bericht ist dem Hauptaktionär und dem Vorstand der Gesellschaft vorzulegen. Letzterem obliegt es, den Bericht von der Einberufung der Hauptversammlung an in den Geschäftsräumen der Gesellschaft auszulegen oder auf Wunsch den Aktionären zuzusenden (§ 327c Abs. 3 und 4 AktG). Sollten alle Aktionäre auf die Anfertigung eines Berichts verzichten und eine entsprechende Erklärung abgeben, kann der Prüfer von einer Berichterstattung absehen (§ 327c Abs. 2 Satz 4 i. V. m. § 293e Abs. 2 i. V. m. § 293a Abs. 3 AktG).

Der Bericht zur squeeze-out Prüfung sollte so ausgestaltet sein, dass es den Minderheitsaktionären möglich ist, sich unter Einbeziehung des Berichts des Hauptaktionärs selbst ein Urteil über die Angemessenheit der Barabfindung bilden zu können.[46] Aus dieser Funktion heraus und gem. § 293e Abs. 1 Satz 3 AktG sind im Prüfungsbericht insbesondere die bei der Ermittlung der Barabfindung angewandten Methoden zur Unternehmensbewertung sowie deren Angemessenheit zu erläutern; dabei sollte auch auf mögliche Unterschiede in Bezug auf die Barabfindungshöhe eingegangen werden, die sich bei der Anwendung der verschiedenen Methoden ergeben.[47]

Bezüglich des Aufbaus des Berichts zur squeeze-out Prüfung gibt es keine gesetzlichen Vorgaben, allerdings hat sich in der Praxis folgendes Gliederungsschema herausgebildet:[48]

1. Prüfungsauftrag und Auftragsdurchführung,
2. Art und Umfang der Prüfung gem. § 327c AktG,
3. Prüfung der Angemessenheit der Barabfindung: Beschreibung und Beurteilung der Angemessenheit der angewandten Bewertungsmethoden, Abfindungsermittlung auf Basis des Aktienkurses sowie ggf. Erläuterung besonderer Schwierigkeiten bei der Bewertung,
4. Abschließende Erklärung zur Angemessenheit der Barabfindung gem. § 327c Abs. 2 Satz 2 AktG.

---

44 Siehe dazu *Veit* (2005), S. 1700 sowie *Grzimek* (2008), § 327c AktG, Rn. 16; *Hasselbach* (2010), § 327c AktG, Rn. 47.
45 So *Veit* (2005), S. 1700.
46 Vgl. dazu *Veit* (2005), S. 1700.
47 Vgl. *Marten/Müller* (2005), S. 981 und *Hasselbach* (2010), § 327c AktG, Rn. 48.
48 Vgl. dazu *Eisolt* (2002), S. 1148; *Marten/Müller* (2005), S. 982; *Veit* (2005), S. 1701 und *Hasselbach* (2010), § 327c AktG, Rn. 52.

Im ersten Abschnitt des Prüfungsberichts werden zunächst die Auftragsgrundlage, die Auftragsbedingungen, der Prüfungszeitraum und Haftungsaspekte des Prüfers erläutert. Im zweiten Berichtsteil wird der Prüfungsgegenstand festgelegt, auf die Berücksichtigung des Berichts des Hauptaktionärs eingegangen sowie über Art und Umfang der Prüfung nach § 327c AktG berichtet. Im dritten Abschnitt, der zugleich den Schwerpunkt des Prüfungsberichts bildet, werden zunächst die angewandten Bewertungsmethoden dargestellt und deren Angemessenheit beurteilt. Im Anschluss empfiehlt es sich, die vom Hauptaktionär festgelegte Barabfindung dem Börsenkurs gegenüberzustellen und etwaige Abweichungen zu erläutern.[49] Am Ende dieses Berichtsteils sind etwaige Schwierigkeiten zu erörtern, die im Rahmen der Bewertung aufgetreten sind. Dies könnten bspw. branchenspezifische Unsicherheiten über Chancen und Risiken der zukünftigen Marktentwicklung oder der zweifelhafte Erfolg angelaufener Sanierungsmaßnahmen sein.[50] Im letzten Teil, der sog. Schlusserklärung, bestätigt der Prüfer die Angemessenheit der festgelegten Barabfindung. Dargestellt am Beispiel der Prüfung der Angemessenheit der Barabfindung für die Übertragung der Anteile der Minderheitsaktionäre der TA Triumph-Adler AG auf die Kyocera Mita Corporation kann die Schlusserklärung bspw. wie folgt formuliert sein:[51]

> **Beispiel**
>
> »Nach unseren Feststellungen ist aus den vorstehend dargelegten Gründen die Barabfindung, die den ausscheidenden Aktionären der TA Trimuph-Adler, Nürnberg, infolge der Übertragung der Aktien gemäß §§ 327a ff. AktG gewährt wird, in Höhe von EUR 1,90 je auf den Inhaber lautende Stückaktie angemessen.«

Verweigert der Prüfer dagegen die Bestätigung der Angemessenheit der Barabfindung, so kann der squeeze-out trotzdem durchgeführt werden und die Übertragung der Aktien der Minderheitsaktionäre auf den Hauptaktionär ist mit Eintragung ins Handelsregister wirksam. Für den Fall, dass der squeeze-out-Prüfer die Höhe der Barabfindung als nicht angemessen beurteilt, ist es allerdings dennoch ratsam, die unterschiedlichen Ansichten von Prüfer und Hauptaktionär im Rahmen der Auskunftserteilung auszuräumen, da sonst die in der Praxis ohnehin verbreitete Anstrengung eines Spruchverfahrens durch die Minderheitsaktionäre zusätzlich provoziert wird.[52] Bei Abgabe einer vorsätzlich oder

---

49 Siehe *Hasselbach* (2010), § 327c AktG, Rn. 50 sowie *Hüffer* (2010), § 327c AktG, Rn. 3.
50 In Anlehnung an *Veit* (2005), S. 1701.
51 Vgl. *Triumph-Adler AG* (2010). Weitere Formulierungsvorschläge finden sich bei *Eisolt* (2002), S. 1148; *Marten/Müller* (2005), S. 983 sowie *Veit* (2005), S. 1701.
52 Vgl. dazu *Ott* (2003), S. 1617; *Marten/Müller* (2005), S. 983 sowie *Grunewald* (2010), § 327c AktG, Rn. 15. Während im Jahr 2002 14,3 % der Übertragungsbeschlüsse angefochten wurden, waren es bereits im Jahr 2006 78,1 %, vgl. *Gehling/Heldt/Royé* (2007), S. 32. Spruchverfahren sind mit hohen Erfolgsaussichten auf eine Nachbesserung der Barbafindung verknüpft. *Hachmeister/Kühnle/Lampenius* (2009) zeigten durch eine Durchsicht von 20 Gerichtsurteilen zu Spruchverfahren auf, dass lediglich in 6 Fällen keine Nachbesserung stattfand. Darüber hinaus sind die Verfahrenskosten unabhängig vom Ausgang des Verfahrens vom Mehrheitsaktionär zu tragen; vgl. *Hachmeister/Kühnle/Lampenius* (2009), S. 1234–1235.

fahrlässig unzutreffenden Schlusserklärung haftet der squeeze-out-Prüfer gegenüber den Minderheitsaktionären unmittelbar für den hierdurch entstandenen Schaden.[53]

Im Prüfungsbericht kann auf Tatsachen verzichtet werden, deren öffentliches Bekanntwerden dazu geeignet ist, der Gesellschaft oder deren Hauptaktionär einen nicht unerheblichen Schaden zuzufügen (§ 293e Abs. 2 i.V.m. § 293a Abs. 2 Satz 1 AktG). Werden auf Basis dieser Schutzklausel Informationen zurückgehalten, sollte das Fehlen dieser Angaben im Prüfungsbericht nachvollziehbar begründet werden.[54]

2.2.3.4 Verschmelzungsprüfung

Prüfungspflicht und Prüfer
Der Normzweck der Verschmelzungsprüfung liegt ausschließlich in dem Präventivschutz der von der Verschmelzung in ihren Vermögensinteressen betroffenen Anteilsinhaber. Die Prüfung soll sicherstellen, dass die Anteilsinhaber in Kenntnis der Wertrelation der beteiligten Rechtsträger über die Verschmelzung abstimmen und dass Benachteiligungen durch unzutreffende Umtauschverhältnisse verhindert werden. Die Verschmelzungsprüfung ist nach Maßgabe des § 9 Abs. 1 UmwG durch einen sachverständigen Prüfer vorzunehmen, soweit sich dies aus den Bestimmungen der einzelnen rechtsformbezogenen Abschnitte des zweiten Teils des zweiten Buchs des UmwG ergibt. Grundsätzlich bestehen danach drei Möglichkeiten:
- die Antragsprüfung,
- die Pflichtprüfung mit Verzichtsmöglichkeit und
- die Pflichtprüfung ohne Verzichtsmöglichkeit.

Die Verschmelzungsprüfung als *Antragsprüfung* findet nur auf Verlangen eines Gesellschafters statt und ist häufig bei Verschmelzungen unter Beteiligung einer Personengesellschaft (§ 44 UmwG) und Verschmelzungen unter Beteiligung von GmbH (§ 48 UmwG) vorzufinden. Die Möglichkeit, auf eine *Pflichtprüfung* zu *verzichten*, eröffnet § 9 Abs. 3 i.V.m. § 8 Abs. 3 UmwG, wonach die Prüfungspflicht mit einer Zustimmung sämtlicher Anteilsinhaber zu der Verschmelzung und notarieller Beurkundung der Verzichtserklärung entfällt. Sie ist bspw. in Fällen unter Beteiligung einer AG (§ 60 UmwG) bzw. KGaA (§ 78 UmwG) anzutreffen. Eine *Pflichtprüfung ohne Verzichtsmöglichkeit* besteht hingegen für eingetragene Genossenschaften, für die zwingend das Gutachten durch den genossenschaftlichen Prüfungsverband erforderlich ist (§ 81 UmwG). Wird den Anteilsinhabern im Rahmen der Verschmelzung eine Barabfindung angeboten, die immer dann erforderlich ist, wenn die übernehmende Gesellschaft unter einer anderen Rechtsform firmiert als die übertragenden Gesellschaften besitzt oder die Anteile an der übernehmenden Gesellschaft einer Verfügungsbeschränkung unterliegen, so wird dadurch unabhängig von der Rechtsform der beteiligten Gesellschaften eine Prüfungspflicht ausgelöst, es sei denn, die betroffenen Anteilseigner verzichten auf eine Prüfung (§ 30 Abs. 2 Satz 3 UmwG).

---

53 Siehe *Hasselbach* (2010), § 327c AktG, Rn. 51.
54 Vgl. dazu *Veit* (2005), S. 1701 sowie *Hasselbach* (2010), § 327c AktG, Rn. 29 und 56.

Verschmelzungsprüfer können grundsätzlich WP und WPG sein. Bei Vorliegen einer mittelgroßen GmbH oder mittelgroßen Personenhandelsgesellschaft i. S. des § 264a Abs. 1 HGB oder einer kleinen oder mittelgroßen Gesellschaft, für die eine Jahresabschlussprüfung nicht gesetzlich vorgeschrieben ist, können neben WP und WPG auch vBP und BPG als Verschmelzungsprüfer tätig sein. Ist eine eingetragene Genossenschaft an der Verschmelzung beteiligt, so gilt die ausschließliche Zuständigkeit des genossenschaftlichen Prüfungsverbands (§ 81 UmwG; → III.2.2.2.1).

Prüfungsgegenstände

Gegenstand der Verschmelzungsprüfung ist der Verschmelzungsvertrag oder dessen Entwurf (§ 9 Abs. 1 UmwG), der den in § 5 UmwG aufgestellten allgemeinen Voraussetzungen sowie den speziellen Voraussetzungen der einzelnen Rechtsformen (§§ 40, 45b, 46, 80 UmwG) entsprechen muss. Die Verschmelzungsprüfung erstreckt sich nicht auf den nach § 8 UmwG von den Vertretungsorganen zu erstellenden Verschmelzungsbericht.[55] Der Verschmelzungsvertrag bzw. dessen Entwurf ist auf *Vollständigkeit und Richtigkeit* zu prüfen.

Dem Normzweck des Schutzes der Anteilsinhaber entsprechend, bilden die Angaben im Verschmelzungsvertrag zum *Umtauschverhältnis der Anteile* (§ 5 Abs. 1 Nr. 3 UmwG i. V. m. § 12 Abs. 2 UmwG) den Mittelpunkt der Prüfung. Das Umtauschverhältnis der Anteile ist für die Anteilsinhaber von zentraler Bedeutung, weil es angibt, wie viele Anteile an dem übernehmenden Rechtsträger die umtauschberechtigten Anteilsinhaber des übertragenden Rechtsträgers als Gegenleistung erhalten. Die Aufgabe des Verschmelzungsprüfers ist es, die Angemessenheit des Umtauschverhältnisses zu prüfen. Das UmwG enthält selbst keine Hinweise zur Beurteilung der Angemessenheit. Als angemessen ist das Umtauschverhältnis grundsätzlich dann zu bezeichnen, wenn eine Gleichwertigkeit zwischen der aufgegebenen Beteiligung an dem übertragenden Rechtsträger und den gewährten Anteilen an dem übernehmenden Rechtsträger hergestellt ist, d. h. wenn der Wert der zu gewährenden Anteile nicht unter bzw. über dem Wert der untergehenden Anteile liegt und demzufolge die Anteilsinhaber der an der Verschmelzung beteiligten Gesellschaften nach der Verschmelzung nicht schlechter gestellt sind als ohne eine Verschmelzung.[56]

Als Grundlage der Angemessenheitsprüfung dienen dem Prüfer dabei die vorliegenden *Unternehmensbewertungen* der an der Verschmelzung beteiligten Gesellschaften.[57] Erforderlich ist es nicht, dass der Prüfer diese selbst durchführt. Vielmehr hat er die vorliegende Bewertung dahingehend zu untersuchen, ob die zur Unternehmensbewertung angewandten Methoden mit den Grundsätzen, nach denen nach Auffassung des Berufstandes WP Unternehmen bewerten sollten (IDW S 1), in Einklang stehen. Der Prüfer wird in der Funktion eines Schiedsgutachters tätig, indem er unter Berücksichtigung der subjektiven Werteinschätzung der an der Verschmelzung beteiligten Parteien einen Ei-

---

55 Verschmelzungsbericht und Verschmelzungsprüfung stehen als eigenständige Mechanismen zum Schutz der Anteilsinhaber nebeneinander; vgl. *Stratz* (2009), § 9, Rn. 4.
56 Vgl. *Mayer* (2007), § 5 UmwG, Rz. 95.
57 Vgl. u. a. *Lutter/Drygala* (2009), § 9, Rn. 11.

nigungswert feststellt.[58] Hierfür hat der Prüfer die vorliegende Unternehmensbewertung insbesondere daraufhin zu überprüfen, ob die zu Grunde gelegten Daten fachgerecht abgeleitet sind und ob Zukunftseinschätzungen plausibel erscheinen.[59] Der Prüfer hat somit Sollvorstellungen bezüglich der Wertrelation der zu verschmelzenden Gesellschaften zu entwickeln und diese mit den vorhandenen Wertermittlungen zu vergleichen.[60] Bei umfangreichem Zahlenmaterial, dessen Wertkomponenten nicht von wesentlicher Bedeutung für das Umtauschverhältnis sind, ist eine Beschränkung auf eine stichprobenweise Überprüfung zulässig. Wertkomponenten, die für das Umtauschverhältnis von wesentlicher Bedeutung sind, hat der Prüfer lückenlos zu prüfen.

Die *Ertragswertmethode* ist die in der Praxis und Rechtsprechung vorherrschende Methode zur Durchführung einer Unternehmensbewertung bei Verschmelzungen. Nach der Ertragswertmethode wird der Unternehmenswert durch Diskontierung der den Anteilseignern zukünftig zufließenden Ertragsüberschüsse ermittelt.[61] Zulässig ist aber auch das *Discounted Cashflow-Verfahren*, welches gerade bei größeren, kapitalmarktorientierten Unternehmen zur Anwendung kommt. Ähnlich wie bei der Ertragswertmethode wird der Unternehmenswert durch eine Kapitalisierung künftiger finanzieller Überschüsse ermittelt. Unterschiede zwischen beiden Methoden bestehen in der Ableitung der Überschüsse, den Annahmen über die Ausschüttung der Überschüsse, der Kapitalisierung sowie der Berücksichtigung des Risikos.

Der *durchschnittliche Börsenkurs* besitzt eine Indikatorfunktion bei der Unternehmensbewertung von börsennotierten Aktiengesellschaften. Hiernach steht dem Aktionär der übertragenden Gesellschaft mindestens der Verkehrswert zu. Sofern der Börsenkurs den Verkehrswert widerspiegelt und dieser nicht wegen Manipulation oder eines zu engen Marktes verfälscht wird, gilt dieser bei der Bewertung als Wertuntergrenze. Liegt der Ertragswert oberhalb des Börsenwerts, ist der Ertragswert für die Unternehmensbewertung maßgebend. Für die Berechnung des Durchschnittswerts des Börsenkurses ist ein Zeithorizont von mindestens drei Monaten vor Bekanntwerden der Verschmelzungsabsicht zu berücksichtigen.[62]

Um einen Interessensausgleich zwischen den Gesellschaftern der fusionierenden Gesellschaften zu erreichen, hat der Prüfer darauf zu achten, dass bei allen an der Verschmelzung beteiligten Unternehmen die gleiche Bewertungsmethode angewendet und im Rahmen der ausgewählten Methode von einheitlichen Annahmen, z. B. bei der Schätzung der Zukunftserträge, der Festlegung des Kalkulationszinsfußes und des Zeithorizonts sowie der Behandlung von Unternehmensrisiken, ausgegangen wird. Lediglich in Ausnahmefällen kann die Anwendung von abweichenden Methoden und Annahmen sinnvoll sein, wie z. B. bei unterschiedlich strukturierten Unternehmen.[63] Allerdings sollte ein derartiger Fall den Verschmelzungsprüfer dazu veranlassen, die angewandten Methoden und Annahmen auf ihre Angemessenheit zu überprüfen.

---

58 Vgl. *IDW* (2008), D40.
59 Vgl. IDW Stellungnahme HFA 6/1988 Abschnitt II.
60 Vgl. *IDW* (2008), D 48.
61 Vgl. IDW S 1, Tz. 111.
62 Vgl. *OLG Stuttgart* (2006).
63 Vgl. *Bay OLG* (2002); *Lutter/Drygala* (2009), § 5, Rn. 21–22.

Ausgehend von den ermittelten Unternehmenswerten wird anschließend der *Wert eines einzelnen Anteils* sowohl des übertragenden als auch des übernehmenden Rechtsträgers errechnet. Aus dem Verhältnis beider Anteilswerte ergibt sich dann das Umtauschverhältnis.

Der wirtschaftliche Grund für eine Verschmelzung liegt i. d. R. in der Realisierung von Synergiepotenzialen, wie z. B. der Ergänzung des Produktionsprogramms, der Verbesserung der Kapazitätsauslastung oder dem Zuwachs von Know-how. Synergieeffekte bemessen sich aus der Differenz zwischen der Summe der Zukunftserfolge der verschmelzenden Rechtsträger ohne Fusion und dem Zukunftserfolg des übernehmenden Rechtsträgers nach Übernahme des anderen Rechtsträgers. Zu unterscheiden sind Synergieeffekte, die nur zwischen den zu verschmelzenden Gesellschaften realisiert werden können (echte Synergieeffekte) und solche, die mit einer beliebigen anderen Gesellschaft realisierbar wären (unechte Synergieeffekte). In seiner Funktion als Schiedsgutachter hat der Verschmelzungsprüfer neben unechten Synergieeffekte, die bereits im Rahmen eines objektivierten Unternehmenswertes berücksichtigt werden, auch unechte Synergieeffekte für die Ermittlung des Einigungswerts zu berücksichtigen, da derartige Effekte nach IDW S 1 einen Grundsatz ordnungsmäßiger Unternehmensbewertung darstellen. Sofern die *Synergieeffekte* im Verhältnis der jeweiligen Unternehmenswerte auf die einzelnen Gesellschafter aufgeteilt werden, ist keine gesonderte Ermittlung erforderlich. Werden sie jedoch in einem anderen Verhältnis (z. B. je hälftig) aufgeteilt, sind sie für jede an der Verschmelzung beteiligte Gesellschaft separat zu ermitteln. In diesem Fall unterliegt sowohl der Ertragswert der jeweiligen Synergieeffekte als auch deren Verteilung auf die Gesellschaften der Verschmelzungsprüfung. Bei der Verteilung der Synergieeffekte wird den Geschäftsführungsorganen der beteiligten Gesellschaften allerdings ein Spielraum zugesprochen. Demzufolge kann der Verschmelzungsprüfer gegen die Zuordnung der Synergieeffekte nur dann Einwände erheben, wenn diese zu Ergebnissen führt, die nicht zu akzeptieren sind.[64] Liegt das Umtauschverhältnis zwischen den zu ermittelnden Mindest- bzw. Höchstumtauschverhältnissen, ist es als angemessen zu beurteilen. Das Mindestumtauschverhältnis gibt an, wie viele Aktien des übertragenden Rechtsträgers für eine neue Aktie des übernehmenden Rechtsträgers verlangt werden. Das Höchstumtauschverhältnis bezeichnet hingegen die höchstens für eine neue Aktie vom übernehmenden Rechtsträger hinzugebenden Aktien des übertragenden Rechtsträgers. Weil sich Synergieeffekte nicht verursachungsgerecht aufteilen lassen, sind alle Aufteilungsverfahren, die innerhalb beider Umtauschverhältnisse liegen, vom Verschmelzungsprüfer zu akzeptieren.

Berichtspflichten

Der Verschmelzungsprüfer hat über das Ergebnis der Prüfung schriftlich zu berichten (§ 12 Abs. 1 Satz 1 UmwG), um den Informationsbedürfnissen der Anteilsinhaber zu genügen. § 12 Abs. 2 UmwG enthält die wichtigsten Bestandteile des Berichtsinhalts. Im Mittelpunkt der Berichterstattung steht auch hier die *Angemessenheit des vorgeschlagenen Umtauschverhältnisses*. Der Verschmelzungsprüfer hat in seinem Bericht anzuge-

---

64 Vgl. *Meyer zu Lösebeck* (1989), S. 499–500.

ben, nach welchen Methoden das vorgeschlagene Umtauschverhältnis ermittelt worden (§ 12 Abs. 2 Satz 2 Nr. 1 UmwG) und aus welchen Gründen die Anwendung dieser Methoden angemessen ist (§ 12 Abs. 2 Satz 2 Nr. 2 UmwG). Sofern verschiedene Methoden angewandt wurden, ist anzugeben, welches Umtauschverhältnis oder welcher Gegenwert sich jeweils ergeben würde; zugleich ist darzulegen, welches Gewicht den verschiedenen Methoden bei der Bestimmung des vorgeschlagenen Umtauschverhältnisses oder des Gegenwerts und der ihnen zu Grunde liegenden Werte beigemessen worden ist und welche besonderen Schwierigkeiten bei der Bewertung der Rechtsträger aufgetreten sind (§ 12 Abs. 2 Satz 2 Nr. 3 UmwG). Der Prüfungsbericht schließt mit der Erklärung darüber ab, ob das vorgeschlagene Umtauschverhältnis der Anteile als Gegenwert angemessen ist (Testat). Darüber hinaus sollte im Prüfungsbericht, sofern keine Beanstandungen bestehen, zumindest in einer kurzen Stellungnahme auf die Angaben über die Vollständigkeit und Richtigkeit des Verschmelzungsvertrags eingegangen werden.

Kontrollfragen

1. Welche Versicherungsunternehmen unterliegen einer Prüfungspflicht? Wer ist Träger dieser Prüfungen?
2. Durch welche, über die handelsrechtliche Jahresabschlussprüfung hinausgehenden Prüfungsgegenstände ist die Prüfung von Kreditinstituten gekennzeichnet?
3. Skizzieren Sie die Besonderheiten der Depotprüfung.
4. Welche über die handelsrechtlichen Normen hinausgehenden besonderen Berichtpflichten sind bei der Prüfung von Genossenschaften zu berücksichtigen?
5. Aus welchem Gesetz ergibt sich die (Pflicht-)Prüfung einer Stiftung und was gehört zum Gegenstand der Prüfung?
6. Wer prüft die Rechnungslegung einer Stiftung?
7. Welche Besonderheiten sind in Prüfungsbericht und Bestätigungsvermerk im Rahmen der Prüfung von Stiftungen zu berücksichtigen?
8. Durch welche, über die handelsrechtliche Prüfung hinausgehenden Prüfungsgegenstände ist die Prüfung nach § 53 HGrG gekennzeichnet?
9. Begründen Sie die Notwendigkeit einer Gründungsprüfung und skizzieren Sie den Prüfungsgegenstand.
10. Erläutern Sie, warum ein Abhängigkeitsbericht zu erstellen und zu prüfen ist.
11. Erläutern Sie die Vorgehensweise zur Beurteilung der Angemessenheit des Umtauschverhältnisses der Anteile im Rahmen einer Verschmelzungsprüfung.

Zitierte und weiterführende Literatur

Angermayer, B. (1994): Die aktienrechtliche Prüfung von Sacheinlagen, Düsseldorf.

Angermayer, B. (1998a): Handelsrechtliche Anschaffungskosten von Sacheinlagen – Zugleich eine kritische Würdigung der Meinungsvielfalt bei der Einbringung einzelner Sacheinlagegegenstände und Sacheinlagen in Umwandlungsfällen, in: Der Betrieb, S. 145–151.

Angermayer, B. (1998b): Die Bewertungsprüfung von Sacheinlagen – Eine kritische Auseinandersetzung zum Problem des maßgeblichen Istwertes – Richtungweisende Impulse durch das Stückaktiengesetz ?, in: Die Wirtschaftsprüfung, S. 914–919.

BayOLG (2002): Umwandlungsrecht § 15 Abs. 1; AktG §§ 306, 308, Beschluss vom 18.12.2002 – 3Z BR 116/00, in: Der Betrieb 2003, S. 436–439.

Bieg, H. (2010): Bankbilanzierung nach HGB und IFRS, 2. Aufl., München.

Bühler, R./Pucher, J. (2010): Finanzielle Nachhaltigkeit des öffentlichen Personennahverkehrs: Entwicklungen und Herausforderungen in Deutschland und den USA, in: Vierteljahrshefte zur Wirtschaftsforschung, S. 127–138.

Bühner, R./Träger, T. (2002): Verschmelzung, in: Ballwieser, W./Coenenberg, A.G./Wysocki, K.v. (Hrsg.): Handwörterbuch der Rechnungslegung und Prüfung, 3. Aufl., Stuttgart, Sp. 2546–2555.

Bundestag (2001): Beschlussempfehlung und Bericht des Finanzausschusses zu dem Gesetzentwurf der Bundesregierung – Drucksache 14/7034, 14/7090 – Entwurf eines Gesetzes zur Regelung von öffentlichen Angeboten zum Erwerb von Wertpapieren und Unternehmensübernahmen vom 14.11.2001, in: BT-Drs. 14/7477.

BVerfG (2001), Beschluss vom 19.1.2001 – 1 BvR 1759/91, in: WPK-Mitteilungen, S. 166–170.

DGRV (2005): Prüfung der Geschäftsführung von Genossenschaften, 3. Aufl., Berlin.

Eibelshäuser, M. (1997): Aufsichtsrat und Abschlußprüfer – Kann die erweiterte Prüfung und Berichterstattung des Abschlußprüfers nach § 53 HGrG zu einer Verbesserung der Aufsichtsratsinformation beitragen?, in: Wirtschaftsprüferkammer-Mitteilungen, S. 166–177.

Eisolt, D. (2002): Die Squeeze-out-Prüfung nach § 327c Abs. 2 AktG, in: Deutsches Steuerrecht, S. 1145–1152.

Esser, I./Hillebrand, K.-P./Walter, K.-F. (2006): Unabhängigkeit der genossenschaftlichen Prüfungsverbände. Auswirkungen der Neuregelungen des Bilanzrechtsreformgesetzes (BilReG) und des Entwurfs der Genossenschaftsgesetznovelle auf die Organisation der genossenschaftlichen Prüfungsverbände und deren Verbundpartner, in: Zeitschrift für das gesamte Genossenschaftswesen, S. 26–58.

Esser, I./Hillebrand, K.-P./Walter, K.-F. (2007): Unabhängigkeit der genossenschaftlichen Prüfungsverbände – Auswirkungen des Bilanzrechtsreformgesetzes und der Genos-senschaftsgesetznovelle, in: Die Wirtschaftsprüfung, S. 32–39.

Gehling, C./Heldt, C./Royé, C. (2007): Squeeze Out – Recht und Praxis, Frankfurt am Main 2007.

Geib, G. (2002): Versicherungsunternehmen, in: Ballwieser, W./Coenenberg, A.G./Wysocki, K.v. (Hrsg.): Handwörterbuch der Rechnungslegung und Prüfung, 3. Aufl., Stuttgart, Sp. 2555–2568.

Grunewald, B. (2010): Kommentierung der §§ 327a–327f AktG, in: Goette, W./Habersack, M. (Hrsg.): Münchener Kommentar zum Aktiengesetz, 3. Aufl., München.

Grzimek, P. (2008): Kommentierung der §§ 327a–327f AktG, in: Geibel, S./Süßmann, R. (Hrsg.): Wertpapiererwerbs- und Übernahmegesetz: WpÜG, 2. Aufl., München.

Hachmeister, D./Kühnle, B./Lampenius, N. (2009): Unternehmensbewertung in Squeeze-Out-Fällen: eine empirische Analyse, in: Die Wirtschaftsprüfung S. 1234–1246.

Hasselbach, K. (2010): Kommentierung der §§ 327a–327f AktG, in: Hirte, H./Bülow, C.v. (Hrsg.): Kölner Kommentar zum WpÜG, 2. Aufl., Köln et al.

Heigl, A. (1994): Prüfung des Abhängigkeitsberichts, in: Das Wirtschaftsstudium, S. 444–451.

Horváth, P./Reichmann, P. (Hrsg.) (2003): Vahlens Großes Controllinglexikon, 2. Aufl., München.

Hüffer, U. (2010): Aktiengesetz, 9. Aufl., München.

IDW (2006): WP Handbuch 2006 – Wirtschaftsprüfung, Rechnungslegung, Beratung, Band I, 13. Aufl., Düsseldorf.

IDW (2008): WP Handbuch 2008 – Wirtschaftsprüfung, Rechnungslegung, Beratung, Band II, 13. Aufl., Düsseldorf.

IDW (2011): Rechnungslegung und Prüfung der Versicherungsunternehmen, 5. Aufl., Düsseldorf.

IDW Stellungnahme HFA 6/1988 (1988): Zur Verschmelzungsprüfung nach § 340b Abs. 4 AktG, Düsseldorf.

Kaufmann, M. (1995): Die Prüfung kommunaler Unternehmen gemäß § 53 Abs. 1 Haushaltsgrundsätzegesetz, Düsseldorf.

Kofler, H. (1996): Geschäftsführungsprüfung, in: Kofler, H./Nadvornik, W./Pernsteiner, H. (Hrsg.): Betriebswirtschaftliches Prüfungswesen in Österreich, Festschrift für Karl Vodrazka zum 65. Geburtstag, Wien, S. 269–280.

Koss, C. (2003): Rechnungslegung von Stiftungen – Von der Buchführung zur Jahresrechnung, Düsseldorf.

Kropff, B. (2000): Kommentierung des § 313 AktG, in: Kropff, B./Semler, J. (Hrsg.): Münchener Kommentar zum Aktiengesetz, 2. Aufl., München.

Künnemann, M./Brunke, U. (2002): Geschäftsführungsprüfung, in: Ballwieser, W./Coenenberg, A.G./Wysocki, K.v. (Hrsg.): Handwörterbuch der Rechnungslegung und Prüfung, 3. Aufl., Stuttgart, Sp. 922–932.

Loitz, R. (1997): Die Prüfung der Geschäftsführung auf dem Prüfstand, in: Betriebs-Berater, S. 1835–1841.

Lutter, M./Drygala, T. (2009): Kommentierung des § 9 UmwG, in: Lutter, M./Winter, M. (Hrsg.): Umwandlungsgesetz Band I, 4. Aufl., Köln.

Marten, K.-U./Müller, S. (2005): Squeeze-out-Prüfung, in: Crezelius, G./Hirte, H./Vieweg, K. (Hrsg.): Festschrift für Volker Röhricht zum 65. Geburtstag – Gesellschaftsrecht – Rechnungslegung – Sportrecht, Köln, S. 963–986.

Mayer, D. (2007): Kommentierung des § 5 UmwG, in: Widmann, S./Mayer, D. (Hrsg.): Umwandlungsrecht, Bonn.

Merl, F. (2003): Die Rechnungslegung und Prüfung von Stiftungen, in: Bertelsmann Stif-tung (Hrsg.): Handbuch Stiftungen – Ziele – Projekte – Management – Rechtliche Gestaltung, 2. Aufl., Wiesbaden, S. 889–918.

Meyer zu Lösebeck, H. (1989): Zur Verschmelzungsprüfung – Anmerkung zum Beitrag von Dirrigl, in: Die Wirtschaftsprüfung, S. 499–501.

Miletzki, R. (1999): Die neuen Depotprüfungsbestimmungen und die Bekanntmachungen zum Depotgeschäft, in: Wertpapier-Mitteilungen, S. 1451–1454.

OLG Stuttgart (2006): Abfindung nach Squeeze out, Beschluss vom 16.02.2006 – 20 W 6/06, in: Betriebs-Berater 2007, S. 682–686.

Ott, K.-P. (2003): Reichweite der Angemessenheitsprüfung beim Squeeze-out, in: Der Betrieb, S. 1615–1617.

Ritzer-Angerer, P. (2004): Angemessenheit von Barabfindungen beim Squeeze-out, in: Finanz Betrieb, S. 285–293.

Scharpf, P./Schaber, M. (2009): Kommentierung des § 29 KWG, in: Luz, G./Neus, W./Scharpf, P./Schneider, P./Weber, M. (Hrsg.): Kreditwesengesetz (KWG) Kommentar, Stuttgart.

Sieger, J.J./Hasselbach, K. (2002): Der Ausschluss von Minderheitsaktionären nach den neuen §§ 327a ff. AktG, in: Zeitschrift für Unternehmens- und Gesellschaftsrecht, S. 121–161.

Stratz, R.-C. (2009): Kommentierung des § 9UmwG, in: Schmidt, J./Hörtnagel, R./Stratz, R.-C. (Hrsg.): Umwandlungsgesetz, Umwandlungssteuergesetz, 5. Aufl., München.

Triumph-Adler AG (2010): Bericht über die Prüfung der Angemessenheit der Barabfindung für die beabsichtigte Übertragung der Aktien der Minderheitsaktionäre der TA Triumph-Adler Aktiengesellschaft auf die KyoceraMita Corporation gemäß § 327c Abs. 2 S. 2 AktG.

Veit, K.-R. (2005): Die Prüfung von Squeezeouts, in: Der Betrieb, S. 1697–1702.

3 Freiwillige Prüfungsdienstleistungen

3.1 Einführung und Systematisierung aus normativer Sicht

Unter *freiwilligen Prüfungsdienstleistungen* werden alle Prüfungsaufträge (assurance engagements) eines WP bzw. einer WPG verstanden, die nicht auf einer gesetzlichen oder anderen zwingenden Verpflichtung beruhen. Dabei sind Prüfungsaufträge Dienstleistungen, bei denen ein WP ein Urteil über das Ergebnis der Anwendung von Kriterien auf einen Prüfungsgegenstand abgibt, um dessen Glaubwürdigkeit bei den beabsichtigten Nutzern des Urteils zu erhöhen (IFAC Framework.7).

Beispielsweise lassen kleinere Unternehmen ihre Jahresabschlüsse freiwillig prüfen, wenn sie in hohem Maße Fremdkapital in Anspruch genommen haben und ihre Kreditinstitute vor dem Hintergrund von Basel II zuverlässige Abschlussinformationen benötigen.[65] Vor allem die Prüfungsgesellschaften und die berufsständischen Organisationen haben in den vergangenen Jahren eine Vielzahl von freiwilligen Dienstleistungen entwickelt, welche sich deutlich von den klassischen Prüfungsdienstleistungen unterscheiden.

Ein Grund hierfür sind die *wachsenden Informationsbedürfnisse* der stakeholder (→ I.1). Diese Bedürfnisse gehen oftmals über das hinaus, was sowohl national als auch international im Rahmen der Gewährung glaubwürdiger Jahresabschlussinformationen gefordert wird. Erhöhte Anforderungen werden v. a. an die Dimensionen Zeitnähe, Zuverlässigkeit und Relevanz der gegebenen Informationen gestellt.[66] Dabei besteht insbesondere ein verstärkter Bedarf an einer externen Beurteilung kapitalmarktorientierter Informationen (business reporting), wie z. B. unterjährige und zukunftsorientierte Informationen. Zudem steigt die Nachfrage nach Echtzeitinformationen (real time information) und damit die Nachfrage nach einer kontinuierlichen Prüfung (continuous assurance oder auch continuous auditing).[67]

Diskussionsfrage

Diskutieren Sie Argumente im Hinblick auf den Nutzen einer freiwilligen Prüfung. Erörtern Sie in einem zweiten Schritt, welche Gründe für oder gegen die Festsetzung einer Pflicht zur Prüfung, z. B. von Jahresabschlüssen und unterjährigen Berichten, sprechen.

Teilweise gehen die Unternehmen bereits freiwillig dazu über, nicht direkt abschlussorientierte Angaben mit Relevanz für den Kapitalmarkt einer Prüfung zu unterziehen. Ein Beispiel hierfür ist der Shell Sustainability Report 2009, in dem nicht abschlussorientierte Angaben (z. B. zur financial-, environmental- und social-performance) erkennbar geprüft werden (→ III.3.3.1.2).[68] Für einen Bedarf an glaubwürdigen Informationen spricht auch eine Befragung von McKinsey, derzufolge institutionelle Investoren bereit sind, für

---

65 Vgl. *Rödl* (2004), S. 19 sowie *Collis* (2010), S. 211 ff.
66 Vgl. ausführlich *Ruhnke* (2000a), S. 329 ff.
67 Vgl. stellvertretend *AICPA/CICA* (1999); *Ruhnke* (2006), S. 470 ff.
68 Vgl. *Shell* (2010), S. 28 ff.

Anteile an Unternehmen mit einem gut funktionierenden Corporate Governance-System zwischen 11 und 41 % mehr zu bezahlen.[69]

Das Angebot neuer Prüfungsdienstleistungen liegt zudem im Eigeninteresse der Prüfungsgesellschaften, da sich auf diesem Wege neue Geschäftsfelder eröffnen.[70] Das Komitee hat hunderte möglicher Serviceleistungen identifiziert. Besonderes Augenmerk richtet das AICPA auf folgende Bereiche: Risk Assessment, Systems Reliability, Prime-Plus Services, Electronic Commerce und XBRL.[71] Ständig lassen sich auf Grund von ökonomischen und gesellschaftlichen Entwicklungen weitere mögliche Dienstleistungen identifizieren.

> **Beispiel**
>
> Die Berichtssprache XBRL (eXtensible Business Reporting Language) erlaubt es, Jahresabschlussinformationen im Internet standardisiert darzustellen und aufzubereiten. Entsprechende Informationspakete mit hierarchisch gegliederten Strukturen für die Abschlussposten im Einzel- und Konzernabschluss z. B. nach HGB und IFRS liegen bereits vor (sog. Taxonomien). Ziel ist u. a. eine Erhöhung der Verwendbarkeit von Abschlussinformationen sowie eine Senkung der Kosten für die Berichterstattung, die Distribution und die Analyse dieser Informationen. Auch hier besteht ein Bedarf an glaubwürdigkeitserhöhenden Dienstleistungen, die z. B. sicherstellen, dass die XBRL-Daten mit dem im herkömmlichen Format aufgestellten Abschluss übereinstimmen sowie etwaige Taxonomieerweiterungen angemessen sind.[72]

Bereits diese kurze Einführung zeigt, dass die freiwilligen Leistungen ein sehr heterogenes Gebiet unterschiedlichster Prüfungsdienstleistungen ansprechen. Diesem Umstand hat die IFAC durch die folgende Systematisierung Rechnung getragen: Es wird unterschieden zwischen *Prüfungsdienstleistungen, die sich auf historische Finanzinformationen* beziehen, (erster Bereich) und *Prüfungsdienstleistungen, die sich auf nicht historische Finanzinformationen sowie sonstige Prüfungsgegenstände* (zweiter Bereich) beziehen (ausführlich → I.6.4.2 und Abb. I.6-4). Für beide Bereiche gilt als Rahmennorm das IFAC Framework. Für den zweiten Bereich ist mit ISAE 3000 zusätzlich noch eine weitere spezielle Rahmennorm zu beachten. Weiterhin können bei Prüfungen des zweiten Bereichs die prüfungsauftragsspezifischen Normen des ersten Bereichs (ISA, IAPS, ISRE, IREPS) als Leitfaden herangezogen werden (ISAE 3000.3).[73] Weiterhin gilt

---

69 Vgl. *McKinsey* (2002).
70 Zum Suchraum für neue WP-Dienstleistungen und deren Entwicklung siehe *Leukel* (2004), S. 1307 ff.
71 Vgl. URL: http://www.aicpa.org/InterestAreas/AccountingAndAuditing/Resources/AssuranceSvcs/ (Stand: 1.4.2011).
72 Vgl. ausführlich URL: http://www.xbrl.org (Stand: 1.4.2011) sowie *Grüning* (2004), S. 509 ff. Zu Aspekten der Prüfung vgl. z. B. *Pinsker* (2003), S. 732 ff., *Plumlee/Plumlee* (2008), S. 353 ff. sowie *Boritz/No* (2009), S. 49 ff. Zur Prüfung von XBRL-Daten sowie zur Durchführung von agreed-upon procedures (→ I.6.4.2) siehe auch *Nunnenkamp/Pfaffenholz* (2010), S. 1146 ff. Zu den agreed-upon procedures in Bezug auf XBRL-Daten siehe auch das US-amerikanische Statement of Position (SOP) 09-1 (Performing agreed-upon procedures engagements that address the completeness, accuracy, or consistency of XBRL tagged data).
73 Neben diese Prüfungsdienstleistungen treten verwandte Dienstleistungen. Hierzu zählen agreed-upon procedures (ISRS 4400) und compilation engagements (ISRS 4410); → I.6.4.2.

für beide Bereiche in Bezug auf die Qualitätskontrolle der ISQC 1 (→ I.6.5.2.4) und hinsichtlich der ethischen Anforderungen der Code of Ethics (→ I.6.5.2.2).[74]

Freiwillige Prüfungsdienstleistungen lassen sich wie folgt unterscheiden:

* Zum einen kann es sich um *Prüfungsdienstleistungen mit eigenständiger Normierung* des Prüfungsgegenstandes handeln (→ III.3.3.1): Beispielsweise kann eine freiwillige Durchsicht eines unterjährigen Jahresabschlusses auf der Grundlage von ISRE 2410 erfolgen; auch in diesem Fall ist das IFAC Framework zu beachten.
* Zum anderen können *Prüfungsdienstleistungen ohne eigenständige Normierung* des Prüfungsgegenstandes erbracht werden (→ III.3.3.2). In diesem Fall ist das IFAC Framework zu beachten. Auf diese Weise ist es möglich, die Dienstleistung rasch an veränderte Bedürfnisse des Marktes anzupassen. Sind nicht historische Finanzinformationen oder sonstige Prüfungsgegenstände freiwillig zu prüfen, ist zusätzlich ISAE 3000 heranzuziehen. ISAE 3000 gibt grundlegende Prinzipien und wichtige Prüfungshandlungen an, die an den jeweiligen (nicht normierten) Prüfungsgegenstand anzupassen sind (ISAE 3000.2). Insofern sind das IFAC Framework und ISAE 3000 neutral in Bezug auf den Prüfungsgegenstand.

Beispiel

Die zunehmende Verbreitung des Internet und Fortschritte in der Informationsverarbeitung könnten dazu führen, dass Unternehmen aktuelle Geschäftsdaten tagesgenau im Internet zur Verfügung stellen. Eine zeitnahe Prüfung dieser Informationen liegt nahe. Dabei erscheint es z. B. besonders Nutzen stiftend, jene Informationen zeitnah zu prüfen, welche Investoren für die Prognose künftiger Cashflow-Ströme heranziehen. So veröffentlicht bspw. die US-Halbleiterindustrie monatlich Kennzahlen, die das Verhältnis von Auftragseingängen zu den ausgelieferten Chips angeben (book-to-bill ratios). Da der Aktienmarkt teilweise signifikant auf diese Verhältniszahl reagiert, erscheint es sinnvoll, diesen relevanten und zugleich zeitnah publizierten Daten über ein assurance engagement Glaubwürdigkeit zu verleihen.[75]

Konzeptionell zielen die Prüfungsdienstleistungen auf ein *abgestuftes System von Prüfungsdienstleistungen mit Selbstwählschema* ab.[76] Demnach kann der Mandant entsprechend seiner Eigenschaften die für ihn geeignete(n) Dienstleistung(en) wählen. Dabei wird die Auffassung vertreten, der Mandant könne vermutlich am besten beurteilen, ob die aus der Signalfunktion der geprüften Berichterstattung resultierenden Vorteile die hiermit einhergehenden (zusätzlichen Prüfungs-)Kosten rechtfertigen. Ist die in Anspruch genommene Dienstleistung nach außen klar erkennbar, erhalten die Berichtsadressaten ein Signal (in Form des abgegebenen Prüfungsurteils), welches sie für ihre eigenen Zwecke nutzen können.

---

74 So auch IFAC Framework.4.
75 Vgl. hierzu *Ruhnke* (2000a), S. 346 m. w. N.
76 Vgl. ausführlich *Ruhnke* (2000a), S. 351 ff., und *Ruhnke* (2000b), S. 488 ff.

Beispiel

Der Kapitalmarkt dürfte jene Unternehmen, die auf Grund mangelnder Corporate Governance ins Kreuzfeuer der Kritik geraten sind, mit einer erhöhten Risikoprämie belegen. Eine freiwillige Prüfungsdienstleistung könnte sich auf die inhaltliche Überprüfung der Einhaltung des Deutschen Corporate Governance Kodex (DCGK) beziehen und insofern über die derzeit bestehenden Prüfungspflichten im Rahmen der Abschlussprüfung (→ II.8.5) hinausgehen.[77] Ein solches Vorgehen könnte dazu beitragen, das Vertrauen der Anleger in das Unternehmen zu erhöhen (d. h. die erhöhte Risikoprämie zumindest zu reduzieren).

3.2 Bezugsrahmen für die Leistungserbringung

3.2.1 Elemente, Arten und Beziehungsgeflecht

Das IFAC Framework definiert eine Prüfungsdienstleistung als Prüfungsauftrag, bei dem ein WP ein Urteil über das Ergebnis der Anwendung von *Kriterien* auf einen *Prüfungsgegenstand* abgibt, um dessen Glaubwürdigkeit bei den *beabsichtigten Nutzern* des Urteils zu erhöhen (IFAC Framework.7). Neben dieser allgemeinen Definition werden im Framework weitere Merkmale festgelegt, welche Pflichtbestandteile eines assurance engagements darstellen. Demnach ist eine in diesem Sinne definierte Prüfungsdienstleistung durch die folgenden *Merkmale* gekennzeichnet (IFAC Framework.20):[78]

Drei-Parteien-Beziehung (IFAC Framework.21–30)
In die Erbringung eines Prüfungsauftrags sind drei verschiedene Parteien involviert: Während der professional accountant (im Folgenden wird der Begriff WP synonym verwendet)[79] die Prüfungsdienstleistung erbringt, zeichnet die verantwortliche Partei (responsible party) für den zu prüfenden Gegenstand verantwortlich. Als Berichtsadressat (intended user) kommen alle Personen in Betracht, die Empfänger des seitens des Prüfers zu erstellenden Berichts sein sollen. Nach Tz. 29 sollen die Berichtsadressaten, sofern praktikabel, in die Festlegung der an die Dienstleistung zu stellenden Anforderungen involviert werden.

Prüfungsgegenstand (IFAC Framework.31–33)
Als zu prüfende Gegenstände (subject matter) kommen u. a. finanzielle Entwicklungen oder Gegebenheiten (z. B. die vergangenheits- oder zukunftsorientierte Vermögens-, Finanz- und Ertragslage), physische Eigenschaften (z. B. Kapazität einer Anlage), Systeme und Prozesse (z. B. interne Kontrollen) sowie Verhaltensweisen (z. B. Corporate Governance) in Betracht. Der Prüfungsgegenstand muss sich eindeutig identifizieren

---

77 Zu einer freiwilligen Prüfung des DCGK vgl. *Ruhnke* (2003), S. 376 f.
78 Vgl. ferner *Radde* (2006), S. 262 ff.; *Pütz* (2007), S. 204 ff.
79 Eine genaue Begriffsabgrenzung findet sich in → I.6.5.2.2.

und anhand festgelegter Kriterien beurteilen lassen. Auf dieser Basis muss das Einholen ausreichender und angemessener Prüfungsnachweise grundsätzlich möglich sein.

Kriterien (IFAC Framework.34–38)

Der zu prüfende Gegenstand ist anhand geeigneter Kriterien (criteria) zu beurteilen. Diese sollen eine konsistente Beurteilung oder Messung des Prüfungsgegenstandes gewährleisten, um subjektive Interpretationsunterschiede und Missverständnisse hinsichtlich des Prüfungsurteils möglichst zu vermeiden. Die Kriterien selbst sind kontextabhängig, d.h., dass in Abhängigkeit des Prüfungsziels für identische Prüfungsgegenstände nicht identische Kriterien angewendet werden müssen.[80]

Bei den Kriterien kann zum einen auf bereits *bestehende* oder zum anderen auf vom Prüfer *selbst entwickelte* Kriterien zurückgegriffen werden. Diese müssen den Anforderungen des IFAC Framework.34 ff. genügen. Kriterien sind gem. IFAC Framework.36 dann geeignet, wenn sie für die Beurteilung des Prüfungsgegenstands *relevant* sind, eine *zuverlässige* und *neutrale* Beurteilung erlauben sowie *verständlich* sind. Neutrale Kriterien sind frei von Verzerrungen. Kriterien sind nicht neutral, wenn deren Anwendung zu prüferischen Schlussfolgerungen führt, welche die Berichtsadressaten irreführen. Weiterhin müssen die Kriterien *vollständig* sein, d.h. alle Kriterien, welche das Prüfungsurteil beeinflussen, müssen sich identifizieren lassen und diese Kriterien müssen auch angewandt werden.

Nachweise (IFAC Framework.39–55)

Nachweise (evidence) stellen das Ergebnis der Durchführung von Prüfungshandlungen dar. Die Beurteilung der Nachweise erfolgt sowohl aus quantitativer als auch aus qualitativer Sicht. Mit Quantität ist die Menge der verfügbaren Prüfungsnachweise angesprochen. Dagegen beschreibt die Qualität die Angemessenheit der Prüfungsnachweise hinsichtlich ihrer Verlässlichkeit und Relevanz. Faktoren, die die Quantität und Qualität von Prüfungsnachweisen beeinflussen, werden beispielhaft im IFAC Framework angeführt. So sind Nachweise gem. IFAC.Framework.42 f. im Regelfall zuverlässiger, wenn sie z.B. von unabhängigen Quellen außerhalb des Unternehmens erlangt wurden (und nicht intern erlangt wurden) und Auskünfte schriftlich (und nicht in mündlicher Form) gegeben werden.

Prüfungsbericht (IFAC Framework.56–60)

Der Prüfer formuliert sein Urteil in einem schriftlichen Bericht (assurance report), der auch eine Angabe über die erlangte Sicherheit enthält. Das Urteil kann mit einer uneingeschränkten (unqualified), eingeschränkten (qualified) oder versagten (adverse) Bestätigung versehen sein; auch eine Verweigerung der Abgabe eines Urteils (disclaimer) kommt in Betracht.

In Abhängigkeit vom zu prüfenden Gegenstand und der vereinbarten Prüfungssicherheit können vier *Arten von Prüfungsdienstleistungen* unterschieden werden (vgl. Abb. III.3-1).

---

80   IFAC Framework.35.

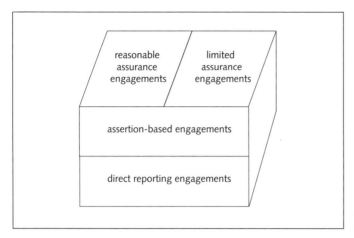

Abb. III.3-1: Arten von Assurance Engagements

Knüpfen die Prüfungsfeststellungen hinsichtlich des zu prüfenden Gegenstandes an die Aussagen der verantwortlichen Partei an, liegt ein *assertion-based engagement* vor (IFAC Framework.10 und .57). Dagegen beziehen sich die getroffenen Aussagen bei einem *direct reporting engagement* direkt auf den Prüfungsgegenstand (IFAC Framework.10 und .57). In Bezug auf die *Prüfungssicherheit* kann ein Auftrag mit hinreichender Sicherheit (reasonable assurance engagement) vorliegen oder ein Auftrag mit begrenzter Sicherheit (limited assurance engagement; vgl. IFAC Framework.11). Im Einzelnen ist hierzu Folgendes festzustellen:

Aussage- und berichtsbezogene Prüfungen

Bei *aussagebezogenen betriebswirtschaftlichen Prüfungen* (assertion-based engagements) erstellt die verantwortliche Partei die Informationen zum Betrachtungsgegenstand (subject matter information). Prüfungsgegenstand ist daher die von der verantwortlichen Partei abgegebene Aussage über den Prüfungsgegenstand, die separat durch die verantwortliche Partei veröffentlicht wird. Eine Beurteilung oder Messung des Prüfungsgegenstandes wurde demnach bereits durchgeführt (IFAC Framework.10).[81] Ein typisches Beispiel hierfür sind die Aussagen des Managements im vorläufigen Jahresabschluss (→ I.6.2), denen durch die Prüfung Glaubwürdigkeit verliehen werden soll.

Sind die Erklärungen der verantwortlichen Partei den Berichtsadressaten nicht zugänglich oder wird die Beurteilung oder Messung des Gegenstandes direkt vom Prüfer durchgeführt, so liegt eine *berichtsbezogene Prüfung* (direct reporting engagement) vor. Informationen bezüglich des Prüfungsgegenstandes werden den Berichtsadressaten erst durch die schriftliche Berichterstattung des Prüfers zugänglich gemacht (IFAC Framework.10). Ein Beispiel für eine berichtsbezogene Prüfung ist die Prüfung der zweckentsprechenden Verwendung pauschaler Fördermittel nach Landeshaushaltsrecht gem. IDW PH 9.420.1. In diesem Fall ist die Gegenstandsinformation (u. a. Übersicht der Mittelverwendung) Bestandteil der Bescheinigung des Prüfers.

---

81 Vgl. *Lubitzsch* (2008), S. 5 f.

Einordnung nach Prüfungssicherheit

Ein Auftrag mit hinreichender Sicherheit (reasonable assurance engagement) reduziert das Auftragsrisiko (assurance engagement risk) auf ein im Einzelfall akzeptierbares niedriges Niveau (acceptably low level; IFAC Framework.11). Dabei hängt die Höhe dieser Risikostufe von den Umständen des Auftrags ab. Als solche Umstände sind z. B. die Eigenschaften des Prüfungsgegenstands,[82] die Kriterien sowie die Bedürfnisse der Berichtsadressaten zu nennen. Demnach variieren die Anforderungen an die Prüfungssicherheit einzelfallbezogen. Das Prüfungsurteil wird bei einem Auftrag mit hinreichender Sicherheit in einer positiven Form abgegeben (IFAC Framework.58). Die positive Form beinhaltet eine echte Aussage zur Fehlerfreiheit des Prüfungsgegenstands (z. B. »ist frei von wesentlichen Fehlern«).

Ein Auftrag mit begrenzter Sicherheit (limited assurance engagement) hingegen reduziert das Auftragsrisiko auf ein angemessenes Niveau, das höher als bei einem Auftrag mit hinreichender Sicherheit ist (Tz. 11 und 48 im IFAC Framework). Es muss aber eine bedeutsame Sicherheitsstufe (meaningful level of assurance) erreicht werden, d. h. das Vertrauen des Berichtsadressaten muss zweifelsfrei mehr als eine unbedeutende Erhöhung erfahren (to a degree that is clearly more than inconsequential). Diese niedrigere Sicherheitsstufe stellt eine absichtliche Beschränkung (deliberately limited) aus Zeit- und Kostengründen dar und resultiert demnach nicht etwa daraus, dass eine hinreichende Sicherheit nicht erzielbar wäre (IFAC Framework.53). Das Prüfungsurteil wird in einer negativen Form abgegeben. Es wird lediglich ausgesagt, was bei der Prüfung festgestellt wurde (z. B. »es sind keine Sachverhalte bekannt geworden, die zu der Schlussfolgerung führen würden, dass der Prüfungsgegenstand in wesentlichen Belangen nicht richtig ist«).

Abb. III.3-2 verdeutlicht noch einmal den Zusammenhang zwischen den einzelnen Merkmalen des Bezugsrahmens.

3.2.2 Allgemeine Darstellung des Ablaufs einer Prüfung

Der Ablauf einer Prüfung ist unabhängig vom im Einzelfall vorliegenden Prüfungsgegenstand vor allem in ISAE 3000, aber auch im IFAC Framework in allgemeiner Form geregelt (→ III.3.1).[83] Dieser lässt sich wie folgt skizzieren: Der potenzielle Auftraggeber (zumeist die verantwortliche Partei) fragt eine spezifische Prüfungsdienstleistung nach. Der Prüfer muss nunmehr abwägen, ob er die geforderte Dienstleistung erbringen kann und somit die Bedingungen für die Annahme eines Prüfungsauftrags vorliegen.[84] Hierbei können neben finanziellen Gesichtspunkten (z. B. zu niedriges Prüfungshonorar) auch fachliche und ethische Gründe sowie eine mangelnde Durchführbarkeit des Prüfungsauftrags dazu führen, dass dieser abzulehnen ist.

---

82 Vgl. hierzu empirisch *Ruhnke/Lubitzsch* (2010).
83 Weiterhin wird teilweise auf ISRE Bezug genommen, da auch die in diesen Normen angesprochenen Prüfungsdienstleistungen (review-Aufträge) oftmals freiwillig erbracht werden.
84 Zu den Bedingungen, die bei einer gesetzlichen Abschlussprüfung vorliegen müssen, vgl. ISA 210 sowie → II.2.

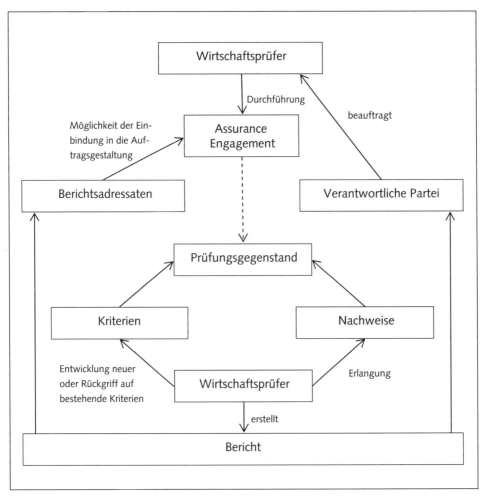

Abb. III.3-2: Assurance Engagements – Elemente und Beziehungsgeflecht

Auftragsannahme

Die *Annahme* eines Prüfungsauftrages darf nach IFAC Framework.17 nur erfolgen, wenn die relevanten ethischen Anforderungen wie Unabhängigkeit und Expertise erfüllt sind und der Auftrag die folgenden Eigenschaften aufweist:

- Der Prüfungsgegenstand ist angemessen.
- Die Kriterien sind geeignet und den Berichtsadressaten bekannt.
- Der Prüfer hat Zugang zu ausreichenden und angemessenen Nachweisen, um zu einem Prüfungsurteil zu gelangen.
- Es wird ein schriftlicher Bericht angefertigt.
- Es gibt einen nachvollziehbaren Grund für die Auftragserteilung, d. h. der Auftraggeber möchte nicht nur den Namen des Prüfers mit dem Prüfungsgegenstand in einer unangemessenen Weise verbinden (IFAC Framework.61).

Bereits die Auftragsannahme erfordert eine grundlegende fachliche Kompetenz des Prüfers im Hinblick auf den Prüfungsgegenstand (IFAC Framework.17a). Eine fehlende fachliche Kompetenz kann nicht durch Checklisten ausgeglichen werden. Dem Einsatz von Checklisten ist ohnehin mit Skepsis zu begegnen. Zum einen sind Checklisten naturgemäß nicht vorhanden, wenn der zu prüfende Sachverhalt vollkommen neuartig ist. Zum anderen mag das Abarbeiten einer Kasuistik kritischer Faktoren einen ersten Eindruck hinsichtlich der Beurteilung des vorliegenden Sachverhalts vermitteln; eine abschließende Beurteilung dürfte indes einem fachlich kompetenten Prüfer vorbehalten sein. Nur er vermag zu beurteilen, ob die angegebenen Kriterien im vorliegenden Einzelfall wirklich beurteilungsrelevant sind, ob weitere Kriterien heranzuziehen und in welcher Weise die gewonnenen Teilurteile sachgerecht zu einem Gesamturteil zu aggregieren sind. Wichtig ist, dass ein grundlegendes fachliches Wissen im Hinblick auf den zu prüfenden Gegenstand vorhanden sein muss (IFAC Framework.24); ansonsten kommt die Verwendung von Ergebnissen Dritter nach berufsüblichen Maßstäben in Betracht ($\rightarrow$ II.6.2.3)

Sprechen keine Gründe für eine Ablehnung des Prüfungsauftrags, so kann dieser angenommen werden. Um mögliche Unsicherheiten zu reduzieren, sollten die Bedingungen und Verantwortlichkeiten des Auftrags in Vertragsform schriftlich festgehalten werden (engagement letter; ISAE 3000.10, ISRE 2400.10).

Prüfungsplanung

Die Prüfung selbst ist zu planen. Diese Planung umfasst sowohl die Entwicklung einer allgemeinen Strategie als auch die Festlegung eines detaillierten Prüfungsprogramms; dabei ist das Prüfungspersonal einzelnen Prüffeldern zuzuweisen und zu beaufsichtigen (ISAE 3000.12, ISRE 2400.13). In diesem Zusammenhang hat der WP stets eine kritische Grundhaltung (professional skepticism) einzunehmen. Er sollte sich stets bewusst sein, dass Umstände existieren können, die dazu führen, dass die Informationen zum Prüfungsgegenstand wesentliche Falschdarstellungen beinhalten (IFAC Framework.40). Weiterhin sind z. B. vorläufige Materiality-Grenzwerte zu bestimmen (ISAE 3000.22, ISRE 2400.19).

Prüfungsdurchführung

Im Rahmen der *Prüfungsdurchführung* ist die Entwicklung von *Kriterien*, welche eine Beurteilung des zu prüfenden Gegenstands zulassen, besonders bedeutsam. Dabei dürfte sich der Rückgriff auf bestehende, allgemein anerkannte Kriterien (established criteria) zumeist unproblematisch gestalten. Gleichwohl ist auch bei allgemein anerkannten Kriterien stets zu prüfen, ob diese im vorliegenden Einzelfall angemessen sind. Dies gilt auch dann, wenn eine Berufsorganisation Kriterien vorgibt. Ist ein Rückgriff auf anerkannte Kriterien nicht möglich, muss der Prüfer die Kriterien selbst entwickeln. Dabei kann die *Beurteilung der Eignung selbst entwickelter Kriterien* erhebliche Probleme bereiten. Stellt sich im Nachhinein eine mangelnde Eignung der vom Prüfer entwickelten Kriterien heraus, drohen dem Prüfer neben einer möglichen Haftung auch Beeinträchtigungen seiner Reputation.

Das Vorgehen des Prüfers hängt stark von der jeweils zu erbringenden Dienstleistung ab. IFAC Framework.51 schreibt für die Durchführung eines Auftrags mit hinreichender Sicherheit in allgemeiner Form die Anwendung des *risikoorientierten Prüfungsansatzes*

($\rightarrow$ II.1.2.1) vor, d.h. der Prüfer hat bezogen auf den vorliegenden Prüfungsgegenstand die Risiken wesentlicher Falschdarstellungen zu bestimmen sowie durch geeignete Prüfungshandlungen für eine Einhaltung des maximal zulässigen Entdeckungsrisikos zu sorgen, um auf diese Weise die geforderte Urteilssicherheit zu erreichen. Feststellbar sind auch Elemente einer geschäftsrisikoorientierten Vorgehensweise ($\rightarrow$ II.3.3.1); z.B. fordert IFAC Framework.51d ausdrücklich, dass die Prüfungshandlungen zwingend mit den identifizierten Risiken zu verbinden sind (procedures clearly linked to the identified risks). Die Vorgehensweise ist bei einem Auftrag mit begrenzter Sicherheit ähnlich, lediglich der Umfang der Prüfungshandlungen ist eingeschränkt (IFAC Framework.53).

Urteilsbildung, Dokumentation und Berichterstattung

Für die Urteilsbildung sind *ausreichende und angemessene Prüfungsnachweise* zu erlangen (IFAC Framework.39). Die *Prüfungsdokumentation* sollte so aufgebaut sein, dass ein nicht mit dem Prüfungsauftrag befasster Prüfer die Urteilsbildung anhand der Dokumentation nachvollziehen kann (ISAE 3000.44, ISRE 2400.17).

Die Vereinbarung eines *schriftlichen Berichts* gehört zu den Voraussetzungen für die Auftragsannahme gem. IFAC Framework.17. Die Normen ISAE 3000.49 sowie ISRE 2400.26 nennen Strukturelemente, die der Bericht zu enthalten hat (z.B. Empfänger des Berichts, Beschreibung des zu prüfenden Gegenstands, angewandte Kriterien sowie das Prüfungsurteil). In zwei Fällen gibt der Prüfer kein uneingeschränktes Urteil (unqualified conclusion) ab (IFAC Framework.60):

- Wenn der Prüfer nicht die erforderlichen Nachweise erlangen kann (IFAC Framework.55), vergibt er ein eingeschränktes Urteil (qualified conclusion) oder verweigert die Abgabe eines Urteils (disclaimer of conclusion).
- Falls wesentliche Fehler vorliegen, ist ein eingeschränktes oder versagtes Urteil (qualified or adverse conclusion) abzugeben, abhängig davon, wie wesentlich oder durchdringend die Fehler sind.

Da bereits im Rahmen der traditionellen Jahresabschlussprüfung (audit) erhebliche Probleme hinsichtlich der Kommunikation der Prüfungsinhalte sowie der zu gewährenden Prüfungssicherheit bestehen, dürfte es im Kontext der Erbringung eines frei vereinbarten assurance engagements noch weitaus schwieriger sein, Art und Umfang der zu erbringenden Dienstleistung nebst der vereinbarten Prüfungssicherheit an den Berichtsadressaten zu kommunizieren.[85] Dabei dürfte es besonders in den Fällen zu großen Unsicherheiten kommen, in denen Prüfungsgesellschaften über eine Prüfungsdienstleistung, die sich nicht unterscheidet, abweichende Berichte erstellen.

Beispiel

Der Berichtsadressat ist mit Analysen von Unternehmen befasst, die im Auswahlindex »TecDAX« notiert sind. Die von ihm beobachteten Unternehmen alpha und beta haben sich zur

85 So auch *Ruhnke/Lubitzsch* (2010), S. 233ff. Zu der sog. *Erwartungslücke* im Rahmen der Jahresabschlussprüfung $\rightarrow$ I.1.2.1.

> Prüfung ihrer Performance-Angaben zum Economic Value Added (EVA) über ein assurance engagement entschlossen. Annahmegemäß wird in beiden Fällen eine inhaltlich identische Prüfungsdienstleistung erbracht. Während der Bericht zur Prüfung von alpha nur die Mindestanforderungen in ISAE 3000.49 erfüllt, geht der Bericht zur Prüfung von beta ausführlich auf die einzelnen Prüfungshandlungen nebst den verwendeten Kriterien ein. In diesem Fall suggeriert die unterschiedliche Aufmachung der Berichte dem Analysten, dass die Prüfung in dem zuletzt genannten Fall intensiver durchgeführt wurde. Demnach erscheinen die EVA-Daten von beta glaubwürdiger und der Analyst ist eher bereit, die Aktien dieses Unternehmens mit einem höheren Kursziel (Risikoprämie beta < Risikoprämie alpha) zu versehen.

In Bezug auf die Berichterstattung ist zu beachten, dass im nationalen Kontext ein Bestätigungsvermerk nur im Rahmen einer Jahresabschlussprüfung erteilt werden kann. Demnach ist über das Ergebnis einer freiwilligen Prüfung eine Bescheinigung zu erteilen (vgl. z. B. IDW PS 821.70 und 900.8). Ein Kompatibilitätsproblem mit ISAE 3000 oder ISRE 2400 dürfte allerdings nicht bestehen.

Die IFAC stellt mit dem IFAC Framework einen Rahmen für alle Prüfungsaufträge sowie mit dem ISAE 3000 einen einheitlichen Standard für alle nicht bereits ex ante in vollem Umfang normierten Prüfungsdienstleistungen, die keine Abschlussprüfung oder Durchsicht von vergangenheitsbezogenen finanziellen Informationen darstellen, bereit. Auf diese Weise wird ein erster zentraler Schritt in Richtung der Anpassung der Prüfungsdienstleistungen an die veränderten Bedürfnisse der stakeholder hinsichtlich der Gewährung zeitnaher, zuverlässiger und relevanter Informationen vollzogen. Die beiden Regelungen beinhalten insofern eine Normierungskomponente, als ein Rahmenkonzept zur Vereinbarung und Durchführung individueller Prüfungsdienstleistungen vorgegeben wird. Auf Grund der genannten Kritikpunkte (insbesondere hinsichtlich der Kommunikation von Art und Umfang der erbrachten Prüfungsdienstleistung an die Berichtsadressaten) ist anzuraten, bei ausreichender Nachfrage nach einer bestimmten Prüfungsdienstleistung weitere Normierungen vorzunehmen. Auf diese Weise ließen sich zum einen bestehende Unsicherheiten der Berichtsadressaten reduzieren und zum anderen die angebotenen Prüfungsdienstleistungen untereinander vergleichbar gestalten.

3.3 Ausgewählte Leistungen im Einzelnen

Im Folgenden werden jene assurance engagements untersucht, für deren Erbringung der WP auf Grund seiner fachlichen Kompetenz in besonderem Maße geeignet erscheint. Diese Dienstleistungen werden entsprechend des vorhandenen Bestands an dienstleistungsspezifischen Normen unterschieden. Für einige der in die Betrachtung einbezogenen freiwilligen Prüfungsleistungen liegen umfassende Normierungen vor. Für andere freiwillige Prüfungsleistungen liegen indes dienstleistungsspezifische Normen (noch) nicht vor. In diesen Fällen ist ISAE 3000 anzuwenden.[86] Sämtliche Standards sind vor

---

86 Beispielsweise im Rahmen der Prüfung von Performance Measurement-Systemen. Vgl. dazu *Pütz* (2007).

dem Hintergrund des IFAC Framework auszulegen (IFAC Framework.1 f.). Die nachfolgenden Ausführungen erheben nicht den Anspruch, alle für die Erbringung einer Dienstleistung i. S. des IFAC Framework relevanten Normen umfassend anzugeben.

3.3.1 Freiwillige Prüfungsdienstleistungen mit eigenständiger Normierung

3.3.1.1 Prüfung unterjähriger Berichte

Unterjährige Berichte (interim reports) sind alle periodenbezogenen Berichte, die einen Zeitraum von weniger als einem Jahr umfassen (ISRE 2410.2). Dabei handelt es sich zumeist um Quartals- und/oder Halbjahresberichte. In Deutschland verpflichtet § 37w Abs. 1 Satz 1 WpHG Inlandsemittenten i. S. des § 2 Abs. 7 WpHG zur Erstellung von Halbjahresfinanzberichten. Darüber hinaus haben Aktienemittenten nach § 37x Abs. 1 Satz 1 WpHG sog. Zwischenmitteilungen der Geschäftsführung zu erstellen. Diese Verpflichtung entfällt gem. § 37x Abs. 3 Satz 1 WpHG, wenn der Emittent einen Quartalsfinanzbericht erstellt, der den Vorgaben des § 37w Abs. 2 Nr. 1 und 2, Abs. 3 und 4 WpHG entspricht. § 66 Abs. 1 BörsO FWB sieht für Unternehmen, die dem Prime Standard angehören, eine Pflicht zur Veröffentlichung von Quartalsberichten vor. Dabei stellt das Börsensegment »Prime Standard« einen Teilbereich des regulierten Marktes mit weiteren Zulassungsfolgepflichten dar.[87]

Die Quartals- und Halbjahresfinanzberichte bestehen aus einem verkürzten Abschluss, einem Zwischenlagebericht sowie einer Versicherung der gesetzlichen Vertreter (sog. Bilanzeid) und müssen grundsätzlich in deutscher und englischer Sprache abgefasst werden. Dabei richten sich die im verkürzten Abschluss anzuwendenden Rechnungslegungsvorschriften nach den zum Jahresende anzuwenden Vorschriften. Die Anforderungen zur Ausgestaltung der Berichte haben sich in den letzten Jahren national wie international konkretisiert. So wurde in Deutschland DRS 16 veröffentlicht, und international IAS 34 verlautbart.[88]

Kapitalmarktteilnehmer ziehen unterjährige Berichtsinformationen für ihre Anlageentscheidungen heran.[89] Diese zeitnahen Informationen eignen sich naturgemäß nur dann für eine Fundierung von Anlageentscheidungen, wenn sie auch glaubwürdig sind. Dabei wurden in der Praxis verstärkt Verstöße gegen die bestehenden Normen zur Erstellung von unterjährigen Berichten festgestellt.[90]

---

87 Vgl. § 63 Abs. 1 BörsO FWB i. d. F. vom 1.4.2011; vgl. hierzu URL: http://www.deutsche-boerse.com unter Info-Center/Regelwerk, FWB-Informationen, Regelwerke der FWB (Stand: 01.04.2011).
88 Zur Erstellung unterjähriger Berichte nach deutschen, internationalen und US-amerikanischen Normen vgl. z. B. *Coenenberg/Haller/Schultze* (2009), S. 955 ff.
89 Vgl. stellvertretend *Keller/Möller* (1993), S. 35 ff.
90 Vgl. hierzu die empirische Studie von *d'Arcy/Grabensberger* (2001), S. 1468 ff.

> **Beispiel**
>
> Gewinnglättungen in Quartalsberichten durch die unerlaubte Bildung oder Auflösung stiller Reserven oder die Buchung von Umsätzen vor Quartalsultimo sind in den USA vergleichsweise weit verbreitet.[91] Auch in Deutschland gibt es vergleichbare Fälle: Beispielsweise hatte die im damaligen Handelssegment Neuer Markt notierte EM.TV (heute unter dem Namen Constantin Medien) in ihrem Halbjahresbericht 1/2000 Ergebnisbeiträge ausgewiesen, die erst phasenverschoben in den nächsten beiden Quartalen zu erfassen gewesen wären. Auf die notwendige Korrektur der Halbjahreszahlen reagierte der Kapitalmarkt binnen eines Tages mit Kursabschlägen von teilweise mehr als 30% (bezogen auf den Vortageskurs).[92] Daraus ergibt sich, dass offensichtlich ein Bedarf an glaubwürdigen Zwischenberichtsinformationen besteht.

Weder die deutschen noch die internationalen Normen verpflichten zu einer Prüfung der unterjährigen Berichte. Die gemäß dem WpHG erstellten Zwischenberichte *können* nach § 37w Abs. 5 Satz 1 bzw. § 37x Abs. 3 Satz 3 WpHG einer prüferischen Durchsicht unterzogen werden. § 66 Abs. 4 BörsO FWB verweist für Quartalsberichte von Emittenten, die dem Prime Standard angehören, ebenfalls lediglich auf die Möglichkeit einer Prüfung bzw. prüferischen Durchsicht. Die bisherigen empirischen Studien zur Prüfung von Zwischenberichten belegen eine Bereitschaft von 44% der Unternehmen, ihre Berichte *freiwillig* einer prüferischen Durchsicht zu unterziehen.[93] In der Praxis zeigt sich, dass deutsche Unternehmen ihre Zwischenberichte teilweise einer prüferischen Durchsicht unterziehen.[94] Bei einer prüferischen Durchsicht gelten gem. §§ 37w Abs. 5, 37x Abs. 3 WpHG die §§ 320, 323 HGB entsprechend; demnach besitzen insbesondere die Regelungen zur Haftungsbegrenzung bei gesetzlich vorgeschriebenen Jahresabschlussprüfungen auch im Hinblick auf die prüferische Durchsicht von Zwischenberichten Gültigkeit.

Die prüferische Durchsicht von Abschlüssen regelt ISRE 2400, dessen inhaltlich identische Vorgängernorm ISA 910 durch IDW PS 900 transformiert wurde. Neben ISRE 2400 existiert ISRE 2410, der die prüferische Durchsicht von unterjährigen Berichten durch den Abschlussprüfer desselben Unternehmens normiert; ein anderer Prüfer muss dagegen ISRE 2400 befolgen (ISRE 2410.3). Ein in Deutschland agierender WP zieht demnach für die prüferische Durchsicht unterjähriger Berichte (nach IAS 34 oder nach §§ 37w Abs. 1, 37x Abs. 1 WpHG) vorrangig den IDW PS 900 heran. Gleichwohl ist im Einzelfall die Anwendbarkeit von ISRE 2410 zu prüfen, sofern dieser von IDW PS 900 abweicht oder darüber hinausgehende Regelungen enthält (→ I.6.3.2). Im Jahr 2008 wurden beide Standards geringfügig überarbeitet. Im Zuge dieser Änderung wurde klargestellt, dass die jeweiligen Standards nicht nur bei einer prüferischen Durchsicht eines Zwischenabschlusses, sondern bei jeder prüferischen Durchsicht vergangenheitsbezogener Finanzinformationen anzuwenden sind. Die beiden Standards unterscheiden sich somit lediglich in der Hinsicht, dass bei der Anwendung von ISRE 2410 davon ausgegangen wird, dass der Abschlussprüfer des Unternehmens bei einer prüferischen Durchsicht auf

---

91 Vgl. z. B. *o. V.* (1999).
92 Vgl. *o. V.* (2000), S. 32.
93 Vgl. hierzu *Häcker* (2011), S. 271.
94 Vgl. hierzu *Ruhnke* (2008), S. 127 und die dort angegebenen Unternehmen.

gewonnene Erkenntnisse aus vergangen Abschlussprüfungen Bezug nehmen kann.[95] Da dies der Standardfall ist, wird in den nachfolgenden Ausführungen neben IDW PS 900 lediglich auf ISRE 2410 und nicht auf die korrespondierenden Regelungen des ISRE 2400 eingegangen.

Die prüferische Durchsicht ist gem. ISRE 2410.7 ff. bzw. IDW PS 900.6 ff. so zu planen und durchzuführen, dass der Prüfer auf Grund von erhaltenen Nachweisen davon überzeugt ist, dass der Gegenstand im Rahmen der gegebenen Umstände plausibel ist (negativ formulierte begrenzte Prüfungssicherheit). Alternativ kann auch eine Prüfung mit hoher (hinreichender) Sicherheit erfolgen. In diesem Fall würde der Prüfer bestätigen, dass mit hoher Sicherheit ein unterjähriger Bericht vorliegt, der frei von wesentlichen Fehlern ist (positiv formulierte hohe Prüfungssicherheit). Dieses Vorgehen entspricht den Anforderungen an eine Jahresabschlussprüfung.

Da sich ein review rascher als ein audit durchführen lässt und der Kapitalmarkt zeitnahe unterjährige Informationen fordert, liegt es nahe, die Prüfung in Form eines review durchführen zu lassen; auch das analoge Vorgehen in den USA spricht für die Ausgestaltung der Prüfung als review. Für einen review sprechen auch die im Vergleich zu einem audit geringeren Prüfungskosten.

Im Folgenden werden die einzelnen Schritte einer prüferischen Durchsicht unterjähriger Berichte erläutert.[96]

Der Prozess der *Bestellung und Auftragsannahme* erfolgt analog zur Jahresabschlussprüfung (IDW PS 900.13 f.). Für das Auftragsbestätigungsschreiben empfehlen ISRE 2410.11 und IDW PS 900.14 im Wesentlichen dieselben Punkte, u. a. Zielsetzung sowie Art und Umfang der prüferischen Durchsicht, Verantwortung der gesetzlichen Vertreter für den Abschluss und den uneingeschränkten Zugang zu allen erforderlichen Informationen. Gleichfalls analog zur Jahresabschlussprüfung erfolgt eine *Prüfungsplanung* in zeitlicher, personeller und sachlicher Hinsicht (ISRE 2410.12 ff. bzw. IDW PS 900.15 f. i. V. m. IDW PS 240 sowie → II.2.2).

Art, zeitlicher Ablauf und Umfang der prüferischen Durchsicht liegen im pflichtgemäßen Ermessen des Prüfers. Eine Prüfung mit begrenzter Sicherheit stützt sich im Wesentlichen auf analytische Beurteilungen (vgl. auch IDW PS 312 sowie → II.3.2.3) sowie Befragungen von Mitarbeitern (ISRE 2410.19, IDW PS 900.18). Unter Befragungen versteht IDW PS 300.30 i. V. m. IDW PS 900.10 das Einholen von prüfungsrelevanten Auskünften bei sachkundigen unternehmensinternen und -externen Personen, die dem Prüfer neue Informationen liefern oder bisherige Prüfungsnachweise bestätigen oder widerlegen können.

In einem *ersten Schritt* hat der Prüfer sich geeignete Informationen über das Prüfungsobjekt und das Unternehmen zu verschaffen. Seine Kenntnisse aus der Durchführung von Abschlussprüfungen oder prüferischen Durchsichten aus früheren Zeiträumen sowie seine Kenntnisse über das wirtschaftliche und rechtliche Umfeld des Unternehmens hat er dabei zu berücksichtigen (ISRE 2410.13 ff., IDW PS 900.20 f.). Dabei hat der Prüfer ein Verständnis für das Unternehmen und dessen Umfeld einschließlich des internen

---

95 Siehe dazu die Pressemitteilung des *IAASB* (2008).
96 Zur Prüfung unterjähriger Berichte vgl. auch *Bridts* (1990), S. 323 ff.

Kontrollsystems zu gewinnen, um Arten und Eintrittswahrscheinlichkeiten wesentlicher Falschdarstellungen einschätzen und daraus die angemessenen Prüfungshandlungen ableiten zu können (ISRE 2410.12, IDW PS 900.16). Weiterhin dienen u. a. das Buchführungs- und Rechnungslegungssystem, die Bilanzierungspraktiken sowie die Protokolle von Sitzungen der Unternehmensleitung, Aufsichtsorgane und Gesellschafter als Informationsquelle.

In einem *zweiten Schritt* sind die durch die Informationsbeschaffung gewonnenen Erkenntnisse analytisch zu beurteilen. In diesem Zusammenhang sind bspw. Plausibilitätsbeurteilungen einiger für den Mandanten wesentlicher Aufwands- und Ertragsrelationen durchzuführen (beispielhaft hierzu vgl. ISRE 2410.Appendix 2). Auch sind Verprobungen zwischen finanziellen und nicht finanziellen Informationen vorzunehmen.[97]

Beispiel

Der WP der Gesellschaft alpha hat die Aufgabe, den Quartalsbericht Januar-März 2010 einer prüferischen Durchsicht zu unterziehen. Um die Höhe des Personalaufwands analytisch zu beurteilen, ermittelt er das Verhältnis des Lohn- und Gehaltsaufwands zu der Anzahl der beschäftigten Mitarbeiter. Dieses Verhältnis vergleicht er mit den Verhältniszahlen aus Vorperioden, um etwaige auffällige Abweichungen festzustellen.

Grundsätzlich ist die Durchführung von Nachweisprüfungshandlungen (zumeist Belegprüfung) nicht erforderlich. Sollten aber bei den Ergebnissen der analytischen Beurteilungen Implausibilitäten erkennbar werden, so hat der Prüfer den entsprechenden Sachverhalt zu klären (ISRE 2410.20, IDW PS 900.18). Beispiele für typische Prüfungshandlungen finden sich in ISRE 2410.21 sowie IDW PS 900.21.

Weiterhin sind bei der Prüfung unterjähriger Berichte einige prüfungsobjektspezifische Besonderheiten zu beachten. Angesprochen ist hier vor allem die Frage der richtigen *Periodenabgrenzung*.[98] Diese kann entweder nach dem integrativen Ansatz oder dem eigenständigen Ansatz erfolgen.[99]

- Der *integrative Ansatz* sieht die unterjährige Berichtsperiode als einen integralen Bestandteil der Jahresperiode; es kommt zu einem zeitanteiligen Ausweis eines Planjahresumsatzes und eines Planjahresergebnisses. Demnach sollen die unterjährigen Daten v. a. eine Prognose des Jahresergebnisses und der Jahresumsätze ermöglichen.
- Dagegen betrachtet der *eigenständige Ansatz* die unterjährige Periode als eine vom Jahresabschluss unabhängige Abrechnungsperiode, wobei die Abgrenzungen analog zum Jahresabschluss vorgenommen werden; demnach wird primär retrospektiv berichtet.

Sowohl IAS 34 als auch DRS 16 folgen grundsätzlich dem eigenständigen Ansatz. Gleichwohl werden bestimmte Abgrenzungen integrativ vorgenommen: Diese betreffen z. B. bestimmte regelmäßig anfallende Aufwandsgrößen, die keinen saisonalen Charakter haben

---

97 Vgl. *Schindler* (2002), S. 1125.
98 Vgl. hierzu auch *Ruhnke* (2008), S. 124 f. m. w. N.
99 Vgl. auch *Müller/Stute* (2006), S. 2806.

(z. B. Aufwendungen für Prüfungskosten oder Wartungs- und Instandhaltungskosten); dagegen sind Rückstellungen in der (unterjährigen) Periode in voller Höhe zu erfassen, in der sie verursacht wurden. Das folgende Beispiel verdeutlicht mögliche Probleme.

Beispiel

Für die Erstellung eines Quartalsberichts sind Bonuszahlungen abzugrenzen, die ein Lieferant am Jahresende voraussichtlich gewähren wird. Beruht diese Bonuszahlung auf einer faktischen Verpflichtung und lässt sich der am Jahresende zu zahlende Betrag (z. B. auf Basis der Umsätze, die voraussichtlich im Gesamtjahr zustande kommen werden) zuverlässig schätzen, so sind die Bonuszahlungen bereits in die entsprechende Zwischenberichtsperiode (anteilmäßig) vorzuziehen (IAS 34.Appendix B, Tz. 5 f.).

Hier kann eine prüferische Durchsicht grundsätzlich den in ISA 540 bzw. IDW PS 314 formulierten Regeln zur Prüfung geschätzter Werte folgen. Da eine begrenzte Prüfungssicherheit für die Durchführung einer prüferischen Durchsicht ausreicht, muss der Prüfer nicht alle Umsatzschätzungen im Detail nachvollziehen. Gleichwohl muss der Prüfer aktiv werden, sofern der Berichtersteller im Quartalsbericht die Bonizahlungen auf Basis der Vorjahresumsätze vornimmt und gleichzeitig eindeutige Indizien dafür vorliegen, dass im aktuellen Geschäftsjahr die Vorjahresumsätze mit diesem Lieferanten voraussichtlich nicht erreicht werden. Dies ist z. B. dann der Fall, wenn der Lieferant Material für die Herstellung eines Produktes x liefert und der Prüfer Kenntnis dahingehend besitzt, dass die Herstellung dieses Produktes auf Grund mangelnder Nachfrage bereits im nächsten Quartal eingestellt werden soll.

Hat die prüferische Durchsicht keine Hinweise darauf ergeben, dass der unterjährige Bericht ein nicht zutreffendes Bild der Vermögens-, Finanz- und Ertragslage vermittelt, so hat der Prüfer eine *Bescheinigung* über die Ordnungsmäßigkeit zu erteilen. Diese Bescheinigung ist negativ zu formulieren (ISRE 2410.43i, IDW PS 900.26). Allerdings darf der Prüfer nach der in IDW PS 900.8 vertretenen Auffassung von der Erteilung einer Bescheinigung absehen, wenn davon auszugehen ist, »dass eine Bescheinigung gegenüber Dritten benutzt würde und hierdurch besondere Risiken für den WP entstehen können. Dies gilt insbesondere bei börsennotierten Gesellschaften, wenn die Bescheinigung zur Veröffentlichung verwendet würde.« ISRE 2410 verlangt lediglich, dass das Unternehmen im Zusammenhang mit dem Zwischenbericht stets auch die Bescheinigung veröffentlichen muss (ISRE 2410.11 und 2410.61 f.).

Kritisch an der geänderten Fassung von IDW PS 900.8 ist anzumerken, dass das Interesse von Unternehmen an freiwilligen Prüfungsleistungen, wie z. B. der Prüfung von unterjährigen Berichten, gerade darin besteht, dem stakeholder vertrauenswürdige Informationen zur Verfügung zu stellen. Diese kann der stakeholder aber nur identifizieren, wenn über die Prüfungsleistung eine Bescheinigung erteilt wird und diese Dritten auch zugänglich ist. Das Argument, durch eine Dritten zugängliche Bescheinigung würde sich eine weitere Erwartungslücke aufbauen, weil Dritte den unterschiedlichen Grad der Zusicherung bei einem review und einem audit nicht unterscheiden könnten,[100]

---

vermag nicht zu überzeugen. Der vollständige Verzicht auf Informationen zur Prüfung kann das ggf. bestehende Kommunikationsproblem nicht lösen. Derzeit lassen sich in den Halbjahresfinanzberichten deutscher Unternehmen, die einer prüferischen Durchsicht unterzogen wurden, größtenteils Bescheinigungen finden.[101] Sofern keine prüferische Durchsicht durchgeführt wurde, ist im Halbjahresfinanzbericht eine Angabe hierzu erforderlich.

3.3.1.2 Prüfung von Nachhaltigkeitsberichten

Immer stärker fordern Investoren, Kunden, Mitarbeiter und Interessengruppen, dass Unternehmen alle natürlichen Ressourcen möglichst effizient einsetzen und sich ethisch einwandfrei verhalten sollen, d. h. nachhaltig handeln,[102] um die Bedürfnisse gegenwärtiger Generationen zu erfüllen, dabei aber gleichzeitig den zukünftigen Generationen die Grundlage zur Erfüllung ihrer eigenen Bedürfnisse zu erhalten.[103] Beispielsweise können Investoren Nachhaltigkeit bei ihren Anlageentscheidungen berücksichtigen und es werden in sog. Ethikfonds nur solche Unternehmen aufgenommen, die ein entsprechendes ethisches und umweltorientiertes Bewusstsein und Handeln nachweisen können. Des Weiteren sind wegen der bestehenden Interdependenzen zwischen einer Ausrichtung auf Nachhaltigkeit und der wirtschaftlichen Lage des Unternehmens die stakeholder zunehmend daran interessiert, vertrauenswürdige Informationen über ethische Sachverhalte zu erhalten.

Unternehmen können Informationen zur Nachhaltigkeit bereits im Jahresabschluss oder im Lagebericht geben.

- Im *Jahresabschluss* können Angaben mit Nachhaltigkeitsbezug vor allem im Anhang, vereinzelt auch in der Bilanz oder GuV erfolgen. Beispiele für umweltschutzbezogene Angaben sind etwa Erläuterungen zu Rückstellungen für Altlasten oder auf Grund von Rekultivierungsverpflichtungen.[104]
- Im *Lagebericht* sind gemäß § 289 Abs. 3 und § 315 Abs. 1 Satz 4 HGB Angaben über nichtfinanzielle Leistungsindikatoren, wie Informationen über Umwelt- und Arbeitnehmerbelange, einzubeziehen. Auf diese Weise werden nachhaltigkeitsorientierte Inhalte zumindest für große Kapitalgesellschaften zu einem verpflichtenden Bestandteil der Unternehmensberichterstattung. Es ist auch möglich, dass Unternehmen freiwillig ein gesondertes Kapitel zur Nachhaltigkeit in den Lagebericht aufnehmen. Mögliche Inhalte eines solchen Kapitels könnten Angaben bzgl. der Interdependenzen zwischen der ökonomischen und ökologischen Lage des Unternehmens sein. Allerdings ist darauf zu achten, dass diese Angaben nicht einen so großen Umfang annehmen, dass sie von den Pflichtbestandteilen im Lagebericht ablenken.[105] Die

---

101 Für Bescheinigungen siehe beispielhaft *Deutsche Bank AG* (2010), S. 44 und *Deutsche Post AG* (2010), S. 40.
102 Vgl. *Bergius* (2005), S. B4.
103 Vgl. *Weltkommission für Umwelt und Entwicklung* (1987), S. 9 f.
104 Ein Überblick zur bilanziellen Behandlung von Umweltschutzverpflichtungen nach Handels- und Steuerrecht, IFRS sowie US-GAAP findet sich in *Schmidt/Roth* (2004), S. 553 ff.
105 Vgl. *Lange/Daldrup* (2002), S. 659.

zuvor angesprochenen Angaben sind bereits Gegenstand der Jahresabschluss- und Lageberichtsprüfung.

Daneben ist es möglich, dass Unternehmen in einem eigenständig erstellten Bericht freiwillig über Nachhaltigkeit informieren. Dieser kann entweder in den Geschäftsbericht integriert (aber außerhalb von Jahresabschluss und Lagebericht) oder als gesonderter Bericht präsentiert werden.

In der Praxis haben sich zwei Instrumente etabliert. Zum einen erstellen Unternehmen sog. Umweltberichte.[106] IAS 1.14 legt den Unternehmen die Erstellung von Umweltberichten nahe. Zum anderen können Umweltberichte zu Nachhaltigkeitsberichten (sog. Corporate Social Responsibility Reports, kurz: CSR-Reports) ausgeweitet werden. Diese gewinnen zunehmend an Bedeutung[107] und umfassen neben der Umweltdimension die Dimensionen Wirtschaft und Soziales:[108]

- *Wirtschaftlich orientierte Angaben* betreffen bspw. Angaben zu Lohn- und Gehaltsausgaben, Nettoverkaufserlösen, freiwilligen Spenden und Steuerzahlungen an den Fiskus.
- *Umweltorientierte Angaben* beziehen sich z. B. auf die Auswirkungen von Prozessen, eingesetzten Materialien, hergestellten Produkten und Dienstleistungen auf die Umwelt.
- *Sozial orientierte Angaben* kann das Unternehmen z. B. zum Gesundheitsschutz, zum Wettbewerbsverhalten, zur Kinderarbeit, zu Arbeitnehmerrechten, zu Menschenrechten oder zum sozialen Engagement des Unternehmens tätigen.

Mit der inhaltlichen Ausgestaltung und der ordnungsgemäßen Darstellung von Nachhaltigkeitsberichten hat sich eine Vielzahl von Organisationen befasst. Als Leitlinien liegen u. a. die Guidelines for Multinational Enterprises der Organisation für wirtschaftliche Zusammenarbeit und Entwicklung (OECD), das UN Global Compact oder das Reporting Framework der Global Reporting Initiative (GRI), vor. Die erstellten Leitlinien stimmen in den meisten Punkten überein. Besonders hervorzuheben sind hierbei allerdings die Aktivitäten der GRI »G3«,[109] die bisher die größte Verbreitung erreicht haben.[110]

---

106 Daneben können Unternehmen sog. *Umwelterklärungen* nach der EMAS III-Verordnung (auch EU-Öko-Audit) erstellen; vgl. Verordnung (EG) Nr. 1221/2009. Hierbei handelt es sich um die freiwillige Beteiligung gewerblicher Unternehmen an einem Gemeinschaftssystem für das Umweltmanagement und die Umweltbetriebsprüfung. Einen wesentlichen Teil der EMAS-Verordnung hat der deutsche Gesetzgeber in dem Umweltauditgesetz (UAG) umgesetzt. Vgl. stellvertretend zum Öko-Audit *Behlert et al.* (1998), S. 207 ff., sowie zur Modellkonzeption des Öko-Audits *Ebinger* (1996), S. 83 ff. Die Ausführungen beziehen sich zwar auf die alte EMAS I-Verordnung, besitzen jedoch weiterhin auch für die EMAS III-Verordnung Gültigkeit. Die Prüfung von Umwelterklärungen ist eine Vorbehaltsaufgabe zugelassener Umweltgutachter. Zu den Anforderungen an einen Umweltgutachter vgl. *van Someren et al.* (1995), S. 167 ff. Zum Prüfungsansatz der KPMG in diesem Bereich vgl. ebd., S. 175 f.
107 Eine Studie der KPMG analysierte die Nachhaltigkeitsberichterstattung von 2.200 Unternehmen aus 22 Ländern (G250, N100). Von den untersuchten Unternehmen erstellten mehr als 80 % einen Nachhaltigkeitsbericht; zu den Einzelheiten vgl. *KPMG* (2008). Siehe auch *Mazars* (2006), S. 8.
108 Vgl. *GRI* (2006), S. 36; *FEE* (2006), S. 47, und IDW PS 821.2.
109 Vgl. *GRI* (2006) sowie *Haller/Ernstberger* (2006), S. 1516 ff.
110 Aus einer empirischen Studie zur Entwicklung der Bedeutung der GRI-Leitlinien für die Unternehmen

Das GRI Reporting Framework basiert auf drei Normentypen: protocols, guidelines und sector supplements. Die guidelines strukturieren die Berichtsprinzipien in zwei Gruppen: Prinzipien zur Definition des Berichtsinhalts (inclusivity, relevance and materiality, sustainability context, completeness) und Prinzipien zur Sicherstellung der Qualität der Berichtsinformationen (balance, comparability, accuracy, timeliness, clarity, assurability).[111]

Ziel der Berichterstattung ist es u. a., klare Aussagen über die Auswirkungen von Unternehmensleistungen auf die Umwelt und den Menschen zu machen, um den stakeholdern entscheidungsnützliche Informationen zur Verfügung zu stellen. Damit die getätigten Angaben Glaubwürdigkeit erlangen, sind einige Unternehmen dazu übergegangen, ihre Berichte durch einen WP *freiwillig* überprüfen zu lassen,[112] wenngleich die Prüfung keine Vorbehaltsaufgabe des Berufsstandes der WP ist.

Beispiel

Die »Royal Dutch Petroleum Company« und die »›Shell‹ Transport and Trading Company, plc.« lassen ihren sog. *Shell Report* regelmäßig durch eine unabhängige dritte Instanz prüfen. Hierbei werden Angaben zu unterschiedlichen Dimensionen (Wirtschaft, Umwelt, Soziales) geprüft. Die Prüfung des Shell Report 2009 erfolgte durch ein Expertenteam (External Review Committee),[113] während die Shell Reports über die Jahre 1997 bis 2004 von KPMG und PwC bzw. einer Vorgängergesellschaft gemeinschaftlich geprüft wurden.[114] Der angewandte Prüfungsansatz des Expertenteams basiert auf dem AA1000 AS.[115] Der Bericht umfasst eine Beschreibung der Prüfungshandlungen sowie Feststellungen und Verbesserungsmöglichkeiten für den Shell Report. Anstelle einer Zusicherung der Richtigkeit der gegebenen Informationen im Shell Report werden lediglich Qualitätsurteile abgegeben: »Shell's report and reporting process (...) demonstrate leadership by producing a balanced and comprehensive sustainability report.«[116] Diese unkonventionelle Beurteilung verdeutlicht die Problematik der Zusicherung bei Nachhaltigkeitsberichten.

---

des HDAX geht über einen Zeitraum von 2004–2006 ein signifikanter Anstieg im Anteil der Unternehmen, die Informationen zur Nachhaltigkeit in Anlehnung an die GRI-Leitlinien veröffentlichen, hervor; vgl. *Lackmann* (2010), S. 121–125.

111 Vgl. *GRI* (2006), S. 6 ff. Zum Zusammenhang von ISAE 3000 im Kontext der Prüfung von sustainability reports vgl. ausführlich *FEE* (2006), S. 11 ff. sowie *Haller/Ernstberger* (2006), S. 2520 ff.

112 Im Zeitablauf zeigt sich ein steigender Anteil von geprüften Berichten; der Anteil lag in Bezug auf die Berichte des Jahres 2008 weltweit bei mehr als 40%. Zu den Einzelheiten vgl. *KPMG* (2008), S. 58. In Deutschland wurden im Berichtsjahr 2008/09 lediglich 25% der Berichte der 100 umsatzstärksten Unternehmen geprüft, vgl. hierzu *KPMG* (2009), S. 46.

113 Vgl. *Shell* (2009), S. 38 f.

114 Vgl. z.B. *Shell* (2005), S. 31.

115 Vgl. *Shell* (2006), S. 33. AA1000 Assurance Standard (AA1000 AS; siehe hierzu *Institute of Social and Ethical Accountability* (2008) sowie *FEE* (2006), S. 54 f.). AA1000 AS spricht z.B. die in ISAE 3000 geforderten Risikobeurteilungen und den assurance report nicht an und ist aus diesem Grunde nicht vollends kompatibel mit der internationalen Norm. Zur Verwendung von AA1000 AS i.V.m. ISAE 3000 vgl. *ebd.* (2006), S. 50.

116 Vgl. zu den beiden Aussagen *Shell* (2009), S. 33.

Die Prüfung oder prüferische Durchsicht von Berichten im Bereich der Nachhaltigkeit regelt auf *deutscher Ebene* IDW PS 821.[117] Berichte im Bereich der Nachhaltigkeit umfassen gem. IDW PS 821.10 auch Umweltberichte.

Der Prüfungsumfang richtet sich nach dem vereinbarten *Prüfungsauftrag* (IDW PS 821.14 ff.). Es bestehen zwei *Arten von Aufträgen* (IDW PS 821.10 ff.). WP können Nachhaltigkeitsberichte einer Prüfung oder einer prüferischen Durchsicht unterziehen. Es ist auch zulässig, bestimmte Teile des Berichts zu prüfen und andere Teile nur einer prüferischen Durchsicht zu unterziehen (IDW PS 821.88). Die gegebene Prüfungssicherheit hängt eng mit dem Prüfungsgegenstand zusammen. Beispielsweise lässt sich eine wirtschaftlich orientierte Angabe zum Lohn- und Gehaltsaufwand zweifelsfrei mit einer positiv formulierten hohen Urteilssicherheit prüfen. Dagegen lassen sich z. B. die sozialen Angaben auf Grund der zumeist fehlenden Beurteilungskriterien weitaus schwieriger prüfen. Bei der Prüfungsplanung ergeben sich gegenüber anderen Prüfungsdienstleistungen keine wesentlichen Abweichungen (→ II.2.2).

Der *Gegenstand* der Prüfung ist frei vereinbar, muss aber »eindeutig identifizierbar und einer konsistenten Beurteilung zugänglich sein« (IDW PS 821.16). Auf Grund der Vielzahl von zu prüfenden Gegenständen, die normalerweise nicht in den Tätigkeitsbereich eines WP fallen (z. B. Prüfung von Menschenrechtsfragen oder Kinderarbeit), hat der Prüfer bei Auftragsannahme sorgfältig zu prüfen, ob er über das notwendige Fachwissen zur Prüfung der entsprechenden Angaben verfügt. Der WP darf einen Auftrag zur Prüfung eines Berichts im Bereich der Nachhaltigkeit nur annehmen, wenn er über die notwendige Sachkenntnis verfügt (IDW PS 821.19). Gegebenenfalls muss er hierbei auf den Rat von Experten zurückgreifen.

Die Prüfungshandlungen sind auf die folgenden *Prüfungsziele* auszurichten (IDW PS 821.23 ff.):[118]

- *Angemessenheit der einzelnen Kriterien für den Berichtsinhalt*: Die dem Bericht zu Grunde gelegten Kriterien müssen zur Erfüllung der Informationsbedürfnisse der Adressaten die Eigenschaften der Relevanz, Eignung, Verlässlichkeit, Neutralität und Verständlichkeit aufweisen (IDW PS 821.23). Dies gilt insbesondere für den Fall von speziell für Zwecke des Berichts entwickelten Kriterien. Daneben können auch allgemein zugängliche Kriterien zu Grunde gelegt werden (z. B. die Leitlinien der GRI, OECD).
- *Vollständigkeit der Kriterien und des Berichts*: Die Berichte müssen vollständig sein, »d. h. alle Kriterien berücksichtigen und Angaben enthalten, die erforderlich sind, um in allen wesentlichen Belangen die Auswirkungen der Tätigkeit der Einheit auf die im Bericht dargestellten Leistungsbereiche (...) angemessen darzustellen« (IDW PS 821.27). Dabei muss sich die Gewichtung der Themen und Einzelsachverhalte an den Interessen von verständigen Adressaten orientieren.
- *Richtigkeit des Berichts*: Dabei ist z. B. die Richtigkeit der Darstellung von Tatsachen mittels Plausibilitätsbeurteilungen (z. B. Feststellung auffälliger Abweichungen mit-

---

117 Zu einem Vergleich von IDW PS 821 mit anderen nationalen Standards u. a. ISAE 3000, siehe *Höschen/Vu* (2008).
118 Vgl. hierzu *IDW* (2006), Q 1194–1202; siehe weiterhin zur Prüfung der ordnungsgemäßen Entrichtung der Lizenzentgelte für den Grünen Punkt *ebd.*, Q 1203–1209.

tels Kenn- und Vergleichszahlenanalyse) und Nachweisprüfungen (z. B. Prüfung der Abfälle, der Emissionen und der Grundwasserkontamination) zu prüfen.

Bei der Prüfung des Prüffeldes »Wasserverbrauch« kann der Prüfer auf Wasserzähler, Messprotokolle, Rechnungen der Versorgungswerke sowie die diesbezüglich durchgeführten Buchungen zurückgreifen. Plausibilitätsbeurteilungen ermöglichen hier das Erkennen wesentlicher Abweichungen. Beispielsweise kann der Prüfer den Wasserverbrauch eines bestimmten Produktionsbereichs anhand der Wasseruhr ablesen. Auf Grund von Erfahrungswerten oder im Vergleich mit anderen Produktionsbereichen, die einen ähnlichen Wasserverbrauch aufweisen, kann der Prüfer nunmehr den Wasserverbrauch des zu beurteilenden Produktionsbereichs auf Plausibilität prüfen.

- *Klarheit und Verständlichkeit des Berichts*: Es darf kein irreführendes Bild vermittelt werden, insbesondere soll der Aufbau des Berichts die wesentlichen Aussagen und bedeutsamen Sachverhalte herausstellen (IDW PS 821.34). Bei einem im Wesentlichen unveränderten Berichtsgegenstand sollen Berichtsaufbau und -periode grundsätzlich beibehalten werden (Stetigkeitsgrundsatz). Vergleichszahlen sind bei wesentlichen zahlenmäßigen Angaben offenzulegen.

Die Prüfung in diesem Sinne gestaltet sich unterschiedlich schwierig:
- Bei den *wirtschaftlich orientierten Angaben* (z. B. zum Lohn- und Gehaltsaufwand oder zu den geleisteten Steuerzahlungen) kann der Prüfer z. T. die im Rahmen der Jahresabschlussprüfung verwendeten Kriterien heranziehen (zum Konzept der Aussagen → I.6.2). Dieser Bereich erscheint unproblematisch.
- Für die *umweltorientierten Angaben* bestehen zahlreiche Vorschriften und Prüfungsnormen, die es dem Prüfer vergleichsweise leicht ermöglichen, anhand geeigneter Kriterien die Ordnungsmäßigkeit zu überprüfen.
- Für die *sozial orientierten Angaben* haben sich noch keine allgemein anerkannten Kriterien zur Überprüfung herausgebildet. Erste Anhaltspunkte für die Kriterienentwicklung finden sich in SA8000 (Social Accountability 8000)[119] und dem bereits weiter oben angesprochen AA1000 AS.

Im Folgenden werden die *Schwierigkeiten bei der Prüfung sozial orientierter Angaben* beispielhaft verdeutlicht.[120] Dabei geht es darum, die Aussage (assertion) eines Unternehmens hinsichtlich der Beschäftigung von Kindern im Alter von unter 14 Jahren zu prüfen. Der zu prüfende Gegenstand ist die Kinderarbeit (child labor). Die Aussage lautet: »Das Unternehmen hat in Brasilien im Berichtsjahr keine Personen im Alter von unter 14 Jahren beschäftigt.«

---

119 Herausgegeben durch Social Accountability International; vgl. *SAI* (2001).
120 Das Beispiel ist in Anlehnung an *Wallage* (2000), S. 58 ff., konzipiert.

Als bestehende anerkannte Norm, welche auf verschiedene Kriterien zurückgreift (established criteria), wird der International Labor Organization Code C138, Minimum Age Convention 1973, Art. 2., § 4 herangezogen. Relevante Kriterien sind: Genauigkeit (accuracy), Vollständigkeit (completeness), Relevanz (relevance), Neutralität (neutrality) und Verständlichkeit (understandability; angesprochen ist das GRI-Berichtsprinzip clarity).

Die Beurteilung der Kriterien gestaltet sich in vielfältiger Hinsicht problematisch. In Bezug auf das Kriterium *Genauigkeit* stellt sich die Frage, ob die Beschäftigung von bereits einem Kind oder nur zwei oder drei Kindern als wesentlich anzusehen ist. Dabei erlangt die Beurteilung der Wesentlichkeit (materiality) eine andere Bedeutung als im Rahmen der Jahresabschlussprüfung, da bereits die Tatsache, dass *ein* falsch behandeltes menschliches Wesen nicht als unwesentlich angesehen werden kann. In engem Zusammenhang hierzu steht die Frage, ob bereits die fehlende Berichterstattung über die Beschäftigung eines Kindes im Alter von unter 14 Jahren eine nicht gegebene *Vollständigkeit* begründet.

Zudem steht der Prüfer vor dem Problem, dass die Beurteilung der *Relevanz* unter den stakeholdern wesentlich stärker variiert als dies bei verschiedenen Jahresabschlussinformationen der Fall ist. Wie ist eine vom Unternehmen getätigte Aussage, dass alle Anstrengungen unternommen werden, um Kinderarbeit zu vermeiden, im Hinblick auf das Kriterium der *Neutralität* zu beurteilen? Würde der Prüfer dieser Aussage Verlässlichkeit verleihen, so könnte es zu einer Irreführung der stakeholder kommen; mithin ist das Neutralitätskriterium nicht erfüllt. Überdies ist grundsätzlich zu bezweifeln, ob die zuletzt genannte Aussage überhaupt verifizierbar ist.

Eine Untersuchung der Qualität von Nachhaltigkeitsberichten von im Prime Standard der FWB notierten Unternehmen ergab, dass die Darstellung der sozialen und ökologischen Leistung meist unbefriedigend und die Darstellung der ökonomischen Leistung völlig ungenügend war.[121] Ein *Consultation Paper* der IFAC hinterfragt den GRI-Entwurf und verdeutlicht, dass die allgemeinen Grundlagen der Prüfung, bspw. des ISAE 3000, für die Weiterentwicklung des GRI-Regelwerks wichtig sind.[122] Auf Grund der Vielzahl bestehender Normen wäre es begrüßenswert, wenn die IFAC (aufbauend auf ISAE 3000) eine spezifische internationale Norm für die Prüfung von sustainability reports herausgeben würde.[123] Die EU Kommission hat im Januar 2011 ein Konsultationspapier zur Verbesserung der Veröffentlichungsqualität von sozialen und ökologischen Informationen herausgegeben.[124]

Die *Prüfungsdurchführung* folgt dem risikoorientierten Prüfungsansatz (→ II.3.2). Dabei ist ein fundiertes Verständnis der Aktivitäten des Auftraggebers von großer Bedeutung für eine angemessene Planung der Systemprüfung und aussagebezogener Prüfungshandlungen (IDW PS 821.38 ff.). Abhängig vom Ergebnis der Systemprüfung und analytischen Prüfungshandlungen kommen u. a. folgende Einzelfallprüfungen in Betracht (IDW PS 821.53):

---

121 Vgl. *Quick/Knocinski* (2006), S. 615 ff.
122 Vgl. *IFAC* (2006).
123 So auch die *FEE* (2006), S. 6 und 52 ff.
124 Vgl. *EU Kommssion* (2011).

- Prüfung des Wasser-, Energie- und Materialverbrauchs: Abstimmung mit Messprotokollen, Lieferscheinen, Eingangsrechnungen und den Aufwandskonten;
- Prüfung der Abfälle: Abstimmung mit den Nachweisbüchern, Eingangsrechnungen und sonstigen Nachweisunterlagen über die Entsorgung;
- Prüfung der Angaben zur Beschaffungskette: Einsichtnahme in Erklärungen der Lieferanten, Beobachtungen;
- Prüfung von volkswirtschaftlichen Angaben: Abstimmung mit entsprechenden Statistiken und Veröffentlichungen.

Die *prüferische Durchsicht* (→ I.6.4.2) beschränkt sich grundsätzlich auf Befragungen und analytische Prüfungshandlungen. Zu den regelmäßig durchgeführten Maßnahmen gehören gem. IDW PS 821.58:
- Befragungen zu den Abläufen bei Aufzeichnung, Einordnung und Zusammenfassung von nachhaltigkeitsrelevanten Informationen und zur Darstellung in den Berichten;
- Befragungen zu allen wesentlichen Aussagen im Bericht;
- Befragungen der Mitglieder des Leitungsorgans zu deren Einschätzung des Kontrollumfelds und ihrer Kenntnis über Unregelmäßigkeiten.

Hinsichtlich der Berichterstattung kann auf die Abgabe eines Berichts auftragsabhängig verzichtet werden (IDS PS 821.91). In jedem Fall ist jedoch über die Ergebnisse der Prüfung oder prüferischen Durchsicht eine schriftliche *Bescheinigung* zu erteilen, deren Einzelheiten IDW PS 821.70 ff. regelt. Die Bescheinigung enthält folgende Grundbestandteile: Überschrift, Adressat, Einleitender Abschnitt (mit Bezeichnung des Berichts, Beauftragung, Kriterien sowie Erklärung der Verantwortlichkeit), Beschreibender Abschnitt (u. a. Zeitraum der Prüfung, Leistungsbereiche des Berichts, Einschränkungen), Prüfungsurteil bzw. Aussage über das Ergebnis der prüferischen Durchsicht, ggf. ergänzende Aussagen, Datum und Unterschrift. Wurden Sachverhalte festgestellt, »die dazu führen, dass in wesentlichen Belangen bei abgrenzbaren Teilen des Berichts im Bereich der Nachhaltigkeit keine Übereinstimmung mit den zu Grunde gelegten Kriterien vorliegt« (IDW PS 821.84) oder Prüfungshemmnisse in Bezug auf abgrenzbare Teile des Berichts bestehen (IDW PS 821.85), ist die Bescheinigung entsprechend einzuschränken.

Eine Prüfung oder prüferische Durchsicht gem. IDW PS 821 steht grundsätzlich nicht im Widerspruch zu ISAE 3000, der für alle assurance engagements außerhalb von audits und reviews von vergangenheitsbezogenen finanziellen Informationen gilt (ISAE 3000.3).

3.3.1.3 Erteilung von comfort letters

Um im Wege der Inanspruchnahme des öffentlichen Kapitalmarkts durch die Emission von Wertpapieren (insbesondere Aktien und Schuldverschreibungen) liquide Mittel einzuwerben, besteht in Deutschland für die Emittentin gem. § 3 Abs. 1 Satz 1 WpPG regelmäßig die Pflicht zur Erstellung eines Wertpapierprospekts. Dieser hat grundsätzlich sämtliche Informationen über die Emittentin, ihre Gesellschafter und die zu emittierenden Effekten zu beinhalten, die erforderlich sind, um den potenziellen Investoren eine zutreffende Einschätzung der angebotenen Wertpapiere zu ermöglichen (§ 5 Abs. 1

Satz 1 und 2 WpPG). Die genauen Mindestinhalte sind abhängig von der Art der zuzulassenden Wertpapiere und werden durch § 7 WpPG i. V. m. der sog. EU-Prospektverordnung aus dem Jahr 2004 vorgegeben.

Nach § 32 Abs. 2 Satz 1 BörsG ist der für die Zulassung zu stellende Antrag, dessen wesentlicher Bestandteil ein durch die BaFin gebilligter Wertpapierprospekt ist (§ 32 Abs. 3 Nr. 2 BörsG), von der Emittentin gemeinsam mit einem Kredit- oder Finanzdienstleistungsinstitut zu stellen. Soll die Emission durch ein Bankenkonsortium (übernommen und) platziert werden, so handelt es sich bei diesem Institut bzw. diesen Instituten um den oder die Konsortialführer. Dieser hat bzw. diese haben neben der Emittentin die Verantwortung für die Richtigkeit und Vollständigkeit der Angaben im Prospekt zu übernehmen (§ 5 Abs. 4 Satz 2 WpPG).

Gemäß § 44 Abs. 1 Satz 1 BörsG unterliegen diejenigen, die für die Erstellung des Prospekts verantwortlich sind oder von denen der Erlass des Prospekts ausgeht, der börsengesetzlichen Prospekthaftung, wenn wesentliche geforderte Angaben fehlen (Unvollständigkeit) oder wesentliche Angaben falsch sind (Unrichtigkeit). Eine Haftung ist jedoch u. a. dann ausgeschlossen, wenn die Unvollständigkeit und Unrichtigkeit dem Prospektverantwortlichen nicht bekannt war und ihm auch nicht hätte bekannt sein müssen; waren ihm die Mängel indes infolge grob fahrlässigen Handelns nicht bekannt, so kann er sich nicht exkulpieren (§ 45 Abs. 1 BörsG).

Um sich nicht der Gefahr des Vorwurfs grob fahrlässiger Nichtentdeckung von Mängeln im Wertpapierprospekt auszusetzen, ergreifen die Emissionsbanken (underwriters) bzw. stellvertretend der Konsortialführer (lead manager, global coordinator) im Vorfeld der Emission verschiedene Prüfungsmaßnahmen (in ihrer Gesamtheit als due diligence-Review bezeichnet). Hinsichtlich der Prüfung der Vollständigkeit und Richtigkeit der in den Prospekt aufzunehmenden Finanzangaben und rechnungslegungsbezogenen Informationen verpflichten die Konsortialbanken durch Aufnahme einer entsprechenden Klausel in den zwischen ihnen und der Emittentin (bzw. und/oder den Anteile abgebenden Altgesellschaftern) zu schließenden Übernahmevertrag (underwriting agreement) die Emittentin üblicherweise zur Einholung eines von einem WP (meist der amtierende Abschlussprüfer (vgl. IDW PS 910.16)) ausgestellten sog. comfort letters auf eigene Kosten.[125] Ein comfort letter ist eine an die beauftragende Emittentin sowie den Konsortialführer (stellvertretend für alle Konsortialbanken) adressierte Bescheinigung eines WP (IDW PS 910.12), in der dieser über die Ergebnisse von ihm vorgenommenen prüferischen Durchsichten (→ I.6.4.2) sowie Feststellungen hinsichtlich bestimmter im Wertpapierprospekt enthaltener rechnungslegungsbezogener Angaben berichtet. Die Einforderung eines comfort letters durch die underwriter ist letztlich als eine Reaktion auf ihre mögliche Haftung zu verstehen; mit der Einforderung des comfort letters soll dokumentiert werden, dass die Emissionsbanken als Mitverantwortliche für den Prospektinhalt alles im Rahmen ihrer (wirtschaftlich zu rechtfertigenden) Möglichkeiten

---

125 Vgl. *FEE* (2005), S. 3. Ausführlich zu den die Einforderung von comfort letters bedingenden Rechtsgrundlagen nach deutschem und US-amerikanischen Kapitalmarktrecht siehe *Köhler/Weiser* (2003) und *Meyer* (2003), S. 1745 f.

getan haben, um eine wesentliche Fehlerhaftigkeit der rechnungslegungsbezogenen Prospektangaben zu vermeiden (vgl. auch IDW PS 910.5-9).[126]

Ursprünglich aus den USA stammend, gehört der comfort letter inzwischen auch in Deutschland zu den standardmäßig von der Emittentin einzuholenden Dokumenten, um die Bereitschaft des Konsortiums zur Durchführung der Emission herzustellen. Das bedeutet, die Emittentin hat de facto keine andere Wahl, als einen comfort letter zu Gunsten des Konsortialführers einzuholen, wenn sie die Platzierung der Emission nicht gefährden möchte.[127]

Obwohl der genaue Inhalt eines comfort letters Gegenstand eines Verhandlungsprozesses zwischen Konsortialführer und Emittentin (evtl. unter Hinzuziehung des zu beauftragenden WP) ist (vgl. auch IDW PS 910.10), lassen sich bestimmte, immer wieder vorkommende Inhalte und Bestandteile des comfort letters identifizieren (siehe IDW PS 910.20-113):[128]

- Einleitender Abschnitt, in dem der Abschlussprüfer die in den Prospekt aufgenommenen Abschlüsse benennt, für die er einen Bestätigungsvermerk erteilt hat; materielle Aussagen zu den Ergebnissen der Prüfungen, die den Testaten zu Grunde liegen, werden im einleitenden Abschnitt nicht getroffen (IDW PS 910.26).
- Feststellung der beruflichen Unabhängigkeit des WP (→ I.7) gegenüber der Emittentin zu Beginn des comfort letters (IDW PS 910.28).[129]
- Verweis auf die Daten, unter denen der Prüfer für die im einleitenden Abschnitt aufgeführten Abschlüsse Testate oder Bescheinigungen erteilt hat (IDW PS 910.30); in keinem Fall sollen die entsprechenden Testate oder Bescheinigungen weder direkt noch indirekt im vollständigen Wortlaut oder in wesentlichen Auszügen wiedergegeben werden, da hierin eine Neuerteilung der Testate bzw. Bescheinigungen gesehen werde könnte (IDW PS 910.31).
- Kritisches Lesen der Anhänge auf in laufender Rechnung korrigierte Fehler (IDW PS 910.34).
- Kritisches Lesen der Protokolle der Sitzungen der Gesellschaftsorgane (Vorstand, Aufsichtsrat) der Emittentin während des laufenden Geschäftsjahres sowie etwaiger Monatsberichte für Zeiträume nach dem Stichtag des letzten geprüften oder einer prüferischen Durchsicht unterzogenen (unterjährigen) Abschlusses (IDW PS 910.58, 910.62 f. und 910.75-79).
- Prüferische Durchsicht unterjähriger Abschlüsse: Hinsichtlich der in den Prospekt aufzunehmenden, bislang ungeprüften unterjährigen Abschlüsse nimmt der WP ei-

---

126 Wertpapierprospekte unterliegen zwar im Zuge des Billigungsverfahrens nach § 13 WpPG einer formellen Prüfung durch die BaFin; überprüft werden jedoch nur die Vollständigkeit der geforderten Inhaltsbestandteile, die Verständlichkeit und die Kohärenz (innere Widerspruchsfreiheit) (§ 13 Abs. 1 Satz 2 WpPG) und nicht die Richtigkeit der einzelnen Angaben (keine materielle Prüfung; sog. »Prospekttheorie«); in jedem Fall ist die Prospektprüfung und -billigung durch die BaFin kein Exkulpationsgrund; vgl. *Ekkenga/Maas* (2006), S. 312 m. w. N.
127 Dennoch kann bei der Erstellung eines comfort letters von einer freiwilligen Prüfungsdienstleistung in dem Sinne gesprochen werden, als dass es keinerlei gesetzliche Vorschriften gibt, die eine solche WP-Bescheinigung verlangen (vgl. auch IDW PS 910.10).
128 Siehe zu den Inhalten ausführlich auch *Meyer* (2003), S. 1749–1756; *Krämer* (2009), S. 461–482.
129 Im Sinne des § 43 Abs. 1 WPO.

ne prüferische Durchsicht (review) unter Beachtung der entsprechenden Standards (IDW PS 900 oder ISRE 2400 bzw. 2410) vor. Sollte diese Durchsicht zu keinerlei Einwendungen führen, bestätigt der Prüfer in Form einer Negativaussage (negative assurance), dass er nach Durchführung seiner begrenzten Maßnahmen einer prüferischen Durchsicht mit einer gewissen Sicherheit ausschließen kann, dass der unterjährige Abschluss in wesentlichen Belangen nicht mit den angewandten Rechnungslegungsgrundsätzen in Einklang steht; es ist ausdrücklich darauf hinzuweisen, dass die prüferische Durchsicht keine Abschlussprüfung (full audit) im Sinne der deutschen Prüfungsnormen darstellt und daher auch nicht notwendigerweise zur Aufdeckung wesentlicher Abweichungen von den angewandten Rechnungslegungsnormen führen muss (IDW PS 910.66 f.).

- Durchführung von agreed-upon procedures (→ I.6.4.2): Im Rahmen des sog. »Kringelprozesses« (circle up) kontrolliert der WP, ob bestimmte, im Prüfungsauftrag genau spezifizierte Finanzangaben und rechnungslegungsbezogene Angaben, die im Textteil des Prospekts verwendet werden, korrekt aus dem Finanzteil übernommen oder abgeleitet wurden (IDW PS 910.98). Insofern handelt es sich um einen formellen Zahlenabgleich ohne inhaltliche Prüfung. Der Begriff Kringelprozess rührt daher, dass die betreffenden Angaben in dem Exemplar des Prospekts, das dem comfort letter beigefügt wird, vom Prüfer eingekringelt werden. Der Prüfer soll sich dabei auf solche Angaben beschränken, die aus der vom rechnungslegungsbezogenen IKS erfassten Finanzbuchführung der Emittentin stammen (IDW PS 910.99). Über diese vereinbarte prüfungsnahe Handlung (agreed-upon procedure) hinaus, bei der der Prüfer kein Prüfungsurteil abgibt, sondern nur seine tatsächlichen Feststellungen zum jeweiligen Sachverhalt (factual findings) dokumentiert, können weitere vom Prüfer durchzuführende agreed-upon procedures verlangt werden (IDW PS 910.88). Kennzeichnend für diese vereinbarten prüfungsnahen Leistungen ist, dass die Adressaten des comfort letters ihre eigenen Schlussfolgerungen aus den Feststellungen des Prüfers ziehen müssen (ISRS 4400.5).[130]
- Untersuchung von Pro-Forma-Finanzinformationen: Sind infolge von Restrukturierungsaktivitäten der Emittentin aus der jüngeren Vergangenheit Pro-Forma-Abschlüsse in den Prospekt aufzunehmen, kann der WP damit beauftragt werden, die entsprechenden Angaben zu untersuchen. Unter einem Pro-Forma-Abschluss (auch als Als-ob-Abschluss bezeichnet) versteht man einen Abschluss, der sich auf einen vergangenen Zeitraum bezieht und unter der Annahme aufgestellt wird, dass – abweichend von den tatsächlichen Verhältnissen – die gegenwärtigen Konzernstrukturen und Rechtsverhältnisse bereits in der Vergangenheit in dieser Form vorgelegen hätten (vgl. auch IDW RH HFA 1.004.2-4). Der Prüfer wird die Pro-Forma-Finanzinformationen kritisch lesen, die für die Erstellung der Angaben verantwortlichen Unternehmensvertreter über die den Pro-Forma-Anpassungen zu Grunde liegenden Annahmen befragen und die Angaben hinsichtlich ihrer rechnerisch korrekten Ableitung aus den historischen Abschlüssen überprüfen; bei seinen Untersuchungshandlungen kann sich der Prüfer bzgl. der Er-

---

130 Vgl. *FEE* (2005), S. 4.

stellung an IDW RH HFA 1.004 und bzgl. der Prüfung der Pro-Forma-Finanzinformationen an IDW PH 9.960.1 orientieren (IDW PS 910.91).

- Einschränkung der Verwendung des comfort letters und disclaimer: Der comfort letter schließt regelmäßig mit einem Passus, in dem der ihn erteilende WP – aus Gründen der Haftungsbeschränkung – die Weitergabe des comfort letters an Dritte sowie dessen Abdruck (im Gesamten oder in Auszügen) in öffentlich zugänglichen Dokumenten den Adressaten untersagt und es sogar verbietet, auf die bloße Existenz des comfort letters in solchen Dokumenten hinzuweisen (IDW PS 910.107). Kritisch ist dazu anzumerken, dass infolge der Einschränkung der Verwendung des comfort letters ein (potenzieller) Investor regelmäßig keine Kenntnis über die Existenz einer solchen Bescheinigung oder gar über deren Inhalte erlangt. Insofern kann ein comfort letter nicht zur Steigerung der Vertrauenswürdigkeit der rechnungslegungsbezogenen Prospektangaben auf Seiten der Anleger beitragen, sondern nur indirekt durch die im Rahmen seiner Erstellung vorgenommenen Untersuchungshandlungen dem Anlegerschutz dienen (vgl. auch die ähnliche Kritik in Bezug auf die Erteilung von Bescheinigungen über prüferische Durchsichten unterjähriger Abschlüsse → III.3.3.1.1). Des Weiteren wird im Schlussabschnitt darauf hingewiesen, dass der Prüfer für die Angemessenheit von Art und Umfang der vorgenommenen Prüfungshandlungen für die Zwecke der Adressaten keinerlei Verantwortung übernimmt und diese alleine bei der Emittentin bzw. dem Konsortialführer liegt (IDW PS 910.7 und 910.11).

Die Ausführungen lassen erkennen, dass es sich bei der Erteilung eines comfort letters durch einen WP um eine Dienstleistung handelt, die sich durch ein hohes Maß an Differenziertheit bzgl. der abgegebenen Prüfungssicherheit und damit der durchzuführenden Maßnahmen im Rahmen des Erstellungsprozesses auszeichnet. So werden in Abhängigkeit vom jeweiligen Bezugsobjekt (Teilprüfungsgegenstand) einerseits Prüfungsurteile in Form einer negativ formulierten Aussage auf mittlerem Sicherheitsniveau abgeben (negative, limited assurance; → I.6.4.2); andererseits teilt der Prüfer im comfort letter in Bezug auf andere Teilprüfungsgegenstände nur seine tatsächlichen Feststellungen (factual findings) mit, ohne damit ein Prüfungsurteil zum Ausdruck zu bringen.

Im Rahmen der internationalen Prüfungsnormen gibt es gegenwärtig noch keinen dem IDW PS 910 entsprechenden Exposure Draft oder gar eine endgültige IFAC-Norm. Die Entwicklung einer solchen Norm wurde jedoch in den langfristigen Aktionsplan des IAASB (→ I.5.4.2) aufgenommen; das entsprechende Projekt wurde bereits im Dezember 2002 genehmigt, ein genauer Zeitplan liegt derzeit indes noch nicht vor (Stand: April 2011).[131]

Bis zum Vorliegen einer IFAC-Norm betreffend die Erteilung von comfort letters stellt sich die Frage, ob eine solche Dienstleistung auf der Grundlage der Regelungen des International Framework for Assurance Engagements i.V.m. ISAE 3000 erbracht werden kann. Prinzipiell erfüllt die Vielzahl der im Rahmen der Erteilung eines comfort letters vom Prüfer vorzunehmenden Prüfungshandlungen oder Maßnahmen einer prü-

---

131 Siehe URL: http://press.ifac.org/news/2008/07/ifac-s-international-auditing-and-assurance-standards-board-issues-strategy-and-work-program-for-2009-2011 (Stand: 1.4.2011).

ferischen Durchsicht die Voraussetzungen für ein assurance engagement. Der Vorrang bestehender spezifischer ISA oder ISRE (ISAE 3000.3) sowie die Nicht-Anwendbarkeit des ISAE 3000 auf agreed-upon procedures (IFAC Framework.12) schließen jedoch die Erteilung eines comfort letters auf Basis eines Auftrags nach ISAE 3000 aus. Sowohl für die prüferische Durchsicht von unterjährigen Berichten als auch für die Erbringung prüfungsnaher Dienstleistungen bestehen mit ISRE 2400 und 2410 bzw. ISRS 4400 im Kanon der IFAC-Normen Spezialvorschriften, die vorrangig anzuwenden sind. Da der review sowie agreed-upon procedures die dominierenden Elemente des Arbeitsprozesses im Zusammenhang mit der Erteilung eines comfort letters darstellen, dürfte eine entsprechende Beauftragung eines WP auf internationaler Ebene unter Zugrundelegung des ISAE 3000 nicht möglich sein (ISAE 3000.3 i. V. m. IFAC Framework.12). Vielmehr sind die einzelnen Auftragsbestandteile separat auf Basis der jeweiligen Spezialnormen zu vereinbaren.

Auf mögliche Haftungsrisiken, die für einen WP gegenüber den beteiligten Parteien (Emittentin, Konsortialbanken, Investoren) aus der Wertpapierprospektprüfung und der darauf basierenden Erteilung eines comfort letters entstehen können, soll an dieser Stelle nicht eingegangen werden.[132]

Ein comfort letter, der in erster Linie auf der Grundlage einer prüferischen Durchsicht der rechnungslegungsbezogenen Angaben eines Wertpapierprospekts durch einen WP erteilt wird, ist nicht zu verwechseln mit einem Prospektgutachten, welches ein WP unter Beachtung des IDW S 4 erstellt (IDW PS 910.4). Der IDW S 4 enthält zwar die Grundsätze ordnungsmäßiger Beurteilung von Verkaufsprospekten über öffentlich angebotene Vermögensanlagen; die Beurteilung von Börsenzulassungsprospekten und anderen Prospekten über öffentlich angebotene Wertpapiere (sowie von Prospekten über deutsche und in Deutschland vertriebene ausländische Investmentanteile) ist jedoch ausweislich IDW S 4.5 explizit nicht Gegenstand dieses Standards.[133]

3.3.1.4 Prüfung der Sicherheit von E-Commerce

Das Internet ist ein weltweiter Zusammenschluss von Computer-Netzwerken auf Basis eines einheitlichen Kommunikationsprotokolls. Dies bedeutet, dass jeder Anwender, der über einen Internetzugang verfügt, mit jedem anderen Anwender kommunizieren kann. »Das Internet hat sich in den vergangenen Jahren zu einem Massenmedium entwickelt, das eine weltweite Kommunikation zu vergleichsweise geringen Kosten ermöglicht« (IDW PS 890.1). In gleichem Maße ist auch die Zahl der Anbieter gewachsen, welche Produkte und Dienstleistungen im Internet anbieten.[134]

Die »Anbahnung und Abwicklung von Geschäftsvorfällen (von der Kontaktaufnahme bis zum Zahlungsverkehr) zwischen Marktteilnehmern in elektronischer Form« (IDW RS FAIT 2.1) wird allgemein als *Electronic Commerce* (im Folgenden E-Commerce) bezeich-

---

132 Siehe hierzu z. B. *Krämer* (2009), S. 467–473.
133 Zu Prospektprüfungsgutachten von WP siehe z. B. *Wagner* (2001) sowie *Küting* (2006).
134 Der B2C-E-Commerce-Umsatz in Deutschland wird für das Jahr 2011 auf 26,1 Mrd. € prognostiziert; vgl. URL: http://www.einzelhandel.de/pb/site/hde/node/9365/Lde/index.html?QUERYSTRING=b2c+e-commerce (Stand: 1.4.2011).

net. In diesem Zusammenhang findet oftmals auch der Begriff *Electronic Business* (im Folgenden E-Business) Verwendung, der eine höhere Entwicklungsstufe in der Nutzung des Internets kennzeichnen soll:[135] Die Entwicklung hin zum E-Commerce erfolgte dabei über die Kategorien »Information« (z. B. Informationsangebote im Internet, sog. Websites), »Interaktion« (z. B. in Form von E-Mails) und »Transaktion« (z. B. Bestellung bzw. Vertragsabschluss). Darüber hinaus beschäftigt sich E-Business auch mit der Kategorie »Integration« (z. B. unternehmensübergreifende Abwicklung von Transaktionen, insbesondere in den Bereichen Einkauf, Logistik und Produktion, vgl. IDW RS FAIT 2.7). IDW RS FAIT 2.9 fasst auch den Bereich E-Business unter die E-Commerce-Aktivitäten. Die nachstehenden Ausführungen unterscheiden nicht explizit zwischen E-Commerce und E-Business.

Somit umfasst E-Commerce (bzw. E-Business) den Handel von Gütern und Dienstleistungen über das Internet. Hierzu zählen vor allem Geschäftsbeziehungen zwischen Unternehmen, wie z. B. die Bestellung eines Unternehmens bei seinem Zulieferer (Business-to-Business-Handel; B2B) sowie Geschäftsbeziehungen zwischen Unternehmen und Endverbrauchern (Business-to-Consumer-Handel; B2C; vgl. auch IDW RS FAIT 2.7 ff.).

Die Bestellung von Waren über das Internet birgt *spezifische Risiken*: Zum einen hat der Kunde keine Möglichkeit, die Ware vorab in Augenschein zu nehmen oder zu erproben. Er muss sich folglich auf die Angaben auf der Internetseite des Anbieters verlassen können. Zum anderen besteht die Gefahr, dass der Anbieter die persönlichen Daten der Kunden (wie z. B. Kreditkarten- und Kontoinformationen) missbraucht. Der Kunde kann auch nicht sicher sein, dass der potenzielle Anbieter überhaupt in der angegebenen Form existiert. Da Käufer und Verkäufer beim E-Commerce örtlich voneinander getrennt sind, kann für beide Parteien nicht sichergestellt werden, »dass die Gegenpartei tatsächlich die Person beziehungsweise Organisation ist, die sie vorgibt zu sein.«[136]

Darüber hinaus bestehen Gefahren im elektronischen Zahlungsverkehr auf Grund der Sicherheitslücken im Internet. Mittlerweile wurden kryptografische Methoden zur Verschlüsselung vertraulicher Daten entwickelt. Ein gängiges Verschlüsselungsprotokoll ist das Transport Layer Security-Protokoll (TLS). Dennoch bieten auch diese Methoden keinen vollständigen Schutz gegen die Entschlüsselung der Daten durch Hacker.[137] Dies zeigt sich auch an der zunehmenden Zahl von Straftaten im Zahlungsverkehr.[138]

Des Weiteren bestehen zahlreiche rechtliche Probleme, wie z. B. das anzuwendende Vertragsrecht bei grenzüberschreitenden Geschäftsabwicklungen (IDW RS FAIT 2.12). Mit dem Gesetz zur Regelung der Rahmenbedingungen für Informations- und Kommunikationsdienste (IuKDG) wurden spezielle Rechtsnormen erlassen, wie z. B. das Gesetz zur digitalen Signatur, um die Rechtssicherheit beim E-Commerce zu gewährleisten (IDW RS FAIT 2.13).

---

135 Vgl. *Fröhlich/Heese* (2001), S. 589.
136 *Czurda et al.* (2000), S. 816; vgl. auch IDW PS 890.8. Zu den Vorbehalten der online-Konsumenten siehe ferner *Wittsiepe* (2002), S. 249 f.
137 Zu den Sicherheitsaspekten von E-Commerce vgl. stellvertretend *Kautenburger* (2000), S. 29; IIR-Arbeitskreis »IT-Revision« (2001), S. 18 ff., sowie ferner *Collenberg/Wolz* (2005), S. 64 ff.
138 Vgl. *BMI/BMJ* (2006), S. 204 ff.

Die zuvor genannten Risiken hemmen den Handel im Internet erheblich. Ein Teil der Internet nutzenden Bevölkerung ist auf Grund der Sicherheitsrisiken derzeit nicht oder nicht im vollen Umfang bereit, online einzukaufen. Die größten Risiken stellen nach Ansicht der Käufer dabei die mangelnde Sicherheit im Internet, die Unbekanntheit des Anbieters, die Möglichkeit von elektronischem Betrug, die Übermittlung persönlicher Informationen und die mangelnde Information über die Lieferung der Waren dar.[139]

Um das Vertrauen in die angebotene Dienstleistung eines Anbieters für die Kunden zu erhöhen, haben das AICPA und das CICA eine Prüfungsleistung entwickelt, welche die Sicherheit und die Ordnungsmäßigkeit der Geschäftsabwicklung überprüft. Bei einem positiven Prüfungsurteil wird anschließend ein Vertrauenssiegel vergeben. Diese Dienstleistung nennt sich *WebTrust*. Eine weitere von AICPA und CICA entwickelte Dienstleistung mit der Bezeichnung *SysTrust* beschäftigt sich mit der Zuverlässigkeit von IT-Systemen. Diese Leistung ist vor dem Hintergrund der Hinwendung zu einer kontinuierlichen Prüfung zu sehen, welche darauf abzielt, für Informationsdatenbanken und -systeme Prüfungsleistungen in Echtzeit zu erbringen (→ III.3.3.1.5 sowie II.5.2.2.2.2).

WebTrust und SysTrust gehören zu den *Trust Services*, die als »a set of professional attestation and advisory services based on a core set of principles and criteria that addresses the risks and opportunities of IT-enabled systems and privacy programs«[140] definiert sind. In der Begriffswelt des AICPA[141] handelt es sich bei den Trust Services um einen Attestation Service oder einen Advisory Service oder um eine Kombination aus diesen beiden Dienstleistungsarten (vgl. TSP sec. 100.01). Die Attestation Services werden wiederum unterteilt in examinations, reviews und agreed-upon procedures (TSP sec. 100.04). Das AICPA hat in diesem Kontext sog. »Statements on Standards for Attestation Engagements« (im Folgenden auch kurz »attestation standards«) verlautbart[142], wobei hier insbesondere AT § 101 sowie § 201 beachtenswert sind.

Diese attestation standards werden durch die *Trust Service Principles* (TSP) in Bezug auf eine bestimmte Gruppe von Dienstleistungen konkretisiert. WebTrust und SysTrust basieren auf den Trust Services Principles und sind den Attestation Services zuzuordnen.[143] Welches Anspruchsniveau an die WebTrust-Prüfung gestellt wird, ist nicht direkt aus den TSP ersichtlich. Allerdings fordert das WebTrust Program for Certification Authorities[144] eine reasonable assurance für die jeweiligen Prinzipien.[145] Somit handelt

---

139 Vgl. *Czurda et al.* (2000), S. 816.
140 TSP sec. 100.03. TSP steht für Trust Services Principles.
141 Auf internationaler Ebene findet sich eine abweichende Systematisierung und teilweise abweichende Begriffswelt; → I.6.4.2. und III.3.2.
142 Vgl. URL: http://www.aicpa.org/Research/Standards/AuditAttest/Pages/SSAE.aspx (Stand: 1.4.2011).
143 Vgl. Fn. 4 in *AICPA/CICA* (2009) sowie *Elder/Beasley/Arens* (2010), S. 799.
144 Eine Zertifizierungsstelle ist Teil einer sogenannten Public-Key-Infrastruktur. Diese ermöglicht die sichere Kommunikation über das Internet unter Verwendung digitaler Zertifikate, welche von einer Zertifizierungsstelle bereitgestellt werden. Vgl. hierzu *AICPA/CICA* (2000), S. 14 ff.
145 Vgl. *AICPA/CICA* (2000), S. 28 ff. Das WebTrust Program for Certification Authorities sowie die WebTrust for Certification Authorities – Extended Validation Audit Criteria sind Teil der strategischen Neuausrichtung dieser Prüfungsleistung, die sich künftig nur noch an Zertifizierungsstellen richten soll und insofern für B2B und B2C entfallen wird. Vgl. URL: http://www.it-audit.com/glossar-idw_ps_890_durchfuehrung_von_webtrust-pruefungen.html (Stand: 1.4.2011).

es sich bei WebTrust um eine examination innerhalb der nachfolgend näher erläuterten TSP.

Für die Erbringung eines Trust Service haben das AICPA und CICA gemeinsame Prinzipien und dazugehörige Kriterien entwickelt. Dabei handelt es sich um die sog. »Trust Services, Principles, Criteria and Illustrations«.[146]

Diese unterscheiden fünf *Prinzipien* (TSP sec. 100.10):

- Sicherheit (security): Das System ist gegen unautorisierten physischen oder datenmäßigen Zugriff gesichert.
- Verfügbarkeit (availability): Das System ist wie vereinbart zur Nutzung verfügbar.
- Prozessintegrität (processing integrity): Die Systemprozesse sind als vollständig, richtig, zeitnah und autorisiert zu charakterisieren.
- Datenschutz (privacy): Die Sammlung, Verwendung, Speicherung und Weitergabe persönlicher Informationen erfolgt in Übereinstimmung mit den Verpflichtungen des Unternehmens sowie den Kriterien der Generally Accepted Privacy Principles (GAPP)[147], die von der AICPA und dem CICA herausgegeben werden.
- Vertraulichkeit (confidentiality): Vertrauliche Informationen werden wie vorgegeben oder vereinbart geschützt.

Trust Services können je nach Wunsch des Auftraggebers für ein oder mehrere Prinzipien durchgeführt werden (modularer Ansatz; TSP sec. 100.appendix C). Für jedes Prinzip wurden entsprechende *Kriterien* entwickelt, anhand derer die Einhaltung des Prinzips zu prüfen ist. Um ein Siegel ohne Beanstandungen zu erhalten, müssen alle Kriterien eingehalten werden, es sei denn, ein Kriterium ist im Einzelfall eindeutig nicht anwendbar (TSP sec. 100.7). Die für ein Prinzip entwickelten Kriterien werden wiederum vier Bereichen (areas) zugeordnet, die sich als *Prüffelder* interpretieren lassen.

- Firmenpolitik (policies): Das Unternehmen hat seine Firmenpolitik in Bezug auf das jeweilige Prinzip definiert und dokumentiert.
- Kommunikation (communications): Das Unternehmen hat seine Firmenpolitik den ensprechenden Nutzern kommuniziert.
- Verfahren (procedures): Das Unternehmen hat Verfahren implementiert, um die in der Firmenpolitik anvisierten Ziele zu erreichen.
- Überwachung (monitoring): Das Unternehmen überwacht das System und stellt die Einhaltung der Firmenpolitik sicher.

Gleichzeitig werden den einzelnen Kriterien beispielhaft veranschaulichende Kontrollen (illustrative controls; im Folgenden *Kontrollbeispiele*) zugeordnet (TSP sec. 100.19 ff.). Die aufgeführten Kontrollen können im Einzelfall nicht anwendbar sein. Möglich ist auch, dass Unternehmen andere sinnvolle Kontrollen implementiert haben (TSP sec. 100.7).

---

146 Zu den TSP vgl. *AICPA/CICA* (2009).
147 Vgl. TSP sec.100.appendix D i. V. m. URL: http://www.aicpa.org/InterestAreas/InformationTechnology/ Resources/Privacy/GenerallyAcceptedPrivacyPrinciples/Pages/default.aspx (Stand: 1.4.2011). Die Existenz eines eigenständigen Frameworks für das Prinzip Datenschutz betont die Wichtigkeit dieses Moduls. Vgl. weiterhin TSP sec. 100.33 ff. sowie ausführlich zum Datenschutz beim E-Commerce mit Bezugnahme auf die assurance services *Jamal/Maier/Sunder* (2003), S. 285 ff.

Den allgemeinen Aufbau der Beschreibung eines Prinzips verdeutlicht Abb. III.3-3. Die relevanten Konkretisierungen in Bezug auf die fünf Prinzipien finden sich in TSP sec. 100.19 ff.:

Prinzip A	
Bereich/Prüffeld Firmenpolitik	
Kriterium 1	Kontrollbeispiel 1, 2 usw.
Kriterium 2	Kontrollbeispiel 1, 2 usw.
Usw.	
Bereich/Prüffeld Kommunikation	
Kriterium 1	Kontrollbeispiel 1, 2 usw.
Kriterium 2	Kontrollbeispiel 1, 2 usw.
Usw.	
Bereich/Prüffeld Verfahren	
Kriterium 1	Kontrollbeispiel 1, 2 usw.
Kriterium 2	Kontrollbeispiel 1, 2 usw.
Usw.	
Bereich/Prüffeld Überwachung	
Kriterium 1	Kontrollbeispiel 1, 2 usw.
Kriterium 2	Kontrollbeispiel 1, 2 usw.
Usw.	

Abb. III.3-3: Allgemeiner Aufbau eines Trust Services Principle

Im Bereich B2C soll WebTrust es den Konsumenten ermöglichen, anhand des Vertrauenssiegels Anbieter herauszufinden, die bspw. eine vertrauenswürdige Geschäftsabwicklung garantieren und/oder die Sicherheit der personenbezogenen Daten sicherstellen. Die WebTrust-Prüfung wird in einer Vielzahl von Ländern angeboten.[148] Für die Durchführung einer WebTrust-Prüfung liegt neben den amerikanischen Normenmaterialien mittlerweile auch ein deutscher Prüfungsstandard (IDW PS 890) vor. Dieser gibt an, wie im Rahmen einer WebTrust-Prüfung vorgegangen werden sollte.[149]

Die innerhalb von IDW PS 890 anwendbaren WebTrust-Prinzipien und -kriterien werden durch IDW PS 890.15 bestimmt. Dieser enthält einen *dynamischen Verweis* auf Kriterien und Prinzipien von WebTrust. Obwohl die im Anhang von IDW PS 890 angegebenen Internetadressen nicht mehr aktuell sind, ist davon auszugehen, dass stets die aktuell verlautbarten Normen des AICPA und der CICA heranzuziehen sind (IDW PS

---

148 Derzeit befinden sich lizensierte Anbieter von WebTrust-Prüfungen in den USA, Kanada und Deutschland sowie in weiteren 18 Ländern. Vgl. URL: http://www.webtrust.org/licensed-webtrust-practitions-international/index.aspx (Stand: 1.4.2011).
149 Vgl. auch *Drobeck/Gross* (2000), S. 1048 ff., sowie *Meyer* (2004), S. 188 ff., und auch *Collenberg/Wolz* (2005), S. 122 f.

890.28). Bezüglich der Erbringung einer WebTrust-Prüfung in Deutschland ist es nach dem aktuellen Stand der Überlegungen geplant, auftragsbezogen eine direkte Lizenzierung auch für deutsche Interessenten durch das AICPA und die CICA vorzunehmen. Einzelheiten zu diesem Lizenzmodell werden derzeit von diesen Institutionen erarbeitet.[150]

Eine WebTrust-Prüfung ist darauf ausgerichtet festzustellen, ob das Unternehmen geeignete Maßnahmen ergriffen hat, um die *Risiken* in einzelnen Bereichen (z.B. Geschäftsabwicklung, Datenschutz und Datensicherheit) des elektronischen Handels *auf ein akzeptables Maß zu begrenzen* (IDW PS 890.11). Für diese Zwecke wurden Prinzipien und dazugehörige Kriterien für die einzelnen Bereiche entwickelt, die von dem E-Commerce betreibenden Unternehmen (Auftraggeber) einzuhalten sind. Die allgemein gehaltenen Prinzipien werden durch Kriterien konkretisiert. Dabei wird unterstellt, dass sich über eine Prüfung der Kriterien ein Urteil über die Einhaltung der Prinzipien gewinnen lässt.

Abb. III.3-4 verdeutlicht die Konzeption sowie den im Folgenden noch näher zu beleuchtenden Ablauf einer WebTrust-Prüfung.

Ein *WebTrust-Produkt* setzt sich aus verschiedenen *WebTrust-Prinzipien* zusammen. Beispielsweise besteht das Produkt »Verbraucherschutz« (WebTrust Consumer Protection) aus den Prinzipien »online-Datenschutz« (online privacy) und »Prozessintegrität« (processing integrity). Diese Prinzipien werden durch spezielle Prüfungskriterien (*WebTrust-Kriterien*) in Prüffelder unterteilt, für die wesentliche Prüfungsziele vorgegeben werden (IDW PS 890.13).

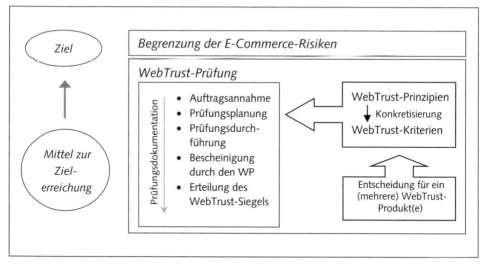

Abb. III.3-4: Konzeption und Ablauf einer WebTrust-Prüfung

---

150 In enger Anlehnung an URL: http://www.it-audit.com/glossar-idw_ps_890_durchfuehrung_von_webtrust-pruefungen.html (Stand: 1.4.2011). Weiterhin sollen WebTrust-Siegel ausschließlich für Zertifizierungsstellen angeboten werden, jedoch nicht mehr für die Bereiche B2B und B2C; vgl. ebd. sowie bereits Fn. 145.

Das zuvor angesprochene Prinzip »online-Datenschutz« wird u. a. über das Kriterium 3.5 »Kundenerlaubnis« (customer permission) konkretisiert. Dabei wird gefordert, dass ein Kunde immer zunächst seine Erlaubnis (durch Eingabeaufforderung) erteilen muss, bevor ein Programm auf seinem Rechner installiert wird. Weiterhin hat das Unternehmen sicherzustellen, dass in dem Fall, dass der Kunde keine sog. »cookies«[151] wünscht, diese auch nicht auf seinem Rechner installiert werden.

Gegenstand und Umfang der Prüfung ergeben sich aus den auf Grund des jeweiligen Auftrags zu Grunde gelegten WebTrust-Prinzipien und -Kriterien (IDW PS 890.12). Soll das zuvor angesprochene Produkt »Verbraucherschutz« erbracht werden, sind bei einer Prüfung die im Internet veröffentlichten Angaben des Auftraggebers zu den Geschäftspraktiken und zu den Verfahren zur Wahrung der Vertraulichkeit sowie das IKS des Auftraggebers, soweit es die Abwicklung des elektronischen Geschäftsverkehrs und den Schutz von Kundeninformationen gewährleisten soll, mit einzubeziehen (Ist-Objekt). Insofern bildet die WebTrust-Prüfung eine Systemprüfung. Das Soll-Objekt der Prüfung ist über die Kriterien definiert. Stellt der Prüfer bspw. fest, dass die in den Kriterien formulierten Mindestanforderungen eingehalten wurden, besteht annahmegemäß eine Identität von Ist- und Soll-Objekt. Gefordert wird eine hinreichende Prüfungssicherheit.

Mit der Durchführung von WebTrust-Prüfungen dürfen nur WP betraut werden, die hierfür zertifiziert worden sind (IDW PS 890.16). Der WP kann WebTrust-Prüfungen demnach durchführen, wenn er neben dem technischen Wissen über Informationstechnologien auch an einer anerkannten Schulung teilgenommen hat. Bei *Auftragsannahme* hat der WP zu überprüfen, ob er die Prüfung annehmen darf und ob er über die notwendige fachliche Kompetenz zur Auftragsdurchführung verfügt; ebenso ist der Prüfer an *ethische Normen* gebunden (IDW PS 890.19 f.). Die Prüfung ist entsprechend zu *planen* (IDW PS 890.24 ff.) und zu *dokumentieren* (IDW PS 890.33).

Im Rahmen der *Prüfungsdurchführung* muss der WebTrust-Prüfer ausreichende und geeignete Prüfungsnachweise einholen, welche die Grundlage für seine Prüfungsfeststellungen und sein Prüfungsurteil bilden (IDW PS 890.29).[152]

- Um einen ersten Überblick zu erhalten, hat sich der WebTrust-Prüfer einen Fragebogen durch die gesetzlichen Vertreter beantworten zu lassen (IDW PS 890.30). In diesem muss der Auftraggeber eine *Selbstauskunft* (z. B. über die Internetseiten, sein Produktangebot, seine Allgemeinen Geschäftsbedingungen, seine Sicherheitsvorkehrungen) geben.
- Zusätzlich zur Beantwortung des Fragebogens muss das Unternehmen schriftlich erklären, dass im betreffenden Zeitraum die Geschäftspraktiken eingehalten, ein wirk-

---

151 Cookies (übersetzt: Kekse) bieten die Möglichkeit, direkt aus einer HTML-Datei heraus Daten auf dem Rechner des Anwenders zu speichern und beim erneuten Aufruf der gleichen HTML-Datei wieder auszulesen. So kann eine Webseite dynamisch auf gespeicherte Daten reagieren. Es ist nur möglich, diejenigen cookies auszulesen, die man selbst gesetzt hat; in Anlehnung an die Darstellungen unter URL: http://de.selfhtml.org/javascript/objekte/document.htm#cookie (Stand: 1.4.2011).
152 Zum Vorgehen vgl. ausführlich *Nagel/Gray* (1999), S. 615 ff. Siehe auch *Nagel/Gray* (2000).

sames Kontrollsystem eingerichtet und die WebTrust-Kriterien eingehalten wurden (*WebTrust-Erklärung* gem. IDW PS 890.31).

Weichen die festgestellten Ausprägungen der WebTrust-Kriterien (Ist-Objekt) nicht wesentlich von den vorgegebenen WebTrust-Kriterien (Soll-Objekt) ab, erteilt der Prüfer eine *Bescheinigung* über die WebTrust-Prüfung; gefordert wird, dass die Einhaltung der WebTrust-Kriterien mit *hinreichender Sicherheit* beurteilt werden kann (IDW PS 890.26 i. V. m. Anlage 2). Bei Feststellung einer wesentlichen Abweichung von den WebTrust-Kriterien ist als Zwischenergebnis der Prüfung ein Mängelbericht zu erteilen (IDW PS 890.37).

Nach Erteilung der Bescheinigung erfolgt die Einrichtung des *WebTrust-Siegels* auf der Internetseite des Mandanten. Dieses Siegel hat eine Gültigkeit von einem Jahr. Es müssen aber innerhalb dieses Zeitraums aktualisierende Prüfungshandlungen vorgenommen werden (IDW PS 890.36).

Die Regelungen zu WebTrust, also insbesondere IDW PS 890 sowie die Trust Services Principles, sollten grundsätzlich in Übereinstimmung mit dem IFAC Framework sowie speziell ISAE 3000 stehen, da es sich nicht um ein audit oder review von vergangenheitsbezogenen finanziellen Informationen handelt. Es stellt sich insbesondere die Frage, ob die festgelegten Prinzipien und Kriterien als geeignet im Sinne der relevanten Prüfungsnormen einzustufen sind. Der Herausgeber der Prinzipien und Kriterien, das *Assurance Services Executive Committee*, spricht sich ausdrücklich dafür aus.[153] Den US-amerikanischen Prüfungsnormen folgend, zeichnen sich geeignete Prüfungskriterien durch die folgenden Eigenschaften aus: Objektivität, Messbarkeit, Vollständigkeit und Relevanz (AT § 101.24). Es ist von der Existenz einer widerlegbaren Vermutung auszugehen, dass diese Eigenschaften auch i. S. des IFAC Framework.36 geeignet sind. Demnach zeigen geeignete Kriterien die folgenden Eigenschaften: Relevanz, Vollständigkeit, Zuverlässigkeit, Neutralität und Verständlichkeit.

Die bisherigen Erfahrungen mit der WebTrust-Prüfung zeigen eine im Vergleich zu anderen Prüfungsleistungen *geringe Verbreitung*. Eines der wenigen Unternehmen mit dem WebTrust-Siegel ist bspw. Ariba, eine führende B2B Einkaufsplattform im Internet.[154] Dies ist zum einen auf die *ungeklärten Haftungsfragen* zurückzuführen.[155] Zum anderen steht WebTrust in *Konkurrenz mit einer Vielzahl weiterer Siegel-Anbieter*.

Beispiele

Hier wären BBBOnline, TRUSTe und VeriSign[156] sowie zahlreiche weitere Anbieter, wie z. B. EHI Retail Institute GmbH, Trusted Shops GmbH, TÜV SÜD Management Service GmbH und datenschutz cert GmbH, zu nennen.[157]

---

153 Vgl. TSP sec. 100.6 und appendix C.engagement components.
154 Vgl. URL: http://www.ariba.com (Stand: 1.4.2011).
155 Vgl. zu den ungeklärten Problemen bei der Haftung *Pacini/Sinason* (1999), S. 479 ff.
156 Vgl. hierzu *Boulianne/Cho* (2009), S. 231 sowie ausführlich *Runyan/Smith/Smith* (2008), S. 50 ff.
157 Bei den letztgenannten Unternehmen handelt es sich um die Anbieter, die von der Initiative D21 als Gütesiegel empfohlen wurden, vgl. URL: http://www.internet-guetesiegel.de (Stand: 1.4.2011). Da-

Auch zeigen empirische Studien, dass die (potenziellen) Internetkunden bei Erteilung des WebTrust-Siegels der Abwicklung von E-Commerce-Geschäften keine höhere Glaubwürdigkeit beimessen. Vielmehr schätzen die Kunden die Qualität der angebotenen Produkte höher ein, sofern ein WebTrust-Siegel erteilt wurde.[158] Diese Erwartungslücke führt zu Fehlinterpretationen des Zwecks einer WebTrust-Prüfung. In dieser Hinsicht ist es erforderlich, den Zweck einer WebTrust-Prüfung noch klarer an die Berichtsadressaten zu kommunizieren. Insofern erstaunt es auch nicht, dass sich das WebTrust-Siegel im Vergleich zu anderen Siegelanbietern am Markt noch nicht in nennenswerter Weise durchsetzen konnte.[159]

3.3.1.5 Prüfung der Sicherheit von IT-Systemen

Immer mehr Unternehmen sind in wesentlichem Umfang auf IT-gestützte Kommunikationstechniken angewiesen. Die Unternehmensleitung benötigt zur Planung und Steuerung der Geschäftsaktivitäten verlässliche und aussagefähige Informationen, die zeitnah zur Verfügung gestellt werden müssen. In diesem Zusammenhang kommt dem Informationsmanagement als Unterstützungsprozess der Kernprozesse des Unternehmens zentrale Bedeutung zu. Die Sicherheit und Verfügbarkeit der IT-Systeme kann wesentlich zur Risikominimierung beitragen, aber auch inhärent ein erhebliches Risikopotenzial aufweisen ($\rightarrow$ II.5.1.3).

Das Spektrum des IT-Einsatzes in Unternehmen reicht von der Unterstützung manueller Tätigkeiten (z.B. durch PC-Standardapplikationen) bis zu komplexen IT-Systemen, die als integrierte Systeme eine einheitliche Datenbasis zur Steuerung umfassender Unternehmensaktivitäten verwenden und durch eine durchgehende Verknüpfung von operativen und rechnungslegungsbezogenen Funktionen gekennzeichnet sind (sog. »Enterprise Resource Planning-Systeme«). Vor allem der Einsatz komplexer integrierter Softwareapplikationen führt dazu, dass rechnungslegungsrelevante Daten über betriebliche Aktivitäten direkt (ohne manuelle Eingaben) in das Rechnungslegungssystem, und damit in die IT-gestützte Rechnungslegung, Eingang finden.

Die IT-gestützte Rechnungslegung ist Gegenstand der Abschlussprüfung; dabei erfolgt die Systemprüfung ($\rightarrow$ II.3.2.2) regelmäßig unter Einsatz IT-gestützter Prüfungstechniken ($\rightarrow$ II.5). Neben den vorgeschriebenen Untersuchungen im Rahmen der Abschlussprüfung ist es möglich, freiwillig *weiter gehende Prüfungen* durchzuführen. Dies ist insbesondere bei einer ausgeprägten Interaktion verschiedener IT-Systeme im Außenverhältnis angezeigt. Insofern besteht auch ein enger Zusammenhang zur Prüfung der Sicherheit von Systemen, welche im Bereich E-Commerce eingesetzt werden.

AICPA und CICA bieten mit *Trust Services* eine Dienstleistung an, welche sich auf die freiwillige Prüfung von Systemen (unter der Bezeichnung SysTrust) einerseits und

---

rüber hinaus gibt es zahlreiche weitere Anbieter. D21 ist eine Initiative der deutschen Wirtschaft, die u.a. den Selbstregulierungsprozess im B2C-Bereich des E-Commerce fördert, vgl. URL: http://www. initiatived21.de (Stand: 1.4.2011).

158 Vgl. *Houston/Taylor* (1999), S. 89 ff. sowie weiterhin *Bahmanziari/Odom/Ugrin* (2009), S. 152 ff., die ebenfalls keine Glaubwürdigkeitserhöhung über die Siegelvergabe belegen konnten.

159 Derzeit weisen weniger als 50 Web-Seiten dieses Siegel auf; vgl. *Boulianne/Cho* (2009), S. 231.

den Bereich E-Commerce (unter der Bezeichnung WebTrust; → III.3.3.1.4) andererseits bezieht. Dabei stellen SysTrust und WebTrust zwei spezifische Dienstleistungen dar, die auf den Prinzipien und Kriterien von Trust Services basieren.[160]

Die folgenden Ausführungen konzentrieren sich auf die für *SysTrust* relevanten Prinzipien und Kriterien. Dabei besteht ein System definitionsgemäß aus fünf Komponenten, die einer bestimmten Zielerreichung dienlich sind. Zu den Komponenten zählen die Infrastruktur, die Software, die Personen, die Prozesse und die Daten.[161]

Das für die SysTrust-Prüfung geltende Regelwerk umfasst fünf *Prinzipien* (Sicherheit, Verfügbarkeit, Prozessintegrität, Datenschutz, Vertraulichkeit) sowie dazugehörige Kriterien. Die Kriterien dienen der Messung der Einhaltung der Prinzipien. Prinzipien und Kriterien werden wiederum *Bereichen* (Firmenpolitik, Kommunikation, Verfahren und Überwachung) zugeordnet, die sich als Prüffelder interpretieren lassen. Wichtig ist, dass die zu vereinbarende Dienstleistung je nach Wunsch des Auftraggebers für ein oder mehrere Prinzipien durchgeführt werden kann (*modularer Ansatz*; ausführlich → III.3.3.1.4).

Der *allgemeine Aufbau* für die Beschreibung eines Prinzips wurde bereits in Abb. III.3-3 verdeutlicht. Bei einer SysTrust-Prüfung kann bspw. die *Prozessintegrität* Prüfungsgegenstand sein, welche sich auf die Prüfungsziele Vollständigkeit, Genauigkeit, zeitnahe Erfassung und Autorisation bezieht (TSP sec. 100.24; ein solches Vorgehen entspricht dem assertions-Konzept; → I.6.2). Dabei ergeben sich in Bezug auf den Bereich bzw. das Prüffeld »Firmenpolitik« z. B. die folgenden *Konkretisierungen*:[162]

	Criteria	Illustrative Controls
1.0	**Policies: The entity defines and documents its policies for the processing integrity of its system.**	
1.1	The entity's processing integrity and related security policies are established and periodically reviewed and approved by a designated individual or group.	Written policies addressing processing integrity have been approved by the executive committee and are implemented throughout the company. As part of the periodic corporate risk assessment process, management identifies changes to the risk assessment based on: new applications and infrastructure, significant changes to applications and infrastructure, new environmental risks, changes to regulations and standards, and changes to user requirements as identified in service level agreements and other documents. Management then updates the policies based on the risk assessment. User requirements are documented in service-level agreements or other documents. Changes to policies are approved by leadership prior to implementation

Tab. III.3-1: Aufbau des Prinzips Prozessintegrität in Bezug auf den Bereich Firmenpolitik (Auszug)

---

160 Vgl. TSP sec. 100.10, Fn. 4. Bei den TSP sec. 100 handelt es sich um die Trust Services Principles, Criteria and Illustrations for Security, Availability, Processing Integrity, Confidentiality, and Privacy; vgl. *AICPA/CICA* (2009).

161 Vgl. TSP sec. 100.01, Fn. 1; ein Beispiel für eine Systembeschreibung findet sich in appendix B. Insofern abweichend IDW RS FAIT 1.7 ff. im Kontext der Abschlussprüfung.

162 Entnommen aus TSP sec. 100.27.

Die Regelungen zu den TrustServices sollten grundsätzlich in *Übereinstimmung mit dem IFAC Framework sowie speziell ISAE 3000* stehen, da es sich nicht um einen audit oder review von vergangenheitsbezogenen finanziellen Informationen handelt. Dabei ist im Einzelfall zu bestimmen, ob die festgelegten Prinzipien und Kriterien als geeignet im Sinne der relevanten Prüfungsnormen einzustufen sind und ob die vereinbarte Prüfungssicherheit abgegeben werden kann (siehe bereits → III.3.3.1.4). Beispielsweise handelt es sich nach Ansicht des Assurance Services Executive Committee (einem Ausschuss des AICPA) bei den dargestellten Kriterien um »suitable criteria« (i. S. des IFAC.Frameworks. 35 f.).[163]

3.3.2 Freiwillige Prüfungsdienstleistungen ohne eigenständige Normierung

3.3.2.1 Geschäftsführungsprüfung außerhalb des HGrG

Bei der Geschäftsführungsprüfung (*management audit*) handelt es sich um eine Prüfung, welche sich nicht nur auf die Qualität veröffentlichter Angaben, sondern auch auf die Unternehmensführung selbst bezieht. Da die Überwachung der Geschäftsleitung dem Aufsichtsrat obliegt (§ 111 Abs. 1 AktG), beinhaltet die Jahresabschlussprüfung zweifelsfrei zunächst keine Prüfung der Geschäftsführung. Es steht dem Mandanten jedoch grundsätzlich frei, eine Geschäftsführungsprüfung zusätzlich in Auftrag zu geben (z. B. sofern Mängel in der Geschäftsführung reputationsschädigend in der Öffentlichkeit bekannt wurden).

Eine solche freiwillige, als Geschäftsführungsprüfung ausgerichtete Prüfungsdienstleistung kann sich an der Prüfung nach § 53 HGrG *orientieren* (→ III.2.2.2.3). Da der Adressatenkreis einer Prüfung nach HGrG auf Unternehmen der öffentlichen Hand beschränkt ist und diese Unternehmen häufig keine Renditeziele, sondern einen öffentlichen Auftrag (Leistungserbringung) zu erfüllen haben, ist bei einer Geschäftsführungsprüfung privater Unternehmen zu beachten, dass die Geschäftsführungsentscheidungen ggf. auch an ihrer Eignung zur Realisierung der gesetzten Renditeziele zu beurteilen sind. Des Weiteren können auch nichtfinanzielle Ziele bei der Beurteilung des Managements einen wesentlichen Bestandteil bilden. Somit können neben Ergebnissen, für die der Manager verantwortlich ist, auch seine Eigenschaften, seine Motivation, seine Qualifikation und seine Handlungsweisen Gegenstand der Beurteilung sein.[164]

Eine Geschäftsführungsprüfung ist darauf ausgerichtet,

- die Ordnungsmäßigkeit der *Geschäftsführungsorganisation,*
- die Ordnungsmäßigkeit des *Geschäftsführungsinstrumentariums* und
- die Ordnungsmäßigkeit der *Geschäftsführungstätigkeit* zu prüfen sowie
- die *Vermögens-, Finanz- und Ertragslage*

zu untersuchen und in die Berichterstattung des Prüfers einzubeziehen.[165]

---

163 Vgl. TSP sec. 100.06.
164 Vgl. *Wübbelmann* (2001), S. 119.
165 Vgl. hierzu IDW PS 720.19–23, *Künnemann/Brunke* (2002), Sp. 927 ff. sowie grundlegend *Potthoff* (1982), S. 11 ff. Kritisch zur Übertragung der Prüfungsmaßstäbe einer Geschäftsführungsprüfung nach

Die zuvor genannten Prüfungsbereiche bilden den Prüfungsgegenstand i. S. des ISAE 3000. Um den Gegenstand beurteilen zu können, muss der Prüfer geeignete Kriterien heranziehen. Auf Grund der Komplexität des Prüfungsgegenstands hat es sich in der Praxis durchgesetzt, eine *pragmatische Strukturierung* zu wählen.[166] Hierunter versteht man die vereinfachte Unterteilung des Prüfungsgegenstands in die zuvor angesprochenen Bereiche.

Das IDW hat in Abstimmung mit dem Bundesministerium der Finanzen (BMF) und den Bundes- und Landesrechnungshöfen für die Zwecke der Prüfung nach dem HGrG den IDW PS 720 verlautbart. Dieser enthält einen *Fragenkatalog*, den der Abschlussprüfer grundsätzlich auch im Rahmen einer freiwilligen Geschäftsführungsprüfung heranziehen kann.

Entscheidet sich der Prüfer, den Fragenkatalog bei einer freiwilligen Geschäftsführungsprüfung zu verwenden, so hat er die Aufgabe, sich anhand der vorgegebenen Fragen ein Urteil über die Ordnungsmäßigkeit der Geschäftsführung zu bilden. Der Fragenkatalog untergliedert sich in 16 Fragenkreise (→ III.2.2.2.3). Allerdings erhebt der Katalog keinen Anspruch auf Vollständigkeit (IDW PS 720.4) und es ist vielmehr Aufgabe des Prüfers, diesen auf den konkreten Sachverhalt anzuwenden und ggf. zu erweitern. Auch können Fragen, welche für den Sachverhalt von untergeordneter Bedeutung sind, mit geringerer Intensität geprüft werden. Sollte der Prüfer zu dem Urteil kommen, dass eine Frage (oder ein gesamter Fragenkreis) bei der vorliegenden Prüfung nicht einschlägig ist, so kann er von dem vorgegebenen Fragenkatalog abweichen. Ein kasuistisches Abarbeiten des vorgegebenen Fragenkataloges ist folglich für die Beurteilung der Ordnungsmäßigkeit der Geschäftsführung regelmäßig nicht ausreichend.

Da gem. ISAE 3000.19 die Eignung der Prüfungskriterien für die Beurteilung des jeweiligen Prüfungsgegenstands festzustellen ist, kommt eine Übernahme der im Fragenkatalog des IDW PS 720 enthaltenen Kriterien als allgemein anerkannte Kriterien i. S. des IFAC Framework.34 f. ohne weitere Beurteilung nicht in Betracht. Die Beurteilung dieser Kriterien kann anhand der im IFAC Framework.36 genannten Eigenschaften (z. B. Relevanz, Vollständigkeit, Zuverlässigkeit) erfolgen. Sollten sich die Kriterien im Fragenkatalog als nicht geeignet erweisen, so muss der Prüfer selbst geeignete Kriterien entwickeln.

Weitaus schwieriger als die Erfassung des Ist-Objektes gestaltet sich im Rahmen einer Geschäftsführungsprüfung die Bestimmung des Soll-Objektes. Eindeutige Kriterien, welche eine Beurteilung der Geschäftsführung erlauben, liegen im Regelfall nicht vor. Wissenschaftliche Erkenntnisse der Betriebswirtschaftslehre bzgl. der Führungsmethoden oder des Aufbaus und Ablaufs betrieblicher Funktionsbereiche stellen lediglich Ermessensnormen dar, die keine eindeutigen Kriterien der Soll-Objekte vorschreiben und teilweise erhebliche Beurteilungsspielräume zulassen.[167] Bereits aus diesem Grunde ist eine vollumfängliche inhaltliche Prüfung nicht möglich.[168] Zudem variieren die Unter-

---

HGrG auf private Unternehmen *Loitz* (1997), S. 1839 ff. Vgl. allgemein zur Geschäftsführungsprüfung privater Unternehmen *Odenwald* (1999), S. 1163 ff. sowie *Westermann* (2007), S. 1 ff.

166   Vgl. *Künnemann/Brunke* (2002), Sp. 924.

167   In Anlehnung an *Künnemann/Brunke* (2002), Sp. 926; zur Geschäftsführungsprüfung als Soll-Ist-Vergleich vgl. auch *Kofler* (1996), S. 272 ff.

168   Abzugrenzen hiervon ist die auf einzelne Geschäftsführungsvorgänge bezogene aktienrechtliche all-

nehmensziele und mithin die Anforderungen an die Geschäftsführungsprüfung von Unternehmen zu Unternehmen.

Aus den zuvor genannten Gründen konzentriert sich die Geschäftsführungsprüfung zumeist auf *formale Kriterien*.

- Im Bereich der *Geschäftsführungsorganisation* ist bspw. zu untersuchen, ob die interne Organisationsstruktur sachgerecht ist (z. B. klare Aufgabenverteilung zwischen den einzelnen Ressorts).
- Im Bereich der *Geschäftsführungsinstrumentarien* kann der Prüfer bspw. überprüfen, ob eine geeignete Interne Revision eingerichtet wurde, ob laufende Liquiditätskontrollen bestehen und ob es geeignete Richtlinien für wesentliche Entscheidungsprozesse gibt.
- Im Rahmen der Überprüfung der *Geschäftsführungstätigkeit* stehen Verfahrensprüfungen im Vordergrund. Beispielsweise ist zu prüfen, ob die Entscheidungsfindung nachvollziehbar ist und sich auf geeignete Planungs- und Entscheidungsgrundlagen stützt.
- Bei der Überprüfung der *Vermögens-, Finanz- und Ertragslage* handelt es sich hingegen um eine primär an *materiellen Kriterien* orientierte Untersuchung. Beispielsweise ist zu prüfen, ob das Jahresergebnis entscheidend von einmaligen Vorgängen geprägt ist und ob besondere Risiken aus schwebenden Geschäften bestehen.

Da die Überprüfung der Geschäftsführungstätigkeit regelmäßig auf Grundlage der bei der Abschlussprüfung gewonnenen Erkenntnisse erfolgt (IDW PS 720.9), lässt sich die Effizienz der Geschäftsführungsprüfung dadurch erhöhen, dass der Prüfer die Informationen aus der Jahresabschlussprüfung verwendet. Mögliche Synergien betreffen z. B. die in IDW PS 720.20 ff. genannten Fragenkreise »Planungswesen, Rechnungswesen, Informationssystem und Controlling«, »Finanzinstrumente, andere Termingeschäfte, Optionen und Derivate«, »Interne Revision« sowie »Ungewöhnliche Bilanzposten und stille Reserven«.

> **Beispiel**
>
> Nach IDW PS 720.20 hat der Prüfer im Fragenkreis 3 (»Planungswesen, Rechnungswesen, Informationssystem und Controlling«) u. a. die Frage zu beantworten, ob das bestehende Mahnwesen gewährleistet, dass ausstehende Forderungen zeitnah und effektiv eingezogen werden. Da dieser Frage i. d. R. bereits im Rahmen der Jahresabschlussprüfung bei der Prüfung des IKS nachgegangen wurde (→ II.3.2.2), kann der Prüfer die dort gewonnenen Prüfungsnachweise auch im Zuge der Geschäftsführungsprüfung verwerten.

Der beantwortete Fragenkatalog ist gem. IDW PS 720.15 i. V. m. IDW PH 9.450.1.6 als Anlage dem Prüfungsbericht (→ II.6.3.2) beizufügen oder in einen Teilbericht aufzunehmen, auf den im Prüfungsbericht zu verweisen ist. Dieses Vorgehen ist bei einer freiwil-

---

gemeine Sonderprüfung i. S. der §§ 142 ff. AktG, für welche grundsätzlich ein Vollprüfungsgebot gilt. Vgl. dazu ausführlich *Kirschner* (2008), insb. S. 124 f.

ligen Prüfung der Geschäftsführung nicht notwendig, da keine Pflicht zur Anwendung des IDW PS 720 besteht.

Der Fragenkatalog in IDW PS 720 ist mithin als Versuch der Standardisierung eines *Teilbereichs* der freiwilligen Prüfungsdienstleistung Geschäftsführungsprüfung zu begreifen, die insgesamt den Anforderungen des ISAE 3000 genügen muss und somit zwingend unter Beachtung der einzelfallspezifischen Besonderheiten durchzuführen ist. Da mit der Geschäftsführungsprüfung zumeist schwierige Wertungen hinsichtlich des Soll-Objektes der Prüfung einhergehen, dürfte regelmäßig nur die Abgabe einer negativ formulierten begrenzten Urteilssicherheit in Betracht kommen.[169]

3.3.2.2 Unterschlagungsprüfung

Der durch Unterschlagungen entstehende Schaden ist beträchtlich. Eine Studie von PwC aus dem Jahr 2007 beziffert allein die direkt zuordenbaren finanziellen Schäden aus aufgedeckten Delikten in Deutschland auf 4,3 Mrd. € pro Jahr.[170] Zusätzlich entstehen den Unternehmen regelmäßig erhebliche mittelbare Schäden, etwa aufgrund eines einhergehenden Reputationsverlustes, des Ausschlusses von Bieterverfahren oder durch zeitintensive Rechtsstreitigkeiten.[171] Aus diesem Grunde ist von einer zunehmenden Nachfrage der Unternehmen nach Unterschlagungsprüfungen auszugehen.

Der Begriff Unterschlagung wird im Folgenden weit ausgelegt. Dieser soll nicht nur die strafrechtliche Unterschlagung (§ 246 StGB), sondern auch den Diebstahl (§ 242 StGB), den Betrug (§ 262 StGB), die Untreue (§ 266 StGB), die Urkundenfälschung (§ 267 StGB) sowie die Bestechung (§ 299 StGB) umfassen.[172] Dabei ist zwischen direkter Schädigung (z. B. Diebstahl einer Ware) und indirekter Schädigung (z. B. Bestechung durch Annahme von Zuwendungen; im Gegenzug gewährt der Bestochene Vorteile zu Lasten des Unternehmens) zu unterscheiden. Allgemein lässt sich unter Unterschlagung im wirtschaftlichen Sinn die bewusste, unerlaubte Entwendung von Geld oder Sachvermögen einer Organisation durch eine interne oder externe Person verstehen.[173] Als zu prüfender Gegenstand kommen demnach primär Verhaltensweisen in Betracht (IFAC Framework.31).

Dolose (übersetzt: arglistig, mit bösem Vorsatz) Handlungen umfassen vor allem strafrechtliche Unterschlagungen und Diebstahl. Werden die Prüfungsnachweise mit der Zielsetzung erlangt, diese im Kontext von Gerichtsverhandlungen zu verwerten, finden auch die Begriff »forensic auditing« oder »forensic accounting« Verwendung.[174] Der im Kontext der Jahresabschlussprüfung verwendete Begriff »fraud« ist insofern enger gefasst, als dieser ausschließlich auf vorsätzliche Handlungen (Täuschungen oder Ver-

---

169 So auch im Ergebnis, jedoch ohne nähere Begründung *Bolsenkötter* (2002), Rn. 158.
170 Vgl. *PwC* (2007), S. 17.
171 Vgl. u. a. *PwC* (2007), S. 20 sowie *Melcher* (2009), S. 5.
172 Vgl. *Sell* (1999), S. 4.
173 Vgl. *Leffson* (1988), S. 382.
174 Der Terminus »forensisch« entstammt dem Lateinischen und bedeutet »die Gerichtsverhandlung betreffend«. Forensische Prüfungen dienen zumeist der Rekonstruktion wirtschaftskrimineller Handlungen. Vgl. z. B. *Bologna/Lindquist* (2006); *Crumbley/Heitger/Smith* (2009); *Singleton/Singleton* (2010).

mögensschädigungen) abzielt, die zu wesentlichen falschen Angaben in der Rechnungslegung führen (→ II.4.1.1). Insofern werden alle Unterschlagungen, die den Jahresabschluss nicht wesentlich tangieren, von der fraud-Definition des § 317 Abs. 1 Satz 3 HGB i. V. m. IDW PS 210 bzw. ISA 240 nicht erfasst.

Der Prüfer ist im Rahmen der Jahresabschlussprüfung verpflichtet, fraud-Risiken zu identifizieren und auf diese mit der Durchführung geeigneter Prüfungshandlungen zu reagieren (ausführlich → II.4.2). Gleichwohl *handelt es sich bei der Jahresabschlussprüfung um keine gezielte Unterschlagungsprüfung*. Dies verdeutlicht zum einen ISA 240.5, der das unvermeidliche Risiko anspricht, dass einige wesentliche falsche Angaben in der Rechnungslegung nicht aufgedeckt werden (ähnlich IDW PS 210.19). Zum anderen berechtigt ISA 240.13 den Abschlussprüfer dazu, grundsätzlich von der wahrheitsgemäßen Erteilung von Auskünften sowie der Echtheit von Dokumenten und Aufzeichnungen auszugehen (so auch IDW PS 210.50).

Insgesamt ist eine Unterschlagungsprüfung sowohl inhaltlich als auch im Hinblick auf die eingesetzten Prüfungsmethoden wesentlich *weiter gefasst als eine fraud-Prüfung i. S. von ISA 240 bzw. IDW PS 210*.[175] Gleichwohl gestaltet sich eine genaue Grenzziehung oftmals schwierig.

Bei der Unterschlagungsprüfung handelt es sich um eine *freiwillige Prüfung*. Häufig führen interne Revisoren eine solche Prüfung durch.[176] Dies liegt darin begründet, dass interne Instanzen regelmäßig einen besseren Einblick in das Unternehmen haben und sich die Prüfungsdurchführung zumeist deutlich unauffälliger gestaltet als bei Einsatz eines externen Prüfers. Aus den genannten Gründen sind interne Revisoren auch erfolgreicher bei der Aufdeckung von Unterschlagungen.[177] Gleichwohl ist ein externer Prüfer immer dann einzusetzen, wenn das betreffende Unternehmen über keine Interne Revision verfügt oder eine Besorgnis der Befangenheit der Revisionsabteilung (z. B. bei Involvierung des Managements in die Unterschlagungen oder einer zumindest teilweise gegebenen Abhängigkeit von Management und Interner Revision) besteht.

Eine Unterschlagungsprüfung kann zu unterschiedlichen *Anlässen* vom Mandanten in Auftrag gegeben werden:

- Es liegen konkrete Verdachtsmomente vor.
- Es liegen lediglich Mutmaßungen vor, dass eine Unterschlagung begangen worden sein könnte.
- Bekannte Schäden sollen quantifiziert werden.
- Die Prüfung dient der Unterschlagungsprophylaxe.
- Die Prüfung dient der Verdachtsprophylaxe; z. B. wenn bei zuvor festgestellten Unterschlagungen ein Glaubwürdigkeitssignal (sog. signaling; → I.2.1.4.2) an die stakeholder gesendet werden soll.

---

175 Siehe auch *Rittenberg/Johnstone/Gramling* (2010), S. 443 f.
176 Vgl. *Salvenmoser* (2009), S. 346.
177 Vgl. z. B. *PwC* (2007), S. 32; *Hofmann* (2008), S. 679 und *KPMG* (2010), S. 11.

»Lernout & Hauspie Speech Products NV (L&H), headquartered in Leper, Belgium, was a leader in speech translation software. ... In 2000, inflated reported revenues claims in Asia of the high-flying company caught the attention of securities regulators in Belgium and the USA. Subsequently, the company filed for bankruptcy in both Belgium and the USA. At the request of the company's new management, Pricewaterhouse Coopers (PwC) was hired to conduct a forensic audit (assurance) of the accounting fraud. PwC discovered that most of the fraud occurred in L&H's Korean unit. In an effort to obtain bonuses based on sales targets, the managers of the Korean unit went to great lengths to fool L&H's auditor, KPMG. ... PwC reported that nearly 70 per cent of the $ 160 million in sales booked in the Korean unit of L&H were fictitious.«[178]

Die *Prüfungsplanung und -durchführung* ist dem Anlass der Prüfung anzupassen.[179] Um der Gefahr der Beseitigung von Beweismaterial entgegenzuwirken, erscheint es regelmäßig zweckmäßig, die Unterschlagungsprüfung als Überraschungsprüfung zu gestalten. Auch kann es ggf. sinnvoll sein, die Unterschlagungsprüfung durch eine andere, reguläre Prüfung zu tarnen, um den oder die (mutmaßlichen) Täter in Sicherheit zu wiegen. Beispielsweise kann die Unterschlagungsprüfung parallel zu einer Jahresabschlussprüfung erfolgen.

- Die Durchführung selbst bildet einen äußerst dynamischen Prozess, bei dem die im Zeitablauf gewonnenen Erkenntnisse in hohem Maße den Prüfungspfad determinieren. Insofern ist zumeist lediglich eine Grobplanung der Prüfung möglich. Diese Grobplanung gilt es im Verlauf der Prüfung ständig zu verfeinern und an die neu gewonnenen Erkenntnisse anzupassen.

- Liegen keine konkreten Verdachtsmomente vor, bildet das Erkennen von Symptomen (z.B. ein auffälliger Lebenswandel von Mitarbeitern; ein unauffälliger Lebenswandel, der sich aus den laufenden Einnahmen des Mitarbeiters nicht bestreiten lässt; die auffällig häufige Vergabe von Aufträgen an einen bestimmten Lieferanten), die auf abgrenzbare Deliktbereiche (z.B. Unternehmensbereiche, Täterkreise, Transaktionskreise, Zeiträume, gefährdete Vermögensgegenstände) hindeuten, das vorläufige Prüfungsziel.

- Wurden potenzielle Deliktbereiche als solche identifiziert oder bestanden bereits bei Auftragserteilung für bestimmte Deliktbereiche konkrete Verdachtsmomente, ist *lückenlos zu prüfen* (Vollprüfung). Bei einer vermuteten Unterschlagung (z.B. Lager- oder Kassenfehlbestand) ist progressiv in Richtung Erhellung des Tathergangs sowie Täteridentifikation zu prüfen. Dagegen ist retrograd vorzugehen, sofern bereits Anhaltspunkte hinsichtlich der Art der begangenen Tat sowie des Täters selbst vorliegen (zum progressiven und retrograden Vorgehen im Rahmen der Abschlussprüfung → I.3.2.1).

---

178 *Eilifsen et al.* (2010), S. 58 m.w.N.
179 Zu den folgenden Ausführungen vgl. z.B. *Kleinmanns* (1999), S. 1173 ff.; *Ebeling/Böhme* (2000), S. 469 ff.

Als *Methoden zur Erlangung von Prüfungsnachweisen* werden zunächst analytische Prüfungen (Ergebnis dieser Prüfungen könnte z. B. die Feststellung sein, dass in den Büchern berücksichtigte Warenauslieferungen über die bestehenden Transportkapazitäten
hinausgehen) und Systemprüfungen (Ergebnis dieser Prüfung könnte z. B. die Feststellung sein, dass auch unautorisierte Personen zentrale Änderungen im IT-System durchführen können) eingesetzt. Im Rahmen der zuvor genannten Methoden und für die
Zwecke einer ersten Risikoeinschätzung führt der Prüfer häufig Befragungen (z. B. von
Mitarbeitern sowie Kunden und Lieferanten) durch. Festgestellten erhöhten Unterschlagungsrisiken ist durch Einzelfallprüfungen nachzugehen. Dabei bedient sich der Prüfer
im Unterschied zur Jahresabschlussprüfung auch *kriminalistischer Methoden*: Diese umfassen u. a. das Erkennen von Dokumentenmanipulationen, Strategien zur Beurteilung
der Zuverlässigkeit von Aussagen in mündlichen Befragungen, die Spurensuche und
-sicherung bei Diebstahl, das Initiieren kontrollierter Lock-Situationen, die Durchsuchung sowie die Observierung. Die Durchsuchung von Wohnungen, die Observierung
von Personen und die Initiierung von Lock-Situationen sollten nur in Absprache mit den
Ermittlungsbehörden erfolgen.[180]

Für das Erkennen potenzieller Deliktbereiche bietet sich die Analyse von *Datenbeständen mit Hilfe IT-gestützter Prüfungstechniken* an. Besonders effizient dürfte sich dabei
generelle Prüfsoftware einsetzen lassen. Diese Software erlaubt das rasche Aufspüren
von Indizien, die auf Unterschlagungen hindeuten (z. B. mehrfach gezahlte Rechnungen,
Lücken bzw. Mehrfachbelegungen in der Nummerierung von Rechnungen und Lieferscheinen, Lieferanten mit gleichlautenden Kontodaten). Überdies lassen sich IT-gestützt
auch theoretisch anspruchsvollere Verfahren (z. B. Benford's Gesetz) zur Identifikation
potenzieller Deliktbereiche einsetzen (→ II.5, insbesondere → II.5.2.3).

Die *Ergebnisse der Prüfung* sind in einem schriftlichen Bericht festzuhalten. Dieser
muss ggf. zur Beweisführung vor Gericht geeignet sein. Ergibt sich im Zuge der Prüfungsdurchführung ein unmittelbarer Handlungsbedarf (z. B. sofort einzuleitende Sicherheitsmaßnahmen), ist der Auftraggeber unverzüglich (mündlich) zu unterrichten.
Ist das Management in die Unterschlagungen involviert, erfolgt die Berichterstattung an
die Aufsichtsorgane oder Gesellschafter; zu empfehlen ist, den Primärberichtsadressaten
(Management) und die Sekundärberichtsadressaten (Aufsichtsorgane oder Gesellschafter im Falle der Involvierung des Managements) bereits bei Auftragserteilung festzulegen.

Eine *Konformität mit ISAE 3000* ist definitionsgemäß nur dann gegeben, wenn das
Vorgehen bei einer Unterschlagungsprüfung den Anforderungen dieses Standards genügt. Mithin ist eine derartige Prüfung stets einzelfallbezogen durchzuführen. Dabei
gilt es insbesondere sicherzustellen, dass die vereinbarten Prüfungskriterien die in
IFAC Framework.36 aufgeführten Eigenschaften aufweisen (ISAE 3000.19; → III.3.2).
Als Prüfungskriterien kommen im Falle der Unterschlagungsprüfung regelmäßig die
jeweils einschlägigen strafrechtlichen Tatbestandsnormen in Frage, jedoch sind auch
hier stets die spezifischen Rahmenbedingungen des Prüfungsobjekts zu beachten und

---

[180] Die Bilanzskandale der vergangenen Jahre in den USA haben zu einer verstärkten Kooperation des FBI
mit dem AICPA geführt; vgl. *Telberg* (2004), S. 53 ff.

ggf. auftragsindividuelle Prüfungskriterien zu entwickeln (ISAE 3000.20 f.). Obwohl eine Unterschlagungsprüfung regelmäßig als Vollprüfung angelegt ist, läuft auch diese bei geschickt angelegten Unterschlagungen häufig »ins Leere«. Aus diesem Grunde dürfte es faktisch nicht möglich sein, eine positiv formulierte Aussage zu treffen, dass mit hoher Sicherheit keine Unterschlagungen begangen wurden. Daher dürfte regelmäßig nur die Abgabe eines negativ formulierten Prüfungsurteils mit einer begrenzten Urteilssicherheit in Betracht kommen.

3.3.2.3 Kreditwürdigkeitsprüfung

Der Begriff der Kreditwürdigkeitsprüfung, in der Praxis auch *Kreditanalyse* genannt, bezeichnet den Prozess der Beurteilung der mit einer Kreditvergabe einhergehenden Risiken und damit der Kreditwürdigkeit des Kreditnehmers. Zum Zwecke der Kreditwürdigkeitsprüfung werden sowohl die *wirtschaftlichen* als auch die *persönlichen Verhältnisse eines potenziellen Kreditnehmers* analysiert, um auf Grundlage dieser Informationen über die Gewährung oder Belassung eines Kredits beim Kreditnehmer zu entscheiden. Die Kreditwürdigkeitsprüfung ist insofern als der dem tatsächlichen Kreditvergabe- oder dem Kreditbelassungsentscheid zeitlich vorgelagerte Prozess der Informationsgewinnung und -analyse zu verstehen. Die Kreditwürdigkeitsprüfung umfasst sämtliche Elemente eines Prüfungsauftrags (IFAC Framework.21–60). Da keine konkreten Regeln existieren, welche die Kreditwürdigkeit bestimmen, handelt es sich definitionsgemäß um eine freiwillige Prüfungsdienstleistung ohne eigene Normierung (→ III.3.2).[181]

Die Anlässe für Kreditwürdigkeitsprüfungen sind genauso vielfältig wie der in die Durchführung involvierte Personenkreis. So sind Kreditwürdigkeitsprüfungen integraler Bestandteil des Kreditgeschäfts der Banken. Kreditinstitute müssen vor der Kreditvergabeentscheidung die Kreditwürdigkeit der potenziellen Kreditnehmer beurteilen, wobei die Intensität der Beurteilung vom Risikogehalt des Engagements abhängt.[182] Im Falle eines positiven Urteils müssen dann die Konditionen definiert werden, unter denen die Bank bereit ist, das mit dem Kredit einhergehende Risiko einzugehen. Ferner haben sich nunmehr auch in Deutschland auf die Beurteilung der Kreditwürdigkeit spezialisierte Rating-Agenturen im Geschäftsleben etabliert. Neben der allgemeinen, in Bonitätsklassen ausgedrückten Kreditwürdigkeit von Unternehmen, beurteilen die Rating-Agenturen im Zusammenhang mit sog. Länderratings u. a. auch die Kreditwürdigkeit von Staaten oder im Rahmen von Emissionsratings die Kreditwürdigkeit einzelner am Kapitalmarkt platzierter Emissionen.

---

181 Mitunter wird die Auffassung vertreten, dass es sich bei der Kreditwürdigkeitsprüfung nicht um eine Prüfung im eigentlichen Sinne handle, da hier kein Soll-Ist-Vergleich erfolge. Vielmehr sei die Kreditwürdigkeitsprüfung eher als gutachterliche Tätigkeit oder – sofern im Zusammenhang mit der Kreditwürdigkeitsprüfung eine Handlungsempfehlung abgegeben wird – als beratende Tätigkeit zu charakterisieren; vgl. *Leffson* (1988), S. 18–21.

182 Vgl. *BaFin* (2009).

Über die vorgenannten Gruppen hinaus erweist sich jedoch auch der Berufsstand der WP als eine in besonderem Maße geeignete[183] Instanz für die Durchführung von Kreditwürdigkeitsprüfungen. Die Ergebnisse einer Kreditwürdigkeitsprüfung müssen, um ihren Zweck erfüllen zu können, vertrauenswürdig sein und setzen insofern die Sachkunde und Neutralität des Beurteilenden voraus. Dies gilt umso mehr, als die Beurteilung der Kreditwürdigkeit einer Person oder Institution eine komplexe Aufgabe mit durchaus erheblichen Risiken ist.

Bei der *Auftragsannahme* muss der Prüfer die im IFAC Framework.17–19 sowie in ISAE 3000.7-9 normierten Anforderungen einhalten, d. h. z. B. über die notwendige Kompetenz verfügen.

Die erforderliche *Sachkunde* dürfte bei einem WP einerseits auf Grund der insgesamt hohen Ausbildung-Standards gegeben sein. Andererseits kann der WP aber insbesondere auch auf Praxiserfahrungen zurückgreifen, die er im Zusammenhang mit der Durchführung von Pflichtprüfungen erlangt. So ist der Abschlussprüfer im Rahmen der gesetzlich vorgeschriebenen Jahresabschlussprüfung nach § 340k Abs. 1 HGB (→ III.2.2.1.2) oder ggf. auch bei Vorliegen eines entsprechenden Auftrags als Sonderprüfer gem. § 44 Abs. 1 Nr. 1 KWG unmittelbar mit der Durchführung der sog. Kreditprüfung beauftragt. Gegenstand der Kreditprüfung ist die Überprüfung der quantitativen und qualitativen Informationen in Bezug auf das Kreditgeschäft im Jahresabschluss und Lagebericht des jeweiligen Mandanten. Dazu zählen neben der Organisation des Kreditgeschäfts auch die Prüfung einzelner Kreditengagements und die Beurteilung der Angemessenheit der vorgenommenen Risikovorsorge.

Die für die Durchführung einer Kreditwürdigkeitsprüfung erforderliche *Neutralität* des WP bei der Berufsausübung ist als Berufsgrundsatz ebenfalls gesetzlich geregelt und unterliegt einer ständigen Überwachung. So wird vom WP nicht nur explizit verlangt, seinen Beruf unabhängig auszuüben; er hat sich darüber hinaus insbesondere bei der Erstellung von Gutachten unparteiisch zu verhalten (§ 43 Abs. 1 Satz 2 WPO).

Grundsätzlich kann der WP Kreditwürdigkeitsprüfungen für unterschiedliche Adressatenkreise vornehmen. Eine Tätigkeit im Auftrag von Banken kommt insbesondere im Falle großer oder allgemein risikoreicher und damit margenträchtiger Kreditengagements in Frage. Zudem kann ein WP von anderen (potenziellen) Kreditgebern mit einer Kreditwürdigkeitsprüfung beauftragt werden, z. B. von einem Mandanten, der die Risiken aus umfangreichen Lieferungen auf Ziel an einen neuen Kunden reduzieren möchte. Schließlich kann der WP auch für potenzielle Kreditnehmer im Vorfeld einer Kreditbeantragung tätig werden, indem er die Kreditwürdigkeit seines Auftraggebers analysiert.

Prüfungsgegenstand der Kreditwürdigkeitsprüfung ist, ob vom Kreditantragsteller bzw. vom Kreditnehmer eine vertragsgemäße Erfüllung der Kreditverpflichtungen zu erwarten ist. Die Kreditwürdigkeit ist anhand von persönlichen und sachlichen Aspekten zu beurteilen und umfasst demnach die persönliche und die materielle Kreditwürdigkeit.

Die *persönliche Kreditwürdigkeit* eines Unternehmens ist u. a. durch die Führungskompetenz des Managements, die Berichterstattungspolitik, die Zuverlässigkeit und die

---

183 Die Durchführung von Kreditwürdigkeitsprüfungen ist eine mit der Berufsausübung vereinbare Tätigkeit gem. § 43a Abs. 4 Nr. 1 WPO. Vgl. hierzu bereits *Dicken* (1999), S. 7 m. w. N.

bisherige Zusammenarbeit mit dem Kreditgeber definiert. Die *materielle Kreditwürdigkeit* ist prinzipiell durch die wirtschaftliche Lage und die zukünftige Entwicklung geprägt. Sie ist gegeben, sofern die generierten Cash-Flows und die gestellten Sicherheiten ausreichen, um einen Kredit vereinbarungsgemäß zu bedienen. In diesem Kontext sind das Geschäftsmodell und die finanziellen Verhältnisse des Unternehmens zu beurteilen.[184]

Für die Beurteilung der materiellen Kreditwürdigkeit sind die mit dem Engagement einhergehenden Risiken zu beachten, wobei i.Allg. eine Unterscheidung zwischen originären und derivativen Risiken vorgenommen wird:

- Bei den *originären Risiken* handelt es sich um die direkt aus der Kreditvergabe resultierenden Risiken. Dazu zählen insbesondere Bonitäts-, Liquiditäts-, Sicherungs- und Länderrisiko. Das *Bonitätsrisiko* beschreibt die Gefahr des Ausfalls des Kreditnehmers infolge Zahlungsunfähigkeit oder Zahlungsunwilligkeit. Das *Länderrisiko* beschreibt die Gefahr, dass das Domizilland aus wirtschaftlichen oder politischen Gründen die Zahlungen des Kreditnehmers verhindert. Das *Liquiditätsrisiko* hingegen bezieht sich auf einen zeitlich begrenzten »Ausfall« des Schuldners. Unter dem *Sicherungsrisiko* wiederum wird die Gefahr eines Wertverlustes oder des Untergangs der im Zusammenhang mit dem Kreditengagement gestellten Sicherheiten verstanden.

- Zu den *derivativen Risiken* zählen insbesondere das Zinsänderungs-, Währungs- und Inflationsrisiko. Diese Risiken hängen lediglich indirekt vom Kreditengagement ab und sind durch makroökonomische Veränderungen während der Laufzeit des Kredits induziert: Das *Zinsänderungsrisiko* beschreibt die Zinsspannenveränderung, d. h. die generelle Gefahr eines Anstiegs des Marktzinssatzes während der Kreditlaufzeit. Wird der Kredit in einer Währung vergeben, die nicht der Refinanzierungswährung entspricht, besteht im Falle von Devisenkursänderungen das sog. *Währungsrisiko*. Das *Inflationsrisiko* wiederum beschreibt das allgemeine Risiko einer Geldentwertung, die den realen Wert der vertraglich vereinbarten Zahlungen des Kreditnehmers in der Zukunft verringert.

Abb. III.3-5 fasst die unterschiedlichen Risikoarten sowie deren Ursachen zusammen.

Im Rahmen der Kreditwürdigkeitsprüfung ist in erster Linie die Beurteilung der originären Risiken des Kreditengagements relevant, da nur diese unmittelbar im Zusammenhang mit dem jeweiligen Kreditnehmer stehen. Im Folgenden wird insbesondere auf Verfahren zur Beurteilung des Bonitäts- und Liquiditätsrisikos eingegangen, zumal die Beurteilung des mit einem Kreditengagement einhergehenden Länderrisikos in aller Regel von hierauf spezialisierten Rating-Agenturen im Rahmen von Länderratings vorgenommen wird.

Zur Beurteilung der originären Kreditrisiken stehen dem WP quantitative und qualitative Verfahren zur Verfügung[185], die in Abhängigkeit von der Ausgestaltung des zu prüfenden Engagements mehr oder weniger intensiv zur Anwendung kommen können. Für die konkrete Ausgestaltung einer Kreditwürdigkeitsprüfung spielt neben Eigenschaften wie der Höhe, der Laufzeit, dem Verwendungszweck oder evtl. vorhandener Sicher-

---

184 Vgl. *Tolkmitt* (2007), S. 186 ff.
185 Für einen Überblick über die gängigsten Verfahren vgl. *Günther/Grüning* (2000), S. 41.

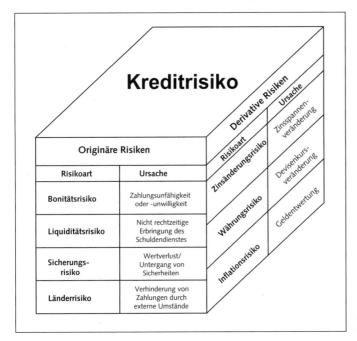

Abb. III.3-5: Bestandteile des Kreditrisikos

heiten zunächst die Frage nach dem Kreditnehmer selbst eine entscheidende Rolle. Soll nämlich die *Kreditwürdigkeiteiner Privatperson* beurteilt werden, kann der WP nicht dieselben Verfahren anwenden, die bei der Beurteilung der Kreditwürdigkeit eines Unternehmens als adäquat einzustufen sind.

Für die Beurteilung der *Kreditwürdigkeit von Privatpersonen* hat der Prüfer die dem Kreditnehmer nachhaltig zur Verfügung stehenden Einnahmen mit seinen laufenden Ausgaben zu vergleichen und auf dieser Basis zu beurteilen, inwieweit der Kreditnehmer aus dem daraus resultierenden Überschuss seinen vertraglich vereinbarten Schuldendienst künftig leisten kann. In diesem Zusammenhang hat der Prüfer geeignete *Prüfungsnachweise* wie Gehaltsabrechnungen, Kontoauszüge oder Grundbuchauszüge einzuholen und entsprechend zu würdigen. Schwieriger als die *Beurteilung der Zahlungsfähigkeit* des Kreditnehmers gestaltet sich die *Beurteilung seiner Zahlungswilligkeit*. In aller Regel lässt sich die Zahlungswilligkeit eines Kreditnehmers am besten anhand einer eingehenden Würdigung des Verwendungszweckes und der Besicherung des Kredits beurteilen.[186] Eine weitere Möglichkeit stellt die Würdigung der Schuldnerhistorie des Kreditnehmers anhand einer Einsichtnahme in die zentrale Schuldnerkartei (sog. Schufa-Auszug) dar. In der fortlaufenden Kreditbeobachtung spielt auch sein Zahlungsverhalten eine wichtige Rolle.

---

186 So lässt sich bspw. im Falle einer grundpfandrechtlich besicherten Immobilienfinanzierung (sog. Realkredit) eher davon ausgehen, dass der Kreditnehmer ein eigenes Interesse daran hat, seinen vertraglichen Verpflichtungen nachzukommen, als im Falle eines Konsumentenkredits, bei dem der Verwendungszweck für den Kreditgeber nicht erkennbar ist.

Als eine potenzielle *Informationsquelle* für die *Kreditwürdigkeitsprüfung von Unternehmen* sind Auskünfte von Handelsauskunfteien zu nennen, die Angaben über Rechtsform, Kapitalverhältnisse und Geschäftsgegenstand sowie Erfahrungen über das Zahlungsverhalten enthalten können.[187] Bankauskünfte vermögen Aufschlüsse über die Zahlungsmoral und die Art und Sicherung der gewährten Bankkredite zu geben. Für die *persönliche Kreditwürdigkeit* von Unternehmen sind außerdem z. B. Erfolgsnachweise der Geschäftsführung (Referenzen, Diplomurkunden, Lebenslaufdaten), Nachfolgeaussichten und Stellvertretung vor allem bei kleinen Unternehmen sowie Indikatoren der Führungskompetenz (z. B. Motivation der Mitarbeiter, Kommunikation und Betriebsklima) von Bedeutung.[188] Als Prüfungsnachweise im Rahmen der Beurteilung der *materiellen Kreditwürdigkeit* sind Jahresabschlussdaten sowie andere (externe) Berichte bzgl. der Branchenentwicklung, der Produkte und der Kundenstruktur zu nennen. Des Weiteren sind auch Informationen über die gestellten Sicherheiten, wie etwa Eintragungen im Grundbuch oder externe Auskünfte über den Marktwert der Sicherheiten, heranzuziehen.

Zentrales Element der Kreditwürdigkeitsprüfung von Unternehmen ist die *Jahresabschlussanalyse*.[189] Dies liegt an der bei Kapitalgesellschaften gegebenen generellen Verfügbarkeit der hierfür erforderlichen Daten und dem damit verbundenen vergleichsweise geringen Aufwand zur Datenbeschaffung. Ein Indiz für die Bedeutung der Beurteilung von Jahresabschlussinformationen findet sich im KWG, denn Kreditinstitute haben sich gem. § 18 Abs. 1 KWG im Falle von Engagements, die 10 % des haftenden Eigenkapitals oder den Betrag von 750 T€ überschreiten, die wirtschaftlichen Verhältnisse des potenziellen Kreditnehmers insbesondere durch Vorlage von dessen Jahresabschlüssen offenlegen zu lassen. Es ist allerdings anzumerken, dass die eher rückwärts gerichtete Jahresabschlussanalyse nur eine begrenzte Aussagekraft für die Prognose der zukünftigen Zahlungsfähigkeit hat. Daher empfiehlt sich zusätzlich eine detaillierte Analyse branchenspezifischer Chancen und Risiken (z. B. Wettbewerbskonstellationen, Rohstoffpreisentwicklung oder Absatzvolatilität).[190]

Aufbauend auf der traditionellen Jahresabschlussanalyse wurden anspruchsvollere quantitative Verfahren entwickelt, mit deren Hilfe die Kreditwürdigkeit eines potenziellen Kreditnehmers eingehender untersucht werden kann. Dazu zählen insbesondere die multivariate Diskriminanzanalyse, die logistische Regressionsanalyse sowie verschiedene Verfahren (insbesondere Künstliche Neuronale Netze) der künstlichen Intelligenz (zu diesen Verfahren → II.4.2.2). Die *mathematisch-statischen Verfahren* der Kreditwürdigkeitsprüfung sind weniger subjektiv, da die Relevanz der für die Bonitätsbeurteilung betrachteten Faktoren mathematisch ermittelt wird. Ihre Aussagekraft ist jedoch dahingehend begrenzt, dass die dem Modell zu Grunde liegende *Datenbasis ausreichend groß*

---

187 Vgl. *Feidicker* (1992), S. 23.
188 Vgl. *Brümmer* (1996), S. 28.
189 Vgl. *Küting/Weber* (2009), S. 8. Zu den Grenzen der Durchführung einer jahresabschlussbasierten Kreditwürdigkeitsanalyse, wie Vergangenheitsorientierung, fehlende Berücksichtigung qualitative Daten, verzögerte Verfügbarkeit, abschlusspolitische Verzerrungen und Subjektivität, vgl. z. B. *Mühlbayer* (1986), S. 185 ff.
190 Vgl. *Trenner/Wilhelm* (2011).

sein muss, um statistisch valide Aussagen ableiten zu können. Zum anderen liegen den mathematisch-statistischen Verfahren *spezifische Anforderungen hinsichtlich der statistischen Eigenschaften*[191] *der Analysedaten* zu Grunde. Werden diese nicht erfüllt, so kann dies die Aussagekraft der Analyse generell in Frage stellen. Die vorgenannten Anforderungen gelten für Künstliche Neuronale Netze nur eingeschränkt: Da es sich dabei um sog. Verfahren der künstlichen Intelligenz handelt, unterliegen sie nicht den restriktiven statistischen Anforderungen. Die den Künstlichen Neuronalen Netzen zu Grunde liegenden Lernalgorithmen erfordern jedoch im Vergleich zu den mathematisch-statistischen Berechnungsverfahren eine nochmals umfangreichere Ausgangsdatenbasis (Testgruppe), auf deren Grundlage das Modell den Zusammenhang von Jahresabschlussdaten und der künftigen Zahlungsfähigkeit eines Unternehmens erlernt. Darüber hinaus wurde als weiterer bedeutsamer Kritikpunkt geäußert, dass die Lernalgorithmen der Künstlichen Neuronalen Netze – wie bei Verfahren der künstlichen Intelligenz üblich – innerhalb einer Black Box ablaufen und die Entstehung der Ergebnisse der Kreditwürdigkeitsprüfung insofern nicht nachvollziehbar ist.[192]

Die Prüfungsergebnisse sind abschließend in einem Bericht zusammenzufassen, der die Erfordernisse des IFAC Framework.56 ff. zu erfüllen und die obligatorischen Bestandteile der Berichterstattung gem. ISAE 3000.49 zu enthalten hat. Neben Überschrift, Adressat, einleitendem und beschreibendem Abschnitt, sind die Evaluationskriterien und die inhärenten Beschränkungen der Evaluation mit einzubeziehen. Letztere sind vor allem dadurch verursacht, dass eine Kreditwürdigkeitsprüfung auf Prognosen basiert. Der WP kann ex ante nur die Plausibilität von Prognosen prüfen. Da Prognosen nur auf ihre logische Konsistenz überprüfbar sind, ist eine Beschränkung des Prüfungsurteils auf das Niveau der limited assurance (ISAE 3400.9) empfehlenswert (→ I.6.4.2). Das Prüfungsurteil muss nicht diskreter Natur sein (»kreditwürdig« oder »nicht kreditwürdig«). Abhängig vom Auftrag, könnte der WP auch eine abgestufte Abschätzung der Kreditwürdigkeit geben, die der Kreditgeber in eine risikoadjustierte Abzinsung verarbeitet.

3.3.2.4 Prüfung von Sanierungskonzepten

Sanierungsprüfungen sind Teil der Maßnahmen, die im Zuge der Überwindung von Unternehmenskrisen eingeleitet werden. Bei einer Unternehmenskrise handelt es sich um eine Notsituation, die eine existenzielle Bedrohung des wirtschaftlichen Fortbestands des Unternehmens wie bspw. die Zahlungsunfähigkeit darstellt und entweder mit der Sanierung überwunden wird oder zur Liquidation des Krisenunternehmens führt. Die Sanierung ist demnach die Erarbeitung geeigneter Maßnahmen, die entstandene Schwächen im Krisenunternehmen beseitigen und neue Potenziale für die zukünftige nachhaltige Überlebensfähigkeit am Markt aufbauen.

Die Prüfung von Sanierungskonzepten umfasst sämtliche Elemente eines Prüfungsauftrags (IFAC Framework.21–60). Insofern ist Kompatibilität mit ISAE 3000 zu vermu-

---

191 Der Anwendung der multivariaten Diskriminanzanalyse liegt die Normalverteilungs- sowie Varianzhomogenitätsannahme zu Grunde. Für die Anwendung der logistischen Regressionsanalyse wird Abwesenheit von Multikollinearität sowie Freiheit von Autokorrelation gefordert.
192 *Schüler* (2001), S. 106 ff.

ten. Bei der Prüfung von Sanierungskonzepten ergibt sich in Verbindung mit der Prüfung der Fortbestehensprognose eine Notwendigkeit zur Konformitätsprüfung mit ISAE 3400 (The Examination of Prospective Financial Information); auch hier ist davon auszugehen, dass sich eine Kompatibilität herstellen lässt. Da keine konkreten Regeln existieren, welche die Sanierungsfähigkeit bestimmen, handelt es sich definitionsgemäß um eine freiwillige Prüfungsdienstleistung ohne eigene Normierung (→ III.3.3.2).[193]

Insbesondere aufgrund von Objektivität, Expertise und vorhandener Ressourcen werden oftmals WP von sanierungsbedürftigen Unternehmen als externe Prüfer und Berater beauftragt. Mit der Beauftragung eines WP als neutralem Sachverständigen zur Prüfung eines Sanierungskonzeptes erhoffen sich Auftraggeber, eine klare und nachvollziehbare Aussage zu erhalten, ob das Not leidende Unternehmen eine wirtschaftliche Gesundung erreichen kann. Bei der *Auftragsannahme* hat der Prüfer die im IFAC Framework sowie in ISAE 3000 normierten Prüfungsanforderungen einzuhalten. Im Falle der Sanierungsprüfung muss der WP insbesondere über fachliche Kenntnisse zur ganzheitlichen Beurteilung eines Unternehmens verfügen. Dazu gehören, neben der Kenntnis der Geschäftstätigkeit und des wirtschaftlichen Umfeldes des Unternehmens, auch Information über die Entwicklung der Branche und die Spielregeln, mit denen Branchenangehörige ihre Geschäfte betreiben.[194] Aufgrund der Komplexität von Sanierungsprüfungen und dem oftmals hohen Zeitdruck bei der Durchführung solcher Prüfungen, ist zu empfehlen, dass nur erfahrene Prüfer zum Einsatz kommen.

Prüfungsgegenstand der Sanierungsprüfung ist die *Sanierungsfähigkeit*, d. h. die Frage, ob ein Krisenunternehmen auf Basis eines bereits erstellen Sanierungskonzeptes[195] innerhalb einer vorgegebenen Zeitperiode mit den vorhandenen Mitteln aus der gegenwärtigen Krise in eine beherrschbare und tragfähige Position überführt werden kann.

Grundlage für die Beurteilung der Sanierungsfähigkeit eines Unternehmens bildet die *Sanierungsbedürftigkeit*, deren Prüfung zunächst feststellen soll, ob und in welchem Ausmaß eine Ertragsschwäche und damit verbunden eine Überschuldung respektive Zahlungsunfähigkeit vorliegt, die zu einer Unternehmenskrise oder Insolvenz führen kann. Sofern sich bei der Prüfung der Sanierungsbedürftigkeit Sachverhalte einstellen, die den Fortbestand des Unternehmens gefährden, schließt sich die Sanierungsfähigkeitsprüfung unmittelbar an.

Bei der *Prüfung der Sanierungsfähigkeit* soll festgestellt werden, ob das erarbeitete Sanierungskonzept eine langfristige Beseitigung der Schwächen des Krisenunternehmens zur Folge hat. Ein sanierungsfähiges Unternehmen liegt dann vor, wenn die Erfolgsaussichten einer Sanierung unter zwei Aspekten plausibel erscheinen:

- Zunächst muss das Sanierungskonzept Maßnahmen zur Sicherung der *Fortführungsfähigkeit im Sinne einer positiven Fortführungsprognose*[196] enthalten, d. h. die

---

193 Neben der freiwilligen Beauftragung einer Sanierungsprüfung kann diese allerdings im Rahmen der Vergabe von Sanierungskrediten, der Überschuldungsprüfung und des Insolvenzverfahrens auch gesetzlich vorgeschrieben sein.

194 Vgl. *IDW* (2008), F18, Fn. 2.

195 Zum Begriff und den Bestandteilen eines Sanierungskonzeptes siehe IDW S 6 sowie *IDW* (2008), F 4 und F 166 ff.

196 Anhaltspunkte für die Prognoseprüfung finden sich in ISAE 3400. Zum Begriff und den rechtlichen Anforderungen an eine Fortbestehensprognose siehe *Groß/Amen* (2002a); *Groß/Amen* (2002b).

Aufrechterhaltung der Zahlungs- und Ertragsfähigkeit des Unternehmens muss mindestens für das laufende und das folgende Jahr überwiegend wahrscheinlich sein.[197] Die Fortführungsprognose umfasst daher nicht nur die rein *liquiditätsorientierte Fortbestehensprognose*, sondern darüber hinaus auch eine *Reinvermögensvorschau*, um zu beurteilen, ob sowohl die Zahlungsfähigkeit als auch eine die Schulden deckende Vermögensmasse für diesen Prognosezeitraum sichergestellt sind.

- Darüber hinaus müssen im Sanierungskonzept Maßnahmen enthalten sein, die eine *nachhaltige Fortführungsfähigkeit* ermöglichen. Dies setzt voraus, dass das Unternehmen auf seinem relevanten Markt über *Wettbewerbsfähigkeit* verfügt bzw. sich diese mit überwiegender Wahrscheinlichkeit erarbeiten kann. Dazu muss die Unternehmensleitung über den Willen, die Fähigkeiten und die Möglichkeiten verfügen, das Unternehmen in einem überschaubaren Betrachtungszeitraum zu einer Markstellung zu bringen, die ihm nachhaltig eine branchenübliche und für Eigenkapitalgeber attraktive Rendite ermöglicht (*Renditefähigkeit*). Außerdem erfordert eine langfristige Sicherung des Unternehmensbestands eine *Wandlungs- und Adaptionsfähigkeit*. Für die Beurteilung der nachhaltigen Fortführungsfähigkeit ist der Prognosezeitraum auszuweiten (IDW S 6.13).

Im Rahmen einer *sachgerechten Durchführung* der Sanierungsprüfung zur Feststellung der Sanierungsfähigkeit ist es die Aufgabe des Prüfers, die im Sanierungskonzept beschriebene Ausgangslage, die Erfassung und Wiedergabe der Krisenursachen sowie die dem Sanierungskonzept zugrunde liegenden operativen Planungen eingehend zu prüfen. Dabei sind auch die strategische Absicherung des Sanierungskonzeptes und die Berücksichtigung rechtlicher Vorschriften, die gegen eine Durchführung des Sanierungskonzeptes sprechen, in die Prüfung einzubeziehen.

Insbesondere hat der Prüfer zu beurteilen, ob die Prognosen in dem erstellten Sanierungskonzept auf Basis der getroffenen Annahmen und den zugrunde gelegten Daten unter Anwendung der Berechnungsverfahren richtig ermittelt worden sind (ISAE 3400.17-25; ggf. i. V. m. ISA 540.8-20).

Der Prüfer hat die Auftragsabwicklung zu *planen* und dabei die im IFAC Framework.12 ff. genannten Erfordernisse zu beachten. Für die Prüfungsplanung sind festgestellte *inhärente Risiken* wie z. B. die Kompetenz der Personen, die das Sanierungskonzept erstellt haben, zu berücksichtigen. Die Planung muss im Laufe der Prüfungsdurchführung angepasst werden, sofern sich Planungsgrundlagen verändert haben.

Im Rahmen einer *Systemprüfung* hat der Prüfer, festzustellen, ob die dem Sanierungskonzept zugrunde liegenden Daten an der jeweiligen relevanten Stelle im Unternehmen korrekt erfasst und übermittelt wurden. Der Umfang der Systemprüfung hängt von der Überlegung ab, ob eine Verwertung der Feststellungen anderer WP (z. B. die Prüfung des IKS oder die IT-Systemprüfung im Rahmen der Jahresabschlussprüfung; → II.5) sinnvoll erscheint. Dabei ist zu berücksichtigen, dass in die Erstellung des Sanierungskonzeptes auch Informationen einfließen, die im Jahresabschluss nicht/oder noch nicht erfasst sind. Auch die Richtigkeit solcher Daten ist zu hinterfragen.

---

197 Zum Begriff der überwiegenden Wahrscheinlichkeit siehe *IDW* (2008), F60.

Zur Aufdeckung von Widersprüchen hat der Prüfer im Rahmen analytischer Prüfungen die zugrunde gelegten Daten des Sanierungskonzeptes auf Angemessenheit und Widerspruchsfreiheit zu überprüfen. Hierfür sind die Daten des Sanierungskonzeptes mit den aus internen Quellen des Unternehmens, wie z. B. dem Controlling oder dem externen Rechnungswesen, und unternehmensfremden Quellen zur Verfügung stehenden Information zu vergleichen. Des Weiteren ist die vorhandene Finanzplanung, die als Ergebnis eine Aussage zur zukünftigen Zahlungsfähigkeit des Unternehmens trifft, auf ihre Plausibilität und Vollständigkeit sowie auf ihre rechnerische Richtigkeit zu untersuchen. Darüber hinaus sind im Rahmen der Risikoanalyse die für die Prognoseerstellung gesetzten Annahmen und Wirkungszusammenhänge zur wirtschaftlichen Entwicklung des Unternehmens und seiner Umwelt auf Plausibilität zu überprüfen (zur Prüfung von geschätzten Werten → II.3.4.3.2.2). Die Fortbestehensprognose ist als Zahlungsfähigkeitsprognose dahingehend auszurichten, dass auf Basis von geeigneten Planungsinstrumenten neben dem vorliegenden Sanierungskonzept auch die Durchsetzung und Umsetzung des Konzeptes sowie das mit der Koordination der Sanierung beauftragte Management beurteilt werden kann. Unter rechtlichen Gesichtspunkten ist die Fortbestehensprognose bei der Prüfung der Insolvenzantragsgründe, insbesondere der drohenden Zahlungsunfähigkeit (§ 18 InsO) sowie der Überschuldung (§ 19 InsO), zwingend vorgeschrieben.[198] Die Prüfung der Zahlungsfähigkeit als Insolvenzeröffnungstatbestand ist auf Basis des entwickelten Finanzplans nach IDW PS 800 vorzunehmen. Für die Durchführung einer Überschuldungsprüfung sind die entwickelten Empfehlungen des FAR 1/1996 heranzuziehen.

Unabhängig von den vorgenannten Aspekten hat der mit der Sanierungsprüfung beauftragte Prüfer darauf zu achten, dass die Grundsätze für die Erstellung von Sanierungskonzepten eingehalten werden. Der *Grundsatz der Vollständigkeit* sieht vor, dass alle relevanten Sachverhalte und Informationen, die für eine Gesamtbeurteilung der wirtschaftlichen Verhältnisse und der Risiken der künftigen Entwicklung notwendig sind, Berücksichtigung finden müssen. Eine Aussage über die Sanierungsfähigkeit eines Unternehmens kann nur dann gemacht werden, wenn im Sanierungskonzept die Probleme aller bereits durchlaufenen Krisenstadien aufgearbeitet wurden (IDW S 6.19). Es sind vom Prüfer jedoch nur wesentliche Sachverhalte und Angaben einzubeziehen (*Grundsatz der Wesentlichkeit*; → II.1.3). Darüber hinaus haben die im Sanierungskonzept enthaltenen Angaben wie bspw. die Beschreibung der Unternehmenskrise den Anforderungen des *Grundsatzes der Richtigkeit* zu genügen. Die den Prognosen zu Grunde gelegten Annahmen können dagegen lediglich hinsichtlich ihrer Plausibilität untersucht werden. Mit dem *Grundsatz der Klarheit und Übersichtlichkeit* soll zudem erreicht werden, dass die im Sanierungskonzept getroffenen Aussagen sowie das Ergebnis der Sanierungsprüfung nachvollziehbar, eindeutig, klar und verständlich formuliert sind.

Das *Ergebnis der Sanierungsprüfung* wird abschließend in Form einer Bescheinigung schriftlich zusammengefasst. Neben der Beurteilung der Sanierungsaussichten und dem Prognoseergebnis, ob eine wirtschaftliche Gesundung des Unternehmens eintreten kann, soll die Bescheinigung u. a. Informationen über den Untersuchungsgegenstand,

---

198 Vgl. *IDW* (2008), F 6, Fn. 12 m. w. N.

eine ausführliche Dokumentation über die zugrunde gelegten Urteilsverfahren sowie eine Begründung des Ergebnisses beinhalten. Der Prüfer soll im Rahmen seines Prüfungsurteils insbesondere auf die Sanierungschancen und -risiken eingehen und die für die unterschiedlichen Entwicklungen maßgeblichen kritischen Annahmen herausstellen. Ebenso soll der Prüfer darüber informieren, ob die Qualifikation des mit der Sanierung beauftragten Managements ausreicht, um das Sanierungskonzept erfolgreich umzusetzen. Die Dokumentation der Prüfung sowie der vom Prüfer getroffenen Annahmen erfolgt in den Arbeitspapieren gem. IDW PS 460.

Die Prüfungsergebnisse sind abschließend in einem Bericht zusammenzufassen, der die Erfordernisse des IFAC Framework.56 ff. zu erfüllen und die obligatorischen Bestandteile der Berichterstattung gem. ISAE 3000.49 zu enthalten hat. Neben Überschrift, Adressat, einleitendem und beschreibendem Abschnitt, sind die Beurteilungskriterien und die inhärenten Beschränkungen der Beurteilung mit einzubeziehen. Letztere sind vor allem dadurch verursacht, dass Sanierungskonzepte und deren Prüfung mit Prognosen verbunden sind. Der WP kann ex ante nur die Plausibilität von Prognosen prüfen. Da Prognosen nur auf ihre logische Konsistenz überprüfbar sind, ist eine Beschränkung des Prüfungsurteils auf das Niveau der limited assurance (ISAE 3400.9) empfehlenswert ($\rightarrow$ I.6.4.2).

3.3.2.5 Due diligence-Prüfung

Unternehmensübernahmen haben sich aus verschiedenen Gründen, bspw. zur Hebung von Synergieeffekten, zum Zugewinn von Marktanteilen, als schneller Zugang zu Märkten sowie zur Sicherung von Patenten oder Humankapital, als mögliche Wachstumsstrategie für Unternehmen etabliert. Problematisch dabei ist, dass der Kauf von Gesellschaften bzw. Gesellschaftsanteilen durch eine asymmetrische Verteilung von Informationen zwischen Käufer und Verkäufer geprägt ist. Letzterer verfügt als Unternehmensinsider über zahlreiche bewertungsrelevante Informationen, zu denen der Käufer als Unternehmensexterner keinen Zugang hat. Dieser Informationsvorsprung des Verkäufers erstreckt sich dabei auf sämtliche Unternehmensbereiche. Eine Möglichkeit, diese Informationsasymmetrie ($\rightarrow$ I.2) zu reduzieren, stellt die Durchführung einer due diligence dar. Der Begriff entstammt dem US-amerikanischen Kapitalmarkt- und Anlegerschutzrecht, den sog. security laws[199], und bedeutet wörtlich übersetzt »sorgsame Erfüllung, im Verkehr erforderliche Sorgfalt«.

Im Rahmen einer due diligence gewährt der Verkäufer dem Käufer bzw. den von ihm beauftragten Personen Zugang zu allen für die Bewertung relevanten Unternehmensdaten. Dabei handelt es sich um unternehmensinterne Informationen, die über die öffentlich zugänglichen Daten (z.B. Geschäftsberichte des Zielunternehmens oder vergleichbarer Unternehmen sowie Presseberichte oder Branchenanalysen) hinausgehen. Hierbei in Betracht kommen bspw. Verträge (Gesellschaftsvertrag, Mietverträge,

---

199 Hierbei sind insbesondere der Securities Act von 1933 und der Securities Exchange Act von 1934 von Relevanz, welche das erstmalige öffentliche Angebot bzw. den Handel mit Wertpapieren im Sekundärmarkt regeln.

Kooperations- oder Gewinnabführungsvereinbarungen), Übersichten über die interne Organisationsstruktur, Planungsrechnungen und Strategiepapiere, Prüfungsberichte sowie Betriebsbesichtigungen oder Gespräche mit dem Management.[200] Dadurch erhält der potenzielle Käufer Gelegenheit, sich ein genaueres Bild über die mit der Übernahme verbundenen Chancen und Risiken zu machen und die Ergebnisse seiner Analysen in sein Kaufpreisangebot[201] bzw. die spätere Gestaltung des Kaufvertrags, z. B. in Form von Garantien, einfließen zu lassen. Sollte sich im Zuge der due diligence für den Interessenten allerdings herausstellen, dass die Transaktion für ihn mit nicht tragbaren Risiken (sog. deal breaker) verbunden wäre, wird er von der Abgabe eines Kaufangebotes gänzlich absehen und die Verhandlungen abbrechen. Neben der Informationsbeschaffung und der Beurteilung von Risiken wird die Sicherstellung von Beweisen als weitere wichtige Funktion der due diligence angesehen. Durch Einsichtnahme, Dokumentation und abschließende Berichterstattung (sog. due diligence-Report) wird der Zustand des Unternehmens zum Zeitpunkt der Akquisition festgehalten. Dies kann im Falle späterer Rechtsstreitigkeiten insbesondere für den Käufer von Nutzen sein.[202]

Die Beauftragung zur Durchführung einer due diligence erfolgt i. d. R. durch den potenziellen Käufer (buyer due diligence). Erfolgt die due diligence-Prüfung auf Wunsch des Verkäufers, handelt es sich um eine sog. vendor due diligence. Motivation des Verkäufers ist es dabei u. a., schon im Vorfeld der Transaktion etwaige Schwachstellen des Unternehmens aufzudecken und zu beseitigen, und dadurch seine Verhandlungsposition gegenüber den Kaufinteressenten zu stärken.[203]

Da im Rahmen der due diligence dem Kaufinteressenten, der möglicherweise sogar ein Wettbewerber der Zielgesellschaft ist, zahlreiche vertrauliche Informationen, häufig in Form eines dafür vom Verkäufer eingerichteten Raums (data room), zugänglich gemacht werden, ist es üblich, dass vor Einsichtnahme der internen Unterlagen von den beteiligten Parteien ein sog. letter of intent unterzeichnet wird.[204] Dieser beinhaltet u. a. eine Geheimhaltungsverpflichtung des potenziellen Käufers und regelt Zeitplan sowie Modalitäten der due diligence.

Zwar besteht nach deutschem Recht keine explizite rechtliche Verpflichtung zur Durchführung einer due diligence, aber angesichts der herrschenden Praxis, könnte die

---

200 Siehe zu den möglichen Informationsquellen ausführlicher *Wegmann/Koch* (2000), S. 1028 f.; *Berens/Strauch* (2002), S. 521 f.; *Kulhavy/Unzeitig* (2004), S. 448 f.; sowie insbesondere *Berens/Hoffjan/Strauch* (2008), S. 115–123.

201 Untersuchungen von *Berens/Strauch* zu Folge liegt das endgültige Kaufpreisangebot mehrheitlich unterhalb der ursprünglichen Kaufpreisvorstellung des Erwerbers. Die Autoren stellen fest, dass der Käufer nach Durchführung einer due diligence in 67,4 % der Fälle ein geringeres und nur bei 5,3 % der Transaktionen ein höheres Kaufpreisangebot abgibt; vgl. dazu *Berens/Strauch* (2002), S. 522.

202 Vgl. dazu *Kulhavy/Unzeitig* (2004), S. 449 f., sowie ausführlich *Vogt* (2001).

203 Siehe *Spill* (1999), S. 1791; *Wegmann/Koch* (2000), S. 1028; *Weiser* (2003), S. 599, sowie *Nawe/Nagel* (2008), S. 759 f.

204 Entsprechend der Untersuchung von *Berens/Strauch* wird in 64,3 % der Fälle ein letter of intent und in 87,2 % wenigstens eine Vertraulichkeitserklärung vor der Durchführung der due diligence unterzeichnet; vgl. *Berens/Strauch* (2002), S. 517, sowie *IDW* (2007), O 13.

due diligence mittlerweile den Rang einer Verkehrsitte[205] erreicht haben.[206] Dies würde implizieren, dass ein Erwerber grob fahrlässig handelt, wenn er auf die Durchführung einer due diligence verzichtet. Aus gewährleistungsrechtlicher Sicht bedeutet dies, dass der Verkäufer von seiner Haftung für vorliegende Mängel befreit ist, auch wenn der Käufer bei Vertragsabschluss davon keine Kenntnis hatte (§ 442 Abs. 1 Satz 2 BGB). Anknüpfungspunkt aus gesellschaftsrechtlicher Sicht bilden § 93 Abs. 1 AktG für den Vorstand einer AG sowie § 43 Abs. 1 GmbHG für die Geschäftsführung einer GmbH. Danach haben diese Personengruppen bei Ihrer Geschäftsführung die Sorgfalt eines ordentlichen und gewissenhaften Geschäftsmanns anzuwenden.[207] Daraus lässt sich eine faktische Verpflichtung zur Durchführung einer due diligence aus Sicht des Managements des Käufers ableiten, um haftungsrechtliche Konsequenzen im Innenverhältnis der übernehmenden Gesellschaft zu vermeiden.[208]

In der Praxis und im Schrifttum werden i.d.R. folgende Teilbereiche im Rahmen von due diligence-Untersuchungen unterschieden:[209]

- financial due diligence (Prüfung der Vermögens-, Finanz- und Ertragslage sowie der Liquiditäts- und Finanzierungsverhältnisse),
- tax due diligence (Analyse der Risiken aus Steuernachzahlungen für vergangene Veranlagungszeiträume sowie Hinweise für eine vorteilhafte steuerliche Strukturierung der Transaktion),
- legal due diligence (Überprüfung der rechtlichen Rahmenbedingungen der Zielgesellschaft und möglicher Risiken aus Haftungs- und Gewährleistungsansprüchen aus Aktivitäten vergangener Geschäftsjahre),
- market due diligence (auch als commercial due diligence bezeichnet; Analyse der Stärken und Schwächen der Geschäftsstrategie sowie der Marktposition des Zielunternehmens),
- environmental due diligence (Einschätzung umweltbezogener Risiken, die sich aus dem Unternehmenskauf ergeben),
- cultural due diligence (Aufdeckung möglicher Integrationsprobleme auf Grund unterschiedlicher Unternehmenskulturen und Führungspersönlichkeiten in den beteiligten Unternehmen),
- technical due diligence (Analyse möglicher produktionstechnischer Risiken und Potenziale des Zielunternehmens).

---

205 Von einer Verkehrssitte wird gesprochen, wenn es sich dabei um eine im Verkehr herrschende und hinreichend verfestigte Übung handelt.

206 So *IDW* (2007), O 6.

207 Gemäß der in § 93 Abs. 1 Satz 2 AktG kodifizierten business judgement rule liegt eine Pflichtverletzung nicht vor, wenn das Vorstandsmitglied bei einer unternehmerischen Entscheidung vernünftigerweise annehmen durfte, auf der Grundlage angemessener Information zum Wohle der Gesellschaft zu handeln.

208 So *Berens/Strauch* (2002), S. 512; *Fleischer/Körber* (2008), S. 292; *Slopek* (2009), S. 56 f., sowie ausführlich *Rittmeister* (2008b), S. 578–582.

209 Siehe dazu ausführlicher *Wegmann/Koch* (2000), S. 1029–1032; *IDW* (2007), O 5, *Kulhavy/Unzeitig* (2004), S. 450 f., sowie *Maitzen* (2010), S. 16–19.

In Abhängigkeit von Branche und Zielsetzung der Transaktion können weitere Untersuchungen von Unternehmensbereichen als sinnvoll erachtet werden. Dabei kommt bspw. die Durchführung einer IT due diligence, einer strategic due diligence, einer insurance due diligence sowie einer management bzw. human resources due diligence in Betracht. Empirischen Untersuchungen zu Folge erscheinen insbesondere die financial, tax, legal und market due diligence Nutzen stiftend; sie werden in über 75 % aller Fälle durchgeführt.[210]

Aufgrund der unterschiedlichen, einzelfallabhängigen Anforderungen existiert kein standardisierter Ablauf z.B. in Form eines IDW PS. Um sicherzustellen, dass sämtliche für die Bewertung relevanten Bereiche mit angemessenem Zeitaufwand beleuchtet werden, ist es daher empfehlenswert, sich bei der due diligence-Prüfung an Checklisten zu orientieren. Allerdings sind solch standardisierte Checklisten[211] nur als Anhaltspunkt zu betrachten und es ist regelmäßig notwendig, diese in Bezug auf Branchen- und Unternehmensspezifika zu adaptieren.[212]

Um qualitativ hochwertige und zudem rasche Prüfungsergebnisse zu erreichen, ist auch die Zusammenstellung des due diligence-Teams ein ganz entscheidender Faktor. In der Praxis hat es sich dabei als vorteilhaft erwiesen, neben fachlich qualifizierten Mitarbeitern des Käuferunternehmens auch externe Berater hinzuzuziehen. Dabei wird besonders häufig auf StB und WP zurückgegriffen; auch Rechtsanwälte sowie seltener Investmentbanker und Unternehmensberater werden auf Grund ihres Spezialwissens häufig im Rahmen einer due diligence eingesetzt.[213] Der hohe Anteil der WP und StB, die zudem häufig für die Projektleitung eingesetzt werden,[214] ist auf deren im Zuge der Jahresabschlussprüfung erworbenen betriebswirtschaftlichen Kenntnisse zurückzuführen. Durch die Verpflichtung, regelmäßig an Fortbildungsveranstaltungen teilzunehmen, sollte dieses Wissen insbesondere in den Bereichen Rechnungslegung und Steuern stets auf dem aktuellen Stand sein (→ I.6.5.2.3).[215]

Die Kompatibilität einer due diligence-Prüfung mit ISAE 3000 ist immer dann gegeben, wenn die Vorraussetzungen, die einen Prüfungsauftrag nach dem IFAC Framework kennzeichnen, gegeben sind (→ III.3.2). Die darin zu Grunde gelegte Drei-Parteien-Beziehung ist durch den WP, als den die Prüfungsleistung Erbringenden (practitioner), die verantwortliche Partei (responsible party), repräsentiert durch das Management des Zielunternehmens sowie den potenziellen Käufer als Berichtsadressaten (intended user) gegeben. Die weiterhin geforderten Elemente Prüfungsgegenstand und Nachweise hängen in ihrer Ausgestaltung von dem jeweiligen Teilbereich der due diligence ab und sind regelmäßig als vorliegend anzusehen. Vor dem Hintergrund des Bewertungszwecks

---

210 Siehe dazu *Marten/Köhler* (1999), S. 342, sowie *Berens/Strauch* (2002), S. 517.
211 Beispielhafte Checklisten für verschiedene Bereiche der due diligence finden sich z.B. in *IDW* (2007), O 355–358.
212 So z.B. *Kulhavy/Unzeitig* (2004), S. 446 f.; *Berens/Strauch* (2002), S. 520 und *Berens/Hoffjan/Strauch* (2008), S. 126 f.
213 Vgl. bzgl. der Anteile der beteiligten Gruppen *Berens/Hoffjan/Strauch* (2008), S. 131.
214 Nach der Geschäftsführung und der M&A-Abteilung des Zielunternehmens wird WPG am dritt-häufigsten die Leitung des due diligence-Teams übertragen; so *Berens/Strauch* (2002), S. 520.
215 Ausführlicher zu den Aufgaben und der Qualifikation des WP bei der Durchführung von due diligence *Wißmann* (1999).

stellen Richtigkeit und Vollständigkeit der zur Verfügung gestellten Unterlagen das Soll-Objekt im Rahmen der due diligence-Prüfung dar. So könnte der WP bspw. untersuchen, inwieweit die durch das Zielunternehmen vorgelegten Verträge diesen Kriterien entsprechen und damit die zur Verfügung gestellten Informationen die für eine vorzunehmende Unternehmensbewertung gewünschte Verlässlichkeit vorweisen. Da auch die im IFAC Framework formulierte Berichtspflicht durch das Vorlegen des due diligence-Reports erfüllt wird, kann die due diligence-Prüfung als freiwillige Prüfungsdienstleistung gem. ISAE 3000.3 i. V. m. IFAC Framework.20 angesehen werden.

Die Prüfungssicherheit betreffend kann davon ausgegangen werden, dass bei eingehender Prüfung das Auftragsrisiko (assurance engagement risk) auf ein niedriges Niveau reduziert werden kann. Folglich ist es dem due diligence-Prüfer möglich, bei einem derartigen Auftrag mit hinreichender Prüfungssicherheit (reasonable assurance engagement) ein Prüfungsurteil in einer positiven Form abzugeben ($\rightarrow$ III.3.2).

Kontrollfragen

1. Worin besteht der Unterschied zwischen Prüfung und Beratung?
2. Warum fragen stakeholder zunehmend freiwillige Prüfungsdienstleistungen i. S. von ISAE 3000 und IFAC Framework nach? Wie begründen Sie die Nachfrage aus dem Blickwinkel des agency-theoretischen Ansatzes?
3. Stellen Sie den Bezugsrahmen für die Erbringung freiwilliger Prüfungsdienstleistungen i. S. von ISAE 3000 und IFAC Framework dar und diskutieren Sie diesen kritisch.
4. Die Pharma AG ist ein im Bereich Impfstoffe tätiges Unternehmen. Das Unternehmen gibt jährlich einen Bericht heraus, der die sozialen Programme des Unternehmens (wie z. B. die Unterstützung von Menschenrechtsgruppen, Entwicklungshilfe und allgemeines Sponsoring) erläutert. Die Pharma AG tritt an Sie in ihrer Eigenschaft als WP heran und möchte den zuvor genannten Bericht durch Sie prüfen lassen. Würden Sie den Prüfungsauftrag gem. ISAE 3000 annehmen? Begründen Sie Ihr Ergebnis.
5. Welche Prüfungsgegenstände (subject matter) kommen für freiwillige Prüfungsdienstleistungen i. S. des ISAE 3000 grundsätzlich in Betracht? Geben Sie zwei konkrete Beispiele für mögliche Prüfungsleistungen. Dabei ist zum einen anzugeben, um welchen zu prüfenden Gegenstand es sich handelt, und zum anderen ist kritisch zu diskutieren, welche Prüfungssicherheit erbracht werden sollte.
6. Erklären Sie den Unterschied zwischen einem Umwelt- und einem Nachhaltigkeitsbericht. Welche spezifischen Probleme treten bei der Prüfung eines Nachhaltigkeitsberichts auf?
7. Erläutern Sie das Normengeflecht, das deutsche Emissionsbanken dazu veranlasst, die Emittentin zu verpflichten, einen durch einen WP erstellten comfort letter einzuholen.
8. Erklären Sie den Sinn und Zweck einer WebTrust-Prüfung. Welche spezifischen Probleme treten bei der Kompatibilität mit ISAE 3000 auf? In welchem Beziehungszusammenhang stehen IDW PS 890 einerseits und die in Trust Services genannten Prinzipien und Kriterien andererseits?
9. Erörtern Sie den Gegenstand einer SysTrust-Prüfung. Inwiefern kann SysTrust einen Nutzen für interne oder externe Informationsempfänger darstellen?
10. Erörtern Sie potenzielle Vor- und Nachteile der Beauftragung des gesetzlichen Jahresabschlussprüfers mit einer (freiwilligen) Geschäftsführungsprüfung.

11. Worin bestehen die Unterschiede zwischen der fraud-Prüfung im Rahmen der Jahresabschlussprüfung und einer Unterschlagungsprüfung? Wann würden Sie als Unternehmensleitung die zuletzt genannte Prüfung in Auftrag geben?
12. Beschreiben Sie die modernen Verfahren der Kreditwürdigkeitsprüfung.

Zitierte und weiterführende Literatur

AICPA/CICA (1999): Continuous Auditing, Toronto.
AICPA/CICA (2000): WebTrust Program for Certification Authorities, New York, URL: http://www. webtrust.org/item27804.pdf (Stand: 1.4.2011).
AICPA/CICA (2009): Trust Services, Principles, Criteria and Illustrations, New York, URL: http:// www.webtrust.org/homepage-documents/item46452.pdf (Stand: 1.4.2011).
BaFin (2009): Rundschreiben 15/2009 (BA) – Mindestanforderungen an das Risikomanagement – MaRisk, Frankfurt.
Bahmanziari, T./Odom, M.D./Ugrin, J.C. (2009): An experimental evaluation of the effects of internal and external e-assurance on initial trust formation in B2C e-commerce, in: International Journal of Accounting Information Systems, S. 152–170.
Behlert, C./Marquardt, U./Rüdel, R. (1998): Umweltprüfung, in: Sietz, M (Hrsg.): Umweltschutz, Produktqualität und Unternehmenserfolg, Berlin, S. 199–343.
Berens, W./Hoffjan, A./Strauch, J. (2008): Planung und Durchführung der Due Diligence, in: Berens, W./Brauner, H.U./Strauch, J. (Hrsg.): Due Diligence bei Unternehmensakquisitionen, 5. Aufl., Stuttgart, S. 113–162.
Berens, W./Schmitting, W./Strauch, J. (2008): Funktionen, Terminierung und rechtliche Einordnung der Due Diligence, in: Berens, W./Brauner, H.U./Strauch, J. (Hrsg.): Due Diligence bei Unternehmensakquisitionen, 5. Aufl., Stuttgart, S. 71–112.
Berens, W./Strauch, J. (2002): Due Diligence bei Unternehmensakquisitionen – Eine empirische Untersuchung, in: Die Wirtschaftsprüfung, S. 511–525.
Bergius, S. (2005): Wer mangelhaft informiert, verspielt seine Kreditwürdigkeit, in: Handelsblatt vom 27.4.2005, S. B4.
BMI/BMJ (2006): Zweiter periodischer Sicherheitsbericht, Berlin; URL: http://www.bmi.bund. de/cac/servlet/contentblob/128850/publicationFile/13099/2_periodischer_sicherheitsbericht_ langfassung_de.pdf (Stand: 1.4.2011).
BMW (2005): Sustainable Value Report 2005/2006, München, URL: http://www.bmwgroup.com/ publikationen/d/2005/pdf/BMW_SVR_2005-2006.pdf.
Bologna, G.J./Lindquist, R.J. (2006): Fraud Auditing and Forensic Auditing, 3. Aufl., New York et al.
Bolsenkötter, H. (2002): Die Prüfung der Ordnungsmäßigkeit der Geschäftsführung, in: Wysocki, K.v./Schulze-Osterloh, J./Hennrichs, J./Kuhner, C. (Hrsg.): Handbuch des Jahresabschlusses in Einzeldarstellungen (HdJ), Abt. VI/8, Köln.
Boritz, J.E./No, W.G. (2009): Assurance on XBRL-related documents: The case of United Technologies Corporation, in: Journal of Information Systems, S. 49–78.
Boulianne, E./Cho, C.H. (2009): The rise and fall of WebTrust, in: International Journal of Accounting Information Systems, S. 229–244.
Braun, E. (1989): Die Prüfung von Sanierungskonzepten, in: Die Wirtschaftsprüfung, S. 683–694.
Brebeck, F./Horst, D. (2002): Die Nachhaltigkeitsdebatte und die »EU-Empfehlung zur Berücksichtigung von Umweltaspekten im Lagebericht«: Indizien für eine Erweiterung des Tätigkeitsbereichs der Wirtschaftsprüfer, in: Wirtschaftsprüferkammer-Mitteilungen, S. 20–24.
Bridts, C. (1990): Zwischenberichtspublizität, Düsseldorf.
Brümmer, E. (1996): Kreditwürdigkeitsanalyse im Firmenkundengeschäft von Kreditinstituten: Aktueller Stand und innovative Ansätze in Theorie und Praxis, Darmstadt.
Coenenberg, A.G./Haller, A./Schultze, W. (2009): Jahresabschluss und Jahresabschlussanalyse – Betriebswirtschaftliche, handelsrechtliche, steuerliche und internationale Grundsätze – HGB, IFRS uns US-GAAP, 21. Aufl., Stuttgart.
Collenberg, T./Wolz, M. (2005): Zertifizierung und Auditierung von IT- und IV-Sicherheit, München.
Collis, J. (2010): Audit exemption and the demand for voluntary audit: A comparative study of the UK and Denmark, in: International Journal of Auditing, S. 211–231.

Crasselt, N./Pellens, B./Schremper, R. (2000): Konvergenz wertorientierter Erfolgskennzahlen (Teil I und II), in: Das Wirtschaftsstudium, S. 72–78 und 205–208.

Crumbley, D.L./Heitger, L.E./Smith, G.S. (2009): Forensic and Investigative Accounting, 4. Aufl., Chicago.

Czurda, H./Dietschi, C./Wunderli, C. (2000): Vertrauensbildung im E-Business durch WebTrust, in: Der Schweizer Treuhänder, S. 815–821.

d'Arcy, A./Grabensberger, S. (2001): Die Qualität von Quartalsberichten am neuen Markt – Eine empirische Untersuchung, in: Die Wirtschaftsprüfung, S. 1468–1479.

Deutsche Bank AG (2010): Zwischenbericht zum 30. Juni 2010, Frankfurt am Main.

Deutsche Post AG (2010): Zwischenbericht Januar bis Juni 2010, Bonn.

Dicken, A.J. (1999): Kreditwürdigkeitsprüfung: Kreditwürdigkeitsprüfung auf der Basis des betrieblichen Leistungsvermögens, 2. Aufl., Berlin.

Drobeck, J./Gross, G. (2000): Das WebTrust-Seal als Symbol für eine unabhängige Überprüfung, in: Die Wirtschaftsprüfung, S. 1045–1054.

Ebeling, R.M./Böhme, C. (2000): Methoden gerichtsrelevanter Unterschlagungsprüfungen, in: Die Wirtschaftsprüfung, S. 467–477.

Ebinger, F. (1996): Modellkonzeption des Öko-Instituts für die betriebliche Praxis, in: Leicht-Eckhardt, E./Platzer, H.-W./Schrader, C./Schreiner, M. (Hrsg.): Öko-Audit – Grundlagen und Erfahrungen, Frankfurt am Main, S. 80–89.

Ebke, W.F./Siegel, S. (2001): Comfort Letters, Börsengänge und Haftung: Überlegungen aus Sicht des deutschen und US-amerikanischen Rechts, in: Wertpapier-Mitteilungen, Sonderbeilage Nr. 2/2001, S. 3–23.

Eigermann, J. (2001): Quantitative Credit-Ratingverfahren in der Praxis, in: Finanz Betrieb, S. 521–529.

Eilifsen, A./Messier, W.F./Glover, S.M./Prawitt, D.F. (2010): Auditing & Assurance Services, 2. Aufl., London et al.

Ekkenga, J./Maas, H. (2006): Das Recht der Wertpapieremissionen, Berlin.

Elder, R.J./Beasley, M.S./Arens, A.A. (2010): Auditing and Assurance Services: An Integrated Approach, 13. Aufl., Boston et al.

Elliott, R.K./Pallais, D.M. (1997): Are you ready for new assurance services?, in: The Journal of Accountancy, Heft June, S. 47–51.

EU Kommission (2011): Public consultation on disclosure of non-financial information by companies, URL: http://ec.europe.eu/internal_market/Consultations/docs/2010/non-financial _reporting/privacy_statement.en.htm (Stand: 18.02.2011).

FEE (2005): Discussion Paper – Comfort Letters Issued in relation to Financial Information in a Prospectus, Brüssel.

FEE (2006): Discussion Paper – Key Issues in Sustainability Assurance – An Overview, Brüssel.

Feidicker, M. (1992): Kreditwürdigkeitsprüfung – Entwicklung eines Bonitätsindikators, Düsseldorf.

Fey, G./Siegler, J. (2000): Externe Beurteilung einer kapitalmarktorientierten Unternehmensberichterstattung, Frankfurt am Main.

Fleischer, H./Körber, T. (2008): Due Diligence im Gesellschafts- und Kapitalmarktrecht, in: Berens, W./Brauner, H.U./Strauch, J. (Hrsg.): Due Diligence bei Unternehmensakquisitionen, 5. Aufl., Stuttgart, S. 273–298.

Friedrich, M.G./Flintrop, B. (2003): Sanierungsprüfung – Herausforderung für Unternehmensführung und Gutachter, in: Der Betrieb, S. 223–229.

Fröhlich, M./Heese, K. (2001): Ordnungsmäßigkeit und Sicherheit der rechnungslegungsbezogenen Informationssysteme im E-Business, in: Die Wirtschaftsprüfung, S. 589–596.

Gramling, A./Rittenberg, L.E./Johnstone, K.M. (2009): Auditing: A Business Risk Approach, 7. Auflage, Mason, Ohio.

GRI (2006): Sustainability Reporting Guidelines, URL: http://www.global-reporting.org/NR/rdonlyres/B52921DA-D802-406B-B067-4EA11CFED835/3882/G3_GuidelinesENU.pdf (Stand: 18.02.2011).

Groß, P.J./Amen, M. (2002a): Die Fortbestehensprüfung – Rechtliche Anforderungen und ihre betriebswirtschaftliche Grundlagen, in: Die Wirtschaftsprüfung, S. 225–240.

Groß, P.J./Amen, M. (2002b): Die Erstellung der Fortbestehensprognose, in: Die Wirtschaftsprüfung, S. 433–450.

Grüning, M. (2004): Extensible Business Reporting Language (XBRL), in: Die Betriebswirtschaft, S. 509–512.

Günther, T./Grüning, M. (2000): Einsatz von Insolvenzprognoseverfahren bei der Kreditwürdigkeitsprüfung im Firmenkundenbereich, in: Der Betriebswirt, S. 39–59.

Häcker, I. (2011): Die prüferische Durchsicht von Halbjahresfinanzberichten nach § 37w WpHG – eine Analyse der Inanspruchnahme einer freiwilligen Prüfungsdienstleistung, in: Die Wirtschaftsprüfung, S. 269–278.

Haller, A./Ernstberger, J. (2006): Global Reporting Initiative – Internationale Leitlinien zur Erstellung von Nachhaltigkeitsberichten, in: Betriebs-Berater, S. 2516–2524.

Hayn, S./Matena, S. (2005): Prüfung des Value Reporting durch den Abschlussprüfer, in: Zeitschrift für Planung & Unternehmenssteuerung, S. 425–449.

Hegwein, H. (2004): Financial Due Diligence durch Wirtschaftsprüfungsgesellschaften, Frankfurt am Main.

Hofmann, S: (2008): Die Rolle der Internen Revision bei Bilanzdelikten, in: Freidank, C.-C./Peemöller, V. (Hrsg.): Corporate Governance und Interne Revision, S. 677–691.

Höschen, N./Vu, A. (2008): Möglichkeiten und Herausforderungen der Prüfung von Nachhaltigkeitsberichten, in: Die Wirtschaftsprüfung, S. 378–387.

Houston, R.W./Taylor, G.K. (1999): Consumer perceptions of CPA WebTrust[SM] assurances: Evidence of an expectation gap, in: International Journal of Auditing, S. 89–105.

IAASB (2008): IAASB Amends International Standards on Review Engagements to Clarify their Applicability to Specific Engagements, New York, February 1, 2008, URL: http://press.ifac.org/news/2008/02/iaasb-amends-international-standards-on-review-engagements-to-clarify-their-applicability-to-specific-engagements (Stand: 12.8.2010).

IDW (2006): WP Handbuch 2006 – Wirtschaftsprüfung, Rechnungslegung, Beratung, Band I, 13. Aufl., Düsseldorf.

IDW (2008): WP Handbuch 2008 – Wirtschaftsprüfung, Rechnungslegung, Beratung, Band II, 13. Aufl., Düsseldorf.

IFAC (2006): Assurance Aspects of G3 – The Global Reporting Initiative's 2006 Draft Sustainability Reporting Guidelines, Consultation Paper, New York.

IIR-Arbeitskreis »IT-Revision« (2001): Kontrolle und Sicherheitsaspekte bei E-Commerce, in: Zeitschrift Interne Revision, S. 18–22.

Institute of Social and Ethical Accountability (2008): AA1000 Assurance Standard, London, URL: http://www.accountability.org/images/content/0/5/056/AA1000AS%202008.pdf (Stand 18.02.2011).

Jamal, K./Maier, M./Sunder, S. (2003): Privacy in e-commerce: Development of reporting standards, disclosure, and assurance services in an unregulated market, in: Journal of Accounting Research, S. 285–309.

Kautenburger, T. (2000): Sicherheit im Electronic Commerce, in: Informationstechnik und Technische Informatik, Heft 3, S. 26–31.

Keller, E./Möller, H.P. (1993): Die Auswirkung der Zwischenberichterstattung auf den Informationswert von Jahresabschlüssen am Kapitalmarkt, in: Bühler, W./Hax, H./Schmidt, R. (Hrsg.): Empirische Kapitalmarktforschung, Düsseldorf, S. 35–60.

Kirschner, L. (2008): Die Sonderprüfung der Geschäftsführung in der Praxis, Düsseldorf.

Kleinmanns, H. (1999): Unterschlagungsprüfung, in: BBK – Buchführung, Bilanzierung, Kostenrechnung, Fach 28, S. 1171–1186.

Kofler, H. (1996): Geschäftsführungsprüfung, in: Kofler, H./Nadvornik, W./Pernsteiner, H. (Hrsg.): Betriebswirtschaftliches Prüfungswesen in Österreich, Festschrift für Karl Vodrazka zum 65. Geburtstag, Wien, S. 269–280.

Köhler, A.G./Weiser M.F. (2003): Die Bedeutung von Comfort Letters im Zusammenhang mit Emissionen – Darstellung der Rechtsgrundlagen, in: Der Betrieb, S. 565–570.

KPMG (2008): KPMG International Survey of Corporate Responsibility Reporting 2008. URL: http://www.kpmg.eu/docs/Corp_responsibility_Survey_2008.pdf (Stand: 18.02.2011).

KPMG (2009): KPMG-Handbuch zur Nachhaltigkeitsberichterstattung 2008/09. Deutschlands 100 umsatzstärkste Unternehmen im internationalen Vergleich, 2. Aufl., Hamburg.

KPMG (2010): Wirtschaftskriminalität in Deutschland 2010, o.O., URL: http://www.kpmg.de/Publikationen/17319.htm (Stand: 1.4.2011).

Krämer, L.R. (2009): § 10 Due Diligence und Prospekthaftung, in: Marsch-Barner, R./Schäfer, F.A. (Hrsg.): Handbuch börsennotierte AG – Aktien- und Kapitalmarktrecht, Köln, S. 401–509.

Krause, C. (1999): Kreditwürdigkeitsprüfung mit Neuronalen Netzen, Düsseldorf.

Kulhavy, H./Unzeitig, E. (2004): Die »Durchleuchtung« eines Kaufobjekts im Rahmen eines Unternehmenserwerbs – Ablauf und Arten einer Due Diligence im Überblick, in: Unternehmensbewertung & Management, S. 445–451.

Künnemann, M./Brunke, U. (2002): Geschäftsführungsprüfung, in: Ballwieser, W./Coenenberg, A.G./Wysocki, K.v. (Hrsg.): Handwörterbuch der Rechnungslegung und Prüfung, 3. Aufl., Stuttgart, Sp. 922–932.

Küting, K./Weber C.P. (2009): Die Bilanzanalyse, Beurteilung von Abschlüssen nach HGB und IFRS, 9. Aufl., Stuttgart.

Küting, P. (2006): Neufassung des IDW S4 – Auf dem Weg von einer freiwilligen zu einer gesetzlich kodifizierten Prospektprüfung?, in: Deutsches Steuerrecht, S. 1007–1013.

Lachnit, L./Müller, S. (2002): Probleme bei der wertorientierten Performancedarstellung von Unternehmen, in: Der Betrieb, S. 2553–2559.

Lackmann, J. (2010): Die Auswirkungen der Nachhaltigkeitsberichterstattung auf den Kapitalmarkt, Wiesbaden.

Lange, C./Daldrup, H. (2000): Umweltschutz-Reporting und Prüfung – Bereitstellung vertrauenswürdiger Informationen über die umweltbezogene Lage eines Unternehmens an Investoren, in: Lachnit, L./Freidank, C.-C. (Hrsg.): Investororientierte Unternehmenspublizität – Neue Entwicklungen von Rechnungslegung, Prüfung und Jahresabschlussanalyse, Wiesbaden, S. 215–253.

Lange, C./Daldrup, H. (2002): Grundsätze ordnungsmäßiger Umweltschutz-Publizität, in: Die Wirtschaftsprüfung, S. 657–668.

Leffson, U. (1988): Wirtschaftsprüfung, 4. Aufl., Wiesbaden.

Leukel, S. (2004): Die Entwicklung neuer Dienstleistungen als unternehmerische Herausforderung für Wirtschaftsprüferpraxen, in: Deutsches Steuerrecht, S. 1307–1312.

Loitz, R. (1997): Die Prüfung der Geschäftsführung auf dem Prüfstand, in: Betriebs-Berater, S. 1835–1841.

Lubitzsch, K. (2008): Prüfungssicherheit bei betriebswirtschaftlichen Prüfungen – Eine theoretische und empirische Analyse –, Düsseldorf.

Maitzen, J. (2010): Erwerbs- oder Unternehmensprüfung (Due Diligence), in Holzapfel, H.-J./Pöllath, R. (Hrsg.): Unternehmenskauf in Recht und Praxis – Rechtliche und steuerliche Aspekte, 14. Aufl., Köln, S. 13–36.

Marten, K.-U./Köhler, A.G. (1999): Due Diligence in Deutschland – Eine empirische Untersuchung –, in: Finanz Betrieb, S. 337–348.

Mazars (2006): Sustainable Development, 2006 European Survey, o.O.

McKinsey (2002): Global Investor Opinion Survey: Key Findings, URL: http://issuu.com/rajeshh/docs/global_investor_opinion_survey_2002 (Stand: 1.4.2011).

Melcher, T. (2009): Aufdeckung wirtschaftskrimineller Handlungen durch den Abschlussprüfer, Köln.

Meyer, A. (2003): Der IDW Prüfungsstandard für Comfort Letters – Ein wesentlicher Beitrag zur Weiterentwicklung des Emissionsgeschäfts in Deutschland, in: Wertpapier-Mitteilungen, S. 1745–1756.

Meyer, U. (2004): E-Business und Wirtschaftsprüfung, Köln/Lohmar.

Mühlbayer, M. (1986): Prospektive Erfolgsanalyse und Unternehmensbonität, Frankfurt am Main et al.

Müller, S./Stute, A. (2006): Ausgestaltung der unterjährigen Berichterstattung deutscher Unternehmen: E-DRS 21 im Vergleich mit nationalen und internationalen Regelungen, in: Betriebs-Berater, S. 2803–2810.

Nagel, K./Gray, G. (1999): Electronic Commerce Assurance Services, San Diego et al.

Nagel, K./Gray, G. (2000): CPA's Guide to E-Business: Consulting and Assurance Services, San Diego et al.

Nawe, D./Nagel, F. (2008): Vendor Due Diligence, in: Berens, W./Brauner, H.U./Strauch, J. (Hrsg.): Due Diligence bei Unternehmensakquisitionen, 5. Aufl., Stuttgart, S. 753–780.

Nunnenkamp, G./Pfaffenholz, M. (2010): Der Einfluss von XBRL auf Rechnungslegung und Prüfung, in: Die Wirtschaftsprüfung, S. 1142–1150.

o.V. (1999): Das Quartal läuft bis 35. März, in: Handelsblatt vom 18.2.1999, S. 20.

o.V. (2000): EM.TV-Aktie mit dramatischem Kurseinbruch, in: Handelsblatt vom 10.10.2000, S. 32.

Odenwald, G. (1999): Die Prüfung der Ordnungsmäßigkeit der Geschäftsführung, in: BBK – Buchführung, Bilanzierung, Kostenrechnung, Fach 28, S. 1163–1170.

Pacini, C./Sinason, D. (1999): Auditor liability for electronic commerce transaction assurance: the CPA/CA WebTrust, in: American Business Law Journal, S. 479–513.

Pinsker, R. (2003): XBRL awareness in auditing: a sleeping giant?, in: Managerial Auditing Journal, S. 732–736.

Plumlee, R.D./Plumlee, M.A. (2008): Assurance on XBRL for financial reporting, in: Accounting Horizons, S. 353–368.

Potthoff, E. (1982): Prüfung der Ordnungsmäßigkeit der Geschäftsführung: ein betriebswirtschaftlicher Kommentar, Köln.

Pütz, T. (2007): Prüfung von Performance Measurement-Systemen – Ausgestaltung eines Assurance Engagement gemäß ISAE 3000, Düsseldorf.

PwC (2007): Wirtschaftskriminalität 2007 – Sicherheitslage der deutschen Wirtschaft, Frankfurt am Main/Halle.

PwC (2009): Wirtschaftskriminalität 2009 – Internationale und deutsche Ergebnisse, Frankfurt am Main/Halle.

Quick, R./Knocinski, M. (2006): Nachhaltigkeitsberichterstattung – Empirische Befunde zur Berichterstattungspraxis von HDAX-Unternehmen, in: Zeitschrift für Betriebswirtschaft, S. 615–650.

Radde, J. (2006): Gestaltung und Prüfung der Prognosepublizität in Börsenzulassungsprospekten, Düsseldorf.

Rittenberg, L.E./Johnstone, K.M./Gramling, A.A. (2010): Auditing – A Business Risk Approach, 7. Aufl., Mason.

Rittmeister, M. (2008a): Due Diligence beim Unternehmenskauf – Teil 1: Rechtliche Zulässigkeit der Informationsweitergabe durch die Geschäftsführung der Zielgesellschaft, in: M&A Review, S. 528–532.

Rittmeister, M. (2008b): Due Diligence beim Unternehmenskauf – Teil 2: Die Pflicht der Geschäftsführung der Käufergesellschaft zur Durchführung einer Due Diligence bei der Zielgesellschaft, in: M&A Review, S. 578–582.

Rödl, B. (2004): Freiwillige Prüfungen helfen beim Kreditantrag: Auch der Unternehmer gewinnt einen besseren Einblick, in: Handelsblatt vom 13.10.2004, S. 19.

Ruhnke, K. (2000a): Entwicklungen in der internationalen Wirtschaftsprüfung – der Paradigmenwechsel auf dem Markt für Prüfungsdienstleistungen, in: Lachnit, L./Freidank, C.-C. (Hrsg.): Investororientierte Unternehmenspublizität – Neue Entwicklungen von Rechnungslegung, Prüfung und Jahresabschlussanalyse, Wiesbaden, S. 329–361.

Ruhnke, K. (2000b): Normierung der Abschlußprüfung, Stuttgart.

Ruhnke, K. (2003): Prüfung der Einhaltung des Deutschen Corporate Governance Kodex durch den Abschlussprüfer, in: Die Aktiengesellschaft, S. 371–377.

Ruhnke, K. (2006): Kontinuierliche Prüfung, in: Marten, K./Quick, R./Ruhnke, K. (Hrsg.): Lexikon der Wirtschaftsprüfung – Nach nationalen und internationalen Normen, Stuttgart, S. 470–473.

Ruhnke, K. (2008): Rechnungslegung nach HGB und IFRS – Lehrbuch zur Theorie und Praxis der Unternehmenspublizität mit Beispielen und Übungen, 2. Aufl., Stuttgart.

Ruhnke, K./Lubitzsch, K. (2010): Determinants of the maximum level of assurance for various assurance services, in: International Journal of Auditing, S. 233–255.

Runyan, B./Smith, K.T./Smith, L.M. (2008): Implications of web assurance services on e-commerce, in: Accounting Forum, S. 46–61.

SAI (2001): Social Accountability 8000: 2001, New York, URL: http://www.sa-intl.org (Stand: 25.1.2007).

Salvenmoser, S. (2009): Wirtschaftskriminalität und die Rolle der Internen Revision, in: Lück, W. (Hrsg.): Anforderungen an die Interne Revision – Grundsätze, Methoden, Perspektiven, Berlin, S. 339–350.

Schindler, J. (2002): Prüferische Durchsicht von Jahres-, Konzern- und Zwischenabschlüssen, in: Die Wirtschaftsprüfung, S. 1121–1134.

Schmidt, R./Roth, B. (2004): Bilanzielle Behandlung von Umweltschutzverpflichtungen, in: Der Betrieb 2004, S. 553–558.

Schüler, T. (2001): Rating und Kreditvergabe an mittelständische Unternehmen, Stuttgart.

Schützdeller, J. (2004): Verbesserung der Qualität von Bonitätsanalysen mit künstlichen neuronalen Netzen durch Verwendung originärer Jahresabschlussdaten, Essen.

Sell, K. (1999): Die Aufdeckung von Bilanzdelikten bei der Abschlußprüfung, Düsseldorf.

Shell (2005): The Shell Report 2004, London.

Shell (2009): The Shell Sustainability Report 2009, London.

Shell (2010): The Shell Sustainability Report 2010, URL: http://sustainabilityreport.shell.com/2010/servicepages/downloads/files/all_shell_sr10.pdf (Stand: 1.4.2011).

Singleton, T.W./Singleton, A.J. (2010): Fraud Auditing and Forensic Accounting, 4. Aufl., Hoboken, New Jersey.

Slopek, D.E.F. (2009): Unternehmenskauf Light: Die Red Flag Due Diligence, in: M&A Review, S. 56–59.

Spill, J. (1999): Due Diligence – Praxishinweise zur Planung, Durchführung und Berichterstattung, in: Deutsches Steuerrecht, S. 1786–1792.

Telberg, R. (2004): A joint effort to fight corporate fraud, in: The Journal of Accountancy, Heft April, S. 53–56.

Tolkmitt, V. (2007): Neue Bankbetriebslehre: Basiswissen zu Finanzprodukten und Finanzdienstleistungen, 2.Aufl., Wiesbaden.

Trenner, H./Wilhelm, O. (2011): Beurteilung spezifischer Branchenrisiken bei der Kreditvergabe, in: Zeitschrift für das gesamte Kreditwesen, S. 83–86.

Utermöhlen, R. (2002): Öko-Audit: Besser geworden, in: UmweltMagazin, Heft 6, S. 42–44.

van Someren, T.C.R./Zillmann, T./Martins, F. (1995): Die externe Begutachtung und Validierung, in: Fichter, K. (Hrsg.): Die EG-Öko-Audit-Verordnung, München et al., S. 165–178.

Vogt, G. (2001): Die Due Diligence – ein zentrales Element bei der Durchführung von Mergers & Acquisitions, in: Deutsches Steuerrecht, S. 2027–2034.

Wagner, K.-V. (2001): Was leisten Prospektprüfungsgutachten von Wirtschaftsprüfern und was nicht?, in: Deutsches Steuerrecht, S. 497–504.

Wallage, P. (2000): Assurance on Sustainability Reporting: An Auditor's View, in: Auditing: A Journal of Practice & Theory, Supplement, S. 53–65.

Weber, W. (2003): Schwarz Pharma gaukelt den Anlegern eine heile Welt vor, in: Börse Online, Heft 47, S. 70.

Wegmann, J. (1987): Die Sanierungsprüfung (Reorganisationsprüfung) – Möglichkeiten der formellen und materiellen Konkretisierung, in: Der Betrieb, S. 1901–1908.

Wegmann, J./Koch, W. (2000): Due Diligence – Unternehmensanalyse durch externe Gutachter, in: Deutsches Steuerrecht, S. 1027–1032.

Weiser, M.F. (2003): Vendor Due Diligence: Ein Instrument zur Verbesserung der Verhandlungsposition des Verkäufers im Rahmen von Unternehmenstransaktionen, in: Finanz Betrieb, S. 593–601.

Weltkommission für Umwelt und Entwicklung (1987): Unsere gemeinsame Zukunft, der Brundtland-Bericht der Weltkommission für Umwelt und Entwicklung, in: Hauff, V. (Hrsg.), Greven.

Westermann, F. (2007): Management Audit – Praxisvergleich und Optimierungsmöglichkeiten, München und Mering.

Wißmann, M. (1999): Due Diligence durch Wirtschaftsprüfer beim Unternehmenskauf, in: Wirtschaftsprüferkammer-Mitteilungen, S. 143–153.

Wittsiepe, R. (2002): WebTrust Assurance Service, in: Österreichische Zeitschrift für Recht und Rechnungswesen, S. 248–253.

Wübbelmann, K. (2001): Management Audit, Wiesbaden.

Stichwortverzeichnis

(Die kursiv gesetzten Verweise beziehen sich auf die angegebene Seite sowie die folgende Seite bzw. die fortfolgenden Seiten.)